정답과 해설

제1장

시스템 보안

제1장 시스템 보안 정답

1 ①	2 ③	3 ③	4 ③	5 ②	6 ④	7 ③	8 ③	9 ③	10 ④
11 ③	12 ③	13 ④	14 ②	15 ①	16 ②	17 ④	18 ①	19 ②	20 ②
21 ③	22 ②	23 ②	24 ④	25 ④	26 ③	27 ②	28 ④	29 ③	30 ③
31 ①	32 ②	33 ②	34 ①	35 ①	36 ④	37 ③	38 ①	39 ①	40 ③
41 ③	42 ④	43 ①	44 ②	45 ②	46 ①	47 ②	48 ①	49 ④	50 ④
51 ②	52 ②	53 ①	54 ②	55 ④	56 ②	57 ②	58 ②	59 ③	60 ②
61 ③	62 ②	63 ③	64 ②	65 ④	66 ①	67 ③	68 ②	69 ①	70 ①
71 ④	72 ②	73 ④	74 ③	75 ②	76 ②	77 ④	78 ③	79 ④	80 ③
81 ②	82 ④	83 ③	84 ②	85 ②	86 ②	87 ②	88 ①	89 ④	90 ④
91 ①	92 ④	93 ③	94 ①	95 ④	96 ④	97 ④	98 ③	99 ②	100 ④
101 ①	102 ①	103 ④	104 ①	105 ②	106 ③	107 ①	108 ④	109 ③	110 ①
111 ②	112 ③	113 ③	114 ③	115 ④	116 ②	117 ④	118 ②	119 ④	120 ②

001   정답: 1번

데이터베이스의 격리성 수준(Isolation Level)이 증가할수록 일관성의 수준이 향상되는 반면에 동시성과 처리성능이 감소하는 특성이 있다. 격리성 수준의 변화에 영향을 받는 이상현상은 Lost Update, Dirty Read, Phantom Read, Unrepetable Read 등이 존재하며 이러한 현상이 모두 발생하지 않는 가장 높은 일관성을 보장하는 격리성 수준은 Serializable 수준이다.

002   정답: 3번

구글은 이미 Titan 보안 키와 2단계 인증(2SV: 2 Step Verification) 보안 키를 제공하고 있는데, 안드로이드 사용자는 블루투스가 장착된 스마트폰을 활용하여 구글 계정의 2단계 인증을 보안 키로 사용할 수 있다. 일반적으로 소유 기반 팩터는 사용자가 '가지고 있는 것'을 통해 인증하는 방법으로, 휴대폰 SMS 인증, OTP, 스마트카드, USB 토큰 등이 있다. 소유 기반 인증을 적용할 경우 물리적으로 도난을 당할 수 있으며, 본인일지라도 인증 시 소유하고 있지 않으면 인증할 수 없는 것이 단점이다.

반면에 가장 많이 사용하는 ID/PW 인증은 '알고 있는 정보'이므로 지식 기반 인증에 해당한다. 휴대폰 잠금을 해제할 때 입력하는 패턴, PIN 코드, 질문과 답변도 이에 해당하며, 가장 손쉽고 편리하게 사용 가능하지만 유출되기도 가장 쉬운 단점이 있다. 일반적으로 휴대폰 SMS, 보안카드, OTP 등은 소유 기반 인증에 해당하지만 인증에 필요한 것이 소유한 물건 자체가 아니라 그로부터 '알게 된 정보'이므로 지식 기반 팩터라는 의견이 있다. 실제로 해킹이나 보이스 피싱과 같은 사회공학적 방법으로 소유하지 않고도 필요한 인증값을 탈취하는 사례가 많이 발생하고 있다.

이러한 관점으로 보면 ID/PW 인증 후에 휴대폰 SMS나 OTP 인증 등을 추가 적용하여 인증하는 경우, 지식 기반 팩터를 2번 사용하는 형태라고 하여 2단계 인증(2SV: 2 Step Verification)이라고 하며, 강화된 형태의 싱글 팩터 인증으로 분류하기도 한다.

003   정답: 3번

현재 멀티 팩터 인증에 적용할 수 있는 인증 방식의 대표적인 기법은 휴대폰 SMS, OTP 애플리케이션, USB 키, 생체인식 등이 있다. 휴대폰 SMS 인증 기법은 멀티 팩터(MFA: Multi-Factor Authentication)의 한 종류이지만 문제의 경우, 가장 우선적으로 고려한다면 OTP(One-Time Password)에 비하여 보안성이 떨어진다는 단점이 존재하고 통신 비용이 부과된다는 점도 존재한다.

USB 키 인증 방식도 멀티 팩터 인증의 한 유형이지만, 해당 장비를 소유해야 하므로 분실에 따른 보안 이슈가 존재할 수 있을 뿐만 아니라 USB 포트가 없는 경우 사용하기 어렵다는 단점도 존재하며 USB 키 장비 구매에 대한 비용 문제도 존재한다.

OTP 애플리케이션은 스마트폰 애플리케이션을 활용하는 경우 별도의 장비 구매가 필요하지 않은 장점이 있으며 스마트폰 자체의 보안 기능을 활용할 수 있다는 점이 긍정적이다. OTP 애플리케이션은 생체인식에 비해 보안 수준이 떨어지지만 효율성과 효과성 등의 관점에서는 가장 현실적인 대안이 될 수 있다.

보통 일반적인 시험에서는 MFA가 정답이거나 아니면 생체인식이 정답인 경우가 많다. 하지만 일반적인 범위에서 선택사항이 넘어설 때 수험생은 당황하지 않고 충분히 고려해서 장단점을 파악 후 시험을 풀이하는 방법을 가지도록 노력해야 한다.

문제에서 제시된 인증 기법에 대한 설명은 다음과 같다.

(1) **휴대폰 SMS**: 휴대폰 SMS를 통한 일회성 인증 코드를 사용하는 방식이다. 스마트폰이 아니어도 사용이 가능하며 일반 사용자들이 대부분

소유하고 있는 휴대폰을 활용할 수 있다는 장점이 있어서 우리나라에서는 2단계 인증 방식으로 가장 많이 사용하고 있다. 하지만 SMS를 가로채는 공격이나 SIM 카드 복사 등으로 쉽게 해킹될 수 있다는 단점이 있다.

(2) **OTP 애플리케이션**: 스마트폰에 설치되는 OTP (One-Time Password) 애플리케이션을 이용하는 멀티 팩터 인증 기법이다. 대표적으로는 구글에서 제공하는 Google Authenticator이라는 스마트폰 애플리케이션이 존재하며 기존의 금융권의 OTP 디바이스도 스마트폰 OTP 애플리케이션으로 대체되고 있다. 별도의 장비 없이 스마트폰만으로 사용할 수 있다는 장점이 있다.

(3) **USB 키**: 사용자 인증정보를 USB 장비 내부에 담고 있는 물리적인 키의 형태로, USB 장비를 연결하면 인증이 이루어지는 방식이다. 구글, 드롭박스, 페이스북 등에서 사용자 인증 방식이며 사용 범위가 점차 확대되고 있는 기법이다.

(4) **생체인식**: 지문인식, 홍채인식, 얼굴인식, 행동 기반 인식 등 다양한 종류의 생체인식 기술은 다양한 분야로 확대되고 있다. 생체인식은 보안등급이 높은 시설에서만 사용되다가 최근에는 스마트폰(아이폰X, 갤럭시S20 등)과 같은 핸드헬드(Handheld) 디바이스에 지문인식과 얼굴인식 기술이 적용되고 있다. 생체인식은 인식률의 오류나 추가 장비 설치의 제약이 있으므로 인증 환경에 따라 적용 방법을 신중히 검토하여 적용해야 한다.

004 정답: 3번

Two-Factor 인증은 둘 이상의 인증 방식을 동시에 적용하는 방식이다. 인증 방식의 유형에는 지식 기반 인증, 소유 기반 인증, 생체인증이 있으며 다른 방식의 인증을 함께 사용하는 경우가 Two-Factor 인증의 일반적인 방식이다. 보기 ③은 비밀번호(지식 기반 인증)을 2회 수행하는 방식으로 One-Factor 인증을 두 번 진행한 것으로 보아야 한다.

005 정답: 2번

우분투(Ubuntu)는 캐노니컬이 개발한 리눅스 기반의 컴퓨터 운영체제다. 일반적으로 여섯 달마다 새 버전이 하나씩 나오는데 이것은 GNOME의 새 버전이 나오는 시기와 비슷하다. 우분투는 데비안 GNU/리눅스와 견주어 볼 때 사용자 편의성에 많은 초점을 맞추고 있다. 우분투는 남아프리카공화국의 건국 이념인 우분투 정신에서 그 이름을 가져왔다. 남아프리카 성공회 대주교인 데스몬드 투투 대주교에 의하면 우분투에는 옮겨 쓰기에는 어려울 정도로 다양한 뜻이 있다고 한다. 일반적으로 우분투 운영체제 사용자 사이에서, 우분투는 반투어로 "네가 있으니 내가 있다."라는 의미로 사용되며, 이 문서에선 "다른 사람을 위한 인간애"(영어로는 "humanity towards others")라고 번역되어 있다. 2012년 기준, 온라인 설문 조사 결과에 따르면, 우분투는 개인용 데스크톱과 노트북에서 가장 인기 있는 리눅스 배포판이다.

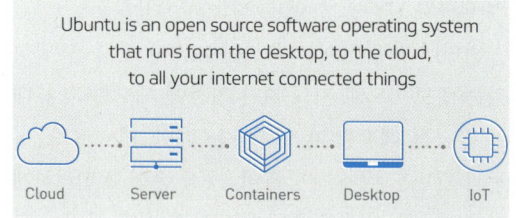

006 정답: 4번

리눅스(Linux)는 리누스 토르발스가 커뮤니티 주체로 개발한 컴퓨터 운영체제 혹은 커널을 뜻한다. 리눅스는 자유 소프트웨어와 오픈 소스 개발의 가장 유명한 운영체제이자 플랫폼이다. 리눅스는 다중 사용자, 다중 작업(멀티태스킹), 다중 스레드를 지원하는 네트워크 운영체제(NOS)다. 엄밀하게 따지면

이 '리눅스'라는 용어는 리눅스 커널만을 뜻하지만, 리눅스 커널과 GNU 프로젝트의 라이브러리와 도구들이 포함된, 전체 운영체제(GNU/리눅스)를 나타내는 말로 흔히 쓰인다. 리눅스 배포판은 핵심 시스템 외에 대다수 소프트웨어를 포함한다. 현재 200여 종류가 넘는 배포판이 존재한다.

초기 리눅스는 애호자들 각자가 광범위하게 개발했으며 이후 리눅스는 IBM, HP와 같은 거대 IT 기업의 후원을 받으며, 서버 분야에서 유닉스와 마이크로소프트 윈도우 운영체제의 대안으로 자리 잡았다. 리눅스는 데스크톱 컴퓨터를 위한 운영체제로서도 인기가 높아지고 있다. 지지자와 분석자들은 이와 같은 성공을 벤더 독립성과 적은 개발비, 보안성과 안전성에서 기인한다고 분석한다.

리눅스는 처음에 인텔 386 마이크로프로세서를 위해 개발되었으나 현재는 다양한 컴퓨터 아키텍처를 지원한다. 리눅스는 개인용 컴퓨터에서부터 슈퍼컴퓨터는 물론 휴대전화, 스마트 TV, 개인용 비디오 레코더와 같은 임베디드 시스템까지 광범위하게 이용되고 있다. 리눅스 재단에 따르면 퍼블릭 클라우드 워크로드의 90%, 세계 스마트폰의 82%, 임베디드 기기의 62%, 슈퍼컴퓨터 시장의 99%가 리눅스로 작동한다. 다음은 리눅스 운영체제의 특징이다.

- 다중 사용자 및 다중 처리 시스템
- 커널을 비롯하여 대부분의 응용 프로그램의 소스 코드가 공개된 시스템
- 다양한 네트워크 프로토콜 및 환경 지원
- 리눅스는 약간의 어셈블리어 언어와 대부분 C로 작성되어 뛰어난 이식성을 보유
- 유연성과 확장성
- 뛰어난 안정성과 보안성
- 다양한 응용 프로그램의 제공
- 다양한 배포판의 존재

007   정답: 3번

리눅스의 계열은 크게 레드햇 계열, 데비안 계열, 안드로이드 계열, 슬랙웨어 계열, 젠투 계열, 마젤란 계열이 있다. 하지만 일반적으로는 크게 레드햇과 데비안 두 가지 계열로 나눈다. 레드햇 계열은 CentOS, Amazon Linux, 페도라, MeeGo, MeeGo, Sailfish OS, 타이젠, Scientific Linux, 아시아눅스, 붉은별 등이 있다. 데비안 계열은 우분투, 리눅스 민트, 하모니카, 쿠분투, 주분투, Q4OS, 크노픽스, 백트랙, 칼리 리눅스, Damn Small Linux, Backbox, 크런치뱅, 라즈비안, Neptune, 스팀 OS, 크롬 OS/크로뮴 OS용 리눅스 도구 등이 있다. 하지만 워낙에 많은 리눅스 배포판이 존재하기에 다 기억할 수는 없고, 시험장에서 생소한 용어가 나오면 당황하기 마련이기 때문에 상식선에서 정리할 필요성은 있다.

레드햇 리눅스는 배포판 중에서 가장 널리 알려진 것으로, 명칭에서 짐작할 수 있듯 레드햇 소프트웨어사에 의해 공급되고 있다. 서버에서 데스크톱 버전까지 다양한 형태가 있으며 현재는 유료 버전만 존재한다. 레드햇 리눅스의 가장 큰 특징은 사용하기 쉬운 설치 프로그램과 관리 툴이다. 레드햇의 인스톨러는 직관적이고 조작이 간단하여 인스톨러의 지시에 따라서 작업을 진행하면 쉽게 설치할 수 있다. ODD에서뿐만 아니라 하드디스크에 있는 패키지군, 중앙에 존재하는 원격 서버에서도 설치할 수 있으며 FTP 서버에서 직접 패키지를 설치할 수도 있다. 반면에 데비안은 자유 소프트웨어와 오픈소스 소프트웨어로 구성된 배포판 중 인기와 영향력을 모두 갖춘 배포판이다. 데비안은 유닉스에 가장 가까울 뿐만 아니라 '자유 소프트웨어 정신'을 제대로 실천하고 있다. 데스크톱과 서버용으로 모두 사용할 수 있으며 *.deb 파일로 소프트웨어를 설치한다.

008   정답: 3번

마이크로소프트 공식 사이트에 따르면 2020년 1

월 14일 윈도우7의 기술지원이 종료된다. 기술지원이 종료되면 새로 발견되는 보안취약점에 대해서는 보안 조치가 불가능하여 이를 악용한 개인정보 유출 및 랜섬웨어 감염 등의 보안 위협이 발생할 수 있다는 것을 의미한다. 마이크로소프트에서는 윈도우7 사용자에게 2020년 1월 14일 이전까지 다른 운영체제로 교체하거나 상위 버전인 윈도우10으로 업그레이드할 것을 권장하고 있다. 여기서 교체 가능한 운영체제로는 하모니카 OS, 구름 OS, Red Hat, CentOS, fedora, TIZEN, ubuntu, LinuxMint 등을 제시하고 있다. 만약 백신 프로그램이 설치되어 있다는 이유로 윈도우7을 교체 또는 업그레이드하지 않는 경우, 신규 보안취약점 출현 시 안전하게 컴퓨터를 이용할 수 없다고 경고하고 있다. 실제로 2017년 발생한 워너크라이 사태의 경우 보안 업데이트를 하지 않은 윈도우 시스템(PC, 서버 등)의 보안 취약점을 악용하여 공격에 악용된 사례가 존재한다.

출처: https://support.microsoft.com/ko-kr/help/4057281/windows-7-support-will-end-on-january-14-2020

009 정답: 3번

가용성이란 서비스·정보·데이터·자원을 원하는 시점에 언제든지 이용할 수 있도록 하는 정보보호의 중요한 목표 중 하나다. 가용성 관리를 위한 기법 중 Scale-Up 방식은 시스템 자원을 수직적으로 증가·감소시키는 방식이다. 예를 들어, Super-Dome 서버의 사용할 수 있는 슬롯에 CPU와 Memory를 증가시키는 방식이다. Scale-Out 방식은 시스템 자원을 수평적으로 증가·감소시키는 방식이다. 예를 들어, 분산형 아키텍처 모델에서 X86 서버를 기존 구조에 덧붙이고 관리 노드로 추가하는 방식이다. Scale-Out 방식이 Scale-Up 방식에 비해 자원의 관리를 유연하고 실시간에 가깝게 수행할 수 있어서 Resource Provisioning을 구현하는 데 더욱 적합하다.

010 정답: 4번

다차원 액세스 제어 시스템은 도입 시 관리 통제를 위한 권한 부여가 쉽다는 특징을 가지고 있다. 또한 중요한 특징이자 진화된 버전인 ABAC에 대한 설명은 다음과 같다.

전통적인 Rule Based Access Control은 모든 Subject에 Rule이 적용되는 형태를 가지고 있으며 해당 모델의 진화된 버전을 ABAC(Attribute Based Access Control)라고 한다. ABAC은 여러 가지 Attributes을 포함하는 정책을 통해서 접근을 제어한다. 많은 소프트웨어가 ABAC의 모델을 채택하고 있다. Attributes는 user의 모든 성격, 네트워크, 디바이스 등을 이용할 수 있으며 사용자가 어느 그룹에 속해 있는지, 어떤 부서에 속해있는지, 그들이 가지고 있는 디바이스에 따라서 접근을 제어할 수 있다. 네트워크 역시 그 Attribute가 될 수 있는데 wireless, WAN 등의 모든 성격을 가지고 있다. 예를 들어 CloudGenix는 SD-WAN Solution을 개발하였는데 관리자는 ABAC 정책을 통해서 "Allow Managers to access the WAN using tablets or smartphone"과 같은 원칙을 Access Control에 추가할 수 있다.

011 정답: 3번

침입탐지 시스템의 탐지 성능과 보안 수준을 판단하는 지표인 오탐과 미탐은 중요한 핵심 항목이다. 오탐은 악의적인 공격으로 판단했으나 실제로는 정상적인 접근이었으므로 잘못된 판단을 내린 경우이며 False Positive라고 표현한다. 미탐은 정상적인 접근이라고 판단했지만 실제로는 악의적인 공격이었으므로 잘못된 판단을 내린 경우이며 False Negative라고 표현한다. 기계실처럼 높은 보안 등급을 요구하는 시설에서는 오탐보다는 미탐을 감소시키는 것이 중요하기 때문에 보안정책을 보수적이며 강력한 수준으로 관리할 필요성이 있다. 마지막으로 정밀도(Precision)는 "True Positive / (True

Positive+True Positive)"의 공식으로 계산하는 지표이며 공격이라고 판단한 항목 중에서 실제로 진짜 공격인 비율을 의미한다.

012 정답: 3번

기능점수(FP: Function Point)는 국제기능점수 사용자그룹(IFPUG : International Function Point Users Group)에 제안했으며 국내에서도 소프트웨어 규모 산정 기법으로 가장 널리 사용되고 있다. 기능점수 방식은 사용자 관점으로 소프트웨어 규모를 산정하는 방법으로, 주로 논리적 설계를 기초로 하여 소프트웨어가 사용자에게 제공하는 기능의 규모를 수치로 정량화하고 소프트웨어의 규모를 산정하는 방식이다. 기능점수 방식은 구매하고자 하는 응용패키지의 규모 산정, 소프트웨어의 품질 및 생산성 분석, 소프트웨어 개발과 유지보수를 위한 비용과 소요자원 산정 등에 사용된다. 기능점수 방식은 대상 소프트웨어의 경계를 정의하고 데이터 기능(Data Function)과 트랜잭션 기능(Transaction Function)을 도출한 후 복잡도 가중치를 적용하여 기능점수를 산출하는 방식이다.

- **데이터 기능점수**: 내부 및 외부 자료 요구사항을 만족시키기 위해 사용자에게 제공되는 기능을 말한다. 데이터 기능에는 내부 논리파일(ILF: Internal Logical File)과 외부연계 파일(EIF: External Interface File)가 있다. 내부 논리파일은 응용시스템에서 유지(Maintain)되고 사용자가 식별 가능한 논리적으로 연관된 자료 및 제어정보(Control Information)의 그룹을 말한다. 다시 말해서 내부 논리파일의 기본적인 용도는 개발하려는 응용시스템의 내에서 단위 프로세스(Elementary Process)에서 유지되는 데이터를 저장하는 것이다. 외부연계 파일은 개발하려는 응용시스템에서 참조되지만 다른 응용시스템에서 유지되며 사용자가 식별 가능한 논리적으로 연관된 자료 및 제어정보의 그룹을 말한다. 즉, 외부 연계파일의 용도는 개발하려는 해당 응용시스템 내의 단위 프로세스에서 참조되는 데이터를 저장하는 데 있다.
- **트랜잭션 기능점수**: 데이터를 처리하기 위해 사용자에게 제공되는 기능을 말한다. 트랜잭션 기능에는 외부 입력(EI: External Input), 외부 출력(EO: External Output), 외부 조회(External inQuiry)의 세 가지 기능이 있다. 외부 입력은 응용시스템 외부에서 들어오는 데이터 및 제어정보를 처리하는 단위 프로세스다. 외부 입력은 주로 내부 논리파일을 유지하거나 변경하는 데 사용한다. 외부 출력은 응용시스템 밖으로 데이터나 제어정보를 보내는 단위 프로세스다. 외부출력은 주로 데이터 및 제어정보의 조회 외에 처리 로직을 통해서 사용자에게 정보를 제공하는 데 사용된다. 처리 로직은 수학적 공식 및 계산식을 포함하거나 유도되는 데이터를 생성해야 한다. 이것은 외부 조회와 구분되는 사항이기도 하다. 외부 조회는 응용시스템 외부에 데이터나 제어정보를 보내는 단위 프로세스다. 외부 조회는 주로 데이터나 제어정보 조회를 통해 사용자에게 정보를 제공하는 데 있다.

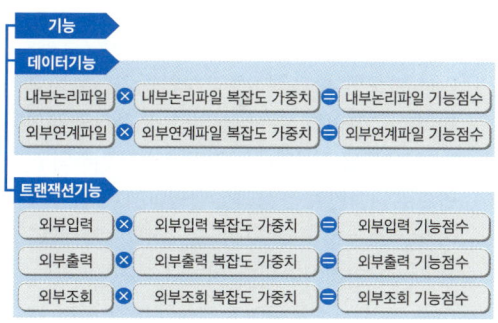

013 정답: 4번

전통적인 중앙 집중형 아키텍처에서는 기밀성, 가용성, 무결성, 일관성 등을 모두 준수하는 것이 기술적인 관점이나 정보보호 목표의 가장 중요한 지표다. 하지만 분산형 아키텍처에서는 가용성과 일관성을 모두 보장할 수 없는 환경이라는 CAP 이론이 바탕이 되는데, 여기서 C. A. P. 란 Consistency, Availability, Partition Tolerance를 의미한다. 이 CAP

이론은 Consistency, Availability, Partition Tolerance 세 가지를 모두 만족하는 정보 시스템이 존재할 수 없다는 패러다임이다. 전통적인 중앙 집중형 아키텍처는 Consistency, Availability 두 가지를 보장하는 대신에 Partition Tolerance를 보장할 수 없으며, 반대로 분산형 아키텍처는 Consistency, Availability 중 일부를 보장할 수 없다는 이론이다.

014 정답: 2번

접근 제어(Access Control) 모델이란 프레임워크로 주체가 어떻게 객체에 접근하는지를 설명하는 모델을 말한다. 이 모델들을 통해서 주체의 객체 사용에 대한 엄격한 정의를 내리게 된다. 주체가 객체에 접근하려는 접근시도가 생성되면 이를 허용할 것인지를 결정하기 위해 접근 제어 모델을 이용하게 된다. 접근 제어 모델 기술에는 강제적 접근 제어(MAC), 임의적 접근 제어(DAC), 역할기반 접근 제어(RBAC) 등이 있으며 각각의 설명은 다음과 같다.

- 1) 강제적 접근 제어(MAC: Mandatory Access Control) 모델: 보안 레이블과 보안 허가증을 비교하여 접근 제어를 하는 방식이다. 각 주체와 객체는, 허용 등급을 나타내는 기밀 수준과 범주의 집합으로 구성된 보안 등급을 할당받게 된다. 주체가 받는 보안 등급을 주체 등급, 객체가 받는 등급을 객체 등급이라고 한다. 여기서 주체란 사용자, 그룹, 조직, 시스템 등이고 객체란 파일, 폴더, 문서 등을 의미한다. 강제적 접근 제어 모델의 장점은, 매우 엄격한 접근 제어 모델이어서 보안성이 좋고 중앙 집중식 관리 형태라 모든 객체에 대한 관리가 용이하다는 점이다. 하지만 모든 접근에 대해서 레이블을 정의하고 보안 정책을 확인해야 하므로 성능 저하가 발생할 수도 있다.

- 2) 임의적 접근 제어(DAC: Discretionary Access Control) 모델: 접근을 요청하는 자의 신원, 그리고 어떤 사람이 접근 승인이 되는지를 나타내는 접근 규칙에 기반을 두는 접근 제어 방식이다. 주체가 속해 있는 그룹의 신원에 근거하여 객체에 대한 접근을 제한하는 방법으로 객체의 소유자가 접근 여부를 결정한다. 임의적 접근 제어는 신원 기반 접근 제어, 사용자 기반 접근 제어, 혼합방식 접근 제어로 나뉜다. 신분이 중요한 정보이기 때문에 다른 사람의 신분을 이용해서 불법적으로 접근할 수 있으며, 중앙집중형 관리 방식인 강제적 접근 제어 모델보다 관리가 용이하지 않다.

- 3) 역할기반 접근 제어(RBAC: Role Based Access Control) 모델: 사용자의 역할에 기반을 두고 접근을 통제하는 모델로서, 다중 프로그래밍 환경에서 적용하기 용이하도록 제안된 방식이다. 이 모델은 강제적 접근 제어와 임의적 접근 제어의 단점을 보완시킨 대안으로 제안되었다. RBAC에서는 사용자 대신에 역할에 접근 권한을 할당하며 사용자는 정적이나 동적으로 특정 역할을 할당받게 된다. 이렇게 권한을 사용자에게 직접 할당하지 않고 역할(Role)에 할당시킬 경우, 역할과 권한의 관계는 사용자와 권한과의 관계에 비해 변경이 거의 이루어지지 않게 된다. 사용자의 직무가 변하면, 사용자와 역할 간의 할당 관계만 재정의하면 되기 때문이다. 따라서 역할기반 접근 제어는 편리한 관리 방법을 제공하며 관리 업무의 효율성을 가져온다. 역할기반 접근 제어는, 최소 권한의 원칙과 직무 분리의 원칙을 효과적으로 구현한 모델로 평가되고 있다.

015 정답: 1번

후킹(Hooking)은 운영체제나 응용 소프트웨어 등의 각종 컴퓨터 프로그램에서 소프트웨어 구성 요소 간에 발생하는 함수 호출, 메시지, 이벤트 등을 중간에서 바꾸거나 가로채는 명령, 방법, 기술이나 행위를 말한다. 이때 이러한 간섭된 함수 호출, 이벤트 또는 메시지를 처리하는 코드를 후크(Hook)라고 한다. 즉, 후킹은 시스템의 호출되는 함수를 중간에 가로채서 입력값과 출력값을 제어하여 응용 프로그램에 활용하고 기능을 확장하는 데 사용된다. 또한, 가장 고전적인 시스템 공격기법 중 하나이며, 사용자의 키보드나 마우스의 움직인 정보를 몰래 가로채는 공격으로 활용된다. 크래킹(불법적인 해킹)할 때 크래킹 대상 컴퓨터의 메모리 정보, 키보드 입력 정보 등을 빼돌리기 위해서 사용되기도 한다. 예를 들어 특정한 API를 후킹하면 해당 API의 리턴값을 조작하는 등의 동작을 수행할 수 있다.

016 정답: 2번

Biba 모델은 벨-라파듈라 보안 모델(Bell-LaPadula Security Model)과 유사하지만 기밀성보다 무결성에 중점을 둔 보안 모델이다. Biba 모델의 원리는 특정 수준에 있는 주체가 하위 수준의 데이터를 조회할 수 없다는 하향 읽기 불가라는 단순무결성 원리(SIAxiom: Simple Intergrity Axiom)를 제공한다. 그리고 상위 수준의 데이터를 쓸 수 없다는 상향 쓰기 불가라는 *(star) 무결성 원리를 제공한다. Biba 모델의 핵심은 읽기 정책이 벨-라파듈라 보안 모델과 동일하고, 상향 쓰기 불가 정책을 유지함으로써 상위 무결성의 데이터를 하위 무결성의 데이터로부터 보호하는 데 있다.

017 정답: 4번

Scale-Out 방식은 물리적으로 상이한 서버를 다수 연결하거나 가상의 자원을 확장하는 방법이며 Scale-Up 방식에 비해서 유연하고 저렴하게 성능 향상을 진행할 수 있다는 장점이 있다. 또한 Scale-Out 방식은 주로 일관성보다는 가용성과 안정성을 중시하는 시스템에 적용하기에 좋으며 클라우드 기반으로 구축된 환경에 구현하기에 적당하다.

Scale-Up 방식은 시스템에서 허용하는 물리적인 Specification 한도 내에서 메모리, 프로세스, 디스크, 스토리지 등을 증설하는 방식이고 오랫동안 사용한 전통적인 성능/가용성 향상 방법이다.

018 정답: 1번

SASE(Secure Access Service Edge)는 2019년 가트너(Gartner)가 클라우드 환경에서 새로운 네트워크 보안 기술의 미래로 칭하며 소개한 개념이다. 간단히 말하면 WAN에 여러 가지 네트워크 보안 요소들을 합친 것을 의미하는데, 여기에는 CASB(Cloud Access Security Broker), Cloud SWG(Secure Web Gateway), VPN(Virtual Private Network), ZTN(Zero Trust Network) 등의 보안 기능이 포함된다. 조직은 SASE 소프트웨어를 사용하여 네트워크 구성 요소, 엔드 포인트 또는 최종 사용자의 실제 위치를 알 필요 없이 단일 관리 콘솔에서 네트워크 및 보안 도구를 볼 수 있다. 데이터를 안전하게 유지하기 위해 SASE는 제로 트러스트 보안 모델을 사용한다. 검사할 데이터 센터로 트래픽을 다시 보내는 대신, SASE 클라이언트는 트래픽을 인터넷 또는 다른 SASE 클라이언트로 전달하기 전에 검사를 위해 PoP(Point of Presence)로 트래픽을 보낸다.

기본적으로 SASE 아키텍처는 개인 데이터 센터를 가상 개인 데이터 센터로 만들어 개인 데이터 센터의 역할을 재정의하려고 한다. 더 이상 기업 정보의 유일한 보호자가 아니라 물리적 데이터 센터는 WAN(Wide Area Network)을 통해 데이터를 저장하기 위한 여러 위치 중의 하나가 된다. SASE는 원격 작업자 수가 증가하고 클라우드 서비스를 사용하여 애플리케이션을 실행하는 조직이 증가함에 따라서 네트워킹 및 보안을 위한 편리하고 민첩하며 비용 효율적이며 확장 가능한 SaaS 제품을 제공한다.

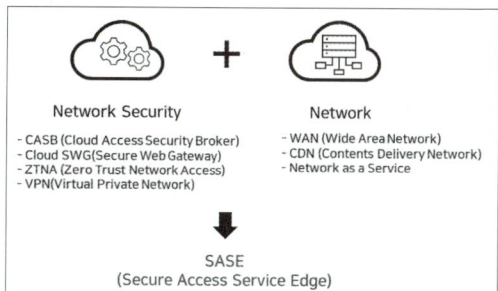

제1장 시스템 보안

019 정답: 2번

　강제적 접근 제어는 화이트리스트 형태의 통제이므로(즉, 명시적으로 허용되지 않은 모든 것은 금지됨) 주의해야 한다. 그러한 맥락 내에서만 재량적인 통제가 작동하여 주어지므로 동일한 배제 원칙으로 더 많은 접근이 금지된다. 이 유형의 제어 시스템에서 의사 결정은 주체(사용자)의 특권(클리어)과 객체(파일)의 민감도(분류)에 기반해 진행한다.

020 정답: 2번

　객체 지향 프로그래밍에서 서브 클래스(자식 클래스)가 자신의 슈퍼 클래스(부모 클래스)에 의해 이미 제공된 메소드를 특정한 형태로 구현하는 것을 오버라이딩(Overriding)이라고 한다. 부모 클래스의 같은 이름, 같은 파라미터 또는 시그니처 그리고 같은 반환형을 갖는 메소드를 서브 클래스에 제공함으로써 슈퍼 클래스의 메소드를 오버라이드한다. 실행되는 메소드의 버전은 인스턴스를 생성하는 데 사용되는 객체에 의해서 결정된다. 만약 부모 클래스의 객체가 메소드를 생성시키는 데 사용된다면 부모 클래스 버전이 실행될 것이지만, 만약 서브 클래스의 객체가 메소드 생성에 사용된다면 자식 클래스 버전이 실행될 것이다. 일부 언어들은 프로그래머가 메소드를 오버라이딩하는 것을 방지하게 할 수 있게 한다.

021 정답: 3번

　RBAC(역할기반 접근 제어)는 기존의 임의기반 접근 제어(DAC) 및 필수기반 접근 제어(MAC) 정책의 대안방법이다. RBAC의 기본 목적은 조직의 구조에 자연스럽게 대응하는 방식으로 각 엔터프라이즈별 보안 정책을 지정하고 시행할 수 있는 점이다. 전통적으로 보안 담당자가 보안을 관리하려면 조직의 보안 정책을 비교적 낮은 수준의 제어 집합 (ACL: Access Control List)에 매핑하여 할당한다. 즉, RBAC를 사용하면 조직 구조와 밀접한 수준에서 보안이 관리되며 각 사용자에게는 하나 이상의 역할이 할당되고 각 역할에는 해당 역할의 사용자에게 허용되는 하나 이상의 권한이 할당된다. 각 역할은 계층적일 수 있다. 따라서 문제에서 의미하는 RBAC를 사용하게 되면 조직의 구성에 따라 적용되는 저렴한 비용이 가장 알맞은 답이 된다.

022 정답: 2번

　문제의 설명에서 말하는 데이터베이스 보안 방식은 데이터베이스 작업 결재를 의미한다. 데이터베이스의 데이터를 조회 및 변경하는 모든 작업은 기록으로 남겨져야 하며 보안정책에서 규정한 절차에 따라 상위 권한 보유자에게 승인(결재)을 받아야 한다. 운영 데이터베이스와 개발 데이터베이스의 작업 결재 절차는 상이하게 설정할 수 있으며 상위 권한 보유자의 부재 시 대리 결재에 대한 정책도 수립해야 한다. 긴급한 장애 복구 등의 상황에 대해 작업 결재 절차를 예외적으로 부여하는 정책이 있는 경우 반드시 사유와 그 관련 모든 기록을 남겨야 하며 사전 결재가 아닌 경우 사후 결재를 수행해야 한다.

023 정답: 2번

　일방향 암호화는 평문을 임의의 짧은 문자열로 줄이고, 암호화된 결과로는 역방향으로 평문을 도출할 수 없는 암호화 알고리즘이다. 일반적으로 평문보다 암호문의 길이가 상당히 짧으며 해시 알고리즘을 사용한다. 보기 ②의 일방향 암호화는 복호화할 수 없으므로 대칭 키 암호화보다 큰 비용이 필요하다는 설명은 적합하지 않다. 그리고 개인정보보호법 및 기타 정보보호 규정에 따르면 시스템 접속에 사용하는 암호는 일방향 암호화를 적용한 암호문을 저장하게 되어 있다.

024
정답: 4번

현대의 범용 컴퓨터를 사용하는 사람들은 보통 소프트웨어를 플랫폼, 응용 프로그램, 사용자 요청 소프트웨어의 세 층의 구분으로 분류한다. 플랫폼 소프트웨어란 BIOS, Firmware, Hardware Driver, OS, GUI 등을 총체적으로 포함하는 것으로, 컴퓨터와 주변기기가 서로 소통할 수 있게 만들어 준다. 응용 소프트웨어는 사람들이 일반적으로 프로그램이라 부르며, 대표적인 예로 오피스 제품과 컴퓨터 게임을 들 수 있다. 응용 프로그램은 거의 대개 운영체제와는 독립적인 프로그램이지만, 보통 특정 플랫폼만을 위해 제작된다. 사용자들은 흔히 컴파일러, 데이터베이스와 같은 시스템 소프트웨어를 응용 소프트웨어로 생각한다. 사용자 요청 소프트웨어는 사용자 특화된 요구를 충족시키기 위한 것이며 스프레드시트 템플릿, 워드 프로세서 매크로, 과학 시뮬레이션, 그래픽/애니메이션 스크립트 등이 있다.

025
정답: 4번

안티바이러스를 활용하는 것은 좋은 방법이지만, 모든 악성 루트킷을 상황에 따라서 잡아낼 수는 없다. 보안 소프트웨어 벤더들이 루트킷 탐지를 위해 제품에 추가하여도 안티바이러스 제품들은 공개 테스트에서 모든 바이러스를 잡아내지는 못한다. 안티바이러스 스캔 시에 루트킷이 은닉하려고 하면 은폐 탐지기가 알아챌 수 있고, 루트킷이 일시적으로 자신을 시스템에서 언로드한다면 시그니처 탐지기가 찾아낼 수 있다. 이 결합된 접근법은 공격자가 대응 메커니즘을 구현하게 했는데 이것은 안티바이러스 프로그램을 종료시키는 것이다. 또한, 시그니처 기반 탐지 방식들은 공개된 루트킷에는 효과적이지만, 특별히 최적화(Customizing)된 루트킷에는 약한 경향이 있다.

026
정답: 3번

보안 취약점 도출 및 악성 코드 탐지를 위한 보안 분석 기법은 크게 정적 분석과 동적 분석으로 분류할 수 있다. 동적 분석은 블랙박스 분석이라고도 불리며, 프로그램을 실제로 구동시키면서 프로그램의 활동을 분석하는 기법이다. 입력값 대비 예상되는 출력값이 변조되는지를 확인하고 특정한 환경에서 예상하지 못한 활동을 수행하는지 분석한다. 이에 반해, 두 번째는 화이트박스 분석이라고 불리는 정적 분석으로, 프로그램 소스 코드를 분석하여 보안 취약점이 내제된 코드를 도출하고 개발자가 악의적으로 숨겨놓은 백도어(Back-Door)를 찾아내는 기법이다. 정적 분석은 눈으로 확인하는 아이 체크(Eye-Check)와 자동화 도구로 검증하는 방법을 모두 활용한다.

027
정답: 2번

로더(Loader)는 컴퓨터 운영체제의 일부분으로, 하드디스크와 같은 오프라인 저장 장치에 있는 특정 프로그램을 찾아서 주기억장치에 적재하고, 그 프로그램이 실행되도록 하는 역할을 담당한다. 적재 프로그램은 대부분 응용 프로그램이지만 경우에 따라서는 운영체제 그 자신의 일부가 될 수도 있다. 적재되는 프로그램은 그 자체에 초기에는 주기억장치에 적재되지 않지만, 필요할 때 적재될 수 있는 요소들을 포함할 수 있다. 멀티태스킹이 지원되는 운영체제에서, 디스패처(Dispatcher)라는 프로그램은 서로 다른 태스크 간에 컴퓨터 CPU의 할당 시간을 조절하고, 특정 태스크와 관련된 프로그램이 주기억장치에 있지 않을 때는 로더를 호출한다. 로더(Loader)의 종류는 다음과 같다.

(1) **Compile-and-Go 로더**: 컴파일러의 작업이 끝나면 바로 오브젝트 코드의 시작 주소로 실행을 옮기도록 한 것으로, 초기 로더가 별도로 존재하기 전에 사용한다. 단일 일관(Batch) 작업만 수행한다

(2) 절대(Absolute) 로더: 컴파일러에 의해 지정된 절대 주소의 메모리로 오브젝트 코드를 적재하며, 초기의 로더가 이에 해당한다. 실행 코드는 오직 단일한 연속 공간 내에서만 실행된다.

(3) 재배치(Relocation) 로더: 컴파일러에 의해 상대 주소로 오브젝트 코드가 생성되며, 이를 적재하는 시점에서 할당 정책에 의해 적재할 메모리 공간을 선정하고, 그 공간의 시작 주소와 상대 주소를 더하여 절대 주소로 계산하여 적재코드는 오직 단일한 연속 공간 내에서만 실행된다.

(4) 직접 연결(Direct-Linking) 로더: 실행 코드가 몇 개의 세그먼트로 나누어져 있고, 각각의 세그먼트는 별도의 메모리 공간에 배치되며, 이때 각 변수의 주소는 직접 지정 방식에 의해 절대 주소로 변환, 실행 코드는 실행 전에 복수의 연속된 세그먼트로 나뉘어 적재된다.

(5) 동적(Dynamic) 로더: 실행 코드는 세그먼트로 분리되어 있으나, 가상 기억 공간 내의 주소로 링크된다. 또한, 각각의 세그먼트는 실행 시점에 적재되며, 최종의 주소도 이때 결정된다.

(6) 동적 연결(Dynamic-Linking) 로더: 세그먼트와 페이지로 분리되며 가상 기억 공간 내에서도 상대 주소로 적재된다. 로더는 실행 시점에서 세그먼트를 페이지 단위로 실제 메모리에 적재하면, 이때 각 변수의 절대 주소를 바인딩한다.

028 정답: 4번

레지스트리는 대부분 하이브(Hive)라고 부르는 파일의 세트에 들어있다(참고: 일부 레지스트리 항목은 시스템이 시작될 때마다 자동으로 구성되어 파일에 저장되지 않기 때문에 "대부분"이라고 말하는 것이다. 예를 들어, Windows 2000은 시작할 때까지는 SCSI 버스에 어떤 장치가 있는지 알지 못한다). 하이브는 바이너리 파일이기 때문에 레지스트리 편집기와 같은 특별한 에디터가 없으면 살펴볼 방법이 없다. 그러나 하이브는 레지스트리의 일부를 로드하거나 백업하기 쉽게 해준다. 대부분의 레지스트리는 하이브 파일에 저장되며 이 파일은 숨김, 시스템, 읽기 전용 속성은 가지고 있지 않지만, 항상 열려 사용되고 있기 때문에 할 수 있는 일이 제한되어 있다. 컴퓨터 설정과 연관된 하이브 파일은 ₩Windows₩System32₩CONFIG 디렉터리에 들어있다. 그리고 사용자 설정에 관련된 하이브 파일은 ₩Documents and Settings₩username 디렉터리에 들어있다. 사실 이는 로컬 사용자 설정인 경우이고, '이동 사용자 프로필'을 가진 사용자들은 NTUSER.DAT라는 설정 파일의 복사본이 네트워크 공유에도 저장되어 있다.

029 정답: 3번

디지털 포렌식에서 아티팩트(Artifact)의 의미는 운영체제나 애플리케이션을 사용하면서 생성되는 흔적을 말한다. 보통 시스템에서 생성되는 증거를 다음과 같이 생성 증거와 보관 증거로 분류하는데 생성 증거에 해당하는 것이 아티팩트다.

생성 증거란 시스템이나 애플리케이션이 자동으로 생성한 데이터를 의미하고, 보관 증거란 사람의 사상이나 감정을 표현하기 위해 작성한 데이터를 말한다. 예를 들어, 윈도우 시스템의 생성 증거(아티팩트)로는 레지스트리, 프리/슈퍼패치, 이벤트 로그 등이 있다.

보관 증거로는 직접 작성한 메일 내용, 블로그 및 소셜 네트워크 작성 내용, 직접 작성한 문서 등이 있다. 보통 보관 증거의 경우, 고의가 들어간 데이터이기 때문에 전문 법칙이 적용되어 증거로 인정받기 위해서는 전문 법칙에 예외 규정을 따져봐야 하지만, 생성 증거의 경우 전문 법칙이 적용되지 않아 증거로의 가치가 매우 높다. 아티팩트를 설명하는 데 법률 용어까지 설명하는 이유는 그만큼 아티팩트가 디지털 포렌식 분석 시 매우 중요한 데이터이기 때문이다.

030
정답: 3번

디지털 포렌식에서 선별 압수란 디지털 증거 수집 방법의 하나로 법원에서 지정한 영장이 허용하는 범위 내 대상 시스템의 데이터를 수집하는 행위를 의미한다. 디지털 선별 압수의 주된 사용 이유는 다음과 같다.

(1) **디지털 정보의 대량성**: 대량의 전자정보 내에는 혐의사실과 관련 없는 정보들이 포함되어 있어서 유관 정보만 분리하는 작업이 필요하다.

(2) **개인정보 보호**: 기술의 발전으로 접속 URL, 검색어, 관심사 등 개인정보가 있고 모바일, 태블릿, 클라우드와 연동될 경우 개인정보 침해 가능성이 존재한다.

(3) **신속한 증거 획득**: 현장에서의 실시간 증거 수집을 통해 손실될 수 있는 증거를 보존하고 현장 상황을 신속하게 판단하여 유연하게 대응해야 한다.

(4) **절차의 간소화**: 현장에서 기기를 압수하여 분석실로 운반 후 선별 및 기기 반환 등 복잡한 절차를 압수수색 현장에서 한 번에 처리하도록 압수 절차가 간소화해야 한다.

출처: http://www.forensic-artifact.com/

031
정답: 1번

비밀 채널(Covert Channel)은 의도하지 않은 방식으로 정보를 이동하는 수단이다. 비밀 채널은 허용해야 하는 것을 거부할 수 없다는 것을 알고 있기 때문에 공격자들이 가장 좋아하는 채널이다. 이 용어는 원래 TCSEC 문서에서 상위 분류에서 하위 분류로 정보를 전송하는 방법을 지칭하기 위해 사용되었다. 비밀 채널 공격은 크게 두 가지 유형으로 나눌 수 있다.

(1) **타이밍 채널 공격**: 구성 요소를 변경하거나 리소스 타이밍을 수정하여 감지하기 어렵도록 한다.

(2) **스토리지 채널 공격**: 하나의 프로세스를 사용하여 스토리지 영역에 데이터를 쓰고 다른 프로세스를 사용하여 데이터를 읽는다.

032
정답: 2번

가입자 인증 모듈은 SIM, USIM, E-SIM 등이 있다. 유심칩이라고도 부르는 SIM 카드(SIM Card)는 가입자 식별 모듈(Subscriber Identification Module)을 구현한 IC 카드로, GSM 단말기의 필수 요소다. 보통 단말기 뒤에 들어가는 슬롯이 있고, 이에 끼워 넣는 작은 카드를 부르는 말이다.

SIM 카드는 각자의 고유한 번호가 있다. 고정된 번호인 ICCID(SIM 카드 외부에 기록된 89로 시작하는 19자리 숫자)와 가입자 회선마다 달라지는 IMSI(450으로 시작하는 15자리 숫자)가 있으며, 가입자 정보를 가지고 있어서 이 카드만 꽂으면 자기 단말기처럼 쓸 수 있다. 참고로 eSIM(embedded SIM)은 문자 그대로 유심 속에 있는 칩이 기기 속에 내장, 마더보드에 부착된 SIM이다. SIM 트레이를 없애 기기를 더욱 경량화할 수 있다는 장점이 있다. 또한 모바일 앱을 통해 SIM을 다운로드할 수 있으므로 이를 이용해 해외 여행자들을 대상으로 데이터 eSIM을 판매하는 앱도 등장했다. eSIM의 장점으로는 기기를 자주 바꾸지 않는 대다수 일반인의 경우 한번 eSIM을 설치하기만 하면, 서로 다른 통신사의 요금제를 자유롭게 바꿔가며 쓸 수 있다는 점이 있다. 단점으로는, 기기를 바꾸고 싶을 때 그냥 칩을 빼서 옮기면 됐던 이전 SIM과는 달리 통신사에 방문해서 eSIM을 이동하는 절차가 필요할 수 있다.

033
정답: 2번

이메일 프로토콜은 기본적으로 다음과 같은 프로토콜을 사용한다. 보기 ① SMTP는 TCP 25번 포트를 이용해 서버와 서버 간의 통신을 한다. 보기 ③ POP3는 TCP 110번 포트를 이용해 서버와 클라이언트 간 통신하고 메일 서버에 있는 메일을 가져온다. 보기 ④ IMAP4은 TCP 143번 포트를 이용하며 POP3와 같은 역할이지만 좀 더 진보된 프로토콜이다. 대표적인 차이는 메일 서버에 있던 메일을 삭제하지 않는다는 것이다.

034 정답: 1번

WEB, 웹 애플리케이션 서버(WAS: Web Application Server), DB(Database)로 구성되는 전통적인 3-Tier 아키텍처에서 WAS의 역할은 WEB을 통해서 유입된 사용자의 비즈니스 트랜잭션을 처리하는 애플리케이션을 탑재하고 구동시키는 작업을 담당한다. 이 비즈니스 트랜잭션을 처리할 때 성능을 향상하고 가용성을 증대하기 위해서 다수의 WAS를 병렬 구성하는데, 이는 일반적으로 각각의 WAS에 데이터를 분산하여 접근한 트랜잭션의 정보를 공유하고 장애가 발생했을 시 가용성을 유지하도록 한다. 이러한 기술을 고가용성(High Availability) 기술 중에서 Session Clustering, Clustering, WAS Clustering, WAS Session Clustering 등의 기술로 부른다.

035 정답: 1번

결함 감내, 결함 허용(Fault Tolerance)이란, 임의의 시스템이 구성요소의 고장/결함에도 항상 시스템이 정상적으로 동작하도록 하는 능력이다. 결함 감내 시스템은 부품의 고장이 발생하면 부분적인 기능을 사용할 수 없고 계속 부품의 결함이나 고장이 발생하면 점진적으로 사용할 수 없는 기능이 증가하며, 치명적인 결함이나 고장이 발생하면 시스템이 정지하도록 구성한다. 이러한 측면에서 결함 감내 시스템은 Graceful Degradation(단계별 성능 저하) 특징이 있다. 장애 허용 개념이 고려되지 않은

일반 시스템에서는 부품에서 사소한 결함이나 고장이 발생하여도 시스템의 동작이 정지된다. 결함 감내/고장 감내 시스템은 고장이 발생하면 인명이나 재산에 피해를 초래하는 사고가 발생하는 안전필수(Safety-critical) 및 업무 필수적 시스템(Mission-critical)에서 사용된다. 구체적으로는 원자력, 발전, 에너지, 국방, 항공, 우주, 자동차, 철도, 조선, 플랜트, 금융, 의료 등 다양한 분야의 임베디드 시스템에서 활용되고 있다.

036 정답: 4번

ls 명령어는 표준출력으로 지정한 디렉터리나 파일의 정보를 출력한다. 파일이나 디렉터리를 지정하지 않으면 현재 디렉터리의 내용을 출력하며 현재 디렉터리에서 숨김 파일까지 모두 보고 싶을 때는 -a 옵션을 사용한다. ls 명령으로 조회할 수 있는 정보들은 다음과 같다. 파일의 종류와 퍼미션, 파일의 링크나 이름의 개수, 파일 소유자의 사용자 명, 다른 사용자의 사용자 명, 파일의 Size, Byte 단위, 파일의 마지막 변경 일자, 파일의 이름 등이다.

037 정답: 3번

HRU 보안 모델(Harrison, Ruzzo, Ullman 모델)은 시스템에서 액세스 권한의 무결성을 다루는 운영체제 수준의 컴퓨터 보안 모델이다. 이는 객체에 대한 주체의 액세스 권한을 편집하는 데 사용하는 Graham-Denning 모델의 확장이다. 세 명의 저자인 Michael A. Harrison, Walter L. Ruzzo 및 Jeffrey D. Ullman의 이름을 따서 명명되었다. HRU 모델의 기본 요청은 한 쌍의 주체 및 개체에 대한 액세스 권한을 추가 또는 제거하고 주체 또는 개체를 추가 또는 제거하여 액세스 매트릭스를 수정할 수 있다. 그리고 주체 또는 개체를 생성하려면 주체 또는 개체가 현재 구성에 없어야 하지만 주체 또는 개체를 삭

제하려면 삭제하기 전에 존재해야 한다. 복잡한 명령에서는 일련의 작업이 전체적으로만 실행된다. 시퀀스의 작업이 실패하면 데이터베이스 트랜잭션의 한 형태인 전체 시퀀스가 실패한다.

038   정답: 1번

웹은 여러 가지 웹 관련 서비스, 구성요소, 다른 서비스와의 연계 등을 통해 발생하는 복합적인 보안취약점을 가지고 있다. 특히 웹 서버는 패스워드 등을 이용한 인증 문제, 사용 프로토콜 문제, 도메인 이름이나 IP 주소를 통한 접근 제어 문제, 사용자/그룹이나 디렉터리 및 파일의 접근 문제, 구성파일 문제 등 잠재적인 취약점이 존재한다. 선택지상에서 웹 브라우저의 보안에 관한 기본설정 잘못 구성은 클라이언트 문제로 다른 선택지와는 다소 거리가 존재한다. 참고로, 한국정보보호센터에서 제시한 웹 서버 구성상의 취약점 주의사항은 다음과 같다.

(1) 서버 루트와 도큐먼트 루트의 파일 접근 권한
(2) 자동 디렉터리 리스팅
(3) 심볼릭 링크
(4) 사용자 관리 디렉터리
(5) 웹 서버를 루트 권한으로 운영

출처: 웹 서버 안전 운영대책(1998.07) - 한국정보보호센터

039   정답: 1번

보안장비가 악의적인 공격이라고 판단한 전체 항목이란 TP(True Positive)와 FP(False Positive)의 합을 의미한다. 그리고 '그중에서 실제로 악의적인 공격'이란 TP(True Positive)를 의미한다. 이는 정밀도(Precision)라는 측정/분석 지표로 불리는 항목이며 Precision의 계산 공식은 TP/(TP+FP)로 정의할 수 있다.

040   정답: 3번

섀도 패스워드(Shadow Password)는 암호화된 /etc/passwd 파일 내의 패스워드 필드를 특별한 문자로 치환하여 표시하고 실제의 패스워드는 /etc/shadow 파일에 암호화하여 정상적인 사용자가 읽을 수 없는 파일에 저장된다. 해당 파일 구조는 총 9개의 필드로 구성된다(계정명 : 암호화된 패스워드 : 최종 암호 변경일 : 암호변경 최소 일수 : 암호변경 유예기간 : 암호변경 경고 일수 : 계정 사용 불가 날짜 : 계정 만료일 : 예약).

041   정답: 3번

보안 커널은 참조 모니터 개념을 구현하는 신뢰할 수 있는 컴퓨팅 기반의 하드웨어, 펌웨어 및 소프트웨어 요소다. 보안 커널은 모든 액세스를 중재하고 수정으로부터 보호되어야 하며 올바른지 확인할 수 있어야 한다. 또한, 보안경계 내의 모든 주체와 객체를 통제하고 시스템에서 발생하는 모든 접근 요구사항을 조정하여야 한다. 모든 접근을 보안, 감시하여 OS의 보안 메커니즘 시행 책임을 지며 해킹 방지 기능이 존재한다.

042   정답: 4번

RMI(Remote Method Invocation) 네트워크 프로토콜은 서로 다른 시스템에 존재하는 함수를 호출하고 실행하는 기능을 담당한다. 서로 다른 로컬 네트워크에 위치한 각각의 객체를 원격 객체라고 하는데, 이들 간의 통신 메커니즘을 제공한다. 1980년대 RPC(Remote Procedure Call)를 기반으로 한 것으로 원격 인터페이스, 원격 서버, 에이전트, 네이밍 레지스트리로 이루어진다. 이와 관련된 내용으로 대표적인 사례는 DCE, DCOM, COM, COBRA 등이 있다.

043

정답: 1번

이메일을 위한 보안 표준으로는 PEM, PGP, S/MIME 등이 있다. 이러한 문제는 자주 출제되므로 반드시 숙지해야 한다. PEM, PGP, S/MIME의 상세한 설명은 다음과 같다.

- **PEM(Privacy Enhanced Mail)**: IETF에서 채택한 기밀성, 인증, 무결성, 부인방지를 지원하는 이메일 보안 기술이며 기존 전자우편 프로토콜을 이용하여 보안을 위한 정보를 추가해서 보낸다. 구현의 어려움으로 많이 사용되지 않으며 군사용 시스템 등에서 드물게 사용된다.
- **PGP(Pretty Good Privacy)**: Phil Zimmermann이 개발한 대표적인 전자우편 프로토콜이며 전자서명을 이용하여 인증을 제공한다. 대칭 블록암호를 이용해 기밀성을 제공하고 ZIP 알고리즘으로 압축을 지원한다. 또한 기수-64(radix-64) 부호화를 이용해 전자우편 호환성을 제공하고 단편화 조립을 통해 길이가 긴 전자우편 데이터를 전송할 수 있다.
- **S/MIME(Secure Multipurpose Internet Mail Extension)**: S/MIME는 PGP와 흡사하게 전자우편 데이터 전송의 안전성을 구현한 모델이며 전자우편을 통해 ASCII가 아닌 데이터가 송신될 수 있도록 하는 부가적인 프로토콜이다. Non-ASCII 데이터를 NVT ASCII로 변환한 후 받는 측에서 다시 역변환한다. S/MIME는 디지털서명표준(DSS), X.509 버전 3 인증서, 디피-헬만, RSA를 이용한 보안 메커니즘이 추가되었다.

044

정답: 2번

핫 스페어(Hot Spare)는 RAID 5 구성 시 빠른 장애 복구를 위해 구성하는 별도의 디스크이다. RAID 5는 패리티 정보를 디스크에 분산하여 저장하여 하나의 디스크에 장애가 발생해도 데이터 유실 없이 복구가 가능하다는 장점이 있는데, 핫 스페어를 구성하지 않으면 디스크를 교체하고 리빌딩을 작업하는 동안 다운타임(Down Time)이 발생한다. 핫 스페어 디스크는 이러한 다운타임을 최소화하기 위해 별도로 대기하는 디스크이며 장애가 발생한 디스크를 자동으로 대체하도록 구성된다.

045

정답: 2번

버퍼 오버플로우(Buffer Overflow) 또는 버퍼 오버런(Buffer Overrun)은 메모리를 다루는 데 오류가 발생하여 잘못된 동작을 수행하는 프로그램 취약점이다. 프로그램은 함수를 호출하는 등 로직이 분기할 때 지역변수나 파라미터를 힙메모리 등의 특정 공간에 저장해두고 다시 필요할 때 불러서 사용하는데 이 시점에 저장된 공간의 영역을 초과(Overflow)해서 기존에 저장된 값을 변조하거나 되돌아갈 주소를 변경하는 방식으로 악성 코드에 활용되기도 한다.

버퍼메모리를 Overflow해서 데이터를 덮어씌우면서 임의의 무단으로 작성된 악성 코드(Exploit Code)를 삽입하거나 실행할 수 있는 위험성이 있다. 그리고 애플리케이션에서 사용하는 중요한 코드를 덮어씌울 수 있고 상위 권한 탈취로 연결되어 의도치 않게 민감한 정보를 노출할 수도 있다. 프로그램에서 메모리를 제어하는 소스 코드를 작성할 때 변수의 길이를 제어할 수 없는 취약점이 내재된 함수를 사용하지 않는 것이 좋으며 이를 시큐어 코딩의 영역으로 다룰 수 있다. 예를 들어, C 언어의 문자열 복사 함수인 strcpy는 변수의 길이 제어에 취약점이 있으므로 strncpy를 사용하도록 권장해야 한다.

046

정답: 1번

모바일 포렌식을 수행할 때 기술적인 관점에서는 원본 데이터가 가장 중요하며 메모리에 상주한 데이터를 복사해서 진행하는지 여부가 핵심이다. 참고로, 포렌식이란 범죄를 밝혀내기 위한 모든 과학적 수단과 방법을 말한다. 범죄 현장에 남은 지문이나 DNA를 분석하는 증거물 분석이 가장 대표적인 포렌식 분야라고 할 수 있다. 디지털 포렌식의 뜻은 쉽게 말하자면 '완전히 지운 것을 다시 복원하는 것'이다. 범죄자의 PC나 스마트폰, 전자기기 등에서 정보를 캐내야 할 때 도입하는 기법으로, 삭제된 문자나 사진, 검색 내용 등 모든 자료를 알아내는 것이 디지털 포렌식의 정의라고 할 수 있다. 디지털 포렌식은 그 분석 대상에 따라 디스크 포렌식, 라이브 포렌식(휘발성 데이터 대상), 네트워크 포렌식, 웹 포렌식, 모바일/임베디드 포렌식, 소스 코드 포렌식, 데이터베이스 포렌식 등으로 나눌 수 있다. 디지털 데이터가 법적 효력을 가지는 증거 데이터로 사용되기 위해서는, 논리적이고 체계적인 절차에 따라 수집되어야 한다. 물론 이러한 자료들은 해당 시스템 사용자가 얼마든지 접근하고 조작이 가능한 데이터들이다. 따라서 디지털 포렌식은 적법한 절차와 수단에 따라 자격 있는 증거 분석관에 의해, 신뢰성 있는 디지털 포렌식 도구에 의해 확보되어야 하며, 기본 원칙을 준수해야 한다.

047 정답: 2번

HTTP는 클라이언트와 서버 간에 연결을 유지하지 않는 비연결 지향 프로토콜이다. 따라서 웹페이지를 요청할 때마다 클라이언트와 웹 서버는 연결요청 및 응답 과정을 반복하게 된다. 웹 서버의 KeepAlive 옵션은 KeepAliveTimeout(단위: 초) 만큼 연결을 유지하면서 해당 시간 안에 다시 요청이 들어온 연결은 더 빠르게 처리할 수 있도록 하는 기능이다. 하지만 이는 웹 서버의 메모리를 사용하기 때문에 대규모 서비스를 하는 경우에는 이 옵션을 사용해서, 발생할 성능 이슈를 고려해야 한다.

048 정답: 1번

정보 이론에서 시스템은 송신자, 채널, 수신자를 이용하여 모형화한다. 송신자는 채널을 통해 전달되는 메시지를 만들어낸다. 채널은 특정한 방식을 통해 메시지를 변경한다. 수신자는 어떤 메시지가 보내진 것인지 추론하고자 한다. 이때, 정보 엔트로피(또는 섀넌 엔트로피)는 각 메시지에 포함된 정보의 기댓값(평균)이다. '메시지'는 어떤 흐름의 정보에 대해서도 모형화할 수 있다. 확률이 낮을수록, 어떤 정보일지는 불확실하게 되고, 우리는 이때 '정보가 많다', '엔트로피가 높다'고 표현한다. 정보 이론의 기본은, 어떤 사람이 정보를 더 많이 알수록 새롭게 알 수 있는 정보는 적어진다는 것이다. 어떤 사건의 확률이 매우 높다고 가정하자. 우리는 그 사건이 발생해도 별로 놀라지 않는다. 즉, 이 사건은 적은 정보를 제공한다. 반대로, 만약 사건이 불확실하다면, 그 사건이 일어났을 때 훨씬 유용한 정보를 제공한다. 그러므로, 정보량(Information Content)은 확률에 반비례한다. 즉, 엔트로피는 '어떤 상태에서의 불확실성', 또는 이와 동등한 의미로 '평균 정보량'을 의미한다. 엔트로피가 낮다는 것은 확정적인 정보가 많거나 특정한 심볼의 발생 확률이 높은 것을 의미한다. 그리고 예측이 존재한다. 엔트로피가 높다는 것은 예측이 어려우며 놀라운 정보가 많으며 평균 정보량이 높음을 의미한다. 또한 각 심볼의 발생 확률이 동일하며 무작위성을 지닌다. 무작위성이 높기에 이는 중복성이 거의 없음을 의미한다.

049 정답: 4번

윈도우 레지스트리 최상단 레벨의 키에는 HKEY_CLASSES_ROOT, HKEY_CURRENT_USER, HKEY_LOCAL_MACHINE, HKEY_USERS, KHEY_CURRENT_CONFIG가 존재한다. 이 중에서 현재 시스템의 하드웨어를 구동하기 위해서 설정된 레지스트리 정보를 포함하는 항목은 HKEY_LOCAL_MACHINE이다.

050
정답: 4번

생체 인식(Biometrics) 기술은 기술적인 관점과 사용자 측면 두 가지로 이해하는 것이 중요하다. 대부분의 보안기술이 그러하듯이 보안 수준을 높일수록 보안성능과 효과성은 향상되는 반면에 사용자 편의성과 사용성, 수용성은 저하되는 반비례 관계를 맺고 있기 때문이다. 이 문제에서는 생체 인식 기술의 수용성(사용성, 편의성, 수락성)이 높은 기술을 묻고 있는데 일반적으로 비접촉일수록 수용성이 높다. 순서대로 나열한다면, 음성 → 키 스트로크 패턴 → 서명 → 손바닥 → 손자국 → 지문 → 홍채 패턴 → 망막 패턴 순이다.

051
정답: 2번

ps 명령어는 현재 프로세스의 상태를 목록으로 조회하는 명령어이다. 시스템 운영자들이 습관적일 정도로 가장 많이 사용하는 옵션인 -e와 -f는 프로세스를 모두 조회하는 e 옵션과 상세정보를 조회하는 f 옵션이다. 이 결과는 모든 프로세스를 조회하므로 원하는 JVM 프로세스만 선별할 수 없다. 그러므로 파이프를 이용해서 grep 명령어로 java 문자열만 선별하여 조회한다면 원하는 정보를 얻을 수 있다.

052
정답: 2번

로더(Loader)는 어떤 프로그램을 실행하기 위해 해당 목적 프로그램을 메모리에 적재하고 배치 주소를 옮기는 프로그램을 의미한다. 로더의 주요 기능은 다음과 같다.

- 할당(Allocation): 프로그램을 주기억 장치에 적재하기 위해 공간을 확보
- 연결(Linking): 주기억 장치의 일부 공간을 논리적 주소 공간으로 연결
- 재배치(Relocation): 주기억 장치의 공간에서 위치를 조정
- 적재(Loading): 프로그램을 주기억 장치에 물리적, 논리적으로 배치

참고로 링커는 언어 번역 프로그램이 생성한 목적 프로그램들과 라이브러리 또 다른 실행 프로그램 등을 연결하여 실행 가능한 로드 모듈을 만드는 시스템 소프트웨어이며 연결 편집기라고도 한다. 링커는 연결 기능만 수행하는 로더의 한 형태로, 링커에 의해 수행되는 작업을 링킹이라고 한다. 이에 반해 로더는 컴퓨터 내부로 정보를 들여오거나 로드 모듈을 디스크 등의 보조기억 장치로부터 주기억 장치에 적재하는 시스템 소프트웨어다.

053
정답: 1번

CAP 이론은 일관성, 가용성, 분산허용성 세 가지를 모두 동시에 만족하는 시스템은 존재할 수 없다는 이론이다. 전통적인 중앙집중형 아키텍처에서 분산형 아키텍처의 기술로 확대되는 과정에서 분산 환경에서는 가용성과 일관성을 100% 보장할 수 없는 기술적인 문제에 대한 바탕이 되는 이론이 되었다. 기존의 관계형 데이터베이스는 C+A(일관성과 가용성)를 보장하는 시스템이며 일관성과 가용성을 보장하는 상황에서 분산허용성까지 보장하는 것은 불가능하다. 또한, 분산형 아키텍처에서는 P(분산허용성)를 보장하는 대신에 일관성과 가용성 중 일부에 손실이 발생할 수밖에 없다.

054
정답: 2번

현대 암호학뿐만 아니라 오래전부터 암호화에 사용되어온 두 가지 기법은 전치(Transposition)와 치환(Substitution)이다. 전치는 평문의 각 비트를 다른 위치로 이동하는 기법이며 현대 블록 암호화의 P-BOX와 대응된다. 치환은 평문의 각 비트나 문자를 다른 것과 변경(교체/대체)하는 기법이며 현대 블록 암호화의 S-BOX와 대응된다. 전치와 치환은

암호학 부문에서 가끔 출제되므로 그 특징에 대해서 숙지할 필요성이 있다.

055   정답: 4번

침해 시스템을 조사하기 위해서는 침해 시스템으로부터 다양한 포렌식 아티팩트를 수집하고 분석해야 한다. 포렌식 아티팩트는 Shellbag, 사용자 웹 사용 기록 등 다양한 종류가 있으며, IT 기기 활용 증가에 따라 포렌식 아티팩트에 저장된 정보의 양은 점점 많아지고 있다. 따라서 많은 양의 데이터를 분석하기 위하여 정형화된 데이터 처리 양식이 필요하다. XML(Extensible Markup Language)은 다양한 데이터를 기록하고 교환하는 것에 있어서 혼동이 없도록 명확한 데이터의 표현을 위하여 개발된 언어이다. DFIOC(Digital Forensic Indicators Of Compromise)는 XML을 기반으로 설계하였으며, 수집된 포렌식 아티팩트를 명확히 기록하고 분석에 활용할 수 있도록 설계하였다. DFIOC는 침해 시스템에서 수집된 다양한 포렌식 아티팩트 정보를 기록할 수 있다. Evidence는 포렌식 아티팩트와 포렌식 아티팩트의 추출 정보이다. 추출 정보는 단순히 수집된 그대로 저장할 수 있으며 포렌식 관점에서 의미를 추가하여 저장할 수 있다. 외부저장장치 연결, 실행 흔적과 같은 포렌식 관점의 정보를 포함하는 것은 조사관이 DFIOC에 기록된 정보를 더 쉽게 이해하고 분석할 수 있도록 한다. 수집된 정보를 활용하여 분석이 완료되면 Forensic Analysis 항목에 Evidence 간의 관계를 기록하여 포렌식 분석 보고서를 작성한다. 보고서 작성 완료 후 다음 단계에서는 Indicator 항목을 작성할 수 있다. Indicator 항목은 향후 다른 침해사고가 발생하였을 때 유사한 침해사고를 빠르게 확인하기 위하여 Evidence 논리 조합을 기록한 침해 흔적 탐지 규칙이다.

[55번 해설 관련 표]

Element	하위 Element	설명	Element	하위 Element	설명
SystemBasic Info	HardwareInfo	시스템의 하드웨어 정보	UserSystem Activities	WebHistoryInfo	웹 페이지 접속 흔적
	OSInfo	시스템의 OS 정보		DownloadInfo	다운로드 흔적
	UserAccounts	시스템에서 사용 중인 계정정보		RecentDocInfo	최근 문서 열람 흔적
	UserGroups	시스템에서 사용 중인 유저 그룹 정보		ExternalDriveInfo	외부 저장장치 연결 흔적
	DiskInfo	시스템에서 사용 중인 디스크 및 파티션 정보		ShellBagInfo	폴더 변경 흔적
SystemSetting Info	NetworkConfig	시스템의 네트워크 설정 정보		PrefetchInfo	프로그램 실행 흔적
	InstalledApplication Info	시스템에 설치된 프로그램 정보		AMCacheInfo	프로그램 실행 흔적
	AutorunsInfo	자동 실행 프로그램 정보		CompatibilityInfo	프로그램 실행 흔적
	Services	시스템에 등록된 서비스 프로그램 정보		IconCacheInfo	프로그램 사용 흔적
	UpdateInfo	시스템의 업데이트 정보		EventLogInfo	프로그램 실행 흔적
	DriverInfo	시스템에 설치된 드라이버 정보		NtfsJrnlInfo	파일 관련 작업 흔적
	FirewallInfo	시스템 방화벽 설정 정보	SystemLive Info	ProcessInfo	활성 상태의 프로세스 정보
	SharedForlderInfo	공유폴더 정보		NetworkActivities	활성 네트워크 세션 및 네트워크 캐쉬 정보
	HostsFileInfo	윈도우 호스트 파일의 정보		Packets	네트워크 패킷 정보
EvidenceFiles	File	Evidence 일반 파일 정보	SecurityEvents	SecurityEvent	보안 이벤트 탐지 흔적
	ExecutableFile	Evidence 실행 파일 정보			

출처: Digital Forensic Indicators of Compromise Format(DFIOC) and Its Application

056
정답: 2번

tail 명령어는 사용하는 대상 파일의 가장 마지막 임의의 줄을 보여주는 기능을 한다. tail -n 뒤에 원하는 라인 수를 입력할 수 있으며 기본값은 10줄이다. 또한 한 개의 파일이 아닌 *를 사용하여 다수의 파일을 조회할 수 있는 기능도 제공한다. tail 명령어가 실시간 로그파일 조회에 사용되는 방법은 주로 tail -f 옵션을 사용하는데, 이 옵션을 사용하면 해당 파일이 변화하는 내용을 실시간으로 프롬프트에서 조회할 수 있다.

057
정답: 2번

보안 커널(Security Kernel)은 참조 모니터 개념을 구현한 신뢰 컴퓨팅 기반(TCB)의 하드웨어, 소프트웨어, 펌웨어 요소다. 변형으로부터 보호되어야 하고 시스템에서 발생하는 모든 접근 요구를 조정해야 한다. 보안 커널은 주체와 객체 간의 모든 액세스와 기능을 중재한다. 보안 커널은 TCB의 핵심이며 신뢰할 수 있는 컴퓨팅 시스템을 구축하는 데 있어서 가장 일반적으로 사용되는 접근 방식이다. 보안 커널에는 다음과 같이 세 가지의 주요 요구 사항이 있다.

(1) 참조 모니터 개념을 수행하는 프로세스에 격리를 제공해야 하며 프로세스는 조작이 불가능해야 한다.
(2) 모든 액세스 시도에 대해 호출되어야 하며 우회할 수 없어야 한다. 따라서 보안 커널은 완전하고 안전한 방식으로 구현되어야 한다.
(3) 완전하고 포괄적인 방식으로 테스트하고 검증할 수 있을 만큼 아주 작아야 한다.

058
정답: 2번

보안 정보와 이벤트 관리(SIEM: Security Information and Event Management)는 수많은 장비에서 발생하는 로그를 하나로 모아서 로그 데이터를 규격화하고 실시간으로 보안 이슈를 분석 및 탐지하는 솔루션이다. 데이터센터 및 정보시스템의 규모가 점점 커지는 상황에서 매일 수 TB씩 저장되는 로그 파일이 그대로 버려지지 않도록 SIEM으로 관리하여 보안이슈를 탐지하는 솔루션으로 주목받고 있다. 최근 빅데이터 분석기술과 컴퓨팅 성능이 향상되면서 대용량 로그파일 처리 성능이 개선되어 실용화가 빠르게 진행되고 있다.

059
정답: 3번

디지털 포렌식 절차의 기본 원칙은 자주 출제가 되므로 숙지하도록 한다. 특히 관리 연속성(Chain of Custody)은 기록이 생산된 이래 그것을 보유한 개인 또는 기관들의 연속적 승계 및 관리의 단절이 없음을 보여주는 것이며 이는 기록의 진본성을 판정하는 중요한 기준 중의 하나다.

- **정당성**: 증거가 적법 절차에 의해 수집되었는가?
- **무결성**: 증거가 수집, 이송, 분석, 제출 과정에서 위·변조되지 않았는가?
- **연계 보관성**: 각 단계에서 증거가 명확하게 관리되었는가?
- **신속성**: 디지털 포렌식의 전 과정이 신속하게 진행되었는가?
- **재현**: 같은 조건과 상황에서 동일한 결과를 보장하는가?

060
정답: 2번

소인수 분해의 어려움이란, 128bit, 256bit, 512bit 정도의 큰 두 개의 소수인 p와 q를 곱하여 하나의 숫자를 구하는 정방향 계산은 쉽지만 역방향으로 p와 q를 찾아내는 계산은 많은 시간이 필요하다는 계산 원리이다. 이 소인수 분해의 어려움을 이용한 암호화 알고리즘이 RSA이며 현대 암호학 이론의 근간이 되는 수학이다.

061
정답: 3번

　래티스 기반 접근 제어(Lattice Based Access Control) 방식은 역할기반 접근 제어의 한 분류이며, 주체가 접근할 수 있는 상위의 경계부터 하위의 경계를 설정한다. 래티스 기반 접근 제어는 어떠한 주체가 어떠한 객체에 접근하거나 할 수 없는 경계를 지정하는 방식을 이용한 접근 제어 기술이다.

062
정답: 2번

　해커의 공격기법을 분류하는 방식을 Active와 Passive로 분류하는 경우, 공격 대상 시스템이나 서비스, 프로그램, 데이터에 대한 손상 및 위변조 여부로 분류할 수 있다. 공격 대상 시스템 등에 위해를 가하거나 데이터를 변조하는 등 변경을 일으키는 경우 Active Attack이라고 하며, 그 반대의 경우에는 Passive Attack으로 분류한다. 보기에서 Sniffing, Session Hijacking, Man In The Middle 공격기법은 가로채기, 엿보기 등의 공격으로 대상의 데이터나 시스템에 위해를 가하지 않으므로 Passive Attack으로 분류한다. 하지만 분산 서비스 거부 공격(DDoS: Distributed Denial of Service)은 시스템에 가용성 장애를 유발하므로 Active Attack으로 분류한다.

063
정답: 3번

　데이터베이스를 온라인 트랜잭션 중심의 OLTP(OnLine Transaction Processing)와 OLAP(OnLine Analytical Processing)으로 분류한다면, OLTP는 Index 기반의 Range Scan이 많고 OLAP은 Table Full Scan이 상대적으로 많다. 일반적으로 데이터베이스의 성능 지표 중에서 버퍼 캐시 히트율(BCHR: Buffer Cache Hit Ratio)은 메모리에 적재된 데이터가 적중된 비율을 의미하며 높을수록 좋다. IMDB(In-Memory Database)는 Column-Base Table 구조와 Full Table Scan 방식을 사용하며 전통적인 파일 시스템 기반의 데이터베이스와는 인덱스의 효율성 정도가 상이하다. 마지막으로 Index Range Scan과 Table Full Scan은 테이블의 통계정보와 카디널리티, 질의문의 조건에 따라서 성능이 좌우되며 이는 절대적으로 빠르지도 않고 느리지도 않다.

064
정답: 2번

　sudo 명령어는 유닉스 및 유닉스 계열 운영체제에서, 다른 사용자의 보안 권한, 보통 슈퍼 유저로서 프로그램을 구동할 수 있도록 하는 프로그램이다. 명칭은 본래 슈퍼 유저로서의 실행에 사용되던 것에서 'superuser do'에서 유래하였으나, 후에 프로그램의 기능이 확장되며 'substitute user do'(다른 사용자의 권한으로 실행)의 줄임말로 해석되었다. 기본적으로 sudo는 사용자 비밀번호를 요구하지만 루트 비밀번호(Root Password)가 필요할 수도 있고, 한 터미널에 한 번만 입력하고 그다음부터는 비밀번호가 필요 없을 수도 있다. sudo는 루트로 명령을 실행하기 위한 su의 대안이다. 모든 추가 명령 루트 액세스를 허용하는 루트 셸을 시작하는 su와 달리 sudo는 대신 단일 명령에 임시 권한 에스컬레이션을 부여한다. 필요할 때만 루트 권한을 활성화함으로써 sudo 사용은 호출된 명령의 오타나 버그가 시스템을 망칠 가능성을 줄인다.

065
정답: 4번

　스위치 장비는 연결된 네트워크에서 MAC Mapping Table을 이용해서 브로드캐스팅하지 않고 특정한 네트워크에만 구분하여 전달하는 기능이 있다. 하지만 MAC Table이 가득 채워지면 새롭게 유입되는 스위칭(Switching) 요청에 대해서 Hub와 같이 동작한다. 이러한 상황일 때 MAC Table Overflow와 같은 공격 기법을 MACOF, MAC Flooding, Switch Jamming이라고 한다. 하지만, 스위치에 따라서 공격이 가능한 경우도 불가능한 경우도 존재한다.

066　　　　　　　　　　　정답: 1번

디지털 포렌식은 크게 사전 준비, 증거 수집, 증거 포장 및 이송, 조사 분석, 정밀 검토, 보고서 작성의 6단계 절차에 따른다. 또한 전체 포렌식에 필요한 기술로는 크게 데이터를 수집하는 기술, 수집된 디지털 데이터를 분석하여 증거를 추출하는 기술로 나눌 수 있다. 원본 데이터 수집 기술은 이미징, 이미지 인식, 네트워크 정보 수집, 메모리 기반 장치 복제, 휘발성 데이터 수집, 하드디스크 복구, 메모리 복구, 삭제된 파일 복구, 암호 통신 내용 해독을 수행한다. 증거 분석 기술은 로그 및 레지스트리 분석, 영상 정보 분석, 데이터마이닝, 네트워크 시각화, 저장 매체 사용 흔적 분석 등을 수행한다.

067　　　　　　　　　　　정답: 3번

정규표현식은 짧은 표현식으로 정확한 조건식을 정의할 수 있다는 큰 장점을 가지고 있다. 보기의 사례를 포함해서 파이썬 정규표현식의 사례는 다음과 같다.

정규 표현식	설명	사례
[abc]	해당 문자 중에 하나 이상 일치	abbbbba
[a-z]	a부터 z까지 하나 이상 일치	bdkfoabx
[A-Z]	대문자 A부터 Z까지 하나 이상 일치	APPLE
[0-9]	숫자 전체	98001
[^0-9]	숫자가 아닌 것	every
[w*b]	* 앞의 문자가 없거나 무한반복	weeeeeb
[w+b]	+ 앞의 문자가 한 개 이상 무한반복	weeeeeb
[a.b]	a와 b 사이에 하나 이상 문자 포함	acb

068　　　　　　　　　　　정답: 2번

키 스트로크 역학(Key-Stroke Dynamics)은 키보드 입력 방식과 리듬에 따라 개인의 신원을 식별하는 기술이며 행동학적인 생체 인식 분석 방법이다. 키 스트로크 역학은 사람이 키보드에서 키 입력하는 방식을 말하며, 일반적으로 키보드 입력 속도는 초당 최대 1000번 정도다. 키 스트로크 역학을 통해 개인을 식별하는 데 사용되는 생체 템플릿은 입력 패턴, 리듬 및 키보드 입력 속도를 기반으로 하는데, 이러한 측정값은 드웰 시간(Dwell Time)과 비행 시간(Flight Time)이다. 드웰 시간(Dwell Time)은 키를 누른 시간이며 체류 시간이라고도 표현한다. 비행시간(Flight Time)은 키에서 손을 떼고 다음 키를 누를 때까지의 시간을 의미한다. 이 두 가지 시간은 고유하지 않고 각 사용자의 언어, 습관, 타이핑 방식 등에 따라 모두 상이하여 행동학적 생체 인식 기술로 활용이 가능하다. 참고로 마우스 움직임(가속 시간, 클릭 빈도)도 키 스트로크 역학과 함께 결합하는 것도 고려할 만한 대상이다.

069　　　　　　　　　　　정답: 1번

선별 압수의 한계는 형사소송법에 의하여 전자 증거의 압수 시 사건과 관계가 인정될 수 있는 전자 정보만 골라서 압수한다는 것에 있다. 선별 압수 방법에는 크게, 현장에서의 선별, 반출 후 선별 이렇게 두 가지 방법이 존재하며 현장에서 선별 압수가 원칙이지만 한계가 분명 존재한다. 한계점은 다음과 같다. 실체 진실 발견의 한계, 규범적, 기술적 한계, 논리 이미징의 한계, 디지털 포렌식의 고급기법 적용의 한계다. 이러한 한계는 회피하기 어려우므로 필요한 경우 매체 압수, 현장 외 선별 압수를 하거나 관련성 인정 범위를 확대해야 한다. 그리고 매체 압수 시 탐색 및 선별 과정에서 참여권을 보장(화면녹화, 원격영상 제공 등)하고, 무관한 정보의 삭제 및 폐기 요청, 이의 제기권을 명문화하며, 수사기관의 전자증거를 철저하게 관리해야 한다.

출처: http://www.forensic-artifact.com

070 정답: 1번

　엔터프라이즈 시스템에서 오프 사이트 데이터 보호 및 저장은 재해 복구 계획의 일부이며, 중요한 데이터를 외부에 위치한 스토리지로 보내는 전략이다. 데이터는 일반적으로 자기 테이프 또는 광학 스토리지와 같은 이동식 스토리지 미디어를 사용하여 오프 사이트로 전송된다. 데이터는 또한 Electric Vaulting 또는 e-vaulting 전자 금고로 알려진 원격 백업 서비스를 통해 전자적으로 전송할 수 있다. 백업을 오프 사이트로 보내면 재해, 우발적 오류 또는 시스템 충돌 시 시스템과 서버를 최신 데이터로 다시 로드시킬 수 있다. 백업을 오프 사이트로 보내는 작업을 수행할 경우 온 사이트에 저장되지 않은 관련 데이터의 사본이 있는지도 확인할 수 있다. 일부 조직은 자체 오프 사이트 백업을 관리하고 저장하지만, 많은 조직은 경제적인 이유로 오프 사이트 데이터의 상업적 보호를 전문으로 하는 제3자가 백업을 관리하고 저장하도록 선택한다.

071 정답: 4번

　스페이스X의 크루드래곤을 대기권 밖으로 쏘아 올리는 데 사용된 기술 중에서 제어시스템의 컴퓨터를 세 개 중복하여 구성한 기술은 고가용성을 보장하기 위한 트리플 모듈식 중복성(TMR: Triple Modular Redundancy) 기술이다. TMR 기술은 세 개의 시스템 또는 노드가 항상 같은 동작과 신호를 출력하다가 셋 중에서 하나의 신호가 다른 경우 해당 시스템을 장애로 판단하고 나머지 두 시스템으로 가용성을 제공하는 기술이다. 이는 가장 전통적이며 강력한 고가용성 시스템 기술이지만 동일한 구성을 3개 이상 중복하여 구축해야 하므로 상당한 비용이 투입되어야 한다는 점도 특징이다. 고비용을 감수하더라도 안정성과 고가용성을 제공해야 하는 항공, 항만, 국방, 우주산업 등에 주로 활용된다.

072 정답: 2번

　시스템에 대한 비기능 테스트 중 성능 테스트(부하 테스트, Stress Testing)를 수행할 때, 지속적으로 부하량(Load)을 증가시키면 증가시킬수록 처리성능(TPS: Transaction per Second)은 어느 정도 증가한다. 하지만 부하량에 따라 성능이 증가하다가 어느 시점에 이르면 성능이 더이상 증가하지 않고, 멈추거나 또는 급격하게 감소하는 경우가 발생하는데 이러한 시점을 성능 임계점(Saturation Point)이라고 한다. 만약 처음에 목표로 한 성능 수치보다 임계점이 낮게 측정되는 경우에는 성능의 이슈를 유발하는 병목구간(Bottle-neck)을 찾아서 튜닝을 수행해야 한다.

073 정답: 4번

　섀넌(Shannon)은 현대 암호학의 중요한 이론을 제시한 학자다. 그중에서도 혼돈(Confusion)과 확산(Diffusion)의 개념을 제시하였는데 우선 혼돈(Confusion)은 키와 암호문의 연결 관계를 숨기고자 하는 개념이고 확산(Diffusion)은 평문과 암호문의 연결 관계를 숨기고자 하는 개념이다. 이 두 가지 개념을 구현하기 위해서, 단 하나의 높은 보안 강도의 암호화 알고리즘을 사용하는 것이 아니라 전치(Transposition)와 치환(Substitution)을 다수 반복(Round)하면서 충분한 길이의 키와, 라운드 횟수를 수행한다면 신뢰할 만한 보안 강도를 얻을 수 있다는 것이 합성 암호화(Product Cipher)의 목적이다.

074 정답: 3번

　IAM(Identity and Access Management)에서는 사용자 역할을 기반(RBAC: Role-Based Access Control)으로 관리대상 시스템의 사용 권한을 결정하며 관리자는 계층적으로 조직(Organization)을 구성한다. 계층적으로 구성된 조직 안에 조직 역할

(Organization Role)을 정의하며 이러한 Role은 관리 대상 시스템별로 접근할 수 있는 사용자/그룹을 포함한다. 참고로, RBAC(Role Based Access Control)이란 서비스/자원에 임의적/직접적으로 사용자의 권한을 할당하는 개념에서 벗어나서 역할이라는 Function Set에 사용자(User), 업무 수행에 필요한 서비스자원(Object), 권한(Permission)을 각각 동적으로 부여하는 개념이다.

075 정답: 2번

결함 감내 시스템(FTS: Fault Tolerant System)은 시스템을 구성하는 부품의 일부에서 결함(Fault) 또는 고장(Failure)이 발생하여도 정상적 혹은 부분적으로 기능을 수행할 수 있는 시스템이다. 결함 감내 시스템은 부품의 고장이 발생하면 부분적인 기능을 사용할 수 없게 되며, 계속 부품의 결함이나 고장이 발생하면 점진적으로 사용할 수 없는 기능이 증가하며, 치명적인 결함이나 고장이 발생하면 시스템이 정지한다. 이런 측면에서 결함 감내 시스템은 Graceful Degradation(단계별 성능 저하) 특징이 있다. 장애 허용 개념이 고려되지 않은 일반 시스템에서는 부품에서 사소한 결함이나 고장이 발생해도 시스템의 동작이 정지되는 것과 비교된다. 이 시스템은 고장이 발생하면 인명이나 재산에 피해를 초래하는 사고가 발생하는 안전 필수(Safety-critical) 및 임무 필수(Mission-critical) 임베디드 시스템에서 사용된다. 구체적으로는 원자력, 발전, 에너지, 국방, 항공, 우주, 자동차, 철도, 조선, 플랜트, 금융, 의료 등 다양한 분야의 임베디드 시스템에서 활용된다.

076 정답: 2번

데이터베이스(DB: Database)는 여러 사람이 공유하여 사용할 목적으로 체계화해 통합, 관리하는 데이터의 집합이다. 그리고 체계적으로 작성된 목록으로, 여러 응용 시스템들의 통합된 정보들을 저장하여 운영할 수 있는 공용 데이터들의 묶음이며, 여러 사람이 공유하고 사용할 목적으로 통합 관리되는 정보의 집합이다. 또한, 논리적으로 연관된 하나 이상의 자료의 모음으로 그 내용을 고도로 구조화하여 검색과 갱신의 효율화를 꾀한 것이다. 즉, 몇 개의 자료 파일을 조직적으로 통합하여 자료 항목의 중복을 없애고 자료를 구조화하여 기억시켜 놓은 자료의 집합체라고 할 수 있다. 공동 자료로서 각 사용자는 같은 데이터라 할지라도 각자의 응용 목적에 따라 다르게 사용할 수 있다.

데이터베이스는 실시간 접근성, 지속적인 변화, 동시 공유, 내용에 대한 참조, 논리적 독립성 등의 특징을 가지고 있다. 참고로, 폴리모피즘(Polymorphism)은 객체 지향 프로그래밍(OOP)에서 동일한 메시지를 여러 사람에게 보냈을 때 받는 자의 객체에 따라 각각 적절한 절차가 이루어지도록 하는 것으로써 다태성(多態性) 또는 다상성(多相性)이라고도 한다. OOP에서는 하위 등급이 상위 등급의 특성을 계승할 때, 그 구조나 방법을 변경하거나 부분적으로 추가할 수 있으므로 동일 조작명으로 다른 행동을 시킬 수 있다. 따라서 폴리모피즘은 데이터베이스의 특징과는 거리가 멀다.

077 정답: 4번

폭주 시 성능 제어(PLC: Peak Load Control) 솔루션은 급격하게 증가하는 사용자나 처리요청에 대해서 시스템을 다운시키거나 장애를 유발하지 않도록 Web Server 레벨에서 처리 요청을 제어하는 솔루션이다. 이는 시스템이 처리할 수 있는 최대 성능을 초과하거나 사전에 설정된 가용량 이상의 처리 요청이 유입되는 경우에 순차적으로 또는 조건에 따라서 처리되도록 하며 모든 요청을 한 번에 시스템으로 유입시키지 않도록 하는 기술이다. 보통 일반적으로 애플리케이션 성능 관리(APM: Application

Performance Management) 솔루션에 탑재되는 경우도 있다.

078
정답: 3번

데이터베이스 암호화의 유형은 구현방식에 따라서 여러 가지로 분류한다. 그중에서 투명한 데이터 암호화(TDE: Transparent Data Encryption) 방식은 문제의 설명에 해당하는 구현 유형이다. Oracle, MSSQL 등 주요 데이터베이스에서 자체적으로 제공하는 암호화/복호화 기능을 사용하며 메모리에 데이터를 올릴 때는 복호화된 상태로 올리고 파일로 다시 저장할 때는 암호화하여 저장하는 방식이다. 데이터베이스의 CPU 자원을 많이 사용한다는 점과 암복호화 키의 관리가 중요하다는 이슈가 존재한다. 최근에는 하드웨어 보안 모듈(HSM: Hardware Security Module)로 키를 관리하는 방식이 함께 사용된다.

079
정답: 4번

[보기]는 데이터베이스 암호화의 유형 중에서 API 암호화에 해당된다. API 암호화 방식은 데이터베이스에는 암호화/복호화 모듈을 설치하지 않으므로 데이터베이스의 CPU 자원에 특별한 영향을 미치지 않으며 데이터베이스에 투명한 성격을 가지고 있다. 하지만 애플리케이션 서버에 3rd Party 암호화 모듈을 설치하고 해당 모듈을 호출하도록 프로그램을 수정하는 방식이므로 프로그램의 변경이 불가피하다. 애플리케이션 프로그램의 변경 공수/비용/일정에 대한 범위산정이 필요하며 시스템 성능테스트 또는 개념 검증(PoC: Proof of Concept)을 반드시 수행해야 한다.

080
정답: 3번

루트킷(Rootkit)은 악의적인 공격의 목적뿐만 아니라 특정한 의도에 따라 사용자가 설치할 수도 있는데, 이런 용도에는 다음과 같은 것들이 존재한다.

(1) 공인되지 않은 접근을 허용함으로써 공격자가 백도어로 접근할 수 있게 한다.
(2) 비밀번호를 훔치는 키로거와 컴퓨터 바이러스 같은 악성 소프트웨어를 숨긴다.
(3) 다른 컴퓨터를 공격하기 위해 특정 머신을 좀비 컴퓨터로 도용한다.
(4) 디지털 저작권 관리의 강화를 위해 사용한다.
(5) 안티 치팅 소프트웨어로부터 게임 치팅 행위를 은닉한다.
(6) 허니팟에서 공격들을 탐지한다.
(7) 에뮬레이션 소프트웨어와 보안 소프트웨어를 강화한다. 데몬 툴즈가 시큐롬과 같은 복사 방지 메커니즘을 무산시키는 데 사용하는 악의적이지 않은 루트킷의 상업용 예시다.
(8) 노트북은 BIOS 기반 루트킷을 가짐으로써 주기적으로 감시하고 도난된 이후에도 정보가 사라지지 않게 해준다.
(9) 마이크로소프트 정품 인증을 위해 설치한다.

081
정답: 2번

최종 일관성(Eventually Consistent)이란 분산형 아키텍처 모델 기반의 시스템에서 일관성이 일시적으로 보장되지 않는 현상을 말하며 소위 BASE라고 불리는 분산형 아키텍처의 특징 중 하나이다. 일시적으로 일관성이 보장되지는 않지만 궁극적으로는 일관성을 보장하는 방향으로 시스템이 운영되며 이를 일관성을 보장할 수 없다는 관점으로 일반화할 수는 없다. 이와 대비되는 기존의 전통적인 중앙집중형 아키텍처에서는 일관성 보장을 최우선으로 하며 가용성은 일관성보다 우선순위가 낮은 경우가 많다(하지만 가용성도 중요한 목표 중 하나다). 참고로 BASE 원칙이란 다음의 원칙들이 포함된다.

- **Basically Available**: 일반적인 Read/Write에 대한 동작이 가능한 만큼 지원된다.
- **Soft State**: Consistency가 보장되지 않기 때문에 상태(State)에 대해 Solid하게 정의하지 못한다.
- **Eventually Consistent**: 앞서 언급된 Eventual Consistency 개념에 따라 충분한 시간이 흐르면 모든 시스템 환경 내에서 데이터는 최신의 데이터가 보장된다.

082 정답: 4번

시스템의 프로그램 소스 코드에 개발자나 운영자 등 내부 임직원이 악의적인 의도로 악성 코드를 심어 놓을 수 있다. 이러한 프로그램의 악성 코드는 기존의 정상적인 프로그램 소스 코드에 숨겨져 있으며 눈에 띄지 않도록 노력하여 삽입한다. 이러한 악성 코드는 주로 시스템의 보안정책을 우회할 수 있도록 하며 이를 이용해서 데이터와 소스 코드를 외부로 유출하거나 반대로 외부에서 내부 시스템으로 침입할 수 있는 취약점을 제공한다. 이러한 악성 코드의 대표적인 유형에는 트랩도어(Trapdoor), 백도어(Backdoor), 웹쉘(Webshell)이 있다. 메모리 후킹(Memory Hooking)의 경우에는 메모리에 상주하는 데이터를 엿보거나 수정하여 비정상적인 동작을 하도록 유도하거나 데이터를 유출하는 공격기법 중의 하나다.

083 정답: 3번

데이터베이스 분할 및 배치를 위한 대표적인 방법에는 수평 분할, 수직 분할, 부분 복제, 광역 복제가 있으며 각각의 상세한 설명은 다음과 같다.

- **수평 분할(Horizontal Fragmentation)**: 테이블을 특정 칼럼의 값을 기준으로 Row를 분리한다. 칼럼은 분리되지 않기 때문에 데이터를 한군데 집합시켜 놓아도 PK에 의해 중복 발생이 일어나지 않는다.
- **수직 분할(Vertical Fragmentation)**: 테이블의 칼럼을 기준으로 다수의 테이블로 분할하는 방법이며 분할된 테이블은 동일한 PK를 가지고 Non-PK 칼럼을 별도로 보유한다. 테이블의 칼럼의 개수가 과도하게 많은 경우나 특정 칼럼의 조회 빈도가 유독 낮으면서 길이가 긴 경우 등에 사용한다.
- **부분 복제(Segment Replication)**: 테이블의 전체는 본사에 위치하고 각 지사별 데이터를 복제하여 지사의 데이터베이스에 위치하게 하는 등의 방식으로 구현되는 복제 기법이다. 복제가 적용된 데이터베이스는 CRUD 발생에 대해 복제본으로 동기화시키는 수단이 가장 중요한 기능이다.
- **광역 복제(Broadcast Replication)**: 모든 복제본 데이터베이스가 동일한 정보를 갖는 복제방식이다. 일반적으로 모든 데이터베이스가 동일하게 수정을 하지 않고 읽기전용 복제본과 분리하여 구축한다.

084 정답: 2번

데이터베이스의 가장 작은 처리 단위인 트랜잭션은 ACID라는 네 가지 중요한 속성을 가지고 있는데 이러한 트랜잭션의 특징을 보장하는 것이 데이터베이스 시스템의 목적이며 특징이다. ACID 원칙은 Atomicity, Consistency, Isolation, Durability를 함축하여 부르는 용어이며 보기 ②의 Concurrency는 정답이 될 수 없다.

085 정답: 2번

온라인 분석 처리(OLAP)와 온라인 트랜잭션 처리(OLTP)는 중요한 문제이므로 그 차이점에 대해서 분명히 숙지하고 있어야 한다. 온라인 분석 처리(OLAP: Online Analytical Processing)의 특성은 다음과 같다.

(1) **다차원 정보 제공**: 다차원정보에 직접적으로 대화 형태로 분석하는 것이 OLAP의 특징이다. 보통 데이터베이스는 2차원인데, 현업에서 요구하는 것은 다차원이다. 그래서 다차원 데이터베이스를 만들고 전문화된 데이터베이스 엔진으로 정보를 추출하는 것이 OLAP이다.

(2) **중간 매개자 없이 사용자가 직접 데이터 접근**: OLAP는 중간 매개자가 없이 사용자가 온라인으로 접근한다. 홈뱅킹, VOD, 또는 TV 쇼핑 비즈니스를 비롯한 많은 업종에서 사용할 수 있다.

(3) **대화형태 정보 분석**: OLAP는 대화 형태로 정보가 분석된다. 대화로 진행되기 때문에 사용자는 명령하고 오래 기다리지 않는다. 따라서 신속성이 중요하기 때문에 사용자가 질의했을 때 신속하게 처리해야 한다.

(4) **의사 결정 지원**: OLAP은 다차원 구조를 기반으로 데이터를 질의문을 이용해 분석 및 조회하여 최종적으로 업무 의사결정을 지원하기 위해 정보를 제공한다.

086 정답: 2번

윈도우 레지스트리(Windows Registry)는 마이크로소프트 윈도우 32/64bit 버전과 윈도우 모바일 운영체제의 설정과 선택 항목을 담고 있는 데이터베이스로, 모든 하드웨어, 운영체제 소프트웨어, 대부분의 비운영체제 소프트웨어, 사용자 PC 선호도 등에 대한 정보와 설정이 들어 있다. 사용자가 제어판 설정, 파일 연결, 시스템 정책, 또는 설치된 소프트웨어를 변경하면, 이에 따른 변경 사항들이 레지스트리에 반영되어 저장된다. 레지스트리는 또한 성능 카운터와 현재 사용하고 있는 하드웨어와 같은 런타임 정보를 노출하면서 윈도우를 커널의 운영체제 안에 제공한다. 레지스트리는 키와 값이라는 두 가지 기본 요소를 포함하고 있다. 레지스트리 키는 폴더와 비슷한 구조인데, 값과 함께 수많은 서브키를 가질 수 있다. 키는 계급 수준을 지시하기 위해 백슬래시를 사용하면서 Windows라는 경로 이름과 비슷한 구문으로 가리킨다. 이를테면 HKEY_LOCAL_MACHINE₩Software₩Microsoft₩Windows는 "HKEY_LOCAL_MACHINE" 키의 "Software" 서브키의 "Microsoft" 서브키의 "Windows"라는 서브키를 가리킨다. 레지스트리 값은 키 안에 들어 있는 이름/자료이다. 값은 여러 키로부터 따로 참조할 수 있다. 최상위 레지스트리는 다음과 같다.

(1) **HKEY_CLASSES_ROOT**: 파일 연관성과 COM (Component Object Model) 객체 등록 정보

(2) **HKEY_CURRNET_USER**: 현재 시스템에 로그인된 사용자의 사용자 프로파일 정보

(3) **HKEY_LOCAL_MACHINE**: 시스템의 하드웨어, 소프트웨어 설정 및 다양한 환경 정보

(4) **HKEY_USERS**: 시스템의 모든 사용자와 그룹에 관한 프로파일 정보

(5) **HKEY_CURRNET_CONFIG**: 시스템이 시작할 때 사용되는 하드웨어 프로파일 정보

087 정답: 2번

데이터베이스는 일반적으로 다음과 같은 ACID 규칙을 만족해야 한다.

(1) **원자성(原子性, Atomicity)**: 한 트랜잭션의 모든 작업이 수행되거나, 아니면 하나도 수행되지 않아야 한다. 트랜잭션이 제대로 실행되지 않았으면 롤백(Roll back)한다.

(2) **일관성(一貫性, Consistency)**: 모든 트랜잭션은 데이터베이스에서 정한 무결성(無缺性, Integrity) 조건을 만족해야 한다.

(3) **격리성(隔離性, Isolation)**: 두 개의 트랜잭션이 서로에게 영향을 미칠 수 없다. 트랜잭션이 실행되는 동안의 값은 다른 트랜잭션이 접근할 수 없어야 한다.

(4) **내구성**(耐久性, Durability): 트랜잭션이 성공적으로 끝난 뒤에는, (시스템 실패가 일어나더라도) 그 결과가 데이터베이스에 계속 유지되어야 한다.

088 정답: 1번

온라인 분석 처리(OLAP: Online Analytical Processing)는 의사결정 지원 시스템 가운데 대표적인 예로, 사용자가 동일한 데이터를 여러 기준에 맞춰 다양한 방식으로 바라보면서 다차원 데이터 분석을 할 수 있도록 도와준다. OLAP는 1993년 에드거 F. 커드에 의해 처음 제안된 것으로, 그는 OLAP를 사용자가 다차원 정보에 직접 접근하여 대화 형태로 정보를 분석하고 의사결정에 활용하는 과정이라고 정의하였다. 이 기술은 기업들에 단순한 거래처리를 넘어선 정보의 활용 가능성을 보여주었고, 이를 계기로 적극적인 데이터의 활용을 통한 의사결정의 중요성이 강조되었다. OLAP는 최종 사용자가 다차원 정보에 직접 접근하여 대화식으로 정보를 분석하고 의사결정에 활용하는 과정에서 등장하였다. 사용자는 온라인상에서 직접 데이터에 접근하며, 대화식으로 정보를 분석하므로 사용자가 기업의 전반적인 상황을 이해할 수 있게 하고 의사결정을 지원하는 데 그 목적이 있다고 할 수 있다. OLAP(온라인 분석 처리) 시스템은 일반적으로 다음 세 가지 유형 중 하나에 속한다. 다차원 OLAP(MOLAP)는 다차원 데이터베이스에 직접 색인을 생성하는 OLAP이다. 관계형 OLAP(ROLAP)는 관계형 데이터베이스에 저장된 데이터의 동적 다차원 분석을 수행하는 OLAP이다. 하이브리드 OLAP(HOLAP)는 ROLAP와 MOLAP의 조합이다. HOLAP는 ROLAP의 더 큰 데이터 용량과 MOLAP의 우수한 처리 기능을 결합하기 위해 개발되었다.

089 정답: 4번

구글 검색은 구글 해킹이라고도 불릴 정도로 강력한 검색기능을 제공한다. 구글에서 크롤링한 웹페이지 정보 중에서 보안 취약점이 포함된 사이트로 검색이 가능하므로 보안취약점 스캐닝이 일부 가능하다. 문제에서 사용한 검색은 한국 사이트를 대상으로(site:co.kr) 디렉터리 리스팅 (Directory Listing) 보안 취약점이 있는 페이지("Index of /")를 찾아내도록 하는 검색 방법이다.

090 정답: 4번

httpd.conf 파일은 아파치 웹 서버의 핵심 설정 파일이다. 기본 서비스 포트, 최대 접속 클라이언트 수, KeepAlive 설정, 클라이언트 타임아웃 시간, Apache 루트 폴더 등을 설정하며 /etc/httpd/conf/ 디렉터리나 /etc/apache2/ 디렉터리 밑에 존재한다. 일부 운영체제에서는 apache2.conf라는 이름으로 존재한다.

091 정답: 1번

컴퓨터 보안에서 격자 기반 액세스 제어(LBAC: Lattice-Based Access) 모델은 서비스가 제공하는 자원(예: 리소스 작업, 운영체제 속성 및 응용 프로그램 속성)과 디지털 주제(예: 개인, 조직, 그룹)의 상호 작용을 기반으로 하는 복잡한 액세스 제어 모델이다. 레이블 기반 액세스 제어 모델에서, 격자는 자원이 가질 수 있고 디지털 주제 대상이 액세스할 수 있는 보안 레벨을 정의하는 데 사용된다. 주제의 보안 수준이 자원의 보안 수준보다 이상인 경우 주제는 자원에 액세스할 수 있다. 수학적으로, 보안 레벨 액세스는 또한 각 자원 및 디지털 주제가 액세스 권한의 최대 하한(Meet) 및 최소 상한(Join)을 갖는 격자(부분 순서 세트)로 표현될 수 있다. 즉, 각 디지털 주제와 각 자원 사이에는 액세스 제어 수준(생각, 기밀, 비밀, 공개: Think, Confidential, Secret, Public)이 할당되며 디지털 주체의 액세스 제어 수준이 시스템의 액세스 제어 수준보다 높거나 자원의 액세스 제어 수준보다 높은 경우에만 액세스가 부여된다. 격자 기반 액세스 제어 모델은 데닝(Denning, 1976)에 의해서 공식적으로 정의가 되었다.

092   정답: 4번

루트킷(Rootkit)은 적어도 5가지 종류가 존재하며 이는 사용자 모드, 커널 모드, 부트킷, 하이퍼바이저 레벨, 펌웨어와 하드웨어로 나눌 수 있다.

(1) **사용자 모드(User Mode)**: 사용자 모드 루트킷은 링-3에서 동작하는 시스템 프로세스이며, 응용 프로그램 인터페이스와 API의 트랜잭션을 가로채고 수정하기 위한 기능들을 가지고 있다. 일부 사용자 모드는 동적 링크 라이브러리(DLL: Dynamic Link Library)를 다른 프로세스에 삽입함으로써 어느 대상 프로세스에서도 루트킷이 실행될 수 있게 한다. 애플리케이션에 의해 호출되는 API 함수가 특정한 데이터 필드를 사용한다는 점, 또는 API의 겟 프락 어드레스(Get Proc Address)를 이용하여 어드레스를 받아오는 점을 이용하는 것이다. 프로그램 코드는 DLL 모듈에 삽입되고 기존의 시스템 프로세스의 어드레스 공간에 통합된 후, 모든 사용자 애플리케이션의 통제 권한을 원격에 있는 악성 코드 제작자 또는 악성 코드 사용자에게 넘겨준다.

(2) **커널 모드(Kernel Mode)**: 커널(Kernel) 모드 루트킷은 커널과 디바이스 드라이버(Device driver) 같은 코어 운영체제의 한 부분에 코드를 추가하거나 대체함으로써 높은 운영체제 권한인, 링-0와 함께 실행된다. 대부분의 운영체제는 운영체제 자신과 같은 권한에서 실행되는 커널 모드 디바이스 드라이버를 지원하기 때문에, 많은 커널 모드 루트킷들은 리눅스(Linux)에서 적재 가능 커널 모듈, 그리고 윈도우에서 디바이스 드라이버 형태로 개발된다. 커널 모드 루트킷들은 운영체제와 같은 보안 수준에서 동작하기 때문에 탐지하고 제거하기가 어렵다. 대다수의 커널 모드 루트킷은 문서화되어 있지 않은 운영체제의 구조를 활용하기 때문에 커널 모드 루트킷은 정보를 더욱 잘 감출 수 있다. 커널 모드 루트킷은 시스템 서비스 서술자 테이블, SSDT(System Service Descriptor Table)을 후킹 하거나, 자신을 숨기기 위해 사용자 모드와 커널 모드 사이의 게이트를 수정할 수 있다.

(3) **부트킷(Bootkit)**: 부트킷이라고 불리는 커널 모드 루트킷의 변형은 마스터 부트 레코드(MBR), 볼륨 부트 레코드(VBR) 또는 부트 섹터 같은 시작 코드를 감염시켜서 전체 디스크 암호화를 공격하는데 사용될 수 있다. 일반적으로 악성 코드 로더는 커널이 로드될 때 보호 모드로 이행하려고 하며, 그로 인해 커널을 전복시킬 수 있다. 부트킷 공격에 대한 유일한 알려진 방어는 시스템에 대한 비 인가된 물리적 접근의 예방 또는 부트 경로를 보호하기 위한 신뢰 플랫폼 모듈의 사용이다.

(4) **하이퍼바이저(Hypervisor)**: 하이퍼바이저 형태로 생성된 루트킷은 기술 검증용으로 만들어졌다. 하이퍼바이저는 하나의 시스템에서 동시에 여러 개의 운영체제를 사용할 수 있게 해주는 가상화 플랫폼을 말한다. 부트킷 타입의 루트킷은 링 -1에서 실행되고 가상머신으로서 대상 운영체제를 호스트하며, 이로써 루트킷이 원래 운영체제에 의해 만들어진 하드웨어 호출을 가로챌 수 있게 한다. 하이퍼바이저 루트킷은 전복시키기 위해 대상의 커널을 수정할 필요가 없지만, 게스트 운영체제에 의해 탐지될 수 없다는 것을 의미하지는 않는다.

(5) **펌웨어와 하드웨어**: 펌웨어(Firmware) 루트킷은 하드웨어에서 일관적인 악성 코드 이미지를 생성하기 위한 것이다. 라우터(Router), 네트워크 카드(Network Card), 하드 디스크 드라이브(Hard Disk Drive) 또는 시스템 바이오스(System Bios)같이 디바이스나 플랫폼 펌웨어를 사용한다. 펌웨어가 일반적으로 코드 무결성 검사가

이루어지지 않기 때문에 루트킷은 펌웨어에 숨을 수 있다.

093 정답: 3번

데이터 제어어(DCL: Database Control Language)는 데이터베이스의 권한과 관련된 언어다. DBA(Database Administrator)가 User에 대해 권한을 부여(Grant)하고 회수/제거(Revoke)할 수 있는 언어이며, 일반적으로 상위 보안등급의 DBA만이 DCL 수행 권한을 가지고 있다. 설계자, 개발자 및 운영자는 DCL 권한을 가지고 있지 않은 것이 보안 정책상 올바른 방침이다. 데이터 조작어(DML: Database Manipulation Language)는 데이터베이스의 데이터를 조작(조회, 입력, 수정, 삭제)하는 언어로써 SELECT, UPDATE, DELETE 등을 수행한다. 그리고 데이터 정의어(DDL: Database Definition Language)는 데이터베이스의 스키마를 생성(Create), 삭제(Drop/Truncate), 변경(Alter)을 수행할 수 있는 언어다.

094 정답: 1번

정적 콘텐츠는 고정된 정보를 제공하며 웹 서버나 캐시 서버, 이미지 서버 등에서 바로 처리되어 데이터베이스까지 트랜잭션을 전달하지 않는다. 정적 콘텐츠에는 HTML, CSS, XML, JPG, GIF 등이 존재한다. 이에 반해, 동적 콘텐츠는 비즈니스 트랜잭션을 유발하며 요청 시마다 다른 데이터를 조회해야 하는 경우이고 Web Application Server와 Database까지 트랜잭션을 전달하게 된다. 동적 콘텐츠에는 ASP, PHP, JSP 등이 존재한다.

095 정답: 4번

논리폭탄(Logic Bomb)은 프로그램 개발에 지식을 가진 개발자나 해커 등이 프로그램에 악의적인 목적으로 로직을 숨겨놓은 것을 말한다. 날짜, 시간, 환경, 운영체제 등 특정한 기준이 만족하는 경우에 악의적인 동작을 수행하도록 하므로 트로이 목마(Trojan horse)와 유사하다. 바이러스와 웜과 다른 점은 일반적으로 자기복제 기능을 갖지 않는다는 점이다.

096 정답: 4번

RAID(Redundant Array of Independent Disks)는 다수의 디스크에 데이터를 중복해서 저장하거나 병렬로 저장하는 기술이다. RAID를 구성하면 디스크 성능을 향상시키고 장애에 대한 가용성을 증가시킬 수 있다. 문제에서 설명하는 RAID 방식은 RAID 1+0이며, 미러링(RAID 1)을 구성한 후 스트라이핑(RAID 0)을 적용하여 성능과 가용성 모두를 얻을 수 있는 방식이다. RAID 문제는 CISA 와 CISSP 시험에서 자주 출제되므로 각 구성 방법에 대한 특징을 잘 숙지하도록 해야 한다.

097 정답: 4번

데이터베이스의 릴레이션에 존재하는 키는 유일성과 최소성이라는 두 가지 특징을 가진다. 유일성만 만족하는 키의 집합을 슈퍼키라고 하며 유일성과 최소성을 모두 만족하는 키의 집합을 후보키라고 한다. 후보키는 하나 이상의 집합으로 구성될 수 있으며 단일키와 복합키 모두 구성이 가능하다. 하나 또는 다수의 후보키 집합 중에서 하나의 기본키를 선정하여 사용하는데 기본키가 아닌 나머지 후보키를 대체키라고 한다. 또한 참조 무결성을 위해 설정하는 외래키도 존재한다. 이와 같은 문제는 자주 나오는 문제이므로 반드시 숙지하고 있어야 한다.

098

정답: 3번

[보기]에서 설명하는 데이터베이스 암호화의 구축 유형은 API(Application Programming Interface) 암호화 유형이다. API 암호화는 주로 애플리케이션 서버 암복호화 모듈을 설치하고 프로그램에서 모듈과 인터페이스를 실행하는 함수를 통해서 기능을 구현한다. 프로그램에서 암복호화 모듈과 인터페이스를 할 때 API를 사용하므로 API 방식으로 불리는 유형이다. API 암호화를 사용하는 경우 데이터베이스의 자원과 가용성에 영향을 최소화할 수 있다는 장점이 있는 반면에 애플리케이션 소스 코드에 변경이 발생하는 것은 불가피한 단점이 존재한다. 따라서 API 방식으로 구축할 경우에는 프로그램 변경범위와 변경에 필요한 시간과 비용을 사전에 명확하게 산정하는 것이 중요하다.

099

정답: 2번

SHA-2 알고리즘 중 SHA-512 알고리즘의 Specification은 다음과 같다. SHA 알고리즘은 시험에 자주 출제되므로 반드시 그 특징에 대해서 숙지를 하고 있어야 한다.

- 512비트의 MD(Message Digest)
- 최대 메시지 길이는 (2의 128승 -1)
- 반복하는 단계는 총 80회
- 1024비트의 블록과 64비트의 워드를 가짐

100

정답: 4번

데이터베이스 보안 요구사항으로는 사용자 인증(Authentication), 감사(Auditing), 비인가자 접근 제어(Access Control), 뷰(Views), 암호화(Encryption), 무결성 제어(Integrity Controls), 백업(Backups) 등이 있다. 데이터베이스 락킹(Locking)은 데이터의 일관성을 보장하기 위한 방법으로써 Lock은 상황에 따라서 크게 두 가지로 나뉜다. Shared Lock(공유 Lock 또는 Read Lock)은 보통 데이터를 읽을 때 사용하며, 조회 데이터에 Lock을 걸었지만 다른 세션에서 읽을 수 있다. 공유 Lock을 설정한 경우 추가로 공유 Lock을 설정할 수는 있지만, 배타적 Lock은 설정할 수가 없다. 즉, 내가 보는 데이터를 다른 사용자가 볼 수 있지만 변경할 수는 없다. Exclusive Lock(배타적 Lock 또는 Write lock)은 보통 데이터를 변경할 때 사용한다. 이름에서 느껴지는 것처럼 해당 Lock이 해제되기 전까지는, 다른 공유 Lock, 배타적 Lock을 설정할 수 없다. 즉, 읽기와 쓰기가 불가능하다.

101

정답: 1번

IAM(Identity and Access Management)은 SSO+EAM+Provisioning로 구성되어 있다. SAML(Security Assertion Markup Language)은 인증 정보 제공자(Identity Provider)와 서비스 제공자(Service Provider) 간의 인증 및 인가 데이터를 교환하기 위한 XML 기반의 개방형 표준 데이터 포맷이므로 IAM 솔루션과 연관성이 없다.

102

정답: 1번

원격 프로시저 호출(RPC: Remote Procedure Call)은 별도의 원격 제어를 위한 코딩 없이 다른 주소 공간에서 함수나 프로시저를 실행할 수 있게 하는 프로세스 간 통신 기술이다. 다시 말해, 원격 프로시저 호출을 이용하면 프로그래머는 함수가 실행 프로그램에 로컬 위치에 있든 원격 위치에 있든 동일한 코드를 이용할 수 있다. 객체 지향의 원칙을 사용하는 소프트웨어의 경우 원격 프로시저 호출을 원격 호출(Remote invocation) 또는 원격 메소드 호출(Remote method invocation)이라고 일컫는다. 그리고 ONC RPC와 DCE/RPC와 같은 비호환 대상을 수행하기 위해 쓰이는 다른 수많은 기술이 있다.

103 정답: 4번

주소 지정방식(Addressing Mode)에는 연산 코드(OP Code)와 주소의 구성방식에 따라서 0-Addressing Mode, 1-Addressing Mode, 2-Addressing Mode, 3-Addressing Mode로 분류할 수 있다.

(1) **0-Addressing Mode**: 묵시적 주소 지정방식과 즉시 주소 지정방식이 있는데 묵시적 주소 지정방식은 주소를 지정하지 않더라도 해당 연산 코드만으로 연산을 수행하는 방식이다.

(2) **1-Addressing Mode**: 직접 주소 지정방식과 레지스터 주소 지정방식이 있다. 직접 주소 지정방식은 Operand의 데이터에는 실제 데이터의 주소 값을 사용한다. 레지스터 주소 지정방식은 레지스터에 데이터가 저장되고 Operand에는 해당 레지스터를 지정한다.

(3) **2-Addressing Mode**: 간접 주소 지정방식과 레지스터 간접 주소 지정방식이 있다. 간접 주소 지정방식의 Operand에는 주소 값이 저장되고 해당 주소에는 실제로 사용하는 데이터의 주소 값이 저장되어 있다. 레지스터 간접 주소 지정방식의 Operand에는 레지스터가 지정되고 해당 레지스터에는 실제로 사용하는 데이터의 주소 값이 저장되어 있다.

104 정답: 1번

재현율(Recall), 민감도(Sensitivity), TPR(True Positive Rate)은 모두 같은 보안장비의 탐지 성능을 나타내는 측정/분석 지표이다. 하지만 보기 ①번의 Precision은 정밀도 지표를 의미한다. 재현율/민감도는 전체의 실제 Positive중에서 장비가 찾아낸 Positive의 비율을 의미하는데 재현율과 정밀도는 서로 Trade-Off 관계의 특성이 있으므로 적정 수준의 성능을 제공하는 알고리즘을 선택해야만 한다.

105 정답: 2번

암호화 및 복호화 알고리즘과 암호화의 절차를 설명할 때 기호를 사용하여 표기하게 되는데 이에 대한 일반적인 표기법 규칙이 존재한다. 대부분의 암호화 알고리즘 논문이나 기고문, 해설서는 이 표기법을 준수하여 암호화를 설명하고 있으므로 이해가 필요하다. 해당 표기법은 다음과 같다.

- **P or M**: 암호화를 수행하기 전의 평문(원문)을 의미한다.
- **C**: 평문이 암호화를 거쳐 생성된 암호문을 의미한다.
- **E**: 암호화에 사용되는 암호화 알고리즘을 의미한다.
- **D**: 복호화에 사용되는 복호화 알고리즘을 의미한다.
- **K**: 암호화 및 복호화에 사용되는 키를 의미한다.

106 정답: 3번

블록 암호화(Block Encryption)는 암호화 대상 평문을 특정한 크기의 단위로 분할하여 한 번에 처리하는 암호화 기법이며 이 처리 단위를 블록(Block)이라고 부른다. 주요 알고리즘에는 DES, 3DES, AES, SEED 등의 알고리즘이 존재하고 일반적인 데이터 송수신에 활용된다. 블록 암호화 기법은 암호화 강도를 높이기 위해서 S-BOX, P-BOX를 포함한 암호화 처리를 다수 반복하는데 이를 ROUND라고 하며 각 암호화 알고리즘마다 ROUND의 횟수는 상이하다. 그리고 일반적으로 스트림 암호화에 비해 블록 암호화의 처리성능이 느린 것이 특징이다. 블록 암호화와 스트림 암호화는 자주 출제되므로 반드시 그 특징에 대해서 기억하고 있어야 한다.

107
정답: 1번

BLP(Bell-LaPadula Confidentiality Model) 보안모델은 기밀성을 강조하는 모델이며 최초의 수학적 모델로 강제적 정책에 의해 접근 제어하는 모델의 특징을 가진다. 보안 정책은 정보가 높은 레벨에서 낮은 레벨로 흐르는 것을 방지한다. BLP는 NRU(No Read Up)와 NWD(No Write Down)의 두 가지 큰 속성을 가졌다. 우선 No Read Up은 보안 수준이 낮은 주체는 보안 수준이 높은 객체를 읽을 수 없다는 속성이고, No Write Down은 보안 수준이 높은 주체는 보안 수준이 낮은 객체에 기록할 수 없다는 속성이다.

단점으로는 은닉 채널을 고려하지 않았고 파일 공유나 서버를 이용하는 시스템을 다루지 않으며 안전한 상태 변환을 명확히 정의하지 않았다. 또한, 다중 등급 보안 정책에 기초하여 만들어져서 다른 정책은 고려하지 않았다. 참고로 Biba Model은 Bell Lapadula Model 모델 이후에 개발된 모델로 데이터의 무결성에 맞추어져 있어 금융업계에 적합한 특징을 가지고 있다.

108
정답: 4번

상태 머신 모델(State Machine Model)은 시스템 발생을 상태로 표기하고 그룹화하는 수학적 모델이다. 시스템의 모든 발생 가능한 상태가 평가되어 대상과 대상 간의 가능한 모든 상호 작용을 보여준다. 이는 모든 상태가 안전한 것으로 입증이 되면 시스템이 안전한 것으로 입증된다. 상태 머신은 식별된 상태를 한 상태에서 다른 상태로 전환하는 방법과 함께 문서화해야 할 때 실제 소프트웨어를 모델링하는 데 사용된다. 예를 들어, 객체 지향 프로그래밍에서 상태 머신 모델은 객체가 입력을 쉽게 받아 출력을 제공하는 비활성 상태에서 활성 상태로 이동하는 방법을 모델링하고 테스트하는 데 사용될 수 있다.

109
정답: 3번

리두(Redo) 기법은 데이터베이스의 트랜잭션 수행 기록을 Redo Log File에 기록하고 트랜잭션의 복구가 필요할 때 전방향 복구(Roll-Forward)를 수행하는 방법이다. Redo 기법은 Undo 기법과 함께 데이터베이스의 기본적인 회복 방법(Recovery Tech.)이다. 체크포인트 이후부터 장애 발생 시까지 트랜잭션이 Commit된 트랜잭션은 Redo를 수행한다. 하지만 Commit되지 않고 도중에 장애가 발생한 트랜잭션은 Undo를 수행한다.

110
정답: 1번

격자기반 접근 제어(LBAC: Lattice Based Access Control) 모델은 주로 컴퓨터 시스템의 정보 흐름을 처리하기 위해서 개발되었다. 정보의 흐름은 기밀 유지의 핵심이지만 어느 정도는 무결성에도 적용된다. 이 분야의 기본 작업은 1970년경에 이루어졌으며 대부분 방위 부문에 의해 주도되었다. 컴퓨터 시스템의 정보 흐름은 한 보안 클래스(보안 레이블이라고도 함)에서 다른 보안 클래스로의 흐름과 관련이 있다. 이러한 컨트롤은 개체에 적용된다. 객체는 정보의 컨테이너이며 객체는 디렉터리 또는 파일일 수도 있다. 요약하면, 이것은 기밀성과 제한된 무결성을 다루는 모델이다. 더 부가적으로 설명하자면, 격자기반 접근 제어는 역할기반 접근 제어의 한 종류로서 주체가 접근할 수 있는 상위의 경계로부터 하위의 경계를 설정한다. 격자기반 접근 제어는 어떠한 주체가 어떠한 객체에 접근하거나 접근할 수 없는 경계를 지정할 수 있는 방식으로써 하한값과 상한값을 갖는 주체와 객체로 이루어진 쌍에서 주체는 가장 낮은 범위를 객체는 가장 높은 범위의 접근 권한을 갖는 방식이다.

[110번 해설 관련 이미지]

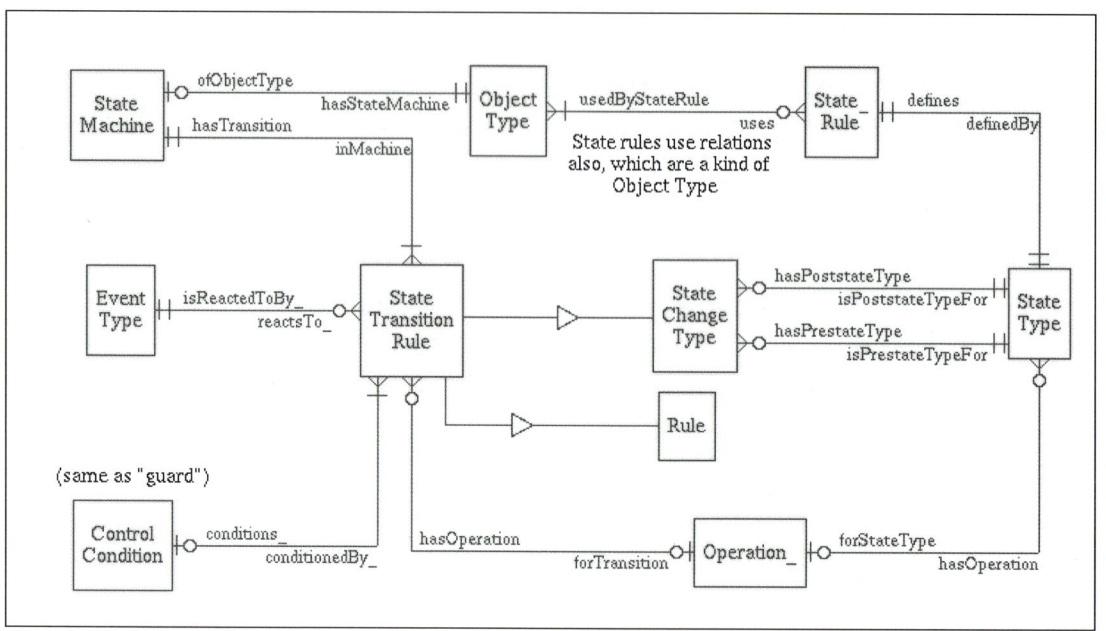

111
정답: 2번

문제의 소스 코드 사례는 코드 난독화(Code Obfuscation)의 기법을 적용하였다. 코드 난독화는 구체적으로 변수 이름을 단순하게 변경, 불필요하게 로직을 복잡하게 하기, 순서를 변경하기, 가독성이 떨어지도록 줄 붙이기 등의 기법이 적용됐다. 자바스크립트의 소스 코드는 웹페이지에 공개되기 때문에 최근에는 코드 난독화를 적용하는 것이 기본사양으로 취급되고 있다. 자바스크립트에 비즈니스 로직이 많이 담기고 있으며 또한 복잡한 기능을 구현하는 웹사이트가 점점 증가하면서 코드 난독화 기법은 일반화되고 있다.

112
정답: 3번

Big-O Notation(빅오 표기법)은 알고리즘의 시간 복잡도 관점의 성능을 표기하는 방법의 하나로 최선, 최악 표기법 중에서 최악 성능을 표기하며 가장 많이 사용되는 표기법이다. 빅오 표기법에서 N은 변화하는 유입량/처리량/데이터를 의미하며 N이 증가할수록 변화하는 시간복잡도를 표기법으로 표현한다. O(1)는 항상 동일한 성능을 나타내는 경우, O(N)은 데이터 증가에 정비례하는 성능의 경우, O(Log2N)은 O(N)보다 성능이 좋으며 데이터 증가에 따라 약간씩 시간복잡도가 증가하는 경우이다. O(N^2)의 이중 반복문, O(N^3)은 삼중반복문과 같은 알고리즘의 시간복잡도를 표현한다. 마지막으로 O(2^N)은 2의 N승만큼 시간복잡도가 증가하는 가장 최악의 알고리즘을 의미한다.

113
정답: 3번

컴퓨터 시스템은 일반적으로 수직 계층적인 구조로 저장장치가 구성되어 있다. CPU의 ALU에 근접하여 연산을 처리하고 데이터를 저장하는 역할의 레지스터(Register)부터 L1 Cache, L2 Cache, Main

Memory, Hard Drive 등으로 구성된다. 여기서 CPU Register는 가장 빠르고 처리성능은 뛰어나지만 저장용량이 작다. 반면에 L1 Cache, L2 Cache, Main Memory, HDD 등은 순차적으로 내려갈수록 저장용량은 커지면서 처리 속도가 감소하는 경향이 있다. 문제에서의 답은 Register(CPU Register)가 가장 처리성능이 높고 저장용량이 작은 저장장치다.

114 　　　　　　　　　　정답: 3번

A사는 중앙집중형 아키텍처에서 분산형 아키텍처로 기술 구조를 전환하였다. 이와 같은 기술 구조는 소셜 네트워크 서비스 기업인 야후, 페이스북, 트위터가 가장 선도적으로 적용하고 실제로 큰 효과를 보고 있다. 소셜 네트워크 서비스의 경우 실시간 처리의 중요성이 상대적으로 적고 일부 사용자나 지역에서 일관성, 가용성이 일시적으로 저하되어도 커다란 결함으로 보이지 않는 특성이 있어서 분산형 아키텍처 모델에 적합하다.

보기 ③번의 경우, Scale-Up 방식은 시스템 하드웨어 자원(CPU, Memory)을 증가시키는 방식이므로 기존의 중앙집중형 기술구조에 적합하고 Scale-Out 방식은 횡적으로 서버를 증가/감소시키는 방식으로 분산형 아키텍처에 어울리는 방식이다.

115 　　　　　　　　　　정답: 4번

Eventually Consistent는 분산형 아키텍처의 특징을 설명해주는 개념 중 하나다. 분산형 아키텍처에서는 일관성을 100% 보장하지 못하는 상황이 발생할 수 있어서 일시적으로는 일관성이 위배되지만, 시간이 지나면서 일관성이 준수되는 현상 및 기술적인 특징을 의미한다. 몽고DB, 카산드라와 같은 분산형 데이터 저장 및 처리시스템은 분산 허용성을 보장하는 대신에 가용성과 일관성 중 일부를 일시적으로 위배하는 구조적인 환경을 제공한다.

116 　　　　　　　　　　정답: 2번

일반적인 데이터베이스의 보안 요구사항은 다음과 같다. 하지만 최적화된 성능은 보안 요구사항과 상대적으로 거리가 멀다.

- **부적절한 접근 방지**: 모든 사용자의 접근요청을 DBMS가 검사하고 승인된 사용자만 접근토록 해야 한다.
- **추론 방지**: 일반적 데이터로부터 비밀정보를 획득하는 추론이 불가능하게 해야 한다.
- **운영적 무결성 보장**: 트랜잭션의 병행처리 동안에 데이터에 대한 논리적인 일관성을 보장해야 한다. 락킹(Locking) 기법 등과 같은 병행 수행 제어 기법 등이 사용되어야 한다. 락킹 기법은 고유 가능한 데이터에 대한 접근을 상호 배타적으로 통제하는 병행 수행 제어기법으로 데이터의 논리적 일관성을 보장한다.
- **의미적 무결성 보장**: 데이터베이스는 데이터에 대한 허용 값을 통제함으로써 변경 데이터의 논리적 일관성을 보장해야 한다.
- **감사 기능**: 데이터베이스에 대한 모든 접근에 대한 감사기록을 생성해야 한다.
- **사용자 인증**: DBMS는 운영체제의 사용자 인증과 별개로 엄격한 인증이 요구된다.

117 　　　　　　　　　　정답: 4번

데이터베이스 보안 통제는 접근 제어, 추론 통제, 흐름 통제로 나눌 수 있다. 하지만 관리자 통제는 존재하지 않는다.

(1) **접근 제어**: 인증된 사용자에게 허가된 범위 내에서 시스템 내부의 정보에 대한 접근을 허용하는 기술적인 방법이다. 사용자가 DB에 접근할 때는 접근 권한이 있는지 검사하여 허용 여부를 결정한다.

(2) **추론 통제**: 간접적으로 노출된 데이터를 통해 다른 데이터를 추론하여 다른 데이터가 공개되는 것을 방지한다. 추론 방지를 위한 방법은 허

용 가능한 질의를 제한, 질의의 응답으로 제공되는 데이터를 한정, 데이터를 숫자의 경우 반올림하거나 일관성이 없는 결과 노이즈를 포함하는 여러 가지 방법이 존재한다.
- (3) **흐름 통제**: 접근이 가능한 객체 간의 정보의 흐름을 조정한다. 예를 들어, 정보의 흐름으로는 A 값이 B에 기록이 되었다고 본다면 이를 'A에서 B로 흐름이 발생하였다'라고 할 수 있다. 보안 등급이 높은 객체에서 낮은 객체로의 정보 흐름을 제어한다.

118 〔정답: 2번〕

일반적으로 데이터베이스 공격은 다음과 같이 분류할 수 있다.

- (1) **집성(Aggregation) 공격**: 낮은 보안등급의 정보 조각을 조합하여 높은 등급의 정보를 알아내는 것이다. 공개된 지사별 영업실적으로 1등급인 총매출액을 유추하는 등의 방법이다.
- (2) **추론(Inference) 공격**: 보안으로 분류되지 않은 정보에 접근한 후 기밀정보를 유추하는 것이다.
- (3) **데이터 디들링(Data Diddling)**: 처리할 자료를 다른 자료와 바꿔서 처리하는 공격이다. 즉 입력값이나 출력값을 부정한 의도로 수정하여 잘못된 결과가 나오도록 유도하는 방법이다.

그중에서 데이터베이스 추론 공격에 대한 방지 기법은 다음과 같으며, 보기 ② 암호화는 문제에서 제시하고 있는 추론 방지 기술과 거리가 멀다.

- (1) **셀 은폐**: 추론 공격에 이용될 수 있는 정보를 포함한 특정한 셀을 숨기거나 보이지 않도록 사용되는 기술이다.
- (2) **잡음 및 혼란**: 공격자에게 길을 잘못 가르쳐 주거나 실제 공격이 성과를 맺지 못 하도록 문제를 혼동시키려는 목적으로 가짜 정보를 삽입하는 기술이다.
- (3) **롤백**: 데이터베이스 트랜잭션을 무효화하기 위해 완료된 데이터베이스 수정사항을 부분적으로 원 상태로 만드는 것을 의미한다.
- (4) **데이터베이스 구획화**: 데이터베이스를 다른 부분으로 구분하는 것과 관련 있으며 이렇게 함으로써 허가받지 않는 개인이 함께 가져올 수 있는 데이터 조각들과 이끌어내거나 발견될 수 있는 다른 정보를 연결하는 것을 훨씬 어렵게 한다.

119 〔정답: 4번〕

데이터베이스 관리 시스템(DBMS: Database Management System)은 다수의 사용자가 데이터베이스 내의 데이터에 접근할 수 있도록 해주는 소프트웨어 도구의 집합이다. DBMS는 사용자 또는 다른 프로그램의 요구를 처리하고 적절히 응답하여 데이터를 사용할 수 있도록 해준다. DBMS의 장점은 다음과 같다. DBMS는 자료의 통합성을 증진시킨다. DBMS는 자료와의 관계성을 정의하기 때문에 자료 통합이 증진된다. DBMS는 데이터의 접근성이 용이하다. 데이터 통제가 강화된다. 애플리케이션 프로그램들을 쉽게 개발하고 관리할 수 있다. 보안이 강화된다. 그리고 DBMS의 주요 기능은 다음과 같다.

- **정의**: 데이터에 대한 형식, 구조, 제약조건들을 명세하는 기능이다. 이때 데이터베이스에 대한 정의 및 설명은 카탈로그나 사전의 형태로 저장된다.
- **구축**: DBMS가 관리하는 기억 장치에 데이터를 저장하는 기능이다.
- **조작**: 특정한 데이터를 검색하기 위한 질의, 데이터베이스의 갱신, 보고서 생성 기능 등을 포함한다.
- **공유**: 여러 사용자와 프로그램이 데이터베이스에 동시에 접근하도록 하는 기능이다.
- **보호**: 하드웨어나 소프트웨어의 오동작 또는 권한이 없는 악의적인 접근으로부터 시스템을 보호한다.

- **유지보수**: 시간이 지남에 따라 변화하는 요구사항을 반영할 수 있도록 하는 기능이다.

120　　　　　　　　　　　　정답: 2번

침입 방지 시스템(IPS)은 방화벽과 동일한 네트워크에 구축되며 패킷이 알려진 보안 위협을 나타내는 경우 보안 프로필을 기반으로 네트워크 트래픽을 거부하는 솔루션이다. 침입방지시스템(IPS)의 주요 기능은 다음과 같다.

(1) 바이러스 및 스팸메일, P2P 및 메신저 통신 등에 대한 비정상 네트워크 트래픽의 정확하고 신속한 탐지 및 차단하는 기능
(2) 실시간 네트워크/시스템 부하량 모니터링
(3) 프로토콜, 서비스, IP 네트워크 트래픽 트랜드 상세분석
(4) 유해 정보 차단 및 내부정보 유출 차단과 해킹 추적기능
(5) 신규 취약성, 위협에 대한 빠른 업데이트 기능
(6) 침입패턴 데이터베이스를 이용한 사전적 대응(Preemptive Protection)할 수 있는 기능
(7) 유해사이트에 대한 실시간 모니터링 및 로깅 기능

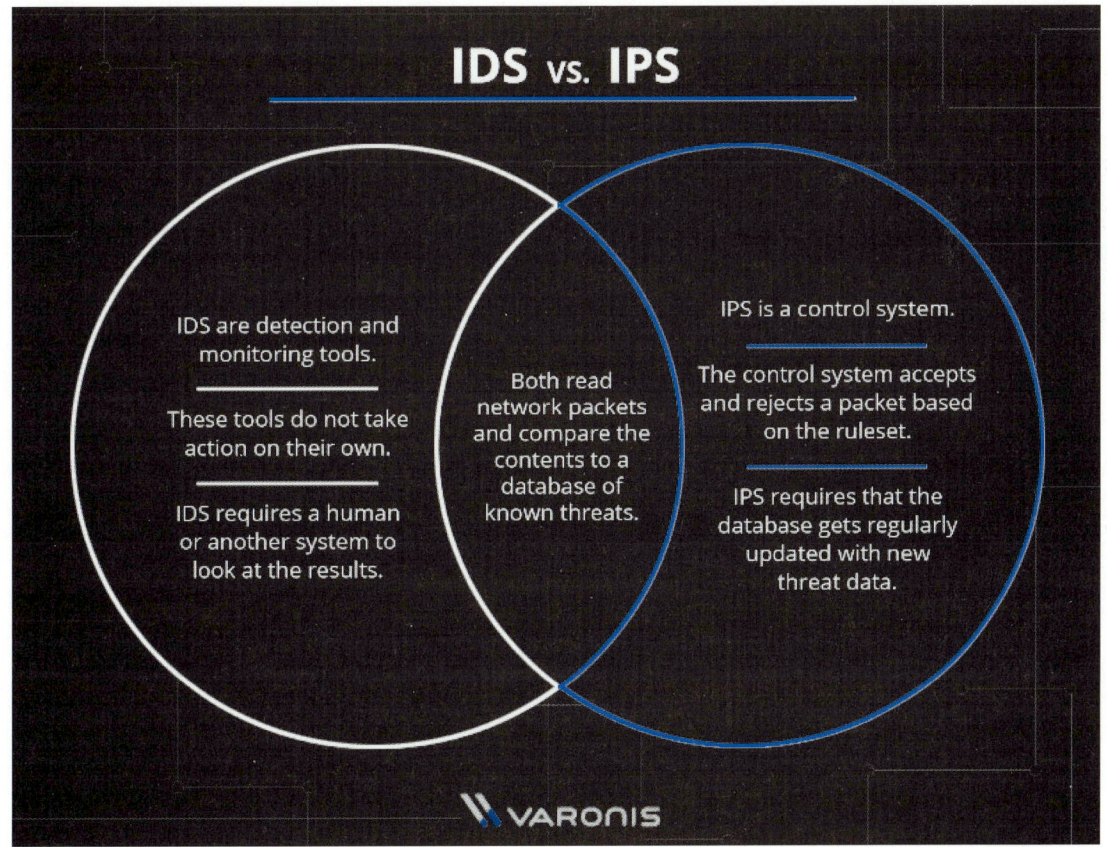

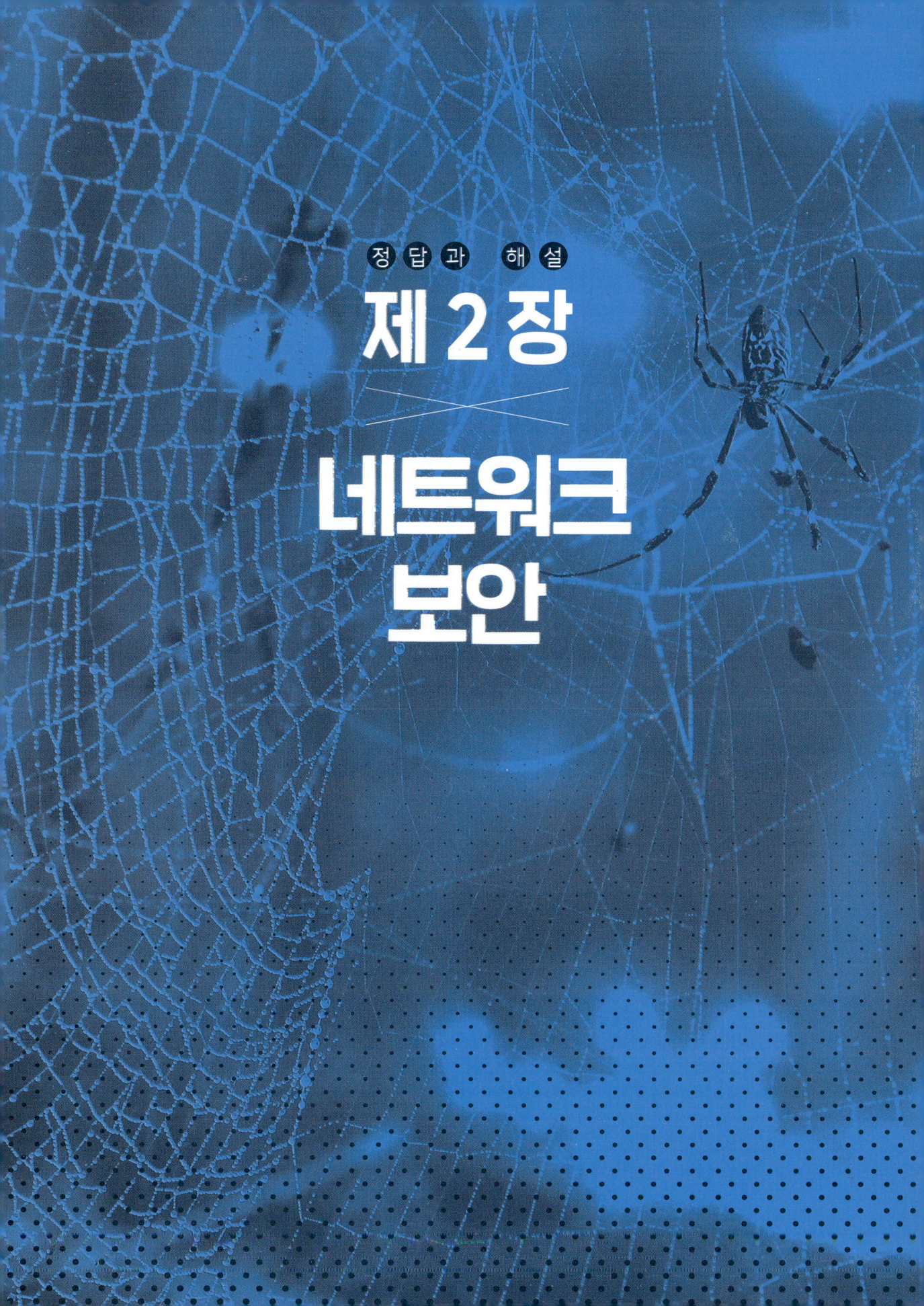

제2장 네트워크 보안 정답

1 ②	2 ③	3 ③	4 ②	5 ①	6 ②	7 ②	8 ③	9 ③	10 ①
11 ④	12 ②	13 ④	14 ①	15 ①	16 ④	17 ①	18 ②	19 ③	20 ③
21 ②	22 ②	23 ②	24 ④	25 ①	26 ①	27 ②	28 ②	29 ①	30 ③
31 ②	32 ④	33 ③	34 ③	35 ①	36 ④	37 ③	38 ②	39 ④	40 ①
41 ④	42 ①	43 ①	44 ③	45 ②	46 ①	47 ③	48 ②	49 ④	50 ④
51 ①	52 ②	53 ④	54 ③	55 ③	56 ④	57 ④	58 ②	59 ④	60 ②
61 ③	62 ①	63 ④	64 ②	65 ④	66 ④	67 ①	68 ②	69 ④	70 ②
71 ③	72 ①	73 ④	74 ②	75 ②	76 ②	77 ③	78 ④	79 ④	80 ③
81 ②	82 ①	83 ②	84 ②	85 ①	86 ②	87 ①	88 ①	89 ③	90 ①
91 ③	92 ③								

001

정답: 2번

이더넷(Ethernet)은 LAN(Local Area Network)을 개발하기 위해 여러 시스템을 연결하는 데 사용하는 LAN 시스템이다. 이 목적을 달성하기 위해 고속 이더넷과 기가비트 이더넷이 사용되며 적용 범위, 속도 및 구성과 관련하여 약간의 차이가 발생한다. 고속 이더넷과 기가비트 이더넷의 주요한 차이점은 다음과 같다.

- 기가비트 이더넷은 속도가 100Mbit/s인 고속 이더넷보다 10배 빠른 1,000Mbit/s의 속도를 가지며, 고속 이더넷보다 고급 기술이다.
- 더 높은 비트 전송 속도와 더 높은 대역폭으로 인해 기가비트 이더넷은 패스트 이더넷보다 더 나은 성능을 제공한다.
- 기가비트 이더넷은 패스트 이더넷보다 비싸다. 표준 이더넷에서 고속 이더넷을 업그레이드하는 것은 쉽고 비용 대비 효과적이며 고속 이더넷에서 기가비트 이더넷을 업그레이드하는 것은 복잡하고 비용이 많이 든다.
- 기가비트 이더넷의 구성 문제는 고속 이더넷보다 복잡하다. 기가비트 이더넷에 사용되는 장치는 완전히 작동하도록 구성이 동일해야 한다. 고속 이더넷에서는 연결된 장치가 시스템과 자동으로 구성된다.
- 모든 네트워크는 100Mbit/s를 지원할 수 있지만 1,000Mbit/s는 지원할 수 없다. 따라서 기가비트 이더넷을 지원할 수 있는 특정 네트워크가 필요하다.
- 100BASE-LX10 버전을 사용하는 경우 고속 이더넷에서 최대 10km 네트워크 길이를 달성할 수 있다. 단일 모드 파이버(1,310nm 파장)가 매체로 사용되는 경우 기가비트 이더넷에서 70km 네트워크 길이를 달성할 수 있다.

- 고속 이더넷은 광섬유 케이블과 비차폐 연선 케이블 모두에서 실행된다. 기가비트 이더넷은 1000BASE-T 연선 케이블, 1000BASE-X 광섬유 또는 1000BASE-CX 쉴드 밸런스드 구리 케이블에서 실행된다.
- 고속 이더넷은 경제적이고 빠른 전송 속도를 제공하지만 비용이 많이 드는 기가비트 이더넷과 비교하여 전송 속도가 느리다. 기가비트 이더넷 포트는 패스트 이더넷 포트당 가격의 4배이다.
- 기가비트 이더넷의 IEEE 표준은 IEEE 802.3-2008이고 고속 이더넷의 IEEE 표준은 802.3u-1995, 802.3u-1995 및 802.3u-1995이다.
- 단순 이더넷에서 고속 이더넷으로의 업그레이드는 고속 이더넷에서 기가비트 이더넷으로의 업그레이드에 비해 비교적 간단하고 경제적이다.
- 기가비트 이더넷에는 표준 1000Mbps 데이터 속도를 지원할 수 있도록 특별히 설계된 네트워크 장치가 필요하다. 하지만 고속 이더넷에는 특정 네트워크 장치가 필요하지 않다.
- 수동 구성은 기가비트 이더넷과 호환되기 위해 대부분의 장치가 사전 구성이 필요한 기가비트 이더넷 설정에서 필수 요소이다. 고속 이더넷에서는 고속 이더넷 요구 사항에 따라 연결된 장치가 자동으로 구성되므로 구성할 필요가 없다.
- 더 많은 대역폭이 필요한 경우 기가비트 이더넷은 고속 이더넷과 비교하여 가능한 최고의 주파수에서 더 많은 대역폭을 제공한다.
- 고속 이더넷은 1995년에 도입되었으며 기가비트 이더넷은 1999년에 도입되었다.

002 정답: 3번

QoS(Quality of Service)는 다른 응용 프로그램, 사용자, 데이터 흐름 등에 우선순위를 정하여, 데이터 전송에 특정 수준의 성능을 보장하기 위한 능력을 말한다. 과거에는 음성 및 데이터 트래픽을 전달하기 위해 별개의 물리적 네트워크를 사용했는데, 각 네트워크는 특정 유형의 트래픽을 전달했고 해당 트래픽에 필요한 내재된 품질 수준을 제공하였다. 오늘날에는 트래픽이 공통 인프라 및 네트워크 리소스를 공유하는 융합된 패킷 기반 네트워크에서 동일한 애플리케이션이 실행된다. 이러한 패킷 기반 네트워크는 최상의 방식으로 트래픽을 전달하기 위한 것이므로 내재된 QoS는 존재하지 않는다. 하지만 음성 및 비디오 서비스의 가입자들은 해당 서비스가 언제나 용납되는 수준 이상의 품질로 제공되기를 요구하고 있다. 패킷 기반 네트워크는 포인트 A에서 포인트 B로 대량의 트래픽을 전달하며, 이때 트래픽을 생성하는 모든 애플리케이션의 서비스 계약 및 성능 요구 사항에 맞추어서 전달한다. 이것이 가능한 것은 QoS를 사용하기 때문이다. 즉, 서비스 사용자의 총체적 만족도를 의미하기보다는, IP 기술에 의해 IP 패킷의 전달을 보장하려는 차원에서의 End-to-End 세션별 품질이다. 이는 선택된 트래픽 또는 응용(Per Flow)에 대하여 차별화되는 서비스를 제공할 수 있는 능력을 의미한다.

참조: https://www.juniper.net/

003 정답: 3번

ARP 명령어 옵션 중에서 고정적으로 IP 주소와 MAC 주소를 설정하는 옵션은 -s이다. -a 옵션은 전체 목록을 조회하는 기능이며 -d 옵션은 삭제를 위한 옵션이고 -m 옵션은 존재하지 않는다. ARP Spoofing(Address Resolution Protocol Spoofing)은 주소 결정 프로토콜(ARP) 캐시 메모리를 변조시켜 공격 대상의 MAC 주소를 자신의 컴퓨터의 MAC 주소로 변경하면 모든 데이터가 자신의 컴퓨터로 모니터링이 가능한 공격 기법이다. 과거에 해커는 유명한 웹 서버 자체를 공격해 악성 코드 경유지로 활용하였다. 그러나 웹 서버 보안이 강화되자, 네트워크의 서브넷 내에 침투해 ARP 위장 패킷으로 해당 서브넷 내의 PC들을 감염시키는 기법이다. 어떤 시스템에 ARP 위장 기능을 가진 악성 코드가 설치되면 약간의 조작으로 동일 구역 내의 다른 시스템에 쉽게 악성 코드가 설치될 수 있도록 하는 방법이다.

004   정답: 2번

Slow HTTP Post DoS(서비스 거부공격)는 HTTP의 POST Method를 이용해 대량의 데이터를 아주 작은 단위로 분할하여 전송하는 방법이다. 웹서버는 전체 데이터가 정상적으로 수신이 될 때까지 계속적으로 연결을 유지해야 하므로 일정 수준 이상의 자원을 소비하도록 하면 정상적인 요청에 대해서 처리할 수 없게 된다. 이와 같은 기법을 이용한 서비스 거부공격으로 웹서비스를 마비시킬 수 있다.

005   정답: 1번

SET(Secure Electronic Transaction) 프로토콜은 VISA와 Master Card사에 의해 개발된 신용카드 기반의 전자지불 프로토콜이다. 1996년 비자와 마이크로소프트사의 보안 규격화 작업인 STT와 마스터카드와 넷스케이프사가 추진한 SEPP를 결합하여 SET 개발에 착수했고 IBM, VeriSign 등의 업체가 가담하여 SET 프로토콜이 만들어졌다. 공개키 기반구조를 바탕으로 사용자 인증을 수행하고 지불시스템에 대한 기술 표준이다. 이는 네트워크를 통해서 거래(Transaction)가 이루어지는 온라인 거래의 경우 개인의 은행 계좌 정보나 신용 정보 등이 공중망을 통해서 노출되거나 문서의 위조·변경 등의 문제를 해결하기 위해서 만들어졌으며, 메시지 암호화 방법을 이용하여 데이터의 기밀성을 보장하고, 이중 전자서명을 이용하여 데이터의 무결성을 보장하며, 전자서명과 인증서를 이용하여 실체를 인증한다.

006   정답: 2번

데이터 유출방지(DLP: Data Loss Prevention)는 데이터의 흐름을 감시하여 기업 내부의 중요 정보에 대한 유출을 감시/차단하는 방법이다. 이 DLP 솔루션의 대표적인 솔루션은 Network DLP, Endpoint DLP, Hybrid DLP가 있으며 상세한 정보는 다음과 같다.

(1) **Network DLP(NDLP)**: NDLP 제품은 일반적으로 조직의 네트워크 경계에 배포되는 어플라이언스로 구현된다. 또한 내부 서브넷 경계에 배포할 수도 있으며 모듈형 보안 어플라이언스 내에서 모듈로 배포할 수도 있다. NDLP 솔루션의 주요한 단점은 조직 네트워크에 없는 장치의 데이터를 보호하지 못한다는 것이다. 예를 들어 모바일 장치 사용자는 건물을 떠날 때마다 취약해지기 때문에 가장 위험하다. 앞으로도 모바일 사용자가 계속 증가될 것으로 예상하기 때문에 이는 NDLP가 해결해야만 하는 과제이다.

(2) **Endpoint DLP**: Endpoint DLP(EDLP)는 미사용 데이터와 사용 중인 데이터에 대해서 보호 정책을 적용한다. EDLP는 보호되는 각 엔드 포인트에서 실행되는 소프트웨어에서 구현된다. 일반적으로 DLP 에이전트라고 하는 이 소프트웨어는 DLP 정책 서버와 통신하여 정책을 업데이트하고 이벤트를 보고한다. EDLP의 주요한 단점은 복잡성이다. NDLP와 비교할 때 이러한 솔루션은 조직에 훨씬 더 많은 존재 지점이 필요하며 이러한 각 지점에는 고유한 구성, 실행 또는 인증 문제가 있을 수 있다. 또한 중요한 데이터를 처리할 수 있는 모든 장치에 에이전트를 배포해야 하므로 비용이 NDLP 솔루션보다 훨씬 높다. 또 다른 문제는 소프트웨어 패치 및 정책 변경에 대해서 모든 에이전트를 정기적으로 업데이트해야 할 필요성이 있다는 점이다.

(3) **Hybrid DLP**: Hybrid DLP는 기업 전체에 NDLP와 EDLP를 모두 배포하는 방법이다. 분명히 이 접근 방식은 가장 비용이 많이 들고 가장 복잡하다. 하지만, 노력을 감당할 수 있는 조직에는 최상의 서비스를 제공한다.

007　정답: 2번

SYN Flooding Attack은 TCP 3-way Handshaking 연결수립 절차의 허점을 이용한 서비스 거부공격이다. 공격자는 SYN_SENT 연결요청을 서버로 보내고 서버는 이에 대한 응답으로 SYN_RECV 상태로 대기한다. 정상적이라면 공격자는 SYN+ACK를 회신해야 하지만 이를 하지 않고 계속 반복해서 요청함으로써 서버를 Half Open 상태로 많은 대기상태를 만든다. 이는 웹 서버의 백로그 큐(Backlog Queue)에 오버플로우가 발생하거나 서비스 장애를 유발하는 공격이다. 서버에서 netstat -an | grep SYN 명령어로 해당 연결 정보의 목록을 조회할 수 있으며 wc -l으로 파이프를 연결하면 전체 개수를 조회할 수 있다.

008　정답: 3번

약 42억 개의 주소를 가진 IPv4 시스템에서 약 1,800만 개의 주소는 사설 네트워크를 위해서 예약되어 있다. 이 예약된 사설 네트워크 주소 범위는 외부 인터넷을 위한 주소로 사용될 수 없으며 해당 주소는 모든 외부의 라우터에 의해서 무시된다. 그러므로, 사설 주소는 외부 네트워크와 직접적으로 연결될 수 없다. 이런 경우에 라우터에서 네트워크 주소 변환(NAT)을 통해서 접속할 수 있는 서비스를 제공한다. C Class의 IP 대역은 192.168.0.0~192.168.255.255이다.

009　정답: 3번

패킷 필터링 방화벽(Packet Filtering Firewalls)은 OSI 모델의 네트워크 계층 또는 IP 계층에서 작동한다. 패킷 필터 방화벽은 1세대 방화벽으로써 패킷 자체만을 보고 미리 설정된 정책에 따라 허용 또는 거부를 결정하는 초창기의 방화벽이다. 방화벽 내부에서 상태(세션)를 관리하지 않는 기본 형태의 방화벽이다. 이 방화벽은 특정한 IP를 허용 또는 거부하거나 특정한 포트를 허용 또는 거부하는 용도로 사용된다. 패킷을 검사하여 미리 설정된 정책에 맞지 않을 경우 통과시키지 않도록 하는 형태의 방화벽을 패킷 필터라 한다. 방화벽 관리자는 보호할 네트워크에 적용할 규칙 또는 정책을 설정하고 설정되어 있지 않다면 기본 정책을 적용한다. 흔히 커널 레벨에서 수행되고 프록시 방식에 비해 제한된 검사만을 수행하여 더 많은 트래픽을 처리할 수 있다는 장점이 있다. 패킷 필터 방화벽은 순수하게 패킷 자체를 볼 것인지, 패킷이 속하는 TCP 또는 UDP 세션(또는 플로우라고도 함)도 같이 관리할 것인지에 따라 다시 두 종류로 분류할 수 있다. 패킷 자체를 본다면 내부적으로 상태를 관리할 필요가 없으므로 이 종류를 스테이트리스(Stateless) 또는 무상태 방화벽이라 한다. 이 종류의 방화벽은 쉽게 구현할 수 있지만, 모든 패킷에 대해서 매번 정책을 검사하여야 하므로 정책이 많아질수록 속도가 느려지는 단점이 있다. 패킷이 속하는 세션을 관리하여 이 세션에 속하는 패킷들에 대해서 모두 동일한 처리를 하게 하는 방화벽의 종류를 스테이트풀(Stateful) 방화벽이라 하고 '상태가 있는 방화벽' 또는 유상태 방화벽이라 번역할 수 있다. 방화벽은 두 통신 당사자 간에 세션이 생성될 수 있는 패킷 조합을 감지하여 동적 정책을 내부적으로 관리하며 이 세션에 속하는 패킷들은 방화벽 관리자에 의해서 한번 설정된 후 자주 바뀌지 않는 정적 정책에 비해 빠르게 검색하는 동적 정책에 먼저 허용 또는 거부되므로 무상태 방화벽에 비해서 일반적으로 높은 속도를 제공할 수 있다.

010　정답: 1번

스트리밍을 위한 대표적인 프로토콜에는 RTSP, RTP, RTCP가 있다. 이는 인터넷에서 영상이나 음향, 애니메이션 등의 파일을 하드디스크에 담아 재생하던 것을 다운로드 없이 실시간으로 재생하는 기법이다. 1995년 리얼 네트워크에서 개발한 리얼 오디오에서 처음으로 제시되었으며 이 기술은 RTP, RTSP, RTCP를 사용하여 구현된다. RTSP(Real-Time Streaming Protocol)는 TCP에서 사용자 제어(Play, Stop)를 수행하는 프로토콜이다. RTP(Real-Time Transport Protocol) UDP에서 실제 데이터의 전송(비디오/오디오)을 처리한다. 그리고 RTCP(Real-Time Control Protocol)는 스트리밍 데이터 전송 시 효율적인 전송을 위한 제어를 제공한다(분실 패킷, 지연, 세션 정보 등).

011   정답: 4번

대표적인 데이터 교환 방식에는 회선 교환, 메시지 교환, 패킷 교환이 있으며 각각의 상세한 설명은 다음과 같다.

(1) **회선 교환(Circuit Switching)**: 최초의 데이터 통신 시스템은 컴퓨터나 데이터 단말이 거의 전용 회선으로 연결되었다. 데이터 통신의 중요성이 높아짐에 따라 이의 확대 보급을 위해 전화의 경우와 같이 단말을 컴퓨터와 통신할 때만 통신회선을 사용하는 교환 원리가 데이터 통신에도 도입되었다. 회선 교환은 데이터 단말로부터 다이얼 신호를 받으면 회선 교환기가 상대방 컴퓨터까지의 통신로를 선택해 준다. 회선 교환에서는 통신하는 동안에는 그 통신로를 독점하여 사용할 수 있으므로 파일 전송과 같은 긴 메시지나 화상 통신에 적합하다. 그러나 회선 교환은 데이터가 전송되지 않아도 연결 경로가 전용되기 때문에 비효율적일 수가 있고, 데이터 전송이 이루어지기 전에 경로를 설정하는 데 지연 시간이 존재한다.

(2) **메시지 교환(Message Switching)**: 메시지 교환은 두 단말 간에 전용 경로를 설정할 필요가 없다. 그러나 한 쪽 단말이 메시지를 보내고자 하는 경우에 메시지에 목적지 단말의 주소를 부착하면 메시지는 연결 경로를 통과하게 된다. 각 경로에서는 전체 메시지를 수신해서 일시적으로 저장한 후에 다음 경로로 보낸다. 각 경로에는 메시지가 들어오는 대로 일시적인 저장을 할 수 있도록 기억 장치를 가진 노드가 있어야 한다.

(3) **패킷 교환(Packet Switching)**: 패킷 교환은 메시지 교환과 회선 교환의 장점을 결합하고 단점을 최소화한 교환 방식이다. 패킷 교환은 메시지 교환과 매우 흡사한데, 차이점은 패킷망에서는 전송되는 데이터 단위의 길이가 한정되어 있다는 점이다. 즉 패킷 교환은 메시지 길이가 최대 1,000에서 수천 비트 정도지만, 메시지 교환 시스템은 더 긴 길이의 메시지를 수용할 수 있다. 패킷 통신은 데이터를 일정한 길이로 분할하여 각 패킷에 패킷 번호와 발신자 주소, 행선지 등의 제어 정보를 붙여 어느 정도 모일 때까지 교환기에 축적해 두었다가 시분할적으로 상대방에 보내면 착신 쪽에서 재생하는 방법이다.

012   정답: 2번

음성 인터넷 프로토콜(VoIP: Voice over Internet Protocol, voice over IP, IP telephony)은 인터넷과 같은 인터넷 프로토콜(IP) 네트워크를 통해 음성 통신과 멀티미디어 세션의 전달을 위한 기술들의 모임을 가리키는 용어다. VoIP는 VoIP 전화뿐만 아니라 수많은 개인 컴퓨터와 기타 인터넷 접속 장치에서 사용할 수 있다. 이렇게 인터넷을 통해 음성 서비스를 가능하게 하는 VoIP(Voice over Internet Protocol) 기술은 기존의 전화망에 비해 저렴한 가격에 장거리 전화를 이용할 수 있으며, 기존의 인터넷에서 사용 가능한 다양한 멀티미디어 서비스를 쉽게 수용할 수 있다. 이전의 VoIP 접속관리 방식은 H.323 프로토콜을 사용하였으나, 연결 설정의 복잡함으로 인해 최근에는 SIP Working Group에서 제안한 SIP(Session Initiation Protocol) 프로토콜이 사용되고 있다. 따라서 H.323과 SIP의 서로 다른 프로토콜을 사용한 제품군 사이의 연동을 위한 방법론이 필요하게 되었다. 다음은 SIP와 H.323의 주요 기능이다.

- **SIP 기능**: 호 연결 시 채널을 연결하고 HTTP 기반의 텍스트 구조의 메시지 형태를 가진다. 단말 능력(Capability)의 교환은 SDP에 의한 한정적 교환으로 구현되며, UDP 채널 1개가 사용되고 SIP 네트워크 서버를 이용한다.
- **H.323 기능**: 호 연결 시 H.225와 H.245에 의한 호와 채널을 분리한다. ANS.1에 의한 코딩 방식으로 메시지 형태가 구현되며, 단말 능력(Capability) 교환은 H.245에 의한 단말의 전체적인 능력이 교환된다. 사용되는 채널은 UDP 또는 TCP 채널 2개이며 게이트 키퍼(Gatekeeper) 서버가 사용된다.

013 정답: 4번

VPN은 여러 가지 종류가 존재하며, 가장 보편적인 VPN은 PPTP VPN, L2TP VPN, IPSec VPN, SSL/TLS/SSH VPN, MPLS VPN, Hybrid VPN, OpenVPN, SSTP VPN, L2TP-IPsec VPN, IKEv2 VPN 등이 있다. 그리고 접속 방법에 따라서 Site-to Site VPN, Site-to-Client VPN도 존재한다. 그중 암호학 관점에서 몇 가지 방식을 설명한다면 다음과 같다.

(1) **IPsec VPN 방식(IP Security Protocol)**: IPsec VPN 방식은 응용 프로그램을 수정할 필요가 없으나 IPsec 패킷의 IP 주소를 변경해야 하는 NAT와 같이 사용하기 어려운 점이 있다. 사용자 인증이 필요 없으므로 VPN 장비 간 인증이 된 경우, 사용자는 다른 인증 절차를 거치지 않아도 된다.

(2) **SSL VPN 방식(Secure Sockets Layer)**: SSL(Secure Sockets Layer)은 웹 서버와 웹브라우저 간의 안전한 통신을 위해 넷스케이프에서 만든 프로토콜이다. 사용자와 VPN 장비 사이의 안전한 데이터의 교환을 위해 애플리케이션 계층에서 SSL을 이용한 암호화 서비스를 제공함으로써 기존 VPN의 문제점인 포트 블록(Port Block)과 같은 문제점을 해결한다.

(3) **SSH VPN 방식(Secure Shell)**: SSH VPN 방식은 응용계층의 VPN 기술로서 원격 단말기에서 접속하는 경우에 주로 이용되며 SSH를 이용한 파일 전송 및 파일 복사 프로토콜(예: SFTP, SCP)을 이용할 수 있다. 오픈소스 SSH의 일종인 OpenSSH의 경우 프락시 방식의 VPN 서버로 구성할 수도 있다.

014 정답: 1번

finger는 사용자 계정 정보와 최근 로그인 정보, 이메일, 예약 작업 정보 등을 볼 수 있는 명령어이며 사용법은 다음과 같다.

```
finger [옵션]... [사용자명 ...] [user@host ...]
```

- **-l 옵션**: 멀티라인 형식으로 사용자 홈, 셸, 메일, 홈 디렉터리 파일 등과 함께 -s 옵션으로 보이는 정보를 출력한다.
- **-s 옵션**: 로그인 이름, 실제 이름, 터미널 이름, 상태, idle 시간, 로그인 시간 등을 출력한다.

015 정답: 1번

각기 다른 방화벽에 대한 정의와 장단점, 특징은 시험에 자주 출제되는 만큼 반드시 기억해야 한다. 각각의 방화벽에 대한 설명은 다음과 같다.

(1) **스크리닝 라우터**: 스크리닝 라우터는 IP 필터링 기능이 추가된 라우터를 이용해서, 들어오거나 나가는 패킷에 대한 접근을 제어하는 방식이며 보통 스크리닝 라우터와 베스천 호스트를 함께 운영한다. 필터링 속도가 빠르고 비교적 비용이 저렴하며 네트워크 계층에서 동작하므로 클라이언트와 서버에 변화가 없어도 된다는 장점이 있다. 하지만 패킷 필터링 규칙을 구성하여 검증하기 어렵고 패킷 내 데이터에 대한 공격을 차단하지 못한다는 단점이 존재한다.

(2) 베스천 호스트: 베스천 호스트(Bastion Host)는 방화벽이 가지는 가장 중요한 기능을 기반으로 보다 더 정교한 네트워크 보안을 구현하기 위한 하나의 기본적인 모듈로 구현된다. 스크리닝 라우터 방식보다 안전하고 정보 지향적인 공격의 방어가 가능하며 로깅 정보를 생성 및 관리하기 쉽다는 장점이 있다. 하지만 베스천 호스트가 손상되면 내부 네트워크를 보호할 수 없고, 로그인 정보가 누출되면 내부 네트워크를 보호할 수 없다는 단점이 있다.

(3) 듀얼 홈드 게이트웨이: 듀얼 홈드 게이트웨이는 내부 네트워크와 외부 네트워크 사이에 시스템 위치하여 두 개의 네트워크 인터페이스를 가지면서 외부망과 내부망 사이의 IP 트래픽을 안전하게 차단하는 방식이다. 하나의 네트워크 인터페이스는 정보와 연결되고, 다른 하나는 사설 네트워크 호스트 컴퓨터와 연결된다. 설치 및 유지 보수와 각종 기록 정보를 생성 및 관리하기 쉽지만, 제공되는 서비스가 증가할수록 프록시 소프트웨어 가격이 상승하는 단점이 있다.

(4) 스크린드 호스트 게이트: 스크리닝 라우터와 베스천 호스트 두 개의 시스템을 결합한 형태이다. 침입자는 별개의 두 시스템을 침입해야 비로소 사설 네트워크 보안을 위협할 수 있다. 들어오는 트래픽은 오직 베스천 호스트만 접근할 수 있게 하며, 내부 시스템으로의 접근을 차단한다. 2단계 보안점검이 가능하고 네트워크 계층과 응용 계층에서 방어한다는 장점이 있다. 하지만 구축 소요 비용이 많이 들고 해커에 의한 스크리닝 라우터의 라우팅 테이블 변경 가능하며, 단일 장애 지점(Single Point of Failure)과 네트워크 지연이 발생할 수 있다.

(5) 스크린드 서브넷 게이트웨이: 두 개의 패킷 필터링 라우터와 하나의 베스천 호스트를 이용하여 외부 네트워크와 내부 네트워크 사이에 완충 지대를 두는 방식이다. 스크린 호스트 게이트웨이 방식의 장점을 계승한 다단계 방어로 매우 안전하지만 구축 비용이 많이 들고 서비스 속도가 느리다는 것이 단점이다.

(6) 게이트웨이/프록시 서버: 보안과 성능을 고려하여 서비스별로 게이트웨이를 설치 및 운영하며 프록시 서버를 이용하여 접근 통제 및 캐싱 기능을 구현하는 방식이다. 강력한 보안 기능과 모니터링 및 분석 기능을 제공하지만 방화벽 시스템 구축 비용이 높다는 것이 단점이다.

016   정답: 4번

네트워크의 가용성·성능·만족도·사용성·품질 등을 측정하는 대표적인 지표에는 NP(Network Performance), QoS(Quality of Service), QoE(Quality of Experience)이 존재한다. Network Performance는 일반적으로 End Point Device를 고려하지 않고 게이트웨이와 게이트웨이 사이의 가용성·성능·품질을 측정한다. QoS는 사용자의 경험은 고려하지 않으며 사용자의 단말기와 시스템의 자원의 상황에 따라 달라질 수 있다. QoE는 사용자의 경험이 반영되므로 객관적인 수치와 주관적인 수치가 동시에 고려될 수밖에 없다. 과거에는 QoS가 가장 중요한 네트워크의 관리 목표였으나 네트워크 환경의 급격한 변화와 사용자 디바이스 단말기의 파편화, 네트워크 기술의 변화로 인해 QoS보다 QoE의 가치가 더욱 높아지고 있다.

017   정답: 1번

문맥기반 접근방법(CBAC: Context-Based Access Control)은 방화벽 소프트웨어의 기능으로, 애플리케이션 계층 프로토콜 세션 정보를 기반으로 TCP 및 UDP 패킷을 지능적으로 필터링한다. 주로 인트라넷, 엑스트라넷 및 인터넷에 사용할 수 있다. 보호가 필요한 네트워크 내에서 연결이 시작된 경우에만 방화벽을 통해 지정된 TCP 및 UDP 트래픽을 허용하도록 CBAC를 구성할 수 있다. 즉, CBAC는 외부 네트워크에서 시작된 세션에 대한 트래픽을 검사할 수 있다. 이것은 상태 저장 방화벽(Stateful Firewall)의 기본 기능이다. CBAC가 없으면 트래픽 필터링은 네트워크 계층 또는 전송 계층에서 패킷을 검사하는 액세스 목록 구현으로 제한된다. 그러나 CBAC는 네트워크 계층 및 전송 계층 정보뿐만 아니라 응용 프로그램 계층 프로토콜 정보(FTP 연결 정보 등)도 검사하여 TCP 또는 UDP 세션의 상태를 파악한다. 이를 통해 FTP 제어 채널에서 협상의 결과로 생성된 여러 채널이 포함된 프로토콜을 지원할 수 있다.

CBAC는 방화벽을 통과하는 트래픽을 검사하여 TCP 및 UDP 세션에 대한 상태 정보를 검색하고 관리한다. 이 상태 정보는 방화벽의 액세스 목록에서 임시 오프닝을 생성하여 허용된 세션(보호된 내부 네트워크 내에서 시작된 세션)에 대한 반환 트래픽 및 추가 데이터 연결을 허용한다. CBAC는 심층 패킷 검사를 통해 작동하므로 Cisco는 IOS(Internetwork Operating System)에서 이것을 'IOS 방화벽'이라고 한다. CBAC는 부가적으로 서비스 거부 예방 및 탐지, 실시간 경고 및 감사 추적도 기능을 제공한다.

018 정답: 2번

TCP를 사용하는 기존의 HTTP에는 HOLB(Head of Line Blocking)라고 불리는 문제가 존재한다. 사실 HTTP 레벨에서의 HOLB와 TCP 레벨에서의 HOLB는 다른 의미이기는 하나 결국 어떤 요청에 병목이 생겨서 전체적인 지연(Latency)이 늘어난다는 의미와 동일하다고 할 수 있다. TCP를 사용한 통신에서 패킷은 무조건 정확한 순서대로 처리되어야 하므로 수신 측은 송신 측과 주고받은 시퀀스 번호를 참고하여 패킷을 재조립해야 하기 때문이다. 그래서 통신 중간에 패킷이 손실되면 완전한 데이터로 다시 조립할 수 없기 때문에 절대로 그냥 넘어가지 않는다. 무조건 송신 측은 수신 측이 패킷을 제대로 다 받았다는 것을 확인한 후, 만약 수신 측이 제대로 패킷을 받지 못했으면 해당 패킷을 다시 보내야 한다. 또한 패킷이 처리되는 순서 또한 정해져 있으므로 이전에 받은 패킷을 파싱하기 전까지는 다음 패킷을 처리할 수도 없다. 이렇게 패킷이 중간에 유실되거나 수신 측의 패킷 파싱 속도가 느리다면 통신에 병목이 발생하게 되는 현상을 HOLB라고 부르는 것이다. 이건 TCP 자체의 문제이므로 HTTP/1뿐만 아니라 HTTP/2도 가지고 있는 문제이다. 이런 문제들을 해결하기 위해 HTTP/3는 UDP를 기반으로 만들어진 프로토콜인 QUIC 위에서 작동하는 것을 선택한 것이다.

019 정답: 3번

객체 관리 그룹(OMG)이 제정하는 ORB의 표준 규격이다. 일반적으로 코바(CORBA: Common Object Request Broker Architecture)라는 약자로 표기된다. ORB는 분산 객체 환경에서 객체 간의 통신을 처리하는 기능으로, OMG가 제정한 분산 객체형 시스템의 기본 구조인 객체 관리 구조(OMA)의 5개 구성 요소 중에서 핵심적인 요소이다. 즉, 분산 객체 기술의 대표적인 표준으로, 웹과 분산 객체 시스템 간 상호연동을 담당하는 하나의 기술이다. CORBA를 이용해 상호연동을 하면 CORBA 기반의 시스템들은 웹에 액세스할 수 있다.

020 정답: 3번

방화벽의 필터링 정책은 블랙리스트 필터링과 화이트리스트 필터링으로 분류할 수 있다. 블랙리스트 필터링은 RULE에 명시된 IP, Port를 지정하여 차단하거나 허용하는 기법이고 화이트리스트 필터링은 RULE에 명시된 IP, Port를 제외하고 차단 혹은 허용하는 방식이다. 블랙리스트 필터링은 특정 규칙만을 설정하는 데 용이한데, 예를 들어 외부에서의 접근 시 특정 IP의 접근만 통과시키는 정책이 가능하다.

화이트리스트 필터링은 특정 규칙을 제외한 전체를 차단 또는 허용하는 데 용이하다. 예를 들어 내부 임직원이 접속할 수 있는 특정 홈페이지만을 제외하고 전체를 차단하고자 할 때 사용하기에 적합하다. 화이트리스트 필터링은 상대적으로 보수적이며 강력한 통제기법이라고 볼 수 있다. 그리고 블랙리스트 필터링은 설정해야 하는 대상이 많아질수록 관리하기에 어려워지는 단점이 존재한다.

021 정답: 2번

WPA2 프로토콜은 수십억 개의 디바이스에서 널리 사용되고 있기 때문에 WPA3로 빠르게 전환되지는 않을 것이며, WPA3 인증 장치는 WPA3-SAE 및 WPA2를 모두 사용하여 연결을 구성할 수 있는 "Transitional Mode of Operation"을 제공한다. DragonBlood라는 연구 논문에 따르면 WPA3의 두 가지 유형의 설계 결함이 존재하며 다운 그레이드 공격과 부채널 누출로 인한 결함이다. 연구원들은 Transitional Mode가 이 다운그레이드 공격에 취약하다는 것을 밝혔으며, 공격자는 WPA2만 지원하는 AP를 설정하고 이를 악용하여 WPA3 지원 장치가 안전하지 않은 WPA2의 4-way Handshake로 연결하도록 할 수 있다. 또한 일반적인 알고리즘보다 약한 타원곡선을 사용하도록 하는데 SAE(Simultaneous Authentication of Equals Handshake = Dragonfly)에 대한 다운그레이드 공격도 발견했다. 이러한 공격을 수행하기 위해 중간자공격(MITM)이 필요하지 않으며 공격자는 WPA3-SAE 네트워크 SSID만 알면, 공격할 수 있다. 그리고 사전공격을 통해 암호 분할 공격을 할 수 있는 부채널 공격인 시간 기반 부채널 공격(CVE-2019-949)과 캐시 기반 부채널 공격(CVE-2019-9494)가 존재한다고 밝혔다. 이 외에도 DoS 공격을 막는 SAE의 방지 메커니즘을 우회하고 WPA3 지원 Access Point로 많은 양의 Handshake를 시작하여 Access Point를 Overload하는 서비스 거부공격이 가능하다고 했다. 이 공격을 간략히 정리하면 다음과 같다.

(1) 시간 기반 부채널 공격
(2) 메모리 캐시 기반 부채널 공격
(3) 서비스 거부 공격
(4) EAP-PWD 취약점

022 정답: 2번

[보기]의 환경을 고려하였을 때 가장 좋은 VPN 방식은 IPsec 방식이다. IPsec 방식은 VPN 서버 부하가 낮으며 NAT 통과가 어렵다. 반면에 SSTP VPN 방식은 SSL v3 기술을 사용하고 있으며 NAT Firewall(방화벽) 문제를 방지하고, 보안성과 속도 면에서 OpenVPN의 방식과 흡사한 수준이라고 할 수 있다. 하지만 가장 큰 단점은 Microsoft가 만들어 독점하고 있다는 것이고, 따라서 윈도우 전용이라 다른 곳에서 활용하기는 어렵다.

023 정답: 2번

침입차단 시스템은 접근제어 목록(ACL, Access Control List)을 통해 네트워크에 전송되는 트래픽에 대한 보안 정책을 설정한다. 침입차단 시스템의 기본 목적은 네크워크 사용자에게 가능한 한 투명성을 보장하면서 위험지대를 줄이고자 하는 보안 대책을 제공하는 것이다. 침입차단 시스템은 일반적으로 접근 통제, 식별 및 인증, 무결성 점검, 감사 추적, 주소 변환 등의 기능이 있으며 상세한 설명은 다음과 같다.

- **접근 통제(Access Control)**: 접근 통제 기능은 접근 통제 규칙(Access Control)에 의해서 이루어지며, 접근 통제규칙은 침입차단 시스템의 보안정책에 의해서 결정된다. 접근 통제 기능의 구현은 패킷 필터링 방식, 애플리케이션 프록시 방식, 하이브리드 방식으로 구현된다. 침입차단시스템은 허용된 서비스와 전자 우편 서버나 공개 정보 서버와 같은 특정한 호스트를 제외하고는 외부에서 내부 네트워크에 접속하는 것을 패킷 필터링 등을 이용하여 통제하는 기능을 가지고 있다.
- **사용자 식별 및 인증(Identification & Authentication)**: 식별 및 인증은 침입차단 시스템을 통해서 허가받은 객체만이 접근하도록 통제하는 기능이다. 침입차단 시스템은 내/외부 네트워크 사이의 접속점이기 때문에 침입차단시스템을 지나가는 트래픽에 대한 사용자들의 신분을 증명하는 기능이 필요하다. 이는 ID/PWD나 공개키 인증서를 이용한 사용자에 대한 식별기능과 이를 검증하는 인증 과정으로 이루어진다.
- **무결성 점검(Integrity Check)**: 침입차단 시스템이 보유한 데이터에 대한 불법 변조를 방지하기 위한 기능이다.
- **감사 추적 및 로그 기능(Audit trail & Logging)**: 침입차단 시스템은 모든 트래픽에 대한 접속 정보 및 네트워크 사용에 따른 유용한 통계 정보를 기록하는 감사 추적 및 로그 기능이 있어야 한다. 침입차단시스템의 관리자는 사용자의 활동이나 인가되지 않은 외부로부터의 접근이나 침입 사건 등에 대한 로그 파일을 바탕으로 보안 기능과 보안 관련 데이터에 대한 안전한 보안 관리 기능을 제공해만 한다.
- **주소 변환(NAT)**: 내부 IP 주소가 외부에 공개되어 허가받지 않은 사용자가 내부 IP 주소로 접근하는 것을 방지하기 위한 IP 주소 변환 기능이다.
- **프라이버시 보호(Privacy Protection)**: 침입차단 시스템은 내부 네트워크의 정보 유출 방지, 이중 DNS(Dual Domain Name System) 기능과 프록시 기능 등을 제공함으로써 프라이버시와 관련된 정보의 노출을 막거나 정보를 공격자로부터 보호해야 한다.
- **서비스 통제(Service Control)**: 침입차단 시스템은 안전하지 못하거나 위험성이 존재하는 서비스를 필터링함으로써 내부 네트워크의 호스트가 가지고 있는 취약점을 감소시켜야 한다.
- **데이터 암호화(Data Encryption)**: 방화벽에서 다른 방화벽까지 전송되는 데이터를 암호화해서 보내는 것으로 보통 VPN의 기능을 활용한다.

024 정답: 4번

파일 전송 프로토콜(FTP: File Transfer Protocol)은 TCP/IP 프로토콜을 이용해 서버와 클라이언트 사이의 파일을 전송하기 위한 프로토콜이다. FTP는 보안 프로토콜로 계획되지 않았기 때문에 수많은 보안 취약점이 존재한다. RFC 2577 저자들은 FTP의 보안 취약점을 다음과 같이 열거했다.

(1) 무차별 대입 공격
(2) FTP 바운스 어택
(3) 패킷 가로채기
(4) 포트 훔치기
(5) 스푸핑 공격
(6) 사용자 이름 열거

파일 전송 프로토콜은 서버의 파일을 바꾸거나 지울 수 있기 때문에 전송하기 앞서 사용자 이름과 암호를 묻는 인증 과정이 필요하다. 보통 FTP에서는 로그인 정보가 암호화되지 않아 위험하기 때문에 OTP를 이용한 인증을 이용하거나 SFTP, SCP 등 다른 방법을 사용하여 파일을 전송해야 한다.

025 정답: 1번

TCP Header의 제어 플래그에는 URG, ACK, PSH, RST, SYN, FIN이 존재하는데 정상적이지 않은 플래그로 변조하여 서버를 스캔하여 기록을 남기지 않고 포트의 활성화 여부를 탐색하는 기법을 스텔스 스캔(Stealth Scan)이라고 한다. 스텔스 스캔은 TCP를 이용하지만 3 Way Hand Shake를 수행하지 않기 때문에 연결 기록이 남지 않는다. 스텔스 스캔에는 4가지 방식이 있는데 TCP Half Open 스캔, FIN 스캔, NULL 스캔, XMAS 스캔이 있다. 모든 제어 플래그를 빈값으로 보내는 스캔을 NULL Scan이라고 하며, 모든 제어 플래그를 채워서 보내는 스캔을 XMAS Scan이라고 한다. 스텔스 스캔을 받은 서버는 해당 포트가 열려 있는 경우 응답하지 않고, 닫혀 있는 경우 RST 패킷을 응답한다.

026   정답: 1번

거리 벡터 라우팅(Distance Vector Routing) 프로토콜은 거리에 따라 데이터 패킷에 대한 최적의 경로를 결정한다. 거리 벡터 라우팅 프로토콜은 패킷이 통과해야 하는 라우터 수로 거리를 측정하며 하나의 라우터는 하나의 홉으로 계산된다. 일부의 거리 벡터 프로토콜은 네트워크 대기 시간 및 지정된 경로의 트래픽에 영향을 미치는 기타 요소도 고려한다. 네트워크에서 최적의 경로를 결정하기 위해 거리 벡터 프로토콜이 구현된 라우터는 서로 정보를 교환하는데, 일반적으로 라우팅 테이블과 대상 네트워크에 대한 홉 수 및 기타 트래픽 정보를 교환한다. 또한 거리 벡터 라우팅 프로토콜은 라우터가 네트워크 토폴로지 변경 사항을 주기적으로 이웃에게 알려야 한다.

거리 벡터 라우팅 프로토콜은 Bellman-Ford 알고리즘과 Ford-Fulkerson 알고리즘을 사용하여 최적의 경로를 계산한다. 거리 벡터라는 용어는 프로토콜이 네트워크의 다른 노드에 대한 거리의 벡터(배열)를 조작한다는 사실을 나타낸다. 거리 벡터 알고리즘은 원래 ARPANET 라우팅 알고리즘이었으며 RIP(Routing Information Protocol)를 사용하여 근거리 통신망에서 더 광범위하게 구현되었다.

027   정답: 4번

블루투스(Bluetooth)는 1994년에 에릭슨이 최초로 개발한 디지털 통신 기기를 위한 개인 근거리 무선 통신 산업 표준이다. ISM 대역에 포함되는 2.4~2.485GHz의 단파 UHF 전파를 이용하여 전자 장비 간의 짧은 거리의 데이터 통신 방식을 규정하는 블루투스는, 개인용 컴퓨터에 이용되는 마우스, 키보드를 비롯해, 휴대전화 및 스마트폰, 태블릿, 스피커 등에서 문자 정보 및 음성 정보를 비교적 낮은 속도로 디지털 정보를 무선 통신을 통해 주고받는 용도로 채용되고 있다. Bluetooth 보안 모델에는 다음과 같은 다섯 가지 보안이 포함된다.

(1) **페어링**(Pairing): 하나 이상의 공유 비밀 키를 만드는 프로세스
(2) **본딩**(Bonding): 페어링 중에 생성된 키를 저장하며 신뢰할 수 있는 장치 쌍을 형성하기 위한 후속 연결
(3) **장치 인증**(Device Authentication): 두 장치가 같은 키를 가졌는지 검사하는 활동
(4) **암호화**(Encryption): 메시지 기밀성을 제공
(5) **메시지 무결성**(Message Integrity): 메시지 위조로부터 보호

028   정답: 3번

HTTP Response Code 중에서 403 Forbidden 코드는 클라이언트가 요청한 서버의 페이지에 접근 권한이 존재하지 않을 경우 나타나는 코드다. 읽기 권한, 쓰기 권한, 실행 권한을 포함하며 SSL 인증서와 관련된 권한 오류도 나타낼 수 있다. 또한, 웹 서버에서 Directory List 접근 권한을 제한한 경우에도 403 Forbidden Response Code로 응답할 수 있다.

029

정답: 1번

네트워크 관리 시스템(NMS: Network Management System)은 이기종 네트워크 장비의 구성, 성능, 장애 정보를 통합 모니터링하기 위한 시스템으로, 장비의 기종별 특성에 맞는 성능항목의 감시 및 관리 기능을 제공한다. 일반적으로 NMS는 다음과 같이 5가지 기능으로 분류할 수 있다.

(1) **구성 관리**(Configuration Management): 네트워크상의 장비와 물리적인 연결 구조를 구성하고 보여주는 기능
(2) **성능 관리**(Performance Management): 가용성, 응답시간, 사용량, 에러량, 처리 속도 등 성능 분석에 필요한 통계 데이터를 제공하는 기능
(3) **장애 관리**(Fault Management): 장비 또는 회선상에 발생한 문제를 검색 또는 추출하고 해결 방안을 제공하는 기능
(4) **보안 관리**(Security Management): 정보를 제어하고 보호하는 기능
(5) **계정 관리**(Accounting Management): 인력 관리라고도 하며 이전의 노드별 사용현황을 제공하는 기능

030

정답: 3번

내부 게이트웨이 프로토콜(IGP: interior gateway protocol)은 자율 시스템(AS: Autonomous System) 내에서 게이트웨이 간에 라우팅 정보를 교환하는 데 사용되는 프로토콜 유형이다. 또한, 이 라우팅 정보를 사용하여 IP와 같은 네트워크 계층 프로토콜을 라우팅할 수 있다.

내부 게이트웨이 프로토콜은 거리 벡터 라우팅 프로토콜(Distance Vector Routing Protocol) 및 링크 상태 라우팅 프로토콜(Link State Routing Protocol)의 두 가지 범주로 나눌 수 있다. IGP의 특정 예로는 열린 최단 경로 우선 경로(OSPF: Open Shortest Patch First), 라우팅 정보 프로토콜(RIP: Router Interchange Protocol), 중간 시스템-중간 시스템(IS-IS) 및 향상된 내부 게이트웨이 라우팅 프로토콜(EIGRP: Enhanced Interior Gateway Routing Protocol)이 있다. 반면 외부 게이트웨이 프로토콜은 자율 시스템 간에 라우팅 정보를 교환하고 IGP에 의존하여 자율 시스템 내의 경로를 해결하는 데 사용된다. 즉, 기업의 근거리통신망과 같은 자율 네트워크 내의 게이트웨이 간에 라우팅 정보를 주고받는 데 사용되는 프로토콜이다. 라우팅 정보는 전송내용을 어떤 경로로 보내야 하는지를 기술하기 위해, IP 또는 그 밖의 다른 네트워크 프로토콜에 의해 사용될 수 있다.

031

정답: 4번

QoS(Quality of Service)는 기본적으로 오늘날의 패킷 기반 네트워크에서 트래픽을 관리하기 위한 것이며 다음과 같은 기능을 수행한다.

(1) 프로토콜 및 주소, 포트 번호를 기준으로 트래픽 간의 우선순위를 정한다.
(2) 수신 또는 송신 시 트래픽을 필터링한다.
(3) 디바이스에서 전송 또는 수신이 허용되는 대역폭을 제어한다.
(4) 패킷 헤더에서 QoS 동작 요구 사항을 읽고 쓴다.
(5) 디바이스가 스케줄러 우선순위를 기준으로 가장 높은 우선순위의 트래픽을 보내도록 정체를 제어한다.
(6) 디바이스가 어떤 패킷을 삭제하거나 처리해야 하는지를 알 수 있도록 RED(Random Early Detection) 알고리즘을 사용하여 패킷 손실을 제어한다.

032

정답: 4번

ISO/IEC 10040 표준에서 정의한 기본 과업인

FCAPS는 네트워크 관리를 위한 ISO 통신 관리 네트워크 모델 및 프레임워크이다. FCAPS는 결함 관리(Fault Management), 구성 관리(Configuration Management), 회계 관리(Accounting Resources), 성능 관리(Performance Management), 보안 관리(Security Management) 등 ISO 모델이 네트워크 관리 작업을 정의하는 관리 범주의 약어다. 각각의 작업에 대한 설명은 다음과 같다.

(1) **결함 관리(Fault Management)**: 결함은 매우 중요한 이벤트이다. 결함 관리의 목표는 네트워크에서 발생하는 오류를 인식, 격리, 수정 및 기록하는 것이다. 또한 추세 분석을 사용하여 오류를 예측하므로 네트워크를 항상 사용할 수 있다. 이것은 비정상적인 동작에 대해 여러 가지를 모니터링하여 설정할 수 있다. 오류나 이벤트가 발생하면 네트워크 구성 요소는 SNMP(예: WhatsUp Gold, HP OpenView 또는 Sun Solstice-이전 Net Manager)와 같은 독점 또는 개방형 프로토콜을 사용하여 네트워크 운영자에게 알림을 보내서 다음에 대한 정보를 수집한다. 네트워크 장치를 사용하거나 적어도 콘솔 서버가 포착하고 로그 혹은 페이지할 수 있도록 콘솔에 메시지를 작성한다. 차례로 관리 스테이션을 구성하여 네트워크 관리자가 문제(이메일, 페이징 또는 화면 메시지를 통해)를 인식하여 적절하게 조치할 수도 있다. 이 알림은 수동 또는 자동 활동을 트리거한다. 예를 들어, 문제의 성격과 심각도를 식별하거나 백업 장비를 온라인으로 가져오기 위해 더 많은 데이터를 수집한다. 오류 로그는 통계를 컴파일하는 데 사용되는 하나의 입력으로, 개별 네트워크 요소는 물론 하위 네트워크 또는 전체 네트워크에 대해 제공된 서비스 수준을 결정한다. 또한 추가로 주의가 필요한 취약한 네트워크 구성 요소를 확인하는 데도 사용된다. 오류는 주로 오류 관리 및 구성 관리 영역에서 발생한다.

(2) **구성 관리(Configuration Management)**: 구성 관리는 모니터링 시스템 구성 정보 및 발생하는 모든 변경과 관련 있다. 구성 파일, 업데이트된 소프트웨어 버전 또는 시스템 하드웨어 변경의 직접적인 결과로 많은 네트워크 문제가 발생하기 때문에 이 영역은 특히 중요하다. 적절한 구성 관리 전략에는 네트워크 하드웨어 및 소프트웨어의 모든 변경 사항을 추적하는 것이 포함된다. 예를 들어, 장치의 실행 구성 변경, 라우터 또는 스위치의 OS 버전 업데이트, 새 모듈식 인터페이스 카드 추가 등이 있다. 이러한 변경 사항을 수동으로도 추적할 수 있지만 보다 일반적인 접근 방식은 CiscoWorks 2000, HP Network Automation 및 Infosim과 같은 구성 관리 소프트웨어를 사용하여 이 정보를 수집하는 것이다.

(3) **회계 관리(Accounting Resources)**: 회계 관리의 목표는 사용자에 대한 사용 통계를 수집하는 것이다. 회계 관리는 개별 사용자, 부서 또는 비즈니스 단위가 회계 목적으로 적절하게 청구되거나 청구될 수 있도록 네트워크 활용 정보를 추적하는 것과 관련 있다. 이것이 모든 회사에 적용되는 것은 아니지만 많은 대규모 조직에서 IT 부서는 개별 부서 또는 비즈니스 단위의 리소스 사용률에 따라 수익이 발생하는 비용 센터로 간주한다. 청구되지 않은 네트워크의 경우 '관리'가 '회계'를 대체한다. 관리의 목표는 사용자, 암호 및 권한을 설정하여 권한이 있는 사용자 집합을 관리하고 소프트웨어 백업 및 동기화를 수행하는 등의 장비 작동을 관리하는 것이다. 회계는 또한 종종 청구 관리라고도 한다. 통계를 사용하여 사용자에게 비용을 청구하고 사용 할당량을 적용할 수 있다. 이는 디스크 사용량, 링크 사용량, CPU 시간 등이 될 수 있다.

(4) **성능 관리(Performance Management)**: 성능 관리는 네트워크 성능이 허용 가능한 수준으로 유지되도록 하는 데 중점을 둔다. 이를 통해 관리자는 미래를 위해 네트워크를 준비할 수 있을 뿐만 아니라 설정을 위해 수행된 투자와 관련하여 현재 네트워크의 효율성을 결정할 수 있다. 네트워크 성능은 처리량, 네트워크 응답 시간, 패킷 손실률, 링크 사용률, 사용률 백분율, 오류율 등을 다룬다. 이 정보는 일반적으로

SNMP 관리 시스템의 구현을 통해 수집되며, 능동적으로 모니터링되거나 성능이 사전 정의된 임겟값보다 높거나 낮을 때 관리자에게 경고하도록 구성된다. 현재 네트워크 성능을 적극적으로 모니터링하는 것은 사전 예방적 네트워크 관리 전략의 일환으로 문제가 발생하기 전에 문제를 식별하는 중요한 단계다. 성능 데이터를 수집하고 분석하여 네트워크 상태를 모니터링할 수 있다. 추세는 서비스에 영향을 미치기 전에 용량 또는 안정성 문제를 나타낼 수 있다. 또한 경보를 트리거 하기 위해 성능 임곗값을 설정할 수 있다. 경보는 정상적인 오류 관리 프로세스에 의해 처리된다.

(5) **보안 관리**(Security Management): 보안 관리는 네트워크의 자산에 대한 액세스를 제어하는 프로세스다. 데이터 보안은 주로 인증 및 암호화 또는 OS 및 DBMS 액세스 제어 설정으로 구성된 권한을 통해서 달성할 수 있다. 보안 관리는 네트워크 환경의 보안을 보장할 뿐만 아니라 수집된 보안 관련 정보를 정기적으로 분석하는 것과 관련 있다. 보안 관리 기능에는 내부 및 외부 사용자 모두 적절한 네트워크 리소스에만 액세스할 수 있도록 네트워크 인증, 권한 부여 및 감사 관리가 포함된다. 기타 일반적인 작업에는 네트워크 방화벽, 침입 탐지 시스템 및 보안 정책(예: 액세스 목록)의 구성 및 관리가 포함된다. 네트워크 요소는 보안 감사 중에 검사되는 로그 파일을 보관한다. 많은 통신 네트워크 요소는 보안 위반이 의심될 때 보안 경보를 생성한다. 이는 장애 관리의 일반 경보 감시 기능에서 다른 모든 경보와 함께 모니터링된다. 네트워크 운영 센터의 기술자는 이를 즉시 확인하고 적절하게 조치한다.

033 정답: 3번

SOAP(Simple Object Access Protocol)은 일반적으로 널리 알려진 HTTP, HTTPS, SMTP 등을 통해 XML 기반의 메시지를 컴퓨터 네트워크상에서 교환하는 프로토콜이며, 웹 서비스의 메시지 전달을 위한 기본 프로토콜이다. SOAP에는 몇 가지 형태의 메시지 패턴이 있지만, 보통의 경우 원격 프로시저 호출(RPC: Remote Procedure Call) 패턴으로, 네트워크 노드(클라이언트)에서 다른 쪽 노드(서버)로 메시지를 요청하고, 서버는 메시지를 즉시 응답한다. SOAP은 XML-RPC와 WDDX에서 envelope/header/body로 이루어진 구조와 전송(Transport)과 상호 중립성(Interaction Neutrality)의 개념을 가져왔다. SOAP은 XML을 근간으로 헤더와 바디를 조합하는 디자인 패턴으로 설계되어 있다. 헤더는 선택사항으로 반복이나 보안 및 트랜잭션을 정보로 하는 메타 정보를 가지고 있고 바디 부분은 주요한 정보를 가지고 있다.

SOAP은 다양한 장점이 있다. SOAP을 사용한 HTTP는 기존 원격 기술들보다 프록시와 방화벽에 구애받지 않고 쉽게 통신할 수 있고 플랫폼과 프로그래밍 언어에 독립적이며 확장할 수 있다. 그리고 SOAP은 융통성 있게 각각 다른 트랜스포트 프로토콜들의 사용을 허용하고 있는데, 표준 스택에서는 트랜스포트 프로토콜로 HTTP를 사용하지만, 다른 프로토콜 역시 사용 가능하다. 하지만, XML 포맷 형태로 보내기 때문에 CORBA 같은 미들웨어 기술과 비교해서 상대적으로 느리다는 단점이 있다. 이것은 전송할 메시지가 적을 때에는 문제 되지 않을 수 있지만 대용량 처리 시 성능에 문제가 발생할 수 있다.

034 정답: 3번

SSL VPN은 SSL(Secure Socket Layer) 전송 계층을 기반으로 하는 가상 사설망 보안(SSL/TLS) 프로토콜을 말한다. SSL 프로토콜은 넷스케이프 커뮤니케이션(Netscape Communications)에서 1994년에 처음 개발됐으며 SSL이 사용자와의 연결을 보호하기 위해 1999년에 표준으로 만들어졌다. 이후 웹 사이트, 메일 프로토콜과 같은 다른 프로토콜을 보호하는 데 사용되어 왔다. IPsec VPN 기술은 기존의 IP 프로토콜에 인증과 암호화 기능을 추가했다. 다만 SSL VPN이 웹 브라우저만으로 외부에서의 사내망 접속이 가능한 반면 IPsec VPN 회사와 원격지 간 2대의 장비가 별도로 설치되어야 한다는 점에서 차이가 있다. SSL VPN은 사무실이 아닌 집이나 현장과 같은 다른 곳에서 온라인으로 기업 내부 정보시스템을 안전하게 사용할 수 있도록 SSL 프로토콜 암호화 기술을 적용해 안전한 통신채널을 확보하는 기술이다. SSL VPN은 장소나 디바이스 종류와 관계없이 기업 내부 네트워크에 접속할 수 있다는 장점이 존재한다. SSL VPN 기술은 웹 기반의 VPN(가상 사설 통신망)기술로서 주로 사이트 투 클라이언트(Site-to-Client) 방식으로 구성되어 있으며, 예전부터 다양한 디바이스들을 사용하는 환경의 원격 근무를 지원하는 솔루션으로 사용되어 왔다. 클라우드로의 접속이나 VDI(가상 데스크톱 인프라) 및 제로 트러스트 접근의 암호화 통신에서도 SSL 또는 TLS VPN을 기반 기술로 사용하고 있어서 향후에도 지속적으로 기술 발전이 기대된다.

　　MPLS는 IETF와 ATM 포럼을 중심으로 개발된 2계층 스위칭 기법과 3계층 라우팅 기술을 접목한 새로운 스위칭 기법이다. MPLS VPN은 계층에 따라 터널링 중심의 L2 MPLS VPN과 BGP 기술이 중심인 L3 MPLS VPN으로 나눌 수 있다. MPLS VPN는 가상 랜 기반의 VPN이 갖는 제한 요인 대부분을 극복하는 해결책을 제공하며, 다음과 같은 장점을 가지고 있다. VPN 레이블은 20비트로 구성되어 있으므로 약 100만개 이상의 VPN 서비스가 가능하다. MPLS 네트워크 안의 백본 라우터들이 VPN 가입자와 관계된 직접적인 정보들을 모두 관리하지 않아도 된다. 따라서 가입자가 많아지더라도 확장성에 큰 영향을 받지는 않는다. 링크 장애 시 우회경로로 신속히 트래픽을 우회 시킬 수 있으며, STP 운영에서 문제가 되었던 링크 대역의 낭비 현상이 발생하지 않는다. 가입자의 가상 랜 ID 혹은 네트워크 어드레스의 중복성을 허용하므로 고객의 요구사항에 유연하게 대처할 수 있다. 가입자 간에 논리적인 회선과 유사한 레이블 스위치 패스(LSP)를 제공할 수 있고, 그것을 활용해 QoS 및 트래픽 엔지니어링 기능 등을 제공할 수 있다. MPLS VPN은 가상 랜 기반의 VPN이 갖는 제한 요인 대부분을 극복할 수 있는 해결책을 제공하지만 MPLS VPN을 제공하는 데 전혀 장애사항이 없는 것은 아니다. MPLS VPN 서비스의 단점은 다음과 같다. MPLS 기능을 제공할 수 있는 장비들은 MPLS 기능을 제공하지 못하는 장비에 비해서 상대적으로 비싸기 때문에 초기 투자비용이 많이 든다. MPLS 기반의 VPN을 서비스하기 위해 관리 소프트웨어 등을 재개발하여야 하고 운영인력을 새롭게 교육해야 하기 때문에 운영비용이 높다. 이미 MPLS와 관련한 기술 표준은 많이 완료되었고, MPLS 장비 간의 호환성 시험도 이루어져 왔으나, 실제 복잡하게 얽혀 있는 서비스 네트워크에서 테스트를 실시한 사례는 많지 않기 때문에 장비 간의 호환성 문제가 있다. 따라서 MPLS VPN도 문제와 같은 상황에서는 정답이 될 가능성이 멀다.

035 정답: 1번

　　1세대 방화벽은 패킷 단위이지만 2세대 방화벽은 세션 단위인 것이 가장 큰 차이점이다. 1세대 방화벽은 패킷 필터라고 불리며 패킷 자체만을 보고 미리 설정된 정책에 따라 허용 또는 거부를 결정하는 초창기 방화벽 형태다. 방화벽 내부에서 상태(세션)를 관리하지 않는 기본 형태의 방화벽이고 특정한 IP를 허용 또는 거부하거나 특정한 포트를 허용 또는 거부하는 용도로 사용된다.

　　스테이트풀(Stateful) 인스펙션이라고 불리는 2세대 방화벽은 1세대 방화벽의 문제점을 개선하기 위해 등장했다. 1세대 패킷 필터 방화벽은 매우 효율적이긴 하지만 몇 가지 문제점이 존재했다. 모든 패킷이 모든 정책에 해당하는지 검사하므로 정책이 많아질수록 처리 속도가 느려졌으며 돌아오는 패킷을 허용하는 정책으로 인해 보안이 취약해질 수 있었다. 또한 FTP와 같이 파생 세션을 만드는 일부 프로토콜을 지원하기 위해 모든 포트를 다 열어야 할 수도 있었다. 이러한 문제들을 해결하기 위해서 고안된 것이 패킷 단위의 검사가 아닌 세션 단위의 검사를 하는 스테이트풀(Stateful) 방화벽이며 이를 2세대 방화벽이라고 부른다.

참고로, 3세대 방화벽은 애플리케이션 방화벽이라고 불리며 일상적인 트래픽과 같은 특성을 가진 공격 형태도 대응할 수 있다. 패킷의 내용을 검사하는 기능에서 더 나아가 애플리케이션에 어떠한 영향을 미칠지를 분석하는 방화벽이 출현하기 시작했고 IPS, WAF, UTM 등으로 불리는 네트워크 장비들이 애플리케이션 방화벽이라고 할 수 있다.

- 최적의 보안체계 운영: 정보자산에 대한 효과적인 방안을 마련할 수 있는 환경 구성

보안관제 요원이 수행하는 업무는 다음과 같다.

- 실시간 보안관제
- 웹 취약점 점검 수행
- 서버 및 네트워크 시스템, 보안 시스템 취약점 점검
- 해킹 메일 모의훈련
- DDos 공격 대응 모의훈련
- 침해 사고 분석
- 정보 보안 교육
- 정보보호 기술 교육
- 무선랜 취약점 점검
- 각종 보안감사 준비를 위한 보안점검
- 을지연습 사이버전 대응

036 정답: 4번

보안관제는 고객의 정보 기술(IT) 자원 및 보안 시스템에 대한 운영 및 관리를 전문적으로 아웃소싱하여 각종 침입에 대하여 중앙 관제 센터에서 실시간으로 감시 및 분석, 대응하는 서비스이다. 즉, 정보 자산에 대한 보안은 전문 보안업체에게 아웃소싱하고, 고객은 자신의 핵심 역량에 집중할 수 있는 선진화된 보안 서비스이다. 보안관제의 정의에 근거해 관제의 주요 역할을 살펴보면 다음과 같다.

- 보안 시스템 통합 관리: 이기종에 대한 Agent를 통한 모니터링 및 관리(예: 침입탐지 시스템, 침입차단 시스템, 네트워크, 자원관리 등)
- 일관성있는 정책 구현: 중앙에서 일관된 정책적 용을 **통합**관리로 보안장비에 대한 위험요소를 최소화
- 신속한 대응 처리: 침해 사고에 대한 사전 예방활동 강화(모니터링, 사전대응, 효과적인 정책 적용 등)
- 24시, 365일 실시간 감시, 장애 처리, 업무중단에 대한 위협요소 감소

037 정답: 3번

문제의 공격기법은 DNS(Domain Name Service) Spoofing 공격을 의미한다. 이는 정상적인 DNS 서버의 서비스를 지연시키고(주로 DDoS가 사용됨) 그와 동시에 공격대상의 PC에서 DNS 질의에 대해 가로채어 비정상적인 DNS 서버로 우회시킨다. 이렇게 공격당한 대상은 자신이 인지하지 못한 채 비정상적인 사이트로 접근을 하게 되어 악성코드에 감염될 수 있다.

DNS Spoofing의 사전적 의미는 실제 도메인 네임 시스템(DNS) 서버를 해킹하거나, 위조 DNS 서버를 설치하여 공격하는 방법이다.

038 정답: 4번

IETF RFC 791(1981년 9월)에 기술된 IPv4는 전 세계적으로 사용된 첫 번째 인터넷 프로토콜이다.

IPv4는 패킷 교환 네트워크상에서 데이터를 교환하기 위한 프로토콜이다. 데이터가 정확하게 전달될 것을 보장하지 않고, 중복된 패킷을 전달하거나 패킷의 순서를 잘못 전달할 가능성도 있다. 데이터의 정확하고 순차적인 전달은 그보다 상위 프로토콜인 TCP에서(그리고 UDP에서도 일부) 보장한다. IPv4의 주소체계는 총 12자리이며 네 부분으로 나뉜다. 각 부분은 0~255까지 3자리의 수로 표현된다. 보기의 단편화(IP Fragmentation)의 경우 수신 측에 도달할 때까지 재조립하지 않는 것이 일반적이므로 올바르지 않다.

039 　　　　　　　　　정답: 2번

양자 키 분배(Quantum Key Distribution)는 1984년 C. H. Bennett과 G. Brassard가 제안했으며 안전한 통신을 위한 암호체계이다. 기존에 있던 대부분의 암호체계가 대부분 수학적 복잡성에 기반하는 데 비해, 양자암호는 자연현상에 기반하고 있는 특징을 띠며, 암호에 사용되는 원타임 패드를 생성하는 이상적인 방법 중의 하나이다. 중간에 도청자가 난입할 경우 그 존재가 드러나며, 신호가 왜곡되어 도청자도 정확한 정보를 얻을 수 없는 보안성을 띠고 있다. 양자암호통신기술은 '양자 복제 불가능성'과 같은 양자물리학의 법칙에 기초해서 송신자와 수신자 사이에 암호 키(일회용 난수표)를 절대적으로 안전하게 실시간으로 분배하는 기술로써 이는 '양자 키 분배 기술'로도 알려져 있다.

040 　　　　　　　　　정답: 1번

VPN(Virtual Private Network)은 공중망을 통해 데이터를 송신하기 전에 데이터를 암호화하고 수신 측에서 이를 복호화하는 방식으로 송·수신 정보에 대한 기밀성 및 무결성을 보장하며, 그 외에도 데이터 출처 인증, 재전송 방지, 접근제어 등 다양한 보안 기능을 제공한다.

041 　　　　　　　　　정답: 4번

FTP 바운스 공격(FTP Bounce Attack)은 FTP 프로토콜 구조의 허점을 이용한 공격 방법이다. FTP 서버는 클라이언트가 지시한 곳으로 자료를 전송할 때 그 목적지가 어떤 곳인지는 검사하지 않기 때문에 FTP 클라이언트가 실행되는 호스트가 아닌 다른 호스트를 지정하더라도 서버는 지정된 곳으로 정보를 보내게 된다. 이러한 문제는 FTP 서버의 버그가 아니라 원래 FTP 프로토콜의 설계상에서 발생한 문제다. 처음부터 자료를 요청하는 곳과 자료를 받는 곳이 다를 수 있도록 설계하였기 때문이다. 결과적으로 클라이언트는 FTP 서버를 거쳐 간접적으로 임의의 IP에 있는 임의의 포트에 접근할 수 있으며 또한 임의의 메시지를 보낼 수도 있는 것이다. FTP 바운스 공격(FTP Bounce Attack)의 주요한 특징은 다음과 같다.

- FTP 서버가 데이터를 전송할 때 목적지가 어디인지 검사하지 않는 설계상의 문제점을 이용한 공격이다.
- 익명 FTP 서버를 경유하여 호스트를 스캔한다.
- FTP 서버를 통해 임의의 네트워크 접속을 릴레이하여 수행된다.
- FTP 세션에서 클라이언트가 포트 21번 연결을 요구하고, 핸드쉐이크가 이루어지면 클라이언트는 데이터 전송을 위한 포트 정보를 서버로 보낸다. 그러나 이러한 행동은 공격자가 시작한 클라이언트가 아닌 공격자가 선택한 시스템상의 포트에 연결할 수 있음을 의미한다.
- 방화벽 내부에 외부에서 익명 접근이 가능한 FTP 서버가 있다면 방화벽의 패킷 필터링을 완전히 무시하고, 침입이 가능하게 된다.
- FTP Bounce Attack을 이용하면 메일의 헤더 부분을 허위로 입력된 거짓 메일을 만들어 보낼 수 있다.

042

정답: 1번

현 상황에서 비용을 고려하지 않고 가장 최선의 방법은 공중망과 분리된 전용회선을 사용하여 암호화에 상응하는 보안성을 제공하도록 하는 것이다. 전용회선은 특정 목적을 위해서 사용되는 회선으로서, 통신회선의 일부를 특정 업체나 개인이 독점적으로 사용하는 회선 서비스를 말한다. 전용회선은 아날로그 전용회선과 디지털 전용회선으로 나눌 수 있다. 전용회선은 다음과 같은 특징을 가지고 있다.

- 시간과 관계없이 24시간 사용할 수 있다.
- 지점과 지점이 직접 연결되어 있으므로 연결 장애가 발생하지 않는다.
- 다수의 이용자가 공동으로 사용하는 공중망 서비스와 달리 특정 두 지점 간에 연결된 전송로를 독립적으로 사용하므로 보안성과 안정성이 높다.
- 전송량과 관계없이 정액요금제를 적용하므로 이용 빈도가 높을 때 적합하다.
- 고객의 통신 방법과 용도에 따라서 독자적인 망 구축이 가능하다.
- 전송하고자 하는 데이터의 종류에 따라서 전화, FAX, 이미지 전송, 인터넷 방송 등으로 사용자의 환경에 맞추어 사용할 수 있다.

전용회선을 통신사업자가 제공하는 서비스 방식을 분류해보면 METRO ETHERNET, 무선랜 방식, LS 방식, TDM 방식이 있는데, 특별히 보안을 강조하는 은행 같은 경우에는 FR 또는 LS와 같은 서비스를 사용하기도 한다. 공중망의 경우 많은 사람이 사용하고 있고, 위험에 대한 노출이 크므로, 공중망을 사용할 경우 회사의 중요 데이터는 공격자에 의하여 쉽게 노출될 수 있다는 단점이 존재하고, 사설망은 사설망에서 주고받는 정보들은 해당 조직의 사용자만이 접근할 수 있도록 보호되고 있다는 점과 IP 주소 사용이나 네트워크 관련 규정들을 그 조직 내부의 임의대로 정의할 수 있다는 장점을 제공하지만 인터넷상에서 개별 조직을 위한 사설망 구축은 이중적인 비용부담을 안게 된다. 사설망의 비용부담을 해소한 솔루션이 가상 사설망(VPN: Virtual Private Networks)이다.

> 출처: 가상 사설망과 전용회선망의 비교연구 - 한국정보전자통신기술학회

043

정답: 1번

TCP SYN Scan 기법은 TCP Half Open Scan이라고 불리는 포트 스캐닝 기법이다. 서버로 SYN 패킷을 보내면, 서버가 포트가 열려 있는 경우에는 정상적으로 SYN+ACK 패킷을 회신하고 공격자는 RST 패킷을 보내서 종료한다. 만약 포트가 닫혀 있는 경우에는 서버는 RST+ACK 패킷을 돌려준다.

044

정답: 3번

인터넷 할당번호 관리기관(IANA: Internet Assigned Numbers Authority) 및 인터넷 주소 관리기구(ICANN: Internet Corporation for Assigned Names and Numbers)에서는 TCP/UDP 포트 중에서 임의로 사용할 수 없도록 사전에 지정한 Well Known Port를 정의하고 있다. 해당 포트는 0번부터 102번까지며 대표적인 포트는 다음과 같다. 20(FTP), 21(FTP 제어), 22(SSH), 23(Telnet), 25(SMTP), 53(DNS), 80(HTTP), 389(LDAP), 443(HTTPS) 등이 있다.

045

정답: 2번

ICMP Redirect 공격은 ICMP Redirection 메시지(ICMP Type 5)를 활용하여 패킷의 경로를 재설정하는 공격이다. 메시지를 수신하면 자신의 라우팅 테이블에 특정 목적지로 나가는 게이트웨이의 주소를 변경하게 된다. 공격자는 이러한 특성을 이용하여 공격자가 원하는 ICMP Redirection 메시지를 만

들어서 희생자에게 전송한다. 그러면 특정한 목적지로 가는 패킷이 공격자에게 향하도록 변경하여 원하는 정보를 얻게 된다. 그리고 ARP Redirect 공격은 공격자가 자신의 MAC 주소가 라우터 또는 게이트웨이인 것처럼 속여서 ARP Reply 패킷을 브로드캐스트로 전송한다. 해당 로컬 네트워크는 ARP Cache Table에서 라우터 또는 게이트웨이의 MAC 주소를 변경하고 희생자들의 패킷이 공격자에게 향하도록 변경하여 원하는 정보를 얻게 된다. 따라서, ICMP Redirect는 희생자의 라우팅 테이블을 변조하는 스니핑 공격이고, ARP Redirect는 희생자의 ARP Cache 테이블을 변조하는 스니핑 공격이다.

간에 통신이 이루어진다.

047 정답: 3번

스크리닝 라우터는 IP 주소 및 UDP 및 TCP 포트를 기반으로 아웃바운드 및 인바운드 트래픽을 차단한다. 그리고 OSI 참조 모델의 3계층과 4계층에서 동작하므로 IP(Internet Protocol), TCP(Transmission Control Protocol), UDP(User Datagram Protocol)의 헤더에 포함된 내용을 분석해서 동작한다. 네트워크에서 사용하는 통신 프로토콜의 형태, 근원지 주소와 목적지 주소, 통신 프로토콜의 제어 필드 그리고 통신 시 사용하는 포트 번호를 분석해서 내부 네트워크에서 외부 네트워크로 나가는 패킷 트래픽을 허가 및 거절하거나 혹은 외부 네트워크에서 내부 네트워크로 진입하는 패킷 트래픽의 진입 허가 및 거절을 수행하는 라우터이다. 이러한 진입 허가 혹은 거절 결정은 패킷 필터 규칙에 따른 라우팅 테이블에 의해서 결정된다. 일반 패킷과 특수한 프로토콜에 입각한 포트로 전송되는 패킷을 구별하는 능력 때문에 패킷 필터 라우터라고도 부른다.

046 정답: 1번

Kerberos 보안이 되지 않은 개방형 네트워크에서 사용자 및 서비스를 상호 인증하는 데 사용되는 프로토콜이며, 서비스는 사용자를 인증하지 않고도 Kerberos 티켓 사용자를 올바르게 식별할 수 있으며 이 작업은 공유 보안 키를 사용해 수행된다. KDC(Key Distribution Center)는 Kerberos 환경 내에서 가장 중요한 구성 요소이다. KDC는 모든 사용자 및 서비스의 암호화 키를 보유하며 배포기능뿐만 아니라 인증 서비스도 제공한다. 클라이언트와 서비스는 KDC의 무결성을 신뢰하며 이 신뢰는 Kerberos 보안의 기초이다. 상세한 설명은 다음과 같으며 문제의 A와 B는 각각 마스터 키와 세션 키이다.

(1) KDC는 네트워크상의 모든 클라이언트와 서버의 비밀 키를 알고 있다.
(2) KDC는 처음에 이 비밀키를 사용하여 클라이언트 및 서버와 정보를 교환한다.
(3) Kerberos는 클라이언트와 KDC, 서버와 KDC, 클라이언트와 서버 간의 통신을 위해 임시 대칭 세션 키를 사용하여 TGS(Ticket Granting Ticket)를 통해 서버의 요청된 서비스에 대해서 클라이언트를 인증한다.
(4) 이후 세션 키를 사용하여 클라이언트와 서버

048 정답: 4번

문제의 설명은 SMURF 공격을 이용한 분산 서비스 거부 공격이다. 공격자가 브로드캐스트로 전송하는 ICMP 패킷의 발신지(Source IP)를 목표 시스템(Target IP)으로 변조하여 전송하면 이에 대한 회신을 목표 시스템으로 다수 전송하여 시스템의 서비스에 장애를 유발하는 기법이다. SMURF 공격에 대응하는 가장 기본적인 방법은 라우터에서 브로드캐스트로 전송되는 ICMP 패킷을 차단하는 방법이다. 그리고 침입차단 시스템(IDS: Intrusion Detection System)에서 차단하는 기능도 제공한다.

049

정답: 4번

방화벽 필터링은 인그레스 필터링(Ingress Filtering), 이그레스 필터링(Egress Filtering), 블랙홀 필터링(Blackhole Filtering), Unicast RPF가 있으며 각각의 방화벽 필터링의 상세한 설명은 다음과 같다.

(1) **인그레스 필터링(Ingress Filtering)**: 라우터 외부에서 라우터 내부로 유입되는 패킷을 필터링하는 것이다. 패킷의 소스 IP나 목적지 포트 등을 체크하여 허용하거나 거부하도록 필터링 하는 것을 의미한다. 인그레스 필터링은 standard 또는 extend access-list를 활용하여 라우터 내부로 즉, 사내 네트워크로 유입되는 패킷의 소스 IP나 목적지 포트 등을 체크하여 허용하거나 거부하도록 필터링하는 것을 뜻한다. 먼저 공통으로 필터링하여야 할 소스 IP는 인터넷 상에서 사용되지 않는 IP 대역이다. 대부분의 공격이 실제 존재하지 않는 위조된 IP 주소를 소스로 하여 진행되므로 이 IP 대역만 차단해도 일정 정도의 비정상 패킷을 사전에 차단하는 효과가 있다.

```
>Router#config terminal
>Router(config)# access-list 102 deny ip 127.0.0.1 0.255.255.255 any
```

(2) **이그레스 필터링(Egress Filtering)**: 라우터 내부에서 라우터 외부로 나가는 패킷의 소스 IP를 체크하여 필터링하는 것으로 라우터를 통과하여 나가는 패킷의 소스 IP는 반드시 라우터와 같은 대역이어야 한다(라우터를 통해 나가는 패킷의 소스 IP 중 사용 중인 IP 대역을 소스로 한 패킷은 허용하고 나머지는 거부하도록 설정). 만약 라우터 내부에서 220.1.2.0/24의 C class 대역을 사용한다면 라우터를 통과하여 외부로 나가는 트래픽의 소스 IP는 반드시 이 대역인 것이 정상이며 이외의 패킷은 모두 위조된 패킷일 것이다. 따라서 라우터를 통해 나가는 패킷의 소스 IP 중 사용 중인 IP 대역을 소스로 한 패킷은 허용하고 나머지는 거부하도록 access-list를 설정하면 내부 네트워크에서 소스 IP를 위조하여 외부로 나가는 트래픽을 차단할 수 있을 것이다.

(3) **블랙홀 필터링(Blackhole Filtering)**: Null Routing을 활용한 필터링으로 특정한 IP 대역에 대해서 NULL이라는 가상의 쓰레기 인터페이스로 보내도록 함으로써 패킷이 통신되지 않도록 한다. 만약 시스템이나 네트워크를 모니터링하던 중 특정 IP 또는 특정 대역에서 비정상적인 시도가 감지되었을 경우 해당 IP를 차단하기 위해 매번 기존 access-list를 지우고 새롭게 IP를 추가하여 작성하는 것은 여간 번거로운 일이 아닐 수 없다. 이때 사용할 수 있는 것이 바로 블랙홀 필터링인데, 명령어 자체는 특정한 목적지 IP 또는 IP 대역에 대하여 routing 테이블을 생성하는 방식과 동일하다. 라우터에서는 패킷이 Null0 인터페이스로 보내져 패킷이 필터링될 때마다 패킷의 소스 IP로 icmp unreachable이라는 에러 메시지를 발송하게 되는데, 만약 필터링하는 패킷이 많을 경우에는 라우터에 과부하를 유발할 수 있기 때문에 Null 인터페이스에서 이에 대해 icmp 에러 메시지로 응답하지 않도록 반드시 no ip unreachables를 설정한다.

```
>interface Null0
>no ip unreachables
>io route <차단하고자 하는 목적지 ip 또는 ip 대역> <netmask> Null0
```

(4) **Unicast RPF**: 인터페이스를 통해 들어오는 패킷의 소스 IP에 대해서 라우팅 테이블을 확인하여 들어온 인터페이스로 다시 나가는지 확인한다. 즉, URPF가 enable된 인터페이스에 1.1.1.1이라는 소스 IP를 달고 들어오는 패킷이 있다면 라우팅 테이블을 확인하여 만약 1.1.1.1이라는 목적지로 라우팅될 때 같은 인터페이스를 통하여 나가는지 확인한다. 만약 같다면 정상적인 트래픽으로 간주하여 트래픽을 통과시키고, 다르다면 스푸핑된 패킷으로 간주하여 필터링하는 것이다. Unicast RPF를 serial 인터페이스에 설정한다면 라우팅 테이블에 없거나 소스 IP를 위조하는 형태의 패킷을 필터링

할 수 있을 것이고, ethernet 인터페이스에 설정한다면 내부에서 패킷을 위조하여 나가는 패킷을 필터링할 수 있을 것이다. 즉, serial 인터페이스에 설정할 경우 인그레스 필터링 효과를, ethernet 인터페이스에 설정할 경우 이그레스 필터링의 효과를 기대할 수 있을 것이다.

050 정답: 4번

WPA3는 차세대 Wi-Fi 보안으로서 현재 보편적인 보안 기술로 자리 잡은 Wi-Fi Certified WPA2의 뒤를 이어 최첨단 보안 프로토콜을 제공한다. WPA3는 Wi-Fi 보안을 간소화하는 신규 기능과 함께 더욱 강력해진 인증과 민감한 데이터를 위한 높은 강도의 암호화를 구현한다. 또한, 높은 보안성이 요구되는 네트워크의 복원력 유지를 위한 최신 기능을 제공한다. Wi-Fi 네트워크는 사용 목적과 보안 요구 사항이 다양하므로 개인 네트워크(WPA3-Personal)와 기업 네트워크(WPA3-Enterprise)로 제공된다. WPA3-Personal은 제3자의 암호추출 시도를 방지하고 강화된 사용자 보안을 제공한다. 그리고 WPA3-Enterprise 사용자는 민감한 데이터를 취급하는 네트워크에서 고강도 보안 프로토콜을 활용할 수 있다. WPA3-Enterprise는 기업이나 정부 기관 같은 중요한 네트워크를 위한 Wi-Fi 모드로, 192비트 암호화를 지원한다. 참고로, 2019년 9월을 기준으로 Wi-Fi 얼라이언스의 Wi-Fi 6 인증을 획득한 제품은 삼성전자 갤럭시 노트10이 유일하다.

051 정답: 1번

ad-hoc 네트워크는 기존의 네트워크와 같이 네트워크 인프라가 구축된 상태에서 통신을 수행하는 것이 아닌 인프라가 존재하지 않은 상태에서 각 단말 상호 간의 라우팅으로 데이터 송·수신 등의 통신 기능을 수행하는 형태의 네트워크를 말한다. 따라서 네트워크에 참여하는 각 단말은 기지국이나 AP의 도움 없이 자신들이 라우터, 서버의 역할 등을 모두 수행할 수 있어야 한다. 그리고 ad-hoc 네트워크에서 주로 사용하는 키 분배 방식은 공개키 접근 방식이다. 이러한 ad-hoc 네트워크의 특징은 다음과 같이 요약된다.

(1) **이동성**: ad-hoc 네트워크의 노드들은 컴퓨팅 기능을 가진 호스트이며 다른 네트워크 단말과 통신하기 위한 라우팅 기능을 가진 라우터로 작동하며 네트워크 내에서 높은 이동성을 가진다.

(2) **동적 토폴로지**: 이동성이 높은 노드들이 네트워크의 진입과 이탈이 자유롭기 때문에 ad-hoc 네트워크는 항상 구조가 붕괴되지 않도록 유연하고 동적인 상태를 유지한다.

(3) **분산 및 협력**: ad-hoc 네트워크의 노드들은 하나의 노드가 많은 기능을 독점하여 제공하는 것이 아니라 여러 노드가 서비스를 분산하여 처리하면서 협력하는 구조를 지닌다.

(4) **불안정한 링크**: 무선 네트워크라는 특징에서 기인한 것으로, 데이터의 전송 거리와 대역폭에 제한을 받으며 간섭에 대한 보안 문제가 발생할 수 있다.

052 정답: 2번

IEEE 802.11s는 IEEE에서 제정한 무선 그물형 네트워크(Mesh Network)의 표준으로 망 구축의 유연성과 신뢰성을 증대시킨다. Wireless LAN Access Point를 애드혹(Ad-hoc) 네트워크로 구성하여 서비스 영역을 확대하기 위한 기술 표준이다. 무선랜 기반 Mesh Network는 낮은 설치 비용, 자가망 구성(Self-Configuration), 자가 복구(Self-Healing), 넓은 서비스 지역, 동적 경로 구성 등의 장점이 있다.

053

정답: 4번

밀리미터파(mmWave)는 광대역 고용량 전송이 가능해 5G 및 차세대 이동통신의 주파수 대역으로 주목받고 있다. 밀리미터파는 빛에 가까운 직진성을 지녔고 인체 및 물체에 쉽게 반사되며 강우나 눈, 구름 등의 환경에 감쇠를 받는 성질 때문에 그동안 통신용도 주파수로 사용되지 못했으나 기술의 발전과 광대역 전송 요구사항에 따라 연구되고 있는 영역이다. 현재 5G 이동통신이 제대로 된 광대역 통신 요구사항을 만족하지 못하는 것에 대한 대안으로 이 밀리미터파 주파수 대역을 이용하는 방안이 연구되고 있으면 현재의 5G 이동통신보다 약 10배 이상의 속도를 낼 것으로 예측된다. 5G 밀리미터파(mmWave)는 24GHz 이상의 고대역 5G로, LTE는 물론이고 현재 한국에서 상용화된 5G Sub-6GHz 와 비교해도 훨씬 더 넓은 대역폭을 갖춰 빠르고 안정적이며 지연시간이 획기적으로 낮은 네트워크 연결성을 제공한다. 초고속, 초저지연, 그리고 초고용량이라는 특성으로 설명되는 5G 밀리미터파는, 원격 근무·원격 수업·원격 진료, 등 지금과 같은 상황에서 중요한 역할을 담당하는 산업들을 위한 기간계 네트워크 인프라가 될 것으로 예측된다.

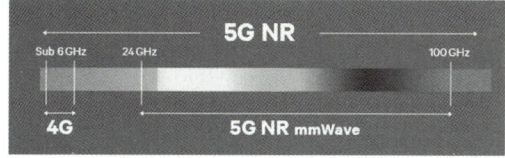

054

정답: 3번

네트워크 슬라이싱 기술은 국제 표준화 단체 '3GPP'에서 논의 중인 5G 표준 기술 중의 하나이다. 네트워크 슬라이싱은 소프트웨어 정의 네트워킹(SDN: Software Defined Networking) 및 네트워크 기능 가상화(NFV: Network Function Virtualization)와 동일한 원칙을 사용하는 가상 네트워크 아키텍처(Virtual Network Architecture)의 한 형태이다. SDN과 NFV는 전통적인 네트워크 아키텍처를 소프트웨어를 통해서도 연결될 수 있도록 가상 요소로 분할을 할 수 있게 함으로써 더 큰 네트워크 유연성을 제공하기 위해 상업적으로 배포되고 있다. 네트워크 슬라이싱을 사용하면 공통의 물리적 인프라를 기반으로 여러 가상 네트워크를 만들 수 있다. 따라서 통신 사업자 및 네트워크 사용자들의 요구사항에 종속적이지 않으며 유연하게 적응할 수 있는 네트워크 기술이다.

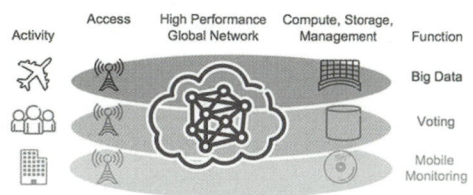

055

정답: 4번

OSI Model(Open Systems Interconnection Reference Model)은 국제표준화기구(ISO)에서 개발한 모델로, 컴퓨터 네트워크 프로토콜 디자인과 통신을 계층(Layer)으로 나누어 설명한 것이다. 일반적으로 OSI 7 Layer로 불리며 다음과 같은 7 단계로 나뉜다.

(1) **L1 - Physical Layer**: 실제 장치들을 연결하기 위해 필요한 전기적, 물리적 세부 사항들을 정의한다. 예를 들어, 핀들의 배치나 전압, 전선의 명세 등이 이 계층에 포함된다. 허브나 리피터가 L1 계층에 포함된다.

(2) **L2 - Data Link Layer**: Data Link Layer는 Point to Point 간 신뢰성 있는 전송을 보장하기 위한 계층으로 CRC 기반의 오류 제어와 흐름 제어가 필요하다. 주솟값은 물리적으로 할당받는데, 네트워크 카드 설정 시 사용되는 MAC Address가 이에 해당한다. Data Link Layer의

가장 잘 알려진 예는 이더넷이며, 네트워크 브릿지나 L2 스위치 등이 해당 계층에서 동작하며, 물리적으로 직접 이어진 곳에만 연결할 수 있다.

(3) **L3 - Network Layer:** Network Layer는 여러 노드를 거칠 때마다 경로를 찾아주는 역할을 하는 계층으로 데이터를 네트워크를 통해 전달하고, 그 과정에서 QoS를 제공하기 위한 기능적, 절차적 수단을 제공한다. L3 Layer는 라우팅, 흐름 제어, 세그먼테이션, 오류 제어, 인터네트워킹 등을 수행한다. 라우터와 L3 스위치가 이 계층에서 동작한다. 전송하고자 하는 데이터를 IP Address를 이용하여 다른 네트워크를 통해 전달함으로써 인터넷이 가능하게 만드는 계층이다.

(4) **L4 - Transport Layer:** Transport Layer는 End to End의 사용자들이 신뢰성 있는 데이터를 주고받을 수 있도록 해준다. 시퀀스 넘버 기반의 오류 제어 방식을 사용하며, 특정 연결의 유효성을 제어한다. L4 Layer의 일부 프로토콜은 상태 개념이 있고(Stateful), 연결 기반(Connection Oriented)이다. 이는 Transport Layer의 패킷 전송이 유효한지 확인하고 전송이 실패한 패킷들을 다시 전송한다는 것을 뜻한다. 가장 잘 알려진 프로토콜로 TCP가 있다.

(5) **L5 - Session Layer:** Session Layer는 양 끝 단의 응용 프로세스가 통신을 관리하기 위한 방법을 제공한다. 동시 송수신 방식(Duplex), 반 이중 방식(Half-Duplex), 전 이중 방식(Full Duplex) 등의 통신과 함께, 체크 포인팅과 유휴, 종료, 다시 시작 과정 등을 수행한다. 이 계층은 TCP/IP 세션을 만들고 없애는 책임을 진다.

(6) **L6 - Presentation Layer:** Presentation Layer는 코드 간의 번역을 담당하여 사용자 시스템에서 데이터의 형식상 차이를 다루는 부담을 Application Layer로부터 덜어준다. MIME 인코딩이나 암호화 등의 동작이 이 계층에서 이루어진다.

(7) **L7 - Application Layer:** Application Layer는 응용 프로세스와 직접 관계하여 일반적인 응용 서비스를 수행한다. 예를 들어 Telnet 등이 이에 해당한다.

056 정답: 4번

스위치는 OSI 7 Layer을 기준으로 해당 Layer에 따라 Layer 2, Layer 3, Layer 4, Layer 7 스위치로 분류한다. 각 계층별 스위치의 설명은 다음과 같다.

(1) **L2 스위치:** 스위치의 기본 정의에 가장 부합하는 것이 L2 스위치이며 L2 스위치를 그냥 '스위치'로 부르기도 한다. L2 스위치는 허브에서 한 단계 진화한 것으로 도착한 패킷의 제일 앞에 있는 목적지 MAC Address를 보고 어떤 포트로 보낼 것인가를 판단한다. OSI 7 Layer에서 Layer 2는 Data Link Layer이므로 L2 스위치는 이더넷 레벨에서 동작할 뿐 그 상위 Layer인 Network Layer에서 동작하는 IP 등을 이해하지 못한다. 따라서 IP Address 단위 서비스인 라우팅이 불가능하다.

(2) **L3 스위치:** L3 스위치는 OSI 7 Layer 중 3단계 Layer인 Network Layer에서 동작하므로 IP 스위칭이 가능하다. 자신에게 온 패킷의 목적지가 외부에 존재하는 IP일 경우 그 패킷을 외부에 연결된 라우터로 보내줄 수 있다. 즉, L3 스위치는 라우터 기능도 갖고 있기 때문에 라우터와의 경계가 모호해진다. 참고로 L3 스위치의 경우 라우터보다 가격 및 성능은 우수하나 소프트웨어 기능(F/W, IPS, VPN 등)이 적다.

(3) **L4 스위치:** L4 Switch는 Layer 4단계인 Transport Layer에서 동작한다. L4 단계의 프로토콜인 TCP/UDP 등에서 스위칭을 수행하므로 TCP 와 UDP 등의 헤더를 보고 그것이 FTP인지 HTTP인지 아니면 SMTP인지를 구분한 후 어떤 것을 우선시해서 스위칭할지 판단할 수 있다. 즉, 로드 밸런싱이 가능해진다는 것으로 이는 L3 스위치 이하에서는 불가능한 것이다.

(4) **L7 스위치:** L7 스위치는 OSI 7 Layer 중 가장

상위의 Layer인 Application Layer에서 동작하는 스위치로 상당히 다양한 조건으로 로드 밸런싱이 가능하다. 예를 들면 이메일의 제목이나 문자열을 보고 내용을 파악한다거나 HTTP의 URL, 또는 FTP의 파일명, 쿠키 정보, 특정 바이러스의 패턴 등을 분석해서 보안에 유리하고 더욱 정교한 로드 밸런싱을 가능하게 한다. 사실 Application 단계의 데이터를 전부 다룬다는 것은 불가능하기 때문에 L7 스위치는 단지 패킷의 내용을 조금 더 참조하여 스마트한 기능을 제공한다.

057   정답: 4번

단파(短波, HF: Shortwave, High frequency)는 주파수가 3MHz부터 30MHz 대역대의 전자기파를 의미한다. 단파는 전리층과 지상에 반복적으로 반사되어 상공파가 원거리까지 도달할 수 있으므로 적절한 설비를 사용하여 적절한 주파수를 선택하면 전세계와 원거리 통신이 가능하다. 이와 같은 특성을 이용하여 국제 라디오 방송 등에 사용되며 광통신 및 위성통신이 미약했던 과거에는 국제전화용 회선으로 쓰인 적이 있었다. 단점으로는 델린저 현상으로 인해 수신신호가 주기적인 강약변화가 있고 혼신에 취약하므로 안정도가 떨어진다. 또한 태양 흑점 활동에 영향을 받기 쉬우므로 낮과 밤, 계절에 의한 전리층 변화에 따라서 주파수나 전파의 각도 등을 변경해야만 안정된 통신을 할 수 있다. 참고로 단파 대역에서 지표파의 감쇠율이 매우 심해 극히 일부 근거리 통신 및 방송을 제외하고는 지표파의 이용 가치가 낮은 편이다.

058   정답: 1번

OSI 7계층 중에서 Layer 4에서 동작하는 스위치 장비를 L4 스위치라고 하며 Load Balance라고도 부른다. L4 Switch는 주로 둘 이상의 장비(주로 웹 서버, 웹 애플리케이션 서버 등)를 Port 정보 기반으로 분산하는 기능을 한다. 4계층에서는 애플리케이션 프로토콜(예: HTTP, HTML 등) 정보를 알 수 없으므로 보기 1번의 애플리케이션 유형별로 분기하는 기능은 지원하지 않는다.

059   정답: 4번

Heart Beat Signal은 IEEE 802.11에 정의된 Beacon Frame Signal이며 WLAN 무선환경에서 노드 간에 전송하는 짧은 형태의 신호이다. 한 노드가 다른 노드의 활성화 여부를 확인하기 위해 전송한다. Heart Beat Signal에는 서비스 세트 식별자(SSID: Service Set Identifier)와 암호화된 페이로드를 포함한다. Heart Beat Signal은 IEEE 802.11의 항목이기는 하지만, 라우터, 스위치, 방화벽 등 네트워크 및 보안 장비 간에 정상 여부를 확인하는 용도로 일반화된 신호 용어로 사용된다.

060   정답: 2번

Wi-Fi Miracast 모바일 디바이스와 다양한 기기 간에 콘텐츠를 전송하고 실시간으로 공유할 수 있는 기술이다. 예를 들어, 모바일 단말에서 자동차의 인포테인먼트(Information+Entertainment) 시스템으로 영상을 전송하거나 노트북 스크린을 빔 프로젝터와 공유할 수 있고 HD 또는 4K Ultra HD 영상을 TV로 스트리밍할 수 있다. 다양한 Audio, Video Format을 지원하며 수많은 기기와 제조사 전반에 적용되므로 적합한 설정을 디바이스가 자동으로 선택하고 연결할 수 있도록 한다. Wi-Fi Miracast는 Wi-Fi Direct를 이용해 두 대의 기기를 서로 연결할 수도 있다.

출처: https://www.youtube.com/watch?v=T00dpuubB3M&feature=youtu.be

061
정답: 3번

GPS는 크게 우주 부문(SS: Space Segment), 제어 부문(CS: Control Segment), 사용자 부문(US: User Segment)로 구성되어 있으며 각각에 대한 상세한 설명은 다음과 같다.

(1) **우주 부문(SS: Space Segment)**: 궤도를 도는 GPS 위성을 의미하며 GPS는 24개의 인공위성이 여섯 개의 궤도면상에 분포하도록 설계되었다. GPS 위성의 평균 수명은 약 8년 정도이다. 궤도면의 중심은 지구의 중심과 일치하며 각 궤도면은 지구 적도면으로부터 55°만큼 기울어져 고정되어 있다. 그리고 GPS 위성의 고도는 약 20,183km이다. 또한 항성일마다 궤도를 두 번 일주하며, 각각의 GPS 위성은 지상의 한 점을 하루에 한 번 통과하게 된다. GPS 궤도는 지상의 대부분 위치에서 최소한 여섯 개의 GPS 위성을 관측할 수 있도록 배열되어 있다.

(2) **제어 부문(CS: Control Segment)**: GPS 위성의 궤도를 추적하고 위성을 관리하는 제어 부문(CS)은 지상의 제어국으로 이루어져 있다. 하와이, 콰절런, 어센션 섬, 디에고 가르시아 섬과 콜로라도 스프링스의 다섯 군데의 제어국에서 미국 지리정보국의 운영 하에 위성을 추적하며, 자료는 콜로라도 스프링스의 슈리버 공군기지에 있는 주 제어국으로 보내어진다. 주제어국은 미국 공군의 2 우주 작전 대대에서 운영한다. 주 제어국에서는 취합된 최신의 궤도 정보를 분석하여 각 추적제어국의 안테나를 통해 GPS 위성으로 새로운 궤도 정보를 송신함으로써 위성의 시각을 동기화함과 동시에 천체력(Ephemeris)을 조정한다.

(3) **사용자 부문(US: User Segment)**: 사용자 디바이스의 GPS 수신기를 의미하며, 수신기는 GPS 위성에서 송신하는 주파수에 동조된 안테나, 수정 발진기 등을 이용해 수신된 신호를 처리하고 수신기 위치의 좌표와 속도 벡터 등을 계산하는 처리장치, 계산된 결과를 출력하는 출력장치 등으로 이루어져 있다. GPS 수신기의 성능은 얼마나 많은 수의 GPS 위성으로부터 동시에 수신할 수 있는가로 평가되는 경우도 있는데, 초기의 수신기는 최대 너덧 개의 위성으로부터 동시에 수신할 수 있었으나 2006년 이후 일반적인 GPS 수신기는 12개 내지 20개의 위성으로부터 동시에 수신이 가능하다. 모든 GPS 위성이 같은 주파수를 사용하여 신호를 송신하지만, 수신기가 각 GPS 위성의 신호를 구별할 수 있는 이유는 각 위성 고유의 의사 잡음부호를 PSK 변조를 통해 스펙트럼 확산하여 송신하기 때문이다. 측위 정확도를 높이기 위해 대측위방식(DGPS(Differential GPS))을 사용하는 경우, GPS 수신기에는 다른 수신기와의 관측 결과 송수신을 위해 RS-232 등의 통신 포트가 내장된다. 또한 근래에는 USB나 블루투스 등이 내장된 GPS 수신기를 개인용 컴퓨터와 연결해 활용하는 경우도 있다.

062
정답: 1번

이동 ad-hoc 네트워크는 고정된 중재자의 도움 없이 자율적으로 망을 구성할 수 있으며, 고정된 라우터가 존재하지 않아 이동 노드 간의 협력에 의한 라우팅 기능이 제공된다. 따라서 특정 서비스 제공자가 없어서 단말에서 모든 서비스가 해결되어야 한다는 점이다. 고정적이고 계층적인 인프라스트럭처 네트워크와는 비교하면, ad-hoc 네트워크는 이동 노드만으로 구성된 자율적이고 수평적인 네트워크다. 이동 ad-hoc 네트워크의 이동 노드는 네트워크의 참여 또는 이탈이 자유로우며 빈번하게 네트워크의 토폴로지를 변화시킨다. 이러한 망의 특성상 이동 ad-hoc 네트워크 기술은 하위 계층의 전파 간섭 및 전력 제어에서부터 링크 계층의 다중 접속 및 자원 할당, 네트워크 계층의 라우팅, 트랜스포트 계층의 연결 설정 및 유지, 그리고 보안 및 상위 계층 애플리케이션에 이르기까지 다양한 기술적 해결 요구사항을 갖는다.

063 정답: 4번

MPLS VPN(Multi-Protocol Label Switching Virtual Private Network)은 MPLS라벨을 이용한 가상 사설망(VPN) 기술이다. ISP에서 제공하여 별도의 하드웨어 장비가 필요 없으며 사설망 구성 방법으로 암호화 기술을 기반으로 하지 않고 라벨을 통한 독자적인 라우팅을 기반으로 한다. IP가 아닌 별도로 부여된 라벨을 통해 독자적인 라우팅을 수행하므로 속도가 빠르고 ISP에 서비스 이용 신청만 하면 되며 별도의 장비가 필요 없어서 구축이 쉬우며 상호 간에 민감한 애플리케이션 운영 환경에 적합하다는 장점이 있다. 반면에, 자체 암호화 기능을 제공하지 않아서 국내 정보통신망법, 개인정보보호법 등을 만족할 수 없다는 논란이 있다. 오늘날 네트워크에 배포되는 MPLS VPN은 세 가지 유형이 존재한다. 포인트 투 포인트(슈도와이어), 레이어 2(VPLS), 레이어 3(VPRN)이며 각각에 대한 설명은 다음과 같다.

(1) **포인트 투 포인트(슈도와이어)**: 포인트 투 포인트 MPLS VPN은 두 사이트 간에 Layer 2 지점 간 연결을 제공하기 위해 VLL(가상임대 선)을 사용한다. 이더넷, TDM및 ATM 프레임은 이러한 VLL 내에 캡슐화될 수 있다. 유틸리티에서 포인트 간 VPN을 사용할 수 있는 방법의 몇 가지 예는 다음과 같다. 원격 터미널 장치에 부착된 TDM T1 회로 캡슐화, 백본 네트워크를 가로질러 라우팅 되지 않은 DNP3 트래픽을 SCADA 마스터 컨트롤러로 전달 등이다.

(2) **레이어 2 VPN(VPLS)**: 레이어 2 MPLS VPN 또는 VPLS(가상 사설 LAN 서비스)는 클라우드의 스위치 스타일 서비스를 제공한다. VPLS는 사이트 간에 VLAN을 포괄하는 기능을 제공한다. L2 VPN은 일반적으로 서브스테이션과 데이터 센터 위치 간에 음성, 비디오 및 AMI 트래픽을 라우팅하는 데 사용된다.

(3) **레이어 3 VPN(VPRN)**: 계층 3 또는 VPRN(가상 비공개 라우팅 네트워크)은 서비스를 활용하는 각 고객에 대한 라우팅 테이블을 분할하기 위해 계층 3 VRF(VPN/가상 라우팅 및 전달)를 사용한다. 고객은 서비스 공급자 라우터와 고객전용 라우팅 테이블에 배치되는 두 개의 교환 경로를 연결한다. 멀티 프로토콜 BGP(MP-BGP)는 클라우드에서 서비스를 활용해야 설계 및 구현의 복잡성을 증가시킨다. L3 VPN은 일반적으로 복잡성으로 인해 유틸리티 네트워크에 배포되지 않는다. 그러나 L3 VPN을 사용하여 회사 또는 데이터 센터 위치 간의 트래픽을 라우팅할 수 있다.

064 정답: 2번

가상 사설망(假想私設網, VPN: Virtual Private Network)은 공중 네트워크를 통해 한 회사나 몇몇 단체가 내용을 외부에 드러내지 않고 통신할 목적으로 쓰이는 사설 통신망이다. 가상 사설망에서 메시지는 인터넷과 같은 공공망 위에서 표준 프로토콜을 써서 전달되거나, 가상 사설망 서비스 제공자와 고객이 서비스 수준 계약을 맺은 후 서비스 제공자의 사설망을 통해 전달된다. 가상 사설망의 등장 배경은 인터넷을 기반으로 한 기업 업무환경의 변화에 기인한다. 즉, 소규모 지역에서 문서만을 전달하던 업무처리 기반에서 하나의 건물 내의 네트워크를 이용한 업무로, 다시 본사와 다수의 지사 관계, 또한 지사는 국내 지사와 국외 지사로 확장되었다. 이들이 하나의 네트워크 구축을 위해 기존 전용선을 사용하는 방법에는 비용을 포함한 여러 가지 한계를 가지며, 전용선을 이용해서 네트워크가 구성되었다고 하더라도 네트워크 운영을 자체적으로 하는 것과 새로운 기술들을 도입하는 것 역시 기업의 입장에서는 상당한 부담이 될 수 있다. 또한 기존의 공중 네트워크는 보안과 관련해서는 서비스를 제공하지 않기 때문에 중요한 문서나 데이터를 전달하기에는 부족한 점이 있었다. 이러한 복합적인 이유가 가상 사설망이 등장한 계기가 되었다. VPN의 주요 기술 요소는 다음과 같다.

(1) **터널링 기술**: 출발지와 목적지 사이에서 데이터 암호화를 통하여 전달되는 데이터의 내용을 공중망 사용자로부터 보호한다(알고리즘: L2F, PPTP, L2TP - Layer 2, IPSec, VTP, ATMP - Layer 3, SOCKS V5, SSL - Layer 5).

(2) **키 관리 기술**: VPN을 위한 키 생성과 키 교환 기술로써, 보안 알고리즘을 협상하는 과정을 포함한다(알고리즘: SKIP, ISAKMP, Photuris 등).

(3) **VPN 관리 기술**: VPN 서비스를 효과적이고 안정적으로 지원하는 기술로써 QoS를 보장한다.

065 정답: 4번

침입 탐지 시스템(IDS: Intrusion Detection System)은 일반적으로 시스템에 대해 원치 않는 조작을 탐지한다. IDS는 매우 많은 종류가 존재하며, 여기서는 일부를 설명하겠다. 시스템에 대해 원치 않는 조작은 악의를 가진 숙련된 해커 또는 자동화된 툴을 사용하는 스크립트키디에 의한 공격의 형태로 행해질 수 있다. 침입 탐지 시스템은 전통적인 방화벽이 탐지할 수 없는 모든 종류의 악의적인 네트워크 트래픽 및 컴퓨터 사용을 탐지하기 위해 필요하다. 이것은 취약한 서비스에 대한 네트워크 공격과 애플리케이션에서의 데이터 처리 공격(Data Driven Attack), 그리고 권한 확대(Privilege Escalation) 및 침입자 로그인/침입자에 의한 주요 파일 접근/악성 소프트웨어(컴퓨터 바이러스, 트로이 목마, 웜)와 같은 호스트 기반 공격을 포함한다.

IDS는 여러 개의 구성 요소로 이루어져 있다. 센서는 보안 이벤트를 발생시키며, 콘솔은 이벤트를 모니터하고 센서를 제어하거나 경계하며, 중앙 엔진은 센서에 의해 기록된 이벤트를 데이터베이스에 기록하거나, 시스템 규칙을 사용하여 수신된 보안 이벤트로부터 경고를 생성한다.

IDS를 분류하는 방법은 센서의 종류와 위치 그리고 엔진이 경고를 만드는 데 사용하는 방법론 등에 따라 여러 가지가 있다. 많은 간단한 IDS들은 앞서 말한 세 가지 요소를 하나의 장치 또는 설비로 구현하고 있다.

침입 탐지 시스템은 오용 탐지(Misuse Detection)와 이상 탐지(Anomaly Detection)로 나눌 수 있다. 오용 탐지는 전문가 시스템(Expert System), 상태 전이 분석(State Transition Analysis), 키 스트로크 모니터링(Key Stroke Monitoring), 모델 기반 접근(Model Based Approach) 등의 기법이 있다. 이에 반해 이상 탐지(Anomaly Detection)는 통계적 접근(Statistical Approach), 예측 패턴 모델링(Predictive Pattern Modeling), 신경망(Neural Network), 유전자 알고리즘(Genetic Algorithm) 등의 기법이 있다. 이와 같은 문제는 시험에 자주 출제되므로 반드시 숙지하고 있어야 한다.

066 정답: 4번

스니핑은 네트워크의 데이터를 가로채어 훔쳐보는 기법으로 가장 효과적인 방어방법은 암호화되거나 신뢰할 수 있는 네트워크를 이용하는 것이다. 이를 위한 방법으로는 SSL/SSH 적용, PGP, S/MIME 활용, 사설망 혹은 가상 사설망(VPN) 적용이 있다. 보기 ④의 백신 업데이트도 일반적인 정보보안 방법이지만 스니핑에 최적화된 우선적인 방어방법은 아니므로 가장 거리가 먼 답안이다.

067 정답: 1번

HTTP를 이용한 웹사이트 단계별 접속과정을 올바르게 나열한 것은 보기 1번의 마) TCP Connection Establishing → 가) HTTP GET → 다) HTTP/X.X OK → 나) TCP Connection Closing → 라) Rendering의 순서다. TCP Connection Establishing은 웹 서버와 TCP 연결 시도(3-Way Handshake, HTTPS 통신의 경우 TCP+TLS Handshake)를 의미한다. HTTP

GET은 웹 서버에게 GET 명령을 전송하는 것을 말하며 HTTP/X.X OK는 웹 서버가 클라이언트에게 데이터(웹 문서)를 회신(X.X는 HTTP 버전을 나타냄)하는 것을 의미한다. TCP Connection Closing은 웹 서버-클라이언트 간 연결 해제(4-Way Handshake)를 말하며 Rendering은 웹 브라우저가 웹 문서를 출력하는 것을 말한다. DNS 통신과 HTTP 통신방법 순서에 대해서는 자주 출제되므로 수험생들은 반드시 정리를 해서 이해하고 있어야 한다.

068 정답: 2번

DNS를 이용하여 웹 사이트를 접속하는 과정은 보기 2번의 가) Web Browsing → 나) DNS Query → 다) DNS Response 순서다. Web Browsing은 사용자가 웹 브라우저에 URL 주소를 입력하는 것을 의미하고 DNS Query는 웹 서버의 호스트 이름을 IP 주소로 변경하기 위해 DNS 서버에 요청하는 것을 의미한다. DNS Response는 DNS 서버가 웹 서버의 IP 주소를 응답하는 것을 의미한다.

069 정답: 1번

IPv4의 TTL(Time To Live)과 IPv6의 Hop Limit는 인터넷 프로토콜의 데이터가 최대 해당 개수만큼의 라우터를 경과할 때 까지만 존재하도록 통제하는 기능을 제공한다. 만약 TTL과 Hop Limit가 존재하지 않는다면 네트워크에 데이터가 무제한 존재하거나 또는 순환하면서 Overflow가 발생할 가능성이 있다.

070 정답: 2번

오류 제어기법은 데이터 전송 중에 발생하는 오류를 검출하고 정정하는 메커니즘이다. 이 방법에는 순방향 오류 정정(FEC: Forward Error Correction)과 역방향 오류정정(BEC: Backward Error Correction)이 존재한다. FEC 방식은 재전송 요구 없이 수신 측에서 스스로 오류 검출 및 수정하며 오류가 발생할 경우 송신 측에 통보하지 않는다. 그리고 오류정정을 위한 제어 비트가 추가되므로 효율성이 떨어진다. 대표적인 FEC 기법에는 해밍 코드가 있다. BEC 방식은 송신 측에 재전송을 요구하는 방식으로 Parity Bit, CRC, Block-sum 방식으로 오류를 검출하고 재전송을 요청하는 기법과 ARQ 기법이 있다.

071 정답: 3번

네트워크 접근 제어(NAC: Network Access Control) 솔루션은 기업 내부에서 임직원의 데스크톱에 설치되어 인가받지 못한 모든 항목을 통제하는 핵심적인 보안 솔루션이다. NAC는 기능이 점차 확대되고 다른 솔루션과 통합되고 있으나 기본 핵심 기능은 다음과 같은 몇 가지로 표현할 수 있다. 첫째는, 인가받지 않는 IP를 사용하지 못 하게 하며 사용자의 MAC 정보와 IP를 연계하여 할당하고 통제한다. 둘째는, 인가받은 소프트웨어만 설치할 수 있도록 통제할 수 있다. 셋째, USB와 Micro SD Card 등 외부 저장장치를 통제하고 블루투스와 Wi-Fi를 허가받지 않고 사용할 수 없도록 통제한다. 오픈소스 라이센스 통제 기능은 NAC 솔루션 고유의 기능이라고 보기에는 힘들며 별도의 오픈소스 전문 솔루션(예: Protex)이 필요하다.

072 정답: 1번

CAS 프로토콜은 적어도 클라이언트 웹 브라우저, 인증을 요청하는 웹 애플리케이션, CAS 서버로 구성되며 사용자 접근 부여 서비스는 구성요소와 가장 거리가 멀다. CAS는 데이터베이스 서버와 같이 자체 HTTP 인터페이스는 없지만 웹 애플리케이션과 통신하는 백엔드 서비스를 수반할 수도 있다. 클라이언트가 인증을 위해 애플리케이션을 방문할 때 이 애플리케이션은 CAS로 리다이렉트 처리된다. CAS는 데이터베이스(커베로스, LDAP, Active Directory 등)에 대해 보통 사용자 이름과 암호를 확인함으로써 클라이언트 진위를 확인한다. 인증이 성공하면 CAS는 클라이언트를 애플리케이션으로 반환하여, 서비스 티켓을 넘겨준다. 그 뒤 애플리케이션은 보안 연결을 통해 CAS에 접촉하고 자신만의 서비스 식별자와 티켓을 제공함으로써 티켓의 유효성을 확인한다. 그다음 CAS는 애플리케이션에 특정한 사용자가 성공적으로 인증되었는지의 여부에 대한 신뢰할 만한 정보를 제공한다.

073 정답: 4번

자바 원격 함수 호출(Java RMI: Java Remote Method Invocation)은 자바 프로그램에서 객체 간, 컴퓨터 간 메서드를 호출할 수 있게 해주는 기술이다. 자바만을 위한 최초의 프로토콜은 JRMP(Java Remote Method Protocol)였으며 이후 공통적인 객체를 호출하기 위해 CORBA(Common Object Request Broker Architecture)가 개발되었다. 이후 CORBA의 IIOP를 받아들여 RMI가 개발되었다. Java RMI는 보통 두 가지 실행방법이 있는데, 첫 번째 방법은 Java Virtual Machine(JVM) 클래스 표현 구조를 활용하며 이 방식은 하나의 JVM에서 다른 JVM으로의 호출만 지원한다. 이런 방식의 자바에서만 실행되는 프로토콜은 Java Remote Method Protocol(JRMP)로 알려져 있다. 그리고 코드가 JVM 환경 밖에서도 운행 시키기 위해 CORBA(Common Object Request Broker Architecture)가 개발되었다. 두 번째 방법은 Jini이며 이것은 다양한 탐색 능력과 분산 오브젝트 애플리케이션 기법을 지원한다. 마지막으로 RMI 특징은 다음과 같다.

- 안정된 원격 호출의 제공
- 서버에서 애플릿으로의 콜백 제공
- 분산모델을 자바환경으로의 통합
- 분산 객체와 비분산 객체의 명확한 구분
- 안정된 분산 애플리케이션을 간편하게 만들 수 있는 환경 제공
- 자바 런타임 환경에 의해 제공되는 안전성 유지

074 정답: 2번

UMTS(Universal Mobile Telecommunication System)는 1920kbit/s data 전송률(일반적으로 많이 알려진 2Mbit/s보다 조금 낮다)까지 지원하며, 실제 망에서도 384kbit/s 성능을 나타낸다. 그러나 이것도 여전히 단일 GSM의 회선교환식 데이터 채널의 14.4 kbit/s나, HSCSD에서의 다중 14.4kbit/s보다도 훨씬 크다. 그리고 비교적 저렴하게 모바일 장비로 WWW와 MMS를 사용할 수 있다. 2005년부터 UMTS 네트워크에는 3.5 세대로 알려진 HSDPA(High Speed Downlink Packet Access)가 도입되었으며 다운로드 속도는 14.4Mbps까지 향상됐다. 그리고 3.75세대로 알려진 HSUPA는 2007년부터 도입되었으며 업로드 속도가 HSDPA보다 향상되었다. UMTS로 인해 시장은 모바일 화상 회의까지 확대되고, 음악이나 비디오 다운로드도 가능하게 되어 서비스의 품질이 향상되었다.

075 정답: 2번

QUIC(Quick UDP Internet Connections) 프로토콜은 구글에서 개발한 인터넷을 위한 전송 프로토콜이다. QUIC는 최신 웹 응용 프로그램에서 경험하는 여러 전송 계층 및 응용 프로그램 계층 문제를 해결하면서 응용 프로그램 작성의 변

경 사항이 거의 또는 전혀 필요하지 않다. QUIC는 TCP+TLS+HTTP2와 매우 유사하지만 UDP 상단에 구현된다. 보기의 MSS(Maximum Segment Size), WSCALE(Window Scale Factor), SACK(Selective ACK) 기능은 TCP의 단점을 보완하기 위한 기능이다. TCP+TLS+HTTP2와 비교한 QUIC의 주요 이점은 다음과 같다.

(1) 연결 설정 대기 시간(Connection Establishment Latency)
(2) 정체 제어 개선(Connection Establishment Latency)
(3) 헤드 블로킹이 없는 멀티플렉싱(Connection Establishment Latency)
(4) 순방향 오류 정정(Forward Error Correction)
(5) 연결 마이그레이션(Connection Migration)

076 정답: 2번

WPA3 보안은 개인 네트워크를 위한 WPA3-Personal 옵션과 기업 네트워크를 위한 WPA3-Enterprise 옵션으로 제공한다. WPA3-Personal은 사용자가 일반적인 권장 강도에 미치지 못 하는 취약한 암호를 선택하는 경우에도 강력한 패스워드 기반 인증을 구현함으로써 개별 사용자에게 강화된 보안을 제공한다. 이 기능은 WPA2-Personal의 PSK(Pre-shared Key)를 대체하는 SAE(Simultaneous Authentication of Equals)를 통해서 구현된다. 이 기술은 공격자가 추가적인 네트워크 상호작용 없이 암호 추측을 시도하는 오프라인 사전 공격(Dictionary Attack)을 방어한다. WPA3-Personal의 주요 특징은 다음과 같다.

- **자연 암호 선택**: 사용자가 기억하기 쉬운 암호 선택
- **간편한 사용**: 사용자 네트워크 연결 방식 변경 없이 향상된 보안 제공
- **FS(Forward Secrecy)**: 데이터가 전송된 후에 암호

가 노출되었더라도 데이터 트래픽을 보호

기업, 공공기관, 금융기관은 WPA3-Enterprise를 통해 높은 강도의 Wi-Fi 보안을 구현할 수 있다. WPA3-Enterprise는 WPA2를 기반으로 네트워크 전체에 보안 프로토콜을 일관되게 적용한다. 또한 192bit 최소 강도 보안 프로토콜과 암호화 툴을 사용하여 민감한 데이터에 대한 보안을 강화하는 옵션 모드를 제공한다. WPA3-Enterprise의 주요 특징은 다음과 같다.

- **인증된 암호화**: 256bit Galois/Counter Mode Protocol(GCMP-256)
- **키 유도 및 확인**: 384bit Hashed Message Authentication Mode(HMAC) 및 Secure Hash Algorithm(HMAC-SHA384)
- **키 설정 및 인증 Key**: 384bit Elliptic Curve를 사용한 Elliptic Curve Diffie-Hellman(ECDH) 교환 및 Elliptic Curve Digital Signature Algorithm(ECDSA)
- **강력한 관리 프레임 보호**: 256bit Broadcast/Multicast Integrity Protocol Galois Message Authentication Code(BIP-GMAC-256)

077 정답: 3번

IPsec(Internet Protocol Security)은 통신 세션의 각 IP 패킷을 암호화하고 인증하는 안전한 인터넷 프로토콜(IP) 통신을 위한 인터넷 프로토콜 스위트이다. 이 보안은 통신 세션의 개별 IP 패킷을 인증하고 암호화함으로써 처리된다. IPsec은 세션의 시작에서 에이전트들 사이에서 상호 인증을 확립하거나 세션을 맺는 중에 사용될 암호화 키의 협상을 위한 프로토콜을 포함한다. IPsec은 호스트 한 쌍 사이(Host와 Host), 보안 게이트웨이 사이(네트워크와 네트워크), 보안 게이트웨이와 호스트 사이(네트워크와 호스트)에 데이터 흐름을 보호하기 위해 사용된다. IPsec은 Internet Protocol 네트워크 사이에 통

신을 지키기 위해 암호의 보안 서비스를 사용한다. IPSec의 주요 보안 서비스는 다음과 같다.

(1) 통신 상대방 인증(Peer Authentication)
(2) 데이터 원천(근원지) 인증(Data Origin Authentication)
(3) 비연결형 무결성(Connectionless Integrity)
(4) 기밀성(Confidentiality)
(5) 접근 제어(Access Control)
(6) 재생 공격 방지(Replay Attack Protection)

참고 IPSec 구조

078
정답: 4번

HSTS(HTTP Strict Transport Security)는 프로토콜 다운 그레이드 공격 및 쿠키 하이재킹과 같은 중간자(MITM: Man-In-The-Middle) 공격으로부터 웹 사이트를 보호하는 데 도움이 되는 웹 보안 정책 메커니즘이다. 이를 통해 웹 서버는 웹 브라우저(또는 기타 준수 사용자 에이전트)가 HTTPS 연결만 사용하여 자동으로 상호 작용할 수 있다. 이 연결은 전송 계층 보안(TLS/SSL)을 제공한다. 이는 단독으로 사용되는 안전하지 않은 HTTP와는 다르다.

HSTS는 IETF 표준 추적 프로토콜이며 RFC 6797에 지정되어 있다. HSTS 정책은 Strict-Transport-Security라는 HTTPS 응답 헤더 필드를 통해 서버에 의해 사용자 에이전트에 전달된다. HSTS 정책은 사용자 에이전트가 보안 방식으로만 서버에 액세스해야 하는 기간을 지정한다. HSTS를 사용하는 웹 사이트는 HTTP를 통한 연결을 거부하거나 사용자를 HTTPS로 체계적으로 리디렉션하여 일반 텍스트 HTTP를 허용하지 않는 경우가 많다(사양에서 요구하지 않음). 그 결과 TLS를 수행할 수 없는 사용자 에이전트는 사이트에 연결할 수 없다. 전송 보호는 사용자가 사이트를 한 번 이상 방문한 경우에만 적용되며, 이 보호가 작동하는 방식은 사용자가 HTTP를 지정하는 사이트에 대한 URL을 입력하거나 선택하면 HTTP 요청 없이 자동으로 HTTPS로 업그레이드된다. HTTP MITM(Man-In-The-Middle) 공격이 발생하지 않도록 한다.

정리하자면, 서버 측에서 https로 접속하는 것만 허용하는 상황에서 HSTS를 사용하지 않을 경우에 클라이언트가 http로 접속하면 서버 측에서 302 Redirect를 이용해 https로 접속하도록 전환시켜 줄 수 있다. 그러나, 이미 http로 접속 시도를 했었기 때문에 공격자가 중간자 공격(MITM), 패킷 캡처 등을 통해 민감한 정보들(쿠키, 세션 ID 등)을 취득할 수 있다. 따라서 클라이언트가 최초로 사이트에 접속 시도를 할 때 웹 서버가 HTTP 응답 헤더 필드에 'Strict-Transport-Security'라는 필드를 넘겨준다. 그러면 브라우저는 그 사이트에 접속할 때 무조건 https로만 접속할 수 있도록 하는 것이 HSTS이다.

079
정답: 4번

전송 계층 보안(TLS: Transport Layer Security), 보안 소켓 레이어(SSL: Secure Sockets Layer)는 컴

퓨터 네트워크에 통신 보안을 제공하기 위해서 설계된 암호 규약이다. 그리고 '트랜스포트 레이어 보안'이라는 이름은 '보안 소켓 레이어'가 표준화되면서 바뀐 이름이다. 이 규약은 인터넷같이 TCP/IP 네트워크를 사용하는 통신에 적용되며, 통신 과정에서 전송 계층 종단 간 보안과 데이터 무결성을 확보해 준다. 이 규약은 웹 브라우징, 전자 메일, 인스턴트 메신저, Voice-Over-IP(VoIP) 같은 응용 부분에 적용되고 있다. 최종 갱신은 RFC 5246이고, 최종 갱신 버전은 넷스케이프에서 만든 SSL 표준을 바탕으로 했다.

TLS는 클라이언트/서버 응용 프로그램이 네트워크로 통신을 하는 과정에서 도청, 간섭, 위조를 방지하기 위해서 설계되었다. 그리고 암호화를 수행해서 최종단의 인증, 통신 기밀성을 유지시켜준다. TLS의 3단계 기본 절차는 다음과 같다. 지원 가능한 알고리즘 서로 교환 → 키 교환, 인증 → 대칭키 암호로 암호화하고 메시지 인증의 순서이다. 우선 첫 단계에서 서버와 클라이언트는 암호 스위트를 교환한다. 이 단계에서 키 교환과 인증에 사용될 암호화 방법, 메시지 인증 코드(MAC)가 결정된다. 키 교환과 인증 알고리즘은 공개키 방법을 사용하거나 미리 공유된 키(TLS-PSK)를 사용할 수도 있다. 메시지 인증 코드들은 HMAC 해시 함수로 만든다. SSL에서는 비표준 무작위 함수를 사용한다.

080 정답: 3번

스니핑(Sniffing) 공격기법은 악의적인 공격자가 특정 노드나 시스템의 패킷을 엿보는 것을 의미한다. Ethernet Network에서 패킷은 P2P(Point to Point) 방식이 아닌 Shared Network의 특징을 가지고 있으므로 네트워크에 존재하는 패킷을 가로채어서 살펴볼 수 있다. 다만 스니핑을 수행하기 위해서는 다음과 같은 몇 가지 전제조건이 필요하다. 공격자는 엿보려고 하는 노드와 같은 L2 네트워크 안에 존재해야 하며 도메인이 다른 네트워크에서는 스니핑을 수행할 수 없다. 또한, 암호화가 적용된 경우 데이터를 엿보더라도 복호화하지 않는 이상 무의미한 데이터일 뿐이므로 보안 관점에서는 암호화 적용이 스니핑 대책의 추천 방법이다.

081 정답: 2번

링크 적응(Link Adaption) 기술이란 무선 링크의 상태에 따라 적절한 파라미터를 적용하여 오류 없이 데이터를 전송하는 방법을 말한다. 이동통신 시스템의 전파 경로는 직접파, 반사파, 회절파가 존재한다. 일반적인 이동통신 환경에서 단말기는 대부분 다수의 반사파와 회절파가 수신된다. 이동국은 지속적으로 이동하므로 기지국과 이동국 사이의 전파경로 특성이 시간상으로 계속 변하기에 이를 극복하기 위해서 링크 적응 기술이 요구된다. 링크 적응을 위한 대표적인 구현기술에는 전력 제어(Power Control), 속도 제어(Rate Control), H-ARQ, AMC(Adaptive Modulation and Coding)가 존재한다.

(1) **전력 제어(Power Control)**: 무선 채널 상태가 나쁘면 송출전력을 높이고 상태가 좋으면 송출전력을 낮춰서 데이터 전송속도를 일정하게 유지하는 기술이다. 2세대 CDMA 방식에서 Link Adaption을 위해 유일하게 사용하던 방식으로 기지국에서 가까운 단말보다 멀리 있는 단말에 더욱 높은 송출전력을 할당하여 전체적으로 동일한 품질을 확보하려는 기술로 통상적으로 고정된 목표 SIR(Signal-to-Interference Ratio)을 얻기 위해 전송 전력을 채널 환경에 맞게 변화시킨다.

(2) **속도 제어(Rate Control, Rate Adaption)**: 무선 채널 상태가 좋으면 데이터 속도를 높이고 상태가 나쁘면 데이터 속도를 낮추어서 송신 출력을 일정하게 유지하는 기술로 전력증폭기를 항상 최대로 유지해 활용할 수 있다.

(3) **H-ARQ**: 데이터링크 계층의 오류 제어기법인 ARQ(Automatic Repeat Request)와 물리 계층의 오류제어기법인 채널코딩(FEC)을 결합한 기술로써, 재전송 횟수를 감소시켜 시스템 용량을 증대시키는 기술이다.

(4) **AMC(Adaptive Modulation and Coding)**: 채널 환경의 변화에 따라 미리 정의된 MCS (Modulation and Coding Selection) 레벨 중 가장 적합한 전송 파라미터를 결정하는 링크 적응 기법을 말한다.

082 정답: 1번

통신 지연의 원인으로 대기 시간은 다음과 같은 여러 가지 사유로 발생할 수 있다.

(1) **전송 매체**: 통신 지연은 데이터, 음성 및 비디오를 전송하는 데 사용하는 미디어 유형에 따라서 영향을 받을 수 있다. 예를 들어, T1 회선을 활용하여 이동하는 패킷은 Cat5 케이블을 활용하여 이동하는 패킷보다 대기시간이 짧을 것으로 예상할 수 있다.

(2) **패킷 크기**: 큰 패킷은 작은 패킷보다 왕복 (Roundtrip)하는 데 시간이 더 걸린다.

(3) **패킷 손실 및 지터(Jitter)**: 통신 지연은 패킷이 한 시스템에서 다른 시스템으로 이동하는 데 걸리는 시간이 너무 많이 변하는 패킷이거나 패킷의 타겟 대상을 만들지 못하는 경우 발생할 수 있다.

(4) **신호 강도**: 신호가 약할 경우 리피터에 의해서 증폭되어야 하므로 지연이 발생할 수 있다.

(5) **전파 지연**: 각 게이트웨이 노드가 패킷에서 헤더를 검사하고 변경하는데 시간이 걸리는 경우 대기 시간이 더 길어진다(예: TTL(time-to-live) 필드에서 홉 수 변경).

(6) **저장 액세스 지연**: 스위치와 같은 중간 장치에서 패킷을 저장 및 하드 디스크에서 액세스 지연이 발생하면 대기 시간이 길어질 수 있다.

083 정답: 2번

DNS 공격 종류에는 DNS 반사(Reflection), DNS 캐시 중독(Poisoning), DNS 리소스 소진(Resource exhaustion)이 있다. 하지만 보기 2번의 DNS 응답(Response)은 DNS 공격하고는 거리가 멀다.

DNS 반사(Reflection)는 DNS 서버에서 대량 메시지를 보내 자원을 장악하는 공격이며 공격자는 공격 가능한 모든 DNS 서버에서 대용량 DNS 파일을 요청하는데 이 과정에서 피해자의 스푸핑 된 IP 주소를 사용한다. 서버가 응답하면 피해자는 요청하지 않은 엄청난 양의 DNS 트래픽을 받으며 심지어 시스템이 마비될 수 있다.

DNS 캐시 중독(Poisoning)은 사용자를 악성 웹사이트로 유인할 수 있는 공격이며, 공격자는 DNS에 잘못된 레코드를 삽입하여 오염시키고, 잠재적 피해자가 오염된 웹사이트 가운데 하나를 요청하는 경우 DNS 서버가 위조된 웹사이트의 IP 주소로 응답하도록 한다.

DNS 리소스 소진(Resource exhaustion)은 ISP가 관리하는 DNS 동작을 방해하여 해당 ISP의 사용자가 웹사이트에 접속하는 것을 막는 공격이며, 공격자는 도메인 이름을 등록하고 피해자의 DNS 서버를 도메인의 인증 서버로 사용한다. 공격자는 도메인에 대한 대량의 요청을 생성해 존재하지 않는 하위 도메인으로 넘기고, 결과적으로 피해자의 DNS 서버를 향한 DNS 요청이 폭주해서 시스템이 마비된다. 이와 같은 DNS 문제는 시험에 자주 출제되는 영역으로 반드시 기억하도록 한다.

084 정답: 2번

DNS(Domain Name System)의 보안을 강화하는 방법 중에는 DNS over TLS, DDNS, DNS over Datagram Transport Layer Security, DNS over HTTPS 등의 방법이 있다. TLS 기반 DNS 통신 암호화 관련(DoT 표준화)은 2015년 IETF DPRIVE WG

에서 논의가 시작되었으며, 첫 번째 표준은 2016년에 RFC 7858(Specification for DNS over Transport Layer Security(TLS), May 2016)로 제정되었으며, 이후 업데이트되어 새로운 표준이 2018년 RFC 8310(기존 RFC 7858, Usage Profiles for DNS over TLS and DNS over DTLS, Mar 2018)로 제정되었다. HTTPS 기반 DNS 통신 암호화(DoH 표준화)는 2017년 IETF DOH WG에서 시작되었으며 2018년 RFC 8484(DNS Queries over HTTPS, Oct 2018)로 표준이 제정되었다. 각각의 기술에 대한 설명은 다음과 같다.

- **DDNS(Dynamic DNS=동적 DNS)**: 실시간으로 DNS를 갱신하는 방식이며 주로 도메인의 IP가 유동적인 경우 사용된다. IP가 바뀌어도 DDNS로 설정한 도메인 값은 변하지 않기 때문에 용이하게 접속 가능하다. 일반적인 포털사이트나 각 기업, 정부기관의 홈페이지들은 해당 기업이나 기관 등이 소유한 고정 IP를 통해서 DNS 주소를 할당받는데, 가정 단위 시스템에 고정 IP를 할당받는 것은 상당한 비용이 들 뿐만 아니라 IP 추적에 의한 사생활 침해 요소가 있기 때문에 유동 IP를 사용하게 된다. 이 유동 IP를 위해 사용되는 것이 DDNS이며 일반적으로는 유동 IP로 인터넷을 공급받는 대다수의 인터넷 사용자들이 개인 서버나 NAS를 구축할 때 이용하게 된다.

- **DNS over TLS**: DNS 요청은 53번 포트로 평문 전송되는데 이는 DNS 서버를 신뢰할 만한 곳으로 지정하더라도 악의적 공격자가 패킷을 열람하여 사용자들의 인터넷 사용정보를 수집하거나 패킷을 하이재킹하여 인터넷 검열에 악용할 수 있는 취약점이 있다. DNS over TLS는 사용자와 DNS 서버 간의 통신을 암호화하여 DNS 요청을 감청할 수 없게 만들고 중간자 공격(MITM: Man In The Middle Attack)을 차단하여 DNS 스푸핑 공격의 가능성을 줄여준다. 또한 DNS over TLS는 DNS 요청을 TLS 프로토콜을 이용해 전송함으로써 높은 호환성과 편리성을 가져다준다.

- **DNS over HTTPS**: DNS 요청을 HTTPS를 통해 HTTP GET(또는 POST) 명령과 JSON 문법을 사용하여 DNS 정보에 접근하는 방법이다. DNS over HTTPS는 DNS 쿼리를 웹 쿼리로 위장하여 보이게 함으로써 보안성을 높여주는 효과가 있으며 전통적인 DNS 요청과는 다르므로 높은 확장성을 확보할 수 있다. DNS over HTTPS는 2018년 10월 RFC 8484라는 이름으로 IETF에 표준으로 등재되었다.

- **DNS over DTLS(Datagram Transport Layer Security)**: TLS 대신 DTLS(데이터그램 전송 계층 보안)를 사용하는 방식이며 TCP가 필요 없다는 장점이 있고 TLS를 통한 DNS(853)와 동일한 포트를 사용한다. DTLS를 통한 DNS에도 약간의 오버헤드가 있으므로 스텁 리졸버와 재귀 서버 간의 통신을 위해 다시 지정된다.

085 정답: 1번

REST 아키텍처에 적용되는 6가지 제한 조건은 다음과 같다. 다음 제한 조건을 준수하는 한 개별 컴포넌트는 자유롭게 구현할 수 있다. 보기 1번은 서비스 지향 아키텍처(SOA: Service Oriented Architecture)의 특징이므로 관련 문제와 관련이 없다. SOA는 서비스 제공자와 서비스 사용자가 메시지를 통해 서로 통신한다. 서비스 제공자는 서비스 명세를 통해 자신이 가진 서비스의 인터페이스를 공개하는데, 이 명세 내에는 서비스가 제공하는 기능과 이를 이용하기 위해 사용자와 주고받아야 하는 메시지의 형식이 정의되어 있다.

(1) **인터페이스 일관성**: 일관적인 인터페이스로 분리되어야 한다

(2) **무상태(Stateless)**: 요청 간 클라이언트의 컨텍스트가 서버에 저장되어서는 안 된다

(3) **캐시 처리 가능(Cacheable)**: WWW처럼 클라이언트는 응답을 캐싱할 수 있어야 한다. 잘 관리되는 캐싱은 클라이언트-서버 간 상호작용을 부분적으로 또는 완전하게 제거하여 확장성과 성능을 향상시킨다.

(4) **계층화(Layered System)**: 클라이언트는 보통 대

상 서버에 직접 연결되었는지, 또는 중간 서버를 통해 연결되었는지를 알 수 없다. 중간 서버는 로드 밸런싱 기능이나 공유 캐시 기능을 제공함으로써 시스템 규모 확장성을 향상시키는 데 유용하다.

(5) **Code on Demand**(optional): 자바 애플릿이나 자바스크립트의 제공을 통해 서버가 클라이언트가 실행시킬 수 있는 로직을 전송하여 기능을 확장시킬 수 있다.

(6) **클라이언트/서버 구조**: 아키텍처를 단순화시키고 작은 단위로 분리(Decouple)함으로써 클라이언트-서버의 각 파트가 독립적으로 개선될 수 있도록 해준다.

출처: https://ko.wikipedia.org/wiki/REST

086 정답: 2번

REST(Representational State Transfer)는 월드 와이드 웹과 같은 분산 하이퍼미디어 시스템을 위한 소프트웨어 아키텍처의 한 형식이다. 이 용어는 로이 필딩(Roy Fielding)의 2000년 박사학위 논문에서 소개되었다. REST의 구체적인 개념은 HTTP URI(Uniform Resource Identifier)를 통해 자원(Resource)을 명시하고, HTTP Method(POST, GET, PUT, DELETE)를 통해 해당 자원에 대한 CRUD Operation을 적용하는 것을 의미한다. 월드 와이드 웹(WWW)과 같은 분산 하이퍼미디어 시스템을 위한 소프트웨어 개발 아키텍처의 한 형식으로 REST는 기본적으로 웹의 기존 기술과 HTTP 프로토콜을 그대로 활용하기 때문에 웹의 장점을 최대한 활용할 수 있는 아키텍처 스타일이다. REST는 네트워크상에서 Client와 Server 사이의 통신 방식 중 하나이며, 엄격한 의미로 REST는 네트워크 아키텍처 원리의 모음이다. 여기서 '네트워크 아키텍처 원리'란 자원을 정의하고 자원에 대한 주소를 지정하는 방법 전반을 일컫는다. 간단한 의미로는, 웹상의 자료를 HTTP 위에서 SOAP이나 쿠키를 통한 세션 트래킹 같은 별도의 전송 계층 없이 전송하기 위한 아주 간단한 인터페이스를 말한다. 이 두 가지의 의미는 겹치는 부분과 충돌되는 부분이 있다. 로이 필딩의 REST 아키텍처 형식을 따르면 HTTP나 WWW이 아닌 아주 커다란 소프트웨어 시스템을 설계하는 것도 가능하다. 또한, 리모트 프로시저 콜 대신에 간단한 XML과 HTTP 인터페이스를 이용해 설계하는 것도 가능하다. 로이 필딩의 REST 원리를 따르는 시스템은 종종 RESTful이란 용어로 지칭된다. 열정적인 REST 옹호자들은 스스로를 RESTafrians이라고 한다. REST의 장단점은 다음과 같다.

장점은 HTTP 프로토콜의 인프라를 그대로 사용하므로 REST API 사용을 위한 별도의 인프라를 구축할 필요가 없다. HTTP 프로토콜의 표준을 최대한 활용하여 여러 추가적인 장점을 함께 가져갈 수 있게 해준다. HTTP 표준 프로토콜에 따르는 모든 플랫폼에서 사용이 가능하다. Hypermedia API의 기본을 충실히 지키면서 범용성을 보장한다. REST API 메시지가 의도하는 바를 명확하게 나타내므로 의도하는 바를 쉽게 파악할 수 있다. 여러 가지 서비스 디자인에서 생길 수 있는 문제를 최소화한다. 서버와 클라이언트의 역할을 명확하게 분리한다. 단점은 표준이 존재하지 않는다는 점이다.

087 정답: 1번

웹서비스의 보안 프로토콜에서는 SAML, XKMS, XACML이 존재하며, 이 프로토콜을 활용하여 인증/권한 관리, 키 관리, 접근권한 관리를 수행할 수 있다. SAML(인증/권한 관리)는 이기종 시스템 간 권한 확인 가능, 인증 및 권한정보를 명세, 보안 토큰을 제공한다. XKMS(키 관리)는 부인 방지, 개방형 표준화, 기존 PKI 연동, 구현 단순성 및 응용개발 용이성의 특징을 가진다. 그리고 XACML(접근권한 관리)은 정보접근을 위한 XML 명세, UDDI 및 WSDL 항목 접근 제어를 제공한다. 하지만

CoAP(Constrained Application Protocol)는 제한된 노드와 제한된 네트워크를 위한 것으로 저전력의 손실로 동작되는 센서 디바이스의 RESTFul 웹 서비스를 지원하기 위한 경량 프로토콜을 의미하므로 가장 거리가 멀다. 현재 인터넷상에서 어떠한 데이터를 전송할 때 IPSec나 SSL만으로도 데이터에 대한 기밀성을 보장할 수 있으며, PGP(Pretty Good Privacy)나 S/MIME을 사용하면 메시지 송수신 및 저장 시 암호화를 수행할 수 있다. 하지만, 이러한 방법은 데이터 전체에 대한 암호화를 수행하게 되므로 데이터의 일부만 암호화가 필요한 경우와 다중 홉 방식의 메시지 전송의 경우에는 부적절하다. XML Encryption은 데이터 중 일부분 또는 전체를 암호화해 중간에 경유하게 되는 제3자에게 특정 정보를 노출하지 않으면서 최종 수신자에게 전달할 방법으로, 현재 W3C에서 후보 권고 상태다. XML Encryption 명세는 XML 문서뿐만 아니라 이미지와 같은 2진 데이터도 암호화할 수 있도록 한다.

- **XKMS:** 마이크로소프트와 베리사인, 웹메소드사가 2001년 4월 W3C에 제안한 XML기반의 공개키 관리 명세다. XKMS 명세는 현재 드래프트(Draft) 상태이며 최초 설계목적은 XML 전자서명과의 연동 시 기존 PKI 시스템에 대한 복잡성을 클라이언트에게 숨겨 키 관리부담을 트러스트 서비스(Trust Service)에 위임해 그 구현을 용이하게 하는 것이다. XKMS는 X-KISS(XML Key Information Service Specification)와 X-KRSS(XML Key Registration Service Specification)의 두 부분으로 구성된다.

- **SAML:** 경쟁관계에 있던 S2ML과 AuthXML을 통합하여 공통표준으로 만들기 위해 OASIS의 STTC(Security Services Technical Committee)가 제안한 것으로 XML기반의 인증 및 승인정보를 안전하게 교환하기 위한 프레임워크다. SAML은 기존에 업체별로 상이했던 각종 인증과정을 SAML 명세를 통해 생성된 인증정보(또는 토큰)를 Single sign-on(SSO) 및 기타 인증서비스 등에 이용함으로써 확장성 있는 표준 기법을 제공한다.

- **XACML:** XML 문서나 기타자료에 대한 접근 제어 설정을 통해 보안이 요구되는 자원에 대해 미세한 접근 제어 서비스를 제공하는 XML 기반의 언어다. XACML은 SAML PDP(Policy Decision Point)의 일부로서 역할을 수행한다. XACML의 정의에 따라 각각의 사용자별 XML 문서접근 정책을 수립하고 적용한다. XACML은 크게 [object], [subject], [action]의 3가지 엘리먼트로 구성되는데 [subject]는 사용자의 ID나 그룹, 또는 역할 등을 나타낼 수 있으며, [object] 엘리먼트는 [subject]가 접근할 데이터를 의미하며 그 데이터 참조로서 단일 XML 문서에서 개별 엘리먼트 수준까지 지정할 수 있다. [action] 엘리먼트는 읽기, 쓰기, 생성, 삭제 작업의 4가지 수행가능 동작으로 구성된다. XACML 명세는 현재 OASIS TC(Technical Committee)에서 워킹 드래프트 상태다.

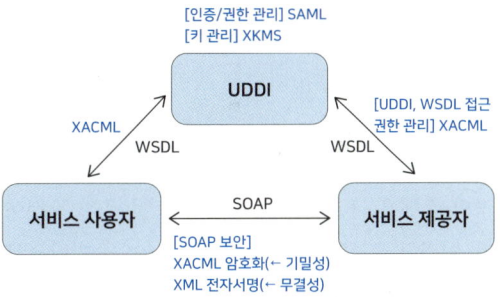

088   정답: 1번

VPN(Virtual Private Network)은 인터넷과 같은 공중망(Public network)을 사설망(Private network)과 같이 사용하기 위한 기술로 터널링 프로토콜과 보안절차를 이용하여 사설망의 핵심인 완벽한 보안 환경을 제공한다.

- **PPTP/L2TP:** 2계층(Data Link Layer) VPN 프로토콜이다. 인터넷 기반의 접속 VPN을 구성하는 데

가장 많이 사용하는 서버/클라이언트 방식의 터널링 프로토콜이며, 2계층의 PPP(Point to Point Protocol) 트래픽에 대한 캡슐화를 통해 송·수신 간 터널을 구성 보안은 대부분 PPP에서 제공하는 보안기능을 이용한다.

- **IPSec(IP Security)**: 3계층(Network Layer) VPN 프로토콜이다. IP 망에서 안전하게 정보를 전송하기 위한 표준 프로토콜이며, 데이터 송신자의 인증을 위한 인증 헤더(AH: Authentication Header)와 데이터 암호화를 위한 ESP(Encapsulating Security Payload), 키 교환을 위한 IKE(Internet Key Exchange) 등을 이용해 보안서비스를 제공한다.

089 정답: 3번

침입탐지 시스템(IPS: Intrusion Prevention System)은 침입방지 시스템(IDS: Intrusion Detection System)의 한계를 보완하고자 개발을 시작했기 때문에 IDS에서 보유하는 기반 기술과 한계점들은 많은 부분 공유하고 있다. 그러나, IPS와 IDS의 가장 큰 차이점은 최종적으로 구현하고자 하는 목적에 있다. 스니핑 기법을 기반으로 개발된 IDS는 더욱 많은 공격을 보다 정확하게 탐지하는 것이 주 목적인 반면에 IPS는 공격의 탐지뿐만 아니라 공격의 수행을 근본적으로 방어하는 것이 주 목적이다. 이러한 주 목적의 차이는 IPS가 IDS를 기반으로 출발을 했지만, 핵심 기술인 실시간 패킷 처리 속도, 오 탐지를 최소화하는 기술 및 변경 공격과 오용 공격의 탐지 기술, 그리고 각 상황에 맞는 실시간 반응 기술을 기반으로 한다는 점에서 많은 차이가 발생한다. 시장조사 전문업체인 가트너에서 밝힌 정의에 따르면 IPS는 '방지 능력과 빠른 반응(High-Speed)을 위해 네트워크상(Inline)에 위치한 제품이어야 하며, 세션 기반 탐지(Session Aware Inspection), 다양한 종류의 방지 방법 및 방식(시그니처, 프로토콜 어노멀리, 액션 등)을 통해 악의적인 세션을 차단, 세션 기반 탐지를 지원해야 한다'로 정의하였다. 침입방지 시스템의 필수 기본 조건은 다음과 같다.

(1) 알려진 공격 혹은 바이러스로부터 패턴 기반의 블로킹 기능을 제공해야 한다.
(2) 블로킹은 실시간 혹은 그에 근접하게 수행(In-line 모드)해야 한다.
(3) 방화벽 기능뿐만 아니라 응용 프로그램 레벨상에서의 공격도 방어해야 한다
(4) 훨씬 더 향상된 공격 식별 및 방지 능력을 제공해야 한다.

항목	IDS	IPS
공격탐지 방식	스니핑 방식	In-Line(데이터 경로)상 (스니핑 방식 가능)
탐지 방법	공격 시그니처 비교, 프로토콜 불일치 등	기본적으로 IDS와 동일
N/W 영향도	Packet 복사 방식으로 N/W 영향 없음	데이터 경로에서 동작하므로 낮은 성능이 N/W 영향을 줄 수 있음
1-Packet 공격	1-Packet 공격 방지 못함	방지함
Zero-Day 공격	방지 못함	많은 부분 방지 못함
공격대응 행동 방식	Re-active 방식: 탐지 후에 대응	Active 방식: 탐지 즉시 대응 행동
한계점	자유롭게 전개가 가능함(N/W코어 및 Edge 등)	데이터 오버플로우 시 데이터 손실 우려로 신중한 전개가 필요, 주로 네트워크 Edge에 위치
과제	오탐에 의한 경보의 홍수 튜닝, 대응 행동 정의 등 관리상 부하 해결	오탐에 의한 경보 홍수, 시그니처에 따른 성능저하가 상대적으로 심하므로 튜닝 대응 필요

090 정답: 1번

서브네팅(Subnetting)은 대규모 네트워크를 더 작은 네트워크로 분할하는 기술이다. 반면에 슈퍼네팅(Supernetting)은 더 작은 범위의 주소를 더 큰 공간으로 결합하는 데 사용되는 방법이다. 슈퍼네팅은 라우팅 프로세스를 보다 편리하게 만들기 위해 고안되었다. 또한 라우팅 테이블 정보의 크기를 줄여 라우터의 메모리 공간을 더 적게 사용할 수 있다.

서브네팅에 대해 잘 정의된 방법은 FLSM 및 VLSM이고 슈퍼네팅은 CIDR이 사용된다. 궁극적으로 두 기술은 IP 주소의 가용성을 높이고 IP 주소의 고갈을 줄이는 데 사용된다. 다음은 서브네팅과 슈퍼네팅의 주요한 차이점이다.

(1) 거대한 네트워크를 더 작은 하위 네트워크로 나누는 데 사용되는 전략을 서브네팅이라고 하며, 슈퍼네팅은 여러 네트워크를 단일 네트워크로 병합하는 기술이다.

(2) 서브넷 프로세스에는 IP 주소에서 네트워크 부분 비트 증가가 포함되며, 슈퍼 넷에서는 주소의 호스트 부분 비트가 증가한다.

(3) 서브네팅을 수행하기 위해 마스크 비트는 기본 마스크의 오른쪽으로 재배치되고, 슈퍼네팅에서 마스크 비트는 기본 마스크의 왼쪽으로 이동시킨다.

(4) VLSM은 서브네팅 기술인 반면에 CIDR은 슈퍼네팅 기술이다.

조금 더 서브네팅과 슈퍼네팅의 상세한 내용을 살펴보면, 서브네팅과 슈퍼네팅의 장단점은 다음과 같다. 우선 서브네팅의 장점은 네트워크 트래픽을 최소화하고 어드레싱 유연성이 향상된다. 그리고 근거리 통신망에서 허용되는 호스트 수를 늘리고 네트워크 보안은 전체 네트워크에서 사용하지 않고 서브넷 간에 쉽게 사용할 수 있으며, 서브넷은 유지 및 관리가 쉽다. 하지만 서브네팅은 상당히 비싸다는 단점과 숙련된 관리자가 필요하다는 단점이 존재한다. 슈퍼네팅의 경우, 여러 라우팅 정보 항목을 단일 항목으로 요약하여 최소화해서 메모리를 감소시킬 수 있고 라우팅 테이블 조회 속도를 높일 수 있다. 또한, 라우터가 다른 라우터에서 토폴로지 변경을 격리하도록 제공하며, 네트워크 트래픽을 줄일 수 있는 장점이 존재한다. 하지만 슈퍼네팅의 경우, 블록의 조합은 제곱으로 이루어져야 하며 전체 네트워크가 동일한 클래스에 있어야 한다는 단점이 있다.

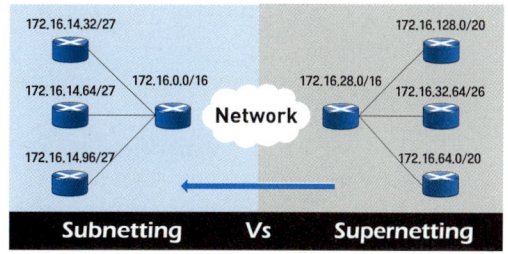

091 정답: 3번

보기의 내용은 보안 프로토콜 중 S-HTTP와 SSL의 특징을 비교한 내용이다. 보기 ①, 2), 4)는 SSL 설명이고, 보기 ③은 S-HTTP 설명이다.

S-HTTP(Secure HTTP)

- 프로토콜 지시자로 'shttp'를 사용(shttp://www.southkorea.co.kr)
- 새로운 프로토콜 방식으로 보안을 정의(요청 메시지 첫 번째 줄은 'Secure * SecureHTTP/1.1'과 같은 형태)
- 하이퍼링크 앵커는 서버 식별, 요구되는 암호 매개변수 등을 지시
- Certrs와 Cryptopts라는 새로운 HTML 요소가 정의되어 사용
- 트랜잭션 기밀성, 메시지 무결성, 발신자 인증, 발신부인 봉쇄, 접근통제 등의 보안 서비스를 제공
- 각 S-HTTP 파일은 암호화되고, 전자서명을 포함
- S-HTTP는 잘 알려진 또다른 보안 프로토콜인 SSL의 대안
- S-HTTP를 수용하는 웹 서버와 브라우저 프로그램의 개발이 필요
- 웹에만 적용되며 클라이언트에서 인증서를 보낼 수 있음

SSL(Secure Socket Layer)

- 인터넷을 통한 개인 메시지의 전송을 위해 Netscape에서 개발한 프로토콜

- 암호문 전송을 위해서 공개키 알고리즘을 사용 (X.509 인증서를 지원)
- 연결 주소는 'https:'로 시작
- 포트 번호는 443이고, OSI 7 Layer에서 전송~응용계층에서 동작
- 비밀성, 무결성, 인증의 세 가지 보안 서비스를 제공하고, 효율성을 위해 데이터 압축 기능도 제공
- Telnet, FTP 등 응용(Application) 프로토콜을 지원하고 오직 서버만이 인증을 수행함

- **태그 사용**: CERTS, CRYPTOPTS 태그를 사용한다.

092 정답: 3번

S-HTTP(Secure Hypertext Transfer Protocol)는 웹상에서 네트워크 트래픽을 암호화하는 주요 방법 중의 하나다. 웹에서 네트워크 트래픽을 암호화하는 것에는 주로 두 가지 방법을 사용하는데 한 가지는 S-HTTP이고 다른 하나는 SSL(Secure Socket Layer)이다. S-HTTP는 클라이언트와 서버 간에 전송되는 모든 메시지를 각각 암호화한다. S-HTTP에서 메시지 보호는 HTTP를 사용한 애플리케이션에 대해서만 가능하며, HTTP의 헤더에 암호화 방식 정보가 파라미터로 첨부되는 방식이다. S-HTTP의 기능은 기밀성, 메시지 무결성, 발신자 인증, 발신자 부인봉쇄, 접근 제어다. 그리고 S-HTTP의 특징은 다음과 같다.

- **연결 주소**: S-HTTP 서버 접속 시 shttp:// URL을 사용한다.
- **동작 계층**: end-to-end, Application 계층 암호화
- **보호 범위**: 웹에 대하여 Transaction 보안을 수행한다.
- **암호화 단위**: 메시지 단위의 암호화 및 인증을 사용한다.
- **인증 방식**: 서버와 클라이언트 인증 기능 및 상호 인증이 필요하다.
- **필요사항**: 모두 S-HTTP를 지원하는 별도의 웹 브라우저와 웹 서버가 필요하다.

정답과 해설

제 3 장

정보 보안

제3장 정보 보안 정답

1	②	2	②	3	③	4	②	5	③	6	①	7	①	8	②	9	④	10	②

1.② 2.② 3.③ 4.② 5.③ 6.① 7.① 8.② 9.④ 10.②
11.① 12.③ 13.② 14.④ 15.① 16.② 17.③ 18.① 19.② 20.③
21.① 22.④ 23.② 24.③ 25.③ 26.② 27.③ 28.② 29.② 30.①
31.③ 32.① 33.② 34.② 35.③ 36.② 37.③ 38.④ 39.② 40.②
41.④ 42.④ 43.③ 44.④ 45.④ 46.② 47.③ 48.③ 49.① 50.④
51.② 52.① 53.③ 54.② 55.② 56.③ 57.③ 58.② 59.④ 60.④
61.① 62.④ 63.④ 64.③ 65.③ 66.③ 67.③ 68.③ 69.① 70.②
71.① 72.② 73.① 74.① 75.④ 76.③ 77.② 78.② 79.③ 80.②
81.① 82.③ 83.③ 84.② 85.④ 86.③ 87.③ 88.② 89.② 90.②
91.② 92.③ 93.③ 94.④ 95.④ 96.③ 97.③ 98.① 99.④ 100.②
101.③ 102.③ 103.④ 104.② 105.③ 106.① 107.③ 108.③ 109.② 110.④
111.① 112.② 113.② 114.② 115.④ 116.② 117.③

001

정답: 2번

안티바이러스 솔루션이 악성 코드를 찾아내기 위해 사용하는 주요한 기법은 다음과 같다.

(1) 와일드카드(*)를 포함하는(혹은 하지 않은) 고유 패턴 스트링을 활용하는 기법
(2) 체크썸과 해시 함수(CRC, MD5, SHA1)를 활용하여 변조 여부를 확인하는 방법
(3) 행위 기반으로 패턴을 분석하는 기법
(4) 파일의 위치나 실행 흐름 위치(Execution Flow Geometry)를 분석하는 기법
(5) 인스트럭션 코드들의 통계적 정보를 기반으로 분석하는 기법

002

정답: 2번

코드 난독화(Obfuscation) 기법은 프로그램 본래의 기능성을 유지하면서도 프로그램 내부의 구조를 변환시킴으로써 역공학을 어렵게 하고자 사용하는 기법이다. 난독화 기법의 하나인 가상화 난독화(Virtualization Obfuscation) 기법은 프로그램 중 보호하고자 하는 코드 영역을 다른 기계어로 변환(가상화 코드)하여 변환된 기계어에 대한 분석을 어렵게 만드는 기법이다. 가상화 난독화 기법이 적용된 프로그램의 가상화 코드를 해석하고 처리하기 위해서 소프트웨어적으로 구성된 가상 프로세서(Virtual Processor)가 이용된다. 가상 프로세서가 소프트웨어적으로 가상화 코드를 해석하고 대응하는 기능을 실제 프로세서에서 직접 수행하도록 구

성되고 가상화 코드는 원본 코드로 복원될 필요가 없다. 이에 따라 가상화 난독화 기법을 분석하는 문제는 가상 프로세서를 분석하는 문제와 동일시된다. 이러한 가상화 난독화 기법은 프로그램의 지식재산권을 보호하기 위해 설계되었다. 가상화 난독화 기법에 의해서 생성된 코드의 양이 원래 코드의 양보다 많고 복잡한 내부 구조로 인해서 가상화 난독화 기법은 지식재산권 보호를 위한 적절한 수단으로 판단되고 있다. 코드 난독화는 프로그램을 해석하거나 위조 또는 변조 방지를 목적으로 프로그램을 쉽게 이해할 수 없도록 하는 기술이다. 역난독화는 난독화된 프로그램을 입력으로 받아 원 소스의 의미를 역공학 기술을 통해 분석하는 기술이다. 코드 가상화는 안티 리버싱 기술 중의 하나로써, 말 그대로 원래의 코드를 가상화를 시켜서 리버싱을 하는 데 있어서 방해하는 것이다. 그리고 이러한 가상화된 코드의 경우에는, 하드웨어적인 CPU에서 바로 해당 명령어를 처리하는 것이 아니라 중간에서 소프트웨어적인 Virtual CPU가 대신해서 명령어를 처리해 주는 것이다. 그리고 여기에서 Virtual CPU를 작동시키는 것은 실제 CPU가 된다.

003 정답: 3번

바이너리 파일의 악성 페이로드를 숨기기 위한 기법은 다음과 같이 세 가지 방식으로 나눌 수 있다. 첫 번째로 Packer는 악성 페이로드를 압축하여 저장하며 실행 파일이 동작할 때 동적으로 압축을 해제하여 메모리에 적재하는 방식이다. 두 번째로 Obfuscator 기법은 코드의 변수, 클래스, 문자열 등을 해석하기 어렵게 변경하거나 불필요한 임의의 코드(Garbage Code)를 삽입하는 등 가독성을 낮추어서 분석을 지연시키는 방식으로, 난독화 기법이다. 세 번째로 Protector 기법은 Packer와 Obfuscator를 함께 적용한 하이브리드 방식이며 추가로 안티 디버깅, 분석 환경 탐지, 코드 가상화 등의 기법을 사용한다.

004 정답: 2번

랜섬웨어(Ransomware)에 대한 대응방법은 다음과 같으며, 보기 ②번의 허니팟과 방화벽 리스트 추가는 상대적으로 거리가 멀다.

- **안정적인 보안 제품군을 사용**: 이 악의적인 위협으로부터 시스템을 보호하려면 시스템에 신뢰할 수 있는 멀웨어 방지 소프트웨어를 설치해야 한다. 이 스마트 도구는 고급 알고리즘에서 작동하여 랜섬웨어 위협을 탐지하고 때에 따라서 제거하기도 한다. 또한 백그라운드에서 자동으로 작동하여 멀웨어 위협에 대한 보안을 제공한다.
- **주기적인 백업 데이터**: 랜섬웨어 공격은 기본적으로 사용자의 민감하고 중요한 데이터를 대상으로 한다. 따라서 주기적으로 중요한 데이터의 사본을 백업해 두는 것이 중요하다. 보안 강화를 위해 외부 드라이브나 클라우드 서버에 데이터를 백업할 수도 있다.
- **시스템 소프트웨어를 최신 상태로 유지**: 일반적으로 사이버 범죄자는 시스템 소프트웨어의 알려진 취약점을 찾는다. 따라서 시스템 소프트웨어를 최신 상태로 유지하면 기존의 새로운 사이버 위협에 대비하여 더 나은 보안환경을 제공할 수 있다. 각 소프트웨어 업데이트는 버그 수정 및 보안 패치, 기타 유용한 기능이 제공되므로 보안을 강화하기 위해서 시스템을 항상 최신 상태로 유지해야 한다.
- **의심스러운 링크 및 첨부 파일 회피**: 사이버 범죄자들은 피싱, 전자메일 및 익스플로잇 키트를 공격방법으로 활용한다. 따라서 의심스럽고 알 수 없는 링크 및 첨부 파일을 피하기만 하여도 불필요한 문제를 피하는 데 도움이 된다. 또한, 멀웨어 방지 프로그램이나 악성 코드 탐색기를 사용하여 첨부 파일을 열기도 전에 스캔할 수 있다.

005 정답: 3번

비동기성 공격(Asynchronous Attacks)은 일반적으로 타이밍을 목표로 하는 공격의 한 형태이다. 목표는 검사 시간(TOC: Time of Checking)과 사용 시간(TOU: Time of Using) 사이의 지연을 활용하는 방법이다. 이러한 공격은 공격자가 개체가 변경된 후 시스템이 사용하기 전에 개체를 변경하기 위해 경쟁하기 때문에 경쟁 조건(Race Condition)이라고도 한다. 경쟁 조건은 다중 프로그래밍 시스템이나 다중 처리기 시스템에서 두 명령어가 동시에 같은 기억 장소를 액세스할 때 그들 사이의 경쟁에 의해 수행 결과를 예측할 수 없게 되는 것을 의미한다. 비동기성 공격을 예로 들어 설명한다면, 프로그램이 고객에게 빚진 금액을 보관하기 위해 날짜 파일을 생성하고 프로그램이 이 값을 읽기 전에 공격자가 이 값을 바꾸기 위해 경쟁을 시도할 기회가 존재한다면 그는 성공적으로 프로그램을 조작할 수 있다. 하지만 실제로는 해커가 성공하기 전에 여러 번의 경쟁 조건 악용을 시도해야 하므로 오히려 경쟁 조건을 성공적으로 적용하기 어려울 수 있다.

006 정답: 1번

도메인 사냥꾼(Cybersquatter)은 기업이나 유명 연예인의 이름을 인터넷 주소로 미리 등록한 뒤, 필요한 사람이나 기업에 고액에 되파는 행위(도메인 불법점유)를 하는 사람을 의미하며, '사이버스쿼터'라고도 한다. 유명 기업의 이름과 같은 인터넷 주소가 생길 것을 예상하고 제3자가 미리 그 주소를 등록하면, 인터넷 주소는 공유할 수 없다는 점 때문에 해당 기업은 그 주소를 사용할 수 없다. 기업이 그 주소를 꼭 사용하고자 할 경우에는 등록자에게 막대한 비용을 지불해야 한다. 예를 들면, 'www.019.co.kr'은 LG텔레콤의 도메인 같아 보이지만 한 개인이 소유하고 있다. 'www.korea.com'도 도메인 등록 갱신 시기를 놓친 틈을 타 다른 국가의 한 개인이 등록해서 우리나라 기업이 수백만 달러에 다시 사들인 경우에 해당한다. 미국에서는 1994년 한 개인에 의해 70달러에 등록된 'www.wallstreet.com'이 1999년 100만 달러에 팔리기도 했고, 1998년에는 국제적 정유회사 엑슨과 모빌이 합병하면서 'exxonmobil.com' 도메인을 거액에 구입했다고 한다. 사이버스쿼팅은 인터넷 주소에 대한 중요성이 갈수록 증대되면서 나타난 현상으로, 정보통신부는 재산적 가치 또는 영업 방해를 목적으로 도메인 네임을 선점하는 행위를 금지하는 '인터넷주소자원에 관한 법률'을 2004년 1월 29일 제정, 그해 7월부터 시행하였다.

007 정답: 1번

데이터 암호화의 방식을 분류하면 다음과 같다.

- **네트워크 계층의 데이터 암호화**: 네트워크 계층에서는 서버와 클라이언트가 서로 교차 연결되어 데이터의 송신과 수신이 이루어진다. 응용 서버와 DB 서버, 네트워크로 연결된 저장장치와 서버, 서버와 단말 등의 통신도 이에 해당한다. 공격자는 통신 채널을 도청하여 송수신 데이터를 수집, 데이터를 탈취할 수 있다. 이때 데이터를 보호하기 위해 송신자와 수신자 사이의 통신 채널 자체를 암호화하거나 송수신되는 데이터 중에서 이미 지정한 정보만을 선택적으로 암호화하는 방법이 있다. 네트워크 계층에서의 암호화는 물리적으로 분리된 송신자와 수신자 사이에서 안전한 암호화를 제공한다. 안전한 암호화를 위해서는 송신자와 수신자 사이에서 암호화 키를 안전하게 생성하고 관리해야 한다.

- **OS 계층의 데이터 암호화**: 모든 데이터는 컴퓨터에 저장될 때 파일의 형태로 저장된다. OS 계층에서의 암호화는 OS가 파일을 저장하는 과정에 암호화 단계를 추가하는 방식이다. OS 계층에서 암호화를 수행하면 DB나 애플리케이션은 암호화 처리를 고려하지 않아도 되기 때문에 기존 시스템에 적용할 때 번거로운 수정이나 변경이 필요하지 않다는 건 큰 장점이다. 하지만 대부분의 OS 레벨 암호화 제품이 암호화 키를 사용자 기기나 서버의 내부에 저장하고, 세분화된 보안정책 설정 및 접근 제어가 어렵다는 점 등의 한계가 존재한다.

- **DBMS Engine 계층의 데이터 암호화**: DBMS

Engine은 DB 서버의 내부에서 데이터의 입출력과 저장을 관리하는 핵심 모듈이다. 많은 DBMS 제품들은 자체적으로 암호화 기능을 제공한다. DB에 정보를 저장하거나 읽을 때 암호화 적용 전후로 동일한 동작을 하기 때문에 OS 계층 암호화 방법과 마찬가지로 기존 응용 프로그램은 수정할 필요가 없다는 것이 장점이다. 이러한 특징을 응용 프로그램에 대한 투명성이라 정의해 TDE(Transparent Data Encryption) 방식이라 부르기도 한다. 하지만 대부분의 TDE 방식 암호화 제품은 복호화된 데이터를 메모리에 두는 등 유출의 위험을 안고 있고 키 관리 측면으로 보더라도 암호화 키가 데이터와 동일 저장소에 있기 때문에 보안 측면에서 완벽하다고 할 수 없다. 따라서 DBMS Engine 레벨의 암호화 제품을 적용하기 전 키 관리와 메모리상 복호화 데이터 처리 등을 고려해야 한다.

- **DBMS Procedure 계층의 데이터 암호화**: DBMS Procedure 계층의 소프트웨어는 DBMS의 API를 외부에서 활용한다. 이 계층에 암호화를 적용하려면 DB 서버와 정보를 주고받을 때 암호화를 지원하는 별도의 API를 사용하여 암호화를 처리해야 한다. 애플리케이션과 DB 서버와 별도 시스템에 존재한다면 네트워크 계층 암호화를 추가로 적용할 수 있다. 암호화/복호화 연산 처리 부담이 DB 서버에 전가되지 않는다는 장점이 있다. 네트워크 환경에서도 네트워크 구간에서 발생하는 보안 위협에 대응할 수 있다는 것도 큰 장점이다. 하지만 어느 정도의 응용프로그램 수정이 필요하다는 단점이 있다.

- **Web Application 계층의 데이터 암호화**: 최근 많은 온라인 정보 서비스의 시스템 구성은 예전에 비해 점점 더 복잡해지고 있다. 시스템 구성은 Web 서버, Web Application 서버, DB 서버로 구성되는 Multi-tier 구성으로 이루어진다. Web Application 서버는 Web 서버와 DB 서버를 중개하며 데이터의 흐름을 제어하는 역할을 맡는다. DB 서버와 연결하는 부분의 기능은 DBMS Procedure의 애플리케이션과 같은 기능을 수행하기 때문에, 암호화가 이루어지는 위치만 다를 뿐, 이 계층에서의 암호화 방법은 DBMS Procedure 계층 암호화 방법과 동일하며 동일한 장단점을 가진다.

- **Business Application 계층의 데이터 암호화**: Business Application은 응용 프로그램들을 통합한 거대 시스템인 경우가 많다. 내부 데이터 관리를 위해 DBMS를 채용하더라도 저장소를 관리하는 별도의 시스템 형태로 포함되어 있어, Business Application의 개발자가 DBMS를 직접 호출하거나 이용하는 것이 불가능하다. 이 계층 암호화를 위해서는 저장소 관리 서브 시스템을 수정하거나 보조 서브 시스템을 추가해야 한다. Business Application은 독자의 설계와 구현 원칙에 의해서 복잡하게 구현되므로 새로운 서브 시스템을 추가하고 수정하는 일에 큰 노력과 비용이 소요된다.

008 정답: 2번

DDoS 주요 공격은 대역폭 공격, 응용계층 공격, 자원고갈 공격이 있다. 하지만 웹 취약점 공격은 상대적으로 거리가 멀다. 대역폭 공격은 과도한 트래픽으로 회선 대역폭을 고갈시켜서 정상적인 트래픽을 수용하지 못 하도록 하는 공격을 의미한다. 자원 고갈 공격은 다량의 TCP 패킷을 공격 대상자에게 전송하여 서버 또는 네트워크 장비의 자원을 고갈시키는 공격을 말한다. 응용계층 공격은 웹 서비스 또는 DNS 서비스 등 서버에 설치되어 있는 애플리케이션을 대상으로 과도한 요청을 전송하여 부하를 발생시키는 공격을 말한다. 분산 서비스 거부 공격(DDoS: Distributed DoS)은 다수의 시스템을 통해 공격을 시도하며 다양한 방법을 통해 동시에 공격하기도 한다. 악성 코드나 바이러스 등의 악의적인 프로그램들을 통해서 일반 사용자의 PC를 감염시켜 좀비 PC로 만든 다음 C&C 서버를 통해 DDoS 공격을 수행한다(가장 유명한 예는 MyDoom 공격). DDoS 공격은 악의적인 프로그램에서 정한 특정 시간대에 시작된다. 대표적 피해사례로 2009년 7월 7일에 있었던 DDoS 공격이 있다. 다음은 DDoS 주요 공격 유형의 설명이다.

- **대역폭 공격**: 대용량의 트래픽 전송으로 인한 네트워크 회선 대역폭을 고갈시키며 정상 사용자의 접속을 불가능하게 만든다. UDP, ICMP 프로토콜을 사용하며 주로 위조된 큰 크기의 패킷과 위조된 출발지 IP를 사용한다.
- **자원고갈 공격**: 정상 혹은 비정상적인 TCP Flag(SYN, ACK, FIM 등)가 설정된 패킷을 서버 또는 네트워크 장비로 전송하여 장비의 자원을 고갈시키는 공격이다. 장비의 특정 자원이 고갈되어 정상적인 운영 불가하도록 하며 TCP의 Flag를 이용해 위조된 IP를 사용한다.
- **응용계층 공격**: 서버에 설치된 애플리케이션의 부하를 발생시키고, 웹 서버의 경우 연결된 DB에도 부하를 발생시켜서 운영서비스의 데몬을 다운시키거나 서버 자원 부하 발생으로 인한 정상적인 운영이 불가능하게 한다. HTTP 공격은 Real IP를 이용하여 GET 또는 POST를 사용하고 DNS 공격은 위조된 IP를 이용하여 DNS 질의를 요청한다.

출처: 《보안 실무자를 위한 네트워크 공격 패킷 분석》
방주원, 이정환, 이주호 저, 2019년 출간

009

정답: 4번

레터럴 무브먼트 대응방법은 인증 정보 보호 및 변경, 서비스 요소, 네트워크 분리, 허니팟, 머신러닝 등이 있다. 하지만 보기 ④ VPN은 문제에서 제시한 해답의 솔루션과는 가장 거리가 멀다. 레터럴 무브먼트는 인증 정보, 네트워크, 서비스 요소 중 하나라도 충족되지 않으면 성공할 수 없다. 즉, 내부 네트워크의 시스템과 서비스에 접근할 수 있는 계정을 노출시키지 않거나, 네트워크 수준에서 차단하거나, 시스템에서 해당 서비스를 제공하지 않도록 한다면 레터럴 무브먼트 행위가 발생하지 않도록 할 수 있다.

우선 크리덴셜을 보호하는 방법을 알아보자. 기본적으로는 각 사용자가 자신의 계정 정보 보관에 유의해야 한다. 계정 및 패스워드를 평문 파일로 저장해 두거나, 이메일이나 메신저를 통해서 주고받는 행위를 해서는 안 된다. 보안 운영 부서에서는 각 시스템이 비밀번호를 안전하게 운영할 수 있도록 복잡도, 주기적 변경, 동일 비밀번호 재사용 금지 등의 비밀번호 관리 정책을 운영해야 한다. 시스템 수가 많지 않은 조직에서는 관리자(Administrator) 계정을 관리 용도로 사용하는 경우 모든 시스템에 동일 비밀번호를 사용하는 사례가 많은데, 한 대의 시스템에서 관리자 계정이 탈취되는 경우 전사 시스템이 위험에 빠지게 된다. 이와 마찬가지로 액티브 디렉터리(Active Directory)를 사용하는 조직에서도 주의해야 할 사항이 있다. 관리자 권한의 액티브 디렉터리 계정을 이용하여 다른 시스템에 접근한 경우 미미캐츠와 같은 도구들은 시스템 간 인증 후에 메모리 상에 캐싱되어 남아있는 크리덴셜을 노린다. 따라서 크리덴셜의 캐싱의 수를 최소화하도록 설정하거나, LSASS 메모리 내에 평문 비밀번호가 저장되지 않도록 해야 한다. 이를 위한 설정 방법은 다음과 같다.

(1) HKLM\SOFTWARE\Microsoft\Windows NT\CurrentVersion\Winlogon 레지스트리 키의 CachedLogonsCount를 0 또는 1로 설정

(2) HKLM\SYSTEM\CurrentControlSet/Control/SecurityProviders/Wdigest 레지스트리 키의 UseLogonCredential를 0으로 설정 (KB2871997 패치 후 레지스트리 수정)

또한 관리자 권한을 가진 계정 등으로 다른 시스템에 접속한 후에는 해당 시스템을 반드시 재부팅해야 한다. 네트워크 관점에서는 조직 내에서 정말 중요한 시스템은 네트워크를 분리해 운영하는 것이 바람직하다. 부서별, 용도별로 최소 단위로 네트워크를 분리해서 구성해야 한다. 네트워크 전체가 연결된 경우에는 단 한 사람의 실수로 인해 조직 전체가 위험에 처할 수 있다. 각 시스템은 필요한 서비스만 활성화하여 사용해야 한다. 특히 파일 공유 기능이나, WMI, RDP 기능 등을 사용하지 않는다면 각 시

스템의 서비스를 비활성화 하고, 해당 서비스들이 사용하는 포트(TCP 135, 445, 139, 3389, 49154)는 차단하는 등의 조치가 필요하다.

앞서 언급했듯이 레터럴 무브먼트의 행위는 정상 사용자의 행위와 크게 다르지 않다. 따라서 악성 파일이나 악성 행위를 탐지해내는 보안 제품으로는 탐지하기가 어렵다. 이를 인지할 수 있는 몇 가지 방안을 제시한다면 다음과 같다.

첫째, 조직 내에 허니팟 시스템 혹은 계정을 이용하는 것이다. 이를 모니터링하고 있다가 공격자에 의해 허니팟 시스템에 접근이 발생하거나, 허니팟 계정이 사용되는 경우 침해로 인지하는 방식이다. 공격자는 제대로 관리가 되지 않는 유휴 시스템을 노리는 경우가 많다. 역으로 조직 내에서 남아있는 유휴 시스템들을 이런 용도로 활용할 수도 있다.

둘째, 머신러닝 기술을 이용하여 정상 프로그램의 이상 실행 여부를 탐지하는 것이다. 레터럴 무브먼트에 사용되는 프로그램의 실행 패턴 혹은 네트워크 접근 이력을 보고, 정상 임계치를 벗어난 이상 행위 발생 시 침해 여부를 판단하는 방식이다. 이는 물론 조직마다 정상과 이상의 범위가 다르므로 조직마다 훈련된 시스템이 필요할 것이다. 일본 침해사고대응센터(JP-CERT)에서는 이와 같은 접근 방식으로 레터럴 무브먼트를 탐지해낸 사례를 발표하기도 했다.

셋째, 최근 웹 사이트에서 많이 적용되어 있는 방식을 이용하는 것이다. 이를테면 인증 시 당사자에게 문자 혹은 메일을 발송함으로써 인증 발생이 정상 사용자에 의해 발생한 것인지 당사자에게 확인하는 방법 등이다.

출처: https://www.ahnlab.com/kr

010 정답: 2번

스머프 공격(Smurf Attack) 또는 스머핑은 희생자의 스푸핑된 원본 IP를 가진 수많은 ICMP(Internet Control Message Protocol) 패킷이 IP 브로드캐스트 주소를 사용하여 컴퓨터 네트워크로 브로드캐스트하는 분산 서비스 거부 공격이다. 네트워크의 대부분의 장치들은 기본적으로 원본 IP 주소에 응답을 보냄으로써 이에 응답한다. 이 패킷에 응답하고 패킷을 수신하는 네트워크의 노드 수가 매우 많다면 희생자의 시스템은 ICMP 트래픽으로 넘쳐나게 된다. 이로 인해 희생자의 컴퓨터는 동작이 불가능해질 정도로 느려질 수 있다.

011 정답: 1번

인증기관(CA: Certificate Authority)은 다른 곳에서 사용하기 위한 디지털 인증서를 발급하는 하나의 단위이다. 이러한 서비스로 요금을 부과하는 상업 목적의 인증기관들이 많이 있으며, 공익 단체나 정부들도 저만의 인증 기관을 가지고 있으며 무료 인증 기관들도 있다. 기업이나 단체별로 운영하는 인증기관도 있는데, 이 경우 사설 인증기관으로 분류하기도 한다. 즉, 인증기관(CA)은 엔터티(예: 웹 사이트, 이메일 주소, 회사 또는 개인)의 ID를 확인하고 이를 통해서 암호화 키에 바인딩하는 회사 또는 조직이다.

012 정답: 3번

평문(Plaintext)과 암호문(Ciphertext)에 대한 공격은 시험에 자주 출제되는 문제다. 반드시 각각의 공격방법과 특징에 대해서 숙지해야 한다. 각각의 공격기법에 대한 설명은 다음과 같다.

- **암호문 단독 공격(COA: Ciphertext-Only Attack):** 암호화되어서 전송되는 데이터인 암호문만을 가지고 평문과 암호키를 찾아내는 공격이다. 즉, 통계적 성질과 문장의 특성 등을 추정하여 해독하는 공격이다. 공격자에게 가장 불리한 공격이다.
- **기지 평문 공격(KPA: Known-Plaintext Attack):** 암호 알고리즘 중에도 코드북이 생성되는 암호 알

고리즘에 시도할 수 있는 공격이다. 공격자가 평문-암호문의 짝을 알고 있다는 전제하에 가능한 공격이다. 공격자가 수집한 평문-암호문 짝을 이용해 새로운 암호문에 대한 평문을 알아내는 공격이다. 즉, 공격자가 암호문에 해당하는 평문을 일부 수집한 상태에서 암호문과의 관계를 이용하여 새로운 암호문을 해독하는 공격이다.

- **선택 평문 공격**(CPA: Chosen-Plaintext Attack): 공격자가 한꺼번에 선택한 평문들에 대한 암호문을 얻을 수 있다는 전제하에 수행할 수 있는 공격이다. 선택 평문 공격은 공격자가 선택한 평문과 암호문의 짝을 이용해서 복호화 키를 찾아내는 공격이다.

- **적응 선택 평문 공격**(CPA2: Adaptive Chosen-Plaintext Attack): 선택 평문 공격이 공격자가 선택된 몇 가지 평문들에 대한 암호문을 얻을 수 있다는 전제하에 하는 공격이라면 적응 선택 평문 공격은 공격자가 언제든지 자신이 선택한 평문에 대한 암호문을 얻을 수 있는 전제하에 수행하는 공격이다. 공격자가 평문과 암호문의 짝을 이용해서 복호화 키를 알아내는 공격이다. 즉, 차례로 선택된 평문에 대한 암호문 획득 가능 시 복호화 키를 찾는 공격이다.

- **선택 암호문 공격**(CCA: Chosen-Ciphertext Attack): 공격자가 한꺼번에 선택한 암호문들에 대한 평문을 얻을 수 있다는 전제하에 수행할 수 있는 공격이다. 선택 암호문 공격은 공격자가 선택한 암호문과 평문의 짝을 이용해서 복호화 키를 찾아내는 공격이다. 공격자는 복호화를 할 수 있는 상태이고, 공개키 암호 시스템에서 개인키로 암호화(전자서명)된 자료를 공개키로 복호화하는 방식으로 사용한다.

- **적응 선택 암호문 공격**(CCA2: Adaptive Chosen-Ciphertext Attack): 선택 암호문 공격이 공격자가 선택된 몇 가지 암호문들에 대한 평문을 얻을 수 있다는 전제하에 하는 공격이라면 적응 선택 암호문 공격은 공격자가 언제든지 자신이 선택한 암호문에 대한 평문을 얻을 수 있는 전제하에 수행하는 공격이다. 적응 선택 암호문 공격은 공격자가 지속적으로 원하는 암호문에 대한 평문을 얻어낼 수 있다는 전제하에 가능한 공격이다. 공격자가 암호문과 평문의 짝을 이용해서 복호화 키를 알아내는 공격이다.

013 　　　　　　　　　정답: 2번

데이터 잔류성(Data Remanence)은 데이터를 제거하거나 지우려고 시도한 후에도 남아있는 디지털 데이터의 잔류 표현이다. 이 잔여물은 파일 삭제 작업, 이전에 미디어에 기록된 데이터를 제거하지 않는 저장 매체의 재포맷 또는 이전에 기록된 데이터를 복구할 수 있는 저장 매체의 물리적 속성을 통해 데이터가 손상되지 않은 상태로 남아있을 수 있다. 데이터 잔존으로 인해 저장 매체가 통제되지 않은 환경으로 유출되는 경우 민감한 정보가 부주의하게 공개될 수 있다. 데이터 잔존에 대응하기 위해 다양한 기술이 개발되었으며, 일반적으로 Clearing, Purging/Sanitizing, Destruction으로 분류된다. 그 외의 방법에는 덮어쓰기, 전자기장 제거, 암호화 및 미디어 파괴가 있다. 대책의 효과적인 적용은 액세스할 수 없는 미디어, 효과적으로 지울 수 없는 미디어, 데이터 수명주기 동안 데이터 기록을 유지하는 고급 스토리지 시스템, 일반적으로 휘발성으로 간주되는 메모리의 데이터 지속성을 포함하여 여러 요인으로 인해 복잡해질 수 있다. 데이터의 안전한 제거와 데이터 잔류성 제거를 위한 몇 가지 표준이 있다.

클리어링(Clearing)은 정상적인 시스템 기능이나 소프트웨어 파일/데이터 복구 유틸리티를 사용하여 데이터를 재구성할 수 없음을 보장하는 방식으로 저장 장치에서 민감한 데이터를 제거하는 것이다. 데이터는 복구될 수도 있지만 특별한 기술 없이는 복구할 수 없다. 지우기는 일반적으로 조직 내에서 우발적인 공개에 대한 관리차원에서의 보호다. 예를 들어, 하드 드라이브를 조직 내에서 재사용하기 전에 해당 내용을 지워서 다음 사용자에게 실수로 공개되는 것을 방지할 수 있다.

퍼징(Purging) 또는 세니타이징(Sanitizing)은 알

려진 기술로 데이터를 재구성할 수 없도록 시스템 또는 저장 장치에서 중요한 데이터를 제거하는 것이다. 일반적으로 데이터의 민감도에 비례하여 제거는 미디어를 릴리즈하기 전에 수행된다.

파괴(Destruction)는 저장 매체가 기존 장비에 사용할 수 없도록 한다. 미디어 파기의 효과는 미디어와 방법에 따라 다르다. 적절한 기술을 사용한 파괴 방법은 검색을 방지하는 가장 안전한 방법이다.

014 정답: 4번

비즈니스 연속성 계획을 테스트하는 가장 중요한 목적은 존재할지도 모르는 계획의 한계성을 발견하기 위함이다. 다른 보기를 살펴보면, 조직원들에게 비즈니스 연속성 계획을 익숙하게 하도록 하는 것은 테스트의 부가적인 이익이며 비즈니스 연속성 계획에서 잔존위험을 파악하여 대응하는 것은 비용 대비 효과적이지 않다. 그리고 통제에 대한 테스트를 수행하여 잔존위험을 파악하는 것은 목적과 거리가 멀다.

015 정답: 1번

모든 트랜잭션에 대한 가용성을 보장하는 가장 좋은 방법은 실시간(Real-time)으로 오프사이트 저장소로 전송하는 것이다. 재해복구 시스템(DRS: Disaster Recovery System) 관점에서 보면 보기 ①은 Mirror Level로 볼 수 있다. 보기 ②와 ④는 실시간이 아니기에 모든 트랜잭션을 포함할 수 없다. 보기 ③은 회사 내이기 때문에 재해발생시 가용성을 보장할 수 없다.

016 정답: 2번

COMMIT은 모든 작업을 정상적으로 처리하겠다고 확정하는 명령어이다. 트랜잭션의 처리 과정을 데이터베이스에 반영하기 위해서 변경된 내용을 모두 영구 저장한다. COMMIT을 수행하면 하나의 트랜잭션 과정을 종료하게 되고 TRANSACTION(INSERT, UPDATE, DELETE) 작업 내용을 데이터베이스에 저장한다. 이전 데이터가 완전히 UPDATE되며 모든 사용자가 변경한 데이터의 결과를 볼 수 있다. ROLLBACK은 작업 중 문제가 발생했을 때, 트랜잭션의 처리 과정에서 발생한 변경 사항을 취소하고, 트랜잭션 과정을 종료한다. 트랜잭션으로 인한 하나의 묶음 처리가 시작되기 이전의 상태로 되돌린다. COMMIT 명령어와 ROLLBACK 명령어의 장점은 데이터 무결성이 보장되고 영구적으로 변경하기 전에 데이터의 변경사항을 확인할 수 있으며, 논리적으로 연관된 작업을 그룹화할 수 있다는 점이다.

017 정답: 3번

SPF(Sender Policy Framework)는 메일 수신 측에서 송신자가 지정한 발신 서버에서 보낸 메일인지를 확인하는 인증 기술로, 발송 서버를 사칭하여 보낸 메일인지 검증한다. DKIM(Domain Keys Identified Mail)은 이메일 디지털 서명을 메일 헤더에 삽입하여 발신자가 발송한 메일이 위·변조되지 않았는지 검증하는 인증 기술로 메시지 무결성 검증과 메시지 발신자 사칭여부를 검증하는 기술이다. DMARC는 Sender Policy Framework(SPF)와 DomainKeys Identified Mail(DKIM) 두 가지 기존 메커니즘을 확장한 기술이다. DMARC(Domain-based Message Authentication, Reporting and Conformance)는 이메일 인증 프로토콜이다. 이메일 도메인 소유자가 이메일 스푸핑으로 알려진 무단 사용에서 도메인을 보호할 수 있도록 설계되었다. DMARC의 구현 목적은 비즈니스 이메일 공격, 피싱 이메일, 이메일 사기 등 사이버 위협 행위에 도메인이 이용되지 않게 보호한다.

018
정답: 1번

시간별 순서로 올바르게 나열된 통제는 보기 ① 예방 → 탐지 → 교정이다. 예방 통제는 침해사고가 발생하기 전에 사전에 대응하는 통제고, 탐지 통제는 침해가 발생한 시점의 인식에서 수행하는 통제로써 적발이 관건이며, 교정 통제는 침해가 발생한 이후에 수행하는 통제로써 교정과 복구에 중점을 두는 통제다.

019
정답: 2번

예방 통제(Preventive Control)는 사전에 위협과 취약점에 대해서 대처하는 통제로 발생 가능한 잠재적인 문제를 식별하여 사전에 대처하는 능동적인 통제다. 저지 통제(Deterrent Control)는 강력한 공격자 침입에 대비하여 침입 성공 의지를 감소시키는 통제를 말한다. 교정 통제(Corrective Control)는 탐지된 위협이나 취약점에 대처하거나 위협을 줄이거나 취약점을 감소시키는 통제다. 탐지 통제(Detective Control)는 위협을 탐지하는 통제로써 예방 통제를 우회하여 발생되는 문제점을 찾아내기 위한 통제다.

020
정답: 3번

Adaptive Key Derivation Function의 함수들은 GPU와 같은 장비를 이용한 병렬화를 어렵게 하는 기능을 제공한다. 이와 같은 기능은 프로그램이 언어에서 제공하는 라이브러리만으로는 구현하기 어렵다. Adaptive Key Derivation Function 중 주요한 Key Derivation Function은 다음과 같다.

(1) **PBKDF2:** 가장 많이 사용되는 Key Derivation Function은 PBKDF2(Password-Based Key Derivation Function)이다. 해시 함수의 컨테이너인 PBKDF2는 솔트(Salt)를 적용한 후 해시 함수의 반복 횟수를 임의로 선택할 수 있다. PBKDF2는 아주 가볍고 구현하기 쉬우며, SHA와 같이 검증된 해시 함수만을 사용한다. PBKDF2는 NIST(National Institute of Standards and Technology, 미국표준기술연구소)에 의해서 승인된 알고리즘이고, 미국 정부 시스템에서도 사용자 패스워드의 암호화된 다이제스트를 생성할 때 사용한다.

(2) **bcrypt:** bcrypt는 애초부터 패스워드 저장을 목적으로 설계되었다. 닐 프로보스(Niels Provos)와 데이비드 마지에르(David Mazières)가 1999년 발표했고 현재까지 사용되는 가장 강력한 해시 메커니즘 중의 하나이다. bcrypt는 보안에 집착하기로 유명한 OpenBSD에서 기본 암호 인증 메커니즘으로 사용되고 있고 미래에 PBKDF2보다 더 경쟁력이 있다고 여겨진다. bcrypt에서 'Work Factor' 인자는 하나의 해시 다이제스트를 생성하는 데 얼마만큼의 처리 과정을 수행할지 결정한다. 'Work Factor'를 조정하는 것만으로 간단하게 시스템의 보안성을 높일 수 있다. 다만 PBKDF2나 scrypt와는 달리 bcrypt는 입력값으로 72bytes character를 사용해야 하는 제약이 있다.

(3) **scrypt:** scrypt는 PBKDF2와 유사한 Adaptive Key Derivation Function이며 Colin Percival이 2012년 9월 17일 설계했다. scrypt는 다이제스트를 생성할 때 메모리 오버헤드를 갖도록 설계되어, 무차별 대입 공격(Brute-force Attack)을 시도할 때 병렬화 처리가 매우 어렵다. 따라서 PBKDF2보다 안전하다고 평가되며 미래에 bcrypt에 비해 더 경쟁력이 있다고 여겨진다. scrypt는 보안에 아주 민감한 사용자들을 위한 백업 솔루션을 제공하는 Tarsnap에서도 사용하고 있다. 또한 scrypt는 여러 프로그래밍 언어의 라이브러리로 제공받을 수 있다.

출처: https://d2.naver.com/helloworld/318732

021
정답: 1번

암호화에서 키 스트레칭(Key Stretching) 기술은 가능한 각 키를 테스트하는 데 걸리는 리소스(시간 및 공간)를 늘려서 무차별 대입 공격(Brute-force

Attack)에 대해 더 안전한 키(일반적으로 암호 또는 암호)를 만드는 데 사용된다. 즉, 키 스트레칭은 해시된 결과를 다시 입력으로 사용하여 해시를 반복하는 방법이다. 이 과정에서 횟수를 다르게 하여 연산시간을 길게 만들면 시간적인 제약이 생겨 무차별 공격이나 레인보우 공격 모두 효과적으로 방어할 수 있게 된다. 사람이 만든 암호 또는 암호는 종종 암호 크래킹을 허용할 만큼 짧거나 예측 가능하며 키 스트레칭은 단일 암호 후보를 시도하는 기본 단계를 복잡하게 하여 이러한 공격을 더 어렵게 만들기 위한 것이다. 또한 키 스트레칭은 무차별 대입 공격자의 관점에서 더 긴 키 길이를 모방하여 키 길이가 제한된 일부 실제 애플리케이션의 보안을 향상시킨다. 키 스트레칭을 수행하는 방법에는 여러 가지가 있다. 한 가지 방법은 루프에서 반복적으로 암호화 해시 함수 또는 블록 암호를 적용하는 것이다. 예를 들어, 키가 암호에 사용되는 응용 프로그램에서 암호의 키 스케줄을 수정하여 수행하는 데 특정 시간이 걸리도록 할 수 있다. 또 다른 방법은 메모리 요구 사항이 큰 암호화 해시 함수를 사용하는 것이다. 이러한 기능은 메모리 바운드 적의 공격을 방해하는 데 효과적일 수 있다.

022 정답: 4번

사용자 및 엔티티 행동분석(UEBA: User and Entity Behavior Analytics)은 이전에는 UBA(사용자 행동 분석)로 알려졌었다. UEBA는 대규모 데이터 세트를 사용하여 네트워크 내에서 인간과 기계의 일반적이고 비 정형적인 행동을 모델링한다. 이러한 기준을 정의함으로써 기존 안티 바이러스가 탐지할 수 없는 의심스러운 동작, 잠재적 위협 및 공격을 식별할 수 있다. 즉, UEBA는 다양한 행동 패턴을 분석하기 때문에 멀웨어 기반이 아닌 공격을 탐지할 수 있다. UEBA는 또한 이러한 모델을 사용하여 위협 수준을 평가하고 적절한 대응을 안내하는 데 도움이 되는 위험 점수를 생성한다. 점차적으로 UEBA는 머신 러닝을 사용하여 정상적인 동작을 식별하고 내부자 위협, 측면 이동, 손상된 계정 및 공격을 제안하는 위험한 편차에 대해 경고한다. 사용자 행동분석(UBA: User Behavior Analytics)와 UEBA의 차이점은 UEBA에는 네트워크 내에서 네트워크 장치 및 서버와 같은 기계는 물론 인간의 행동을 모델링할 수 있기 때문에 엔티티라는 단어가 포함된다. 전통적인 UBA에서 UEBA로의 이동은 부분적으로는 이러한 다른 엔티티의 행동을 사용자 행동과 상호 연관시킴으로써 위협을 더 정확하게 파악하기 위해 사용자 이외의 다른 엔티티가 종종 프로파일링된다는 인식을 이끌어 냈다. 이것은 네트워크에 새로운 잠재적인 진입점을 제공하는 연결된 장치(사물 인터넷)의 증가로 인해 더욱 적절해지고 있다.

023 정답: 3번

중간자 공격은 네트워크 통신을 조작하여 통신 내용을 도청하거나 조작하는 공격기법이다. 중간자 공격은 통신을 연결하는 두 사람 사이에 중간자가 침입하여, 두 사람은 상대방에게 연결했다고 생각하지만 실제로는 두 사람은 중간자에게 연결되어 있으며 중간자가 한쪽에서 전달된 정보를 도청 및 조작한 후 다른 쪽으로 전달한다. 많은 암호 프로토콜은 중간자 공격을 막기 위하여 인증을 사용한다. 예를 들어, TLS/SSL 프로토콜은 공개키를 기반으로 한 인증을 사용한다. 중간자 공격(MITM: Man-In-The-Middle Attack)은 공개키 기반에서 키 검증 없이 수용하는 경우 발생할 수 있는 공격방법이다. 중간자 공격을 막기 위한 방법에는 다음과 같은 것들이 제안되어 있다.

- 공개키 기반구조
- 강력한 상호 인증
- 대기 시간 점검
- 다른 보안 채널 검증
- One-time Password

- Carry-forward 검증
- 양자 암호(Quantum Cryptography)

024
정답: 3번

전자서명과 관련한 대표적인 표준으로는 1994년 미국에서 만들어진 DSS(Digital Signature Standard)가 있다. DSS는 DSA(Digital Signature Algorithm)를 사용하는데, DSA는 슈노어(Schnorr)와 엘가말(ElGamal)의 알고리즘을 기반으로 하며 서명 생성이나 암호키 생성에서는 SHA-1을 이용한다. 우리나라의 경우 1996년에 개발된 KCDSA(Korean Certificate-based Digital Signature Algorithm)가 있다. 현재 우리나라의 전자서명법에 따르면, 전자서명은 인터넷을 통해 전자문서를 교환할 때 일반 문서에서 쓰이는 인감도장과 법적으로 똑같은 효력을 지닌다. 그 외에, RSA 전자서명은 론 리베스트(Ron Rivest), 아디 셰미르(Adi Shamir), 레오나르드 아델만(Leonard Adleman)에 의해서 1978년 제안된 공개키 암호 방식을 응용한 전자서명의 방식을 응용한 전자서명 방식이며, 큰 합성수를 소인수 분해하는 문제의 어려움에 근거해 안전도를 결정하는 방식이다. 또한, 엘가말(ElGamal) 전자서명은 이산 대수 문제를 기반으로 전자서명만을 위해 고안된 방식이다. 슈노어(Schnorr) 전자서명은 엘가말 전자서명의 변형으로 이산 대수 문제에 안정성을 두고 있다. KCDSA 전자서명은 국내 표준 전자서명 방식으로 이산 대수 문제를 기반으로 한다. KCDSA의 계산 효율을 높이고자 타원곡선 암호 시스템을 기반으로 변형한 전자서명이 ECKCDSA이다.

025
정답: 3번

Insecure Deserialization(안전하지 않은 역직렬화)에 대한 대응방안은 다음과 같다. 안전하지 않은 역직렬화는 종종 원격 코드 실행으로 이어진다. 역직렬화 취약점이 원격 코드 실행 결과를 가져오지 않더라도 이는 권한 상승 공격, 주입 공격과 재생 공격을 포함한 다양한 공격 수행에 사용될 수 있다. 직렬화된 데이터를 읽거나 복원할 때 역직렬화를 하게 되는데 역직렬화를 하는 과정에서 공격자는 코드를 삽입하여 공격할 수 있다. 즉, 공격자는 데이터를 전송할 때 직렬화 과정에서 악의적인 코드를 삽입하고 수신자는 역직렬화를 수행하면서 악의적인 코드를 실행하는 것이다. 보기에서 보기 ④번의 Object의 Type 및 호출을 동적으로 처리하는 것은 대응방법과 가장 거리가 멀다.

026
정답: 2번

암호화 시스템의 주요 요소는 암호화 알고리즘, 암호화 키, 키 길이가 있다. 하지만 암호화 벡터는 상대적으로 거리가 멀다. 암호화 알고리즘은 수학적 암호 또는 계산을 기반으로 데이터를 암호화 및 복호화하는 방법을 말한다. 그리고 암호화 키는 암호화 알고리즘에서 사용되는 작은 정보로써 암호화 또는 복호화 과정을 유일하게 만든다. 패스워드와 유사하게 사용자가 메시지에 접근하거나 해독하려면 올바른 키를 사용할 필요가 있다. 키 길이는 사전에 정의된 키의 길이를 의미한다. 키가 길어질수록 모든 가능한 키 조합으로 암호를 해독하고자 하는 무차별 대입 공격을 보다 어렵게 할 수 있다.

027
정답: 3번

암호화(暗號化) 또는 인크립션(Encryption)은 특별한 지식을 소유한 사람들을 제외하고는 누구든지 읽어볼 수 없도록 알고리즘을 이용하여 정보(평문을 가리킴)를 전달하는 과정이다. 이러한 과정을 통해 암호화된 정보(암호문)를 생성한다. 이에 역행하는 과정을 복호화 또는 디크립션(Decryption)이라고 하며 이로써 암호화된 정보를 다시 읽을 수 있다.

암호화는 군사와 정부의 은밀한 대화를 위하여 오랫동안 이용되어 왔다. 암호화는 수많은 종류의 시민 체계의 정보를 보호하는 데 흔히 쓰이고 있다. CSI(Computer Security Institute)의 2007년 보고에 따르면 71%의 기업이 일부 데이터를 전달하기 위해 암호화를 이용하며 53%가 일부 데이터를 저장하기 위해 암호화를 이용하는 것으로 조사되었다. 선택지상에서 데이터 은폐 기술 중 하나이며, 데이터를 다른 데이터에 삽입하는 기술은 스테가노그래피(Steganography)를 의미한다. 크립토그래피(Cryptography)가 메시지의 내용을 읽을 수 없게 하는 수단인 반면, 스테가노그래피는 존재 자체를 숨기는 기법이다.

암호화를 수행하는 목적은 다음과 같다. 보고서나 문서의 신빙성 검증하기 위해, 무의식적 또는 의식적인 데이터의 변경을 방지하거나 감지하기 위해, 비 인가된 탈취와 조작으로부터 네트워크를 통하여 전달되는 데이터의 보호하기 위해, 비 인가된 열람과 조작으로부터 컴퓨터에 저장된 정보를 보호하기 위해 수행한다.

028   정답: 2번

현재 예산 부족을 사유로 금융감독위원회에는 현재 디지털 포렌식 전문 부서가 존재하지 않으며, 국내 공공분야의 디지털 포렌식 관련 기관은 다음과 같다.

(1) **대검찰청**: 현재 검찰의 디지털 포렌식 조직은 과학수사부 소속으로 디지털수사과와 사이버수사과를 두고 있다.
(2) **경찰청**: 경찰청의 디지털 포렌식 업무는 사이버안전국 내의 디지털 포렌식 센터에서 담당하고 있다.
(3) **한국저작권보호원**: 한국저작권보호원은 효과적인 온라인 불법복제물과 사이트의 대응을 위해 현장 대응 국내 디지털 포렌식 센터를 구축하여 담당하고 있다.
(4) **감사원**: 감사원은 현재 정보관리단 내 정보시스템 운영과에서 IT 정보 시스템 운영, 유지관리와 함께 디지털 포렌식 업무를 지원하고 있다.
(5) **국세청**: 국세청은 첨단 기법을 활용한 세무조사의 과학화와 체계적인 체납관리 강화를 통한 지능적 탈세, 체납 차단을 위해 디지털 포렌식을 사용하고 있다.
(6) **공정거래위원회**: 공정거래위원회는 담합행위(카르텔) 조사 강화를 위해 지난 2010년 디지털 포렌식 태스크 포스(TF)를 구성하고 현재는 늘어가는 조사 수요를 반영하여 디지털 조사분석과를 신설하고 있다.

029   정답: 2번

정보기술 거버넌스(Information Technology Governance)는 이사회와 최고 경영진의 책임이며, 엔터프라이즈 거버넌스의 통합된 한 부분이다. IT 거버넌스는 조직의 정보기술이 조직의 전략과 목표를 유지하고 확대하는 것을 보장하는 리더쉽, 조직구조 그리고 프로세스로 구성되어 있다. IT 거버넌스는 단순한 관리가 아닌 기업을 움직이는 지배구조로 설명할 수 있으며, IT 전략의 개발과 추진을 관리하고 이를 통해 비즈니스와 IT를 융합하기 위한 이사회와 경영진이 추진하는 조직 기능이라고 할 수 있다. 그리고 IT 거버넌스는 거버넌스의 통합적 요소이며 조직의 전략과 목표 달성을 뒷받침하는 조직구조와 프로세스, 리더십으로 구성된다. IT 거버넌스가 부재할 경우, IT 환경의 취약성이 조직 전체의 문제로 확대될 수 있고 IT 투자 및 IT 위험관리와 대처에 어려움이 발생할 수 있다. 또한, 사이버범죄와 부정행위 등의 잠재적인 내·외부 위험이 존재할 수 있다. 하지만, IT 거버넌스는 이사회 및 최고경영층과 IT 관리자 사이에 괴리감이 존재하고 최고 경영층의 관심이 부족할 수 있다는 문제가 있다. 그리고 기업 전략과의 연계가 미약할 수 있으며 IT 관리자의 책임만 부여하고 권한은 부재한 경우가 발생할 수 있으므로 이를 고려하여 IT 거버넌스를 계획해야 한다.

030 정답: 1번

Boink, Bonk, TearDrop은 패킷의 순서, 손실된 패킷의 유무, 손실된 패킷의 재전송 요구 등 3가지 사항을 위반함으로써 공격 대상 시스템에 서비스 거부(DoS: Denial of Service) 공격을 가하는 것이다. 이것들의 공격방법은 공격대상이 반복적인 재요구와 수정을 계속하게 함으로써 시스템 자원을 계속적으로 고갈시키는 방법이다. Bonk는 처음 패킷을 1번으로 보낸 후 두 번째, 세 번째 패킷 모두 시퀀스 넘버를 1번으로 조작해서 보내는 방법이다. Boink 공격은 처음 패킷을 정상적으로 보내다가 중간에서 계속적으로 일정한 시퀀스 넘버로 보내는 방법이다. 그리고 TearDrop은 패킷을 겹치게 또는 일정한 간격의 데이터가 빠지게 전송하는 것을 말한다. 마지막으로, TCP SYN Flooding 공격은 TCP 패킷의 SYN 비트를 이용한 공격 방법으로 너무 많은 연결 요청을 전송해서 대상 시스템이 Flooding(범람)하게 만들어 대상 시스템의 서비스를 중단시키는 공격이다. 따라서 보기에서 다른 공격방법과 가장 관련성이 없는 것은 보기 ①번의 SYN Flooding 공격 방법이다.

031 정답: 3번

스푸핑(Spoofing)의 사전적 의미는 '속이다'이다. 네트워크에서 스푸핑 대상은 MAC 주소, IP 주소, DNS 주소 등 네트워크 통신과 관련된 모든 것이 될 수 있고, 스푸핑은 속임을 이용한 공격을 총칭한다. 대표적인 스푸핑 공격기법의 설명은 다음과 같다.

- **ARP 스푸핑(ARP Spoofing):** 근거리 통신망(LAN) 하에서 주소 결정 프로토콜(ARP) 메시지를 이용하여 상대방의 데이터 패킷을 중간에서 가로채는 중간자 공격 기법이다. 이 공격은 데이터 링크의 프로토콜인 ARP 프로토콜을 이용하기 때문에 근거리상의 통신에서만 사용할 수 있는 공격이다. 이 기법을 사용한 공격의 경우 특별한 이상 증상이 쉽게 나타나지 않기 때문에 사용자는 특별한 도구를 사용하지 않는 이상 쉽게 자신이 공격당하고 있다는 사실을 확인하기 힘들다.

- **IP 스푸핑(IP Spoofing):** 다른 컴퓨팅 시스템인 것처럼 가장하기 위해 거짓 소스 IP 주소로 인터넷 프로토콜(IP) 패킷을 만드는 일이다. IP 스푸핑은 IP 자체의 보안 취약성을 악용한 것으로 자신의 IP주소를 속여서 접속하는 공격이다. IP 스푸핑을 통해 서비스 거부 공격(DoS)도 수행 가능하며 공격 대상 컴퓨터와 서버 사이의 연결된 세션을 끊을 수도 있다. 이 문제를 해결하기 위해, 우리는 종단 인증(End Point Authentication), 즉 메시지가 실제로 와야 할 곳으로부터 온 것인지를 확신할 수 있는 방법이 필요하다.

- **DNS 스푸핑(DNS spoofing):** DNS 캐시 포이즈닝(DNS Cache Poisoning)이라고도 불린다. 컴퓨터 보안 해킹의 일종이며, 변질된 도메인 네임 시스템 데이터가 DNS 리졸버(DNS Resolver)의 캐시에 유입되어 네임 서버가 유효하지 않은 결과 레코드(예: IP 주소)를 반환한다. 이를 통해 공격자의 컴퓨터(또는 다른 컴퓨터)로 공격을 우회할 수 있다.

- **Watchdog Spoofing:** 워치독이란 망 간 패킷 교환(IPX)에서 네트웨어 서버가 클라이언트와의 접속 여부를 알기 위해 사용하는 워치독 패킷에 클라이언트를 대신하여 응답하는 기능이다. 워치독 패킷은 서버가 클라이언트와의 접속 여부를 확인하기 위해 클라이언트에 보내는데, 일정 기간 동안 응답이 없으면 서버와의 세션은 종료된다. 이러한 워치독 패킷 사용상에도 많은 클라이언트로 인해 링크가 단절되는 문제가 발생하게 되는데, 이 문제를 해결하기 위해 서버 측에 워치독 스푸핑 라우터를 설치하여 클라이언트를 대신하여 응답하도록 한 것이 워치독 스푸핑이다.

- **E-mail Spoofing:** 이메일 스푸핑은 이메일을 보낼 때 보내는 주소를 위조해서 보내는 것으로 스

팸 메일이나 바이러스 감염 메일을 보낼 때 악용되는 기법이다.

032 정답: 1번

데이터 암호화 표준(DES: Data Encryption Standard)은 블록 암호의 일종으로써, 미국 NBS(National Bureau of Standards, 현재 NIST)에서 국가 표준으로 정한 암호다. DES는 대칭키 암호이며, 56비트의 키를 사용한다. 현재, DES는 취약한 것으로 알려져 있는데 56비트의 키 길이는 현재 컴퓨터 환경에 비해 너무 짧다는 것이 하나의 원인이며, DES에 백도어가 포함되어 있어 특수한 방법을 사용하면 정부 기관에서 쉽게 해독할 수 있을 것이라는 주장도 있다. 1998년에 전자 프론티어 재단(EFF)에서는 56시간 안에 암호를 해독하는 무차별 대입 공격 하드웨어를 만들었으며, 1999년에는 22시간 15분 안에 해독하는 하드웨어를 만들었다. DES를 3번 반복해서 사용하는 Triple-DES는 DES에 비해 안전한 것으로 알려져 있으며, 또한 현재는 DES 대신 AES(Advanced Encryption Standard)가 새 표준으로 정해져 사용되고 있다.

033 정답: 3번

대표적인 산업스파이 기술 유출의 징후는 다음과 같다.

- 핵심 인력이 갑자기 사직할 때
- 개발 중인 제품과 유사한 제품을 다른 회사에서 생산할 때
- 주요 고객이 갑자기 구매를 거절하며 거래처를 바꾸려고 할 때
- 제품의 매출액이 갑자기 감소할 때
- 구매 가격에 대해서 이유 없이 하향하도록 요구할 때

그리고 산업스파이로 의심되는 직원의 사례는 다음과 같다.

- 사진 장비를 지나치게 많이 사용하는 사람
- 다른 직원들의 업무에 대해 수시로 질문하는 사람
- 다른 부서 사무실을 빈번히 출입하는 사람
- 평상시와 달리 동료와의 접촉을 피하거나 정서의 변화가 심한 사람
- 특별한 사유 없이 일과 후나 공휴일에 빈 사무실에 혼자 남아 있는 사람
- 주요 부서에서 근무하다 이유 없이 갑자기 사직을 원하는 사람

034 정답: 2번

코드 서명(Code Signing)은 실행 파일과 스크립트에 디지털 서명을 하는 과정으로, 서명 이후에 코드가 변조되거나 손상되지 않음을 보장한다. 진위와 무결성 확인을 위해 암호화 해시를 사용한다. 코드 서명은 몇 가지 가치 있는 기능들을 제공할 수 있다. 코드 서명의 가장 일반적인 용도로는 디플로이할 때 보안을 제공한다는 점이다. 일부 프로그래밍 언어에서 이름공간(Namespace) 충돌 예방을 돕기 위해 사용할 수도 있다. 거의 모든 코드 서명 구현체는 특정 종류의 디지털 서명 메커니즘을 사용하여 저자나 빌드 시스템, 체크섬을 식별함으로써 객체가 수정되지 않았음을 확인시켜 준다. 객체에 대한 기타 메타 데이터를 저장하거나 객체에 관한 버저닝 정보를 제공하기 위해서도 사용할 수 있다. 소프트웨어의 진위 확인 메커니즘으로서 코드 서명의 효능은 서명 키를 지원하는 보안에 따라 달라진다. 다른 공개키 기반(PKI) 기술들처럼 시스템의 무결성은 미인가 접근에 대해 개인 키를 보유한 제공자에 의존한다. 그러므로 하드웨어 보안 모듈 또는 HSM(Hardware Security Module)이라는 이름의 안전하고 변조를 방지하며 암호화된 하드웨어 장치에 키를 저장하기 위한 더 안전하고 가장 모범적인 과정이라고 할 수 있다

035   정답: 3번

컴퓨터 범죄는 사이버 테러형 범죄와 사이버 범죄로 나눌 수 있다. 사이버 테러형 범죄는 해킹, 서비스 거부 공격, 바이러스 제작, 유포, 악성 프로그램, 메일 폭탄 등이 있다. 그리고 사이버 범죄형 범죄는 사기(통신, 게임), 불법복제(음란물, 프로그램), 불법/유해사이트(음란, 도박, 폭발물, 자살), 명예훼손죄, 모욕죄, 개인정보침해, 사이버 스토킹, 성폭력, 협박/공갈 등이 있다.

036   정답: 3번

Data Diddling 공격은 자료가 최종적으로 컴퓨터에 입력되는 순간에 자료를 절취, 삭제, 변경, 추가하는 방법을 말한다. 즉, 공격자가 시스템에 접근하여 임의의 데이터를 변경하거나 입력값을 조금씩 늘려가면서 진행하는 공격이다. 이 공격은 실제 공격자가 할 수 있는 범위보다는 공격이 작은 편이며 실제 데이터나 파일을 크게 변경하거나 파일에 데미지를 주지는 않는다. 이와 같은 변경은 Checksum이나 Message Digest를 하지 않는 이상, 발견하기 쉽지 않다. 이와 같은 공격은 외부 공격자보다는 내부 공격자에 의해서 실행되는 경우가 많다.

037   정답: 4번

디지털 서명에서 포함된 보안 기능은 문서가 변경되지 않았고 서명이 합법적임을 보장한다. 디지털 서명에 사용되는 보안 기능 및 방법은 다음과 같다.

(1) **PIN, 비밀번호 및 코드**: 서명자의 신원을 인증 및 확인하고 서명을 승인하는 데 사용된다. 이메일, 사용자 이름 및 비밀번호가 가장 일반적이다.
(2) **타임 스탬프**: 서명 날짜 및 시간을 제공한다. 타임 스탬프는 주식 거래, 복권 발행 및 법적 절차와 같은 디지털 서명의 타이밍이 중요한 경우에 유용하다.
(3) **비대칭 암호화**: 개인 및 공개 키 암호화 및 인증을 포함하는 공개 키 알고리즘을 사용한다.
(4) **Checksum**: 디지털 데이터 데이터의 정확한 자릿수의 합계를 나타내는 긴 문자와 숫자로, 오류나 변경을 감지하기 위해 비교할 수 있다. 체크섬은 데이터 지문으로 작동한다.
(5) **CRC(Cyclic Redundancy Checking)**: 디지털 네트워크 및 저장 장치에서 원시 데이터의 변경을 감지하는 데 사용되는 오류 감지 코드 및 확인 기능이다.
(6) **인증기관(CA) 검증**: 인증기관(CA)은 디지털 서명을 발급하고 디지털 인증서를 수락, 인증, 발급 및 유지 관리함으로써 신뢰할 수 있는 제3자 역할을 한다. CA를 사용하면 가짜 디지털 인증서가 생성되지 않는다.
(7) **TSP(Trust Service Provider) 검증**: TSP는 회사를 대신하여 디지털 서명의 검증을 수행하고 서명 검증 보고서를 제공하는 개인 또는 법인이다.

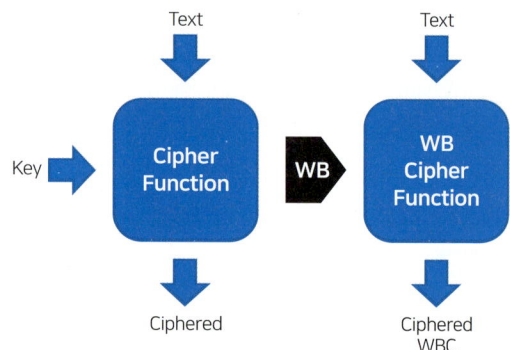

038   정답: 4번

레터럴 무브먼트는 지능형 위협(APT: Advanced Persistent Threat) 공격 과정 중 공격자가 조직 내 최초 시스템 해킹에 성공한 후 내부망에서 사용되는 계정 정보를 획득하여 내부망의 시스템으로 이동하는 방식을 의미한다. 레터럴 무브먼트는 기업의 보안에 대한 인식과 대응 수준이 높아지면서 경계 보안이 강화되었기 때문에 공격자가 주로 사용을 하는 공격방법이다. 기업의 보안에 대한 인식과 대응 수준이 높아지면 공격자가 특정 조직을 목표로 삼더라도 특정 시스템을 직접적으로 단번에 뚫고 들어갈 가능성은 점점 낮아질 수밖에 없다. 따라서 사용자 시스템을 먼저 해킹한 후 공격자가 원하는 데이터가 보관된 내부의 다른 시스템을 찾아, 내부에서 내부로의 이동이 필요하게 될 것이다. 즉, 사이버 범죄자들이 공격 가능한 잠재대상 중에서 특정 기관을 선택하고 수동으로 직접 해킹한 후, 레터럴 무브먼트로 탐지를 피하면서 목적지에 도달하는 방식으로, 자동화된 능동형 공격을 수행할 수 있는 효율적인 방법이 된다. 이러한 레터럴 무브먼트 추적이 어려운 이유는 다음과 같다.

(1) 로그 부족
(2) 공격자의 의도적 흔적 삭제
(3) 늦은 침해사고 인지
(4) 식별의 어려움

039 정답: 2번

크리덴셜 스터핑(Credential Stuffing)은 사용자의 계정 탈취를 목적으로 공격 유형 중의 하나로 해커가 미리 확보한 사용자의 로그인 인증정보를 다른 계정들에 무작정 대입하는 방식이다. 사용자 이름과 비밀번호를 자동으로 대입하여 사용자 계정에 접속하려는 무차별 대입 공격기법이지만 알파 사이트에서 훔쳐 온 로그인 정보를 베타 사이트와 감마 사이트 등 다른 사이트에서 대입하여 다른 서비스의 사용자 계정을 얻어내는 방식이다. 이는 일종의 무차별 대입 공격(Brute Force Attack) 기법의 하나이지만, 일반적 단어 조합으로 된 '사전'을 활용하여 비밀번호를 추측하는 것이 아니고, 데이터 침해에서 입수한 알려진 유효 인증 정보의 목록을 이용한다는 점에서 차이가 존재한다. 따라서 공격은 훨씬 더 쉽고 성공률은 더 높아진다. 여러 웹 사이트에 같은 비밀번호를 재사용하는 사람이 많기 때문이다. 별로 유명하지 않은 웹 사이트에서 훔친 인증 정보가 민감한 데이터를 가진 서비스에서도 유효할 확률이 높을 수 있다.

040 정답: 2번

보기는 모두 전부 취약점과 관련된 상태이다. 하지만 도청은 수동적 공격으로 다른 능동적 공격에 비해서 약한 공격 방법이다. 보통 능동적 공격방법은 메시지 변조, 삽입 공격, 삭제 공격, 재생 공격 등이 있으며 수동적 공격은 도청과 트래픽 분석 방법 등이 있다. 취약점(Vulnerability)은 공격자가 시스템의 정보 보증을 낮추는 데 사용되는 약점이다. 취약점은 세 요소의 교집합이다. 시스템 민감성 또는 결함, 공격자가 결함에 대한 접근 그리고 공격자가 결함에 대한 익스플로잇 가능성과 취약점을 익스플로잇하기 위해서, 공격자는 반드시 시스템의 약점에 접속할 수 있는 적어도 하나의 툴이나 기법을 가져야 한다. 이 경우에, 취약점은 또한 공격 영역이라고도 불린다. 취약점 관리는 취약점을 확인하고 분류하며 치료 및 완화하는 주기적인 과정이다. 이 과정은 일반적으로 컴퓨터 시스템에서 소프트웨어 취약점을 나타낸다.

041 정답: 4번

공격자는 종종 시스템에 대한 무단 액세스 또는 지식을 얻기 위해 패치되지 않은 결함을 악용하거나 기본 계정, 사용되지 않는 페이지, 보호되지 않은 파일 및 디렉터리 등에 액세스하려고 시도한다. 보안 구성 오류는 네트워크 서비스, 플랫폼, 웹 서버, 애플리케이션 서버, 데이터베이스, 프레임워크, 사용자 지정 코드, 사전 설치된 가상 머신, 컨테이너 또는 스토리지를 포함하여 애플리케이션 스택의 모든 수준에서 발생할 수 있다. 자동 스캐너는 잘못된 구성, 기본 계정 또는 구성 사용, 불필요한 서비스, 레거시 옵션 등을 감지하는 데 유용하다. 이러한 결함은 종종 공격자에게 일부 시스템 데이터 또는 기능에 대한 무단 액세스를 제공한다. 때때로 이러한 결함으로 인해 완전한 시스템 손상이 발생하기도 한다. 비즈니스에 미치는 영향은 애플리케이션 및 데이터의 보호 요구 사항에 따라 각기 다르다. OWASP의 Security Misconfiguration에서는 다음을 포함한 보안 설치 프로세스를 구현해야 한다.

- 적절하게 잠긴 다른 환경을 빠르고 쉽게 배포할 수 있는 반복 가능한 강화 프로세스. 개발, QA 및 프로덕션 환경은 모두 동일하게 구성되어야 하며 각 환경에서 다른 자격 증명을 사용해야 한다. 이 프로세스는 새로운 보안 환경을 설정하는 데 필요한 노력을 최소화하기 위해 자동화되어야 한다.
- 불필요한 기능, 구성 요소, 설명서 및 샘플이 없는 최소한의 플랫폼을 사용한다. 그리고 사용하지 않는 기능 및 프레임워크를 제거하거나 설치하지 않도록 한다.
- 패치 관리 프로세스의 일부로 모든 보안 노트, 업데이트 및 패치에 적합한 구성을 검토하고 업데이트하는 작업을 진행해야 한다. 특히 클라우드 스토리지 권한(예: S3 버킷 권한)을 검토한다.
- 세분화, 컨테이너화 또는 클라우드 보안 그룹(ACL: Access Control List)을 통해 구성 요소 또는 테넌트 간에 효과적이고 안전한 분리를 제공하는 세분화 된 애플리케이션 아키텍처를 구성한다.
- 클라이언트에 보안 지침을 보낸다.
- 모든 환경에서 구성 및 설정의 효과를 확인하는 자동화된 프로세스를 구성한다.

042　　정답: 4번

XML External Entities(XXE: XML 외부 개체)는 오래되고 설정이 엉망인 많은 XML 프로세서들의 XML 문서 내에서 외부 개체 참조를 평가한다. 외부 개체는 파일 URI 처리기, 내부 파일 공유, 내부 포트 스캔, 원격 코드 실행과 서비스 거부 공격을 사용하여 내부 파일을 공개하는 데 사용할 수 있다. XXE는 API page, 주소록 등 다양한 콘텐츠에서 XML Request에 대한 파싱이 이루어지고 있으며 Entity를 사용한 외부 리소스 첨부에 대한 필터링이 이루어지지 않을 경우 서버의 주요 파일이 노출되는 문제점이 구글, 워드프레스 등에서 발견된 사례가 있다. 큰 피해를 발생시킬 수 있는 취약점이며 근본적으로 방지하기 위해서는 Entity 기능을 비활성화해야 된다. 또한 다음 두 개의 함수를 사용하여 보다 안전한 코드를 작성할 수도 있다. libxml_use_internal_errors(true)은 XML 파싱 도중 오류가 발생하였을 경우, 오류 메시지를 출력하지 않게 해주는 함수로서 오류 메시지를 해커에게 노출시키지 않는 것도 도움이 된다. libxml_disable_entity_loader(true)는 외부 리소스를 불러오지 못하게 하는 함수다. XXE는 XML Request의 결과를 서버 측에서 출력해 줄 때만 가능한 방법이며 결과를 출력하지 않을 경우, Out of band 방식으로 System entity의 결과를 공격자의 서버로 전송해야 된다. 따라서 보기 ④번은 대응방법과 가장 거리가 멀다.

043　　정답: 3번

메타스플로잇 프레임워크(Metasploit Framework)는 취약점을 공유하는 사이트로써 취약점 DB에 존재하는 바이너리에 대한 자동화된 공격 코드를 제공해준다. 따라서 해킹에 대해서 깊은 지식이 없어도 조금의 개념만 익히면 자동화된 공격을 통해 시스템의 권한을 획득하거나, 불법적인 바이러스를 유포하거나 악의적인 공격 또한 할 수 있다. 메타스플로잇 프레임워크는 버퍼 오버플로우, 패스워드 취약점, 웹 응용 취약점, 데이터베이스, 와이파이 취약점 등에 대한 약 300개 이상의 공격 모듈을 가지고 있는 오픈 소스 도구로, 메타스플로잇을 이용하면 저렴한 비용으로 기업의 시스템에 대한 포괄적인 침투시험을 통한 취약성을 확인할 수 있다. 따라서, 각 기업과 관공서 등 개인 정보와 기밀 정보를 가진 단체에서는 자신들이 쓰는 시스템 및 데이터베이스 시스템의 취약점을 확인하기 위해 포괄적인 침투시험을 할 필요가 늘어남에 따라 오픈소스이면서 강력한 메타스플로잇 프레임워크에 주목하게 되는 것이다.

출처: https://www.metasploit.com/

044

정답: 4번

배치 통제(Batch Controls)란 배치 처리 시 사용자 부서에서 작성한 원시 문서에 대해서 합계를 계산하는 것이다. 금액 합계란 거래 처리 시 지출 또는 수입금액의 전체 합계를 의미하고, 문서 합계란 접수된 원시문서의 전체 개수로, 거래 합계라고도 한다. 그리고 해시 합계란 원시부서에 사전 부여한 일련번호 또는 거래 식별 번호의 합계를 말하며, 항목 합계란 각 거래 또는 문서에 포함된 처리대상 상품 및 품목의 총 개수이다.

045

정답: 4번

종단 간 암호화(E2EE: End to End Encryption)란 메시지를 보내는 곳부터 받는 곳까지 모든 과정에서 암호화된 상태로 메시지를 전달하는 암호화 방식을 말한다. 즉, 이는 단대단 암호화라고도 한다. 주로 개인 프라이버시를 중요시하는 텔레그램 등에서 사용하고 있다. 종단 간 암호화는 처음 입력하는 단계부터 최종적으로 수신하는 모든 단계에서, 메시지를 평문으로 저장하지 않고 모두 암호화하는 방식을 일컫는다. 영어 단어에서 연상할 수 있듯이 종점(End Point)과 종점(End Point) 사이의 데이터를 암호화해 통신하는 패러다임이라고 설명할 수 있다. 이와 대비되는 기술인 링크 암호화(Link Encryption)는 링크 계층에서 두 지점 간의 네트워크 전송을 암호화하는 방법이다. 데이터 링크를 통과하는 모든 데이터를 암호화하여 다음 링크 지점으로 보내면 거기서 복호화하고, 또 다음 링크 지점으로 계속 전송할 경우 다시 암호화하여 전송하고 수신 시에 복호화한다. 링크마다 다르게 암호화하며, 데이터가 최종 목적지에 도착할 때까지 이런 과정을 반복한다. 전송 보안이 취약한 회선에서 유용하나 중간에 복호화되기 때문에 전송 보안에 유의해야 한다.

046

정답: 2번

해시 함수(Hash Function)는 임의의 길이의 데이터를 고정된 길이의 데이터로 매핑하는 함수이다. 해시 함수에 의해 얻어지는 값은 해시값, 해시 코드, 해시 체크섬 또는 간단하게 해시라고 한다. 해시 함수는 다음과 같은 특징이 존재한다. 다양한 가변길이의 입력에 적용될 수 있어야 하고, 고정된 길이의 출력을 생성하며, 해시 결괏값으로 입력값을 계산하는 것은 불가능하다. 그리고 동일한 해시값을 가지는 서로 다른 메시지 쌍이 없다. 해시 함수의 용도 중 하나는 해시 테이블이라는 자료구조에 사용되며, 매우 빠른 데이터 검색을 위한 컴퓨터 소프트웨어에 널리 사용된다. 해시 함수는 큰 파일에서 중복되는 레코드를 찾을 수 있기 때문에 데이터베이스 검색이나 테이블 검색의 속도를 올릴 수 있다. 예를 들어서, DNA Sequence에서 유사한 패턴을 찾는 데 사용될 수도 있다. 또한 암호학에서도 사용될 수 있다. 암호용 해시 함수는 매핑된 해싱 값만을 알아서는 원래 입력값을 알아내기 힘들다는 사실에 의해 사용될 수 있다. 또한 전송된 데이터의 무결성을 확인해주는 데 사용되기도 하는데, 메시지가 누구에게서 온 것인지 입증해주는 HMAC를 구성하는 블록으로 사용된다. 해시 함수는 결정론적으로 작동해야 하기에, 따라서 두 해시값이 다르다면 그 해시값에 대한 원래 데이터도 달라야 한다(역은 성립하지 않는다). 해시 함수의 질은 입력 영역에서의 해시 충돌 확률로 결정되는데, 해시 충돌의 확률이 높을수록 서로 다른 데이터를 구별하기 어려워지고 검색하는 비용이 증가하게 된다.

047

정답: 3번

전자서명(Digital Signature)이란, 서명자를 확인하고 서명자가 해당 전자문서에 서명했다는 사실을 나타내는 데 이용하기 위해 특정 전자문서에 첨부되거나 논리적으로 결합된 전자적 형태의 정보를 말한다. 공개키 기반 구조(PKI: Public Key Infrastructure) 기술 측면에서 전자서명이란 전자문서의 해시(HASH)값을 서명자의 개인키(전자서명 생성정보)로 변환(암호화)한 것으로서 RSA사에서 만든 PKCS#7 표준이 널리 사용되고 있다. 즉, 원래의 문서 내용을 A라고 하면 잘 알려진 해시 함수인 SHA1 같은 함수 하나를 정해 이런 해시 함수로 문서 A의 해시값을 구하고 이 해시값을, 보내는 사람(Alice)의 Private Key로 암호화한다. 이런 다음 이렇게 암호화된 해시값을 원래 문서 A 끝에 첨부하여 이 문서 전체를 받는 사람(Bob)에게 보낸다. Alice는 먼저 메시지가 오면 해시값을 뺀 앞부분의 문서에 대해 Bob이 사용했던 해시 함수를 이용해 받은 문서의 해시값을 구한다. 그 다음 문서 뒤에 달린 암호화된 해시값을 Bob의 복호키로 복호화한 다음 이 복호화된 해시값을, 받은 문서의 해시값과 비교하게 된다. 이 두 개의 해시값이 동일한 값이면 서명이 올바른 것이고 값이 서로 다르거나 변환에 오류가 있으면 서명이 틀린 것이다.

048

정답: 3번

대칭키 알고리즘에는 스트림 암호화와 블록 암호화라는 두 가지 주요 유형의 암호화 알고리즘이 기법이 있다. 이름 그대로, 블록 암호는 일반 텍스트

[48번 해설 관련 이미지]

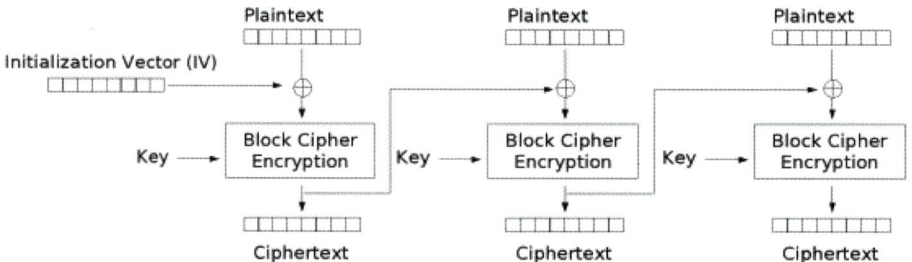

Cipher Block Chaining (CBC) mode encryption

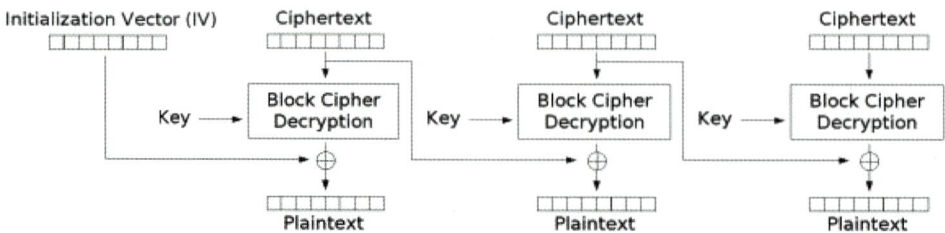

Cipher Block Chaining (CBC) mode decryption

와 암호 텍스트 블록에서 작동하지만 스트림 암호는 한 번에 비트 또는 바이트 단위로 일반 텍스트와 암호 텍스트 스트림에서 작동한다. 암호 블록체인(CBC: Cipher-Block Chaining) 방식은 1976년 IBM에 의해 개발되었다. 각 블록은 암호화되기 전에 이전 블록의 암호화 결과와 XOR되며, 첫 블록의 경우에는 초기화 벡터가 사용된다. 초기화 벡터가 같은 경우 출력 결과가 항상 같기 때문에, 매 암호화 마다 다른 초기화 벡터를 사용해야 한다. CBC 방식은 현재 널리 사용되는 운용 방식 중 하나이다. CBC는 암호화 입력값이 이전 결과에 의존하기 때문에 병렬화가 불가능하지만, 복호화의 경우 각 블록을 복호화한 다음 이전 암호화 블록과 XOR하여 복구할 수 있기 때문에 병렬화가 가능하다.

049 정답: 1번

검사시점과 사용시점(TOCTOU: Time-Of-Check to Time-Of-Use)은 자원을 사용하는 시점과 검사하는 시점이 달라서 자원의 상태변동으로 발생하는 보안 취약점이다. 검사시점과 사용시점 보안 취약점은 동시 또는 거의 동시 수행을 지원하는 병렬 시스템이나 하나 이상의 프로세스가 동작되는 환경에서 시간 및 상태를 부적절하게 관리하여 발생하는 보안 약점이다. 병렬 시스템(멀티 프로세스로 구현한 응용 프로그램)에서는 자원(파일, 소켓 등)을 사용하기에 앞서 자원의 상태를 검사하게 되어 있다. 그러나 자원을 사용하는 시점이 검사 시점과 다르기 때문에 검사하는 시점(Time of Check)에 존재하던 자원이 사용하던 시점(Time of Use)에 사라지는 등 자원의 상태가 변하는 경우가 생겨날 경우 이러한 보안 취약점이 발생하게 된다. 이와 같이 하나의 자원에 대해서 동시에 검사시점과 사용시점이 달라 생기는 보안 약점으로 인해 동기화 오류뿐만 아니라 교착상태 등과 같은 문제점까지 발생이 가능하다.

050 정답: 4번

래티스 기반 접근 모델(LBAC: Lattice-Based Model)은 개체(컴퓨터, 응용 프로그램 및 응용 프로그램 등)와 개체(개인, 그룹 또는 조직 등)의 모든 조합을 기반으로 하는 복잡한 액세스 제어 모델이다. 이 유형의 레이블 기반 필수 액세스 제어 모델에서, 격자는 오브젝트가 가질 수 있고 대상이 액세스할 수 있는 보안 레벨을 정의하는 데 사용된다. 주체의 보안 수준이 개체의 보안 수준 이상인 경우 주체는 개체에 액세스할 수만 있다. 수학적으로, 보안 레벨 액세스는 또한 각 객체 및 대상이 액세스 권한의 최대 하한(meet) 및 최소 상한(join)을 갖는 격자(부분 순서 세트)로 표현될 수 있다. 예를 들어, 두 주제 A와 B가 오브젝트에 액세스해야 하는 경우 보안 레벨은 A와 B 레벨의 충족으로 정의된다. LBAC는 역할 기반 액세스 제어(RBAC)와 달리 레이블 기반 액세스 제어(또는 규칙 기반 액세스 제어)라고도 한다. 격자 기반 액세스 제어 모델은 Denning(1976)에 의해 공식적으로 정의되었다. 래티스 기반 접근 모델은 값의 상한과 값의 하한이 있는 두 개의 쌍이 존재한다. 그리고 강제적 접근 통제 모델(MAC: Mandatory Access Control)에서는 사용자와 소유자는 누가 파일에 액세스할 수 있는지 결정하는 자유가 존재하지 않는다. 따라서 강제적인 관점에서 격자 모델과 가장 관련성이 높은 모델은 강제적 접근 통제 모델이다.

051 정답: 2번

Security Misconfiguration(잘못된 보안 구성)에 대한 설명은 다음과 같다. 높은 수준의 보안으로 관리되는 경우, 애플리케이션, 프레임워크, 애플리케이션 서버, 웹 서버, 데이터베이스 서버 및 플랫폼에 대해 보안 설정이 정의 및 적용되어 있다. 하지만 기본으로 제공되는 값은 종종 안전하지 않기 때문에 보안 설정은 정의, 구현 및 유지되어야 한다.

또한 소프트웨어는 최신의 상태로 유지해야 한다. Security Misconfiguration은 설정 오류/미비로 인해 발생하는 웹 취약점이다. 설정 오류 때문에 네트워크 서비스, 플랫폼, 웹 서버, 애플리케이션 서버, DB, 프레임워크, 사용자의 코드, Pre-installed VM, 컨테이너, 저장소 등 Application Stack 내 모든 범위에서 발생될 여지가 있는 취약점이다. 이 취약점을 이용해서 공격자들은 시스템 데이터/기능에 접근할 수도 있고, 시스템 결함을 일으킬 수도 있다. 다음은 설정 오류/미비 항목 중 대표적인 사항이다.

(1) 클라우드 서비스(GCP, AWS 등) 접근 권한 설정이 올바르지 않음
(2) 필요하지 않거나 감춰야 할 서비스/기능을 설치했거나 활성화함(서버 포트 외 다른 포트 개방, 불필요한 슈퍼계정/권한, 불필요한 HTTP Method, Debug 모드 등)
(3) 애플리케이션 서버(Tomcat, Apache), 프레임워크(Spring, ASP.Net)의 보안 설정을 세팅하지 않음
(4) Application Stack 내에서 오래되거나 취약점이 있는 버전을 사용함
(5) 유저들에게 서버의 디렉터리 구조를 모두 혹은 일부를 노출함
(6) 웹 서버의 프로그램 혹은 버전을 노출함

052 정답: 1번

XML 외부 엔티티 공격(XXE: XML External Entity) Injection은 XML 문서에서 동적으로 외부 URI의 리소스를 포함시킬 수 있는 External Entity를 사용하여 서버의 로컬 파일 열람, Denial of Service 등을 유발할 수 있는 취약점이며 XML Request를 파싱하는 페이지에서 발생한다. XXE를 사용하여 로컬파일을 정상적으로 열람하기 위해서는 다음과 같은 제약이 따른다.

(1) 공격자가 XML Request의 DTD를 선언할 수 있어야 한다. request=<?xml version=1.0 ""?><!DOCTYPE foo . . . 와 같은 형식으로 XML Request를 통해 DTD 선언할 수 있을 때에만 Entity를 사용할 수 있으며, request = <price>100</price>와 같이 Parser에서 XML 객체만 입력 받을 경우 취약점에 노출되지 않는다.
(2) 외부 리소스가 DTD 문법에 어긋나지 않아야 한다. Entity를 사용하여 불러오는 외부 리소스가 DTD 문법에 어긋날 경우 Parser에서 오류 메시지가 출력된다. 오류 메시지를 직접적으로 출력해 줄 경우 오류 내용을 통해 해당 파일의 내용을 확인할 수 있지만 그렇지 않을 경우 파일의 내용을 확인할 수 없으며 JSP, PHP 등의 서버 사이드 스크립트는 Scriptlet으로 인해 항상 DTD 문법 오류가 발생한다.
(3) XML 문서에서 바이너리 형식의 리소스는 지원하지 않는다.

053 정답: 3번

X.509는 암호학에서 공개키 기반 구조(PKI: Public Key Infrastructure)의 전자인증서에 대한 ITU-T 표준이다. X.509의 구성요소는 다음과 같다.

(1) 일련 번호: 인증서를 개별 식별할 때 사용
(2) 소유자: 사람의 이름이나 증명자
(3) 서명 알고리즘: 서명을 만드는 데 쓰이는 알고리즘
(4) 발행자: 정보를 검증하고 인증서를 발행하는 실체
(5) 유효기간(시작): 처음 효력을 발휘하는 기간
(6) 유효기간(끝): 효력 만기일
(7) 키 사용 목적: 공인 키의 사용 목적(예: 서명, 인증 서명 등)
(8) 공인 키: SSL 목적
(9) 서명 알고리즘 식별자: 인증서를 서명하는 데 쓰이는 알고리즘
(10) 서명: 발행자의 서명

054

정답: 2번

사건이 발생한 다음에 시행되는 탐지 통제로 모니터링과 감사가 보통 시행된다. 모니터링 기법에는 침입 탐지, 침투 테스트, 위반 분석이 있으며, 또한 감사 기법에는 감사추적과 보안 감사가 있다.

055

정답: 2번

카나리는 쿠키(Cookies)라는 단어로도 사용할 수 있으며 세 종류가 있다. Terminator, Random, Random XOR이다. 스택가드(StackGuard)의 최신 버전은 세 가지 모두를 지원하며, ProPolice는 Terminator와 Random 카나리를 지원한다. 세 종류의 카나리의 설명은 다음과 같다.

(1) **Terminator 카나리**: Terminator 카나리는 대부분의 버퍼 오버플로우 공격이 문자열 종결자로 끝나는 특정한 문자열 연산에 기반한다는 것에 대한 감시를 사용한다. 이 감시에 대한 반응은 카나리가 null 종결자, CR, LF, 그리고 -1이라는 것이다. 결과적으로 공격자는 카나리를 바꾸는 것을 피하기 위해 반환 주소를 쓰기 전에 null 문자를 써야 한다. 이것은 strcpy()를 사용하는 공격과 null 문자를 복사하며 반환하는 기법들을 막는다. 이 보호에도 불구하고 공격자는 잠재적으로 카나리를 알려진 값으로 겹쳐 쓰고 정보를 틀린 값들로 제어해서 카나리 검사 코드를 통과할 수 있다.

(2) **Random 카나리**: Random 카나리는 공격자가 값을 아는 것을 막기 위해(일반적으로 EGD에서) 랜덤하게 생성된 것이다. 일반적으로 익스플로잇을 위해 카나리를 읽는 것은 논리적으로 불가능하다. 카나리는 버퍼 오버플로우 보호 코드같이 오직 알아야 하는 이만 아는 보안 값이다. 일반적으로 랜덤 카나리는 프로그램 초기화 시에 생성되며 전역 변수로 저장된다. 이 값은 보통 매핑되지 않은 페이지에 패드되어서 이것을 읽으려는 시도는 세그먼테이션 폴트를 유발하고 프로그램을 종료시킨다. 공격자가 카나리가 어디에 있는지 위치를 안다면, 카나리를 읽거나 스택에서 읽는 프로그램을 구하는 것은 아직도 가능할 수 있다.

(3) **Random XOR 카나리**: Random XOR 카나리는 제어 데이터의 모든 또는 부분을 사용해서 XOR을 섞은 랜덤 카나리다. 이 방식에서는 카나리나 제어 데이터가 오염될 때 카나리 값이 달라진다. 랜덤 XOR 카나리스는 카나리를 얻기 위한 '스택에서 읽기' 방식이 더 복잡해진 것을 제외하고 랜덤 카나리스와 같은 취약점들을 갖는다. 공격자는 반드시 카나리, 알고리즘을 얻어야 하고 원본 카나리를 생성하기 위해 데이터를 제어해야 한다. 게다가 랜덤 XOR 카나리스는 제어 데이터를 가리키게 바꾸는, 버퍼를 오버플로우하는 것과 관련된 특정한 종류의 공격을 방어할 수 있다. 만약 제어 데이터나 반환 값이 변하면 XOR 인코딩 때문에 카나리는 달라진다. 이 포인터로 인해 제어 데이터나 반환 값은 카나리를 오버플로우 하지 않고 바뀔 수 있다. 비록 이러한 카나리스가 클로버 된 포인터들을 통해 제어 데이터를 변경시키는 것으로부터 방어할 수 있지만, 다른 데이터나 포인터 자체는 방어할 수 없다. 특히 함수 포인터들은 여기서 문제가 되는데, 오버플로우될 수 있고 호출될 시에 쉘 코드를 실행할 수 있게 된다.

056

정답: 3번

악성 코드 탐지기법은 크게 시그니처 탐지기법, 휴리스틱 탐지기법, 행위 기반 탐지기법, 평판 기반 탐지기법으로 분류할 수 있으며 악성 코드 분석방법은 정적 분석방법, 동적 분석방법, 자동화 분석방법으로 나눌 수 있다. 유형별 탐지기법의 상세한 내용은 다음과 같다.

(1) **시그니처 기법**: 다른 말로 'Misuse기반 탐지' 혹은 'Knowledge기반 탐지'로 불린다. 이름에서 볼 수 있듯이 시그니처 기반 탐지기법은 이미 발견되고 정립된 공격 패턴을 미리 입력해 두고, 입력된 패턴에 해당하는 트래픽을 발견

하게 되었을 때 이를 감지하여 알려준다. 시그니처 탐지기법은 모니터링한 트래픽이 알려진 악성 행위의 특징과 일치하면 이를 공격으로 탐지하여 알려주는 것이므로, 많이 알려지고 공격자가 자주 사용하는 공격, 혹은 위협적이라고 알려진 공격 들을 전부 탐지할 수 있다는 장점이 있다. 반면에 알려지지 않거나 입력되어 있지 않은 새로운 패턴에 대해서는 탐지할 수 없다는 단점이 있다.

(2) **휴리스틱 기법**: 휴리스틱(Heuristic) 탐지기법은 시스템의 룰과 패턴을 사용하여 알려지지 않은 악성 코드를 탐지하기 위해 사용하는 기법이다. 대부분의 백신 제품은 시그니처 기반 탐지를 보조하기 위해 향상된 탐지와 효율성의 몇 가지 형태의 휴리스틱 기법을 사용한다. 시그니처를 사용하여 정확하게 탐지되지 않는 악성 코드는 정의된 의심스러운 기준들의 휴리스틱 룰셋과 비교하여 탐지하게 된다. 특정한 코딩 기법의 사용, 의심스러운 것으로 생각되는 행위와 구문들과 그러한 의심스러운 행위들의 조합 등을 통해 해당 파일에 대한 위험을 정의한다.

(3) **행위 기반 기법**: 행위 기반 탐지기법은 운영중인 프로세스의 행동을 분석하여 이상 징후를 탐지한다. 행위 기반 탐지 기술은 파일의 행위가 악성인지의 여부를 진단하는 기술로, 탐지를 우회하는 고도화된 악성 코드를 비롯해 제로데이 취약점을 이용한 악성 코드 대응에 효과적이다. 이는 IDS에서 수집된 이벤트를 정상이라고 정의된 행위에 비교하여 상당히 이탈한 경우 비정상이라고 판단한다. 정상적인 행위를 프로파일화하기 위해서는 일정기간의 트레이닝 기간이 필요하며, 알려져 있지 않은 공격을 탐지하는 데는 효율적이나, False Positive 오류가 높다

(4) **평판 기반 기법**: 이 기술은 처음 보거나 잘 알려지지 않은 파일 및 애플리케이션이 등장했을 때 과연 신뢰하고 사용해도 되는지 충분히 많은 수의 사용자를 통해 평판을 확인하는 개념이다. 사용자마다 의견이 다를 수 있지만, 충분히 많은 사용자와 데이터만 확보되면 공통의 의견으로 수렴되고, 이에 따라 충분히 신뢰할 만한 정확한 평판 정보를 확보할 수 있기 때문이다. 평판 기반 탐지기법은 주로 데이터 수집, 평판 평가, 평판 정보 제공의 프로세스로 운영된다. 우선 사용자 커뮤니티 회원, 소프트웨어 개발자, 기업고객 등이 제공하는 데이터 등 다양한 소스를 통해 데이터를 수집하고, 수집된 데이터는 수십 가지 속성(파일 생성시간, 파일 다운로드 소스, 디지털 시그니처, 파일 확산 등)을 평판 통계 알고리즘을 통한 분석을 거쳐 정보를 제공한다.

057 정답: 2번

SHA-1은 단방향 암호화 알고리즘인 해시 함수이며, 현재는 주로 무결성 체크에 많이 사용된다. 최초의 알고리즘은 1993년에 미국 표준 기술 연구소(NIST)에 의해 안전한 해시 표준(Secure Hash Standard, FIPS PUB 180)으로 출판되었으며, 다른 함수들과 구별하려 보통 SHA-0라고 부른다. 얼마 안 있어 NSA는 이 표준을 폐기했고, 1995년에 개정된 알고리즘(FIPS PUB 180-1)을 새로 출판했으며 이를 SHA-1이라고 부른다. SHA-1은 SHA-0의 압축 함수에 비트 회전 연산을 하나 추가한 것으로, NSA에 따르면 이는 원래 알고리즘에서 암호학적 보안을 감소시키는 문제점을 고친 것이라고 하지만 실제로 어떤 문제점이 있었는지는 공개하지 않았다. 일반적으로 SHA-1은 SHA-0보다 암호학적 공격이 힘든 것으로 알려져 있으며, 따라서 NSA의 주장은 어느 정도 설득력이 있다. SHA-0과 SHA-1은 최대 264비트의 메시지로부터 160비트의 해시값을 만들어 내며, 로널드 라이베스트(Rivest)가 MD4 및 MD5 해시 함수에서 사용했던 것과 비슷한 방법에 기초한다. NIST는 나중에 해시값의 길이가 더 긴 네 개의 변형을 발표했으며, 이들을 통칭하여 SHA-2라 부른다. SHA-256, SHA-384, SHA-512는 2001년에 초안으로 처음으로 발표되었으며, 2002년에 SHA-1과 함께

정식 표준(FIPS PUB 180-2)으로 지정되었다. 2004년 2월에 삼중 DES의 키 길이에 맞춰 해시값 길이를 조정한 SHA-224가 표준에 추가되었다. SHA-256과 SHA-512는 각각 32바이트 및 64바이트 워드를 사용하는 해시 함수이며, 몇몇 상수들이 다르기는 하지만 그 구조는 라운드의 수를 빼고는 완전히 같다. SHA-224와 SHA-384는 서로 다른 초깃값을 가지고 계산한 SHA-256과 SHA-512 해시값을 최종 해시값 길이에 맞춰 잘라낸 것이다.

058 정답: 2번

RSA 암호는 공개키 암호 시스템의 하나로, 암호화뿐만 아니라 전자서명이 가능한 최초의 알고리즘으로 알려져 있다. RSA가 갖는 전자서명 기능은 인증을 요구하는 전자 상거래 등에 RSA의 광범위한 활용을 가능하게 하였다. 1978년 로널드 라이베스트(Ron Rivest), 아디 샤미르(Adi Shamir), 레너드 애들먼(Leonard Adleman)의 연구에 의해 체계화되었으며, RSA라는 이름은 이들 3명의 이름 앞 글자를 딴 것이다. 이 세 발명자는 이 공로로 2002년 튜링상을 수상했다. RSA 암호체계의 안정성은 큰 숫자를 소인수 분해하는 것이 어렵다는 것에 기반을 두고 있다. RSA는 두 개의 키를 사용한다. 여기서 키(Key)란 메시지를 열고 잠그는 상수(Constant)를 의미한다. 일반적으로 많은 공개키 알고리즘의 공개키(Public key)는 모두에게 알려져 있으며 메시지를 암호화(Encrypt)하는 데 쓰이며, 암호화된 메시지는 개인키(Private Key)를 가진 자만이 복호화(Decrypt)하여 열어볼 수 있다. 하지만 RSA 공개키 알고리즘은 이러한 제약조건이 없다. 즉 개인키로 암호화하여 공개키로 복호화할 수도 있다.

059 정답: 4번

랜섬웨어의 특징으로 가장 올바른 것은 보기 ④번이다. 랜섬웨어는 일반 PC뿐만 아니라 모바일 대상의 스마트폰, 스마트 워치 그리고 IoT와 관련된 스마트 TV에서도 감염될 수 있다고 알려졌다.

유튜브 동영상을 다운로드 받거나 MP3 파일을 추출하는 사이트에서 랜섬웨어에 감염된 사실도 보고되었다. 따라서 랜섬웨어는 항상 언제 어디서나(Every time and Everywhere) 감염될 수 있다는 것을 명심하고 대응해야 한다.

> **참고**
>
> 스마트 TV의 랜섬웨어 감염 사례
> https://www.bleepingcomputer.com/news/security/android-ransomware-infects-lg-smart-tv/
>
> 모바일(스마트 워치, 스마트폰)이 랜섬웨어에 감염된 사례
> https://url.kr/qyWAlj

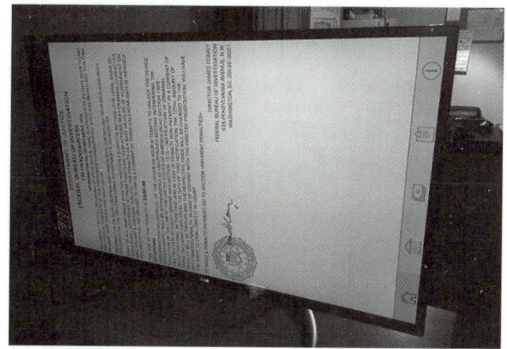

060 정답: 4번

보안 자동화 및 오케스트레이션 도구라고 불리는 SOAR(Security Orchestration, Automation and Response) 솔루션은 보안 운영센터와 근무자들의 생산성, 효율성, 효과성을 향상시키기 위한 솔루션이다. 이 솔루션은 이기종 시스템의 데이터를 수집하고 상관 관계를 분석하는 등의 시간이 많이 소요되는 반복 작업을 자동화하고 인시던트 관리 및 대응 수명주기를 오케스트레이션한다. 이런 과정에서

보안 운영 인력 부족 문제를 해결하고 보안 운영의 일관성과 규칙/예측 가능성을 보장하며 인시던트 탐지 및 대응 시간을 단축하도록 지원한다.

061 정답: 1번

문제의 내용을 보면, 불법 웹 사이트에 방문하지 않도록 하는 것이 가장 중요하므로 보기 ①번의 사용자 보안 인식 교육 프로그램을 수행하도록 하여 사용자 스스로 보안에 대해 인식 개선을 하는 것이 가장 효과적이다. 따라서 소싱업체에 제일 먼저 제안해야 하는 것은 보안 인식 교육(SUAT: Security User Awareness Training)이다. 기업은 항상 보안에 민감하며 아무리 안전한 네트워크를 설계하더라도 사이버 범죄는 늘 기업의 소중한 데이터를 위협하고 있다. 보안은 단순한 암호나 시스템 업데이트가 아니므로 높은 보안성 유지를 위해서는 모든 직원이 정보보호 정책을 이해하고 준수하도록 하는 것이 가장 중요하다. 보안 사용자 인식 교육은 회사의 위험요소를 줄이기 위해 직원들이 규정을 준수하고 적절하게 대응할 수 있도록 그들의 행동을 변화시키는 교육이다.

062 정답: 4번

공개키 암호 방식(Public Key Cryptography)은 암호 방식의 한 종류로 사전에 비밀키를 나누어 가지지 않은 사용자들이 안전하게 통신할 수 있도록 한다. 공개키 암호 방식에서는 공개키와 비밀키가 존재하며, 공개키는 누구나 알 수 있지만 그에 대응하는 비밀키는 키의 소유자만이 알 수 있어야 한다. 공개키는 보안 타협 없이 공개 배포가 가능하다. 공개키 암호를 구성하는 알고리즘은 비대칭 암호(非對稱暗號)라고 부르기도 한다. 공개키 암호 방식은 열쇠로 잠겨 있고 좁은 투입구가 있는 편지함에 비유할 수 있다. 이런 편지함은 위치(공개키)만 알면 투입구를 통해 누구나 편지를 넣을 수 있지만 열쇠(개인키)를 가진 사람만이 편지함을 열어 내용을 확인할 수 있다. 공개키 서명은 인장으로 편지봉투를 봉하는 것에 비유할 수 있다. 이렇게 봉인한 편지는 누구나 열어볼 수는 있지만 인장 확인을 통해 인장을 소유한 발신자가 이 편지를 보냈음을 증명할 수 있다. 일반적으로, 공개키 암호 방식은 비밀키 암호보다 계산이 복잡한 단점이 있기 때문에, 효율을 위해 비밀키 암호(혹은 대칭 암호)와 함께 사용된다. 메시지를 임의로 만들어진 비밀키를 이용해 암호화한 다음 이 비밀키를 다시 수신자의 공개키로 암호화하여 메시지와 함께 전송하는 것이다. 이렇게 하면 공개키 암호 기술로는 짧은 비밀키만을 암호화하고 보다 효율적인 비밀키 암호 기술로 전체 메시지를 암호화하므로 양쪽의 장점을 취할 수 있다.

대칭키 암호(Symmetric-key algorithm)는 암호화 알고리즘의 한 종류로, 암호화와 복호화에 같은 암호 키를 쓰는 알고리즘을 의미한다. 대칭키 암호에서는 암호화를 하는 측과 복호화를 하는 측이 같은 암호 키를 공유해야 한다. 이러한 점은 공개키 암호에서 공개키와 비밀키를 별도로 가지는 것과 구별된다. 대신, 대부분의 대칭키 암호는 공개키 암호와 비교하여 계산 속도가 빠르다는 장점을 가진다. 따라서, 많은 암호화 통신에서는 비밀키 암호를 사용하여 대칭키 암호의 공통 키를 공유하고, 그 키를 기반으로 실제 통신을 암호화하는 구조를 사용한다. 대칭키 암호는 암호화하는 단위에 따라 스트림 암호와 블록 암호로 나눌 수 있다. 스트림 암호는 연속적인 비트/바이트를 계속해서 입력 받아, 그에 대응하는 암호화 비트/바이트를 생성하는 방식이다. 블록 암호는 정해진 한 단위(블록)를 입력 받아 그에 대응하는 암호화 블록을 생성하는 방식이다. 블록 암호의 경우 적절한 운용 모드를 조합하면 블록 단위보다 큰 입력을 처리할 수 있으며, 또한 스트림 암호와 유사하게 지속적인 입력에 대해 동작할 수 있다(대신 입출력 단위는 스트림 암호보다 큰, 블록 단위가 됨).

063

정답: 4번

스트림 암호(Stream Cipher)는 대칭키 암호의 구조 중 하나로, 유사난수를 연속적(스트림)으로 생성하여 암호화하려는 자료와 결합하는 구조를 가진다. 일반적인 스트림 암호는 유사난수를 1비트 단위로 생성하고, 생성된 값과 암호화하려는 각 값을 XOR하여 1비트의 암호화된 자료를 얻는다. 스트림 암호는 하드웨어 구현이 간편하며 속도가 빠르기 때문에 무선 통신 등의 환경에 주로 사용된다. 대표적으로 RC4가 널리 사용되며, 이외에도 A5/1, A5/2 등의 알고리즘이 존재한다. 스트림 암호는 크게 두 가지 방식으로 분류할 수 있는데, 난수열을 암호화할 입력값과 독립적으로 생성하는 경우를 동기식(Synchronous) 스트림 암호로 부르며, 입력값이 난수열 생성에 영향을 끼치는 경우 비동기식(Asynchronous) 혹은 자기 동기(Self-synchronizing) 스트림 암호로 부른다.

(1) **동기식 스트림 암호**: 동기식 스트림 암호는 난수열을 생성하기 위해 내부 상태(Internal State)를 유지하며, 이전 내부 상태에서 새로운 내부 상태와 유사난수를 얻는다. 문자열의 암호화 및 복호화는 생성된 유사난수열과 입력값을 XOR하는 방식으로 이루어진다. 동기식 스트림 암호에서는 암호화 및 복호화 할 문자열에서 특정 위치 비트를 변경할 경우 암호화된 결과에서도 같은 위치 비트가 변경되며, 다른 위치의 비트는 변경되지 않는다. 따라서 암호화 문자열을 전송할 시에 특정 비트가 다른 값으로 손상이 되었어도 복호화 시 다른 비트에는 영향을 미치지 않는다. 하지만 전송 오류에서 비트가 사라지거나 잘못된 비트가 추가되는 경우 오류가 난 시점 이후의 복호화가 실패하게 되며, 따라서 전송 시에 동기화(Synchronize)가 필요하다. 동기식 스트림 암호의 한 예는 RC4가 있다.

(2) **자기 동기 스트림 암호**: 자기 동기 스트림 암호는 난수열을 생성할 때 암호화 키와 함께 이전에 암호화된 문자열 일부를 사용한다. 이 암호의 내부 상태는 이전 내부 상태에 의존하지 않는다. 따라서 암호화 문자열을 전송할 시에 일부 비트가 값이 바뀌거나, 혹은 비트가 사라지고 추가되는 오류가 발생하여도, 일부분만이 복호화에 실패하며 그 이후에는 다시 정상적인 복호화 값을 얻을 수 있는 자기 동기성을 가진다. 자기 동기 스트림 암호의 한 예는 블록 암호에 CFB 운용 모드를 결합한 것이다.

064

정답: 3번

블록암호는 고정된 사이즈의 블록을 암호화한다. 예를 들어 DES는 56비트의 키와 8비트의 오류검출 비트로 이루어진 64비트의 블록을 사용한다. 하지만 적은 비트와 고정된 사이즈를 가진 DES가 폐기되면서 다양한 사이즈의 블록을 암/복호화 할 잇는 방식에 대한 필요성이 대두되었다. 그간 하나의 키를 반복해서 사용하는 것에 대한 문제점이 지적되었는데, 블록암호 운용 방식은 하나의 키를 반복 사용하되 안정성을 함께 제공하는 데 그 목적이 있다. 모든 블록암호는 데이터를 암호화하기 전에 블록 단위로 나누어야 하는데, 이 블록들을 어떻게 암호화할 것인가에 대한 방식을 논하는 것을 블록암호 운용 방식이라고 부른다. NIST SP 800-38A(NIST, 미 국립기술표준원)에서는 5가지 블록암호 운용 방식에 대하여 5가지 모드를 정의하고 있다.

(1) **ECB(Electronic Code Block) Mode**: 가장 단순한 모드로 블록단위로 순차적으로 암호화 하는 구조다. 한 개의 블록만 해독되면 나머지 블록도 해독되는 단점이 있다(Brute-Force Attack, Dictionary Attack). 암호문이 블록의 배수가 되기 때문에 복호화 후 평문을 알기 위해서 Padding해야 한다.

(2) **CBC(Cipher Block Chaining) Mode**: 블록암호화 운영 모드 중 보안성이 제일 높은 암호화 방법으로 가장 많이 사용된다. 평문의 각 블록은 XOR연산을 통해 이전 암호문과 연산되고 첫 번째 암호문에 대해서는 IV(Initial Vector)가 암

호문 대신 사용된다. 이때, IV는 제2의 키가 될 수 있다. 암호문이 블록의 배수가 되기 때문에 복호화 후 평문을 얻기 위해서 Padding해야만 한다. 암호화가 병렬처리가 아닌 순차적으로 수행되어야 한다.

(3) **CFB(Cipher FeedBack) Mode**: 블록 암호화를 스트림 암호화처럼 구성해 평문과 암호문의 길이가 같다(패딩이 필요 없다). 최초의 키 생성 버퍼로 IV가 사용되며, 이때 IV는 제2의 키가 될 수 있다. 스트림의 기본 단위를 Bit 단위로 설정할 수 있으며, Bit 단위에 따라 CFB8~CFB128로 쓰인다. 암호화, 복호화 모두 암호화로만 처리할 수 있다. CBC 모드와 마찬가지로 암호화는 순차적이고, 복호화는 병렬적으로 처리할 수 있다. CBC 모드와 마찬가지로 한 암호문 블록의 에러는 해당 평문 블록과 다음 평문 블록, 이렇게 총 2개의 블록에 전파된다.

(4) **OFB(Output FeedBack) Mode**: 대응되는 한 블록에만 영향을 미치므로, 영상이나 음성과 같은 Digitized Analog 신호에 많이 사용된다. 블록 암호화를 스트림 암호화처럼 구성해 평문과 암호문의 길이가 같다(패딩이 필요 없다). 암호화 함수는 키 생성에만 사용되며, 암호화 방법과 복호화 방법이 동일해 암호문을 한번 더 암호화하면 평문이 나온다(복호화 시에 암호화). 최초의 키생성 버퍼로 IV가 사용되며, 이때 IV는 제2의 키가 될 수 있다. 스트림의 기본 단위를 Bit 단위로 설정할 수 있으며, Bit 단위에 따라 OFB8~OFB128로 쓰인다.

(5) **CTR(CounTeR) Mode**: 블록을 암호화할 때마다 1씩 증가해 가는 카운터를 암호화 해서 키 스트림을 만든다. 즉 카운터를 암호화한 비트열과 평문 블록과의 XOR를 취한 결과가 암호문 블록이 된다. CTR모드는 OFB와 같은 스트림 암호의 일종이다. CTR 모드의 암·복호화는 완전히 같은 구조가 되므로 구현이 간단하다(OFB와 같은 스트림 암호의 특징). CTR 모드에서는 블록의 순서를 임의로 암/복호화 할 수 있다(비표와 블록 번호로부터 카운터를 구할 수 있기 때문에). 블록을 임의의 순서로 처리할 수 있다는 것은 처리를 병행할 수 있다는 것을 의미한다(병렬처리 가능).

065 정답: 3번

공인인증서(公認認證書)는 전자서명의 검증에 필요한 공개키(전자서명법에는 전자서명검증정보로 표기)에 소유자 정보를 추가하여 만든 일종의 전자 신분증(증명서) 및 전자 인감증명이다. 공개키 증명서, 디지털 증명서, 전자 증명서 등으로도 불린다. 공인인증서는 개인키(전자서명법에는 전자서명생성정보로 표기)와 한 쌍으로 존재한다. 공인인증서는 OpenSSL의 ssl-ca나 수세 리눅스의 gensslcert와 같은 도구를 포함한 유닉스 기반 서버용으로 작성되었다. 비대면 온라인 방식의 전자상거래에서 상대방과의 계약서 작성, 신원확인 등에 전자서명이 필요하며 동시에 공인인증서로 해당 전자서명을 생성한 자의 신원을 확인한다. 공개키 기반 구조(PKI)는 전자서명을 생성하고 검증하는 데 사용되는 개인키와 공개키를 안전하게 나누어 주는 역할을 담당하는 신뢰된 제3자(인증기관)의 존재를 전제하고 있다. 한국의 공인인증서 제도 역시 공개키 기반구조에 입각한 제도이다. 공개키 기반구조에 입각한 인증서는 서버의 신원을 확인하는 데 사용하는 서버인증서와 이용자의 신원을 확인하는 데 사용하는 개인인증서로 나누어 볼 수 있다. 참고로 공인인증서에 요구하는 기능은 다음과 같다. 보기에서 ③번 재사용 불가는 전자서명의 요구사항이다.

(1) **접근 제어**: 권한이 부여된 수신자만이 정보에 접근하도록 허용
(2) **프라이버시**: 정보의 기밀성 유지
(3) **무결성**: 정보가 전송 중에는 변경되지 않음을 보장함
(4) **부인 봉쇄**: 정보를 송신한 자가 송신 사실을 부인하는 것을 방지
(5) **인증**: 정보의 원천지를 증명함

066   정답: 3번

큐싱(Qshing)이란, QR 코드와 피싱(Fishing)의 합성어로, 사용자를 속이기 위한 한 단계 진화된 금융사기 수법이다. 해커는 안드로이드 기반의 스마트폰 뱅킹 사용자에게 인증이 필요한 것처럼 속인 후, QR 코드를 통해 악성 앱을 다운로드받도록 유도한다. 사용자 스마트폰에 악성 앱이 설치되면 이를 이용해 해커는 보안카드, 전화번호, 문자메시지 등의 정보를 탈취하고 문자 수신을 방해한다. 큐싱이 등장한 배경을 살펴보면, 그동안 안드로이드 사용자를 겨냥한 대부분의 모바일 악성 코드 유포는 스미싱을 통해 이루어졌다. 하지만, 이러한 스미싱 형태의 악성 앱에 대한 정보가 사용자들에게 널리 알려지면서 악성 코드 제작자는 새로운 유포 방식이 필요했고, 그중 하나가 큐싱의 형태이다. 이러한 악성 앱은 문자 메시지에 포함된 URL, QR 코드, SNS(Social Networking Service), 사설 앱 마켓 등을 통해 정상 앱을 사칭해 유포된다. 따라서 사용자는 공식 마켓 외에 출처가 불분명한 곳에서 다운로드받지 않도록 주의하고, '알 수 없는 출처(소스)'를 허용 금지해야 한다. 공식 마켓에서도 악성 앱이 유포되는 경우가 있기 때문에 다운로드 전에는 평판 정보를 확인하는 것이 좋다. 또한, 모바일 전용 보안 앱이나 스미싱 탐지 앱을 설치하고 최신 버전을 유지하는 것이 중요하다. 이러한 악성 앱은 기기 관리자 권한을 획득하는 경우가 많다. 기기 관리자 권한을 획득한 악성 앱이 설치된 경우에는 스마트폰을 안전모드로 부팅한 후 [설정] → [보안] → [기기 관리자(디바이스 관리자 or 휴대폰 관리자)] 메뉴에서 기기 관리자 권한을 비활성화한 후 해당 앱을 삭제할 수 있다.

067   정답: 1번

전자서명(Digital Signature)이란, 서명자를 확인하고 서명자가 당해 전자문서에 서명했다는 사실을 나타내는 데 이용하기 위해 특정 전자문서에 첨부되거나 논리적으로 결합된 전자적 형태의 정보를 말한다. 공개키 기반 구조(PKI) 기술 측면에서 전자서명이란 전자문서의 해시(HASH)값을 서명자의 개인키(전자서명생성정보)로 변환(암호화)한 것으로서 RSA사에서 만든 PKCS#7의 표준이 널리 사용되고 있다. 즉, 원래의 문서 내용을 A라고 하면 A의 해시값을 잘 알려진 해시 함수인 SHA1 같은 함수 하나를 정해 이런 해시 함수로 문서 A의 해시값을 구하고 이 해시값을, 보내는 사람(철수)의 Private Key로 암호화한다. 이런 다음 이렇게 암호화된 해시값을 원래 문서 A 끝에 첨부하여 이 문서 전체를 받는 사람(영희)에게 보낸다. 영희는 먼저 메시지가 오면 해시값을 뺀 앞부분의 문서에 대해 철수가 사용했던 해시 함수를 이용해 받은 문서의 해시값을 구한다. 그 다음 문서 뒤에 달린 암호화된 해시값을 철수의 복호키로 복호화 한 다음 이 복호화 된 해시값을, 받은 문서의 해시값과 비교하게 된다. 이 두 개의 해시값이 동일한 값이면 서명이 올바른 것이고 값이 서로 다르거나 변환에 오류가 있으면 서명이 틀린 것이다. 전자서명은 수기서명과 동일한 효력을 지닌다. 전자서명을 활용한 문서는 암호화가 되지 않았기 때문에 누구나 읽을 수 있다. 즉 기밀성은 보장되지 않는다. 전자서명이 제공하는 기능은 다음과 같다.

(1) **위조 불가**(Unforgeable): 서명자만이 서명문을 생성할 수 있다.
(2) **인증**(Authentication): 서명문의 서명자를 확인할 수 있다.
(3) **재사용 불가**(Not Reusable): 서명문의 해시값을 전자서명에 이용하므로 한 번 생성된 서명을 다른 문서의 서명으로 사용할 수 없다.
(4) **변경 불가**(Unalterable): 서명된 문서는 내용을 변경할 수 없기 때문에 데이터가 변조되지 않았음을 보장하는 무결성을 만족한다.
(5) **부인 방지**(Non Repudiation): 서명자가 나중에 서명한 사실을 부인할 수 없다.

068
정답: 3번

  암호화(暗號化, Cryptography) 또는 인크립션(Encryption)은 특별한 지식을 소유한 사람들을 제외하고는 누구든지 읽어볼 수 없도록 알고리즘을 이용하여 정보(평문을 가리킴)를 전달하는 과정이다. 이러한 과정을 통해 암호화된 정보(암호문)를 생성한다. 이에 역행하는 과정을 해독 또는 디크립션(Decryption)이라고 하며 이로써 암호화된 정보를 다시 읽을 수 있다. 암호화(Cryptography)를 통하여 충족하고자 하는 보안요구사항은 기밀성, 무결성, 인증, 부인봉쇄 등이 있다. 보기 ③번의 부인 방지는 전자서명의 특징과 관련성이 있다. 참고로 전자서명은 위조 불가(Unforgeable), 인증(Authentication), 재사용 불가(Not Reusable), 변경 불가(Unalterable), 부인 방지(Non-Repudiation)의 특징을 가진다.

069
정답: 1번

  한국 랜섬웨어 침해대응센터에서 제시하고 있는 랜섬웨어 방어 솔루션으로 서버 랜섬웨어 방어 솔루션, 사이트 및 파일 안전확인, 웹 악성 코드 탐지가 있다. 하지만 방화벽 룰셋 세팅 자동 솔루션은 존재하지 않는다. 서버 랜섬웨어 방어 솔루션 리자드 랜섬크런처는 데이터베이스 서버를 공격하는 지능형/표적형 랜섬웨어를 사전에 지능형 행위기반으로 탐지/차단함과 동시에 안전하게 무중단 보안백업하여 랜섬웨어로부터 DB 서버를 지키는 다계층 랜섬웨어 방어 솔루션이다. 사이트 파일 안전을 확인하는 VirusTotal 솔루션은 바이러스, 웜, 트로이 목마 및 바이러스 백신 엔진과 웹 사이트 스캐너에 의해 검출된 악성 콘텐츠가 파일과 URL에 포함되어 있는지 여부를 분석하는 무료 온라인 서비스이다. F1 Security의 웹 악성 코드 탐지 솔루션은 보안상 취약한 웹서버의 웹페이지를 통해 악성 코드를 유포/경유하는 사이트로 악용되는 것을 사전에 주기적으로 검사하고 미리 탐지하여 대응하기 위한 시스템이다.

070
정답: 2번

  현재까지 775개의 다른 랜섬웨어가 존재하며 (2019년 10월 기준) 미해독 랜섬웨어의 종류는 다음과 같다. Crypt~ 계열, Cerber~ 계열, Magniber 계열, MBR 훼손 계열 등이 있다. 피해 랜섬웨어의 확인은 Malwarehunterteam에서 제공하는 사이트에서 진행하며 감염된 랜섬웨어의 종류를 식별하여 랜섬웨어 정보와 해결 방법을 제시한다. 하지만 확인되지 않은 랜섬웨어에 대해서는 조회되지 않을 수 있다. 모든 랜섬웨어에 대해서 다 알 필요성은 없지만 각각의 계열에서 특징이 무엇인지 정도는 보안 담당자의 상식선에서 파악해야 한다.

출처: https://id-ransomware.malwarehunterteam.com

071
정답: 1번

  심재커(Simjacker)는 AdaptiveMobile Security가 발견했으며 이 취약점은 현재 정부와 협력하여 개인을 모니터링하는 특정 민간 회사에 의해 적극적으로 악용되고 있다. Simjacker와 관련 익스플로잇은 이전에 모바일 코어 네트워크를 통해 본 공격과 비교할 때 복잡성과 정교함이 크게 향상했다. 주요 Simjacker 공격에는 특정 유형의 스파이웨어와 유사한 코드가 포함된 SMS가 휴대폰으로 전송된 다음 휴대폰 내의 SIM 카드가 휴대폰을 인계하여 민감한 명령을 검색하고 수행하도록 지시한다. 수천 대 장치의 위치 정보는 대상 휴대 전화 사용자의 지식이나 동의 없이 시간이 지남에 따라 획득되었으며 공격하는 동안 사용자는 자신이 공격을 받았는지, 정보가 검색되었는지, 성공적으로 유출되었는지를 완전히 알지 못한다. 공격자는 Simjacker 공격 기법을 활용해 사용자의 위치를 추적하고, 문자 메시지를 전송하거나 전화를 대신 걸 수 있게 되고, 악성 웹사이트를 강제로 열도록 함으로써 멀웨어를 심을 수도 있게 된다. 이 과정을 통해 장비에 직접적인 디도스 공격도 수행할 수 있다.

출처: https://simjacker.com/

072 정답: 2번

문제의 병원 진료데이터와 같이 별개의 데이터를 연결하였을 때 발생하는 특정 개인의 민감정보/개인정보를 식별할 수 있는 현상 및 공격기법을 연결공격(Linkage Attack)이라고 한다. 문제의 사례에서, OO 성심병원의 주소에 해당되는 공공데이터의 '지역+일자+성별'을 병원의 진료데이터와 비교하면 김소라, 박순식 등 고객의 질병정보를 유추할 수 있게 된다. 이러한 연결공격을 방지하는 대응방법으로 개인정보 비식별화 조치를 수행해야 하며 대표적인 기법은 범주화, 마스킹, 총계 처리, 가명 처리가 있다. 이러한 기법들을 적용하여 연결공격 가능성을 제거한 비식별화 조치 모델을 K-익명성 모델이라고 한다.

073 정답: 1번

미 재무부 대외자산관리국(OFAC)은 3개 해커 그룹과 북한 정찰총국의 관계를 근거로 라자루스가 북한 정권의 해커 그룹이라 주장하고 있으며, 관련된 금융기관을 모두 폐쇄하고 이들의 자산도 동결할 것이라고 밝혔다. OFAC는 라자루스 해커 그룹이 지난 2017년 발생했던 워너크라이 랜섬웨어 사태와 직접적 관련이 있다고 주장한 바 있다. 국내 정보당국 또한 이들이 2009년에 발생한 청와대 해킹, 2011년 농협 해킹, 2016년 정부 주요 인사 스마트폰 해킹 등을 시도했다고 밝혔다. 한편 OFAC는 이들 3개 해킹 그룹이 2017년 1월부터 2018년 9월까지 암호 화폐 거래소 해킹을 통해 약 5억 7100만 달러(약 6800억 원) 이상의 암호화폐를 탈취했을 수 있다고 설명했다.

074 정답: 2번

공개키 인증서(PKI: Public Key Certificate)는 인증서 소유자의 신분 확인 정보와 공개키를 암호학적으로 안전하게 연결시키기 위하여 인증 기관의 서명용 개인키로 생성한 전자서명 값을 포함한 인증서이다. 인증 기관의 공개키로 공개키 인증서를 검증함으로써 실체와 공개키 간의 연관에 대한 인증 기관의 보증을 확인할 수 있다. 공개키 인증서는 사용자 공개키, 사용자 정보, 사용자 공개키에 대한 인증기관이 날인한 전자서명으로 구성되어 있다. 또한 전자서명 검증키는 인증서 안에 포함되어 있으며 전자서명 검증 시에 추출되어 이용된다.

075 정답: 4번

무차별 공격(Brute Force Attack)의 대응방법에는 포트 변경, 패스워드 변경, 필터링 툴 변경, 방화벽 사용 등이 있다. 무차별 공격은 특정한 암호를 풀기 위해 가능한 모든 값을 대입하는 것을 의미한다. 대부분의 암호화 방식은 이론적으로 무차별 대입 공격에 대해 안전하지 못하며, 충분한 시간이 존재한다면 암호화된 정보를 해독할 수 있다. 하지만 대부분의 경우 모든 계산을 마치려면 실용적이지 못한 비용이나 시간을 소요하게 되어, 공격을 방지하게 한다. 암호의 '취약점'이라는 의미에는 무차별 대입 공격보다 더 빠른 공격 방법이 존재한다는 것을 의미한다. 사용자 암호와 같이 암호가 특정 패턴을 이루고 있을 경우에는 대입해야 할 값의 범위를 크게 줄일 수 있다. 이 경우 사전의 단어를 조합하여 대입하는 사전 공격(Dictionary Attack)이 사용된다. 그러므로 암호의 패턴을 불규칙적으로 하고 자신의 개인정보와 연계되지 않도록 하는 것이 좋다. 그리고 무차별 공격에 가장 강력한 대응방법으로 알려진 기법은 비밀번호가 일치하지 않을 때마다 재입력까지 대기시간을 점차 늘려가는 방식이고, 현재 애플의 아이폰에 그러한 방식이 적용되어 있다.

076 정답: 1번

트랩도어 함수(Trapdoor Function, 비밀통로 함수)는 일방향함수의 한 종류다. 보통 일방향 함수처럼 함수의 역을 구하는 것은 어렵지만, 트랩도어라고 부르는 특수한 정보가 있으면 쉽게 역을 구할 수 있는 함수다. 이 트랩도어 함수는 암호학 분야에서 널리 사용한다. 트랩도어 함수를 수학적으로 정의하면 다음과 같다. 어떤 비밀값 y가 있어서, 어떤 x에 대해서 y가 없을 때는 f(x)를 구하기 어렵지만 y가 주어진다면 f(x)에서 x 값을 쉽게 찾을 수 있다면 함수 f는 트랩도어 함수다. 1970년대에 휘트필드 디피, 마틴 헬만, 랄프 머클등이 비대칭 암호에 대해 연구하면서, 트랩도어 함수가 주목받기 시작했으며, 1976년에 디피와 헬만이 '트랩도어 함수'라는 이름을 지었다. 몇 가지 함수들을 트랩도어 함수라고 추측했으나, 예상외로 트랩도어의 성질을 온전히 만족하는 함수를 찾기는 어려웠다. 현재까지 가장 널리 알려진 트랩도어 함수의 후보는 RSA와 라빈 함수들이며, 이 함수들은 합성수에 대한 모듈로 거듭제곱(Modulo Exponentiation)을 사용하며, 소인수 분해의 어려움에 기반하고 있다.

077 정답: 2번

가장 적절한 정답은 보기 ②번의 관찰과 면담이다. 관찰과 면담을 통한 결과를 토대로 감사인은 직무 분리를 평가할 수 있다. IS 감사인은 정보시스템 인력들이 자신들의 업무를 수행하는 것을 관찰하여 이들이 겸임해서는 안 되는 일을 하는 지의 여부를 식별할 수 있어야 하고, 정보시스템 인력에 대한 면담을 통해서 각자 수행하는 전반적인 작업을 파악할 수 있어야 한다. 나머지 보기를 자세히 살펴보면 다음과 같다.

우선, 경영진은 정보시스템 부서의 개별 인력들이 수행하는 각각의 세부적인 업무에 대해서는 알지 못할 수 있고, 따라서 이들과의 대화는 직무 분리에 대해서 제한적인 정보만을 얻을 수 있을 것이다. 또한, 보기 ③번의 조직도상의 겸업 검토는 직원들이 수행하는 기능에 대해서 세부적인 정보를 제공하지 못한다. 마지막으로, 보기 ④번의 사용자 접근 권한 테스트는 정보시스템 내에서 각자가 가진 권한에 대한 정보는 제공하지만, 이들이 수행하는 기능에 대한 완전한 정보는 제공하지를 못한다.

078 정답: 2번

스위치는 실제 수신 대상으로만 패킷을 보내는 브리지(Bridge) 장비다. 그러나 잘못된 MAC Address를 가진 패킷을 계속하여 보냄으로써 스위치가 허브처럼 동작하도록 할 수 있다. 많은 종류의 스위치가 주소 테이블이 가득 차게 되었을 때 패킷을 모든 포트로 브로드캐스팅하는 성질을 이용한 것이다. 즉, 스위치 재밍(Switch Jamming)은 스위치가 포워딩(Forwarding)하지 못 하도록 스위치 MAC Table에 저장할 수 있는 양보다 많은 정보를 보내서 과부하 상태에 빠지도록 스위치를 'Dummy Hub'처럼 동작하게 하여 모든 패킷을 플러딩(Flooding)하게 하는 메모리 부하 공격기법이다. 이렇게 되면 공격자는 중간에서 패킷을 가로챌 수 있고 스니핑이 가능하게 된다.

079 정답: 3번

공개키 기반 구조(PKI: Public Key Infrastructure)의 형태는 크게 계층 구조, 네트워크 구조, 혼합형 구조로 나눌 수 있으며 각각의 특징은 다음과 같다.

(1) **계층 구조**: 모든 인증기관이 단일 계층 구조로 구성된다. 부모 인증기관이 자식 인증기관의 인증서를 발급하고 단말 인증기관이 일반 가입자의 인증서를 발급하며, 루트 인증기관은 자신을 인증할 기관이 없으므로 자체 서명 인증서를 사용한다. 원하는 인증서의 획득이 용이하고 인증경로에 대한 검증이 용이하며 계층적인 조직에 적합하다는 장점이 있다. 단점으로는, 현실적으로 전 세계적인 구성이 불가능하고 루트 인증기관의 비밀키 안정성이 모든 인증서의 안전성과 관계가 있다는 점이다.

(2) **네트워크 구조**: 네트워크 구조는 일반적인 네트워크 환경에서 근접한 인증기관에 대해 상호 인증을 할 수 있는 구조이다. 인증기관이 각각의 도메인을 형성하여 독립적으로 존재하는 구조로서, 인증기관들이 상호 인증하며 인증서를 발급한다. 사용자는 인증서를 발행한 인증기관의 공개키만을 알고 있다. 이 구조에서 인증서를 얻기 위한 인증 경로는 일반적으로 사용되는 라우팅 방법과 동일하게 최단 거리 알고리즘이 적용되며, 경로는 하나 이상이 될 수 있다. 인증기관 간의 상호인증이 가능하고 상업적 상호신뢰 관계에 유리하며 융통성 있는 정책을 운용할 수 있다는 장점이 있다. 하지만 원하는 인증서를 찾기 위한 인증 경로 체계와 관리의 복잡성으로 인한 단일 인증경로 불가능하다는 단점이 있다.

(3) **혼합 구조**: 계층 구조와 네트워크 구조를 혼합한 구조이다. 커다란 조직에 대해서 각각 루트 인증기관이 존재하고, 각 루트 인증기관은 자신의 하위 인증기관에 대해서 인증하며, 동일 계층에 존재하는 기관은 다른 루트 인증기관과 상호 인증한다. 루트 인증기관의 하위 인증기관은 동일 계층의 인증기관 간의 상호 인증이 가능하여 자신의 하위 및 상위 인증기관과의 인증이 가능하다. 따라서 계층 구조처럼 하나의 인증서를 갖고 있으며, 다른 인증기관에 대한 인증서는 디렉터리에 저장된다. 네트워크와 계층적인 인증 경로의 좋은 요소를 결합하여 구성되면 앞선 두 가지의 인증 경로보다 더 유용하다.

080 정답: 2번

섹스토션(Sextortion)은 성적 행위와 관련한 민감한 자료를 확보한 후, 이를 유포하겠다고 피해자를 협박하는 공격 방식이다. 섹스토션 보안 위협의 대표적인 공격은 웹캠 블랙메일(Webcam Blackmail)이다. 웹캠 블랙메일은 공격자가 상대방을 속여서 화상 채팅으로 성적 행동을 유도해서 녹화를 수행한 후 해당 영상을 지인에게 공개하겠다 하며 상대방에게 돈을 요구하는 방식으로, 국내에서는 주로 몸캠 피싱으로 알려져 있다. 이 과정에서 공격자는 피해자의 스마트폰 연락처를 빼내기 위해 피해자에게 악성 앱 설치를 유도한다. 피해자가 속아서 악성 앱을 설치하면 후 스마트폰에 저장된 주소록, 문자 메시지, 카톡 메시지 등을 찾아서 공격자에게 전송한다. 최근에는 당신의 음란 사이트 접속 사실을 알고 있으며 성적 행위도 녹화가 되었다는 허위 섹스토션 메일을 보내 사용자에게 가상화폐를 요구하는 사례도 있었다. 최근 비대면 문화 확산으로 영상 통화, 화상 회의 등 원격 화상 대화 기능이 앞으로도 자주 이용될 수 있기에 해당 보안 위협에 대한 사용자의 주의가 각별히 필요하다. 악성 앱이 설치되면 백신이 알람으로 표시되도록 백신의 버전을 항상 최신으로 업데이트하도록 한다.

081

정답: 1번

관련 내용은 로맨스 스캠 내용이다. 실제로 한 일본인 여성은 지난 2016년, 미군 장교를 자처한 한 남성을 온라인으로 알게 됐고, 다이아몬드 반출에 돈이 필요하다는 말에 열 달 동안 최대 마흔 차례에 걸쳐 2억 4천만 원을 송금하였다. 그 외에도 미혼이라 소개하며 거액을 상속받을 예정으로 상속세를 내야 하는데 빌려 달라며 기만하여 금전 편취, 해외 파병 나간 군인으로 대화상대가 필요하다며 접근, 다른 나라 정부에게 고가의 물품을 선물 받아 보관 의뢰에 필요하다며 배송비용 등 명목으로 금전을 요구하여 편취하는 등의 사례가 존재한다. 로맨스 스캠의 예방 및 피해감소를 위한 수칙은 다음과 같다.

(1) SNS에서 무분별한 친구 추가 자제
(2) 해외 교포, 낯선 외국인과의 인터넷상에서 교제는 신중히 고려
(3) 인터넷상만으로 교제(연락)하는 경우 부탁을 가장한 요구에 입금 금지
(4) 상대방이 선물 발송 빙자로 인한 배송 업체 사이트 URL에 접속 지양
(5) 배송업체 URL에 대해 인터넷진흥원에 차단 신고
(6) 입금한 은행에 지급정지 및 반환 가능한지 문의
(7) 입금 내역, 대화 내역 등 증거자료 지참하여 경찰서 신고

082

정답: 3번

기업이 고객에게 안내장, 홍보자료 등을 우편, SMS, MMS, SNS, EMAIL의 형태로 발송하는 것을 DM이라고 한다. DM은 오발송되거나 분실, 유출될 가능성이 항상 존재하기 때문에 고객의 개인정보가 식별되지 않도록 마스킹 처리하는 것이 일반적이며 주로 이름, 계약번호, 전화번호 등에 적용된다. 이는 개인정보와 기업의 자산 유출을 예방하는 효과가 있으며 개인정보 보호법 및 개인정보 비식별화 조치 기준을 준수하는 데 도움을 준다. 하지만 마스킹 처리된 정보는 DM을 수신하는 고객에게는 정보를 쉽게 파악하기 힘들게 하므로 편의성이 저하될 소지가 있다.

083

정답: 3번

비자가 이번에 포함시킨 새로운 사기 방지 및 중단 기능은 다음과 같은 요소들로 구성되어 있다.

(1) **바이털 사인(Vital Signs)**: 거래 행위들을 모니터링하고, 잠재적으로 위험하거나 사기성으로 분류될 수 있는 징조가 나타날 경우 금융 조직들에 경고를 내보낸다. 피해 발생을 조기에 차단하기 위해 비자는 자동으로 혹은 고객과의 사전 조율을 통해 해당 거래를 중단시킬 수 있다. 특히 ATM에서 현금을 인출하는 공격에 대한 방어에 치중되어 있다고 한다.

(2) **계정 공격 첩보(Account Attack Intelligence)**: 딥러닝 기술을 비자가 가지고 있는 거대한 무카드 거래 기록들에 적용해 해커들이 공격할 가능성이 높은 금융 조직이나 상인들을 파악한다. 특히 계정 번호, 만료일, 보안 코드를 추측하는 공격에 대한 경계를 삼엄하게 한다. 비자는 머신러닝 기술을 통해 고급 열거 패턴을 탐지하고, 오탐을 없앨 수 있으리라고 기대되고 있다.

(3) **지불 위협 실험실(Payment Threats Lab)**: 비자는 클라이언트의 프로세싱, 비즈니스 로직, 설정 내용 등을 실험할 수 있는 환경을 조성할 계획이다. 실험을 통해 취약점으로 작용할 수 있는 오류들을 식별할 것이라고 한다. 클라이언트와의 협조를 통해 레드팀 위주의 훈련을 함으로써 공격자들을 보다 깊이 이해하고, 그들이 실시할 만한 새로운 공격 방법들을 사전에 파악할 것이라고 발표했다.

(4) **전자상거래 위협 중단(eCommerce Threat Disruption)**: EMV 카드의 도입 이후 사이버 공격자들의 관심이 카드 복제에서 전자상거래 사업자 혹은 사업체로 옮겨갔다. 이 때문에 비자는 앞으로 전자상거래 웹사이트들의 지불 관련 프론

트 엔드를 조사해 스키밍 멀웨어가 활약할 수 있는 영역을 줄일 계획이다

(5) **지불 위협 첩보**(Payment Threat Intelligence): 앞선 모든 새로운 기능은 결국 비자의 위협 첩보 보고 기능을 강화하게 되며 강력하고 충실해진 보고서는 비자의 오프라인 및 온라인 고객들에게 전달되어 보다 많은 금융 관계자들에게 배포된다. 이 보고서에는 경고, 분석, 기술 세부 내역, 각종 공격에 대한 방어 대책이 포함된다.

084 정답: 2번

공개키 암호 알고리즘에서 암호화 공개키, 복호화 개인키, 검증용 공개키, 서명용 공개키에 대해 NIST가 권고하는 사용 유효기간은 송신자와 수신자 각각 최대 2년이다. 대칭키 암호 알고리즘의 경우, 송신자의 비밀키는 최대 2년, 수신자의 비밀키는 최대 5년의 사용 유효기간을 권장하고 있다.

키 종류		사용 유효기간	
		송신자 사용기간	수신자 사용기간
대칭키 암호	비밀키	최대 2년	최대 5년
공개키 암호	암호화 공개키	최대 2년	
	복호화 개인키	최대 2년	
	검증용 공개키	최대 2년	
	서명용 개인키	최대 2년	

085 정답: 4번

그레이햇 해커(Gray-hat Hacker)는 음지에서 활동하는 화이트 해커다. 그레이햇 해커는 선의의 목적을 가지고 허가 없이 타인의 시스템에 침입한다. 시스템에 침입한 후에는 해악을 끼치는 행위를 하지 않고, 오히려 보안 취약점을 고쳐주고 나가기도 한다. 그레이햇 해커는 시스템에 침입한 흔적을 지우기 때문에 시스템에 침입했는지 안 했는지 잘 모르는 경우가 대부분이다. 화이트햇 해커(White-hat Hacker) 또는 화이트햇(White Hat)은 모의 해킹(Penetration Testing)이나 다른 취약점 점검 등의 기법에 전문적인 보안전문가로 블랙햇(Black-hat Hacker)과 대비되는 개념이다. 이들은 공익 또는 학업을 위한 순수 목적으로 정보 시스템에 대해 해킹을 시도하며 해킹에 대한 대응 전략을 구상한다. 한국에서는 주로 화이트 해커라고 불린다. 해커는 나중까지 남아있을 직업이다. 블랙햇 해커(Black-hat Hacker) 또는 블랙햇(Black Hat)은 악의적 목적의 정보 체계 침입, 컴퓨터 소프트웨어 변조, 컴퓨터 바이러스 유포 등의 행위로 해를 끼치는 해커를 일컫는다. 크래커라고도 한다. 블랙햇이라는 말은 주로 서부영화에 나오는 악당 역할의 등장인물이 자주 쓰는 검은 색의 모자에서 유래했다. 화이트햇 해커 역시, 영화의 주인공 역할이 자주 쓰는 밝은색 모자에서 유래한 것이다. 훙커(紅客, Honker Union) 또는 레드 해커(Red Hacker)는 주로 블랙햇 해커 중에서 중국의 해커들을 일컫는다. 마지막으로, 스크립트 키디(Script Kiddie), 또는 스키디(Skiddie)는 해커 문화에서 컴퓨터 시스템과 네트워크를 공격하기 위해 다른 사람이 개발한 스크립트나 프로그램을 사용하는 사람을 경멸적으로 부르는 말이다. 스크립트 키디는 보통 정교한 해킹 프로그램을 짜거나 활용할 수 있는 능력이 부족한 어린아이를 말하며, 자신의 친구에게 자랑하거나 컴퓨터 전문가 공동체로부터 신용을 얻는 것을 목적으로 해킹을 시도한다.

086 정답: 1번

후킹(Hooking)은 소프트웨어 공학 용어로, 운영 체제나 응용 소프트웨어 등의 각종 컴퓨터 프로그램에서 소프트웨어 구성 요소 간에 발생하는 함수 호출, 메시지, 이벤트 등을 중간에서 바꾸거나 가로채는 명령, 방법, 기술이나 행위를 말한다. 이때 이러한 간섭된 함수 호출, 이벤트 또는 메시지를 처리

하는 코드를 훅(Hook)이라고 한다. 크래킹(불법적인 해킹)할 때 크래킹 대상 컴퓨터의 메모리 정보, 키보드 입력 정보 등을 빼돌리기 위해서 사용되기도 한다. 예를 들어 특정한 API를 후킹하게 되면 해당 API의 리턴 값을 조작하는 등의 동작을 수행할 수 있다.

087 정답: 1번

　Menlo Security의 연구원들은 새로운 HTML Smuggling(가칭: Duri) 공격에 대해서 경고하고 있다. Duri의 목표는 HTML5 또는 JavaScript를 사용하여 의심하지 않는 피해자에게 악성 파일 다운로드를 보내는 것이다. HTML Smuggling 공격을 달성하는 방법에는 두 가지가 있다. 첫 번째 방법은 클라이언트 장치에서 데이터 URL을 전송하는 것이고 두 번째는 적절한 MIME 유형(일명 Multipurpose Internet Mail Extensions)이 있는 JavaScript Blob을 사용하는 것이다. Duri는 방화벽과 같은 많은 보안 프로그램을 우회가 가능하므로 효과적인 공격 수단으로 입증되었다.

088 정답: 3번

　집성(Aggregation) 또는 데이터 집성(Data Aggregation)이라고 불리는 기법에 대한 설명이다. 집성은 데이터베이스의 낮은 등급의 데이터를 조합하여 보다 더 높은 보안등급의 데이터를 찾아내거나 유추하는 기법이다. 이를 방지하기 위해서는 데이터의 보안등급을 강화하고, 접근 제어, 작업 결재, 암호화 등을 구축하는 것이 좋다.

089 정답: 2번

　RaaS(Ransomware-as-a-Service) 유형의 비즈니스는 사이버 공격을 하려는 개인이나 그룹에게 작고 배포가 쉽고 확장 가능한 멀웨어 키트를 판매하거나 임대한다. 이러한 RaaS 키트는 일반적으로 합법적인 비즈니스에서 사용하는 것과 동일한 마케팅 및 판매 전략을 사용하여 다크 웹에서 홍보 및 판매된다. 합법적인 SaaS 오퍼링과 마찬가지로 RaaS 악성 코드 포털에는 할인, 번들 오퍼, 24시간 지원, 사용자 리뷰, 포럼 등이 포함될 수 있다. RaaS 기반의 악성 모델을 사용하면 초보자 사이버 범죄자조차도 큰 어려움 없이 랜섬웨어 공격을 시작할 수 있으며, 시장에서 멀웨어 코딩의 필요성을 줄이는 다양한 RaaS 패키지를 찾을 수 있다. 따라서 랜섬웨어를 만드는 방법에 대한 기술적인 지식이 거의 없는 사이버 범죄자들이 일반적으로 사용한다. 많은 보안 전문가들은 랜섬웨어 감염수의 급격한 증가가 RaaS의 출현으로 인한 것이라고 설명하였다. McAfee 보안 연구원들은 RaaS 모델이 방대한 제휴 네트워크를 생성할 수 있으며 CTB-Locker와 같은 랜섬웨어가 그 영향을 증가시킬 수 있다고 주장하고 있다. 그리고 실시간 대시보드를 사용하여 공격 상태를 표시할 수도 있는 플랫폼인 서비스를 사용하여 랜섬웨어 공격을 시작하는 방법에 대한 기술적인 노하우와 단계별 정보를 제공하기도 한다. 공격이 성공하면 몸값은 서비스 제공 업체, 코더 및 공격자 간에 분배된다. 랜섬웨어 작성자는 빠른 돈을 벌 수 있고 가맹점은 악의적인 코드를 작성할 필요성이 줄어들며 다크 웹에서 사용하기 쉬운 패키지를 저렴한 가격으로 임대할 수 있기 때문에 악의적인 공격자들에게 매력적이다.

090 정답: 2번

　방송통신위원회와 행정안전부 등이 공고한 빅데이터 개인정보 비식별화 조치 가이드에 따르면 다양한 조치기법과 방법론이 존재한다. 가명처리(Pseudonymization) 기법은 본명을 가명으로 변경하고, 학교/기업/조직 이름을 누가 보아도 알 수 없는 명칭으로 변경하는 것을 말한다. 집성

(Aggregation) 기법은 임의의 그룹으로 묶어서 합계 처리하여 식별할 수 없도록 하는 기법이다. 데이터 삭제(Data Reduction) 기법은 개인정보에 속한 데이터를 삭제해버리는 기법이다. 범주화(Suppression) 기법은 나이/연봉/몸무게/지역 등을 임의의 그룹으로 묶어서 변경하는 기법이다. 마지막으로 마스킹은 OO, XX, ** 등의 특수문자로 변환하는 기법이다. 보기의 기법 A와 B는 순서대로 집성 기법과 범주화 기법이다.

091 정답: 2번

무결성 체커(Integrity Checkers)는 시스템이 손상되면 공격자는 종종 특정 키 파일을 변경하여 지속적인 액세스를 제공하고 탐지를 방지한다. 메시지 다이제스트(암호 해시)를 주요 파일에 적용한 다음 파일이 정기적으로 확인되어 해시가 변경되지 않았는지 확인함으로써 보증이 유지된다. 변경을 감지하면 경고가 트리거되며 공격 후 동일한 파일의 무결성을 검사하여 손상 정도를 평가할 수 있다. 무결성 검사 제품은 전체 디스크를 읽고 파일과 시스템 섹터의 서명 역할을 하는 무결성 데이터를 기록하여 작동한다. 지능이 내장된 무결성 검사 프로그램은 데이터뿐만 아니라 바이러스에 대한 모든 위협을 처리할 수 있는 유일한 솔루션이다. 무결성 검사기는 바이러스로부터 어떤 피해를 보았는지 확인할 수 있는 효과적인 솔루션이다. 현재 변경점의 특성을 분석하고 바이러스로 인한 변경을 인식하는 기능을 통합한 향상된 무결성 검사기가 제공되고 있다.

092 정답: 3번

체크 디지트는 일련번호나 식별번호 끝자리에 오류검출 기능을 넣는 것으로써 주민등록번호, 신용카드번호, 계좌번호, ISBN의 마지막 자리 등이 있다.

093 정답: 3번

전/후의 유지보고서(Before-and-after Maintenance Report)는 처리 중에 변경된 거래를 변경 전의 값과 함께 보고한다. 이는 거래처리에 대한 추적을 쉽게 할 수 있도록 도와주며 갱신이 적절한지에 대한 가장 긍정적인 검증을 제공한다.

094 정답: 3번

워 드라이빙(War Driving)은 무선 네트워크를 이용한 해킹 수법이다. 워 드라이빙은 건물 주변이나 외부 공원 등을 자동차로 배회하면서 무선 네트워크 트래픽을 가로채는 것을 말한다. '드라이빙'이란 표현이 붙은 배경은 공격자가 들키지 않도록 목표 근처까지 몰고 간 차 안에서 해킹을 시도하기 때문이다. 대응 방법은 SSID 브로드캐스팅 방지, MAC 필터링, 128비트 이상의 WEP암호화 등이 있다. 하지만 불필요 모뎀 스캐닝은 워 다이얼링(War Dialing) 대응 방법이다. 워 드라이빙과 워 다이얼링은 자주 내는 문제로 그 특징에 대해서 자세하게 알고 있어야 한다.

095 정답: 4번

Security Orchestration의 모든 과정은 보안 제품과 기술뿐만 아니라 사람과의 협업까지도 고려한 개념이기 때문에 결과적으로 기술, 사람, 프로세스를 조율하여 보안 대응 업무의 전반적인 효율성을 향상할 수 있다. 2018년 Gartner 정의에 따르면, SOAR는 SOA, SIRP, TIP를 폭넓게 포함하는 개념으로 보안 운영에 있어 유입되는 위협에 대해 대응 레벨을 자동으로 분류하고, 표준화된 업무 프로세스에 따라 사람과 기계가 유기적으로 협력할 수 있도록 지원하는 대응 플랫폼을 말한다. Gartner에 따르면 2020년 말까지 5명 이상의 보안 팀을 보유한 조직의 15%가 오케스트레이션 및 자동화를 위해 SOAR 도

[95번 해설 관련 이미지]

기 술	사 람	프로세스
• 다양한 3rd Party 앱 연동으로, 여러 소스들을 하나의 화면을 통해 제공하여 편의성 제고 • Case 처리 프로세스에 속한 단일 Action 및 Playbook 수행 자동화	• 대응 인력 전체의 효율적인 커뮤니케이션 유도 • 개별 업무 능력 차이로 인한 대응 품질 차이 해소	• 최적화된 프로세스로 동일한 품질의 대응 수준 유지 • 자동화된 대응 체계의 구축으로 처리 속도 향상

구를 활용할 것이며, 현재는 1% 미만이기 때문에 앞으로 성장 가능성이 높은 시장으로 주목하고 있다. SOAR 솔루션을 활용하면, 수집된 모든 로그 및 이벤트를 바탕으로 위협 인텔리전스와 능동적 탐지를 통해 침해정보와 영향도를 도출하고 이를 개선하기 위한 시스템 변경을 자동화할 수 있다. 즉, SOAR 도입의 가장 큰 효과는 사람, 기술, 프로세스를 하나로 만드는 것이다. 다양한 경험을 갖춘 숙련 보안 직원만 알고 있는 지식을 신입 직원도 따라 할 수 있도록 반복 가능한 프로세스로 정리, 체계화한 것이다. 이를 통해 조직은 개인 직원에 대한 의존도를 낮추고 보안 기술 과제 측면에서 가장 중요한 신입 분석가를 교육하는 데 필요한 시간을 단축해 실무 처리에 대한 일관성을 높일 수 있다.

096
정답: 3번

최근 상당히 많은 PC 사용자가 커뮤니티 사이트에 방문했다가 자신도 모르게 랜섬웨어(Ransomware)에 감염되어 자신의 파일들을 모두 인질이 되는 사건이 발생한 적이 있다. 당시 랜섬웨어의 유포 방식이 바로 드라이브 바이 다운로드이다. 예전에는 악성 코드 전파 경로로 이메일을 주로 사용했지만 기술이 발전하여 요즘에는 웹사이트를 사용하여 대규모로 악성 코드를 유포시킬 수 있게 되었다. 이러한 방법을 통해 유행하는 대표적인 악성 코드가 랜섬웨어다. 공격자가 사용하는 악성 코드는 목적이나 의도에 따라 종류가 상당히 다르다. 최근 많은 피해자를 양산한 랜섬웨어 악성 코드의 경우, 공격자는 피해자 파일들을 암호화해 이를 풀어주는 대가로 돈을 갈취하려는 의도이다. 최근 랜섬웨어가 드라이브 바이 다운로드 기법에 의해 감염되는 가장 큰 악성 코드며 그 외에는 다음과 같은 악성 코드들이 존재한다. 드라이브 바이 다운로드를 통해 단 몇 초 만에 피해자의 PC에서 공인인증서와 같은 금융거래 정보나 게임 로그인 정보 등을 추출할 수 있는 스파이웨어, 원격-접속 소프트웨어, 키-로깅 소프트웨어, 트로이 목마 등을 설치할 수 있다. 또한 공격자는 사용자가 정상적인 포털이나 금융 사이트를 방문할 때 가짜 사이트로 연결하는 파밍 공격을 하기도 한다. 최근 가짜 사이트는 구분이 어려울 정도로 정교해졌다. 이 사이트에서는 보안카드 등의 정보를 입력하도록 유도하기도 한다. 한편 공격자는 피해자의 PC를 봇넷으로, 혹은 분산서비스 거부 공격(DDoS)의 사용하는 좀비 PC로도 만들 수 있다. 드라이브 바이 다운로드는 다양한 경로에 의해 감염될 수 있다. 앞서 설명한 것처럼 방문만 했을 뿐인데 감염될 수 있는 방식도 있지만, 광고 네트워크를 통할 수도 있으며, 악의적인 안티바이러스 프로그램을 통할 수도 있다. 드라이브 바이 다운로드 공격의 가장 위협적인 문제는 사용자가 미처 손쓸 방도도 없이 속수무책으로 피해가 진행된다. 또한 사용자들은 하루에도 상당히 많은 웹사이트를 방문하는데, 이 가운데 하나라도 공격자에 의해 침투당한 사이트가 있다면 공격받기 때문에 일반 사용자가 공격을 피할 방법은 사실상 거의 없다. 또한 사용자의 행동과는 무관하게, 경고도 없이 일어나기 때문에 피해가 발생한 후에서야 인지할 수 있다는 점이다. 최근 이런 드라이브 바이 다운로드 공격 방식이 급증한 원인은 우선 사이버 범죄자들이 웹사이트를 제작할 수 있도록 해주는 익스플로잇 킷(Exploit Kit)을 지하 시장에서 구입할 수 있기 때문이다. 이런 익스플로잇 킷은 매우 정교하고 자동화되어 사이버 범죄자들이 가능한 많은 웹 서버에 손쉽게 전파할 수 있다. 웹 브라우저 환경의 복잡도가 증가하는 것도 드라이브 바이 다운로드의 확산에 일조하고 있다. 플러그-인, 애드-온, 그리고 브라우저 버전의 수가 증가함에 따라, 사이버 범죄자들이 자신의 익스플로잇 킷에 추가할 수 있는 취약점의 수도 증가하고 있는 것이다. 드라이브 바이 다운로드는 향후 사이버 공격의 대표적인 공격 방식으로 자리 잡을 것이다.

097 정답: 3번

트로이 목마(Trojan Horse)는 악성 루틴이 숨어 있는 프로그램으로, 겉보기에는 정상적인 프로그램으로 보이지만 실행하면 악성 코드를 실행한다. 이 이름은 트로이 목마 이야기에서 따온 것으로, 겉보기에는 평범한 목마 안에 사람이 숨어 있었다는 것에 비유한 것이다. 트로이 목마는 보통 사회공학 기법의 형태로 퍼진다. 비록 어떠한 것도 포함될 수 있지만, 많은 현대의 트로이 목마들은 백도어로 사용된다. 이것들은 쉽게 발견되기 힘들지만, 무거워진 CPU와 네트워크 사용으로 느려지는 현상은 나타날 수 있다. 컴퓨터 바이러스나 웜과는 달리, 트로이 목마는 보통 다른 파일에 삽입되거나 스스로 전파되지 않는다. 트로이 목마(Trojan Horse)의 주요 예방 방법은 다음과 같다.

(1) CD-ROM 부팅
(2) 침입탐지 도구를 활용한 모니터링 수행
(3) 철저한 시스템 관리를 위한 관리자 교육
(4) 지속적인 보안 취약점 점검 및 패치

098 정답: 1번

크라임웨어(Crimeware)는 사이버 범죄를 자동화하기 위해서 특별히 설계된 악성 코드의 한 종류이다. Crimeware는 사용자의 금융 및 소매 계정에 액세스하기 위해 사회 공학 또는 기술적 은폐를 통해서 신원 도용을 시도하여 해당 계정에서 자금을 가져오거나 무단 거래를 완료하도록 설계되었다. 또는 크라임웨어가 기밀 또는 민감한 기업 정보를 훔칠 수도 있다. 참고로, 이 용어는 2004년 12월 14일에 발표된 FDIC 기사 계정 도용 신원 도용 방지에 대한 Anti-Phishing Working Group 응답에서 David Jevans에 의해 만들어졌다. 관련된 자료에 따르면 공격자는 다음과 같은 방법을 포함하여 크라임웨어를 통해 기밀 데이터를 훔치기 위해 다양한 기술을 사용한다.

- 은밀하게 키 입력 로거를 설치하여 온라인 은행 계좌에 대한 로그인 및 암호 정보와 같은 민감한 데이터를 수집하여 이를 공격자에게 레포팅하여 보낸다.
- 사용자가 주소 표시줄에 웹 사이트의 적절한 도메인 이름을 입력하더라도 사용자의 웹 브라우저를 도둑이 제어하는 위조 웹 사이트로 리디렉션 시킨다.
- 사용자 시스템에 캐시된 암호를 훔친다.
- 금융 기관에서 사용자 세션을 탈취하고 사용자 모르게 계정을 비운다.
- 애플리케이션에 대한 원격 액세스를 활성화하여 범죄자가 악의적인 목적으로 네트워크에 침입할 수 있도록 한다.
- 컴퓨터의 모든 데이터를 암호화하고 사용자가 이를 해독하기 위해서 몸값을 지불하도록 요구한다(랜섬웨어).

099
정답: 4번

컴퓨터 바이러스(Computer Virus)는 스스로를 복제하여 컴퓨터를 감염시키는 컴퓨터 프로그램이다. 일반적으로 컴퓨터 바이러스는 감염 위치에 따라 부트 바이러스(Boot Virus), 파일 바이러스(File Virus), 부트 & 파일 바이러스(Boot & File Virus), 매크로 바이러스(Macro Virus) 등으로 분류할 수 있다. 바이러스는 한 컴퓨터에서 다른 컴퓨터로(일부 형식의 실행 코드로) 확산할 수 있다. 이를테면 사용자는 인터넷이나 네트워크를 통하여, 또는 플로피 디스크, CD, DVD, USB 드라이브와 같은 이동식 매체를 통하여 바이러스를 전파할 수 있다. 바이러스는 네트워크 파일 시스템이나, 다른 컴퓨터를 통해 접근하는 파일 시스템상의 파일을 감염시킴으로써 다른 컴퓨터로의 확산 가능성을 높일 수 있다. 컴퓨터 바이러스가 감염되는 위치는 다음과 같다. 다만 다음 내용이 모든 것을 포함하는 것은 아니다.

- 이진 실행 파일(이를테면 MS-DOS의 COM 파일, EXE 파일, 마이크로소프트 윈도의 PE 파일, 리눅스의 ELF)
- 플로피 디스크와 하드 디스크 파티션의 볼륨 부트 레코드
- 하드 디스크의 마스터 부트 레코드(MBR)
- 일반 목적의 스크립트 파일(이를테면 MS-DOS와 마이크로소프트 윈도의 일괄 파일, VB스크립트 파일, 유닉스 계열 운영 체제의 셸 스크립트 파일)
- 응용 프로그램 특유의 스크립트 파일(이를테면 텔릭스 스크립트)
- 시스템 특유의 자동 실행 스크립트 파일(이를테면 윈도가 자동으로 USB 메모리 등에 저장된 소프트웨어를 실행시키는 Autorun.inf 파일)
- 매크로를 포함하고 있는 문서(이를테면 마이크로소프트 워드 문서, 마이크로소프트 엑셀 스프레드시트, 아미프로 문서, 마이크로소프트 액세스 데이터베이스 파일)
- 웹 애플리케이션의 크로스 사이트 스크립팅의 취약성
- 임의의 컴퓨터 파일

100
정답: 2번

SOAR(Security Orchestration, Automation and Response)과 SIEM(Security Information Event Management)의 가장 큰 차이점은 자동화이다. SIEM은 다양한 이종 시스템에서 로그를 수집 및 분석해 위협 이벤트를 탐지하는 보안관제 플랫폼이며, 최근에는 클라우드에서 발생하는 이벤트까지 관리할 수 있도록 진화하고 있다. 그러나 SIEM 만으로는 여러 클라우드 환경을 관리하는 데 한계가 있다. 이종 시스템과 여러 클라우드에서 생성되는 이벤트 로그의 포맷이 다를 뿐 아니라 생성되는 이벤트의 위협 수준을 결정하는 기준도 상이하기 때문에 실제로 비즈니스에 어느 정도 영향을 미칠 것인지는 판단하기 쉽지 않다. SIEM이 멀티 클라우드 보안관

제 플랫폼으로 한계를 보이면서, SOAR이 등장했다. SOAR는 오케스트라 지휘자처럼, 보안 솔루션을 지휘하는 역할을 한다. 클라우드를 포함한 모든 IT 자산에서 이벤트를 수집한 후 보안 분석 솔루션에서 분석하도록 하고, 발견된 위협은 보안 장비에서 차단 및 격리하도록 한다. 보안 수집, 분석, 격리 및 차단의 모든 과정이 자동화되어 보안 분석과 관제 업무를 크게 줄일 수 있다.

101 정답: 3번

고객의 개인정보를 다루는 사업자는 개인정보가 포함되는 시스템, 프로그램, 화면, 인쇄물 모두에 대하여 개인정보 보호법에 따라 조처를 해야 한다. 문제에서 고객에게 발송한 DM에는 계약번호, 계약자 이름이 그대로 표기되어 있으므로 개인정보가 노출될 여지가 크기 때문에, 개인정보 마스킹(Masking) 처리를 통해 김숙자(→ 김OO)로 변환하고 계약번호도 L201833040339(→ L201833******)으로 변경하는 작업이 필요하다.

102 정답: 3번

해시 함수를 사용하는 실사례와 가장 관련이 없는 것은 코드 검사를 위해서 코드 인스펙션(Code Inspection) 수행 시 해시 함수를 사용하여 검증을 수행하는 것이다. 그 외에 해시 함수를 사용하는 실사례는 여러 가지가 있다. 해시 함수를 사용하는 큰 이유는 무결성을 검증하기 위해서 보통 수행한다. 고유 식별 정보로 주민등록번호, 운전면허번호, 외국인등록번호, 비밀번호, 바이오 정보 등을 해시화를 수행하여 저장한다. 또는 문장의 길이가 긴 워드 문서를 저장하고자 할 때 무결성을 위해서 해시 함수를 사용한다. 그리고 블록체인의 분산원장 기술 중 데이터 관리의 신뢰성을 높이기 위해서 다양한 합의 알고리즘(해시)을 사용하기도 한다.

103 정답: 4번

이메일 무역 사기(BEC: Business Email Compromise)는 업무적인 이유로 주기적으로 주고받는 이메일의 내용을 사전에 파악한 후, 실제의 발송자로 위장한 공격자가 업무와 관련 있는 내용으로 위조하여 발송하고 금전적인 이득을 얻는 공격 방법이다. 2018년 한국 에너지 기술연구원이 국제 공동연구를 진행하며 지급해야 할 연구비 1억 원을 엉뚱한 계좌로 입금하는 사고가 발생했다. 에너지 기술연구원도 피해가지 못한 BEC는 2016년 LG화학도 당한 공격이었는데, 당시 LG화학은 BEC로 240억 원을 다른 계좌에 입금했었다. LG화학은 평소 사우디아라비아 기업과 거래했었고 사우디아라비아 회사에서 납사(나프타)를 수입해 석유화학 제품을 제작했다. LG화학은 거래대금 240억 원을 송금했는데 해당 계좌는 사우디 회사와 전혀 상관없는 다른 계좌였다. 이와 같은 이메일 무역 사기를 예방하기 위한 방법은 다음과 같다.

(1) 보안프로그램이 설치된 회사 PC 사용(개인 PC 및 스마트폰 자제)
(2) 주기적으로 비밀번호를 변경
(3) 출처를 알 수 없는 e-mail은 확인하지 말고 삭제
(4) 이메일을 통해 결제계좌 변경 요청 시 반드시 전화나 팩스 등을 통해 사실관계 확인
(5) 계약서를 작성할 때 지불받은 계좌번호를 미리 지정
(6) 이메일 계정 보안 강화를 위해 해외접속 차단
(7) 상대방이 보낸 메일의 아이피 주소 등을 확인할 수 있는 한국무역협회 이메일 서비스 이용

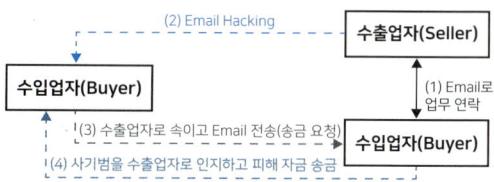

제3장 정보 보안

104

정답: 2번

드라이브 바이 다운로드(Drive-by Download) 공격 기법은 사용자가 웹 사이트를 방문한 것만으로, 해당 웹 사이트가 공격자에게 침투당해 악성 스크립트가 포함되어 있다면 사용자도 자신도 모르게 악성 코드에 감염되는 기법이다. 공격자는 보안이 취약한 웹사이트에 침투하여 웹사이트에 악성 스크립트를 삽입한다. 주로 사용되는 스크립트 코드는 <iframe>, <frame>, <javascript>를 이용해 페이지 이동을 유발하거나 <object>, <embed>와 같은 스크립트로 악의적으로 객체를 숨긴다. 이러한 악성 스크립트는 사용자의 PC에 설치된 운영체제, 웹브라우저, Add-on 애플리케이션(어도비 플래시 플레이어, 아크로뱃 리더, 자바, 마이크로소프트 실버라이트), 오피스 프로그램(MS, 한글) 등에서 패치되지 않은 보안 취약점을 공격하고 악성 코드를 유포한다. 드라이브 바이 다운로드 기업에 가장 많이 활용되는 애플리케이션은 어도비 플래시 플레이어이다. 일반적인 드라이브 바이 다운로드 기법을 이용한 악성 코드 감염 방법은 다음과 같다.

(1) 사용자는 취약점이 있는 웹사이트에 접속한다.
(2) 취약점이 있는 웹 사이트에 포함된 악성 코드가 사용자의 PC에 설치된다.
(3) 또는 자신도 모르게 악성 코드가 있는 웹사이트로 이동하여 악성 코드에 감염된다.

105

정답: 3번

가트너에서 주장하는 SOAR(Security Orchestration, Automation and Response)의 필수 기능요소는 SOA, SIRP, TIP이다.

보안 오케스트레이션 및 자동화(SOA: Security Orchestration and Automation) 영역은 보안 대응팀이나 보안 관제센터의 단순 반복 작업을 정리하고, 오토메이션 툴로 자동화를 수행해서 대응 효율성을 높인다. 화면 전환이나 데이터 전송 등 아주 사소한 자동화만으로도 시간을 아낄 수 있도록 지원한다.

보안 사고 대응 플랫폼(SIRP: Security Incident Response Platforms)은 대응 프로세스이며 보안 이벤트 발생 시 그에 수반되는 작업을 관리한다. 담당 업무가 어떤 팀에 할당돼야 하고 어떤 조치가 필요하며 언제까지 해결해야 하는지 등을 매뉴얼화하는 것이다.

위협 인텔리전스 플랫폼(TIP: Threat Intelligence Platforms)은 보안 이벤트 데이터를 수집 분석하고, 이를 대응 솔루션과 연계하는 플랫폼이며 데이터가 쌓이면 쌓일수록 그 수준도 높아진다.

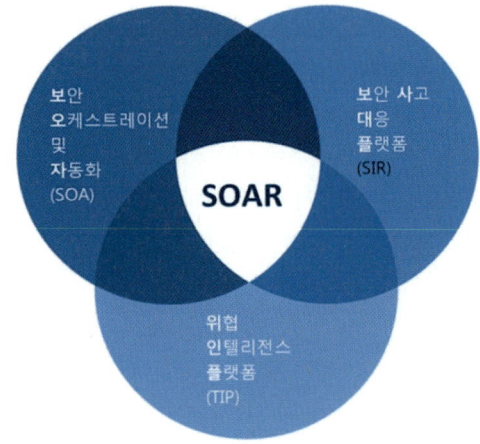

106

정답: 1번

다형성 코드를 탐지하기 위한 4가지 방법은 자동 키 검출, 악성 코드 직접 실행, 전용 복호화/해독기 활용, 에뮬레이션 활용 방법이 있으며 상세한 각각의 설명은 다음과 같다.

(1) **자동 키 검출**: X-ray 프로그램과 같이 알려진 알고리즘에 대하여, 암호화된 코드 조각, 해독된 일부 코드 조각, 그리고 복호화 코드, 이 3가지 정보를 가지고 알려지지 않은 킷값에 관한 수식(Equation)을 자동 생성한 후, 솔버(Solver)를 이용하여 수식을 풀면 킷값을 얻을 수 있다.

(2) 악성 코드 직접 실행: 악성 코드를 직접 실행해서 메모리나 행위 등을 탐지해 검사하는 방식이 있다. 이 방식은 장점으로 실제 환경과 100% 동일하며 속도가 매우 빠르지만, 다음과 같은 단점이 있다. 언제 실행을 멈추고 분석해야 할지를 모른다는 점과 호스트 시스템이 망가질 수가 있으며, 테스팅 시스템이 악성 코드가 동작하는 시스템과 환경이 달라서 실행이 안 될 수 있다는 단점이 있다.

(3) 전용 복호화/해독기 활용: 이 방법은 통상 손으로 직접 만들며, 무수한 변종에 대해 일일이 제작해야 하므로 확장성(Scalability)의 문제가 있다.

(4) 에뮬레이션 활용 방법: 안전한 샌드박스 환경에서 바이러스 코드를 테스팅하게 해주며 여러 가지 환경 모델을 손쉽게 변화하거나 구현할 수 있으므로 유연성이 좋지만, 속도가 매우 느리고, 에뮬레이터에서 어느 시점에 악성 코드 몸체에 관한 검사를 수행해야 할지를 알기가 힘들기에 휴리스틱이나 행위분석 등을 이용해서 시점을 여러 번 결정해야 하는 단점이 있고 이로 인해 속도를 더욱 느리게 만든다. 통상 에뮬레이션을 적용하면 실제 수행 환경보다 수백 배 느린 단점이 존재한다.

107 정답: 1번

메타몰픽(Metamorphic) 기법은 바이너리 코드의 시맨틱은 보존하면서 다른 인스트럭션으로 치환하는 방법으로 시그니처 탐지를 어렵게 할 수 있다. 메타몰픽 기법의 상세한 방법은 다음과 같다. Dead Code 삽입 방법은 연산과 무관한 쓰레기 코드를 삽입하여 시그니처 기반 탐지를 피하거나 분석가의 분석을 어렵게 하는 방법이다. Control Flow Obfuscation(난독화) 방법은 코드의 흐름을 바꾸어서 분석을 방해하는 방법이며, 해당 코드를 실행시켰을 때 난독화 이전과 동일한 순서로 실행이 된다. Register Reassignment(재배치)는 임의의 레지스터 A를 다른 B 레지스터로 변경하는 방법이다. 단, 레지스터 A의 생명주기 동안 B가 사용되지 않아야 하는 전제가 존재한다. 이 방법은 프로그램의 동작에 영향을 주지 않을 뿐만 아니라 추가 인스트럭션 및 흐름 변경이 없어서 속도에 영향을 주지 않는다. Data obfuscation(난독화)는 해당 인스트럭션과 동일한 값으로 대체하는 방법이다. 이와 같은 방법은 시그니처 기반의 탐지를 회피할 수 있다.

108 정답: 3번

해시 함수(Hash Function)는 임의의 길이의 데이터를 고정된 길이의 데이터로 매핑하는 함수이다. 해시 함수에 의해 얻어지는 값은 보통 해시값, 해시 코드, 해시 체크섬 또는 간단하게 해시라고 한다. 그 용도 중 하나는 해시 테이블이라는 자료구조에 사용되며, 매우 빠른 데이터 검색을 위한 컴퓨터 소프트웨어에 널리 사용된다. 해시 함수는 큰 파일에서 중복되는 레코드를 찾을 수 있기 때문에 데이터베이스 검색이나 테이블 검색의 속도를 올릴 수 있다. 예를 들어서, DNA Sequence에서 유사한 패턴을 찾는 데 사용될 수도 있다. 또한 암호학에서도 사용될 수 있다. 암호용 해시 함수는 매핑된 해싱 값만을 알아서는 원래 입력값을 알아내기 힘들다는 사실에 의해 사용될 수 있다. 또한 전송된 데이터의 무결성을 확인해주는 데 사용되기도 하는데, 메시지가 누구에게서 온 것인지 입증해주는 HMAC를 구성하는 블록으로 사용된다. 해시 함수는 결정론적으로 작동해야 하며, 따라서 두 해시값이 다르다면 그 해시값에 대한 원래 데이터도 달라야 한다(역은 성립하지 않음). 해시 함수의 질은 입력 영역에서의 해시 충돌 확률로 결정되는데, 해시 충돌의 확률이 높을수록 서로 다른 데이터를 구별하기 어려워지고 검색하는 비용이 증가하게 된다. 보기 중 주어진 해시값에 대해서 메시지를 계산하는 것이 가능한 것이 아니라 불가능한 것이 해시 함수의 특징이다.

109
정답: 2번

키 유효기간이란, 사용자 또는 관리자가 특정한 키를 사용할 수 있도록 허용된 기간 또는 특정 시스템에 주어진 키의 유효성을 유지하는 기간이다. 키의 유효기간을 설정할 때는 키 노출을 야기하는 위험 요소와 키 노출에 따른 비용 등을 고려하여야 한다. 일반적으로 강력한 암호방식을 사용했을 경우 알고리즘이나 키 크기보다 키 유효기간이 물리적, 절차적, 논리적 접근 보호 고려사항에 미치는 영향이 더 크므로 키 유효기간 설정에 신중해야 한다.

NIST 권고안으로 키 유효기간 설정 시 고려사항은 다음과 같다.

(1) 키 노출에 대한 위험 요소 관점의 고려사항- 암호 메커니즘의 보안 강도- 암호 메커니즘의 안전한 구현 정도- 운영 환경- 정보 흐름의 양 또는 트랜잭션의 수- 데이터의 보안 주기- 제공하는 보안 기능- 재입력 방법- 키 갱신 또는 키 유도 과정- 동일 키를 공유하는 네트워크상의 노드의 수- 키 사본의 수와 이러한 사본의 분배- 정보에 대한 위협 요소

(2) 키 노출로 인한 결과 측정 요소 관점의 고려사항- 암호로 보호되는 데이터의 민감성 정도- 암호 프로세스에 대한 공격 위험성 정도- 손상된 데이터 또는 프로세스의 복구 비용

(3) 기타 요소에 대한 고려사항- 통신용 키와 저장용 키에 대한 유효기간: 재 암호화에 대한 부담으로 저장용 키를 통신용 키에 비해 유효기간을 길게 설정- 키 취소 및 대체 비용

110
정답: 4번

해시 함수(Hash function)는 암호학적 해시 함수(Cryptographic Hash Function)와 비암호학적 해시 함수(Non-Cryptographic Hash Function)로 구분된다. 암호학적 해시 함수의 종류로는 MD5, SHA 계열 해시 함수가 있으며 비암호학적 해시 함수로는 CRC32 등이 있다. 암호학적 해시 함수는 역상(Pre-image), 제2역상(2nd preimage), 충돌쌍(Collision)에 대하여 안전성을 가져야 하며 인증에 이용된다. 암호학적 해시 함수는 임의의 길이를 입력받기는 하지만 MD Strength Padding할 때 길이 정보가 입력되므로 최대 길이에 대한 제한이 있다. 예를 들어 패딩 시 하위 8비트에 길이 정보가 입력되는 경우에는 해시 가능한 최대 길이는 0xFF가 되어 255바이트가 된다(실제 길이정보는 패딩 방식에 따라 다를 수 있음). 단, 해시 함수의 비트 수가 늘어나고, 해시값의 문자열 길이가 늘어날수록 서비스의 성능은 저하될 수밖에 없다. 해시 함수를 적절하게 사용하려면 성능과 보안의 Trade-off 관계를 고려하여 적용해야 한다.

111
정답: 1번

사용자에게 강한 패스워드 조합규칙을 요구하지 않으면 사용자 계정이 취약하게 된다 안전한 패스워드를 생성하기 위해서는 한국인터넷진흥원의 「암호이용안내서」의 패스워드 설정규칙을 적용해야 한다. 해당 가이드에 따른 보안대책은 패스워드 생성 시 강한 조건 검증을 수행한다. 비밀번호는 숫자와 영문자, 특수문자 등을 혼합하여 사용하고 주기적으로 변경하여 사용하도록 해야 한다. 문제의 소스 코드는 빈 비밀번호를 허용하는 C# 코드의 잘못된 예제이다. 따라서 올바른 코드의 사용은 다음과 같이 변경해야 한다(빈 비밀번호를 사용하지 않음).

```
NetworkCredential secure_myCred = new
NetworkCredential(UserName, Password);
```

출처: 암호이용안내서 - 한국인터넷진흥원

112
정답: 2번

소프트웨어 보안의 목표는 성공적인 사업을 운영

하기 위한 정보 자원의 기밀성 무결성 가용성을 유지하는 것이다. 이러한 목표를 달성하기 위해서 보안 통제 기능의 구현이 요구된다. 위협을 최소화하는 방법은 설계 보안 항목과 오용사례를 소프트웨어 개발하는 초기 단계부터 적용하여 공격자에게 허용되는 위협을 최소화하는 방법이다. 참고로, 일반적으로 소프트웨어 보안 취약점은 다음과 같다. 이러한 취약점으로 인해 시스템이 처리하는 중요 정보가 노출되거나 정상적인 서비스가 불가능한 상황이 발생하게 된다.

(1) 보안 요구사항이 정의되지 않았을 경우
(2) 논리적인 오류를 가지는 설계를 수행하였을 경우
(3) 기술적으로 취약점을 가지는 코딩으로 개발하였을 경우
(4) 소프트웨어 배치가 적절하게 구성이 되어있지 않은 경우
(5) 발견된 취약점에 대해 적절한 관리 또는 패치를 하지 않은 경우

113   정답: 2번

서비스 거부 공격(DoS: Denial of Service)이란 정상적인 범위 이상의 트래픽을 가하여 시스템이 정상적으로 동작하지 않도록 만드는 공격 기법이다. 특히 호스트 내의 서비스 거부 공격은 시스템의 자원을 모두 고갈시켜 서비스가 전혀 불가능하도록 하여 피해를 주기 때문에 큰 문제가 되고 있다. 몇 가지 서비스 거부 공격의 예는 다음과 같다.

- **ICMP Flooders**: ICMP_ECHO flooder, ICMP_UNREACH flooder를 이용한 방법이다.
- **SYN Flooders**: Half-open SYN/ACK 상태를 이용하여 TCP 연결을 방해하는 방법이다.
- **UDP Flooders**: UDP 프로토콜 취약점을 통해 패킷들을 무한정으로 반복하여 수행하는 방법이다.

114   정답: 2번

버퍼 오버플로우(Buffer Overflow) 공격은 프로그램을 실행시키는 과정과 메모리 구조에 대해서 자세히 알아야 이해할 수 있는 몹시 어려운 기술 중의 하나이고 메모리와 스택의 구조나 OS에 따라 다르기 때문에 접하기가 쉽지는 않았다. 하지만 현재 인터넷을 통하여 버그에 대한 소스 코드가 공개되어 있고 누구나 다운을 받아서 운영체제에 맞게 사용할 수 있기 때문에 많이 쓰이고 있는 공격 방법 중 하나이다. 이러한 버그는 C 언어에서 데이터가 지정된 버퍼의 크기보다 많이 입력되었는지를 체크하지 않는 것을 이용하여 버퍼가 오버플로우되는 순간 쉘을 실행시킴으로써 임의의 작업을 수행한다. 특히 SETUID가 설정된 루트 프로그램인 경우 버퍼 오버플로우를 이용하여 쉽게 루트 권한의 쉘을 얻을 수가 있다. 보기 ②번의 Bypassing Controls는 비인가된 권한을 획득하기 위해 공격자가 시스템 결함이나 보안 취약성을 이용하는 것으로 문제에서 이야기하고 있는 내용과 관련이 없다. 버퍼 오버플로우를 이용한 몇 가지 공격 방법의 사례는 다음과 같다.

- **imapd**: 로그인 버퍼 오버플로우 로그인 시 소문자를 대문자로 변환시켜 주지만 쉘 코드 안에 수정 코드를 넣을 가능성이 존재한다.
- **samba**: 패스워드를 비정상적으로 길게 입력할 경우 발생한다.
- **named**: Fake inverse query를 할 때 버퍼 오버플로우 가능성이 있다.
- **rtl(return to libc)**: Non-Executable Stack을 무력화시키는 공격 방법으로 스택에 있는 ret 주소를 실행 가능한 임의의 주소(libc 영역의 주소)로 돌려 원하는 함수를 실행하게 만드는 기법이다.

115   정답: 4번

비밀번호 또는 패스워드(Password), 암호는 어떤 사용자가 특정의 자원 또는 리소스(Resource)에 접

근 또는 제한을 통과할 수 있는 권한을 얻기 위해 제시해야 하는 미리 정해진 문자열 또는 숫자열 등의 정보이다. 이는 광의적 의미로, 자물통과 열쇠의 관계를 비교해 볼 수 있으며 특정 정보에만 인식 및 반응하도록 사전에 약속된 폐쇄와 개방의 양방향 기능을 위한 특정 형태와 기능을 포함하는 예약 기호체계라고 볼 수 있다. 특히 컴퓨터과학, 수학 등의 전자적이거나 수학적 처리에서 임의의 특정 정보 식별과 일대일 대응하는 비밀번호는 서로 한 쌍의 순서쌍이 된다. 패스워드와 관련하여 고려되어야 할 사항 중 패스워드 폐기는 문제의 내용과 가장 관련성이 없다.

116 정답: 2번

일반적으로 데이터 분류 체계가 식별되면 조직은 분류 설정 기준을 수립해야 한다. 기준 설정에 대한 정해진 지침은 별도로 없지만 몇 가지 고려 사항은 다음과 같다. 문제의 선택 사항 중 데이터 폐기 기준과 폐기 절차는 분류 기준설정에서 고려되어야 할 사항과 가장 거리가 멀다.

(1) 누가 데이터에 액세스하거나 유지, 관리할 수 있는가?
(2) 데이터를 보호하기 위해 어떠한 법률, 규정, 지침 또는 책임이 필요할 수 있는가?
(3) 정부 기관의 경우 데이터가 공개되면 국가 안보에 어떤 영향을 미치는가?
(4) 비정부 조직의 경우 만약 데이터가 공개되거나 손상될 경우 피해 수준은 어떻게 되는가?
(5) 저장할 데이터는 어디에 존재하고 있는가?
(6) 데이터의 가치 또는 유용성은 무엇인가?

출처: https://resources.infosecinstitute.com/certification/due-care-vs-due-diligence-cissp/

117 정답: 3번

기업에서 다루는 데이터는 데이터가 가진 가치에 따라서 다양한 보안등급이 부여되어 관리되어야 한다. 다음은 일반적인 데이터 보안등급에 대한 설명이다.

(1) **민감(Sensitive)**: 액세스가 가장 제한되고 높은 수준의 무결성이 필요한 데이터이다. 이는 일반적으로 공개될 경우 조직에 가장 큰 피해를 주는 데이터이다. 즉, 허가되지 않은 수정 또는 삭제를 방지함으로써 데이터의 무결성 보장이 요구된다.

(2) **기밀(Confidential)**: 회사 내에서 덜 제한적일 수 있지만 공개될 경우 손해를 입힐 수 있는 데이터이다. 즉, 정보의 공개가 제한되는 보안등급, 다른 규정에 대하여도 공개가 면제되는 산업 비밀 같은 데이터를 의미한다.

(3) **비밀(Private)**: 개인 데이터는 일반적으로 회사에 피해를 주지 않을 수 있지만 다른 이유로 비공개로 유지해야 하는 구획 데이터이다. 인적자원 데이터는 개인 데이터로 분류할 수 있는 데이터의 한 예이다. 즉, 인사 정보, 개인 의료정보 등 조직의 제한된 내부 사용자에게만 허용되는 정보가 포함되는 보안등급이다.

(4) **독점, 대외비(Proprietary)**: 독점 데이터는 제한된 기준으로 회사 외부에 공개되거나 신제품의 기술 사양과 같이 회사의 경쟁 우위를 저해할 수 있는 정보를 포함하는 데이터이다. 즉, 정보가 공개되면 조직의 경쟁력 우위가 약화될 수 있는 상업 비밀, 특정 제품의 근간이 되는 기술의 데이터를 의미한다.

(5) **공공(Public)**: 공공 데이터는 회사에서 사용하는 가장 덜 민감한 데이터이며 공개되는 경우 피해를 최소화한다. 이는 마케팅에 사용되는 데이터에서 회사의 직원 수에 이르기까지 다양하다.

정답과 해설

제 4 장

운영 보안

제4장 운영 보안 정답

1 ④	2 ①	3 ④	4 ④	5 ③	6 ③	7 ①	8 ②	9 ③	10 ③
11 ①	12 ②	13 ③	14 ③	15 ①	16 ①	17 ③	18 ①	19 ④	20 ②
21 ②	22 ①	23 ③	24 ③	25 ④	26 ②	27 ④	28 ③	29 ④	30 ④
31 ③	32 ③	33 ④	34 ①	35 ③	36 ①	37 ③	38 ②	39 ①	40 ③
41 ④	42 ③	43 ②	44 ③	45 ②	46 ③	47 ③	48 ④	49 ②	50 ③
51 ①	52 ③	53 ②	54 ②	55 ①	56 ①	57 ④	58 ②	59 ②	60 ①
61 ①	62 ④	63 ④	64 ①	65 ①	66 ①	67 ④	68 ④	69 ③	70 ②
71 ①	72 ④	73 ④	74 ④	75 ①	76 ③	77 ②	78 ①	79 ④	80 ④
81 ①	82 ①	83 ③	84 ③	85 ②	86 ①	87 ②	88 ③	89 ③	90 ④
91 ④	92 ④	93 ①	94 ②	95 ①	96 ②	97 ②	98 ③	99 ②	100 ④
101 ②	102 ④	103 ①	104 ③	105 ③	106 ②	107 ②	108 ④	109 ③	110 ②
111 ③	112 ③	113 ②	114 ②	115 ③	116 ①	117 ③	118 ③	119 ④	120 ②
121 ③	122 ④	123 ①	124 ④	125 ②	126 ①	127 ①	128 ③	129 ③	130 ③
131 ①	132 ①	133 ②	134 ①	135 ④	136 ③	137 ②	138 ①	139 ①	140 ①
141 ④	142 ①	143 ③	144 ④	145 ①	146 ④	147 ②	148 ①	149 ③	150 ②
151 ②	152 ①	153 ③	154 ③	155 ①	156 ①				

001
정답: 4번

정보 시스템 재해 복구 목표와 관련된 용어로 시험장에 들어가기 전 반드시 그 차이점에 대해서 숙지해야 한다. ROT, SDO, RPO, MTO, AIW 등에 대한 상세한 설명은 다음과 같다.

- **복구 목표 시간**(RTO: Recovery Time Objective): 재해 발생 후 비즈니스 기능 또는 리소스를 허용 가능한 수준으로 복구하는 데 허용되는 시간이다.
- **서비스 제공 목표**(SDO: Service Delivery Objective): 정상적인 상황이 복원될 때까지 대체 프로세스 모드에서 도달할 수 있는 최소 수준의 서비스이다. 비즈니스 요구와 직접적으로 관련이 있다.
- **복구 목표 시점**(RPO: Recovery Point Objective): 데이터를 복구하는 가장 빠른 시점을 나타낸다. 중단 시 허용되는 데이터 손실량을 효과적으로 정량화 하며, 운영 중단 시 허용 가능한 데이터 손실을 기준으로 결정된다.
- **최대 허용 중단**(MTO: Maximum Tolerable Outage): 조직이 대체 모드에서 처리를 지원할 수 있는 최대 시간이다.
- **허용 중단 기간대**(AIW: Acceptable Interruption Window): 조직이 조직의 존재를 위협하는 주요 재정적 어려움에 직면하기 전에 정상적인 운영이 중단되는 시간이다.

002
정답: 1번

복구/연속성/대응팀의 역할에 대해서는 시험에 자주 출제되는 영역이니 그 역할에 대해서 반드시 숙지해야 한다(특히 구호팀과 피해 평가팀은 단골 문제임). 복구/연속성/대응팀의 상세한 역할은 다음과 같다.

(1) **사고 대응팀**: 모든 종류의 가능성이 있는 사고에 대한 정보 수집
(2) **비상 조치팀**: 초기 대응팀이며, 사람을 대피시키고 생명을 보호하는 것이 가장 중요함
(3) **정보 보호팀**: 비상상황 이전 주 사이트에 적용된 정보 및 IT 자원에 대한 동일한 보안수준 절차 개발
(4) **피해 평가팀**: 재해 후의 피해 정도를 평가, 재해의 원인식별 및 피해충격 다운타임 예측
(5) **비상 관리팀**: 재해 감독, 모든 다른 복구/연속성/대응 팀의 활동 조정 및 핵심적인 의사결정 수행
(6) **원격지 저장팀**: 매체와 기록을 입수, 포장하여 복구시설로 배송
(7) **소프트웨어팀**: 시스템을 복원하고 OS를 설치 및 테스트
(8) **애플리케이션팀**: 시스템 복구 사이트에서 백업 시스템에 사용자 시스템과 응용 시스템 프로그램을 복구함, 시스템 성능과 DB 무결성 모니터링을 수행
(9) **비상운영팀**: 시스템 복구 사이트에 상주하는 교대 운영자와 감독자로 구성됨. 전체 재해 복구 프로젝트 동안 시스템의 운영을 관리, 하드웨어 설치를 조정
(10) **네트워크 복구팀**: 전화, 데이터 통신, 트래픽 경로 재설정, 네트워크의 통제와 접근 재구축, 통신의 무결성 감독
(11) **통신팀**: 복구 사이트 내 사용자/시스템 네트워크 구축, 지역 통신사 및 지역 서비스 작업
(12) **수송팀**: 복구 사이트를 물색(시설팀 역할), 직원 수송
(13) **사용자 하드웨어팀**: 사용자 터미널, 프린터, 타자기, 복사기 등 장비를 입수하고 설치하는 작업
(14) **데이터 준비 및 기록팀**: 복구 사이트와 연결된 터미널을 활용하여 애플리케이션 데이터베이스를 갱신하는 작업 수행
(15) **행정지원팀**: 다른 팀들의 사무를 지원하고 사용자 복구 사이트의 메시지 센터 역할을 함
(16) **공급팀**: 판매업체와 접촉하여 사용자 하드웨어팀의 활동 지원 물류활동을 조정
(17) **구호팀**: 재배치 프로젝트를 관리, 상세히 시설과 장비의 피해 평가, 보험청구 정보 제공

(18) **재배치팀**: 핫사이트로부터 원래의 장소 또는 새로운 장소의 위치로 복원하는 데 필요한 이동 프로세스를 조정

(19) **조정팀**: 지리적으로 떨어진 사무실 간의 복구 노력을 조정하기 위한 책임을 부여 받은 팀

(20) **법무팀**: 사고 등 다양한 이유로 발생하는 법적인 이슈를 관리하는 책임을 부여 받은 팀

(21) **복구 테스트팀**: 수립된 다양한 계획의 테스트와 테스트 결과를 분석하는 책임을 맡은 팀

(22) **교육팀**: 비즈니스 연속성 계획과 재해복구 절차에 대해 사용자 교육을 수행하는 팀

003 정답: 4번

6시그마(6σ)는 기업에서 전략적으로 완벽에 가까운 제품이나 서비스를 개발하고 제공하려는 목적으로 정립된 품질경영 기법 또는 철학이다. 또한, 기업 또는 조직 내의 다양한 문제를 구체적으로 정의하고 현재 수준을 계량화하고 평가한 다음 개선하고 이를 유지·관리하는 경영 기법이다. 모토로라에서 개발된 일련의 품질 개선 방법이었으며 품질 불량의 원인을 찾아 해결해 내고자 하는 체계적인 방법론이었다. 이후 제너럴 일렉트릭 등 여러 기업에서 도입되어 발전하였으며 특히 1990년대와 2000년대 동안 많은 인기를 얻은 기업 내 혁신을 위한 방법이다. 다른 품질경영 관리기법인 종합 품질 관리(TQM: Total Quality Management)의 경우에는 생산품질 자체에 집중하지만 6시그마는 회사의 모든 부서의 업무에 적용할 수 있으며 각자의 상황에 알맞은, 고유한 방법론을 개발하고 적용하여 정량적 기법과 통계학적 기법으로 향상시킬 수 있다. 6시그마에는 두 가지 주요한 방법론이 있는데 DMAIC과 DMADV이다. 이 두 가지는 원래 W. 에드워드 데밍의 계획-실행-점검-행동(PDCA: Plan-Do-Check-Action) 사이클 이론에서 영향을 받은 것이다. DMAIC은 주로 기존의 프로세스를 향상시키기 위해 쓰이고 DMADV는 새로운 제품을 만들거나 예측 가능하고 결함이 없는 성능을 내는 디자인을 만들기 위한 목적으로 쓰인다. DMAIC은 다음의 다섯 단계를 통해서 진행된다.

(1) **정의(Define)**: 기업 전략과 소비자 요구사항과 일치하는 디자인 활동의 목표를 정한다.

(2) **측정(Measure)**: 현재의 프로세스 능력, 제품의 수준, 위험 수준을 측정하고 품질에 결정적 영향을 끼치는 요소(CTQs: Critical To Qualities)를 밝혀낸다.

(3) **분석(Analyze)**: 디자인 대안, 상위 수준의 디자인을 만들고 최고의 디자인을 선택하기 위한 가능성을 평가한다.

(4) **개선(Improve)**: 바람직한 프로세스가 구축될 수 있도록 시스템 구성요소들을 개선한다.

(5) **관리(Control)**: 개선된 프로세스가 의도된 성과를 얻도록 투입요소와 변동성을 관리한다.

그리고 DMADV은 다음과 같은 다섯 가지 절차를 통해서 진행된다.

(1) **정의(Define)**: 기업 전략과 소비자 요구사항과 일치하는 디자인 활동의 목표를 정한다.

(2) **측정(Measure)**: 현재의 프로세스 능력, 제품의 수준, 위험 수준을 측정하고 품질에 결정적 영향을 끼치는 요소(CTQs: Critical To Qualities)를 밝혀낸다.

(3) **분석(Analyze)**: 디자인 대안, 상위 수준의 디자인을 만들고 최고의 디자인을 선택하기 위한 가능성을 평가한다.

(4) **디자인(Design)**: 세부 사항, 디자인의 최적화, 디자인 검증을 위한 계획 단계를 말한다. 여기서 시뮬레이션 과정이 필요하다.

(5) **검증(Verify)**: 디자인, 시험 작동, 제품개발 프로세스의 적용과 프로세스 담당자로의 이관 등에 관련된 단계다.

004 정답: 4번

형상관리(SCM: Software Configuration Management)는 소프트웨어의 SDLC 전 단계에서

소프트웨어의 변경을 통제하고 변경요구를 제도적으로 수렴하는 일련의 활동이다. 형상관리 기준선(Configuration Management Baseline)은 각 형상항목 들의 기술적 통제 시점(Technical Control Point)으로서 개발과정의 각 단계별 산출물을 검토, 평가, 조정, 처리 등의 변화를 통제하는 시점의 기준이다. 형상통제위원회(CCB: Configuration Control Board)에서 고객 또는 개발자 등의 변경의뢰를 심사한 후 문서 통일 이후에 프로젝트 진행한다. 이는 개발의 중간 목표이며 프로젝트의 관리를 위하여 기준선을 활용한다. 이 문제에서 기준선을 확정해야 프로젝트 원가를 계산하는 것은 오답이다. 프로젝트 원가는 상시적으로 계산이 가능하기 때문이다.

005 정답: 3번

소프트웨어 기준선은 설계(Design) 단계에서 더 이상 디자인 변경을 허용하지 않겠다는 한계선이다. 이는 요구사항 변경을 통제하여 개발단계 내내 추가되는 비즈니스 범위 확대(Scope Creep)를 막을 수 있다. 소프트웨어 기준선은 설계의 마무리 시점(Cut-off Point)에 보통 설계 확정(Design Freeze)이라고도 한다. 이는 사용자의 요구사항은 항목별로 검토되어야 하며 비용과 일정이 고려되어야 한다.

006 정답: 3번

블랙 스완(Black Swan)은 아무도 예측하지 못한 이례적인 사건을 말한다. 특징은 극단적으로 예외적이어서 발생 가능성은 전혀 없어 보이지만 일단 발생하면 엄청난 충격과 파급효과를 가져온다는 것이다. 예를 들면 경제공황이나 미국 대폭발 테러 사건(9.11 테러), 일본 후쿠시마 방사능 사건 등을 블랙 스완으로 볼 수 있다. 기후 변화, 도시화 등이 가속화되면서 대규모 재난은 계속되고 있으며 앞으로도 상상을 초월하는 재난이 현실화될 것이다. 2001년 9.11테러가 그랬고, 2012년에는 동일본 대지진이 우리를 경악하게 하였다. 또한 2015년 9월에는 사우디 성지순례 압사 사고로 1,200여 명의 사상자가 발생했다. 누구도 예상하지 못한 사고들이다. 대형 재난은 수많은 사전 징후와 작은 원인이 쌓였을 때 발생한다. 그렇기 때문에 블랙 스완형 재난을 관리한다는 것은 사고 원인의 조그마한 연결고리를 끊는 것부터 시작해야 한다. 다시 말하면, 보이지 않는 시스템적 내부 결함, 사소해서 놓치기 쉬운 프로세스 등을 세밀히 들여다보아야 한다. 이러한 사건은 거의 일어나지는 않지만 한번 발생하면 조직에 막대한 영향을 끼치므로 프로세스, 활동, 산업의 중요성을 고려하여 경영진은 사건에 대비한 비상계획 수립을 시작하여야 한다. 블랙 스완과 달리, 발생할 것으로 명백하게 알 수 있으나 천천히 다가와서 대비해야 하는 사건을 회색 코뿔소라고 한다.

007 정답: 1번

도요타의 생산 방식인 적기 생산 방식은 린 생산(Lean Production)방식이라고도 하며 다품종 소량생산 체제를 지향한다. 도요타의 JIT(Just In Time) 생산 방식은 생산량을 늘리지 않고 생산성을 향상해야 하는 과제를 풀기 위하여 생산에 필요한 부품을 필요한 때 필요한 양을 생산공정이나 현장에 인도하여 적시에 생산하는 방식이다. 또한 JIT 시스템은, 비용만 발생시키고 부가가치 창출에 기여하지 않는 활동 또는 자원으로서 즉각적으로 제거되어야 하는 7가지 낭비요소 즉 불량의 낭비, 재고의 낭비, 과잉생산의 낭비, 운반의 낭비, 비합리적인 프로세스에 의한 낭비, 동작의 낭비, 대기의 낭비를 최소화하는 기본 목표를 추구하고 있다.

008 정답: 2번

위험관리란 기업경영에 있어 재무적 손실 가능성을 최소화하기 위한 최선의 방법을 모색하는 일련의 절차를 말한다. 이는 손실의 원천을 확인하고, 손실발생의 재무적 영향을 평가하며 실제 손실과 그 재무적 영향을 통제함으로써 이루어진다. 일반적인 위험관리 프로세스는 다음과 같다. 기업 내에 잠재되어 있는 위험 파악 → 위험 빈도, 크기에 따른 영향 분석, 위험관리법 검토 → 최적의 위험관리기법 선택 → 위험관리기법 적용 → 적용 결과에 대한 모니터링의 순서이다.

009 정답: 3번

위험(Risk), 위협(Threat), 취약점(Vulnerability)은 모두 운영보안과 관련하여 주요하게 관리해야 하는 항목이자 지표들이다. 취약점은 누구/무엇에 의해 고의로나 우연히 사용되어 시스템과 조직의 자산에 손실을 초래하는 실제 공격이 가능한 오류들을 의미한다. 위협은 취약점을 이용하여 시스템과 조직의 자산에 손실을 초래할 수 있는 행위/사람/프로그램/조직 등 모든 것을 의미한다. 위험은 취약점을 이용한 위협이 시스템과 조직에 초래할 자산이나 금전적인 손실의 정도와 가능성을 의미한다.

010 정답: 3번

2019년 1월 한국인터넷진흥원과 KrCERT에서는 기업의 보안담당자를 위해 한눈에 보는 로그 설정 권고사항을 발표했다. 해당 가이드에는 apache, nginx, windows IIS, Snoopy Logger, Sysmon에 대한 상세한 로그 설정을 포함하고 있다. 이 중에서 Aapche 로그의 설정 권고는 다음과 같다.

(1) 로그 파일은 파일별 하루의 로그만 저장
(2) 로그 파일 생성 시, 0664 권한, root 소유, root 그룹 설정
(3) 로그 파일은 6개월 분량 보관
(4) 로그 파일이 존재하지 않아도 오류 발생하지 않음
(5) 로그 파일명에 YYYYMMDD 형식 문자열 추가
(6) 로그 내용이 없으면 rotation하지 않음
(7) 로그 파일 로테이트된 이후에 다음의 커맨드 실행

```
/sbin/service httpd reload > /var/log/httpd/rotate 2>&1 || true
```

011 정답: 1번

데이터베이스 관리 시스템(DBMS: Database Management System)은 다수의 사용자가 데이터베이스 내의 데이터를 접근할 수 있도록 하는 소프트웨어 도구의 집합이다. DBMS은 사용자 또는 다른 프로그램의 요구를 처리하고 적절히 응답하여 데이터를 사용할 수 있도록 한다. 데이터베이스 관리 시스템(DBMS)의 장점은 다음과 같다.

- 애플리케이션 시스템에 대한 데이터의 독립성 제공
- 트랜잭션 처리의 효율성 증진
- 데이터 중복 감소
- 데이터 요구사항의 변경을 충족되도록 유연성 강화
- 데이터 일관성 극대화
- 데이터 보안 강화 기능
- 저장된 데이터 무결성 검사 가능
- 데이터 공유를 통한 유지관리 비용 최소화
- 프로그래밍 및 데이터 표준을 강화 기능
- 데이터에 대한 단말기 사용자의 비정형적 접근

012 정답: 2번

릴리스는 IT 서비스에 구현하도록 승인된 일련의 변경 사항이다. 다양한 유형의 릴리스는 다음과

같다.

- **메이저 릴리스(Major Releases)**: 메이저 릴리스는 새로운 하드웨어 또는 소프트웨어 구성 요소를 포함한다. 일반적으로 메이저 릴리스는 상당한 변경이나 완전히 새로운 기능을 도입하기 위한 것이다. v1.0, v2.0 등과 같이 버전 번호 문자열의 첫 번째 정수로 식별된다. 큰 조직들은 통상적으로 메이저 릴리스를 실시할 연중 일정계획을 가지고 있다. 규모가 작은 조직들은 릴리스를 일년에 한번 수행하는데 조직이 급속히 확대되는 경우 여러 번의 릴리스를 수행할 수도 있다.
- **마이너 릴리스(Minor Releases)**: 기존 기능에 대한 사소한 변경이나 수정을 포함하는 업그레이드 버전이다. 마이너 릴리스는 보통 다음 주요 릴리스까지 기다릴 수 없는 사소한 변경이나 성능문제, 기능문제를 해결하기 위한 방법으로 활용된다. 마이너 릴리스에는 종종 하나의 릴리스 패키지에 함께 포장된 여러 수정 사항이 포함되어 있다. 마이너 릴리스는 일반적으로 v1.1, v1.2, v1.3, v1.4 등과 같이 소수점 첫째 자리 뒤의 숫자로 표시된다.
- **긴급 릴리스(Emergency Releases)**: 긴급 문제에 대한 빠른 수정을 위한 릴리스 유형으로써 단어가 의미하는 대로 즉각적인 주의가 필요한 일부 버그를 수정하는 릴리스이다. 긴급 릴리스는 고장으로 인한 시스템 사용자의 시스템 사용시간을 저해하거나 비즈니스 기능에 심각한 영향을 끼치는 경우에 적용되는 긴급 수정이다. 이들은 종종 다음 메이저 또는 마이너 릴리스까지 임시 수정으로 릴리스된다. 긴급 릴리스는 일반적으로 v1.1.1, v1.1.2, v1.1.3, v1.1.4 등과 같이 소수점 둘째 자리 뒤에 쓰여진 숫자로 표시된다.

013   정답: 3번

운영관리 기능과 가장 관련이 없는 것은 보기 ③번 내부 감사이다. 이는 IS 감사자가 수행할 역할이며, IS 관리자가 수행하는 역할과는 거리가 멀다. 참고로 운영관리 기능은 다음과 같다.

- **자원 할당**: IS 관리자는 계획된 작업을 수행하는 데 있어서 필요한 자원들이 가용하도록 한다.
- **표준과 절차**: IS 관리자는 전반적인 비즈니스 전략과 정책들에 따라서 모든 운영에 대한 표준과 절차를 확립해야 한다.
- **절차 모니터링**: IS 관리자는 IS 운영절차의 효과성 및 효율성을 측정하고 모니터링해야 한다.

014   정답: 3번

서비스 수준 협약서(SLA: Service Level Agreement)는 서비스를 제공함에 있어서 공급자와 사용자 간에 서비스에 대하여 측정지표와 목표 등에 대한 공식 협약서이다. 일반적으로 여기에 포함될 수 있는 서비스 측정치들은 CPU의 가용 시간, CPU 응답 시간, 헬프 데스크(Help-Desk) 응답 시간, 서비스 완료 시간, 가동 시간, 유지보수 지원 시간, 평균 무고장 시간(MTBF), 평균 복구 시간(MTTR), 기술 지원 응답 시간 등이다.

015   정답: 1번

시스템 검사(System Testing)는 정보 시스템이 완전히 통합되어 구축된 상태에서 정보 시스템의 비기능을 총체적으로 검사하는 것이다. 통합된 각 모듈들이 원래 계획했던 목표를 달성하고 의도했던 시스템 요구사항과는 차이가 없는지 등을 판단하게 된다. 수행 시간, 파일 저장 및 처리 능력, 최대 부하, 복구 및 재시동 능력, 수작업 절차 등을 점검한다. 시스템 검사는 시스템의 내부적인 구현 방식이나 설계에 대한 지식에 관계없이 테스트를 수행하는 블랙박스 테스트의 일종으로 분류된다. 시스템 검사는 모든 통합 검사를 통과한 통합된 소프트웨어 컴포넌트들, 그리고 필요한 하드웨어들과 통합된 소프트웨어 시스템 전체를 대상으로 한다. 시스템 테스트의 상세 유형으로는 복구 테스트, 보안 테스트, 부하 테스트, 볼륨 테스트, 스트레스 테스트, 성능 테스트 등이 있다. 보기 ①번의 인터페이스 테스트는 시스템 테스트가 아닌 통합 테스트 유형에 가깝다.

016 정답: 1번

형상관리 구성원의 역할과 책임은 다음과 같다.

- **프로젝트 관리자**: 형상관리 계획서를 승인하고 형상 관리가 적절히 수행될 수 있도록 지원/감독한다.
- **형상관리 책임자**: 프로젝트 계획 수립 시 해당 프로젝트의 형상 관리 계획을 수립하고 형상관리 활동이 적절히 수행될 수 있도록 지원/감독한다. 그리고 형상관리 활동에 대해 프로젝트 관리자와 팀원에게 보고 및 공지한다.
- **형상관리 담당자**: 형상관리 책임자와 협조하여 형상관리 계획에 따라 형상관리 활동을 수행한다.
- **라이브러리 담당자**: 시스템의 개발 및 유지보수에 필요한 라이브러리 구축 및 접근 통제를 수행하고 형상관리 계획에 따라 백업을 수행한다.
- **형상관리 위원회**: 베이스라인을 승인하고 변경 요청을 검토하여 변경여부를 결정한다.

017 정답: 3번

데이터센터에 구축된 시스템에 대한 보안 관제 및 모니터링 업무는 일반적으로 특정 기준에 따라 협의가 이뤄진 KPI에 따라 운영된다. 기밀성, 무결성, 가용성, 접근제어, 암호화, 효과성, 비용, 운영인력 등 다양한 관점에서 KPI가 수립되는데 기본적으로 시스템의 고객사와 협의하여 진행되어야 하며 SLA(Service Level Agreement)에 기록하는 것이 가장 명확하다. 가상화 기술과 클라우드 컴퓨팅, 소프트웨어 기반 아키텍처의 확산으로 전통적인 데이터센터 보안관제 KPI가 흔들리고 변화하고 있는 것이 요즘 추세다. 마지막으로 보안관제 KPI의 수준을 높일수록 관제를 운용하는 인력과 비용이 증가하는 편이며 따라서 비용 대비 인력 효율성은 비례하지 않는다.

018 정답: 1번

백업 사이트(Backup Site)는 지진, 홍수, 테러리스트의 공격과 같은 비상시를 위해 복제된 시스템의 예비 컴퓨터 등을 갖추어 놓은 곳을 말한다. 재해 복구 계획과 더 넓은 업무 연속성 계획의 중요한 부분이다. 백업 사이트에는 콜드 사이트, 웜 사이트, 핫 사이트, 미러 사이트 등이 존재하며 그중에 콜드 사이트의 특징은 다음과 같다.

콜드 사이트(Cold Site)는 백업 사이트 가운데 가장 값이 저렴한 사이트를 가리킨다. 원래 위치로부터 데이터와 정보의 백업된 복사본을 보유하지도 않으며 이에 대한 하드웨어가 구축되어 있지도 않다. 재해로 인해 기존의 사무실을 사용할 수 없는 경우 백업 위치로 식별되는 영역이다. 응급 상황 이전에 콜드 사이트에 보관된 장비나 소모품을 사전에 구매하지 않는다는 점에서 핫 사이트와 다르다. 비용은 덜 들지만 콜드 사이트에서 작업을 다시 설정하려면 핫 사이트로 작업을 옮기는 것보다 더 많은 시간과 노력이 필요하다. 그렇기에 콜드 사이트를 만드는 것이 비용 효율적일 수 있도록 분석을 수행해서 최적화해야 한다. 콜드 사이트가 중요한 레코드를 저장하는 데 사용되는 경우, 중요한 레코드를 사이트에 복제하고 배달하는 비용은 비용 분석 시점에서 효율적으로 고려되어야 한다.

019 정답: 4번

비즈니스 이메일 부정 조작(BEC: Business Email Compromise) 공격기법은 피해자에게 진짜와 거의 동일한 업무 내용이 담긴 이메일을 전송하여 비즈니스 사기를 수행하는 사회적 공격기법 중의 한 유형이다. 보이스피싱, 이메일 피싱, SMS 피싱과 같이 사람을 속이는 기법의 하나며 고도로 최적화되고 타깃에 맞추어진 공격을 통해 상대방을 속이는 수법이다. 최근에는 APT와 같이 높은 수준의 기술을 사용하던 다른 분야의 해커들이 BEC 공격을 활용하기 시작하면서 피해 규모가 커지고 있을 뿐만 아니라 BEC 수법의 완성도가 더욱 높아지고 있다. 과거에는 BEC 이메일의 본문과 제목에 오탈자가 존재하고 문맥이 이상한 경우가 많았으나 최근에는 보다 진화하여 전문 번역가를 사용하거나 인공지능 번역기를 통해 수준을 높이고 있다. 그리고 주로 영어권 국가에서 발생하던 BEC 공격이 아시아의 비영어권 국가로 빠르게 확대되고 있는 것도 특징이다.

020 정답: 2번

시스템의 신뢰성과 가용성을 측정하는 지표에는 MTTF(Mean Time To Failure), MTBF(Mean Time Between Failure), MTTR(Mean Time to Repair) 등이 존재하며 각 지표는 높고 낮음에 따라서 신뢰도의 우수성을 나타낸다.

- **MTTF**: 주어진 시간에서 고장 발생 시까지의 시간으로 고장 수리 후 다음 고장까지의 시간을 의미하므로 높을수록 고장이 적게 발생한다는 의미다.
- **MTBF**: 고장에서 다음 고장까지의 시간을 의미하며 마찬가지로 수치가 높을수록 신뢰도가 높은 것이다.
- **MTTR**: 고장복구 시간으로 고장을 일으켰을 때부터 다시 동작하기까지의 시간을 의미하며 고장을 빨리 회복한다는 것으로 낮을수록 좋다.

021 정답: 2번

Spike Testing은 시스템에 급격한 부하량을 증가시키고 감소시키면서 시스템의 성능 및 가용성을 검증하는 시험이다. Peak Load Testing은 Performance Testing과 유사한 유형으로 시스템의 최대 성능을 측정하거나 최대 부하량을 제공하고 시스템을 파악하는 시험이다. Load Runner Testing이라는 용어는 없으며 Load Runner는 시스템 부하 테스트 상용 솔루션의 시장점유율 1위 브랜드이다. Duration Testing은 시스템의 최대성능을 측정하는 것보다는 일정 기준 이상의 부하량을 지속적이고 오랫동안 제공하면서 시스템의 가용성과 상황을 모니터링하는 시험이다.

022 정답: 1번

재난복구/재해복구(DRS: Disaster Recovery System)와 관련된 주요 항목 및 지표에 대한 식은 다음과 같다.

(1) MTO≤AIW: MTO는 재난 발생 시 조직에 대한 위험을 최소화하기 위해 어떤 경우에도 AIW만큼 길어야 한다.
(2) RTO≤MTO: RTO는 허용 가능한 인터럽트 창(AIW)보다 짧아야 한다.
(3) RTO≤MTO≤AIW: RTO는 최대 허용 중단(MTO)보다 짧아야 한다.
(4) RTF=(RPO+WRT): RTF(Recovery Time Frame)는 RPO와 WRT의 합으로 계산된다.
(5) MTO=(RTO+WRT): MTO는 RTO와 WRT의 합으로 계산된다.

023 정답: 3번

범위 정의는 프로젝트 구축 범위에 포함할 사항과 제외할 사항을 결정하는 프로세스다. 프로젝트 범위 기술서는 범위 기준선의 중요한 구성요소이다. 다음은 프로젝트 범위 기술서(Project Scope Statement)의 포함 내용이다.

(1) **제품 범위 명세서**: 프로젝트 헌장과 요구사항 문서에 설명된 제품, 서비스의 특성을 점진적으로 구체화한다.

(2) **인수 기준**: 완료된 제품, 서비스 또는 결과의 인수 프로세스의 기준을 정의한다.

(3) **인도물**: 프로젝트 산출물, 프로젝트 관리 보고서, 문서 등의 결과물을 포함한다.

(4) **프로젝트 범위 제외사항**: 프로젝트 범위를 벗어나는 항목을 문서화한다.

(5) **제약 조건**: 프로젝트나 프로세스의 실행에 영향을 미치는 제한 요인을 포함한다.

(6) **가정사항**: 증거나 설명 없이 진실, 현실 또는 특정한 것으로 간주하는 가정사항 등을 식별하여 문서화한다.

024   정답: 3번

프로젝트 원가관리에서는 우발사태 예비비와 관리 예비비에 대한 출제 비중이 높으므로 반드시 그 특징을 숙지해야 한다. 보기 ③번은 우발사태 예비비를 설명하였고 나머지는 관리 예비비에 대한 설명이다.

원가 산정치에는 원가 불확실성에 대비하여 우발사태 예비비(우발사태 충당금이라고도 함)를 포함할 수 있다. 우발사태 예비비는 식별된 리스크에 대해 배정되고 우발사태 또는 완화 대응책이 마련되는 원가 기준선 내의 승인된 예산이다. 우발사태 예비비는 프로젝트에 영향을 미칠 수 있는 예측 가능한 리스크를 처리하기 위한 예산의 일부로 보기도 한다. 예를 들어 일부 프로젝트 인도물은 그 정도는 알지 못하지만 재작업이 예상될 수 있다. 우발사태 예비비는 이렇게 정도를 알 수 없는 재작업에 대응하기 위해 산정할 수 있다. 우발사태 예비비는 특정 활동 전체 프로젝트 혹은 둘 모두에게 제공할 수 있다. 우발사태 예비비는 산정된 원가의 백분율 또는 고정된 수치이거나 정량적 분석 방법을 이용하여 산출할 수 있다. 프로젝트에 관해 더 정확한 정보가 입수됨에 따라 우발사태 예비비를 사용 감축 또는 제거할 수 있다. 우발사태는 원가 문서에 명시해야 한다. 우발사태 예비비는 프로젝트에 대한 원가 기준선 및 전체 자금 조성 요구사항의 일부이다. 프로젝트 자금 조성을 위해 관리 예비비 산정치도 산출할 수 있다. 관리 예비비는 관리통제 목적으로 보유하기 위해 지정한 프로젝트 예산 자금이며, 프로젝트 범위 내의 예견되지 않은 작업에 예약된다. 관리 예비비의 용도는 프로젝트에 영향을 줄 수 있는 예측 불가능 리스크를 처리하기 위한 것이다. 관리 예비비는 원가 기준선에 포함되지는 않지만, 전체 프로젝트 예산과 자금 조성 요구사항의 일부이다. 일정 금액의 관리예비비가 예상되지 않은 작업에 사용되면 사용된 관리예비비 금액이 원가 기준선에 추가되므로 원가 기준선에 대한 변경 승인을 얻어야 한다.

025   정답: 4번

PMI(Project Management Institute)에서 제시하는 프로젝트 유형은 기능 조직(Functional Organization), 프로젝트 조직(Project Organization), 매트릭스 조직(Matrix Organization: Weak, Balanced, Strong)의 3가지이다. 프로젝트 유형 각각의 설명은 다음과 같다.

(1) **기능 조직(Functional Organization)**: 전문성과 전문가 활용의 유용성이 높고 전사조직체계 변경이 없으며 부서 내에 명확하게 정의된 책임과 역할이 있다는 장점이 있다. 하지만, 부서 간 책임 분산으로 통합 기능이 부재하거나 갈등이 발생할 수 있으며, 부서관점의 편협된 의사결정이나 동기부여 부족 및 요구사항에 대한 대응에 대한 이슈가 있을 수 있다.

(2) **프로젝트 조직(Project Organization)**: 조직구조가 간단하고 의사소통과 보고체계가 명확하다. PM의 권한이 높아 프로젝트 추진력이 강하며 과업 지향적이고 동질적인 팀 분위기를 형성한다. 신속한 의사결정 및 진행이 가능하고 유사한 프로젝트가 연속될 때 전문가를 유지하는 것이 용이하다는 장점이 있다. 반면에, 전사조직의 자원낭비(중복)가 발생하고 노하우가 개인

에 의존하여 기술 전문성에 제약이 생길 수 있으며, 프로젝트 완료 후 팀원들의 소속팀 복귀가 불안하고 전사 표준적용의 일관성이 결여될 수 있다.

(3) **매트릭스 조직(Matrix Organization)**: 조직자원의 활용 효율성이 높고 수직, 수평의 정보 공유가 용이하며 기능조직과 프로젝트 조직의 장점을 활용할 수 있다. 하지만 조직체계가 복잡하여 이해하기 곤란할 수 있고, 권한과 보고체계가 복잡하여 갈등이 발생할 수 있다. 그리고 의사결정기간이 장기화될 수 있고 희소자원에 대한 부서 간 갈등도 발생할 수 있다. 또한, 기능조직과 프로젝트 조직의 단점만 나타날 수 있다는 우려도 있다.

026 정답: 2번

일반적으로 데이터베이스 보안제품은 크게 DB 암호화, DB 접근 제어 및 로깅 제품 두 가지로 나뉘어져 있다. DB 접근 제어 및 로깅 제품은 다양한 종류의 보안 방식이 존재하고 각각의 방식별로 특징적인 기능을 제공하고 있다.

(1) **전용 DB 접근 툴 방식**: 별도의 DB접근 전용 툴을 이용해서, DB 서버에 접근하는 방식으로 DB에 접근하는 모든 사용자는 전용 툴을 사용해야 하며, 우회 접속(일반 DB 툴로의 직접 접속) 경로 차단이 필요하다. 장점으로는 간단한 정책 추가만으로 보안 대상(DBMS)을 추가할 수 있다.

(2) **Agent 방식**: 서버에 별도의 접근통제 및 로깅용 Agent를 설치하는 방법으로 가장 강력한 통제 기능을 제공하나 DB 서버에 부하가 발생하며 장애 발생 시 DB 서버의 오작동 가능성이 존재한다.

(3) **스니핑 방식**: 네트워크에서 송수신되는 패킷 정보를 이용하여 접근차단 및 로깅하는 방식으로 네트워크에 부하 없이 모니터링만 필요한 경우 가장 적합한 방식이다. 단 접근차단 및 권한차단이 불안정하여 보안기능이 필요한 경우 권장하지는 않는다.

(4) **Proxy 방식**: 모든 DB 접속 프로그램에 대한 지원이 가능하며 강력한 보안기능을 제공하는 방식으로 간단한 정책 추가만으로 보안 대상(DBMS)을 추가할 수 있어서 많은 DB를 가진 대형 고객사에 적합하다. 단, 우회 접속(일반 DB 툴로의 직접 접속) 경로 차단이 필요하며 사용자 단의 TNS를 변경할 경우가 발생할 수 있다.

(5) **In-Line 방식**: DB 서버와 사용자 사이의 이동 경로에 In-line으로 설치하는 방식으로 설치 및 제거가 쉽고 서버나 클라이언트에 별도의 프로그램 설치나 설정 변경이 필요 없는 방식으로 SMB 시장에서 특히 인기 있는 구성방식이다. 강력한 보안기능을 제공하면 몰려 있거나 DB에 접근하는 사용자가 몰린 경우 가장 추천할 방식이다. 단 트래픽에 따른 보안장비의 용량 산정이 필요한 방식이다.

출처: https://www.kdata.or.kr/

027 정답: 4번

보기 ④번의 WAS 서버의 DB 작업 로깅은 유용하지 않다. 그 이유는 첫 번째, 실제 쿼리를 실행한 사용자 IP를 알 수 없다. 두 번째, 정형 쿼리 이외의 쿼리가 오지 않는다. 세 번째, 저장해야 하는 Log의 용량이 너무 많다. 일반적인 DB 보안 제품의 기능은 다음과 같다.

(1) **접근통제 기능**: 사용자 IP, 사용자 ID, 사용자 Application, 컴퓨터 이름, 접속 시간대별로 세분화하여 데이터베이스의 접근을 제어한다.

(2) **권한통제 기능**: 사용자 IP, 사용자 ID, 사용자 Application, 컴퓨터이름, 접속 시간대별로 세분화하고 추가적으로 SQL command, Table 및 필드에 대한 권한제어를 한다.

(3) **중요 Query 결재 기능**: 관리자가 실행해야 하는 중요하고 위험한 Query 명령에 대해서 상급자의 결재에 의해서만 실행하는 기능을 제공한다.

(4) **감사데이터 생성 및 조회 기능**: 모든 SQL 실행

문장에 대해서 로그를 남기고 향후 감사를 위한 조회기능까지 제공한다.
(5) **통합 DB 보안 기능**: 여러 대의 DB서버에 대한 통합적인 보안기능을 제공하여 다수의 DB서버를 편리한 보안관리를 제공한다.

028 정답: 3번

시스템 전환(Changeover, Cut-Over)은 새로운 정보 시스템을 온라인 상태로 만들고 이전 시스템을 폐기하는 프로세스다. 전환은 일반적으로 다음과 같은 네 가지 방법이 존재한다.

(1) **직접 전환(Direct Cutover)**: 직접 전환 접근 방식은 새 시스템이 작동할 때 즉시 이전 시스템에서 새 시스템으로 전환되도록 한다. 비용이 가장 저렴하지만 다른 전환 방법보다 더 많은 위험이 수반된다.

(2) **병렬 운영(Parallel Operation)**: 병렬 운영 전환 방식은 기존 정보 시스템과 새로운 정보 시스템이 지정된 기간 동안 완전히 병렬로 운영되어야 한다. 데이터는 두 시스템 모두에 입력되고 새 시스템에서 생성된 출력은 이전 시스템의 동등한 출력과 비교된다. 사용자, 관리 및 IT 그룹이 새 시스템이 올바르게 작동한다고 판단되어서 만족하면 이전 시스템은 종료된다. 이는 가장 비용이 많이 드는 전환 방법이며 위험성이 적다.

(3) **파일럿 운영(Pilot Operation)**: 파일럿 전환 방법은 회사의 선택한 위치에서 완전히 새로운 시스템을 구현하는 것을 포함한다. 직접 전환 방법 및 파일럿 사이트에 대해서만 두 시스템을 운영한다. 즉, 새로운 시스템을 먼저 사용하는 그룹을 파일럿 사이트라고 한다. 구현을 파일럿 사이트로 제한하면 병렬 시스템보다 비용이 적게 들며 시스템 장애 위험 또한 줄어든다.

(4) **단계적 운영(Phased Operation)**: 단계적 운영 전환 방법은 새로운 시스템을 단계적으로 또는 모듈로 구현하는 것을 의미한다. 다른 세 가지 전환 방법 중에서 하나를 사용하여 각 하위 시스템을 구현한다. 이 접근 방식에서 오류 또는 실패의 위험은 구현된 모듈로만 제한될 뿐만 아니라 전체 병렬 작업보다 비용이 저렴한 특징이 있다.

029 정답: 4번

단절적 전환(Abrupt Changeover, Abrupt Conversion)은 개발된 시스템을 생산 환경에 설치하기 위한 전환 국면의 실행 방식 중의 하나로써 여기에서는 기존 시스템의 수행이 즉각 중지되고 신규 시스템으로 업무를 수행한다. 이 방식은 전환 비용을 줄일 수 있다는 장점은 있으나 구 시스템을 백업으로 이용할 수 없어 새로운 시스템이 운영되는 과정에서 발생되는 에러나 미비점들로 인한 잠재적 비용이 클 수밖에 없다. 단절적 전환은 차단 날짜와 시간이 되면 구 시스템이 신 시스템으로 단번에 전환되며, 신 시스템으로 전환이 일어나면 구 시스템은 중단되기 때문에 IS 감사자의 입장에서 다음과 같은 위험영역을 사전에 파악하여야 한다. 자산의 보호, 데이터의 무결성, 시스템 효과성, 시스템 효율성, 변경관리의 어려움, 중복 또는 누락된 레코드 등이다. 보기 ④번 자원 부족의 어려움은 단계적 전환(Phased Changeover)에서 고려되어야 할 사항이다.

030 정답: 4번

기준선(Baseline)의 종류는 다음과 같다. 하지만, 보기 ④번의 품질 기준선은 가장 연관성이 없다.

(1) **기능적 기준선**: 프로젝트 수행 계획서, 요구사항 관리대장, SW 기능 구조도
(2) **분배적 기준선**: 엔티티 정의서, 데이터 흐름도, 용어집
(3) **설계 기준선**: 인터페이스, ERD, UI 정의서
(4) **시험 기준선**: 소스 코드, 단위 테스트 관리 대장
(5) **제품 기준선**: 테스트 계획서/시나리오

(6) **운영 기준선**: 사용자/운영자 매뉴얼, 최종 산출물

031　　　　　　　　　　　　　정답: 3번

　IS 관리자는 사건과 문제 관리 메커니즘이 적절하게 유지되도록 해야 하고, 해결되지 않는 오류가 적절한 시기에 적절한 방법으로 탐지되고 해결되도록 노력해야 한다. 오류 로그에 나타나야 하는 항목은 다음과 같으며, 오류 발생자와 그 발생 사유는 오류 로그에 나타내야 할 항목과는 거리가 멀다.

- 오류 발생일
- 오류 개결 내용
- 오류 코드
- 오류 원인
- 이관일자와 시간
- 기록을 유지하는 책임 담당자의 사인
- 기록 입력 완료의 책임 담당자의 사인
- 오류 해결의 소관 부서/센터
- 문제 해결의 상태 코드(예: 미해결, 미래의 특정일자까지 해결 보류, 현재 환경에서 해결 불가능한 문제 등)
- 문제 해결 상태의 설명

032　　　　　　　　　　　　　정답: 3번

　데이터 웨어하우스(DW: Data Warehouse)란 사용자의 의사 결정에 도움을 주기 위하여, 기간 시스템의 데이터베이스에 축적된 데이터를 공통의 형식으로 변환해서 관리하는 데이터베이스를 말한다. 정보(Data)와 창고(Warehouse)의 의미가 합성되어 만든 단어로, 줄여서 DW로도 불린다. 데이터 웨어하우스는 방대한 조직 내에서 분산 운영되는 각각의 데이터베이스 관리 시스템들을 효율적으로 통합하여 조정 및 관리하기 때문에 효율적인 의사 결정 시스템을 위한 기초를 제공하는 실무적인 활용 방법론이 제공되고 있다. 데이터 웨어하우스의 구성은 관리 하드웨어, 관리 소프트웨어, 추출·변환·정렬 도구, 데이터베이스 마케팅 시스템, 메타 데이터(Meta Data), 최종 사용자 접근 및 활용 도구 등으로 구성되어 있다. 또한, 데이터 웨어하우스는 경영자의 의사 결정을 지원하는 데이터의 집합체로 주제 지향적(Subjectoriented), 통합적(Integrated), 시계열적(Timevarient), 비휘발적(Nonvolatile)인 네 가지 특성을 보인다. 주제 지향성(Subject-orientation)이란, 데이터를 주제별로 구성함으로써 최종 사용자(End User)와 전산에 약한 분석자라도 이해하기 쉬운 형태가 되는 것이다. 그리고 통합성(Integration)은 데이터가 데이터 웨어하우스에 들어갈 때 일관적인 형태(데이터의 일관된 이름 짓기, 일관된 변수 측정, 일관된 코드화 구조 등)로 변환되는 것이다. 시계열성(Timevariancy)은 데이터 웨어하우스의 데이터는 일정 기간 정확성을 나타내고 비휘발성(Nonvolatilization)으로 데이터 웨어하우스에 일단 데이터가 적재되면 일괄 처리(Batch) 작업에 의한 갱신 이외에는 Insert나 Delete 등의 변경이 수행되지 않는 특징을 갖는다.

033　　　　　　　　　　　　　정답: 4번

　다양한 성과 개선 및 최적화 기법을 이용하여 조직 내부에서 개발한 방법을 보완할 수 있다. 이러한 기법에는 PDCA(Plan-Do-Check-Act), ITIL과 같은 모범사례, COBIT과 같은 프레임워크가 존재한다. 또한 성과 측정, 의사소통, 그리고 조직의 변화를 촉진시키는 다음과 같은 도구 및 기법이 있다. 6시그마, IT 균형 성과표(BSC: Balanced Score Card), 핵심 성과 지표(KPIs), 벤치마킹, 비즈니스 프로세스 리엔지니어링(BPR), 근본 원인 분석, 주기별 비용 대비 효익 분석 등이다. 하지만 통계 및 데이터 분석(CAAT's)은 지속적 감사 환경의 운영을 위해서 사용되는 IT 기법이므로 가장 거리가 멀다. 참고로 CAAT 이외의 기법에는 다음과 같은 것들이 존재한

다. 트랜잭션 로깅, 검색도구(Query tools), 데이터베이스 관리 시스템(DBMS), 데이터 웨어하우스, 데이터 마트, 데이터마이닝, 인공지능(AI), 내장감사모듈(EAM), 신경망 기술, XBRL 과 같은 표준 등이다.

034 정답: 1번

영업비밀을 준수하도록 직원의 동의를 얻는 문서를 작성하는 것이 가장 좋은 대응방법이다. 이는 예방통제의 일환이다. 비밀유지 계약서(NDA: Non-Disclosure Agreement)란 회사 내 기밀을 공유해야 하지만, 외부에 누설되어서는 안 되는 경우에 체결하는 계약서이다. 이는 사업에 대한 기밀 정보를 제공받은 자가 특정기간 동안 이 정보를 외부에 누설하지 않기로 합의하는 법적 구속력이 있는 계약서이다.

035 정답: 3번

Agile Manifesto에 명시된 Agile 소프트웨어 개발의 4가지 핵심 가치는 다음과 같다.

(1) 프로세스 및 도구에 대한 개인 및 상호 작용
(2) 포괄적인 문서에 대한 작업 소프트웨어
(3) 계약 협상에 대한 고객 협력
(4) 계획을 따르는 변화에 대응

또한, Agile Manifesto에 명시된 12가지 원칙은 다음과 같다.

(1) 귀중한 작업을 조기에 지속적으로 제공하여 고객을 만족시킨다.
(2) 큰 작업을 빠르게 완료할 수 있는 작은 작업으로 나눈다.
(3) 최고의 작업은 스스로 조직된 팀에서 나온다는 것을 인식한다.
(4) 동기 부여된 개인에게 필요한 환경과 지원을 제공하고 업무를 완수할 수 있도록 신뢰한다.
(5) 지속 가능한 노력을 촉진하는 프로세스를 생성한다.
(6) 완료된 작업을 위해 일정한 속도를 유지한다.
(7) 프로젝트 후반에도 변화하는 요구 사항을 수용한다.
(8) 프로젝트 전체에 걸쳐 매일 프로젝트 팀과 비즈니스 소유자를 모집한다.
(9) 팀에 더 효과적인 방법을 정기적으로 반영하고 그에 따라 행동을 조정하고 조정한다.
(10) 완료된 작업량으로 진행 상황을 측정한다.
(11) 지속적으로 우수성을 추구한다.
(12) 경쟁 우위를 위해 변화를 활용한다.

036 정답: 1번

버퍼 오버플로우(Buffer Overflow)는 프로그래밍 오류의 결과다. 따라서 이를 방지하는 가장 좋은 방법은 개발자가 오류를 피하도록 자체적인 교육을 하는 것이다. 보안 코딩 인증 프로그램뿐만 아니라, 다양한 보안 코딩 가이드, 서적을 참고하는 것도 버퍼 오버플로우를 해결하는 데 도움이 된다. CERT 코디네이션 센터(CERT Coordination Center)와 카네기 멜런 대학의 소프트웨어 공학 연구소는 C와 C++을 비롯한 여러 프로그래밍 언어에 대한 개발 코딩 표준을 제안하였다.

버퍼 오버플로우를 방지하는 자동화된 방법도 있다. 메모리 안전 프로그래밍 언어나 프레임워크, 버퍼 오버플로우를 일으키기 쉬운 함수에 대한 안전한 버전을 제공하는 라이브러리를 사용하는 것이 대표적이다. 또한, 개발자가 ASLR과 위치 독립 실행 파일(PIE: Position-Independent Executables) 같은 기능을 사용하는 애플리케이션을 만들어 버퍼 오버플로우의 잠재적인 영향을 제한할 수 있다. 이밖에 컴파일러 플래그 및 확장을 사용하면, 마이크로소프트 비주얼 스튜디오의 /GS 플래그, 레드햇, 스택가드(Stackguard), 프로폴리스(ProPolice)가 추가한 FORTIFY_SOURCE GCC 플래그와 같은 오류를 탐지할 수 있다. 그러나 불행히도 이러한 솔루션 중 완벽한 보호를 제공하는 것은 없다. 내/외부 보안팀이 주기적으로 개발 코드를 검토하고 애플리케이션 보안 테스트를 수행해야 한다. 퍼저(Fuzzers)와 같은 도구를 자동화된 테스팅 워크플로우에 통합하는 것도 중요한 방법이다. SPM(Standard and Procedure Manual)은 표준 및 절차 매뉴얼로써 프로젝트 수행 과정에 필요한 작업 표준, 절차를 기술한 것으로 업무 추진 시에 중요한 가이드 역할을 하며, 버퍼 오버플로우의 대응 방법과는 거리가 멀다.

출처: http://www.itworld.co.kr

037 정답: 3번

프로젝트의 요구사항 도출기법은 그룹 도출 측면과 개별 도출 측면의 관점으로 분류할 수 있다. 그룹 도출 측면의 기법은 포커스그룹, 프로토타입, 워크숍, 브레인스토밍 등이 있다. 그리고 개별 도출 측면의 기법은 설문조사, 관찰, 인터뷰, 벤치마킹, 델파이, 마인드맵, 친화도 등이 있다.

038 정답: 2번

요구공학의 프로세스는 요구사항 개발과 요구사항 관리로 구성된다. 요구사항 관리 프로세스는 CMMI Level 2 프로세스 영역에 속하며 요구사항 협상, 요구사항 기준선(BaseLine), 요구사항 변경관리, 요구사항 확인을 수행한다. 요구사항 협상은 가용한 자원과 수용 가능한 위험 수준에서 구현 가능한 기능을 협상하는 활동이다. 또한 협상 요구사항 기준선은 공식적으로 합의되고 검토된 요구사항 명세서를 의미한다. 그리고 요구사항 변경관리란 요구사항 기준선을 기반으로 모든 변경을 공식적으로 통제하는 활동이다. 요구사항 확인은 구축된 시스템이 이해관계자가 기대한 요구사항에 부합되는지를 확인하는 과정이다. 요구사항 개발은 CMM Level 3 프로세스 영역에 속하는 프로세스이며 요구사항 추출, 요구사항 분석, 요구사항 명세화, 요구사항 확인(검증)으로 구성된다. 요구사항 추출은 이해관계자와 개발자가 함께 이해관계자의 Needs와 시스템 개발 시 제약사항을 발견하여 검토하고 명확화하는 이해 과정이다. 요구사항 분석은 추출된 요구사항을 분석하고 요구사항을 구조화하고 각종 대안을 결정하는 피드백 역할 수행을 포함한다. 그리고 요구사항 명세화는 분석 과정에서 선별된 기능을 기반으로 구축할 시스템의 세부 내역을 기술한다. 마지막으로 요구사항 확인(검증)은 요구사항의 승인기준(문서화, 명확성, 간결성, 이해성, 시험성, 사용성, 추적성, 검증성)을 확인한다.

039 정답: 1번

요구공학(RE: Requirements Engineering)은 시스템 요구사항 문서를 생성, 검증, 관리하기 위하여 수행되는 구조화된 활동의 집합이며 CMMI Level 3 프로세스 영역에 속해 있다. 요구사항의 획득, 분석, 명세, 검증 및 변경관리 등에 대한 제반 활동과 원칙을 정의하고 요구사항 생성 및 관리를 체계적이고 반복적으로 수행한다. 요구사항 생성 및 관리를 체계적, 반복적으로 수행한다. 또한, 요구사항 관리에 포함되는 모든 생명주기(SDLC) 활동과 이를 지원하는 프로세스를 포함한다. 시스템 요구사항 문서를 생성, 검증, 관리하기 위하여 수행되는 구조화된 활동의 집합이며 요구사항 명세를 최종 산출물로 생성한다.

040 정답: 3번

Slow HTTP 공격은 HTTP의 취약점을 이용한 서비스 거부 공격을 말한다. 관련된 공격은 Slow HTTP POST DoS, Slow HTTP Header DoS, Slow HTTP Read DoS이 있다. 이 공격은 커넥션을 유발하는 공격이며, GET 또는 POST 이후 천천히 데이터를 수신 또는 전송하여 커넥션을 유지하는 공격 형태를 보이므로 Slow HTTP 공격이라고 한다. Slow HTTP 공격의 대응 방법은 캐시 서버를 이용한 대응, Set-Cookie, Javascript를 이용한 대응, 커넥션 관련 Timeout 지시자 설정, 커넥션 기반 임계치 설정, 데이터의 최소 수신 비율 조정, 웹 서버의 Keep-active Timeout 설정 등이 있다. 세 가지의 Slow HTTP 공격 유형의 상세한 설명은 다음과 같다.

(1) **Slow HTTP POST DoS**: RUDY(RU-Dead-Yet?) 공격이라고도 부른다. POST 메소드로 대량의 데이터를 장시간에 걸쳐 분할 전송하여 연결을 장시간 유지시킨다. 서버가 POST 데이터를 모두 수신하지 않았다고 판단하면 전송이 다 이루어질 때까지 연결을 유지하는 성격을 이용한다. 예를 들어 Content-Length를 100000byte로 하고 데이터는 일정한 간격으로 1byte씩 전송한다. 이러한 연결을 다량 만들어 각각의 연결이 장시간 유지되도록 하여 가용성을 해친다.

(2) **Slow HTTP Header DoS(Slowloris 공격)**: HTTP Header 정보를 비정상적으로 조작하여 웹 서버에 온전한 Header 정보가 올 때까지 기다리도록 한다. 서버가 연결 상태를 유지할 수 있는 가용자원은 한계가 있으므로 임계치를 넘어가면 다른 정상적인 접근을 거부한다.

(3) **Slow HTTP Read DoS 공격**: 정상 트래픽이라면 Window Size가 가변적이지만 공격 트래픽은 Window Size를 '0'으로 고정, 매우 작은 윈도우 크기로 서버에 응답을 보내면 서버는 더 이상 데이터를 전송하지 못하고 연결만 유지한 상태로 대기한다.

041 정답: 4번

정보전략계획(ISP: Information Strategy Planning)의 미래모형에서 TO-BE 정보 시스템 설계는 DA(Data Architecture), AA(Application Architecture), TA(Technical Architecture)이다. TO-BE 업무 프로세스 설계는 BA(Business Architecture) 정의와 프로세스 설계로 나눌 수 있다. BA는 미래 비즈니스 아키텍처를 설계하는 것이고 프로세스 설계는 개선이 필요한 세부 프로세스에 대한 설계를 의미한다. 이에 반해 TO-BE 정보 시스템 설계는 DA/AA/TA/정보관리체계 설계로 나눌 수 있다. DA는 미래 데이터 아키텍처를 설계하는 것이며 AA는 미래 애플리케이션 아키텍처를 설계하는 것이다. TA는 미래 테크니컬 아키텍처를 설계하는 것을 의미하며 정보관리체계 설계는 IT Governance 측면을 고려하여 미래 정보관리체계를 설계한다.

042 정답: 3번

균형성과 관리(BSC: Balanced Score Card)는 1990년대 초반 하버드 비즈니스스쿨 로버트 카플란과 데이비드 노턴이 공동으로 제시한 비즈니스 성능측정 방법론으로 현재 많은 기업에서 광범위하게 채택되고 있는 경영 개념이다. BSC는 핵심적인 성능지표(KPI)를 재무, 내부 업무 프로세스, 고객, 교육 및 성장 등 4개로 나누고 있으며 기업의 비전과 전략을 이들 4가지 핵심성능 지표의 균형 잡힌 모형으로 변화시켜 전략목표를 세우거나 조직상에서 이를 효과적으로 논의하고 더 나아가 개인, 조직, 부서 간에 역할을 배치한다.

043 정답: 2번

정보전략계획(情報戰略計, ISP: Information Strategy Planning)은 정보 시스템 구축의 출발점인 계획 단계를 이르는 말이다. 즉, 조직의 정보 시스템 구축에 대한 전반적인 상황의 인식과 지향해야 할 목표를 조명하는 작업이라고 할 수 있다. 정보 전략 계획은 정보 시스템 자체만을 위한 것이 아니라 기업의 경쟁 우위 확보를 위한 기업 정보화 전략과 밀접하게 연관되어 있다. 이런 관점에서 정보 전략 계획은 기업이 수립한 중장기 경영 전략과 계획을 토대로 사업 전개에 필요한 총체적인 정보 체계를 제시하고 향후 단위 또는 통합 정보 체계의 개발을 계획하고 통제함으로써 경영 요구에 의한 정보 기술 체계를 구축하는 과정으로 정의할 수 있다. 기업 정보화에 대한 전략 계획은 그 기업 전체를 위한 총체적 전략 계획을 근거로 하여 제시되어야 한다. 경쟁력 있는 정보 전략 계획은 미래의 정보 기술과 이러한 정보 기술이 기업의 업무 활동, 생산 체계 또는 용역 체계, 목적 등에 주는 영향을 정확히 제시해야 하며, 정보 전략 계획과 그 기업의 총체적 전략 사이의 관련성을 포함하고 있어야 한다. 따라서 최고 정보 관리자(CIO)는 최고 경영층과 긴밀히 협의하여 정보 전략 계획을 수립해야 하며, 그 기업의 총체적 전략 계획에도 깊이 참여해야 한다. 정보전략계획(ISP)의 수행 절차를 올바르게 나열한 것은 환경분석 → 현황분석 → 미래모형 정립 → 실행계획수립의 순서이다.

044 정답: 3번

비즈니스 영향도 분석(BIA: Business Impact Analysis)은 발견한 위험 요소들이 발현했을 때 기업이나 사업장에서 받는 충격의 정도를 분석하는 과정이다. BIA는 재해, 사고 또는 비상사태로 인한 중요한 비즈니스 운영 중단의 잠재적 영향을 파악하고 평가하는 체계적인 프로세스이다. BIA는 조직의 비즈니스 연속성 계획의 필수적인 구성 요소이며, 취약성을 드러내기 위한 탐색 구성 요소와 위험을 최소화하기 위한 전략을 개발하기 위한 계획 구성 요소를 포함한다. 그 결과는 비즈니스 영향 분석 보고서로, 조사된 조직에 특정된 잠재적 위험을 분석하여 보고한다. BIA 이면의 기본적인 가정 중 하나는 조직의 모든 구성 요소들이 다른 모든 요소의 지속적인 기능에 의존하고 있지만, 어떤 구성 요소들은 다른 요소들보다 더 중요하며, 재난의 결과로 더 많은 자금이 필요하다는 것이다. 예를 들어, 구내식당이 문을 닫아야 할 경우, 사업은 다소 정상적으로 계속될 수 있지만, 정보 시스템이 다운되면 완전히 중단될 수 있다. 정보 기술의 BIA는 필수적인 사업 기능, 기존 시스템 간 상호 의존성, 가능한 고장 지점 및 시스템 고장과 관련된 비용을 지원하는 애플리케이션의 식별부터 시작할 수 있다. 분석 단계에서는 리스크를 검토하고 가동 시간 요구 사항과 RTO 및 RPO에 우선순위를 지정한다. 정보 수집이 완료되면, 조사 결과를 검증할 수 있는 비즈니스 리더들과 협의하여 검토 단계를 시작한다. 스프레드시트를 사용하여 인터뷰 세부 정보, 비즈니스 프로세스 설명, 예상 비용, 예상 복구 시간 및 장비 재고 등의 정보를 저장하고 구성할 수 있다. 중요한 비즈니스 프로세스, 시스템 및 워크 플로우 분석 다이어그램이 유용하게 사용될 수 있다. 최종 보고서에 앞서 피드백을 유도하기 위해 보고서 초안을 작성하여 관계자들끼리 리뷰를 수행할 수도 있다.

045 정답: 2번

보안 서버란 인터넷상에서 사용자 PC와 웹 서버 사이에 송수신되는 개인정보를 암호화하여 전송하는 서버를 의미한다. 또한 보안 서버는 해당 기관의 실존을 증명하여 사용자와 웹 서버 간의 신뢰를 형성하고, 웹 브라우저와 웹 서버 간에 전송되는 데이터의 암/복호화를 통하여 보안 채널을 형성하므로 사용자의 개인정보를 보호한다. 개인정보를 송/수신하는 대표적인 예로는 회원 가입 시 주민번호 입력, 로그인 시 ID/패스워드 입력, 인터넷 뱅킹 이용 시 계좌번호/계좌비밀번호 입력 등이 해당된다. 인터넷상에서 암호화되지 않은 개인정보는 가로채기 등의 해킹을 통해 해커에게 쉽게 노출될 수 있으므로, 웹 서버에 보안 서버 솔루션을 설치하면 해커가 중간에 데이터를 가로채어도 암호화되어 있어 개인정보가 노출되지 않는 효과가 있다. 보안 서버를 사용하면 다음과 같은 효과가 있다.

(1) **정보유출 방지(Sniffing 방지)**: 학교, PC방, 회사 등의 공용 네트워크를 사용하는 PC에서 보안

서버가 구축되지 않은 사이트로 접속할 경우, 개인정보가 타인에게 노출될 가능성이 매우 높다. 만일 악의적인 공격자(해커)가 스니핑툴(Sniffing Tool)을 사용할 경우 다른 사람의 개인정보(ID, PW, 이메일 주소, 주민등록번호, 주소, 전화번호 등)를 손쉽게 얻을 수 있다. 따라서 보안 서버는 개인정보보호를 위해서 반드시 필요하다.

(2) **위변조 방지(Integrity 보장)**: 보안 서버는 통신하는 메시지의 무결성을 보장하여, 사용자의 웹 브라우저와 웹 서버 사이의 통신 데이터의 위변조를 막아 신뢰할 수 있는 데이터 통신을 보장한다.

(3) **위조사이트 방지(Phishing 방지)**: 보안 서버가 구축된 사이트를 대상으로 피싱(Phishing) 공격을 시도하기는 어렵다. 사용자가 접속하는 웹 페이지의 보안 서버 구축여부를 확인하는 방법(자물쇠 이미지, 암호화 호출[https://], 암호화 모듈 로딩 등)을 통하여 피싱 피해를 줄일 수 있다.

(4) **기관의 신뢰도 향상**: 사용자의 개인정보를 안전하게 관리하는 기관이라는 이미지를 부각시킬 수 있다.

046 정답: 3번

품질관리에서 중요한 4M이란 Man, Material, Machine, Method이다. 업무상의 실수나 에러를 줄이면 품질이 향상될 수 있고, 또한 원자재, 부자재 등의 재료가 처음부터 계획한 대로 입고되어서 작업이 원활하게 진행되면 품질관리가 잘 진행될 수 있다. 또한 각종 기기 설비 등이 잘 가동될 뿐만 아니라 제때 유지보수되고 지원되어야 좋은 품질관리 결과가 나올 수 있다. 마지막으로 모든 활동이 중요하지만, 제품이 이루어질 때 그 과정, 즉 프로세스나 방법적 측면에서 개선이 꾸준히 진행되어야 좋은 품질관리가 될 수 있다. 4M의 각각에 대한 설명은 다음과 같다.

(1) **사람(Man)**: 주요 공정 작업자, 품질 책임자, 품질 검사자 등을 말한다. 내부 또는 외부의 인력 변동으로 인해 품질저하가 발생하는 경우가 있기 때문에 관리가 필요하다.

(2) **기계(Machine)**: 설비, 금형, 검사장비 등을 말한다. 설비나 검사장비 등이 변경될 때 품질이 변화되지 않는지 확인하여야 한다.

(3) **재료(Material)**: 재질, 공급처, 원재료, 재질, 공급처 변경 등의 변경을 의미한다. 변경 시 당장 나타나는 변화는 크지 않아도 시간이 경과됨에 따라 변할 수 있다.

(4) **방법(Method)**: 제조공법, 표면 처리, 공장 이전, 공정 재배치, 검사 방법 변경 등을 말한다. 항상 사전 검토 후 품질에 영향이 없는지 파악 후 진행하여야 한다.

047 정답: 3번

OIDC(OpenID Connect)는 일반적으로 상호운용성, 보안, 유연성, 단순성의 특징을 가지고 있다. 따라서 보기 ③번의 확장성과는 거리가 멀다.

- **상호운용성**: 인증 서비스는 기본적으로 다양한 컨슈머 서비스들이 사용할 수 있도록 상호운용성을 반드시 충족해야 한다. OIDC 또한 표준 영역(openid, profile, email, address, phone)에 대해 요청 시, 필요한 사용자 정보들을 ID 토큰을 통해 제공할 수 있다.

- **단순성**: 모바일 지향 형식인 JSON(Javascript Object Notation) 기반의 REST 친화적인 구조를 채택하여 손쉽게 사용할 수 있다.

- **보안**: ISO/IEC 29115 Entity Authentication Assurance 프레임워크의 레벨 1~4를 선택할 수 있다. 레벨이 높을수록 인증 시 PIN과 같은 추가적인 정보를 요구할 수 있다.

- **유연성**: OP에 직접 요청할 수 있는 Normal 타입, JWT를 이용하여 서명된 데이터 소스를 모두 OP를 통해 전달하는 Aggregated 타입, 데이터 소스를 RP(Relying Party)에서 직접 Access 토큰을 사용하여 전달받는 Distributed 타입이 있으며, 이 중 하나가 아닌 여러 타입을 결합한 하이브리드 형태로도 사용할 수 있다.

048

정답: 4번

IDP(IDentity Provider)라 불리는 신원확인 서비스와 관련이 없는 것은 보기 ④번의 BLE(Bluetooth Low Energy)이다. SAML, OAuth OIDC의 각 특징은 다음과 같다. 첫 번째, SAML 2.0은 2001년 OASIS에서 정의한 개방형 Authentication(인증) 및 Authorization(인가) 표준이며, 엔터프라이즈 애플리케이션의 SSO(Single Sign On)를 목적으로 XML(Extensible Markup Language) 형식으로 개발되었다. 두 번째, OAuth 2.0은 2006년 Twitter와 Google이 정의한 개방형 Authorization 표준이며, API 허가를 목적으로 JSON(JavaScript Object Notation) 형식으로 개발되었다. 세 번째, OIDC 2.0은 2014년 OpenID Foundation에서 정의한 개방형 Authentication 표준이며, 컨슈머 애플리케이션의 SSO를 목적으로 JSON 형식으로 개발되었다. 이와 같은 문제는 자주 출제되는 영역이므로 반드시 숙지해야 한다.

049

정답: 2번

오픈 ID(Open ID: Open Identification)란 사용자들이 서로 다른 웹 사이트를 로그인 한 번으로 사용할 수 있도록 하는 기술이다. 싱글 사인온(SSO: Single Sign On)을 기반으로 반복적인 로그인 문제를 해결해 주기 때문에 사용자 입장에서 편리하며 블로그의 코멘트와 같이 개인 정보 유출 위험 요소가 적은 사이트를 중심으로 제한적으로 활용되고 있다.

050

정답: 3번

크리덴셜(Credential)은 '아이디(사용자명/계정)+패스워드' 또는 애플리케이션 등에서 사용하는 암호학적 개인정보를 의미한다. 대부분의 모바일 앱은 크리덴셜을 활용한 자동 로그인 기능을 제공한다. 크리덴셜은 사용자 아이디와 패스워드 정보를 토대로 생성된 보안 토큰으로 초기 인증 이후 크리덴셜 확인만으로 사용자 인증을 대신한다. 그러므로 만일 크리덴셜이 유출될 경우 사용자의 로그인 정보 및 개인정보 유출 등으로 인하여 불법적인 콘텐츠로 사용될 수 있다.

051

정답: 1번

유한 요소법(FEA)은 계산, 모델 및 시뮬레이션을 사용하여 다양한 물리적 조건에서 물체가 어떻게 작동하는지 예측하고 이해한다. 엔지니어는 FEA를 사용하여 설계 프로토타입에서 취약점을 찾는다. FEA는 FEM(Finite Element Method)을 사용하여 개체의 구조를 여러 조각 또는 요소로 잘라낸 다음 노드라는 점에서 요소를 다시 연결하는 수치 기법이다. FEM은 엔지니어, 개발자 및 기타 설계자가 유한 요소 분석을 수행하는 데 사용하는 일련의 대수 방정식을 만든다. 종종 구조적 또는 유체 거동 및 열전달과 같은 제품의 물리적 경험은 부분 미분 방정식(PDE)을 사용하여 설명된다. 유한 요소법은 컴퓨터가 선형 및 비선형 PDE를 모두 해결하는 방법으로 등장했지만, 대략적인 솔루션만을 제공한다. 부분 미분 방정식의 실제 결과를 찾는 수치적 접근 방식인 것이다. 유한 요소법을 사용하면 설계 단계에서 모든 구성 요소를 최적화하는 동시에 생성된 실제 프로토타입 및 실험의 수를 줄일 수 있다. 유한 요소법 소프트웨어는 1970년대 Abaqus, Adina 및 Ansys와 같은 프로그램으로 등장했다. 이제는 제품 품질을 향상하고 시장 진입 시간을 단축하기 위해 제품 개발 주기에 통합된 가상 테스트 및 설계 최적화를 찾는 것이 일반적이다. 유한 요소법 중에 다음과 같은 다양한 유형의 테스트가 사용된다.

- **구조적 정적 분석**: 이 유형의 FEA는 비율을 기준으로 축척 모형을 분석한다. 이 테스트는 소규모의 건전한 구조가 풀 스케일 구조와 동일한 상호 작용을 처리하고 동일한 결과를 생성할 수 있도록 유지한다.

- **열 공학 분석**: 이 테스트는 온도 변화와 설계 구조에 미치는 영향을 조사한다.
- **모달 분석**: 모든 물체는 진동수로 진동하므로 모달 해석을 사용하여 파괴적인 외부 진동이 제품 구조에 미치는 영향을 테스트하는 것이 중요하다. 이 형태의 유한 요소 해석을 통해 사용자는 설계 단계 전체에서 진동을 조정할 수 있으므로 강력한 최종 제품을 만들 수 있다.
- **공학 지진 계산**: 이 테스트는 개발자가 다양한 지상 주파수 및 진동을 처리할 때 제품의 성능을 이해하고 최종 구조의 견고한 위치를 보장한다.

052 정답: 3번

가장 관련성이 없는 전개활동은 보기 ③번의 컴파일링 작업이다. 소프트웨어 전개 활동은 다음과 같이 구성된다.

(1) **릴리스**: 릴리스 활동은 완료된 개발 과정 뒤에 오며, 때로는 전개가 아닌 개발 과정의 일부로 적절하게 분류되기도 한다. 여기에는 어셈블리를 위한 시스템을 준비하고 프로덕션 환경에서 실행될 컴퓨터 시스템으로 전송하기 위한 모든 작업이 포함된다. 그러므로, 시스템이 허용 가능한 성능으로 동작하는 데 필요한 리소스 결정과 전개 과정의 후속 활동을 계획하고 문서화하는 일이 포함된다.

(2) **설치 및 활성화**: 간단한 시스템의 경우, 설치는 소프트웨어 실행을 위한 어떤 형태의 명령어, 단축키, 스크립트 혹은 서비스를 설정하는 일을 포함한다. 복잡한 시스템의 경우, 최종 사용자에게 의도한 용도에 대해 묻거나 직접적으로 어떻게 구성하려고 하는지를 조사하고 모든 서브 시스템을 사용할 준비를 끝내게 된다. 활성화는 처음으로 소프트웨어의 실행 가능한 컴포넌트를 시작하는 활동을 말한다.

(3) **비활성화**: 활성화의 반대로, 이미 실행된 시스템 컴포넌트를 종료하는 것을 말한다. 비활성화는 대게 다른 전개 활동 실행을 필요로 하는데, 예를 들어, 업데이트를 실행하기 전에 소프트웨어 시스템이 비활성화되어야 할 수도 있다. 드물게 사용되거나 쓸모 없는 시스템에서 서비스에서 제거하는 일을 애플리케이션 만료 또는 애플리케이션 폐기라고 한다.

(4) **제거**: 더 이상 필요 없는 시스템의 제거를 말하며, 제거된 시스템의 의존성을 제거하기 위해 다른 소프트웨어 시스템의 재구성이 필요할 수도 있다.

(5) **업데이트**: 업데이트 과정은 소프트웨어 시스템 전체 혹은 부분의 이전 버전을 새로운 버전으로 대체한다. 보통 비활성화 이후 설치된다. 시스템 패키지 매니저를 사용 중인 리눅스와 같은, 일부 시스템에서 소프트웨어 애플리케이션의 이전 버전은 설치 과정 중 자동 처리된다. 소프트웨어 패키지가 이러한 제한을 다루도록 특별하게 설계되지 않은 이상, 리눅스 패키지 매니저는 동시에 소프트웨어 애플리케이션의 여러 버전을 지원할 수 없기 때문이다.

(6) **빌트인 업데이트**: 업데이트 설치를 위한 메커니즘은 일부 소프트웨어 시스템 내에 만들어진다. 이런 업데이트 과정의 자동화는 완전 자동부터 사용자 초기화 및 제어까지 다양하다. 노턴 인터넷 시큐리티가 안티바이러스 정의와 시스템의 다른 컴포넌트 모두에 대한 업데이트를 찾고 설치하기 위한 반자동화 방식을 지닌 시스템의 한 예이다. 다른 소프트웨어 제품은 업데이트가 이용 가능한지를 결정하기 위한 조회 메커니즘을 제공한다.

(7) **버전 추적**: 버전 추적 시스템은 사용자가 소프트웨어 시스템의 업데이트를 찾아 설치할 수 있도록 돕는다. 예를 들어, 소프트웨어 카탈로그는 로컬 시스템상에 설치된 각각의 소프트웨어 패키지에 대한 버전과 다른 정보를 저장한다. 한번의 버튼 클릭으로 브라우저 윈도우에서 로그인 요구되는 사이트에 대한 사용자 이름과 비밀번호 자동 채우기를 포함하는 소프트웨어 업그레이드 웹 페이지를 연다. 리눅스, 안드로이드, iOS에서, 이 과정은 상당히 쉽다. 왜냐하면 버전 추적을 위한 표준화된 과정이 운영 체제 내에 구축되어 있기 때문이다. 그래서

개별적인 로그인, 다운로드 그리고 실행 단계가 필요하지 않다. 그러므로 이런 과정이 완전히 자동화되도록 구성할 수 있다. 또한, 일부 서드파티 소프트웨어는 특정 윈도우 소프트웨어 패키지에 대한 자동화된 버전 추적과 업그레이드를 지원한다.

(8) **각색**: 각색 활동도 이전에 설치되었던 소프트웨어 시스템을 수정하기 위한 과정이다. 각색이 고객 사이트의 환경을 변경시킴으로써 지역적으로 일어나는데 반해, 업데이트는 새로운 릴리스가 이용 가능하도록 만들어진 결과로 업데이트된다는 점에 차이가 있다. 각색은 복잡한 경우에 컴퓨터 프로그래밍과 같은 전문 기술을 요구할 수 있다.

053   정답: 2번

카우보이 코딩 방식은 프로그래머가 개발 프로세스를 완벽하게 제어할 수 있도록 소프트웨어 개발에 대한 훈련이 되지 않은 접근 방식이다. 이 접근 방식은 일반적으로 빠른 수정에 초점을 맞추고 가능한 한 빨리 생산에 투입한다. 이 유형의 코더는 라이브 프로덕션 서버에서 코드를 편집하여 지속적인 통합 및 기타 민첩한 소프트웨어 개발 방법론에 필요한 품질 보증 테스트, 회귀 테스트 및 문서화의 공식 프로세스를 건너뛸 수 있다. 즉 그만큼 위험한 개발 방식이다. 하지만 고려할 점은 설계 단계에 투입할 자원이 충분하지 않았거나 프로젝트 납기일이 다가오면서 다른 대안이 존재하지 않을 때 프로젝트 관리자는 카우보이 코딩을 허용할 수 있다. 그러나 때때로 혁신을 자극하려는 잘못된 시도나 의사소통 채널이 실패하였거나 비즈니스 이해관계자의 잘못된 참여 또는 관리 감독이 전혀 존재하지 않을 때 가끔 카우보이 코딩을 허용하는 경우도 있다.

054   정답: 2번

통합 제품팀(IPT: Integrated Products Team)은 정의된 제품 또는 프로세스를 제공하는 공동 책임을 지는 여러 분야의 그룹이다. IPT는 검토 및 의사 결정을 위해 복잡한 개발 프로그램/프로젝트에서 사용된다. IPT의 핵심은 협업 포럼에서 모든 이해관계자(사용자, 고객, 경영진, 개발자, 계약자)가 참여하는 데 있다. IPT는 1995년에 재화 및 서비스 인수 방식에 대한 주요 인수 개혁의 일환으로 미국 국방성에 도입되었다. 제품 개발의 관행은 그 어느 때보다 복잡하며 소비재, B2B 공간의 특수 장비 또는 정부 프로젝트용 부품을 만들 때 대부분의 제품에는 여러 분야의 전문가가 필요하다. 여기에는 큰 꿈을 꾸고 비즈니스 과제를 해결하는 디자이너, 이를 가능하게 하고 디자인 과제를 해결하는 엔지니어, 점점 더 자동화된 세상에서 작업을 수행하도록 하는 개발자가 모두 포함된다. 비용을 줄이면서 효율성과 시장 출시 시간을 높이려면 새로운 교차 기능 통합 제품팀(IPT: Integrated Product Team)을 만드는 동시에 프로젝트 관리 원칙을 적용하는 것이 중요하다. 이러한 부품을 결합하여 새 제품을 만드는 데 적용하는 것을 IPD(Integrated Product Development)라고 한다. IPD의 관행은 공급 업체로부터의 군사 기술 조달 비용과 효율성을 개선하기 위해 1995년 미국 국방성(DoD)에서 도입한 일련의 개혁으로 거슬러 올라갈 수 있다. 이 개념은 MIT 및 Carnegie Mellon University와 같은 다양한 학교의 대학원 프로그램으로 수십 년 동안 활용되었다.

055   정답: 1번

레이놀즈(Raynolds)는 리스크를 '장애(Failure)로 인해 주어진 기간에 발생하는 비용'으로 정의하고, 나음과 같이 산출하였다.

리스크(Risk) = 장애(Failure) 가능성 × 손실(Damage)

여기서 장애 가능성(Failure Probability)은 사용 빈도(Frequency of use)와 결함 가능성(Chance of Defect)를 곱한 값으로 볼 수 있으므로, 즉, 리스크

는 다음과 같이 산출할 수 있다.

리스크(Risk) = 사용 빈도(Frequency of Use) × 결함 가능성(Chance of Defect) × 손실(Damage)

056 정답: 1번

동등 분할(EP: Equivalence Partitioning)이란, 테스트 대상 프로그램의 입력 도메인을 테스트 케이스가 산출될 수 있는 데이터 클래스로 균일하게 분류하는 블랙박스 테스트 기법의 한 종류이다. 동일한 영역 내에서는 어떠한 값을 선택하여도 결과가 항상 같다는 원리를 기반으로 하며, 테스트 항목의 입력과 출력이 여러 개의 독립된 영역으로 구분되는 경우에 적용이 가능하다. 모든 데이터 클래스에서 최소 하나 이상의 대푯값을 선택해서 테스트한다. 따라서, 같은 특성을 가지면서 같은 방식으로 처리된다고 판단하는 모든 등가 집합에서 대표 입력값을 적어도 하나씩 테스트했다는 것을 보장한다. 동등 분할 테스트 기법을 적용 시, 요구사항을 기반으로 해야 하고, 등가 분할을 통해 나누어진 각 클래스 간에는 교집합 영역이 없어야 하며, 등가 분할의 값들은 서로 독립적이어야 한다. 또한 유효하지 않은 값에 대한 검사인 네거티브 테스트 케이스도 추가해야 할 필요성이 있다.

057 정답: 4번

프로젝트 관리자로써 지연된 일정에 대한 일정 단축기법을 사용해야 하는 상황이며, 추가적인 비용이 들지 않는 공정 중첩 단축법을 먼저 시도해야 한다. 공정 중첩 단축법을 비롯한 대표적인 일정관리 기법은 다음과 같다. 다음의 두 가지 방법 모두 Critical Path에서 일정이 되어야 하며, 일반적으로 Critical Path가 아닌 부분에서 Fast Tracking이나 Crashing을 해도 프로젝트의 전체적인 일정을 단축할 수 없다는 것을 인식해야 한다.

- **공정 중첩 단축법(Fast tracking)**: Activity가 순서대로 행해지고 있는 경우에 몇 가지 스케줄을 동시에 실행하는 방법이다. 다시 말하면, Fast Tracking은 프로젝트의 Activity가 서로의 '마침'을 기다리는 것이 아니라, 동시에 시작하는 것이다. 하지만 프로젝트의 Activity가 동시에 이루어질 수 있는 경우에만 가능하다. 예를 들어 벽돌을 만드는 작업과 벽돌에 페인트를 칠하는 작업은 동시에 이루어질 수 없는 것이다. Fast Tracking은 비용적인 측면에서 증가를 가져오지 않지만, 이 작업을 통해 Rework나 Rearrange을 발생시킬 수도 있기 때문에, 리스크를 높이는 결과를 가져올 수 있다. Rework는 프로젝트의 시간을 더 많이 소요할 수 있다. 이러한 리스크 때문에 프로젝트 관리자는 Fast Tracking의 장단점을 파악해야 하며, 리스크의 증가를 감수하고도 이를 진행할 것인지 고려해야 한다.

- **공정 압축법(Crashing)**: Crashing은 Fast Tracking 방법이 시간을 절약하지 못하는 경우에 사용될 수 있다. 이 기술로부터 최적의 자원이 더해지고 비용과 스케줄의 Trade-off를 통해서 프로젝트를 진행시킨다. Crashing은 더 많은 자원이 들어가기 때문에 Fast Tracking보다 더 많은 비용이 들어가게 된다. 일반적으로 Crashing 분석은 최적의 자원이 들어가도록 구성하여 설계하며 프로젝트에서 작업하는 팀에게 Activities를 식별하고 최고의 가치만을 전달할 수 있도록 처리해야 한다. Crashing은 자원 투자가 실제적으로 프로젝트를 더 빠르게 끝낼 수 있는 경우에만 효과가 있다. Crashing을 사용할 때 어떠한 추가적인 비용은 해당 시간 안에서 이익이 검토되어야 하며, Crash Analysis할 때도 더 많은 자원이 소모된다는 것을 알아야 한다.

058 정답: 2번

작업분류체계(WBS: Work-Breakdown Structure) 또는 작업 분해 구조, 작업 분할 구조로 불리는 이 산출물 및 활동은 프로젝트 관리와 시스템 공학 분야에서 프로젝트의 더 작은 요소로 분해한 딜리버러블(Deliverable) 지향 분업 구조다. 프로젝트 관리 지식 체계(PMBOK 5)는 업무 분업 구조를 프로젝트 팀이 프로젝트 목표를 달성하고 필요한 딜리버러블을 만들기 위한 총 업무 범위의 계층적 분해로 정의한다. 작업분류체계는 상품, 데이터, 서비스, 또 이들 간의 어떠한 결합이 될 수 있다. 작업분류체계는 또한 스케줄 개발 및 통제를 위한 지침 제공과 더불어 세세한 비용 예측 및 통제에 필요한 프레임워크를 제공한다. 작업분류체계의 구성요소로는 작업 패키지(Work Package), 분할예정 패키지(Planning Package), 통제단위(Control Account) 등이 존재하며, WBS 사전은 분할예정 패키지에 대해서도 작성하여 추후 작업 패키지로 분할되었을 때 누락이나 재작업이 존재하지 않아야 한다. 다음은 WBS 구성요소에 대한 설명이다.

(1) **작업 패키지(Work Package)**: 작업 패키지는 최하위 수준의 WBS 구성요소다.
(2) **분할예정 패키지(Planning Package)**: 요구사항이나 범위가 명확하지 않을 때 상위 수준에서 작성된다.
(3) **WBS 사전(WBS Dictionary)**: 작업패키지에 대한 상세한 설명을 제공한다.

059 정답: 2번

위험 기반 감사계획 방법의 한계는 감사의 가치 비중립성 문제이다. 위험평가에 기반한 감사사항 선정에 다양한 선정 기준이 적용되고 있고, 잠재적 이슈에 대한 평점에 가중치 등 주관적인 요소가 개입되고 있다면 위험평가 역시 가치 비중립적이라는 문제가 제기될 수 있다.

060 정답: 1번

소프트웨어를 테스트하는 방법은 크게 블랙박스 검사(Black-Box Test) 기법과 화이트박스 검사(White-Box Test) 기법이 있다. 화이트박스 검사는 구조기반 검사라고도 불리며, 소프트웨어 내부 소스 코드를 기반으로 테스트하는 방법이다. 반면에 블랙박스 검사는 명세 기반 검사라고도 불리며, 소프트웨어 내부 소스 코드에 대한 정보 없이 명세서와 데이터 입출력만으로 테스트를 하는 방법이다. 화이트박스 테스트를 하는 이유는 내부 소스 코드의 동작을 개발자가 추적할 수 있기 때문에, 동작의 유효성뿐만 아니라 실행되는 과정을 살펴봄으로써, 코드가 어떤 경로로 실행되며, 불필요한 코드 혹은 테스트되지 못한 부분을 살펴볼 수 있기 때문이다. 화이트박스 테스트는 코드의 실행 경로를 확인해야 하기 때문에 커버리지 분석 도구를 많이 활용한다. 화이트박스 테스트의 종류로는 조건 검사(Condition Test), 루프 검사(Loop Test), 기초경로 검사(Basic Path Test), 데이터 흐름 검사(Data Flow Test), 분기(Branch) 테스트 등이 있다. 하지만 비교 테스트(Comparison Test)는 블랙박스 테스트 기법이다.

061 정답: 1번

인증(Certification) 및 인정(Accreditation)은 공식적인 프로세스를 구현하기 위한 단계이다. 시스템이 작동하기 전이나 후에 시스템이나 활동을 평가, 설명, 테스트 및 승인하는 체계적인 절차이다. 이 프로세스는 전 세계적으로 광범위하게 사용된다. 인증은 프로세스, 시스템, 제품, 이벤트 또는 기술에 대한 포괄적인 평가이며 일반적으로 일부 기존 표준 또는 표준에 대해서 측정된다. 산업 및 무역 협회는 종종 해당 협회의 관심 영역 내에서 서비스를 수행하는 사람들의 기술을 테스트하고 평가하기 위해 인증 프로그램을 만든다. 테스트 실험실은 또한 특성 제품이 사전 설정된 표준을 충족함을 인증하거나 정부 기관이 회사가 기존 규정(예: 배출 제한)을 충족하고 있음을 인증할 수 있다. 인정은 인증 프로그램이 관련 규범 또는 표준(예: ISO / IEC 17024)을 충족하는 방식으로 관리된다는 중립적인 제3자의 공식 선언이다. 인증 및 인정은 정보 시스템의 보안을 보장하는 2단계 프로세스이다. 인증은 정보 시스템의 데이터 유형을 기반으로 미리 결정된 보안 제어를 평가, 테스트 및 검사하는 프로세스이다. 평가는 현재 시스템의 보안 상태를 특정 표준과 비교한다. 인증 프로세스는 보안 취약점을 식별하고 완화 전략에 대한 계획을 수립하도록 한다. 반면에 인정은 시스템의 지속적인 운영과 관련된 잔여 위험을 수용하고 지정된 기간 동안 운영하도록 승인하는 프로세스이다. 결론적으로 인증은 평가조직이 정보 시스템의 관리적, 운영적, 기술적 통제 표준에 대해서 종합적인 평가를 수행하는 프로세스이다. 평가자는 표준, 정책, 프로세스, 절차, 작업지시, 가이드 라인 등과 같은 특정 요구사항의 준수도를 조사한다. 인정은 정보 시스템의 운영에 대한 권한을 부여하며 합의된 요구사항과 보안 통제의 구현에 기반한 조직의 운영, 자산, 또는 개인에 대한 위험을 명시적으로 수용하겠다는 보통 고위 경영진의 공식적인 관리 결정이다. 인증과 인정은 시험에 자주 출제되는 영역인 만큼 반드시 숙지하도록 한다.

062 정답: 4번

정적 애플리케이션 보안 테스트(SAST: Static Application Security Testing) 및 동적 애플리케이션 보안 테스트(DAST: Dynamic Application Security Testing)는 애플리케이션을 공격에 취약하게 만들 수 있는 보안 취약성을 찾는 데 사용되는 애플리케이션 보안 테스트 방법이다. 정적 애플리케이션 보안 테스트(SAST)는 화이트박스 테스트 방법이라고도 한다. 소스 코드를 검사하여 SQL 주입 및 OWASP Top 10에 나열된 기타 취약점과 같은 소프트웨어 결함과 약점을 찾는다. 이에 반해, 동적 애플리케이션 보안 테스트(DAST)는 실행중인 애플리케이션을 검사하여 공격자가 할 수 있는 취약점을 찾는 블랙박스 테스트 방법이다. 정적 애플리케이션 보안 테스트(SAST)와 동적 애플리케이션 보안 테스트(DAST)는 둘 다 보안 취약성을 테스트하는 방법이지만 매우 다르게 사용된다. SAST와 DAST의 주요한 차이점은 다음과 같다.

정적 애플리케이션 보안 테스트(SAST)의 특징

- **화이트박스 보안 테스트**: 테스터는 기본 프레임워크, 디자인 및 구현에 액세스할 수 있다. 응용 프로그램은 내부에서 밖으로 테스트된다. 이 유형의 테스트는 개발자 접근 방식을 나타낸다.
- **소스 코드가 필요하다**: SAST에는 배포된 애플리케이션이 필요하지 않다. 응용 프로그램을 실행하지 않고 소스 코드 또는 바이너리를 분석한다.
- **SDLC는 초기에 취약점을 발견할 수 있다**: 코드가 기능이 완성된 것으로 간주되는 즉시 스캔을 실행할 수 있다.
- **취약성을 수정하는 데 비용이 적게 든다**: 취약성은 SDLC의 초기에 발견되었으므로 수정하는 것이 더 쉽고 빠르다. 코드가 QA 주기에 들어가기 전에 결과를 수정할 수 있다.
- **런타임 및 환경 관련 문제를 찾을 수 없다**: 이 도구는 정적 코드를 스캔하기 때문에 런타임 취약점을 발견할 수 없다.
- **일반적으로 모든 종류의 소프트웨어 지원**: 예를 들면 웹 애플리케이션, 웹 서비스 및 씩 클라이언트(Thick Client)가 있다.

동적 애플리케이션 보안 테스트(DAST)의 특징

- **블랙박스 보안 테스트**: 테스터는 애플리케이션이 구축된 기술이나 프레임워크에 대한 지식이 없어도 된다. 애플리케이션은 외부에서 테스트된다. 이러한 유형의 테스트는 해커 접근 방식을 나타낸다.
- **실행 중인 애플리케이션이 필요하다**: DAST에는 소스 코드나 바이너리가 필요하지 않다. 즉, 응용 프로그램을 실행하여 분석한다.
- **SDLC가 끝날 때까지 취약성을 찾는다**: 개발주기가 완료된 후 취약점을 발견할 수 있다.
- **취약성을 수정하는 데 더 많은 비용이 든다**: SDLC가 끝날 무렵에 취약성이 발견되기 때문에 교정은 종종 다음 주기로 넘어간다. 긴급 릴리스

로 심각한 취약성이 수정될 수 있다.

- **런타임 및 환경 관련 문제를 발견할 수 있다**: 이 도구는 애플리케이션에 대한 동적 분석을 사용하므로 런타임 취약점을 찾을 수 있다.
- **일반적으로 웹 애플리케이션 및 웹 서비스와 같은 앱만 스캔한다**: DAST는 다른 유형의 소프트웨어에는 유용하지 않다.

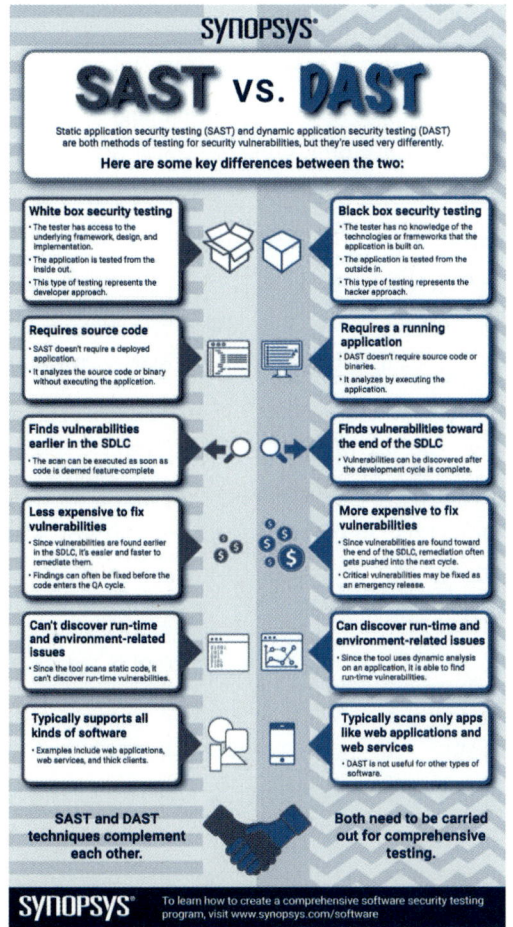

063 정답: 4번

서비스 수준계약(SLA: Service Level Agreement)은 서비스를 제공함에 있어서 공급자와 사용자 간에 서비스의 측정지표와 목표 등에 대한 협약서이다. 일반적으로 여기에 포함되는 서비스 측정치들은 CPU의 가용 시간, CPU 응답 시간, 헬프 데스크 응답 시간, 서비스 완료 시간 등이다. 범위는 자체 인력을 통해 서비스를 제공하는 경우에도 작성하는 경우가 있으나 대부분의 경우는 외부 업체에 서비스를 아웃소싱으로 제공받아 작성한다. IT(정보기술)의 운영이나 유지보수 업무에서 아웃소싱으로 많이 적용한다. 일반 계약서와의 차이는 사용자와 서비스 공급자 간의 합의와 상호 협조로 수행해야 한다는 점이다. 측정지표의 선정, 목표수준의 선정, 평가와 보고체계 등 기존의 서비스 수준을 바탕으로 상호 합의하에 적용한다.

064 정답: 1번

프로젝트 관리 조직(PMO: Project Management Office)은 프로젝트 관리 능력을 향상하고 발전하기 위한 실질적인 사항을 제시하는 프로젝트 근간의 조직이다. 프로젝트 관리 관행들을 표준화하고, IT 프로젝트 포트폴리오 관리를 촉진하며, 반복적인 프로세스를 위한 방법론을 결정하는 데 필요한 기본 구조를 제공한다. 프로젝트 관리조직에서 수행하는 일은 다음과 같다.

(1) 기획
(2) 위험(Risk) 측정
(3) 이용 가능한 자원의 산정
(4) 작업분류체계(WBS: Work Breakdown Structure)의 작성
(5) 필요한 인적, 물적 자원 확보
(6) 비용 산정
(7) 팀원에 작업 할당
(8) 진척 관리
(9) 목적에 따른 결과가 도출되게끔 작업의 방향성을 유지
(10) 달성한 결과를 분석

065

정답: 1번

블랙박스 검사(Black-box Testing)는 소프트웨어 검사 방법 중 하나로 소프트웨어의 내부 구조나 작동 원리를 모르는 상태에서 소프트웨어의 동작을 검사하는 방법을 이르는 말이다. 주로 테스트 대상의 입력 가능한 경우의 수를 기반으로 검사가 이루어지므로 대상 소프트웨어의 코드나 내부 구조에 대한 정보는 필요하지 않는다. 테스트를 위해 필요한 것은 요구사항, 명서서, 데이터세트, 설계서 등이므로 이 기법을 명세 기반 테스트라고도 부른다. 테스트 기법 국제표준인 ISO 29119-4에 따르면 블랙박스 테스트 기법의 종류는 다음과 같다. 동등분할(등치분할) 기법, 경곗값 분석, 분류 트리 기법, 문법 테스팅, 조합 테스팅, 의사결정 테이블 기법, 원인결과 그래프 테스팅, 상태전환 테스팅, 시나리오 테스팅, 유스케이스 테스팅, 랜덤 테스팅 등이 있다. 테스트 방법에 대한 문제는 자주 출제되므로 반드시 시험치기 전 숙지해야만 한다. 블랙박스 테스트 기법의 상세설명은 다음과 같다.

(1) **동치분할 검사**: 입력자료에 초점을 맞춰 테스트 케이스를 만들고 검사하는 방법으로, 동등분할 기법이라고 한다. 프로그램의 입력 조건에 타당한 입력 자료와 타당하지 않는 입력 자료의 개수를 균등하게 하여 테스트 케이스를 정하고 해당 입력 자료에 맞는 결과가 출력되는지 확인하는 기법이다.

(2) **경곗값 분석**: 입력 자료에만 치중한 동치분할 기법을 보완하기 위한 기법이다. 입력 조건의 중간값보다 경곗값에서 오류가 발생할 확률이 높다는 점을 이용하여 입력 조건의 경곗값을 테스트 케이스로 선정하여 검사하는 기법이다.

(3) **원인-효과 그래프 검사**: 입력 데이터 간의 관계와 출력에 영향을 미치는 상황을 체계적으로 분석한 다음, 효용성이 높은 테스트 케이스를 선정하여 검사하는 기법이다.

(4) **오류예측 검사**: 과거의 경험이나 확인자의 감각으로 테스트하는 기법이다. 다른 블랙박스 테스트 기법으로는 찾아낼 수 없는 오류를 찾아내는 일련의 보충적 검사 기법이며, 데이터 확인 검사라고도 한다.

(5) **비교 검사**: 여러 버전의 프로그램에 동일한 테스트 자료를 제공하여 동일한 결과가 출력되는지 테스트하는 기법이다.

066

정답: 1번

회귀 테스트(Regression Testing)는 이전에 제대로 작동하던 소프트웨어 기능에 문제가 생기는 것을 의미하는 회귀 버그(Regression Bug)를 찾기 위한 테스트 방법이다. 일반적으로 회귀 버그는 프로그램 변경 중 뜻하지 않게 발생한다. 이전의 실행 테스트를 재수행하여 이전에 고쳐졌던 오류가 재현되는지 검사하는 방법인 회귀 테스트로 이러한 버그를 찾아낸다. 이러한 오류 재현 방법은 꽤 효과적이다. 왜냐하면 부실한 버전 관리로 인해 이전의 버그 수정분을 유실하고 이로 인해 버그가 재발하는 경우가 종종 있으며, 또한 그저 자주 수정하는 방법은 프로그램을 지저분하게 하는 임시 방편일 뿐 근본적인 해결은 되지 못하기 때문이다. 임시적인 수정분들은 프로그램의 다른 부분을 변경할 경우 무용지물이 되는 경우가 많다. 즉, 리팩토링(Refactoring)을 통해서 몇몇 기능을 재디자인할 경우 동일한 문제가 이전에 고쳐진 부분에서 다시 발생하는 경우가 많다. 그러므로 버그가 발생했을 경우 이를 수정하면서 해당 버그를 발견할 수 있는 테스트 케이스를 작성하고 이를 이용해 프로그램을 변경할 때마다 테스트를 다시 수행하는 것이 좋다. 수동으로 할 수도 있지만, 보통은 테스트 자동화 툴을 사용한다. 일반적으로 '테스트 스위트'들은 회귀 테스트 케이스들을 자동으로 처리해주는 테스트 환경을 제공한다. 어떤 테스트 스위트들은 자동으로 전체 회귀 테스트를 정해진 시각에 수행하고 그 결과를 보고해주는 기능도 제공한다. 일반적으로(작은 규모의 프로젝트일 경우는) 컴파일이 이루어졌을 때 이뤄지며, 덩치가 좀 되는 프로젝트일 경우는 매일 밤 또는 매주 전체 테스트를 실행된다. 회귀 테스트는 익스트림 프로그래밍의 중요한 부분이다. 이 방법론에 따르면 디자인 문서는 처음 작성된 후에도 소프트웨어 개발 주기상의 모든 단계마다 업데이트된다. 그러한 업데이트는 전체 소프트웨어 패키지에 대한 확산적이며 반복적인 자동화 테스트를 통해서 이루어진다.

067 정답: 4번

백업 사이트(Backup Site)는 재해 복구 계획(DRP: Disaster Recovery Plan)과 더 넓은 업무 연속성 계획(BCP: Business Continuous Plan)의 중요한 일부분이다. 백업 사이트는 지진, 홍수, 테러리스트의 공격과 같은 비상시를 위해 복제된 시스템의 예비 컴퓨터 등을 갖추어 놓은 곳을 말한다. 그 중에서 콜드 사이트(Cold Site)는 기본 시설만 구비되어 있는 형태로써 구축비용은 가장 저렴하나 복구시간이 가장 오래 걸린다. 일반적으로, 원장 데이터 복사본을 보유하지도 않으며 이에 대한 하드웨어가 구축되어 있지도 않다. 반면에, 핫 사이트(Hot Site)는 완전한 컴퓨터 시스템뿐만 아니라 원장 데이터의 대부분의 백업본을 갖추고 있다. 그리고 웜 사이트(Warm Site)는 콜드 사이트와 핫 사이트의 절충 사이트이며, 하드웨어가 준비되어 있고 연결이 이미 확립되어 있지만 원장 사이트나 핫 사이트보다도 규모가 작은 편이다. 웜 사이트는 직접 백업본을 갖출 수 있으나 완전하지 못할 수도 있다.

068 정답: 4번

시스템 중단 테스트는 테스트 효과가 제일 좋을 수 있으나 시스템과 애플리케이션, 서비스 전체에 많은 영향을 미칠 수 있으며 위험도가 가장 높기 때문에 반드시 관리층의 의사결정을 얻은 다음 수행해야 한다. 또한, 관리층의 의사결정 사항을 포함하여 시스템 중단 테스트가 유발할 영향에 대해 테스트 수행 이전에 시스템 관련자들에게 모두 공유되어야 한다.

069 정답: 3번

프로젝트 후원자(스폰서)는 요구사항의 사양을 제공할 책임이 있으므로 궁극적으로 책임지는 사람은 프로젝트 후원자이다. 물론 보기 ②번의 프로젝트 요구사항 담당자도 정답이 될 수는 있지만 프로젝트 요구사항 담당자는 요구사항을 제공하기 보다는 요구사항 정의서와 요구사항 추적표 등 요구사항에 대한 관리적인 역할을 주로 수행한다. 또한 궁극적이란 단어가 들어갔기 때문에 스폰서가 가장 정답에 가깝다. 보통 궁극적이란 단어가 들어갈 경우에는 CISA에서는 최고의 경영진이나 이사회가 정답이 될 가능성이 높다.

070 정답: 2번

비즈니스 연속성 계획(BCP)에서 모든 사용자 부서의 참여는 중요 비즈니스 식별을 위한 중요한 조건이다. 업무 연속 계획(業務連續性計劃, BCP: Business Continuity Planning) 또는 업무 연속 회복 계획(業務連續 回復性計, BCRP: Business Continuity and Resiliency Planning)은 기업이 재해로 타격을 입은 뒤 업무 운명을 어떻게 복구하는지에 대한 계획을 말한다. 즉, 재해 복구(DR: Disaster Recovery)를 포함하는 더 넓은 개념이다. 이는 기업의 핵심 비즈니스 프로세스를 식별하고 핵심 업무를 처리하기 위한 대응 행동계획을 결정한다. 기업 경영자와 정보기술 전문가는 기업의 시스템이나 비즈니스 프로세스를 복구하기 위해 상호 협력해야 한다. 시스템 고장 시 기업이 버틸 수 있는 운영 가능 최대 시간과 가장 먼저 복구되어야 하는 업무를 제대로 파악하는 것이 중요하다. 가장 선택을 많이 하는 고위 경영진의 승인과 지원은 필요하나 BCP의 품질을 보장하지 않는다.

071 정답: 1번

비즈니스 영향 분석(BIA)은 재해, 사고 또는 긴급 상황의 결과로 중요한 비즈니스 운영 중단의 잠재적인 영향을 결정하고 평가하기 위한 체계적인 프로세스이다. BIA는 조직의 비즈니스 연속성 계획의 필수 구성 요소이다. 여기에는 취약성을 드러내는 탐색적 구성 요소와 위험 최소화를 위한 전략 개발 계획 구성 요소가 포함된다. 그 결과 비즈니스 영향 분석 보고서가 작성되어 연구 대상 조직에 특정한 잠재적인 위험을 설명한다. BIA의 기본 가정 중 하나는 조직의 모든 구성 요소가 다른 모든 구성 요소의 지속적인 기능에 의존하고 있지만 일부는 다른 구성 요소보다 더 중요하며 재난 발생 시 더 많은 자금을 할당해야 한다는 것이다. 예를 들어, 카페테리아가 문을 닫아야 하는 경우 비즈니스는 어느 정도 정상적으로 계속될 수 있지만 정보 시스템이 충돌하면 완전히 중단될 수 있다. 비즈니스 영향 분석(Business Impact Analysis)은 비즈니스 연속성 계획 전략을 수립하는 데 있어서 가장 중요한 단계이며 이후 위험 대응책과 비즈니스 연속성 계획을 수립한다. 따라서 정답과 가장 거리가 멀다.

072 정답: 1번

감사계획을 설계할 때에는 감사 대상 영역을 결정하기 위하여 가장 위험이 높은 영역을 식별하는 것이 가장 중요하다. 위험 기반 감사방법은 감사사항 선정, 감사초점 설정 및 감사자원 배분 등 감사계획의 주요한 내용을 위험평가(분석)에 근거하여 수립하고, 이에 따라 감사를 실시함으로써 감사성과를 극대화하려는 감사이다. 위험 기반 감사전략 수립의 구체적 방법은 최고 감사기구마다 다소 차이가 있으나, 전략계획에서 도출된 전략과제, 감사실무 부서의 모니터링 결과 및 정책 분야별 위험평가 결과에 기초하여 감사사항을 선정하여 감사계획을 수립해야 한다. 보기 ②번의 감사인의 자질과 기량은 감사를 결정하고 선택하기 전에 이미 고려되었어야 한다.

073 정답: 4번

감사 증적(Audit Trail)의 의미는 시스템을 활용한 거래를 추적함으로 책임소재와 책임을 부여하는 데 도움이 되기 위한 것이다. 즉, IS 기록에 대한 모든 처리행위를 추적하여 그것이 정책과 표준을 준수하여 이루어졌음을 확인할 수 있는 정보로써 주로 처리행위의 시점, 처리행위자 및 처리행위의 내용이 포함된다.

074 정답: 4번

재해 복구 계획(DRP: Disaster Recovery Planning)은 계획하지 않은 보안 사고에 대응하여 지침을 제공하기 위해 체계적으로 문서화된 접근법이다. 재해의 영향을 최소화하기 위한 예방 조치로 구성된 단계별 계획으로, 기업은 이를 통해 신속하게 미션 크리티컬 기능을 재개하거나 계속해서 평소처럼 운영할 수 있다. 일반적으로 DRP에는 모든 비즈니스 프로세스와 연속성 니즈에 대한 심층 분석이 포함된다. 기업은 상세한 계획을 수립하기 전에 먼저 리스크 분석(RA: Risk Analysis)과 비즈니스 영향 분석(BIA: Business Impact Analysis)을 수행해야 한다. 복구 전략은 비즈니스 레벨에서 시작해야 하며, 이를 통해 기업 운영에 가장 중요한 애플리케이션을 결정할 수 있다. 복구 전략은 보안 사고 대응을 위한 기업의 계획을 정의한다. 복구 전략을 결정할 때는 다음과 같은 문제를 고려해야 한다. 예산, 사용 가능한 리소스(예: 인력 및 물리적 설비), 리스크에 대한 경영진의 입장, 기술, 데이터, 공급업체, 타사 벤더, 애플리케이션 중요성, 보안 등이다. 경영진은 모든 복구 전략을 승인해야 하며, 조직의 목표 및 목적에 맞추어서 조정해야 한다. 복구 전략을 개발하고 승인한 후에는 DRP로 변환할 수 있다.

075

정답: 1번

　고속 응용 프로그램 개발(RAD: Rapid Application Development) 또는 고속 응용 프로그램 개발 도구(Rapid Application Development Tool)는 소프트웨어 개발 방식 중의 하나로, 빠르고 쉽게 응용 프로그램을 만들 수 있는 시각적인 도구이다. 통합 개발 환경과 같은 높은 기능의 개발 환경을 사용하는 프로그래밍의 자동화나, 시각적인 사용자 인터페이스의 설계, 모듈 개발 등의 기능을 포함하고 있다. GUI를 사용하는 일반 소프트웨어 개발의 경우, 고속 개발 도구가 아닌 개발 도구를 이용하여 개발한다면 창 하나를 보여주는 것만으로도 상당한 양의 원시 코드가 필요하다. 그러나 고속 개발 도구, 이를테면 델파이나 비주얼 베이직, C++ 빌더 등을 이용하면 원시 코드를 프로그래머가 짜지 않아도 창을 만들어 낼 수 있다. 또, 창에 단추나 문자열 상자를 삽입하고 처리할 때, 핸들을 얻는 것부터 속성의 설정, 창 메시지의 처리까지 모두 프로그래머가 하나하나 소스를 짜야 하지만, 고속 개발 도구와 같은 소프트웨어를 사용하면 이러한 처리를 개발 도구가 자동으로 추가한다. 다시 말해, 많은 소프트웨어에 공통으로 처리하는 소스를 직접 개발하지 않아도 자동으로 기능을 추가하는 것이 고속 개발 도구이며, 프로그래머는 각 소프트웨어에 필요한 저만의 기능에 대한 소스만을 개발하면 된다. 그 결과, 프로그램의 개발이 쉬워진다. 이러한 고속 개발 도구에도 단점은 존재한다. 이를테면, 개발된 소프트웨어의 동작 속도가 느려지거나 실행 파일의 크기가 커질 수 있다는 점이다. 그러나 이러한 단점들은 어떠한 개발 소프트웨어를 사용하느냐에 따라 달라질 수 있으며, 모든 프로그램에 해당되는 단점은 아니다. 또한, 그래픽 사용자 인터페이스의 설계 이외의 작업이 많은 소프트웨어를 개발하는 경우 고속 개발 도구가 갖는 장점을 충분히 발휘할 수 없다.

076

정답: 3번

　프로토타이핑(Prototyping)은 개발 접근법의 하나로 개발 초기에 시스템의 모형(원형, Prototype)을 간단히 만들어 사용자에게 보여주고, 사용자가 정보 시스템을 직접 사용하게 하는 방식이다. 기능의 추가, 변경 및 삭제 등을 요구하면 이를 즉각 반영하여 다시 정보 시스템을 설계하고 프로토타입을 재구축하는 과정을 사용자가 만족할 때까지 반복해 나가면서 시스템을 개선하는 방식이다. 프로토타이핑은 시스템의 초기모델을 세우고 다듬고, 다시 세우고 다듬고 하는 반복적인 과정을 통해서 이루어진다. 그러나 프로토타이핑은 무계획적인 반복과정을 지양하고 계획된 반복과정을 통해서 한 과정이 끝날 때마다 사용자의 요구를 좀더 정확하게 반영한 버전이 나오게 된다. 프로토타입은 실제 현장에서 쓰이는 시스템이 갖추어야 할 모든 기능을 갖고 있지는 않다. 보고서/입력 처리 등은 대부분 미완성된 상태이며, 프로세스 처리과정도 효율적이지 못하다. 하지만 프로토타이핑의 가장 큰 장점은 최종 사용자가 초기모델을 사용하면서 평가할 수 있도록 도움을 준다는 데 있다. 사용자는 프로토타입을 실행시키면서 장단점과 필요 없는 부분 또는 반드시 첨가할 부분을 파악할 수 있다. 프로토타이핑의 장단점은 다음과 같다.

프로토타이핑 모델의 장점

(1) 사용자 중심의 개발 방법이다. 프로토타이핑의 중요한 목적 중의 하나가 바로 최종 사용자의 요구를 극대화하는 것이다.

(2) 개발 시간을 줄일 수 있다. 전통적인 방법으로는 운영 가능한 시스템이 나오기까지 오랜 시간이 걸리지만 프로토타이핑은 비교적 빠른 기간 안에 사용자가 평가할 수 있을 만한 결과를 만들어낸다.

(3) 오류를 초기에 발견할 수 있다. 전통적인 방법으로는 시스템이 완성된 후에야 오류를 발견할 수 있다. 따라서 시스템 개발 기간이 3년이라면 오류를 발견하기까지 적어도 3년의 시간이 소

요될 수 있다. 그러나 프로토타이핑은 개발 초기 단계에서 오류를 판별할 수 있도록 해준다.

(4) 변경이 용이하다. 사용자나 관리자는 현재까지의 개발된 프로토타입을 직접 운영함으로써 여러 가지 제안과 변경할 점을 파악할 수 있고, 이러한 사항들은 진행되고 있는 개발과정에 반영하게 된다.

프로토타이핑 모델의 단점

(1) 시스템의 유지보수에 필수적인 시스템의 문서화 과정이 지나치게 축소되거나 생략될 수 있다. 단기적으로 볼 때는 이런 문서들이 별로 도움이 되지 않을 수 있다. 그러나 시간이 흐름에 따라 시스템의 수정과 보수가 필요하게 될 때, 시스템에 관련된 문서가 없다면 유지보수에 불필요한 노력이 따른다.

(2) 최종적으로 시간과 비용이 훨씬 많이 들 수 있다. 프로토타이핑은 언제든지 변경이 용이하지만 이러한 시스템의 변경이 계속될수록 시간과 비용은 많아진다.

(3) 프로토타이핑으로 완성된 시스템은 컴퓨터 자원의 활용 측면에서 볼 때 효율적이지 못하다. 이 개발 방법은 자원의 효율성보다는 사용자 요구에 의해 개발되기 때문에 저장장치, 파일 시스템, 중앙처리장치 등 하드웨어나 주변기기의 효율성이 무시되기 쉽다. 그러나 최근 컴퓨터 관련 기기들의 성능은 좋아지는 반면 가격은 하락하면서 이 문제의 비중은 점차 감소되고 있다.

077 정답: 2번

데이터베이스 관리 시스템(DBMS)은 애플리케이션 프로그램이 필요로 하는 데이터를 조직화하고, 통제하고, 사용하는 것을 지원한다. DBMS는 잘 조직된 데이터베이스를 생성하고 유지하는 기능을 제공한다. 주요기능에는 데이터의 중복성 감소, 접근 시간 단축, 민감한 데이터에 대한 기본적인 보안 등이 포함된다. 또한, 데이터베이스는 다음 수준에서 사용자의 접근을 통제할 수 있다.

- 사용자와 데이터베이스
- 프로그램과 데이터베이스
- 트랜잭션과 데이터베이스
- 프로그램과 데이터 필드
- 사용자와 트랜잭션
- 사용자와 데이터 필드

078 정답: 1번

일반적인 애플리케이션 통제는 입력, 처리, 출력 기능에 대한 통제이다. 애플리케이션 통제가 적용되면 완전하고, 정확하고, 타당한 자료만이 입력 및 수정되어 데이터가 일관성 있게 유지된다. 또한 처리가 정확하게 이루어지고 이에 따른 처리 결과는 예상 결과를 충족한다. 하지만 보기 ①번의 실시간으로 입력, 처리, 출력이 이루어지도록 하는 것은 관련이 없다. 부가적으로 다음과 같은 7가지 일반적인 통제 카테고리를 수행해야 한다.

(1) 데이터 보안 분류(Data Security Classification)
(2) 시스템 인가 접근 통제(System-granted Access Control)
(3) 역할 기반의 책임 분리(Role-based Segregation of Duties)
(4) 이벤트에 의한 권한 부여(Event-driven Authorization)
(5) 데이터 검증(Data Validation)
(6) 인터페이스(Interfaces)
(7) 배치 프로세싱(Batch Processing)

079 정답: 4번

효과적인 리더십 스타일은 부하에게 목표를 인지시키고 목표를 스스로 개발하게 하며 목표달성 경로를 찾는 데 영향을 준다. 리더십 스타일은 총 4

가지로 구분할 수 있으며 지시적(Directive), 후원적(Supportive), 참여적(Participative), 성취지향적(Achievement-Oriented)이다. 보기 ④번의 맹목적(Unconditional)은 관계가 없다.

080
정답: 4번

전략 계획(Strategy Planning) 내용은 기업 차원, 사업부 차원, 기능부서 차원에 따라서 달라진다. 하지만 보기 ④번의 프로젝트 전략은 관련이 없다. 기업 전략(Corporate Strategy)은 전사적 전략으로 복수의 사업부를 가진 다각화된 기업으로 어떤 종류의 사업 영역에서 해당 기업이 경쟁해야 하는지, 사업들 간의 전반적인 포트폴리오는 어떻게 관리되어야 하는지 판단한다. 사업부 전략(Business Unit Strategy)은 단일 제품 및 서비스 사업 또는 다양한 사업 기업 중 특정 사업부로 어떤 제품과 서비스를 제공할 것인지, 그것을 어떻게 생산 또는 제조할 것인지, 그리고 그것을 어떻게 시장에 출시할 것인지를 판단한다. 기능 부서 전략(Functional Strategy)은 주로 마케팅, 인사, 기술 등과 같이 보다 제한된 영역과 관련된 것으로 효율적인 자원사용에 초점을 맞추는 것이다.

081
정답: 1번

여러 가지가 COBIT에 필요하지만 보기 ①번의 4차 산업 관련된 신기술 보안의 필요성으로 인해 다양한 해결책과 지원이 필요한 것은 관련이 없다. 참고로 정보 보안 관련 COBIT 5.0용 추가 기능사항이 2013년 6월에 배포되었다. 2018년 11월과 12월에는 다음 버전의 COBIT인 COBIT 2019가 배포되었다. 다음은 COBIT 변환이 기업에서 왜 필요한지 알 수 있는 사항이다(COBIT 4.1에서 5.0로의 변환 필요성).

- 기존 표준, 모범 사례 및 기타 도구가 서로 관련되고 기능을 향상시키는 방식에 대해보다 일관된 이해가 필요함
- 모든 비즈니스 및 IT 기능을 포괄하는 보다 포괄적인 비즈니스/조직 범위가 필요함
- 엔터프라이즈 아키텍처 및 신흥 기술과 같은 인기 주제에 대한 개선된 지침이 필요함
- COBIT 및 기타 ISACA 연구, 권장 사항 및 프레임워크 간의 긴밀한 통합 필요성
- 외부 표준, 권장 사항 및 프레임워크와의 긴밀한 통합이 필요함
- 프레임워크에 관한 개선된 정보 조직 및 보급이 필요함

082
정답: 1번

COBIT 구성 요소는 다음과 같다.

(1) **프레임워크**(Framework): IT 도메인 및 프로세스별로 IT 거버넌스 목표 및 모범 사례를 구성하고 이를 비즈니스 요구 사항에 연결한다.
(2) **프로세스 설명**(Process Descriptions): 조직의 모든 사람을 위한 참조 프로세스 모델 및 공용 언어이며, 프로세스는 계획, 구축, 실행 및 모니터링의 책임 영역에 매핑된다.
(3) **제어 목표**(Control Objectives): 각 IT 프로세스를 효과적으로 제어하기 위해 경영진이 고려해야 할 전체 수준의 요구 사항을 제공한다.
(4) **관리 지침**(Management Guidelines): 책임을 할당하고 목표에 동의하며 성과를 측정하고 다른 프로세스와의 상호 관계를 설명한다.
(5) **성숙도 모델**(Maturity Models): 프로세스당 성숙도와 기능을 평가하고 차이를 해결하는 데 도움이 된다.

083
정답: 3번

채용 대상 직원 및 재직 임직원을 대상으로 한 일반적인 보안교육 내용은 다음과 같다. 정보보호의 중요성에 대한 소개, 기업의 경영 환경변화에 따른

정보보호의 필요성, 정보보호 정책 및 시스템 소개, 임직원 정보보호 준수사항 소개, 정보유출 시 사내 징계기준 및 국내 영업비밀 보호법 처벌 기준 소개, 국내·외 각종 정보보안 사건사고 사례 소개 등이다. 그리고 재직하고 있는 임원과 간부대상 교육은 다음과 같다. 기업 내 보안관련 준수사항 및 부서장, 간부로서의 보안관리 역할, 사내 보안사고 사례 위주의 동향 및 중요성 공감 등이다. 채용 시점에 입사하고자 하는 임직원에게 사내에서 발생하였던 보안사고의 사례와 동향 및 중요성 공감은 올바르지 않은 교육 주제다.

084 정답: 3번

보기 ③번의 IS 감사 권한부여로 인한 보안성 검토는 상대적으로 거리가 멀다. 보안성 검토는 크게 보안기준 준수 여부와 물리적인 자산의 반출 여부, 전산 시스템 사용 권한 검토 및 승인하는 것으로 다음과 같은 업무의 적용에는 반드시 적용하는 것이 원칙이다.

(1) 네트워크 서비스 사용 절차
(2) 보안 지침 절차 변경검토 절차
(3) 보안사고 신고 절차
(4) 비밀 문서 반출/반입 절차
(5) 사원증 임시출입증 발급 절차
(6) 신규 정보 시스템 도입절차
(7) 전산장비 반입/반출 절차

출처: https://www.kisa.or.kr

085 정답: 2번

소프트웨어 기준선(Software Baseline)은 애플리케이션 소프트웨어 설계와 개발의 기준선으로 이를 넘기는 경우에는 공식적인 절차를 거치지 않는 한 어떠한 변경도 허용하지 않는다. 또한, 비즈니스 비용 대비 이익의 효과 분석에 의해서 타당성이 수립되어야 한다. 따라서 이를 위한 최적의 시점은 설계 단계가 된다.

086 정답: 1번

시스템에 접속하는 사용자에 대한 통계를 도출하기 위해서는 Web Server Access Log를 분석해야 한다. Web Server Access Log에는 사이트 접속 요청 사용자의 웹 브라우저 정보, IP, HTTP Response Code, 응답 시간, 파일 정보, 파일 크기, 파일 유형 등의 상세정보가 기록되어 있으므로 동시 접속 사용자 수 계산에 활용할 수 있다. 이 로그 파일을 이용하여 24시간 통계와 추이그래프를 생성할 수 있을 뿐만 아니라, 성능 테스트 계획에 참고할 수 있는 다양한 데이터를 도출할 수 있다.

087 정답: 2번

고객 계정의 정보가 유출된 현 상황에서 가장 우선적으로 실시해야 하는 것은 고객 계정을 차단하는 것이다. 또한 고객에게 이러한 사실을 반드시 알려야 한다. 혹시라도 고객이 다른 사이트에서 동일한 계정을 사용할 경우 2차 손해가 발생하기 때문이다. 따라서 고객이 개인 정보 유출 범위에 따라 계정을 새로 재발급 받거나 개인정보를 파기하여 혹시 모를 2차 피해를 방지하도록 안내한다.

088 정답: 3번

효과적인 재해복구 테스트를 위해서는 다음 사항을 고려해야 한다. 보기 ③번의 Cost(비용)도 고려해야 할 사항이 아닌 것은 아니지만, 시간 및 사람, 영향도 등에 비하면 상대적으로 중요도가 낮다.

- **Timing(시간)**: 애플리케이션 또는 시스템 테스트 간격이 길면 길수록 데이터, 하드웨어 또는 소

프트웨어의 변경 또는 증가로 인해 재해복구 계획이 실패할 위험이 높아진다. 재해복구 테스트의 일부로 RTO 관점에서 전체 복구에 걸리는 시간을 측정하고 이에 대한 타겟을 아는 것도 중요하다.

- **Change(변경사항)**: 백업 또는 복원 프로세스가 변경사항에 대해서 영향을 받지는 않는지 테스트한다. 스토리지 하드웨어 또는 하이퍼바이저 업그레이드와 같은 주요한 인프라 변경 후에는 항상 재해복구 테스트를 수행해야 한다. 만약 변경 범위가 크다면 재해복구 프로세스를 다시 작성해야 할 필요성이 있다.
- **Side-Effect(영향도)**: 재해복구 테스트가 프로덕션 환경에서 영향을 미칠지의 여부를 사전에 알아야 한다. 예를 들어 테스트가 애플리케이션 또는 하드웨어 장비를 중단해야 하거나 또는 라이브 데이터에 직접적인 영향을 미칠 수 있기 때문에 다운타임을 유발할 수도 있다. 모든 데이터 및 소프트웨어 업데이트를 시뮬레이션에 통합하여 유효한 실행인지부터 확인하고 테스트의 영향이 실제 재해에서 재해복구 계획이 구현된 것과 동일한 지 확인해야 한다.
- **People(사람)**: 재해복구 테스트를 사용하여 재해복구 프로세스에서 인적 오류의 가능성을 최소화하거나 완전히 제거해야 한다. 또한 특정한 애플리케이션을 직접 지원하는 직원들 뿐만 아니라 다양한 사람들을 활용하여 라이브 시스템에서 재해복구 계획의 모든 단계의 유효성을 잘 결정해야 한다.

089 정답: 3번

Backdraft는 연소에 필요한 산소가 부족하여 훈소상태(燻燒狀態)에 있는 실내에 산소가 갑자기 다량 공급될 때 연소가스가 순간적으로 발화하는 현상으로, 문제의 재해복구 테스트의 유형과 가장 관련이 없다. 재해 복구 테스트에는 세 가지 기본 유형이 있으며, 여기에는 계획 검토, 탁상 연습 및 시뮬레이션 테스트가 포함된다.

- **계획 검토**: 재해복구 계획 소유자와 개발 및 구현 팀의 다른 구성원들과 같이 재해복구 계획을 면밀히 검토하고 또한 세부적으로 각 항목에 대해서 검토하여 불일치 및 누락된 요소를 찾고자 한다.
- **탁상 연습**: 이해관계자가 모여서 재해복구 계획의 모든 구성 요소를 단계별 순서로 찬찬히 살펴보는 방법이다. 이는 모든 사람이 비상시 해야 할 일을 서로 알고 있는지 확인하여 불일치 및 누락된 정보 또는 오류를 발견하는 데 도움이 되도록 한다.
- **시뮬레이션**: 재해 시나리오 시뮬레이션은 재해복구 및 비즈니스 연속성을 위해 할당된 절차 및 리소스(백업 시스템 및 복구 사이트도 포함)를 가능한 실제와 가장 유사한 상황에서 작동하는지를 확인하는 좋은 방법이다. 시뮬레이션은 다양한 재해발생 시나리오를 실행하여 재해복구 프로세스에 관련된 팀이 적시에 기술 및 비즈니스 운영을 다시 시작할 수 있는지를 확인한다. 이 프로세스는 재해복구 작업을 제대로 수행할 수 있는 충분한 직원이 있는지부터 확인이 가능하다.

090 정답: 4번

엘라스틱 서치(Elasticsearc)는 오픈 소스 기반의 분석, 검색 서비스로써 라이센스의 가격하고는 관련성이 없다. Elasticsearch는 빠르다. Elasticsearch는 Lucene을 기반으로 구축되기 때문에, 전체 텍스트 검색에 뛰어나다. Elasticsearch의 주요한 특징은 다음과 같다.

- Elasticsearch는 거의 실시간 검색 플랫폼이다. 이것은 문서가 색인될 때부터 검색 가능해질 때까지의 대기 시간이 아주 짧다는 뜻이다. 이 대기 시간은 보통 1초이다. 결과적으로, Elasticsearch는 보안 분석, 인프라 모니터링 같은 시간이 중요한 사용 사례에 이상적이다.
- Elasticsearch는 본질적으로 분산적이다. Elasticsearch에 저장된 문서는 샤드라고 하는 여러 다른 컨테이너에 걸쳐 분산되며, 이 샤드는 복제

되어 하드웨어 장애 시에 중복되는 데이터 사본을 제공한다. Elasticsearch의 분산적인 특징은 수백 개(심지어 수천 개)의 서버까지 확장하고 페타바이트의 데이터를 처리할 수 있게 해준다.

- Elasticsearch는 광범위한 기능 세트와 함께 제공된다. 속도, 확장성, 복원력뿐만 아니라, Elasticsearch에는 데이터 롤업, 인덱스 수명 주기 관리 등과 같이 데이터를 훨씬 더 효율적으로 저장하고 검색할 수 있게 하는 강력한 기본 기능이 다수 탑재되어 있다.

- Elastic Stack은 데이터 수집, 시각화, 보고를 간소화한다. Beats와 Logstash의 통합은 Elasticsearch로 색인하기 전에 데이터를 훨씬 더 쉽게 처리할 수 있게 해준다. Kibana는 Elasticsearch 데이터의 실시간 시각화를 제공하며, UI를 통해 애플리케이션 성능 모니터링(APM), 로그, 인프라 메트릭 데이터에 신속하게 접근할 수 있다.

출처: https://www.elastic.co/kr/what-is/elasticsearch

091 정답: 4번

엘라스틱 스택(ELK: Elastic Stack)은 사용자가 서버로부터 원하는 모든 유형의 데이터를 가져와서 실시간으로 해당 데이터를 검색, 분석 및 시각화 할 수 있도록 도와주는 Elastic의 오픈 소스 서비스 제품이다. 'ELK'는 엘라스틱(Elastic)에서 공급하는 엘라스틱 서치(Elasticsearch), 로그스태시(Logstash), 키바나(Kibana)의 영문 앞글자를 모은 일종의 별칭이다. Elastic Search는 루씬 기반의 Full Text로 검색이 가능한 오픈소스 분석 엔진이며 주로 REST API를 이용해 대량의 데이터를 신속하고 거의 실시간으로 저장, 검색 및 분석할 수 있다. Logstash는 다양한 플러그인을 이용하여 데이터 집계 및 보관, 서버 데이터 처리. 파이프라인으로 데이터를 수집하여 필터를 통해 변환 후 Elastic Search로 전송한다. 그리고 Kibana는 데이터를 시각화하는 도구다.

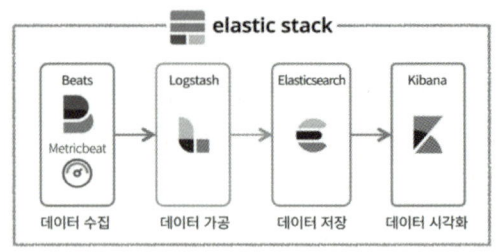

092 정답: 4번

오픈 뱅킹(Open Banking)은 핀테크의 일부로, 금융 서비스 용어다. 오픈 뱅킹은 서드파티 개발자(TPP)들이 금융 기관의 애플리케이션과 서비스를 빌드할 수 있도록 개방 API를 사용하고, 오픈 데이터에서 비공개 데이터에 이르는 계정 보유자의 더 큰 금융 투명성 옵션을 제공하며, 이러한 사항을 달성하기 위한 방법으로 오픈 소스 기술을 사용한다.

오픈 뱅킹의 역사를 전반적으로 살펴보면 다음과 같다. 오픈 뱅킹은 Henry Chesbrough가 홍보한 용어인 오픈 이노베이션 개념의 하위 분류로 간주된다. 이는 GDPR 등의 규제, 그리고 오픈 데이터 운동 등의 개념에 의해 기술된 데이터 소유권 문제에 대한 태도 변화와 연결된다. 2015년 10월, 유럽연합 의회는 PSD2라는 이름의 개정된 지불 서비스 지침(PSD: Payment Services Directive)을 채택하였다. 이 새로운 규칙에는 오픈 뱅킹을 통한 혁신적인 온라인, 모바일 지불의 개발 및 이용을 제고시키는 목표가 포함되었다. 2016년 8월, 영국 경쟁 관리 당국(CMA: Competition and Markets Authority)은 9대 영국 은행(HSBC, 바클리즈, RBS, Santander, Bank of Ireland, Allied Irish Bank, Danske Bank, Lloydsand Nationwide)에게 허가를 받은 스타트업 기업들이 자신들의 데이터를 거래 계정의 거래 수준으로 까지 직접 접근할 수 있도록 요구하는 통칙을 발행하였다. 이 새 규제는 2018년 1월 13일 효력이 발생했으며 이 작업을 위해 특별히 창설된 비영리 단체인 오픈 뱅킹 리미티드에 의해 구축되었다.

093
정답: 1번

　SOC(Security Operations Center)는 조직의 보안 상태를 지속적으로 모니터링하고 분석하는 정보 보안팀을 수용하는 시설이다. SOC 팀의 목표는 기술 솔루션과 강력한 프로세스를 조합하여 사이버 보안 사고를 탐지, 분석 및 대응하는 것이다. 보안 운영 센터는 일반적으로 보안 운영을 감독하는 관리자 뿐만 아니라 보안 분석가 및 엔지니어로 구성된다. SOC 직원은 조직의 사고 대응팀과 긴밀히 협력하여 발견 시 보안 문제를 신속하게 해결한다. 보안 운영 센터는 네트워크, 서버, 엔드 포인트, 데이터베이스, 애플리케이션, 웹 사이트 및 기타 시스템의 활동을 모니터링하고 분석하여 보안 사고 또는 손상을 나타낼 수 있는 비정상적인 활동을 찾는다. SOC는 잠재적인 보안 사고가 올바르게 식별, 분석, 방어, 조사 및 보고되도록 한다. SOC 팀은 보안 전략 개발, 보안 아키텍처 설계 또는 보호 조치 구현에 중점을 두지 않고 지속적으로 운영되는 엔터프라이즈 정보 보안 구성 요소를 담당한다. 보안 운영 센터 직원은 주로 사이버 보안 사고를 탐지, 분석, 대응, 보고 및 예방하기 위해 협력하는 보안 분석가로 구성된다. 일부 SOC의 추가 기능에는 고급 법의학 분석, 암호화 분석 및 악성 프로그램 리버스 엔지니어링이 포함되어 사고를 분석할 수 있다. 조직의 SOC를 설정하기 위한 첫 번째 단계는 다양한 부서의 비즈니스별 목표와 임원의 의견 및 지원을 통합하는 전략을 명확하게 정의하는 것이다. 전략이 개발되면 해당 전략을 지원하는 데 필요한 인프라를 구현해야 한다. 일반적인 SOC 인프라에는 방화벽, IPS/IDS, 침해 탐지 솔루션, 프로브 및 SIEM(Security Information and Event Management) 시스템이 포함된다. 데이터 흐름, 원격 분석, 패킷 캡처, syslog 및 기타 방법을 통해 데이터를 수집하여 SOC 직원이 데이터 활동을 상호 연관시키고 분석할 수 있는 기술이 마련되어 있어야 한다. 보안 운영 센터는 민감한 데이터를 보호하고 산업 또는 정부 규정을 준수하기 위해 네트워크 및 엔드 포인트의 취약성을 모니터링 수행한다.

094
정답: 2번

　통합 보안 분석 시스템 기술 요구사항은 클라우드 기반 대규모 악성 코드 분석, 침해사고 정보 공유, 모바일 침해사고 분석 및 대응, 침해사고 프로파일링 및 공격 예측이다. 하지만 보기 ②번의 공격 원인 분석 및 재현은 사이버 샌드박스 기술의 기능요구 사항이다. 통합 보안 상황 분석 시스템은 클라우드 기반 대규모 악성 코드 분석, 모바일 침해사고 분석 및 대응, 침해사고 프로파일링 및 공격 예측, 침해사고 정보 공유 기술을 포함하고 있다. 통합 보안 분석 시스템의 기술 요구사항 각각의 설명은 다음과 같다.

- **클라우드 기반 대규모 악성 코드 분석 기술**: 클라우드 기반의 대용량 악성 코드 분석환경을 제공하여 악성 코드 분석시간을 단축시키고, 악성 코드의 코드블록, 커널 행위, API를 기반으로 유사도 분석을 통한 변종 악성 코드를 탐지하는 기능을 가지고 있다. 또한, 가상머신 Hiding, 키보드/마우스 행위 발생, 리얼머신 운용 등 분석 회피형 악성 코드를 분석할 수 있는 기술을 포함하고 있다.

- **모바일 침해사고 분석 및 대응 기술**: Drive-by-Download 형태의 네이티브(Native) 악성 코드와 E-mail, SMS와 연동을 통한 악성 앱을 수집하여 정적/동적 분석하는 기능을 제공한다. 이를 기반으로 모바일 악성 코드 유사도 분석을 통한 변종 탐지 및 프로파일링 기능도 포함하고 있다. 또한 신속한 모바일 침해사고 대응을 위해 PC 수준의 침해사고 대응체제를 확립하고자, 정보유출 등 2차 피해 방지를 위한 정보 공유 등을 제안할 예정이다.

- **침해사고 프로파일링 및 공격 예측 기술**: 악성 코드 분석정보와 침해사고 공격 자원(IP, 서버, 도메인 등)을 기반으로 모든 침해사고를 프로파일링하고, 침해사고 간 유사도 분석을 통해 동일 공격자를 추정하는 기능을 포함하고 있다. 또한, 침해사고 프로파일링 정보를 시계열로 분석하여 침해사고 단계별 향후 공격을 예측하는 기능도 제

공한다. 이러한 프로파일링 및 공격 예측을 통한 정보는 향후 침해사고 발생 시 선제적 대응에 중요한 역할을 할 수 있을 것이다.

- **침해사고 정보 공유 기술**: 상이한 정보 공유 포맷 단일화와 국내외 표준 추진을 통해 정보 공유 체계를 강화할 수 있으며, 이를 통해 정보 공유 회원제 및 정보 제공에 대한 과금 기반을 마련할 수 있다. 또한 통합보안 상황분석 시스템을 중심으로 침해사고별 악용 서버, IP, 악성 코드 등 정보를 통합관리하고, 일반 기업을 대상으로 차단 정보 및 공격 예측 정보를 공유함으로써 보안을 강화 시킨다.

095 정답: 1번

사이버 블랙박스(Cyber Sand-Box)는 사이버 침해사고 증거보존, 블랙박스 내 침해사고 원인 분석 기술을 포함하고 있다. 사이버 침해사고 증거보존 기술은 네트워크 트래픽을 수집하여 악성 행위를 탐지할 수 있게 한다. 특히, 사이버 블랙박스는 10G급 대용량 네트워크 트래픽 정보를 실시간 수집하고 분석할 수 있는 기능을 가지고 있다. 또한, 애플리케이션, IP 등 다중 소스별 대용량 데이터 수집 및 분산처리 시스템과의 연동 제공의 이점이 있다. 여기서 증거보존 핵심 요소 기술은 효율적인 네트워크 트래픽 저장, 보관을 위한 증거 보존형 데이터 선별 및 대용량 데이터 아카이빙 기술을 적용하며, 수집 데이터의 무결성/기밀성을 보장하는 증거화 데이터 구조 구현이 특징이다. 블랙박스 내 침해사고 원인 분석 기술은 내부 유입 실행파일의 재구성과 메타 정보의 추출을 통해 악성 패턴이 고성능의 수준에서 분류된다. 또한, 내외부에서 수집된 악성 패턴 기반의 네트워크 악성 행위/악성 URL을 탐지하고 차단하는 수집된 악성 패턴 기반의 네트워크 기술을 포함한다. 블랙박스 내 침해사고 원인분석의 결과는 악성 행위 증거 재현에 이용될 수 있으며, 블랙박스 기반 공격 시나리오를 추출하고 재현하는 공격 정보 분석 기술을 상용화할 수도 있다.

096 정답: 2번

시스템 개발 프로젝트의 원가 추정 시 일반적으로 사용되는 추정 방법은 다음과 같다.

(1) **유사 산정**(Analogous Estimating): Top-down 방식으로 이전 프로젝트의 원가를 기초 삼아서 비슷한 수준과 방법으로 현재 프로젝트의 원가를 계산한다. 일반적으로 가장 빠른 추정기법으로, 프로젝트에서 가장 많이 사용된다.

(2) **상향식 산정**(Bottom-up Estimating): 하부의 작업 단위에서 필요한 원가를 계산하여 상위 작업으로 올라가면서 전체 원가를 합하는 방식이다. 이 방법에서는 프로젝트의 각 활동 비용을 최하위 레벨에서 시작하여 가장 상세히 추정하고, 그리고 나서 모든 비용을 더해진다. 가장 정확한 예측이지만 가장 많이 시간이 소요되는 접근방법이다.

(3) **모수 산정**(Parametric Estimating): 반복적인 요소가 있는 경우에 하나의 특징을 잡아서 산정한 후 과거 통계치를 기준으로 특정한 파라미터를 선정하여 단위당 원가를 곱하여 전체적인 프로젝트 원가를 계산 방식이다. 이 접근 방법은 유사 추정보다 더 정확하다.

(4) **3점 추정 방식**(Tree-Point Estimates): PERT를 이용한 방식으로 최빈치, 최적치, 비관치를 계산한다. 계산식은 (M+4O+P)/6으로 산정할 수 있다.

(5) **FP**(Function Point): 기능 모듈방식으로 SW 전체를 기능단위(모듈)로 분해하여 단가를 산정한다. 이는 기능점수와 점수당 단가, 보정요소를 계산해 개발비를 산정한다.

(6) **MM**(Man Month): 투입 인력 수 방식으로 SW 사업에 투입되는 인원과 투입기간, SW 노임 단가를 곱해서 계산하는 방식이다.

(7) **실 비용**: 유사 추정과 같이, 이 접근방법은 과거에 수행하였던 프로젝트 중 동일한 시스템에서 발행한 실제 비용으로부터 추정한다.

097
정답: 2번

정보보호 정책에서 경영진의 승인이 있어야만 정책이 발효될 수 있다. 그리고 정보보호 정책은 지속적인 적합성과 효과성을 보장하기 위해서 미리 정해진 기간(최소한 일년)마다 또는 사업 운영 및 내재하고 있는 정보보호 리스크 등 기업의 중요한 변화가 발생할 때 검토되어야 한다. 또한, 정보보호 정책은 정책의 개발, 검토 그리고 평가를 위한 경영진의 책임을 승인하는 책임자가 존재해야 한다. 보안정책의 검토 범위에는 조직의 정보보호 정책의 개선 기회에 대한 평가와 조직의 환경, 비즈니스 상황, 법적인 상태 또는 기술 환경 등의 변화에 대응하는 데 있어서 정보보호 관리 접근방법에 대한 평가가 포함되어야 한다. 반면에, 정보보호 정책에서 경영진이 검토한 기록은 유지되어야 하며, 수정되거나 개정되는 정책에 대해서는 경영진의 승인이 필요한 것은 맞으나, 다른 선택사항에 비해서 그다지 중요하지 않다.

098
정답: 3번

경영진의 검토를 통한 결과에는 다음 사항과 관련된 의사결정과 조치사항이 포함되어야 한다.

(1) 자원과 책임 할당의 개선
(2) 통제 목적과 통제의 개선
(3) 정보보호 및 보안 프로세스 관리에 대한 조직 접근방법의 개선
(4) 정보보호와 비즈니스 목표의 연계 개선

하지만 독립적인 검토 결과는 경영자 검토를 위한 백 데이터로 의사결정에 포함시켜야 한다.

(1) 이해관계자의 피드백
(2) 예방, 적발 그리고 교정조치의 현황
(3) 이전 경영진의 검토 결과
(4) 프로세스 성과와 정보보호 정책 준수
(5) 조직 환경, 비즈니스 상황, 자원의 가용성, 계약/규제/법적 조건 또는 기술 환경에 대한 변화를 포함한 정보보호 관리에 대한 조직의 접근방법에 영향을 미칠 수 있는 변화들
(6) IT 기능 또는 비즈니스 기능을 제공하는 국내 또는 국외 외주업체의 활용
(7) 취약점 및 위협과 관련된 추세
(8) 보고된 정보보안 사고
(9) 관계 당국에 의해 제공된 권고사항
(10) 독립적인 검토(CSA) 결과의 개선 등

099
정답: 2번

주요 정보 시스템에 책임추적성 및 비인가 사용을 탐지하기 위하여 로그를 관리하고 모니터링을 수행하여야 한다. 문제에서 시스템의 시간 동기화가 이뤄지지 않았을 경우의 취약점에 대해서 가장 우려가 높은 위험은 보기 ②번이다. 참고로 주요한 정보 시스템의 로그 관리 절차는 다음을 고려해서 수립해야 한다. 첫 번째, 로그기록 및 보존이 필요한 주요한 정보시스템을 먼저 지정하여야 한다. 두 번째, 각 시스템 및 장비별 로그유형 및 보조 기간을 수립해야 한다(최소한 6개월 이상). 세 번째, 각 로그의 로그 기록 보존 백업방법을 고려하여야 한다.

100
정답: 4번

스마트 공장에서 근무하는 인력에 대해서 정보보호 방안을 마련하여 정보보호 사고를 최소화하여야 한다. 이와 관련된 방법으로 정보보호 책임이 명확하게 명시된 정보보호 서약서를 받아야 함이 원칙이다. 보기에서 가장 관련이 없는 사람은 보기 ④번의 금융 컨설팅 직원이다.

101
정답: 2번

응용 통제란, 어떤 응용 소프트웨어에 대한 특정한 통제방법으로서, 여기에는 투입 통제, 과정 통제, 출력 통제, 마스터데이터(Master Data) 통제, 그리고 응용 보안 통제가 포함된다. 일반 통제는 응용 통제와는 달리 IT 시스템의 통제방법으로서, 여기에는 조직의 일반적인 IT 인프라(하드웨어, 소프트웨어, 네트워크), IT 관련정책, 절차, 그리고 실무관행 등에 대한 통제와 데이터 센터 운용, 시스템 획득과 유지, 물리적 및 논리적 접근 보안, 직무의 분리, 업무 계속성과 재난회복에 대한 통제, 그리고 기타 관련된 통제가 포함된다. 일반 통제는 IT 응용 시스템을 지원하는 관련 시스템 및 프로세스에 대한 통제이다. 일반 통제는 IT 시스템, 시스템 설계 및 개발, 인수, 아웃소싱/인소싱, 운영(응용 통제 제외), 인사관리, IT 보안, 모니터링 등과 같은 비즈니스 사례와 관련성이 있다. 일반 통제 및 응용 통제는 IT 시스템의 성공적인 구현을 확보하기 위하여 복잡하게 연관되어 있다. 일반 통제가 약한 경우 개별 IT 응용 프로그램과 관련된 통제의 안정성이 심각하게 저하된다.

102
정답: 4번

액티브X의 일반적인 문제점은 호환성, 보안성, 속도 등이다. 비용은 문제점과는 상대적으로 거리가 멀다. 액티브X는 윈도우 사용자가 인터넷을 쉽고 편리하게 이용하도록 마이크로소프트사에서 개발한 것으로, 기존의 응용 프로그램으로 작성된 문서 등을 웹과 연결시켜 그대로 사용할 수 있게 하는 기술이다. 인터넷 익스플로러를 위해 고안되었으며, 실생활에서 웹 페이지에 접속하면 자동으로 내려받아 설치된다. 자바(Java)에 대항하는 기술이다. 멀티미디어 콘텐츠, 금융거래(은행·주식), 사용자 신원 증명, 공문서 출력 등 다양한 분야에 적용되고 있다. 우리나라는 대부분의 사이트에서 이용된다. 액티브X를 설치하면 크롬, 파이어폭스 등 다른 웹 브라우저와 호환되지 않는다. 또 스마트폰이나 태블릿 컴퓨터에서도 사용할 수 없다. 사용자 PC에 직접 설치되는 액티브X 특성을 악용해 악성 코드를 심거나 개인정보를 유출하는 등의 보안사고도 끊임없이 발생한다. 설치 과정에서 사용자가 원치 않는 기능까지 함께 설치돼 PC 처리 속도가 현저히 저하되는 문제점도 있다.

103
정답: 1번

개인이 수행하는 직무의 특성이 개인의 심리 상태에 영향을 미치고 개인의 심리상태가 만족스러우면 노력의 성과로 나타난다. 여기에는 기술 다양성(Skill Variety), 과업 정체성(Task Identity), 과업 중요성(Task Significance), 자율성(Autonomy), 피드백(Feedback) 등이 있다. 기술 다양성은 과업을 수행하는 데 있어 다양한 기술을 사용하는 정도이다. 과업 정체성은 수행하는 과업이 하나의 전체를 이루는 정도이다. 과업 중요성은 수행하는 과업의 결과가 타인이나 조직에 중대한 영향을 미치는 정도이다. 자율성은 스스로 수행하는 방법을 결정하고, 언제 어떤 일을 할 것인가에 대한 권한을 가지고 있는 정도이다. 마지막으로 피드백은 자신이 수행한 과업의 결과에 대해서 아는 정도이다.

출처: https://www.yourcoach.be_

104
정답: 3번

COBIT 5는 엔터프라이즈 IT의 관리를 위한 유일한 비즈니스 프레임워크다. COBIT 5는 엔터프라이즈 거버넌스 및 관리 기술에 대한 최신 사고를 통합하고 정보 시스템에 대한 신뢰와 가치를 높이기 위해 전 세계적으로 인정되는 원칙, 관행, 분석 도구 및 모델을 제공한다. COBIT 5는 ISACA의 Val IT 및 위험 IT, ITIL®(Information Technology Infrastructure Library) 및 ISO(International

[104번 해설 관련 이미지]

COBIT 5

The power of COBIT 5 is in its breadth of tools, resources and guidance. The value of COBIT 5 is in how it applies to your profession. COBIT 5 is now online, search specific uses by topic area and bring the power and value of COBIT 5 to your organization.

AUDIT & ASSURANCE
Manage vulnerabilities and ensure compliance.

RISK MANAGEMENT
Evaluate and optimize enterprise risk.

INFORMATION SECURITY
Oversee and manage information security.

REGULATORY & COMPLIANCE
Keep ahead of rapidly changing regulations.

GOVERNANCE OF ENTERPRISE IT
Align IT goals and strategic business objectives.

Organization for Standardization)의 관련 표준을 포함한 다른 주요 프레임워크, 표준 및 리소스를 통합하여 COBIT 4.1을 기반으로 구축 및 확장하고 있다. 새로운 사용자 요구, 산업별 규정 및 위험 시나리오가 매일 등장한다. 효과적인 IT 거버넌스 및 관리를 통해 지적 재산의 가치를 극대화하고, 위험 및 보안을 관리하고, 규정 준수를 보장하는 것이 그 어느때보다 중요하다. 엔터프라이즈 IT에 중점을 둔 다른 프레임워크는 COBIT의 영역 또는 이점을 제공하지 않는다. COBIT 5에서 제공하고 있는 Insight 주제내용 영역은 다음과 같이 구분된다.

(1) IT Operation
(2) Audit and Assurance
(3) Risk Management
(4) Information Security
(5) Regulatory & Compliance
(6) Governance Enterprise IT

COBIT 5의 힘은 광범위한 도구, 리소스 및 지침에 있으며, COBIT 5의 가치는 그것이 직업과 어떻게 적용되는지에 달려 있다.

출처: https://cobitonline.isaca.org

105 정답: 3번

프로젝트 품질비용은 소프트웨어 개발 생명주기(SDLC: Software Development Life Cycle)의 진행에 따라서 예방비용, 평가비용, 내부실패비용, 외부실패비용의 단계로 수행된다. 성공적인 프로젝트 수행을 위해서는 예방비용과 평가비용을 충분히 집행하여 프로젝트의 결함을 사전에 예방 및 검출하고 내부 및 외부 실패비용을 최소화하는 것이 적절하다. 특히 외부실패비용은 시스템 이관 및 고객에게 인도물을 인도한 이후에 발생하는 결함이므로 가장 많은 조치비용이 발생할 뿐만 아니라 고객만족도를 저하시키고 프로젝트 인력들과 수행사의 신뢰도를 낮추는 영향을 준다. 따라서, 이 문제의 경우, 사업 A에 비해 사업 B는 예방비용과 평가비용을 증가시켜서 실패비용을 감소시킴으로써 전체 프로젝트 품질비용을 감소시키는 효과를 얻게 되었다.

106 정답: 2번

문제에서 설명하는 도구는 관리도(Control Chart)를 말한다. Control Chart는 생산시설에서 발생하는 데이터를 측정하고 표본의 상한선(UCL: Upper Control Line), 하한선(LCL: Lower Control Line)을 기준으로 관리하는 도구이다. Control Chart를 이용하면 생산시설에서 발생하는 이상현상, 장애, 결함, 가용성 이슈를 빠르게 발견하고 대응할 수 있다. Control Chart의 개념은 보안관점에서 이상현상을 발견하는 Security Management 기능으로 적용되어 있다.

107 정답: 2번

사용자는 인증서 사용 전에, 가장 먼저 최신의 인증서 취소 목록(CRL: Certificate Revocation List)을 획득하고 점검해야 한다. 사용자가 회사를 퇴직해 공개키의 사용 자격을 잃은 경우에는 더 이상 전자서명을 사용할 수 없도록 해야 한다. 개인키를 부실하게 관리하여 남에게 노출이 의심될 경우에는 피해가 발생하지 않도록 공개키 인증서 발급을 취소해야 한다. 가장 많은 인증서 취소는 개인이 개인키를 백업하지 않고 잃어버리거나 접근 비밀번호를 기억하지 못하여 사용할 수 없게 된 경우다. 이러한 경우 인증서를 재발급 받기 위해 기존의 인증서를 취소해야 한다. 공개키 인증서의 취소를 위해 사용하는 방법은 블랙리스트를 활용하는 방법이다. 즉 인증 기관이 인증서 취소 목록(CRL: Certificate Revocation List)이라고 불리는 취소할 인증서의 리스트를 만들어 놓고, 이것을 서명한 문서를 배포하는 방법이다. 인증서 사용자들은 최신의 CRL을 획득하여 사용하고자 하는 인증서가 취소되었는지 여부를 먼저 확인하고 사용해야 하는 의무를 가진다.

108 정답: 4번

[보기]가 설명하는 활동은 ISMP(Information Strategy Master Plan)다. ISMP는 특정 SW 개발 사업에 대한 상세분석과 제안요청서를 마련하기 위해 비즈니스 및 정보 기술에 대한 현황과 요구사항을 분석하고 기능점수 도출이 가능한 수준까지 기능적/기술적/비기능적 요건을 상세히 기술하며 구축 전략 및 이행 계획을 수립하는 활동이다. 그 외에 보기의 활동들에 대한 설명은 다음과 같다.

(1) EA(Enterprise Architecture): 기업의 비즈니스, 데이터, 기술, 보안 등 주요 요건을 체계적으로 분석하여 기업의 현재 모습을 조감하고 앞으로의 지침을 제공하기 위한 아키텍처이다. 체계화된 정보화를 추진하기 위해 업무, 데이터, 시스템 등 정보화 구성 요소와 상호관계(Architecture)를 미리 규정한 정보화 종합 설계도이다. 신규 정보화 투자 심사 시 업무, 데이터, 시스템 등의 관점에서 자원의 중복이나 공유 기능 여부를 확인해 투자 여부를 결정하고 사업을 조정할 수 있다. 전사적 아키텍처 구성은 비즈니스 아키텍처(BA), 데이터 아키텍처(DA), 애플리케이션 아키텍처(AA), 기술 아키텍처(TA), 전사적 아키텍처 관리 시스템(EAMS), 참조 모델(RM)이 있다.

(2) SEM(Strategic Enterprise Management): 기업의 경영정보를 분석하여 경영진이 가치 중심으로 경영할 수 있도록 도와주는 애플리케이션이나 프로세스이다. 경영자가 가치 창출에 경영활동을 집중하도록 조직의 비전/목표/전략을 정렬하고 전략과 운영을 연계하여 수익성을 제고하고자 전략실행을 모니터링하는 개념 및 솔루션이다. 전략적 경영, 기업 가치 향상이 목적, CEO가 사용, 기업의 전략적 의사결정 용도, 기업의 가치를 관리 대상으로 한다, 비재무적 가치 중심 지향으로 기능은 전략과 운영업무 통합 기반 제공, 전략 집중형 조직 달성, 핵심 가치 동인의 효율적인 관리, 책임 경영체제이다.

(3) ISP(Information Strategy Planning): 조직 내의 전략적 정보 요구를 파악하여 업무 활동과 이에 대한 자료영역을 기술하고, 현행 정보지원 정도를 평가하고, 정보시스템 개발을 위한 통합된 프레임워크를 제공하며, 이것을 구현하기 위하여 정보기술을 활용한 통합정보시스템 계획을 작성하는 체계적인 접근 활동을 말한다. 즉, 최적의 정보화를 위해 전략적 계획을 수립하는 것으로서, 업무 및 정보화 체계에 대한 분석에 따라 도출된 현황 문제점을 개선해 나가는 수단이다.

109 정답: 3번

업무 연속성 관리 계획(BCP: Business Continuity Planning)은 다음 5단계 활동으로 이루어진다. 따라서, BCP 조직 구성과 조직별 재해복구 계획수립 활동은 4단계인 BCP 계획개발 단계에서 수행된다.

- **1단계 프로젝트 계획**: 목표 및 범위설정, GAP 분석
- **2단계 사업영향 평가(BIA)**: 업무 우선순위 결정, 손실액 분석, 복구 필요자원 조사, 시나리오 분류
- **3단계 복구 전략 선정**: 복구전략 대안도출, 전략별 소요 비용분석, 복구 필요자원 조사, 시나리오 분류
- **4단계 BCP 계획 개발**: BCP 조직구성, 조직 별 재해복구 계획 수립
- **5단계 모의훈련 및 유지보수**: 테스트 계획 및 시나리오 개발, 교육 및 훈련

110 정답: 2번

전자 정부 프레임워크는 무상으로 제공되어 중소기업의 경쟁력을 향상시키며, 그 외 표준화된 개발 기반으로 사업자의 종속성을 해소시킨다. 전자 정부 개발 프레임워크는 정보 시스템 개발을 위해 필요한 기능 및 아키텍처를 미리 만들어 제공함으로써 효율적인 애플리케이션 구축을 지원한다. 전자 정부 표준프레임워크는 공공사업에 적용되는 개발 프레임워크의 표준 정립으로 응용 SW 표준화, 품질 및 재사용성 향상을 목표로 한다. 이를 통해 전자 정부 서비스의 품질향상 및 정보화 투자 효율성 향상을 달성하고, 대·중소기업이 동일한 개발기반 위에서 공정하게 경쟁할 수 있다.

※ 표준 프레임워크는 기존 다양한 플랫폼(.NET, php 등) 환경을 대체하기 위한 표준은 아니며, JAVA 기반의 정보 시스템 구축에 활용할 수 있는 개발·운영 표준 환경을 제공하기 위한 것이다.

출처: https://www.egovframe.go.kr/

111 정답: 3번

애자일 개발팀은 새로운 기능 개발 및 배포, 사용자 경험 개선, 기술적 부채 해결에 집중하는 경우가 많다. 지속적 통합/지속적 제공(CI/CD) 파이프라인 등의 DevOps 활동을 도입하는 팀은 테스트 프랙티스를 최대한 일찍 수행하고(Shift Left Testing), 대부분 테스트를 자동화를 수행하여 새로운 코드가 소프트웨어 빌드를 망가뜨리지 않고 자동화된 테스트를 모두 통과시키도록 해야 한다. 개발자와 QA 테스트 담당자는 보안 테스트 역시 최대한 초기에 진행하고 코딩 활동을 하여 애플리케이션 신뢰성을 확보해야 한다. 개발팀은 또한 운영팀과 인프라 구성, 자동화, 모니터링을 위해 협력해야 한다. Shift-Lefting 베스트 프랙티스는 다음과 같다.

- 애플리케이션 로깅과 예외 처리를 표준화하고 중앙 집중화하여 애플리케이션 문제를 추적할 수 있도록 한다.
- 특히, 무거운 부하에서 병목을 유발할 수 있는 애플리케이션 및 데이터베이스 잠금을 최소화한다.
- 애플리케이션, 서비스, 데이터베이스의 신뢰성을 높게 구성하고 여러 클라우드 영역에서 로드밸런싱을 추구한다.
- 모니터링 및 경보를 중앙에 집중하고 선제적으로 종적 성능 격차를 찾는다.
- 수요에 따라 서비스를 재시작, 확장, 종료하는 절차를 자동화한다.

또한, Shift-Left 테스트 전략을 위한 사전 요건은 다음과 같다.

- 동시에 실행되는 여러 빌드 및 테스트를 지원하려면 충분한 테스트 역량과 환경이 필요히디.
- 애자일 부서에는 CI/CD 파이프라인과 작업 스케줄링 툴과 손쉽게 통합되고 기능, 코드 품질, 보안, 성능을 검증할 수 있는 제품 테스트 툴 킷이 필요하다.
- 설계자, 정보보안 전문가, QA 리드를 비롯한 조

직의 선임 구성원은 기본 수용 기준을 구성하는 테스트 표준과 서비스 수준 목표를 설정해야 한다.
- 애플리케이션에 사용자 입력이 필요한 경우 테스트 부서에는 충분한 페르소나, 사용 사례, 입력 패턴을 검증하기 위한 충분한 테스트 데이터와 패턴이 필요하다.
- 스프린트 약속 시점 또는 그 전에 QA 테스트 자동화 엔지니어가 포함된 스크럼 부서가 테스트 대상 기능, 구현하는 테스트의 유형, 업데이트할 자동화 프로세스, 테스트를 개발하는 사람에 대한 테스트 전략을 수립해야 한다.
- DevOps 부서는 CI/CD 파이프라인 실행 기간을 측정하고 자동화된 테스트 단계가 생산성에 영향을 미치는 경우 이를 알려야 한다. DevOps 부서는 장기간 테스트를 실행하기 위해 CI/CD 파이프라인 외부의 부가적인 테스트 일정이 필요한 경우가 많다.
- 부서는 자동화된 테스트에 존재하는 간극, 특히 주제 전문가, UAT 또는 파트너와의 테스트가 필요한 검증을 정기적으로 논의해야 한다. 애자일 부서가 자동화를 통해 이러한 간극을 해소하지 못하는 경우 위험을 낮추고 테스트를 완료하기 위한 오버헤드를 릴리스 주기에 적극 반영해야 한다.
- 마지막으로, Agile 부서와 DevOps 조직은 테스트 커버리지를 정기적으로 측정하고 논의해야 한다. 개발 부서와 품질 자동화 엔지니어가 문제를 포착하고 위험에 대처하기 위해 실제로 테스트를 구현, 자동화, 통합하지 않으면 Shift-Left 전략을 도입해도 무용지물이다.

112 정답: 3번

이런 문제는 수험생들에게 점수를 주기 위한 문제다. 반드시 정답을 선택해야 한다. 참고로 디지털 인증서의 거래는 다음 순서대로 진행한다. 순서를 반드시 숙지해야 한다. 자주 출제되는 영역이다.

(1) 가입 법인은 디지털 인증 신청서를 인증 기관에 보낸다.
(2) 인증 기관이 서명한 디지털 인증서를 가입 기관에 발급한다.
(3) 인증 기관이 인증서 트랜잭션을 레포지토리에 보낸다.
(4) 엔티티 서명 가입 및 가입자와의 당사자 거래로 전송한다.
(5) 가입자와의 당사자 거래는 가입자의 공개키를 확인하기 위해 저장소를 쿼리한다.
(6) 레포지토리는 가입자와 검증 요청을 하는 당사자 거래에 응답한다.

113 정답: 2번

크리덴셜 스터핑(Credential Stuffing)은 사용자 계정을 탈취해 공격하는 유형 중 하나로, 다른 곳에서 유출된 아이디와 비밀번호 등의 로그인 정보를 다른 웹 사이트나 앱에 무작위로 대입해 로그인이 이루어지면 타인의 정보를 유출하는 수법을 말한다. 보기 ②번의 싱글 팩터 인증(SFA)은 크리덴셜 스터핑의 대응방법이 아닌 취약점을 유발시킨다.

114 정답: 2번

파레토 법칙(Pareto Principle, Law of the vital few, Principle of factor sparsity) 또는 80 대 20 법칙(영어: 80-20 Rule)은 전체 결과의 80%가 전체 원인의 20%에서 일어나는 현상을 가리킨다. 예를 들어, 20%의 고객이 백화점 전체 매출의 80%에 해당하는 만큼 쇼핑하는 현상을 설명할 때 이 용어를 사용한다. 2 대 8 법칙이라고도 한다. 이 용어를 경영학에 처음으로 사용한 사람은 조셉 M. 주란이다. '이탈리아 인구의 20%가 이탈리아 전체 부의 80%를 가지고 있다'고 주장한 이탈리아의 경제학자 빌프레도 파레토의 이름에서 따왔다.

파레토 원칙에 상대되는 개념으로 롱테일 원칙은 파레토 법칙을 그래프에 나타냈을 때 꼬리처럼 긴 부분을 형성하는 80%의 부분을 일컫는다. 파레토 법칙에 의한 80:20의 집중 현상을 나타내는 그래프에서는 발생확률 혹은 발생량이 상대적으로 적은 부분이 무시되는 경향이 있었다. 그러나 인터넷과 새로운 물류 기술의 발달로 인해 이 부분도 경제적으로 의미가 있을 수 있게 되었는데 이를 롱테일이라고 한다. 이는 기하급수적으로 줄어들며 양의 X축으로 길게 뻗어나가는 그래프의 모습에서 나온 말이다. 2004년 와이어드지 20월호에 크리스 앤더슨(Chris Anderson)에 의해 처음으로 소개되었으며 이후 책으로 나와 베스트 셀러가 되었다. 이러한 분포를 보여주는 통계학적 예로는 부의 분포, 단어의 사용 빈도 등이 있으며 크리스 앤더슨에 의해 소개된 롱테일 부분을 경제적으로 잘 활용한 사례로는 아마존의 다양한 서적 판매 사례 등이 있다.

115 〔정답: 3번〕

가용성이란 시스템이나 서비스, 정보를 사용자가 원할 때 이상 없이 제공하고 장애나 결함이 존재하지 않도록 하는 시스템 운영보안의 목표이다. 보기 ③번은 가용성보다는 기밀성과 데이터 유출 방지, 접근통제 등의 관점으로 보는 것이 적절하다. 시스템의 가용성을 높이기 위한 방법으로는, 하드웨어 용량을 증설하거나(Sacle-UP), 분산 시스템의 개수를 확장하거나(Scale-Out), 재해복구 시스템(DRS: Disaster Recovery System)을 구축하거나, 읽기전용 복제 노드를 증설하거나(Replication), 네트워크 장비를 확대하는 고가용성(HA: High Availability) 등의 다양한 방법이 있다.

116 〔정답: 1번〕

번다운 차트(Burn Down Chart)는 남아있는 일 대비 시간을 그래픽으로 표현한 것이다. 백로그(Backlog, 뛰어난 성과)는 보통 수직축에 위치하며 시간은 수평축에 위치한다. 모든 일이 완성될 시점을 예측하는 데 유용하며 Scrum 등의 애자일 소프트웨어 개발 방법론에 종종 사용된다. 번다운 차트는 시간에 따라 측정 가능한 진행상황을 포함하여 모든 프로젝트에 적용할 수 있으며, 프로젝트팀이 사용자 요구사항(Task)에 점수를 부여하고 점수가 릴리스되면 제외하는 간단한 진행률 판단기법으로써 계획 대비 완료 추이파악이 용이하다는 장점이 있다. 하지만 단순 비교로 정확한 데이터 표현이 불가능하며 개별과제 용도로는 부적합하고 동시에 진행되는 프로젝트 상태를 알 수 없다는 단점이 있다.

117 〔정답: 3번〕

기업 환경 요인(EEF: Enterprise Environment Factors)은 프로젝트 팀이 제어하지 못 하지만, 프로젝트에 영향을 주는 조건이나 요인을 의미하며, 다음과 같은 것들이 해당된다.

(1) 조직문화, 구조
(2) 시설 및 인력의 지리학적인 배치
(3) 정부나 산업 표준(품질 표준, 제품 표준, 기술 표준 등)
(4) 기반 시설
(5) 현재 인력 자원(특정 분야에 대한 기량, 훈련, 지식 등)
(6) 인력 관리 방안: 충원 및 보유 가이드라인, 성과 분석, 훈련 기록, 보상 및 초과근무 정책, 시간 관리
(7) 회사의 업무 승인 시스템
(8) 이해관계자의 리스크 용인 정도
(9) 시장 동향
(10) 정치적인 환경
(11) 조직의 기 구성된 의사소통 채널
(12) 상용 데이터 베이스(표준화된 비용 측정 데이터, 산

업 위험 연구 정보, 위험 데이터베이스 등)
(13) 프로젝트 관리 정보 시스템(일정 산정 소프트웨어나 형상관리 시스템, 정보 수집 및 분배 시스템 등의 자동화된 툴)

118 정답: 3번

DVWA(Damn Vulnerable Web Application)은 취약한 웹 애플리케이션으로 웹/모의 해킹을 학습 및 연구할 목적으로 개발된 환경이다. 즉, DVWA는 취약한 PHP/MySQL 웹 응용 프로그램이다. 주요 목표는 보안 전문가가 법적인 환경에서 기술과 도구를 테스트할 수 있도록 지원하고, 웹 개발자가 웹 응용 프로그램 보안 프로세스를 더 잘 이해하도록 도와주며, 교사/학생이 교실 환경에서 웹 응용 프로그램 보안을 가르치고 배울 수 있도록 돕는 것이다. 문제와 보기를 보면 다른 모든 보기는 회사 내에서 일어난 일이고 사용자를 교육시킴으로써 향후 보안 취약점을 대비할 수 있고 개선시킬 수 있지만, 회사 밖으로 중요한 문서를 유출시켰다는 것은 다른 모든 사항에 비해서 가장 우선적으로 고려되어야 할 사항이다. 또한 외장 하드디스크를 사외에서 활용한다는 것은 바이러스, 트로이 목마(Trojan Horse) 같은 해킹에 취약해지므로 보안 담당자는 이를 반드시 적발 탐지하여 대응해야 한다.

출처: http://www.dvwa.co.uk/

119 정답: 4번

업무 연속성 관리(BCP: Business Continuity Planning)는 기업 활동을 저해할 수 있는 각종 위험에 대비해서 조직, 자원, 업무 복구 절차 등을 준비하여 비즈니스의 연속성을 보장하도록 하는 체계이다. 업무 연속성 관리 구성체계와 가장 관련성이 없는 것은 효과 분석이다. BCP는 각종 재해, 장애, 재난으로부터 위기관리를 기반으로 재해 복구, 업무 복구 및 재개, 비상 계획 등의 비즈니스 연속성을 보장하는 체계이다. 또한 정보기술, 인력, 설비, 자금 등 기업의 존속에 필요한 제반 자원을 대상으로 장애 및 재해를 포괄하여 조직의 생존을 보장하기 위한 예방 및 복구활동 등을 포괄하는 광범위한 계획이다. 각각의 대상은 다음과 같다.

- 재해 복구(Disaster Recovery): 핵심 업무 지원 응용 프로그램
- 업무 복구(Business Recovery): 핵심 업무 프로세스
- 업무 재개(Business Resumption): 업무 프로세스 전체
- 비상 계획(Contingency Planning): 내, 외부로부터의 사건과 사고

120 정답: 2번

ITIL v3는 정보 시스템을 운영하는 조직의 절차와 기준, 라이프사이클 등의 기준을 제시하는 국제표준이자 Best Practice Library이다. 2020년을 기준으로 가장 널리 사용되는 정보 시스템 거버넌스 및 운영 표준이며 ITIL v4가 새롭게 확산 적용되고 있는 추세이다. 기존 ITIL v2와 ITIL v3의 가장 큰 차이점은 각각의 서비스를 단일 업무/절차로 이해하지 않고 전체를 라이프사이클로 순환하고 연결한다는 점이다. ITIL v4에서는 라이프사이클을 확장하여 Value Chain의 개념으로 전환되었다. ITIL v3에서 보안 관리(Security Management) 서비스는 Service Design Process Group에 포함된다.

121 정답: 3번

GoF(Gang of Four)가 제시한 디자인 패턴의 분류는 생성 패턴, 구조 패턴, 행위 패턴으로 구성된다. 각각의 패턴 분류는 다음과 같다.

- **생성 패턴(Creation Pattern)**: 객체의 생성방식을 결정하는 패턴이다. 객체 생성에 관련된 패턴으로 객체의 생성과 조합을 캡슐화해 특정 객체가 생성되거나 변경되어도 프로그램에 영향을 크게 받지 않도록 유연성을 제공한다.
- **구조 패턴(Structural Pattern)**: 객체를 조직화하는 데 유용한 패턴이며 객체를 조합해 더 큰 구조로 만드는 패턴이다. 예를 들어, 서로 다른 인터페이스를 2개 지닌 객체를 묶어서 단일 인터페이스를 제공하거나 객체들을 서로 묶어 새로운 기능을 제공하는 패턴이다.
- **행위 패턴(Behavioral Pattern)**: 객체의 행위를 조직, 관리, 연합하는 데 사용하는 패턴이다. 객체나 클래스 사이의 알고리즘이나 책임 분배에 관련된 패턴이다. 가령 한 객체가 혼자 수행할 수 없는 작업을 여러 개의 객체로 어떻게 분배하는지, 또한 그렇게 하면서도 객체 사이의 결합도를 최소화하는 것에 중점을 둔다.

122 정답: 4번

결합도는 최대화가 아닌 최소화해야 한다. 소프트웨어 디자인 패턴(SDP: Software Design Pattern)은 소프트웨어 공학에서 소프트웨어 디자인에서 특정 문맥에서 공통적으로 발생하는 문제에 대해 재사용이 가능한 해결책이다. 소스나 기계 코드로 바로 전환될 수 있는 완성된 디자인은 아니며, 다른 상황에 맞게 사용될 수 있는 문제들을 해결하는 데 쓰이는 서술이나 템플릿이다. 디자인 패턴은 프로그래머가 애플리케이션이나 시스템을 디자인할 때 공통된 문제들을 해결하는 데 쓰이는 형식화된 가장 좋은 관행이다.

123 정답: 1번

미국 품질협회(American Society for Quality)의 품질 용어 사전에 따르면 품질 관리 시스템(QMS: Quality Management System)은 효과적인 품질관리를 달성하기 위하여 요구되는 구조, 책임 및 절차를 문서화하는 것의 공인된 시스템이다. 품질 관리 시스템은 일관된 품질결과를 위해 품질표준/도달수준 달성, 목표 관리 기능을 관리할 수 있으며, 작업단위별 검사, 시험 등의 품질결과를 전/후 공정에 연계성을 부여하여 제품 이력을 추적할 수 있도록 한다. 검사결과를 근거로 관련공정에 피드백할 수 있도록 하며, 의견/불만에 대한 조치결과 및 공정 반영 내용을 관리하고, 수집된 품질정보 분석기능을 통해 문제점 파악 및 개선요소 제공을 용이하게 관리할 수 있다. 수입검사 결과를 기초로 적합여부를 판단하고 결과를 관련 부분에 피드백 후 수집된 검사실적 정보를 체계적으로 분석 관리하며, 완제품 검사결과를 기초로 적합여부를 판단하고 결과를 관련 부문에 전달한 수집된 검사실적 정보를 체계적으로 분석 관리할 수 있도록 지원한다. 기타, 클레임 관리를 통하여 거래처 불만이나 반품에 적절히 대응하여 동일한 불만이 지속되지 않도록 조치하고 결과는 즉시 반영하며, 거래처 요구 시 필요한 검사 성적서를 발행할 수 있도록 지원한다.

124 정답: 4번

NIST(National Institute of Standards and Technology)가 제시한 사이버 보안 프레임워크를 활용한 사이버 복원력 계획의 5가지 단계는 다음과 같다.

(1) **식별(Identify)**: 데이터 자산 인벤토리를 정확히 작성해 관리하고 자산의 중요성과 특성에 맞게 규정을 적용하며 클라우드 데이터 보안 책임 소재(所在)를 분명히 한다.
(2) **보호(Protect)**: 보안 인력뿐만 아니라 조직원까지 업무 프로세스에 보안 프로세스를 연계하고 중요 자산 보호를 위한 본인 역할을 이해한다. 또한, 중요 자산을 다루는 모든 이해관계자는 지속해서 교육하여 자산 보호에 필요한 지식과 기술을 습득한다. 그리고, 패치를 잊지 않고,

기술 지원이 되는 버전의 운영 체제를 사용하고, 멀웨어 방지 도구를 쓰는 등 기술적으로 보안 걱정 없는 깔끔한 환경을 유지한다. 보안 위험을 전제로 기술 아키텍처를 세분화하며 다중 인증, 자격 증명, 권한 관리 도구로 사용자와 도구 인증을 강화한다.

(3) **탐지(Detect)**: 탐지 도구를 여러 환경에 배포한다. 도구는 네트워크, 이메일, 엔드포인트, 클라우드 등 여러 공격 경로를 모두 탐지할 수 있어야 한다. 더불어 보안 팀이 위협 인자와 탐지된 공격 정보를 연관해 파악할 수 있어야 한다. 온프레미스, 클라우드, 인증 시스템, 보안 솔루션 모두의 로그를 통합한다.

(4) **대응(Respond)**: 보호와 탐지에 필요한 사람, 프로세스, 도구를 강화하여 공격자가 침입하여 활동할 수 있는 시간을 최소화한다. 보안 부서와 함께 마케팅, 재무 그리고 임원 등 보안 이해관계자가 모두 참여하는 보안 훈련을 정기적으로 수행한다. 이를 위해 맨디언트 서비스(Tabletop Exercises, Red Team Engagements)를 활용하는 것도 좋은 방법이다.

(5) **복구(Recover)**: 복구 목표를 정하고 여기에 맞는 도구와 프로세스를 구현한다. 사이버 보안 관련 보험의 이점을 알아보고, 주요 상품을 평가한다. 사고 대응 서비스 제공 파트너를 알아보고, 필요한 경우 도움을 받는다. 백업 및 복구 도구를 갖추고 프로세스를 정립한 다음 정기 테스트를 수행한다.

125 　　　　　　　　　　정답: 2번

사이버 복원력 전략은 크게 다음 세 가지를 목표로 하며 보기 ②번의 교정(Correction)은 관련이 없다.

(1) **예방(Prevent)**: 위협을 초기에 식별해 공격으로 인한 피해를 사전에 막는다.

(2) **완화(Mitigate)**: 공격이 성공했을 경우, 신속히 복구해 피해를 최소화한다.

(3) **유지(Sustain)**: 보안 프로세스와 통제 효율을 극대화한다.

126 　　　　　　　　　　정답: 1번

버전 관리(Version Control, Revision Control), 소스 관리(Source Control), 소스 코드 관리(SCM: Source Code Management)란 동일한 정보에 대한 여러 버전을 관리하는 것을 말한다. 공학과 소프트웨어 개발에서 팀 단위로 개발 중인 소스 코드나, 청사진 같은 설계도 등의 디지털 문서를 관리하는 데 사용된다. 문서의 변경 사항에 숫자나 문자로 이뤄진 버전을 부여해서 구분하며, 버전을 통해서 시간적으로 변경 사항과 그 변경 사항을 작성한 작업자를 추적할 수 있다. 소프트웨어 엔지니어링에서는 일반적인 소프트웨어 소스 코드만을 관리하는 내역을 주로 버전 관리라고 정의한다. 일반적으로 산업 공학이나 이전 생산 기반 제조 공학 등에서 소프트웨어 쪽으로 넘어오는 학문적 관심에 의해 이전 생산 공학에서 사용하던 개념을 가져오게 되었고, 그에 따라 버전 관리(Software Version Management)와 형상 관리(Software Configuration Management)의 개념들이 따라왔다고 볼 수 있겠다. 일반적인 VCS(Version Control System)의 장점은 다음과 같다.

- 이전 버전의 롤백 허용
- 소스 코드에 대한 접근 통제 및 변경추적
- 동시 개발 허용
- 브랜칭(Branching) 허용

IS 감사인은 다음 사항에 유의해서 진행해야 한다.

- 누가 소스 코드에 접근을 하였는지?
- 누가 코드를 생산 환경에 반영할 수 있는지?
- 프로그램 소스 코드와 프로그램 오브젝트와의 일치

- 변경 및 릴리스 관리와의 정렬
- 오프사이트 및 에스크로 계약이 포함된 소스 코드의 백업

127 　　　　　　정답: 1번

　소프트웨어, 하드웨어, 그리고 이들 간의 상호관계는 매우 복잡하기 때문에 오류의 식별로 연결될 수 있는 비정상적인 상태를 탐지하고 문서화하기 위한 메커니즘을 갖추어야 한다. 컴퓨팅에서 로그파일(Logfile)은 운영 체제나 다른 소프트웨어가 실행 중에 발생하는 이벤트나 각기 다른 사용자의 통신 소프트웨어 간의 메시지를 기록한 파일이다. 로그를 기록하는 행위는 로깅(Logging)이라고 한다. 트랜잭션 로그는 시스템과 해당 시스템 사용자 간 통신에 대한 파일이거나, 시스템에 속하는 터미널의 사용자가 발생시킨 트랜잭션의 종류, 내용, 시간을 자동으로 캡처한 데이터 수집 방식이다. 수많은 운영 체제, 소프트웨어 프레임워크, 프로그램들은 로깅 시스템을 포함한다. 널리 쓰이는 로깅 표준은 syslog이며, IETF RFC 5424에 정의되어 있다. 이벤트 로그(Event Log)는 감사 추적 제공을 위해 시스템 실행 시 발생하는 이벤트를 기록하며, 시스템 활동을 이해하고 문제를 진단하는 데 사용된다. 복잡한 시스템의 활동을 이해하는 데 필수적이며, 특히 서버 애플리케이션처럼 사용자 상호 작용이 거의 없는 응용 프로그램의 경우 그러하다.

128 　　　　　　정답: 3번

　재해복구 시스템(DRS: Disaster Recovery System)의 주요한 지표 중에서 RPO(Recovery Point Objective)는 복구를 하고 비즈니스를 다시 제공할 때 어느 정도의 데이터를 손실시킬지 결정하는 항목이다. 과거 몇 초, 몇 분, 몇 시간, 며칠 전의 데이터까지 복구하여 비즈니스를 재개할지를 RPO의 수준에 따라서 결정하게 된다. 재해복구 시스템의 RPO 수준은 Cold, Warm, Hot, Mirror 유형으로 가면 갈수록 점차 높아진다. 시험 준비자들은 RPO와 RTO에 대해서 반드시 그 차이점을 숙지하여야 한다.

129 　　　　　　정답: 3번

　정보 시스템 통제는 조직에 의해 채택된 정책 및 절차를 포함하는 모든 범위의 방법을 말한다. 그리고 정보자산을 안전하게 보호하고, 경영정보와 재무 기록의 정확성과 신뢰성을 확보하며, 관리상의 효율성을 증진하고, 정보 시스템의 표준 준수를 위한 것이다. 내부 통제는 모든 IT 프로세스의 효과적인 통제를 위해서 관리자가 고려해야 하는 상위 수준의 요구사항을 제공한다.

130 　　　　　　정답: 3번

　사건의 내용이 법적인 제제가 필요한 사항이 아니라 내부에서 처리해야 할 사항이라면, 직원 관리 차원에서 사원을 징계하고 해고하는 것이 일반적이다. 사원 인사 조치는 보통 다음과 같다. 공식적인 징계 문서, 해고, 일정 기간의 근신, 업무 재분배, 임시 봉급 삭감, 행동들에 대한 공개적, 개인적인 사과, 네트워크 및 웹 접근과 같은 권한의 박탈 등이다. 반면에, 강제 휴가(Mandatory Vacation)는 인사 조치 보다는 강제로 휴가를 보내서 부정에 대해 조사하기 위함이라고 보는 것이 맞다. 즉, 의심이 가는 직원을 강제로 휴가를 보내서 횡령, 담합 등의 부정행위를 적발하거나 또는 사전에 직원들에게 강제 휴가의 목적을 인식시켜서 사고를 예방하기 위한 목적이다. 직무 순환(Job Rotation)은 직무 분리(SoD: Separation of Duty)의 공모(Collision)를 방지하고자 하는 기법으로써 이는 서로의 직무를 시프트(Shift), 이동하면 그동안 공모를 하여서 알 수 없었던 부정에 대해서 적발을 할 수 있음이 목적이다.

131
정답: 1번

시나리오 문제는 대부분 지문이 길고 상황이 복잡하기 때문에 핵심적인 내용이 무엇인지 파악이 필요하다. 핵심적인 내용을 파악하면 나머지 지문은 수험생의 시간을 지연시키기 위해서 또는 당황스럽게 하기 위한 쓸데없는 사족이다. 따라서 지문이 길 경우에는 핵심 내용이 무엇인지 재빨리 파악하는 능력이 요구된다. 한가지 팁이라면 앞에서부터 천천히 읽지 말고 역으로 끝에서 먼저 출제자가 묻는 내용이 무엇인지 파악한 다음, 다시 앞에서 순서대로 읽으며 관련되지 않는 내용은 걸어내는 방법도 좋은 방법이다. 보안 솔루션을 도입하기 위해서는 다음과 같은 사항을 고려해야 한다. 전반적인 보안정책을 중심으로 승인 통제 메커니즘, 평가 및 확인, 호환성 및 상호 운용성을 모두 고려할 수 있는 포괄적이고 통합된 보안 솔루션을 요구하고 있다. 이상적인 솔루션 선정을 위해서는 다음과 같은 계획을 순서대로 검토해야만 한다.

(1) 장기적인 보안 정책 로드맵 작성
(2) 보안 목표 수립
(3) 핵심 자산 정의
(4) 주요 자산을 위협하는 위험 정의
(5) 수용 가능한 위험 수준(Acceptable Risk Level) 선정
(6) 구현하고자 하는 보안목표와 현 수준 차이 분석
(7) 정량적/정성적 분석을 통한 ROI(Return On Investment) 산정(비용 및 시간 단축 측면)
(8) 경쟁제품 성능비교 테스트(BMT)
(9) 도입 후 솔루션 전담 관리
(10) 도입한 보안 솔루션 유지보수 및 향후 계획

출처: www.kisa.or.kr - CERT 구축 및 운영 안내서

132
정답: 1번

정량적 분석기법인 금전적 기댓값 분석(EMV: Expected Monetary Value)은 발생 가능한 상황에 따라 성공과 실패의 경우에 대한 금전적인 이득과 손실을 정량적으로 분석하는 기법이다. 보안위험 분석 시 적용한다면 몇 가지 어려움이 존재한다. 발생 가능한 경우의 수가 너무 많은 점, 보안위험으로 인한 실패 상황에 대한 금전적 피해가 무제한으로 증가할 수 있다는 점, 무엇보다 보안위험으로 인한 실패 가능성은 0%에 수렴해야 하므로 확률을 산정하기부터가 어렵다. EMV(Expected Monetary Value) 기법은 위험을 분석하는 단계이므로 대응방안 수립과는 거리가 멀다.

133
정답: 2번

델파이(Delphi) 기법은 관련된 전문가들이 모여서 하나의 주제를 대상으로 전문적인 토론을 통해 분석하고 최적의 결과를 도출하는 기법이다. 정보보안 분야뿐만 아니라 프로젝트 관리, 인력 관리 등 다양한 분야에 사용되는 범용적인 기법이다. 유사 분석은 분석대상 조직, 시스템, 소프트웨어, 하드웨어와 가장 유사한 과거나 현재의 사례를 비교 분석하는 기법으로써 가장 쉽게 접근할 수 있는 분석기법이다.

134
정답: 1번

데이터베이스를 다수로 운영하는 경우 일반적으로 마스터 노드(Master Node)와 슬레이브 노드(Slave Node)로 구성된다. 마스터 노드는 트랜잭션의 처리를 담당하고 변경사항을 타 서버로 전달하는 복제과정을 거친다. 이렇게 복제되는 경우 트랜잭션 처리와 연동하여 실시간 동기식으로 복제되는 방식과 로그 파일을 활용한 비동기식으로 복제되는 방식이 존재한다. 동기식 복제는 데이터 정합성을 유지하는 데 용이하지만 실시간 처리에 대한 성능이슈와 처리 지연이 우려되며 대용량 처리 시 성능검증이 반드시 필요하다. 비동기식 복제는 마스터 노드는 읽기/쓰기를 처리하고 슬레이브 노드는 읽기전

용으로 활용할 수 있으며, 동기식 복제에 비해 장애 대응에 대해 효과적이지 않다. 동기식과 비동기식은 장점과 단점이 명확하므로 데이터베이스에 탑재된 데이터와 비즈니스의 중요성에 따라 적용방안을 고려해야 한다.

135   정답: 4번

사이버 복원력(Cyber Resilience)은 침해사고를 완벽하게 통제할 수 없기 때문에 사고 시 정상 비즈니스로 빠르게 돌아오는 '회복 탄력성'을 높여야 한다는 것을 뜻한다. 사이버 복원력은 사이버 보안 정책에 국한되는 것은 아니며, 전체 비즈니스 관점에서의 연속성을 보장하는 데 초점을 맞춘다. 사이버 공격이나 내부자 위협, 컴플라이언스 위반, 장애·재해로 인한 비즈니스 중단이나 지연 시간을 최소화하는 것이 중요하다. 우리나라 행안부는 사이버 공격 등으로 사고가 났을 때 신속한 복구와 업무 재개가 가능하도록 '사이버 복원력' 강화를 추진하고 있다. 기반시설 그룹별로 우수기관을 선정하고 이를 벤치마킹하도록 해 기반시설 보호 수준을 상향 평준화하고 기반시설 관리기관들과 소통을 강화할 방침이다. 행정안전부는 전자 정부 시스템을 비롯해 교통신호 제어, 도시철도, 정수·하수시설 등 정보통신 기반시설의 보호 업무를 관리 감독한다.

136   정답: 3번

보안 성숙도가 높은 조직에서는 레드팀 도입이 효과적이다. 레드팀은 조직의 전략을 점검, 보완하기 위해 조직 내 취약점을 발견, 공격하는 역할을 부여받은 하위 조직이다. 조직의 의사결정 과정에서 의도적으로 반대 목소리를 내면서 비판자 역할을 맡는 대변인과도 유사하다. 냉전 시기에 미군이 모의 군사훈련 과정에서 아군인 블루팀의 취약점을 파악, 분석하기 위해 편성한 가상의 적군을 레드팀으로 지칭한 것에서 유래됐다. 레드팀의 주요 역할은 향후 발생 가능한 상황을 미리 시뮬레이션 하는 것이고 공격자 입장에서 취약점을 발견하고 대체 분석을 실행하는 것이다. 블루팀(Blue Team)은 시스템 보안과 심층 방어를 전략을 통해 보안을 강화하고 침해가 발생된 시스템을 복구하는 재해복구 프로세스를 수행한다. 따라서 블루팀은 기존 정보 보안 및 IT 직원으로 구성되며, 레드팀이 보안 관리자 모르게 테스트한다면 블루팀은 보안 관리자에 통보한 후 테스트를 진행한다. 퍼플팀(Purple Team)은 보안 평가를 수행하는 새로운 방법이나 새로운 팀은 아니며, 퍼플팀은 일반적인 조직도에서 블루팀과 레드팀의 의사소통과 상호 작용을 촉진시켜 더 가깝게 유지하기 위한 구조 변경 사항을 포함하고 있다.

출처: https://www.ahnlab.com/kr

137   정답: 2번

업무 연속성 계획(BCP: Business Continuity Planning)은 기업의 업무가 예측하지 못한 재난과 재해, 장애, 위험으로부터 유지될 수 있도록 미리 대응 방안을 계획하는 일련의 활동을 의미한다. BCP의 전체 단계 중에서 초기에 업무 영향도 분석(BIA: Business Impact Analysis)을 수행하는데 이 활동을 통해서 재해, 재난, 위험이 발생했을 경우 기업의 업무에 대한 영향을 분석한다. BCP의 최종 결과는 기업, 프로세스, 산출물, 임직원, 건물, 소방 등 다양하지만 그중에서 소프트웨어와 하드웨어 자산에 대한 계획은 재해 복구 계획(DRS: Disaster Recovery Plan)을 통해서 구체화한다.

138   정답: 1번

사이버 복원력은 시간이 지남에 따라 구축되며 조직이 위협 및 취약성, 개발된 방어 및 사실 이후 보안 실패를 완화하는 데 사용할 수 있는 리소스를 처리하기 위해 준비하는 것을 의미한다. 사이버 복원력은 IT 시스템, 중요한 인프라, 비즈니스 프로세스, 조직, 사회 및 국가에서 필수적이다. 버락 오바마 전 대통령이 2013년에 이전 지침을 업데이트하기 위해 발행한 대통령 정책 지침 PPD-21은 복원성을 변화하는 조건에 대비하고 적응하며 장애로부터 신속하게 견딜 수 있는 능력으로 정의하였다. 비즈니스 연속성 계획 개발, 백업 발전기 및 내구성 있는 건축 자재 사용 등이 그 활용 예이다. 사이버 복구는 복구와 동의어가 아니라 시스템 장애나 사이버 공격에도 불구하고 보안 사고의 영향을 제한하고 의도한 결과를 지속해서 제공할 수 있는 기업의 능력과 동일해야 한다. 이 개념에는 이러한 이벤트 후에 정기적인 전달 메커니즘을 복원하는 기능과 새로운 위험에 직면하여서 이러한 전달 메커니즘을 지속해서 수정하는 기능이 포함된다. 전략 계획의 경우 사이버 복구의 핵심 요소는 위험에 대한 심도 있는 이해이다. 즉, IT 계획을 넘어서 위험 노출을 제한하여 전략의 일부로 만드는 것을 의미한다. 사이버 보안에서 사이버 탄력성으로의 패러다임 전환을 활용하기 위해 기업은 가장 큰 영향을 미칠 수 있는 사이버 위험에 리소스를 집중하고 이를 통찰력을 제공하고 예측을 돕는 지표에 집중해야 한다.

139   정답: 1번

SWEBOK V3의 공개 버전은 소프트웨어 엔지니어링 분야에서 다음 15개의 지식 영역(KA: Knowledge Areas)을 갖는다.

(1) 소프트웨어 요구 사항(Software Requirements)
(2) 소프트웨어 디자인(Software Design)
(3) 소프트웨어 구성(Software Construction)
(4) 소프트웨어 테스팅(Software Testing)
(5) 소프트웨어 유지 보수(Software Maintenance)
(6) 소프트웨어 구성 관리(Software Configuration Management)
(7) 소프트웨어 엔지니어링 관리(Software Engineering Management)
(8) 소프트웨어 엔지니어링 프로세스(Software Engineering Process)
(9) 소프트웨어 엔지니어링 모델 및 방법(Software Engineering Models and Methods)
(10) 소프트웨어 품질(Software Quality)
(11) 소프트웨어 엔지니어링 전문 실무(Software Engineering Professional Practice)
(12) 소프트웨어 공학 경제(Software Engineering Economics)
(13) 컴퓨팅 기초(Computing Foundations)
(14) 수학적 기초(Mathematical Foundations)
(15) 엔지니어링 기초(Engineering Foundations)

140   정답: 3번

소프트웨어 공학 지식 체계(SWEBOK: Software Engineering Body of Knowledge)는 소프트웨어 공학 분야에서 일반적으로 받아들여지는 지식을 기술하고 있다. 총 15개의 지식 영역(KA: Knowledge Areas)이 있는데 각 지식 영역은 해당 분야의 기본 개념과 자세한 정보를 얻기 위한 인용 가이드 목록을 포함하고 있다. 소프트웨어 공학 지식 체계 가이드 3버전을 위하여 에디터들은 33개국에 있는 150여 명의 리뷰어(Reviewer)를 통해서 코멘트를 수집하였다. SWEBOK는 다음과 같은 5가지 목적으로 작성되었다.

(1) 세계적으로 소프트웨어 공학에 대해 일관성 있는 정보를 전달한다.
(2) 소프트웨어 공학의 범위를 명확히 정하고 전산학, 수학, 프로젝트 관리와 같은 다른 활동과의 차이를 명백히 밝힌다.
(3) 소프트웨어 공학의 내용을 설명한다.
(4) 소프트웨어 공학 지식체계에 대한 쉬운 Top-Down 접근법을 제공한다.
(5) 인증이나 자격증의 교과과정을 위한 기반을 제공한다.

141

정답: 4번

대표적인 소프트웨어 요구사항 도출방법은 다음과 같으며, 보기 ④번과 같은 고객의 요청에 대한 요구사항 도출은 가장 거리가 멀다.

- **인터뷰(Interview)**: 이해관계자와 직접 대화를 통해 정보를 구하는 공식/비공식 정보 수집 방법이다.
- **포커스 그룹(Focus Group)**: 제안된 제품, 서비스에 대한 기대 사항과 의견을 교환하기 위해 선별된 전문가 집단의 토론 방법이다.
- **심층 워크숍(Facilitated Workshop)**: 핵심 이해관계자가 모여 요구사항을 정의하는 집중 세션으로 대화식 그룹 기반 합의 유도 방법이다.
- **집단 창의력 기법(Group Creativity Workshop)**: 요구사항을 식별하기 위해 여러 가지 그룹 활동(브레인스토밍)을 진행하는 기법이다.
- **집단 의사결정 기법(Group Decision Making Technique)**: 향후 해결책으로 예상되는 결과와 함께 여러 가지 대안을 평가하는 프로세스(만장일치 등)이다.
- **설문지 및 설문조사**: 다수의 대상자에게 질문지로 조사하는 방법으로 대상이 많거나 신속한 자료 수집의 경우 효과적인 요구사항 도출기법이다.
- **관찰(Observations)**: 현업의 업무처리 방법이나 절차를 직접 관찰하는 방법으로 요구사항이 명확하지 않을 때 효과적인 방법이다.
- **프로토타입(Prototypes)**: 실 제품 개발 전 주요 기능을 중심으로 모형을 만들어 요구사항을 초기 효과적으로 수집하는 방법이다.
- **벤치마킹(Benchmarking)**: 선진업체 사례 및 업무 절차를 참조하여 유사한 수준의 효과를 낼 수 있는 기능 요구사항을 정의하는 기법이다.
- **컨텍스트 다이어그램**: 각 요소로 구성된 컨텍스트 다이어그램을 통해 상호작용을 가시화하여 요구사항 정의에 활용하는 방법이다.
- **문제분석(Document Analysis)**: 고객의 RFP나 현행 시스템 혹은 프로세스 문서를 참고하여 요구사항 도출에 활용하는 방법이다.

142

정답: 1번

공개출처정보(公開出處情報, OSINT: Open Source INTelligence)는 공개된 출처에서 얻은 정보들을 말한다. 한국에서는 영어 그대로 OSINT, 오신트, 오픈소스 인텔리전스 또는 공개정보, 공개된 정보, 공개소스 정보, 오픈소스 정보 등으로 불린다. CIA 등 국립정보기관이나 민간정보회사에서 수집하는 정보의 종류는 인간정보(HUMINT, 휴민트), 신호정보(SIGINT, 시긴트), 영상정보(IMINT, 이민트), 측정정보(MASINT, 매신트), 공개출처정보(OSINT, 오신트), 기술정보(TECHINT, 테킨트) 등이 있다. 원래 CIA는 휴민트가 중심이었으나, 오늘날에는 컴퓨터의 발달로 테킨트의 중요성이 급부상했다. 인터넷이 없던 수백 년 전부터, 민간에서 오신트 분석기관으로 유명한 것은 언론사와 대학교, 기자와 학자이다. 21세기 오늘날에는 컴퓨터와 인터넷의 개발로 오신트가 매우 많아졌다. 흔히들 '오늘날은 정보의 홍수 시대'라고 말할 때 그 정보는 공개출처정보, 즉 오신트를 의미한다. 2001년 비영리로 오신트를 수집, 분석, 공개하는 단체인 위키백과 사이트가 미국에 설립되었다. 2011년 현재, 인터넷상에서 세계 최대의 민간 비영리 오신트 수집 분석 공개 사이트이다. 2005년 11월 1일, 미국은 국가정보국 산하에 오신트를 수집, 분석, 공개하는 오픈소스 센터를 설립했다. 2006년 4월, 위키백과의 소프트웨어와 인터페이스를 그대로 사용하며, 구글이 서버를 개발하여 미국 CIA에 인텔리피디아 사이트가 설립되었다. 위키백과와의 차이로, 기밀 취급인가 등급에 따라 사용할 수 있는 정보를 차단할 수 있게 하였다. 2012년 대한민국 통일부는 북한에 대한 오신트를 수집, 분석, 공개하는 북한 공개정보센터(가칭)를 설립할 계획이다.

143

정답: 3번

FMEA의 고장 모드에 대한 위험 우선 수(RPN: Risk Priority Number)는 심각도(Severity), 발생도(Occurrence), 검출도(Detection)를 모두 곱하는 방식으로 계산한다. 각각의 수치를 1에서 10의 값을 가지므로 RPN은 1에서 1000까지 범위의 값을 가지게 된다. 따라서 문제의 계산은 다음과 같다.

$$RPN = Severity \times Occurrence \times Detection = 5 \times 6 \times 9 = 270$$

144

정답: 4번

공항은 레거시 기술과 산업별 소프트웨어가 공통으로 존재하기 때문에 특히 취약한 경향이 있다. 공항은 전통적으로 물리적 보안에 초점을 맞추고 종종 오래된 소프트웨어를 혼합하여 배포하며, 발권 시스템 및 외부 유지 관리 시스템과 같은 여러 타사 서비스에 의존하며 공급망 공격에 취약하다. 더 중요한 것은 공항이 수하물 처리, 항공 열차, HVAC 시스템, 활주로 조명, 제트 교량 등을 포함하여 IT 아키텍처에서 제어되는 여러 OT 시스템을 실행한다는 점이 특히 우려되는 사항이다. 이와 관련하여 사이버 비트의 연구 수석인 메어 브라운(Meir Brown)은 공항의 사이버 보안이슈에 대해서 다음과 같은 이슈를 제기하였다. "공항은 공격자가 IT 네트워크에 침입한 후에는 랜섬웨어 및 크립토 마이너와 같은 기존 IT 위험에 취약할 뿐만 아니라 OT 네트워크로 이동하여 이러한 물리적 시스템을 손상하는 공격자에게도 취약하다. 공항에는 IT 및 OT 네트워크의 적절한 분할이 부족하기 때문에 공격자는 종종 IT/OT 터치 포인트를 통해 OT 네트워크에 침입할 수 있다"고 하였다. 하지만 공항은 관리 대상 영역이 너무나 크고 다양한 인종이 모여 있는 만큼 테러를 적발하기 힘이 드는 것은 다른 선택지와 비교해 볼 때 가장 우선순위가 떨어진다. 참고로 스마트공항의 위협요인은 인적요소, 악의적 의도, 시스템 오작동, 내부자에 의한 위협, 자연재해와 사회문제로 나눌 수 있으며 사이버테러에 대한 3가지 공격 시나리오를 예측할 수 있다. 첫 번째 공격 시나리오는 '공항 여객 셀프서비스 시스템 조작'이다. 이 경우 하드웨어의 물리적 조작으로 인한 업무 마비가 예상된다. 두 번째는 '수하물 처리시스템 네트워크 공격'으로 악성 소프트웨어의 침투로 피해를 볼 수 있으며 세 번째는 '드론을 이용한 전파 교란과 위장'으로 조작 정보 전달 가능성과 이로 인한 혼란을 발생할 수 있다.

145

정답: 1번

가장 관련이 없는 것은 보기 ①번의 URC(Uniform Resource Connector)이다. 통합 자원 식별자(URI: Uniform Resource Identifier)는 인터넷에 있는 자원을 나타내는 유일한 주소다. URI의 존재는 인터넷에서 요구되는 기본 조건으로서 인터넷 프로토콜에 항상 붙어 다닌다. URI의 하위개념으로 통합 자원 지시기(URL: Uniform Resource Locator), 통합 자원 이름(URN: Uniform Resource Name)이 있다. 통합 자원 지시기(Uniform Resource Locator)는 네트워크 상에서 자원이 어디 있는지를 알려주기 위한 규약이다. 즉, 컴퓨터 네트워크와 검색 메커니즘에서의 위치를 지정하는, 웹 리소스에 대한 참조이다. 흔히 웹 사이트 주소로 알고 있지만, URL은 웹 사이트 주소뿐만 아니라 컴퓨터 네트워크상의 자원을 모두 나타낼 수 있다. 그 주소에 접속하려면 해당 URL에 맞는 프로토콜을 알아야 하고, 그와 동일한 프로토콜로 접속해야 한다. FTP 프로토콜인 경우에는 FTP 클라이언트를 이용해야 하고, HTTP인 경우에는 웹 브라우저를 이용해야 한다. 텔넷의 경우에는 텔넷 프로그램을 이용해서 접속해야 한다. 통합 자원 이름(URN: Uniform Resource Name)은 urn:scheme을 사용하는 URI를 위한 역사적인 이름이다. URN은 영속적이고, 위치에 독립적인 자원을 위한 지시자로 사용하기 위해 1997년도 RFC 2141 문서에서 정의되었다.

146

정답: 4번

엘라스틱서치(Elasticsearch)의 속도와 확장성, 그리고 수많은 종류의 콘텐츠를 색인할 수 있는 능력은 다음과 같은 다양한 사용 사례에 이용될 수 있다. 애플리케이션 검색, 웹사이트 검색, 엔터프라이즈 검색, 로깅과 로그 분석, 인프라 메트릭과 컨테이너 모니터링, 애플리케이션 성능 모니터링, 위치 기반 정보 데이터 분석 및 시각화, 보안 분석, 비즈니스 분석 등이다. 엘라스틱서치는 로그, 시스템 메트릭, 웹 애플리케이션 등 다양한 소스로부터 원시 데이터가 엘라스틱서치로 흘러 들어간다. 데이터 수집은 원시 데이터가 엘라스틱서치에서 색인되기 전에 구문 분석, 정규화, 강화되는 프로세스이다. 엘라스틱서치에서 일단 색인되면, 사용자는 이 데이터에 대해 복잡한 쿼리를 실행하고 집계를 사용해 데이터의 복잡한 요약을 검색할 수 있다. 키바나(Kibana)에서 사용자는 데이터를 강력하게 시각화하고, 대시보드를 공유하며, Elastic Stack을 관리할 수 있다.

147

정답: 2번

엘라스틱서치(Elasticsearch)는 아파치 루씬(Apache Lucene) 기반의 검색 엔진이다. HTTP 웹 인터페이스와 스키마에서 자유로운 JSON 문서와 함께 분산 멀티 테넌트를 지원하는 전문 검색 엔진을 제공한다. 엘라스틱서치는 자바로 개발되어 있으며 아파치 라이선스 조항에 따라 오픈 소스로 출시되어 있다. 공식 클라이언트들은 자바, 닷넷(C#), PHP, 파이썬, 그루비 등 수많은 언어로 이용이 가능하다. 엘라스틱서치는 가장 대중적인 엔터프라이즈 검색 엔진으로 그 뒤를 루씬 기반의 Apache Solr가 잇는다. 엘라스틱서치의 기술적인 특징을 살펴보면 다음과 같다. 엘라스틱서치는 모든 종류의 문서를 검색하는데 사용할 수 있으며, 가변 검색 및 실시간에 가까운 검색을 제공하며 멀티 테넌시를 지원한다. 또한, 엘라스틱서치는 분산 방식이므로 인덱스를 여러 샤드로 나눌 수 있으며 각 샤드는 0개 이상의 복제물(Replica)을 가지고 있을 수 있다. 각 노드는 하나 이상의 샤드를 관리하며 작업을 올바른 샤드로 할당시켜 주는 조율자 역할을 한다. 그리고 리밸런싱 및 라우팅이 자동으로 수행된다. 연관 데이터는 종종 동일한 인덱스에 저장되며 이는 하나 이상의 프라이머리 샤드와 0개 이상의 복제물(Replica) 샤드로 이루어진다. 인덱스가 만들어지면 프라이머리 샤드의 수는 변경할 수 없다.

148

정답: 1번

정보 시스템의 가용성 향상을 위해 하드웨어 자원을 필요에 따라 증가시키는 기술을 Scale Up과 Scale Out 방식으로 분류할 수 있다. Scale Up 방식은 전통적인 하드웨어 증설 방식이며 CPU, Memory, Storage 등의 자원을 하나의 물리적인 서버 내에서 증설하는 방식이다. 예를 들어 HP Superdome 서버에서 Memory 용량이 부족하여 2TB에서 4TB로 증설하는 방식을 의미한다. 이러한 방식은 서버의 물리적인 증설 용량 한계에 제한을 받는 단점이 존재하며 서비스 중단 없는 유동적이며 즉각적인 증설이 어려운 특성이 있다. 반면에 Scale Out 방식은 물리적으로 분리된 다수의 하드웨어를 횡적(Horizontal Availability)으로 증설하는 방식으로 클라우드, 가상화, 소프트웨어 기반 아키텍처, 분산형 아키텍처 기술과 밀접한 연관이 있다. Scale Out 방식의 가용성 기술을 활용하면 자원을 유기적으로 증감시키는 Resource Provisioning 서비스를 구현할 수 있다.

149

정답: 3번

기밀 정보를 네트워크로 연결된 프린터를 이용해서 출력하는 경우, 네트워크를 통한 정보 유출의 위협이 높을 뿐만 아니라 출력된 문서에 비 인가된 내부 사용자들이 쉽게 접근할 수 있으므로 네트워크 트래픽에 대한 암호화 및 사용자 인증 기능을 갖는 프린터를 이용해야 한다. 네트워크 프린터 업체에서는 문서 유출 및 무작위 출력을 방지하기 위한 보안 기능으로 여러 가지 기술을 제시하고 있다. 다음은 이와 같은 대표적인 기술의 사례이다.

- 네트워크 프린터로 문서 전송 시, 패스워드를 설정하고 프린터에서 직접 앞서 설정한 패스워드를 입력하여 사용자 인증 후 문서 출력
- 사용자 ID 및 지문 입력, 사원증을 태그 입력하여 사용자 인증 후 문서 출력
- 출력 문서에 바코드/워터마크 등을 부착하여 출력 문서의 재사용 등 불법 사용 방지
- 특수 알고리즘을 적용하여 일정 기간이 지나면 네트워크 프린터에 로딩된 문서를 자동으로 문서를 지우는 형태

하지만 보기 ③번의 신체의 일부 정보(얼굴, 망막 등)를 스캔하여 해상도 높은 프린터 출력 시 인증 불가는 일부 네트워크 프린터의 취약점으로 해결되지 않는 문제이다. 사용자들은 생체인증 이용 시 가장 우려되는 사항으로 개인정보 보호를 꼽았다. 응답자의 55%가 이와 관련한 불안감이 크다고 밝혔다. 아울러 응답자의 50%는 가짜 생체 데이터를 사용해 타인의 계정에 액세스하는 경우를 들며 보안성에 대한 우려를 나타냈다. 지난해 12월 독일 모의 해킹 업체 SYSS는 저해상도 얼굴 사진을 프린트로 출력한 이미지를 이용해 윈도우 헬로 인증 시스템을 해제시키는 데 성공하였다. 또 독일의 해커팀 카오스컴퓨터클럽(CCC)은 지난해 유튜브를 통해, 고성능 카메라로 촬영한 이미지로 삼성 '갤럭시S8'의 홍채 인식뿐만 아니라 아이폰의 지문 인식의 보안인증 기능을 해제할 수 있음을 시연한 바 있다. 베트남 보안회사 비카브는 아이폰X의 페이스ID 얼굴 인증 기능을 특수 가면으로 손쉽게 뚫었다. 앞으로 생체인증 기술이 더 고도화되면 복제 및 모방 위험도는 낮아질 것으로 보이지만, 가장 큰 문제는 저장된 생체정보가 개인마다 고유하다는 점이다. 단 한 번 유출될 경우 비밀번호와는 비교할 수 없을 만큼 사회적으로 큰 파장을 일으킬 수 있다는 것이다. 이에 방송통신위원회와 한국인터넷진흥원(KISA)은 '바이오 정보 보호 가이드라인'을 마련하여 시행 중이다. 지문·홍채 등 원본 정보를 처리한 후에는 원칙적으로 파기하도록 하고, 모든 구간에서 생체정보를 암호화를 수행해서 전송하는 것이 주요 핵심사항이다.

150 정답: 2번

비즈니스 영향 분석(BIA: Business Impact Analysis)은 각종 재난과 재해로부터 발생할 수 있는 정보시스템 중단을 가정하여 시간 흐름에 따른 영향도를 조사하여 복구 우선순위를 결정하고, 업무를 재개하기 위한 최소 필요자원을 도출하는 업무 연속성 계획의 핵심 절차이다. 주요 활동은 업무 프로세스의 식별, 영향 시나리오(Impact Scenario)의 정의, 잠재적 업무 영향(Potential Business Impact)의 측정, 업무 복구 목표(RTO, RPO, MTPD)의 정의, 최소 요구 사항에 대한 평가이다.

151 정답: 2번

데이터베이스와 연동된 웹 응용 프로그램에서 입력된 데이터에 대한 유효성 검증을 하지 않을 경우 공격자가 입력 폼 및 URL 입력란에 SQL 문을 삽입하여 DB로부터 정보를 열람하거나 조작할 수 있는 보안취약점이 존재한다. 데이터베이스 조회를 위한 질의문(SQL) 생성 시 사용되는 입력값과 조회 결과에 대한 검증 방법 필터링 등을 설계하고 유효하지 않은 값에 대한 처리 방법을 설계하여야 한다. 더욱 구체적인 보안 대응 방법은 다음과 같다.

- 애플리케이션에서 DB 연결을 통해 데이터를 처리하는 경우 최소 권한이 설정된 계정을 사용해

야 한다. 취약한 애플리케이션으로 인해 침해사고가 발생하더라도 나머지 부분에 대해 공격자가 액세스 권한을 가지지 않도록 애플리케이션에서 DB 연결을 위해 사용되는 계정은 해당 애플리케이션이 사용하는 데이터에 대한 읽기 쓰기 삭제 업데이트 권한만 설정한다.

- 외부 입력값이 삽입되는 SQL 쿼리문을 동적으로 생성해서 실행하지 않도록 해야 한다. 쿼리문의 구조가 외부 입력값에 의해 변경되지 않는 API를 사용하도록 시큐어 코딩 규칙을 지정한다. 프레임워크를 사용하여 안전한 정적 쿼리 구조로 SQL 문을 수행할 수 있도록 개발환경을 설정하고 시큐어 코딩 규칙을 통해 정적 쿼리문(외부 입력값에 의해 쿼리문의 구조가 변경되지 않는)을 사용하도록 한다.

- 외부 입력값을 이용해 동적으로 SQL 쿼리문을 생성해야 하는 경우 입력값에 대한 검증을 수행한 뒤 사용해야 한다. 클라이언트와 서버 양측에서 입력값에 대해 안전한 값만 사용될 수 있도록 검증작업을 수행한다.

- 외부 입력값에서 SQL 삽입이 가능한 문자열들을 필터링하여 안전한 값으로 치환하도록 하는 Filter 컴포넌트를 생성하고 DB에서 관리하는 데이터를 처리하는 모든 애플리케이션에 일괄 적용한다. 이런 기법을 필터를 이용한 입력값 검증 방법이라고 한다.

- 인터셉트를 이용한 입력값 검증 방법을 적용할 수도 있는데, MVC 프레임워크를 사용하는 경우 Interceptor 컴포넌트를 사용하여 입력값에 대한 검증 작업을 수행한 뒤 요청을 차단하거나 허용하는 정책을 애플리케이션에 일괄 적용하는 방법이다.

- 입력값을 검증하는 Validator 컴포넌트를 공통 코드로 생성하고 모든 개발자가 SQL 문에 삽입되는 입력값에 대해 검증작업을 해당 컴포넌트에서 수행하도록 시큐어 코딩 규칙을 정의한다. SQL 삽입 취약점을 최소화하고 SQL 문을 안전하게 처리할 수 있도록 프레임워크나 라이브러리의 사용을 고려할 수 있다.

152 정답: 1번

프로젝트에 참여하는 구성원들이 각각의 직무 별 보안활동을 정의하여 프로젝트가 수행되는 동안 책임감을 가지고 보안활동을 수행하도록 하는 것도 안전한 소프트웨어를 개발하기 위한 방법 중 하나가 될 수 있다. CLASP의 SW 개발보안 방법론에서 제안하고 있는 역할별 보안활동은 다음과 같다.

- 프로젝트 관리자(Project Manager): 프로젝트 관리자는 팀 구성원에게 응용 프로그램의 보안 전략을 알려야 한다. 보안위험과 비즈니스에 응용 프로그램 보안의 영향을 이해시킨다. 예를 들어 프로젝트 일정과 보안위험의 상관관계 등을 이해시킨다. 조직의 상태를 모니터링한다 기본적인 비즈니스 매트릭스 조합을 정의하고 단계별 적용한다.

- 요구사항 분석가(Requirement Specifier): 요구사항 분석가는 아키텍트가 고려해야 할 여러 가지 보안 관련 비즈니스 요구사항들을 자세히 설명할 수 있어야 한다. 프로젝트팀이 고려해야 할 구조를 정의한 뒤 해당 구조에 존재하는 자원에 대한 보안 요구사항이 무엇인지 결정한다. 보안 수준을 추상화할 때 다른 프로젝트에 적용되었던 보안 요구사항을 재사용하여 시간을 절약할 수 있어야 한다. 유즈케이스에 대한 보안 고려사항을 기반으로 오용사례를 정의할 수 있어야 한다.

- 아키텍트(Architect): 아키텍트는 명백한 보안 오류를 도입하지 않도록 충분히 보안 기술의 문제를 이해할 수 있어야 한다. 시스템에 사용되는 모든 리소스를 가능한 한 자세하게 정의한다. 시스템에서 각각 리소스의 역할에 적절한 보안 요구사항이 적용되도록 한다. 각 리소스가 시스템 라이프 사이클을 통한 서로 간의 상호작용을 이해할 수 있게 해야 한다.

- 설계자(Designer): 설계자는 특정 기술이 설계보안항목을 만족하는지 확인하고 제대로 그 기술이 사용될 수 있는 방법을 파악해야 한다. 일반적으로 결과를 평가하고 최선의 문제해결 방법을 결정해야 한다. 애플리케이션 보안 노력에 대한 품질 측정을 지원해야 한다. 즉 설계자는 모든 기

존 개발 역할의 보안 관련 작업을 수행할 수 있어야 한다. 식별되지 않은 보안 위험을 가지고 있는 경우 요구사항 분석단계를 다시 추진해야 한다. 고가의 수정을 요구하는 위험을 최소화하기 위해 로드맵을 제공해야 한다. 타사의 소프트웨어 통합 시 보안 위험을 이해하고 있어야 한다. 일반적으로 소프트웨어에서 식별된 보안 위협에 대응할 수 있어야 한다.

- **구현개발자(Implementer)**: 코드를 구현하는 개발자는 고도로 구조화된 개발 환경에서 프로그램을 구현하기 위해 안전한 코딩표준을 준수하여 개발하여야 한다. 제3자가 소프트웨어 안전 여부를 쉽게 판단할 수 있도록 문서화해야 한다.

- **테스트 분석가(Test Analyst)**: 테스트 분석가는 요구사항과 구현결과를 반복적으로 테스트해야 한다. 테스트 그룹은 반드시 보안 전문가일 필요성은 없으며 테스트가 가능할 정도의 위험에 대한 학습이나 툴 사용방법을 숙지하면 된다.

- **보안 감사자(Security Auditor)**: 보안 감사자는 프로젝트의 현재 상태를 검사하고 현재 상태의 보안을 보장한다. 요구사항을 검토할 때는 요구사항이 적합하고 완전한지 확인한다. 설계 단계에서는 일반적으로 취약성으로 이어질 수 있는 사항이 있는지 점검한다. 구현 단계에서는 보안 문제를 발견할 수 있도록 시도해야 한다. 보안감사자는 프로젝트의 전체 단계에서 활동하여야 한다.

출처: 소프트웨어 개발 보안 가이드 - 한국인터넷진흥원

153 정답: 3번

정보를 활용하여 조직은 데이터 분류 절차(Data Classification Procedures)를 만들 수 있다. 데이터에 관해서 이야기를 할 때, 반드시 Ownership(Possession)에 대해서 논의하고 명시화해야 한다. 데이터에 대해서 여러가지 역할과 관계된 책임이 있는데 다음과 같이 분류할 수 있다.

- **데이터 오너(Data Owner)**: 데이터 오너는 데이터를 생산하고 모으는 조직을 말한다. 조직 안에서 또한 데이터 오너를 구체화시켜 위임하게 되며 이 사람이 데이터에 대한 권한과 책임지게 된다. 이 사람은 일반적으로 조직 내 부서장이나 비즈니스 관리자 등이 여기에 해당한다. 클라우드의 입장에서 본다면 클라우드 고객이 데이터의 오너가 된다. 많은 국제적인 기관이나 프레임워크에서 데이터 오너를 데이터 컨트롤러로 말하기도 한다.

- **데이터 관리자(Data Custodian)**: 데이터 관리자는 데이터에 대한 일상적인 유지보수 및 관리를 하는 사람이나 엔티티를 말한다. 관리자(Custodian)는 데이터 오너에 의해서 지시를 받게 되며 적당한 보안 컨트롤과 프로세스를 적용하는 역할을 하게 된다. 보통 조직 내에서 Custodian은 Database Administrator(DBA), Data Modeler, and ETL Developer가 해당한다.

- **데이터 처리자(Data Processor)**: 데이터 처리자는 Copy, Print, Destroy, Utilize 등 다양한 작업을 하는 담당자가 해당한다. 데이터 처리자는 조직이나 사람이 여기에 해당되며 데이터 오너를 대신하여 데이터를 조작, 보관, 이동시키는 일을 하게 된다. 클라우드 입장에서 본다면 클라우드 제공자가 데이터 처리자에 해당한다.

다음은 일반적인 데이터 분류 절차를 올바르게 나열한 순서이다.

(1) 데이터 분류 기준을 설정한다.
(2) 분류와 관련된 보안 제어를 결정한다.
(3) 데이터 분류를 설정할 데이터 소유자를 식별한다.
(4) 데이터 보안에 필요할 수 있는 모든 예외 사항을 문서화한다.
(5) 데이터 관리를 전송할 수 있는 방법을 결정한다.
(6) 정보 분류 해제 기준을 만든다.
(7) 관계된 정보를 보안 인식 및 교육 프로그램에 추가하여 사용자가 다양한 분류에서 데이터를 처리하는 책임을 이해할 수 있도록 한다.

154
정답: 3번

SLA(Service Level Agreement)의 측정지표는 여러 가지 방법이 존재하지만 보기 ③번의 원가 투입 마진율은 문제의 내용과 가장 관련이 적다. 다음은 대표적인 SLA 지표의 항목들의 사례이다.

- **서비스 시간 동안 제공 가용성 목표**
  서비스 가동률=(1−장애 시간/서비스 시간)×100
- **기 발생 장애와 동일 장애 재발 비율**
  동일 장애 발생률=동일 장애 발생건 수/총 장애 발생건 수×100
- **요청한 완료일 이내 서비스 제공 비율**
  SR 적기 처리율=완료 예정일자 이내에 완료한 서비스 요청 건수/측정기간에 완료 예정일 서비스 요청 건수×100
- **서비스 시간 동안 제공 가동률**
  네트워크 가동률=(1−장애 시간/네트워크 가동 시간)×100
- **정기 백업 계획 중 정상 백업 비율**
  백업 준수율=백업 실시건 수/백업 계획건 수×100
- **계획 일정 대비 실제 납품 준수 비율**
  응용 시스템 납기 준수율=(1−납기 지연된 요청 건수/총 요청 건수)×100

155
정답: 1번

일반적인 서비스 수준 협약서(SLA: Service Level Agreement)의 도입을 위한 절차는 다음과 같다.

(1) 서비스 범위 및 내용 정의
   - 시스템/서비스 현황 목표 조사
   - SLA 적용범위 합의 결정
   - SOW 작성
   - 서비스 수준 관리 지표 선정
(2) 지표조사
(3) 관리 지표 선정
(4) 관리 지표 측정방법 정의
   - 서비스 목표 수준 설정
(7) 관리 지표 시험 측정
(8) 관리 지표별 목표 수준/최소 수준 합의 및 결정
   - 페널티/보상 기준 결정
(9) 페널티/보상수준 합의 및 결정
(10) Pricing 방식 결정
(11) SLA 작성 및 완성

156
정답: 1번

서비스 수준 협약서(SLA: Service Level Agreement)는 정보 시스템 수요자와 공급자 사이의 상호 동의에 의하여 서비스 수준을 명시적으로 정의하고 이를 문서화한 약정서이다. 일반적으로 여기에 포함될 수 있는 서비스 측정치들은 CPU의 가용시간, CPU 응답시간, 헬프 데스크 응답시간, 서비스 완료시간 등이다. SLA는 서비스의 복잡도 증가에 따른 명확한 의사소통 필요, 수요자와 공급자의 기대차이로 인한 객관적 기준의 필요, 서비스 측정과 계량화에 따른 성과측정의 필요에 의해서 IT(정보기술)의 운영이나 유지보수 업무 아웃소싱에서 많이 적용하고 있다. 일반적으로 SLA에 포함되어야 할 구성요소는 다음과 같다.

- 기본계약서, 서비스 카탈로그
- 정의, 요구 사항, 범위
- 성과 지표 및 측정
  - SOW(Statement of Work): 상세항목 업무 기술
  - SLM(Service Level Metrics): 정량 파악을 위한 지표
  - SLO(Service Level Object): 관리 지표별 목표
  - SLM(Service Level Measurement): 정량적 측정 방법
  - SLR(Service Level Report): 보고 형식 및 방법
- 의무 및 절차
- 벌금 및 보상
- 개선 과정

정답과 해설

제 5 장

법규 및 제도

제5장 법규 및 제도 정답

1 ④	2 ③	3 ①	4 ②	5 ③	6 ①	7 ①	8 ②	9 ②	10 ④
11 ③	12 ①	13 ①	14 ③	15 ④	16 ③	17 ③	18 ④	19 ②	20 ①
21 ③	22 ①	23 ①	24 ④	25 ①	26 ③	27 ③	28 ②	29 ①	30 ①
31 ③	32 ③	33 ③	34 ③	35 ④	36 ③	37 ④	38 ④	39 ③	40 ②
41 ③	42 ③	43 ④	44 ③	45 ①	46 ③	47 ②	48 ②	49 ③	50 ②
51 ③	52 ①	53 ②	54 ①	55 ②	56 ④	57 ②	58 ③	59 ③	60 ②
61 ②	62 ①	63 ④	64 ④	65 ④	66 ②	67 ③	68 ④	69 ②	70 ③
71 ①	72 ④	73 ③	74 ④	75 ④	76 ④	77 ④	78 ①	79 ②	80 ①
81 ④	82 ④	83 ②	84 ①	85 ③	86 ①	87 ④	88 ④	89 ①	90 ④
91 ②	92 ③	93 ①	94 ②	95 ①	96 ④	97 ①	98 ③	99 ③	100 ④
101 ④	102 ③	103 ③	104 ②	105 ③	106 ③	107 ③	108 ①	109 ②	110 ③

001
정답: 4번

　기업은 정해진 법에 따라 재해나 사고의 방지를 위해 취하는 조치나 활동을 안전 관리라 하며, 안전 관리는 크게 설비관리와 작업관리로 구분할 수 있다. 안전관리 교육보고서란 기업에서 직원들을 대상으로 하여 안전 관리 교육을 진행하고 그 진행 과정 및 결과에 대해 보고하기 위해 작성하는 양식을 말한다. 안전관리 교육보고서를 작성할 때에는 소속, 강사명, 교육 일지, 교육 장소, 교육대상, 교육 종류, 교육내용, 순번, 직종, 성명, 서명 등으로 구분하여 각 항목에 정확한 내용을 기재하도록 한다. 안전관리 교육보고서를 작성함으로써 기업에서 안전 관리에 관한 교육 현황을 확인하고 안전 관리 교육을 효율적으로 활용할 수 있다. 안전관리 교육보고서는 현장에 따라 관계 기관에 제출하여야 하므로 정확한 내용을 기재하는 것이 중요하다. 안전관리 결과 보고서에 포함되어야 하는 서류는 다음과 같다.

- 안전관리 조직표
- 안전보건 관리체제(별지 제17호 서식)
- 재해발생 현황(별지 제18호 서식)
- 산재요양신청서 사본
- 안전교육 실적표(별지 제19호 서식)

002
정답: 3번

　프로젝트 관리의 교본서(PMBOK)가 가장 관련성이 없는 것은 보안 관리(Project Security Management)이다. 참고로, 프로젝트 관리 지식체계(PMBOK)에서는 프로젝트를 다음 관점에서 분류해서 관리한다.

(1) 통합 관리(Project Integration Management)
(2) 범위 관리(Project Scope Management)
(3) 일정 관리(Project Time Management)
(4) 원가 관리(Project Cost Management)
(5) 품질 관리(Project Quality Management)
(6) 인적자원 관리(Project Human Resource Management)
(7) 의사소통 관리(Project Communications Management)
(8) 위험 관리(Project Risk Management)
(9) 조달 관리(Project Procurement Management)
(10) 이해관계자 관리(Project Stakeholder Management)

003
정답: 1번

　한국인터넷진흥원(KISA)에서는 전자서명 인증 관리체계에 대해서 정기적으로 다음과 같은 항목에 대해서 점검을 수행한다. 공인인증업무에 관한 시설 및 장비의 안전운영 여부를 점검하고 정기점검에 필요한 사항의 준비 및 증빙 자료 준비 등을 확인하며, 10개 점검 분야에 대하여 업무절차를 준수하는지 여부를 점검한다. 10개의 점검 분야는 다음과 같다.

(1) 공인인증서비스
(2) 전자서명 키 관리
(3) 기타 공인인증업무
(4) 시설 및 장비의 관리
(5) 문서 및 기록의 관리
(6) 시험 운영 및 정보제공
(7) 네트워크 및 시스템 보안
(8) 물리적 보안
(9) 재해 방지
(10) 관리적 보안 및 비상계획

004
정답: 2번

　개인 고객을 위한 공인인증서의 종류에는 은행/신용카드/보험용, 범용 개인, 전자세금용(기업 특수목적)이 있다. 그리고 기업 고객을 위한 공인인증서의 종류에는 은행/신용카드/보험용, 범용 기업, 전자세금용(기업 특수목적) 등이 있다.

005
정답: 3번

카네기 멜런 대학교의 소프트웨어 공학 연구소(SEI) CMMI 제품군에 대한 조직 개선 모델 및 유사한 프로세스 개선 이니셔티브로 IDEAL 방법을 발표했다(ISO 15504). IDEAL은 CMMI 제품군의 맥락에서 프로세스 개선 조치를 시작, 계획 및 구현하기 위한 일종의 로드맵 역할을 한다. 이는 프로세스 개선 및 결함 감소 방법론이다. IDEAL 모델은 조직이 CMMI 및 유사 이니셔티브를 위한 효과적인 프로세스 개선 프로그램을 계획하고 구현하도록 안내하는 체계적인 인프라 프레임워크를 실현한다. IDEAL 모델은 조직이 변화 이니셔티브를 수행하는 5 단계(시작, 진단, 설정, 행동, 학습)에 따라서 첫 자를 따서 명명되었다.

(1) Initiating(초기): 성공적인 개선 노력을 위한 토대를 마련하는 단계이다. 일반적으로 시작 단계는 현재의 비즈니스 수행 방식을 변경해야 하는 긴급한 필요성을 보여주는 일부 자극에 대한 직접적인 반응이다. 이 자극에 대한 대가로 적절한 후원이 설정되고 적절한 자원이 할당된다.

(2) Diagnosing(진단): 진단 단계에서는 현재 관행을 기준으로 하고 잠재적인 개선 기회를 조사하기 위해 일종의 분석이 수행된다. CMMI Product Suite의 경우 SCAMP Appraisal이고, ISO 15504은 평가다.

(3) Establishing(수립): 목표 달성 방법에 대한 세부 사항을 계획한다. 이 단계에서는 분석 권장 사항의 우선 순위가 지정되고 변경 구현 팀이 구성되며 활동을 수행하기 위한 계획이 개발된다.

(4) Acting(행동): 앞에서 계획된 활동이 구현된다.

(5) Learning(학습): 경험을 통해 배우고 향후 새로운 개선 사항을 채택하는 능력을 향상시킨다. 학습한 내용이 수집되어 이후의 IDEAL 변경주기에 적용될 수 있다.

006
정답: 1번

콘웨이의 법칙(Conway's Law)에 따르면, 시스템을 설계하는 조직은 조직의 의사소통 구조를 본뜬 설계를 생산하도록 제약된다는 것이다. 이것은 시스템 설계 관리에 중요한 영향을 미친다는 것이며 설계 활동은 의사소통 필요에 따라 조직되어야 한다는 의미도 될 수 있다. 이 법칙은 유효한 시스템의 개념이 시기에 따라 바뀌고 그에 따라 의사소통의 필요성이 달라질 수 있기 때문에 발생하는 문제를 이해할 수 있도록 한다. 최초의 설계가 최선의 설계일 가능성이 없으므로, 일반적인 시스템 개념의 변경이 필요할 수 있기 때문이다. 따라서 효율적인 설계에는 조직의 유연성이 중요하다. 단순하게 인력을 추가하는 것이 생산성을 증가시킨다는 가정에 근거하지 않는 시스템 설계상의 철학이 필요하다.

007
정답: 1번

COBIT은 PO(Plan & Organization), AI(Acquisition & Implementation), DS(Delivery & Support), ME(Monitor & Evaluate) 도메인으로 구성된다. PO는 IT 전략계획 수립, 정보 아키텍처 정의, 기술 방향 설정, IT 프로세스/조직 및 관계 정의 등 10개의 프로세스를 포함한다. AI는 자동화 솔루션 도출, 응용 소프트웨어 도입 및 유지보수, 기술 인프라 도입 및 유지보수, 운영 및 사용 지원 등 7개의 프로세스를 포함한다. DS는 서비스 수준 정의 및 관리, 외부업체 서비스 관리, 성능 및 용량 관리, 서비스 연속성 확보 등 13개의 프로세스를 포함한다. ME는 IT 성과 모니터링 및 평가, 내부통제 모니터링 및 평가, 법규의 준수, IT 거버넌스 제공 4개의 프로세스를 포함한다. 그리고 COBIT의 특징은 다음과 같다. ISACA의 Control Objectives에 기반을 둔 참조 모델이고 감사도구에서 IT 경영진이 사용하는 거버넌스 도구로 발전했으며 ITIL, CMM, BS7799, ISO9000 등 산업 표준에 정렬되어 있다.

008

정답: 2번

한국판 뉴딜의 디지털 뉴딜 4개 분야는 DNA 생태계 강화, 교육 인프라 디지털 전환, 비대면 산업 육성, SOC 디지털이다. 그리고 그린 뉴딜 3개 분야는 도시 공간 생활 인프라 녹색 전환, 저탄소 분산형 에너지 확산, 녹색산업 혁신 생태계 구축이다.

출처: www.korea.kr)

009

정답: 2번

고든법은 미국의 고든(William J. J. Gordon)에 의해서 고안된 아이디어 발상법으로, 브레인스토밍과 마찬가지로 집단적으로 발상을 전개하는 기법이다. 브레인스토밍에서는 가능한 한 문제를 구체적으로 좁히면서 아이디어를 발상하지만, 고든법은 그 반대로 문제를 구상화해서 무엇이 진정한 문제인가를 모른다는 상태에서 출발하고 참가자들에게 그것에 관

[8번 해설 관련 이미지]

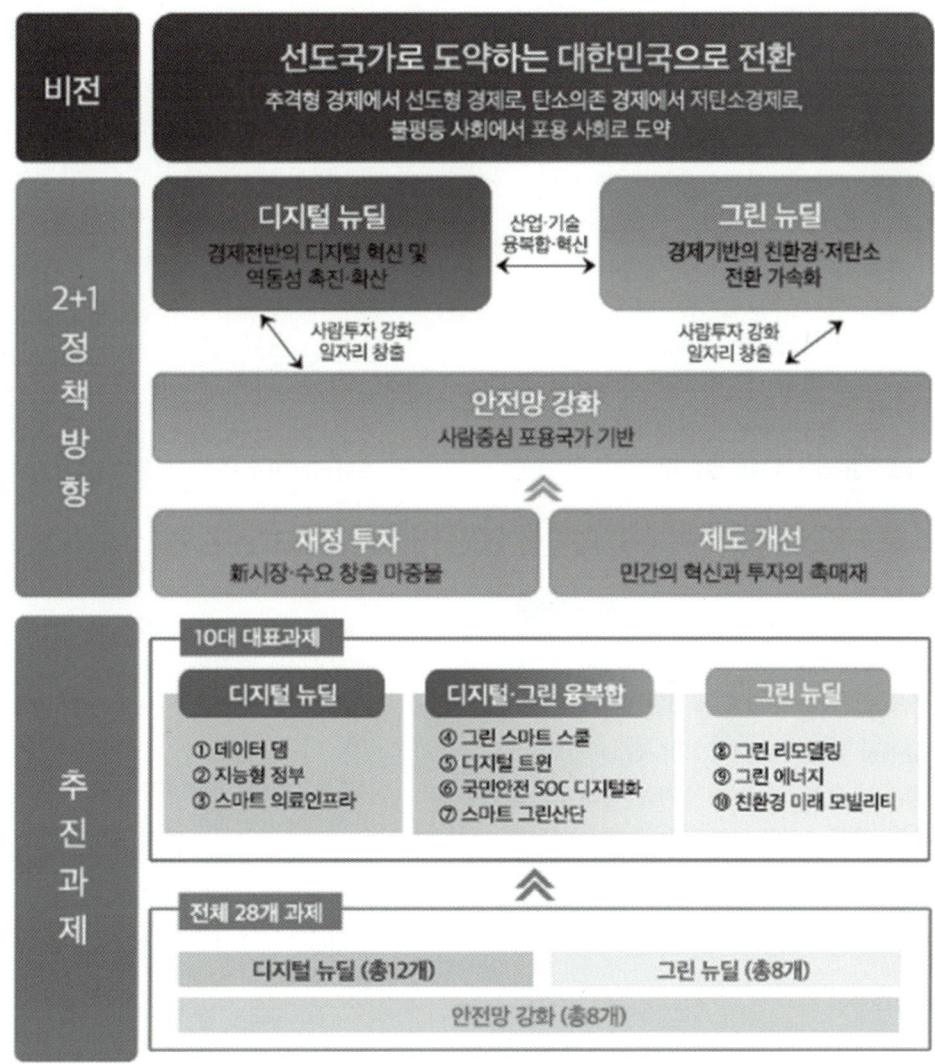

련된 정보를 탐색하게 하는 것이다. 그 이유는 문제가 지나치게 구체적이면 참가자가 자칫 현실적인 문제에만 사고를 국한하게 되어 기본적으로 아이디어를 발상하기가 어렵기 때문이다. 즉 고든법은 주제와 전혀 관계없는 사실로부터 발상을 시작해서 문제 해결로 몰입하게 만드는 것이다. 고든법의 특징은 다음과 같다.

- 문제를 구상화하여 무엇이 진정한 문제인가를 모르는 상태에서 출발하며 참가자들에게 그것에 관련된 정보를 탐색하게 한다.
- 주제와 전혀 관계없는 사실로부터 발상을 시작해서 문제 해결로 몰입하게 만든다. 이 과정에서 아주 기발한 아이디어가 떠오르는 것을 경험할 수 있다.
- 추상의 폭을 넓혀 주제를 내면 생각하는 사람의 사고는 폭넓게 퍼져 구체적인 문제를 생각할 경우에는 상상하지 못했던 다양한 아이디어가 나온다.
- 주제가 추상적이기 때문에 나오는 아이디어들이 예측과 빗나가는 경우도 있지만 사회자는 그것들을 실제 주제와 결합시켜, 회의 중이라도 항상 검토하고 있어야 한다.
- 사회자는 회의를 진행하는 중에 주제를 좁히고, 회의가 끝날 무렵에 주제를 말한다.

010 정답: 4번

PbD(Privacy by Design)는 프라이버시 대책이 포함된 대책인 정보기술, 조직 또는 사회 기반의 설계, 개발, 운용에서 유용하며 어떤 프로세스에서도 사용할 수 있다. PbD 도입을 위한 절차는 일반적으로 다음과 같은 6가지 순서로 진행된다.

(1) **제1 프로세스**: 대상으로 하는 프라이버시 요건이 어떻게 변화되고 있는지를 확인하여 요건을 작성한다.
(2) **제2 프로세스**: 개인정보를 새로운 시스템을 이용하여 어떻게 수집, 이용 또는 개시하게 될 것인지, End-to-End 시스템 라이프사이클로 확인한다.
(3) **제3 프로세스**: 확인된 프라이버시 대책의 요구사양을 개발한다.
(4) **제4 프로세스**: 프라이버시 요구사양을 바탕으로 설계한다.
(5) **제5 프로세스**: FIPS의 원칙에 따라 시스템을 개발한다.
(6) **제6 프로세스**: 요구된 프라이버시 대책이 포함되어 있는지를 검증한다.

011 정답: 3번

CMMI(Capability Maturity Model Integration)의 프로세스 영역은 프로세스 관리(Process Management), 프로젝트 관리(Project Management), 공학(Engineering), 지원(Support)으로 분류할 수 있다. 각 프로세스 영역의 설명은 다음과 같다.

- **프로세스 관리**: 프로세스 관리 영역은 프로세스를 정의, 계획, 전개, 적용, 감시, 조정, 평가, 측정, 개선하기 위한 프로젝트 간의 활동을 포함한다. 포함하는 프로세스는 다음과 같다. 프로세스 관리(Process Management), 조직 프로세스 중점(Organizational Process Focus), 조직 프로세스 정의(Organizational Process Definition), 조직 훈련(Organizational Training), 조직 프로세스 성과(Organizational Process Performance), 조직 혁신 및 이행(Organizational Innovation and Deployment)이다.
- **프로젝트 관리(Project Management)**: 프로젝트 관리 프로세스 영역은 프로젝트를 계획, 감시, 통제하는 것과 관련된 프로젝트 관리활동들을 다룬다. 프로젝트 관리 영역에 포함되는 프로세스는 다음과 같다. 프로젝트 계획(Project Planning), 프로젝트 감시 및 통제(Project Monitoring and Control), 공급자 계약 관리(Supplier Agreement Management), 통합 프로젝트 관리(Integrated

Project Management), 위험관리(Risk Management), 통합팀(Integrated Teaming), 정량적 프로젝트 관리(Quantitative Project Management)다.

- **공학(Engineering)**: 공학 프로세스 영역은 개발과 엔지니어링 Disciplines 간의 공유되는 유지보수 활동을 다룬다. 또한 소프트웨어 공학과 시스템 공학을 하나의 제품 개발 프로세스로 통합하고, 제품 기반 프로세스 개선 전략을 지원한다. 공학 프로세스 영역에 포함되는 사항은 다음과 같다. 요구사항 개발(Requirements Development), 요구사항 관리(Requirements Management), 기술 솔루션(Technical Solution), 제품통합(Product Integration), 검증(Verification), 확인(Validation)이다.

- **지원(Support)**: 제품 개발 및 유지보수를 지원하는 활동을 다룬다. 다른 프로세스들이 제대로 수행될 수 있도록 하는 프로세스들이다. 일반적으로 지원 프로세스 영역은 프로젝트를 목표로 하며, 조직에 대해 좀 더 일반적인 프로세스들이다. 예를 들어 PPQA는 프로세스의 객관적 평가와 모든 프로세스 영역에서 정의되는 작업 산출물을 제공하기 위한 모든 프로세스 영역에 사용될 수 있다. 모든 PA(Practice Area)들에서 사용할 수 있는 기능들을 제공하며, 몇몇 일반 실행(Generic practice) 들을 구현하는 것을 도와준다. CMMI의 지원 프로세스 영역은 다음과 같다. 형상관리(Configuration Management), 프로세스 및 제품 품질보증(Process and Product Quality Assurance), 측정 및 분석(Measurement and Analysis), 통합을 위한 조직 환경(Organizational Environment for Integration), 결정분석 및 해결(Decision Analysis and Resolution), 원인분석 및 해결(Causal Analysis and Resolution)이다.

012 정답: 1번

능력 성숙도 모델(CMM: Capability Maturity Model)은 소프트웨어 개발 업체들의 업무능력 평가 기준을 세우기 위한 평가 모형을 말한다. 1991년 미국 국방성의 의뢰를 받아 카네기 멜런 대학이 만든 평가 모델이다. 소프트웨어 개발능력 측정 기준과 소프트웨어 개발 조직의 성숙도 수준을 평가한다. 이후 CMM은 능력 성숙도 통합 모델(CMMI)로 발전하였다. 능력 성숙도 통합 모델(CMMI: Capability Maturity Model Integration)은 소프트웨어 개발 및 전산장비 운영 업체들의 업무 능력 및 조직의 성숙도를 평가하기 위한 모델을 말한다. CMMI는 기존 능력 성숙도 모델(CMM)을 발전시킨 것으로서, 기존에 소프트웨어 품질보증 기준으로 사용되어 SW-CMM과 시스템 엔지니어링 분야의 품질보증 기준으로 사용되던 SE-CMM을 통합하여 개발한 후속 평가 모델이다. CMMI는 1~5단계까지 있으며, 5단계가 가장 높은 수준이다. CMMI는 소프트웨어 개발 및 전산장비 운영 분야의 품질 관련 국제 공인 기준으로 사용되고 있다.

013 정답: 1번

탐색적 테스팅(Exploratory Testing)은 테스트 리더가 설계한 제한된 세션 동안 차터의 목표를 자유로운 테스팅 기법으로 달성하고 요약보고/회고로 학습/진화를 꾀하는, 비계획적(Unscripted)이며 사전준비 없는(Unrehearsed) 소프트웨어 테스트 접근법이다. 탐색적 테스팅은 시간제한(0분, 60분 등의 Time Boxing)을 두고 몰입 유도, 창의적 접근(자유로운 테스트 기법, 직관 활용), 테스터 의존적(테스터 개인의 경험이나 기술에 결과가 좌우)인 특징이 있다.

014 정답: 3번

탐색적 테스팅의 주요한 목적은 자세한 스크립트를 작성하는 것이 아닌 결함을 발견하는 것이다. 탐색적 테스팅은 정례화된 절차가 기법, 도구, 산출물이 아닌 테스터의 경험에 기반한 방법이므로 아래와 같은 구성요소를 도입하지 않는 경우 테스트의 효과성, 효율성이 저하될 수 있다. 탐색적 테스팅의 4가지 구성요소는 다음과 같다.

(1) **테스트 차터**(Test Charter): 수행될 각 세션에 대해 명확한 임무를 설정해 놓는 것으로써 효율적인 테스트 차터를 위해 제품 리스크 기반으로 작성한다.

(2) **시간제한**(Time Boxing): 테스트 차터를 정할 때 각 세션당 적당한 시간을 정한다(60/90/120분).

(3) **테스트 노트**(Test Note): 테스트 실행과 동시에 머릿속으로 계획, 설계, 테스트 케이스를 작성하며, 이런 사고 활동을 간단하게 노트에 기록한다.

(4) **요약보고/회고**(Debriefing): 탐색적 테스팅 세션 종료 후 팀원끼리 요약보고 시간을 갖는다.

015 정답: 4번

보기 ④번은 COBIT(Control OBjectives for Information and related Technology) 5.0의 특징이다.

이전에 정보 보안은 악의적인 활동으로부터 네트워크를 보호하는 것이 전부였으나 오늘날 기술의 발전과 장치 및 애플리케이션의 확장된 사용으로 인해 정보 보안은 모든 조직의 비즈니스 관심사가 되었다. 이제 개발 프로세스, 방법론을 재 작업하여 애플리케이션 보안의 성숙도를 개선하고 관련 관행을 채택해야 한다. 많은 조직이 이 이니셔티브를 통해 비즈니스 요구 사항을 유지하는 데 도움이 되는 자체 프레임워크를 마련했지만 이러한 프레임워크는 유연성이 부족하고 일부 조직이 채택하기에는 너무 복잡할 수 있다. 업계는 단순하고 정의되고 측정 가능한 모델이 필요하였다. 이러한 모델 중 하나가 OpenSAMM(Open Software Assurance Maturity Model)으로, 실행 가능하며 보증 프로그램의 구성 요소를 정의할 수 있다. OWASP에서 2009년에 개발한 OpenSAMM(Open Software Assurance Maturity Model)은 조직이 직면한 위험에 따라 완전히 사용자 정의하는 소프트웨어 보안 전략을 이해, 공식화 및 구현하는 데 조직을 지원하는 개방형(무료 및 공급 업체 중립적) 프레임워크다. SAMM에서 지원하는 분야는 다음과 같다.

- 조직의 기존 소프트웨어 보안 관행을 평가한다.
- 잘 정의된 반복으로 균형 잡힌 소프트웨어 보안 보증 프로그램을 구축한다.
- 보안 보증 프로그램의 구체적인 개선 사항을 시연한다.
- 조직 전체의 보안 관련 활동을 정의하고 측정한다.

출처: Software Assurance Maturity Model Ver 1.5

016 정답: 3번

개방형 SAMM 모델은 각 기능과 관련된 보안 관행과 함께 소프트웨어 개발의 네 가지 비즈니스 기능을 기반으로 설계되었다. 모델의 목표는 각 보안 관행에 따라 세 가지 성숙도 수준으로 분류된다. 따라서 전체 모델에는 4개의 비즈니스 기능, 12개의 보안 관행 및 36개의 목표가 포함된다. 소프트웨어 보증 성숙도 모델(SAMM: Software Assurance Maturity Model)은 다음과 같은 원칙에 따라 개발되었다. 기간에 따른 조직 변화의 행동, 따라서 소프트웨어 보안 프로그램은 작은 반복으로 기술되어야 하며 장기 목표를 향해 점진적으로 작업하는 동안 보증 이득을 제공해야 한다. 또한, 단일 솔루션이 모든 조직에 적합하지는 않기 때문에 프로그램은 위험 허용 수준에 따라 사용자 정의할 수 있을 만큼 유연해야 한다. 그리고 보안 활동에 대한 지침은 단순하고 측정 가능하며 잘 정의되어야 한다.

017 정답: 3번

소프트웨어 보증 성숙도 모델(SAMM)의 성숙도는 다음과 같이 정의된다. 12가지 보안 관행 각각에는 4가지 정의된 성숙도 수준이 있으며 각 수준에 대한 세부 사항은 관행에 따라 다르지만 일반적으로 다음을 나타낸다.

- 레벨 0: 실행되지 않은 활동을 나타내는 암시적인 시작점
- 레벨 1: 보안 관행의 초기 이해 및 임시 제공
- 레벨 2: 보안 관행의 효율성 증대
- 레벨 3: 대규모 보안 관행에 대한 포괄적인 숙달

018   정답: 4번

소프트웨어 보증 성숙도 모델(SAMM)에서 4가지의 주요 비즈니스 기능은 Governance, Construction, Verification, Operation이다. Governance는 조직이 전체 소프트웨어 개발을 관리하는 방법과 관련된 프로세스 및 활동에 중점을 둔다. Construction은 조직이 목표를 정의하고 소프트웨어를 만드는 방법과 관련된 프로세스 및 활동과 관련이 있다. Verification은 조직이 생성된 아티팩트를 확인하고 테스트하는 방법과 관련된 프로세스 및 활동에 중점을 둔다. Operation은 조직이 소프트웨어 릴리스를 관리하는 방법과 관련된 프로세스 및 활동이 수반된다.

019   정답: 2번

소프트웨어 보증 성숙도 모델(SAMM)의 Verification 비즈니스 기능의 3가지 Security Practice는 디자인 리뷰, 구현 검토, 보안 테스트로 구성된다. 디자인 리뷰(Design Review)는 보안 관련된 소프트웨어 설계 및 아키텍처 평가에 중점을 두며, 이를 통해 조직은 초기에 아키텍처 수준의 문제를 감지할 수 있다. 이는 소프트웨어 개발 및 보안 관점에서 향후 리팩토링으로 인해 잠재적으로 큰 비용이 발생하지 않도록 해야 한다. 디자인 리뷰는 간단한 활동인 보안관련 세부 정보 확인을 시작으로 보다 공식적인 방법인 보안 메커니즘의 완전성 검토까지 진행할 수 있다. 또한, 설계에 대한 상세한 데이터 검사도 진행할 수 있다. 구현 검토(Implementation Review)는 소프트웨어의 소스 코드 검사에 중점을 둔다. 개념적으로 이해한 경우라도 개발 과정에서 실수가 발생할 수 있으므로 조직은 체크리스트를 통해 효율적으로 중요한 소스 코드를 검사한다. 이후 모듈과 조직 수준에서 자동화 도구를 이용해 구현검토의 범위와 효율성을 확대한다. 릴리즈 이전에 구현 검토 결과를 확인하고 진행할 수 있다. 보안 테스트(Security Testing)는 런타임 시점의 소프트웨어 검사에 중점을 둔다. 보안 테스트는 소프트웨어가 실행될 때 다른 기법에서 찾기 힘든 비즈니스 로직의 운영구성 오류를 도출할 수 있다. 또한, 침투 테스트 및 고급 테스트를 포함해 다양한 테스트 자동화 도구를 사용할 수 있다.

020   정답: 1번

소프트웨어 공학센터에서 인증하는 소프트웨어 프로세스 인증제도(SP: Software Process)는 SW 품질역량 수준의 심사에 활용하는 기준을 의미한다. 인증 기준은 조직의 프로젝트 수행역량 강화에 필요한 핵심활동을 5개 영역으로 구분, 제시한다 SW 기업(또는 조직)은 품질인증 기준을 활용하여 체계적으로 효과적인 SW 프로세스 품질역량 개선활동에 사용할 수 있다. 5개의 관리 영역 프로젝트 관리 영역, 개발 영역, 지원 영역, 조직관리 영역, 프로세스 개선 영역이며 각각의 설명은 다음과 같다.

- **프로젝트 관리 영역**: 프로젝트의 목표와 범위를 정의하고, 이를 달성하기 위한 계획을 수립하고, 수립한 계획에 따라 프로젝트의 수행 활동을 검토하고 통제하여 궁극적으로 프로젝트의 목표를 달성할 수 있도록 프로젝트를 관리하는 것이다.
- **개발 영역**: 사전 수립된 프로젝트 계획에 따라 고객 요구사항의 추출로부터 분석, 설계, 구현 및 테

스트 등 SW 개발 활동들을 효과적으로 수행하는 것이다.
- **지원 영역**: 프로젝트 생명주기 동안 프로젝트 개발 및 관리 활동들을 통제하고 지원하여 프로젝트의 성공률을 높일 수 있도록 프로젝트 활동을 지원하는 것이다.
- **조직 관리 영역**: 조직 기반 구조 및 구성원 교육 체계를 구축하여 조직에 필요한 표준 프로세스를 개발 및 적용, 확산하여 조직 내의 프로젝트가 체계적으로 이행될 수 있도록 하는 것이다.
- **프로세스 개선 영역**: 조직과 프로젝트의 목표 달성을 위해 조직 및 프로젝트의 프로세스를 정량적으로 운영하고 개선할 수 있도록 관리하는 것이다.

출처: http://www.sw-eng.kr

021 정답: 3번

Protex는 2002년 미국 Black Duck Software, Inc에서 개발한 공개소프트웨어 검증 도구이다. 프로젝트 코드와 일치하는 공개 소프트웨어 코드를 분석하여 검증하기 위한 상용 소프트웨어이며 공개 소프트웨어 DB인 Knowledge Base를 구축하여 지속적인 업데이트를 제공한다. 2,500개 이상의 공개 소프트웨어 사이트와 1,000여 개 벤더들을 통해 수집된 공개 소프트웨어와 기타 소유권이 있는 소프트웨어 컴포넌트들을 가진 광범위한 Knowledge Base 등을 포함하는 다양한 언어로 개발된 소스 코드들에 대한 분석이 가능하다. FOSSology는 2007년 HP에서 시작하여 현재는 공개 소프트웨어 저장소인 소스포지(www.sourceforge.net)에 GPL로 공개되어 있기 때문에 소스 코드의 다운에서 이용까지 모든 기능을 무료로 사용할 수 있다. 파쏠로지(FOSSology)는 소스 코드 주석 부분의 공개 소프트웨어 라이선스 관련 문자열 검색을 통해서 공개 소프트웨어 사용 여부를 확인한다. 그러나, 개발자 임의로 주석 삭제 등이 있으면 공개 소프트웨어 여부를 판별할 수 없으므로 신뢰성은 낮다.

022 정답: 1번

공개 소프트웨어 라이선스 검증 절차는 다음과 같다. 첫 번째, 공개 소프트웨어 포털 온라인 신청 단계에서는 국내 개인, 대학, 중소기업들이 서비스를 신청한다. 두 번째, 분석 단계에서는 검증대상 프로젝트를 분석한다. 세 번째, 검증 단계에서는 신뢰성 높은 검증 도구를 이용해 검증을 수행한다. 네 번째 검증 보고서 제출 단계에서는 검증 결과 보고서를 제출한다. 마지막 단계 컨설팅 신청 및 수행 단계에서는 검증보고서 위반 여부를 확인하고 컨설팅을 신청한다.

[22번 해설 관련 이미지]

공개SW포털 온라인 신청 → 분석 → 검증 → 검증 보고서 제출 → 컨설팅 신청 및 수행

| 국내 개인, 대학, 중소기업 서비스 신청 | 검증대상 프로젝트 분석 | 신뢰성 높은 검증툴을 이용한 검증 | 검증 결과 보고서 제출 | 검증보고서 위반여부 확인 및 컨설팅 신청 |

023

정답: 1번

공개 소프트웨어는 소스 코드가 공개되어 있어 누구나 활용할 수 있으므로 사용량이 많다. 하지만 공개 소프트웨어 라이선스에 대한 인식은 아직 부족하여 공개 소프트웨어 사용으로 인한 법적 분쟁 발생 및 기업 이미지 하락 등의 문제 발생 가능성이 있다. 공개 소프트웨어도 저작권이 있으며 공개 소프트웨어 라이선스별로 사용과 배포 등에 관련된 다양한 의무사항을 요구하고 있다. 그러므로 공개 소프트웨어 라이선스 검증을 통하여 이를 사전에 예방할 수 있도록 해야 한다.

사업위험 감소 측면	개발 생산성 증가(비용절감) 측면
사전 라이선스 검증을 통하여 저작권 위반으로 인한 법적 책임 예방	라이선스 검증을 통하여 재사용 가능한 공개 SW의 재사용으로 개발 생산성 증가
저작권 위반으로 인한 기업이미지 손실 예방	내부 지적재산 관리 및 보호가 가능하여 수익창출에 기여
시정조치(또는 고소)로 인한 출시지연 예방	공개된 표준 준수(de facto standard)에 따른 재개발 비용 절감
사업철수, 리콜, 판매금지가처분, 손해배상 등으로 인한 금전적 손실 예방	개발시점부터 체계적인 검증을 통한 라이선스 위반에 따른 재개발 비용 절감
개방형 시스템 구축이 가능하여 특정 SW에 대한 종속성 탈피	소스 코드가 공개되어 프로그램에 내재된 원천 기술 습득이 가능하여 개발 생산성 증가

024

정답: 4번

공개 소프트웨어 라이선스를 체계적으로 관리하기 위해서는 라이선스 관리 기획, 라이선스 관리, 라이선스 검증, 보고서 작성 및 공유의 단계를 거쳐야 한다. 각 단계에서 수행하는 사항은 다음과 같다.

- **라이선스 관리 기획**: 공개 소프트웨어 라이선스 관련 문제를 피하기 위해서는 프로젝트 분석/설계 시점부터 이를 고려해야 한다.
- **라이선스 관리**: 자체 개발한 소스 코드를 공개해도 무방한 경우는 특별히 구현 방법에 신경 쓸 필요가 없지만, 소스 코드를 공개할 경우 회사보유의 지적재산권을 포함시키지 않도록 주의할 필요가 있다.
- **라이선스 검증**: 개발이 완료되면 개발 계획에는 없더라도 실제 구현과정에서 개발자가 검증 없이 사용한 경우가 있을 수 있기 때문에 소스 코드에 대한 실질적인 검증 작업이 필요하다.
- **보고서 작성/공유**: 사용된 공개 소프트웨어들을 라이선스별로 분류하고 각 라이선스에서 준수해야 할 사항들이 실제로 릴리스 단계에서 반영될 수 있도록 하여야 한다.

025

정답: 1번

코드 및 수정 모델(Code-and-Fix)은 아마도 소프트웨어 엔지니어링에서 가장 자주 사용되는 개발 방법론이다. 이는 초기 계획이 거의 또는 전혀 없이 시작된다. 프로젝트가 완료될 때까지 즉시 개발을 시작하고 문제가 발생하면 수정을 한다. 개발 일정이 빡빡할 때 코드 및 수정은 즉시 코드 개발을 시작하고 즉각적인 결과를 확인하기 때문에 이는 개발자에게 매우 유혹적인 선택이 된다. 하지만 불행히도 프로세스 후반에 주요 아키텍처 문제를 발견하면 일반적으로 응용 프로그램의 많은 부분을 다시 작성해야 한다. 대체 개발 모델은 변경이 쉽고 비용이 적게 드는 초기 개념 단계에서 이러한 문제를 파악하는 데 도움이 될 수 있다. 코드 및 수정 모델은 향후 개발의 기반이 되지 않는 소규모 프로젝트에만 적합하다. 코드 및 수정 모델의 장단점은 다음과 같다.

- **장점**: 문서 작성에 드는 오버헤드 시간이 없다. 즉, 계획, 문서작성, 품질보증, 표준준수, 혹은 순수한 코딩 이외의 어떠한 작업에도 시간을 들이지 않는다. 고객에게 곧바로 작업의 진행을 보여줄 수 있으며 방법론에 대한 지식이 없어도 시작할 수 있다. Proof-of-Concept 프로그램이나 프로토타입용과 같이 작은 규모의 코딩에 적합하다.

- **단점**: 변경관리가 불가능하다. 일부분을 고치기 위해 개발한 모든 소스를 버리고 다시 개발해야 한다. 개발자가 여러 명일 경우 커뮤니케이션이 불가능하다. 또한, 고객의 새로운 요구사항을 처리할 수 없다. 이 모델은 소규모의 실험적인 프로젝트나 소프트웨어하우스에서 주로 적용하는 방법이다. 대부분의 앞 단계 산출물은 작성하지 않고 곧바로 코딩으로 들어가서 실행하면서 에러를 고쳐 나가는 방식이다.

026 정답: 3번

연어형 폭포수 모델(Salmon Waterfall)은 전통적 폭포수 모델의 변형이다. 연어가 알을 낳기 위해 태어난 곳으로 거슬러 올라가듯이 소프트웨어 라이프사이클의 이전 단계에서 저질러진 오류를 수정하기 위해 다시 이전 단계에서의 재작업을 허용하도록 하는 것이다. 처음 출발할 때는 연어들이 많았지만 위로 올라갈수록 연어의 숫자는 줄어들고 홀쭉하게 살이 빠져 있는 것처럼 반드시 좋은 방법론은 아니다. 시스템이 거의 개발되고 나서 발견된 오류를 고치기 위해 요구사항 정의서부터 재작업하는 것은 가능하지만 그리 쉽지만은 않고 엄청난 의지와 노력이 필요하다. 그 외 연어형 폭포수 모델은 단점으로 이전 단계로 돌아가기 위해서는 비용이 많이 든다는 점이다. 프로젝트의 중간 이후 단계에서나 사용자 요구사항에 대한 검증이 가능한 모델 방법론은 전통적인 폭포수형 라이프사이클 모델의 특징이다.

027 정답: 3번

나선형 모델(Spiral Model)은 시스템 개발 시 위험을 최소화하기 위해 점진적으로 완벽한 시스템으로 개발해 나가는 모델로서 목표 설정 → 위험 분석 → 구현 및 테스트 → 고객 평가 단계로 이루어진다. 각 단계에 대한 설명은 다음과 같다.

(1) **목표 설정(Determine Objective)**: 고객의 요구사항에 대해 분석 및 타당성을 검토하고 프로젝트 수행 여부를 결정하며 각 단계에 대한 목표를 수립한다. 원활한 사이클 순환을 위해 현실적인 목표의 수립이 필요하다.

(2) **위험 분석(Risk Analysis)**: 프로젝트 진행 시 고객 요구사항을 기반으로 예측되는 위험 사항에 대해 추출하고 위험에 대한 대처 방안을 수립한다.

(3) **개발 및 검증(Development and Test)**: 위험 분석 완료 후 구축하려는 시스템과 개발 환경에 맞는 개발 모델을 선택한다. 일반적으로 사용되는 폭포수 모델(Waterfall Model), 프로토타이핑 모델(Prototyping Model) 등을 사용할 수 있다. 선택한 모델의 개발 방법론에 따라 개발 절차가 진행된다.

(4) **고객 평가(Evaluation)**: 개발과 테스트가 끝난 내용을 고객이 평가하여, 추가 반복에 대한 여부를 결정한다. 또한, 다음 단계를 계획하기 위한 평가자료를 제공한다.

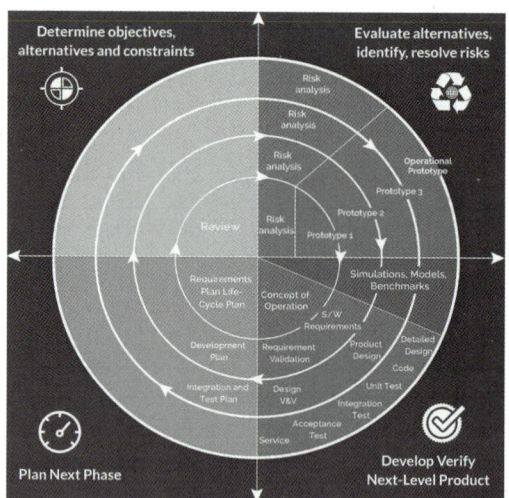

028 정답: 2번

보기 ②번의 소프트웨어 개발을 단계적, 순차적, 체계적 접근 방식으로 수행하는 모델은 폭포수 모델을 의미한다. 폭포수 모델(Waterfall Model)은 순차적인 소프트웨어 개발 프로세스(소프트웨어를 만들기 위한 프로세스)로, 개발의 흐름이 마치 폭포수처럼 지속해서 아래로 향하는 것처럼 보이는 데서 이름이 붙여졌다. 이 폭포수 모델의 흐름은 소프트웨어 요구사항 분석 단계에서 시작하여, 소프트웨어 설계, 소프트웨어 구현, 소프트웨어 시험, 소프트웨어 통합 단계 등을 거쳐, 소프트웨어 유지보수 단계에까지 이른다. 나선형 모델(Spiral Model)은 위험 요소를 사전에 파악할 수 있고, 비용의 낭비를 줄일 수 있으며, 프로토타입을 고객에게 미리 보여주므로 고객에게 빨리 신뢰를 줄 수 있고, 비용이 증가할 때마다 위험 요소는 줄어든다는 장점이 있다. 하지만 반면에 고도의 프로젝트 관리 기술이 필요하고, 충분한 이해 없이 적용했을 경우 오히려 역효과를 낼 수 있으며, 각 사이클에 대한 범위를 적절하게 정의하기 힘들고, 이 모델을 관리하는 데 적합한 프로젝트 관리 도구를 찾기가 어렵다는 단점이 있다.

029   정답: 1번

상용화 소프트웨어 구입형 모델(Commercial Off-the-Shelf Software)은 고객의 특수한 요구를 완벽하게 만족시키지 못한다. 그러나 Off-the-shelf 소프트웨어는 즉시 사용할 수 있다는 장점이 있다. 고객이 그 소프트웨어를 구매할 수 있고 프로젝트팀이 개발한 제품을 납품할 수 있는 중간 시점에서 고객은 최소한 몇 가지 가치 있는 기능을 제공받을 수 있을 것이다. 선택지 상에서 개발과정에 고객의 참여가 높으므로 중간에 시스템을 변경하기 위한 의사결정 기회를 제공하는 모델은 진화적 납품형 모델(Evolutionary Delivery)의 특징이다. 상용화 소프트웨어 구입형 모델의 장점을 정리하면, 원하는 기능을 제공한다면 적은 비용으로 신속하게 적용할 수 있고, 조직이 갖고 있지 못한 프로세스를 도구를 통해서(SAP-R3, MRP, SCM, CRM etc) 구현할 수 있으며, 조직의 프로세스와 독립적인 업무에 비용 대비 효과가 매우 높다. 하지만 소프트웨어 벤더의 제품 전략, 재정적인 안정도에 의존적으로 되고 업무가 확장되면서 소프트웨어와 갭(Gap)이 생길 경우 활용도가 저하될 우려가 있다는 단점이 있다.

030   정답: 1번

서브 프로젝트로 나누어진 폭포수 모델(Waterfall with Subprojects)은 아키텍처 설계 이후에 서로 아키텍처가 다른 시스템이 다수 도출될 경우 시스템들을 별도로 분리해서 이후 단계를 서브 프로젝트들이 병행으로 진행되도록 하는 방식이다. 순수 폭포수 모델의 문제점은 상세 설계에 들어가기 전 아키텍처 설계를 모두 완료해야 한다는 것이다. 시스템은 설계에 생소한 분야를 다소 가질 수는 있으나, 설계의 대부분은 이미 여러 차례의 구현을 통해서 익숙한 부분이다. 설계하기 쉬운 분야의 구현이 늦어지는 이유는 어려운 분야의 설계를 기다려야 하기 때문이다. 만약 아키텍처가 논리적으로 독립적인 서브 시스템으로 나누어진다면, 별도의 분리된 프로젝트로 분리할 수 있을 것이다. 분리된 프로젝트들은 각각의 페이스대로 진행될 수 있다. 단계 간 검증 시 주로 문서가 사용되므로 요구되는 문서 양이 많은 모델은 전통적인 폭포수 모델(Pure Waterfall)의 특징이다. 서브 프로젝트로 나누어진 폭포수 모델의 장점으로는, 프로젝트의 기간을 단축할 수 있고 업무 영역별로 최적화된 설계를 할 수 있으며 업무 영역별로 집중화되어 부분적인 품질을 높일 수 있다. 하지만 서브 프로젝트 간에 예기치 않은 상호 의존성이 발견될 수 있으며, 서브 시스템 간에 인터페이스가 존재할 경우 데이터 통합을 위한 전략이 마련되지 않을 경우 시스템의 품질이 저하될 수 있다는 단점이 있다.

031

정답: 3번

경곗값 분석(Boundary Value Analysis)은 대표적인 명세 기반 기법(Specification-based Technique)의 하나로, 등가 분할의 경계 부분에 해당하는 입력값에서 결함이 발견될 확률이 경험적으로 높기 때문에 결함을 방지하기 위해 경곗값까지 포함하여 테스트하는 기법이다. 경곗값 분석은 동등분할 분석에 비해서 결함을 발견할 가능성이 높고, 적용하기 쉬운 장점이 있어서 가장 많이 사용되는 테스트 기법의 하나다. 하지만 동등하게 분석대상 케이스를 분할할 수 없는 경우 적용하기가 어렵고 일련의 동작(Process)의 조합을 테스트하기에 적합하지 않다는 단점이 있다. 또한, 입력범위가 과도하게 넓어서 테스트 가능한 수를 넘어서는 경우가 있고 입력조합이 상호 간에 독립적이라는 가정인 경우에 적합한 것도 단점이다. 이를 보완하기 위한 방법은 다음과 같다. 참과 거짓으로 분류되는 Boolean Variables의 경우에는 의사결정 테이블(Decision Table-based Testing)을 적용하는 것이 좋다. 그리고 경험기반 분석 및 테스트 기법을 병행하여 적용하는 것도 좋은 보완 방법이다. 사용자나 내부적으로 보고된 가능성과 위험을 기반으로 우선순위를 선정하고 이에 따라 기존 결함 유형을 반영해야 하는 기법은 위험 기반 테스팅(Risk-based Testing)의 특징이다.

032

정답: 3번

ISMS 인증 의무대상은 정보통신망 서비스 사업자(ISP: Internet Service Provider), 정보통신데이터센터(IDC: Internet Data Center), 정보통신 서비스를 제공하는 사업자 중 연간 매출액 100억 원 또는 이용자 수 100만 명 이상인 사업자, 연간 매출액 1,500억 원 이상인 상급 종합병원, 연간 매출액 1,500억 원 이상이며 재학생이 10,000명 이상인 학교로 정의되어 있다. ISMS 인증 의무대상은 해가 갈수록 확대되어가는 추세이다. 이 중에서 마지막 의무 대상인 학교의 경우 2019년 8월 31일 유예기간이 종료되지만, 의무대상 약 40여 개 학교 중에서 절반만 ISMS, 신 ISMS, ISMS-P 인증을 수행하여 과태료 부과가 예상되어 논란이 된 바 있다. 의무 인증 대상인 학교 측에서는 ISMS 인증에 필요한 비용 투자의 어려움과 학교라는 조직의 특수성을 고려하여 유예기간 연장을 요구했었으나, KISA 및 정보보호 정부 기관에서는 잦은 개인정보 유출에 따른 심각한 상황을 개선하기 위해 지속적인 ISMS 인증이 필요하다는 입장을 고수하였다.

033

정답: 3번

ISO 29119-4 상세 규약에서는 소프트웨어 테스트 기법을 명세 기반 테스트 기법, 구조 기반 테스트 기법, 경험 기반 테스트 기법으로 분류하고 있다. 이 중에서 명세 기반 테스트기법은 블랙박스 테스트 기법이라고도 불리며 테스트 대상 프로그램/모듈/컴포넌트의 소스 코드를 분석하지 않고 수행하는 테스트 방식이다. ISO 29119-4에서 제시하는 명세 기반 테스트 기법의 종류는 다음과 같다. 균등값 시험, 경곗값 시험, 분류 트리 기법, 문법(Syntax) 시험, 조합 시험(페어와이즈 시험 등), 의사결정 테이블 시험, 원인결과 그래프, 상태전이 시험, 시나리오 시험(유즈케이스 시험), 랜덤 시험이 있다.

034

정답: 3번

ISMS-P의 인증기준 중 관리체계 수립 및 운영의 상세 분야에는 관리체계 기반 마련, 위험 관리, 관리체계 운영, 관리체계 점검 및 개선이 존재한다. 그리고 보호대책 요구사항의 상세 분야에는 정책/조직/자산 관리, 인적 보안, 외부자 보안, 물리 보안, 인증 및 권한관리, 접근통제, 암호화 적용, 정보 시스템 도입 및 개발 보안, 시스템 및 서비스 운영관리, 시스템 및 서비스 보안관리, 사고 예방 및 대응, 재해복구가 존재한다. 또한, 개인정보 처리단계별 요구사항의 상세 분야에는 개인정보 수집 시 보호조치, 개인정보 보유 및 이용 시 보호조치, 개인정보 제공 시 보호조치, 개인정보 파기 시 보호조치, 정보주체 권리보호가 존재한다.

- 다양한 국제협력을 통한 파트너십을 강화하고 국제규범 형성을 주도하는 등 사이버 안보를 위한 국제협력을 내실화한다.

출처: https://www.msit.go.kr/

035 정답: 4번

사이버 안보 전략별 기본계획의 주요 내용은 다음과 같다. 6대 전략과제 중 사이버공격 대응 고도화의 중점과제는 사이버공격 억지력 확보, 대규모 공격 대비태세 강화, 포괄적 능동적 수단 강구, 사이버범죄 대응 역량 제고이다. 민관군 협력 체계 활성화는 6대 전략과제 중 협력 기반 거버넌스 정립과 관련성이 있다. 참고로 정부의 국가 사이버 안보 강화를 위한 이행방안 확정 내용은 다음과 같다.

- 국가 정보통신망과 주요 정보통신 시설의 보안 환경 개선으로 생존 가능성과 복원력을 강화하고 안전하고 편리한 차세대 보안 인프라를 개발 및 보급하여 국가 핵심 인프라의 안전성을 높인다.
- 사이버공격을 사전에 효율적으로 억지하고 사고 발생 시 신속하고 능동적으로 대응할 수 있도록 민, 관, 군 합동 대응체계를 강화하는 등 사이버 위협 대응 역량을 지속해서 고도화한다.
- 개인, 기업, 정부 간의 상호 신뢰와 협력을 바탕으로 국가 차원의 정보공유 시스템을 활성화하고 지자체, 중소기업, 정보보호 지원센터 등과 협력하는 등 종합적인 사이버 안보 거버넌스를 만들어간다.
- 사이버 안보의 핵심역량이 되는 기술, 인력 및 관련 산업의 경쟁력을 확보하기 위한 인력양성 프로그램, 연구개발 활동 등을 통해 혁신적인 보안 산업 생태계를 만든다.
- 모든 국민이 사이버 안보 중요성을 인식하고 실천하며 정책 수행 과정에서 기본권을 존중받고 국민들의 참여와 신뢰를 보장할 수 있는 사이버 보안 문화를 정착시킨다.

036 정답: 3번

고객 컴퓨터에 보관된 개인적인 동영상을 공유하는 행위는 명백한 개인 정보 보호법 위반이다. 개인 정보 보호법은 '살아있는 개인에 관한 정보로서 성명, 주민등록번호 및 영상 등을 통해 개인을 알아볼 수 있는 정보'를 개인 정보라고 정의하고 있다. 개인 정보를 함부로 다른 사람에게 전달할 경우 무거운 처벌을 받게 된다. 정보 주체의 동의 없이 개인 정보를 제3자에게 제공한 사람은 5년 이하의 징역 또는 5000만 원 이하의 벌금에 처하게 된다. 다만 개인 정보 보호법은 업무를 목적으로 개인 정보 파일을 운용하기 위하여 스스로 또는 다른 사람을 통하여 개인 정보를 처리하는 '개인 정보 처리자'에게 적용된다. 따라서 개인 정보 유출자가 개인 정보 처리자인 경우에만 처벌할 수 있다. 여기서 포렌식 전문가는 업무적으로 처리하는 담당자이기 때문에 개인 정보 처리자 대상이다.

037 정답: 4번

우리나라가 단일 국가 기고서로 제출한 '양자 암호통신' 기술 권고안을 포함해 총 4건이 국제표준으로 채택되었다. 당시 국제표준으로 사전 채택된 기술 총 4건에는 '양자 잡음 난수 생성기 구조(X.1702)' 외에 'V2X 통신 환경 보안 가이드라인(X.1372)' '커넥티드카 보안 위협 정의(X.1371)', '스마트 미터링 서비스 보안 가이드라인(X.1332)'이 포함되었다. 첫 번째 권고안 'V2X 통신 환경 보안 가이드라인(X.1372)' 국제표준은 자율주행 자동차 서비스에 가장 기본이 되는 차량 통신에 대한 보안기술을 정의한다. 두 번째 권고안 '커넥티드카 보안 위협 정의(X.1371)' 국제표준은 지능형 자동차 보안서비스를 제공하기 위한 이용사례를 정의하고, 각 사례에서 발생할 수 있는 보안 위협을 식별하고 정의한다. 세 번째 권고안 '양자 잡음 난수 생성기 구조(X.1702)' 국제표준은 세계 최초로 보안 관점에서 양자 기술을 적용한 난수 생성 방법을 정의한다. 네 번째 권고안 '스마트 미터링 서비스 보안 가이드라인(X.1332)' 국제표준은 스마트그리드 환경에서 사용자의 스마트 미터로부터 수집한 데이터를 안전하게 활용하기 위한 보안 대책을 정의한다.

038

정답: 4번

GNU는 누구에게나 다음의 다섯 가지의 의무를 저작권의 한 부분으로서 강제한다.

(1) 컴퓨터 프로그램을 어떠한 목적으로든지 사용할 수 있다. 다만 법으로 제한하는 행위는 할 수 없다.

(2) 컴퓨터 프로그램의 실행 복사본은 언제나 프로그램의 소스 코드와 함께 판매하거나 소스 코드를 무료로 배포해야 한다.

(3) 컴퓨터 프로그램의 소스 코드를 용도에 따라 변경할 수 있다.

(4) 변경된 컴퓨터 프로그램 역시 프로그램의 소스 코드를 반드시 공개 배포해야 한다.

(5) 변경된 컴퓨터 프로그램 역시 반드시 똑같은 라이선스를 취해야 한다. 즉 GPL 라이선스를 적용해야 한다.

참고로 GPL 소프트웨어는 독점 시스템 안에 통합될 수 없다. GPL의 목적은 모든 사람에게 프로그램에 대한 학습과 제작, 복제와 재배포의 자유를 부여하기 위한 것이다. 만약 GPL 프로그램을 자유 소프트웨어 시스템이 아닌 곳에 통합시킨다면, 그것은 GPL 소프트웨어를 자유 소프트웨어가 아닌 것으로 만드는 결과가 된다. GPL 프로그램이 통합된 시스템은, GPL 프로그램이 확장된 것이라고 할 수 있다. GPL은 GPL 프로그램을 확장한 버전을 공표할 때 그 라이선스로 GPL을 사용해야 한다고 규정하고 있다. 여기에는 두 가지 이유가 있다. 첫 번째는 소프트웨어를 취득한 사용자가 그들이 가질 수 있는 자유를 알게 하려는 것이고, 두 번째는 그들이 만든 개선점들을 공동체로 환원하도록 격려하기 위한 것이다. 그러나 많은 때도 있어서, GPL 소프트웨어를 독점 시스템과 함께 배포할 수 있다. 이것이 가능하기 위해서는 GPL 프로그램과 그렇지 않은 프로그램들이 서로 결합하여 하나의 프로그램으로 작동하는 형태가 아니라 서로 독립적으로 실행되거나 통신하는 형태가 되어야만 한다. GPL 소프트웨어가 독점 시스템에 통합된 형태인지 아니면 서로 독립적으로 작동하는 형태인지에 대한 구별은 실제적인 측면과 형식적인 측면으로 구분해서 생각해 볼 수 있다. 실제적인 측면에서 볼 때, 두 개의 프로그램이 하나의 프로그램을 구성하는 두 개의 부분으로 기능하면서 결합하는 경우에는, 두 개의 프로그램을 별도의 프로그램으로 취급할 수 없기 때문에 프로그램 모두가 GPL로 취급되어야 한다. 만약 두 개의 프로그램이 커널과 컴파일러(또는 쉘, 에디터)의 경우와 같이 분리된 상태를 유지하면서 원래의 기능을 충분히 수행할 수 있다면 각각의 프로그램들을 별도의 프로그램으로 취급할 수 있다. 문제가 되는 것은 GPL 소프트웨어가 포함된 시스템을 배포할 때, 사용자들에게 배포 형식을 어떻게 설명할 것인가 하는 형식적인 측면이다. 만약 시스템 일부가 독점 소프트웨어라는 사실을 알고 있는 사용자들에게, GPL 소프트웨어가 시스템 일부로 포함되어 있다고 말하면서 시스템을 배포하게 된다면 사용자들은 GPL 소프트웨어에 대해서 갖게 될 그들의 권리를 확실히 알지 못하게 될 수 있다. 그러나 그들이 받은 것이 자유 소프트웨어인데, 여기에 덧붙여서 다른 프로그램들도 함께 받은 것이라는 식의 설명을 전달받을 수 있다면, 그들의 권리는 명확해질 수 있을 것이다.

[39번 해설 관련 표]

● 가능   X 불가능

구분	무료 이용가능	배포 허용가능	소스코드 취득가능	소스코드 수정가능	2차적 저작물 재공개 의무	독점SW와 결합가능
GPL	●	●	●	●	●	X
LGPL	●	●	●	●	●	●
MPL	●	●	●	●	●	●
BSD license	●	●	●	●	X	●
Apache lilcense	●	●	●	●	X	●

039

정답: 3번

2차적 저작물의 소스 코드 공개가 불가능한 오픈소스 라이선스는 BSD와 Apache가 있다. 참고로 GPL, LGPL, MPL 라이선스는 2차적 저작물의 소스 코드 공개가 가능하다.

040

정답: 2번

IT 보안 관련 국외 법률 및 규정은 보통 5개로 미국법률 4종과 함께 국제규정 1종으로 파악이 된다. 미국법률 4종은 SOX(Sarbanes-Oxley Act), GLB(Gramm-Leach-Billy Act), SEC Rule 17a-4, SAS70으로 이루어진다. 그리고 국제규정은 BIS BASEL II(국제 결제은행 바젤 위원회)이 있다.

(1) **SOX(Sarbanes-Oxley Act)**: 회계감사의 투명성을 제고할 목적으로 제정된 법률로써 IT 컴플라이언스와 관련사항은 내부통제와 지배구조 개선과 관련된 302조와 404조, 802조가 해당된다.

(2) **GLB(Gramm-Leach-Billy Act)**: 금융기관들이 전략적 제휴나 합병을 통해 종합금융그룹으로 발전할 수 있도록 한 법안으로써 IT 컴플라이언스와 관련하여 고객의 금융정보를 보호하기 위해 프라이버시 규칙, 보안 규칙, 개인정보 사기예방 규칙 등 규정준수를 의무화한다.

(3) **SEC(Securities & Exchange Commission) Rule 17a-4**: 임직원들에 의해 의무적으로 보존되어야 할 기록을 규정하고 있으며, 또한 이렇게 유지 및 보존이 필요한 기록은 전자적 저장매체에 안전하게 보관하도록 규정한다.

(4) **SAS70(Statement on Auditing Standard No. 70)**: 미국 회계사협회(AICPA)에서 제정한 회계감사 기준 중의 기관의 내부통제 절차에 대한 감사 지침을 규정한다. 여기서 내부통제절차는 조직 내 업무처리 과정 및 결과의 적정성을 보장해 줄 수 있는 절차로써 조직 내 외부 감사 및 감시 기구, IT 시스템의 보안, 접근체제를 포괄한다.

(5) **BIS BASEL II**: 국제결제은행(BIS)이 제정한 기준으로 최저자기자본 규제, 감독기관의 점검, 공시 강화 등을 명시한다. BASEL II는 운영리스크에 대한 대응을 강화하도록 규정, BIS CPSS는 운영리스크를 금융 기관 시스템의 기

술적인 오작동 또는 운영상의 실수 등으로 인해 신용리스크 또는 유동성 리스크가 발생하거나 악화되는 리스크로 규정되며, IT 시스템의 보안운영과 밀접한 관련이 있다.

> 출처: 금융부분의 IT 컴플라이언스 분석
> 결과 보고서 - 금융보안 연구원

041   정답: 3번

ISMS-P는 ISMS와 PIMS가 통합된 정보보호 및 개인정보보호 관리체계이다. 보기 ③번의 개인정보 수집 시 보호조치는 기존의 PIMS 제도에서 통합되어 ISMS-P에 새롭게 추가된 항목으로 개인정보 처리단계별 요구사항으로 분류된다. ISMS-P의 보호대책 요구사항 목록은 다음과 같다. 정책, 조직, 자산 관리, 외부자 보안, 인증 및 권한 관리, 암호화 적용, 시스템 및 서비스, 운영관리, 사고 예방 및 대응, 인적 보안, 물리보안, 접근통제, 정보시스템 도입 및 개발 보안, 시스템 및 서비스 보안관리, 재해복구이다.

042   정답: 3번

조직의 프로세스 체계를 정의하고 정량적인 데이터 관리를 통해 조직 차원의 프로세스를 개선하고 발생하는 문제의 근본 원인을 해결함으로써 일관된 품질수준의 프로젝트 수행이 가능하며, 지속해서 프로세스를 개선할 수 있는 역량 수준을 의미하는 것으로 이는 3등급에 해당한다. 소프트웨어 프로세스 품질인증의 등급별 설명은 다음과 같다.

(1) **1등급**: 프로젝트를 임기응변식으로 수행하고 조직구성원 개인이 업무를 수행하기 위해 자신만의 프로세스를 만들고 사용하는 수준을 의미한다. 개인별로 유사한 프로세스를 만들어 사용하고 공유하지 않으며 시행착오 결과를 공유하지 못하여 개인 및 조직 차원에서 반복적으로 같은 시행착오가 발생할 수 있다.

(2) **2등급**: 개별 프로젝트에 초점을 맞추고 프로젝트 차원에서의 프로젝트 수행 효율성에 관심을 두는 수준을 의미한다. 프로젝트 차원에서 수립된 프로세스에 따라 프로젝트를 수행하고, 그 결과를 팀 단위에서만 공유하고 관리한다. 시행착오가 프로젝트팀 내에서는 반복적으로 발생하지 않으나 조직 차원에서는 반복적으로 발생할 수 있다.

(3) **3등급**: 프로젝트를 안정적이고 일관되게 수행하는 등급을 의미한다. 개별 프로젝트를 수행하면서 얻은 경험이나 사례들을 활용하여 환경 변화에 영향 없이 프로젝트를 일관되게 수행하는 것에 관심을 두는 수준이다. 조직 차원에서 업무 수행 방법을 조직 표준 프로세스로 개발하고, 개별 프로젝트의 다양한 특성에 따라 프로세스를 조정하여 다양한 방법으로 적용하며 그 결과를 조직 전체가 공유한다. 시행착오의 반복적 발생이 조직 차원에서 방지된다.

043   정답: 4번

개인정보 보호법 제3조에서는 개인정보 보호의 원칙을 총 8개의 상세항목으로 정의하고 있다. 이는 주로 개인정보 처리자의 의무/역할/원칙에 대해 정의하고 있는데 개인정보 보호법에서 의미하는 개인정보 처리자란 업무를 목적으로 개인정보 파일을 운용하기 위하여 스스로 또는 다른 사람을 통하여 개인정보를 처리하는 공공기관, 법인, 단체 및 개인 등을 말한다. 개인정보 보호법 제3조의 상세한 개인정보 보호 원칙은 다음과 같다.

> ① 개인정보 처리자는 개인정보의 처리 목적을 명확하게 하여야 하고 그 목적에 필요한 범위에서 최소한의 개인정보만을 적법하고 정당하게 수집하여야 한다.
>
> ② 개인정보 처리자는 개인정보의 처리 목적에 필요한 범위에서 적합하게 개인정보를 처리하여야 하며, 그 목적 외의 용도로 활용하여서는 아니 된다.

③ 개인정보 처리자는 개인정보의 처리 목적에 필요한 범위에서 개인정보의 정확성, 완전성 및 최신성이 보장되도록 하여야 한다.

④ 개인정보 처리자는 개인정보의 처리 방법 및 종류 등에 따라 정보 주체의 권리가 침해받을 가능성과 그 위험 정도를 고려하여 개인정보를 안전하게 관리하여야 한다.

⑤ 개인정보 처리자는 개인정보 처리방침 등 개인정보의 처리에 관한 사항을 공개하여야 하며, 열람청구권 등 정보 주체의 권리를 보장하여야 한다.

⑥ 개인정보 처리자는 정보 주체의 사생활 침해를 최소화하는 방법으로 개인정보를 처리하여야 한다.

⑦ 개인정보 처리자는 개인정보의 익명 처리가 가능한 경우에는 익명에 의하여 처리될 수 있도록 하여야 한다.

⑧ 개인정보 처리자는 이 법 및 관계 법령에서 규정하고 있는 책임과 의무를 준수하고 실천함으로써 정보 주체의 신뢰를 얻기 위하여 노력하여야 한다.

044 정답: 3번

개인정보 보호법은 개인정보 처리자에 의해 정보 주체가 피해를 받지 않도록 하고 피해가 발생한 경우 신속하게 구제받을 수 있도록 권리를 정의하고 있다. 이 권리들을 위배하는 개인정보 처리자의 경우 본 법과 시행령에 명시된 기준에 따라 법적 규제의 대상이 된다. 개인정보 보호법 제4조에서 정의하는 정보주체의 권리는 다음과 같다.

① 개인정보의 처리에 관한 정보를 제공받을 권리

② 개인정보의 처리에 관한 동의 여부, 동의 범위 등을 선택하고 결정할 권리

③ 개인정보의 처리 여부를 확인하고 개인정보에 대하여 열람(사본의 발급을 포함한다. 이하 같다)을 요구할 권리

④ 개인정보의 처리 정지, 정정, 삭제 및 파기를 요구할 권리

⑤ 개인정보의 처리로 인하여 발생한 피해를 신속하고 공정한 절차에 따라서 구제받을 권리

045 정답: 1번

개인정보 보호법에서 정의하는 개인정보란 살아있는 개인에 관한 정보로써 성명, 주민등록번호 및 영상 등을 통하여 개인을 알아볼 수 있는 정보를 의미한다. 또한 해당 정보만으로는 특정 개인을 알아볼 수 없다고 하더라도 다른 정보와 쉽게 결합하여 알아볼 수 있는 것을 포함하도록 정의하고 있다. 따라서 보기 ①번의 설명과 같이 생존여부에 대해서 무관하게 모든 개인을 포괄하는 넓은 범위의 개인정보를 의미하고 있지는 않다.

046 정답: 3번

개인정보 보호법 제2조에서 명시한 대통령령은 개인정보 보호법 시행령이며 해당 시행령 제2조에서 공공기관의 범위를 추가로 정의하고 있다. 보기 ③번의 금융감독기관 시행법에 따른 금융기관은 해당되지 않으며 개인정보 보호법 시행령 제조는 다음과 같다.

① 국가인권위원회법 제3조에 따른 국가인권위원회

② 공공기관의 운영에 관한 법률 제4조에 따른 공공기관

③ 지방공기업법에 따른 지방공사와 지방공단

④ 특별법에 따라 설립된 특수법인

⑤ 초, 중등교육법, 고등교육법, 그 밖의 다른 법률에 따라 설치된 각급 학교

047
정답: 2번

개인정보 보호법 제21조에 명시한 개인정보 파기에 대한 기준을 참고하면 타 법령에 따라 개인정보를 보존해야 하는 경우라면 개인정보 보호법의 보존 기간이 경과하였더라도 개인정보를 보존할 수 있다. 다만 이렇게 개인정보를 보존해야 하는 경우에는 다른 개인정보와 분리하여 보존해야 한다. 그리고 개인정보를 파기하는 경우에는 지체 없이 파기해야 할 뿐만 아니라 복구 또는 재생이 불가능하도록 조치해야 한다. 개인정보 파기의 상세한 방법은 개인정보 보호법 시행령 제16조 개인정보 파기방법 조항에 명시되어 있다.

048
정답: 2번

개인정보의 안전성 확보조치 기준은 개인정보 보호법 제23조 제2항, 제24조 제3항, 제29조와 같은 법 시행령 제21조 및 제30조에 따라 개인정보 처리자가 개인정보를 처리함에 있어서 개인정보가 분실·도난, 유출, 위조, 변조 또는 훼손되지 아니하도록 안전성 확보에 필요한 기술적·관리적 및 물리적 안전조치에 관한 최소한의 기준을 정하는 것을 목적으로 한다. 해당 기준의 제13조 개인정보의 파기 기준에서는 다음과 같이 조치하도록 명시하고 있다.

> ① 개인정보 처리자는 개인정보를 파기할 경우 다음 각 호중 어느 하나를 조치해야 한다.
> - 완전파괴(소각·파쇄 등)
> - 전용 소자장비를 이용하여 삭제
> - 데이터가 복원되지 않도록 초기화 또는 덮어쓰기 수행
>
> ② 개인정보처리자가 개인정보의 일부만을 파기하는 경우, 제1항의 방법으로 파기하는 것이 어려울 때에는 다음 각 호의 조치를 하여야 한다.
> - 전자적 파일의 형태인 경우: 개인정보를 삭제한 후 복구 및 재생되지 않도록 관리 및 감독
> - 제1호 이외의 기록물, 인쇄물, 서면, 그 밖의 기록매체인 경우: 해당 부분을 마스킹, 천공 등으로 삭제

049
정답: 3번

마이데이터 산업은 은행이나 카드, 통신회사 등에 흩어진 개인 신용정보를 한곳에 모아 볼 수 있게 하는 것으로, 신용정보법 등 데이터 관련법이 우선 시행되어야 한다. 마이데이터 산업은 활용하면 개인정보 분석 결과를 토대로 금융 컨설팅을 하거나 소비 성향을 분석할 수 있다. 금융위원회는 2018년 8월 말 데이터 경제 활성화 방안의 일환으로 마이데이터 산업에 2019년 100억 원을 투입할 것이라고 발표했다. 신용정보(CB) 회사가 금융 데이터를 영리 목적으로 분석하거나 컨설팅할 수 있게 허용할 예정이다. 4차 산업의 흐름 속에서 새로 도입되는 마이데이터 산업은 운영 절차, 규율체계 등을 마련하기 위해 세심한 준비가 필요하다. 하지만 마이데이터 산업이 성공적으로 정착하기 위해서는 데이터 경제 3법(개인정보 보호법, 신용정보법, 정보통신망법) 개정안이 조속히 통과되어야 하지만 시민단체 쪽에서는 신용정보 개정법에 반대의 목소리가 여전히 크다.

출처: 금융위원회 공식 블로그

050
정답: 2번

소프트웨어 프로세스 품질인증 제도적 혜택은 다음과 같다.

(1) **SW기술성 평가 시 우대**: '품질보증' 평가항목에서 SP인증 획득여부를 확인하고 평가하도록 명시(SP인증을 획득한 경우, 최고 배점 또는 평가등급을 부여)
- 관련 근거: SW기술성 평가기준(미래부 고시,

제2014-29호), 전자정부법 제45조3항에 따른 정보시스템 구축. 운영지침(안행부 고시 제2013-36호), 협상에 의한 계약 제안서 평가 세부기준(조달청, '14.9.2.) 등

(2) **국방분야 연구개발 사업자 선정 시 인센티브 부여(방사청)**: 모든 무기체계 연구개발사업(탐색·체계개발사업, 양산단계를 통합 수행하는 사업) 주관업체 또는 시제업체 선정 시 적용되며 SP인증 획득여부를 평가하여 인센티브 부여. 무기체계 연구개발사업 제안서평가 및 협상 지침 (방사청, 예규 제259호, '14.12.5)

(3) **소프트웨어사업 하도급계약의 적정성 판단 시 가산점 부여**: 소프트웨어 사업 하도급계약의 적정성 판단기준(미래부 고시, 제2013-200호), SP인증 획득 기업에 가점(2점) 부여

상자가 있을 때만 허용하도록 하고 있다. 이 매뉴얼은 구속력은 없고 지침서의 형식을 취하고 있다. 탈린 매뉴얼의 특징은 '도덕적 혹은 윤리적 관점'에서 사이버전이나 사이버 범죄 행위들을 바라보지 않는다는 것이다. 철저하게 현재의 각종 사이버전 및 사이버 범죄 행위를 기존의 국제법이라는 틀에서 관찰하고, 그에 따라 현존하는 국제법을 어떤 식으로 적용해야 할 것인지를 가이드하고 있다. 국제법을 사이버 공간으로 옮겨온다고 했을 때 자신을 방어할 권리, 보복 공격의 권리, 공격 근원지 식별에 관한 내용 등을 적용하는 게 논란거리로 부각되어 왔는데 탈린 매뉴얼에서는 이 부분도 어느 정도 포함하고 있다.

출처: https://ccdcoe.org

051 정답: 3번

소프트웨어 프로세스의 품질인증 유효기간은 인증서 발급일 기준으로 3년이다. 단, 인증 유효기간 만료 3개월 전에 연장신청을 통해 최대 2회까지 유효기간을 2년 연장할 수 있다. 인증 유효기간 내에 품질인증 실적 자료를 제출해야 하며 현장실사 후 인증 유효기간 연장여부를 결정한다.

052 정답: 1번

탈린 매뉴얼(Tallinn Manual on the International Law Applicable to Cyber Warfare)은 사이버 전쟁에서 적용되는 국제법을 담은 최초의 국제 지침서를 말한다. NATO 협동사이버방위센터(CCDCOE)에서 발간하였고 최초의 사이버 전쟁이 발생한 것으로 알려진 에스토니아 수도 탈린에서 기초하여 탈린 매뉴얼이라고 불린다. 주요 내용을 사이버 공격을 받았을 경우 주변 피해를 최소화할 것을 요구하고 있으며 해킹 시 디지털 공격으로 보복은 가능하나 실제의 공격은 사이버 공격으로 실제의 사망 부

053 정답: 2번

소프트웨어 버전 작성(Software Versioning)은 컴퓨터 소프트웨어의 특정 상태에 대한 유일한 버전 이름 혹은 버전 번호를 각각 결정하는 과정이다. 주어진 번호 체계는 주(Major) 혹은 부(Minor)로 나뉘며, 새롭게 개발된 소프트웨어에 알맞게 번호가 증가하여 결정된다. 소프트웨어 관리의 세계에는 의존성 지옥이라 불리는 성가신 문제가 있다. 시스템 규모가 커질수록, 그리고 더 많은 패키지를 가져다가 쓰면 쓸수록, 언젠가, 이 절망의 늪에 빠진 자신을 발견하기 쉽다. 의존성이 높은 시스템에서는, 새 패키지 버전을 배포하는 일이 금방 끔찍해진다. 의존성 명세를 너무 엄격하게 관리하면, 버전에 갇히게 될 위험이 있다(의존하는 모든 패키지의 새 버전을 배포하지 않고는 업그레이드할 수 없게 된다). 의존성을 너무 느슨하게 관리하면, 버전이 엉켜서 괴롭게 될 것이다(지나치게 나중 버전까지 호환될 거라 가정한 경우). 버전에 갇히거나 엉켜서 쉽고 안전하게 프로젝트를 계속 진행할 수 없다면 의존성 지옥에 빠진 것이다. 이 문제의 해결책으로, 버전 번

호를 어떻게 정하고 올려야 하는지를 명시하는 규칙과 요구사항을 제안한다. 이 규칙들은 기존 오픈 소스/비공개 소스 소프트웨어에 널리 활용되는 규칙을 바탕으로 했으나, 반드시 따르고자 제약을 받지는 않았다. 이 시스템이 동작하려면, 먼저 공개(Public) API를 선언해야 하며 어떤 방식이든 API가 명확해야 한다. 한번 공개 API를 정의하고 나면, 버전 번호를 올리는 방식을 통해 API가 어떻게 바뀌는지 표현한다. 버전을 X.Y.Z(주.부.수) 형식으로 정한다. API에 영향이 없는 버그 수정은 수(修) 버전을 올리고, API가 호환되면서 바꾸거나 추가하는 경우에는 부(部)버전을 올리고, API가 호환되지 않는 변경이라면 주(主) 버전을 올린다. 이 체계를 유의적 버전(Semantic Versioning)이라고 부른다. 이 체계를 따르면, 버전 번호와 그 번호를 바꾸는 방법을 통해 특정 버전에서 다음 버전으로 넘어가면서 코드가 어떻게 바뀌는지를 드러낸다.

출처: http://semver.org

도 최소화하도록 튜닝되었다. STL은 제네릭 알고리즘과 C++을 위한 데이터 구조체들의 첫 번째 라이브러리로서 만들어졌다. 이것은 다음의 네 가지를 기초로 한다. 제네릭 프로그래밍, 효율성을 잃지 않은 추상화, 폰 노이만 구조 그리고 밸류 시멘틱스(Value Semantics)가 그것이다. STL의 특징으로는 이름과 같이 일반화를 지원한다는 것과 광범위하게 재사용 될 수 있다는 것이다. 게다가 효율성은 떨어지지 않으며 표준이므로 이식성도 좋고 다양한 자료구조와 알고리즘을 최적화하여 사용자가 쓰기 좋게 만들어 놓았으며 해당 알고리즘이 내부적으로 어떻게 동작하는지 몰라도 사용할 수 있는 특징이 있다. STL의 단점으로는 템플릿에 기반하기 때문에 타입마다 함수와 클래스가 매번 구체화되어 코드가 비대해지며 템플릿 클래스의 타입명이 길어 의미 파악이 힘들다. STL을 사용하는 이유는 이곳저곳 광범위하게 재사용이 가능하며 검증된 코드의 사용으로 시간을 절약할 수 있고 목적에 따라 맞게 잘만 사용한다면 효율성도 좋기 때문이다.

054 정답: 1번

표준 템플릿 라이브러리(STL: Standard Template Library)는 C++을 위한 라이브러리로써 C++ 표준 라이브러리의 많은 부분에 영향을 끼쳤다. 이것은 알고리즘, 컨테이너, 함수자 그리고 반복자라고 불리는 네 가지의 구성 요소를 제공한다. STL은 컨테이너와 연관 배열 같은 C++을 위한 일반 클래스들의 미리 만들어진 집합을 제공하는데, 이것들은 어떤 빌트인 타입과도 그리고 어떤 사용자 정의 타입과도 같이 사용될 수 있다. STL 알고리즘들은 컨테이너들에게 독립적인데, 이것은 라이브러리의 복잡성을 눈에 띄게 줄여주었다. STL은 결과를 템플릿의 사용을 통해 달성한다. 이 접근법은 전통적인 런 타임 다형성과 비교해 훨씬 효과적인 컴파일 타임 다형성을 제공한다. 현대의 C++ 컴파일러들은 STL의 많은 사용에 의해 야기되는 어떤 추상화 페널티

055 정답: 2번

IS 감사인은 프로젝트의 내용에 대한 전반적인 감사와 프로그래머나 프로젝트의 절차 측면에 대한 상세한 감사를 구분해야 한다. 프로젝트 팀원들의 역량 개발은 프로젝트 포트폴리오 관리의 목적과는 다소 거리가 존재한다. 프로젝트 포트폴리오 관리의 주요 목적은 다음과 같다.

- 프로젝트 포트폴리오가 생성하는 결과의 최적화 실현
- 프로젝트 우선순위 부여 및 일정 수립
- 내부 및 외부 자원의 조정
- 프로젝트 전반에 걸친 지식 이전

056
정답: 4번

이해관계자들에게 IT 서비스가 비즈니스 비전, 미션 그리고 목표와 연계되어 있다는 확신을 주기 위한 목적으로 최고경영자는 IT 거버넌스 프레임워크를 구축해야 한다. IT 거버넌스의 목적은 이익실현, 리스크 및 자원을 최적화함으로써 가치 창출을 하는 것이다. IT 거버넌스 프레임워크는 일반적으로 다음 사항을 포함해야 한다.

- 비즈니스 목표와 IT 목적의 전략적 연계
- 리스크 관리
- 성과 관리
- 자원 관리
- IT로부터의 가치 제공
- 프로세스 통합

057
정답: 2번

소프트웨어의 규모가 커지고, 복잡해지고, SW가 우리 생활 전반을 관리, 지원, 통제, 조정영역이 날로 커지고 있지만 소프트웨어의 기능적 실패(Failure)를 발생시키는 위험(Hazard) 요소를 파악하고 사전에 예방하는 것이 어려워지고 있다. 이런 기능적 실패는 곧 대형사고로도 이어질 수 있다. 예를 들면, 안전 필수 시스템(자율주행 자동차, 원자력, 항공, 철도)에서의 기능적 사고는 소프트웨어의 문제를 넘어서 인명피해, 환경오염 등으로 이어지므로 기능적 실패 방지를 위해 예산과 인력 투입과 더불어, SW의 안전성 분석 노력이 필요하다. 대표적인 소프트웨어 안전성 평가기법에는 FTA, FMEA, HAZOP이 있으며 각각의 설명은 다음과 같다.

- **FTA(Fault Tree Analysis)**: 특정 사고에 대한 연역적 해석을 통해 사건 사고의 원인 파악 및 설비 결함, 작업 실수 등을 발견 및 분석하는 기법이다. 시스템의 기능과 고장에 대한 정보를 트리 구조로 제공한다. 위험이 발생할 원인들을 분석할 수는 있으나, 위험을 찾아내는 기법은 아니라는 특징이 있다. 항공, 전자공학, 원자력 등 다양한 분야에서 사용되고 있는 전통적인 기법이다. Root에 의도하지 않은 이벤트를 두고, 이를 발생시킬 수 있는 잠재적인 고장 이벤트나 일반 모드를 노드(node)로 표현하고 이것들은 AND/OR Gate를 사용해 시각화해서 보여주는 방식이다. 개발의 모든 단계에서 사용 가능하다는 장점이 있다.

- **FMEA(Failure Mode and Effects Analysis)**: 컴포넌트(서브 시스템) 자체에 고장발생 원인이 개입되는 것을 피하기 위한 기법이다. 그래서 주로 분석/설계단계에서 고장 발생원인을 사전에 제거하기 위한 목적으로 활용한다. 심각도/발생도/검출도를 통해 고장으로 인한 시스템 영향 정량적 분석하고 분석 결과에 따라 우선순위(RPN: Risk Priority Number)을 부여하여 대응방안을 수립한다. 존재하는 잠재적인 고장, 문제, 오류들이 사용자 단계까지 가기 전에 찾고(Identify), 정의하고(Define), 제거하는(Eliminate) 방식이다. 먼저 모든 컴포넌트를 목록으로 정의하고, 각각의 고장모드(Failure Mode)가 영향을 미칠(Effects Analysis) 모든 컴포넌트, 시스템을 정의하며 각각의 고장모드 가능성과 심각성을 개선하는 단계로 진행한다.

- **HAZOP(Hazard and Operability Analysis)**: 이 방법은 위험과 시스템 운영상의 위협요소를 조사하는 기법이다. 기본적으로 시스템을 검토하고 잠재적인 위험을 찾는 것이 목적이며 브레인스토밍 단계에서 가이드 워드(Guide Word)를 이용한다는 특징이 있다. 시스템의 기능요건과 같은 매개변수와 가이드 워드의 조합을 통해서 예상치 못한 동작과 그에 따른 영향을 분석하는 기법이다. 도출된 행위가 시스템의 안전에 어떠한 영향을 미칠 수 있는지 분석하며, 보통 공장설비 프로세스에 존재하는 해저드(Hazard)와 운용상의 문제점을 분석한다. HAZOP 분석은 시스템의 원래 의도한 설계와 차이가 있는 변이(Deviations)를 일련의 가이드 워드를 활용하여 체계적으로 식별해 낸다.

058
정답: 3번

이 모델의 이름은 후지 제록스사의 일본 하드웨어 개발 모델에서 유래되었고, 일본식 회 슬라이스가 서로 오버랩되어 있는 형태에서 유래된 용어이다. 전통적인 폭포수 모델은 각 단계의 마지막에 리뷰를 통해서 단계 간의 아주 적은 오버랩만을 허용했던 반면에 이 모델은 보다 더 강한 오버랩을 허용한다. 사시미 모델은 단계가 오버랩되어 있으므로 문서의 양을 줄일 수 있고, 앞 단계의 오류를 빠르게 찾을 수 있으며, 순수 폭포수 모델보다는 위험요소의 발견이 앞당겨진다는 장점이 있다. 하지만 마일스톤이 다소 모호하고, 진행 상황을 정확하게 추적하기가 어렵고 병행으로 작업을 수행하는 것은 의사소통의 오류와 잘못 추정된 가정, 비효율성을 가져올 수 있다는 단점이 있다.

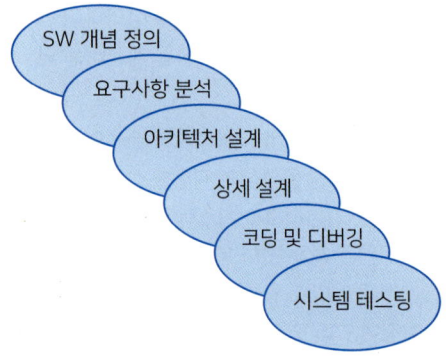

사시미 모델
(Waterfall with Overlapping Phases)

059
정답: 3번

2020년 8월 5일부터 개정된 개인정보 보호법이 시행된다. 개정된 항목은 다음과 같다.

(1) **개인정보의 개념 체계를 개인정보, 가명 정보, 익명 정보로 나누어서 명확히 함**: 가명 정보 도입으로 데이터 활용 제고, 가명 정보는 통계작성, 과학적 연구, 공익적 기록보존 목적으로 정보 주체 동의 없이 처리 허용(법 제28조의2 제1항), 서로 다른 기업이 보유하고 있는 가명 정보를 보안시설을 갖춘 전문기관에서 결합할 수 있도록 함

(2) **개인정보의 범위 명확화**: 개인정보 중 다른 정보와 쉽게 결합해 특정 개인을 알아볼 수 있는 정보의 판단 기준 신설

(3) **개인정보를 동의 없이 처리할 수 있는 규정 신설(법 제15조 제3항)**: 수집 목적과 합리적으로 관련된 범위 내에서 개인정보의 추가적인 이용·제공 허용

(4) **개인정보 보호 체계 일원화**: '개인정보보호위원회'를 국무총리 소속의 합의제 중앙행정기관으로 격상, 기존의 행정안전부와 방송통신위원회의 개인정보 보호 관련 기능 정부와 금융위원회의 일반 상거래 기업 조사·처분권을 개인정보보호위원회로 이관(감독기구 일원화), 개인정보 보호법과 정보통신망법의 중복 규제를 정비해서 개인정보 보호법으로 일원화(국외 이전 시 보호조치, 국외 재 이전, 국내 대리인, 손해배상 보험 등 현행법과 상이하거나 정보통신망법에만 있는 규정을 개인정보 보호법의 특례로 규정함)

출처: 개인정보 보호법 개정안

060
정답: 2번

개인정보 보호법에 따르면, 개인정보 처리자는 통계작성, 과학적 연구, 공익적 기록보존 등을 위하여 정보주체의 동의 없이 가명정보를 처리할 수 있다. 특히 이러한 목적으로 가명정보를 제3자에게 제공하는 경우에는 특정 개인을 알아보기 위하여 사용될 수 있는 정보를 포함해서는 안 된다(법 제28조의2 제2항). 개인정보 처리자뿐만 아니라, 그 누구라도 특정 개인을 알아보기 위한 목적으로 가명정보를 처리해서는 안 된다(법 제28조의5 제1항). 개인정보 처리자의 경우, 가명정보를 처리하는 과정에서 특정 개인을 알아볼 수 있는 정보가 생성되면, 즉시 해당 정보의 처리를 중지하고, 지체 없이 회수 및 파기하여야 한다(법 제28조의5 제2항).

061

정답: 2번

정답은 보기 ②번의 특별법이 우선되는 것이다. 즉, 하나의 사안에 적용할 수 있는 일반법과 특별법이 있을 경우, 특별법 우선의 원칙에 따라 신용정보법과 같은 개별법이 우선적으로 적용된다.

062

정답: 1번

개인정보란 「개인정보 보호법」에서 정의하는 개인정보는 살아 있는 개인에 관한 정보로 다음에 해당하는 정보를 말한다.

(1) 성명, 주민등록번호 및 영상 등을 통하여 개인을 알아볼 수 있는 정보
(2) 해당 정보만으로는 특정 개인을 알아볼 수 없더라도 다른 정보와 쉽게 결합하여 알아볼 수 있는 정보
(3) (1) 또는 (2)를 가명 처리함으로써 원래의 상태로 복원하기 위한 추가 정보의 사용, 결합 없이는 특정 개인을 알아볼 수 없는 정보(가명정보)

개인정보 수집 시 개인정보 보호법 및 정보통신망법에 따라 수집-이용-제공-파기 등의 법적 요구사항을 만족하도록 구성되어야 한다.

보기 ①번의 개인정보 재발방지 대책이 수립되지 않는 것은 다른 선택사항에 비교해볼 때 가장 관련성이 없다고 볼 수 있다.

참조: https://www.privacy.go.kr

063

정답: 4번

BS 25999 표준은 영국표준협회에서 제정한 비즈니스 연속성 관리를 위한 표준으로 BS 25999-1과 BS 25999-2로 구성된다. 기업의 지속가능 경영을 위한 비즈니스 연속성 관리(BCM)을 계획, 관리, 구축, 운영하고 이를 위한 장애대응 및 구체적인 실현까지 포괄한다. ISMS(Information Security Management System)는 기업이 보유한 자산과 정보를 위협과 위험으로부터 보호하고 고객의 가치를 제고하기 위한 체계이다. ISMS는 ISO 27001과 ISMS-P와 밀접한 연관이 있으며 국내의 경우 유사한 인증을 취득한 기업에 대해 일부 항목에 대해서 면제를 적용하고 있다. ISO 27017 표준은 ISO 27000 Family Standard 영역 중에서 클라우드 보안 부분의 인증 표준이다. 마지막으로 HL(Health Level) 7 표준은 의료기기 시스템, 소프트웨어, 하드웨어 간에 공통된 정보를 교환할 수 있도록 하는 인터페이스 규격과 같은 표준이므로 문제에서 제시한 관련표준과 가장 거리가 멀다.

064

정답: 4번

PCI DSS(Payment Card Industry Data Security Standards)의 6가지 목표는 다음과 같다.

(1) 안전한 네트워크 보안 및 시스템 구축, 유지
(2) 카드 회원 데이터 보호
(3) 애플리케이션 취약점 조치 및 유지
(4) 계정 관리를 통한 접근 제어
(5) 정기적인 네트워크 모니터링과 테스트
(6) 정보 보안 정책 유지

그리고, PCI DSS의 12가지 요구사항은 다음과 같다.

(1) 카드 회원 데이터를 보호하기 위한 방화벽을 설치하고 유지
(2) 벤더가 제공한 기본값을 사용하지 않고 시스템 암호 및 기타 보안 파라미터 등을 변경
(3) 저장된 카드 회원 데이터 보호(데이터/DB)
(4) 오픈 네트워크를 통해서 카드 회원 데이터를 전송하는 경우 암호화(메일 등)
(5) 악성 코드로부터 시스템을 보호하고 바이러스 백신 소프트웨어를 정기적으로 업데이트
(6) 보안이 취약하지 않도록 애플리케이션 유지보수(WAF, 시큐어 코딩)
(7) 업무상 필요한 범위 내에서 카드 정보 접근 제어

(8) 시스템 접근 아이디 관리와 접근 제어

(9) 카드 회원 데이터에 대한 물리적 접근 제어

(10) 네트워크 자원 및 카드 회원 데이터에 대한 모든 액세스를 추적하고 모니터링(로그 관리)

(11) 보안 시스템 및 프로세스를 정기적으로 테스트 (침입 탐지, 위변조 탐지 등)

(12) 모든 담당자의 정보 보안에 대응하는 정책 유지

065 정답: 4번

환경영향평가와 관련된 상세한 조항을 살펴보면 다음과 같다.

> 제73조(벌칙)
>
> 다음 각 호의 어느 하나에 해당하는 자는 5년 이하의 징역 또는 5천만원 이하의 벌금에 처한다. <개정 2017. 11. 28.>
>
> 1. 제34조제3항 및 제40조제2항에 따른 공사중지명령을 이행하지 아니한 자
>
> 2. 제34조제4항 또는 제40조제4항에 따른 공사중지명령 또는 원상복구명령을 이행하지 아니한 사업자
>
> 3. 제47조제3항에 따라 준용되는 제34조제3항 및 제4항에 따른 공사중지명령 또는 조치명령(원상복구명령만 해당한다)을 이행하지 아니한 자
>
> 제74조(벌칙)
>
> ① 다음 각 호의 어느 하나에 해당하는 자는 2년 이하의 징역 또는 2천만원 이하의 벌금에 처한다. <개정 2015. 1. 20., 2016. 5. 29., 2017. 11. 28.>
>
> 1. 제36조제1항에 따른 사후환경영향조사를 실시하지 아니한 사업자
>
>   1의2. 제41조에 따른 재평가를 받지 아니한 사업자
>
> 2. 제49조제2항에 따라 준용되는 제40조제2항 또는 제4항에 따른 공사중지명령 또는 원상복구명령을 이행하지 아니한 사업자
>
> 3. 제53조제5항제1호 또는 제56조제1항제1호를 위반하여 다른 환경영향평가서 등의 내용을 복제하여 환경영향평가서 등을 작성한 자
>
> 4. 제53조제5항제2호 또는 제56조제1항제2호를 위반하여 환경영향평가서 등을 거짓으로 작성한 자
>
>   4의2. 제53조제5항제3호 또는 제56조제1항제3호를 위반하여 환경영향평가서등과 그 작성의 기초가 되는 자료를 보존하지 아니한 자
>
>   4의3. 제53조제5항제5호를 위반하여 환경영향평가서등과 그 작성의 기초가 되는 자료 및 환경영향 예측·분석 결과를 거짓으로 작성하거나 평가에 영향을 미치는 중요한 자료를 누락하는 등 부실하게 작성하도록 요구한 자
>
> 5. 제54조제1항에 따른 등록을 하지 아니하고 환경영향평가업을 한 자
>
> 6. 거짓이나 그 밖의 부정한 방법으로 제54조제1항에 따른 등록을 한 자
>
> 7. 제59조제3항을 위반하여 등록이 취소된 후 또는 영업정지기간 중에 새로 환경영향평가 대행계약을 체결한 자
>
> ② 다음 각 호의 어느 하나에 해당하는 자는 1년 이하의 징역 또는 1천만원 이하의 벌금에 처한다.
>
> <개정 2016. 5. 29., 2017. 11. 28., 2019. 11. 26.>
>
> 1. 제22조 또는 제43조를 위반하여 환경영향평가 등을 거치지 아니하고 공사를 한 자
>
> 2. 제34조제1항 및 제47조제1항을 위반하여 협의 또는 재협의 절차를 거치지 아니하거나 절차가 끝나기 전(공사가 일부 진행되는 과정에서 재협의의 사유가 발생한 경우에는 재협의의 절차가 끝나기 전을 말한다)에 공사를 한 자
>
> 3. 제39조제2항(제49조제2항에 따라 준용되는 경우를 포함한다)을 위반하여 정당한 사유 없이 자료 제출을 거부하거나 출입·조사를 방해 또는 기피한 자
>
> 4. 제56조제1항제4호를 위반하여 등록증이나 명의를 다른 사람에게 빌려준 자
>
> 5. 제56조제1항제5호를 위반하여 환경영향평가 등의 대행 업무를 다른 자에게 재대행한 자
>
> 6. 제60조제1항을 위반하여 정당한 사유 없이 자료 제출 또는 보고·조사를 거부한 자

> 6의2. 제62조의3제1항에 따른 신청·변경신청을 하면서 근무경력 등의 관리에 필요한 사항을 거짓으로 첨부한 자
> 7. 제64조제2항을 위반하여 자격증을 다른 사람에게 빌려주거나, 다른 사람에게 자신의 이름으로 환경영향평가사의 업무를 하게 한 사람
> 8. 제69조를 위반하여 비밀을 누설하거나 도용한 자

지출 습관을 기반으로 제안 및 할인을 활용하고자 하는 것으로 나타났다.

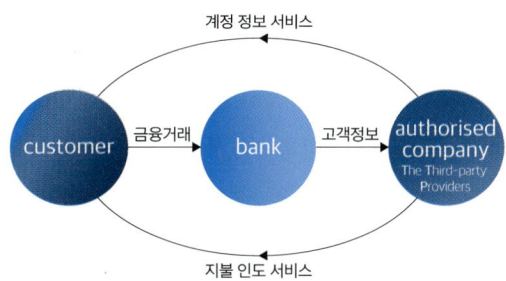

066 정답: 2번

신뢰할 수 있는 제3자가 소비자의 은행 데이터에 액세스할 수 있는 오픈 뱅킹은 단순한 마케팅이나 광고를 넘어 소매 업체를 위한 완전히 새로운 기회의 세계를 열었다. 오픈 뱅킹은 소비자의 동의 하에 제3자에게 은행 재무 데이터를 개방하는 것이며 전 세계 소매 금융 환경을 근본적으로 변화시키고 있다. 오픈 뱅킹은 규제와 정부의 추진력에서 모멘텀을 이끌어 낸다. 유럽의 PSD2(Payment Services Directive 2), 영국의 Open Banking Working Group 및 인도의 UPI(Unified Payment Interface)가 있다. UPI는 NPCI(National Payments Corporation of India)에서 개발한 결제 시스템으로 스마트폰을 사용하여 두 은행 계좌 간에 송금할 수 있다. 또한 고객은 은행 계좌에서 다른 판매자에게 직접 지불할 수 있다. 소비자는 우버(Uber) 택시를 부르고 목적지에 도착하며 하나의 앱에서 원활하게 결제를 수행할 수 있는 것과 같다. 또는 온라인 소매 업체 BigBasket에서 제품을 구매하여 장바구니에 추가한 다음 지갑이나 온라인 뱅킹 거래를 통해 제품을 구매할 수 있다. 오픈 뱅킹에는 공유 소비자 데이터를 사용하여 혁신적인 제품 및 서비스를 생성할 수 있는 타사에 API(응용 프로그램 인터페이스)를 여는 것이 포함된다. 최근 Accenture의 설문 조사에 따르면 74%의 지불 임원(Payment Executive)이 'Open Banking'을 사용하여 고객의 재무 정보에 액세스하여 제품을 맞춤화 할 수 있으며 소매 업체가 소비자

067 정답: 3번

PSD2의 목적은 유럽 지급 시장의 통합, 안전한 결제, 소비자 보호, 지급비용의 절감 등이다. 하지만 지하 자본 세탁 방지는 가장 관련이 없다. PSD2의 목적은 기존 은행이 독점해왔던 모든 금융 관련 데이터를 비은행 기업(소위 핀테크 기업)들이 접근 및 운용 가능해짐으로써 핀테크 산업, 보안관련 산업 및 집성화 된 데이터를 활용하여 가치를 창출하기 위한 분석 관련 산업을 활성화하는 역할을 수행하는 데 있다. 또한, 은행은 대규모 고객 확보에 집중하지 않고 안전하고 편리하며 저렴한 서비스를 제공할 수 있다.

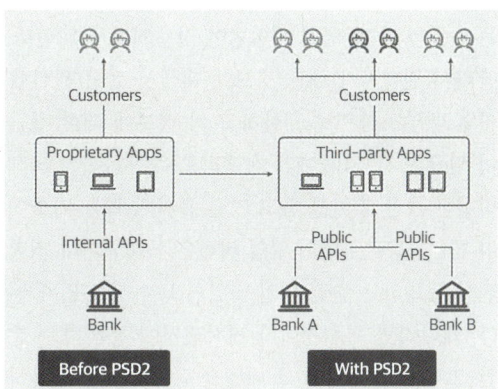

068
정답: 4번

　기업이 상당한 자산과 시간을 투입하여 창출해낸 유용한 영업 비밀이 경쟁사들에 유출되지 않도록 하는 것은 시장에서 경쟁 우위를 확보 및 유지하는 데 필수적이다. 미국에서 영업 비밀은 연방법과 주법 두 레벨에서 보호를 받는다. 영업 비밀에 적용되는 연방법으로는 1984년에 제정된 컴퓨터 사기 및 남용법(CFAA: Computer Fraud and Abuse Act 18 U.S.C), 1996년에 제정된 경제 간첩법(Economic Espionage Act 18 U.S.C) 2016년에 제정된 영업 비밀 보호법(Defend Trade Secret Act 18 U.S.C)들이 있다. 또한 주법으로는 뉴욕주를 제외한 49개주에서 채택한 통일영업 비밀법(Uniform Trade Secret Act)이 있고, 그 외에 각 주에서 독자적으로 제정한 법령들이 추가로 적용을 할 수 있다. 위와 같은 시나리오 문제는 영업 비밀에 관련된 문제로 볼 수 있으며, 사베인즈 옥슬리(Sarbanes-Oxley Act)법과는 가장 거리가 멀다고 할 수 있다.

069
정답: 2번

　영업 비밀은 등록 절차가 없으며 특허 상표청이나 저작권청처럼 관할하는 행정기관도 존재하지 않는다. 또한 해당 정보가 대중에게 개방되거나 권리가 더 경제적인 가치나 경영 우위를 얻어내지 못하는 순간부터 더 영업 비밀법이 적용되지 아니한다. 따라서 권리자가 해당 정보에 대해서 접근 권한을 기업 내부조직으로 제한하고 이 정보에 대한 접근이 필요한 제3자들에게 선택적으로 공급하기 위해 적절한 보안 조치를 하고 기밀 유지 노력을 기울여야 한다. 몇몇 형태의 영업 비밀은 특허권이나 저작권에 등록하는 순간 영업 비밀의 특수성을 잃게 된다. 왜냐하면 특허청이나 저작권청에 등록하는 순간 외부 사람들에게 그 비밀을 공개적으로 선포하는 것이기 때문이다. 따라서 코카콜라의 제조비법이나 KFC의 닭고기 양념 비법은 이러한 이유로 특허 출원을 하지 않았다. 따라서 기업의 입장에서는 어떠한 것이 기업에 더 이득이 되는지 충분히 고려해야 하는 사항이다.

070
정답: 3번

　미국 건강 보험 양도 및 책임에 관한 법(HIPAA: Health Insurance Portability and Accountability Act)에 대한 물리적 액세스 방지를 하는 것과 관련하여 건강 자산의 폐기 준수는 가장 관련성이 없다. 건강 자산의 폐기 준수도 물론 보안담당자의 입장에서 고려해야 하지만 문제의 요점은 물리적 액세스 방지와 관련하여 문제를 출제하였기 때문에 가장 관련성이 낮다. HIPAA 표준에 따르면, HIPAA 개인 정보 보호 규칙은 개인의 의료 및 개인 정보의 저장, 액세스 및 공유를 다루고, HIPAA 보안 규칙은 전자적으로 생성, 수신, 유지 또는 전송되는 건강 데이터를 보호하기 위해 국가 보안 표준을 보다 구체적으로 설명한다. 전자 보호 건강 정보(ePHI)라고도 한다.

출처: HIPAA - 무단 물리적 액세스를 방지

071
정답: 1번

　개인정보 처리 위·수탁 관련 내용을 규정한 「개인정보 보호법」 제26조와 동법 시행령 제28조에 따르면 제3자에게 개인정보의 처리 업무를 위탁하는 경우 다음과 같은 사항이 포함된 문서에 의해야 한다.

- 위탁업무의 목적 및 범위
- 위탁업무 수행 목적 외 개인정보의 처리 금지에 관한 사항
- 개인정보에 대한 접근 제한 등 안전성 확보 조치에 관한 사항
- 재위탁 제한에 관한 사항
- 위탁업무와 관련하여 보유하고 있는 개인정보의 관리 현황 점검 등 감독에 관한 사항

- 수탁자가 준수하여야 할 의무를 위반한 경우의 손해배상

또한, 수탁자와 위탁업무 내용을 홈페이지에 공개하고 수탁사에 대한 교육 등 감독이 요구된다는 점을 명시하고 있다. 해당 조항은 개별 법령에 따라 업무를 위탁하는 경우에도 위탁 업무에 개인정보의 처리가 포함되어 있다면 동일하게 적용되어 문서로써 개인정보의 처리 업무를 위탁하고 그 내용을 홈페이지에 공개해야 한다. 일례로 고용정책 기본법 제40조의 경우 고용·직업 정보의 수집·관리, 고용정보시스템의 구축·운영, 고용 관련 통계의 작성 등의 업무를 고용정보원에 위탁하고 있고, 이와 관련된 사항을 명시하고 있다. 문제에서 보기 ①번의 개인정보 유출 시 신고절차는 상대적으로 문제에서 제기하는 내용과 거리가 멀다.

072   정답: 3번

ISMS-P는 Personal Information & Information Security Management System의 약자로 (구) ISMS와 (구) PIMS 제도가 통합된 국내의 정보보호 체계 및 개인정보보호 인증제도이다. ISMS-P는 정보통신망법 제47조~54조, 개인정보 보호법 제32조의 2에 따라 법적인 근거를 가진 제도이다. 또한, 과학기술정보통신부와 방송통신위원회, 행정안전부가 정책을 협의하여 제도를 개선하고 있으며 현재 한국인터넷진흥원(KISA)이 인증기관으로서 ISMS-P 제도를 운용하고 인증 심사원을 양성 및 자격관리를 수행하고 있다. ISMS-P는 관리체계 수립 및 운영 16개, 보호 대책 요구사항 64개, 개인정보 처리단계별 요구사항 22개의 인증기준을 제시하고 있다.

073   정답: 3번

요구사항의 3단계와 가장 관련성이 없는 것은 보기 ③번의 감리 요구사항이다. 요구사항은 보통 비즈니스 요구사항, 사용자 요구사항, 기능 요구사항의 순서로 작성한다.

(1) **비즈니스 요구사항**: 솔루션과 기대하는 궁극적인 비즈니스 성과를 제공하는 하나 이상의 프로젝트에 대한 니즈를 설명하는 종합적인 일련의 정보를 말한다. 비즈니스 기회, 비즈니스 목표, 성공지표, 비전 선언문으로 구성된다.

(2) **사용자 요구사항**: 사용자 요구사항은 사용자가 제품을 사용해서 처리할 수 있어야 하는 작업을 정리한 것이다. 즉 사용자가 시스템으로 어떤 일을 할 수 있는지를 설명하는 요구사항이다. 주로 유스케이스 방식으로 표현한다.

(3) **기능 요구사항**: 사용자들이 자신의 작업을 완료할 수 있게 개발된 소프트웨어의 기능들을 정리한 것이다. 다시 말하면 개발자가 구현해야 하는 것을 설명하는 요구사항이다.

074   정답: 4번

범위 정의의 4가지 기법은 Context Diagram, UseCase Diagram, Feature Roadmap, System Events가 있다. Context Diagram 기법은 외부 엔티티를 보여주며 내부 시스템의 세부사항은 존재하지 않는다. UseCase Diagram 기법은 유스케이스와 액터(Actor) 간의 관계를 보여준다. Feature Roadmap 기법은 특성이 얼마나 잘 나타나 있는지의 수준을 표현하고 각 이관(Release)에 대한 명확한 특성 수준을 계획한다. System Events 기법은 몇 가지 시스템 반응을 불러일으키는 자극들을 비즈니스 이벤트, 시간적 이벤트, 입력 신호 등으로 구성하여 표현한다.

075   정답: 4번

보기 ④번의 이해관계자의 충돌을 해소하기 위해서 작성하는 것은 거리가 멀다. 요구사항 정의서를 작성하는 이유는 다음과 같다. 프로젝트 전체 규모

를 파악하고, 구현 가능 여부에 대해 논의하며, 커뮤니케이션 비용을 절약하고, 프로젝트 일정 계획을 수립하기 위함이다. 미국의 유명한 SW 엔지니어인 조엘 스폴스키는 SW에 대한 자신의 생각을 정리한 《조엘 온 소프트웨어》라는 졸트(Jolt)상 수상작을 탄생시켰다. 그는 기능명세서(요구사항 정의서)를 반드시 써야만 하는 이유를 3가지로 정리하였다.

(1) **개발 기간이 줄어든다**: 명세서 없이 바로 코딩을 시작하면 일이 빠르게 진행되는 것처럼 보인다. 실제로 초기 버전은 명세서를 작성할 때보다 빨리 끝나는 경우가 많다. 문제는 초기 버전에 사용자 불만이 많다는 것이다. "이건 내가 원하는 게 아닌데!!!" 라는 말이 빈번하게 나온다. 명세서는 C 또는 Java가 아닌 사람들이 이해할 수 있는 언어를 사용한다. 이를 통해 사용자들은 자신의 요구사항을 개발 전에 충분히 반영할 수 있다. 만족스러운 초기 버전을 만들 수 있다.

(2) **의사소통 시간이 절약된다**: 명세서는 많은 사람이 읽는다. 개발자는 말할 것도 없고 테스터, 메뉴얼 작성가, 개발 PL 심지어는 마케터도 읽는다. 이유는 모든 사람들이 앞으로 개발된 제품에 대한 지식이 필요하기 때문이다. 만약 명세서가 없으면 어떻게 될 것인가? 요구사항 분석가는 앞서 언급한 사람들이 필요할 때마다 구두로 설명하러 다녀야 한다. 그리고 개발자, 테스터, 개발 PL들은 동일한 기준 없이 대화하게 된다. 결국 목소리 큰 놈이 이기게 될 것이고 소프트웨어는 실패하게 될 것이다.

(3) **세부명세서가 없으면 일정 계획이 불가능하다**: 무엇을 만들지도 모르는데 계획을 세울 수 있다는 건 말이 안 된다. 보통은 명세서가 없으면 과거 경험을 토대로 일정과 비용을 산정한다. 그리고 고객이 일정 및 비용이 과다하다고 얘기하면 대응할 근거가 없다. 결국은 프로젝트 범위에 비해 저가에 수주된다. 완료 시점에 일정과 비용은 예상을 훨씬 넘어가고 프로젝트는 결국 실패로 끝나게 된다.

076 정답: 4번

프라이버시(Privacy)는 개인의 사생활이나 사적인 일과 관련해서 개인의 의사와 관계없이 공개되거나 간섭받지 않을 자유를 뜻한다. 일반적으로 명예훼손이 사람에 대한 사회적 평가가 저하될 때 발생하는 반면 프라이버시 침해는 단지 개인의 주관적 감정이 손상되는 경우에도 성립되는 것으로 본다. 이는 법적으로는 인격권 침해에 해당한다. 제작 시 세심한 주의가 필요하다. NISTIR 에서는 다음과 같이 프라이버시를 정의한다.

(1) **개인정보에 관한 프라이버시(Privacy of personal information)**: 직간접적으로 특정 개인을 식별할 수 있는 개인정보에 대한 통제할 수 있는 권리, 안전함을 보장받을 수 있는 권리

(2) **개인에 관한 프라이버시(Privacy of Person)**: 자기 자신의 신체에 대한 무결성을 통제할 수 있는 권리

(3) **개인 통신에 관한 프라이버시(Privacy of Personal Communication)**: 모니터링, 검열, 감시 없이 자유로이 통신할 수 있는 권리

(4) **개인행동에 관한 프라이버시(Privacy of Personal behavior)**: 특정 개인행동(사회적, 정치적 등)에 관련한 사실을 타인에게 기밀로 유지할 수 있는 권리

077 정답: 4번

보기 ④번의 포아송 분포는 주어진 시간 또는 영역에서 어떤 사건의 발생횟수에 대한 확률모형으로써 해당 문제에 대한 정답이 아니다. 이와 같은 문제는 포아송 분포에 대한 개념만 파악하여도 쉽게 풀이가 가능한 문제다. 추진 과제의 원가를 산정하기 위한 방법으로는 다음과 같다.

(1) **Top-Down Estimating(하향식 산정)**: 전문가의 판단에 의한 직관적 산정 방법이다.

(2) **Analogous Estimating(유사 추정)**: 추진과제와

유사한 프로젝트의 원가를 사용하여 투자금액을 산정하는 방법이다.

(3) **Bottom-Up Estimating(상향식 산정)**: 추진과제의 세부 구성요소에 대한 원가를 산정하고 이를 Aggregation(합산)하여 산정하는 방법이다.

078   정답: 1번

개발제한구역법 시행령에서는 개발제한구역은 도시의 무질서한 확산 방지, 자연환경 및 생태계를 보호하여 도시민의 건전한 생활환경 확보, 국가보안, 도시의 정체성 및 성장 관리를 위한 경우 등의 기준으로 그 대상을 정하도록 명시하고 있다. 그린벨트 지역 내에서는 건축물의 신축·증축, 용도변경, 토지의 형질변경 및 토지분할 등의 행위를 제한하고 있다. 그러나 국토교통부 장관, 시·도지사, 시장, 군수 등의 승인 또는 허가를 받아 구역설정 목적에 위배되지 않는 한도 안에서의 개발행위는 가능하다. 개발제한구역 중 생산녹지는 농경·목축·임업·수산 등의 경제적 목적을 겸하고 있으며, 도시를 둘러싸고 있는 광활한 농장·유원지·임야 및 산지 등으로 이루어져 있다. 일반적인 개발제한구역 중에는 농가나 넓은 정원을 보유하는 주택·학교 등의 건설물이 점재할 수 있다. 즉, 개발제한구역은 시가지를 구분하는 대상(帶狀)의 공원을 이루고, 또 비상시의 피난용으로 이용된다.

> 제22조(환경영향평가의 대상)
> ① 다음 각 호의 어느 하나에 해당하는 사업(이하 "환경영향평가 대상사업"이라 한다)을 하려는 자(이하 이 장에서 "사업자"라 한다)는 환경영향평가를 실시하여야 한다.
> 1. 도시의 개발사업
> 2. 산업입지 및 산업단지의 조성사업
> 3. 에너지 개발사업
> 4. 항만의 건설사업
> 5. 도로의 건설사업
> 6. 수자원의 개발사업
> 7. 철도(도시철도를 포함한다)의 건설사업
> 8. 공항의 건설사업
> 9. 하천의 이용 및 개발 사업
> 10. 개간 및 공유수면의 매립사업
> 11. 관광단지의 개발사업
> 12. 산지의 개발사업
> 13. 특정 지역의 개발사업
> 14. 체육시설의 설치사업
> 15. 폐기물 처리시설의 설치사업
> 16. 국방·군사 시설의 설치사업
> 17. 토석·모래·자갈·광물 등의 채취사업
> 18. 환경에 영향을 미치는 시설로서 대통령령으로 정하는 시설의 설치사업
>
> ② 환경영향평가 대상사업의 구체적인 종류, 범위 등은 대통령령으로 정한다.
>
> 제23조(환경영향평가 대상 제외) 제22조에도 불구하고 다음 각 호의 어느 하나에 해당하는 사업은 환경영향평가 대상에서 제외한다.
> 1. 「재난 및 안전관리 기본법」 제37조에 따른 응급조치를 위한 사업
> 2. 국방부장관이 군사상 고도의 기밀보호가 필요하거나 군사작전의 긴급한 수행을 위하여 필요하다고 인정하여 환경부장관과 협의한 사업
> 3. 국가정보원장이 국가안보를 위하여 고도의 기밀보호가 필요하다고 인정하여 환경부장관과 협의한 사업

079   정답: 2번

안장자(고인) 정보는 개인정보 보호법 제2조(정의)에 따라 개인정보에 해당되지 않는다. 개인정보 유형은 아래와 같다. 인적사항(일반정보, 가족정보), 신체적 정보(신체정보, 의료, 건강정보), 정신적 정보(기호, 성향정보, 내면의 비밀정보), 사회적 정보(교

육정보, 병역정보, 근로정보, 법적정보), 재산적 정보(소득정보, 신용정보, 부동산정보, 기타 수익정보), 기타 정보(통신정보, 위치정보, 습관 및 취미정보)의 구분과 내용으로 구성되어 있다.

출처: 개인정보보호 법령 해설서

080 정답: 1번

개인정보 보호법에 따르면, 원칙적으로 이용자의 개인정보를 개인정보의 수집 목적 범위 내에서만 이용하며 동 범위를 초과하여 이용하거나 정보주체의 동의 없이 제3자에게 제공하지 않아야 한다. 하지만 불가피 할 경우에는 개인정보를 제3자에게 제공할 수 있다. 다음과 같은 경우에는 개인정보를 제3자에게 제공할 수 있다.

- 정보주체의 동의를 받은 경우
- 법률에 특별한 규정이 있거나 법령상 의무를 준수하기 위하여 불가피한 경우
- 공공기관이 법령 등에서 정하는 소관 업무의 수행을 위하여 불가피한 경우
- 정보주체 또는 그 법정대리인이 의사표시를 할 수 없는 상태에 있거나 주소불명 등으로 사전 동의를 받을 수 없는 경우로서 명백히 정보주체 또는 제3자의 급박한 생명, 신체, 재산의 이익을 위하여 필요하다고 인정되는 경우(2~4항의 경우 개인정보를 수집한 목적 범위에서 개인정보를 제공하는 경우에 한정)

081 정답: 4번

문제의 설명은 ISO 26262 표준에 대한 설명이다. 자동차는 전통적으로 내연기관을 중심으로 조향장치, 제동장치 등 많은 부분이 기계적으로 동작하는 장비였으나 점차 기술의 변화에 따라 전기 전자장치의 비중이 증가하고 있다. 전기 전자장치는 기존의 기계장치에 비해 검증해야 하는 기능안전에 대한 규격이 미흡하여 이에 대한 표준이 필요하게 되었고 ISO 26262가 2011년 제정되었다. 큰 범위의 전기 전자장치 안전규격인 ISO 61508을 자동차 분야에 적합하게 커스터마이징 수정 및 확대 적용한 것이 ISO 26262이다.

082 정답: 4번

개인정보 보호법 제3조는 개인정보 보호원칙을 정의하고 있다. 개인정보 처리자는 개인정보의 처리 목적을 명확하게 하여야 하고 그 목적에 필요한 범위에서 최소한의 개인정보만을 적법하고 정당하게 수집하여야 한다. 즉, 개인정보 처리자는 개인정보의 처리 목적에 필요한 범위에서 적합하게 개인정보를 처리하여야 하며, 그 목적 이외의 용도로 활용하여서는 안 된다. 또한, 개인정보 처리자는 개인정보의 처리 목적에 필요한 범위에서 개인정보의 정확성, 완전성 및 최신성이 보장되도록 하여야 한다.

083 정답: 2번

개인정보의 암호화 등 안전성 확보의 조치는 원칙적으로 개인정보처리 대상자의 의무이다. 따라서 개인정보 처리 시스템을 위탁하거나 ASP(Application Service Provider)를 활용하여 구축하는 경우에도 암호화 조치사항에 대한 이행여부의 책임은 위탁기관 회사가 지게 된다. 다만, 위탁회사는 암호화에 대한 요구사항을 위탁회사의 위탁을 받은 수탁기관(ASP, 클라우드 서비스 제공자 등)과의 계약서 등에 명시하여 수탁기관으로 하여금 암호화를 처리하도록 요구할 수 있다.

084 정답: 1번

개인정보 보호법상 암호화 대상은 고유식별정보(주민등록번호, 외국인등록번호, 운전면허번호, 여

권번호), 비밀번호, 바이오정보로 정의되어 있다. 그중에서 비밀번호의 경우에는 일방향(해시 알고리즘) 암호화하여 저장해야 한다

(3) 「도로교통법」 제80조에 따른 운전면허의 면허번호
(4) 「출입국관리법」 제31조 제5항에 따른 외국인등록번호

085 정답: 3번

개인정보 보호법 제4조 정보주체의 권리에 의하면 정보주체가 가진 권리는 다음과 같다.

(1) 개인정보의 처리에 관한 정보를 제공받을 권리
(2) 개인정보의 처리에 관한 동의 여부, 동의 범위 등을 선택하고 결정할 권리
(3) 개인정보의 처리 여부를 확인하고 개인정보에 대하여 열람(사본의 발급을 포함한다. 이하 같다)을 요구할 권리
(4) 개인정보의 처리 정지, 정정·삭제 및 파기를 요구할 권리
(5) 개인정보의 처리로 인하여 발생한 피해를 신속하고 공정한 절차에 따라서 구제받을 권리

086 정답: 1번

개인정보 보호법 시행령 제4장 18조는 민감정보의 범위를 다음과 같이 정의하고 있다.

(1) 유전자검사 등의 결과로 얻어진 유전정보
(2) 「형의 실효 등에 관한 법률」 제2조 제5호에 따른 범죄경력자료에 해당하는 정보
(3) 개인의 신체적, 생리적, 행동적 특징에 관한 정보로서 특정 개인을 알아볼 목적으로 일정한 기술적 수단을 통해 생성한 정보
(4) 인종이나 민족에 관한 정보

그리고 동령 제4장 19조에서 고유식별정보의 범위를 다음과 같이 정의하고 있다.

(1) 「주민등록법」 제7조의 2 제1항에 따른 주민등록번호
(2) 「여권법」 제7조 제1항 제1호에 따른 여권번호

087 정답: 4번

컬럼 암호화 적용 시 데이터 길이 및 순서 등이 변경되므로 응용 프로그램 개발 및 사용 시 이에 대한 고려가 필요하다. 하지만, 감사수행을 위한 증적 정보를 활용하기 위한 로그방안 검토는 사실상 가장 거리가 멀다. 불필요하거나 과도한 개인정보를 보유한 경우 개인정보 관리와 암호화 적용을 위한 시간 및 비용이 과다하게 소요될 수 있다. 따라서, 개인정보 암호화의 기본 전제는 불필요하게 보유하고 있는 개인정보의 안전한 폐기라고 할 수 있다. 또한 주민등록번호를 대체할 수 있는 방안도 함께 검토되어야 하며, 주기적으로 불필요하게 개인정보를 가지고 있는지도 확인을 해야 한다. 다음은 컬럼 암호화 적용 시 고려해야 할 주요한 항목들이다.

- 응용 프로그램 개발 부분의 암호화 데이터 사용 유무
- 데이터 사용 프로세스 변경(저장 시 암호화, 사용 시 복호화)
- 데이터 길이 변경으로 인한 변수 길이 고려
- 데이터 순서 변경으로 조건 검색 방식 변경
- 암호화 전보다 응답 속도 지연이나 시스템 사용률 증가 등 성능의 고려

088 정답: 4번

2018년 중국 화웨이는 스페인 정보국 산하 인증기관인 CCN에 공통 평가 기준(CC: Common Criteria) 인증을 요청했고 약 1년 반이 경과한 2020년 6월경에 CC EAL4+ 인증을 획득했다. Common Criteria는 국가마다 서로 상이한 정보보안 평가 기준을 보

유한 것을 해결하기 위해 1998년 CCRA에서 국제 공통 평가 기준으로 제정되었으며 ISO 15408 국제표준으로 제정이 되었다. 중국 화웨이의 5G 장비에서 인증받은 EAL 4+ 등급은 해당 장비가 받을 수 있는 최고 등급이었으며 이로 인해 미국이 제기한 화웨이의 보안이슈는 명분이 흐려지게 되었다.

089 정답: 1번

가장 올바른 적임자는 보기 ①번의 프로젝트 관리 책임자이다. 보기 중 프로젝트 관리자는 암호키 관리의 적임자다. 참고로 운영 시스템에 암호화를 적용하는 작업 수행 시 사전 준비, 암호화 이행, 이행 후 검증, 안정화 등의 작업절차를 거치며 각 단계별 작업 사항에 대한 충분한 준비와 검토가 필요하다. 작업 절차 정의 시 고려해야 할 사항은 사전 준비 사항 확인, 암호화 이행 절차 및 소요 시간 분석, 이행 후 검증 방안 수립, 백업 및 복원 방안 확보 등이다. 또한, 적절한 작업 담당자별 주요 역할과 책임은 다음과 같다.

- **의사결정 담당**: 암호화 작업 진행 총괄 및 오픈, 원복 등의 주요 의사 결정
- **인프라 담당**: 응용 프로그램 백업, DBMS 백업, WAS 구동 등 인프라 관련 작업 수행
- **암호화 작업 담당**: 암호화 이행 및 검증
- **응용 프로그램 담당**: 응용 프로그램 소스 배포, 암호화 후 응용 프로그램의 정상 동작 확인

090 정답: 4번

가장 올바른 적임자는 보기 ④번의 보안관리자이다. 개인정보 암호화로 인해 개인정보 처리 시스템의 중요한 데이터 형태가 변경되므로 응용 프로그램, DBMS, 인터페이스, 시스템, 인프라, 보안 등 전반적인 영향도를 고려하여야 하며, 이에 따라 각각의 부분을 담당하고 있는 운영 및 관리 조직 간의 긴밀한 협업이 필수적인 사항이라 할 수 있다. 다음은 암호화 적용 시 주요 고려 사항이다.

- API 암호화 방식으로 암호화를 적용하는 경우 암호화 대상 개인정보를 포함하고 있는 테이블과 컬럼을 모두 식별해야 하며, 응용 프로그램 내부에서 대상 컬럼을 사용하는 정확한 위치를 확인해야만 해당 부분의 수정 및 테스트가 가능하며 데이터 암호화 적용 이후의 안전성을 확보할 수 있다.
- 암호화 대상 업무 시스템과 기관 내부의 타 시스템 간 연계되어 있는 인터페이스와 대외 기관과의 인터페이스 부분을 정확히 식별해야 한다. 외부로 암호화가 적용된 데이터를 보내는 경우 암호키 공유 등의 문제로 평문으로 전환하여 보내야 하는 경우가 대부분이며, 기관 내부 업무 시스템들은 암호화된 데이터를 복호화 없이 사용할 수 있도록 구성할 수 있으므로, 타 시스템과의 인터페이스(In, Out) 지점에서 암복호화 적용 여부를 판단해야 한다.
- 암호화 적용 시 추가로 필요할 수 있는 시스템 자원을 분석하여 필요 시 자원의 사전 확보가 필요하다. 저장 공간 관점에서, 암호화 후 데이터 길이 증가, 암호화 작업용 임시 공간, 암호화 관련 로그 데이터(감사로그, 작업 이력) 저장 공간 등을 고려하여 여유 공간을 확보해야 한다. CPU/Memory 사용률 관점에서는, 암복호화 연산 수행으로 CPU 및 Memory 사용률이 증가할 수 있다.

091 정답: 2번

응용 프로그램 담당자의 역할은 응용 프로그램 내 개인정보 사용 부분 추출, 암호화 적용 프로그램 결과 검증, 암호화 적용 소스 배포 및 형상 관리, 운영 시스템 내 개인정보 암호화 적용 등이다. 반면에, 솔루션을 이용한 암호화 적용가이드는 응용 프로그램 담당자의 역할이라고 하기 보다는 암호화 제품 담당자의 역할이라고 볼 수 있다. 참고로 암호화 수행 조직의 역할 및 책임을 정의하면 다음과 같다.

- **총괄 책임자**: 암호화 등 개인정보 보호관련 계획 수립 및 이행하는 감독 등 총괄 개인정보처리자
- **의사결정 위원회**: 법률 검토, 위험관리 등 의사결정
- **프로젝트책임자(PM)**: 프로젝트 관리 총괄, 암호화 적용 정책 관리, 암호키 관리 등
- **사업 관리 담당자**: 프로젝트 진행 관리(범위, 비용, 위험, 이슈, 품질, 의사소통 등)
- **보안관리**: 법률 및 보안성 검토, 보안 정책 수립 및 운영 등
- **응용 프로그램 담당자**: 응용 프로그램 내 개인정보 사용 부분 추출, 암호화 적용 프로그램 결과 검증, 암호화 적용 소스 배포 및 형상 관리, 운영시스템 내 개인정보 암호화 적용 등
- **인프라 담당자**: DBMS 또는 파일 내 개인정보 사용 부분 추출, 솔루션 설치 지원, 개발 및 테스트 환경 구성 및 지원
- **암호화 제품 공급자**: 솔루션을 이용한 암호화 적용 가이드, 암호화 이행 지원

출처: 개인정보의 암호화 조치 안내서 - 한국인터넷진흥원

092   정답: 3번

방송통신위원회와 한국인터넷진흥원에서는 2017년도말 바이오정보 보호 가이드라인을 제정하였다. 과거와 다르게 인공지능, 스마트폰, 출입통제 시스템 등에서 점차 바이오정보를 많이 활용하고 있으며 개인정보보호 이슈가 제기되고 바이오정보가 위변조되거나 유출되는 사례가 발생하여 이를 제정하였다. 해당 가이드라인에서는 비례성 원칙, 수집이용 제한의 원칙, 목적제한의 원칙, 통제권 보장의 원칙, 투명성 원칙, 바이오정보 보호 중심설계 및 운영 원칙으로 총 여섯 가지의 보호 원칙을 정의하였다. 그리고 이 원칙을 준수하기 위한 기술적 및 관리적 보호조치 방안을 제시하였다.

093   정답: 1번

일반적인 비밀유지계약서(NDA: Non Disclosure Agreement)의 주요한 요소는 다음과 같다.

(1) **영업 비밀**: 영업 비밀을 구체적으로 정의하여, 영업 비밀의 범위 및 내용을 명확히 한다.
(2) **핵심 가치**: 영업 비밀과 관련하여 취해야 할 의무사항을 기재한다.
(3) **손해배상**: 비밀유지 의무 위반 시, 받게 될 법적인 손해배상의 범위를 정한다.

> **참고** 영업 비밀 보호 및 그 유지의 중요성
>
> 기업이 보유한 핵심 기술을 영업 비밀로 관리할 것인지 아니면 특허로 출원하여 보호받을 것인지에 관해 선택이 필요하다. 영업 비밀은 비공개를 전제로 영업 비밀보유자가 비밀로서 계속 관리할 경우 영구히 자신만이 사용할 수 있지만, 타인이 동일한 기술을 정당하게 취득 또는 개발하여 사용할 경우 이를 금지할 수 없으며, 타인이 특허권을 획득할 경우에 영업 비밀보유자는 영업 비밀 사용에 있어서 제약을 받게 될 수도 있다. 반면 특허는 기술 공개를 전제로 일정한 심사과정을 거쳐 출원 후 20년 동안 독점 배타적인 권리를 부여한다. 이에 따라 특허권을 침해당할 경우 민사적·형사적으로 강력한 구제 수단을 확보할 수 있으나, 특허권 존속기간의 만료 후에는 누구나 그 기술을 사용할 수 있게 되어 보호를 받을 수 없게 된다. 따라서 기본적으로 당해 기술이 공개될 경우 이른 시일 내에 역설계를 통해 제품 제조가 불가능한 기술정보, 기업 경영정보 등 특허권으로 보호받기 어려운 정보, 특허 권리화 이전 단계의 연구 아이디어 등은 영업 비밀로 관리하실 것을 권장하며, 이는 당해 기술의 종류, 수명 및 시장에서의 수요 등을 종합적으로 고려하여 결정하여야 한다.
>
> 참고: https://www.tradesecret.or.kr

094   정답: 2번

부정경쟁방지 및 영업 비밀보호에 관한 법률(제2조 제2호)에 따르면, 영업 비밀이란 공공연히 알려지지 않고 독립된 가치를 지니는 것으로써 비밀로 관리된 생산방법, 판매 방법, 그 밖에 영업 활동에 유용한 기술상 또는 경영상의 정보를 뜻한다. 영업 비밀의 성립요건은 비공지성, 경제적 유용성, 비밀 관리성이 존재하며 각각의 의미는 다음과 같다.

(1) **비공지성**: 공개된 간행물 등에 게재되지 않고 비밀 상태이며, 보유자를 통하지 않고서는 입수할 수 없는 것을 의미한다. 단, 비밀유지의무자(보안서약서)에 대한 공개는 제외한다.

(2) **경제적 유용성**: 경쟁 상의 이익을 얻을 수 있거나 또는 정보의 취득이나 개발을 위해 상당한 비용이나 노력이 필요한 경우를 의미한다.

(3) **비밀 관리성**: 정보가 비밀이라고 인식될 수 있는 표시를 하거나 고지를 하고, 정보에 접근할 수 있는 대상자나 접근방법을 제한하고 비밀준수 의무를 부과하는 등 객관적으로 정보가 비밀로 유지 및 관리되고 있다는 사실이 인식 가능한 상태를 의미한다.

출처: https://www.tradesecret.or.kr

비공지성
공공연히 알려져있지 아니한 것이어야 함

공개된 간행물 등에 게재되지 않고 비밀 상태이며, 보유자를 통하지 않고서는 입수할 수 없는 것을 의미
단, 비밀유지의무자(보안서약서)에 대한 공개는 제외

경제적 유용성
기술상·경영상 경제적 가치가 있어야 함

경쟁상의 이익을 얻을 수 있거나 또는 정보의 취득이나 개발을 위해 상당한 비용이나 노력이 필요한 경우를 의미

비밀관리성
비밀로 관리되어야 함

정보가 비밀이라고 인식될 수 있는 표시를 하거나 고지를 하고, 정보에 접근할 수 있는 대상자나 접근방법을 제한하고 비밀준수의무를 부과하는 등 객관적으로 정보가 비밀로 유지 및 관리되고 있다는 사실이 인식 가능한 상태를 의미

095 　 정답: 1번

영업 비밀이 침해된 경우, 부정경쟁방지 및 영업비밀보호에 관한 법률(제10조~제12조)에 따라 영업 비밀 침해에 대한 금지·예방청구권, 손해배상청구권, 영업 비밀이 담긴 노트, 연구 노트 등 영업 비밀의 침해행위를 조성한 물건에 대한 폐기청구권, 신용회복청구권을 인정하고 있고, 제18조 및 제19조에서는 침해자 및 배후의 법인 등에 대한 형사처벌까지도 규정하고 있다. 선택지 상에서, 선의자에 관한 특례(부정경쟁방지 및 영업 비밀보호에 관한 법률 제13조)의 중과실 없이 거래에 의하여 영업 비밀을 정당하게 취득한 자가 그 거래에 의하여 허용된 범위에서 그 영업 비밀을 사용하거나 공개하는 행위에 대하여는 앞의 내용과 같은 민사상 구제 수단을 청구할 수 없다.

096 　 정답: 4번

ISMS-P(정보보호 및 개인정보보호 관리체계 인증)의 관리체계 수립 및 운영 인증은 총 4개의 분야로 구성되며 다음과 같다.

(1) 관리체계 기반 마련
(2) 위험 관리
(3) 관리체계 운영
(4) 관리체계 점검 및 개선

097 　 정답: 1번

ISO 9126는 6개의 주특성과 상세한 부특성으로 구성되며 소프트웨어에 대한 품질특성을 정의한다. 이 중에서 신뢰성(Reliability) 주특성에 대한 상세 부특성은 결함허용성(Fault Tolerance), 회복성(Recoverability), 성숙성(Maturity)이 있다.

098 　 정답: 3번

대표적인 제품 평가 모델(Product Evaluation Models)의 국가별 평가 인증 체계는 다음과 같

다. 보기 ④번의 중국의 CTSEC 평가인증 체계는 존재하지 않는다. 미국의 TCSEC(Trusted Computer System Evaluation Criteria), 유럽의 ITSEC(Information Technology Security Evaluation Criteria), 캐나다의 CTCPEC(Canadian Trusted Computer Product Evaluation Criteria), 국제 통합 표준인 CC(Common Criteria) 등이 있다.

099 정답: 3번

공통평가기준(CC: Common Criteria)은 컴퓨터 보안을 위한 국제 표준이며 ISO/IEC 15408 표준으로 등재되어있다. IT 제품이나 특정 사이트의 정보시스템에 대해 정보 보안평가 인증을 위한 평가 기준이며, 정식 명칭은 "Common Criteria for Information Technology Security Evaluation(정보 기술 보안 평가를 위한 공통평가기준)"이다. ISO/IEC 15408 표준 이름은 "Evaluation criteria for IT security" JIS X 5070로 이름은 "정보 기술 보안 평가 기준"이다. 참고로, CC(Common Criteria)는 일반 생활 제품의 품질을 보증하는 Q마크, 산업 제품의 품질을 보증하는 KS마크와 같이 IT 제품의 보안성을 평가하기 위한 국제 기준이다. 정보보호제품의 단일화된 평가 기준을 제정하기 위해 CCRA에서 국제 표준화 기구(ISO)와 미국, 영국 등 5개국이 공동 개발하여 1999년 6월 국제 표준으로 제정된 평가 기준이다. CC는 TCSEC(미국표준제정기관, Trusted Computer System Evaluation Criteria), ITSEC(유럽 표준, Information Technology Security Evaluation Criteria), CTCPEC(캐나다 표준, Canadian Trusted Computer Product Evaluation Criteria)을 통합하여 만들어졌다. 그리고 CCRA(국제상호인증협정, Arrangement on the Recognition of the CC Certificates in the field of IT Security)는 CC에 따른 평가·인증 결과를 상호 인정하기 위해 조직된 국제 보안기준 체제로 CCRA 회원국들은 정보보호 기능이 구현된 모든 IT 제품에 대해 EAL1에서 EAL4등급까지 상호 인정한다. CCRA 회원국은 2008년 12월 기준으로 인증서 발행국(CAP) 13개국, 인증서 수용국(CCP) 13개국, 총 26개국으로 우리나라는 2006년 5월 초 11번째 인증서 발행국으로 가입했다.

100 정답: 4번

환경과 인체에 미치는 영향을 규제하는 제도로는 RoHS, WEE, REACH, HACCP 등이 있다. 하지만 DSR은 가장 거리가 멀다. DSR(Debt Service Ratio)은 연간 총수출액에 대한 연간 대외 채무 상환액의 비율을 말하고 수출로 벌어들인 외화 가운데 얼마를 외채 상환액으로 지불하는지를 나타낸 것인데, 세계은행이 한 나라가 지고 있는 외채의 정도를 판단할 때 기준으로 삼는 지표가 된다. 유해 물질 제한지침(RoHS: Restriction of Hazardous Substances Directive)은 유럽연합(EU)에서 시행되며 해로운 물질을 사용한 전자제품이나, 전기기기를 제한하는 지침이다. 일반적으로 RoHS(알오에이치에스)라고 적는다. 2003년 2월에 WEEE(Waste Electrical and Electronic Equipment)의해 제정 공포되고 2006년 7월 1일에 발효되었다. 중국에서도 이와 비슷한 제도 RoHS(일명 China RoHS)를 시행하고 있어 유럽에서 정한 6가지 품목과 유럽에서 규제 대상이 아니지만, 과학기기나 의학 장비도 중국의 RoHS에는 규제 대상에 포함되어 있다. WEEE 지침(WEEE 指針)은 전자 쓰레기(WEEE: Waste Electrical and Electronic Equipment)에 대한 유럽 경제 공동체 지침 2012/19/EU이며, 2003년 2월 유해물질제한지침 2002/95/EC와 함께 유럽 연합법이 되었다. 마지막으로, 위해 분석과 중요 관제점(HACCP: Hazard Analysis and Critical Control Points)은 생산-제조-유통의 모든 과정에서 식품의 위생에 해로운 영향을 미칠 수 있는 위해 요소를 분석하고, 이러한 위해 요소를 제거하거나 안전성을 확보할 수 있는 단계에 중요 관리점을 설정하여 과학적이고 체계적으로 식품의 안전을 관리하는 제도이다. 추가로, REACH

는(Registration, Evaluation, Authorization and Restriction of Chemicals)의 약어로 화학물질의 등록, 평가, 허가, 제한에 관한 제도를 뜻한다. EU 내에서 연간 1톤 이상 제조 또는 수입되는 모든 화학물질에 대해 제조량, 수입량과 위해성에 따라 등록, 평가, 허가 및 제한을 받도록 하는 화학물질 관리 규정이다. 2007년 6월 1일 발효되었다.

101　　　　　　　　　　　　정답: 4번

　　ITSEM은 ITSEC을 운영하는 유럽의 4개국이 ITSEC 기준을 기반으로 국가 간 평가 업무와 평가 결과에 대한 상호 교류 및 인정을 쉽게 하고자 개발하였다. ITSEM의 목표는 유럽 공통의 지침서이므로 유럽 각국은 이에 따라 평가를 하고 있지만 평가체계는 각국 나름대로 체계를 구성하여 수행된다. 따라서 ITSEM에는 상세한 절차나 체계를 규정하지 않는 대신에 평가 방법론 및 해설을 중시하여 조금씩 다른 체계에서 수행되더라도 같은 결과가 나올 수 있도록 평가의 의미를 규정하는데 목표를 두고 있다. ITSEM 평가의 4원칙은 다음과 같다.

(1) **공정성**: 평가자의 편견 배제
(2) **객관성**: 평가자의 주관적 요소 및 사견을 최소화
(3) **반복성**: 동일한 평가기관에서 같은 평가 대상물을 반복해서 평가해도 똑같은 평가 결과가 나와야 한다.
(4) **재생성**: 여러 개의 평가기관에서 하나의 평가 대상물을 반복하여 평가하여도 똑같은 평가 결과가 나와야 한다.

102　　　　　　　　　　　　정답: 3번

　　GNU 프로젝트는 라이브러리에 두 가지 라이선스를 사용하고 있다. 하나는 LGPL이라 불리는 GNU Lesser GPL이고 다른 하나는 일반적인 GNU GPL이다. LGPL이 적용된 라이브러리는 독점 소프트웨어에 사용될 수 있지만, 일반적인 GPL이 적용된 라이브러리는 단지 자유 프로그램에서만 사용될 수 있다. 즉, GPL은 다른 개발자는 전체 프로젝트가 GPL에 따라 라이선스가 부여된 경우에만 코드를 빌려서 수정하고 자신의 프로젝트의 일부로 다시 배포할 수 있다. 이것은 코드가 독점 소프트웨어에서 사용되는 것을 방지한다. LGPL은 다른 개발자는 LGPL에 따라 사용된 부분이 LGPL에 따라 재 라이선스된 경우 코드를 대여 및 수정하고 자신의 프로젝트의 일부로 재배포할 수 있다. 프로젝트의 다른 부분에는 다른 라이선스가 허용된다. 이를 통해 다른 독점 소프트웨어에서 코드를 사용할 수 있다. 특정한 라이브러리에 어떤 라이선스를 적용하느냐는 전략적인 문제기 때문에 구체적인 상황에 따라 달라질 수 있다. 일반적인 GPL의 적용이 모든 라이브러리에 장점을 제공해 주는 것은 아니며, 어떤 경우에는 LGPL을 사용하는 것이 더 좋다. 이러한 경우의 일반적인 형태는 GPL을 적용한 라이브러리의 기능이 다른 라이브러리를 통해 독점 소프트웨어에서도 쉽게 구현될 수 있을 때이다. 이러한 경우에는 GPL이 적용된 라이브러리가 자유 소프트웨어에 대한 특별한 이점을 보장해 줄 수 없기 때문에 단순히 LGPL을 적용하는 것이 그 사용 범위를 넓히기 위해서라도 더 좋다고 볼 수 있다. LGPL(Lesser General Public License)은 LGPL로 작성된 소스 코드를 라이브러리 정적 동적으로만 사용하는 경우에는 소스 코드를 공개하지 않아도 된다. 그 이외의 경우에는 수정한 소스 코드 또는 GPL 소스 코드를 활용한 소프트웨어 모두를 GPL로 공개해야 한다. 상업적 목적으로 사용 가능하며 배포 수정이 가능하고 이때 라이선스 및 저작권 변경사항을 명시해야 한다. LGPL은 다음과 같은 사용 요건을 제시하고 있다. LGPL 라이브러리에 기반한 저작물'은 LGPL 라이브러리를 직접적으로 개작한 2차적 저작물로서, LGPL에 따라 재배포되어야 한다. 단, LGPL 라이브러리에 기반한 저작물이 소프트웨어 라이브러리가 아

니게 되었거나 그 저작물을 라이브러리로 쓰는 응용 프로그램과 독립적으로 동작하지 않게 되었다면 LGPL에 따라 재배포할 수 없다.

출처: http://www.gnu.org/licenses/lgpl-3.0.html

103 정답: 3번

마이크로소프트사는 보안수준이 높은 안전한 소프트웨어를 개발하기 위해 수행한 프로세스 개선 작업으로 자체 수립한 SDL(Secure Development Lifecycle) 방법론을 적용하였으며 SDL이 적용된 소프트웨어는 이전 버전에 비해 50% 이상 취약점이 감소하였다고 발표했다. 이 방법론의 이름은 MS-SDL(Microsoft Secure Development Lifecycle)이며, 상세한 절차별 활동은 다음과 같다.

(1) **교육 단계**: 소프트웨어 개발팀의 구성원들이 매년 한 번씩 보안의 기초와 최신 보안 동향에 대한 정보를 교육받을 수 있도록 한다. 보안 교육은 안전설계 위협모델링 시큐어코딩 보안테스팅 프라이버시에 관한 내용을 포함한다.

(2) **계획/분석 단계**: 안전한 소프트웨어를 구축하기 위한 기본 보안 요구사항과 프라이버시 요구사항을 정의한다 이 단계에서는 SDL 방법론 적용 여부 결정 보안책임자(Security Advisor) 선정, 보안 팀(Security Champion) 선정, 버그 리포팅 도구 정의, 보안 버그 경계(Security Bug Bar) 정의, 보안 위험 평가와 같은 필수 보안활동과 보안 계획서 작성 버그 추적 시스템 정의와 같은 권장 보안 활동을 수행한다.

(3) **설계 단계**: 구현에서 배포에 이르기까지 수행해야 하는 작업 계획을 수립하는 단계이다 보안 설계 검토, 방화벽 정책 준수, 위협 모델링, 위협 모델 품질 보증, 위협 모델 검토 및 승인과 같은 필수 보안 활동과 보안 설계서 문서 작성, 보안 인스톨 실행, 모든 샘플 소스 코드의 보안 검토 수행, 안전하지 않은 함수와 코딩 패턴 알림 설계, 변화요구에 관한 보안관련 사항 문서화와 같은 권장보안 활동을 수행한다.

(4) **구현 단계**: 보안 및 프라이버시 문제점을 발견하고 제거하기 위해 개발 시 최선의 방책을 수립하고 따르도록 한다. 최신 버전의 빌드 도구 사용, 금지된 API 사용 회피, Execute 허가를 통한 안전한 SQL 사용, 저장 프로시저에서 SQL 사용과 같은 필수 보안 활동과 안전하게 소프트웨어를 사용하기 위해 필요한 사용자 정보 식별, 사용자 중심의 보안 문서 계획, 보안 형상관리에 관한 정보 생성, 자동화된 금지 API 변환, 문서화 토론 등과 같은 권장 보안 활동을 수행한다.

(5) **시험/검증 단계**: 보안 및 프라이버시 테스팅과 보안 푸쉬(Security Push), 문서 리뷰를 통해 코드가 이전 단계에서 설정한 보안과 프라이버시 방책을 지키는지 확인한다. 보안 푸쉬는 팀 전체에 걸쳐 위협모델 갱신, 코드 리뷰, 테스팅에 초점을 맞춘 작업이다. 커널 모드 드라이버를 위한 테스팅 완료, COM 객체 테스팅, 수행 인증된 사이트 크로스 도메인 스크립팅을 위한 테스팅, 애플리케이션 검증, Fuzzing 수행, 위협 모델 검토 및 수정 등 필수 보안 활동과 보안 테스팅 계획 완료, 침투 테스트 수행, 시큐어 코드 검토 보안 푸쉬를 시작하기 전 모든 코드에 대한 우선순위 결정, 보안 문서 계획서 검토 등과 같은 권장 보안 활동을 수행한다.

(6) **배포/운영 단계**: 사고 대응 계획을 준비하는 것은 시간이 지남에 따라 나타날 수 있는 새로운 위협요소를 해결하는 데 중요하다. 관련 담당자의 긴급 연락처 식별 및 조직 내 다른 그룹이나 타사에서 개발된 소프트웨어에 대한 보안서비스 계획 수립 등이 포함되어야 한다. 수행된 모든 보안활동에 대한 검토를 통해 소프트웨어 배포 준비 상태를 보장할 수 있으며 배포 전에 소프트웨어 인증을 통해 보안 및 개인 정보 보호 요구 사항을 충족시킬 수 있다. 모든 관련 데이터를 보관하여 배포 이후 작업을 수행하는 데 도움이 되도록 하며 장기적으로 비용을 낮추는 데도 도움이 되도록 한다.

(7) **대응 단계**: 배포 단계에서 만들어진 사고 대응

계획을 구현할 수 있다는 것은 소프트웨어 보안 또는 개인 정보 보호 취약성으로부터 고객을 보호하는 데 필수적이다.

출처: 소프트웨어 개발 보안 가이드 - 한국인터넷진흥원

104   정답: 2번

SW 개발보안 방법론에서 정의한 일반적인 보안 활동의 절차 및 액티비티들은 다음과 같다.

(1) **요구사항 분석**: 사용자의 문제를 구체적으로 이해하고 소프트웨어가 담당해야 하는 정보영역을 정의한다. 사용자의 기능 성능 신뢰도 등에 대한 요구는 요구사항 정의서(Requirements Specifications)로 문서화한다. 요구사항 정의서는 다시 세분화하여 업무 기술 성능 운영 요구사항 정의서로 분석할 수도 있다. 이 단계에서는 요구사항 정의서 이외에도 기능차트 프로세스 정의서 인터페이스 정의서와 같은 산출물이 생성될 수 있다. 추가적인 보안활동으로는, 요구사항 중 보안항목 요구사항을 식별하며 어떤 정보들이 시스템화되어 관리되어야 하고 어떤 보안등급, 기밀성, 무결성, 가용성을 가져야 하는지와 법률적으로 관리의 중요성이 어느정도 강조되는지에 대한 점검 작업이 진행된다.

(2) **설계**: 소프트웨어의 구조와 그 성분을 명확하게 밝혀 구현을 준비하는 단계이다. 외부 시스템 및 사용자와의 인터페이스를 중시하는 외부 설계와 시스템 내부를 설계하는 내부 설계로 분류되기도 하고 전체적 구조와 데이터 알고리즘을 설계하는 단계를 분리해 기본설계와 상세설계로 분류되기도 한다. 설계 단계는 설계 사양서(Design Specification)를 산출물로 만들며 이 산출물과 요구사양서를 토대로 사용자 지침서와 시험 계획서를 작성한다. 이 단계에서는 화면설계서 ERD, 테이블목록, 테이블 정의서, 프로그램 목록, 개발표준정의서, 단위 테스트 시나리오, 통합테스트 시나리오와 같은 산출물을 작성한다. 추가적으로는, 시스템을 분석해 위협들을 도출해내는 위협 모델링, 보안통제 기준 설정과 같이 개발보안 가이드가 제시하는 작업을 진행한다. 특히 설계단계에서 수행되는 위협 모델링 작업을 통해 최대한 많은 위협들을 도출해 해당 위협들이 충분히 제거될 수 있도록 시스템이 설계되어야 한다.

(3) **구현**: 프로그램을 개발하는 단계이며, 각 모듈의 코딩과 디버깅이 이루어지고 그 결과를 검증하는 단위 테스트 또는 모듈 테스트를 수행한다. 이 단계의 산출물로는 소스 코드, 단위테스트 결과서, 결함 오류보고서, 오류코드 정의서와 같은 산출물을 작성한다. 표준코딩 정의서 또는 소프트웨어 개발보안가이드를 모든 개발자들이 준수하여 개발하는 것이 중요하다. 구현 단계에서 단위 테스트를 통해 소프트웨어가 가질 수 있는 보안 취약점을 충분히 제거할 수 있도록 해야 하며 코드 리뷰 또는 소스 코드 진단 작업을 통해 소스 코드 수준의 안정성이 보장되도록 하여야 한다.

(4) **테스트**: 개발된 모듈들을 통합시키며 시험하는 통합테스트 완성된 시스템으로서 요구사항을 완벽하게 구현했는지를 확인하기 위한 시스템 테스트 그리고 사용자가 직접 자신의 사용 현장에서 검증해 보는 인수 테스트 등을 수행한다. 이 단계의 산출물로는 통합 테스트 결과서, 시스템 이행계획서를 작성한다. 설계 단계에서 수행된 위협모델링을 통해 도출된 위협들이 구현 단계에서 해당 취약점들이 없는 애플리케이션으로 개발되었는지를 동적 분석 도구를 이용하거나 모의 침투 테스트를 통해서 검증하는 작업을 수행하여 소프트웨어의 안전성이 보장되도록 해야 한다.

(5) **유지보수**: 소프트웨어를 직접 이용하고 이용상에 나타나는 문제점을 수정하거나 새로운 기능을 추가하여 보다 안정적인 소프트웨어로 발전시키기 위한 작업을 수행한다. 각 개발 단계에서 안전한 소프트웨어를 만들기 위해 노력하였음에도 불구하고 발생될 수 있는 보안 사고에 대한 관리 및 사고 대응 패치 관리 및 교육이 병행되어야 한다.

출처: KISA - 소프트웨어 개발 보안 가이드

105
정답: 3번

컴퓨넌트 기반 소프트웨어 공학(CBSE: Component-Based Software Engineering), 컴포넌트 기반 개발(CBD: Component-Based Development)은 기존의 시스템이나 소프트웨어를 구성하는 컴포넌트를 조립해서 하나의 새로운 응용 프로그램을 만드는 소프트웨어 개발방법론이다. 기업들은 쇼핑바구니, 사용자 인증, 검색엔진, 카탈로그 등 상업적으로 이용 가능한 컴포넌트를 결합하여 그들의 전자상거래 응용 프로그램을 개발하는 컴포넌트 기반 개발을 사용한다. 재사용이 가능한 컴포넌트의 개발 또는 사용 컴포넌트를 조합하여 애플리케이션 개발 생산성과 품질을 높이고 시스템 유지보수 비용을 최소화할 수 있는 방법이다. 특징은 컴포넌트 기반 개발, 반복 점진적 개발프로세스 제공, 표준화된 산출물 작성, 컴포넌트 제작 기법을 통한 재 사용성 향상 등이다. 일반적으로 CBD 방법론의 단계별 산출물은 다음과 같다. 보기 ③번의 유스케이스 다이어그램은 분석 단계의 산출물이고 나머지는 설계 단계의 산출물이다.

(1) **계획**: 비즈니스 프로세스, 개념 모델, 프로젝트 계획서 등
(2) **분석**: 유스케이스 다이어그램, 유스케이스 명세서, 요구사항 추적표 등
(3) **설계**: 사용자 인터페이스 설계서, 컴포넌트 설계서, ERD 기술서, 데이터베이스 설계서 등

106
정답: 3번

Seven Touchpoints는 실무적으로 검증된 개발 보안 방법론 중 하나이며, 소프트웨어 보안의 모범 사례를 소프트웨어 개발 라이프사이클에 통합하였다. 공통 위험 요소를 파악하고 이해하며, 보안을 설계하며, 모든 소프트웨어 산출물에 대해 철저하고 객관적인 위험 분석 및 테스트를 거쳐 안전한 소프트웨어를 만들어는 내는 방법을 정의하고 있다. 이러한 보안 활동은 수행하는 동안 소프트웨어 위험 요소에 대한 위험 관리 프레임워크에 따라 명시적으로 추적하고 모니터링을 수행한다. 전자정부 SW 개발·운영자를 위한 Seven Touchpoints는 SDLC(Software Development Life Cycle)의 각 단계에 관련된 보안강화 활동을 개발자에게 집중적으로 관리하도록 요구한다.

(1) **요구사항과 Use Cases 단계**: 오용사례와 위험 분석을 통해서 설계 보안항목에 대한 정의와 명세를 작성하고, 오용사례에 대한 정의 및 케이스 예시를 작성한다(Seven Touchpoints: 오용사례, 보안요구사항, 위험분석).
(2) **구조설계 단계**: 공격저항 분석(Attack resistance analysis), 모호성 분석, 허점 분석 등을 통해 위험 요소를 분석한다(Seven Touchpoints: 위험분석).
(3) **테스트 계획 단계**: 공격 패턴, 위험 분석 결과, 악용 사례를 기반으로 위험기반 보안테스트를 수행한다(Seven Touchpoints: 위험 기반 보안 테스트).
(4) **코드 단계**: 구현 오류(Implementation bug)에 중점을 두며 특히 소스 코드에 존재하는 취약성을 발견할 목적으로 수행되는 코드 정적분석에 중심을 둔다(Seven Touchpoints: 자동화 Tool을 활용한 코드검토).
(5) **테스트 및 테스트결과 단계**: 위험 분석 및 침투테스트를 수행한다. 침투테스트를 통해 실제 작동 환경에서의 필드 소프트웨어에 대한 좋은 이해를 제공한다(Seven Touchpoints: 위험분석, 침투테스트).
(6) **현장과의 피드백 단계**: 보안 운영을 통해 얻은 공격자와 공격 도구에 대한 경험과 지식은 개발자에게 다시 피드백 한다(Seven Touchpoints: 보안운영).

출처: 한국인터넷진흥원

107
정답: 3번

CLASP(Comprehensive, Lightweight Application Security Process)는 안전한 소프트웨어를 개발하기 위해 5가지 관점에 따라 개발보안 프로세스를 수행할 것을 제안한다. CLASP의 5가지 관점에 대한 내용은 다음과 같다.

(1) **개념 관점**(Concepts View): CLASP의 구조와 CLASP 프로세스 구성요소 간의 종속성의 개요를 제공하고, CLASP 프로세스 컴포넌트들의 상호작용 방법과 취약성 관점을 통해서, 어떻게 역할 기반 관점에 적용하는지를 기술한다.

(2) **역할기반 관점**(Role-Based View): 프로젝트에서 24개의 보안 관련 CLASP 활동들에 대한 각 역할을 창출하고, 팀의 구성원이 각자 맡게 될 역할들을 정의하여 활동평가 관점, 활동구현 관점, 취약성 관점에서 사용한다.

(3) **활동평가 관점**(Activity-Assessment View): 활동구현 관점에서의 적합성과 관련하여 보안 관련 CLASP 활동들에 대해 타당성을 평가할 수 있도록 도와줌으로써, 프로젝트 매니저와 프로세스 엔지니어링팀의 부담을 덜어준다.

(4) **활동구현 관점**(Activity-Implementation View): 활동평가 관점에서 선택한 24가지 보안 관련 CLASP 활동들을 수행한다.

(5) **취약성 관점**(Vulnerability View): 문제 타입에 대한 솔루션을 활동평가 관점과 활동구현 관점으로 통합한다.

108
정답: 1번

컴퓨터 보안 평가 지침서(TCSEC: Trusted Computer System Evaluation Criteria)는 컴퓨터 시스템에 빌드되는 컴퓨터 보안 컨트롤의 효율성의 기본 요건을 설정해 놓은 미국 정부의 국방부(DoD) 표준이다. TCSEC는 민감한 기밀 정보의 처리, 저장, 검색을 위해 고려되는 컴퓨터 시스템의 평가, 분류, 선택을 위해 사용되었다. TCSEC는 오렌지 북(Orange Book)이라고도 불리며, 1983년 미국 국가 안보 센터(NCSC)에 의해 처음 발행되었고 1985년 업데이트되었다가 2005년 공통평가기준 국제 표준으로 대체되었다. 보안등급은 크게는 A, B, C, D 4단계, 세부적으론 A1, B3, B2, B1, C2, C1, D 총 7단계로 나누어진다. 4가지 요구사항으로 정책(Security Policy), 책임성(Accountability), 보증(Assurance), 문서(Documentation)가 있다. TNI, TDI, CSSI 등 시스템 분류에 따라 적용 기준이 다르다.

109
정답: 2번

지식 재산권은 보통 보호 목적을 기준으로 산업 분야의 창작물과 관련된 산업재산권(특허권, 실용신안권, 상표권, 디자인권 등)또는 공업소유권, 문화예술분야의 창작물과 관련된 저작권으로 나눈다. 이 밖에도 반도체 배치설계나 온라인 디지털 콘텐츠와 같이 전통적인 지식 재산권의 범주에 속하지 않고 경제, 사회·문화의 변화나 과학기술의 발전에 따라 새로운 분야에서 출현하는 지식 재산권을 따로 분류하여 '신지식 재산권'이라고 한다. 산업재산권은 지식 재산권 중 널리 산업에 이용되는 무형의 재화인 인간의 지적 창조물과 산업의 질서유지를 위해 사용되는 식별 표지를, 전통적인 유형적인 재산권과는 달리 별도의 무형적인 재산권으로 보호하는 권리를 말한다. 그리고 산업 재산권의 보호범위는 유동적이고 확대일로에 있는 동태적인 개념으로서, 일반적으로 특허, 실용신안, 디자인, 상표, 서비스표, 상호, 출처표시 또는 원산지 명칭 및 부정경쟁행위의 방지 등을 포괄한다고 말할 수 있다(파리 조약 제1조 제2항 참조).

대한민국의 발명진흥법은 산업재산권을 특허법·실용신안법·디자인보호법 또는 상표법에 의하여 등록된 특허권·실용신안권·디자인권 및 상표권을 말한다고 규정하였다(제2조 제4항). 한편, 지식 재산권을 보호 대상을 기준으로 나누면, 창작을 보호대상으로 하는 특허권, 실용신안권, 디자인권, 저작권 등이 있으며 표지를 대상으로 하는 상표권, 상호 등이 있다. 실용신안권은 물품의 형상·구조·조합에 관한 고안만을 그 대상으로 한다. 디자인보호법의 보호 대상인 디자인은 물품의 외관이므로, 디자인보호법은 물품성을 디자인의 성립요건으로서 요구하고 있다. 이 법의 목적은 물품의 소비수요창출로 인한 국가산업발전이다.

110 정답: 3번

COSO(Committee of Sponsoring Organizations of the Treadway Commission)는 기업지배구조 등 전사적 내부 통제 기능을 정의하는 전사 리스크 관리 모델로서 사베인-옥슬리에 대응되는 프레임워크이다. COSO는 다음과 같이 5개의 통제 환경, 리스크 평가, 통제 활동, 정보 및 의사소통, 모니터링 컴포넌트로 구성된다.

(1) **통제 환경**(Control Environment): 정도 경영, 구성원 적합성 등 조직체계 전반으로 구성된다.
(2) **위험 평가**(Risk Assessment): 조직의 목표 및 이익에 영향을 미칠 수 있는 위험을 식별하고 평가한다.
(3) **통제 활동**(Control Activities): 내규에 따른 지침과 절차 이행을 위한 통제를 수행한다.
(4) **정보 및 의사소통**(Information & Communication): 정보 관리 및 의사소통 채널을 관리한다.
(5) **모니터링**(Monitoring): 내부통제 수행현황을 평가하고 모니터링한다.

[110번 해설 관련 이미지]

정답과 해설
제 6 장
물리 보안

제6장 물리 보안 정답

001
정답: 2번

가장 관련이 없는 사항은 보기 ②번의 공사용 자재를 무단 이동시키기 위해서 울타리 근처 차량 주차 시이다. 하지만 울타리 부근(3m 이내)에 물건, 공사용 자재를 무단 적재 시(울타리 근접 차량 주차, 토사 및 석재 포함)에는 관계 법령에 의해 처벌을 받을 수 있다는 조항은 존재한다.

002
정답: 4번

설계 시 창문을 만들지 않는 것이 일반적이다. 하지만 만들어야 된다면 불투명(Opaque)이나 반투명(Translucent)이어야 되고, 또한 비산 방지(Shatterproof) 등의 특성을 갖추고 있어야 하며 고정창(Fixed)이어야 한다. 또한 보안센서가 창문 틀에 적용되어야 한다.

003
정답: 2번

일반적으로 정보 시스템 설비는 지하에는 절대 두지 않아야 하며 해수면보다는 높은 위치를 선택하도록 한다. 특히 우리나라 같은 경우 지리적으로 홍수나 수재가 발생할 우려가 있어 설비는 가급적 지하에 두지 않아야 한다. 3, 4층이 적당하지만 임대료 등 부담으로 인해 건물의 가장 위층에 존재하는 경우도 많다.

004
정답: 3번

일반적으로 물리적 기밀 유출 단계는 경쟁사 접촉 시도 및 사전 공모 → 정보 유출 시도 → 정보 획득 후 출문 시도의 3단계로 이루어진다. 정보 보안과 달리 물리 보안의 입장으로 보았을 때 보통 침입자가 침입하여 원하는 정보를 탈취하기에는 시간적인 여유가 존재하지 않는다. 즉, 침입자는 침입시설에 오래 있을수록 상대적으로 적발 가능성이 상당히 높아짐에 따라 침입 사실 은폐를 하기 위한 여유보다는 바로 즉각적으로 출문을 시도할 경우가 높다. 따라서 실시간 데이터 처리를 통해 잠재적인 보안 위험성에 대한 사후 추적이 아닌 즉각적이고 능동적인 대처가 가능해야 한다.

출처: https://blog.lgcns.com/856

005 정답: 3번

정보 보안의 핵심기능인 ＡＡＡ는 인증(Authentication), 인가(Authorization), 계정관리(Accounting)로 구성된다. 인증은 시스템이나 사람이 본인의 신분을 증명하는 행위이며 물리 보안에서 다루는 가장 핵심적인 보안요소이다. 인가는 인증을 거친 시스템이나 사용자에게 특정한 기준에 따라 권한을 부여하는 기능이다. 마지막으로 계정관리는 시스템이나 사용자의 인증방법, 권한등급, 권한기간 등 계정에 대한 관리 정책부터 상세 절차까지 다루는 것을 의미한다.

006 정답: 3번

인증(Authentication)은 사용자나 시스템이 본인을 증명하는 행위를 의미한다. 인증에는 그 수단과 방법에 따라서 아주 다양한 기법들이 존재하는데 크게 세 가지로 분류할 수 있다. 첫 번째는 지식기반 인증(제1유형)으로, 본인이라면 알고 있어야 하는 지식을 기반으로 인증을 수행하는 기법이며 비밀번호가 대표적인 수단이다. 두 번째는 소유기반 인증(제2유형)으로, 본인을 증명할 수 있는 매체를 소유함을 기반으로 인증을 수행하는 기법이며 신분증, 여권, 스마트카드, 신용카드 등이 있다. 마지막은 생체 인증(제3유형)이며 지문, 홍채, 정맥, 안면, 목소리 등 본인만이 가진 생체적인 특징을 이용한 인증 방식이다.

007 정답: 2번

불연재료와 준불연재료, 난연재료에 대한 상세한 설명은 다음과 같다.

- **불연재료**: 불에 타지 아니하는 성질을 가진 재료를 의미하며, 콘크리트, 석재, 벽돌, 철강, 유리, 알루미늄, 글라스울, 회(두께 24mm 이상), 시멘트판, 섬유시멘트판, 석고시멘트판, 압출시멘트판 등이 존재한다. KS F ISO 1182(건축 재료의 불연성 시험 방법)에 따른 성능 기준은, 가열시험 개시 후 20분간 가열로 내의 최고온도가 최종 평형온도를 20K 초과 상승하지 않아야 하며(단, 20분 동안 평형에 도달하지 않으면 최종 1분간 평균온도를 최종 평형온도로 한다), 가열종료 후 시험체의 질량 감소율이 30% 이하의 성능을 가져야 한다.

- **준불연재료**: 불연재료에 준하는 성질을 가진 재료를 의미하며, 석고보드, 목모시멘트판, 펄프시멘트판, 미네랄울흡음텍스 등이 존재한다. KS F ISO 5660-1[연소성능시험-열 방출, 연기 발생, 질량 감소율-제1부: 열 방출율(콘칼로리미터법)]에 따른 성능 기준은 가열시험 개시 후 10분간 총 방출 열량이 8MJ/㎡ 이하이며, 10분간 최대 열 방출율이 10초 이상 연속으로 200kW/㎡를 초과하지 않으며, 10분간 가열 후 시험체를 관통하는 방화상 유해한 균열, 구멍 및 용융(복합자재의 경우 심재가 전부 용융, 소멸되는 것을 포함한다) 등이 없어야 한다.

- **난연재료**: 불에 잘 타지 아니하는 성질을 가진 재료를 의미하며, 난연합판, 난연플라스틱판 등이 존재한다. KS F ISO 5660-1[연소성능시험-열 방출, 연기 발생, 질량 감소율-제1부 : 열 방출율(콘칼로리미터법)]에 따른 성능기준은 가열시험 개시 후 5분간 총 방출 열량이 8MJ/㎡ 이하이며, 5분간 최대 열 방출율이 10초 이상 연속으로 200kW/㎡를 초과하지 않으며, 5분간 가열 후 시험체(복합자재인 경우 심재를 포함한다)를 관통하는 균열, 구멍 및 용융 등이 없어야 한다.

008
정답: 3번

산불의 발생원인과 가장 관련성이 없는 것은 보기 ③ 낙뢰로 인한 실화이다. 물론 낙뢰로 인해서 산불이 발생하기도 한다. 하지만 보기 중에서는 가장 관련이 없으며 자연적인 원인보다는 인위적인 원인이 더 크다고 볼 수 있다.

009
정답: 1번

산불의 영향으로 발생할 수 있는 여러 가지 측면은 다음과 같다.

- **생태학적인 측면**: 탈산림화, 생물 다양성 감소, 야생동물 서식지 파괴, 토양 영양물질 소실, 홍수 피해증가, 국지기상의 변화, 산성비와 대기오염 증가, 이산화탄소 배출량 증가로 기후변화 초래
- **경제적인 측면**: 목재, 가축, 임산물 소득 손실, 산림의 환경기능 손실, 국립공원의 파괴, 식품 생산과 물 공급으로 비용증가, 산업교란, 수송교란으로 인한 경제적 손실
- **사회적인 측면**: 관광객 감소 등 산업의 교란, 대기 중 연무농도에 따라 피부 및 호흡기 계통의 영향

010
정답: 3번

패스워드는 컴퓨터 또는 중요한 파일에 대한 액세스를 제한하기 위해 사용자가 식별 코드로 입력하는 고유한 문자열이다. 시스템은 이 코드를 저장된 사용자 목록과 비교한다. 코드가 정확하면 시스템은 사용자에게 승인된 보안 수준에서 액세스를 허용한다. 패스워드는 물리적인 것이 아니라 기술적이다. 문을 잠그고 배지를 사용하여 문을 열면 무장 경비원의 물리적 접근을 제어할 수 있지만 패스워드를 물리적 환경과 연결할 수는 없다. 추가적으로 기억해야 할 점은 패스워드는 ID 사용자가 ID 소유자인지를 확인하는 데 사용된다는 것이다. ID와 패스워드 조합은 각 사용자에게 고유하므로 사용자 시스템에서의 활동에 대한 책임을 지게 하는 수단을 제공한다. 그러므로 하드웨어가 아닌 소프트웨어와 관련성이 있다.

011
정답: 3번

일반적으로 화재 안전을 위해서 실내시공에 방염을 적용하고 구조재인 경우 내화설계를 지향한다. 또한 마감재와 단열재에 대해서는 난연을 적용한다. 하지만 주 출입구와 반대로 보조 출입구를 확보하는 것은 화재 안전을 위한 건축공정 방법과는 거리가 멀다. 내화구조는 화재 발생 시 건축물이 붕괴하지 않고 버틸 수 있는 시간을 만들어주는 구조를 말한다. 방염은 유독가스 발생을 억제하고 연쇄반응을 중단시키는 것으로 가연성 물질을 화학적, 물리적으로 처리하여 보통의 조건에서 연소가 일어나지 않도록 하여 화재확산을 방지함으로써 생명과 재산을 보호하는 역할을 한다. 난연은 불이 붙어도 연소가 잘 안 되는 자재이며 연소 시 6분간 최고 온도 약 500℃에서 변형과 발염 파손이 생기지 않도록 해야 한다. 난연의 목적은 유독가스 발생 억제 및 연쇄 연소반응을 중단하는 것이다.

012
정답: 2번

과실로 인한 타인의 산림을 태우거나 자기 자신의 산림을 불에 태워 공공을 위험에 빠뜨린 자는 3년 이하의 징역 또는 3,000만 원 이하의 벌금이 부과된다.

출처: 산림보호법 시행령

013
정답: 2번

최근 주차장 관제 시스템은 무인방식으로 구축되는 경우가 많다. 무인 판독기에 주차권을 삽입하거나 RFID 카드와 무선 단말을 이용한 출차 시스템이

그 예이다. 그런데 이는 도용이 가능하므로 실제 출입자의 신원을 파악하기 어려운 점이 있으며 혹시라도 만약 정보 유출 시 CCTV를 활용한 24시간 감시체계 대응이 아니라면 추적이 불가능한 우려가 존재한다.

014

정답: 3번

비허가 물품의 목록은 사업의 성격이나 내재한 위험 또는 위협 등을 고려해서 결정되어야 한다. 반도체 산업은 매우 미세한 공정의 연속된 작업으로 이루어진다. 그러므로 최소한의 Particle(먼지)도 완제품에 치명적인 결함으로 나타난다. 따라서 제조직군(특히 FAB operator)의 경우에는 미세먼지를 유발할 수 있는 화장은 금지되어 있다. 또한, 학습 목적을 포함해 어떤 경우라도 MP3 등의 저장매체는 반입/반출을 제한해야 한다.

015

정답: 4번

업무상 개인정보를 협력업체에 제공하더라도, 제공 목적의 종료 이후에는 반드시 직접 수거해서 폐기를 해야 한다. 즉, 협력업체에 폐기하도록 가이드를 해서는 안 된다. 개인정보 보호법에서는 보안사고가 터지면 원청 업체가 책임지도록 하기 때문에 원청 업체와 협력업체가 적절한 협력 모델을 만들어 가는 것이 중요하다.

기술 유출은 인력이동 과정에서 많이 발생한다. 경쟁사에서 연구개발 인력을 빼내어 가면 기존 직장에 근무하는 동안 축적한 노하우를 송두리째 확보할 수 있기 때문이다. 따라서 기업이 기술 유출을 방지하는 핵심적인 수단은 연구개발 관련 임직원에 대한 보상체계를 강화하는 것이다. 전문가들은 개발 단계에 따라 보상을 차별화하는 방식이 효율적이라고 말한다. 같은 맥락에서 퇴직자에 대한 적극적인 관리 프로그램 도입도 시급하다. 대기업들은 연구직에 대해 퇴직 후 2~3년간 경쟁사에서 근무하지 않는다는 서약서를 받고 있지만 위반 여부를 관리 감독하는 시스템은 제대로 갖추지 못한 경우가 많다.

최근에는 협력업체가 부품과 장비를 공급하는 과정에서 습득한 기술과 노하우를 발주사의 경쟁업체로 유출하는 사례가 늘고 있다. 대기업 협력업체 핵심직원들이 중국업체의 스카우트 표적이 되고 있다는 후문이다. 특히 중국에 진출한 국내 제조업체가 현지 부품 장비업체들과 거래하는 과정에서 기술이 유출되는 사례도 심심치 않게 발견되고 있다. 이에 협력업체를 통한 기술 유출 가능성을 사전에 막을 수 있는 시스템 구축이 필요하다.

016

정답: 3번

소방 호스는 호스가 닿지 않는 지역에는 효과가 떨어질 수 있다. 하지만 전문적인 소방대원만이 사용이 가능할 정도로 어려운 것은 아니다. 소방시설(消防施設)은 화재를 탐지(감지)해서 통보함으로써 사람들을 보호하거나 대피시키고, 화재 초기단계에서 즉시 소화활동을 할 수 있도록 하며, 자동설비 또는 수동조작에 의해 화재진압을 할 수 있도록 하는 기계·기구 및 시스템을 말한다. 특정 소방대상물의 관계인은 특정소방대상물의 규모·용도 및 수용인원 등을 고려하여 갖추어야 하는 소방시설을 중앙소방본부장이 정하여 고시하는 화재안전기준에 따라 설치 또는 유지·관리하여야 한다. 특히, 화재발생 시 피해 우려가 높은 다중 이용업소에 대해서는 추가로 「다중이용업소의 안전관리에 관한 특별법」에 따른 소방시설, 안전시설 등을 설치·유지해야 한다. 소방본부장이나 소방서장은 소방시설이 화재안전기준에 따라 설치 또는 유지·관리되어 있지 아니할 때에는 해당 특정소방대상물의 관계인에게 필요한 조치를 명할 수 있다. 특정소방대상물의 관계인은 제1항에 따라 소방시설을 유지·관리할 때 소방시설의 기능과 성능에 지장을 줄 수 있는 폐쇄(잠금을 포함한다)·차단 등의 행위를 하여서는 아니된다. 다만, 소방시설의 점검·정비를 위한 폐쇄·차단은 할 수 있다.

017 정답: 2번

보기 중 가장 효과적이지 않은 방법은 인가자 외 출입금지 알림 및 법률조항을 명시하는 것이다. 이는 의도적인 외부 출입자에게 경고를 줄 수 있을지언정 그 불법적인 의지를 꺾을 수는 없기 때문이다. 따라서 불법침입인(不法侵入人)의 도덕적인 관념보다는 사전 예방을 하는 것이 더 중요하다. 참고로 불법침입인은 주인의 허락 없이 불법으로 다른 사람의 토지에 들어가거나 재산에 침해를 입히는 사람을 말한다. 토지에 대한 불법침입은 의도가 있어야 하며 침입인 본인이 물리적으로 토지에 들어가거나 아니면 다른 물체가 침입하도록 원인을 제공한 경우에도 침입이 성립한다. 예를 들어, 돌이나 물을 다른 사람의 토지에 던지거나 끼얹는 경우도 불법침입이 성립하게 된다. 하지만 소음이나 빛, 냄새, 연기 등은 불법침해가 아닌 근린방해에 해당된다.

018 정답: 2번

정전기(靜電氣, Static electricity)는 물체 위에 정지하고 있는 전기를 말한다. 물체 간의 마찰에 의하여 생긴 마찰 전기도 여기에 속한다. 무언가를 대전 마찰할 경우 자연적으로 발생한다. 쉽게 만들어 보려면 지금 당장 거울 앞에 가서 불을 끄고 머리를 빗으로 빗어 보라. 머리카락이 적절하게 건조할 경우 따닥따닥하며 머리에서 불꽃이 튀기는 걸 볼 수 있을 것이다. 이때 발생하는 전압은 1만 볼트를 넘고, 순간 전류는 수 A에 달하지만, 실제로 전기가 흐르는 건 매우 짧은 시간(약 0.000002초)이므로 정전기로 상처를 입는 경우는 거의 없다. 하지만, 그 정전기로 인한 유류, 가스 폭발/화재 사고 사례는 매우 많고, 굉장히 위험하다. 주유소에서 정전기 방지 대책을 강구하는 것도 이런 이유 때문이다.

- 컴퓨터 영역에 정전기 방지(Anti-Static) 바닥재 사용
- 적절한 습도 유지(HVAC)
- 정전기 차단 스프레이
- 접지(Grounding)
- 사무기기 정전 방지처리, 근무 시 정전기 밴드 착용

019 정답: 1번

데이터센터, 서버실 및 배선실은 배선 분배 센터 근처의 핵심 영역에 위치해야 한다. 이러한 영역에 대해서는 엄격한 액세스 제어 메커니즘과 절차를 구현해야 한다. 액세스 제어 메커니즘은 스마트 카드 판독기, 생체 인식 판독기 또는 조합 잠금장치일 수 있다. 이러한 제한 구역에는 액세스 도어가 하나만 있어야 하지만 일반적으로 화재 시 요구 사항에 따라 대부분의 데이터센터와 서버실에는 두 개 이상의 도어가 있어야 한다. 매일 출입을 할 때는 하나의 문만 사용하고, 다른 하나는 비상 상황에서만 사용하도록 해야 한다. 이 두 번째 문은 주 출입문이 되어서는 안 된다. 즉, 일반 사람들이 이 문을 통해 들어올 수 없어야 한다. 또한 잠겨 있어야 하지만 눌렀을 때 잠금을 해제하는 패닉 바가 존재해야 한다. 이러한 제한 구역은 계단, 복도, 하역장, 엘리베이터 및 화장실과 같은 공용 구역에서 직접 접근할 수 없도록 해야 한다.

데이터센터는 일반적으로 값비싼 장비와 회사의 중요 데이터를 보유하고 있기 때문에 구현 전에 보호를 철저히 고려해야 한다. 데이터센터는 건물의 위층에 위치해서는 안 된다. 화재 발생 시 악의적인 직원이 긴급하게 적시에 액세스할 수 있기 때문이다. 마찬가지로 데이터센터는 홍수가 시스템에 영향을 미칠 수 있는 지하실에 위치해서도 안 된다. 그리고 시설이 언덕이 많은 지역에 있는 경우 데이터센터는 지면보다 훨씬 위쪽에 위치해야 한다. 데이터

센터는 건물의 핵심에 위치해야 건물에 어떤 유형의 공격이 가해지더라도 외벽과 구조물이 타격을 흡수하여 손상되지 않을 수 있다.

데이터센터에 대해 구현해야 하는 액세스 제어 및 보안 조치는 처리 중인 데이터의 민감도와 필요한 보호 수준에 따라 각기 다르다. 데이터센터 문에 대한 경보는 근무 시간 외의 시간에는 항상 활성화되어 있어야 한다, 정상 업무 시간 동안, 업무 시간 이후 및 비상시에는 액세스 제어를 수행하는 방법을 지시하는 절차가 존재해야 한다. 조합 잠금을 사용하여 데이터센터에 들어가는 경우 조합은 최소한 6개월마다 변경해야 하며 코드를 알고 있는 직원이 퇴사한 후에도 조합은 변경되어야 한다.

데이터센터는 개별 공간이 아닌 하나의 공간으로 구성되어야 한다. 단선으로 인해 홍수가 발생할 경우를 대비해서 방은 건물의 수도관에서 멀리 떨어져 있어야 한다. HVAC 시스템의 통풍구와 덕트는 특정 유형의 배리어 바로 보호되어야 하며 되도록 작게 하여 누구든지 쉽게 기어들어 가서 센터에 접근할 수 없도록 해야 한다. 데이터센터에는 양의 공기 압력이 있어야 하며 오염 물질이 실내와 컴퓨터 팬으로 빨려 들어가지지 않도록 해야 한다. 연기 감지기 또는 화재 센서는 필수이며, 휴대용 소화기는 장비 가까이에 있어야 하며 누구든지 쉽게 보고 접근할 수 있어야 한다. 워터 센서는 이중 바닥 아래에 배치해야 한다. 대부분의 배선과 케이블은 이중 바닥 아래에 있기 때문에 물이 혹시라도 이 장소에 닿지 않도록 하는 것이 중요하다. 물은 장비, 바닥, 벽, 컴퓨터 및 시설 기초에 광범위한 손상을 줄 수 있다. 연기, 화재, 물 감지기는 경보 시스템에 연결되어야 한다. 경보는 일반적으로 건물의 모든 사람이 아니라 필요한 직원에게만 경고하도록 해야 한다. 경보음이 울릴 때 후속 조치를 담당하는 직원은 물로 인한 잠재적인 손상을 줄이는 방법에 대해서 적절한 교육을 받아야 한다.

020
정답: 4번

금고를 콤비네이션 자물쇠로 잠그는 경우 주기적으로 교체해야 하며 소수의 사람들만 콤비네이션 또는 열쇠에 접근할 수 있어야 한다. 금고는 눈에 보이는 위치에 있어야 금고와 상호 작용하는 모든 사람이 볼 수 있다. 보안 목표는 무단 액세스 시도를 발견하는 것이다. 일부 금고에는 수동 또는 열(온도) 재잠금 기능도 존재한다. 금고에 수동 및 열 재잠금 기능이 있는 경우 누군가가 이를 조작하려고 할 때 이를 감지할 수 있으며, 이 경우 여분의 내부 볼트가 제자리에 놓여 손상되지 않도록 한다. 금고에 열 재잠금 기능이 있는 경우 특정 온도에 도달하면 (드릴링으로 인해) 귀중품을 적절하게 보호하기 위해 추가 잠금장치가 구현된다.

021
정답: 3번

장애 극복 기능, 페일오버(Fail Over)는 컴퓨터 서버, 시스템, 네트워크 등에서 이상이 생겼을 때 예비 시스템으로 자동 전환되는 기능이다. 시스템 대체 작동 또는 장애 조치라고도 한다. 반면 사람이 수동으로 전환을 실시하는 것을 스위치 오버라고 한다. 시스템 설계에서 높은 가용성과 신뢰성이 요구되는 경우, 페일오버 기능을 탑재하는 것이 일반적이다. 경우에 따라서는 자동적인 페일오버가 바람직하지 않은 경우도 있는데, 그 경우에는 인간이 개입하고 페일오버를 실시한다. 이 경우에도 사람은 승인만 하고, 페일오버 처리 자체는 자동적으로 이루어진다. 한편 페일백(Failback)은 페일오버에 따라 전환된 서버/시스템/네트워크를 장애가 발생하기 전의 상태로 되돌리는 처리를 말한다.

022
정답: 4번

장애 완화(Fail Soft) 기술은 고장을 탐지하여 신속하게 처리를 중단하거나 수정하여 돌이킬 수 없는 데이터의 손실 또는 기기의 손상을 예방하거나 완화시킬 수 있는 시스템의 능력이다. 시스템이 고장 나거나 일부 기능이 저하되어도 주 기능을 유지시켜 작동하도록 작성된 프로그램, 또는 문제가 발생하였을 때 그 문제가 해결될 때까지 일부 불필요한 기능을 중단시키고 저하된 성능을 발휘할 수 있도록 하는 프로그램이다.

023 정답: 4번

조명(Lightning)은 침입자를 단념시켜 주변 경계 보호를 하기 위한 목적이며, 8피트 높이, 2 촉광 이상으로 비추어야 한다. 물리적 보안에서 가끔씩 출제되므로 반드시 숙지해야 한다.

024 정답: 1번

폭발(Explosion)은 급격히 기체가 발생하여 그 체적이 순간적으로 증대하고 열이나 빛, 소리, 압력, 충격파 등을 일으키는 현상을 말한다 폭발은 폭발에 필요한 3요소가 모두 있어야 일어나는데, 폭발의 3요소는 산소(Oxygen), 발화원(Ignition Source, 아크, 스파크, 또는 뜨거운 표면 온도 등), 가연성 물질 연료(Fuel, 가스나 증기 등의 형태로 존재)이다. 폭발은 이 3가지 중 하나라도 빠지면 일어나지 않는다. 폭발에는 화학 반응에 의하여 일어나는 화학적 폭발과 기체나 액체의 팽창으로 인해 일어나는 물리적 폭발이 있다. 전자는 화약 폭발, 가스 폭발, 분진 폭발 등 급격한 산화반응에 발열이 세차게 진행되어 일어나는 것이 많다. 후자의 예로는 보일러 폭발이 있다. 보일러 폭발은 내압의 상승에 의해 용기가 일부 파괴되면서 과열 상태의 물이 대기와의 평형 상태를 유지하기 위해서 급격히 끓어 팽창하기 때문에 일어난다.

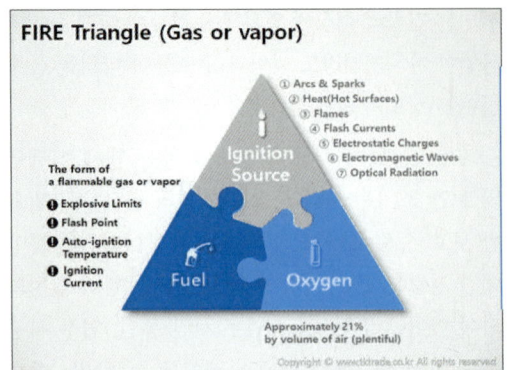

025 정답: 2번

화재(火災, Fire)란 인간이 고의든 과실이든 간에 불을 낸 것을 의미하며, 소화시설을 이용해 끌 필요가 있는 화학적인 폭발현상을 말한다. 화재는 원인에 따라, 방화, 실화, 자연발화, 천재지변에 의한 발화, 기타의 다섯 종류로 구분되고, 소실 정도에 따라 전소, 반소, 부분연소로 분류할 수 있다. 화인이라 함은 어떤 화원(화원, 불을 나게 하는 물질. 예: 성냥, 라이터, 전기, 담뱃불, 아궁이, 온돌 등)이 어떤 가연물(불이 잘 붙는 것, 산화되기 쉬운 물질)에 착화되어 화재가 발생하는 것을 말한다. 예를 들면 화원은 라이터, 가연물은 숯이 된다. 화재의 3요소는 가연물(Fuel), 온도(Heat), 산소(Oxygen)이다.

026 정답: 3번

분진폭발 5요소는 기존의 폭발 3요소인 산소, 가연성물질 연료(Fuel), 발화원에, 부유분진(분진이 공기 중에 떠다니고 있을 것)과 한정된 공간(공장 내부 등)이라는 2가지 조건을 추가한 것이다. 분진이 계속 공기 중에 있어야 한다(Suspended in air)는 뜻은 분진이 쌓일 정도로 일정한 분진 밀도가 있어야 한다는 뜻이고, 한정된 공간에 있어야 한다는 것은 분진폭발이 일어날 때의 충분한 압력이 유지되어야 한다는 뜻이다. 석탄가루나 금속파편가루는 물론이고 곡물가루(Grain), 섬유(Linen), 설탕(Sugar) 등에 이르기까지 미세한 크기(Finely ground)로 분진이 공기 중에 떠다니는 공장 내부 등에서는 일정한 조건(최소폭발농도, MEC, Minimum Explosive Concentration)에 도달하면, 발화원에 따라 바로 분진폭발이 일어날 수 있다.

석탄분쇄기나 곡물운송용 컨베이어벨트, 저장창고(사일로) 같은 곳에서는 항상 먼지나 분진이 쌓인다. 가스와 달리 먼지는 흩어지지 않고 그대로 남아있으며 겹겹이 층을 이루게 된다. 쌓인 먼지 아래에는 모터와 같이 열을 발생시키는 장비가 있을 수 있고 모터에서 발생한 열은 표면에 쌓인 먼지로 인해 공기 중으로 방출되지 못해 점점 더 뜨거워진다. 이 보온효과로 온도가 급격히 상승한다. 발화가 일어나면 먼지 층은 연료 공급원으로 역할을 바꾼다. 충분한 농도의 분진가루가 있고 발화원인 열이 발생하여 장비 위에 있던 분진에 불이 붙으면 주변에서 흩날리는 먼지가루들(Dust Cloud)이 연쇄적으로 반응하면서 폭발로 이어진다.

분진폭발은 1차적으로 폭발하는 힘에 의해 주변 물질의 파괴가 일어나지만, 2차 폭발 즉 근처에 떠다니던 분진들이 주변 대기로 확장되면서 발생하는 상당한 에너지에 의해 더 큰 폭발이 일어난다. 이는 1차 폭발에 비해 2차 폭발의 위력이 훨씬 더 큰 것으로 알려져 있다. 분진폭발을 방지하기 위해서는 분진폭발의 5요소가 동시에 일어나지 않도록 해야 한다. 분진폭발의 5요소중 산소와 한정된 공간이라는 요소는 현장 여건상 제거하기 쉽지 않을 테니, 나머지 요소들을 제거하여 분진폭발을 방지해야 한다.

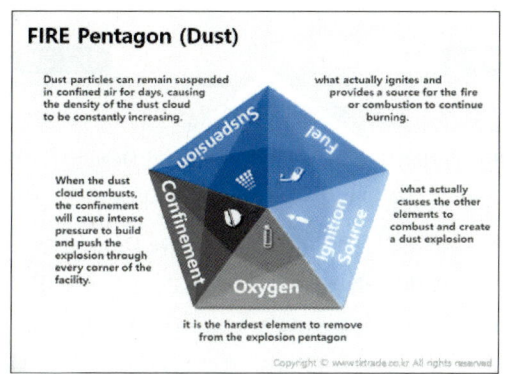

027
정답: 3번

가스, 분진과 관련된 비슷한 용어가 많아 혼동하기 쉽다. 각 종류를 물질의 정의와 함께 분류해보면 다음과 같다.

- **가연성 가스**(Flammable Gas): 보통의 대기상태(온도와 압력)에서는 기체의 형태로 존재하는 것을 말하며, 산소와 혼합하여 존재하여 일정한 조건이 되면 발화할 수 있다. 수소, 메탄, 프로판 등.
- **가연성 증기**(Flammable Vapours): 가연성 액체(Flammable Liquid)가 증발해 증기의 형태로 존재하는 것을 말하며, 가연성 액체란 인화점(Flash Point)이 61도 이하인 액체이다. 가솔린, 변성알코올(Methylated spirits), 에탄올(Ethanol) 등.
- **가연성 미스트**(Flammable Mists): 인화성 액체(Combustible Liquid)가 미스트의 형태로 존재하는 것을 말하며, 인화성 액체는 가연성 액체와는 달리 인화점(Flash Point)이 61도 이상이라 일반 대기온도로는 인화점에 도달하지 않는다. 그러나 인화성 증기가 충분한 양이 있다면 인화점에 도달하지 않더라도 폭발 가능성이 있다. 경유, 중유(Fuel Oil) 등.
- **인화성 분진**(Combustible Dusts): 크기가 500마이크론(0.5mm) 이하이고, 공기 중에 부유물로 떠다니다가 결국 표면에 가라앉는 물질을 말한다. 밀가루, 설탕가루, 석탄가루, 금속가루 등.
- **인화성 부유물**(Combustible Fibres, Flyings): 크기가 500마이크론(0.5mm) 이하이고, 공기 중에 부유물로 떠다니다가 결국 표면에 가라앉는 물질을 말한다. 면, 모직(Wool), 폴리프로필렌 등.

028
정답: 2번

2020년 베이루트 폭발 사고(2020 Beirut Explosions)는 2020년 8월 4일, 레바논의 수도인 베이루트의 시내 인근 항구인 베이루트항에서 일어난 폭발 사고이다. 이번 폭발 사고의 위력은 중화인민공화국 톈진시에서 2015년 8월 당시 일어난 폭발 사고인 2015년 톈진항 폭발 사고를 크게 능가했다. 당시 사망자는 약 200명, 부상자 역시 6천여 명에 이르는 것으로 잠정 집계되었으며, 일부는 실종자 중 사망자가 더 많아지게 될 것이라는 관측도 있었다. 이 사건은 지난 6년간 레바논 정부 당국에 의해 압수 처리된 질산암모늄 2,750톤 이상이 보관 중인 일과도 관계가 있는 것으로 알려졌다. 이 사고의 여파로 대형 곡물 창고 1동이 날아갔으며, 피해를 본 이재민도 역시 300,000여 명에 이른 것으로 잠정 집계되어 있다. 참고로 화재의 분류는 다음과 같다.

- **보통 화재(일반 화재)/A급 화재**: 목재, 섬유류, 종이, 나무 플라스틱처럼 다 타고 난 이후에 재를 남기는 화재를 말하며 이런 화재를 일반 화재 또는 보통 화재라고 한다.
- **유류 화재/B급 화재**: 휘발유 또는 석유와 같이 불에 타기 쉬운 가연성 액체는 프로판 가스와 같은 가연성 가스류 화재 또는 가스 화재라고 한다.
- **전기 화재/C급 화재**: 변압기, 전기다리미, 두꺼비집 등 전기기구에 전기가 통하는 기계나 기구 등에서 발생하는 화재를 말한다.
- **금속 화재/D급 화재**: 마그네슘, 티타늄, 지르코늄, 나트륨, 칼륨 등의 가연성 금속 등에서 발생하는 화재를 말한다.

029 정답: 4번

전기(Electricity)란 전하의 존재 및 흐름과 관련된 물리 현상들의 총체이다. 전기는 번개, 정전기, 전자기 유도, 전류 등 일상적인 효과들의 원인이다. 또한 전기는 전파 따위의 전자기 복사를 발산하고 또한 수집할 수 있다. 전력(電力, Electric Power)은 단위시간당 전류가 할 수 있는 일의 양을 말한다. 전력의 단위로는 와트를 사용하고 W로 표시한다. 일반적인 전력의 위협에는 전력 손실, 전력 저하, 전력 과다, 노이즈가 있다. 전력 장애를 대비하여 UPS, 정류기를 보유해야 하며 건물 비상 전원에 연결하여 정전 시 비상 전원을 투입하도록 하여야 한다. 또한 비상 발전이 끝나는 시점부터는 내부 배터리를 활용하여 대비하여야 한다.

030 정답: 3번

컴퓨터 시설의 위치 선정 시에 고려되어야 할 사항은 가시성, 교통여건, 지역환경 등이다. 하지만 보기 ③번의 경제성은 고려되어야 할 사항과 가장 거리가 멀다. 컴퓨터 시설의 전략적인 위치선정을 위한 고려사항은 다음과 같다.

- **가시성**: 낮은 가시성(눈에 잘 띄지 않는 곳), 건물 표시 및 간판
- **지역환경**: 주위 환경의 위험, 범죄율, 인구밀도, 자연재해
- **교통여건**: 접근성 확보, 과도한 교통량은 피함, 다른 교통수단과의 인접성
- **기타**: 응급서비스의 인접성, 공동 소유 시 비상 상황에 대한 통제 고려

031 정답: 2번

환경설계를 통한 범죄예방(CPTED: Crime Prevention Through Environmental Design)은 적절한 건축설계나 도시계획 등 도시 환경의 범죄에 대한 방어적인 디자인(Defensive Design)을 통하여 범죄가 발생할 기회를 줄이고, 도시민들이 범죄에 대한 두려움을 덜 느끼고 안전감을 유지하도록 하여 궁극적으로 삶의 질을 향상시키는 종합적

인 범죄예방 전략을 말한다. CPTED의 원리는 범죄예방을 위해 다양한 도시계획이나 설계 전략으로 전환되어 적용될 수 있다. 즉, 자연적 감시(Natural Surveillance), 자연적 접근 통제(Natural Access Control), 영역성(Territoriality)과 두 가지 부가 원리인 활동의 활용성 증대(Activity Support), 유지와 관리(Maintenance and Management)로 구성된다. 이러한 전략은 또한 다음과 같은 세부 상세 카테고리로 나누어 볼 수 있다.

(1) 분명한 시야선 확보
(2) 적합한 조명의 사용
(3) 고립지역의 개선
(4) 사각지대의 개선
(5) 대지의 복합적 사용 증진
(6) 활동 인자
(7) 영역성 강화
(8) 정확한 표시로 정보 제공
(9) 공간 설계

032 정답: 3번

전기 노이즈(高調波: Hamonis)란 전기 및 제어 회로에서 목적으로 하지 않는 신호로 정의할 수 있다(전기 및 전자 회로에서는 정상 동작에 요구되는 신호 이외의 신호로 회로의 비선형 특성에 의한 왜곡 현상은 제외한다). 이는 한 회로의 정상적인 신호가 다른 회로에 결합되어 비정상 동작을 유발하는 신호라고 할 수 있다. 전기 노이즈 및 전자파 장해에 관한 관련 억제기술을 전자기간섭(EMI: Electro Magnetic Interference) 또는 전자기 적합성(EMC: Electro Magnetic Compatibility)이라고 한다. EMI는 장비로부터 발생하는 전자파 장해의 정도를 나타내는 것이고, EMC는 장비가 외부의 전자파 장애로부터 견딜 수 있는 정도를 말한다. 전기 노이즈를 크게 2가지로 나누어 살펴보면 낮은 주파수대역(가청 주파수대인 20kHz 이하의 영역)에서 주로 발생하여 시스템의 손실로 계산되며 신호원 오동작의 주범으로 분류되는 전기적 노이즈와 고주파수 대역에서 발생되는 전자파 노이즈(EMI)로 분류할 수 있다. 이상의 두 경우 모두 신호의 주파수 성분, 전류 또는 전압의 크기, 안테나 구조물의 크기가 증가하면 그에 따라 전자파 방출량도 늘어난다. 그러므로 전자파 발생량을 줄이기 위해서는 신호의 주파수 성분을 줄이거나 회로의 루프나 쌍극자의 크기를 줄여야 한다. 이외에도 전자파 차폐(Shielding), 케이블링(Cabling), 필터링(Filtering), 밸런싱(Balancing), 접지(Grounding), 전력선 배치(Power Distribution) 등의 방법들이 사용되고 있다.

출처: https://www.itfind.or.kr/

033 정답: 3번

경비견 혹은 번견(番犬, Guard dog 또는 Watchdog)은 경비하는 데 사용할 목적으로 사육하여 훈련시킨 개이다. 방범견(防犯犬)이라고도 한다. 예기치 않게 침입하는 인간이나 동물로부터 재산을 지키고 감시하는 개이다. 이 유형의 개는 안목이 있어서 집안에 거주하는 사람들을 귀찮게 하거나 공격하지는 않는다. 단점으로는 비싼 유지비용, 관리의 어려움, 짧은 수명이 존재하지만 보기 ③번의 과도한 친절은 포함되지 않는다.

034 정답: 3번

시스템 운영에 가장 적절한 온도는 70~74°F(21~23℃)이다. 참고로 75°F(23℃) 이상 고온 지속 시 과열로 인해 운영 중단 가능성이 있으며, 70°F(21℃) 미만 저온 지속 시 시스템 활동을 느리게 하여 중단 가능성이 존재한다. 참고로 항온항습기(PACS: Precision Air Conditioning System)는 실내공기에 영향을 받는 각종 장비나 기기가 최상의 상태에서 작동될 수 있도록 공기 상태를 조절해 주는 다기능 공조 기기를 말하는 것으로 전산실, 실험실, 환경시험 설비의 적정 온·습도 유지에 필요한 장치이다. 항온항습기의 냉각코일에서는 냉각과 제습, 난방 코일에서는 난방과 재열, 가습기에서는 양질의 스팀 분사가 이루어지며 이런 기능의 조합으로 정밀한 온·습도 제어가 이루어진다. 항온항습기는 냉각열 매체에 따라서 공냉식, 수냉식. 그리고 토출 방식에 따라 상향식, 하향식으로 구분되며 난방열 매체로는 전기, 온수, 스팀을 사용할 수 있다.

항온항습기 공조방식은 일반적으로 Down Flow 방식과 Up Flow 방식이 있다. Down Flow 방식은 컴퓨터룸 바닥 위에 프리액세스 플로어(Free Access Floor)를 설치, 그 사이의 공랭용 닥트를 이용하는 것으로 프리액세스 플로어 패널에 취출구를 두어 하부에서 찬 공기가 유입되는 방식이다. 특징은 공조된 공기가 직접 기계에 공급되기 때문에 효율 및 기류가 좋다. 공조 닥트가 실내에 설치되지 않기 때문에 룸의 미관을 해치지 않는다. 플로어 하부 전체가 공조용 닥트이므로 장비 증설이나 확장이 용이하다. 컴퓨터의 배선공사가 용이하다. Up Flow 방식은 항온항습실 내에 설치되는 공조기가 직접 실내에 송풍하는 방식으로 다음과 같은 특징이 있다. 실내 기류 분포에 주의하지 않으면 안 된다. 소형 시스템에 적당하며 대형 시스템에서는 풍량이 많아서 작업환경에 따라 액세스 플로어를 설치하지 않는 장소에 설치한다. 설치비는 Down Flow 방식과 비교하여 약간 저렴하다.

035 정답: 3번

물리적 보안 정보 관리(PSIM: Physical Security Information Management) 소프트웨어는 다음과 같은 주요한 특징을 지닌다. 첫째는 지능형 사용자 인터페이스로, 조작자의 작업을 자동화하고 다양한 작업 공간 레이아웃과 탭 컨트롤, 윈도우, 다중모니터 지원기능을 제공한다. 둘째 복잡한 시스템 통합 설치 기능은 타 시스템의 운영기능과 통합 설치가 가능하고 고급 장치 기능과 양방향 통신 기능을 지원한다. 셋째 유연성 및 확장성은, PSIM 아키텍처를 이용해 코어 소프트웨어의 수정 없이 IP 연결을 사용하는 새로운 장치와 시스템을 추가할 수 있는 것을 가리킨다.

036 정답: 4번

질소는 프닉토겐 원소의 일종으로, 2주기 15족에 속하는 비금속원소이다. 상온에서 공기에 가장 많이 포함되어 있는 기체이며 일반적으로 질소는 약 78% 정도 차지하고 산소가 약 21%를 차지한다. 나머지는 이산화탄소와 아르곤, 수증기 등 소량의 물질들이 섞여서 공기를 구성한다. 따라서 질소는 광학가스화상(OGI) 카메라로 검출하는 유해가스로는 가장 거리가 멀다고 할 수 있으며, 해당 가스 카메라는 메탄, 에탄, 벤젠, 기타 일시적 가스를 포함한 400가지 이상의 유해성 가스를 시각화할 수 있다.

037 정답: 4번

소형 열화상 카메라(TIC)는 응급구조 대원을 위해서 최적화되어 보급되고 있다. 이는 열을 감지하기 때문에 연기가 자욱한 곳이나 암흑 속에서도 사용자가 주변 환경을 파악할 수 있게 도와주며, 산불 통제, 수색 구조 작전, 구조적 손상 파악, 조사 업무 등에 적용되고 있다. 하지만 보기 ④번의 공항 플루 환자 감별은 소형 열화상 카메라의 용도와 거리가 가장 멀다.

출처: https://www.flirkorea.com/

038   정답: 1번

만약 고속도로나 들판같이 마땅히 피할 곳이 없는 곳에서 토네이도를 만난다면 당장 차에서 내려 도랑이나 구덩이와 같이 엎드려 바람을 피할 곳을 찾아야 한다. 번개가 칠 경우 차 안에 있는 것(패러데이 새장 효과)이 안전하다고 할 수 있지만 토네이도는 물리적으로 차량을 휘감아 날릴 수 있기 때문에 차 안에 머무는 것은 아주 위험하다. 또한 흔히 잘못 알려진 상식으로는 도로상에서 토네이도를 만났을 경우 다리 교량 밑으로 숨으면 안전할 것 같지만 이는 상당히 위험한 행동이다. 들판을 가로지르던 토네이도가 교각 사이의 좁은 공간을 지나게 되면 유체역학상 흐름이 줄어들어 바람이 더욱 빨라지게 되고 총알처럼 빠른 속도로 소용돌이치는 부유물들을 온몸으로 맞게 된다. 실제로 1999년 5월 3일 오클라호마(Oklahoma)에서 17명의 사람이 토네이도가 다가오자 35번 고속도로 밑에 숨었다가 한 명은 수 km나 내동댕이쳐졌고 다른 한 명은 팔다리가 절단되었고 나머지는 허리나 목이 부러지거나 머리부터 발끝까지 날아온 부유물에 심하게 부상을 당한 사실이 있다.

039   정답: 2번

토네이도의 강도를 나타낼 때는 토네이도에 의한 피해를 기준으로 정한 후지타 규모(Fujita Scale)가 주로 쓰인다. 후지타 규모는 F0에서 F5까지 6개의 등급으로 구분되는데, 최근에는 풍속과 피해 규모에 따라 개선된 새로운 후지타 규모를 사용하고 있다. 개선된 후지타 규모는 EF0에서 EF5까지 6개의 등급으로 구분된다. 최저 등급인 EF0는 풍속이 초속 29~38m이며 나뭇가지가 부러지고 간판이 피해를 보는 단계이다. EF1은 풍속이 초속 39~49m이며 나무가 꺾이고 창문이 깨지는 단계, EF2는 풍속이 초속 50~60m이며 큰 나무의 뿌리가 뽑히고 약한 건축물이 파괴되는 단계, EF3는 풍속이 초속 61~74m이며 나무는 완전히 파헤쳐지고 자동차는 뒤집히며 빌딩 벽이 무너지는 단계, EF4는 풍속이 초속 75~89m이며 조립식 벽이 파괴되는 단계, 그리고 EF5는 풍속이 초속 90m 이상이며 자동차 크기의 구조물은 100m 이상 이동하고 철 구조물도 큰 피해를 보는 단계이다. 대부분의 인명 피해는 EF4나 EF5에 이르는 매우 강력한 토네이도에 의해 발생하는데, 이들 강력한 토네이도의 발생 건수는 연간 한두 차례에 불과하다.

040   정답: 3번

드론을 원격으로 조종하거나 자율적으로 비행하도록 하기 위해서는 여러 기술이 필요하며, 대표적

[40번 해설 관련 표]

분야	세부 응용 기술
드론 이용 시설 인프라 관리 기술	① 드론 이용 교통 인프라(교량, 도로, 터널 등) 관리 기술 ② 드론 이용 에너지 인프라(발전시설, 전력망, 가스관, 태양광 패널 등) 관리 기술 ③ 드론 이용 통신 인프라 관리 기술 ④ 드론 이용 주요시설(댐, 공장, 건물 등) 관리 기술
드론 이용 재난 재해 감시 및 대응 기술	① 드론 이용 자연재해 감지 및 예측 기술 ② 드론 이용 재난·재해 현장 상황 파악 기술 ③ 드론 이용 화재 감시 및 진화 기술 ④ 드론 이용 재난·재해 구조 및 복구 기술 ⑤ 극한 환경 하에서의 탐색 기술 ⑥ 재난·재해 감지 및 예측을 위한 드론 획득 데이터 처리 기술
드론 이용 치안 기술	① 드론 이용 지상 교통 상황 감시 기술 ② 드론 이용 순찰 기술 ③ 드론 이용 범인/차량 탐지 및 추적 기술 ④ 드론 이용 실종자/조난자 수색 기술
드론 이용 환경탐사 기술	① 드론 이용 미세먼지 데이터 수집 기술 ② 드론 기반 광역 환경 데이터 수집 무빙 센서 네트워크 기술 ③ 드론 이용 녹조·적조 데이터 수집 기술 ④ 드론 이용 정밀 기상 관측 기술 ⑤ 환경 오염 감지 및 예측을 위한 드론 획득 데이터 처리 기술
드론 이용 공간정보 구축 및 관리 기술	① 드론 이용 3D 정밀 맵 생성 기술 ② 드론 이용 지상 적재물 부피 측정 기술 ③ 시계열 3D 맵 데이터 관리 및 분석 기술 ④ 다수 드론 지도 데이터 통합 기술 ⑤ 드론 이용 건축물 영상분석(BIM 등) 기술
드론 이용 정밀 농·임업 기술	① 드론 이용 농작물 작황 모니터링 기술 ② 드론 이용 농작물 파종 및 병충해 대응 기술 ③ 드론 이용 경작지 상태 모니터링 기술 ④ 드론 이용 삼림 병충해 감시 및 예측 기술 ⑤ 드론 이용 수목 분포 관리 기술
드론 이용 정밀 수산업 기술	① 드론 이용 해양 상태·오염 지도 제작 기술 ② 드론 이용 해양 어종 및 분포 확인 기술 ③ 드론 이용 양식장 관리 기술 ④ 드론 이용 어획(fishing) 기술

<자료> 한국전자통신연구원 자체 작성

으로는 통신 및 보안 기술, 탐지 및 인식 기술, 자율 비행 기술, 배터리 기술, 카운터 드론 기술, 비행 제어 기술, 자동 착륙 기술, 군집 및 협력 비행 기술 등이 있다. 드론의 주요 응용 분야는 다음과 같다.

- **시설 인프라 관리 응용**: 댐, 공장, 건물, 교량, 터널, 전력망, 가스관, 태양광 패널 등과 같은 주요 인프라 감시
- **재난 지원 응용**: 재난/재해의 예측, 상황 파악, 복구 지원 수행
- **치안 응용**: 교통 상황 감시, 순찰, 범인 추적, 실종자 수색 수행
- **환경 탐사 응용**: 환경 데이터 수집 및 정밀 기상 관측 수행
- **공간정보 구축 및 관리 응용**: 3차원 정밀 지도 및 건축물 영상 분석 수행
- **정밀 농임업 응용**: 농작물 작황 및 경작지 상태 감시와 병충해 감시 및 대응 수행
- **정밀 수산업 응용**: 해양상태 및 오염지도 제작과 양식장 관리 및 어획 수행

출처: 한국 전자 통신 연구소)

041
정답: 3번

경보 시스템은 탐지도구 역할을 하고 CCTV 카메라는 상황을 평가하는 데 도움이 되며 보안 인터콤 덕분에 보안 담당자가 범죄자가 목표에 도달하기 전에 개입할 수 있다. 기업 입장에서는 항상 물리적 취약점을 식별하고 완화해야 한다. 가능한 모든 액세스 포인트를 고려하고 침입자가 의도한 대상에 도달하기 전에 침입자를 탐지하고 막을 수 있을지 항상 확인해야 한다. 다음은 일반적인 물리 보안의 예이다.

- 주차장에서 서버실에 이르기까지 다양한 수준의 액세스 제어를 구현하여 침입을 조직하기 어렵게 만든다.
- 사소한 취약점을 분석하기 위해 보안 이벤트를 추적하도록 한다.
- 매년 위험 평가를 수행한다.
- 회사를 떠난 직후 해고된 고용주에 대한 접근 권한을 상실시킨다.
- 조직 내에서 정보 보안 모범 사례를 채택하고 전파시킨다.
- 정보 보안을 위해서 역할 기반 액세스 제어를 구현한다.
- 귀중한 자산과 민감한 정보는 쉽게 접근할 수 있는 곳에 두지 않는다.
- 사용자에게 NDA(Non-Disclosure Agreement) 정책이 지켜질 수 있도록 가이드한다.

042
정답: 2번

지그비(ZigBee)는 소형, 저전력 디지털 라디오를 이용해 개인 통신망을 구성하여 통신하기 위한 표준 기술이다. IEEE 802.15 표준을 기반으로 만들어졌다. ZigBee 장치는 메시 네트워크 방식을 이용, 여러 중간 노드를 거쳐 목적지까지 데이터를 전송함으로써 저전력임에도 불구하고 넓은 범위의 통신이 가능하다. 애드혹 네트워크적인 특성으로 인해 중심 노드가 따로 존재하지 않는 응용 분야에 적합하다. ZigBee는 낮은 수준의 전송 속도만 필요로 하면서 긴 배터리 수명과 보안성을 요구하는 분야에서 사용된다. 초당 250 kbit의 전송 속도를 가지며, 주기적 또는 간헐적인 데이터 전송이나 센서 및 입력 장치 등의 단순 신호 전달을 위한 데이터 전송에 가장 적합하다. 응용 분야에는 무선 조명 스위치, 가내 전력량계, 교통 관리 시스템, 그 밖에 근거리 저속 통신을 해야 하는 개인 및 산업용 장치 등이 있다. ZigBee 표준은 블루투스나 와이파이 같은 다른 WPAN 기술에 비해 상대적으로 더 단순하고 저렴한 기술을 목표로 만들어졌다. ZigBee 네트워크는 128비트 대칭키 암호화를 이용한 보안을 제공

한다. 홈 오토메이션 애플리케이션의 경우, 전송 거리는 가시선 기준 10에서 100미터 정도이며 출력 강도 및 무선 환경에 따라 달라진다. ZigBee는 1998년 구상이 시작되었으며 2003년에 첫 표준이 제정되었고, 2006년에 개정되었다. ZigBee라는 명칭은 벌집에 돌아온 꿀벌이 추는 춤에서 유래한 것이다. IEEE 802.15.4에서 표준화가 진행되며, 주파수 대역은 2.4GHz, 868/915MHz를 사용하고, 변조방식은 DSSS, 데이터 전송속도는 20~250Kbps이다. 다른 무선통신기술에 비해 전력소모가 적고, 저가 제품 구현이 용이하여 산업, 전자, 군사용으로 널리 사용되고 있다. Zigbee는 하나의 무선 네트워크에 255대의 기기가 연결 가능하며, AA건전지로 1~2년을 작동할 정도로 전력 소모가 적으므로 초소형 저전력 저가격 시장에 적합하다. ZigBee 노드는 센서와 같은 역할을 하기 때문에 대량의 정보 전송이나 높은 주파수를 요구하지 않는다.

출처: https://zigbeealliance.org/

043   정답: 4번

지능형 CCTV란, CCTV 카메라에 객체가 잡히면 객체의 침입/이동/사라짐 등을 즉시 감지하여 위험 상황인지를 판단하고 관리자에게 알리는 CCTV를 말한다. 사용자가 설정해 놓은 구역 내 침입 발생을 알리는 방범 역할부터 화재, 폭설 등 재난재해 방재 시스템까지 폭넓게 활용되고 있다. 침입 감지, 배회 감지, 뒤따름 감지 등 치안 관제 기능부터 연기 및 화재 감지까지 영상 내 객체 분석을 통해 객체의 행동을 시스템이 자동 파악할 수 있다. 즉, 위험 요소를 사전에 인지하여 사고 예방에 적극적으로 활용되고 있는 지능형 CCTV는 앞으로도 지능형 영상분석 시스템이 영상보안 분야의 커다란 트렌드로 영상보안 제품과 서비스에 필수요소가 될 전망이다. 빅데이터를 이용한 범죄 탐지기술은 지능형 CCTV의 주요기술과 가장 거리가 멀다. 이벤트 탐지기술로 사고, 범죄 등 다양한 이벤트를 자동으로 탐지하는 기술(예: 침입탐지, 배회, 거주 시간 계산, 군중 카운

[43번 해설 관련 이미지]

팅, 군중 흐름 분석)은 존재한다. 그렇지만 이벤트가 발생하였다고 해서 그것이 범죄로 바로 이어지는 것은 아니다. 따라서 범죄를 탐지하기 위해서는 사람의 적정한 판단이 필수적이다.

044 정답: 4번

다채널 인증(MFA: Multi-Factor Authentication)은 둘 이상의 인증기법을 동시에 적용하여 인증의 강도를 높이는 물리보안 기법이다. 인증은 1 유형(지식 기반 인증), 2 유형(소유 기반 인증), 3 유형(생체 인증)으로 분류되는데, 다채널 인증(MFA)이라 불리는 기법은 둘 이상의 다른 유형의 인증을 함께 적용하는 경우에 해당된다. 보기 ④번의 CAPTCHA는 자동입력과 BOT을 방지하고 인간임을 증명하기 위한 기술로 해당 문제의 인증과는 거리가 상대적으로 멀다.

045 정답: 4번

활성 파일에 중요한 레코드가 있는 각 사무실에 대해 다음 사항을 고려하고 해결해야 한다.

- 보관 장소에 환기가 되는가?
- 적절한 온도 및 습도 제어 기능이 있는가?
- 해당 지역에 대한 무단 액세스를 막기 위해서 어떠한 보안 조치가 마련되어 있는가?
- 물 자체가 화재, 홍수 및 기타 재난으로부터 보호되는가?
- 난 및 방해 행위로부터 장비를 안전하게 보관하는데 사용되는 장비인가?
- Vital Record의 유일한 사본을 온 사이트 또는 오프 사이트에 저장하는 것이 더 안전하다고 생각하는가?

그리고 현장 저장 위치를 선택하면 다음과 같은 문제를 해결해야 한다.

- 화재, 물 또는 하수 위험 가능성이 있는지 확인하고, 그러한 경우 즉시 수정하거나 수리해야 한다.
- 직원 모두가 자료 위치를 알되, 자료에 대한 접근은 권한이 있는 직원으로 제한되어야 한다.
- 통로와 출입구는 항상 깨끗해야 한다.
- 비활성 기록은 보관을 위해 정기적으로 URC (University Records Center)로 전송해야 한다.
- 직원은 모든 ABC 소화기의 위치를 알아야 한다.

046 정답: 2번

ISC2에서 제안하고 있는 정보처리 시스템과 관련된 시설의 벽(Walls)에 대한 화재 등급은 최소한 2시간의 화재 등급을 가져야 한다.

047 정답: 1번

1차, 2차 등 각 저지선을 뚫고 들어오는 불법 침입자를 방어하기 위한 최후의 마지막 방어선은 사람이 되어야 한다. 이는 각 저지선을 뚫고 들어오는 침입자를 최후의 마지막 방어선에서 빠르게 상황 판단하여 저지해야 되기 때문이다.

048 정답: 3번

보안 등급이 높거나 중요한 시스템이 있는 시설(Mission Critical Area)의 경우, 라이트 조명은 8피트 높이에서 2피트의 촉광으로 비추어야 한다.

049 정답: 3번

해당 내용에서 가장 알맞은 답은 8피트 이상 높이의 와이어 철조망 펜스이다. 수험생들이 의도된 침입자는 어떠한 펜스로도 막을 수 없다고 보통 선택하지만, ISC2에서 제안을 하고 있는 담장은 8피트 이상 높이의 와이어 철조망 담장이며 실제로도 불법 침입자를 막는 것뿐만 아니라 8피트 이상은 시각적으로 불법 침입자에게 심리적으로 부담을 주어서 월담을 제지할 수 있는 높이가 된다.

050   정답: 3번

철조망과 관련성이 없는 것은 스타 철조망이다. 철조망의 종류로는 보통 가시 철조망(Stranded Barbed Wire), 윤형 압착 철조망(Concertina Razor Wire), 윤형 가시 철조망(Concertina Barbed Wire)이 존재한다. 각각의 설명은 다음과 같다.

- **가시 철조망(Stranded Barbed Wire)**: 이 철조망은 두 개의 본선에 가시가 달린 형태로 윤형 가시, 윤형 압착 철조망과 함께 쓰인다. 특히 다른 철조망과 달리 아연도금 부착율이 높아 내구성이 뛰어나며, 본선은 연선을 사용하기 때문에 다양한 형태의 작업과 더불어 다른 펜스 등과 함께 시공이 가능하다.

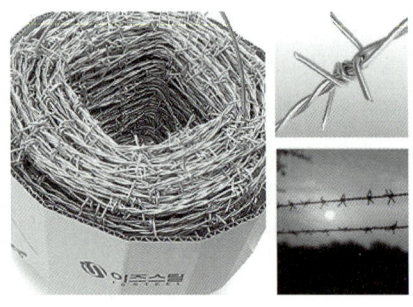

- **윤형 압착 철조망(Concertina Razor wire)**: 가시 모양이 날카로운 칼날의 형태를 가지고 있어 보안성이 뛰어나며, 다양한 소재를 사용하여 설치환경에 맞게 소비자의 욕구를 충족시켜 준다(스테인리스, 아연도금철판, 콜탈도포). 특히 검정색 콜탈도포는 국방부 및 조달본부에 납품하는 제품으로 녹을 예방할 수 있다. 제품은 코일 지름과 칼날의 길이에 따라 다양하게 생산되고 있다.

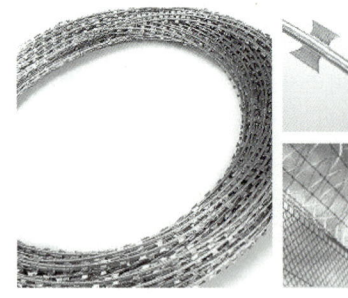

- **윤형 가시 철조망(Concertina Barbed Wire)**: 윤형 압착 철조망과 같은 형태이나 칼날대신에 가시를 사용한다. 주 재료는 아연도금철선을 사용하며, 녹 방지를 위해 PVC, 콜탈 제품도 생산한다.

051   정답: 3번

일반적으로 경비견을 통제할 수 있는 시큐리티 가드가 발견하기도 전에 이미 사망했다면 과실치사죄는 성립하기 어렵다. 하지만 시큐리티 가드가 발견하고 충분히 제압되었음에도 불구하고 계속 경비견의 공격을 받아서 방치되어 사망에 이르게 한 경우에는 책임을 져야 한다. 보기 ①번은 불법 침입 의심자로 자체적으로 판단한 것이지 확실하게 범죄자로 단정을 하기는 어려운 상황이다(예: 수도공사, 전기공사 등). 보기 ②번의 사유지 안에서 경비견을 풀어두는 것은 문제가 되지 않는다. 보기 ④번도 적절하지 않다. 정황상 CCTV 와 조명으로 불법 침입자를 완벽하게 저지하기는 어렵다. 여기서 CCTV 및 조명은 보완통제에 더 가깝다.

052

정답: 3번

광센서는 여러 가지 장점이 존재하지만 가격이 비싸다는 단점이 있다. 광센서는 광케이블에 광입자를 입사시켜 이 광입자의 광 누설량을 검출하여 계측대상의 물리적 특성(길이, 변형, 액체 누설 등) 변화를 계측하는 센서를 의미한다. 광센서는 가시광선을 포함하여 전자기파 중에서 광학적인 영역으로 분류할 수 있는 자외선 및 적외선 광신호를 감지하여 전기적인 신호로 변환하여 검출하는 소자이다. 엑스선을 광학적으로 다루기는 어렵지만, 엑스선을 측정하는 경우에도 광센서로 구분하기도 한다.

광센서의 기본적인 동작 원리는 광전효과(Photoelectric Effect)이다. 광전효과는 아인슈타인이 1905년에 정립한 물리현상으로 양자역학의 발견에 초석이 되었다. 광전효과에 따르면, 금속판에 특정 주파수 이상의 빛을 조사하게 되면 금속 내부에 속박되어 있던 있는 전자가 빛으로부터 에너지를 얻어 금속 밖으로 나올 수 있게 된다. 이렇게 금속으로부터 방출된 전자는 양극으로 이동하여 회로의 전기전도에 기여하게 된다.

053

정답: 2번

광섬유 센서를 이용한 계측의 장점은 동일한 광섬유 케이블을 이용하여 다양한 물리적, 화학적 계측 및 감지가 가능하다는 것이다. 광섬유를 센서로 활용하는 기술은 분포형 방식 OTDR(Optical Time Domain Reflectometry)과 포인트형 방식 FBG(Fiber Bragg Grating Sensor)방법으로 구분된다, 분포형 OTDR은 측정방식에 따라 간섭형 센서(Interferometer Sensor)와 강도형 센서(Intensity Sensor)로 구분된다. 간섭형 센서는 고밀도의 음향, 진동, 지진계측 등으로 활용되며, 강도형 센서는 광섬유의 휨 손실 및 반사광의 변동을 분석하여 광역지역의 변위, 수위, 우량 계측, 낙석 및 토사류의 감지 등에 활용되고 있다. 또한, 광섬유 Core의 회절격자(Grating)의 적외선 주기 및 굴절률을 이용하는 방법인 FBG (Fiber Bragg Grating Sensor)는 변형률, 온도 센서로 활용되고 있다.

- **FBG 센서(Fiber Bragg Grating):** 포인트형 FBG센서는 광섬유 케이블에 광대역의 레이저를 입광시키면, 케이블의 Core 내 회절격자(Grating)에서 특정파형의 파장은 반사하고 나머지는 통과한다. 반사된 특정 파장을 Bragg 파장이라 하며, 변형률과 온도에 의해 회절격자와 굴절률의 변화에 Bragg 파장이 변동하므로 센서로서 이용할 수 있다. 일반적으로 관측점은 케이블당 10~30개로 제한되어 있는데, 시간분할 다중방법(TDM) 및 광주파수 영역의 반사측정법(OFDR) 등을 이용하면 다수의 측정점 배치가 가능하다.

- **OTDR 센서(Optical Time Domain Reflectometry):** 분포형 OTDR 센서에 레이저를 입사시키면 다양한 방향으로 산란(Scattering)이 일어나며 역방향으로 산란하는 후방 산란(Back Scattering)으로는 Rayleigh, Raman, Brillouin의 3종류가 있다. 입사 시와 관측 시의 시간차에 의하여 케이블의 어느 위치에서 산란된 후방 산란인가를 알 수 있는데, 일반적으로 입사광과 같은 주파수를 갖는 Rayleigh 산란파를 이용하여 위치를 파악한다. 온도를 계측할 수 있는 대표적인 센싱 기술은 Ramam-OTDR, Brillouin-OTDR, FBG가 있다. Ramam-OTDR은 격자진동과 에너지의 비탄성적 상호작용에 의해서 발생하는데, 스토크스와 안티스토크스의 산란조도(Intensities) 비율에서 온도를 구한다. Brillouin-OTDR에서도 온도 계측이 가능하며, 일반적으로 측정 정밀도 및 범위는 ±0.5℃, -200~+350℃이다. 그러나 FBG의 산란(Scattering)은 고온영역에서 시간과 함께 약해지는 현상이 있다.

054

정답: 1번

보기 ①번은 광센서를 활용하여 계측하는 사례와는 가장 관련이 없다. 보통 이러한 작업은 경비견을 대동한 경비원이 항공기 조류충돌 예방순찰, 활주로 및 공항주변 유해조수 포획 및 퇴치, 공항 울타리 주변 조류 서식지 제거, 조류퇴치 장비 작동 및 점검 관리를 수행한다. 부가적으로 효과성을 보기 위해서 유해조수 기피제를 활용하거나 드론을 활용한 방법도 존재하고 있다. 특히, 드론의 경우 2017년 12월에 수립된 '스마트공항 종합계획(4차산업혁명위원회 보고)'에 따라 항행 시설점검, 조류퇴치, 공항 외곽경비, 장애물 제한 표면 관리, 항공장애 등 관리, 드론 퇴치의 6개 항공업무에 드론 활용 방안을 마련하여 추진한다고 밝혔다.

055 정답: 2번

외곽감시 시스템(PIDS: Perimeter Intrusion Detection System)은 Frost & Sullivan의 자료에 의하면 크게 3가지(독립형, 매립형, 펜스형)로 나눌 수 있다. 독립형은 감지기 자체로 눈에 보이지 않는 경계면을 설정할 수 있으며, 이 구역을 침입자가 침입하는 경우 감지할 수 있는 시스템이다. 마이크로웨이브, PIR, 정전식, AIR 감지기 등이 이에 해당한다. 펜스형은 2차원적인 물리적인 펜스를 제작하여 침입자가 펜스를 타고 올라가면서 발생하는 장력이나 진동으로 침입을 감지하는 시스템으로 마이크로폰, 광섬유, 장력, 진동, 지진파 센서 등이 이에 해당한다. 그리고 매립형은 땅 속에 센서를 매립하여 설치하고, 이곳을 밟고 지나가는 경우 알람을 발생하는 감지 시스템이다.

056 정답: 3번

현대의 보안 개념은 3가지 키워드인 탐지(Detection), 지연(Delay), 대응(Response)으로 요약할 수 있으며, 이를 보안 시스템에 적용하는 것을 물리적 방호 시스템(Physical Protection System) 디자인이라고 하며 줄여서 보통 PPS 디자인이라고 한다.

PPS 설계자는 먼저 해당 규정에 기반하여 시설물의 보호 대상을 선정해야 한다. 예를 들어, 핵 발전소의 경우, PPS의 보호 목표는 사용 후 연료의 상당한 노심 손상 및 파괴 또는 도난에 대한 높은 물리적 보호를 제공하는 것이다. 시설물 디자인 설계를 위하여, 설계자는 시설물에 대한 포괄적인 이해, 동작 상태, 그리고 물리적 보호 요건 등과 같은 시설물 동작과 조건에 대한 정보를 우선 파악해야 한다.

다음 단계로 설계자는 목표물을 구체화해야 한다. 여기서 목표물이란 장비, 사람, 방사능 물질 등과 같은 것으로서, 만약 이것이 손상을 입거나 파괴될 경우 매우 심각한 손상을 일으킬 수 있다. 다음 단계는 PPS 디자인이다. PPS를 디자인할 때 설계자는 울타리, 건축물 구조물, 금고, 센서, 행정절차, 통신 수단, 그리고 이러한 대상물과 접촉하는 사람을 보호하는 방호력 등과 같은 요소들이 최적의 상태로 결합되도록 해야 한다.

PPS가 디자인되면, 물리적 보호 목표를 달성하기 위해 반드시 분석하고 평가해야 한다. 평가는 각 목표물에 대해 별도로 고려하기보다는 전반적으로 보안이 보장되는지 여부에 대해 확인해야 한다. 보호 시스템이 복잡해지면, 모델을 활용하여 평가를 수행할 수도 있다. 만약 PPS 효과가 부적합하다는 평가가 나오게 되면, 초기 디자인 시스템을 취약점을 개선할 수 있는 방향으로 재설계한 후 다시 재평가를 실시한다. PPS 효과가 적합하다는 평가가 나올 때까지 이러한 반복적인 평가를 실시한다. 이와 같은 프로세스는 탐지, 지연, 대응의 모든 구성 요소가 전체로서 PPS에 기여하는 정도에 따라 적절히 가중치가 부여되는 물리적 보호의 디자인과 분석 수행에 대한 체계적인 접근 방식이다. 또한 이러한 접근 방식을 활용하여 불필요한 보호에 귀중한 자원을 낭비할 수 있는 가능성을 최소화하고, 동시에 중요 자산에 대해서는 시설 보호를 극대화시킬 수 있는 장점이 있다.

출처: https://blog.naver.com/iotsensor/221641800679

057

정답: 4번

문제의 요지는 탐지에 대한 설명이다. 하지만 보기 ④번은 대응(Response)에 관련된 내용이다. 탐지와 지연은 장비와 인력의 도움으로 구현 가능하지만, 반면 대응은 인력에 의해서 수행된다는 점이 다르다. 따라서 인력에 의해서 대응 기능이 수행되는 경우, 지역적 조건과 환경에 따라 장비와 인력 사용에 대한 적절한 균형이 유지되어야 한다.

출처: https://blog.naver.com/iotsensor/221641800679

058

정답: 2번

이벤트 기록을 생성할 수 있는 비디오 녹화 시스템은 억제 정책과는 다소 거리가 먼 상이한 정책이라고 볼 수 있다. 억제(Deterrence) 정책은 잠재적인 침입자가 주요한 시설을 매력적으로 생각하지 않고 침입할 마음을 갖지 않도록 하는 것이다. 무단 제거와 파괴에 대한 처벌은 침입자가 악의적인 행동하지 못 하도록 하는 국가의 입법 또는 규제 시스템의 일부가 되어야 한다. 그러나 억제력을 증진시키기 위한 다른 조치들과 마찬가지로 억제력의 가치는 측정할 수 없으며, 특히 단호한 침입자에 대해서는 측정이 어렵다.

물리적 방호 시스템(PPS: Physical Protection System)에 민감한 정보의 기밀성을 유지하는 것은 그들이 성공적으로 악의적 행동을 계획하는 데 있어 필수적인 정보를 부족하게 만듦으로써 상대방을 단념시킬 수 있다. 그러나 이러한 정보는 권한을 가진 운영자가 모르는 사이에 내부자에 의해 노출될 수가 있다. 내부 또는 필수 영역에 진입을 위해 2인이 동시 입장 규칙을 강요하는 것은 억제력이 될 수 있고 악의적인 행위 탐지에 도움이 될 수도 있다. 억제력을 측정하는 것은 어렵지만, 경비원과 대응팀 간의 가시성을 높이기 위한 물리적 보호 조치를 신중하게 사용할 수 있고, 이러한 조치를 통해 적대적인 조치의 가능성을 감소시킬 수 있는 억제력을 제공할 수 있다. 그러나 PPS가 적에게서 도전을 받지 않았다는 것만으로 PPS의 효율성이 증대되었다고 볼 수 없으며, 이것이 침입자의 도전을 단념시켰음을 의미하는 것도 아니다.

059

정답: 4번

해당 센서에 의해 발생된 알람 신호를 판단(Assessment)하기 위해서는 두 가지 방법이 존재한다. 하나는 신호가 발생한 장소에 사람이 일일이 가서 확인하는 방법이고, 다른 하나는 센서와 연동된 CCTV 시스템의 영상을 보고 알람 신호를 판단하는 방법이다. 전자는 보안 구역이 매우 협소한 지역인 경우에는 가능하지만, 보안을 요구하는 구역이 매우 넓은 지역에서는 설치된 센서의 숫자가 매우 많으므로 사람이 일일이 가서 확인하는 것은 거의 불가능하다. 따라서 임시적인 보안 구역이나 매우 작은 보안 구역을 제외하고는 대부분 두 번째 방법인 CCTV 시스템을 활용하여 알람 신호를 판단한다. 보기 ④번의 딥러닝을 활용한 잠재적인 범죄 우선지역을 선별할 수 있는 기능은 일반적인 평가 대상과 가장 거리가 멀다. 현재 이 부분에 대해서 모든 물리 보안업체에서는 이상적으로 연구를 진행하고 있다.

060

정답: 3번

영상정보 보안을 위한 기술적 필수 요건으로는 개인영상 보호 기술, 영상데이터 암호화 기술, 영상 위변조 방지 기술, 접근통제(영상반출 관리 등) 기술 등이 있다. 영상 보안 솔루션은 영상정보의 열람 및 반출을 관리하는 기능이 필수적이다. 사전에 승인된 사용자에게만 영상정보 열람 및 반출 권한을 부여하고, 영상정보의 외부 반출 시 정해진 목적과 기간 내에 전용 플레이어로 열람한 뒤 자동 폐기하도록 하는 기능이다. 개인을 식별할 수 있는 영상정보로 인한 개인정보 침해를 방지하기 위해 얼굴을 자동으로 인식해 모자이크 처리하는 마스킹(Masking) 기술이나, 불법 유통된 영상 파일의 사후 추적이 가능한 디지털 포렌식 워터마킹(Watermarking) 기술도 사생활 침해를 방지하는 핵심 기능이다.

영상정보를 암호화해 유출이나 조작을 방지하는 기술도 주목해야 한다. 이 기술을 활용하면 보안정책 설정 하에 영상정보의 재생 및 다운로드 횟수를 통제할 수 있고, 화면 캡처나 제3의 영상 촬영 기기를 통한 영상정보 유출을 방지하는 것이 가능하다. 고화질 CCTV의 경우 영상정보의 용량이 큰 만큼 이를 고속으로 처리할 수 있는 경량 암호화 기술도 뒷받침되어야 한다. 최근에는 CCTV를 해킹해 직접 실시간 영상정보를 유출하거나 대규모 디도스(DDoS) 공격에 악용하는 사례도 많이 발견되면서 사물 인터넷(IoT) 기기를 보호하는 보안 솔루션의 중요성도 커지고 있다. 또 클라우드 기반의 영상정보 관리 시스템을 위한 보안관제 서비스 수요도 높아질 것으로 전망된다.

061
정답: 4번

스마트 공장의 시설, 장비, 설비를 정보보호 사고 및 재난, 재해 등으로부터 보호하기 위해서 물리적 보호구역을 정의하고 구역별 정보보호 대책을 수립하고 이행하여야 한다. 하지만 보기 ④번의 보호구역과 배송 및 하역은 관련성이 가장 존재하지 않는다. 접견구역은 외부인 접견 구역을 말하며, 제한구역은 사무실 지역이고, 통제구역은 정보처리 시설 및 시스템 구역을 의미한다. 외부업체의 배송 및 하역구역이 중요시설로부터 격리되지 않을 경우 비인가자에 의한 물리적, 환경적으로 사고가 발생할 우려가 있다. 또한 보안구역에서 임의의 촬영, 녹음 등으로 중요한 정보가 유출될 수도 있으며 비인가자에 대한 중요한 자산이 도난, 분실도 발생할 우려가 있다. 이에 각 보호구역은 내, 외부자 출입통제를 마련하여 출입 가능한 임직원 현황을 관리하여 출입 기록 및 출입권한을 주기적으로 검토해서 관리하여야 한다.

062
정답: 1번

얼굴인식 기술은 카메라로 촬영된 사진 또는 영상 등의 디지털 얼굴 이미지를 보유한 데이터베이스의 이미지와 비교 분석을 수행하여서 자동으로 식별하는 컴퓨터 시스템을 의미한다. 미국 상원에서 사법기관의 이러한 얼굴 인식 기술을 전국적, 무기한으로 금지시키자는 내용의 법안이 발의되었다. 법안의 이름은 얼굴인식 생체기술 사용 유예법(Facial Recognition and Biometric Technology Moratorium Act)이며, 일부 주와 도시에서 비슷한 법이 이미 존재하는 가운데 전국적인 도입 시도는 이번이 처음이다. 이러한 법안이 발의된 이유로는 얼굴인식 기술의 무분별한 활용으로 인한 개인 프라이버시 침해 논란이 가장 크다. 특히 디트로이트에서 얼굴인식 기술이 한 흑인을 소매치기 범인으로 잘못 인식하여 엉뚱한 사람이 체포되는 일이 발생하면서 논란은 더욱 증가되었다. 현존하는 얼굴인식 기술은 인종에 따라 다른 정확도를 가진다는 문제점도 아직까지 해결되지 않고 있다.

063
정답: 4번

아르헨티나는 1990년대 중반까지만 해도 중남미 국가 중에서 치안이 좋은 편이었다. 하지만 부에노스아이레스 주 검찰청의 자료에 따르면 경기침체로 인해 2004~2009년 사이 범죄가 무려 118%나 증가했다. Inter-American Development Bank가 2009년 1월에 실시한 설문조사에서도 응답자 중 36%가 자신이나 자신의 가족이 최근 1년간 범죄 피해를 당한 적이 있다고 하였고, 그중 가장 비중이 높은 범죄는 도난으로 나타났다. 이에 대한 대응방안으로 부에노스아이레스시 정부에 범죄예방과 치안 강화를 위해 보안카메라를 설치하였다. 또한, 경시청 내 모니터링 센터의 감시카메라 모니터링으로 범죄, 위반사고 및 구급현장을 보안부대에 즉각 알릴 수 있다. 부에노스아이레스 일부 동네에서는 상인단체 등이 비용을 갹출해 보안카메라를 설치해서 운영을 경찰에게 일임하고 있다.

064 정답: 3번

싱가포르 정부는 2019년 하반기부터 은행, 의료시설, 출입국 인증 등에서 국가 디지털 인식 시스템(NDIS: National Digital Identity System)을 운영한다고 발표했다. 싱가포르 정부는 2017~2022년 '국가 전략 프로젝트 이정표' 계획대로 순차적으로 프로젝트를 발주 및 추진하고 있다. 2018년에도 24억~26억 싱가포르 달러를 ICT 프로젝트에 투자하고 있고, 인프라, 데이터 분석, 로보틱스, 정보보안, 중소기업 지원에 집중한다고 밝혔다. 투자금은 운영, 성장, 변환이라는 프로젝트 하에 활용될 예정이다. 운영 프로젝트는 투자금 33%를 활용해 시스템 유지보수에 쓰이며, 성장 프로젝트는 투자금 23%를 정부기관의 프로세스 자동화를 위해 필요한 소프트웨어 및 전문 서비스 입찰에, 변환 프로젝트는 투자금 44%를 가지고 국가 디지털 인증(NDI)과 스마트 싱가포르 방문자 센터 (SVC) 등 산업변환사업에 쓰일 예정이다. 18년 9월 개발한 세계 최초 통합 QR 코드인 SGQR 코드의 경우 정부기관(4개사), 지불수단(6개사), 은행(5개사), 전자지갑(21개사) 등 총 36개사와 협력 추진한 프로젝트로, 정부 주도하에 성공적으로 진행되었다.

출처: https://news.kotra.or.kr/

065 정답: 4번

캐나다 교통부는 2019년 1월 9일 새로운 드론 분류 체계 및 운영 절차를 마련하였다. 개정안은 무게 250g 미만의 드론부터 25kg의 대형 드론까지 모두 규제 대상으로 두고 있으며 드론 조종사는 드론의 분류에 따라 운영 규정과 절차를 준수해야 한다. 기존에는 무게 35kg 이하의 레저·취미용 드론은 별도의 허가가 필요 없었으나 이번 개정안은 레저·취미용 드론에 대한 내용도 포함하고 있다. 기본 운영은 통제되지 않은 영공에서 드론을 조종할 경우, 비행 고도가 30미터(100피트) 이상일 경우, 행인 위로 조종하지 않을 경우를 모두 만족해야 한다.

066 정답: 2번

서울 교통공사 지하철 신규 지하차량에는 상시적으로 감시카메라를 운용하며 녹화하고 있다. 고객안전, 화재 및 범죄예방 등을 위해 실내에 CCTV를 설치하고 있다. 하지만 마스크 미착용자 감시는 거리가 가장 멀다.

067 정답: 3번

지하철 전동차 내 비상 시 행동요령은 다음과 같이 수행한다.

(1) 객실 양 끝에 위치한 비상통화 장치로 승무원과 통화한다.
(2) 승무원의 안내에 따라 출입문 비상개폐 핸들을 내린다.
(3) 출입문을 양쪽으로 밀어 문을 연 뒤 탈출한다.
(4) 선로에 내릴 때는 다른 열차가 오는지 주의하여야 한다.

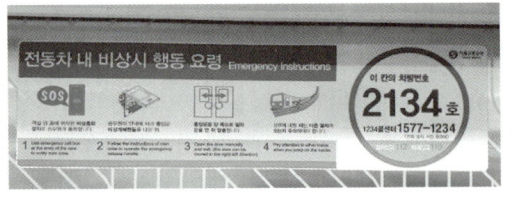

068 　　　　　　　　　정답: 3번

　덤스터 다이빙을 원천적으로 방지하는 방법은 모든 정보를 분쇄기로 파쇄하는 것이다. 보기에서는 민감한 정보만을 폐기한다고 했지만, 적절하지 않은 설명이다. 왜냐하면 당장 쓰레기통에 들어 있는 정보만으로는 민감한 정보로 분류되지 아닐 수 있지만, 주기적으로 시간을 계속 들여서 계속적으로 정보를 모으다 보면 민감한 정보를 유추해서 더 특정한 고급 정보를 취득할 수 있기 때문이다. 또한 덤스터 다이빙은 사내보다 사외에서 불법적으로 일어나는 만큼 보안인식 교육이나 감시 카메라는 우선순위에서 멀어진다.

　미국 텍사스에 거주하는 맷 말론은 '쓰레기통 전문 다이버'로 불린다. 그는 매일 새벽 2시 자신의 동네에 위치한 대형 쇼핑센터를 찾아 쓰레기통을 찾아서 뒤진 뒤 쓸 만한 물건을 골라내 수거하는데, 이 물건들을 되팔아 연간 25만 달러(약 2억 8000만 원)를 벌어들이고 있다. 사람들은 그를 백수 또는 부랑자일 것으로 예상했으나 그는 신생 보안업체를 설립한 IT 전문가이다. 그는 12년 전 기업 보안부서 근무 당시 시스템 해킹 프로그램을 개발하는 과정에서 고객 정보를 얻기 위해 상대 기업 쓰레기통을 뒤지면서 이 일에 흥미를 느껴서 오늘에 이르렀다고 한다.

069 　　　　　　　　　정답: 1번

　저영향개발(LID: Low Impact Development)은 경제적 효율적 토지 이용을 위한 지역개발을 계획할 때 물 순환 관점에서 침투, 증발산 및 저류 등을 위한 소규모 시설들을 분산 적용하여 강우 또는 강우 유출수를 지역 내에서 관리하는 방법이다. 저영향개발의 목적은 크게 두 가지로서, 첫 번째는 강우의 지하수로의 침투를 증대시켜 우기에 하천에서의 시간을 지연하는 등의 치수적 목적이며, 다른 하나는 비점오염원으로부터 배출되는 오염물질을 제거하거나 감소하게 하는 수질오염 방지 목적이다. 저영향개발은 개발 지역 내 자연 순화 기능을 최대한 유지함으로써 오염물 정화 기능뿐 아니라 미기후 조절 및 생태적 기능 저하 방지의 역할을 하며, 물 순환 기능 증대를 통하여 하천유지유량 확보, 용수 수요량 및 환경 용수의 증가 등에 대처하게 한다. 대표적 적용 사례로 미국 시애틀에서 배수시설의 정비 계획을 새로 수립하면서 저영향개발 접근법을 적용한 예가 있다. 생태수로(Bio retention Swale)를 설치한 후 총 용존성 고형물질(TDS: Total Dissolved Solids), 총질소(TN: Total Nitrogen) 및 총인(TP: Total Phosphorous)이 63~84% 저감됨을 보여주었으며, 사업의 수행 결과 다양한 환경적 혜택을 가져다주어 지역사회의 긍지로 여겨지고 있다.

　참조의 영상을 보면 레미콘 차량에 담은 4천 리터의 물을 아스팔트 위에 쏟아붓는 장면이 나온다. 그런데 영상을 빨리 재생시키지도 않았는데 아스팔트로 물이 빠르게 흡수되는 모습을 볼 수 있다. 물을 이렇게 순식간에 쏟아부을 경우 고이거나 경사를 따라 옆으로 흐르는 경우가 다반사인데 이 아스팔트의 경우 그런 모습을 찾아볼 수 없다. 제조사에 따르면 극단적인 추위가 없는 경우 모든 기후에서 이 아스팔트를 이용할 수 있다고 한다. 심각한 홍수가 아니더라도 젖은 도로는 교통사고를 유발한다. 2015년 삼성교통안전문화연구소 발표를 보면 비 오는 날 교통사고 발생 건수는 평소보다 10% 이상 증가하고, 치사율은 4배 이상 높다고 한다. 이런 점을 고려한다면 물을 빠르게 흡수하는 투과성 아스팔트가 도로 위 안전에까지 긍정적 영향을 줄 수 있을 것이다.

참조: https://www.youtube.com/embed/2wm4H65EDbE

070
정답: 4번

피지컬 컴퓨팅(Physical Computing)은 아날로그 세상에 감각을 느끼고 반응할 수 있는 소프트웨어와 하드웨어를 사용함으로써 상호작용하는 물리계를 만드는 것을 의미한다. 이 정의가 스마트 자동차 교통 제어 시스템이나 공장 자동화 프로세스와 같은 시스템을 아우르기에 충분할 만큼 광의적이지만 이들을 기술하기 위해 흔히 사용되지는 않는다. 광의적 개념에서 피지컬 컴퓨팅은 인간과 디지털 세상 간의 관계를 이해하는 창의적인 프레임워크이다. 실질적으로 이 용어는 대체적으로 센서와 마이크로컨트롤러를 사용하여 아날로그 입력을 소프트웨어 시스템으로 변환하거나 전동기, 조명 등의 전기기계적 장치들을 제어하는 수공예, 디자인, DIY 취미 프로젝트를 의미한다. 물리 컴퓨팅은 전기공항, 메카트로닉스(Mechatronics), 로보틱스, 컴퓨터 과학, 특히 임베디드 개발과 같은 학문, 산업 분야의 활동 범위를 가로지른다.

하지만 프리액션 밸브(Pre-Action Valve) 또는 사전작동식 밸브는 이름 그대로 현장에 달리는 밸브가 프리액션. 즉, 평상시 밸브 2차 측에는 물이 채워져 있지 않고 준비 상태로 있다가 화재 시, 전기적 신호에 의해 물이 2차 측 배관으로 채워지는 시스템으로 동파의 위험이 있는 장소. 즉, 대표적으로 지하 주차장, 물류센터 등에 설치되는 시스템이다. 따라서 감지기를 일정한 간격과 배열로 A, B 2개의 회로로 구성해 놓고 그 2개의 감지기가 모두 동작했을 때에만 밸브를 작동시켜, 소화수가 2차 측 배관까지 넘어가게 되는 방식으로 기계적인 방식이며 피지컬 컴퓨팅하고는 관련성이 없다.

071
정답: 4번

일반적으로 구름과 지표면 사이의 번개에 흐르는 전류는 1~10ms정도 만에 최고점을 찍고 50~200ms 동안 감쇠한다. 이 번개는 때때로 지면에 존재하는 구조물에 피해를 입힐 수 있다. 빠르게 흐르는 전류는 도체의 표면에 흐르려고 하는 성질이 있다. 이는 표면효과(Skin Effect)라고 불린다. 그러므로, 시설의 보호를 위한 도체에는 작은 도선이 엮인 선을 여러 갈래로 나누어 표면적을 최대로 증가시켜, 단면적을 줄여야 한다. 빠르게 변하는 전류 때문에, 도체의 인덕턴스를 줄이는 것도 매우 중요하다. 이는 고리나 휘어짐이 형성되는 것을 막는 직선 도체 정공법을 이용해 줄일 수 있다. 빠르게 변하는 전류는 또한 전자기 펄스(EMP)를 이온통로로부터 방출하게 된다. 이는 모든 전기 스파크의 특성이다. 이 방출되는 전자기 펄스는 근원으로부터 거리가 멀어질수록 급격히 약해지게 되지만, 전기도선이나 금속파이프 같은 도체물질을 지나게 되면 전류를 유도하게 된다. 이를 서지(Surge)라고 하는데, 전기 모터, 전기 가전기기, 정교한 전자기기를 파괴하는 원인이 된다.

072
정답: 4번

관리부서는 임직원이 퇴직하거나 여러 사유로 휴직을 하는 경우에는 사원증의 기능을 정지하여야 한다. 사원증의 기능을 정지시켜야 하는 일반적인 사유는 다음과 같다.

- 병역법에 따른 병역 의무를 마치기 위하여 징집되거나 소집되었을 때
- 천재지변 또는 전시사변이나 그 밖의 사유로 생사 또는 소재가 불명확하게 되었을 때
- 회사의 필요에 의하여 직무와 관련된 분야의 해외연수를 가게 되거나 국제기구 또는 유관기관에 임시로 채용될 때
- 외국에서 근무·연수하는 직원인 배우자를 동반할 때
- 그 밖의 법률에 따른 업무를 수행하기 하여 직무를 이탈하게 되었을 때

그리고 보기 ④번과 같이 사원증을 반납하여 기능을 정지시킨 후 폐기하여야 하는 사유는 다음과 같다. 관리부서는 반납된 사원증이 통용될 수 없도록 기능정지를 한 후 폐기하여야 하고, 그 사실을 대장에 기재하여야 한다.

- 소속직원이 퇴직하거나 필요에 따라 사원증을 교체하여야 할 때
- 훼손, 기능상실 등의 사유로 재발급을 신청할 때
- 본인의 귀책사유로 위조, 변조되어 본인 이외의 타인이 사용하였을 때

073
정답: 2번

양여압(Positive Pressurization)이란 데이터센터에서 근무자가 문을 열었을 때 내부의 공기는 밖으로 나가고, 외부의 공기는 다시 안으로 들어오지 않는 것을 의미한다.

074
정답: 2번

CCTV에서 외부의 조도변화에 자동으로 대응하여 항상 일정하게 밝기를 조절하는 기능을 Auto Iris Lens라고 한다. 문제의 사례와 같이 외부 조명에 의해서 밝기의 편차가 매우 심할 경우에는 Auto Iris Lens의 도입을 고려해야 한다.

075
정답: 4번

통제된 구역을 출입할 때 전자 사원증을 패용하는 이유는 허가되지 않은 사람의 접근을 통제하기 위해서이다. 사원증은 기업, 단체, 기관 등에서 허가한 사람만이 출입을 허락받는 것으로, 외부의 사람들을 통제함으로써 보안의 기능을 한다. 사원증을 발급받는 사람일지라도 인적을 기재하여 행동을 제약하는 기능을 가진다. 사원증은 출입사항을 관리, 통제하기 위해 사용하는 서식이므로 발급한 사원증과 회수 여부를 정확하게 기재해야 하며 임시 사원증을 발급받은 경우, 당사자는 사전에 약정된 기간에만 사원증을 이용하여 기관을 출입할 수 있다.

076
정답: 2번

물리적 보안의 목표와 통제기법은 자주 출제가 되는 영역이다. 반드시 각각의 사례별로 숙지해야 한다. 위험에 대한 물리적 보안의 통제기법은 관리적, 기술적, 물리적 측면에서 대응할 수 있다.

(1) 관리적 통제(Administrative Controls)
- 시설 선택 또는 건설(Facility Selection or Construction)
- 시설 관리(Facility Management)
- 인적 통제(Personnel Controls)
- 훈련(Training)
- 비상 대응 및 절차(Emergency Response and Procedures)

(2) 기술적 통제(Technical/Logical Controls)
- 접근 통제(Access Controls)
- 침입 탐지(Intrusion Detection)
- 경보(Alarms)
- 모니터링(CCTV)
- 난방, 통풍, 공기 조절(Heating, Ventilation and Air Conditioning, HVAC)
- 전력 공급(Power Supply)
- 화재 탐지 및 진압(Fire Detection and Suppression)
- 백업(Backups)

(3) 물리적 통제(Physical Controls)
- 담장(Fencing)
- 잠금장치(Locks)
- 조명(Lighting)
- 시설 및 건축 자재(Facility Construction Materials)

077 정답: 4번

물리 보안에서 자주 출제되는 문제 영역이다. 각각의 정의와 사례를 연관하여 반드시 숙지해야 한다.

(1) **위험 저지**: 저지를 통해 범죄/파괴(Crime and Disruption)를 방지하는 방법이며, 담장, 경비요원, 경고사인 등이 있다.
(2) **위험 지연**: 단계적 방어 메커니즘을 통한 충격 감소 방법이며, 자물쇠, 보안 요원, 장벽, 조명 등이 있다.
(3) **위험 탐지**: 범죄 또는 파괴를 탐지하는 방법이며, 연기 감지기, 모션 감지기, CCTV 등이 있다.
(4) **위험 판단**: 사건을 탐지하고 충격레벨을 판단하는 방법이며, 경비원(사람만이 가능)이 있다.
(5) **위험 대응**: 위험 발생 시 대응하는 방법이며, 화재진압 시스템, 비상대응 프로세스, 법적 강제 사항 공지(Law Enforcement Notification), 외부 보안 전문 컨설팅 등이 있다.

078 정답: 2번

감시장치(Surveillance Devices) 중에서 보안요원은 인명이 위험에 처한 상황이나 판단이 요구되는 상황에서 최상의 보안통제이다. 하지만 비용이 많이 들고 신뢰성을 확인할 수 없는 단점이 존재한다.

079 정답: 4번

피기배킹(Piggy-backing)은 합법화한 물리 절차나 보안 프로그램에 편승하는 공격 방법이다. 예를 들어 정당한 권한이 있는 사람이 출입 제한 지역으로 들어갈 때 문이 열린 틈을 타서 누군가 뒤따라 들어가는 것을 말한다. 키패드 잠금장치와 마찬가지로 사이퍼 잠금장치(버튼 키)는 일반적으로 전자 장치가 아닌 기계적 장치이다. 사이퍼 잠금에는 한 번에 사용할 수 있는 코드가 하나뿐이다. 권한이 있는 모든 최종 사용자에게는 코드가 제공된다. 이 잠금의 단점은 잠금으로 보호되는 공간에 대한 정상적인 액세스 권한이 없어야 하는 사람에게 코드가 지정될 때 문제가 된다는 점이다. 그리고 약간의 지식만으로도 잠금이 열릴 수 있는 가능성이 있어 취약하다. 하지만 배터리나 전자 장치 고장 두려움 없이 사용할 수 있다는 장점이 있다. 제대로 설치하고 유지하면 몇 년 동안 완벽하게 작동한다.

080

정답: 1번

　교류 발전기(交流發電機, Alternator)는 교류 형태로 역학적 에너지를 전기 에너지로 전환하여 교류 기전력을 일으키는 발전기이다. 전자 감응 작용을 응용한 것으로, 간단히 교류기(交流機)라고도 한다. 교류 발전기는 단상과 3상이 있으나 발전소에 있는 발전기는 모두 3상이며, 동기속도라는 일정한 속도로 회전하므로 3상 동기 발전기(Three-phase Synchronous Generator)라고 한다. 일반적으로 수력이나 화력 또는 원자력 등의 에너지원을 통해 교류 전력을 발전시키며 발전소에서 운용하는 것과 주택용 또는 실험용으로 사용되는 교류 발전기의 용량이나 전압은 각각 다르지만 그 원리는 동일하다. 즉 자기장 내부에 자기장에 수직으로 코일 등의 회전자(回轉子)를 두어 회전시키면 코일을 지나는 자기력선의 변화에 의해 방향이 지속적으로 바뀌는 유도 전류가 발생하는 것을 이용한다.

081

정답: 2번

　핀 텀블러 잠금장치(Pin-tumbler Lock)는 여러 개의 핀이 원형 패턴으로 배열되는 잠금 유형이며 해당 키는 튜플러 또는 원통형 모양이다. 그것은 플러그의 회전을 방지하기 위해 이동식 핀을 사용하는 실린더 기반 잠금 설계이다. 기본적으로 핀 텀블러 잠금장치는 다양한 길이의 핀을 사용하여 올바른 키 없이 잠금이 열리지 않도록 하는 잠금 메커니즘이다. 키를 사용하여 핀을 제대로 상승하여 플러그를 회전시키고 잠금 볼트를 철회할 수 있다. 자전거 자물쇠(예: 크립토나이트 잠금장치) 켄싱턴 컴퓨터 자물쇠, 엘리베이터 및 자동판매기 및 동전 작동 세탁기와 같은 다양한 동전 작동 장치에 전 세계적으로 가장 많이 사용되는 잠금장치다. 관형 핀 텀블러 잠금장치는 일반적으로 표준 잠금장치보다 더 안전하고 피킹에 더 강한 것으로 간주한다. 이것은 레버 텀블러 잠금장치보다 더 인기를 끌고 있다.

제7장 시나리오 문제 정답

1 ①	2 ④	3 ②	4 ②	5 ③	6 ①	7 ①	8 ②	9 ③	10 ④
11 ①	12 ④	13 ④	14 ②	15 ③	16 ④	17 ①	18 ④	19 ②	20 ③
21 ③	22 ③	23 ②	24 ②	25 ①	26 ④	27 ②	28 ②	29 ③	30 ②
31 ①	32 ②	33 ②	34 ②	35 ④	36 ④	37 ②	38 ②	39 ②	40 ③
41 ③	42 ④	43 ②	44 ②	45 ②	46 ④	47 ②	48 ②	49 ④	50 ②
51 ④	52 ①	53 ③	54 ②	55 ④	56 ①	57 ②	58 ③	59 ①	60 ①
61 ①	62 ③	63 ②	64 ①	65 ④	66 ①	67 ②	68 ④	69 ③	

001   정답: 1번

Snapshot too old 오류는 SQL 쿼리 튜닝과 성능 테스트, 장애, 복구, 데이터베이스 운영 등의 업무에서 가장 흔하게 볼 수 있는 오류 메시지이다. 트랜잭션이 발생하면 Undo Segment에 Undo Data를 기록하는데 해당 Undo Segment가 덮어 씌워져서 존재하지 않는 시점에 해당 Undo Data를 조회하려고 할 때 주로 발생한다. 문제와 같은 사례에서는 온라인 프로그램을 배치로 전환하면서 충분한 검증이 수행되지 않았거나 또는 주요 SQL의 수행시간이 지연되어 튜닝이 필요한 상황일 가능성이 높다.

002   정답: 4번

Snapshot too old의 원인은 Undo Segment가 업데이트된 이후에 Undo Data를 조회하려고 하면서 발생하는 것으로 가장 흔한 원인으로는 악성 SQL로 인한 장기간 수행되는 프로그램 때문이다. 특정 프로그램에서 장기간 SQL 트랜잭션을 수행하는 사이에 다른 트랜잭션이 동일한 데이터 영역을 변경하여 Undo Segment에 기록하고 악성 프로그램에서 나중에 Undo Segment를 조회하려 했을 때는 이미 해당 영역이 덮어 쓰여진 경우이다. 이 외에도 Undo Segment 설정에 오류가 존재하는 경우도 있지만 대부분은 SQL 튜닝이 필요한 케이스가 많다.

003   정답: 2번

배치 프로그램에서 오류를 유발하는 프로그램은 아마도 장기간 트랜잭션을 수행하는 SQL이 포함되어 있을 가능성이 높다. 해당 SQL을 튜닝하기 위해서 실행계획을 분석하고 인덱스를 고려하며 SQL을 최적화하여 수행시간을 단축시키는 것이 가장 첫 번째 해결방안이다. SQL 튜닝을 위해 현재 지연되는 해당 SQL 및 다른 숨어있는 문제점을 찾기 위한 지원도구가 Oracle AWR(Automation Workload Report)이며 유용하게 사용하기만 한다면 성능개선에 많은 도움을 얻을 수 있다. Undo Segment의 사이즈를 늘리거나 undo_retention 파라미터를 조정하는 것도 일시적인 해결방안이 될 수 있다. 하지만 데이터베이스의 버퍼 캐시를 증설하는 것은 문제와 같은 상황에서의 직접적인 해결방안과 가장 거리가 멀다.

004
정답: 2번

단일 예상 손실액(SLE: Single Loss Expectancy)는 시스템 자산에 대한 장애 발생 시의 손실금액을 산정하는 지표이다. SLE는 자산가치에 노출인자를 곱하여 계산한다. 지문의 세 가지 시스템 자산에 대한 계산 결과는 다음과 같다.

시스템 자산	장애	자산가치	노출인자	SLE
방화벽	NIC 불량	10,000	0.5	5000
L4 스위치	메모리 불량	20,000	0.1	2000
WAF	디스크장애	30,000	0.5	15000

표의 가장 우측의 SLE 부분을 토대로 계산하면 SLE 합계는 22,000이다.

005
정답: 3번

연간 예상 손실액(ALE: Annual Loss Expectancy)은 SLE를 기준으로 연간 발생 가능한 확률을 기반으로 손실액을 산정하는 지표이다. SLE에 연간 발생빈도를 곱하여 계산한다. 지문의 시스템 자산별 계산 결과는 다음과 같다.

시스템 자산	장애	자산가치	노출인자	연간 발생빈도	SLE	ALE
방화벽	NIC 불량	10,000	0.5	0.01	5000	50
L4 스위치	메모리 불량	20,000	0.1	0.02	2000	40
WAF	디스크 장애	30,000	0.5	0.01	15000	150

표를 토대로 계산하면 ALE의 합계는 240이다.

006
정답: 1번

연간 다운타임은 자산별 연간 발생빈도와 다운타임 시간을 기준으로 측정이 가능하다. 각 자산별 다운타임 계산 결과는 다음과 같다.(1년 365일 기준)

시스템 자산	장애	연간 발생빈도	다운타임	연간 다운타임
방화벽	NIC 불량	0.01	0.1	8.76
L4 스위치	메모리 불량	0.02	5	876
WAF	디스크장애	0.01	1	87.6

표를 토대로 계산하면 연간 다운타임의 합계는 972.36이다.

007
정답: 1번

99.95%의 가용성을 유지하려면 365일×24시간 기준으로 약 4.38시간의 다운타임을 초과할 수 없다. 문제의 세 가지 시스템 자산에 대한 다운타임과 가용성을 계산하면 다음과 같으며, 99.95%를 유지한 장비는 없다.

시스템 자산	장애	연간 발생빈도	다운타임	연간 다운타임	가용성
방화벽	NIC 불량	0.01	0.1	8.76	99.90%
L4 스위치	메모리 불량	0.02	5	876	90.00%
WAF	디스크 장애	0.01	1	87.6	99.00%

008
정답: 2번

정보전략팀의 연간 보안예산에 포함되는 항목의 계산 결과는 다음과 같다.

- 기본예산 = (10,000 + 20,000 + 30,000) × 0.01 = 600
- 복구비용 = (50 + 40 + 150) × 1.1 = 264
- 예비비용 = (50 + 40 + 150) × 0.5 = 120
- 보안예산합계 = 600 + 264 + 120 = 984

009
정답: 3번

프로젝트 상주 책임 감리원은 공사현장에 상주해야 하며, 만약 1일 이상 현장 이탈 시 근무 상황부에 기록 및 발주처의 확인을 받아야 한다. 보기 ④번 같은 상황에도 정답이 될 수는 있으나 발주처의 허락을 얻는 것이 먼저 해야 할 업무이다. 비상주 감리원일 경우 본사 등에 근무하면서 다음과 같은 현장 상주 감리원의 업무를 지원하도록 한다. 설계서의 검토, 민원사항에 대한 현지조사 및 해결방안 검토, 중요한 실제 변경에 대한 기술 검토, 기성 및 준공검사, 기타 감리업무 추진에 필요한 지원업무 등이 있다.

010 정답: 4번

3중 모듈 중복(TMR: Triple Modular Redundancy) 기술은 시스템의 안정성과 가용성을 향상시키는 강력한 기술이다. 동일한 기능을 동작하는 모듈/노드/시스템을 3중으로 구성하는 안정성 확보 기술이며 강력한 효과만큼 구축 비용이 높기 때문에 항공/우주/국방/원자력 등 고도의 안정성이 필요한 시스템에 적용된다. 3개의 모듈이 처리한 결과를 비교하는 과정이 필수적으로 요구되므로 하나의 모듈이 처리하는 것보다 상대적으로 느린 것이 단점이며 속도와 성능보다 안정성이 요구되는 시스템에 적용하는 것이 적합하다.

011 정답: 1번

TMR(Triple Modular Redundancy) 기술은 고도의 안정성을 보장하는 기술이다. 하지만 상대적으로 성능과 속도가 지연되는 단점이 존재한다. 보기의 4가지 시스템은 모두 높은 안정성이 요구되지만 보기 ①번의 주식거래 시스템의 중계 서버는 다른 보기에 비해 성능요구사항이 가장 높은 편이므로 TMR 기술적용이 적합하지 않은 시스템이다. 참고로 보기 ②번의 탠덤 서버는 TMR 모듈이 기본적으로 탑재되는 대표적인 무중단 시스템이다.

012 정답: 4번

종단 간 암호화(End to End Encryption) 기술은 통신채널의 각 마지막 단말에서 암호화를 수행하는 기술이다. 송신 모듈과 수신 모듈이 각각 암호화와 복호화를 진행하면서 통신하므로 통신망의 중간에서 악의적인 공격자가 데이터를 가로채더라도 데이터를 알아볼 수 없도록 할 수 있다. 따라서 세션 하이재킹, 스니핑 등의 공격에 대한 방어로 가장 적절하다.

013 정답: 4번

물리 보안 담당자의 입장에서 가장 좋은 대응방법은 보기 ④번의 드론 장착용 열화상 카메라(TIC)를 활용하는 방법이다. 이는 화재의 확산, 화재의 강도를 안전한 거리에서 측정하고 위험물의 위치를 보여주는 국부 온도 차를 감지할 수 있게 도와준다. 산불(대형화재)이 한번 발생할 경우 불을 완전히 잡기까지는 꽤 많은 시간이 소요된다. 대형 화재의 경우에는 하루를 넘기는 일도 태반일 정도로 피해가 굉장히 심각하므로 이 산불의 피해를 줄이기 위해서 드론이 투입되고 있다.

산림청은 소방차가 접근하기 힘든 높은 곳이나 헬기가 투입될 수 없는 야간에 드론을 활용하고 있다. 소형 드론을 화재가 발생한 곳에 투입시켜 산불 진행 방향이나 불의 크기 등을 촬영해 구조대원에게 실시간으로 영상을 전송하는 형식이다. 소형 드론에는 열을 추적하고 탐지하는 열화상 카메라가 장착되어 있기 때문에 활용도가 무척 높은 편이다. 감시용 드론 외에도 진화용 드론 역시 가을철 산불에 활용되고 있다. 감시용 드론보다 크기가 큰 진화용 드론은 급경사나 절벽에 투입되어 소화수를 뿌려 진화하는 식으로 사용되고 있으며, 불이 번질 위험이 있거나 산불로 인한 산사태가 예상될 경우 이 드론으로 인명 피해를 줄일 수 있다.

또한 드론은 산불이 발생하기 전에 원인을 파악

하는 데도 사용된다. 높은 곳에서 불법 소각 행위 등 산불의 원인이 될 만한 행위를 포착하여 이를 상황실에 보고하는 것이다. 이 드론에는 초점 거리가 조정되는 줌 카메라가 설치되어 있기 때문에 정확한 장소 특정이 가능하다. 또한 산불 이외에도 논이나 밭두렁을 태우거나 쓰레기를 소각하는 행위를 단속하기 위해서 스마트 산림재난대응팀이 신설되었다. 이 팀에서는 소화탄(30kg) 탑재 드론을 개발하여 야간 산불 대응을 강화하고, 4초 내 산불지형도를 작성하는 라이브 매핑 기술을 활용해 신속한 산불 대응에 나서고 있다.

014 정답: 2번

현재 가장 우선으로 고려해야 할 사항은 프로젝트 팀원의 안전한 대피 확보이다. 토네이도 재난에 대해서 대피시킬 공간이 존재하지 않는다면 지역 Office of Emergency Management와 연계하여 사전에 대피시킬 공간을 확보해야 한다. 또한 교육을 통하여 재난 발생 시 당황하지 않고 체계적으로 대피하는 훈련을 사전에 실시하여야 한다. 참고로 미국은 매년 토네이도가 대략 1,200여 건 발생하고 있다. 대부분의 일반주택에는 토네이도 대비 보험이 가입되어 있다. 따라서 토네이도 보험에 별도로 가입할 필요성은 존재하지 않는다. 보통 15만 달러까지 토네이도에 대해서 보상을 해준다. 하지만 15만 달러가 넘는 건물에 대해서는 별도 보험에 가입해야 한다. 토네이도가 발생하여 집이나 가재도구에 심각한 피해가 발생하였을 때는 현장 사진을 찍고 필요한 메모를 해서 보험사에 연락해야 한다.

015 정답: 3번

강제휴가(Mandatory Vacation)는 전통적인 감사 기법 중에 하나로 감사대상이 되는 인력에 대해 강제로 휴가를 주고 본인의 업무에서 잠시 배제하고 권한을 회수하는 방법이다. 일반적으로 사전에 일찍 휴가기간을 담당자에게 알려주지 않는 것이 더욱 효과적이다. 휴가기간 동안에 감사팀은 해당 인력에 대해서 업무내역 및 권한을 점검하고 이메일과 업무파일을 전수 검사하여 업무에 위배되는 사항을 도출한다. 또한 휴가 중에도 원격근무나 재택근무, 모바일 업무를 수행하지 않도록 일시적으로 권한을 하향조정하거나 회수하는 방법을 병행하는 경우도 있다.

016 정답: 4번

일주일의 휴가 기간에 업무 위배사항이 발견되었을 때, 즉시 휴가를 복귀시키고 인터뷰를 하는 것은 상대적으로 올바른 방법이 아니다. 해당 인력 단독의 활동일수도 있고 공범이 존재할 수도 있기에 보다 많은 증적을 확보하기 위해서라도 수일의 기간을 확보할 필요성이 있다. 또한, 해당 인력의 업무 위배 사실이 다른 휴가 대상자들에게 즉시 전파되지 않도록 감사인 간의 비밀을 유지하는 것도 매우 중요하다.

017 정답: 1번

A 사의 개발실장 보안 위배 사항은 데스크톱 또는 기타 시스템에서 USB로 데이터를 유출한 것이므로 모바일 장치 관리(MDM: Mobile Device Management) 솔루션의 미구축은 상대적으로 보안 취약점과 거리가 멀다. 만약 개발실장의 개인 디바이스에 대한 디지털 포렌식을 수행한 결과 자료유출이 의심되는 경우 보기 ①번이 정답이 될 수 있지만 주어진 지문으로만 판단한다면 MDM이 가장 적절하지 않은 취약점이 된다. 네트워크 접근 통제(NAC: Network Access Control) 솔루션은 데스크톱에 접근하는 USB를 비롯한 주변기기와 장치를 통제하는 보안 솔루션이므로 반드시 구축되어야 한다. 또한, 문서가 유출되더라도 사용할 수 없도록 디지털 저작

권 관리(DRM: Digital Right Management) 솔루션이 적용되어야 한다. 마지막으로, 허가받지 않은 주변기기를 보안지역에서 가지고 나갈 수 없도록 하는 최후의 관문은 보안 게이트의 물리 보안이다.

018 정답: 4번

데이터센터의 정보보안 서비스 수준 협약(SLA: Service Level Agreement)의 지표로 가장 적합하지 않은 항목은 보기 ④번의 고객의 정보 보안 서비스 만족도이다. 정보 보안의 경우 보안의 수준을 강화할수록 고객의 사용성 및 편의성이 저하되어 만족도가 감소할 가능성이 존재한다. 따라서 정보 보안에서 가장 중요한 것은 보안수준과 공격에 대한 대응과 관련된 지표이며 이 중에서는 오탐율, 미탐율, 재현율, 민감도, 사고 건수, 장애시간, 중단시간 등이 있다.

019 정답: 2번

데이터센터에 신규로 안면인식 기능이 탑재된 스마트 CCTV를 구축하여 출입 게이트와 출입문에 추가적인 물리보안 기능으로 적용한 사례다. 하지만 안면인식에 의한 출입통제 시 오탐율이 높아 정상적인 사용자도 출입할 수 없는 상황으로 인해 고객의 불편이 크게 증가하고 있다. 이러한 경우에는 다음과 같은 조치를 적용할 수 있다. 보기 ②번의 경우 일반적으로 오탐율과 미탐율을 동시에 크게 개선할 수 있는 경우는 적으며 오탐율과 미탐율은 상호간에 Trade-Off한 특성을 가지고 있다.

- 안면인식 알고리즘을 변경하여 오탐율을 낮추는 대신 미탐율이 높아질 수 있다.
- 스마트 CCTV의 물리보안을 필수 통제가 아닌 모니터링/관제로 전환한다.
- 알고리즘 최적화를 위해 일정기간 지속적인 안면인식 데이터를 수집한다.
- 동시 처리에 대한 성능테스트를 수행하고 최적화를 진행한다.

020 정답: 3번

정밀도(Precision)와 재현율(Recall)은 상호 간에 비례하는 관계가 아닌 Trade-Off한 관계의 특성을 가지고 있다. 그리고 정밀도와 재현율을 고려한 최적의 포인트를 찾기 위해 Confusion Matrix와 ROC Curve를 활용하며 ROC Curve의 면적을 기반으로 판단하다. 다음은 정밀도와 재현율의 계산 공식이다.

- 정밀도(Precision)=
  True Positive/(True Positive+False Positive)
- 재현율(Recall)=
  True Positive/(True Positive+False Negative)

021 정답: 3번

가장 관련이 없는 것은 보기 ③번이다. 이는 상대적인 개념으로 빅데이터라고 하지만 빅데이터는 회사 시스템의 일부분이고 보기에서 빅데이터의 목적은 물리적 데이터의 상관 관계가 포함된다. 응용 프로그램과 더욱 긴밀하게 통합되어 이전에 결정되지 않은 유형 또는 크기의 로그 및 감사 레코드를 생성하여 분석하기 위해 필요하기 때문에 보안 담당자의 입장에서는 정통적인 정책 유형(Traditional Policy-type Security)의 가이드라인이 더 우선적으로 고려되어야 한다. 또한 이 영역의 빅데이터 보안은 활발한 연구와 데이터 무결성 및 기밀 유지를 유지하면서 데이터가 동작 중이거나 유휴 상태인 경우에도 빅데이터는 적합하지 않은 지속적인 암호화/암호 해독을 보장해야만 한다.

022 정답: 3번

빅데이터 구현 사이버 보안에는 데이터 거버넌스, 암호화/키 관리 및 테넌트 데이터 격리/컨테이너가 포함되어야 한다. 클라우드는 시나리오에서 별도로 언급되지 않았다. 시나리오 문제는 지문에서 논의된 내용이 없어서 답을 쉽게 찾을 수는 있지만 출제자의 숨겨진 의도는 수험자의 시험 시간을 많이 소비시켜 전체적으로 당황하게 하는 것이다.

023　　　　　　　　　　　　정답: 1번

　보기 중 시나리오와 가장 거리가 먼 것은 보기 ① 번이다. 일부 회사는 보통 주문형 데이터 제거를 허용하지만 대부분의 회사는 이전에 수집된 웹 서버 트래픽을 제거하지는 않는다. 트래픽 분석 솔루션은 빅데이터와도 연관이 있다. 매초 수천 건이 쏟아져 나오는 패킷을 모두 수집해 빠른 시간 내에 분석하기 위해서는 빅데이터 처리 능력이 필요하기 때문이다. 시나리오에 없는 공격을 탐지하기 위해서는 트래픽과 로그를 전수 조사하는 수밖에 없다. 하지만 전수 조사는 말처럼 쉽지 않다. 수천, 수만 건의 로그와 트래픽을 수초 내에 분석해서 적용해야만 유의미하기 때문이다. 전수조사에는 빅데이터를 활용해야 한다. 수초 이내에 쿼리를 내놓고 판단할 수 있어야 하기 때문이다. 테라바이트(TB) 급의 패킷을 수초 내에 해결할 수 있는 것은 하둡(Hadoop)과 같은 빅데이터 플랫폼이다. 하둡의 분산처리 시스템은 이를 가능하게 한다. 알려지지 않은 공격 위협을 탐지하기 위해서는 네트워크 흐름(Network Flow)을 기반으로 한 비정상 트래픽을 파악할 필요가 있다. 유입 트래픽에 대한 지속적인 모니터링과 학습을 통하여 유입된 트래픽이 내부 시스템 및 장비에 미치는 영향과 상태에 대해 파악하고 이를 종합해 알려지지 않은 공격 위협, 유입된 비정상 트래픽, 내부 현황 그리고 그에 따른 대처 방안을 알려준다.

024　　　　　　　　　　　　정답: 2번

　차세대 침입탐지 시스템(NG-IDS) 또는 차세대 방화벽(NG-Firewall)라고 불리는 보안 솔루션은 특정한 기능과 솔루션으로 국한되지는 않지만 공통적인 특장점을 가지고 있다. 기존의 장비보다 더 높은 성능으로 대용량 유입 데이터를 실시간에 가까운 속도로 처리하므로 더 적은 장비로 대용량 시스템에 접목할 수 있다. 그리고 소프트웨어 기반 네트워크(SDN: Software Defined Network)를 지원하고 클라우드 가상환경에서도 유연하게 적용할 수 있다. 또한, 기존의 시그니처 탐지기술의 한계를 넘어서 공격패턴을 학습하여 탐지능력을 향상시키고 Zero-day Attack을 대응할 수 있도록 하는 것이 특징이다. 마지막으로 차세대 침입탐지 시스템은 기존의 물리적인 네트워크 영역을 포함해서 논리적으로 구성된 가상 네트워크에도 유연하게 적용이 가능하다는 장점이 있다.

025　　　　　　　　　　　　정답: 1번

　문제에서 요구하는 차세대 침입탐지 시스템의 기능은 샌드박스(Sandbox) 기반의 침입탐지 시스템이다. 샌드박스 기능은 IDS뿐만 아니라 방화벽과 IPS 등에도 널리 적용되고 있으며 악의적인 공격자의 패턴을 학습하고 분석하며 Zero-day Attack에 대한 대응 기법으로 활용되고 있다. 또한 가상의 운영체제 이미지를 제공하여 공격자를 유인하고 정상적인 유입은 통과시키며 악의적인 공격으로 판단되는 경우 차단하는 등의 기능을 제공하고 있다.

026　　　　　　　　　　　　정답: 4번

　샌드박스(Sandbox) 우회 기술은 계속 발전하고 있으며 대표적으로 3가지가 존재한다. 첫 번째는 Human Interaction 기법으로, 샌드박스 환경은 보통 사용자가 존재하지 않으므로 마우스, 키보드, 터치 등의 무작위 움직임이 없다는 점을 이용해서 실제 환경과 가상환경을 구분하여 우회하는 기법이다. 두 번째는 Environment 기법으로, 공격자는 악성코드가 동작할 수 있는 운영체제 및 펌웨어의 종류와 패치에 정확히 일치하는 경우에만 동작하고 그렇지 않은 경우에는 동작하지 않도록 하는 기법이다. 마지막 세 번째는 Time Delay 기법으로, 샌드박스 기반 탐지 시스템이 악성 코드가 유입되면 곧바로 탐지를 시작하는 것에 착안하여 악성 코드가 임의의 시간이 경과한 이후에 동작을 수행하도록 하는 기법이다.

027 정답: 2번

접지(接地) 또는 그라운드(Ground)는 전기 회로나 전기 기기 따위를 도체로 땅에 연결하는 것을 말한다. 이상 전압 발생 시에도 고장 전류를 표면 전위가 영전위인 대지로 흘려 보내, 같은 전위로 유지하여 기기와 인체를 보호한다. 어스(Earth), 지락(地絡)이라고도 부른다. 금속체와 대지를 접속하는 단자를 접지전극(Grounding Electrode)이라고 하며 보통 지중에 매설된 도체가 사용된다. 접지전극과 접지하는 설비를 연결하는 도선을 접지도선 또는 접지선(Grounding Conductor)이라고 한다. 접지를 한다는 것은 전기안전상 중요한 설비로 피뢰설비, 전력설비, 통신설비, 전기방식설비 등을 대지와 전기적으로 결합시켜 대지의 전위와 동일하게 하는 것을 말한다. 접지 시스템은 전기장비의 절연파손으로 발생하는 누설 전류와 낙뢰 시 유입되는 서지 전류를 대지로 방전시킬 수 있어 인명피해를 예방할 수 있고 누전 차단기의 동작을 확실하게 하여 누전으로 인한 화재를 예방할 수 있다.

- **계통 접지**: 고압전로와 저압전로가 혼촉되었을 때 감전이나 재해를 방지
- **기기 접지**: 누전되고 있는 기기에 접촉되었을 때 감전을 방지
- **피뢰기 접지**: 낙뢰로부터 전자기기의 손상을 방지
- **정전기 방지 접지**: 정전기의 축척에 의한 폭발 재해 방지
- **지락검출 접지**: 누적차단기의 동작을 확실하게 함
- **등 전위 접지**: 병원에서 의료기기 사용 시 안전 확보
- **잡음대책 접지**: 노이즈에 의한 전자기기의 오동작이나 손상을 방지
- **기능용 접지**: 전기방식 설비 등의 접지

028 정답: 1번

올바른 순서로 나열한 것은 기준 접지 저항값 설정 → 대지 고유저항 측정 → 접지 시공방법 선정 및 설계 → 접지 시공 → 접지 저항값 측정 → 접지공사 완료이다. 뇌우란 영어로 'Thunderstorm'이라고 하는데, 천둥과 번개를 동반한 강우현상을 말한다. 번개는 Lightning으로 구름과 구름 사이에서 생기는 전기의 방전(放電)현상, 즉 공중에서 번쩍번쩍 강한 빛을 보이는 현상을 말한다. 천둥은 공기 중의 방전에 의해 발생하는 큰 소리이다. 벼락은 낙뢰를 말하는 것으로 앞의 천둥과 번개를 동반하는 급격한 방전현상이라고 할 수 있다. 쉽게 말한다면 공중에 있는 전기와 지상에 있는 물건과의 사이에서 일어나는 방전(放電)현상으로 지상에 강한 전기가 떨어져 피해를 주는 것이다. 낙뢰의 크기나 강도에 따라 다르기는 하지만 전형적인 3마일 폭의 뇌우는 히로시마에 투하된 원폭의 10배에 해당하는 에너지를 가지고 있다. 이 정도의 번개는 3천만 볼트에 해당하는 10만 암페어의 전기를 전달하기 때문에 벼락에 맞는 경우 상상할 수 없는 피해를 입게 된다.

029 정답: 3번

오늘날 낙뢰방지 장비의 발달로 인해 직접적인 위험은 훨씬 줄어들었다. 그럼에도 경제적 손실은 매년 더 많아진다. 전자제품이 주변 환경에 매우 민감해진 탓이다. 낙뢰는 다양한 전선망을 통해 순식간에 2~3km의 범위까지 영향을 준다. 두 개의 망에 결합된 기기일수록 특히 더 위험하다. 쉬운 예로 전선망과 상수도망에 동시에 연결되어 있는 전기보일러

를 예로 들 수 있다. 전선망과 통신망에 연결되어 있는 모든 통신기기들도 그렇다. 컴퓨터나 전기를 연결해서 사용하는 전화기가 낙뢰에 취약한 이유는 이 때문이다. 이론적으로 접지 장치가 잘 되어 있으면 문제가 없다고 생각하기 쉽다. 그러나 완벽한 접지 시스템은 이 세상에 존재하지 않는다. 완벽한 방비책은 없는데 지구 온난화로 인한 기온 및 습도 상승은 더 많은 뇌우 및 낙뢰 발생을 가져오고 있다.

출처: 반기성의 날씨에서 세상을 보는 지혜

030 정답: 3번

시나리오에서 (1), (2) 활동은 JVM Heap Memory Analysis이며 MAT는 Java Memory 분석을 위한 가장 일반적인 도구이다. (3), (4) 활동은 SQL Tuning을 위한 상세분석 활동이며 (5), (6)은 전문가들이 모여서 직접 검증하는 Code Review의 일종이다. 본 문제에서 Web Proxy Testing 활동은 수행하지 않았다.

031 정답: 1번

TA(Technical Architect)가 분석한 내용을 기반으로 추측할 때, 악성 SQL의 바인드 변숫값에 비정상적인 범위 값이 확인되었고 프로그램에서 JAVA Code에서 처리하지 못한 채 Database SQL을 수행한 것으로 볼 수 있다. 따라서, 과도한 질의요청에 의한 Full Table Scan으로 SQL 수행시간이 지연되고 Database에서 Web Application Server JVM으로 대용량의 Fetch가 수행되면서 JVM의 허용 가능한 Heap Memory가 초과되어 오류가 발생했을 것으로 추측할 수 있다.

032 정답: 2번

(6)~(9)의 내용을 기반으로 추측할 때, JavaScript Code에는 검증 로직이 있으나 JAVA Code에는 검증 로직이 없으므로 해당 사용자의 웹 브라우저가 해당 JavaScript Code를 적절하게 처리하지 못한 경우로 추측할 수 있다. 따라서, 프로그램에 포함된 JavaScript Library는 최신 버전을 사용하지만 사용자 환경은 구 버전이거나 호환되지 않는 종류의 웹 브라우저라서 발생할 수 있는 상황이다. 그래서 반드시 필수 값 검증과 범위 검증은 JAVA Business Code에도 적용해야 하는 것이다.

033 정답: 2번

시나리오에서 발생한 문제는 2가지로 볼 수 있다. 첫 번째는 JavaScript에서 처리한 필수 범위 값 체크 기능을 JAVA Code에서 적용하지 않았던 문제다. 두 번째는 프로젝트에서 예측하지 못했던 비표준 웹 브라우저, 구 버전 환경에서 발생한 사용자 이슈이다. 이를 위해서는 UX & CX 관점의 Cross Browsing Testing을 수행해야 하며 이를 사용성 시험이라고도 부른다. 또한, 필수적인 값 검증 코드를 공통 라이브러리로 배포하여 JAVA Code에 삽입하는 것도 좋은 대안이다. 성능테스트를 모든 화면에 대해서 수행하는 것은 비용대비 비효율적이므로 다른 방안에 비해 어려운 상황이다.

034 정답: 3번

근태관리 시스템에 접속 시 오전 9:30~10:30에만 불특정한 사용자에게 발생하는 "Service Unavailable" 메시지는 웹서버가 HTTP Request 요청에 대해 서비스를 처리할 수 없다고 응답하는 HTTP Response Code이다. 서비스 처리불가의 원인은 Database, File Server, Web Application Server 등 어느 곳에서 발생했는지는 알 수 없지만 해당 메시지의 응답은 웹서버에서 제공하는 항목이다. HTTP Response Code는 성공을 의미하는 200번 대역, 클라이언트 실패를 의미하는 400번 대역, 서버 실패를 의미하는 500번 대역 등으로 분류된다.

035 정답: 4번

HTTP Response Code 중에서 "503 코드"는 서버가 HTTP Request를 제대로 처리하지 못하는 경우에 주로 발생한다. 서버의 자원이 부족한 경우, DoS, DDoS에 공격을 받은 경우, 서버의 응답시간이 초과한 경우, 서버에 장애가 발생하여 처리가 불가능한 경우 등에 발생하는 HTTP Response Code이다. 문제의 "Service Unavailable"와 같은 메시지를 클라이언트 웹 브라우저와 시스템에서 표시하게 된다.

036 정답: 4번

폭주 시 성능제어(PLC: Peak Load Control)는 특정 기준(Threshold) 이상의 요청에 대해서 서버의 유입을 빠르게 차단하여 서버의 장애를 예방하는 기능을 제공한다. 서버의 장애로 인해 사용자의 요청이 처리 불가능 상태로 빠지는 대신에 요청 순서에 따라 대기하면서 정상적으로 서비스를 유지하도록 하는 가용성 관리 솔루션 및 기능이다. 일반적으로 APM(Application Performance Management) 솔루션의 기능으로 포함되는 경우가 많다.

037 정답: 2번

Scale-Up 방식은 서버 자체의 개수를 증가시키지 않고 서버가 제공하는 사양의 한도 내에서 CPU, Memory, Storage 등을 증설하는 방식이다. 전통적인 메인프레임 서버의 자원 증설 시 가장 일반적으로 사용하던 방식이다. 이와 달리, Scale-Out 방식은 서버의 노드를 횡적으로 증가시키는 방식이며 클라우드 컴퓨팅과 가상 기술을 통해 유연하게 자원을 관리할 수 있는 방안으로 제공되고 있다.

038 정답: 3번

죽음의 핑(Ping of Death) 공격은 정상적인 Ping ICMP 패킷의 크기를 과도하게 초과하는 비정상적인 패킷을 다수 발송하여 수신 시스템이 Ping 패킷을 처리하는 데 지연을 발생시키는 공격기법이다. Ping of Death 공격은 서버의 시스템 가용성을 저하시키고 시스템 자원 사용량을 과도하게 점유하게 하는 등의 공격을 하는 서비스 거부 공격의 한 유형이다.

039 정답: 2번

SMURF Attack 공격기법은 ICMP Echo Reply를 과도하게 수신하게 만드는 서비스 거부 공격의 한 가지 유형이다. 공격자는 공격대상 노드의 IP를 Source IP로 변조한 브로드캐스팅 ICMP 패킷을 다수 발송하여 네트워크에 속한 모든 노드가 수신한 ICMP Echo 패킷에 대해 Reply하도록 하는 공격이다. 네트워크 내의 다수의 노드는 정상적인 ICMP Reply를 수행하였으므로 공격자를 추적하기에 어려움이 있다는 특징이 있다.

040 정답: 3번

두 가지 보안 이슈는 모두 ICMP 패킷을 활용한 공격 기법이므로 라우터, 방화벽, 시스템 노드 등에서 ICMP 패킷을 차단하거나 응답하지 않도록 하는 것이 가장 빠르고 효과적인 대응방법이다. Anti DDoS 장비는 ICMP DoS 공격을 포함한 광범위한 대응이 가능한 전용장비인 것은 틀림이 없지만 빠르고 효과적으로 즉각 대응하기에는 어려움이 존재한다.

041 정답: 3번

A 사의 차세대 SCM 시스템의 전체 백업이 오픈 전에 계획했던 시간대로 24시부터 3시까지 정상적으로 종료됐으나 시간이 갈수록 시간이 크게 증가하였다. 이 원인으로 추측할 수 있는 첫 번째는 데

이터베이스 용량 자체가 예상 밖으로 크게 증가했다고 볼 수 있다. 이는 다르게 말하면, 데이터베이스 용량 계획이 적절하지 않았다는 것으로 표현할 수 있다. 백업 솔루션의 개념 증명(PoC: Proof of Concept)을 수행할 때는 데이터베이스 용량이 증가하는 것을 고려하여 예상 수행시간을 도출하는 것이 원칙이며 오픈 직후에는 예상 시간 안에 수행되었다. 하지만 데이터가 증가하는 양에 비해서 백업 수행시간이 크게 증가하는 것은 PoC에서 확인하지 못했던 현상이 발생한 것으로 원인을 추측해볼 수도 있다. 전체 백업 시간대인 24시부터 6시는 비업무 시간이라고 명시되어 있으므로 업무량이 증가하는 것은 가장 타당하지 않다.

042 정답: 4번

전체 백업에 수행되는 시간이 증가하는 경우 평일 야간 백업 시간을 업무가 없는 주말 야간 백업으로 전환하는 것도 고려해볼 만하다. 매일 전체 백업에서 주 1회 또는 월 1회 전체 백업으로 전환한다면 그 보완책으로 증분 백업이나 차등 백업을 매일 수행하는 것도 올바른 방안이다. 차등 백업과 증분 백업은 전체 백업에 비해 수행시간이 절대적으로 짧기 때문에 평일 야간의 백업 시간 단축에 긍정적인 효과를 줄 수 있다. 다만, 평일에 장애가 발생한 경우 차등 백업과 증분 백업의 복구 시간은 매일 전체 백업에 비해서 오래 걸릴 수 있다는 점은 고려해야 한다. 보기 ④번의 이틀에 한 번 전체 백업은 문제의 이슈를 해결할 수 있는 방법이 아니므로 가장 적절하지 않다고 볼 수 있다.

043 정답: 3번

증분 백업은 바로 이전에 수행했던 백업(전체, 증분, 차등 포함)에 비해 증가한 데이터만 백업을 수행하므로 가장 수행시간이 짧은 방식이다. 하지만 복구해야 하는 경우 전체 백업 이후에 수행한 증분 백업을 순서대로 모두 진행해야 하므로 상대적으로 복구 시간이 느린 것이 단점이다. 차등 백업은 가장 최근에 수행한 전체 백업을 기준으로 지금까지 증가한 데이터를 백업하는 방식으로 증분 백업보다 수행시간은 느리지만 복구시간이 빠르다는 장점이 있다. 따라서, 전체 백업의 주기가 짧을수록 차등 백업의 시간이 감소하고 전체 백업의 주기가 길어질수록 차등 백업의 시간이 증가하는 경향이 있다.

044 정답: 2번

A 사의 연구원 B 과장은 출처가 불분명한 이메일을 받았고 해당 이메일은 B 과장의 업무와 상당하게 유사성이 높다. 이는 비즈니스 이메일 사기(BEC)와 유사한 공격 기법이고 이러한 공격을 피싱(Phishing)이라고 부른다. 이메일 피싱, 스미싱, 파밍, 보이스피싱, 비즈니스 이메일 사기 등의 공격 수단을 모두 사회공학 기법이라고 분류한다. 보기 ②번의 스미싱(Smishing)은 SMS/MMS를 이용해 모바일 환경에서 공격을 수행하는 기법이므로 B 과장의 사례와는 가장 거리가 멀다.

045 정답: 2번

이메일을 이용한 피싱 공격은 나날이 정교해지고 고도화되고 있으므로 업무메일과 혼동하여 조회하는 경우가 증가하고 있다. 정기적으로 수신하는 뉴스레터나 업무메일은 자동 분류기능을 이용해서 분류함에 저장하고 그 이외의 메일은 조심해야 한다. 그리고 출처가 분명하지 않은 이메일은 조회하지 않는 것이 악성 코드에 감염되지 않도록 하는 첫 번째 규칙이다. 또한, 안티 바이러스 솔루션을 사용하고 실시간 감시 기능을 활성화하는 것도 좋은 대응방법이다. 운영체제와 웹 브라우저, 오피스 프로그램의 최신 보안 패치를 적용하는 것도 중요한 대응방법이다.

046
정답: 4번

　정보 보안 교육은 법정의무 교육에 포함될 뿐만 아니라 기업의 보안이슈 예방을 위한 필수적인 관리보안 활동이다. 일반적으로 초기 정보 보안 교육에 임직원들은 수동적인 자세로 참여할 수밖에 없다. 따라서 정보 보안을 위반할 경우 유발시킨 개인과 조직에 패널티를 강조하는 것이 단기적으로는 효과가 있을 수 있다. 하지만 장기적인 입장에서 바라보았을 때는 임직원이 스스로 보안의식을 갖추고 활동을 할 수 있도록 환경을 갖추어 주고 리워드 중심으로 접근하는 것이 가장 바람직하다.

047
정답: 3번

　생명보험 A 사는 상장사일 뿐만 아니라 금융업종 기업이므로 국내의 대부분 법적 규제에 대상이 된다. 따라서 기존에 모바일 전문 솔루션 개발사인 B 사가 인수합병된다면 A 사에 적용되었던 모든 규제의 범위에 포함될 수 있으므로 지문의 문제점은 반드시 해결해야 한다. 그동안 B 사가 문제가 되지 않았던 사유를 추측한다면 금융기관이 아니므로 전자금융 감독규정에 따른 망 분리 대상이 아니었으며, 상장사가 아니었으므로 전산감사 대상이 아니었고 또한 기업규모가 작아서 ISMS-P 필수대상도 아니었을 것으로 추측할 수 있다. 하지만 정부의 금융규제 샌드박스는 금융 솔루션을 개발하는 기업이 아닌 금융 서비스를 제공하는 금융사에게 적용되는 사항으로 모바일 전문 개발 B사에게는 적절하지 않는 경우이다.

048
정답: 2번

　지문에서 도출된 문제 중에서 데이터베이스에 대한 통제가 불가능한 이슈는 데이터베이스 접근제어 솔루션과 작업결재 솔루션으로 해결할 수 있다. 그리고 금융서비스 기업은 전자금융 감독규정에 따라 의무적으로 망 분리를 적용해야 하므로 물리적 망 분리가 해결책이 될 수 있다. 또한, 일반 메신저가 아닌 전문적인 기업용 협업 솔루션을 사용해야 한다. 네트워크 접근 통제(NAC: Network Access Control)는 비인가 장비와 IP, 프로그램을 통제하는 데스크톱의 핵심 보안 솔루션이지만 본 문제의 이슈들과는 가장 관련성이 없다.

049
정답: 4번

　직무분리 매트릭스(SoD: Separation of Duties Matrix)는 직무분리를 준수했는지 여부를 검증하기 위해 사용하는 표 형태의 도구이다. 조직에서 특정 권한을 임의의 담당자가 과도하게 보유하지 않도록 통제하기 위한 목적이 있다. 시스템 개발자, 시스템 운영자, 분석자, 설계자, 데이터베이스 운영자, 결재자, 부서장, 품질 관리자 등 주요 업무에 대한 권한을 상호 간에 동시에 보유하면 안 되는 영역을 설정하고 그 기준을 충족하고 있는지 검증하는 매트릭스 형태의 도구이다.

050
정답: 2번

　데이터 암호화 구현방식은 크게 API 암호화, Plug-In 암호화, File 암호화, Hybrid 암호화 등으로 분류할 수 있다. Plug-In 암호화는 데이터베이스 내부에 데이터 암호화 솔루션을 설치하여 암복호화를 수행하는 방식이다. API 암호화는 비즈니스 프로그램이 탑재된 Web Application Server에 데이터 암호화 솔루션을 설치하고 API Function Call을 이용하여 암복호화를 수행하는 방식으로 Application 암호화라고도 부른다. File 암호화는 데이터베이스 파일이 저장되는 운영체제 수준에서 파일을 암호화하는 방식이다. 하이브리드 암호화는 Plug-In과 API 방식을 혼합한 방식이다. 문제의 사례는 소스 코드 프로그램에서 복호화 함수를 호출했으므로 API 방식으로 분류된다.

051
정답: 4번

앞의 데이터 암호화 방식은 API 암호화이며 애플리케이션 방식의 암호화라고 불린다. API 암호화는 주로 애플리케이션 서버나 단독 서버에 암복호화 솔루션이 설치되며 애플리케이션 프로그램에서 API를 이용해서 호출한다. 따라서, API 방식의 암호화는 데이터베이스 서버에 부하를 가하지 않는 반면에 애플리케이션 서버나 암복호화 서버에 성능저하를 일으킬 수 있다. API 암호화 방식은 필연적으로 프로그램 소스 코드에 변경이 필요하므로 변경 범위의 산정과 함께 프로그램 변경 후 반드시 테스트가 필요하다.

052
정답: 1번

API 방식의 암호화는 애플리케이션 변경을 유발하고 애플리케이션 서버나 암호화 솔루션 서버에 부하를 발생시킨다. 프로그램으로 유입되는 서비스 요청에 대해 응답시간이 증가하며 과도한 부하량에 따라 시스템 성능저하가 급증할 수 있으며, 암호화 서버에 대한 성능시험도 필요하다. 이 사례에서 볼 때 프로젝트 제안단계에서 개념 증명(PoC)으로 검증하지 못했던 고객사의 암복호화 적용을 이유로 개발완료 직전에 다시 PoC를 수행한다는 것은 적합하지 않다. 게다가 API 방식의 암호화는 프로그램을 변경해야 하므로 손쉽게 변경 전/후를 비교하며 성능시험을 하는 것이 용이하지 않다. 다만 프로젝트 관리조직(PMO)에 이슈관리 대상으로 보고하고 고객사 보안팀에게 성능 관련 가이드라인을 요청하는 방법은 적합한 활동이다.

053
정답: 3번

방화벽 로드 밸런싱(FLWB: Firewall Load Balancing) 장비는 L4 Switch를 방화벽 앞에 두고 둘 이상의 방화벽에 균등한 부하를 분산시키는 기능을 한다. 부하 분산뿐 아니라 Health Check를 통해 특정한 방화벽 장비에 장애가 발생하면 다른 방화벽 장비로 부하를 이전하여 서비스 중단시간을 최소화하는 기능을 한다. 문제의 사례에서 기존 방화벽에 비해 신규 방화벽의 성능이 두 배 이상 높기 때문에 부하 분산의 알고리즘을 적절하게 적용해야 한다. 만약 Round Robin으로 적용한다면 각 장비마다 동일한 조건으로 유입되므로 방화벽 장비 간에 성능 대비 적절한 부하분산이 이루어지지 않는다.

054
정답: 2번

Round Robin 알고리즘은 FWLB 장비로 유입되는 요청을 순서대로 방화벽에 전달하는 방식으로 장비 간에 성능이나 부하량 상황을 고려하지 않는다. Least Connection 방식은 방화벽과 연결된 접속 개수를 동일하게 유지하는 방식으로 각 장비의 성능이 크게 차이 나는 경우 적절한 방식이 될 수 없다. FIFO는 일반적인 FWLB 알고리즘이 아니며 Fastest Response Time 방식은 가장 응답시간이 빠른 방화벽으로 연결하는 방식으로 서버 응답이 지연되는 지점의 전까지는 부하분산이 유사하게 이루어지는 특징이 있다. 마지막으로 Weighted Least Connection(가중치 기반의 최소 접속 방식) 알고리즘은 연결된 장비마다 가중치를 설정하여 연결 개수를 기반으로 분배하는 방식이므로 이 사례에서 가장 적합한 알고리즘으로 볼 수 있다.

055
정답: 4번

클라우드 컴퓨팅은 하드웨어나 소프트웨어, 서비스 등을 사용자 요청에 따라 과금하고 사용할 수 있는 유연함을 제공한다. 기존 전통적인 시스템 구현 방식처럼 기업 내부의 IDC Server Farm에 구축하는 유형을 온-프레미스(On-Premise)라고 하며, 클라우드 컴퓨팅 방식을 온디맨드(On-Demand)라고 부른다. 온디맨드 클라우드 컴퓨팅의 장점은 다양한데 그 중에서 하드웨어 자원을 요청에 따라 증가/감소하면서 유연하게 제어하며 Scale-Out, Scale-Up하는 기능을 리소스 프로비저닝(Resource Provisioning)이라고 한다.

056 정답: 3번

WAS(Web Application Server)의 자원을 수직적으로 확장하는 것과 Database의 자원을 수평적으로 확장하는 것은 가용성을 향상시켜줄 수는 있지만 서비스데스크 업무를 대체하는 데 한계가 있다. Peak Load Control 시스템은 부하가 급증할 경우 사용자를 웹 페이지 수준에서 대기할 수 있도록 하는 가용성 관리 솔루션이며 사용자를 기다리게 하는 보조적인 솔루션이다. 서비스데스크 인력을 최소한으로 유지하면서 사용자의 문의에 효과적으로 대응하기 위한 솔루션은 챗봇(Chat-Bot)이며 실제로 중국의 광군제에서 적극적으로 활용한 사례가 존재한다.

057 정답: 2번

기획팀의 요구사항과 프로모션이라는 한시적 사용이라는 점을 고려할 때 Private Cloud보다 Public Cloud 방식이 적합하며 A사는 기존에 클라우드 컴퓨팅을 구현하지 않았으므로 더욱 Public IaaS가 적합하다. 또한, 프로모션 접속 사용자의 대부분(약 90%)이 국내 사용자인 것을 고려하면 국내에 데이터센터가 존재하는 업체를 선정하는 것이 적합하다. 그리고 A사 내부 시스템과 외부 클라우드 시스템 사이에 연계가 필요하므로 구간 대 구간 암호화가 필수적이다. 마지막으로 보기 ②번의 Oracle RAC의 경우 Scale-Out(수평적인 확장)의 적용에 한계가 존재하는 아키텍처이므로 적합한 설명이 아니다.

058 정답: 3번

추천 시스템은 검색엔진 및 인터넷 서비스가 탄생한 오래 전부터 존재하던 시스템으로 고객에게 가장 최적화된 맞춤형 서비스를 제공하고자 하는 시스템이다. 사용자가 최근 사용한 콘텐츠와 관련된 콘텐츠를 추천하거나 유사한 유형의 다른 사용자가 선호하는 콘텐츠를 추천하는 등으로 접근하는 기능이다. 추천 시스템은 인공지능의 발전으로 빅데이터 분석이 빠르고 정확해지면서 현재 전성기를 맞고 있다.

059 정답: 1번

필터버블(Filter Bubble)이란 알고리즘 기반으로 구현된 추천 시스템이 사용자를 위한 서비스를 제공한다는 목적 이상으로 최적화되면서 사용자가 선호하는 콘텐츠만 지속적으로 제공하는 현상이다. 이로 인해 사용자는 의도하지 않은 채 다양한 콘텐츠보다는 일률적인 성향에만 치우치게 되고 사회적으로 다양성이 저하되는 현상을 야기한다. 추천 시스템은 이러한 필터버블 현상을 야기할 때 개인정보를 과도하게 수집하고 이용하는 이슈를 만들기도 한다.

060 정답: 1번

시스템 사용자의 개인정보를 과도하게 활용하고, 제3자에게 제공하며, 폐기기간을 경과하여 보관하는 등 개인정보보호법에 저촉되는 프로세스와 시스템을 점검하고 이에 상응하는 체계를 상시적으로 구축해야 한다. 개인정보보호법을 기준으로 개인정보영향평가(PIA)를 진행하고 그 결과에 따라 ISMS-P를 구축해야 한다. 보기 ①번의 검색엔진 최적화는 개인정보에 대한 관점과는 관련성이 적다.

061
정답: 1번

드론을 도심에서 항행(운용)하기 위해서는 다음과 같은 인증을 거쳐야 가능하다.

- (가) 항공안전법 제23조에 따른 특별감항증명
- (나) 항공안전법 제68조에 따른 무인항공기의 비행 허가
- (다) 항공안전법 제124조에 따른 시험비행허가 또는 안전성인증
- (라) 항공안전법 제127조에 따른 비행승인
- (마) 항공안전법 제129조 5항에 따른 특별비행의 승인
- (바) 전파법 제58조 2에 따른 적합성평가를 획득

이러한 규제 때문에 드론에 의한 피해와 위험은 감소하였으나 드론 기반의 비즈니스 혁신에 제약이 발생한다는 비판이 존재한다.

062
정답: 3번

드론을 도심에서 항행하기 위해서 허가받아야 하는 절차와 규제가 강화되어 있는 항공안전법과 전파법 때문에 드론의 연구와 사업화에 제약이 많았다. 따라서 관련 산업, 학계, 연구원에서 지속적으로 규제의 철폐를 요구해왔었고 2020년 5월 1일 「드론 활용의 촉진 및 기반조성에 관한 법률(약칭 드론법)」이 시행되었다. 해당 법률의 시행을 통해 국토교통부는 드론 특화도시 육성 및 드론 혁신사업을 발굴하는 등 드론의 활성화에 앞장설 것으로 기대되고 있다.

063
정답: 2번

2020년 5월 1일 시행된 "드론 활용의 촉진 및 기반조성에 관한 법률"에 따르면, 국토교통부가 지정한 "드론 특별자유화구역"에서는 기존에 의무화되었던 "특별감항증명" 등의 규제에 제약을 받지 않고 드론 실증을 할 수 있게 된다. 해당 특별구역은 각 지자체에서 조성계획을 작성하고, 시장 및 주민의 의견을 수렴한 후 신청하며, 필요시 계획을 보완한 후, 관계부처와 협의하여 드론 특별자유화구역으로 지정된다.

064
정답: 1번

드론교통관리(UTM: Unmanned aerial system Traffic Management) 기술은 드론이 스스로 이륙, 항행, 기동, 회피, 착륙을 수행하고 무인으로 원격 통제하며 기존의 ATM 시스템과 연동되도록 하는 가장 중요한 드론 기술이다. 드론에 의해 발생할 수 있는 물리적인 사건 사고 및 위협들을 통제하기 위해서 필수적으로 구현되어야 한다.

065
정답: 4번

지문에서 설명하는 망 분리의 두 가지 기술은 순서대로 물리적 망 분리와 논리적 망 분리 기술을 의미한다. 금융감독원에서 배포한 금융 전산망 분리 가이드라인에 의하면, 물리적 망 분리는 통신망을 물리적으로 업무용과 인터넷용으로 분리하고 별도 PC를 사용하는 기술이다. 그리고 동법에서 의미하는 논리적 망 분리는 통신망을 S/W적으로 업무용과 인터넷용으로 분리하고 논리적으로 분리된 PC를 사용하는 기술이다.

066
정답: 1번

금융감독원은 2013년 7월 11일에 금융전산 보안 강화 종합대책을 발표하였다. 당시 금융 전산망 분리 가이드라인을 배포했고 금융권 전산센터의 경우 2014년 말까지 내부 업무망과 인터넷망을 원천적으로 분리하는 물리적 망 분리를 의무화했다. 그리고 본점과 영업점은 단계적 또는 선택적으로 추진

하도록 하였다. 가이드라인에서 제시하지 않는 새로운 S/W 기술도 망 분리의 기본 원칙에서 벗어나지 않으면 적용이 가능하다는 포괄적인 기술적 방안을 허용하였다.

067 정답: 2번

2013년에 금융감독원에서 배포한 금융 전산망 분리 가이드라인에 의하면, 인터넷 PC는 업무망 접근을 원천적으로 차단해야 하며 외부 메일을 이용할 수는 있지만 문서를 편집할 수는 없다. 인터넷망과 업무망 간에 망 분리에 따른 불편을 해소하기 위해 중계 서버를 이용한 파일 송수신은 가능하다. 업무망에서는 금융회사 내부 메일만 사용할 수 있고 외부 메일은 인터넷 PC에서만 가능하다. 기존에 인터넷에 연결된 패치관리 시스템은 오프라인으로 운영한다. 인가되지 않은 PC, 노트북 등의 기기는 접속할 수 없게 통제한다.

068 정답: 4번

금융권의 망 분리 규제는 보안성을 향상시키고 외부침입에 대응하는 능력을 증대시킨 것은 사실이지만 업무생산성과 편의성이 떨어진다는 단점이 있다. 또한, 망 분리를 적용하는 데 과도한 구축 및 운영비용이 집행되어야 한다는 점도 금융권의 지속적인 불만이다. 게다가 2020년 코로나19 사태로 인해 급격하게 원격근무 및 재택근무로 전환되는 상황에서 망 분리 규제는 금융권에 재택근무가 불가능하도록 만드는 과도한 규제라는 지적이 지속적으로 나오고 있는 실정이다. 이에 따라, 2020년초 전자금융감독규정 및 시행세칙의 망 분리 적용 제외와 관련하여 금융감독원이 비조치 의견을 개진하여 사실상 예외사항을 인정하게 되었다.

069 정답: 3번

침입방지 시스템(IPS: Intrusion Prevention System)은 침입탐지 시스템(IDS: Intrusion Detection System)의 기능에 능동적인 대처능력을 부여한 보안제품을 말한다. 대부분의 기업들은 외부 공격에 대한 비즈니스 위험을 최소화기 위해 인터넷 단 또는 내부 서버팜에 방화벽이나 네트워크 기반의 침입탐지 시스템(IDS)을 도입하고 있다. 그러나, 외부 공격에 대해 효과적인 역할을 수행하기 위해 도입한 IDS가 여러 기술적/운영상의 문제점들로 인해 만족할 만한 기대효과를 누리지 못하고 있다. 이러한 IDS를 대신하여 현재에는 침입 탐지 및 효과적 차단을 위해 침입방지 시스템(IPS)이 도입되고 있는 추세이다. 침입방지 시스템의 주요한 기능은 다음과 같다.

- 웜/바이러스 및 스팸메일, P2P 및 메신저 통신 등에 대한 비정상 네트워크 트래픽을 정확하고 신속하게 탐지 및 차단
- 실시간 네트워크/시스템 부하량 모니터링 및 프로토콜/서비스/IP별 네트워크 트래픽 트렌드를 상세하게 분석
- 유해정보 차단 및 내부정보 유출 차단과 해킹 추적 기능
- 신규 취약성, 위협에 대한 빠른 Update 기능
- 자체적, 혹은 연계된 보안 연구조직을 통해 고품질의 보안 콘텐츠(위협 및 취약성 정보)를 지속적으로 공급받아 미래의 위협에 적절하게 사전 대응(Preemptive Protection)할 수 있도록 침입 패턴 데이터베이스를 보유
- IPS에 최적화된 어플라이언스를 통해 자체 OS Hardening 기능 제공
- 유해 사이트에 대한 실시간 모니터링 및 로깅 기능

정답과 해설

제8장

신기술 트렌드

제8장 신기술 트렌드 정답

1 ②	2 ④	3 ④	4 ③	5 ④	6 ②	7 ②	8 ④	9 ①	10 ④
11 ④	12 ②	13 ④	14 ①	15 ②	16 ②	17 ③	18 ②	19 ④	20 ①
21 ①	22 ③	23 ③	24 ④	25 ①	26 ①	27 ④	28 ③	29 ③	30 ①
31 ①	32 ②	33 ①	34 ④	35 ①	36 ①	37 ①	38 ③	39 ①	40 ①
41 ①	42 ③	43 ④	44 ②	45 ③	46 ①	47 ③	48 ②	49 ①	50 ③
51 ①	52 ②	53 ①	54 ②	55 ③	56 ②	57 ①	58 ③	59 ②	60 ①
61 ②	62 ②	63 ②	64 ②	65 ④	66 ①	67 ③	68 ④	69 ③	70 ②
71 ①	72 ②	73 ①	74 ③	75 ①	76 ②	77 ④	78 ④	79 ②	80 ②
81 ④	82 ②	83 ③	84 ②	85 ④	86 ③	87 ③	88 ①	89 ②	90 ②
91 ④	92 ③	93 ③	94 ④	95 ③	96 ①	97 ①	98 ①	99 ④	100 ①
101 ②	102 ①	103 ①	104 ①	105 ①	106 ①	107 ①	108 ②	109 ④	110 ③
111 ②	112 ④	113 ③	114 ②	115 ④	116 ①	117 ②	118 ④	119 ②	120 ④
121 ②	122 ④	123 ③	124 ②	125 ④	126 ③	127 ①	128 ④	129 ①	130 ③
131 ②	132 ②	133 ①	134 ③	135 ④	136 ③	137 ①	138 ②	139 ③	140 ①

001

정답: 2번

오케스트레이션(Orchestration)은 컴퓨터 시스템과 애플리케이션, 서비스의 자동화된 설정, 관리, 조정을 의미한다. 오케스트레이션은 IT팀이 복잡한 태스크와 워크플로우를 보다 쉽게 관리할 수 있도록 도와준다. IT팀은 많은 서버와 애플리케이션을 관리해야 하지만, 이를 수동으로 수행하는 것은 확장 가능한 전략이 아니다. IT 시스템이 복잡해질수록 유동적인 부분을 모두 관리하는 것 또한 복잡해지며 시스템 또는 기기 전체에서 자동화된 여러 태스크와 관련 설정을 결합해야 할 필요성도 높아진다. 바로 이 부분에서 오케스트레이션이 큰 도움을 준다. 자동화와 오케스트레이션은 서로 다르지만, 그 개념은 연관되어 있다. 자동화는 기업에서 IT 시스템에 대한 수작업을 줄이거나 대체하고, 그 대신 소프트웨어를 사용해 태스크를 수행함으로써 비용, 복잡성, 오류를 줄이는 방식으로 효율성을 개선하도록 지원한다. 일반적으로 자동화란 단일 태스크의 자동화를 의미한다. 반면 오케스트레이션은 여러 이기종 시스템 전반에서 다양한 단계를 수반하는 프로세스 또는 워크플로우를 자동화하는 방법을 의미한다. 우선 프로세스를 자동화하고 나면 이를 자동으로 실행되도록 오케스트레이션 할 수 있다. 또한 IT 오케스트레이션을 통해 자주 진행되는 프로세스와 워크플로우를 간소화하고 최적화할 수 있다. 이는 DevOps 접근 방식을 지원할 수 있으며 팀에서 애플리케이션을 더욱 빠르게 배포하도록 해준다. 오케스트레이션을 활용하여 서버 프로비저닝, 인시던트 관리, 클라우드 오케스트레이션, 데이터베이스 관리, 애플리케이션 오케스트레이션 등 다양한 태스크와 워크플로우가 포함된 IT 프로세스를 자동화할 수 있게 된다. 일반적으로 오케스트레이터는 크게 4종류로 나뉜다. 서버 오케스트레이터, 컨테이너 오케스트레이터, 앱 오케스트레이터, 함수 오케스트레이터다. 각각의 설명은 다음과 같다.

- **서버 오케스트레이터**: 서버나 가상머신을 기반으로 서비스 오케스트레이션을 실행한다. 대부분 정해진 수의 서버 개수를 늘리고 줄이는 데 사용한다.
- **컨테이너 오케스트레이터**: 컨테이너를 기반으로 서비스 오케스트레이션을 실행한다. 사용자는 컨테이너 오케스트레이터가 사용할 컨테이너와 상황만 정의해 주면 컨테이너를 배포하고 삭제 관리는 오케스트레이터가 자동으로 수행한다.
- **앱 오케스트레이터**: 사용자가 정해진 앱 오케스트레이터 SDK로 앱을 만들어 등록하면 이후 생명주기는 오케스트레이터가 관리해 준다.
- **함수 오케스트레이터**: 사용자가 함수와 특정사항을 지정해 두면 자동으로 관리해 준다.

002 정답: 4번

기획자 관점에서 봤을 때, 컨테이너 기술의 주요 장점은 다음과 같다.

- **디지털 트랜스포메이션 기반 구축**: 디지털 트랜스포메이션이 실현하려면 IT 서비스 개발과 개선속도가 비즈니스 우위를 확보하기 위한 필수적인 조건
- **비용 절감**: 높은 시스템 자원 사용률에 따른 비용 절감(Guest OS에 대한 라이선스 제거, Guest OS 유지보수비용 및 관리비용 제거 등)
- **하이브리드 클라우드 실현**: 프라이빗 클라우드를 구축하여 퍼블릭 클라우드로 즉시 이전 가능(프라이빗 클라우드와 퍼블릭 클라우드를 단일한 기술과 운영 방법으로 관리하는 것. 컨테이너를 기반으로 하는 오픈 소스이기 때문에 사용자들이 특정 업체에 종속되지 않고 클라우드의 환경을 이전시킬 수 있음)
- **DevOps 기반**: 컨테이너는 DevOps 빌드/테스트/배포 파이프라인을 간소화함

003 정답: 4번

개발자 관점에서 컨테이너 기술의 장점은 다음과 같다.

- **효율적인 개발환경 구축**: 개발환경 구축 기간 단축/OS가상화로 격리된 테스트 환경 구축(기존 가상화 대비 작은 시스템 리소스로 개발 환경 구축)
- **배포 편의성**: 이미지를 통한 빌드, 배포 자동화(개발자 환경/테스트 환경/스테이징 환경/운영 환경에 대한 일관성 보장으로 장애 요인 제거와 장애 원인 파악 시간 단축)
- **민첩한 개발**: 컨테이너를 통한 짧은 주기로 요구사항 정의와 릴리즈를 반복하는 Agile Development 지원
- **서비스 무정지 환경 제공**: 서비스 정지 없이 시스템 운영이 가능하여 배포시간과 횟수에 대한 제약이 없음
- **마이크로서비스 아키텍처**: 마이크로서비스는 컨테이너로 구성하고 배포, 운영하는 것이 매우 유리함
- **DevOps 기반**: 컨테이너는 DevOps 빌드/테스트/배포 파이프라인을 간소화

004 정답: 3번

연합 ID 관리(FIM: Federated Identity

Management)는 가입자가 동일한 식별 데이터를 사용하여 그룹에 있는 모든 기업의 서비스 및 네트워크에 액세스할 수 있도록 하는 것이다. 싱글 사인온(SSO)과 유사한 측면이 있지만 다르다. FIM을 사용하면 사용자의 자격 증명이 항상 핵심 조직인 ID 공급자에 의해 저장된다. 사용자가 서비스에 로그인할 때 서비스 제공 업체에 자격 증명을 제공할 필요가 없다. 대신 서비스 공급자는 ID 공급자를 신뢰하여 사용자의 자격 증명을 확인한다. 결과적으로 사용자는 ID 공급자를 제외한 누구에게도 자신의 자격 증명을 실제로 제공하지 않는다. 또한 둘 이상의 도메인 또는 서비스 공급자가 연합되면 사용자는 하나를 인증하기만 하면 된다. 그런 다음 연합 내 각 조직에 대해 별도의 로그인 프로세스를 수행하지 않고도 서비스 및 리소스에 액세스할 수 있다.

ID 페더레이션은 조직과 사용자 모두에게 경제적 이점과 편리함을 제공한다. 예를 들어 여러 회사가 단일 응용 프로그램을 공유할 수 있다면 모든 사람은 리소스 통합으로 인해서 궁극적으로 비용을 절감할 수 있다. 그러나 FIM은 이를 사용하기로 선택한 파트너 간의 많은 신뢰와 열린 의사 소통을 포함해야 한다. ID 페더레이션을 만들거나 가입하려는 회사는 모든 요소에 동의해야 한다. 정직한 의사 소통은 필수다. FIM과 싱글 사인온(SSO)은 유사점이 많지만 핵심은 다르다. 통합 ID 관리는 SSO를 제공하지만 SSO가 반드시 FIM을 제공하는 것은 아니기 때문이다. 싱글 사인온(SSO)을 통해 사용자는 동일한 로그인 자격 증명을 사용하여 여러 서비스에 로그인할 수 있다. 예를 들어, Facebook, Twitter 또는 Google 계정을 사용하여 등록하거나 로그인할 수 있는 경우와 같다.

그러나 FIM이 수행하는 작업에는 SSO는 수행할 수 없는 두 가지가 있으며 이것이 큰 차이를 만든다. 첫째, SSO는 사용자가 단일 조직 내의 여러 시스템에 액세스할 수 있도록 허용하는 반면, FIM을 사용하면 사용자가 여러 조직의 시스템에 로그인할 수 있다. 예를 들어 Facebook은 두 회사를 모두 소유하고 있으므로 Facebook 계정을 사용하여 Instagram 계정을 만들 수 있다. FIM을 사용하면 Netflix, Hulu 및 Disney+를 포함하는 ID 연합의 일부가 될 수 있다. 둘째, FIM은 SSO보다 훨씬 안전하다. SSO의 경우 로그인하는 모든 시스템에 자격 증명이 계속 제공된다. 하지만 FIM의 경우 자격 증명은 ID 공급자에게만 제공되며 다른 사람에게는 제공되지 않는다. FIM은 확실히 SSO 기술에 크게 의존하여 다양한 웹 사이트와 앱에서 사용자를 인증하지만, 이러한 기술을 더욱 발전시켰다. 따라서 FIM은 사용자에게 SSO를 제공하지만 SSO는 FIM이 제공하는 것과 동일한 이점을 모두 제공하지는 않는다.

005 정답: 4번

IAM(Identity and Access Management)은 사용자의 리소스 액세스 권한 부여를 위한 정책 프로비저닝 및 인증 프로세스 자동화 기술이다. ID 및 액세스 관리(IAM 또는 IdAM)라고도 하는 ID 관리(IdM)는 기업의 적절한 사람이 기술 리소스에 적절하게 액세스할 수 있도록 하는 정책 및 기술 프레임워크다. IdM 시스템은 IT 보안 및 데이터 관리의 가장 중요한 부분에 속한다. ID 및 액세스 관리 시스템은 IT 리소스를 사용할 개인뿐 아니라 직원이 액세스해야 하는 하드웨어 및 애플리케이션을 식별, 인증 및 승인한다. 최근 몇 년 동안 규정 준수 요구 사항이 점점 더 엄격해지고 복잡해짐에 따라 ID 및 액세스 관리 솔루션이 더욱 널리 보급되고 중요해졌다. IdM은 점점 더 고도화되는 이기종 기술 환경에서 리소스에 대한 적절한 액세스를 보장하고 점점 더 엄격해지는 규정 준수 요구 사항을 충족해야 하는 필요성을 해결한다. ID 관리 시스템, 제품, 애플리케이션 및 플랫폼은 개인, 컴퓨터 관련 하드웨어 및 소프트웨어 애플리케이션을 포함하는 엔티티에 대한 식별 및 보조 데이터를 관리한다. IdM은 사용자가 ID를 얻는 방법, 역할 및 ID가 부여하는 권한, 해당 ID의 보호 및 해당 보호를 지원하는 기술(예: 네트워크 프로토콜, 디지털 인증서, 암호 등)과 같은 문제를 다룬다. IAM은 계정 관리, 로깅, 감사, 리포팅 기능, 기존 통합 저장소 활용 기능, 권한 관리 기능을 제공한다.

006 정답: 2번

관련 내용 중 가장 해당이 없는 것은 보기 ②번으로, 고객이 데이터, 스토리지, 보안 및 성능 관리를 더 잘 제어할 수 있도록 하는 것은 단일 테넌트 클라우드의 특징이다. 다중 테넌트 클라우드 환경에서 퍼블릭 클라우드 공급자는 각 고객에게 데이터 및 프로젝트를 저장할 수 있는 별도의 안전한 공간을 제공한다. 각 사용자는 자신이 저장한 정보에만 액세스할 수 있으며 클라우드 제공 업체의 복잡한 권한 및 보안 제품군은 다른 고객이 이 콘텐츠에 액세스하는 것을 방지한다. 멀티 테넌트 클라우드 아키텍처는 동일한 서버가 여러 사용자를 호스팅하고 있음을 의미하므로 퍼블릭 클라우드 고객은 클라우드 제공 업체의 성능 및 보안 제품을 이해하는 것이 중요하다. 단일 테넌트 클라우드에서는 한 고객만 서버에서 호스팅되고, 이에 대한 액세스 권한이 부여된다. 단일 테넌트 클라우드는 고객이 데이터, 스토리지, 보안 및 성능 관리를 더 잘 제어할 수 있도록 한다. 다중 테넌트 클라우드 네트워크는 제한된 액세스 및 보안 매개 변수를 포함하는 단일 테넌트 클라우드에 비해 증가된 저장 용량과 향상된 액세스를 제공한다. 클라우드 컴퓨팅의 다중 테넌트는 개인 정보 보호 및 보안을 희생하거나 애플리케이션 속도를 저하시키지 않으면서 더 많은 사람이 더 많은 리소스 풀을 사용할 수 있도록 한다. 클라우드 컴퓨팅의 저장 위치를 가상화하면 거의 모든 기기 또는 위치에서 유연하고 쉽게 액세스할 수 있다. 쉽게 예를 들어 설명하자면, 다중 테넌트 클라우드는 아파트 건물의 구조와 비교할 수 있다. 각 거주자는 전체 건물의 동 내에서 자신의 아파트에 액세스할 수 있으며 승인된 개인만 특정 아파트에 들어갈 수 있다. 그러나 건물 전체가 물, 전기 및 공용 공간과 같은 자원을 공유한다. 이때 공급자가 고객에 대한 전체적인 할당량, 규칙 및 성능 기대치를 설정하지만 각 개별 고객이 정보에 대한 비공개 액세스 권한을 갖는다.

007 정답: 2번

쿠버네티스 볼륨은 스토리지 클래스, 퍼시스턴트 볼륨, 퍼시스턴트 볼륨 클레임을 이용하여 볼륨을 마운트한다. 각각의 볼륨에 대한 설명은 다음과 같다.

- **스토리지 클래스**: 스토리지 클래스는 퍼시스턴트 볼륨의 동적 프로비저닝을 위한 스토리지 속성을 정의한다.
- **퍼시스턴트 볼륨**: 퍼시스턴트 볼륨은 클라우드 공급자의 스토리지 디스크 같은 실제 물리 스토리지 서비스를 표현하는 쿠버네티스이다.
- **퍼시스턴트 볼륨 클레임**: 퍼시스턴트 볼륨 클레임은 스토리지 요청이다. 쿠버네티스가 이와 관련된 퍼시스턴트 볼륨을 할당한다.

008 정답: 4번

크라우드펀딩(Crowdfunding, Crowd Financing, Crowd-sourced Fundraising)은 자금이 부족하거나 자금이 없는 사람들이 프로젝트를 인터넷에 공개하고 목표 금액과 모금기간을 정하여 익명의 군중(Crowd)으로부터 투자를 받는 방식이다. 벤처기업의 또 다른 자본조달 방법이다. 세계 최초의 크라우드펀딩 사이트는 2008년 1월 시작한 인디고고이며, 가장 유명한 크라우드펀드는 2009년 4월 출범한 미국의 킥스타터이다. 미국과 유럽 등지를 중심으로 확산되었으며 2020년 현재 각종 스타트업들이 첫 제품을 내놓는 주요한 방식으로 자리매김했다. 다음은 주요한 크라우드펀딩의 종류다.

- **지분투자**: 신생 기업 및 소자본 창업자를 대상으로 엔젤투자 형식으로 자금을 지원하는 유형으로 투자금액에 비례한 지분 취득과 수익 창출이 목적이다.
- **대출**: 인터넷 소액대출을 통해 자금이 필요한 개인 및 개인사업자에 자금을 지원하는 유형으로 대출에 대한 이자 수취가 목적이다. 온라인 마이크로크레딧, P2P 금융(Peer to Peer Finance) 등이 이에 해당한다.
- **후원**: 다수의 후원자들이 모금자가 추진하는 프로젝트에 자금을 지원하고 금전적 보상 이외의 형태로 일정 부분 보상받는 유형이다. 공연, 음악, 영화, 교육, 환경 등의 분야에서 주로 활용된다.
- **기부**: 후원 형식의 소셜 펀딩과 유사하지만 후원자들에 대한 보상을 조건으로 하지 않고 순수 기부의 목적으로 지원하는 유형이다.

009 정답: 1번

데이터 라벨링은 머신러닝(ML: Machine Learning), 특히 지도 학습을 위한 데이터 전처리의 중요한 부분으로, 입력 및 출력 데이터 모두 분류를 위해 라벨링이 되어 향후 데이터 처리를 위한 학습 기반을 제공한다. 예를 들어 이미지에서 동물을 식별하는 시스템 교육에는 다양한 유형의 동물에 대한 여러 이미지가 제공된다. 시스템은 각각의 공통된 특징을 학습함으로써 라벨이 없는 이미지에서 동물을 올바르게 식별할 수 있다. 데이터 라벨링은 자율 주행 차량용 ML 알고리즘을 구성할 때도 사용된다. 자율 주행 차는 외부 세계를 처리하고 안전하게 운전할 수 있도록 코스에 있는 물체의 차이를 파악할 수 있어야 한다. 데이터 라벨링은 자동차의 인공지능(AI)이 이러한 물체 또는 데이터 포인트의 주요 특징에 라벨을 지정하고 이들 간의 유사점을 찾아서 사람, 거리, 다른 자동차 및 하늘의 차이를 알 수 있도록 하는 데 사용된다. ML 및 딥러닝 시스템은 안정적인 학습 패턴을 위한 기반을 구축하기 위해 종종 엄청난 양의 데이터를 필요로 한다. 학습 정보를 제공하는 데 사용하는 데이터는 모델이 원하는 답변을 생성하는 패턴으로, 데이터를 구성하는 데 도움이 되는 데이터 기능을 기반으로 레이블을 지정하거나 주석을 달아야 한다. 데이터 기능을 식별하는 데 사용되는 레이블은 품질 알고리즘을 생성하기 위해 유익하고 차별적이며 독립적이어야 한다. 적절하게 레이블이 지정된 데이터 세트는 ML 모델이 예측의 정확성을 확인하고 알고리즘을 계속 개선하는 데 사용하는 근거 정보를 제공한다. 품질 알고리즘은 정확성과 품질 모두에서 높다. 정확도는 데이터 세트의 특정 레이블이 실측자료(Ground Truth)에 대한 근접성을 나타낸다. 품질은 전체 데이터 세트가 얼마나 일관되게 정확한지를 나타낸다. 데이터 라벨 지정의 오류는 학습 데이터 세트의 품질과 사용된 예측 모델의 성능을 저하시킨다. 이를 완화하기 위해 많은 조직은 반복적인 성장 동안 데이터 모델을 교육하고 테스트하는 데 인간의 참여를 유지하면서 휴먼 인 더 루프(HITL: Human In The Loop) 접근 방식을 요구한다.

010 정답: 4번

정보 보안 분야에서 가장 많이 활용되는 데이터 분석 기술은 크게 4가지로 구분된다. 정형, 비정형 데이터 정보를 가공하지 않고 데이터의 전체적인 특성을 살피는 탐색적 데이터 분석(EDA: Exploratory DA), 탐색적 데이터 분석에 의해 파악된 문제적 행위를 구체적 가설에 기반하여 분석하는 확증적 데이터 분석(CDA: Confirmatory DA), 미래 상황 예측에 초점을 둔 예측 데이터 분석(PDA: Predictive DA) 그리고 과거에 발생한 이벤트 결과를 분석하는 묘사적 데이터 분석(DDA: Descriptive DA)이다.

탐색적 데이터 분석 (EDA, Exploratory Data Analysis)	가공되지 않는 정보를 시작화해 가설 도출
확증적 데이터 분석 (CDA, Confirmatory Data Analysis)	탐색적 데이터 분석을 통해 도출한 가설을 검증
예측 데이터 분석 (PDA, Predictive Data Analysis)	관계식 모델링을 통해 미래의 상황이나 최적 조건을 예측
묘사적 데이터 분석 (DDA, Descriptive Data Analysis)	과거와 현재 발생한 이벤트를 요약해 기술

트 등이 비정형 데이터에 속한다.

011

정답: 4번

정보보안 분야의 데이터, 다시 말해 로그는 정형 로그(네트워크 이벤트, 탐지 룰 이벤트, 시스템 이벤트 등), 반정형 로그(네트워크 원본 데이터인 Pcap, 엔드포인트 포렌식 원본 데이터인 메모리, 디스크 덤프 파일 등), 비정형 로그(동영상, 음성, 이미지 파일)로 분류할 수 있으며, 그 중 정형 로그와 반정형 로그가 실제 업무에 활발히 사용되는 추세다. 특히 통합보안관제 업무에서는 정형 로그인 네트워크 이벤트와 탐지 룰 이벤트를 SIEM의 상관분석 기능을 통해 실시간으로 처리하고 있다. 데이터의 형태에 따라 정형, 반정형 및 비정형 데이터로 나뉠 수 있다.

- **정형 데이터**: 관계형 데이터베이스처럼 스키마 형식에 맞게 저장된 데이터를 의미한다. 테이블에 저장된 데이터들이 대부분 정형 데이터에 속한다.
- **반정형 데이터**: 관계형 데이터베이스나 다른 형태의 데이터 테이블과 연결된 정형 구조의 데이터 모델을 준수하지 않는 정형 데이터의 한 형태를 가지고 있다. 태그 등 시맨틱 구분요소가 있는 형태이다. HTML, URL, URI, XML, JSON 등의 오픈 API 데이터들이 이 반정형 데이터에 속한다.
- **비정형 데이터**: 구조가 일정하지 않은 데이터이며, 주로 관계형 모델에 잘 맞지 않는 데이터이다. 동영상, 사진, 오디오, 바이너리 파일, 스크립

012

정답: 2번

스트랭글러(Strangler) 패턴은 IT 분야 대표적 구루인 마틴 파울러(Martin Fowler)가 2004년 호주에서 커다란 기생 덩굴 식물이 숙주 나무와 공생하다가 수년 후 숙주 나무를 대체하는 모습에서 아이디어를 얻어 만든 방법이다. 이 식물은 숙주 나무의 가지에 씨를 뿌려 기생하다가 토양에서 뿌리를 내릴 때까지 점차 나무 아래로 내려가면서 수년 동안 환상적이고 아름다운 모양으로 자라는 한편, 주인인 숙주 나무를 서서히 교살하여 끝내 숙주 나무를 없애고 자신이 그 자리를 대체해 버린다. 일반적으로 대규모 프로젝트는 혁신 영역보다 기존 시스템이 유지되어야 하는 영역에서 더 큰 어려움에 봉착하곤 한다. 오래된 기존 시스템들은 그 구조가 비효율적일 뿐이지 복잡한 업무처리 로직 그 자체가 잘못된 경우는 많지 않으며 이러한 기능들은 대부분 신규 시스템으로 이전되어야 한다. 경우에 따라서는 오래된 버그조차도 새로운 시스템으로 이전해야 하는 경우가 발생한다. 모놀리식 아키텍처로 된 시스템이 계속 자라나면, 더 이상 관리할 수 없는 수준이 된다. 그리고 아키텍처가 복잡해지거나, 비즈니스 로직이 파편화되면 코드를 관리하기 어려워진다. 그러다 보면 배포하기도 까다로워지고, 배포가 복잡해지기도 한다. 이럴 때는 마이크로서비스 아키텍처로 코드를 리팩토링해야 한다. 서비스 아키텍처로 서비스를 한 번에 옮기는 것은 리스크가 존재한다. 따라서 시스템은 정상적으로 돌아가면서, 점진적으로 서비스 아키텍처로 코드를 분리해 나가는 디자인 패턴이 스트랭글러 패턴이다.

013

정답: 4번

통계 및 머신러닝에서 앙상블 메서드는 여러 학습 알고리즘을 사용하여 구성 학습 알고리즘에서만 얻

을 수 있는 것보다 더 나은 예측 성능을 얻을 수 있다. 스태킹(Staking)에는 여러 다른 학습 알고리즘의 예측을 결합하는 학습 알고리즘을 교육하는 작업이 포함된다. 먼저 다른 모든 알고리즘은 사용 가능한 데이터를 사용하여 학습된 다음 결합 알고리즘을 학습하여 다른 알고리즘의 모든 예측을 추가 입력으로 사용하여 최종 예측을 하도록 훈련된다. 임의 결합 알고리즘을 사용하는 경우 스태킹은 이론적으로 이 문서에 설명된 앙상블 기술을 나타낼 수 있지만 실제로는 로지스틱 회귀(Logistic Regression) 모델이 종종 결합자로 사용된다.

스태킹(Staking)은 여러 분류 또는 회귀 모델을 앙상블하는 방법이다. 모델을 앙상블하는 방법에는 여러 가지가 있으며 널리 알려진 모델은 배깅(Bagging) 또는 부스팅(Boosting)이다. 배깅은 샘플을 여러 번 뽑아 각 모델을 학습시켜 결과를 집계(Aggregating)하는 방법이다. 배깅을 사용하면 분산이 높은 여러 유사한 모델이 분산을 감소시킬 수 있다. 부스팅도 배깅과 동일하게 복원 랜덤 샘플링을 하지만, 가중치를 부여한다는 차이점이 있다. 배깅이 병렬로 학습하는 반면, 부스팅은 순차적으로 학습시킨다. 학습이 끝나면 나온 결과에 따라 가중치가 재분배된다. 오답에 대해 높은 가중치를 부여하고, 정답에 대해 낮은 가중치를 부여하기 때문에 오답에 더욱 집중할 수 있게 된다. 부스팅 기법의 경우, 정확도가 높게 나타난다. 하지만, 그만큼 Outlier에 취약하기도 하다. 부스팅은 분산을 작게 유지하면서 바이어스를 줄이기 위해 여러 증분 모델을 빌드한다.

스태킹(Stacking)은 이와는 다른 패러다임이다. Meta Modeling이라고 불리기도 하는 이 방법은 앞선 2가지 방식(배깅, 부스팅)과는 조금 다르다. 스태킹은 서로 다른 모델들을 조합해서 최고의 성능을 내는 모델을 생성한다. 여기에서 사용되는 모델은 SVM(Supported Vector Machine), RandomForest, KNN 등 다양한 알고리즘을 사용할 수 있다. 이러한 조합을 통해 서로의 장점은 취하고 약점을 보완할 수 있게 되는 것이다. 스태킹의 포인트는 동일한 문제에 대해 다른 모델의 공간을 탐색하는 것이다. 아이디어는 문제의 일부를 배울 수 있지만 문제의 전체 공간은 아닌 다양한 유형의 모델로 학습 문제를 공격할 수 있다는 것이다. 따라서 여러 명의 다른 학습자를 빌드할 수 있으며 이를 사용하여 학습된 각 모델에 대해 하나의 예측을 중간 예측으로 빌드할 수 있다. 그런 다음 중간 예측에서 동일한 대상을 학습하는 새 모델을 추가시킨다. 따라서 전반적인 성능을 향상시킬 수 있으며 종종 개별 중간 모델보다 더 나은 모델로 끝날 수 있다.

014 정답: 1번

딥러닝은 입력 정보를 신경 세포인 뉴런 구조로 나누고 가중치라는 요소를 곱해 최적의 해를 스스로 찾아내는 기법이다. 딥러닝에 자연어 처리를 응용하기 위해선 다음과 같은 전처리 과정이 필요하다. 우선 단어가 가진 형태소를 분석한다. 즉, 단어의 뜻을 파악하는 것이다. 다음으로 구문의 구조를 파악한다. 마지막으로 의미를 추출한다. 첫 단계인 형태소를 분석하려면 입력된 문장을 토큰으로 나누고, 정제하고 정규화하는 과정이 필요하다. 그러나 기계학습에도 풀어야 할 숙제가 있다. 기계가 아무리 많은 단어를 학습해도 결국 세상 모든 단어를 알기까지는 시간과 계산이 들어간다. 훈련된 단어 집합 속에서 미처 학습하지 못한 단어를 마주하면 기계도 먹통이 된다. 이 상황을 Out-Of-Vocabulary 즉, OOV 상황이라고 한다.

이를 해결할 유연한 방법은 BPE(Byte Pair Encoding)이다. BPE는 기본적으로 압축 기술로, 알고리즘에서 연속되는 글자의 쌍을 찾아서 하나의 글자로 병합하는 방식이다. 예를 들어, "aaabdaa"라는 7바이트 문장이 있을 때 "Z"로 "aa"를 치환하고, "Y"로 "bd"를 치환하면 "ZaYZ" 4바이트 문장으로 압축되는 이치다. 자연어 처리(NLP) OOV 해결에도 이 단어 분리 방법을 활용한다. 문장에 effective라는 단어가 있다고 가정을 한다면, 이때 기계가 학습하지 못한 effectively 라는 단어가 입력되면 자연어 처리 로직은 OOV 상태가 된다. 하지만 BPE를 통해 Subwordly 구조로 분절하고 해석하면 학습하지 않은 문장도 해석할 수 있게 된다. 그러나 여기에도 문제가 있다. 말뭉치 형태로 쪼개진 토큰들에 이용 빈도가 낮은 단어나 오타, 노이즈 등이 입력되면 BPE가 유연하게 대처하지 못한다는 것이다.

015 　정답: 2번

다음은 Bluetooth에 관련된 내용들이다. 혹시라도 모르니 상식 선에서 기억하도록 하자.

- BDA: 블루투스 장치 주소
- Bonding(본딩): 페어링 프로세스 중에 생성된 키를 저장한다. 이 키는 피어 주소를 확인하거나 후속 연결에서 암호화를 다시 저장하는 데 필요하다.
- Identity Address(ID 주소): 시간이 지나도 변경되지 않는 RPA와 관련된 주소. RPA를 ID 주소로 확인하려면 IRK가 필요하다.
- IRK(Identity Resolving Key): 주소 확인에 사용되는 키(RPA 확인).
- 장기 키(LTK: Long-Term Key): LE Legacy 및 LE secure connections 모두에서 장기 암호화에 사용된다.
- Man-In-The-Middle-attacks(MITM-attacks): 공격자가 두 장치 간에 중개자 역할을 하여 두 장치 간에 전송되는 데이터를 가로채거나 변경하는 경우이다.
- Nonce: 한 번만 사용되는 임의의 숫자이다.
- 대역 외(OOB: Out-Of-Band): TK 교환을 위해 안전한 별도 채널을 사용하는 페어링 방법이다.
- Pairing(페어링): 암호화된 링크를 생성하는 프로세스. 두 장치 간에 BLE 연결을 형성하거나 설정하는 것과 혼동해서는 안 된다.
- Privacy(개인 정보): 신뢰할 수 없는 장치에서 귀하의 신원 주소를 가리기 위해 정기적으로 생성된 새 장치 주소를 사용할 수 있는 기능이다.
- RPA(Resolvable Private Address): 주기적으로 변경되는 Bluetooth 장치 주소이다.
- 단기 키(STK: Short-Term Key): 초기 암호화를 위해 LE Legacy 페어링에 사용된다.
- 임시 키(TK: Temporary Key): 페어링 단계에서만 사용되는 임시 키이다.

016 　정답: 2번

Bluetooth 핵심 사양 버전 5.1에 정의된 Bluetooth 주소 유형은 다음과 같다. BLE-Stack에서 이들은 괄호 안에 주어진 정의와 함께 gap.h에서 정의된다.

- Public Address: ID 주소를 사용한다. BDA는 변경되지 않는다(ADDRMODE_PUBLIC).
- Random Static Address: 전원주기마다 임의의 주소를 생성한다. 다른 시간에는 주소를 다시 생성할 수 없다. ID 주소로 사용할 수 있다(ADDRMODE_RANDOM).
- RPA(Resolvable Private Address): 주어진 시간 간격으로 임의 주소를 생성한다. IRK(Identity Resolving Key)를 사용하여 생성되며 신뢰할 수 있는 피어(본딩된 장치)에서 임의 주소를 ID 주소로 확인하는 데 사용할 수도 있다. 확인 가능한 개인 주소가 있는 장치에는 ID 주소도 있어야 한다(ADDRMODE_RP_WITH_PUBLIC_ID).
- Non-resolvable Private Address: 주어진 시간 간격으로 임의의 주소를 생성한다. 무작위로 생성된다. ID 주소로 확인할 수 없다(ADDRMODE_RP_WITH_RANDOM_ID).

017 　정답: 3번

보기 ③번의 다른 문장은 모두 맞는 설명이다. 그러나 LE Legacy 페어링의 경우 두 연결 모델 Just Works 및 Passkey Entry는 수동 도청 보호를 제공하지 않는다. Bluetooth 핵심 사양 v4.2에서 LE

Secure Connections 페어링이 도입되었다. 이 페어링 절차는 LE Legacy 페어링에서 발견된 보안 메커니즘과 함께 Elliptic Curve Diffie-Hellman 암호화를 사용한다. 이것은 수동적인 도청으로부터 민감한 정보를 보호한다. LE Secure Connections 기능은 Numeric Comparison Association Model도 추가했다. 기본적으로 TI BLE-Stack은 보안 연결 페어링을 요청하지만 필요한 경우 LE Legacy페어링을 수락한다. TI BLE-Stack은 LE Legacy 또는 LE Secure Connections 페어링만 허용하도록 구성할 수도 있다.

018 정답: 2번

블루투스 저전력 프로토콜(Bluetooth Low Energy) 또는 줄여서 BLE는 블루투스 4.0(Bluetooth Smart) 스펙이 2010년 6월 30일에 채택된 이후로 배포되는 저전력 블루투스이다. 기존의 블루투스 통신 프로토콜은 '클래식 블루투스'라는 명칭으로 구별될 뿐만 아니라 사실상 또 다른 블루투스 통신을 의미하지만 통신 보안의 기술적 측면이나 데이터 처리의 호환성 측면에서는 역시 클래식 블루투스와 같은 계열의 버전이라고 할 수 있다. Bluetooth Smart(LE)의 4가지 페어링 방법은 다음과 같다.

- **Just Works**: 이 모델은 사용 가능한 대역 외(OOB) 데이터가 없고 두 장치 모두 입력 기능이 없는 경우에 사용된다.
- **Out of Band**: 두 장치에서 OOB 데이터를 사용할 수 있는 경우 이 모델이 선택된다.
- **Passkey Entry**: 이 모델은 사용 가능한 OOB 데이터가 없고 하나 이상의 장치에 패스 키를 입력할 수 있는 I/O 기능이 있고 다른 장치에 패스 키를 표시하는 기능이 있는 경우에 사용된다.
- **Numeric Comparison(Only Secure Connections)**: 이 모델은 두 장치 모두 보안 연결을 지원하고 '예' 또는 '아니요' 메시지를 표시할 수 있으며 일부 입력 기능이 있는 경우에 사용된다.

019 정답: 4번

클라우드-네이티브 애플리케이션은 몇 가지 주요 특징을 가지며 대표적인 특징은 다음과 같다.

- **경량 컨테이너로 패키징**: 가상머신 대비 규모 확장/축소가 용이하며, 가벼운 컨테이너로 배포됨으로써 인프라스트럭처 사용도 최적화할 수 있음
- **애플리케이션 도메인 또는 구현하고자 하는 기능에 최적화된 언어나 프레임워크를 활용**: 컨테이너 특성상 실행에 필요한 환경을 모두 포함하고 있기 때문에, 연계되는 다른 컨테이너 기능과의 호환성에 대한 고민 없이 해당 기능 구현에 최적화된 도구를 활용할 수 있음
- **마이크로서비스 아키텍처 기반**: 각각의 독립적인 작은 서비스들을 느슨하게(Loosely-coupled) 연결하여 더 큰 서비스를 구성하는 아키텍처로 구성
- **API를 중심으로 한 상호 연계 및 협업**: REST, gRPC(Google Remote Procedure Call) 등과 같은 애플리케이션 인터페이스에 기반한 서비스 호출 및 연계
- **컨텍스트 혹은 상태(State)를 유지할 필요가 있는 서비스의 분리**: 스토리지와 같이 상태 유지가 필요한 경우 이를 완전 별개의 마이크로서비스로 구성
- **기반 시스템에 긴밀하게 종속되는 서비스의 분리**: GPU를 사용하거나 혹은 특정 목적의 하드웨어 혹은 시스템과 직결되는 서비스의 경우 별도의 서비스로 분리
- **고도의 자동화**: 수많은 서비스를 컨테이너 기반으로 배포하거나 동적으로 규모를 조정하기 위해서는 고도의 자동화된 도구가 필수적인 요소임

출처: https://www.ceart.kr/

020 정답: 1번

앱세서리(Appcessory)는 컴퓨터 응용 프로그램

(Application)과 액세서리(Accessory)를 합쳐 만든 단어이며, 스마트폰 이용 편의를 높여 주는 제반 응용 프로그램과 액세서리를 가리킨다. 액세서리가 단순한 장식물에 머무르지 않고 스마트폰 내 응용 프로그램의 쓰임새를 넓히거나 기능적으로 보완해 주는 것이 특징이다. 스마트폰과 태블릿 PC의 대중화와 통신기술의 발달로 인해 사용자가 소지하거나 사용자 주변환경에 존재하던 다양한 인공물들이 디지털화되었고 네트워크로 연결 가능하게 되었다. 이로 인해 모바일 기기(스마트폰과 태블릿 PC 등)에는 네트워크로 연결된 다양한 사물들을 제어할 수 있는 기능들이 제공되기 시작했고 일방향적인 제어 기능을 넘어서 인공물(모바일기기와 기타 사물) 간의 실시간·자동적인 통신(동기화 등)이 가능하기 시작했다. 이로써 다양한 인공물들을 통합적으로 관리하는 모바일 기기와 함께 그 단점을 보완하거나 시너지 효과를 낼 수 있는 상호보완적 역할의 앱세서리(Appcessory)가 출현하게 되었다. 앱세서리 또는 Appcessory라는 용어는 'Google Trends'에서 2004년부터 현재까지를 기간 설정하여 검색했을 때 "검색량이 충분치 않다"는 결과가 나올 정도로 대중화되지 않은 용어로 치부할 수 있다. 왜냐하면 앱세서리는 'Wearable Device', 'Internet Of Things', 'Machine To Machine' 등을 포함하고 있지만 이들을 통틀어 말하기에는 'App'과 'Accessory'의 결합이 주는 의미가 애매모호하며 포괄적이지 못했기 때문이다. 하지만 현재는 사물 인터넷(Internet Of Things), 사물지능통신(Machine To Machine) 등과 같은 기술을 모두 포함하고 있으며 모바일 기기의 애플리케이션을 통해서 관리(동기화, 제어 등)할 수 있는 모든 인공물을 앱세서리라고 간주하고 있다.

021   정답: 1번

로보틱 처리 자동화, 로보틱 프로세스 자동화, 로보틱 프로세스 오토메이션(RPA: Robotic Process Automation)은 소프트웨어 봇 또는 인공지능(AI) 워커(Worker)의 개념에 기반을 둔, 최근에 만들어진 비즈니스 프로세스 자동화 기술 형태이다. 전통적인 워크플로우 자동화 도구에서 프로그래머는 내부 API 또는 전용 스크립트 언어를 사용하여 백엔드 시스템에 대한 태스크와 인터페이스를 자동화하기 위한 일련의 동작을 생성한다. 이와 대조적으로 RPA 시스템은 사용자가 애플리케이션의 그래픽 사용자 인터페이스(GUI)의 태스크를 수행하는 것을 관찰함으로써 동작 목록을 만든 다음 GUI에 직접 해당 작업을 반복함으로써 자동화를 수행한다. 이로써 제품 자동화 이용에 대한 장벽을 낮출 수 있다. RPA 도구들은 그래픽 사용자 인터페이스 테스트 도구와 기술적으로 상당한 유사점이 있다. 해당 도구들 또한 GUI를 사용하여 상호작용을 자동화하고 사용자가 수행한 일련의 동작을 반복함으로써 이를 수행한다.

022   정답: 2번

일본의 코마츠 제작소는 100년 전통의 기업으로, 현재 건설기계 분야에서 일본 1위, 세계 2위의 업체로 성장했다. 4차 산업혁명이라는 미지의 바다에 가장 먼저 뛰어드는 코마츠를 뒷받침하는 강력한 무기는 콤트랙스(KOMTRAX)다. 콤트랙스는 코마츠가 판매한 건설기계의 원격 추적 시스템으로, 건설기계의 중요 부품에 장착된 센서, GPS, 통신시스템을 통해 건설기계의 작동 상태를 원격으로 측정하고 진단하며, 고장을 미리 예측해 선제적으로 유지보수를 해주는 등 첨단 서비스를 제공한다. 이로 인해 고객은 유지보수 비용을 절감하고 코마츠 제품과 서비스에 대한 충성도가 높아지게 되므로, 코마츠는 고객의 불만과 니즈를 미리 파악하고 그에 대응해 더 좋은 제품과 서비스를 개발할 수 있다. 세계 1위 기업 캐터필러는 건설기계 중저가 시장을 파고드는 중국의 싸니 등의 도전으로 구조조정과 원가절감 등의 대응책을 강구하고 있다. 이런 캐터필러의 대응과 달리, 코마츠는 사물 인터넷, 빅데이터, 인공지능,

로봇 등을 활용하는 4차 산업혁명에 적극적으로 올라타 고부가 가치 제품과 서비스의 개발, 원가 절감, 예측 서비스(Predictive Service) 등으로 새로운 활로를 개척하고 있다.

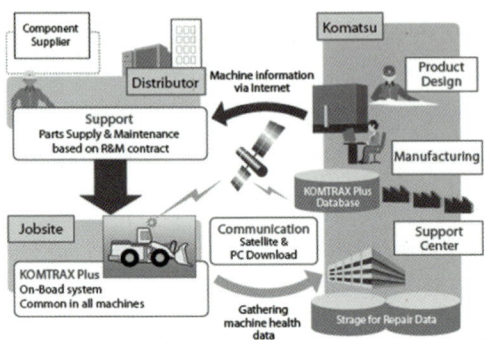

Komatsu machine management system : KOMTRAX Plus & KOMTRAX Plus Database

023 정답: 3번

시맨틱 웹(Semantic Web)은 '의미론적인 웹'이라는 뜻으로, 현재의 인터넷과 같은 분산환경에서 리소스(웹 문서, 각종 파일, 서비스 등)에 대한 정보와 자원 사이의 관계-의미 정보(Semanteme)를 기계(컴퓨터)가 처리할 수 있는 온톨로지 형태로 표현하고, 이를 자동화된 기계(컴퓨터)가 처리하도록 하는 프레임워크이자 기술이다. 웹의 창시자인 팀 버너스리가 1998년 제안했고 현재 W3C에 의해 표준화 작업이 진행 중이다. 시맨틱 웹의 개념은 웹 기술은 정보 표현과 전달에 간편한 방법을 제공하여 인터넷이 실생활까지 확산되는 기폭제 역할을 했다. 그러나, 웹 상에 축적된 정보가 방대해 지면서 많은 문제에 봉착하게 되었다. 웹 기술은 축적된 방대한 데이터에 대하여 키워드(Keyword)에 의한 정보 접근만을 허용하고 있어, 정보 검색 시 무수히 많은 불필요한 정보가 돌출하여 정보 홍수를 가중시키고 있다. 또한, 컴퓨터가 필요한 정보를 추출, 해석, 가공할 수 있는 방법이 없어, 모든 정보를 사용자가 직접 개입해서 처리하여야 하는 문제가 있다. 이러한 문제들의 근본원인은 컴퓨터가 정보자원의 의미를 이해하지 못하는 데 원인이 있다. 이러한 웹 기술은 팀 버너스리가 초창기에 구상했던 웹과도 거리가 있다.

그리하여 2001년 팀 버너스리 등에 의해 웹 기술의 비전으로 시맨틱 웹이 제시되었다. 시맨틱 웹은 기존 웹을 확장하여 컴퓨터가 이해할 수 있는 잘 정의된 의미를 기반으로 의미적 상호운용성(Semantic Interoperability)을 실현함으로써, 다양한 정보자원의 처리 자동화, 데이터의 통합 및 재사용 등을 컴퓨터가 스스로 수행하게끔 하여, 인간과 컴퓨터 모두 잘 이해할 수 있는 웹을 만드는 것이 목표다. 시맨틱 웹은 현재도 개발 단계에 있으며 인공지능과 가상현실 등 다양한 과학기술과 맞물려서 진행되고 있다. 이것이 현실화되면 컴퓨터가 자동으로 정보를 처리하게 되고, 정보 시스템의 생산성과 효율성이 극대화된다. 구체적으로 보면 컴퓨터가 알아서 전자상거래를 하고 가정에 필요한 물건이나 재화 등을 주문하는 단계에 이르게 된다. 사람이 하는 검색을 컴퓨터가 알아서 수행하며, 사람은 단지 결정만 하며 단순한 명령만 내려주면 포괄적인 범위에서 자동적으로 처리되는 식이다.

024 정답: 4번

자연어 처리(NLP: Natural Language Processing)의 요소 기술에는 자연어 분석, 이해, 생성 등이 있으며, 정보 검색, 기계 번역, 질의응답 등 다양한 분야에 응용된다. 자연어는 일반 사회에서 자연히 발생하여 사람이 의사소통에 사용하는 언어로, 컴퓨터에서 사용하는 프로그래밍 언어와 같이 사람이 의도적으로 만든 인공어(Constructed Language)에 대비되는 개념이다. 자연어 처리에는 자연어 분석, 자연어 이해, 자연어 생성 등의 기술이 사용된다. 자연어 분석은 그 정도에 따라 형태소 분석(Morphological Analysis), 통사 분석(Syntactic Analysis), 의미 분석(Semantic Analysis) 및 화용 분석(Pragmatic Analysis)의 4가지로 나눌 수 있다. 자연어 이해는 컴퓨터가 자연어로 주어진 입력에 따라 동작하게 하는 기술이며, 자연어 생성은 동영상이나 표의 내용 등을 사람이 이해할 수 있는 자연어로 변환하는 기술이다. 자연어 처리는 인공지능의 주요 분야 중 하나로, 1950년대부터 기계 번역과 같은 자연어 처리 기술이 연구되기 시작했다. 1990년대 이후에는 대량의 말뭉치(Corpus) 데이터를 활용하는 기계학습 기반 및 통계적 자연어 처리 기법이 주류가 되었으며, 최근에는 딥러닝(Deep Learning) 기술이 기계 번역 및 자연어 생성 등에 적용되고 있다.

025 정답: 1번

온톨로지(Ontology)를 구성하는 요소에는 클래스, 인스턴스, 속성, 관계 등이 있으며 각각의 설명은 다음과 같다.

- **클래스(Class)**: 클래스는 일반적으로 우리가 사물이나 개념 등에 붙이는 이름을 말한다고 설명할 수 있다. 모니터, 마우스, 사랑과 같은 것은 모두 클래스라고 할 수 있다.
- **인스턴스(Instance)**: 인스턴스는 사물이나 개념의 구체물이나 사건 등의 실질적인 형태로 나타난 그 자체를 의미한다. 즉, "삼송전자 ST-500 울트라슬림 모니터", "삼송 싱크마스터 Wide LCD 모니터", "아이유와 유인나의 우정"은 일반적으로 인스턴스라 볼 수 있다. 이와 같은 클래스와 인스턴스의 구분은 응용과 사용 목적에 따라서 매우 달라질 수 있다. 즉, 같은 표현의 개체가 어떠한 경우에는 클래스가 되었다가 다른 경우에는 인스턴스가 될 수 있다.
- **속성(Property)**: 속성은 클래스나 인스턴스의 특정한 성질, 성향 등을 나타내기 위하여 클래스나 인스턴스를 특정한 값(Value)과 연결시킨 것이다. 예를 들어, "삼송 싱크마스터 Wide LCD 모니터는 XX인치이다."라는 것을 표현하기 위하여, HasSize와 같은 속성을 정의할 수 있다.
- **관계(Relation)**: 관계는 클래스, 인스턴스 간에 존재하는 관계들을 칭하며, 일반적으로 Taxonomic Relation과 Non-Taxonomic Relation으로 구분할 수 있다. Taxonomic Relation은 클래스, 인스턴스들의 개념분류를 위하여 보다 폭넓은 개념과 구체적인 개념들로 구분하여 계층적으로 표현하는 관계이다. 예를 들어, "사람은 동물이다"와 같은 개념간 포함관계를 나타내기 위한 "isA" 관계가 그것이다. Non-taxonomic relation은 Taxonomic Relation이 아닌 관계를 말한다. 예를 들어, "운동으로 인해 건강해진다"는 것은 "Cause" 관계(인과관계)를 이용하여 표현한다.
- 일반적으로 관계와 속성은 굳이 구분하여 칭하지 않는 경우가 많다. "isA(사람, 동물)", "Cause(운동, 건강)", "HasSize(삼송 싱크마스터 Wide LCD, XX인치)"와 같은 실제 클래스, 인스턴스들 사이의 관계로 선언한 관계, 속성을 관계, 속성 인스턴스(Relation/Property iIInstance)라고 부르기도 하는데, 이는 "isA", "Cause", "HasSize" 등과 같이 정의하여 명명한 관계, 속성과의 구분을 위한 것이다.

026 정답: 1번

스탠포드 대학의 그루버(Thomas A. Gruber) 교수는 온톨로지를 '일반적으로 개념화된 것을 형식적으로 명백하게 기술하는 명세(an explicit formal specification of a shared conceptualization)'라고 정의했다(1992). 온톨로지는 인공지능(AI), 시맨틱 웹(Semantic web), 자연어 처리(NLP: Natural Language Processing), 문헌정보학 등 여러 분야에서 지식 처리, 공유, 재사용하는 데 활용된다. 온톨로지는 사물의 본질, 존재의 근본 원리를 사유나 직관에 의하여 탐구하는 형이상학(Metaphysics)의 한 분야인 존재론(Ontology)을 기반으로 실재(Reality)에 대한 정확한 이해를 추구하는 철학에서 유래한다. 온톨로지 용어가 정보 시스템에 사용된 것은 1980년대 인공지능(AI) 연구자들이 AI 구축의 핵심 요소로 지식 공학(Knowledge Engineering)을 연구하기 시작하면서부터다.

온톨로지는 클래스(Class, 또는 개념(Concept)), 인스턴스(Instance, 또는 Indivisual), 속성(Property), 관계(Relation) 등의 구성 요소로 표현된다. 클래스는 사물의 개념(Concept), 즉 범주(Category)를, 인스턴스는 개별 요소인 실체(Entity)를 뜻한다. 속성은 클래스와 인스턴스의 특성(Feature)을 나타내며, 관계는 클래스 및 인스턴스 간의 관계성을 표현한다. 예를 들어, '김연아' 인스턴스는 '피겨스케이팅 여왕'라는 속성으로 '피겨스케이팅' 클래스와 관계를 맺는다. 따라서 '피겨스케이팅'을 검색하면 '김연아'가 연관 검색어로 나온다.

특정 범주의 온톨로지를 구축하는 방법론을 연구하는 학문을 '온톨로지 공학(Ontology Engineering)'이라 한다. 소프트웨어 응용 프로그램, 비즈니스 거래에서 용어나 클래스 등에 대한 의미 해석이 달라 발생할 수 있는 상호 운영성 문제를 예방할 수 있다. 온톨로지 작성에 사용되는 대표적인 언어로, 웹의 정보 처리에 사용되는 웹 온톨로지 언어(OWL: Web Ontology Language)와 형태 제약 언어(SHACL: Shapes Constraint Language), 비즈니스 정보 거래에 사용되는 확장성 비즈니스 보고 언어(XBRL: eXtensible Business Reporting Language), 지식 기반 시스템(Knowledge-based System)에서 정보를 공유하고 재사용하는 데 쓰이는 지식 교환 형식(KIF: Knowledge Interchange Format) 언어와 술어 논리 기반의 공통 논리(CL: Common Logic, ISO/IEC 24707) 언어 등이 있다.

027 정답: 4번

사물 인터넷 보안 위험 요인에는 서버와 장치에 대한 불법 접근을 통한 가용성 침해, 정보의 조작 및 탈취를 위한 기밀성/무결성 공격과 프라이버시 침해가 대표적이다. 사물 인터넷의 구성 요소별 주요 보안 위협 요인은 다음과 같다. 서비스에 대한 보안 위협은, 데이터 위변조, 데이터의 기밀성/무결성 프라이버시 침해, 비인가된 애플리케이션 및 사용자의 접근 등이 존재한다. 네트워크에 대한 보안 위협은, 데이터 위변조, 인증 방해, 신호 데이터의 기밀성/무결성 침해, 정보유출, 서비스 거부(DoS) 등이 있다. 그리고 장치/센서에 대한 보안 위협에는, 장치의 기밀성/무결성 침해, 비인가 접근, 복제 공격 등이 존재한다. 이처럼 사물 인터넷 보안 공격은 다양한 형태로 나타날 수 있으며, 대표적인 유형은 비인가 접근, 정보 유출, 데이터 위변조, 프라이버시 침해, 서비스 거부(DoS) 등이다. 각각의 유형에 관한 상세한 설명은 다음과 같다.

- **비인가 접근**: 특정한 장치나 자원, 서비스에 권한이 없는 공격자는 다양한 형태의 보안 위협을 가하기 위해 비인가된 접근을 시도한 후 그것들을 조작하거나 물리적인 손상을 입히게 할 수 있다. 특히 원격으로 제어되는 기기들의 경우 이러한 위협에 더 많이 노출될 수 있다. 비인가 접근을 막기 위해서는 RBAC(Role-Based Access Control)이나 ABAC(Attribute-Based Access Control) 등과 같은 접근 제어 기법을 사용할 수 있다.

- **정보유출**: 사물 인터넷 서비스 환경에서의 정보 유출은 기존 정보통신 서비스 환경에서 이루어졌던 정보유출과 거의 동일한 형태로 나타날 수 있다. 즉, 유무선 통신 구간에서의 도청, 스니핑(Sniffing), 비인가 접근에 의한 유출 등이 해당한다. 만약, 이러한 위협으로 인해 발생된 정보가 개인정보에 해당된다면, 이는 곧바로 프라이버시 침해로 이어질 수 있는 위험이 존재한다.

- **데이터 위변조**: 악의적인 공격자는 인가되지 않은 장치나 센서를 마치 정상적으로 인가된 정당한 장치나 센서인 것처럼 가장하여 데이터를 전송하거나 가로채어 위조 또는 변조할 수 있다. 이렇게 위변조된 데이터는 다시 정상적인 데이터인 것처럼 전송되어 잘못된 인증이 이루어지거나 서비스의 결과에 영향을 미치게 된다.

- **프라이버시 침해**: 사물 인터넷 서비스는 사람과 사람을 둘러싸고 있는 다양한 대상 사이의 정보 교환 및 이의 활용을 기반으로 한다. 따라서, 이름이나 전화번호, 신용카드 번호, 이메일 주소와 같

은 개인정보뿐만 아니라, 혈압이나 혈당량과 같은 생체정보는 물론 이동 경로 및 체류 시간, 가정의 전력 소모 패턴 등도 개인의 건강상태나 활동에 대한 직간접적인 정보를 제공할 수 있다. 따라서, 프라이버시 침해를 막기 위해서는 사물을 다른 사물과 구별하고 식별하기 위한 식별자(Identifier)에 의한 철저한 관리가 필요하게 된다.

- **서비스 거부(DoS: Denial of Service)**: 사람 또는 사물에 부착된 센서나 소형 장치들은 사물 인터넷 서비스 제공을 위해 게이트웨이를 통해 수시로 연결 요청을 하게 된다. 악의적인 공격자는 대량의 접속 신호를 한꺼번에 발생시킴으로써 센서나 소형 장치의 요청을 처리하는 데 필요한 자원을 소모시키거나 이들과 관련된 서비스가 생성되고 제공되는 것을 마비시키거나 지연시킬 수 있다.

출처: http://m.koreantoday.or.kr/1159

028   정답: 3번

사물 인터넷(IoT)을 데이터 관점에서 4가지 기능 파트로 보면 데이터 생성(Data Creation), 데이터 연결(Data Connection), 데이터 처리(Data Processing), 서비스 제공(Service Presentation)으로 구분할 수 있다. 각각에 대한 설명은 다음과 같다.

- **데이터 생성(Data Creation)**: 디바이스 내의 IoT 센서가 담당하는 부분이다. 주변 환경의 광학적, 물리적, 화학적 환경 변화를 센싱하여 디지털화된 값으로 전달해주는 영역을 말한다. 즉, 데이터 생성 영역은 하드웨어와 관련된 영역으로 다양한 센서나 디바이스들이 환경 정보들을 측정하거나 물리적인 변화를 인지하여 서버로 전송하게 된다. 서버로 전송되는 데이터는 대부분 디지털화된 값으로, 센서 혹은 디바이스에서 디지털화된 값으로 변환된다.

- **데이터 연결(Data Connection)**: 센서나 디바이스가 생성한 데이터를 인터넷 상의 서버에 전달하는 부분이다. 이더넷이나 3G/LTE와 같은 이동 통신 기술을 이용해서 디바이스가 직접 인터넷에 연결될 수 있거나 또는 라우터나 스마트폰의 와이파이, 블루투스, 지그비(ZigBee) 등의 근거리 무선통신(WPAN)을 통해서 넷 망에 연결되기도 한다.

- **데이터 처리(Data Processing)**: 다양한 통신 기술 및 인터넷을 통해 전송된 센서 및 디바이스 데이터를 수집하고 저장하고 분석하고 가공하는 역할을 하며 서비스를 제공하기 위한 다양한 결정을 하기도 한다. 전송된 데이터들 중에서 의미 있는 데이터만을 걸러내는 데이터 필터링 기술, 서로 다른 포맷으로 전송된 데이터를 효율적으로 저장하고 가져다 쓰기 위한 데이터 저장 기술, 그리고 데이터로부터 지식을 추출하기 위한 데이터 과학 기술 등이 필요하다.

- **서비스 제공(Service Presentation)**: 데이터 처리 영역에서 처리된 결과를 바탕으로 실제 서비스가 가시화되는 애플리케이션을 의미하는 것이다. 이는 서비스 디바이스를 통해 애플리케이션/서버의 목적에 맞는 서비스를 제공하거나 사물 인터넷에 연결된 디바이스를 관리하거나 제어하는 역할을 수행한다.

출처: 〈사물 인터넷 개념, 구현기술, 그리고 비즈니스〉 김학용 저

029   정답: 2번

동역학계(動力學系, Dynamical System)는 수학 또는 물리학의 한 분야로서 시간에 따른 움직임의 과정으로 정의된다. 현대적 의미에서의 동역학계 연구는 미국의 수학자 조지 데이비드 버코프에서 시작된다. 오늘날 동역학계 연구는 주로 수학 분야에서 다뤄지고 있으나 실제로 수론, 추계학, 동역학, 생물학 등 광범위하게 적용되고 있다. 일반적으로 시공간변화에 따라 이산과 연속체로 구별된다. 즉, 이산적 역학계(Discrete Dynamical System)와 연속적 역학계(Continuum Dynamical System)로 나뉘어 연구되고 있다. 일반적으로 미분방정식에서 연속적 역학계를 다루고 있으며, 위상수학에서 이산적, 연

속적 역학계를 모두 다루고 있다. 특히, 이 두 가지를 혼합하여 연구하는 경우 연속-이산적 역학계 또는 혼합 역학계(Hybrid Dynamical System)로 표현되고 있다.

SIR 모델은 감염성 질환의 역학을 설명하는 일종의 구획 모델이다. 이 모델은 모집단을 구획으로 나눈다. 각 구획은 동일한 특성을 가진다. SIR은 모델별로 분할된 세 개의 구획을 나타낸다(Susceptible, Infectious, Recovered). Susceptible 그룹은 전염성 있는 사람들과의 노출에 취약한 사람들의 그룹이다. 감염이 발생하면 인내심을 가질 수 있다. Infectious 그룹은 감염된 사람들을 나타낸다. 감염되기 쉬운 사람들에게 질병을 전염시킬 수 있으며 특정 기간에 회복될 수 있다. Recovered 그룹의 사람들은 더 이상 같은 질병에 걸리지 않도록 면역된다. SIR 모델은 시간이 지남에 따라 각 그룹의 사람 수가 어떻게 변할 수 있는지 설명하는 프레임워크다.

출처: https://youtu.be/gxAaO2rsdIs

030 정답: 3번

보기 ③번에서는 '비용 증가'라고 말하고 있지만, 클라우드 시스템에서 가상화 기술을 이용하면 비용이 증가하는 것이 아니라 감소한다. 클라우드 도입 시 일반적인 장점은, 가상화 기술을 이용한 비용 절감과 물리적 위치 중앙 집중화에 의한 관리 편의성 제공 그리고 신속한 서버자원 추가 및 회수를 통한 신축성 제공 등이 있다. 반면, 단점으로는 대량 자료유출 위험성 증대와 장애발생 시 클라우드 컴퓨팅 마비, 동일 보안 위협 공유, 다중 임차(Multi-tenancy) 위협에 대한 노출 등이 있을 수 있다. 클라우드 컴퓨팅 서비스의 장점과 단점을 보다 더 자세히 설명하면 다음과 같다.

- **클라우드 컴퓨팅 서비스의 장점**: 중앙 서버에 모든 컴퓨팅 자원의 관리와 유지보수를 맡김으로써, 개별 이용자는 서비스 이용에만 전념할 수 있다. 또한, 사용량에 따른 과금 방식으로 불필요한 지출 없이 보다 효율적인 비용 관리가 가능해진다. 중앙 서버의 철저한 보안 관리로 이전보다 해킹 공격에 의한 정보유출 사고 확률이 크게 낮아질 수 있다. 또한 클라우드 컴퓨팅 서비스는 현존하는 거의 모든 IT 서비스에 접목이 가능하다는 특징이 있다. 기업용 스토리지, 서버, 협업 시스템을 비롯해 개인 대상의 데이터 동기화 및 스토리지 관리 서비스의 확산이 예상되며 다양한 종류의 엔터테인먼트 미디어 콘텐츠를 언제든지 자유롭게 이용하는 서비스에 대한 기대치가 높아지고 있다.

- **클라우드 컴퓨팅 서비스의 단점**: 클라우드 컴퓨팅이 언제 어디서든 원하는 서비스를 이용할 수 있다는 점은 매력적이지만, 인터넷 접속이 선행되어야 한다는 점은 제약이 될 수 있다. 따라서, 인터넷 네트워크 인프라 및 인터넷 접속 단말 보급이 더딘 지역에서는 클라우드 컴퓨팅 서비스가 제대로 확산될 수 없다. 즉, 인터넷 접속이 일시적으로 불량 상태가 되면 아무 작업도 할 수 없다는 점은 클라우드 컴퓨팅의 태생적 한계일 수 있다. 그리고, 중앙 서버에 저장된 데이터를 타 클라우드로 이동할 때, 서비스 종속현상이 발생하는 것도 단점으로 지적된다.

출처: https://4ir.kisti.re.kr/

031 정답: 1번

UPS의 대체 배송 서비스 'BOPIS(Buy Online Pickup In Store)'가 주목받고 있다. BOPIS 서비스는 온라인에서 구매한 소비자가 개인적 이유로 자택은 물론, 자신이 선호하는 곳에서 물품을 수령할 수 있도록 한 배송 옵션이다. UPS는 BOPIS 서비스를 위해 미국과 유럽에 위치한 고객 접점을 허브박스의 기술 플랫폼과 연계, 소비자로 하여금 온라인 주문을 수행한 뒤 허브박스 플랫폼에서 자신에게 편리한 고객 접점에서 물품을 수령할 수 있도록 선택권을 부여함으로써 분실 방지 등 안전성을 제고한다. 이 서비스는 온-디맨드 경제 활성화에 따라 라스트마일 배송지가 다변화되고 있음을 입증하고 있다. 이러한 라스트마일(Last-mile) 배송지의 다변화는 모바일 픽업센터 도입 등을 포함하여 더욱 확산될 전망으로, 택배업체에 새로운 기회가 되고 있음을 시사한다. 온라인 물품 구매가 확산될수록 택배업체들은 라스트마일 배송을 중시, 소비자에게 다양한 배송 옵션을 제공하는 방식으로 타사와의 서비스 차별화를 추구하며 소비자는 보다 신속하고 편리한 배송 서비스를 희망하고 있다. 이에 따른 서비스 차별화는 택배업체 생존과 성장의 관건으로 특히 아마존이 급격히 부상하는 현 상황에서 그 중요성이 더욱 강조되고 있다. UPS의 BOPIS 서비스 실시는 이 같은 배경으로, 소비자가 자택에서 주문 물품을 수령하는 것은 물론 본인이 희망하는 다른 곳(고객 접점)에서도 수령할 수 있도록 편의를 제공했으며, 다른 곳을 선택한 데 따른 추가 요금은 미부과된다. UPS는 BOPIS 서비스를 통해 소비자의 온라인 및 오프라인 체험을 혼합한 보다 편리한 쇼핑 방법을 제시하면서 소비자와의 교류를 강화하고 있다. 이에 반해 BOSS(Buy Online, Ship-to-Store)는 BOPIS 모델과 마찬가지로 온라인으로 구매할 수 있으나 주요한 차이점은 상품 주문 처리가 창고에서 직접 관리되고 매장 내 소매 직원이 픽업 및 포장하는 대신 매장의 실제 위치로 배송된다는 것이다. 이 새로운 모델은 BOPIS 모델에서 발생하는 재고 부족 시나리오를 줄이면서도 여전히 소비자를 매장으로 끌어들이고 있다. BOSS 모델은 소비자에게 BOPIS 모델보다 더 큰 제품 선택에 대한 액세스를 제공한다.

032 정답: 2번

공급망 공격(Supply Chain Attack)은 소프트웨어 솔루션 업체의 업데이트 시스템을 해킹하여 소프트웨어의 배포나 버전관리 절차에서 대량의 악성 코드를 전파시키는 공격이다. 업데이트 서버에 심어진 변조된 업데이트 파일은 정상적인 인증서로 변조되어 사용자가 알아낼 수 없는 문제가 발생한다. 이를 방지하기 위해서는 소프트웨어 솔루션의 업데이트 서버의 보안을 향상시키고 인증서의 유출을 대비하는 것이 중요하다.

033 정답: 1번

클라우드 애플리케이션을 개발하기 위해 사용자 환경에서 쿠버네티스를 사용하여 얻을 수 있는 주요 이점은 가상머신의 클러스트에서 컨테이너를 예약하고 실행할 수 있는 플랫폼을 확보한다는 점이다. 더 넓게 보면, 프로덕션 환경에 컨테이너 기반 인프라를 완전히 구현해서 사용할 수도 있다. 또한 쿠버네티스는 운영 작업 자동화와 관련이 있으므로 다른 애플리케이션 플랫폼 또는 관리 시스템에서 가능한 작업의 상당수를 컨테이너를 사용해서 수행할 수 있다. 쿠버네티스를 사용하여 수행할 수 있는 작업은 다음과 같다.

- 여러 호스트에 걸쳐 컨테이너를 오케스트레이션한다.
- 하드웨어를 최대한 활용하여 엔터프라이즈 애플리케이션을 실행하는 데 필요한 리소스를 극대화시킨다.
- 애플리케이션 배포 및 업데이트를 제어하고 자동화를 수행한다.
- 스토리지를 장착 및 추가해 스테이트풀(Stateful) 애플리케이션을 실행한다.
- 컨테이너화된 애플리케이션과 해당 리소스를 즉시 확장한다.
- 선언적으로(Declaratively) 서비스를 관리함으로써, 배포한 애플리케이션이 항상 배포 목적대로 실행되도록 한다.
- 자동 배치, 자동 재시작, 자동 복제, 자동 확장을 사용하여 애플리케이션 상태 확인과 셀프 복구를 수행한다.

참조: https://www.redhat.com/

034
정답: 4번

머신러닝(ML: Machine Learning)은 크게 학습유형에 따라 지도학습과 비지도학습, 준지도학습, 강화학습으로 나뉘어지며 각각의 유형별 설명은 다음과 같다.

- **지도학습(Supervised Learning)**: 입력과 출력 사이의 매핑을 학습하는 것이며 입력과 출력 쌍이 데이터로 주어지는 경우에 적용한다. 지난 데이터를 기준으로 앞으로 있을 이벤트를 예측하는 데 보편적으로 사용된다. 예를 들면 신용 카드의 사기성이나 보험 가입자의 보험금 청구 가능성 여부 등을 예측하는 데 효과적이다. 대표적으로 의사결정 나무(Decision Tree), KNN(L-Nearest Neighbor), 신경망(Neural Network), 서포트벡터머신(Support Vector Machine) 등이 있다.

- **비지도학습(Nonsupervised Learning)**: 입력만 있고 출력은 없는 경우에 적용하며 입력 사이의 규칙성을 찾아내는 것이 목표이다. 이전 레이블이 없는 데이터를 학습하는 데 사용되며 특히, 트랜잭션 데이터를 탐색하여 내부구조를 파악하는 데 효과적이며, 텍스트 주제를 세분화하고 항목을 권장하며 데이터 이상점을 식별하는 데 이용된다. 대표적으로 클러스터링(Clustering, 군집화), 금융 위험 이상 탐지 시스템(FDS 시스템)이 있다.

- **준지도학습(Semisupervised Learning)**: 라벨이 지정된 데이터와 라벨이 지정되지 않은 데이터를 모두 사용해 트레이닝한다는 점에서 지도학습과 차이가 있다. 라벨 지정에 따른 비용이 너무 높아 완전한 라벨 지정 트레이닝이 어려운 경우에 유용하며, 웹캠을 이용한 안면 인식 기술 등에서 사용된다. 대표적으로 제한된 볼츠만 머신(RBM: Restricted Boltzmann Machine)을 여러 겹으로 쌓은 심층 신뢰 신경망(DBN: Deep Belief Network)이 있다.

- **강화학습(Reinforcement Learning)**: 주어진 입력에 대응하는 시스템에 대해 적용하며 로봇, 게임 및 내비게이션에서 많이 이용된다. 시행착오를 거쳐 보상을 극대화할 수 있는 행동을 찾아내며, 에이전트가 일정한 시간 내에 예상되는 보상을 극대화할 수 있는 동작을 선택하도록 한다.

035
정답: 1번

확률적 경사하강법(SGD: Stochastic Gradient Descent)은 무작위로 배치 크기가 1인 단 한 개의 데이터를 추출하여 기울기를 계산하고, 경사하강 알고리즘을 적용하는 방법을 말한다. 빠르게 최적점을 찾을 수 있지만 비교적 노이즈가 심하다는 단점이 있다. 추계적 경사하강기법이라고도 한다. 확률적 경사하강법은 머신러닝 알고리즘에 대한 최적의 매개변수 구성을 찾는 방법이다. 네트워크 오류를 줄이기 위해 반복적으로 머신러닝 네트워크 구성에 작은 조정을 한다. 오류 함수가 일반적인 포물선처럼 간단한 경우는 드물다. 대부분 기울기가 심한 언덕과 계곡이 많다. 이 그래프의 왼쪽에서 실제 경사하강법이 시작되면 이 지점에서 어느 방향으로 이동하든 위로 이동해야 하기 때문에 왼쪽 계곡에서 멈춘다. 이 지점을 로컬 최소치라고 한다. 그러나 그래프에는 더 낮은 점이 또 있다. 전체 그래프에서 가장 낮은 지점은 확률적 경사하강법이 찾으려고 하는 전역 최솟값이다. 확률적 경사하강법은 각 훈련 지점 후에 네트워크의 구성을 조정하여 전역 최솟값을 찾으려고 한다. 이 방법은 전체 데이터 세트에 대해 오류를 줄이거나 기울기를 찾는 대신 무작위로 선택한 배치에 대한 기울기를 근사하게 함으로써 오류를 줄인다. 실제로 무작위 선택은 데이터 세트를 무작위로 섞고 단계적으로 배치를 통해 작업함으로써 달성된다. 만약 네트워크가 훈련 예제를 잘못 받으면 이후에 정확하게 수행하기 위해 구성을 업데이트할 것이다. 그러나 구성 업데이트로 다른 질문을 잘못 받아 네트워크의 전체 오류를 증가시킬 수 있다. 따라서 모든 훈련 반복이 확률적 경사하강 알고리즘을 통해 네트워크를 개선할 수 있는 것은 아니다. 반면에 확률적 경사하강법은 모델을 로컬 최솟값에서 전역 최솟값으로 이동시키는 방식으로 네트워크 매개변수를 조정할 수 있다. 오목함수를 다시 살펴보면, 훈련 사례를 처리한 후 알고리즘은 우리가 있던 로컬 최솟값에서 벗어나기 위해 그래프에서 오른쪽으로 이동하도록 선택할 수 있다. 그렇게 하면 네트워크의 오차가 커지지만, 언덕 위로 이동할 수 있다. 이렇게 하면 추가 훈련을 통해 경사하강법이 전역 최솟값으로 이동하도록 할 수 있다. 확률적 경사하강법의 이점은 일반적으로 최솟값으로 수렴하면서 실제 경사하강법보다 훨씬 적은 계산이 필요하다는 것이다.

036 정답: 2번

FSTM(Firmware Security Testing Methodology) 방법론은 OWASP 기구에서 발표한 임베디드 시스템의 펌웨어를 위한 보안성 검증 및 분석 방법론이다. FSTM 방법론은 총 9가지 절차를 포함하고 있으며 다음과 같다

(1) **정보 수집 및 정찰**: 대상 장치의 펌웨어와 관련된 모든 상대기술 및 문서 세부 정보 획득

(2) **펌웨어 획득**: 나열된 제안된 방법 중 하나 이상을 사용하여 펌웨어 달성

(3) **펌웨어 분석**: 대상 펌웨어의 특성 검사

(4) **파일 시스템 추출**: 대상 펌웨어에서 파일 시스템 내용을 조각

(5) **파일 시스템 내용 분석**: 추출된 파일 시스템 구성 파일 및 취약점에 대한 바이너리를 정적으로 분석

(6) **펌웨어 에뮬레이션**: 펌웨어 파일 및 구성 요소에 에뮬레이터 수행

(7) **동적 분석**: 펌웨어 및 응용 프로그램 인터페이스에 대한 동적 보안 테스트 수행

(8) **런타임 분석**: 장치의 런타임 동안 컴파일 된 바이너리 분석

(9) **바이너리 착취**: 루트 또는 코드 실행을 달성하기 위해 이전 단계에서 발견된 식별된 취약점을 악용

037 정답:1번

딥링크(Deeplink)는 안드로이드 애플리케이션의 기능이며, 모바일 웹의 링크가 그림을 클릭할 때 디바이스의 관련 어플이나 특정 웹페이지가 실행되도록 하는 기술이다. 이 기술은 모바일 애플리케이션마다 개별적으로 링크를 생성하므로 검증이 미흡한 경우 공격자가 조작한 악성 URL 링크에 접속되어 개인정보가 유출될 수 있다. 딥링크 기술을 이용해서 개발하는 경우 프로그래머는 시큐어 코딩방식으로 소스 코드를 개발해야 한다. 2020년 5월 한국인터넷진흥원에서는 딥링크 취약점과 관련된 시큐어 코딩 권고사항을 발표했다. 이 권고사항은 다음과 같다.

(1) 딥링크 URI 파싱 시 취약점 함수 사용 금지
(2) 인가된 URI에만 자바 인터페이스 권한 부여
(3) 도메인 검증을 이용한 우회 방지
(4) URI.parse 함수 사용 시 특수문자 필터링 필요

038 정답: 3번

살만 칸이 제시한 미래학교와 기존 학교의 가장 큰 차이점은 학습 진도이다. 이 학교에는 학년이 없다. 6학년이어도 실력이 부족하면 5학년 내용을 배우고 반대로 잘하면 상급 단계 진도를 나간다. 학교는 유치원생부터 중학생까지(5~12학년) 받지만, 나이별로 반 배정을 하지 않는다. 학습 이해도와 관심사에 따라 나뉘기 때문에 10살 형과 8살 동생이 사칙연산을 함께 공부하는 보기 드문 광경이 펼쳐진다. 나이를 넘어선 개인 맞춤형 교육이 이뤄지는 셈이다. 이와 관련해 살만 칸은 "같은 나이여도 개인별로 이해도가 다르다. 누구는 70점, 누구는 95점을 맞는데 똑같이 진도를 나간다면 학생 간 실력 격차는 커질 수밖에 없다"고 설명하고 있다. 강의식 수업도 찾아보기 어렵다. 교사는 가르치는 사람이라기보다 헬퍼(조력자)에 가깝다. 교사는 학생이 자신의 흥미와 수준에 맞추어서 공부할 수 있도록 돕는 역할

을 한다. 학생 스스로 시간표를 짜고 학습 목표까지 설정한다. 공간 구성도 일반 학교와 다르다. 칸'랩' 스쿨이란 이름답게 실험실을 연상케 하는 열린 학습 공간이 곳곳에 배치돼 있다. 학습 내용별로, 창작물을 만들려는 아이는 Make Lab(공작실), 브레인스토밍이 필요한 아이는 Ideate Lab(사색실), 학우와 토론을 벌이려는 아이는 Chat Lab(대화실)으로 들어간다. MIT 출신이 만든 학교답게 디지털 기술을 접목하는 데도 주저함이 없다. 학생들은 아이패드, 크롬북으로 책을 보고 롤러블(돌돌 말리는) 디스플레이로 프레젠테이션한다. 디지털 기기로 공부한 덕분에 학생의 학습 기록은 데이터로 축적되고, 이는 AI 맞춤형 학습의 재료로 쓰인다.

039 정답: 1번

미국 샌프란시스코에 위치한 미네르바 스쿨(Minerva Schools at KGI)은 모든 학생이 4년 내내 100% 온라인으로 수업을 듣는다. 물리적인 캠퍼스는 없고, 6개월마다 전 세계에 있는 기숙사를 이동하며 수업을 받는다. 기숙사는 샌프란시스코, 베를린, 부에노스아이레스, 서울, 방갈로, 이스탄불, 런던 등에 있다. '미래의 학교 모델', '하버드보다 들어가기 어려운 대학' 등으로 불리는 미네르바 대학의 수업은 모두 20명 이하로 진행된다. 학생과 교수는 모니터를 통해 수업에 참여하는 모습을 확인할 수 있다. 미네르바에서 4년 간의 대학 과정을 마치면 캘리포니아의 KGI 대학으로부터 학위를 받을 수 있다.

040 정답: 2번

BWA(Block Withholding Attack)는 블록체인 암호화폐 네트워크상에 있는 작업증명(PoW: Proof of Works)의 허점을 이용한 이중지불 및 51% 공격기법이다. 둘 이상의 체인이 네트워크에 등록되었을 때 가장 긴 체인은 인정하고 다른 체인은 무효화하는 원리를 악용한 것이다. 대량의 해시파워를 보유한 공격자는 별도로 이중 지불거래를 수행하면서 본인이 생성한 체인을 네트워크에 등록하지 않는다. 이런 식으로 암호화폐로 금전적인 이득을 취한 후 네트워크에 등록하여 기존의 거래를 무효화시키는 기법을 의미한다.

041 정답: 1번

크리덴셜 스터핑(Credential Stuffing) 공격은 여러 서비스에 동일한 아이디와 비밀번호를 쓰는 사용자가 많다는 허점을 악용한 공격기법이다. 최상위 보안을 제공하는 사이트에 비해 보안이 열악한 사이트를 해킹하여 개인정보를 탈취하거나 다크넷에서 구매한 정보를 조합하여 사용자 정보를 구성한다. 사용자의 정보로 여러 사이트에 접근을 시도하여 접속권한을 탈취하고 개인정보를 유출하는 것이 크리덴셜 스터핑 공격의 원리이다. 이를 대비하기 위해서는 비밀번호를 모두 다르게 설정하는 방법이 가장 좋지만 현실적으로는 다중 인증(MFA: Multi-Factor Authentication, 多重認證)을 사용하는 것을 권고한다.

042 정답: 3번

2020년 6월 한국인터넷진흥원과 과학기술정보통신부에서 발표한 <비대면 업무환경 도입 운영을 위한 보안 가이드>에 따르면 원격근무와 화상회의에 대한 다양한 보안 위협이 존재하며 이에 대한 보안 강화 방안을 가이드로 제공했다. 원격근무자 보안

수칙은 다음과 같다.

(1) 전용공간 확보

(2) 회사의 자산을 이용한 네트워크 접속

(3) 허가된 프로그램만을 사용

(4) USB 등 외부 미디어 보안

(5) 보안성이 확보된 인터넷망 사용

(6) 강력한 암호 사용

(7) 사회공학 공격대응을 위한 이메일 보안

보기 ③번의 BYOD(Bring Your Own Device)는 개인 자산을 회사의 업무용으로 활용한다는 것으로 가이드의 지침과 상반되는 방식이다.

043 정답: 4번

미라이봇넷은 사물 인터넷 장비의 초기 비밀번호 취약점을 활용한 봇넷 악성 코드다. 미라이봇넷은 주요 장비 공장에서 출하 시 장비에 설정하는 관리 계정 아이디와 비밀번호를 사전에 보유하고 네트워크 스캐닝으로 취약한 장비를 탐색하며 전파한다. 또한 봇넷의 특성을 가지고 있어서 C&C(Command and Control) 서버의 명령을 기다려, 2016년 10월 21일의 DYN 서비스 장애와 같은 분산 서비스 거부공격을 수행하게 되었다.

044 정답: 2번

사물 인터넷 환경의 시스템은 기존의 인터넷과 인트라넷에 구축된 시스템과 다른 특징을 가지고 있다. 일반적으로 하드웨어 사양이 낮고 운영체제는 오픈 소스를 사용하며 네트워크는 애드혹(AD-HOC)으로 연결되는 경우가 많다. 사물 인터넷의 시스템은 개수가 많고 초기에 대량으로 설치된 후 관리되지 않는 경우가 많아서 보안에 취약한 영역이 존재한다. 초기 비밀번호를 변경하지 않거나 주기적으로 변경하지 않을 경우 Brute Force Attack과 Dictionary Attack에 취약하다. 또한, 시스템 사이에 데이터를 전송 시 암호화가 되어있지 않아서 쉽게 스니핑이 가능한 보안 취약점도 존재한다. 보기 ②번 웹셸(Web Shell)의 경우 웹 기반의 프로그램을 이용해 악성 코드를 숨기고 공개된 웹서비스 접근으로 시스템을 공격하는 기법이므로 사물 인터넷과는 가장 거리가 멀다.

045 정답: 3번

퍼블릭 클라우드 서비스 업체에서 다른 퍼블릭 클라우드 서비스 업체로 백업하는 방법은 궁극의 재해복구이자 위험을 분산하는 방식처럼 보일 수 있다. 하지만 단지 재해복구를 지원하기 위해 멀티 클라우드 환경을 구현한다는 것은 서로 다른 두 가지 기술을 유지해야 하고, 서로 다른 두 가지 플랫폼의 설정을 가지고 있어야 한다는 것을 의미한다. 이 외에도 다른 비용과 위험을 감수해야 한다. 하지만 보기 ③번의 복구 수행시간이 과도하게 소비되는 것은 정답과는 다소 거리가 멀다. 클라우드에서 클라우드로 시스템을 실시간 복제하는 이른바 인터클라우드 복제(Intercloud Replication)는 일이 잘못될 소지가 많다. 가능하다고 하여도 인터클라우드 복제는 동일 클라우드 서비스 업체 내의 복제보다 다섯 배는 기술이 어려울 수 있다. 인터클라우드 재해복구가 시장에 거의 존재하는 않는 것도 이러한 이유 때문이다.

046 정답: 2번

가장 관련성이 없는 것은 보기 ②번의 무결성: 관리자 권한으로 백신 검사, 루트킷 활성화이다. 무결성 차원의 대응방안으로는 애플리케이션 조작방지, OTA 신뢰성 확보, 메시지 위변조와 손상방지 등이 있다. 또한 블록체인 기술도 무결성의 대응방안으로 주목받고 있다. 데이터 위조나 변조가 불가능하고, 신뢰성을 확보할 수 있어 향후 커넥티드 카 시대에 주요한 역할을 할 것으로 보인다. 미국 이동통신사 스프린트(Sprint)와 NXM Labs는 5G로 연결된 자동차 플랫폼을 발표했는데, 여기에 새로운 블록체인 방식의 보안 시스템이 포함되어 있다. 해당 플랫폼은 충돌 감지와 운전 보조 기능 등 스마트 카 기능과 함께, 여러 대의 차량을 연결하는 새로운 통신 방법을 제공한다고 한다.

출처: 스마트교통 사이버보안 가이드

047
정답: 3번

코로나19 바이러스 이후에 사회는 빠르게 비대면 사회로 변화하고 있다. 재택근무, 원격교육, 온라인 학습이 일반화되고 있으며 금융거래와 공공기관 업무도 모바일 비대면 서비스로 처리하는 비중이 더욱 크게 증가했다. 이에 따라 비대면 사회로 인해 사회공학 기법 유형의 악의적인 공격기법이 지속적으로 증가하고 있으며, 고도로 첨예하게 설계된 피싱과 스미싱은 수많은 피해자를 양산하고 있다. 피싱과 스미싱 이외에도 BEC(이메일 사기) 기법도 증가하는 등 사회공학 기법의 피해가 나날이 늘고 있는 추세이다.

048
정답: 2번

최근 온라인에서 청소년 '자해 인증' 등 유해 문화가 확산하고 있지만 플랫폼과 정부 모두 뾰족한 대응책을 내놓지 못하고 있다. 모니터링 인력 및 예산이 부족하고, 조치를 취해야 할 게시물의 기준도 뚜렷하지 않다. 시민단체나 누리꾼들의 캠페인 등 자정 노력에 기대는 실정이다. 사회관계망 서비스(SNS) 중 하나인 인스타그램에서 '#자해' 해시태그를 검색하면 현재 기준 약 4만 7,000건의 사진이 표시된다. '#자해러(자해하는 사람)' '#자해충동' 관련 태그 역시 수천 건이다. 선혈이 흐르고 있거나 상흔이 뚜렷한 신체 사진이 올라온다. 게시자 상당수는 10대 청소년이다. 과도한 스트레스 및 자포자기나 분노 등의 감정 표현, 또래 집단에서의 인정 욕구 등이 자해 인증 문화의 원인으로 분석된다. 자해를 일종의 놀이로 취급하는 경우도 관측된다. 관심을 더 끌기 위해 경쟁적으로 더 자극적인 게시물을 올리게 된다. 자해에 진정성이 없다는 의미의 '패션 자해'라는 신조어도 있다. 반면 이런 시선을 우려하는 '#자해하는사람은나쁜사람이아닙니다' 게시물도 급증세다. 이들이 올린 게시물은 별다른 필터링 장치가 없어 누구나 볼 수 있다. 게시물의 방치가 또래 집단에 악영향을 준다는 의견도 많다. 이들은 자해 인증이 생명 경시나 모방 자해로 이어질 가능성을 지적한다. 인스타그램의 경우 자해 관련 해시태그를 검색할 시 경고 팝업창이 뜨도록 조치하고 있다. 또한, 친구랑 대화를 나누도록 권장하거나, 중앙자살예방센터 및 보건복지부 보건복지콜센터 상담사 번호를 안내해 준다. 그러나 자해 게시물 등록이나 접근 자체를 막는 장치는 없다. 인스타그램 관계자는 "자해 관련 해시태그 게시물을 유심히 모니터링하고 있으나, 문맥에서 단어가 어떻게 활용될지 알 수 없으므로 무조건적인 검열 차단은 어렵다"라며 "또 자해 게시물 게시는 이용자가 도움을 요청하는 행위로도 볼 수 있다고 간주, 의료기관이나 상담센터로 연결하는 방향으로 대응하고 있다"라고 설명했다.

정부 대응도 미흡한 상황이다. 자해 게시물을 규제할 법적 근거는 마련돼 있다. 현행 청소년보호법 시행령 청소년 유해매체물 심의 기준에는 '성폭력·자살 자학 행위, 그 밖에 육체적·정신적 학대를 미화하거나 조장하는 것'이 포함된다. 여성가족부 산하 청소년보호위원회가 청소년 유해매체물을 심의·결정한다. 문제는 수많은 게시물을 모니터링할 예산과 인력이 부족하다는 점이다. 여성가족부 산하 청소년매체환경보호센터에서 청소년 유해매체 모니터링 업무를 수행하지만, 전담인력이 현재 2명에 불과해 사실상 제대로 된 관리가 불가능하다. 이 때문에 모니터링 대상이 영상물 및 음반에 집중돼 있다. 김수민 의원(바른미래당) 역시 지난 10월 "청소년 유해 매체물이 심각하게 확산하고 있지만, 여성가족부 모니터링 사업은 턱없이 작은 규모"라며 "SNS 자해 사진에 대해서는 관련 모니터링이 이뤄지지 않고 있는 실정"이라고 지적했다. 관련 예산은 5억 8500만 원으로, 올해 여성가족부 전체 예산 7640억 원의 0.1%에 미치지 못하는 규모다. 지난달 국회 여성가족위원회 전체 회의에 제출된 서면답변 자료에서도 여가부는 "유해 정보 유통이 확대됨에 따라 모니터링 강화를 위해 신규 인력 보강이 필요한 상황"이라며 "또 유사 기관 모니터링과 비교해 임금수준이 현저히 낮아 잦은 이직이 발생, 전문성 확보가 어려운 현실을 고려해 처우 개선이 필요하다"고 언급했다. 또 '동반자살 모집' '자살 조장' 등 의도가 명확한 게시물에 비해 자해 게시물은 유해성 판단이 더 모호하다. 전문가들은 SNS에 올라오는 청소년 자해 인증의 경우 상당수는 '비자살성 자해'라고 분석한다. 자살 의도 없이 안도감을 얻기 위함이나, 긍정적인 기분 상태를 유도하기 위해 이뤄지는 행위라는 것이다. 이를 강제로 막을 경우 도움을 줄 수 있는 창구가 사라져 상황이 악화될 수도 있다는 지적이다.

출처: 이형두, "[딜라이트닷넷] 줄지 않는 청소년 SNS '자해 인증'… 해법 없나", 디지털데일리, 2018.12.04., http://m.ddaily.co.kr/m/m_article/?no=175514

049 정답: 1번

EMP 방호시설은 전파를 차단하는 구조물과 건물 외벽 보호시설, 건물 내부로 들어오는 전선 등으로 생긴 공간을 메우는 필터링 등 3단계 시설이 갖추어져야 한다. 하지만 방호시설과 연결된 전산망과 전기선을 보호할 수는 없어 지금까지 EMP 공격에 대처할 방법이 사실상 없는 것이 현실이다. 전자기 펄스(EMP: Electro Magnetic Pulse)는 핵무기로부터 발생하는 일종의 진폭이 작은 감마선으로, 그 파동은 전자기기에 과전류를 일으켜 영구적인 파손을 일으킨다. 전자기 펄스는 전기를 사용하는 모든 기기의 사용을 불가능하게 만드는데, 이러한 성질을 이용하여 무기를 개발하는 데 관심이 집중되기도 한다. 전자기 펄스가 핵 폭발 시 방출되는 파동이기 때문에, 이를 비핵무기로써 개발하여 개별적인 운용을 시도하는 개발이 진행 중이며, 이것은 인체에 무해하여 21세기 첨단무기시대의 주목을 이끌 무기가 될 것이다. 하지만 이것에 반하여 EMP는 최악의 비살상 무기라는 평가도 있다 파괴하는 전자기기 중에는 식량을 관리하는 장비도 있는데 만일 이것이 파괴된다면 심각한 식량난을 가져올 수도 있고 심할 경우 인류문명 수준이 원시시대 수준으로 돌아갈 수도 있다 이는 전자회로를 손상시켜 시계, 자동차, 휴대전화, 컴퓨터 등 전자기 소자 등을 가진 모든 전자제품의 작동을 불가능하게 한다. 이러한 EMP탄은 폭발 시 약 180만 암페어의 전류와 5 GW의 강력한 출력 펄스를 생성하며, 이는 번개보다 약 100배 강한 전력이고 정밀유도폭탄과 비교 시 약 30배 넓은 지역에 피해를 줄 수 있다. 특히 지하 수 백 미터의 적 표적에도 환기통이나 전기 케이블 등을 통해 유입되기 때문에 피해 효과는 더욱 크다. 미사일이나 항공기 투하용 폭탄에 장착된 EMP 탄은 적의 통신망이나 지휘통제체계 등을 무력화시키며, 또한 휴대용 EMP탄은 적 후방이나 민간인 밀집지역, 첨단 장비를 운용하고 있는 지역을 공격해 장비운용 중단 및 주민의 생활을 극도로 불편하게 함으로써 적 사기 저하 및 전쟁 조기 종결을 유도할 수 있다.

050 정답: 3번

블록체인은 기본적으로 인터넷에서 사용자끼리 직접 연결해 데이터를 주고받는 구조인 P2P 네트워크를 기반으로 하고 있기 때문에 사용자 간의 신뢰가 중요한 이슈이다. 이러한 신뢰를 확보하기 위한 컨센서스 알고리즘으로는 다양한 검증 알고리즘 유형들이 존재하는데, 대표적으로 퍼블릭 블록체인에서 사용하는 PoW(Proof of Work), PoS(Proof of

Stake), PoI(Proof of Importance)와 컨소시엄 블록체인에서 사용하는 Consensus by Bet를 예로 들 수 있다.

051 정답: 1번

미리 설계된 시간이나 임의의 환경 조건이 충족되면 스스로 모양을 변경 또는 제조하여 새로운 형태로 바뀌는 제품(Object)을 3D 프린팅하는 기술을 4D 프린팅이라고 한다. 온도, 습도, 진동 등의 자극을 받으면 모양이 변하는 스마트 소재가 사용된다. 예를 들면, 물을 만나면 팽창되는 나무를 소재로 하는 입체 프린터(3D Printer)로 코끼리 모양의 평면 설계도를 출력한다. 그리고 출력된 설계도를 물에 넣으면 저절로 입체 코끼리 모양으로 바뀐다. 4D 프린팅 기술은 2013년 테드(TED: Technology, Entertainment, Design) 강연에서 미국 MIT 자가조립연구소 스카일러 티빗츠(Skylar Tibbits) 교수에 의해 소개되었다. 4D 프린팅은 의료, 의류 등 다양한 분야에 활용될 수 있다.

여기서, 4D(4th Dimension)는 수학·물리의 4차원(4D: Four-dimensional space)과 다르다. 이 기술은 3D 프린팅에 결과물이 변화할 수 있는 가소성이라는 한 차원(Dimension)의 특성을 더했다는 의미에서(3D+1D), 즉, '4D 프린팅'이라고 불리고 있다

052 정답: 2번

어원적 의미로 본 'N 스크린'은 수학에서 미지수를 나타내는 'N'과 스크린의 합성어 또는 Network의 준말과 스크린의 합성어이다. 즉, 여러 개의 화면을 통해 콘텐츠를 제공하는 서비스로 예를 들어, 영화 VOD, 음악, 게임을 구입한 후, TV, PC, 태블릿, 스마트폰 등 다양한 단말기에서 공통으로 즐길 수 있다. 콘텐츠의 내용으로 주소, 이메일, 전화번호 등의 개인 콘텐츠, 작업용 문서까지 포함한다. N 스크린 서비스 배경은 스마트 기기의 보급 및 확산으로 PC 외의 기기에서도 인터넷의 사용이 가능하게 된 것이다. 스마트 기기의 보급은 단말 간 연결성 및 처리적 성능 면에서 N 스크린을 위한 기반이 되었고, 클라우드 컴퓨팅은 N 스크린 콘텐츠의 스토리지 문제를 해결했다. N 스크린의 방대한 콘텐츠를 클라우드 컴퓨팅 서버에 저장함으로써, 단말기 저장 용량의 문제가 해결되어 N 스크린 사업은 급진전되었다. N 스크린 서비스 제공 모델은 OSMU와 ASMD로 나눌 수 있다.

- OSMU(One Source Multi Use)는 하나의 콘텐츠를 여러 기기에서 사용하는 것이다. 하지만 콘텐츠가 재생되는 기기들이 하나의 소스를 동일한 퀄리티로 나타내지 못하는 문제점이 발생되면서, 콘텐츠가 재생되는 환경에 적합한 콘텐츠 생성이 요구된다.
- ASMD(Adaptive Source Multi Device)는 하나의 콘텐츠를 여러 기기에서 이용하는 것이 아니라, 콘텐츠 및 기기들의 효율성이 고려되어 각 기기별로 특성에 맞는 콘텐츠를 이용하는 것을 의미한다. 대표적인 사업으로 넷플릭스(Netflix)의 크로스 플랫폼 전략과 애플(Apple)의 'icloud' 플랫폼 중심 전략이 있다.

053 정답: 1번

빅데이터의 공통적 특징은 3V로 설명할 수 있다. 3V는 데이터의 크기(Volume), 데이터의 속도(Velocity), 데이터의 다양성(Variety)을 나타내며, 이러한 요소로 인해 빅데이터는 기존의 관계형 데이터베이스와 차별화된다. 데이터 크기(Volume)는 단순 저장되는 물리적 데이터양의 거대함을 나타내며 빅데이터의 가장 기본적인 특징이다. 데이터 속도(Velocity)는 데이터의 고도화된 실시간 처리를 뜻한다. 이는 데이터가 생성되고, 저장되며, 시각화되는 과정이 얼마나 빠르게 이뤄져야 하는지에 대한 중요성을 나타낸다. 다양성(Variety)은 다양한 형태의 데

이터를 포함하는 것을 뜻한다. 정형 데이터뿐만 아니라 사진, 오디오, 비디오, 소셜 미디어 데이터, 로그 파일 등과 같은 비정형 데이터도 포함된다.

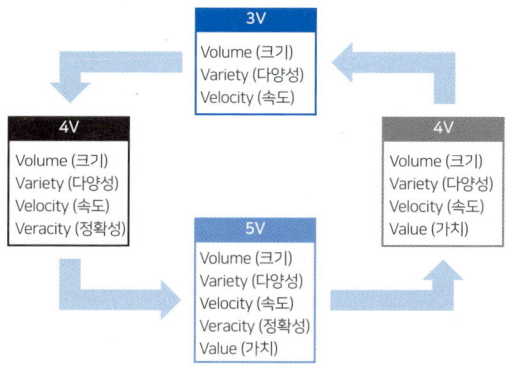

054

정답: 2번

클라우드 보안 협회 CSA(Cloud Security Alliance)는 기존에 존재하는 SECaaS 서비스를 다음의 12가지 영역으로 분류했다.

- **Network Security(네트워크 보안)**: 네트워크 접근 할당, 분배, 모니터링 기능을 포함해 네트워크 서비스를 보호하는 보안 서비스 구성
- **Vulnerability Scanning(취약성 검사)**: 공용 네트워크를 활용한 인프라나 시스템에 대해서 보안 취약점을 검사
- **Web Security(웹 보안 기술)**: 서비스 제공자의 웹 트래픽을 통해 공공으로 직면하는 애플리케이션 서비스의 실시간 보호 제공
- **Email Security(이메일 서비스 보안)**: Inbound/Outbound 메일에 대한 보안, 피싱, 악의적 접근, 스팸으로부터의 조직 보호와 비즈니스 연속성을 위한 옵션 제공
- **Identity and Access Management(IAM, 식별/접근 관리)**: 관리 및 접근 제어영역, 인증, 신원보증, 정보 접근, 권한 있는 사용자 관리 포함
- **Encryption(암호화)**: 해독할 수 없도록 데이터를 암호와 숫자를 사용하여 암호문으로 변환하는 과정
- **Intrusion Management(침입 관리)**: 통계적으로 비정상적 이벤트를 감지하거나 침입시도 검출 및 예방, 사건 관리에 패턴 사용 과정
- **Data Loss Prevention(DLP, 데이터 손실 방지)**: 데이터의 사용과 행위에 있어서 모니터링, 보호 및 보안에 대한 검증 제공
- **Security Information and Event Management (SIEM, 보안 정보 및 이벤트 관리)**: 로그, 이벤트 정보의 상관 관계와 사고 데이터 실시간 분석
- **Business Continuity and Disaster Recovery (BCDR, 업무 연속성과 재난 복구)**: 어떠한 서비스 중단에서 운영 탄력성을 보장하기 위해 디자인된 조치
- **Continuous Monitoring(지속적 감시)**: 지속적인 위험 관리 기능 수행, 조직의 현재 보안 수준 제시
- **Security Assessments(보안 접근)**: 산업 표준에 기반한 클라우드 서비스를 제3자가 보증

055

정답: 3번

피코캐스트는 더 잘 알려진 블루투스(Bluetooth: IEEE 802.15.1), 지그비(ZigBee: IEEE 802.15.4)와 동일한 주파수 영역에서 동작하는 기술이다. 피코캐스트의 차별적 기술 특성에 의해 기존의 기술로 불가능했던 다양한 응용서비스가 가능하다. 이미 상품화되어 시장에 출시되고 있는 것만도 무선회의 시스템, 홈 디지털 스테레오 가라오케 시스템, 16개국 동시통역 시스템 등 10여 가지에 이른다. 그 밖에도 스마트폰이나 태블릿에서의 그룹 게임, 무선 PBX, 모바일 VoIP, PMP(Personal Media Player), 무선 오디오, 개인공간 센서 네트워크, 놀이공원 부가서비스 등이 가능하다.

- **멀티미디어 방송기능**: 한 단말의 멀티미디어 스트림(Multimedia Stream)을 무한정으로 수신자에게 전송 가능하다. 즉, 멀티미디어 방송이 가능한 것이다. 수신자 수에 제한이 없는 것은, 적절한 시스템 설계를 통해 멀티미디어 방송에 필요한 최

소한의 전송 품질을 보장하고, 대신 자동 재전송 요청(ARQ: Automatic Repeat Request)을 사용하지 않음으로써 가능하다.

- **다중상대 멀티미디어 그룹통신(Multi-peer Group Communication)**: N:M 멀티미디어 그룹통신이 가능하다. 예를 들어 16명의 사람들이 서로의 소리를 들으며 무선 코러스를 하는 응용이 가능하고 오디오/비디오가 아니고 음성일 경우는 하나의 채널을 시분할로 다시 나누어서 N=64까지의 그룹통화, 전화회의도 가능하다. 자동차 경주, 야구/축구 게임 등에서 각 자동차/선수를 독립적으로 제어하는 그룹 게임이 가능하다.

- **짧은 전송지연(Low Latency)**: 전송지연 시간이 16ms(스테레오 오디오의 경우, 모노 경우는 7ms) 이내로 다른 기술(대개 100ms 이상)에 비해 현저하게 짧다. 짧은 지연시간은 신속한 상호작용이 필요한 응용에 매우 긴요한 특성이다. 즉, 전송지연 시간이 길면 회의 및 전화대화의 응용에 사용할 수가 없다.

- **현저히 낮은 휴면 전력**: 프리앰블 동기 확률이 현저히(타 기술에 비해 1000배) 높은 까닭에 휴면 상태(Idle State)에서 깊은 휴면 상태(Deep Sleep)에 들어갈 수 있다. 즉, 다른 기술에 비해 생존 확인 신호(Keep-alive Beacon)의 빈도를 현저하게 낮출 수 있다. 이로 인해 휴면상태의 전력소모가 100uA 이하로, 블루투스에 비해 100배 정도 낮다. 최근의 블루투스 4.0(BLE: Bluetooth Low Energy)도 대등한 전력효율을 실현했으나 앞서 열거한 피코캐스트의 응용과는 차이가 있다.

- **단문(Short Message) 기능**: 128비트로 127개의 직교 골드코드(Gold Code)를 만들어낼 수 있다. 따라서 피코캐스트의 기본 동작에 필요하지 많은 잉여 코드가 남게 되고, 이들을 이용해 다양한 목적의 단문 서비스가 가능하다. 예를 들어 119번 코드는 '119' 긴급 상황 통보 번호로 사용할 수 있고, 128bit의 보안 단문을 보낼 수 있으며, 4bits/symbol 전송을 사용할 경우 64자(64바이트, 512비트) 단문을 보낼 수 있으므로 짧은 트위터와 유사한 서비스가 별도의 실장영역 없이 프리앰블만으로도 실현 가능하다. 또한 잉여 코드들을 미리 약속된 명령어와 대응을 시켜 놓으면 100여 개의 긴급명령을 프리앰블만으로 보낼 수 있다. 단문의 길이가 128us밖에 되지 않으므로 ms를 다투는 상당히 민감한 긴급 상황에 요긴하게 활용할 수 있다.

- **복합 전송 속도 기능**: 한 프레임 안에는 최대 18개까지의 여러 슬롯(채널)이 존재하는데, 각 슬롯의 데이터 전송속도는 서로 독립적으로 정해질 수 있다. 이것은 각 슬롯이 독립적인 변복조 방법을 사용할 수 있도록 설계되어 있기 때문이다. 각 슬롯에서 한 심벌에 몇 비트(Bits/Symbol)를 사용하느냐에 따라 64kbps, 125kbps, 250kbps, 500kbps, 1Mbps, 2Mbps, 4Mbps 등 다양한 전송도를 제공할 수 있다. 즉, 동일한 프레임 속에서 동시에 서로 다른 전송속도를 갖는 채널이 존재할 수 있는 것이다. 한편, 피코캐스트 2.0에서는 이들보다 4배 높은 전송 속도로 표준화 및 상용화가 진행될 예정이다.

출처: 충남대 정보통신공학부

056 정답: 2번

통신 단말기와 기지국 사이에서 교신할 때 다른 신호와 섞이지 않게 구분하기 위한 방법이 필요하다. 방법은 다양하지만 현재 LTE에 적용된 방법은 두 가지가 있는데 하나는 FDD(Frequency Division Duplexing), 다른 하나는 TDD(Time Division Duplexing) 방식이다. FDD는 상향링크(UL: Up-Link)와 하향링크(DL: Down Link)가 서로 다른 주파수 채널 짝으로 구성된다. 이렇게 만들어 놓은 통신 채널을 이른바 '풀 듀플렉스(Full-Duplex)'라고 부르는데, 양방향 통신이 가능하다는 의미이다. 쌍방향 통신은 그 특성상 UL과 DL 둘 중 하나만 끊겨도 통신망으로서의 가치를 상실하게 된다. 전파 자원을 이용할 때 혼선을 막기 위해 화이트 스페이스를 두는 것은 보통이지만, 절대 끊겨서는 안 될 두 대역폭이 각각 가져야 할 화이트 스페이스와 UL과 DL 간의 간섭을 최소화하기 위한 Guard Band 간격까지 고려하면 주파수 분배의 유동성이 떨어지고 낭비가 생기는 것은 필연이다. 전 세대 이동통신 기술인 GSM, WCDMA, CDMA를 운영한 사업자들은 이런 어려운 상황에서 주파수 확보를 위해 노력했고, 안정적인 서비스 제공이 가능한 주파수 확보에 성공했다. TDD는 UL과 DL 주파수가 따로 주어지지 않고는 하나의 스펙트럼을 같이 이용한다. 당연히 풀 듀플렉스를 구현하는 게 불가능하지만, UL과 DL을 짧은 시간 간격을 두고 전환하여 풀 듀플렉스를 모방하게 만든다. 음성 통화용 디지털 코덱은 어떤 종류이건 불 연속적인 정보를 가지는 건 마찬가지고 일반인은 구분하기 어려우며, 데이터 패킷 망에서는 오히려 강점이 된다.

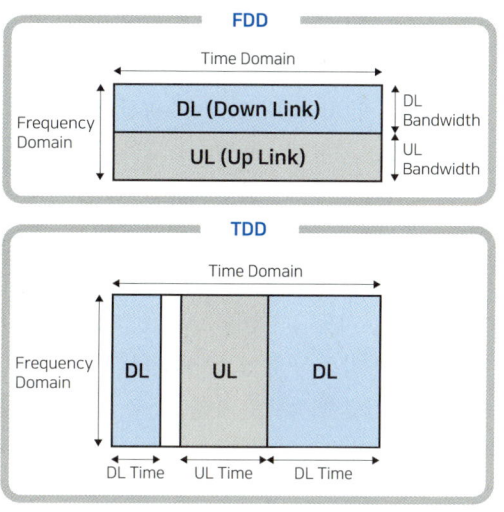

- **FDD(Frequency Division Duplex)**: 주파수를 나누어서 Uplink, Downlink를 동시에 사용할 수 있도록 한다. 단, 주파수를 나누어 사용하기 때문에 한 번에 전송가능한 양 또한 줄어든다. 주어진 주파수를 나누어서 한쪽은 DL을 위해 사용하고, 다른 한쪽은 UL을 위해 사용한다. 장점은 주파수를 나누어 쓰기 때문에 간섭이 없고, 지속적으로 전송 가능하다는 것이며, 단점은 주파수를 나누어 쓰기 때문에, UL, DL 각각의 Bandwidth가 줄어들게 되어 한 번에 전송 가능한 양이 줄어든다는 것이다.

- **TDD(Time Division Duplex)**: 시간을 나누어서 Uplink 한번, Downlink 한 번씩 돌아가며 사용할 수 있도록 한다. 장점은 주파수를 온전히 쓰기 때문에 한 번에 전송 가능한 한도를 온전히 활용할 수 있다는 것이다. 단점은 UL, DL을 돌아가면서 하기 때문에 지속적인 전송이 불가능하다는 점이다. 또한 DL이 마무리된 후 UL을 시작하고, 반대로도 마찬가지로 UL이 마무리된 후 DL이 진행되어야 하므로 각 동작이 마무리되는 것을 확인한 후 진행해야 해서 각 DL, UL 사이에 Guard Interval이 존재한다.

057 정답: 1번

저전력 광역 통신기술(LPWA: Low-Power Wide-Area)은 사물 인터넷(IoT: Internet of Things) 분야에서 사용하는 기술 중 하나다. 기존 가정용 근거리 무선통신이나 일반 이동통신과는 다른 필요에 따라 등장했다. 저전력 소모, 저가 단말기, 낮은 구축 비용, 안정적 커버리지, 대규모 단말기 접속 등 조건을 충족해야 한다. 가정용 사물 인터넷은 블루투스, 와이파이 등 근거리 무선통신을 활용해 서비스를 제공할 수 있다. 하지만 사물 인터넷 서비스 범위를 확대하기 위해서는 근거리 무선통신의 가장 큰 단점인 단거리를 극복해야 했다. LTE 같은 일반 이동통신 기술처럼 통신 칩 가격이 비싸도 안 된다. 충전이 어렵기 때문에 전력 소모도 적어야 한다. 저전력 광역 통신기술의 구현을 위한 구체적 조건으로는 배터리 수명 10년, 기기당 5달러 이하의 가격 등이 제시된다. 저전력 광역 통신기술을 위해 비면허 주파수 대역을 사용하거나, 기존 이동 통신 주파수의 극히 일부(200kHz)를 사용하는 방법으로 'LTE-MTC', 'NB(Narrow Band)-LTE' 등이 제안되었다. 미국 정보통신 컨설팅 전문업체 '애널리시스 메이슨(Analysys Mason)'은 보고서를 통해 저전력 광역 통신기술 네트워크로 연결되는 기기가 2015년 1,850만

개에서 오는 2025년 35억 개로 증가할 것으로 예상했다. 반면 연간 저전력 광역 통신기술 네트워크 연결당 평균 수익(ARPC)은 2015년 2.96달러에서 2025년 1.54달러로 지속 감소할 것으로 내다봤다. 저전력 광역 통신기술 네트워크를 활용하는 기기들은 적은 양의 데이터를 주고받아 트래픽이 낮다는 이유에서다. 저전력 광역 통신기술 네트워크는 가스·전기·수도 등에 대한 자동 원격검침(AMR/I), 차량관제, 물류창고 출하 검수 등 동영상이나 음성보다는 텍스트 기반의 간단한 정보를 저전력으로 주고받기 위해 도입되고 있다.

058 정답: 3번

사물 인터넷(IoT: Internet of Things)은 다양한 산업의 서비스 영역들이 ICT 기술과 유기적으로 결합함으로써 새로운 서비스를 제공할 수 있도록 하는 개념이다. 따라서 이를 위한 사물 인터넷 시스템은 다양한 사물 인터넷 요소 기술 및 서비스 영역을 최대한 수용할 수 있도록 개발되어야 한다. 사물 인터넷 서비스를 제공하기 위한 시스템은 크게 5개의 영역으로 구성된다. 데이터의 흐름 관점에서 디바이스(Device), 네트워크(Network), 플랫폼(Platform), 그리고 서비스(Service)의 영역으로 구성되며, 이 모든 영역과 관련된 보안(Security) 영역이 존재한다.

- **디바이스(Device) 영역**: 사물 인터넷 서비스를 위한 데이터가 생성되거나 서비스 요청에 따른 반응이 나타나는 영역이다. 이를 위해 사물들은 주변의 환경정보를 전기적인 신호로 바꿔주는 센서(Sensor)나 전기적인 신호를 물리적인 변화로 바꿔주는 액추에이터(Actuator), 그리고 이러한 신호들을 주고받기 위한 통신 모듈 등을 포함하게 된다.
- **네트워크(Network) 영역**: 스마트 디바이스가 생성한 데이터들은 인터넷상의 어딘가에 존재하는 사물 인터넷 서비스 플랫폼으로 전달되어야 하며, 이러한 역할을 담당하는 것이 네트워크 영역이다. 네트워크 영역에는 전송 속도, 통신 거리, 통신 방식 등 서로 다른 특성을 갖는 다양한 통신 기술들이 존재하며, 이외에도 서비스 생성을 지원하는 기술, 데이터의 흐름을 제어하는 기술 등이 존재한다.
- **플랫폼(Platform) 영역**: 다양한 사물 인터넷 서비스를 제공하기 위해 다수의 사용자와 다양한 사물들 사이에 존재하여 중계자 역할을 하는 장치다. 따라서 특정한 응용 서비스에 종속되지 않으며, 사물의 연결, 데이터의 수집 및 분석, 지능형 서비스의 생성 등 여러 서비스에서 공통으로 필요한 기능들을 수행한다.
- **서비스(Service) 영역**: 서비스 대상과 서비스 제공 주체에 따라 개인 IoT 서비스, 공공 IoT 서비스, 산업 IoT 서비스로 구분된다. 개인 IoT 서비스는 개인의 삶의 질 향상을 위해 개인이 직접 사물 인터넷 디바이스를 구입하여 서비스를 이용하는 형태로, 스마트 홈, 헬스케어, 스마트 카 서비스 등이 대표적이다. 공공 IoT 서비스는 정부가 사회문제 해결 및 대국민 서비스를 제공하기 위해 인프라를 구축하여 제공하는 서비스로, 공공 안전, 환경, 에너지 등과 관련된 서비스가 이에 해당한다.

참조: https://www.intel.co.kr/content/www/kr/ko/internet-of-things/overview.html

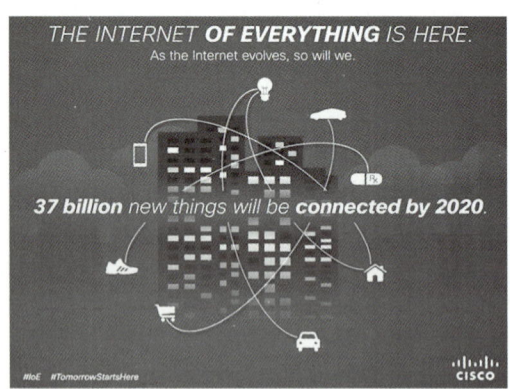

059 정답: 2번

산업 사물 인터넷(IIoT: Industrial Internet of

Things) 시스템은 디지털 기술의 계층화된 모듈식 구조로 간주된다. 장치 계층은 물리적인 부품을 가리킨다(CPS, 센서, 머신). 네트워크 계층은 서비스 계층으로 데이터를 모아 전송하는 물리 네트워크 버스, 클라우드 컴퓨팅 및 통신 프로토콜을 말한다. 서비스 계층은 데이터를 조작한 뒤 이 데이터를 드라이버 대시보드에 표시할 수 있는 정보로 병합하는 애플리케이션으로 구성된다. 최상위 스택층은 콘텐츠 계층, 즉 사용자 인터페이스이다.

- **콘텐츠 계층**: 사용자 인터페이스 장치(예: 화면, 태블릿, 스마트 글래스)
- **서비스 계층**: 데이터를 분석하고 이를 정보로 변환하는 응용 소프트웨어
- **네트워크 계층**: 통신 프로토콜, 와이파이, 클라우드 컴퓨팅
- **장치 계층**: 하드웨어(CPS, 머신, 센서)

060 정답: 1번

산업 사물 인터넷(IIoT: Industrial Internet of Things)은 인터넷 연결 설비와 생산된 데이터를 처리하는 고급 분석 플랫폼으로 구성된다. IIoT 장치는 소형 환경의 센서부터 복잡한 산업용 로봇까지 다양하다. '산업용'이라는 단어는 창고, 조선소, 공장 현장 등을 떠올리게 하지만, IIoT 기술은 농업, 의료, 금융 서비스, 소매, 광고 등 다양한 산업 분야에서 유용하게 활용할 수 있다. IIoT는 IoT의 하위 범주이며 웨어러블 장치, 스마트 홈 기술, 자율주행 자동차 등의 소비자 대상 애플리케이션도 포함한다. 인터넷을 통해 데이터를 전송하고 소프트웨어를 통해 관리되는 인프라, 센서 내장 장치 및 시스템은 두 개념의 특징이다. 산업용 IoT를 선택해야 하는 이유는 물리적 상품의 생산 및 운송과 관련된 일을 하는 모든 기업에서 IIoT는 게임의 규칙을 바꾸는 운영 효율성을 창출하고 완전히 새로운 비즈니스 모델을 제시할 수 있기 때문이다.

061 정답: 2번

사물 인터넷 응용 프로토콜이란, 사물 인터넷의 디바이스들을 위해 제한적인 환경에서 HTTP와 유사한 목적으로 사용하도록 만들어진 기술이다. 대표적인 것은 CoAP(Constrained Application Protocol), MQTT(Message Queuing Telemetry Transport), XMPP(eXtensible Messaging and Presence Protocol)이다. 다음은 이들에 관한 설명이다.

- **CoAP**: 인터넷 대부분의 기술이 다루어지는 국제인터넷표준화기구(IETF)의 관점에서 볼 때 IP(v4&v6) 위에 HTTP가 있다면 사물 인터넷을 위한 IPv6인 6LoWPAN 위의 응용 프로토콜로는 CoAP가 존재하는 것이다. 즉, 인터넷에서 사물 인터넷 디바이스처럼 제한된 컴퓨팅 성능을 갖는 디바이스들의 통신을 위해 IETF의 CoRE(Constrained RESTful Environment) 워킹 그룹에서 표준화한 프로토콜이다. 신뢰성 있는 동기 수송 방식의 TCP와 그 위의 HTTP는 많은 자원 제약을 가진 사물 인터넷 환경에서는 적합하지 않아 비동기 수송 방식의 UDP상에서 UDP의 단점을 보완하는 개념을 포함한 통신 프로토콜이 CoAP이다. 웹의 장점을 최대한 활용하기 위해 모든 것을 자원으로 보고 그의 활용을 단순화시킨 RESTful의 철학을 수용한 것이 특징이다.
- **MQTT**: CoAP와 유사하게 모바일 기기나 낮은 대역폭의 소형 디바이스들에 최적화된 메시징 프로토콜이다. 느리고 품질이 낮은 네트워크에서도 메시지를 안정적으로 전송할 수 있도록 설계되었다. 프로토콜이 차지하는 여러 관점의 리소스를 최소화했는데, 특히 저전력에 방점을 두었다. 가장 작은 메시지는 2Byte까지 가능하다. Publish/Subscribe 형태를 취하여 세 가지의 QoS(Quality of Service) 레벨을 제공한다. IBM이 주도하여 개발했고 OASIS란 민간 표준화 기구에서 표준화되었다.
- **XMPP(eXtensible Messaging and Presence Protocol)**: 2인 이상의 참여자 간에 구조적 데이터를 거의 실시간에 가깝게 교환할 수 있게 하는 XML

기반 TCP 커뮤니케이션 프로토콜이다. XMPP의 기능 중에는 대화 참여자 정보를 보여주는 것과 연락처 리스트 관리 기능이 있다. 두 기능 모두 인스턴트 메시징을 위해 제작된 것이었지만 IoT에도 적용할 수 있다. XML 재단과 XMPP 자체의 열려 있는 성질 때문에 XMPP는 Publish & Subscribe 시스템에도 사용되고 있다. IoT 커뮤니케이션 프로토콜로 XMPP를 사용하는 것에는 여러 가지 장점이 있다. 우선 XMPP의 분산된 성격이 큰 장점이다. XMPP의 작동 방식은 이메일과 비슷하다. CoAP나 MQTT처럼 하나의 중앙 서버나 브로커에 의지하기보다는 여러 트랜스퍼 에이전트(Transfer Agents)에 걸쳐 작동하는 것이 특징이다. 이메일과 마찬가지로 누구나 자신의 XMPP 서버를 운영할 수 있어 기기 제조업체나 API 오퍼레이터가 자신만의 기기 네트워크를 형성하고 관리할 수 있다. 또한 누구나 서버를 운영할 수 있기 때문에 보안이 요구되는 경우 내장 TLS 암호화를 사용하여 회사 인트라넷에서 안전한 인증 프로토콜을 이용해 고립시킬 수 있다.

062   정답: 2번

CoAP(Constrained Application Protocol)는 경량의 M2M(Machine to Machine) 프로토콜로 설계되어 메모리나 연산 리소스가 부족한 스마트 기기에서도 사용될 수 있다. CoAP는 HTTP와 아주 유사하지만 TCP 패킷상에서가 아니라 TCP의 대체로 개발되었다. 이는 한층 더 경량의 데이터를 전송하는 포맷인 UDP에서 기능하는 프로토콜이다. HTTP가 클라이언트와 서버 간의 데이터나 명령어(GET, POST, CONNECT 등) 전송에 이용되는 것과 동일하게 CoAP도 동일한 멀티캐스터 및 명령어 전송 기능을 가지지만, HTTP 만큼 많은 리소스를 필요로 하지는 않는다. 이 때문에 현재 대두하고 있는 사물 인터넷(IoT) 기기에는 가장 이상적인 프로토콜이다. 단지 UDP 기반의 다른 프로토콜과 동일하게 CoAP는 그 성질상 DDoS 공격의 위력을 높이는 요인이 되는 IP 스푸핑이나 패킷 증폭에 대해서 취약성이 존재한다. 공격자가 CoAP 클라이언트(IoT 기기)에 작은 UDP 패킷을 보내면 클라이언트 측은 이것보다도 훨씬 큰 패킷을 되돌려준다. DDoS 공격의 세계에서는 이와 같은 응답 시의 패킷 사이즈는 증폭 계수로써 알려져 있다. CoAP의 경우 이 증폭 계수는 10~50에 도달할 가능성이 있다. 어느정도 증폭되어가는 최초의 패킷과 이것에 호응하여 생겨난 응답 패킷(및 읽어 들이는 프로토콜 분석)에 따라 다르다. 더욱이 CoAP는 IP 스푸핑에 대해서 취약하기 때문에 공격자는 송신자 IP 주소를 DDoS 공격을 감행한 상대방의 IP 주소로 대체하는 것이 가능하다. 이 경우 피해자는 증폭된 CoAP 트래픽의 가치없는 물량에 의한 공격을 받게 된다. CoAP의 설계자는 이러한 형태의 문제를 막기 위해서 시큐리티 기능을 추가했지만 Cloudflare가 2017년에 블로그에서 지적한 바와 같이, 디바이스 제조사가 이와 같은 시큐리티 기능을 설정한다면 CoAP는 이미 경량이 아니게 되어 경량 프로토콜의 이점을 모두 잃게 된다. 이 때문에 현재의 CoAP 설정의 대부분은 시큐리티가 강화된 모드가 아니라 경량이지만 DDoS 공격에 대해서 취약한 NoSec 시큐리티 모드를 채용하고 있다.

> 출처: 박춘식, "DDoS 공격, 다음 커다란 표적은 IoT기기에 사용되는 CoAP 프로토콜", 아주대학교 사이버보안학과

063   정답: 2번

FIDO 2.0은 기존의 FIDO 1.0과 비교했을 때, 생체인증 기술에서는 큰 차이가 없다. 하지만 FIDO 2.0은 FIDO 1.0이 모바일 환경에서만 가능하던 생체인증을 모든 온라인 서비스(PC, IoT)에서 사용할 수 있도록 한 것이 차이점이다. FIDO 1.0의 단점이었던, 인증을 수행하려는 단말기의 애플리케이션에서만 생체인증이 가능한 점과 단말기 제조사 별로 FIDO 인증 클라이언트를 제공을 해야 한다는 점 등을 개선했다. 또한, 전 세계에서 공통으로 사용할 수 있는 생체인증 표준과 플랫폼을 개발했다는 점에서 큰 차이가 존재한다.

분류	FIDO 1.0	FIDO 2.0
RP 클라이언트	모바일 앱(APP)	웹 브라우저로 확장
FIDO 클라이언트	단말 제조사 제공	플랫폼 제공
서버-클라이언트 통신 프로토콜	UAF 프로토콜	서버에서 정의한 자체 프로토콜
FIDO 클라이언트 호출 방식	(안드로이드) Intent (아이폰) Custom URL Scheme	Javascript
ASM	인증자 제조사 또는 단말 제조사 제공	플랫폼 제공
인증자	단말 제조사 제공	빌트인 또는 외부 인증자
외부 인증자 연동 방식	-	CTAP(USB, NFC, BLE 등)

064 정답: 2번

 디지털 사이니지(Digital Signage)는 전자 사이니지의 한 종류로, 네트워크를 통해 원격제어가 가능한 디지털 플레이를 공공장소 또는 상업공간에 설치한다. 디지털 디스플레이는 LCD, LED, 프로젝션 및 전자 종이와 같은 기술을 사용하여 디지털 이미지, 비디오, 웹 페이지, 날씨 데이터, 레스토랑 메뉴 또는 텍스트를 표시한다. 공공 장소, 교통 시스템, 박물관, 경기장, 소매점, 호텔, 레스토랑 및 기업 건물 등에서 길 찾기, 전시회, 마케팅 및 옥외 광고를 제공할 수 있다. 이러한 옥외 광고는 상품화를 목적으로 한 광고, 정보, 엔터테인먼트 등을 고객에게 텍스트, 애니메이션, 비디오로 제공한다. 이는 IP 네트워크를 통해 중앙집중형 콘텐츠를 관리하고 개별적으로 주소를 지정하여 차별화된 정보전달이 가능하며 TV/신문 등 대중매체 대비 개인 맞춤형 정보를 제공할 수 있다. 최근 영상처리 및 이미지 인식, 안면 인식 기술과 접목되어 차세대 디지털 사이니지 제품들이 속속 등장하고 있다.

065 정답: 4번

 사물 인터넷(IoT: Internet of Things)에서 사용되는 CoAP 네트워크는 기본적으로 일대일 방식이지만, 일대다 또는 다대다 멀티캐스트 요구사항을 지원한다. CoAP 네트워크는 IPv6 위에 구축되기 때문에 멀티캐스트는 CoAP 내에 본질적으로 내재한다고 볼 수 있다. 따라서 일반 IPv6 주소뿐만 아니라 디바이스를 위한 멀티캐스트 주소 지정이 가능하다. 그러나 휴면 상태의 디바이스에 전달되는 멀티캐스트 메시지는 신뢰할 수 없거나, 디바이스의 배터리 수명에 영향을 미칠 수 있다.

066 정답: 1번

 코앱(CoAP: Constrained Application Protocol)은 사물 인터넷과 같이 제약이 있는(Constrained) 장치들을 위한 특수한 애플리케이션 프로토콜로서 RFC 7252에 정의되었다. 노드(Node)로 불리는 해당 제약 장치들이 비슷한 프로토콜을 사용하는 더 넓은 인터넷과 통신할 수 있게 한다. CoAP은 제약이 있는 동일한 네트워크(예: 저전력, 손실 네트워크)의 장치 간에, 장치와 인터넷 상의 일반 노드 간에, 또 인터넷을 통해 참여한, 제약이 있는 각기 다른 네트워크상의 장치 간에 사용하기 위해 설계되었다. 또한 CoAP은 모바일 통신망의 SMS와 같은 다른 구조를 통해 사용되기도 한다. CoAP은 단순한 웹 연동을 위해 HTTP로 쉽게 변환되도록 설계되어 있으며 멀티캐스트 지원과 같은 특수한 요건을 충족하면서도 부하가 매우 낮으며 단순한 편이다. 멀티캐스트, 낮은 부하, 단순성은 심도 있게 임베디드되는 경향이 있고 전통적인 인터넷 장치보다 훨씬 더 적은 메모리와 전력 공급을 지니는 경향이 있는 사물 인터넷(IoT) 및 사물통신(M2M) 장치에 매우 중요하다.

067 정답: 3번

　사물 인터넷(IoT: Internet of Things)은 각종 사물에 센서와 통신 기능을 내장하여 인터넷에 연결하는 기술이다. 즉, 무선 통신을 통해 각종 사물을 연결하는 기술을 의미한다. 인터넷으로 연결된 사물들이 데이터를 주고받아 스스로 분석하고 학습한 정보를 사용자에게 제공하거나 사용자가 이를 원격 조정할 수 있는 인공지능 기술이다. 여기서 사물이란 가전제품, 모바일 장비, 웨어러블 디바이스 등 다양한 임베디드 시스템이 된다. 사물 인터넷에 연결되는 사물들은 자신을 구별할 수 있는 유일한 아이피(IP)를 가지고 인터넷으로 연결되어야 하며, 외부 환경으로부터의 데이터 취득을 위해 센서(Sensor)를 내장할 수 있다. 모든 사물이 바이러스와 해킹의 대상이 될 수 있어 사물 인터넷의 발달과 보안의 발달은 함께 갈 수밖에 없는 구조이다. 많은 사물이 인터넷과 연결되면 인터넷을 통해서 방대한 데이터가 모이게 되는데, 이렇게 모인 데이터는 기존 기술로는 분석하기 힘들 정도로 방대해진다. 이것을 빅데이터라고 부른다. 따라서 빅데이터를 분석하는 효율적인 알고리즘 기술의 필요성이 사물 인터넷의 등장에 따라 함께 대두되고 있다. 사물 인터넷의 특성으로는 양방향성, 클라우드 컴퓨팅과 연결, 융합 및 통합, 서비스 지향의 비즈니스 모델 등이 있다.

068 정답: 4번

　문제와 같은 상황을 극복하기 위한 방안으로 Relay, OFDM, MIMO, CoMP, ICIC등 다양한 기술이 개발되고 있다. 각 기술의 상세한 설명은 다음과 같다.

- 직교 주파수 분할 다중 방식(OFDM: Orthogonal Frequency-division Multiplexing): 다중 반송파(Multiple Carrier Frequencies)를 이용하여 디지털 데이터를 인코딩하는 방식이다. OFDM은 유무선을 불문하고 광대역 디지털 통신을 위한 일반적인 방법론으로 발전해 왔으며, 디지털 TV 및 오디오 방송, 디지털 가입자 회선(DSL: Digital Subscriber Line) 인터넷 접속, 무선 네트워크, 그리고 4세대 이동 통신 등 다양한 분야에서 응용되고 있다. 여러 개의 병렬 데이터 스트림이나 채널을 통해 데이터를 전송하기 위해서 다수의 밀접 간격 직교 부반송파(Orthogonal Sub-carrier) 신호가 사용된다. 각각의 부반송파는 직교 진폭 변조(QAM: Quadrature Amplitude Modulation) 또는 위상 편이 변조(PSK: Phase-shift Keying)와 같은 전통적인 변조 체계를 사용하여 낮은 심볼율(Symbol Rate)에서 변조되며, 같은 대역폭의 전통적인 단일 반송파(Single-carrier) 변조 체계와 유사한 총 데이터 속도를 유지한다.

- 다중 입출력(MIMO: Multiple-Input and Multiple-Output): 무선 통신의 용량을 높이기 위한 스마트 안테나 기술이다. MIMO는 기지국과 단말기에 여러 안테나를 사용하여, 사용된 안테나 수에 비례하여 용량을 높인다. 여기서 기지국은 송신단을 의미하고 단말기는 수신단을 의미한다. MIMO 기술의 필요성에 대해 수신 처리 입장과 송신 처리 입장의 다른 해석이 있다. 수신 처리 입장은 간섭 제거를 중심으로 한 해석이고 송신 처리 입장은 용량 증대를 중심으로 한 해석이다. 두 해석 모두 무선 통신에서 다중 안테나 기술의 중요성을 잘 반영하고 있다. 송신 처리 입장은 MIMO의 중요성을 설명하며 수신 처리 입장은 MIMO의 필요성을 설명하고 있다고 볼 수 있다.

- 협력 통신기술(CoMP: Coordinated Multi Point): 분산 안테나의 협업 통신 전략에 중점을 둔다. 여러 분산 안테나 사이의 협력을 허용하면 무선 전파 매체의 공간 구조에서 이점을 얻을 수 있다. 협력 전략은 전파 손실 및 강한 셀 간 간섭으로 인해 열악한 채널 조건을 경험하는 셀 경계에서 사용자에게 장점을 가져다줄 수 있다. 이를 통해 범위가 증가하고 일반적으로 높은 인프라 비용이 절감될 뿐만 아니라 셀 간 간섭이 크게 줄어든다. 예를 들어 Uplink CoMP는 기지국들이 맞물려 있는 경계지역에서 단말의 신호를 하나가 아닌 복수의 기지국에서 수신해 이들 가운데 가장 품질이 좋은 신호를 선택해서 업로드를 이루어지도

록 하거나 업로드와 다운로드를 서로 분리하여 업로드는 알파 기지국으로, 다운로드는 베타 기지국으로 처리하는 기술이다.

- **셀 간 간섭 조정(ICIC: Inter-Cell Interference Coordination) 기술**: 무선 전원 관리(RRM) 블록에 제한을 적용함으로써 해결책을 제시하는데, 간섭에 상당한 영향을 받는 사용자들의 일부에 걸쳐 사용하기 좋은 채널 상태를 개선시켜 줌에 따라 높은 스펙트럼 효율성을 얻게 된다. 이렇게 조정된 자원 관리는 시그널링 속도가 다양할 수 있는 추가적인 셀 간 시그널링의 도움을 받아 고정, 순응적, 실시간 조정을 통해서 달성할 수 있다. 일반적으로 셀 간 시그널링은 이웃 셀 간 통신 인터페이스와 사용자 장비(UE)로부터 수신한 측정 메시지의 보고를 의미한다.

- **전달, 중계(Relay) 기술**: 셀 내의 음영 지역 해소를 목적으로 사용할 수 있으며 셀 경계 지역에 릴레이를 설치하여 효과적인 셀 커버리지 확장화 처리율을 향상시킬 목적으로 사용될 수 있다.

069 정답: 3번

글로벌 ICT 기업들은 다양한 오지 인터넷 서비스 구축 프로젝트도 진행 중이다. 구글 지주사인 알파벳이 진행 중인 '프로젝트 룬'은 테니스 코트 크기 면적의 풍선을 지상 약 20km 높이의 오지 상층권에 띄워 40km 범위에 인터넷 서비스를 제공하는 것이다. 룬은 최근 케냐 정부의 최종 승인으로 현지 통신사인 텔콤 케냐와 협업, 케냐 산악 지역에 풍선을 띄워 LTE 통신망을 서비스 중이다. 케냐 외에 지난 수년 간 나이지리아, 보츠와나, 남아프리카, 모리셔스, 세이셸, 콩고, 모잠비크 등 아프리카 국가들과 계약을 체결해 서비스 진행 중에 있다. 테슬라 모터스 최고경영자(CEO)인 일론 머스크가 이끄는 스페이스X는 지난해부터 우주 인터넷 프로젝트를 진행 중이다. 현재까지 위성 120기를 지구 궤도에 배치했다. '스타링크 프로젝트'로 불리는 이 사업은 지구 전체 면적을 커버할 수 있는 인공위성 1만 2,000대를 올려 1Gbps급 초고속 인터넷을 지상에 제공하기 위한 것이다. 우선 오는 2024년까지 6,000대의 위성을 쏘아 올리는 것이 목표다. 지구 전 면적을 커버할 수 있는 스타링크의 경우 계획대로만 성공한다면 인터넷 소외계층을 포함해 전 세계 누구든지 사는 곳과 상관없이 고속 광대역 인터넷을 사용할 수 있게 된다. 스페이스X는 올해부터 미국 북부와 캐나다를 대상으로 스타링크 서비스를 시작하고 세계를 대상으로 한 서비스는 앞으로 24 차례에 걸친 추가 배치를 통해서 점차 확대할 계획이다.

070 정답: 2번

펨토셀(Femto Cell)은 저전력, 초단거리, 옥내용, 저가, 초소형 기지국 셀을 의미하며 사용자에 의해서 설치할 수 있다. 펨토셀은 가정이나 소규모 사무실을 위한 초소형, 저전력의 이동통신 기지국이며, 데이터 트래픽 분산 및 음영지역 해소의 목적으로 사용된다. 더 널리 퍼져 있는 용어는 소규모 셀(Small Cell)이며 펨토셀이 여기에 포함된다. 커버리지는 셀 반경 10m 정도이다. 업계에 따르면 KT는 LTE 펨토셀(GiGA Atto) 장비를 이용해 과거보다 더 빠른 인터넷을 남극에 제공하고 있다. 남극 세종기지 → 미국 위성(인텔셋) → 미국 LA 내 KT 통신거점 → (해저 광케이블) → KT 부산 해저케이블 Complex → 극지연구소, 남극 장보고기지 → 미국 위성(인텔셋) → KT SAT 금산 위성센터 → 극지연구소로 연결되는 형태다. KT는 앞서 지난 2009년부터 남극의 세종기지, 장보고기지에 위성망 기반의 네트워크를 제공하고 있다. 2015년부터는 남극 기지 현지에선 위성 기반 LTE 펨토셀을 통해 유무선 통신이 이루어지고 있다. KT가 5G(5세대) 이동 통신용 펨토셀을 개발하는 대로 남극에서도 5G 서비스가 가능할 전망이다. LTE 펨토셀이 LTE 상용화 이후 3~4년 후에 개발된 것을 감안할 때 5G 펨토셀 상용화 시기는 2022~2023년 정도가 될 것으로 예측된다. KT 관계자는 "5G 펨토셀의 경우 기술적으로 만들기 어렵다는 것보다는 어선 등에서 5G에 대한 수요가 생겨야 개발할 수 있기 때문에 지금 당장은 개발하기는 쉽지 않다"고 설명했다.

071   정답: 1번

[보기]는 블루프린팅(Blueprinting)에 대한 내용이다. 블루 프린팅 공격을 비롯해 보기의 공격기법에 대한 설명은 다음과 같다.

- **블루프린팅(Blueprinting)**: 블루투스 공격 장치를 검색하는 활동이다. 공격자는 블루투스의 서비스 발견 프로토콜(SDP)을 이용해 공격이 가능한 블루투스 장치의 종류(예: 전화 통화, 키보드 입력, 마우스 입력 등)를 검색하고 모델을 확인할 수 있다.
- **블루스나핑(Bluesnarfing)**: 휴대전화의 보안 취약성을 이용해 블루투스 기기에 저장된 데이터에 접근하는 것을 의미한다. 즉, 블루스나핑은 종종 전화, 데스크톱, 노트북 및 PDA(개인 디지털 비서) 사이의 블루투스 연결을 통해 무선 장치에서 정보에 무단으로 액세스할 수 있다. 대상은 캘린더, 연락처 목록, 전자 메일 및 문자 메시지 등이다. 일부 단말기에서는 사용자가 사진과 비공개 동영상을 복사할 수도 있다.
- **블루버깅(Bluebugging)**: 블루투스 장비 간의 취약한 연결 관리를 악용한 공격이다. 공격 장치와 공격대상 장치를 연결하여 공격 대상 장치에서 임의의 동작을 실행한다. 즉, 사용자가 알지 못하게 블루투스를 사용해 이동 전화 명령을 이용하는

것이다. 이러한 취약성을 통해 해커가 다른 사람의 전화로 몰래 통화하고, 전화번호부를 살필 수도 있으며, 인터넷에 접속도 가능하다. 블루스나핑(Bluesnarfing)과 유사하게, 블루버깅(Bluebugging)은 모든 전화 기능에 액세스해 사용한다.
- **블루재킹(Bluejacking)**: 한 휴대전화 단말기로부터 근처에 있는 다른 블루투스가 장착된 휴대전화에 메일처럼 스팸 메시지를 뿌리는 휴대전화 바이러스다. 즉, 블루재킹(Bluejacking)은 블루투스를 통해 원하지 않는 메시지를 휴대전화, PDA 또는 노트북과 같은 블루투스 지원 장치로 전송하고, 일반적으로 이름 필드에 메시지가 포함된 vCard(예: Bluedating 또는 Bluechat)를 다른 블루투스 지원 장치로 전송한다. OBEX 프로토콜을 통해 블루투스는 휴대 전화에서 일반적으로 약 10m(32.8 피트)의 매우 제한된 범위를 갖지만 노트북은 강력한(클래스 1) 송신기로 최대 100m(328 피트)까지 도달할 수 있다.

블루투스의 공격기법에 대해서는 자주 출제되는 만큼 그 각각의 특징에 대해서는 반드시 숙지하고 있어야 한다.

072   정답: 2번

블록체인 분산 ID를 통한 사용자 신원증명의 핵심은 데이터 무결성과 보안성, 그리고 신뢰성이다. 블록체인 네트워크를 기반으로 한 모바일 전자증명 사업은 통신, 전자, 금융 기업들로 구성된 컨소시엄형 블록체인 네트워크를 기반으로 한다. 위·변조가 불가능한 분산원장을 통해 개인의 신원을 확인·증명하고 본인 스스로 개인정보를 관리할 수 있도록 탈중앙 식별자(DID: Decentralized Identifiers) 기반 '자기주권 신원지갑(Self-Sovereign Identity)' 서비스를 적용한 것이 핵심이다. 블록체인 기반 사용자 신원증명 서비스는 개인의 신원 정보와 데이터를 스스로 관리하고 통제할 수 있게 해준다는 점에서 진일보한 서비스로 기대를 모으고 있다. 개인이 기관이나 기업으로부터 받은 자신의 정보를 스마트폰의

보안 저장 영역에 저장해 놓고 있다가 다양한 증명이 필요할 경우 언제든지 스스로 원하는 데이터를 골라서 제출하는 형태이다.

073　　　　정답: 1번

SaaS(Software as a Service) 사용에 따른 장점 중 보기 ①번의 재난복구계획의 비용 절감은 문제에서 제시한 SaaS의 장점과는 상대적으로 거리가 멀다. SaaS는 클라우드 서비스 공급자로부터 종량제 방식으로 구매하는 완전한 소프트웨어 솔루션을 제공한다. 모든 기본 인프라, 미들웨어, 앱 소프트웨어 및 앱 데이터는 서비스 공급자의 데이터 센터에 있다. 서비스 공급자는 하드웨어 및 소프트웨어를 관리하고 적절한 서비스 계약을 통해 앱과 데이터의 가용성과 보안도 보장한다. SaaS를 통해 조직은 최소한의 사전 투자 비용으로 빠르게 앱을 실행 상태로 만들 수 있다. SaaS의 장점은 다음과 같다.

- **정교한 응용 프로그램에 대한 액세스 권한 얻기**: 사용자에게 SaaS 앱을 제공하기 위해 하드웨어, 미들웨어 또는 소프트웨어를 구매, 설치, 업데이트 또는 유지 관리할 필요성이 없다. SaaS를 사용할 경우 필요한 인프라 및 소프트웨어를 구입, 배포 및 관리하는 리소스가 부족한 조직에서도 경제적 부담이 없이 정교한 엔터프라이즈 응용 프로그램(예: ERP 및 CRM)을 사용할 수 있다.
- **사용한 양만큼 요금 지불**: SaaS 서비스는 사용량 수준에 따라 자동으로 강화/규모 축소하므로 비용도 절약할 수 있다.
- **무료 클라이언트 소프트웨어 사용**: 사용자는 소프트웨어를 다운로드하여 설치할 필요 없이 웹 브라우저에서 직접 대부분의 SaaS 앱을 실행할 수 있다(그러나 일부 앱에는 플러그인이 필요함). 즉, 사용자를 위한 특정 소프트웨어를 구매하고 설치할 필요성이 없다.
- **리소스에 이동성을 손쉽게 적용**: SaaS를 사용할 경우 사용자가 인터넷에 연결된 컴퓨터 또는 모바일 장치에서 SaaS 앱 및 데이터에 액세스할 수 있으므로 리소스에 이동성을 손쉽게 적용할 수 있다. 다양한 종류의 컴퓨터 및 장치에서 실행되도록 앱을 개발하는 것에 대해 걱정할 필요가 없다. 서비스 공급자에서 이미 이렇게 구현되었기 때문이다. 또한 모바일 컴퓨팅에서 본질적으로 발생하는 보안 문제를 관리하기 위한 특별한 전문 지식을 갖출 필요성이 없다. 신중하게 선택된 서비스 공급자는 데이터를 사용하는 장치의 유형과 관계없이 데이터의 보안을 보장한다.
- **어디서나 앱 데이터에 액세스**: 데이터가 클라우드에 저장되어 있으면 사용자는 인터넷에 연결된 컴퓨터 또는 모바일 장치에서 정보에 쉽게 액세스할 수 있다. 또한 앱 데이터가 클라우드에 저장되어 있으면 사용자의 컴퓨터나 장치가 작동하지 않을 경우에도 데이터가 손실되지 않는다.

출처: https://azure.microsoft.com/

074　　　　정답: 3번

카카오뱅크는 기본적으로 본인 명의 휴대전화, 신분증 사진 촬영, 본인 명의 다른 계좌 입금 내역 확인 등 3단계 절차로 비대면 본인 인증을 실시한다. 보기 ③번의 설명은 일본의 Seven Bank의 비대면 실명확인 방법이다. 참고로 카카오뱅크의 비대면 실명확인의 상세내용은 다음과 같다.

- 이용자의 실명확인은 비대면 실명확인을 기본으로 한다.
- 카카오뱅크는 이용자의 비대면 실명확인을 하는 경우 다음 각 호의 방식을 조합하여 처리한다.

　가. 실명확인증표 사본 제출: 이용자로부터 주민등록증, 운전면허증 등 실명확인증표를 촬영 또는 스캔하여 모바일 앱을 통해 제출받아 확인. 이 경우 금융거래 시점 및 실명확인 시점에 유효한 실명확인증표의 사본을 제출받아야 한다.

　나. 기존계좌 활용: 타 금융회사에 이미 개설된 이용자 명의 계좌를 통해 소액이체 방식을 적용하여 이용자가 동 계좌에 대해 사용권한이 있는지를 확인

다. 타 기관 실명확인 결과의 활용: 휴대폰 본인 인증을 통한 타 기관 확인결과를 이용

라. 영상통화: 영상통화를 통한 실명확인증표 상 사진과 이용자의 얼굴 대조

마. 다수의 개인정보 검증

바. 그 외 법규상 허용되는 비대면 실명확인 방법

- 비대면 실명확인절차는 이용자의 계좌개설 신청 행위 등 실명확인 원인행위가 있었던 날의 다음 날부터 30일 이내에 완료되어야 한다.
- 카카오뱅크는 제출받은 실명확인증표가 금융거래시점 및 실명확인시점에 유효한 실명확인 증표인지 여부를 확인한다.

075   정답: 1번

핀테크(FinTech: Financial Technology)는 금융(Finance)과 기술(Technology)의 합성어로, 모바일, 빅데이터, SNS 등의 첨단 정보 기술을 기반으로 한 금융 서비스 및 산업의 변화를 통칭한다. 금융 서비스의 변화로는 새로운 IT 기술을 활용하여 기존 금융기법과 차별화된 금융 서비스를 제공하는 기술기반 금융 서비스 혁신이 대표적이며 최근 사례는 모바일 뱅킹과 앱카드 등이 있다. 산업의 변화로는 혁신적 비금융 기업이 보유기술을 활용하여 지급결제와 같은 금융 서비스를 이용자에게 직접 제공하는 현상이 있는데 애플페이, 알리페이 등을 예로 들 수 있다. 핀테크는 기술과 금융의 융합으로 금융부문의 기존 서비스가 획기적으로 최적화되거나 새로운 금융 서비스가 출현하는 것을 의미하는 것이다. 이는 금융위기 이후 금융산업의 수익성이 악화되고 모바일금융 확산 등 금융환경이 변화되는 가운데 금융산업 발전의 촉진자로 부상했다. 핀테크는 금융혁신의 정도에 따라 전통적 핀테크와 신흥 핀테크로 구분한다. 신흥 핀테크는 금융산업의 구조, 비즈니스 모델, 소비자 행태 등을 근본적으로 바꿀 수 있는 파괴자적 속성을 보유한다. 그리고 전통적 핀테크에서는 금융회사들이 신기술 도입을 통해 금융 서비스의 효율성, 소비자의 편의성, 거래 안전성 등을 개선하는 등 금융산업의 조력자로서 역할을 수행하고 있다.

076   정답: 2번

효율적인 전기사용을 위해서는 내가 지금 얼마만큼의 전기를 사용하고 있는지 실시간으로 알 필요성이 있다. 언제 어디서든지 실시간 사용량을 알 수 있다는 말은 실시간 절약이 가능하다는 뜻이다. 이를 위해선 AMI 인프라 구축이 필요하다. 지능형 전력 계량 인프라(AMI: Advanced Metering Infrastructure)는 스마트 그리드를 구현하기 위해 필요한 핵심 인프라로, 스마트 미터, 통신망, 데이터 관리시스템과 운영시스템으로 구성되며 스마트 미터 내에 모뎀을 설치해 양방향 통신이 가능한 지능형 전력 계량 인프라이다. 현재 한국전력은 AMI 기반인 '파워플래너'라는 앱을 통해 실시간 사용량을 월별로, 요일별로, 시간대별로 소비패턴을 확인 가능한 서비스를 제공하고 있다. 또한 이를 통해 현재까지의 사용량을 기반으로 실시간 요금 및 당월 청구 예상 금액을 보여준다.

077   정답: 4번

클라우드 컴퓨팅의 보안 위협은 크게 관리적 관점과 기술적 관점으로 나눌 수 있다. 관리적 관점은 데이터 보안 위협, 관리적 보안 위협, 계약 분쟁 위협, 법 규제 이탈 위협으로 나뉠 수 있다. 기술적 관점은 가용성 침해 위협, 자원 공유, 가상화 기술 위협, 웹 인터페이스 위협, 접근통제 우회 위협으로 나눌 수 있다.

- **데이터 보안 위협**: 서비스 제공자에 의한 데이터 유출 위협
- **관리적 보안 위협**: 서비스 제공자의 관리 소극성,

미숙함, 증거은닉에 의한 위협
- **계약 분쟁 위협**: 불공정한 계약, 계약 불이행으로 인한 분쟁 위협
- **법 규제 이탈 위협**: 국외에 위치한 데이터센터의 국내법 적용 불가 위협
- **가용성 침해 위협**: 컴퓨팅 자원의 오류와 비표준화에 의한 서비스 중단 위협
- **자원 공유**: 분산된 이기종 시스템의 제어 오류 위협
- **가상화 기술 위협**: 하이퍼바이저, 가상머신 등 가상화 기술로 인한 위협
- **웹 인터페이스 위협**: 웹 인터페이스에 의한 위협
- **접근통제 우회 위협**: 자원 격리 실패 및 인증을 우회한 비인가 접근 위협

078 정답: 4번

스마트 더스트(Smart Dust) 기술이란 먼지 크기의 매우 작은 센서들을 건물, 도로, 의복, 인체 등 물리적 공간에 먼지처럼 뿌려 주위의 온도, 습도, 가속도, 압력 등의 정보를 무선 네트워크로 감지, 관리할 수 있는 기술을 말한다. 이러한 스마트 더스트 내에는 센서, 센서 제어회로, 컴퓨터, 양방향 무선 통신모듈, 전원장치 등이 내장된다. 현재의 초고집적 반도체 기술과 초소형 정밀기계 기술(MEMS: Micro-Electro Mechanical Systems)을 이용한다면 모래알 크기로 작게 구현하는 것이 불가능하지는 않다. 스마트 더스트란 용어는 지난 1997년부터 UC 버클리에서 소형 감지기 및 통신 패키지 개발 프로젝트를 이끌어 왔으며, 현재 미국 더스트 사의 CTO인 크리스 피스터(Kris Pister)에 의해 처음으로 사용되었으며, 최근 포춘 지에 의해 향후 2년 안에 전 세계를 휩쓸 10대 신기술 중 하나로 선정되었다. UC 버클리에서 수행되었던 "스마트 더스트" 프로젝트는 먼지처럼 작고 가벼워 공중에 떠다닐 수 있는 실리콘 모트(Silicon Mote)에 센서, 송수신기, 태양전지 등을 탑재함으로써 자율적인 센서 네트워크의 역할을 하도록 하는 극소형 칩 개발을 목표로 진행되었다. 기존의 컴퓨팅 기술의 개발은 작업 처리시간의 단축에 많은 초점을 두어 온 반면, 스마트 더스트 기술은 주어진 작업의 에너지 소모를 최소화하고, 최소한의 크기에 필요한 정보를 수집할 수 있는 센서를 탑재하는 데 주력하고 있다. 또한 스마트 더스트 상호 간의 통신을 위한 네트워크를 적용하여 각 스마트 더스트를 감지하고 서로 효율적으로 컴퓨팅 작용을 할 수 있도록 하고 있다. 스마트 더스트의 응용분야로는 에너지 관리, 제품의 품질관리 및 유통경로 관리 등 매우 다양한 분야가 있으며, 병력 및 장비의 이동감지 등의 군사 목적으로도 이용할 수 있다. 이 시스템이 개발되면 군사 및 첩보 용도는 물론이고 제품 품질이나 유통 경로 관리에 큰 혁신을 가져올 것으로 기대된다.

079 정답: 2번

사물 인터넷(IoT: Internet of Things) 환경에서는 여러 사물이 연결되고 실시간으로 정보가 오가는 만큼 정보 신뢰성에 대한 검증이 필요하다. 즉, 연결 전 인증 과정을 통해 기기의 무결성을 보장함으로써 기기를 신뢰할 수 있어야 한다. 인증서를 발급해 기기를 허가하고 통신 중에도 인증서를 주고받으며 기기를 검증해야 한다. IoT 게이트웨이는 사물의 데이터를 수집해 서버로 전송하는 기능을 한다. 그 과정에 침입한 해커가 데이터를 해킹하여 사용자의 사생활을 침해할 수 있다. 해커가 악의적 명령을 내리면 사용자의 사물은 해커의 지시에 따를 수 있다. 따라서 데이터를 전송하는 과정에서 인증을 거친 사물과 암호화된 통신이 필요하다. 하지만 사물로부터 안전하게 수집한 정보를 안전한 게이트웨이를 통해서 받는다고 하더라도 해커는 서버 연결망을 공격하거나 정보가 저장된 데이터베이스를 공격할 수 있다. 따라서 일반적인 데이터 보안 그리고 웹 보안 방법에 따라 서버를 안전하게 보호해야 한다. 또한 인

증서나 암호화 키 등을 관리하는 전체적인 보안 인프라 또한 중요하다. IoT 보안은 IoT 시스템의 구성에 따라 크게 다음과 같이 4가지 핵심보안으로 나누어질 수 있다.

- 사용자 영역에서 정보를 모으는 디바이스 보안
- 정보를 모아 서버로 전송하는 IoT 게이트웨이 보안
- 수집한 정보를 처리하는 서버를 지키기 위한 서버 보안
- 이 모든 시스템을 구축하는 밑바탕을 이루는 IoT 인프라 보안

080   정답: 1번

보기 ①번의 객체인식기술은 지능형 CCTV의 필수 요소이며 문제에서 질문한 사물인터넷과는 가장 관련이 없다. 사물인터넷에 대한 개략적인 설명은 다음과 같다. 사물 인터넷(IoT: Internet of Things)은 각종 사물에 센서와 통신 기능을 내장하여 인터넷에 연결하는 기술이다. 즉, 무선 통신을 통해 각종 사물을 연결하는 기술을 의미한다. 인터넷으로 연결된 사물들이 데이터를 주고받아 스스로 분석하고 학습한 정보를 사용자에게 제공하거나 사용자가 이를 원격 조정할 수 있는 인공지능 기술도 활용되고 있다. 여기서 사물이란 가전제품, 모바일 장비, 웨어러블 디바이스 등 다양한 임베디드 시스템을 말한다. 사물 인터넷에 연결되는 사물들은 자신을 구별할 수 있는 유일한 아이피를 가지고 인터넷으로 연결되어야 하며, 외부 환경으로부터의 데이터 취득을 위해 센서를 내장할 수 있다. 모든 사물이 해킹의 대상이 될 수 있어 사물 인터넷의 발달과 보안의 발전은 함께 갈 수밖에 없는 구조이다.

081   정답: 4번

ICT(Information and Communications Technologies)는 창조경제의 기반이다. 특히, 최근에는 빅데이터, 모바일, 웨어러블이 새로운 화두가 되고 있다. 더 나아가 사물 인터넷은 인간과 인간 사이의 연결뿐 아니라 인간과 사물의 연결, 사물과 사물의 연결도 가능하게 한다. 창조의 가능성이 무한하게 열려 있다고 해도 과언이 아니다. 그러나 여기에 개인정보 보호와 프라이버시 보호 등을 보완해야 진정한 창조경제를 만들 수 있다.

082   정답: 2번

사용자 관점에서 블루투스 SIG 인증을 받아야 하는 것은 취약점 대응방법과 거리가 멀다. 블루투스 SIG 인증은 판매자 관점에서 수행해야 하는 기술사용에 대한 강제 인증이다. 흔히 대기업에서만 SIG 인증을 받고 있는 것으로 알고 있는데 블루투스를 사용하는 기업은 모두 강제인증을 받아야 하며 특히 미국에 수출 시에는 반드시 받아야 된다. 블루투스 SIG 인증을 받지 않으면 나비모양 마크, 블루투스, Bluetooth, BT, BLE 등 블루투스임을 알 수 있는 모든 표기를 사용할 수 없다. 만약 SIG 인증을 받지 않고 사용하다 적발되는 경우 판매일부터 인증을 받는 날까지 일별 과징금이 부과되는 소송에 걸리게 된다.

083   정답: 3번

가상 이동통신망 사업자(MVNO: Mobile Virtual Network Operator)는 물리적인 이동통신망을 보유하지 않고 이동통신망 사업자로부터 임차해 자사 브랜드로 통신 서비스를 제공하는 사업자다. 대한민국에서는 2004년 에넥스 텔레콤이 KT프리텔과 제휴하여 서비스를 시작한 이래 2011년부터 본격적으로 보급되었으며, 2012년 6월 24일 방송통신위원회의 대국민 공모전 결과에 따라 알뜰폰이라는 이름이 제정되어 사용되고 있다. 가상 이동통신망의 사업 형태로는, 이동통신망만 임차하여 서비스하는

형태와 망과 함께 과금 체계까지 모두 임차하여 서비스하는 형태가 있다. SK텔레콤의 이동통신망을 임차하는 가상 이동통신망 사업자는 모두 이동통신망만 임차하여 서비스하고 있다. KT와 LG유플러스의 가상 이동통신망 사업자 가운데 과금 체계까지 임차하는 경우 Msafer 명의도용 방지서비스(www.msafer.or.kr)에서 이동통신망 제공업체인 KT와 LG유플러스로 조회된다.

084   정답: 2번

스마트 공장(Smart Factory)은 설계 및 개발, 제조 및 유통 등 생산과정에 디지털 자동화 솔루션이 결합된 정보통신기술(ICT)을 적용하여 생산성, 품질, 고객만족도를 향상시키는 지능형 생산공장이다. 또한, 공장 내 설비와 기계에 사물 인터넷(IoT: Internet of Things)을 설치하여 공정 데이터를 실시간으로 수집하고, 이를 분석해서 스스로 제어할 수 있게 만든 미래형 공장이다. 스마트 공장은 센서 및 정밀제어 기술, 네트워크 기술, 제조 애플리케이션, 그리고 데이터 수집 및 분석 기술 등 다양한 기술이 융합되어 서비스되고 있다.

085   정답: 4번

오버더톱(OTT: Over The Top) 서비스는 기존의 통신 및 방송 사업자와 더불어 제3사업자가 인터넷을 통해 드라마나 영화 등의 다양한 미디어 콘텐츠를 제공하는 서비스를 의미한다. Top은 TV에 연결되는 셋톱박스를 의미하며, 초기엔 TV 셋톱박스와 같은 단말기를 통한 인터넷 기반의 동영상 서비스를 의미했다. 하지만 현재는 셋톱박스의 유무를 떠나 PC, 스마트폰 등의 단말기뿐만 아니라 기존의 통신사나 방송사가 추가적으로 제공하는 인터넷 기반의 동영상 서비스를 모두 포괄한 의미로 사용된다. 대표적인 서비스에는 넷플릭스, 훌루가 있다.

086   정답: 3번

근거리 무선 통신(NFC: Near Field Communication)은 13.56MHz의 대역을 가지며, 아주 가까운 거리의 무선 통신을 하기 위한 기술이다. 현재 지원되는 데이터 통신 속도는 424Kbtye/s이다 교통, 티켓, 지불 등 여러 서비스에서 사용할 수 있다. 모드는 카드 모드, Read/Write 모드, P2P 모드가 존재한다. 하지만 암호화 부분에 대해서는 블루투스는 RFID와 동시에 가능하나 NFC는 동시에 사용할 수 없다.

087   정답: 3번

와이파이 콜링(Wi-Fi Calling) 서비스란 Wi-Fi 네트워크 환경에서 음성전화 및 Short Message Service(SMS) 등의 이동전화 서비스를 제공하는 것이다. Subscriber Identification Module(SIM) 카드에 부여된 자신의 이동전화 번호를 그대로 사용하여 음성전화 및 문자의 착·발신이 가능한 서비스이다. 와이파이 콜링 서비스는 가입자 접속방식만 상이할 뿐 이를 제외하고는 기존 이동전화 서비스와 동일한 방식으로 가입자에게 서비스를 제공한다. 또한 이동통신망(Cellular Network)과 와이파이망(Wi-Fi Network) 간 핸드오프(Hand-off)를 지원함으로써, 고객 단말기와 Wi-Fi 간 신호가 끊어질 경우 이동통신 가입자망으로 즉각적인 핸드오프가 되어 끊김 없는(Seamless) 음성전화 서비스를 제공한다. 예를 들어 와이파이 콜링 서비스 가입자가 와이파이망을 통해 통화하다가 Wi-Fi 신호가 수신되지 않는 지역으로 이동할 경우 단말기는 이동통신망 기지국으로 자동 연결된다. 와이파이 콜링 기술의 정식명칭은 Generic Access Network(GAN)으로, GAN이란 IP 네트워크를 통한 모바일 음성, 데이터, 멀티미디어 통신 시스템을 의미한다. 이는 Unlicensed Mobile Access(UMA)로도 불리고 있었으나, 최근 애플, 삼성 등 단말기 제조사와 미국의 T-Mobile 등의 통신사업자가 와이파이 콜링이라고 명명함으로써, 현재는 와이파이 콜링으로 통칭되고 있다.

088 정답: 1번

　IEEE 802.11ah 기반 제품을 지칭하는 와이파이-헤일로(Wi-Fi HaLow)는 1GHz 이하의 주파수 대역에서 작동하여 장거리 저전력 연결을 제공함으로써 Wi-Fi를 확장한다. Wi-Fi HaLow는 IoT 관련 요구를 만족시켜 산업, 농업, 스마트 빌딩, 스마트 시티 환경에서 다양한 사용사례를 지원한다. Wi-Fi HaLow는 각종 센서, 웨어러블 기기 등 저전력 연결이 필요한 애플리케이션을 지원하며 대부분의 IoT 기술 옵션을 충분히 만족시키는 긴 연결 거리를 커버한다. 또한 벽이나 장애물을 쉽게 통과하여 까다로운 환경에서도 안정적인 연결을 제공한다. Wi-Fi HaLow는 Wi-Fi 포트폴리오의 일부로서 무선 연결에 대한 종합적인 접근방식을 지원한다. Wi-Fi HaLow는 멀티 벤더 상호운용성, 기존 Wi-Fi 네트워크에 지장을 주지 않는 간편한 셋업, 최신 Wi-Fi 보안 등 오늘날 소비자들이 Wi-Fi에 기대하는 많은 이점들을 제공한다.

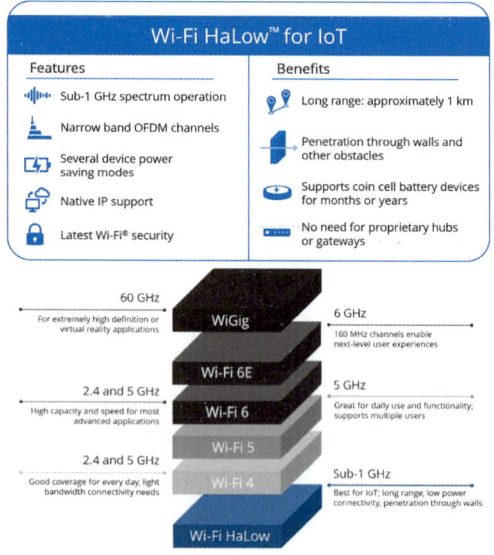

089 정답: 2번

　스마트 헬스케어(혹은 디지털 헬스케어)는 개인의 건강과 의료에 관한 정보, 기기, 시스템, 플랫폼을 다루는 산업분야로서, 건강관련 서비스와 의료 IT가 융합된 종합의료 서비스이다. 그리고 개인맞춤형 건강관리 서비스를 제공, 개인이 소유한 휴대형, 착용형 기기나 클라우드 병원정보 시스템 등에서 확보된 생활습관, 신체검진, 의료이용정보, 인공지능, 가상현실, 유전체정보 등의 분석을 바탕으로 제공되는 개인중심의 건강관리이다. 지금까지의 헬스케어는 의사와 의료기관을 중심으로 수행되어 왔다. 의사는 헬스케어 분야에서 전통적으로 정보를 생성하고 이러한 정보를 바탕으로 환자를 치료하는 역할을 담당했다. 의료기관은 의사가 환자를 치료할 수 있는 공간을 제공하고, 생성되는 정보들을 저장, 관리하려는 역할을 수행했다. 환자는 수동적이었으며, 생성된 정보는 의료기관에서만 확인 가능했다. 그러나 현재 시점의 헬스케어는 사회변혁의 중심에 있다. 현재의 대응적, 사후적 헬스케어에서 미래 예측(Predictive), 예방(Preventive) 의학으로 변화하고 있으며, 환자 개개인의 고유한 특성에 적합한 맞춤의학(Personalized), 환자가 적극적으로 참여하는 참여의학(Participatory)의 새로운 현상으로까지 나타났다. 헬스케어의 패러다임 변화에는 빅데이터가 큰 영향을 미쳤다. 데이터를 수집하여 축적해야만, 예방 및 건강증진, 또한 맞춤형 의학을 통한 효과적인 치료가 가능하기 때문이다. 기존의 의료데이터 이외에 다양한 데이터를 습득할 필요성이 높아지고 있는데, 실제로 최근 유전자 분석기술의 발달로 인해 유전정보의 확보에 비용 및 시간이 많이 줄어들었다. 다양한 무선센서의 발달, 통신 속도의 향상, 스마트폰의 발달 등으로 외부적인 활동데이터의 습득이 기존에 비해 굉장히 쉬워졌다. 이러한 데이터의 중요성으로 인해 데이터의 수집, 저장, 분석에 대한 기술들 역시 점차 발달하고 있다.

　미래 헬스케어의 핵심기술로는 빅데이터, 인공지

능, 가상현실, 정밀의료, 유전체분석, 재생의료 등이 거론되고 있다. 한국정보화 진흥원에 의하면 스마트 헬스케어의 기술분야 중 빅데이터 기술, 인공지능이 가장 중추적인 역할을 할 것으로 보인다. 그렇기 때문에 폐쇄형이 아니라 개방형 건강관리 플랫폼 기술이 정답이다.

090   정답: 1번

MaaS(Mobility as a Service)는 '서비스로서의 이동'이라는 뜻으로, 모든 교통수단을 하나의 통합된 서비스로 제공한다는 의미이다. 서비스 간 이동, 교통수단의 통합이라고 하면 가장 먼저 카셰어링, 라이드셰어링, 대중교통 환승 제도 등을 떠올리는데, MaaS는 이보다 한 단계 더 나아가서 개인 교통수단을 포함해 열차, 택시, 버스, 차량 공유, 자전거 공유 등 모든 교통수단을 하나의 앱을 통해 조회하고, 예약과 결제까지 가능한 첨단 시스템을 의미한다. ICT 기술의 발달은 이러한 시스템에 대한 막연한 상상을 현실로 재현할 수 있게 해주었고, 세계적인 IT 기업들이 이러한 MaaS의 가능성을 예측하고 MaaS를 제공하는 서비스 사업자가 되기 위해서 많은 준비를 하고 있다. 단순한 공유 서비스를 넘어선 'MaaS'라는 개념이 주목받는 가장 큰 이유는 바로 자율주행 기술의 발전이다. 대중교통 통합 서비스에 자율주행 기능이 더해질 경우 우리가 사는 도시는 그야말로 교통 혁명을 맞이하게 될 것이기 때문이다. 우버와 같은 차량 공유 기업이 자율주행 기술을 활용하여 현재 서비스 운영비용의 약 70%를 차지하는 인건비를 줄이면 이동 서비스 비용이 매우 낮아질 것이다(개인에게는 부담스러운 자율주행 차량의 초기 구매비용 때문에 대중교통이나 공유 차량 위주로 먼저 적용되는 것은 당연하다). 현재 대도시 면적의 30%가 주차공간으로 소비되고 있으며, 자동차 전체 수명 중 단 4%만이 운행을 위해 쓰이고 나머지 96%는 주차에 사용되고 있는 점도 MaaS 도입의 필요성을 뒷받침해 주고 있다.

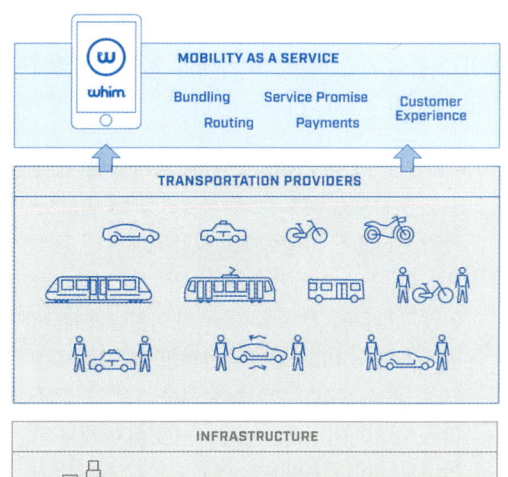

091   정답: 4번

전세계 위치파악 시스템(GPS: Global Positioning System) 신호의 고의적인 방해요소에는 크게 재밍, 전파차단, 스마트 재밍, 재방송이 있다. 하지만 태양 플레어와 지자기 폭풍은 자연적으로 발생하는 것으로 고의적인 전파 교란하고는 거리가 멀다. 태양 플레어는 GPS 수신을 저해할 수 있는 자연적인 원인 중의 하나로, 태양 쪽을 향하는 지구의 절반 지역이 태양 플레어의 영향을 받게 된다. 지자기 폭풍 역시 GPS 신호 수신을 저해하는 원인중의 하나이다. 또, 차량 내부에 장착된 수신기는 앞 유리의 결빙을 방지하기 위해 내장된 열선 때문에 GPS 신호를 수신하는 데 장애가 발생할 수 있다.

092   정답: 3번

2017년에 정식 출시된 블루투스 버전으로, 최대 속도와 최대 거리를 사용자가 직접 선택할 수 있게 되었으며, 기존 블루투스 비교 시 사용 범위는 4배, 속도는 2배, 데이터 브로드캐스트 용량은 8배가 향상되었다. 하지만 6배 향상된 저전력은 거리가 가장 멀다. 블루투스 기술 다국적 연합체 블루투스SIG가 발표한 공식 기술 사양을 바탕으로 블루투스 5에서 주목해야 할 변화는 다음과 같다.

- **4배 향상된 전송 거리로 '근거리' 딱지를 뗀다**: 새로운 블루투스 5부터는 블루투스를 더 이상 근거리 무선 통신 기술로 부르기가 애매하다. 블루투스 5는 전송 거리가 기존 4 버전 대비 4배나 늘어났기 때문이다. 블루투스 4의 이론상 최대 전송 거리가 약 100m임을 감안하면, 블루투스5는 무려 400m 떨어진 기기와 통신할 수 있다. 물론, 이는 어디까지나 이론상의 수치로 실제 사용 환경에서는 이보다 줄어든 전송 거리를 지원할 것으로 보인다. 신호를 멀리까지 쏘기 위해서는 그만큼 높은 전력이 필요한데, 블루투스의 미덕인 저전력을 극대화하기 위해서는 타협이 요구된다. 저전력 모드에서 블루투스는 약 10m의 전송 거리를 무난히 커버한다. 이는 곧 블루투스5는 저전력 모드에서 약 40m의 전송 거리를 지원함을 의미한다. 개인용 액세서리 이외에 다양한 O2O(Online to Offline) 서비스에서 블루투스의 활용폭이 보다 넓어질 것으로 기대를 모은다.

- **2배 빨라진 전송 속도로 역할이 많아진다**: 블루투스는 소량의 데이터를 주고받는 데는 무리가 없지만, 대용량 데이터를 전송하기에는 적합하지 않은 것이 사실이다. 블루투스는 이론상 최대 25Mbps를 전송할 수 있지만, BLE(Bluetooth Low Energy), 또는 블루투스 스마트로 불리는 저전력 모드에서는 통상 1Mbps의 전송 속도를 갖는다. 일반 가정에 공급되는 인터넷이 100Mbps인 것에 비해 1/100 수준이다. 와이파이에 비해 여전히 빠르다고는 할 수는 없지만, 전송 속도의 증가로 응답속도 성능이 향상되고, 동시에 더 많은 기기와 연결될 수 있게 되었다. 속도 문제로 기존의 블루투스 기기가 비교적 간단한 신호만 주고받는 역할에 그쳤다면, 블루투스 5를 탑재한 기기는 실질적으로 데이터를 전송하는 플랫폼으로 영역을 더욱 확장할 전망이다.

- **보다 정확한 위치 정보로 '비콘(Beacon)' 활용도 극대화된다**: ABI 리서치의 조사를 보면, 2020년까지 전세계에 3억 7100개가 넘는 블루투스 탑재 비콘이 출하될 것으로 전망된다. 비콘은 공항 내에서 최단 경로를 찾거나 창고 재고물품 추적과 같이 길을 안내하거나 정밀하게 위치를 파악하는 등의 시나리오에서 진가를 발휘한다. 비콘의 범위 내에 있는 블루투스 기기는 현재 상황에서 필요로 하는 정보를 즉각 전송받을 수 있어야 한다. 블루투스는 기본적으로 두 기기 간에 페어링(Pairing)이라는 과정을 거쳐 연결이 이루어지는데, 브로드캐스트라는 기능을 활용하면 별도의 페어링 없이 주변의 비콘과 다중으로 통신을 할 수 있다. 블루투스 5는 이 브로드캐스트 용량을 8배 늘려 한층 다양한 비콘 서비스를 활용할 수 있도록 했다. GPS 활용이 불가능한 건물 내에서 스마트폰으로 고객의 위치를 정확히 파악해 마케팅에 활용하는 예를 꼽을 수 있다.

- **사물 인터넷(IoT) 시대를 가속화한다**: 블루투스는 기기와 기기를 연결하는 역할을 넘어 기기와 인터넷 클라우드를 연결하는 게이트웨이 역할까지 넘보고 있다. 차세대 블루투스에 탑재될 블루투스 게이트웨이 아키텍처는 블루투스 기기와 클라우드를 직접 연결해 스마트폰이나 태블릿이 없이도 사물 인터넷(IoT) 기기들을 원격으로 제어할 수 있는 기능을 제공한다. 와이파이를 쓰기 위해 주로 사용하는 인터넷 공유기에 블루투스 칩이 들어가기 시작한 것도 이 때문이다. 공유기는 블루투스 IoT 기기들의 허브 역할을 하면서 인터넷으로는 외부에 있는 사용자나 클라우드 서비스와 연결해주는 역할을 한다. 블루투스와 와이파이가 상호 보완적으로 공존하는 시대가 혁신적으로 다가오고 있다.

093 정답: 3번

모바일 엣지 컴퓨팅(MEC: Mobile Edge Computing)은 데이터가 수집되는 현장에서 바로 데이터를 처리하고 연산 결과를 적용하는 기술이다. 통신 서비스를 이용하려는 사용자와 가까운 곳에 서버를 위치시켜 데이터를 처리하는 것을 말한다. IT 기술의 발전에 따라 컴퓨터는 중앙집중형에서 각 사용자로 분산되는 형태를 반복하며 변화를 거듭하여 왔다. 2000년대 들어 인터넷과 휴대폰, 태블릿 등 소형 디바이스가 등장하면서 언제 어디서나 데이터를 꺼내어 사용할 수 있는 클라우드 컴퓨팅이 보편화되기 시작했다. 클라우드 컴퓨팅은 데이터의 효율적인 운용을 가능하게 했지만 접속시간의 지연, 사생활 데이터의 유출 등 단점이 존재했다. 특히, 5G 시대에는 IoT 기기가 더 긴밀하게, 방대한 데이터를 주고받으면서 데이터양이 증가할 것으로 보여, 중앙의 데이터센터에서 모든 데이터를 처리하기에는 역부족인 상황이 되었다. 이런 클라우드의 단점을 보완하기 위해 기기 자체 또는 주변에서 데이터를 분산 처리하는 모바일 엣지 컴퓨팅이 등장했다. 모바일 엣지 컴퓨팅이 적용되면 전송 시간이 비약적으로 단축되는 것은 물론, 맞춤형 서비스가 가능해진다. 예를 들어, 자율주행차는 차량에 부착된 센서에서 실시간으로 데이터를 수집해 네트워크 지연이나 데이터 전송 오류 없이 주변 도로 상황, 차량 현황 등에 따라 신속한 대처가 가능하다. 모바일 엣지 컴퓨팅의 장점은 다음과 같다.

- **실시간 데이터 처리 지원**: 모바일 엣지 컴퓨팅은 기기 자체 또는 가까운 곳에 있는 엣지에서 데이터를 처리하는 것이 핵심으로, 중앙 데이터센터에 데이터를 전달하고 분석 결과를 기다리던 기존의 클라우드 컴퓨팅과는 달리, 처리 시간을 줄여서 빠른 서비스가 가능하다.
- **인프라 데이터의 과부하 감소**: IoT 기기가 증가하면 트래픽 양도 기하급수적으로 늘어난다. 이를 모두 클라우드 서버로 이동시키려면 네트워크 용량도 문제고, 이를 처리하기 위한 클라우드 컴퓨팅 능력도 수용하기 어려운 상황이 된다. 모바일 엣지 컴퓨팅은 클라우드로의 데이터 전송량을 줄여 데이터 병목현상을 줄일 수 있다. 또한, 운영 비용절감이 가능하다.
- **데이터 보안 강화**: 클라우드는 모든 정보가 한 곳에 집중되어 사이버 범죄의 표적이 되기 쉽다는 단점을 가지고 있다. 반면, 모바일 엣지 컴퓨팅의 분산된 구조는 사이버 공격으로 수많은 사람의 데이터가 동시에 위협받는 공격 가능성의 확률을 낮출 수 있다. 또한, 민감한 정보는 엣지에서 처리하고 필요한 정보만 암호화해서 클라우드 센터로 전송하도록 하면 보안성을 높일 수 있다.

출처: https://www.sktinsight.com/115492

094 정답: 4번

기지국을 중심으로 이동국의 움직이는 속도에 의해서 여러 가지 도플러 편이 원인이 발생하며 이는 잡음과 혼신의 원인이 된다. 하지만 이동국의 움직이는 속도와 보안 특수성의 관련성은 잡음과 혼신의 원인이라고 보기는 어렵다. 도플러 효과란 파동의 발생지/수신자가 이동함에 따라 겉보기 수신 주파수가 달라지는 현상을 의미하고, 도플러 천이란 무선통신에서 도플러 효과에 따른 겉보기 주파수의 천이(편이)를 말한다. 그리고 도플러 확산이란 도플러 효과에 의해서 주파수 변동을 겪는 현상을 의미한다.

095 정답: 3번

도플러 효과(Doppler Effect 또는 Doppler Shift)는 어떤 파동의 파동원과 관찰자의 상대 속도에 따라 진동수와 파장이 바뀌는 현상을 가리킨다. 소리와 같이 매질을 통해 움직이는 파동에서는 관찰자와 파동원의 매질에 대한 상대속도에 따라 효과가 변한다. 그러나 빛이나 일반 상대성 이론에서의 자기력과 같이 매질이 필요 없는 파동의 경우, 관찰자와 파동원의 상대 속도만이 도플러 효과에 영향을 미친다. 일상적인 예로 앰뷸런스가 사이렌을 켜고 달려가는 상황을 생각해 보자. 관찰자는 이 사이렌 소리를 정지 상태에서 가만히 듣고 있다. 그러면 앰뷸런스가 가까이 올 때는 높은 소리가 들리다가 관찰자를 지나 멀어져 가기 시작하면 소리가 낮아진다. 이때 소리는 파동의 일종인데 높은 소리는 진동수가 높고 낮은 소리는 진동수가 낮다. 따라서 관찰자는 앰블런스가 가까이 올 때 소리의 진동수는 실제보다 높아진 것같이 느껴지고 멀어져 갈 때는 실제보다 낮아진 것처럼 느껴진다. 이와 같이 파동의 진동수가 왜곡되는 현상을 도플러 효과라고 한다.

096 정답: 1번

아일랜드 호핑 공격의 핵심은 서드파티의 보안이 결국 회사의 보안과 직결된다는 것이다. 공격자들은 최근 몇 년 동안 이러한 수법으로 수많은 성공 사례를 만들어 왔다. 돈과 자원이 많은 대기업을 노리기 위해, 그 기업을 직접 뚫는 게 아니라 그 기업과 연결된, 보다 허술한 다른 조직을 뚫는 것이다. 그렇기 때문에 회사와 관계를 맺고 있는 공급업체나 파트너사 등의 보안에도 신경을 써야 한다. 아일랜드 호핑 공격을 막기 위해 보안 전문가는 다음과 같은 사전 조치를 취하는 것이 좋다.

(1) 네트워크 세분화를 사용하고 네트워크 리소스에 대한 타사 액세스를 제한한다.
(2) 다단계 인증(MFA: Multi-Factor Authentication)을 설정한다.
(3) 네트워크를 통한 측면 이동을 나타내는 적신호 로그를 검토한다.
(4) 타사와 계약서에 서명하기 전에 항상 타사 위험을 평가한다.
(5) 사고 대응 계획을 작성하고 계획이 작동하도록 정기적으로 연습을 수행한다.
(6) 공급업체는 모니터링이 용이하도록 조직과 동일한 관리 서비스 제공 업체 및 기술 스택을 사용해야 한다.

097 정답: 1번

'Data'와 'DevOps'를 합쳐 'DataOps'다. DataOps는 데이터 운영에 초점을 두었으며 분석 및 데이터 팀이 품질을 개선하고 데이터 분석주기를 단축하기 위해 사용하는 자동화된 프로세스 지향 방법이다. DataOps는 모범 사례로 시작되었지만 이제는 데이터 분석에 대한 새롭고 독립적인 접근 방식으로 발전했다. DataOps는 데이터 준비에서 보고에 이르는 전체 데이터 수명주기에 적용되며 데이터 분석 팀과 정보 기술 운영의 상호 연결된 특성을 인식한다. DataOps는 애자일 방법론을 통합하여 비즈니스 목표에 맞추어 분석 개발주기를 단축한다. DevOps는 주문형 IT 리소스를 활용하고 분석 테스트 및 배포를 자동화하여 지속적인 제공에 중점을 둔다. 소프트웨어 개발 및 IT 운영의 병합으로 소프트웨어 엔지니어링 및 배포의 속도, 품질, 예측 가능성 및 규모가 향상되었다. DevOps의 방법을 차용한 DataOps는 데이터 분석에 이와 동일한 개선 사항을 제공하고자 한다. DataOps는 통계 프로세스 제어(SPC: Statistical Process Control)를 활용하여 데이터 분석 파이프 라인을 모니터링하고 제어한다. SPC를 사용하면 운영 체제를 통해 흐르는 데이터가 지속적으로 모니터링 되고 작동 중인지를 확인된다. 이상이 발생하면 자동 경고를 통해 데이터 분석 팀에 알릴 수 있다. DataOps는 특정 기술, 아키텍처, 도구, 언어 또는 프레임워크와는 관련이 없다. DataOps를 지원하는 도구는 협업, 오케스트레이션, 품질, 보안, 액세스 및 사용 편의성을 촉진시킨다.

098 정답: 1번

Saltstack 또는 Salt 오픈 소스는 다음과 같은 6가지 특징을 가지고 있다. 취약점 복원(Vulnerability Remediation), 보안 스캐닝(Security Scanning), 프로비저닝(Provisioning), 이벤트 기반 통합(Event-driven Orchestration), 자동화된 확장(Auto-Scaling), 지속적 관리(Continuous Compliance)다. Salt는 다양한 엔터프라이즈 IT 사용 사례에 쉽게 적용할 수 있도록 고도로 모듈화되고 쉽게 확장할 수 있도록 설계되었다. Salt의 모듈 디자인은 사용

가능한 Salt 시스템의 특정 측면을 처리하는 Python 모듈을 만든다. 이러한 모듈은 개발자 또는 시스템 관리자의 요구에 맞게 Salt 내의 상호 작용을 분리하고 수정할 수 있도록 한다.

Salt 시스템은 특정 작업을 관리하기 위해 많은 모듈 유형을 유지한다. 동적 모듈을 지원하는 모든 시스템에 모듈을 추가할 수 있다. 이 모듈은 Salt의 모든 원격 실행 및 상태 관리 동작을 관리한다.

Execution Module은 Salt의 원격 실행 엔진에서 직접 실행할 수 있는 기능을 나타낸다. 이 모듈은 이식성을 관리하기 위해 Salt에서 사용하는 특정 교차 플랫폼 정보를 포함하며 Salt 시스템에서 사용하는 시스템 수준 기능의 핵심 API를 구성한다.

State Modules 은 Salt 구성 관리 시스템의 백엔드를 구성하는 구성 요소이다. 이러한 모듈은 대상 시스템의 구성을 적용, 설정 또는 변경하는 데 필요한 코드를 실행한다. 다른 모듈과 마찬가지로 상태 모듈에 추가되면 더 많은 상태를 사용할 수 있다. Grain은 시스템에 대한 정적 정보를 감지하고 신속한 수집을 위해 RAM에 저장하는 시스템이다.

Renderer Module은 Salt 상태 시스템에 전달된 정보를 렌더링하는 데 사용된다. 렌더러 시스템은 모든 직렬화 가능한 형식으로 Salt의 구성 관리 데이터를 표현할 수 있게 한다.

Returners는 Salt가 만든 원격 실행 호출은 호출 시스템에서 분리된다. 이를 통해 원격 실행에 의해 생성된 반환 정보를 임의의 위치로 반환할 수 있다. 임의의 반품 위치 관리는 Returner 모듈에서 관리한다. Runner는 Salt-run 명령으로 실행되는 마스터측의 애플리케이션이다.

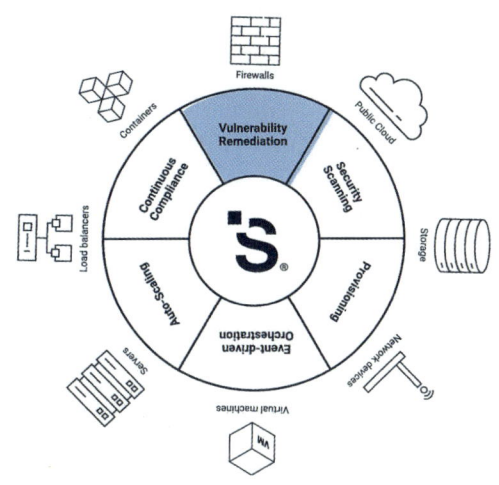

출처: www.saltstack.com

099 정답: 4번

SaltStack은 반복적인 시스템 관리 및 코드 배포 작업을 자동화하기 위한 오픈 소스 구성 관리 및 오케스트레이션 도구이다. Salt는 DevOps 및 SecOps 조직에서 분산 IT 환경에서 원하는 상태를 유지하는 데 보통 사용된다. Salt 사용자는 자체 스크립트 및 프로그램을 작성하거나 다른 사용자가 GitHub과 같은 공용 저장소에 기고한 사전 빌드 구성을 다운로드할 수 있다. SaltStack 스크립트는 일반적으로 Python으로 직접 작성되지만 Salt는 YAML 또는 JSON과 같은 다른 언어로 작성된 스크립트를 렌더링할 수도 있다. Salt의 경쟁 업체에는 Ansible, Chef 및 Puppet 등이 있다. Salt는 수백 또는 수천 개의 동시 작업을 실행할 수 있는 속도와 기능으로 인해 다른 구성 관리 및 자동화 도구와 차별화된다. Salt의 구성 관리 아키텍처는 이벤트 중심적이고 자체 복구 기능이므로 시스템이 동시에 업데이트를 푸시하고 문제에 대응할 수 있다. 솔트는 또한 에이전트 기반 또는 에이전트 없는 모드에서 작동할 수 있다.

100 정답: 1번

클라우드 보안 연합(CSA: Cloud Security

Alliance)은 조직이 클라우드 도입 전략에서 현명한 결정을 내릴 수 있도록 클라우드 보안에 대한 이해를 돕기 위해 <클라우드 컴퓨팅에 대한 12가지 주요 위협: 산업 인사이트 보고서>를 발행했다. 12가지 유형은 다음과 같다.

(1) 데이터 유출
(2) 불충분한 ID와 자격증명 및 액세스 관리
(3) 안전하지 않은 인터페이스와 API
(4) 시스템 취약점
(5) 계정 도용
(6) 악의적인 내부자
(7) APT
(8) 데이터의 손실
(9) 불충분한 실사
(10) 클라우드 서비스 남용과 악의적인 사용
(11) DoS(Denial of Service)
(12) 공유 기술 취약점

문제에서 가장 중요한 보안상의 문제는 관리자의 클라우드 서비스의 비숙련도이다. 최근 AWS S3 버킷의 설정 오류로 인한 대규모 유출 사고가 존재했다. 또한 금융 정보와 개인정보가 포함된 50만 건의 문서가 한 모바일 앱의 S3 버킷을 통해 노출된 일도 있었다. 해당 앱은 대형 펀드 회사에서 개발 및 운영하던 것이었다. 한 시장 조사 전문 업체의 데이터베이스가 노출되었다. 태국에서는 AWS 스토리지 버킷 2개를 노출시키는 바람에 수백만 명의 고객 정보가 노출되었다. 이처럼 기본적인 설정 오류를 통해 일어나는 정보 유출 사고가 많이 발생하는 이유는 아직 관리자들이 클라우드 스토리지의 사용에 능숙하지 못하기 때문이다. 또한 클라우드 서비스의 사용이 간편해지고 있고, 그런 쪽으로만 서비스가 발전하기 때문에 사람들이 보안 설정에 대해서 간과하기도 한다.

101   정답: 2번

인공 신경망(ANN: Artificial Neural Network) 기술은 거의 반 세기 전(1940년대)에 이론적으로 처음 연구되기 시작하여 수십 년 간 발전하면서 인공지능 기술의 핵심으로 부각되었으나 이론적인 완성도에 비해 기술적으로 구현이 어려워 한계에 직면하게 되었다. 기술적인 한계 중에 가장 큰 첫 번째 원인은 Hidden Layer가 증가할수록 급격하게 증가하는 변수 값에 따라 이를 저장하는 데이터 용량과 이를 처리하는 시간이 현실적으로 불가능한 것이었다. 두 번째 원인은 Hidden Layer가 증가하면 역전파를 수행하면서 입력층에 가까워질수록 기울기가 감소하는 Vanishing Gradient 문제를 극복할 수 없었다. 하지만 10여 년 전부터 발전한 몇 가지 이유가 복합적으로 작용하여 인공신경망 기술이 다시 대두되었다. 첫 번째 이유는 인공 신경망 처리를 위한 초고속 병렬처리 하드웨어인 GPGPU(General Purpose computing on Graphics Processing Units)의 발전과 이를 인공신경망에 접목하는 시도의 성공이다. 두 번째 이유는 클라우드 기술의 발전과 메모리 저장매체의 가격 하락에 따른 비용감소이다. 세 번째는 인공 신경망 학습데이터를 위해 제공되는 빅데이터의 급격한 성장 덕분에 학습데이터가 급격하게 증가하게 된 이유이다. 네 번째는 Vanishing Gradient 문제를 극복하게 된 ReLU Activation Function의 등장이었다. 이러한 다양한 원인을 통해 인공 신경망은 합성곱 신경망(CNN: Convolution Neural Network)을 비롯한 다양한 기술로 발전하여 지금의 딥러닝 기반 기술로 거듭나게 되었다.

102   정답: 1번

인공지능(AI) 기술분야는 수십 년 전부터 연구된 분야이다. 인공지능 기술을 분류하면 먼저 기계학습(ML: Machine Learning)이 있고, 그 중에서도 딥러닝 기술이 급격히 발전하면서 인공지능 기술의 대중화가 실현될 수 있었다. 기계학습 기술을 더욱 세분화하면 지도학습, 비지도학습, 강화학습으로 분류할 수 있다. 지도학습은 알고리즘이 학습하는 데이터에 답이 포함된 방식으로 가장 대표적인 기술로 인공 신경망(ANN), 심층 신경망(DNN), 합성곱 신경망(CNN)이 있고 Hidden Layer가 다수 존재하는 심층 신경망 이상의 기술을 딥러닝(Deep Learning)이라고 한다. 따라서 보기 ①번의 설명은 올바르지 않다고 볼 수 있다. 비지도학습은 주어진 답이 없이 알고리즘이 스스로 분류하는 기술로 대표적인 알고리즘에는 K-Means Clustering이 있다. 마지막으로 강화학습은 알고리즘이 적절한 답을 선택하면 가점(Reward)을 주고 적절하지 않은 답을 선택하면 감점(Penalty)을 지속적으로 제공하면서 최적의 알고리즘 학습모델을 생성할 수 있도록 하는 기술이다.

103

정답: 1번

NBDIF(NIST Big Data Interoperability Framework)는 빅데이터 시스템의 투명성 수준을 3가지로 제시했고 각각의 수준에 대한 설명은 다음과 같다.

- **투명성 수준 1**: 수준 1은 시스템 커뮤니케이터를 사용하여 사용자와 이해관계자에게 온라인 설명을 제공한다. 다른 보안, 개인 정보 보호 지침 및 제약 조건이 적용되는 이러한 설명에는 식별된 대상 사용자 인구가 이해할 수 있는 자연어 설명을 포함하는 시스템 프로세스 출력에 대한 설명이 포함된다. 사용자 모집단은 ISO/IEC 27000 시리즈 정보 보안 표준 제품군의 역할 정의를 대략적으로 따른다. 투명성 계약 및 설명은 공개, 수락 또는 거부된 것에 대한 기록과 함께 시스템과 함께 유지되어야 한다. 세분성은 식별된 사용자 집단의 요구를 충족시키기에 충분해야 한다. 이것은 개별 사용자 단위로 NBDIF 상호 작용 프로파일을 통해 달성되어야 한다. 예를 들어, 공개 기록에는 시스템 제약이나 규제로 인해 요청되었지만 제공되지 않은 정보가 포함될 수 있어 상호 작용 프로파일은 수준 1에서 권장된다. 상호 작용 프로파일에는 NIST 사이버 보안 프레임워크(SP 800-53B 개정 5 기준선)에 지정된 기준 및 프로파일에서 파생된 요소가 포함될 수 있다.

- **투명성 수준 2**: 수준 2는 투명성 수준 1에 포함된 시스템 커뮤니케이터 프로토콜과 함께 도메인별 시스템 모델을 지정한다. 각 시스템 도메인에는 모델링해야 하는 고유한 역할, 특성, 단계, 요소 및 종속성이 있다. 또한 빅데이터 상호 작용 프로파일은 수준 2에서 필수이며 빅데이터 시스템과의 모든 투명성 관련 거래에 대한 완전한 개인 정보 보호 기록을 포함해야 한다. 이 문서에서 논의된 빅데이터 기술(예: 블록체인)을 사용하여 상호 작용 프로파일 무결성을 보장할 수 있다. 수준 2 적합성에는 개별 사용자를 위한 시스템 학습자 모델도 포함되어야 한다. 이 모델은 빅데이터 시스템의 기능, 관련된 위험, 개인 정보 보호 또는 보안에 미치는 영향, 데이터 공유 및 학습 방법에 대해 교육한다. 지속적으로 발전된 시스템 학습자 모델이 유지되고 응용 프로그램의 도메인 모델과도 밀접하게 연결된다. 개인 정보 보호는 모델의 핵심 부분이지만 보안 및 개인 정보 보호 패브릭은 시간이 지남에 따라 발전하고 사용자 또는 시스템과의 상호 작용의 다른 측면을 다룰 때 빅데이터 시스템의 다른 측면을 포함해야 한다.

- **투명성 수준 3**: 수준 3은 수준 2의 관행에 관련 도메인 및 학습자 모델에 대한 디지털 온톨로지가 통합되어 있는 상태이다. 수준 3의 자동 추론 시스템을 통해 시스템, 학습자, 기능, 시간 및 도메인에 따른 설명을 완벽하게 추적할 수 있다. 수준 3 적합성은 자연어 처리 서브 시스템과의 연결을 요구할 수 있다. 시스템 학습자 모델 및 상호 작용 프로파일은 ISO 18629에 지정된 것과 같은 자동화된 추론 및 속성 기반 보안을 위해 NIST SP 800-162에 요약된 프로세스의 자동화를 허용해야 한다. 추가 기능을 통해 위험 증가, 안전, 장애가 있는 사용자 또는 어린이를 위한 사용자 인터페이스 조정, 알림 및 경고 자동화, 메타 데이터 관리 또는 규정 준수 엔진과 같은 레거시 시스템과의 상호 운용성에 따라 시스템 프로세스를 자동으로 에스컬레이션할 수 있다.

104
정답: 1번

　SECaaS(SECurity as a Service)는 정보 보안 기술과 솔루션, 인프라를 서비스 형태로 제공하는 기술이다. 기존의 IaaS, PaaS, SaaS와 같은 서비스형 기술이 정보 보안에 적용된 유형이라고 볼 수 있다. 일반적으로 이러한 서비스 형태의 경우 기업 내부에서 구축 및 운영하던 정보 보안의 영역을 외부의 서비스로 전환하게 됨으로써 기업 내부의 전문가를 줄이고 정보 보안의 유무형 자산은 감소하는 경향이 있다. 하지만, 정보 보안 기술의 초기 구축비용을 최소화하고 기업환경과 정보기술 변화에 맞추어 운영비용 대비 효율성 관점에서 유연하게 접근할 수 있다.

105
정답: 1번

　SECaaS(SECurity as a Service)는 정보 보안 기술/솔루션/제품을 서비스 형태로 제공하는 것을 의미한다. 정보 보안의 영역은 오랫동안 기업 자체적인 온-프레미스 형태로 구축 및 운영되는 것이 일반적이었고 정보 보안은 기업의 고유한 서비스이고 외부 아웃소싱을 기피하는 성향이 높았다. 하지만 점차 정보 보안 위협의 형태가 다양해질 뿐만 아니라 그 변화의 속도가 급격히 빨라지게 되면서 온-프레미스로 구축된 정보 보안 서비스의 수준이 보안 위협을 점차 뒤쫓아가기 힘들어지고 있다. 그리고 기업 자체적으로 정보 보안 전문가를 양성하고 유지하며 보안 인프라를 도입 및 운영하는 비용에 대한 절감 요구가 지속되고 있는 것도 SECaaS 확대를 앞당기는 원인으로 분석된다. 마지막으로 SaaS, PaaS, IaaS 등의 서비스형 기술들이 확대되고 기업에 충분히 적용되며 비용 및 기술적인 효과를 얻게 되면서 고객의 신뢰성도 높아진 것도 이유에 해당된다.

106
정답: 1번

　사물 인터넷(IoT)의 인터페이스 기능과 가장 거리가 먼 것은 보기 중 그래픽 유저 인터페이스(GUI)이다. GUI(Graphic User Interface)는 사용자가 컴퓨터와 정보를 교환할 때, 그래픽을 통해 작업할 수 있는 환경을 말한다. 다음은 NIST가 주장하고 있는 사물 인터넷(IoT)의 인터페이스 기능에 대한 설명이다.

- **응용 프로그램 인터페이스**: 다른 컴퓨팅 장치가 IoT 장치 응용 프로그램을 통해 IoT 장치와 통신할 수 있는 기능이다. 대표적인 사례로는 응용 프로그래밍 인터페이스(API)가 있다.
- **휴먼 사용자 인터페이스**: IoT 장치와 사람이 서로 직접 통신할 수 있는 기능이다. 터치 스크린, 햅틱 장치, 마이크, 카메라 및 스피커 등이 있다.
- **네트워크 인터페이스**: IoT 장치와 데이터를 주고받기 위해 통신 네트워크와 상호작용할 수 있는 기능, 즉 통신 네트워크를 사용하는 기능을 말한다. 네트워크 인터페이스 기능에는 하드웨어 및 소프트웨어(예: 네트워크 인터페이스 카드 또는 칩, 카드 또는 칩을 사용하는 네트워킹 프로토콜의 소프트웨어 구현)가 모두 포함된다. 네트워크 인터페이스 기능의 예로는 이더넷, Wi-Fi, Bluetooth, LTE(Long-Term Evolution), ZigBee가 있다. 모든 IoT 장치에는 사용 가능한 네트워크 인터페이스 기능이 하나 이상 있으며 둘 이상이 존재할 수 있다.

107
정답: 1번

　모든 IoT 장치에는 두 가지 유형의 변환기 기능이 존재하는데 일반적으로 다음과 같다. 첫 번째로 센싱(Sensing)은 측정 데이터의 형태로 물리적 세계의 측면을 관찰할 수 있는 기능이다. 예를 들어 온도 측정, 방사선 촬영, 광학 감지 및 오디오 감지가 있다. 두 번째로 작동(Actuating)은 물리적 세상에서 무언가를 바꿀 수 있는 능력을 말한다. 작동 능력의 예는 가열 코일, 심장 전기 충격 전달, 전자 도어 잠금 장치, 무인 항공기 작동, 서보 모터 및 로봇 팔을 포함한다. 하지만 Device Driver는 일반적으로 컴퓨터 운영 체계(OS)로 하여금 컴퓨터의 어떤 장치와 통신하여 그것을 제어할 수 있게 하는 프로그램 루틴 또는 장치 드라이브다. 또는 컴퓨터 하드웨어 장치와 상호작용을 하기 위해 만들어진 일종의 컴퓨터 프로그램이다.

108 정답: 2번

IoT 장치에 직면할 수 있는 여러 가지 문제점 중 가장 관련성이 없는 것은 경영층의 이해 부족이다. 그 외 직면할 수 있는 문제는 여러 가지가 존재한다. 보안 담당자로서 항상 다음 사항에 대해서 파악하도록 한다.

- **관리 기능 부족(Lack of Management Features)**: 관리자는 IoT 장치의 수명주기 동안 IoT 장치의 펌웨어, 운영 체제 및 응용 프로그램을 완전히 관리하지 못할 수 있다. 사용 불가능한 기능에는 소프트웨어의 획득, 무결성 확인, 설치, 구성, 저장, 검색, 실행, 종료, 제거, 교체, 업데이트 및 패치 기능이 포함될 수 있다. 또한 IoT 장치의 소프트웨어는 정전 또는 네트워크 연결 손실과 같은 부작용이 발생할 때 자동으로 재구성될 수 있다.
- **인터페이스 부족(Lack of Interfaces)**: 일부 IoT 장치에는 장치 사용 및 관리를 위한 응용 프로그램 및 사용자 인터페이스가 부족하다. 이러한 인터페이스가 존재하더라도 기존 IT 장치에서 일반적으로 제공하는 기능을 제공하지 않을 수 있다. IoT 장치의 PII 처리에 대해 사용자에게 알리고 이 처리에 대한 의미 있는 동의를 제공할 수 있는 문제가 그 예이다. 또 다른 문제는 데이터 표현 및 서식 지정, 명령 실행 및 IoT 장치 간의 상호 운용성 향상을 포함하여 IoT 응용 프로그램 인터페이스에 대해 보편적으로 인정되는 표준이 없다는 것이다.
- **규모에 따른 관리 어려움(Difficulties with Management at Scale)**: 대부분의 IoT 장치는 중앙 집중식 관리를 위한 표준화된 메커니즘을 지원하지 않으며 관리해야 할 IoT 장치의 숫자가 압도적일 수 있다.
- **관리할 다양한 소프트웨어(Wide Variety of Software to Manage)**: 펌웨어, 표준 및 실시간 운영 체제 및 응용 프로그램을 포함하여 IoT 장치에서 사용하는 다양한 소프트웨어가 있다. 이는 IoT 장치 수명주기 동안 소프트웨어 관리를 상당히 복잡하게 하여 구성 및 패치 관리와 같은 영역에 영향을 준다.
- **다양한 기대 수명(Differing Lifespan Expectations)**: 제조업체는 특정 IoT 장치를 몇 년 동안만 사용한 다음 폐기하려고 할 수 있다. 해당 장치를 구매한 조직은 더 오랜 시간 동안 장치를 사용하려고 하지만 제조업체는 선택에 따라 또는 공급망 제한으로 인해 장치 지원을 중지할 수 있다(예: 알려진 취약점에 대한 패치 릴리스). 수명 기대치가 달라지는 문제는 새로운 것이 아니며 IoT에만 국한된 것이 아니지만 안전, 신뢰성 및 의도한 수명이 지난 장치를 사용하는 데 잠재적으로 관련된 기타 위험으로 인해 일부 IoT 장치에 특히 중요할 수 있다.
- **서비스할 수 없는 하드웨어(Unserviceable Hardware)**: IoT 장치 하드웨어는 수리할 수 없으므로 내부적으로 수리, 사용자 정의 또는 검사할 수 없다.
- **재고 기능 부족(Lack of Inventory Capabilities)**: 조직에 도입된 IoT 장치는 일반적인 IT 프로세스를 통해 인벤토리에 등록하거나 등록하지 않을 수 있다. 이전에 네트워킹 기능이 없었던 장치 유형의 경우 특히 더 그렇다.
- **이기종 소유권(Heterogeneous Ownership)**: IoT 장치에 대한 이기종 소유권이 종종 있다. 예를 들어, IoT 장치는 제조업체가 제공한 클라우드 기반 서비스 처리 및 저장 장치로 데이터를 전송할 수 있다. 데이터를 클라우드 서비스로 전송하여 단일 위치에서 여러 IoT 장치의 데이터를 집계할 수도 있다. 이러한 클라우드 서비스는 모니터링, 유지 관리 및 문제 해결을 위해 일부 또는 모든 장치

데이터에 액세스하거나 장치 자체에 액세스하고 제어할 수도 있다. 경우에 따라 제조업체만 유지보수를 수행할 권한이 있다. IoT 장치에서 패치를 설치하거나 다른 유지 관리작업을 수행하려는 조직은 보증이 무효화될 수 있다. 또한 IoT에는 기기 소유권에 관한 정보가 거의 없거나 아예 없을 수 있다.

109   정답: 4번

NIST에서 제안하고 있는 사물 인터넷(IoT: Internet of Things) 개인 정보 보호의 리스크 완화 대상은 정보 흐름 관리, PII 처리 권한 관리, 올바른 의사결정, 분리된 데이터 관리, 프라이버시 침해 탐지가 있다. 하지만 보기 중 감사를 위한 로깅 관리는 해당사항과 거리가 멀다.

- **정보 흐름 관리**(Information Flow Management): 데이터 작업 유형, 데이터 작업으로 처리되는 PII 요소, 처리를 수행하는 당사자 및 프로세스에 대한 추가 관련 컨텍스트 요인을 포함하여 PII의 정보 수명주기에 대한 현재의 정확한 매핑을 유지시킨다(프라이버시 위험 관리 목적으로 사용하기 위한 처리).
- **PII 처리 권한 관리**(PII Processing Permissions Management): 허용되지 않은 PII 처리를 방지하기 위해 PII 처리 권한을 유지시킨다.
- **올바른 의사 결정**(Informed Decision Making): 개인이 PII 처리 및 장치와의 상호 작용 영향을 이해하고 PII 처리 또는 상호 작용에 대한 의사 결정에 참여하고 문제를 해결할 수 있다.
- **분리된 데이터 관리**(Disassociated Data Management): 승인된 PII 처리를 식별하고 개인 및 IoT 장치에서 PII를 최소화하거나 분리할 수 있는 방법을 결정한다.
- **프라이버시 침해 탐지**(Privacy Breach Detection): 개인의 프라이버시와 관련된 침해 징후가 있는지 IoT 장치 활동을 모니터링하고 분석한다.

110   정답: 3번

NIST에서 제안하고 있는 장치 보안 보호의 리스크 완화 대상은 자산 관리, 취약성 관리, 액세스 관리, 장치보안 사고 탐지 등이다. 하지만 네트워크 관리는 이와는 관련없다.

- **자산 관리**(Asset Management): 사이버 보안 및 개인 정보 보호 위험 관리 목적으로 해당 정보를 사용하기 위해 모든 IoT 장치 및 장치 수명주기 동안 관련 특성에 대한 정확한 최신 인벤토리를 유지 관리한다.
- **취약성 관리**(Vulnerability Management): 악용 및 타협의 가능성을 줄이기 위해 IoT 장치 소프트웨어, 펌웨어의 알려진 취약성을 식별 및 제거한다.
- **액세스 관리**(Access Management): 사람, 프로세스 및 기타 컴퓨팅 장치에서 IoT 장치에 대한 무단 또는 부적절한 물리적, 논리적 액세스 사용 및 관리를 방지한다.
- **장치 보안 사고 탐지**(Device Security Incident Detection): IoT 장치 활동을 모니터링하고 분석하여 장치 보안과 관련된 사고 징후가 있는지 확인한다.

111   정답: 2번

NIST(National Institute of Standards and Technology)에서 설명한 IoT 장치에 대한 사이버 보안 및 개인 정보 위험은 세 가지 주요 위험 완화 목표로 생각할 수 있다.

- **장치 보안**(Protect Device Security): 다른 조직에 대한 DDoS(분산 서비스 거부) 공격에 참여하고 네

트워크 트래픽을 도청하거나 동일한 네트워크 세그먼트에서 다른 장치를 손상시키는 등 장치가 공격을 수행하는 데 사용되지 않도록 한다. 이 목표는 모든 IoT 장치에 적용된다.

- **데이터 보안**(Protect Data Security): IoT 장치에서 수집, 저장, 처리 또는 전송하는 데이터(PII 포함)의 기밀성, 무결성 및 가용성을 보호한다. 이 목표는 보호가 필요한 데이터가 없는 장치를 제외한 각 IoT 장치에 적용된다.
- **개인의 프라이버시 보호**(Protect Individuals' Privacy): 장치 및 데이터 보안 보호를 통해 관리되는 위험을 넘어 PII 처리로 영향을 받는 개인의 개인 정보를 보호한다. 이 목표는 PII를 처리하거나 개인에게 직간접적으로 영향을 미치는 모든 IoT 장치에 적용된다.

출처: NISTIR 8228

112 정답: 4번

정책 경사 방식(Policy Gradient)은 강화 학습 문제를 해결하기 위한 접근법이다. 강화학습의 목표는 Agent가 최적의 보상을 얻을 수 있는 최적의 행동 전략을 찾는 것이다. Policy Gradient는 강화학습 문제를 풀기 위한 하나의 접근 방법(Approach)인데, 직접적으로 Policy를 모델링하고 최적화하는 것을 목표로 한다. 정책은 일반적으로 θ와 관련하여 매개변수화된 기능으로 모델링된다. 보상 기능의 가치는 이 정책에 따라 달라지며 다양한 알고리즘을 적용하여 최상의 보상을 위해 θ를 최적화할 수 있다. 대표적인 Policy Gradient Algorithms은 다음과 같다.

(1) REINFORCE(Monte-Carlo policy gradient)
(2) Actor-Critic
(3) Off-Policy Policy Gradient(Both REINFORCE and the vanilla version of actor-critic method are on-policy)
(4) A3C(Asynchronous Advantage Actor-Critic)
(5) A2C(Synchronous Advantage Actor-Critic)
(6) DPG(Deterministic policy gradient)
(7) DDPG(Deep Deterministic Policy Gradient)
(8) D4PG(Distributed Distributional DDPG)
(9) MADDPG(Multi-agent DDPG)
(10) TRPO(Trust region policy optimization)
(11) PPO(Proximal policy optimization)
(12) ACER(Actor-critic with experience replay)
(13) ACTKR(Actor-critic using Kronecker-factored trust region))
(14) SAC(Soft Actor-Critic)
(15) SAC with Automatically Adjusted Temperature
(16) TD3(Twin Delayed Deep Deterministic)
(17) SVPG(Stein Variational Policy Gradient)

113 정답: 3번

과학기술정보통신부(이하 과기정통부)가 행정안전부와 함께 공공부문 클라우드 서비스(SaaS) 이용 활성화 및 보안 필요성 등을 위해 '클라우드 서비스 보안인증제' 개선방안을 마련했다. 이는 현행 3년인 보안인증 유효기간을 5년으로 확대하고, 기존 표준등급 외에 간편등급을 신설하는 내용을 포함한다. 즉, 기존 표준등급은 78개 인증항목의 심사를 받고 있으나, 전자결재, 인사, 회계관리, 보안서비스, 개인정보영향평가 대상 서비스 등을 제외한 서비스에 대해서 간편등급을 적용했다. 30개 인증항목만 통과하면 보안인증을 받을 수 있도록 했다. 또한 행정절차를 대폭 개선시켰다. 클라우드 서비스 사업자들이 보안인증 신청 전 반드시 받아야 했던 사전 준비 기준을 없애고, 향후 보안운영명세서 간소화, 제출서류 정형화, 타 인증제(정보보호관리체계인증 등)와의 중복항목을 조정/폐지할 계획이다. 해당 행정절차 개선을 통해, 인증신청 접수에서 인증 완료시까지 5개월이 걸리던 기간을 3.5개월 이내로 단축시킬 수 있을 것으로 예상했다. 아울러 행정 공공기관에서 이미 이용 중인 클라우드 서비스(32개)에 대해서는 2020년 12월 31일까지 유예하여 동 기간 중 인증제 신청과 서비스 이용이 가능하도록 하여 클라우드 서비스 사업자의 부담을 완화시켰다.

출처: 한국인터넷진흥원 - 클라우드 서비스 보안인증제 안내서

114
정답: 2번

클라우드 관리에서 HIPAA를 도입했을 때 최신 액세스 제어 시스템이 추가할 수 있는 보안 조치 사항으로 기대할 수 있는 내용이다. 반면에, 실시간 임계영역 감시(Real-time Monitoring Critical Area)은 물리적 보안 통제의 CCTV와 VMS 시스템에서 활용하는 사례다.

- **관리 액세스**(Managed Access): 직원, 프리랜서, 방문자 또는 고객이 보유한 액세스 레벨과 이 액세스 그룹에 액세스할 수 있는 권한을 결정할 수 있다.
- **실시간 감사**(Real-time Audit): 언제든지 실패, 무산 또는 거부된 요청을 포함하여 실시간 액세스 이벤트 보고서를 가져올 수 있다.
- **물리적 원격 액세스 비활성화**(Remotely Disable Physical Access): 스마트폰의 액세스를 즉시 비활성화하여 시설에 대한 액세스를 원격으로 제한할 수 있다.

115
정답: 4번

속성 기반 액세스 제어(ABAC)는 역할 기반 액세스 제어(RBAC)에서 영감을 얻은 모델이다. 속성 기반 액세스 제어의 기본은 시스템 요소에 대한 속성 세트를 정의하는 것이다. 이 모델은 다음과 같이 여러 구성 요소로 구성된다.

- **속성**(Attribute): 네트워크 내 요소의 특성을 나타낸다. 또한 클리어런스 레벨, 부서, 위치 또는 IP 주소와 같은 사용자 특성을 나타내는 데 사용된다. 제작자, 감도 및 유형과 같은 객체 특성을 나타낼 수도 있다. 속성은 위치, 시간 및 날짜와 같은 환경의 특성을 나타낼 수도 있다.
- **행동 유형**(Type of action): 네트워크에서 수행중인 작업이다. 예를 들면, 복사, 붙여 넣기, 삭제, 읽기 또는 쓰기 등이다.
- **주체**(Subject): 네트워크 내에서 작업을 수행하기 위해 리소스에 대한 액세스를 요청하는 사용자이다. 사용자 프로필의 주제 속성에는 ID, 작업 역할, 그룹 구성원, 부서 및 조직 구성원, 관리 수준, 보안 허가 및 기타 식별 기준이 포함된다. ABAC 시스템은 종종 HR 시스템 또는 디렉터리에서 이 데이터를 얻거나 로그인 중에 사용된 인증 토큰에서 이 정보를 수집한다.
- **목적**(Object): 객체는 네트워크에 저장된 모든 데이터이다. 설명 및 식별을 가능하게 하는 속성이 지정된다.
- **정책**(Policy): 네트워크의 모든 작업을 관리하는 데 사용되는 규칙 집합이다.

116
정답: 1번

문제의 보기 중 보기 ①번은 RBAC의 특징이다. 그 외의 나머지 보기는 모두 ABAC(Attribute-Based Access Control) Model의 특징이다. ABAC 모델의 주요 이점은 사용자를 기준으로 하지 않고 시스템의 모든 구성 요소 속성에 대한 액세스 권한이 부여된다는 것이다. 아직 시스템에 입력되지 않은 주체 및 자원의 속성을 평가할 수 있다. 반면, RBAC는 보안 공간에 대한 액세스를 제한하는 가장 인기 있는 모드였고 이를 도입한 조직의 주요 장점은 개별적으로 액세스 권한을 부여하거나 취소할 필요성이 없다는 것이다. 이 시스템을 통해 사용자는 각자의 역할에 따라 그룹핑되고 권한이 부여되었다. 하지만 작업은 쉽지만 설정은 쉬운 일이 아니며, 알 수 없는 매개 변수를 사용하여 규칙을 설정할 수 없다는 점도 단점이다.

117
정답: 2번

BaaS(Blockchain as a Service)는 클라우드 시스템 상에 블록체인 기반으로 소프트웨어를 서비스 형태로 제공하는 신개념 기술이자 패러다임이다. 기존의 서비스를 BaaS로 대체하면 투명성, 보안성, 생산성 의 등의 제고 효과를 볼 수 있다. 하지만 BaaS를 도입한다고 해서 성능이 반드시 향상된다고는 보장할 수 없다. 다음은 BaaS 도입을 통해 얻을 수 있는 몇 가지 효과의 설명이다.

- **투명성**: 일반적으로 인터넷을 사용할 때 누가 메시지를 보냈는지 확실히 보장하기는 어렵지만 블록체인에서 생성되는 트랜잭션 모두는 사용자 인증 후 전자서명을 통해 제출되기 때문에 행위의 주체를 언제든지 알 수가 있어 네트워크의 투명성이 강화된다.
- **보안성**: 블록체인 자체의 견고한 프로토콜은 외부의 비정상적인 행위나 공격에 저항력을 갖추어서 서버의 보안성이 비약적으로 향상된다. 일반적으로 보안 이슈를 완벽하게 방지할 수는 없고 사후 대처가 현실적으로 중요한데 블록체인을 사용하면 특히 보안 문제가 발생했을 때 서비스 복구를 위한 사후 관리 비용을 상당수 절감할 수 있어 효과적이다.
- **생산성**: 블록체인 서비스를 도입하면 생산성을 끌어 올릴 수 있다. 특히 단순 데이터 조회 서비스와 정보를 뿌려주는 서버의 렌더링 서비스에 블록체인을 도입하면 효율성이 높아 비즈니스 성공 가능성이 높아진다.

118
정답: 4번

블록체인은 기존의 전통적인 환경과 기술적, 경제적, 기능적인 다양한 관점에서 차별성을 가지고 있다. 그래서 블록체인 도입 시 다양한 측면을 고려해야 한다. 다음은 블록체인 적용 시 고려해야 할 대표적인 사항이다.

- **준수 점검(Compliance Check)**: 준수 검사는 메시지 시작 당사자의 전적인 책임이며, 메시지 전송의 현재 프레임 작업으로 준수 검사를 수행할 수 없다.
- **지속적인 개발(Ongoing Development)**: 블록체인 소프트웨어는 아직 발전 중이며 불완전한 기능이 존재할 수 있다. 따라서, 블록체인을 보다 안전하고 대중이 사용할 수 있게 하려면 새로운 도구, 기능 및 서비스가 필요하다.
- **트랜잭션 리콜(Transaction Recall)**: 블록체인 처리 방법에는 트랜잭션 리콜 또는 취소 요청 처리 기능이 없다.
- **자원 부족(Scarcity of Resources)**: 개발자 또는 테스터로서 블록체인 처리에 정통한 자원이 희소하다.
- **규제 제한(Regulatory Limitations)**: 현재 블록체인 거래에 대한 명확한 규정이 없다.

119
정답: 1번

블록체인은 금융 및 비금융 기관에서 많은 기능에 적용할 수 있다. 다음은 블록체인이 더 빠른 처리 방법을 제공할 수 있는 사례 중 일부다.

- Customer Reporting(고객보고)
- Inquiry Request Processing as Request and Response(요청 및 응답으로서의 요청 처리)
- Trading and Markets(무역 및 시장)
- ATM and POS Transaction processing(ATM 및 POS 거래 처리)
- Inter Bank Clearing and Settlement(인터뱅크 청산 및 정산)
- Security Related Transaction and many more(보안 관련 거래)
- FX Letter of Credit(FX 신용장)
- Salary Payment(급여 지불)
- Medical Related Expense(의료 관련 지불)

120

정답: 4번

블록체인과 금융 서비스의 조합을 매력적으로 만드는 5가지 주요 요소는 다음과 같다.

(1) **불변성(Immutability)**: 블록체인은 분산 트랜잭션 데이터베이스 또는 분산 원장 기반으로 구축되므로 불변성의 특징을 가지며 블록체인에 저장된 데이터는 변경할 수 없다. 금융 서비스 중 불변성을 요구하는 사례인 계약 세부 정보 기록, 거래 처리 및 계정 잔액 유지, 규정 준수 목적을 위한 정보 유지 등에 적용할 수 있다.

(2) **투명도(Transparency)**: 블록체인 기술의 불변성은 투명성이라는 또 다른 특성을 수반한다. 블록체인은 공개된 네트워크 상에 분산된 노드들에게 정보가 모두 공개되는 특성을 가지고 있으므로 매우 투명하다. 금융기관은 규제 기관에 의해 투명성을 입증해야 한다는 요구가 증가하고 있는 것을 고려할 때, 블록체인은 금융 서비스에 적절한 솔루션이 될 수 있다.

(3) **탈중앙화(Decentralized)**: 블록체인은 기존의 매우 집중된 중앙집중형 금융 시스템과 달리 분산된 시스템 상에 구현되며 이를 탈중앙화(Decentralized)라고 부른다. 이는 SPOF(Single Point of Failure)의 취약점을 제거하는 등, 다양한 보안 이점을 제공한다.

(4) **비용(Cost)**: 블록체인 상에 금융 서비스를 구축할 때, 비용은 아주 중요한 고려사항이다. 중앙집중형 데이터베이스를 분산시스템으로 대체하여 비용을 절감할 수도 있으며, 높은 보안성을 유지하기 위한 보안솔루션을 분산형 블록체인의 안전성으로 대체하여 비용을 절감할 수 있다. 다만, 비트코인과 같은 Public Block Chain 방식보다는 Private Block Chain 방식으로 구축하는 것을 권고하는 경우가 많다.

(5) **속도(Speed)**: 금융 서비스 중 은행 입출금, 증권 거래, 외환거래 등 실시간으로 처리되어야 하며 매우 빠른 처리속도를 나타내야 하는 경우 블록체인이 대안으로 고려되지 않을 수도 있다. 블록체인은 기술적인 관점에서 태생적으로 실시간 처리보다 준 실시간에 가까운 처리를 지향하고 있으며 10분마다 블록이 생성되도록 설계되어 있다. 이는 블록체인의 속도라는 특성을 고려하여 금융 서비스 중 이에 맞는 서비스를 적용하는 것이 필요하다는 뜻이다.

121

정답: 2번

"비트코인 확장성" 문제와 "블록체인 확장성"이라는 문구는 종종 비트코인 프로토콜에 대한 기술 토론에서 볼 수 있다. 블록체인에 모든 비트코인 트랜잭션을 기록해야 하는 요구사항이 보안을 손상시키거나(더 적은 수의 사용자가 전체 블록체인의 사본을 유지하므로) 많은 수의 트랜잭션을 처리할 수 있는 능력을 제한하는 등(제한된 간격으로 트랜잭션을 기록할 수 있는 새로운 블록만 생성되므로) 블록체인에 영향을 미치기 때문이다. 블록체인 확장성에 대한 3가지 주요 걸림돌은 다음과 같다.

첫 번째, 블록체인이 증가함에 따라 중앙 집중화되는 경향이 있다. 블록체인이 커질수록 네트워크의 Full Node가 소비해야 하는 스토리지, 대역폭 및 계산 능력에 대한 요구 사항이 커져 훨씬 높은 위험을 초래한다. 소수의 노드만이 블록을 처리할 수 있을 정도로 블록체인이 충분히 커지면 점차 중앙 집중화 경향을 보인다. 두 번째, 블록체인에 블록 당 1MB의 하드 제한이 내장되어 있고(약 10분), 비트코인 관련문제로 이 제한을 제거하려면 비트코인 프로토콜에 대한 하드 포크(이전 버전과 호환되지 않는 변경)가 필요하다. 세 번째, 비트코인 거래에 현재 지불된 높은 처리 수수료와 네트워크가 커짐에 따라 해당 수수료가 증가할 가능성이 있다.

출처: https://www.oreilly.com/radar/blockchain-scalability

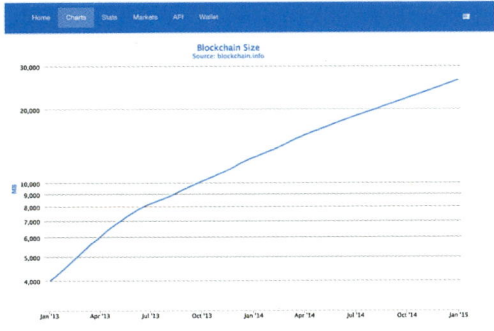

122   정답: 4번

DID(Decentralized Identifier)는 블록체인 기반으로 분산원장을 통해 분산된 네트워크에 등록되어 있으며 중앙집중형 등록 기관을 필요로 하지 않는 유일한 식별자로, 다음과 같은 특징이 있다.

- **영속성**(Persistent): 변경 및 조작되지 않음
- **해석가능성**(Resolvable): 메타데이터로 조회할 수 있음
- **암호학적 증명**(Cryptographically verifiable): 암호학적으로 소유권을 증명할 수 있음
- **탈중앙성**(Decentralized): 중앙 기관이 필요하지 않음

123   정답: 3번

머신러닝에서 알고리즘을 학습시킬 때 일반적으로 데이터를 증가시키고 학습량을 늘릴수록 학습모델의 정확도가 상승하고 오차율이 감소하는 경향이 있다. 하지만 일정 수준 이상으로 과도하게 학습시키면 새로운 데이터에 대한 오차율이 오히려 높아지는 악영향을 미치게 되는데 이를 오버피팅(Overfitting)이라고 한다. 머신러닝 알고리즘의 가장 큰 목표가 이러한 오버피팅을 방지하고 최적의 학습모델을 도출하는 것이라고 할 수 있다. 과적합을 방지하는 기법은 계속 새롭게 연구되어 실제 알고리즘에 적용되고 있는데, 대표적인 기법으로는 Dropout, Early Stopping이 있다.

124   정답: 2번

머신러닝(ML: Machine Learning)은 크게 지도학습(Supervised Learning), 비지도학습(Unsupervised Learning), 강화학습(Reinforcement Learning)의 3가지로 분류할 수 있다. 첫 번째, 지도학습은 입력값에 대해 출력값의 답이 정해져 있는 데이터세트를 이용해 최적의 결과를 도출하는 학습모델을 도출하는 기계학습 유형이다. 최근 가장 주목받는 기술인 딥러닝(Deep Learning) 기술인 CNN, RNN 등이 모두 지도학습에 해당된다. 두 번째, 비지도학습은 임의의 데이터 세트를 알고리즘이 스스로 분류하거나 군집화하는 방식으로 지도학습의 전처리 용도로 사용되기도 한다. 세 번째, 강화학습은 보상과 패널티를 통해 알고리즘이 수많은 반복을 통해 최적의 답을 찾을 수 있도록 스스로 학습하는 방식이며 알파고가 사용한 머신러닝 방식이다.

125   정답: 4번

블록체인 하이퍼레저의 주요 요구사항은 개인거래 및 기밀계약, 신원 및 감사 가능성, 상호 운용성, 이식성이며, 일관성은 하이퍼레저의 요구사항과 가장 관련성이 낮다. 일관성은 주로 관계형 데이터베이스와 중앙집중형 시스템에서 요구되는 항목이다.

- **개인거래 및 기밀계약**(Private Transactions and Confidential Contracts): 하이퍼레저는 궁극적으로 다양한 기밀성 및 개인정보를 사용할 수 있도록 많은 암호화 도구와 접근방식을 지원해야 한다. 신원정보, 거래특성, 스마트 계약 상태 등을 위해 정보를 선별적으로 공개하는 다양한 도구가 제공되어야 한다. 이때 이러한 도구는 개인정보 보호 속성을 손상시키지 않아야 한다. 일부 유스 케이스는 재정적 유스 케이스에 적합하지 않을 수도 있는 성능 때문에 최적화된 기본 기밀 기

능을 필요로 한다. 암호 및 합의 알고리즘은 성능을 위해 최적화된 기본 기밀 기능과 복잡하고 맞춤형인 암호 요구 사항을 위한 정교한 알고리즘을 모두 처리해야 한다.

- **신원 및 감사 가능성(Identity and Auditability):** 비공개 트랜잭션 및 기밀 트랜잭션의 존재 외에도 공개키(PKI) 인프라를 기반으로 하는 정체성 및 감사 가능성에 대한 잘 검사된 개념은 암호화 알고리즘을 완료하고 하이퍼레저에서 완벽하게 구현된 기밀성을 허용한다. 하이퍼레저는 사용자 및 해당 블록체인의 관련 엔티티에 현재 액세스 및 신원을 제공하는 공개키의 존재 외에도 이러한 아이디에 대한 이해하기 쉽고 불변의 문서화·기록화를 지원할 수 있는 기능을 제공해야 한다. 이것은 소유권 변경, 문서변경에 대한 감사추적 등을 둘러싼 유스 케이스를 구현할 수 있기 위해 필요하다. 이외에도, 하이퍼레저는 특정 상황에서 사용자에게 자신의 신원을 숨기고 필요할 때만 증명할 수 있는 기능을 제공하는 것이 중요하다. 이것은 물론 전통적인 정체성의 개념을 넘어서는 것이다. 또한 공개키를 통해 사용자는 특정 맞춤 요구 사항에 따라 암호화 측정 강도를 조정할 수 있다.

- **상호 운용성(Interoperability):** 느슨하게 결합된 많은 네트워크의 세계에서 개별 네트워크는 각 네트워크의 작동방식에 대한 세부 사항을 알 필요가 없다. 그러나 이러한 개별 네트워크는 오류나 오해 없이 메시지를 안정적으로 교환하기에 충분한 공통 토대를 가질 필요가 있다. 특히 향후 블록체인 기술이 널리 보급되면서 다양한 블록체인의 병행성을 고려해야 한다. 많은 유스 케이스가 여러 블록체인에 걸쳐 있을 가능성이 높다. 다양한 블록체인 네트워크 구현의 차이점과 그 변화하는 동적 특성으로 인해 매우 다양하고 특수화된 구현이 가능할 수 있다. 원장의 내부 통신에 대한 표준은 많은 네트워크에서 공통 언어로 이를 생성하는 데 많은 도움이 될 것이다. 따라서 상호 운용성은 블록체인 기술의 설계 및 구현의 차이점에도 불구하고 서비스가 서로 상호 작용할 수 있을 때 진정으로 발생한다. 이는 둘 이상의 시스템 또는 구성 요소가 정보를 교환하고 교환된 정보를 사용하는 능력에 의해 정의된다. 산업 및 사용사례 전반에 걸쳐 하이퍼레저의 광범위한 사용 가능성을 고려하기 위해 두 개 이상의 블록체인 간의 상호 운용성을 허용하는 기능·프로토콜을 사용할 수 있다.

- **이식성(Portability):** 하이퍼레저 프로젝트는 핵심 구성요소의 인터페이스에서 부가가치 시스템을 추상화하여 이식성을 실현한다. 예를 들어 스마트 계약은 다른 변경작업 없이 한 배포에서 다른 배포로 이동할 수 있다. 응용 프로그램, 확장기능 개발을 위한 API 라이브러리 및 GUI와 같은 부가가치 시스템의 이식성은 궁극적으로 하이퍼레저 프로젝트의 여러 버전, 구현 및 배포 전반에 걸쳐 이러한 부가가치 시스템의 적용을 보장한다. 인프라 레벨에서의 이식성은 궁극적으로 하이브리드 프로젝트가 많은 이기종 컴퓨팅 플랫폼 및 네트워크 환경에서 동일한 방식으로 작동함을 보장한다. 이는 실제로 대규모 블록체인 네트워크를 실행하는 데 필수적이다.

126 정답: 3번

블록체인 아키텍처의 한 종류인 하이퍼레저의 주요 구성요소는 신원 서비스, 정책 서비스, 블록체인, 트랜잭션, 스마트계약, 응용 프로그램 인터페이스가 있다. 각 구성요소에 대한 상세한 설명은 다음과 같다.

- **신원 서비스:** 신원은 하이퍼레저 프로토콜에 대한 보편적인 요구 사항이며 참여조직, 유효성 검사기, 거래자의 신원을 관리한다. 자산 및 스마트 계약과 같이 원장에 포함된 오브젝트, 네트워크, 서버 및 실행환경과 같은 시스템 구성 요소가 포함된다.

- **정책 서비스:** 시스템 정책을 구성하고 관리할 수 있으며 출입통제 및 승인권한, 회원의 출입, 출입

규정, 신원등록, 확인정책, 개인정보 보호, 기밀유지, 책임정책, 합의정책 등을 포함하여 합의된 정관 및 규칙을 명문화하는 컨소시엄 정책이 포함된다.

- **블록체인**: 하이퍼레저는 블록체인 기반의 아키텍처로서 P2P 프로토콜, 분산원장, 합의 관리자의 핵심 구성요소로 이루어져 있다. P2P 프로토콜은 단일 연결을 통해 양방향 흐름제어, 멀티플렉싱, 스트리밍을 제어한다.
- **트랜잭션**: 분산원장 기반으로 트랜잭션은 데이터 저장소를 이용하여 데이터 집합을 유지하고 상태를 내부 데이터 구조로 저장하며 대용량 파일(문서 등)은 내부(On-Chain)가 아닌 외부(Off-Chain Storage)에 저장된다. 해시는 파일의 무결성을 유지하는 데 필요한 트랜잭션의 일부로 체인에 저장할 수 있다.
- **스마트 계약**: 스마트 계약은 유효성을 검사하는 노드에서 실행되는 분산 트랜잭션 프로그램이며 보안 런타임 환경, 스마트 계약 레지스트리, 라이프 사이클 관리가 포함된다.
- **응용 프로그래밍 인터페이스**: 하이퍼레저 각 모듈 유형에는 API를 통해 플러그 앤 플레이 방식으로 알고리즘을 사용할 수 있다. 예를 들어 사용자는 코드의 다른 부분에 영향을 주지 않으면서

합의 알고리즘을 교체할 수 있는 합의 알고리즘 공개키가 존재한다.

127 정답: 2번

권위 증명(PoA: Proof of Authority) 합의 알고리즘은 일반적으로 다음과 같은 조건을 필요로 한다.

(1) 검증자가 자신의 실제 신원을 증명함으로써 유효하고 신뢰할 수 있도록 한다.
(2) 지원자는 자신의 평판을 걸고 자원을 투자해야 하며 이런 과정을 통해 악의적인 검증자가 선출될 가능성을 경감시키고 지원자에게 인센티브를 제공한다.
(3) 검증자를 선정하는 기준은 모든 후보자에게 평등해야 한다.
(4) 모든 검증자가 동일한 절차를 거치도록 해서 시스템의 신뢰성을 보장한다.

128 정답: 4번

권위 증명(Proof of Authority)은 신뢰 노드를 네트워크에 공개하기 어려운 부담으로 프라이빗 블록

[126번 해설 관련 이미지]

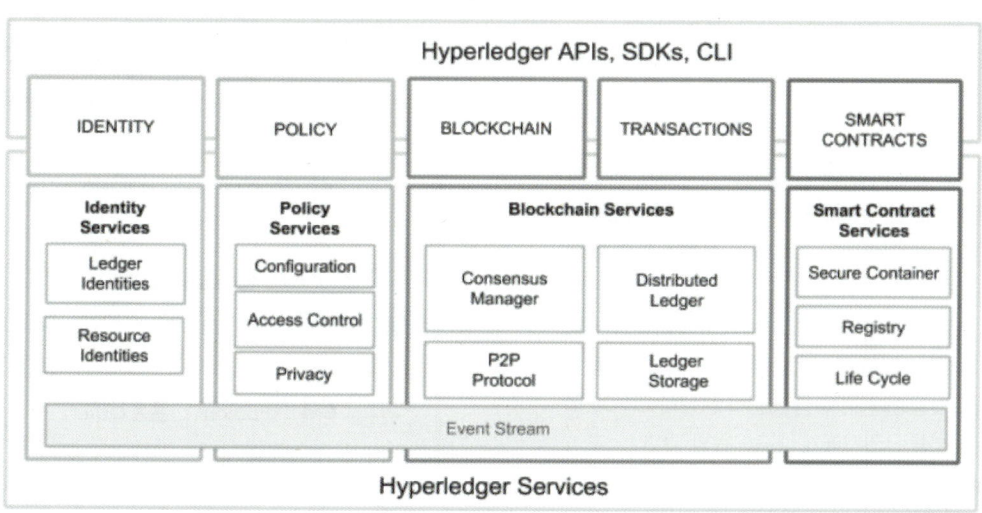

체인에 적합하다. 권위 증명 모델은 블록체인 기술의 장점을 활용하는 동시에 기업 프라이버시를 유지할 수 있게 한다. 마이크로소프트 애저(Microsoft Azure)는 권위 증명을 사용하는 한 사례이며, 애저 플랫폼은 마이닝을 요구하지 않기 때문에 'GAS'와 같은 자체 통화가 필요하지 않은 시스템을 통해 사설 네트워크를 위한 해결책을 제시한다.

129   정답: 1번

블록체인의 합의 알고리즘(Consensus)은 암호화폐/가상화폐의 가장 중요한 요소이며 이 합의 알고리즘에 따라 블록 해시 값이 계산되고, 계산된 값으로 서로 연결되어 블록체인이 유지된다. 블록체인에서 사용되는 주요 합의 알고리즘은 다음과 같다.

- **작업 증명**(PoW: Proof Of Work): 비트코인에서 사용되는 가장 대표적인 합의 알고리즘이다. 컴퓨팅 파워의 연산력으로 블록 해시 값을 찾은 노드가 코인을 배부 받는 방식이며 컴퓨팅 파워에 따라 더 많은 코인을 생성할 수 있다.
- **지분 증명**(PoS: Proof of Stake): PoW 방식이 컴퓨팅 자원을 투자해야 한다는 문제를 해결할 대안으로 주목받는 것이 지분 증명 방식이다. 코인 보유의 속성(보유량, 보유 기간 등)에 따라 블록을 생성하고 그 기여도에 따라서 코인을 배분해 주는 방식이다.
- **위임지분 증명**(DPoS: Delegate Proof of Stake): PoS 방식은 PoW의 컴퓨팅 자원 문제를 해결했으나 부익부 빈익빈 문제가 있었다. 이에 대한 대책으로서 변형된 DPoS 방식은 위임된 지분 방식으로 구현된다. 네트워크의 모든 노드가 블록 생성을 하는 대신 투표로 선출된 상위 노드에게 권한을 위임해 블록 생성을 담당하게 하고 인센티브를 받는 방식이다. 즉, PoS와 유사하지만 위임된 접근 방식을 통해 토큰을 투표하여 검증자에게 토큰을 위임한 다음 토큰을 생성하고 이 수익의 일부를 유권자에게 배포하는 방식이다.
- **권위 증명**(PoA: Proof of Authority): 권위 증명 또는 권한 증명이라 불리는 방식이며 블록 검증자가 코인을 스테이킹하지 않고 그들의 평판을 대신 사용하는 것이다. 그러므로, 권위 증명 블록체인은 신뢰할 수 있는 주체를 통해 임의로 선정된 검증된 노드를 통해 보호된다.

130   정답: 3번

하이퍼레저 엄블렐라는 하이퍼레저 프로젝트의 다양한 구성요소 및 기능들을 하나의 플랫폼과 같은 개념으로 표현한 용어이다. 하이퍼레저 엄브렐라는 다양한 프레임워크와 도구들로 구성되는데 그 중에서 가장 핵심 요소는 하이퍼레저 컴포저이다.

하이퍼레저 컴포저(Hyperledger Composer)는 하이퍼레저 패브릭(Hyperledger Fabric)에서 제공하는 별도의 개발 툴로서, 레스트(REST: Representational State Transfer) 방식의 API를 지원하는 모델링 언어이다. 하이퍼레저 프로젝트에서 가장 먼저 출시된 툴로, 블록체인 비즈니스 네트워크를 구축하는데 사용된다. 또한 스마트 계약 및 원장 간 계약을 작동시킨다. 하이퍼레저 컴포저는 블록체인 비즈니스 네트워크 구축 목적의 공동 작업 도구로 스마트 계약 개발 및 분산 원장 내의 배포를 가속화시킨다.

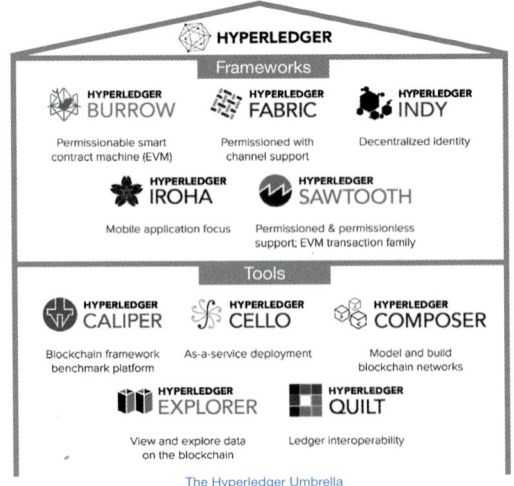

The Hyperledger Umbrella

131   정답: 2번

딥페이크(Deepfake)는 인공지능 중 합성곱 신경망(CNN: Convolution Neural Network)으로 대표되는 딥러닝(Deep Learning)을 이용한 이미지 처리 기술을 악용하는 기법이다. 원본 이미지와 영상을 원하는 다른 영상으로 바꾸는 기술이며 딥러닝 기술이 발전하기 이전과 비교조차 되지 않는 정밀한 수준의 영상처리 기술로 인해 이슈가 되고 있다. 최근에는 비전문가와 일반인들의 눈으로는 쉽게 원본의 여부를 판단하기 힘든 딥페이크 사례가 증가하고 있다. 이로 인해 대통령 선거 등의 정치적인 행사에서 악의적인 가짜 뉴스를 만들어서 여론의 흐름을 전환시키는데 악용되기도 한다. 보기 ②번의 설명과 다르게 딥페이크 기술은 100%까지는 차단할 수 없는 상황이며 기술의 정밀도가 나날이 향상되고 있는 것이 현실이다. 일부 학계에서는 '진실의 종말'이라고 표현할 정도로 여론을 좌지우지할 수 있는 가짜 뉴스의 증가가 예상되고 있다.

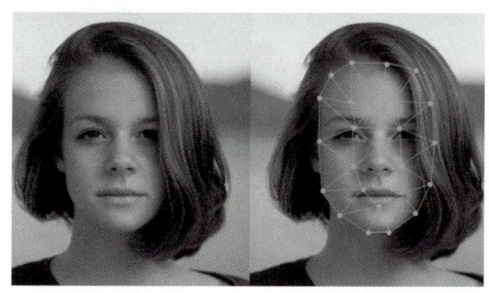

132   정답: 2번

가상화 기술은 가상화의 대상에 따라 크게 서버 가상화, 데스크톱 가상화, 애플리케이션 가상화로 나눌 수 있으며 각각의 상세한 설명은 다음과 같다.

- **서버 가상화**(Server Virtualization): 서버의 효율성을 올리기 위해 등장했으며, 가상화 개념의 시초가 되는 역할을 한 가상화이다. 가상화를 가능하게 하는 하이퍼바이저(Hypervisor)와 각종 애플리케이션을 실행하기 위한 환경인 가상머신(VM: Virtual Machine)으로 이루어진다. 하이퍼바이저는 하드웨어로부터 제공되는 물리적 계층을 추상화하여 가상머신을 통해 이 기능들을 온전하게 사용하도록 한다.
- **데스크톱 가상화**(VDI: Virtual Desktop Infrastructure): 데이터 센터의 서버에서 운영되는 가상의 PC 환경을 의미한다. 물리적으로는 존재하지 않는 가상의 개별 컴퓨터로 사용자는 모니터, 키보드, 마우스, 스피커 등의 필수적인 입출력 장치만을 활용하거나 매우 단순화된 인터페이스만 가지고 컴퓨터를 활용할 수 있다. 가상의 데스크톱을 마치 로컬 시스템처럼 활용할 수 있으며, 모든 작업의 프로세싱과 저장은 센터에 위치한 서버에서 이루어진다.
- **애플리케이션 가상화**(Application Virtualization): 응용 프로그램이 실행되는 운영체제(OS)로부터 응용 소프트웨어를 캡슐화하는 기법이다. 이렇게 캡슐화된 응용프로그램은 실제 설치되지는 않으나, 마치 설치된 것처럼 실행된다. 예를 들면, 마이크로소프트(MS)의 윈도우(Windows) 7에서 훨씬 이전의 OS인 윈도우 XP 모드를 제공하는데, 현재 OS의 별다른 수정 없이 구형 OS를 구동하는 것이 가능하다.

133   정답: 1번

아마존 클라우드 컴퓨팅과 서비스를 대표하는 기술에는 EC2(Elastic Compute Cloud), S3(Simple Storage Service), SimpleDB가 있다. EC2(Elastic Compute Cloud)는 아마존 클라우드 컴퓨팅을 대표하는 첫 번째 기술로 컴퓨팅 자원을 가상의 이미지(AMI: Amazon Machine Image)로 생성하고 관리하며 이를 유연하게 할당하여 사용하는 가상화 기술이다. 또한, 자원의 사용에 따른 비용을 분 단위로 섬세하게 과금할 수 있는 유연성을 제공한다. 현존하는 대부분의 윈도우와 리눅스 운영체제를 지원한다. S3(Simple Storage Service)는 HTTP & HTTPS 웹 기반으로 접근하여 파일을 저장하고 관리할 수 있는 아마존 파일 서비스를 의미한다. S3로 관리되는 모든 파일은 오브젝트로 정의되며 버킷 안에 담겨서 웹 기반으로 서버에 접근하여 관리된다. 마지막으로 Amazon SimpleDB는 비관계형 데이터베이스이자 NoSQL 아키텍처 기반의 데이터 저장소이다. EC2 및 S3와 연계하여 최상의 고가용성 서비스를 제공한다.

134
정답: 3번

Wi-Fi는 전세계적으로 가장 널리 사용되는 무선 기술이며 광대역 액세스와 아주 밀접하다. 오늘날 130억 대 이상의 Wi-Fi 기기가 사용되고 있다는 것은 Wi-Fi가 증가하는 연결 요구를 지원하는 데 있어서 핵심적인 역할을 수행하고 있음을 반증한다. 거의 모든 모바일 기기에 Wi-Fi가 탑재되어 있으며, 광대역 서비스를 사용하는 거의 모든 가정이 최소 한 대 이상의 Wi-Fi 액세스 포인트를 보유하고 있다. 기업은 Wi-Fi를 기반으로 네트워크를 확장하고 생산성을 증대시키며, 도시는 무료 공공 Wi-Fi를 통해 다양한 장소에서 값비싼 셀룰러 서비스를 대신하여 시민들에게 브로드 밴드 액세스를 제공하고 소외지역의 디지털 격차 해소를 지원한다. Wi-Fi는 증강현실/가상현실(AR/VR), UHD(Ultra HD) 비디오, 몰입형 인터넷(Immersive Internet)과 같은 미래의 연결과 관련된 최신 애플리케이션을 효율적으로 처리하는 것을 목표로 한다. 다른 무선 기술들이 이러한 사용사례를 향후 기능으로 홍보하고 있는 것에 반해, Wi-Fi는 현재 이미 이러한 시나리오를 제공한다. Wi-Fi는 차세대 Wi-Fi인 Wi-Fi 6 와 네트워크 오퍼레이터와 엔드 유저 모두에게 사용 편이를 제공하는 기술 포트폴리오를 통해 고급 사용사례를 지원하는 더욱 향상된 대용량, 초고속, 저지연을 제공한다.

135
정답: 4번

인더스트리 4.0은 독일의 주요 산학연 전문가들이 모여 구성한 플랫폼을 통해 새롭게 제시된 프레임으로, 산업 전 분야에 IT 기술을 접목하고, 이를 통해 산업구조를 혁신하여 독일의 산업 경쟁력을 끌어올리고자 하는 취지를 가지고 있다. 구체적으로는 제조업 가치사슬 전반에 걸쳐 ICT 기술을 접목하여 새로운 개념의 제조업 및 서비스업 개념을 도입한 것으로, 사물 인터넷(IoT), 사이버 물리 시스템(CPS: Cyber Physical System), 센서기술 등을 기반으로 생산 전 과정을 연결하고, 실시간 모니터링 및 피드백 기능을 통해 사물의 지능화를 수행하여, 이를 통해 생산성을 높이고자 한다. 또한 공장 내의 생산과정뿐만 아니라, 제품 개발부터, 소비와 폐기에 이르는 과정 역시 포함하는 것으로 소비자와의 소통을 통해 소품종 다량 생산에서 맞춤형 다품종 소량 생산으로 전환하며, 이를 통해 새로운 서비스업을 등장시키고자 한다. 인더스트리 4.0에는 4가지 디자인 원칙이 존재하며 다음과 같다.

- **상호 운용성**: 사물 인터넷(IoT: Internet of Things) 또는 IoP(Internet of People)을 통해 서로 연결하고 통신하는 기계, 장치, 센서 및 사람들의 능력을 추가하면 프로세스를 훨씬 더 자동화할 수 있다.
- **정보 투명성**: 정보 시스템이 센서 데이터를 통해 디지털 플랜트 모델에 공급함으로써 물리적 환경의 가상 복제본을 생성하는 기능을 말한다. 이를 위해서는 고부가 가치 상황 정보에 대한 원시 센서 데이터의 집계가 필요하다.
- **기술 지원**: 정보에 입각한 의사 결정을 내리고 긴급한 문제를 단기간에 해결하기 위해 이해할 수 있도록 정보를 취합하고 시각화하여 인간을 지원하는 지원 시스템의 능력이다.
- **분산 결정**: 사이버 물리 시스템이 스스로 결정을 내리고 그들의 작업을 가능한 자율적으로 수행할 수 있는 능력이다.

136
정답: 3번

모라벡의 역설(Moravec's Paradox)이란, 인간에게 쉬운 일이 인공지능 시스템에게는 어렵고 인간에게 어려운 일이 인공기능 시스템에게는 쉬울 수 있다는 기술적인 특징을 의미한다. 예를 들어 지극히 뛰어난 인간만이 가능한 세계적인 체스, 바둑 선수의 실력도 인공지능 시스템에게 따라 잡혔으며 인간만의 창의적인 영역으로 여겨지는 직업인 화가, 작가, 상담사, 회계사 등의 영역이 인공지능에 의해 대체되거나 대체될 것으로 예상되고 있다. 반면에 걷기, 뛰기, 헤엄치기, 균형잡기 등의 가장 기초적이고 기본적인 인간의 활동이 인공지능 시스템에게는 아직 넘어서기 힘든 영역이라는 특징이 있다. 하지만 인공지능 기술이 점차 발전하면서 인간만이 할 수 있는 일이라는 영역이 줄어들고 있는 것이 사실이며 이로 인한 AI 포비아 등의 사회적 현상에 대해서도 고려해야 한다.

137 정답: 1번

사이버 물리 시스템(CPS: Cyber Physical System)이란 제4차 산업혁명의 핵심 패러다임이며 제조산업을 비롯한 사회 각 분야에서 개발/생산/유통 등의 자동화 및 지능화를 통해 사회의 변화를 혁신하고 있는 기술이자 시스템이다. 독립된 ICT 단말기의 네트워크화 및 데이터 처리의 고기능화가 가속되면서 CPS 구현단계가 4레벨까지 발전하고 있다. 이러한 CPS는 지능형 시스템, 지능형 서비스은행, 스마트 생산 시스템, 스마트 교통 시스템, 스마트 전력 시스템, 스마트 헬스케어, 스마트 홈, 스마트 빌딩, 스마트 국방 시스템, 스마트 재해대응 시스템 등으로 적용분야가 점차 확산되고 있다.

138 정답: 2번

국토부는 '스마트 공항 종합계획'을 통해 전국 공항을 대상으로 하는 사업을 벌이고 있다. 항공 여객이 증가하는 상황에 적극적으로 대처하는 한편, 우리나라 공항이 해외 선진공항의 발전에서도 경쟁력을 지속 확보할 수 있도록 하는 것이 목표다. 국토부는 이를 통해 '전 여행경로를 책임지는 세계 최고의 정보통신기술(ICT) 기반 스마트 공항'을 구현하고, 2022년까지 출국 수속시간 17% 감소, 공항확충 비용 연 2,000억 원(인천공사 1,512억, 한국공사 568억) 절감, 신규 일자리 6,320명 창출을 달성한다는 전망을 세우고 있다. 국토부의 스마트 공항 사업의 주요 골자는 공항 이용 편의와 공항 운영 효율화, 4차 산업혁명 체험 등 3가지다. 이를 위한 6대 추진 전략은 다음과 같다.

(1) **스마트 접근 교통**: 자택발권 및 백태킹, 항공-철도 연계 서비스, 주차장·리무진 편의증대, 수하물 배송 서비스
(2) **스마트 프로세스**: 생체인식 기반 프로세스, 공용여객처리 시스템, 보안검색 개선, 항공물류 시스템 고도화
(3) **스마트 정보 서비스**: 챗봇 맞춤형 정보제공, 스마트 사이니지, VR 체험관, 스마트 면세점
(4) **스마트 운영**: 빅데이터 여객흐름관리, IoT 기반 공항시설관리, 청사 내 보안강화, 관제 시스템 고도화
(5) **스마트 테스트베드**: 로봇 도입 확대, 드론 활용 시설관리, 무인 자율주행차 셔틀, 수소차 도입
(6) **스마트 공항 해외진출**: 한국형 스마트 공항 모델, 스마트 공항 인증제, 다양한 분야의 해외진출, 관계기관 협의체 운영

국토부는 이를 통해 장소에 구애받지 않는 탑승수속과 체크인 → 수하물위탁 → 보안검색 → 출국심사 → 보딩 절차의 자동화와 항공물류 절차 간소화로 물류 처리시간을 단축할 계획이다. 또한, 공항 이용에 필요한 맞춤형 정보를 실시간으로 제공하고 IoT와 빅데이터를 통한 무장애 공항운영을 구축하는 한편, 미래 산업의 신기술 테스트베드로 활용하고자 한다. 그리고 스마트 공항을 4차 산업혁명 신기술의 주요 수요자로 탈바꿈하고 공항의 건설 및 운영을 ICT와 접목한 한국형 스마트 공항을 수출하며 정부, 공항공사, 산학연 협의체 구성과 운영 지원까지 이뤄낸다는 계획을 수립했다.

139

정답: 3번

기계학습은 일반적으로 지도학습(Supervised Learning), 비지도학습(Unsupervised Learning), 강화학습(Reinforcement Learning)의 세 가지 유형으로 분류할 수 있다. 지도학습은 사전에 정답이 표기된(Labeling) 학습 데이터를 기반으로 Test Set, Training Set, Validation Set으로 최적의 학습 모델을 도출하는 기계학습 방식이다. 보기 ③번의 딥러닝(Deep Learning)은 지도학습 중에서 인공 신경망(Artificial Neural Network)의 한 심화된 알고리즘으로 둘 이상의 은닉층(Hidden Layer)을 포함하는 합성곱신경망(CNN: Convolution Neural Network)의 기술이다. 딥러닝도 기계학습의 한 유형/기법/기술/알고리즘인 것은 맞지만 지도학습의 상세한 알고리즘이므로 분류의 관점 수준이 다른 보기와 상이하므로 가장 거리가 먼 답안이다.

140

정답: 1번

쿠버네티스(Kubernetes)는 컨테이너화된 워크로드와 서비스를 관리하기 위한 이식성이 있는, 확장 가능한 오픈 소스 플랫폼이다. 쿠버네티스는 선언적 구성과 자동화를 모두 용이하게 해준다. 쿠버네티스는 크고, 빠르게 성장하는 생태계를 가지고 있다. 그리고 쿠버네티스 서비스, 기술 지원 및 도구는 어디서나 쉽게 이용할 수 있다. 쿠버네티스란 명칭은 키잡이(Helmsman)나 파일럿을 뜻하는 그리스어에서 유래했으며, 구글이 2014년에 쿠버네티스 프로젝트를 오픈 소스화 했다. 쿠버네티스는 프로덕션 워크로드를 대규모로 운영하는 15년 이상의 구글 경험과 커뮤니티의 최고의 아이디어와 적용 사례가 결합되어 있다. 쿠버네티스의 구성요소 및 기능은 다음과 같다.

- **서비스 디스커버리와 로드 밸런싱**: 쿠버네티스는 DNS 이름을 사용하거나 자체 IP 주소를 사용하여 컨테이너를 노출할 수 있다. 컨테이너에 대한 트래픽이 많으면, 쿠버네티스는 네트워크 트래픽을 로드 밸런싱하고 배포하여 배포가 안정적으로 이루어질 수 있다.

- **스토리지 오케스트레이션**: 쿠버네티스를 사용하면 로컬 저장소, 공용 클라우드 공급자 등과 같이 원하는 저장소 시스템을 자동으로 탑재할 수 있다.

- **자동화된 롤아웃과 롤백**: 쿠버네티스를 사용하여 배포된 컨테이너의 원하는 상태를 서술할 수 있으며 현재 상태를 원하는 상태로 설정한 속도에 따라 변경할 수 있다. 예를 들어 쿠버네티스를 자동화해서 배포용 새 컨테이너를 만들고, 기존 컨테이너를 제거하고, 모든 리소스를 새 컨테이너에 적용할 수 있다.

- **자동화된 빈 패킹(Bin Packing)**: 컨테이너화 된 작업을 실행하는 데 사용할 수 있는 쿠버네티스 클러스터 노드를 제공한다. 각 컨테이너가 필요로 하는 CPU와 메모리(RAM)를 쿠버네티스에게 지시한다. 쿠버네티스는 컨테이너를 노드에 맞추어서 리소스를 가장 잘 사용할 수 있도록 해준다.

- **자동화된 복구(Self-healing)**: 쿠버네티스는 실패한 컨테이너를 다시 시작하고, 컨테이너를 교체하며, '사용자 정의 상태 검사'에 응답하지 않는 컨테이너를 죽이고, 서비스 준비가 끝날 때까지 그러한 과정을 클라이언트에 보여주지 않는다.

- **보안과 구성 관리**: 쿠버네티스를 사용하면 암호, OAuth 토큰 및 SSH 키와 같은 중요한 정보를 저장하고 관리할 수 있다. 컨테이너 이미지를 재구성하지 않고 스택 구성에 시크릿을 노출하지 않고도 시크릿 및 애플리케이션 구성을 배포 및 업데이트할 수 있다.

출처: https://kubernetes.io/

정답과 해설

제 9 장

IS 감사

제9장 IS 감사 정답

1 ③	2 ①	3 ③	4 ③	5 ②	6 ③	7 ②	8 ②	9 ②	10 ③
11 ②	12 ①	13 ③	14 ①	15 ②	16 ②	17 ②	18 ②	19 ④	20 ③
21 ②	22 ④	23 ④	24 ②	25 ④	26 ①	27 ③	28 ①	29 ③	30 ①
31 ②	32 ①	33 ③	34 ②	35 ④	36 ③	37 ③	38 ①	39 ③	40 ①
41 ②	42 ③	43 ①	44 ②	45 ②	46 ①	47 ③	48 ①	49 ③	50 ③
51 ①	52 ③	53 ②	54 ②	55 ③	56 ③	57 ①	58 ③	59 ②	60 ①
61 ①	62 ①	63 ③	64 ②	65 ③	66 ④	67 ③	68 ③	69 ③	70 ①
71 ①	72 ③	73 ④	74 ②	75 ②	76 ④	77 ②	78 ②	79 ③	80 ②
81 ④	82 ④	83 ④	84 ③	85 ③	86 ①	87 ③	88 ②	89 ③	90 ①
91 ③	92 ④	93 ①	94 ②	95 ②	96 ①	97 ③	98 ①	99 ③	100 ②
101 ④	102 ②								

001

정답: 3번

보기 ③번의 대중성(Popular Appeal)이 감사와 가장 관련이 없다. 감사 선정에서 중요한 사항은 총 4가지로, 중요성(Materiality), 취약성(Risk), 실행가능성(Possibility of Carrying Out), 환경변화(Environment)이다.

중요성은 주요 예산 사업, 국민에게 파급효과가 큰 사업, 국회, 시민단체, 언론의 관심이 큰 사업, 주요기관에서 집중 관리되고 있는 사업, 정책 품질관리 대상, 감사대상 기관이 연구용역 등을 통해 자체평가를 실시한 적이 있는 사업, 규제정책(완화)과 같이 국민생활과 밀접한 사항이거나 행정개혁 세부 사업과 같이 모든 기관에 공통되는 사항인지 여부를 의미한다. 취약성은 책임이 분산되어 있는 사업, 사업내용이나 추진체계가 복잡한 사업, 예산대비 집행율이 현저히 낮은 사업, 순사업비보다 부대경비 비중이 높은 사업, 사업 추진 시스템의 변경이 많은 사업, 선거 공약 사업, 사업이 착수된 지 오래되었으며 반복적으로 시행하는 사업, 기금 및 특별회계 사업, 동일 유형의 문제가 반복되는 사업, 감사 미실시 분야 등을 포함한다. 환경분야는 정보화 세계화, 민주화 다양화 지방화, 고령화 양극화, 온난화 미래예측 관련 사항을 의미한다. 실행가능성은 감사권한이 있는지 여부, 자료 접근 및 획득 가능성, 감사대상의 복잡성 및 전문화 요구 등이다.

이는 민간이 아닌 공공 쪽의 자체감사 관련 내용이지만 감사사항 선정에서는 거의 민간이나 공공이나 대동소이 하므로 이런 문제가 출제될 경우 당황하지 말고 무엇이 중요한 것인지 파악하여 덜 중요한 순서대로 제외시켜 나가는 능력을 키워야 한다.

출처: 감사원 자체감사 통합 매뉴얼

002

정답: 1번

　감리 관점별 점검 기준과 가장 관련이 없는 것은 사람(People)이다. 감리 관점은 감리가 대상사업을 바라보는 관점이다. 즉, 감리는 사업을 기반으로 대상 사업에 대한 방법론, 사업추진계획, 절차 등 사업에 대한 절차(Process)와 그 결과로 생성되는 산출물(Product)을 점검/평가하고, 결론적으로 대상 사업이 당초에 목적했던 성과(Performance) 또는 기대효과를 달성할 수 있도록 하는 역할을 한다.

003

정답: 3번

　감리 관점별 점검 기준에서 절차(Process)에 대해서는 계획 적정성, 절차 적정성, 준수성 위주로 점검한다. 보안성은 이와는 상대적으로 거리가 멀며 산출물 점검 시 적용되는 기준이다.

　계획 적정성에서는 사업수행계획, 인력운영계획 등의 적정성을 검토한다. 절차 적정성에서는 개발/운영/유지보수 절차수립 적정성과 위험/일정/품질/형상/인력/변경관리 절차 등의 수립 적정성을 검토한다. 준수성에서는 각종 계획의 준수 적정성, 위험/일정/품질/형상/이력/변경관리 등 절차 및 활동의 준수 적정성을 검토한다.

004

정답: 3번

　일반적인 감리시행절차는 다음과 같다. 감리계약 체결 → 감리계획 수립 → 감리착수회의 개최 → 감리시행 및 보고서 작성 → 감리종료회의 개최 → 감리보고서 통보 → 감리결과 조치내역 확인의 순서이다.

005

정답: 2번

　시스템 설계를 바탕으로 개발된 기능에 대해서는 단위시험 계획이 명확히 수립되어 있는지를 검토해야 한다. 그 내용으로는 시험환경, 절차, 시나리오, 데이터가 있다. 개발된 시스템에 대한 단위시험은 단위 프로그램 및 모듈의 기능, 개발표준의 준수여부를 확인하는 작업이다. 단위시험을 수행하는 주체, 절차, 시나리오, 데이터의 준비 등을 포함하는 계획서가 준비되지 못하면, 단위시험이 형식적으로 수행되고, 결과적으로 기능에 대한 오류가 많이 발생하며, 시스템의 기능적 안정성을 저해할 위험성이 존재하게 된다.

006

정답: 3번

　설계 단계는, 보안정책을 근간으로 하여 시스템 사용자에 대한 유형구분과 유형별 접근권한 등에 대한 설계 및 기타 보안정책을 만족시킬 수 있는 수준으로 설계가 진행되어 있는지를 검토하는 데 목적이 있다. 시스템 보안에 대한 설계는 시스템의 보안성 측면에서 매우 중요하다. 특히, 사용자에 대한 접근권한 및 통제를 위한 설계는 사용자 인터페이스 등 다양한 부분에 영향을 미친다. 만약 보안 설계가 정확하게 이루어지지 않을 경우, 이를 바탕으로 시스템을 구현하면 보안이 취약해질 위험이 따른다. 따라서 보안정책 중 시스템으로 구현되어야 될 부분이 적절하게 도출되고 그에 따라 설계가 이루어졌는지를 확인하는 것이 필요하다.

출처: 정보 시스템 감리점검 해설서 - 한국정보사회진흥원

007

정답: 2번

　[보기]의 내용은 감리 수행 시 구현 단계에서 진행할 활동들이다. 구현 단계에서는 설계에 따라 적정성/적합성을 확보하였는지에 대한 검토를 수행한다.

008
정답: 2번

[보기]의 내용은 감리착수회의 단계에서 수행하는 내용이다. 감리착수회의에서는 감리원이 협의된 감리계획서 초안 및 상세 점검 항목에 대해서 감리발주기관과 사업자에게 설명하고 최종적으로 세부를 조정하게 된다. 발주기관의 추가적인 요청사항, 상세 점검항목에 대한 조정을 통해 최종적으로 확정한다. 착수회의에서 추가되거나 조정된 사항은 비고란에 표시하고 사업의 특성상 중점적으로 점검해야 하는 항목에 대해서는 중요 표시를 할 수 있다. 최종 확정된 감리계획 및 상세 점검항목은 부실감리 여부를 판단하는 기준으로 활용될 수 있으므로 수정된 사항을 별도 관리하여야 하며 감리보고서에는 최종 확정된 감리계획서를 첨부하게 된다.

009
정답: 2번

시스템 성능, 가용성, 확장성, 보안 및 안정성에 대한 사용자 요구사항이 업무 특성에 맞도록 적절하게 도출되었는지 확인하여 목표 시스템 아키텍처 설계에 반영되도록 하는 것이 1차적인 목적이다. 궁극적으로는 오픈 이후 서비스를 안정적으로 제공할 수 있도록 하는 데 목적이 있다. 성능, 가용성, 확장성, 보안 및 안정성에 대한 사용자 요구사항 도출은 아키텍처를 설계하는 데 필수적인 사항이다. 이것이 도출되지 않은 상태에서 아키텍처가 설계되고 시스템 구축이 진행될 경우 요구사항이 반영되지 않은 채로 아키텍처가 설계되어 성능 측면에서 응답시간에 대한 불만족이나 시스템 용량의 과부족이 발생될 수 있다. 또한, 가용성, 보안 및 안정성 측면에서 시스템이 안정적이지 못하거나 필요 이상의 과투자가 일어날 수 있다. 이러한 문제들로 인해 시스템 구축 후 시스템이 불안정하거나 오픈이 지연될 소지가 있으므로 반드시 사용자 요구사항이 충분히 도출되었는지 확인하는 것이 필요하다. 보기 중 시스템 시험 유형 및 범위는 시스템 개발/구조적·정보공학적 모델/구현/시스템 아키텍처에서 중점적으로 검토할 대상이다. 나머지 지문은 시스템 개발/구조적·정보공학적 모델/분석/시스템 아키텍처에서 검토하여야 한다.

010
정답: 3번

정보보호 감사인의 직무상 주의사항과 가장 관련이 없는 내용은 보기 ③번이다. 감사 수행에 있어서 감사직원들과 서로의 역할과 책임에 대해 충분하게 의사소통해야 하며 또한 감사목적을 달성하기 위해서는 충분한 이해와 적격성을 갖추어야 한다, 정보보호 감사조직의 감사인은 정보보호 감사를 수행 시에 직무상의 주의를 다하여야 한다. ITAF(IT Assurance Framework: IT 감사 프레임워크)의 Organizational Due Professional Care를 참조하길 바란다.

011
정답: 2번

정보보호 감사를 위해서는 조직 내부에 정보보호 감사를 위한 전담기구가 설치되는 것이 시작점이라고 할 수 있다. 그러므로 정보보호 감사를 조직 안에서 공식화하기 위해서는 제일 먼저 정보보호 감사헌장이 작성되어야 한다. ITAF(IT Assurance Framework: IT 감사 프레임워크) Audit Charter를 참조하길 바란다.

012
정답: 1번

정보보호 감사조직의 감사인들은 다양한 감사현장에서 다양한 성격과 형태의 감사를 수행하게 된다. 이때 한 명의 감사인이 모든 정보보호 영역에 숙련성과 적격성을 갖추어야 할 필요는 없다. 그러므로 감사조직 차원에서 모든 정보보호 영역을 감사할 수 있는 다른 여러 명의 영역별 전문가를 감사직원으로 보유하거나, 필요하다면 아웃소싱의 형태로 획득하는 것이 마땅하다.

013
정답: 3번

감사인이 운영체제 내부통제가 이루어지는지 확인할 수 있는 가장 효과적인 방법은 통제기능 및 파라미터의 적절성을 검토하는 것이다. 이는 운영체제의 무결성을 보장하는 것이다. 참고로 소프트웨어 통제기능 및 파라미터에는 데이터 관리, 자원 관리, 작업 관리, 우선순위 설정 등이 있다. 시스템 유틸리티와 같은 시스템 소프트웨어 프로그램은 엄격하게 통제되어야 한다. 감사인은 시스템 관리자가 차질 없이 시스템을 운영할 수 있도록 그 권한 및 범위를 확인할 필요가 있다.

014
정답: 1번

소프트웨어 감사 추적(Audit Trail)이란, 기업거래 기록에 관심 있는 감사인이 거래행위의 원래 기록까지 추적 가능하게 하는 것이다. 감사 추적은 계정잔액을 검증하는 데 쓰이며, 외부 감사인의 감사에서는 추적시사에 사용된다. 내부통제제도의 흐름에 대한 감사인의 이해 증진과 기술의 보완을 위해 실시하는 추적시사는 주요 거래를 유형별로 나누어 회계기록과 부서를 중심으로 한 감사증거에 따라 추적하고 그 회계통제 절차를 관찰하는 것이다. 따라서 훌륭하게 기록·보존된 감사증거는 원 거래에 이르기까지의 추적을 쉽고 효율적으로 만들어준다.

IT 전산감사에서의 소프트웨어 감사 추적은, 감사를 위해 입력된 데이터가 어떤 변환을 거쳐 출력되는지, 그 과정을 기록하여 추적하는 방법이다. 하나의 처리 과정 또는 하드웨어의 고장, 정전 동안에 일어나는 입출력 오류를 추적하고 각 단계의 이상 유무를 검증하는 데 사용된다. 보통 정보 처리 시스템에서는 감사 기록 데이터를 활용하여 사용자의 비인가된 행위, 사용자 행위의 처리 과정, 정보 시스템 활용 현황 등에 대한 정보를 조사한다. 즉, 감사 추적은 책임성(Responsibility)과 책무성(Accountability)을 정립하기 위해서 수행되는 것이라고 할 수 있다.

015
정답: 2번

오늘날의 감사는 각 국가의 행정환경이나 정치·사회·문화에 따라 다르게 나타나고 있으며, 전통적인 회계감사는 물론, 국가의 정책이나 기업의 사업이나 활동이 경제적이고 효율적이며 효과적으로 이루어졌는지를 확인하는 성과감사까지 그 기능이 더욱 확대되고 있다.

내부 감사인협회(IIA: Institute of Internal Auditors)에 따르면, 그중 자체감사(Self-Audit)는 조직의 가치를 제고하고 운영을 개선시키기 위한 독립적이고 객관적인 보증활동과 자문활동이며, 위험관리 및 통제, 그리고 지배구조의 효과를 평가하고 개선시키는 체계적이고 숙달된 방법을 활용함으로써 조직의 목표를 달성하는데 도움을 주는 것이다. INTOSAI의 Lima 선언문(1997) 총칙 제3조에서는 독립감사(외부 감사)와 자체감사(내부 감사)를 다음과 같이 구분하고 있다. 자체감사 기구는 정부부처와 기관 내에 설치되고 소속기관장에게 종속된다. 그럼에도 불구하고 감사는 해당 기관 설치 규범의 틀에서 기능상, 조직상 최대한 독립성을 유지해야 한다.

우리나라 공공부문의 자체감사에 대한 정의는 「공감법」 제2조에서 찾을 수 있다. 이에 따르면 "중앙행정기관과 지방행정기관 및 공공기관의 감사기구의 장이 소속되어 있는 기관(그 소속기관 및 하위단체포함), 그 기관에 속한 사람들의 모든 업무활동 등을 조사·확인하고 이를 분석·검증하여 그에 대한 결과를 처리하는 것"으로 정의하고 있다. 「공공감사기준」에는 자체감사를 법에 의하여 감사원 감사를 받는 기관·단체의 장(정부투자기관의 경우 감사)이 당해 기관·단체, 그 하급기관·단체 또는 산하 기관·단체 등에 실시하는 감사로 정의하고 있다. 위와 같은 자체감사의 정의는 사회환경과 행정업무의 복잡화 및 다양화로 인하여 감사초점 및 방법 등에서 많은 변화를 요구되고 있음에 따라 현대의 자체감사의 역할은 내부통제 역할, 견제와 균형을 통한 자율적 기구의 역할, 리스크 예방적 역할, 시정 및 개선 사항 발굴 역할뿐만 아니라 경제성(Economy), 효과성(Effectiveness), 효율성(Efficiency) 등 3E를 점검하는 기능으로 확대되고 있다. 감사는 감사대상이 공공부문의 해당여부를 두고 공공감사와 민간감사로 나눌 수 있고, 공공감사는 감사업무 시행기관의 소속에 따라 외부 감사와 자체(내부)감사로 구별되며, 감사수행 시 적용하는 준거가 무엇인지에 따라 합법성 감사와 성과감사로 구별하는 등 다양하게 감사유형을 구분하고 있다. 우리나라의 경우 「공감법」 제22조에 일상감사를, 「공감법 시행령」 제10조에서 기관별 자체감사의 감사유형을 종합감사, 특정감사, 재무감사, 성과감사, 복무감사, 5개 감사유형으로 분류하고 있으며 기관의 업무특성에 따라 감사유형을 다르게 구분할 수 있도록 규정하고 있다. 독립적인 감사는 독립적인 감사인이 재무 기록, 계정, 비즈니스 거래, 회계 관행 및 자선 비영리 단체의 내부 통제를 조사하는 것이다. 독립적은 감사인/CPA가 비영리 단체의 직원이 아니라 서비스 계약을 통해 유지되므로 독립적이라는 사실을 의미한다. 즉 내부 감사와 다르게 정의된다. 독립적인 감사를 수행하는 동안 감사인은 조직의 재무제표를 검토하여 일반적으로 인정되는 회계 원칙(일반적으로 GAAP)을 준수하는지 확인한다. 이러한 회계 원칙은 FASB로 알려진 재무 회계 표준위원회에서 작성한다. 법은 아니지만, 이 표준은 가중치를 지니고 있다. 만약, 준수하지 않을 경우 감사인은 보고서에 그 사실을 주목해서 리포팅해야 한다.

> 출처: 감사품질이 감사성과에 미치는 요인에 관한 연구,
> 최광연·박종우

016   정답: 2번

통제(Control)는 조직의 정보보호 수준을 유지하려는 목적으로 조직, 인력, 프로세스, 기술로써 저지, 탐지 교정, 예방하는 활동 일체를 가리킨다. 크게 시점에 따른 통제와 구현에 따른 통제로 나눌 수 있다.

먼저 시점에 따른 통제로는 예방/탐지/저지/교정 통제가 있으며 자세한 설명은 다음과 같다.

- **예방 통제(Preventive Control)**: 알려진 보안 위협의 발생을 사전에 대비 및 방어
- **탐지 통제(Detective Control)**: 보안 위협 및 침해 사고의 발생을 인지하고 통제
- **저지 통제(Deterrent Control)**: 미비한 통제조치를 보완하거나 위험 발생을 저지
- **교정 통제(Corrective Control)**: 문제의 원인을 식별/분석하여 보완 조치

구현에 따른 통제는 관리적/기술적/물리적 통제로 구별할 수 있으며 자세한 설명은 다음과 같다.

- **관리적 통제(Administrative Control)**: 바람직한 행동 요령 및 관련 지침/정책/절차를 제공한다. 기술적/물리적 통제에 의해 강제되고 검증되는 것이 일반적이다. 예를 들어, 각종 정책 및 절차, 보안 인식 교육, BCP/DRP 등이 있다.
- **기술적 통제(Technological Control)**: 자동화된 메커니즘을 사용하며 논리적(Logical) 통제라고도 한다. 관리적 통제의 효과성과 효율성을 향상한다. 예를 들어, 생체 인식 시스템, 인터넷 방화벽, IDS/IPS, 암호 시스템 등이 있다.
- **물리적 통제(Physical Control)**: 통제 대책의 물리적 성질을 이용해 주로 물리적 접근을 통제한다. 관리적 통제와 기술적 통제의 효과성은 물리적 통제를 전제한다. 예를 들어, 담장, 시건 장치 등이 있다.

017

정답: 2번

컴퓨터 지원 감사 도구(CAATs: Computer-Assisted Audit Tool) 또는 컴퓨터 지원 감사 도구 및 기술(CAATs: Computer-Assisted Audit Tools and techniques)는 특히 사용자 로그 분석, 예외 보고, 합계산출(Totaling), 파일 비고, 계층화, 표본추출, 이중 체크(Duplicate Checks), 격차 탐지, 안정 시까지 보존하는 에이징(Ageing), 가상 필드 계산(Virtual Field Calculations) 등이다. CAATs를 사용하면 사용하지 않는 경우와 비교하여 많은 이점이 있으며, 그중 일부를 살펴보면 다음과 같다.

첫째, 더 짧은 시간 안에 그리고 노력을 덜 들여서 큰 양의 데이터를 실질적으로 검증할 수 있다. 둘째, 다른 파일/데이터에 대해서도 검증을 쉽게 반복할 수 있으며, 파라미터(Parameter)를 바꾸어 유연하고 복잡한 검증을 할 수 있다. 셋째, 감사 검증과 결과를 자동적으로 문서화할 수 있다. 마지막으로, 감사 자원을 좀 더 효율적으로 배치할 수 있다.

018

정답: 3번

감사 수행 시 고려해야 할 위험에는 내재적 위험, 통제 위험, 그리고 적발 위험이 있다. 세 가지 위험요소에 대한 각각의 자세한 설명은 다음과 같다.

- **내재적 위험**: 조직이 수행해야 하는 기능 실행에 영향을 미칠 수 있는 위험요소로서 조직 시스템에 내재해 있는 것이다. IT 시스템의 내재적 위험 중 하나는 특히 네트워크 환경에서의 시스템 사용자의 익명성이다. 조직 내에는 내재적 위험요인에 대한 통제조치가 확립되어야 한다. 어떤 경우에는, 위험요인이 중대하지 않고 그 위험 수준이 감당할 정도라고 한다면, 이에 대한 대응조치 없이 그대로 이를 받아들일 수 있다.
- **통제 위험**: 통제 조치가 실패할 가능성이 있을 경우에 대한 위험요소이다. 이런 경우에는 중대한 오류가 있을 수 있으며, 이는 즉각 확인되어야 한다. IT 시스템은 응용통제와 일반통제를 통하여 이러한 문제를 처리한다. 조직과 IT 시스템이 기능을 잘 수행하기 위해서는 이러한 통제 장치들이 잘 구성되어 있어야 한다. 통제 장치들이 실패하거나 문제가 발생하면 통제 위험이 발생할 수 있다.
- **적발 위험**: IT 및 관련 통제의 미존재 혹은 실패, 그리고 IT시스템의 기능과 관련된 문제를 감사자가 적발하지 못할 위험을 가리킨다

019

정답: 4번

IT 감사는 그 위험성을 고려하여 항상 위험기반 감사접근법에 따라 수행되어야 한다. 대상기관의 위험요소로는 IT 거버넌스, 시스템 설계 및 개발, 아웃소싱(자체 자원 활용), 운영, IT 보안, 모니터링 및 제어 등이 있다. 하지만 감사권한은 문제의 요지와 다소 거리가 멀다.

020

정답: 3번

IT 감사란 IT 시스템과 관련된 통제장치에 대한 합법성, 효율성, 경제성, 그리고 효과성에 관련된 원칙들이 준수되는지 보증(Assurance)을 얻거나 이를 위반하고 있는지 확인하기 위해서 IT 시스템과 관련 통제장치를 검토 및 검사하는 것이다. 즉, IT 감사는 IT 시스템이 사업 목적에 맞게 개발 및 운영 관리되는지 감사한다. 또한 조직이 정보자산을 보호하고, 데이터 완전성을 잘 유지하는지도 점검한다. 결론적으로 IT 감사는 시스템이 보안, 프라이버시, 비용 등 중요한 사업요소에 위험을 주지 않으면서 조직의 사업 수요를 잘 충족시키는지 확인하기 위하여 IT 시스템과 IT 통제에 대하여 감사하는 것이다.

출처: 감사원의 IT 감사 가이드라인

021
정답: 3번

위험기반 감사접근법은 감사사항 선정, 감사초점 설정 및 감사자원 배분 등 감사계획의 주요 내용을 위험평가(분석)에 근거하여 수립하고, 이에 따라 감사를 실시함으로써 감사성과를 극대화하려는 감사활동이다. 감사 계획단계의 위험 식별 시 고려되어야 할 사항은 다음과 같다.

- 새로운 사업 (M&A 포함)
- 새로운 상품 및 시스템
- 합작회사 및 동업
- 구조 조정
- 경영진 추정, 예산, 예측
- 환경 문제
- 법규 준수

022
정답: 4번

감사인의 입장에서 보았을 때, 비윤리적인 행위를 유발할 수 있는 대표적인 요소들은 다음과 같다.

- 단기성과에 대한 압박
- 비공식적인 업무집단에의 과도한 충성
- 위원회의 의사결정
- 리더 위치에 있는 사람의 비도덕적 행동
- 명령체계의 엄격한 준수 의무
- 과도한 경쟁

하지만 보기 ④번의 직원들에 대한 단속과 징계는 오히려 윤리강령의 효과를 높이기 때문에 비윤리적인 행위를 유발할 수 있는 요소로 보기 어렵다. 참고로 윤리경영은 항상 고객의 가치를 중시하고, 고객으로부터 신뢰받는 고객중심의 사고와 공정하고 맑고 밝은 기업문화를 추구하는 행동이념을 바탕으로 기업의 경영방침이자 경영전략이다.

023
정답: 4번

IT 감사의 목적은 IT 자원이 조직의 목적을 효과적으로 달성하고 자원을 효율적으로 사용하도록 하고 있는지 점검하는 것이다. 하지만 외주인력에 대한 근태의 효율성 및 성과에 대한 점검은 IT 감사와 거리가 멀다. 특히 대기업에서 외주 인력에 대한 근태 및 성과에 대한 점검 수행 시 컴플라이언스 위반이 되므로 주의해야 한다.

024
정답: 2번

일반적으로 최고감사기구는 재무감사, 내부통제감사, IT 시스템과 IT 애플리케이션에 대한 성과 감사와 관련하여 IT 감사를 한다. 넓은 의미로, IT 감사는 회계 감사(재무제표의 정확성 평가), 합법성/운영 감사(내부통제 평가), 성과 감사(정보 시스템 주제 포함), 특정 감사(외주 등 제3자 제공 용역에 대한 평가), 부정적발 감사, 정보 시스템 개발 프로젝트 감사를 할 때 수행한다. 감사의 종류와 상관없이, 감사자는 IT 통제와 그 통제방법(Mechanism)이 잘 구비되어 있는지에 대한 확신을 기반으로 감사대상 기관의 전반적인 IT 정책과 절차를 평가한다. 감사 범위는 IT 시스템의 기능, IT 프로세스, IT 시스템의 위치, 감사 기간에 따라 결정한다.

025
정답: 4번

IT 일반통제는 개별 처리 및 전송 또는 패키지 형태의 특정 회계 프로그램이나 재무 애플리케이션에 관한 것은 아니다. IT 일반통제의 목적은 프로그램과 데이터파일, 컴퓨터 운영뿐 아니라 애플리케이션의 적절한 개발과 운영을 위한 것이다. IT 일반통제의 설계와 운영은 애플리케이션 통제의 효과성에 중요한 영향을 미친다. 일반통제는 애플리케이션에 필요한 자원을 제공한다. 애플리케이션(예: 프로그래밍 변경으로부터 보호)이나 기반 데이터(처리 데이터의 방대한 집합)를 승인 없이 변경하는 것을 불가능하게 한다. 애플리케이션 통제는 개별 자료의 처리와 입력, 처리, 산출업무의 정확성을 제공한다. 앞의 내용과 같은 IT 일반통제의 설계와 운영의 효과성은 경영진이 리스크 관리를 위해 IT 일반통제를 얼마나 활용하는지의 정도에 따라 결정된다. 다음은 IT 일반통제에 해당하는 조치들을 열거한 것이다.

- 애플리케이션, 데이터에 대한 논리적 접근 통제
- 시스템 개발 수명 통제
- 프로그램 변경 관리 통제
- 데이터센터에 대한 물리적 접근 통제
- 시스템의 데이터 백업 및 복구 통제
- 컴퓨터 운영 통제

출처: 최고 감사기구를 위한 IT 감사 지침서 - 국제 협력 담당관

026

정답: 1번

IT 감사를 수행하려면 특정한 역량이 필요하다. 집합적인 의미에서 IT 감사팀이 가져야 할 역량 및 도구는 다음과 같다.

- IT에 지식이 있고 관련 기술을 갖춘 직원
- IT 시스템이 운영되는 현행 규정, 규칙 혹은 환경에 대한 이해
- IT 감사 기준/가이드 등에 대한 이해
- 자동화된 시스템에서 감사증거를 수집하는 IT 기법에 대한 이해
- 분석 결과를 수집, 분석, 재생산하거나 검사한 기능을 재검사하기 위한 적절한 IT 감사도구에 대한 이해
- 감사증거를 획득하고 보존할 수 있는 적절한 IT 인프라에 대한 이해
- 수집된 증거를 분석할 수 있는 적절한 IT 감사도구의 존재 여부

027

정답: 3번

IT 감사 실사 후에 작성하는 IT 감사보고서에 포함되는 항목 중, 보기 ③번의 감사 예외처리 대상 및 요약은 상대적으로 거리가 멀다. IT 감사보고서에는 일반적으로 감사 목표, 감사 범위, 감사 대상업무의 수행 시기, 감사 판단기준, 감사 방법론, 요약, 감사 지적사항, 감사결론, 감사 권고사항, 감사자가 수행한 감사와 관련된 원인, 위험, 제한, 유보사항, 우려사항 등이 포함된다.

IT 감사의 전문적 성격에도 불구하고 IT 감사보고서는 IT에 큰 지식이 없는 고위 관리층, 대상기관, 그리고 일반인들도 충분히 이해할 수 있도록 작성되어야 한다. 또한, IT 감사자는 감사보고서를 확정하여 공개하기 전에 IT 시스템 관리자와 보고서 초안을 논의할 수 있으며, 지적사항, 결론, 권고사항 등에 대한 IT 시스템 관리자의 반응을 적시하는 것이 적절할 경우 이를 최종 보고서에 포함시킬 수 있다. 대상기관은 비용, 시정조치의 복잡성, 혹은 다른 이유로 시정조치를 취하지 않기로 결정할 수 있다. IT 감사보고서는 이러한 사항을 내부 규정에 따라 책임 있는 자에게 보고하여야 한다. IT 감사자와 대상기관 사이에 특정 권고사항이나 감사보고서의 언급사항에 대하여 의견의 불일치가 있으면, 감사보고서에 양자의 입장을 언급하고 그 이유를 별첨 문서에 서술하거나 대상기관의 의견을 감사보고서 본문이나 Cover Letter(보고서 송부 서한)에 언급할 수도 있다.

또한 IT 감사자는 감사보고서가 발간되었을 경우의 잠재적인 부정적 파급효과를 고려할 수 있다. 따라서, IT 감사자가 IT 시스템에 보안 문제를 발견하고 이에 대한 시정조치가 이루어지기 전에 이를 보고한다면, IT 시스템의 문제에 대하여 조치하기 전에 일반인에게 그 IT 시스템의 취약성이 노출된다. 이런 상황을 가정할 때, 감사원은 감사보고서가 가져올 수도 있는 부정적인 영향을 피하기 위하여 IT 시스템의 문제가 해소된 후에 보고하거나 혹은 IT

시스템의 취약성을 상세히 보고하지 않을 수도 있다. 모든 감사의 후속조치는 전체 IT 감사 과정의 핵심이다. 이것은 IT 감사 과정에서 확인된 결점이 모두 만족스럽게 수행되었는지 확인하기 위해 수행된다. 이것은 일반적으로 감사원이 수행하는 지속적인 위험평가의 결과이다. 보고된 IT감사의 후속조치의 일환으로 IT 감사관은 합리적인 시간 경과 후에 감사를 재검토하여 모든 권고사항이 집행되도록 한다.

028 정답: 1번

특별한 코딩 조건과 가장 관련성이 없는 것은 보기 중 변수(Variable)다. IT 감사에 필요한 특별한 코딩 조건에는 수(Numeric), 문자열(String), 날짜와 시간(Date & Time), 통화(Currency)가 있다.

029 정답: 3번

감사자의 IT 감사 권한은 대개 감사자가 감사를 수행하기 위해서 수임한 일반적인 권한에서 나오는 것이다. 그렇지만 일부 국가에서는 감사자가 IT 감사나 IT 시스템 감사를 수행할 수 있는 특별한 권한을 가지는 경우도 있다. 많은 감사자의 경우 재무 감사, 성과 감사, 그리고 합법성 감사를 수행할 수 있는 권한만 가지고 있으면 IT 감사 수행을 위한 충분한 권한을 가진다고 할 수 있다. 왜냐하면, IT 시스템이 재무 시스템을 포함한 조직활동의 핵심을 지원하기 때문이다. 따라서 IT 감사 수행을 위한 추가적인 권한은 불필요하다.

만일 구체적으로 감사권한을 부여하는 경우라면 조직이 기능적인 목표를 달성하기 위하여 활용하는 IT 시스템에 대한 감사권을 명시적으로 규정하여야 한다. 또한 조직의 모든 전자적 및 비전자적 문서와 정보에 대해서 적시에, 제한 없이, 직접적이며, 자유로운 접근을 규정하여야 하며, 이때 조직의 기능 혹은 그 일부가 조직 내에서 수행되는지 혹은 외주(Outsources)에 의해서 수행되는지는 고려되지 않는다.

030 정답: 1번

이러한 문제는 자주 출제되며 난이도가 쉬운 문제이므로 수험생의 입장에서는 무조건 맞혀야 할 것이다. 감사 표본은 감사대상인 모집단의 구성원 모두보다 더 적은 수의 구성원에 감사절차를 적용하는 것으로서, 모든 모집단 구성원들이 표본으로 추출될 수 있으므로 감사자는 표본 전체에 대한 결론을 도출할 수 있는 합리적인 근거를 가지게 된다. 이것은 IT 감사의 표본추출에도 그대로 적용된다. 뿐만 아니라, 감사 표본을 설계할 때 IT 감사자는 감사절차의 목적을 고려해야 하며, 모집단의 특성과 표본 추출 및 분석의 기법과 도구도 충분히 고려하여야 한다. IT 감사자는 표본추출 위험을 충분히 낮은 수준까지 낮출 수 있도록 표본 크기를 결정하여야 한다. IT 감사자는 표본을 추출할 때 모집단의 각 단위가 모두 선택될 수 있도록 가능성이 있는 방식으로 추출하여야 한다. ICT 환경 하에서 감사를 수행할 경우, 특히 예비적 측정단계에서는 모집단 모두를 쉽게 분석할 수 있다. 하지만, 실증적 검증이나 상세한 검사를 수행하기 위해서는 표본추출이 여전히 필요하다.

031 정답: 2번

감사대상은 하드웨어, 운영체계, 데이터베이스 관리 시스템, 응용 프로그램, 네트워크 소프트웨어를 갖고 있다. 감사자는 분석을 위해 이러한 원천으로부터 정보를 수집할 수 있어야 한다. IT 시스템과 데이터베이스를 이해하는 것은 데이터 추출을 위한 필수적 절차이다. 감사자는 앞서 언급한 기술을 사용하는 것이 타당한지 여부를 결정하여야 하고 기술의 완전성과 유용성에 만족할 수 있어야 한다. 기술을 사용할 때에는 감사대상의 시스템과 데이터의 완전성에 영향을 미치지 않아야 한다. 데이터 수집 기술은 감사에서 사용할 수 있는 기간 및 자원뿐만 아니라 감사팀이 수행하는 위험 평가에 근거해야 한다. IT 시스템을 보유한 기관에서 일반적인 IT 감사를 수행하기 위해 필요한 정보의 원천은 다음과 같다.

- 시스템, 데이터, 프로세스 등 흐름도
- 사용자 요구 사항(URS: User Requirement Specification)
- 시스템 요구 사항(SRS: System Requirement Specification)
- 시스템 개발 문서
- 전자 데이터
- 예산정보
- 기존 내·외부 감사보고서
- 시스템의 기능·통제·모니터링과 관련된 정보
- 조직의 정책, 업무 절차 및 업무 가이드라인
- 시스템 사용자 인터뷰 정보

032 정답: 1번

IT 감사의 한계에 대해서는 반드시 보고서에 명시해야 한다. 보통은 데이터와 정보에 대한 부적절한 접근, 정보화 과정에서의 적절한 문서화의 부족, 결론을 도출하기 위한 분석과 조사의 객관성 부족이 그 한계이다. 감사자는 이러한 한계에 직면하게 되었을 때는 최종 보고서에 기록함이 원칙이다.

033 정답: 3번

감사팀은 IT 감사에 자원을 배분할 때에 다양하게 선택할 수 있다. 가장 보편적인 방법은 IT 전문가들로 집단을 구성하여 이들이 다른 이들이 수행하는 IT 감사를 돕도록 하는 것이다. 이렇게 하면 소수의 전문인력만으로도 IT 감사를 최대한 수행할 수 있다. 또는 IT 전문가들을 감사팀 내에 배치할 수도 있다. 그러나, 감사팀은 당장 소수의 IT 감사만을 수행할 것이므로, 이 대안은 IT 전문가를 효율적으로 활용하는 방안이 될 수는 없다. IT 감사가 증가함에 따라, 감사팀은 IT 감사 전담반을 만들려고 시도하는 경향이 있다. 그러면 이 전담반이 모든 IT 감사를 수행하게 된다. IT 감사 전담반은 감사팀 내의 기존 감사지식을 소유한 다른 감사자원과 업무협력을 수행함으로써, 감사업무를 신속히 이해하게 된다. 또한 비 IT 감사자원들도 IT 감사가 용이하게 추진될 수 있도록 모든 업무과정에 협조하면서 IT 시스템을 지원할 수 있게 된다.

034 정답: 2번

감사 증거는 IT 감사자들이 자신들의 관찰사항을 관련된 시기(감사 시 혹은 그 이후)에 관련된 이해관계자들에게 충분하고 신뢰성 있게 그리고 정확하게 입증하기 위해서 수집한 데이터, 기록, 문서, 그리고 정보를 말한다. 따라서, 감사증거는 내부품질 확신기준에 따라 충분성, 신뢰성, 정확성/정밀성을 충족시켜야 하는 특성을 가진다. IT 감사 증거는 이후 이를 수정하여 재사용 될 수 없도록 적절히 수집되고 저장되어야 한다. 정보가 계속해서 변할 가능성이 있는 경우에는 IT 감사자들은 증거가 되는 정보에 시간이 기록되도록 하여야 한다. IT 감사 시에는 증거의 확인, 수집, 저장, 유지에 있어서 일반적인 경우와는 다르게 특별한 방법을 사용한다. 감사 시 관찰 대상이 되는 표본에 대해서는 별도의 테스트를 통하여 증거를 수집할 수는 있으나, 전자적인 데이터는 모두 다시 판단기준에 따라서 검증하여야 한다. 그러나, 예외 입증은 표본을 통해서 선택적으로 수행 가능하다. 예외의 수가 크면 전체 예외의 대상 중 표본을 선택하여 예외를 입증하는 식이다. 표본은 무작위, 체계적 무작위, 화폐단위 표본수집을 통해서, 혹은 IT 감사자의 판단에 따라 선정될 수 있다.

035
정답: 4번

이사회(BOD: Board of Director)는 회사의 업무집행에 관한 의사를 결정하기 위하여 이사 전원으로 구성되는 주식회사의 필요 상설기관이다. 상설기관이지만 그 활동은 정기 또는 임시의 회의형식으로 하게 되며, 법령 또는 정관에 의하여 주주총회의 권한으로 되어 있는 것을 제외하고는 회사의 업무집행에 관한 모든 의사결정을 수행할 권한이 있다. 회사의 업종과 지역을 불문하고 이사회의 권한은 동일한 방식으로 정의되는 경향이 있다. 대부분의 회사들이 이사회 복무 규정에서 이사들의 직무를 다음과 같이 규정하고 있다.

- 회사의 전략, 계획, 예산에 대한 승인 및 회사의 실적 감시
- 주요 자본 지출 및 주요 사업부문의 매각 또는 인수에 대한 승인
- 자본 구조, 배당 정책, 재무제표의 정확성 및 투명성에 대한 승인
- 회사가 직면한 주요 위험 파악 및 관리 보장
- CEO의 임명과 평가, CEO 후임자 선정 계획 수립
- 고위 임원의 보수에 대한 승인
- 법과 공동체 규정의 준수, 회사를 위한 윤리규정 마련

036
정답: 3번

보기 중 IT 자원 이용현황의 모니터링과 관련된 역할을 수행하는 인력은 보기 ③번의 IT 운영위원회다. IT 운용이란 조직의 업무 요구를 지원하기 위해서 일상적으로 IT 인프라를 작동하는 것을 말한다. IT 운용을 적절하게 관리함으로써 애로사항을 미리 감지하고 예상되는 용량변화(하드웨어 혹은 네트워크 자원의 추가 소요)에 대비하며, 조직의 요구를 만족시키고 있는지 그 성과를 측정하고, 헬프 데스크를 통한 지원창구를 활용하여 도움을 제공하며, IT 자원의 사용자들을 위해서 바로 관리 지원을 제공할 수 있도록 해야 한다.

037
정답: 3번

감사 헌장에는 감사 기능의 전반적인 권한, 범위 및 책임을 기술해야 한다. 감사헌장은 최고위 수준의 경영진이 존재하는 경우, 감사위원회에 의해서 승인되어야 한다. IS 감사의 장단기 마일스톤 관리는 감사 관리진의 책임이다. 각 IS 감사의 목적과 범위는 계약서를 통해서 합의되어야 한다. 감사인력에 대한 훈련계획은 감사 관리자들에 의해서 개발되어야 한다. IS 감사 헌장을 통해서 규정되어야 하는 것은 정보 시스템 감사 기능의 역할과 책임이다. 또한 제정이나 개정 후에는 반드시 이사회나 감사위원회의 승인을 받아야 한다

038
정답: 3번

감사실의 책임자는 자신의 임무를 수행할 때 다음 사항에 대해 경영진과 감사위원회에 책임을 져야 한다. 첫 번째, 사명과 업무 범위에 따라 활동을 통제하고 위험을 관리하기 위해서 조직 프로세스의 적절성과 효과성에 대한 정기적인 평가를 제공한다. 두 번째, 프로세스 개선 가능성을 포함하여 조직의 활동 통제 프로세스와 관련된 중요한 문제를 보고하며 연례 감사 계획의 상태 및 결과 및 부서 자원의 충분한지에 대한 정보를 정기적으로 제공해야 한다. 세 번째, 위험 관리, 준수, 보안, 법률, 윤리, 환경, 외부 감사 기능들을 모니터링하고, 다른 통제시스템을 감시, 조정 및 감독한다.

039
정답: 3번

운영 프로그램에서 승인받은 변경만이 이루어졌는지를 파악하기 위해서는 증적의 존재를 평가할 수 있도록 변경관리 프로세스를 검토해야 한다. 준

거성 테스트는 이 변경관리 프로세스가 일관성 있게 적용되었는지를 확인할 수 있는 방법이다. 반면에, 컴퓨터 포렌식은 범죄 조사에 필요한 전문적인 기법이고 시스템 로그 분석은 프로그램의 변경에 대한 정보를 파악하는 데는 적절하지 않다. 보기 ④번의 담당자 면담 해당사항과는 거리가 멀다. 왜냐하면 책임소재와 책임에 대해서 추궁 시 입을 다물거나 엉뚱한 답변이 나올 수 있기 때문이다.

040
정답: 1번

논리적 접근통제를 평가할 때 IS 감사인이 가장 먼저 수행해야 하는 것은 관련 문건을 검토하고, 질의하고, 위험 평가를 수행을 함으로써, 정보 처리에 관련된 보안 위험을 이해하는 것이다. 두 번째 단계는 통제의 적절성, 효율성, 효과성을 평가하고, 이에 따라 통제의 취약점이나 중복성을 식별하기 위한 문서화와 평가이다. 세 번째 단계는 접근 경로를 테스트하여 통제가 제대로 작동하고 있는지를 파악하는 것이다. 마지막 네 번째 단계는 성문화된 정책을 검토하고 관련 실무를 관찰하고 보안에 관련한 베스트 프랙티스와 비교하여 통제 환경의 적절성에 대해서 평가해야 한다.

041
정답: 2번

어떤 비즈니스 연속성 프로세스이든 간에 가장 중요하게 고려되어야 할 대상은 인간 생명의 보호이다. 이는 모든 계획에서 다른 프로세스 관점보다 우선시해야 한다. 인간이 가진 욕구 중에서 안전은 가장 기본적인 부분을 차지하고 있으며 회사 입장에서는 직원들의 안전을 위해 회사가 제공해줄 수 있는 것은 모두 제공하는 것이 원칙이다.

042
정답: 3번

인가되지 않은 불법 소프트웨어의 사용은 조직에서 금지되어야 한다. 소프트웨어 저작권 침해는 조사 시 적발될 위험이 있으며, 상당한 벌금을 초래할 수 있기 때문이다. 감사인은 사용자와 시용자의 부서장에게 그 위험과 재발 방지의 필요성을 이해시켜야 한다. 그러나 집행 책임자의 역할을 수행하거나 또는 인가되지 않은 소프트웨어의 삭제에 대해서 직접적으로, 개인적으로 개입해서는 안 된다.

043
정답: 1번

통제자가평가(CSA: Control Self-Assessment)란 단위 조직의 장 또는 프로세스 오너(Process Owner)가 정해진 방법에 따라 자신의 소관 업무와 관련된 재무보고 내부통제를 검토하거나 평가하는 것을 의미한다. CSA는 1987년 캐나다에서 처음 도입된 방법으로서 내부통제 운영의 효과성을 점검하고 평가하기 위한 하나의 방법론이다. CSA는 단위 조직의 장 또는 프로세스 오너로 하여금 내부통제의 이행여부를 감독, 모니터링하도록 함으로써 내부통제의 설계 및 운영에 대한 책임을 강화시킨다. 또한, 전직원이 내부통제 평가과정에 참여함으로써 통제인식이 제고되며 내부통제를 주의 깊게 설계하고 운영하도록 통제수행자에게 동기를 부여하여 회사내의 통제 환경을 개선시켜 주는 효과가 있다. 그리고 위험평가 및 미비점 수정 등에 대한 통제실행부서의 자발적인 참여를 유도하여 효과적인 평가 체계 구축에 이바지할 수 있다. 이러한 의미에서 CSA는 내부회계관리제도의 평가만이 아니라 운영목적 및 법규준수 목적의 내부통제 평가에도 활용될 수 있는 유연하고 경제적인 평가 방법이다.

044
정답: 1번

정보보안 감사는 정보자산을 보호하기 위한 정보

보안 체계의 구성과 운영의 효율성, 보안 기준 및 절차들의 이행여부를 제3자 입장에서 독립적으로 점검하고, 미흡한 부분에 대한 개선사항을 제시하며 보안관리 수준을 향상시키고자 하는 활동이다. 정보보안 감사의 일반적인 순서는 다음과 같다. 감사대상 선정 → 감사범위 파악 → 감사 준비 계획 수립 → 감사 수행 및 감사 자료 확보 → 감사보고서 작성의 순서이다.

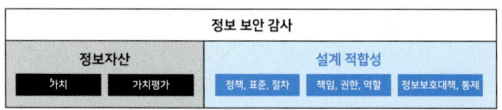

045　　　　　　　　　　　　정답: 3번

보안감사 정책을 수립하기 위해서는 비즈니스에 대한 위험과 위협을 분석하여 이에 맞는 보안감사 정책을 수립해야 한다. 보안감사 정책수립 시 결정해야 하는 사항은 다음과 같다.

- 감사대상 보안 영역
- 감사목적(감소시키고자 하는 보안 위험)
- 감사범위 및 중점감사항목
- 감사일정 및 기간감사대상 부서
- 참여 감사자
- 감사기법 및 감사기준
- 기타 필요사항

보기 ③번의 감사수행 비용은 정책 수립 시 고려되어야 할 사항은 맞으나, 결정해야 될 사항과는 가장 거리가 멀다.

046　　　　　　　　　　　　정답: 1번

감사계획을 수립할 때 감사인은 검토 대상의 전반적인 환경을 이해해야 한다. 여기에는 업무활동을 지원하는 정보 시스템의 유형뿐 아니라 감사대상 부문과 관련된 다양한 비즈니스 프랙티스와 기능에 대한 전반적인 파악이 포함되어야 한다. 감사계획의 수행단계는 다음과 같다.

(1) 가용성, 무결성, 보안성 등과 같은 정보 및 처리 요구사항, 비즈니스 기술, 비즈니스 기밀성 등을 포함한 비즈니스의 미션, 비즈니스 목표, 비즈니스 목적, 프로세스 등 비즈니스에 관련된 전반적인 사항을 이해한다.
(2) 피감사인의 비즈니스 환경에 대해서 이해한다.
(3) 이전 감사 자료 및 내용을 검토한다.
(4) 정책, 기준 그리고 요구되는 지침, 절차 및 조직 구조와 같은 내용을 파악한다.
(5) 감사 계획 설계를 위해 위험분석을 수행한다.
(6) IT에 관련된 내부통제에 대한 검토를 실시한다.
(7) 감사의 범위와 목적을 파악한다.
(8) 감사 접근방법과 전략을 수립한다.
(9) 감사에 인적자원을 할당한다.
(10) 감사에 필요한 준비사항을 파악한다.

047　　　　　　　　　　　　정답: 3번

정보 시스템 감사 및 보증 전문가는 업무 계획을 수립하면서 잠재적인 취약성이나 통제의 부재를 고려하며 그러한 취약성이나 통제의 부재가 중요한 결함이나 중요한 취약점이 될 수 있는지 고려해야 한다. 또한, 감사 및 보증 전문가는 감사 절차의 본질, 시기와 범위를 결정하는 동안 중요성과 감사 위험과의 관계를 고려해야 한다. 그리고 감사 및 보증 전문가는 경미한 통제 결함이나 취약성의 누적적인 효과를 고려해야 하며 통제의 부재가 중대한 결함이나 중요한 취약점으로 전환될지 여부를 고려해야 한다. 감사 및 보증 전문가는 보고서에 다음과 같은 내용을 고려해서 포함시켜야 한다.

- 통제의 부재나 비효율적인 통제
- 통제 결함의 중요성
- 취약점이 중대한 결함이나 중요한 취약점으로 이어질 가능성

048 정답: 1번

오늘날의 끊임없이 변화하는 비즈니스 환경에서 조직의 목표를 달성하기 위해서는 효과적인 내부 통제와 동적 위험 관리 문화가 필요하다. 조직은 이러한 통제의 위험과 효율성을 지속적으로 평가해야 한다. 이를 위해 조직은 위험 노출 영역을 식별하고 관리하는 효과적인 접근 방식인 자가통제평가(CSA)를 수행하며 잠재적 기회를 강조해야 한다. CSA는 조직이 자신의 위험을 관리하여 비즈니스 목표를 달성할 수 있도록 지원하는 프레임워크를 제공한다. 간단히 말해서 CSA는 비즈니스 목표, 위험 및 제어를 문서화하고 운영 관리 및 직원이 제어의 적절성을 평가하는 구조화된 접근방식을 포함한다. CSA의 주요 장점은 다음과 같다.

- 주요 활동과 사업부 및 프로세스의 목표에 대한 명확하고 공유된 이해를 얻을 수 있다.
- 경영진과 직원 간의 위험 및 통제에 대한 인식을 향상시킨다.
- 조직을 통해 제어 프레임워크를 개선하기 위한 유연하면서도 구조화된 접근 방식을 제공한다.
- 경영진과 직원 간의 위험 및 통제에 대한 책임을 강화한다.
- 비즈니스 성과를 개선할 수 있는 모범 사례와 기회를 강조한다.
- 여러 위치에서 동일한 기능이 수행되는 프로세스를 표준화하고 벤치마킹한다.
- 이사들이 기업 지배구조 책임을 다할 수 있도록 도와준다.
- 내부 감사관이 사업부에 대한 정보를 수집하는 데 걸리는 시간과 노력을 줄이고 주의가 필요한 영역에 더 빠르게 집중할 수 있다.

한편 CSA는 다음과 같은 몇 가지의 단점도 잠재적으로 포함하고 있다.

- 부가적인 업무로 여겨진다.
- 감사기능의 대체로 오해될 수 있다.
- 개선제안에 대한 실패는 종업원 의욕을 저하시킬 수 있다.
- 동기부여의 부족은 통제약점의 효과적인 적발을 제한할지도 모른다.

049 정답: 3번

문제의 내용은 전통적인 감사와 CSA(Control-Self Assessment) 접근방법의 특징이다. CSA는 CISA 시험에서 반드시 출제되는 영역이므로 반드시 그 특징과 차이점에 대해서 숙지하고 있어야 한다.

- **전통적인 접근방법의 특징**
  - 임무 부여/직원 감독
  - 정책/규정 중심적
  - 담당자의 참여 제한적
  - 이해관계자 지향성이 낮음
  - 감사인 및 기타 전문가

- **CSA(Control-Self-Assessment)의 특징**
  - 권한 부여/담당자가 책임을 짐
  - 지속적인 개선/학습 곡선
  - 담당자의 참여 확대 및 훈련
  - 이해관계자 지향성이 높음
  - 모든 부서, 모든 수준의 인력들이 통제 분석 담당자

050 정답: 3번

침입탐지 시스템을 통해서 이루어지는 보안관련 활동 및 사건을 기록/조사하는 보안감사 기능에 대한 요구사항은 감사데이터 생성, 감사데이터 보호, 보안감사 검토에 대한 요구사항으로 이루어진다.

- **감사데이터 생성**: 침입탐지 시스템을 통하여 이루어지는 보안관련 활동 및 사건을 기록하는 기능
- **감사데이터 보호**: 침입탐지 시스템의 감사데이터를 보호하는 기능

- **보안감사 검토**: 침입탐지 시스템의 관리자가 감사데이터를 조회하는 기능

051 정답: 1번

감사 테스트를 위한 표본의 구축 및 추출과정에서 수행하는 핵심적인 작업단계는 다음과 같다.

(1) 테스트의 목적을 결정한다.
(2) 샘플링 대상이 될 모집단을 정의한다.
(3) 샘플링 방법을 결정한다(예를 들어, 속성 샘플링과 변량 샘플링 중 어느 것을 사용할지 결정한다.)
(4) 표본의 크기를 결정한다.
(5) 표본을 선정한다.
(6) 감사인의 시각에서 표본을 평가한다.

052 정답: 1번

정보 시스템 감사의 전체 혹은 일부를 외부 서비스 공급자에게 아웃소싱하는 것을 고려할 때 감사인은 다음과 같은 사항을 고려해야 한다.

- 감사, 보안서비스의 아웃소싱에 대한 법률 및 제도에 의해 규정된 제한
- 감사헌장(Audit Charter) 혹은 계약상의 규정
- 특정한 또는 전반적인 정보 시스템의 감사 목적에 미치는 영향
- IS 감사위험과 전문가 책임에 끼치는 영향
- 타 감사인과 전문가의 독립성과 객관성
- 전문적인 능력, 자격, 경험
- 아웃소싱될 업무의 범위 그리고 접근방법
- 감독 및 감사관리 통제
- 감사 업무 결과에 대하여 의사소통하기 위한 방법과 양식
- 법, 제도적인 조항의 준수
- 적용 가능한 전문적 기준의 준수
- 증명서/추천서, 경력확인, 배경조사
- 시스템, 건물 내 구역, 기록에 대한 접근
- 고객관련 정보의 보호를 위한 기밀성 제한
- 외부의 감사서비스 제공자들이 사용할 CAAT 및 기타 도구들
- 업무수행과 문서화를 위한 기준과 방법론
- 기밀유지협약서(NDA: Non-Disclosure Agreement)

053 정답: 2번

범용 감사 소프트웨어(GAS: General Audit Software)는 IS 감사인에게 분석에 쓰일 데이터에 접근할 수 있는 독립적인 수단을 제공한다. 이와 함께 상위 수준의 문제해결 소프트웨어를 이용하여 데이터 파일에 여러 가지 기능을 수행할 수 있는 능력을 제공한다. 또한 수학적 연산, 계층화, 통계분석, 순서 체크, 중복성 체크, 재계산 등의 기능을 가지고 있다. GAS에서 지원하는 기능은 다음과 같다.

- **파일 접근**: 상이한 기록형식이나 파일 구조를 읽을 수 있다.
- **파일 재구성**: 인덱싱, 정렬, 다른 파일과의 통합 등을 할 수 있다.
- **데이터 선택**: 전반적인 필터링 조건과 선택 기준을 설정할 수 있다.
- **통계 기능**: 샘플링, 계층화, 빈도분석을 수행할 수 있다.
- **연산 기능**: 연산자와 연산 기능을 사용할 수 있다.

054 정답: 2번

트랜잭션, 데이터, 다른 정보의 무결성을 평가하고자 증거를 수집하는 데 사용하는 실증 테스트는 CAATs를 이용한 감사절차와 가장 거리가 멀다. 보통 실증 테스트는 무결성을 검증하기 위해서 사용하므로 감사 담당자가 직접 수작업(Eye Check)으로 검증하는 경우가 많다. 컴퓨터 이용 감사기법

(CAATs: Computer Assisted Audit Technique)을 활용한 감사절차는 다음과 같다.

(1) 트랜잭션 및 잔액의 상세 테스트
(2) 분석적 검토 절차
(3) IS 일반 통제의 준거성 테스트
(4) IS 애플리케이션 통제의 준거성 테스트
(5) 네트워크와 운영체계의 취약성 평가
(6) 침투 테스트
(7) 애플리케이션 프로그램 보안테스트와 소스 코드 보안 스캔

055   정답: 2번

IS 감사인이 정보 시스템의 문서화에 대해 검토할 때 가장 먼저 해야 될 일은 조직 내에 현존하는 문서를 이해하는 것이다. IS 감사인은 최소한 다음 목록에 있는 정보화 시스템의 문서들을 검토해야 한다. 하지만 감사현장은 여기에는 포함되지 않는다.

- 시스템 개발 착수 문서
- 기능적 요구사항 및 설계 명세서
- 프로그램 및 운영문서
- 테스트 계획서 및 보고서
- 프로그램 변경 로그 및 이력서
- 사용자 매뉴얼
- 운영 매뉴얼
- 보안 관련 문서
- 품질 보증 보고서

056   정답: 3번

감사관리자는 적절한 감사지원이 가능하도록 해야 하며 감사수행 일정, 경영진이 취한 교정활동의 현황을 점검하기 위한 사후관리 일정 등이 적절하게 수립되도록 하여야 한다. 감사에 대한 논의에는 감사 범위, 감사 목적, 기준, 감사 절차, 증거, 결론 및 의견 그리고 보고가 포함되어야 한다. 하지만 외부 감사와 내부 감사 영역 설정은 상대적으로 거리가 멀다.

(1) **감사 업무 계획**: 감사별 위험을 고려하여서 최적화된 감사를 계획한다.
(2) **감사 계획 작성**: 시간에 따라 필요한 감사업무를 목록화하며 자원 사용을 최적화한다. 피 감사인의 일정을 적절히 고려하여 각 과업당 요구되는 시간을 현실적으로 추정하여야 한다.
(3) **감사 계획 실행**: 최적화된 계획에 따라 감사 업무를 실행한다.
(4) **감사 활동 모니터링**: 감사인은 작업이 적극적으로 수행되고 있으며 시간과 예산에 맞추어서 완료될 것임을 보장하기 위해 계획대비 실제 진척을 보고해야 한다.

참고로 완료성과지수(TCPI: To-Completion Performance Index)는 BAC(완료시점 예산)/EAC(완료 시점 예산 산정치)와 같이 정해진 관리 목표를 달성하기 위해 잔여 작업에서 달성해야 하는 원가 성과를 산출한 예상치이다.

057   정답: 1번

IT 거버넌스는 이사회에서 사용하는 관리 시스템이다. 즉, IT 거버넌스는 모든 이해관계자들이 의사결정 프로세스에 관여하는 시스템을 의미한다. 따라서 IT 거버넌스는 이사회와 최고 경영진의 책임이다. IT 거버넌스의 관리 책임이 있는 이사회는 경영진이 필요한 시스템과 IT 통제가 적절하게 구현되어 있는지 감독한다.

058   정답: 1번

비즈니스 프로세스 재설계(BPR: Business process reengineering)는 경영혁신기법의 하나로서, 기업의 활동이나 업무의 전반적인 흐름을 분석하고, 경영

목표에 맞도록 조직과 사업을 최적으로 다시 설계하여 구성하는 것이다. 정보 시스템이 도입되면서 BPR이 매우 용이해졌다. 반복적이고 불필요한 과정들을 제거하기 위해 작업 수행의 여러 단계들이 통합되고 단순화된다.

다음은 해머와 챔피(Hammer&Champy, 1993)에서 제시한 BPR 추진을 위하여 반드시 지켜야 할 7가지 원칙이다.

(1) 업무 자체보다는 업무의 결과를 중심으로 조직화하라.
(2) 프로세스의 결과를 이용하는 사람이 해당 업무를 수행하게 하라.
(3) 정보처리 업무는 정보를 실제로 생산하는 업무에 포함시켜라.
(4) 지리적으로 분산되어 있는 자원을 마치 중앙에 집중되어 있는 것처럼 취급하라.
(5) 병행 업무에 대해서는 결과의 통합이 아닌, 과정의 연결을 시도하라.
(6) 의사결정점을 실제로 업무가 수행되는 곳에 두고, 통제를 처리과정의 일부로 만들어라.
(7) 정보는 한 번만 그 원천(발생지역)에서 파악하라.

059 정답: 2번

애플리케이션 시스템의 개발과정을 이해하기 위해서 다음 문서들은 반드시 검토되어야 한다.

- **시스템 개발 방법론 문서**: 이 문서에는 비용/효과 분석과 함께 사용자 요구사항이 포함되어야 한다.
- **기능 설계 명세서**: 이 문서는 애플리케이션 시스템에 대한 상세한 설명을 제공한다. 이 문서를 검토 시 핵심 통제포인트를 반드시 이해하여야 한다.
- **프로그램 변경 통제 기록**: 이 문서는 모든 프로그램의 변경에 대해 검토 가능하도록 준비되어야 한다. 모든 변경에 대해서는 승인받은 증거가 제시되어야 하고, 이때 추적이 가능해야 되며 또한 소스 코드와 교차 비교되어야 한다.
- **사용자 매뉴얼**: 사용자 매뉴얼의 검토는 사용자들이 애플리케이션 시스템을 사용하는 방법을 이해하는 기반을 제공한다. 이 문서의 검토를 통하여 통제의 취약성을 파악할 수 있다.
- **기술 참조 문서**: 이 문서에는 내부 문서뿐만 아니라 구매한 벤더사의 제품에 대한 기술 매뉴얼이 포함된다. 따라서 이러한 문서에는 보통 접근규칙과 논리가 포함된다.

060 정답: 1번

IS 감사자의 입장에서 봤을 때, 데이터베이스 보안의 목적은 다음과 같이 요약할 수 있다. 첫 번째, 권한통제는 사용자별로 허가된 SQL 쿼리만을 사용하도록 하는 통제이다. 두 번째, 접근통제는 허가된 사용자만의 접근과 DBMS 서비스 자체의 결함으로 인한 보안노출을 차단하는 통제이다. 세 번째, 사후 추적은 허가된 사용자의 작업내역(감사증적)을 기록하는 통제이다.

061 정답: 3번

IS 감사자 입장에서 소스 코드에 대해서는 다음과 같은 사항을 유의해서 살펴보아야 한다.

- 소스 코드에 대한 접근권한
- 소스 코드에 대한 운영서버 이관 반영 시 담당자
- 프로그램에 대한 개발 소스 코드와 프로그램 오브젝트와의 일치 여부
- 변경 및 릴리스 관리에 대한 사항
- 오프 사이트 및 에스크로 계약이 포함된 소스 코드의 백업 여부

참고로, 버전 관리(VCS: Version Control, Revision Control), 소스 관리(Source Control), 소스 코드 관리(SCM: Source Code Management)는 모두 동일한

정보에 대한 여러 버전을 관리하는 일을 가리키는 말이다. 공학과 소프트웨어 개발에서 팀 단위로 개발 중인 소스 코드나, 청사진 같은 설계도 등의 디지털 문서를 관리하는 데 사용된다. 그러한 문서의 변경 사항들은 숫자나 문자로 이뤄진 (개정판 번호나 개정판 라벨이라고도 불리는) '버전'을 부여해서 구분한다. '버전'을 통해서 시간적으로 변경 사항과 그 변경 사항을 작성한 작업자를 추적할 수 있다.

간단한 버전 관리 방법을 예시하면 다음과 같다. 먼저 처음 작성한 코드에 버전 번호 1을 부여한다. 변경 사항이 생기면, 버전 번호를 2로 증가시킨다. 이처럼 추후 변경 사항이 발생 시마다 버전 번호를 1씩 증가시킨다. 소프트웨어 엔지니어링에서는 일반적인 소프트웨어 소스 코드만을 관리하는 것을 주로 버전 관리라고 정의하게 된다. 일반적으로 산업 공학이나 이전 생산 기반 제조 공학 등에서 소프트웨어 쪽으로 넘어오는 학문적 관심에 의해 이전 생산 공학에서 사용하던 개념을 가져오게 되었고, 그에 따라 버전 관리(Software Version Management)와 형상 관리(Software Configuration Management)의 개념들이 따라왔다고 볼 수 있다. 버전 관리 소프트웨어 도구들은 거의 모든 소프트웨어 개발 프로젝트에서 필수적인 요소로 인식되고 있다. 하지만 문제 출제 의도상 보기 중에서 가장 답변과 거리가 멀다.

062 정답: 1번

IS 감사자의 입장에서 제일 먼저 살펴보아야 할 문서는 다운타임 보고서(Downtime Report)이다. 다운타임 보고서는 원격통신 회선과 선로의 가용성을 추적한다. 네트워크 관리의 이슈로 정전이나 선로의 단선, 통신량의 과부하, 운영자의 오류, 비정상적인 조건 등으로 인해서 네트워크 통신에 차질이 발생하면 모두 다운타임 보고서에 나타난다. 참고로 다운타임은 기계가 가동하지 않는 기간이다. 대부분의 제조업체에서 예상치 못한 또는 계획되지 않은 가동 중지 시간은 제조 생산성과 수익성을 감소시키는 가장 중요한 요소이다. 기계가 다운되는 주된 이유, 특히 예기치 않게 다운되는 이유를 이해하는 것은 제조 작업에 끼치는 다운타임의 영향을 줄이고자 하는 기업에게 중요하다. 추가적으로 다운타임 보고서는 사용자 환경에서 분류된 시스템 다운타임을 보고 분석할 수 있는 그래픽 및 대화형 보고 도구 모음을 제공한다.

063 정답: 3번

IS 감사자의 입장에서 다음과 같은 추가 방안을 고려해야 한다. 하지만 위의 상황으로 고려할 때 가장 해당되지 않는 것은 보기 ③번의 사용자 매뉴얼을 업데이트 하는 것으로, 정답과 거리가 멀다.

- 원격 통신 회선 추가 또는 교체
- 보다 더 신뢰할 수 있는 전송 링크로 교체(공용회선을 전용선으로 교체 등)
- 백업용 발전기 설치
- 접근 통제 개선
- 단기 및 장기 사용자의 수요를 정확하게 예측하기 위한 선로 이용도에 대한 모니터링 수행

064 정답: 2번

내부 감사 및 규정 준수(내부 감사)의 품질 보증 및 개선 프로그램(QAIP)은 내부 감사 부서의 다양한 이해관계자들에게 내부 감사가 다음과 같이 합리적으로 확신받을 수 있도록 설계되었다. 내부 감사 기관 국제 표준, 내부 감사 정의 및 윤리 강령과 일치하는 헌장에 따라 작업을 수행한다. 그리고 효과적이고 효율적인 방식으로 작동한다. 또한, 이해관계자들이 가치를 더하고 내부 감사 운영을 개선하는 것으로 인식하고 있으며 이를 위해 내부 감사 QAIP는 내부 감사 부서의 모든 측면을 다뤄야 한다. 그리고, 내부 감사 경영진 및 최고감사책임자(CAE:

Chief Audit Executive)는 컨설팅을 포함한 모든 유형의 내부 감사 활동을 포괄하는 QAIP를 궁극적으로 책임진다. 이와 관련하여 QAIP에 고려할 기능 목록은 다음과 같다.

- 내부 감사 부서를 모니터링하여 효과적이고 효율적인 방식으로 운영되는지 확인한다.
- 표준, 내부 감사 정의 및 윤리 강령 준수를 보장한다.
- 내부 감사 부서가 가치를 더하고 조직 운영을 개선하도록 지원한다.
- 정기 및 지속적인 내부 평가를 모두 포함한다.
- 최소 5년에 한 번 외부 평가를 포함하며, 그 결과는 이사회 재무 및 감사위원회를 통해 이사회(BOT: Board of Trustees)에 전달한다.

065 정답: 3번

QAIP는 상대적으로 적은 인원이 수행해야 한다. 지원, 관리, 감독, 모니터링 및 유지 관리라는 단어는 QAIP를 담당하는 내부 감사 담당자가 이 작업의 많은 부분을 물리적으로 수행하지 않을 것임을 나타내기 위한 것이다. 특정한 작업에 대해서는 임시로 또는 장기적으로 다른 내부 감사 임원 및 직원에게 할당하게 되지만 QAIP 부서에서 감독, 관리 등을 해야 한다.

- **내부 평가**: 내부 평가 결과는 최소한 매년 감사위원회와 고위 경영진에게 보고해야 한다.
- **외부 평가**: 외부 평가 결과는 고위 경영진과 감사위원회에 제공된다. 외부 평가 보고서는 보고서에 포함된 중요한 의견 및 권장 사항에 대해서 응답으로 서면 조치 계획과 함께 제공되어야 한다.
- **후속 조치**: 최고 감사 책임자(CAE)는 보고서에서 작성된 권장 사항과 개발된 실행 계획이 합리적인 기간 내에 구현되도록 적절한 후속 조치를 구현할 책임이 존재한다.

066 정답: 4번

내부 감사 직무의 정의, 윤리강령 또는 국제내부감사기준을 준수하지 못하여 내부 감사활동의 전반적인 감사범위 또는 활동에 영향을 줄 경우에 최고감사책임자(CAE)는 그로 인한 영향을 최고경영진 및 이사회에 공개해야 한다.

067 정답: 3번

감사 관점에서 봤을 때, 통제 프로세스(Control Process)는 통제 체계의 일부분이며 리스크를 수용 가능한 범위 내에 존재하게 하는 것을 보장하기 위해 디자인하고 운영하는 정책과 절차 그리고 활동들이다. 통제 프로세스에는 지시 통제, 예방 통제, 적발 통제, 교정 통제, 전산 통제, 수작업 통제 등이 있으며 각각의 설명은 다음과 같다.

- **지시 통제(Directive Control)**: 바람직하고 긍정적인 결과를 얻기 위하여 설계되는 통제이다. 이 방법은 주기적으로 업데이트되는 속성이 있지만 일관성을 유지해야 한다. 예를 들어 경영지시, 방침, 절차, 회람, 지침, 기준 등이 있다.
- **예방 통제(Preventive Control)**: 실수나 부정 발생 등의 부정적인 결과를 예방하거나 저지하는 통제이다. 예를 들어 신용승인에 앞선 신용실적 조회, 컴퓨터 시스템에 접근하기 전의 암호 사용, 부정을 예방하기 위한 두 명의 서명(직무분리) 등이 있다.
- **적발 통제(Detective Control)**: 실수나 부정 발생 등 부정적인 결과를 발견하는 통제이다. 예를 들어 계정 대사, 주기적인 보고서, 재고 및 시장성 있는 증권의 실물계산 등이 있다.
- **교정 통제(Corrective Control)**: 적발통제에서 발견한 문제, 오류, 부정 등을 교정하는 통제이다.
- **전산 통제(Automated Control)**: 시스템에 미리 기록된 입력 통제와 같이 시스템을 통해서 구현되고 자동으로 수행되는 통제이다.
- **수작업 통제(Manual Control)**: 특정 업무절차, 보

고서의 검토 등과 같이 업무 수행자가 개입하여 이루어지는 통제이다.

068
정답: 1번

통제기술서는 회사의 통제활동을 사이클 및 프로세스 단위로 구분하여 회사가 수행하는 통제활동을 하나의 매트릭스 안에 집합시켜 놓은 자료이다. 업무기술서 및 업무흐름도에 기술된 각종 활동 중 회사의 내부통제에 유효한 활동만을 도출하여 통제활동으로 규정한 것이다. 통제기술서는 회사의 공시 및 내부통제 활동이 어떻게 운용되고 있는지에 대한 평가 근거자료가 되며, 향후 각 업무단위 별로 전체적인 내부통제 활동을 파악할 수 있도록 하며, 통제목적 및 통제위험을 바탕으로 하여 내부통제 활동의 현황과 문제점을 발견할 수 있도록 하는 역할을 수행한다. 통제기술서의 세부 구성항목의 상세내용은 다음과 같다.

- **통제목적**: 통제활동을 통해 달성하고자 하는 목적을 의미한다.
- **통제목적 유형**: 통제활동이 운영(Operations), 재무보고(Financial Reporting) 또는 준법(Compliance) 등과 관련된 것인지 구분하고 통제활동이 자산의 보호 활동인지 또는 부정방지를 위한 활동인지를 구분한다(통제활동의 성격에 따라서 해당되는 활동이 선택될 수도 있고 선택되지 않을 수도 있음).
- **통제 위험**: 통제목적이 달성되지 못하였을 때 발생 가능한 위험을 의미한다(예: 퇴직자와의 채권채무가 모두 정산되지 아니하여 부실채권이 발생할 위험성).
- **통제활동**: 통제목적을 달성하고자 목표로 회사가 설정한 통제절차를 의미한다(예: 퇴직자에 대한 채권채무의 존재여부 확인).
- **중요도**: Financial Reporting과 관련한 통제활동의 중요성 정도를 의미한다. 중요도의 정도에 따라서 상, 중, 하로 구분되며 상대적으로 중요도가 낮은 통제활동에 대해서는 평가 담당자의 판단에 따라서 평가주기를 연 단위로 선택할 수도 있다.
- **경영진의 주장**: 재무제표를 통해서 경영자가 주장하는 사항으로 7가지 유형으로 구성되며 복수가 선택될 수 있다. 경영자 주장의 각 항목은 성격에 따라서 재무보고 유형과 상호 매핑되어 있다(예: 실재성, 권리와 의무 등).
- **계정과목**: 통제활동과 관련 있는 재무제표의 계정과목(예: 퇴직급여충당금)
- **통제분류**: 지시/예방/적발/교정/전산/수작업통제 등의 여부
- **담당부서**: 해당 통제활동을 담당하는 부서(예: 구매팀)
- **통제담당자**: 통제활동의 직접적인 운영책임이 있는 사람으로 예외사항 발생 시 대처방안을 마련하고 통제활동별로 통제활동을 담당하는 현업의 업무 담당자를 기록(예: 구매팀 ○○○).
- **현황 분석**: 통제활동과 관련된 현황을 육하원칙에 따라서 자세하게 정리한다(예: 인사팀 인사담당자는 인사정보 시스템에서 퇴직자에 대한 채권금액을 확인하여 퇴직자 정리확인서에 기록하고 관련 자료(전산출력자료)를 첨부한 후 서명 날인함).
- **통제주기**: 얼마나 자주 통제활동이 수행되는지 C(Continuously), D(Daily), W(Weekly), M(Monthly), Q(Quarterly), S(Semi-annually), A(Annually)에서 선택하여 기록한다. 통제주기는 통제활동을 평가하기 위한 평가절차서 상의 샘플 사이즈에 영향을 미치게 된다.
- **관련 규정 및 문서**: 통제활동에 대한 평가담당자 혹은 감사인의 평가 시 확인할 각 통제활동과 관련된 관련규정 및 문서명을 기록한다.
- **관련 시스템**: 통제활동과 관련된 시스템 명을 기록한다.

069
정답: 3번

통제 프로세스는 다음을 포함해서 순서대로 진행하여야 한다. 보기 중 고객의 피드백은 가장 거리가

멀다.

(1) 통제되어야 할 운영에 대한 기준의 수립
(2) 기준과 비교하여 성과 측정
(3) 편차의 조사와 분석
(4) 개선행위 및 교정활동 수행
(5) 경험을 근거로 기준의 재평가 수행

070 정답: 1번

경영진이 달성해야 할 위험관리 프로세스의 주요한 목적과 관련하여 위험관리 프로세스를 가장 올바르게 나열한 순서는 다음과 같다.

(1) 위험의 발견
(2) 발견된 위험의 우선순위 결정
(3) 수용 가능한 위험수준 결정
(4) 수용 가능한 수준 이내로 위험 감소(통제 프로세스를 활용)
(5) 위험 및 위험관리를 위한 통제의 효과성을 주기적으로 평가하여 모니터링
(6) 프로세스에 대한 정기적 보고(이해관계자에게 보고)

071 정답: 1번

감사의 사회적 성격상 감사와 관련된 주변상황이나 업무에 대하여 감사인이 완전한 독립성을 달성하는 것은 불가능하며, 또한 이 기준에서 감사의 독립성이 훼손될 가능성이 있는 모든 상황이나 업무를 규정할 수 없다. 따라서 감사인은 특정 상황이나 업무가 감사의 독립성을 훼손시킬 가능성과 그 영향의 중대성을 판단할 때, 다음과 같은 독립성 훼손 유형을 기준으로 다음과 같이 독립성 위험별 관련 사례를 참고하여야 한다.

- 감사인과 회사 간 이해관계가 상호 일치하거나 상충되는 경우
- 감사인이 자신이 한 일에 대하여 감사를 하는 경우
- 회사의 경영자 또는 피고용자로서의 역할을 수행하는 경우
- 회사의 이익을 대변하는 역할을 수행하는 경우

하지만 감사인과 고용관계 등 인적 특수관계에 있는 경우(단, 1년이 경과하였더라도 회계법인과의 지분관계 등 재무적 이해관계가 계속되고 있는 경우에는 감사업무를 수행할 수 없다)는 감사인의 독립성 훼손 가능성과 가장 관련성이 존재하지 않는다.

072 정답: 3번

보안관련 활동 및 사건을 기록·조사하는 침입탐지 시스템을 통해서 이루어지는 보안감사 기능에 대한 요구사항은 감사데이터 생성, 감사데이터 보호, 보안감사 검토로 이루어진다.

- **감사데이터 생성**: 침입탐지 시스템을 통하여 이루어지는 보안관련 활동 및 사건을 기록하는 기능
- **감사데이터 보호**: 침입탐지 시스템의 감사데이터를 보호하는 기능
- **보안감사 검토**: 침입탐지 시스템의 관리자가 감사데이터를 조회하는 기능

073 정답: 4번

Rezaee and Riley(2010)에 의하면 재무제표 사기는 Cooks, Recipes, Incentives, Monitoring 및 End results라는 상호작용하는 5가지 요소들에 의하여 분석될 수 있다. 이를 5요소들의 머리글자를 축약하여 'CRIME'으로 부른다. 이 요소들의 상세한 설명은 다음과 같다.

- **Cooks(조작자)**: 1999년 "COSO Report on Fraudulent Financial Report"에 의하면 재

무제표 사기에 연루된 대부분의 회사의 경우 80% 이상이 최고경영진(CEOs)과 최고재무관리자(CFO)와 연관된다. 재무제표 사기는 CEOs, CFOs, 대표이사, 회계담당자, 재무담당자 등의 참여, 조장, 승인, 최고경영진의 인지로 발생한다. 이외에도 임원, 이사회 구성원, 부대표이사, 내외부 감사인 등에 의해서도 이루어진다.

- **Recipes(조작법):** 재무제표 사기의 90% 정도는 보고된 재무 정보의 조작, 변경 및 위조(Falsification)와 관계되어 있으며, 약 10% 정도만이 자산의 유용(Misappropriation)과 관계되어 있다고 한다. 사기 기법은 다양하여 재무제표를 조작하는 데는 하나 이상의 기법을 사용한다. 수익과 자산의 과대 계상이 재무제표 사기의 주된 방법이며, 부채와 비용의 과소계상은 약 20% 정도이다. Rezaee and Riley(2010)의 Recipes(조작법)는 재무제표 사기의 방법을 정의한 것이며, 가공매출의 계상, 자산과 수익의 과대계상, 비용과 부채의 과소계상을 가져와서 결국 재무제표의 이익을 상향 조정하는 것이라고 할 수 있다.

- **Incentives(유인):** Cooks(조작자)의 재무제표의 사기의 공통된 동기를 설명하는 것이다. 경제적 동기가 재무제표 사기의 전형적인 유인이며, 자기중심적 혹은 이념적인 것과 같은 다른 동기들도 있을 수 있다. 재무적 압박을 벗어나고 월가의 예측치를 충족하기 위해 재무제표 사기에 관여하는 것은 상장기업의 기본적인 동기이다.

- **Monitoring(감시):** 회사와 Cooks(조작자)가 재무제표 사기를 시도하지 못하도록 하는 견제기능이라고 할 수 있다. 최고 경영진이 높은 재무보고 품질을 우선적으로 요구하는 분위기를 조성하고 재무제표의 오류 표시를 묵인하지 않는 것은 재무제표 사기를 방지하고 적발하는 데 가장 중요하고 전향적인 감시체계이다. 두 번째로 중요한 감시체계는 적절하고 효과적인 내부통제 구조를 구현하는 것이다. 내부통제제도를 설계하고 유지하는 주된 책임은 경영진에게 있다. 그럼에도 감사위원회, 내부 감사인 및 외부 감사인은 경영진으로 하여금 내부통제제도가 재무제표 사기를 방지, 적발 및 수정하는 데 적절하고 효과적이라는 것을 확신하도록 하여야 하며, 경영진이 통제활동을 무력화시킬 여지를 제거하여야 한다. Rezaee and Riley(2010)의 Monitoring(감시)은 Cooks(조작자), Recipes(조작법) 및 Incentives(유인)를 방지하기 위해서 수행된다.

- **End results(최종 결과):** 재무제표 사기의 결과는 혹독할 수 있다. 재무제표 사기와 연루된 회사의 36%는 파산했으며, 15%는 소유권이 변동되었고 21%는 상장 폐지되었을 뿐만 아니라 58%는 심각한 주가하락을 가져왔다. Rezaee and Riley(2010)의 End results(최종 결과)가 의미하는 것은 재무제표의 사기 결과는 회사에 치명적인 영향을 준다는 것이다. 그럼에도 불구하고 재무제표 사기가 발생하는 것은 재무제표 사기에 대한 처벌이 미온적이거나 적발의 가능성이 낮다고 판단하기 때문이다.

출처: Zabihollah Rezaee, Richard Riley, 2010, Financial Statement Fraud: Prevention and Detection, Second Edition, John Wiley & Sons Inc.

074 정답: 2번

Tracing은 회계 거래(소스 문서)를 작성한 후, 이를 분개 또는 원장으로 추적한다. 이 경우 테스트의 방향은 원본 문서에서 분개 또는 원장까지이며 발생한 거래가 회계 기록에 기록(완전성)되는지 테스트한다. Vouching은 먼저 회계 분개 또는 원장에서 테스트할 항목을 선택한 다음 기본 소스 문서를 검토하는 것을 의미한다. 따라서 테스트의 방향은 저널 또는 원장에서 원본 문서로 돌아간다. 전표는 회계 분개 또는 원장에 포함된 항목이 발생했다는 증거를 제공한다(유효성).

075 정답: 2번

크레시(Donald R. Cressey)는 인디아나 대학의 범죄학 교수였던 서덜랜드의 제자였다. 그는 상류계층의 범죄에 연구의 초점을 맞춘 서덜랜드와는 달리 횡령 범죄에 중점을 두었고 횡령죄를 범한 사람들이 범죄의 유혹에서 벗어나지 못하게 되는 환경적인 측면에 흥미를 가졌다. 그는 화이트칼라 범죄자들이 신뢰를 저버리고 횡령죄를 저지르게 된 환경적 요인을 연구하기 위해 횡령죄로 수감 중인 200명을 대상으로 면접조사를 실시했다. 그가 이 조사결과를 토대로 작성한 논문에서 제시한 크레시의 가설(Cressey's Hypothesis)은 부정의 삼각형 이론으로 널리 알려져 있다. 그가 부정의 원인으로 제시한 세 가지 요소인 재정적 압박(Financial Pressure), 기회(Opportunity), 그리고 합리화(Rationalization)는 화재를 유발하는 연료, 스파크 및 산소에 비유할 수 있다. 이 세 가지가 함께 작용하면 필연적으로 화재가 발생하는 것과 같은 이치이다.

076 ▎정답: 4번

감사의견은 감사인(공인회계사)이 기업을 감사한 뒤, 회계 정보가 적절한 가치를 지니는지에 관해 감사보고서에서 표명하는 의견이며 '적정', '한정', '부적정', '의견 거절'의 4종류가 있다. 한정 이하를 받으면 회사가 부실이 늘어날 가능성이 크다는 의미이며, 부적정이나 의견 거절일 경우 즉시 상장 폐지 사유가 될 수 있다. 코스닥 시장에서는 '감사 범위 제한으로 인한 한정'도 상장 폐지 사유가 되고 있다. 상장회사는 정기 주주총회 일주일 전까지 사업 보고서에 첨부될 감사보고서를 공시해야 한다. 만약 법정 기한이 지났는데도 감사보고서를 공시하지 않고 있다면 일단 상장 폐지 가능성을 의심해 볼 필요가 있다.

- **적정**: 회사가 기업회계 기준에 맞게 재무제표를 작성했으며, 감사에 필요한 자료를 회사로부터 충분히 제공받았다는 뜻이다. 다만, 적정이라고 해서 반드시 회사의 재무 상태가 양호하다는 뜻은 아니다.
- **한정**: 감사 범위가 제한되고 회계 기준 위반 사항은 있었지만, '부적정'이나 '의견 거절'까지 갈 준은 아니라는 뜻이다.
- **부적정**: 중요한 사안에 대해 기업회계 기준을 위배하여 재무제표를 작성한 경우다.
- **의견 거절**: 감사인이 감사보고서를 만드는 데 필요한 증거를 얻지 못해 재무제표 전체에 대한 의견 표명이 불가능한 경우나 기업의 존립에 의문이 들 때 또는, 감사인의 독립성 결여 등으로 회계 감사가 불가능한 상황에 제시한다.

077 ▎정답: 2번

감사 위험(Audit Risk)은 중요하게 왜곡 표시되어 있는 재무제표에 대해서 부적절한 감사의견을 표명할 위험이다. 감사인은 감사 위험의 평가를 기초로 적절한 감사계획을 수립한다. 감사 위험은 고유 위험(IR: Inherent Risk), 통제 위험(CR: Control Risk), 그리고 적발 위험(DR: Detection Risk)의 3가지 요소로 구성된다.

- **고유 위험**(IR: Inherent Risk): 내부통제제도가 없을 때, 산업의 특성 및 계정과목의 성격 등에 기인하여 재무제표를 구성하는 계정잔액과 거래에 본질적으로 부정 또는 오류가 내재될 위험이다. 고유위험의 결정요인은 재무제표 전반의 수준에서 경영자의 특성, 사업성격과 산업적 요소, 계속적인 감사 실시 여부 등이 있고, 개별 계정잔액 및 거래유형의 수준에서 전기·당기의 감사결과, 부정에 대한 민감도, 계정잔액의 크기, 모집단의 크기, 모집단의 성격과 구성내용 등이 있다.
- **통제 위험**(CR: Control Risk): 왜곡표시가 단독으로 또는 결합하여 중요해질 수 있는데도 내부 통제제도에 의하여 방지 또는 적발되어 수정되지 못할 위험이다. 통제위험의 결정요인은 회사의 내부통제제도 설계와 운영상태이다. 설계는 내부통제제도의 이해 및 통제위험의 예비적 평가를 통해 평가하고 운영상태는 내부 통제제도의 시사를 통해 평가한다.
- **적발 위험**(DR: Detection Risk): 왜곡표시가 단독으로 또는 결합하여 중요해질 수 있는데도 감사인의 입증절차에 의해서 적발되지 못할 위험을

말한다. 표본감사의 경우 적발위험은 표본 위험과 비표본 위험으로 구성된다. 표본 위험은 표본이 모집단을 완전히 대표하지 못함으로써 발생하게 되는 통계적 위험이며, 비표본 위험은 부적절한 감사절차나 감사인의 부주의 등 감사인의 자질과 관련하여 발생한다.

- **종합적 감사 위험**(Overall Audit Risk): 각 계정잔액 및 거래유형에 대한 개별적인 감사위험이 회사 전체의 관점에서 결합되어 나타날 수 있다. 계정 및 거래는 서로 다른 형태의 위험수준을 내포하고 있기 때문에 감사인은 계정 및 거래유형에 따라 재무제표를 분할하여 각 부문별로 감사위험을 평가하고 감사목표를 설정해야 한다. 그에 따라 실시한 구체적 감사절차의 결과를 감사인은 기업 전체적인 관점에 평가할 수 있도록 종합하여 재무제표 전반의 적정성에 대해서 감사의견을 표명한다.

078 정답: 1번

부정한 재무보고에는 마치 효과적으로 운영되고 있다고 보일 만한 내부통제에 대한 경영진의 무력화가 종종 수반된다. 부정은 경영진이 아래와 같은 기법을 사용하여 내부 통제를 무시함으로써 발생될 수 있다.

- 영업성과를 조작하거나 다른 목적을 달성하기 위하여 특히 보고기간 말에 근접하여 가공의 분개를 기록
- 계정 잔액의 추정에 적용되는 가정을 부적합하게 수정하거나 판단을 변경
- 보고기간에 발생한 사건이나 거래를 재무제표에 누락, 또는 그 인식시기를 앞당기거나 지연
- 재무제표에 기록된 금액에 영향을 미칠 수 있는 사실을 은폐하거나 공시하지 아니함
- 기업의 재무상태나 재무적 성과를 왜곡 표시하도록 설계된 복잡한 거래를 수행함
- 유의적 거래 및 비경상적인 거래와 관련된 기록이나 조건을 변경

반면에, 자산의 횡령은 기업자산의 도난을 수반하며, 종업원들이 종종 상대적으로 소액이며 중요하지 않은 금액으로 저지른다. 그러나 여기에는 대개 발견하기 힘든 방법으로 자산의 횡령을 더 잘 숨기고 위장할 수 있는 경영진이 연루될 수도 있다. 자산의 횡령은 다음과 같은 다양한 방법으로 이루어질 수 있다.

- 입금의 횡령(예: 매출채권 회수액의 횡령, 상각 채권 추심액의 개인구좌 입금)
- 물리적 자산 또는 지적 자산의 절도(예: 사적인 이용이나 판매를 위한 재고자산 절도, 재판매를 위한 부산물 절도, 경쟁기업과 공모하여 대가를 받고 기술적 데이터를 유출)
- 수취하지 아니한 재화나 용역에 대한 지급(예: 가공의 공급자에게 지급, 납품가격을 부풀려 준 대가로 납품자가 구매담당자에게 리베이트 지급, 가공의 종업원 급여 지급)
- 기업자산을 개인용도로 이용(예: 기업자산을 개인 또는 특수관계자의 차입을 위한 담보로 이용)

자산의 횡령의 경우, 자산이 분실되었거나 적절한 승인 없이 담보 제공되었다는 사실을 은폐하기 위하여 종종 허위의 또는 오도하는 기록이나 문서가 수반된다.

출처: 회계감사기준 - 한국공인회계사회

079 정답: 2번

감사인은 감사에 대해 전반적으로 이해할 수 있도록 충분히 완전하고 자세한 감사조서를 작성해야 한다. 감사인은 감사조서에 감사업무의 계획, 수행한 감사절차의 성격, 시기 및 범위, 그 결과, 그리고 확보된 감사증거로부터 도출된 결론에 대한 정보를 기록해야 한다. 감사조서는 판단이 필요한 모든 중요한 사항에 대한 감사인의 추론과 이에 대한 감사인의 결론을 포함한다. 원칙 또는 판단에 관한 어려운 문제가 개입된 분야에서는 결론이 나오는 때에

감사인에 의하여 인지한 관련사실을 감사조서에 기록한다. 감사조서의 범위는, 감사인이 고려하는 모든 사항을 문서화하는 것은 필요하지도 않고 실무적으로 불가능하기 때문에, 전문가적 판단에 의해 결정될 문제이다. 작성되고 유지되어야 하는 감사조서의 범위를 감사인이 결정할 때는, 그 감사에 경험이 없는 다른 감사인에게, 수행된 업무와 감사의 자세한 부분이 아닌 채택한 원칙상 결정의 근거를 이해시키는 데에 무엇이 필요한가를 고려하는 것이 유용하다. 다른 감사인은 조서를 작성한 감사인과의 토의에 의하여 감사의 자세한 부분을 이해할 수 있을 것이다.

보기 중 ②번은 감사조서가 아닌 감사 프로그램을 설명한 내용이다. 감사 프로그램은 감사 계획의 청사진으로, 감사를 수행하는 방법, 수행할 사람 및 수행할 단계를 지정한다. 적절한 감사 실행을 위해 감사 직원이 추구하는 일련의 지침이다. 감사 계획이 수립되면 다양한 단계로 구성된 감사 프로그램이 개발된다. 감사 목표를 달성하기 위한 적절한 방법을 선택하기 위한 지침과 함께 특정한 조건에서 감사 절차를 구현하기 위한 포괄적인 계획이다. 다음은 일반적인 감사조서의 목적이다.

- 전반적인 감사목적 달성에 관한 결론의 근거 자료
- 실시한 감사업무의 감사기준 및 관련 법규 요구 사항 준수에 대한 증거 기능
- 감사업무의 계획과 수정에 도움
- 차기 감사계획에 대한 지침 제공

080 정답: 2번

감사인은 경영진(필요시 지배기구를 포함)의 서면 진술을 입수하여야 한다. 이와 관련되어 다음의 내용이 존재한다.

- 부정의 예방과 발견을 위한 내부통제의 설계, 실행 및 유지할 책임이 이들에게 있다는 사실을 인정한다는 것
- 부정에 의하여 재무제표가 중대하게 왜곡 표시될 위험에 대한 경영진의 평가결과를 감사인에게 공개하였다는 것
- 다음의 사람들이 연루되고 기업에 영향을 미치는 부정 또는 의심되는 부정에 대하여, 이들이 알고 있는 바를 감사인에게 공개하였다는 것(경영진, 내부통제에 유의적인 역할을 수행하는 종업원, 부정이 재무제표에 중요한 영향을 미칠 수 있는 경우의 기타 관련자)
- 기업의 재무제표에 영향을 미치는 부정 또는 의심되는 부정에 대한 주장으로서, 이들이 종업원, 과거의 종업원, 분석가, 규제기관 등으로부터 알고 있는 사항을 감사인에게 모두 공개하였다는 것

081 정답: 4번

전문가적 의구심은 감사증거에 대한 비판적 평가에 필요하다. 전문가적 의구심은 상반된 감사증거 및 경영진과 지배기구로부터 입수된 문서, 질의에 대한 답변, 기타 정보의 신뢰성에 대하여 의문을 품는 것을 포함한다. 또한 입수된 감사증거의 충분성과 적합성을 상황에 비추어 고려하는 것도 이에 포함된다. 예를 들어, 부정 위험요소가 존재하고 있는 상황에서 재무제표의 중요한 금액을 뒷받침하는 유일한 증거가 부정의 가능성이 있는 문서인 경우가 그러하다. 전문가적 의구심은 예를 들어 다음과 같은 사항에 대하여 주의를 유지하는 것을 포함한다.

- 이미 입수한 다른 감사증거와 상반되는 감사 증거
- 감사증거로 사용될 문서 및 질의에 대한 답변의 신뢰성에 의문을 갖게 하는 정보
- 부정의 존재 가능성을 방증하는 것일 수 있는 정황
- 감사기준에서 요구하는 절차 외에 추가적인 감사절차의 필요성을 시사하는 상황

출처: 회계감사기준 - 공인회계사회

082

정답: 4번

보기 ①번과 같은 사례는 부정한 재무보고로 인한 왜곡표시에 대한 감사인의 입장에서 진행할 수 있는 구체적인 사전 대응 방법이다. 부정한 재무보고는 다음의 행위에 의해 수행될 수 있다.

- 재무제표 작성의 기초가 되는 회계기록이나 근거문서의 조작, 위·변조 또는 수정
- 사건, 거래 또는 기타 유의적인 정보를 재무제표에 허위로 기재하거나 의도적으로 누락
- 금액, 분류, 표시방법 또는 공시에 대한 회계원칙의 의도적인 잘못 적용

083

정답: 4번

감사 증거의 형태별 분류는 일반적으로 다음과 같다.

- **물리적(Physical) 증거**: 실재성에 관한 근거를 제공하며 소유권, 질, 시장가치에 대한 정보는 제공하지 못한다. 특정 대상의 존재를 객관적으로 증명하는 증거이며, 감사인이 직접 관찰했거나 입회하여 확인한 것일 수 있다. 사진/비디오 촬영, 샘플 확보, 매체 확보 등을 통해 수집한다.
- **문서적(Documentary) 증거**: 문서는 특정 업무 또는 거래 활동에 관한 정보를 담고 있는 영구적 기록이며, 신뢰도는 유형, 작성 과정, 수집 방법에 따라 상이하다. 하드 카피 형태에 국한되지 않으며, 하드 또는 소프트 카피 형태의 사본이나 원본을 확보하여 수집한다.
- **구두적(Testimonial) 증거**: 활용 시 반드시 감사조서에 기록하여 문서화하며 경영자 확인서로 보완한다. 피감사인 등이 서면이나 구두로 제출한 설명, 주장, 답변이 해당되며 녹화, 녹음, 녹취, 서면 제출 등의 형식으로 수집한다.
- **분석적(Analytic) 증거**: 매출채권의 소극적 조회, 분석적 절차 등이 해당된다. 감사인이 데이터 항목 간 상호관계를 추론하여 알게 된 사실이며, 특정한 상관 관계가 존재하거나 부재하다는 것을 발견할 수 있다. 일반적으로 존재하는 상호 관계와의 비교를 통해 수집한다.

084

정답: 3번

감사결과 보고서는 감사결과에 나타난 문제점 및 위법, 부당사항이나 불합리한 사항을 결재권자에게 보고하고 그 처리방침을 받기 위하여 작성하는 문서이다. 법령 적용의 적정 여부가 주된 쟁점이며 상대방을 논리적으로 설득시킬 수 있도록 작성하여야 한다. 수감기관(부서)을 납득시키기 위해서는 "논리 구성에 과부족은 없는가?", "제시된 정보를 근거로 판단하면 누구든지 이러한 결론이 도출되는가?" 등의 의문을 해소시킬 필요가 있다. 감사결과 처분 요구사항을 최종적으로 확정하는 절차이므로, 실질감사 종료보고 이후 추가적으로 조사한 내용과 법리검토, 감사결과심의위원회 등 사전 검토 및 논의과정을 거친 후 작성하여야 한다.

- **적시성**: 지연 보고하여 감사성과를 저해하거나 수감기관의 업무처리에 지장을 주지 않도록 적기에 보고해야 함
- **완전성**: 감사목적의 달성에 필요한 모든 정보를 보고에 포함해야 함
- **간결성**: 전달하고자 하는 내용만 간략하게 나타내고 필요 이상으로 길거나 불필요한 반복을 피해야 함
- **논리성**: 논리적이고 이해하기 쉬워야 하며 모호한 표현, 일반화되지 않은 약어나 전문용어 등은 가급적 피해야 함
- **정확성**: 감사증거에 기초하여 정당성을 입증할 수 있도록 바르게 보고하고 감사범위, 방법 또는 감사증거에 한계가 있는 경우에는 이를 명백히 밝혀야 함
- **공정성**: 수감기관의 변명 또는 반론과 전문가의 자문내용을 충분히 고려해야 하고 문제점을 과장하거나 편향된 시각으로 작성해서는 안 됨

085

정답: 3번

감사 결론을 도출하기 위해 다양한 분석기법을 활용할 수 있으며 주요 분석 기법의 활용방법과 기존 감사사항의 적용 사례는 다음과 같다.

- **1) 모의실험(Simulation & Modeling)**
  - 감사대상기관이 중요한 결정을 할 때
  - 사용한 모델의 적절성을 평가하고자 할 때
  - 감사초점, 발견사항 및 권고의 영향에 대하여 "만약 그러한 경우에는 어떻게 되는가?"라는 질문에 답하고자 할 때

- **2) 비율을 활용한 비교**
  - 실제 값과 기댓값을 상호 비교하고자 할 때
  - 감사결과 발견사항을 특정 맥락 속에서 의미있게 하고자 할 때
  - 시간에 걸친 변화를 관찰하고자 할 때
  - 감사판단기준이 충족되는 정도를 언급하고자 할 때

- **3) 비용-편익 분석(B/C분석)**
  - 감사대상기관이 행한 분석이 전문적 기준을 충족하는지를 확증하고자 할 때
  - 비용과 편익이 이미 알려져 있거나 합리적으로 추정될 수 있는 경우 비용과 편익을 비교하고자 할 때
  - 편익이 일정한 것으로 가정될 수 있는 경우에 대안들의 비용을 비교하고자 할 때

- **4) 회귀 분석(Regression Analysis)**
  - 진실한 것으로 가정된 상관관계를 검증하고자 할 때
  - 두 사항 간의 규칙적 관계에서 벗어난 예외치를 찾아내고자 할 때
  - 과거에 관찰된 관계에 근거하여 미래에 대한 예측을 하고자 할 때
  - 대상기관에 대한 운영모델을 수립하고자 할 때

- **5) 자료분포의 해석**
  - 자료의 단순 평균값보다는 자료의 수준(Level), 산포(Spread), 형태(Shape)가 더 중요한 경우에 그러한 특징들을 찾고자 할 때
  - 성과가 감사판단기준을 충족하는 지의 여부를 결정하고자 할 때
  - 위험을 평가하기 위해 확률분포를 해석하려고 할 때
  - 표본자료가 모집단을 대표하는 것인지를 평가하고자 할 때

- **6) 질적 자료의 내용 분석**
  - 사업목적을 찾아내려고 할 때
  - 사업활동을 객관적으로 서술하고자 할 때
  - 사업의 긍정적 또는 부정적 결과를 결정할 때

086

정답: 1번

감사목적 및 범위를 명확히 설정하고 이를 달성하기 위한 감사방향 및 감사초점, 자료수집 및 분석방법을 명확하고 구체적으로 설계하는 등 체계적인 감사계획에 따라 감사를 실시하여야 한다. 감사목적은 감사를 실시하는 과정에서 감사의 방향을 제시하고 사후에 당해 감사의 성과를 평가하는 기준이다. 무엇을 왜 감사하는지, 감사요구사항이 무엇인지를 명확하고 상세하게 정의하여야 하고, 감사 종료 시 그 목적과 대비하여 종합적인 결론을 내릴 수 있는 방식으로 설정하여야 한다. 감사범위는 감사대상으로서 정책 및 사업에 대해 감사를 실시할 업무 기간, 지역 및 대상 기관 등을 설정하여야 한다. 감사범위 설정은 감사결과에 중요한 영향을 미치는 분야에 자원과 노력을 집중하도록 하고 감사 초기에는 넓은 범위를 설정하여 감사가 진행됨에 따라 감사범위를 좁혀 나가야 한다.

087

정답: 3번

내부 감사(Internal Audit)란 회사 내부에서 이뤄지는 회사를 위한 서비스이며, 수립된 하나의 평가

업무를 의미한다. 일반적으로 감사는 그 목적에 따라 크게 재무제표감사, 이행감사, 업무감사로 구분된다. 내부 감사는 재무제표감사보다는 관리적 통제 목적을 가지고 법률, 규정 기타 요구사항 등의 준수 여부를 검토하는 이행감사와, 경영의 효율성, 효과성 및 경제성의 검토를 주로 하는 업무감사에 중점을 둔다. 즉, 내부 감사의 최우선적인 기능은 회사의 회계제도와 내부통제제도가 적절하고 효과적인지를 감사하고, 평가 및 감시하는 것이다. 경영자는 적절한 회계제도와 내부통제제도의 수립에 대한 책임을 지며 계속적으로 이에 대한 주의를 기울여야 한다. 내부 감사는 경영자로부터 이러한 시스템을 검토하고 그 운용을 감시하며 시스템과 운용에 대해 개선을 권고하도록 하는 임무를 부여받아 수행한다. 또한 내부 감사는 재무정보와 경영정보의 조사를 수행한다. 이와 같은 조사에는 정보의 식별, 측정, 분류 및 보고 시 이용된 수단의 검토, 그리고 거래, 잔액 및 절차에 대한 세부적인 시사와 더불어 개별항목에 대한 질문이 포함될 수 있다. 내부 감사는 회사의 비재무적 통제를 포함하여 경영의 효율성, 효과성 및 경제성의 검토를 수행한다. 마지막으로, 내부 감사는 법률, 규정 및 기타 외부의 요구사항, 그리고 경영자의 정책과 지시사항 또는 내부요구사항 등의 준수여부를 검토한다.

외부 감사인은 표명한 감사의견에 대하여, 또한 외부 감사절차의 성격, 시기 및 범위를 결정함에 있어 단독으로 책임을 지지만 내부 감사업무 중 일부는 외부 감사인에게 유용하게 활용될 수 있다. 그러므로 외부 감사인은 내부 감사업무와 이것이 외부 감사절차에 미칠 수 있는 영향을 고려하여야 한다. 내부 감사의 역할은 경영자에 의해 결정된다. 외부 감사인의 주된 관심사는 감사대상 회사의 재무제표가 중대하게 왜곡 표시되지 않았는지 여부를 확인하는 것이지만, 내부 감사 기능의 목적은 경영자의 요구에 따라 달라진다. 그러나 양자 간에 그 추구하는 목적이 다르다 해도 각자의 목적을 달성하기 위하여 사용하는 일부 수단이 유사한 경우가 종종 있기 때문에 내부 감사 중 특정한 일부는 외부 감사인이 적용하는 감사절차의 성격, 시기 및 범위를 결정하는데 유용하게 이용될 수 있는 것이다. 내부 감사 부서의 기능은 내부통제제도의 통제환경을 구성하는 요인이기 때문에 감사인이 내부 감사 부서의 기능이 객관적이며 효과적으로 운영된다고 판단하는 경우에는 전반적인 내부통제 절차의 효과성에 대하여 간접적인 확신을 얻을 수 있고 이런 경우에는 전반적인 통제위험이 높지 않다고 평가하여 입증절차의 범위를 줄일 수 있다. 다만, 외부 감사인은 감사의견에 대해 전적으로 책임을 부담하기 때문에 내부 감사 결과를 이용했다고 해서 외부 감사인의 책임이 경감되지는 않는다. 외부 감사인은 본인이 적용할 감사절차의 성격, 시기 및 범위를 조정할 때 반드시 내부 감사 부서에 대한 이해 및 예비적 평가를 하여야 하는데, 이에는 다음과 같은 사항들이 고려되어야 한다.

첫째, 내부 감사인의 회사조직상 위치와, 이것이 내부 감사를 객관적으로 수행할 수 있는 능력에 미치는 영향을 파악하여야 한다. 내부 감사인은 내부 감사결과를 최고경영자에게 보고하되 기타 경영상의 책임은 지지 않는 것이 이상적이다. 내부 감사인은 특히 외부 감사인과 어떠한 제약도 받지 않고 의사소통을 할 필요가 있다. 둘째, 수행된 내부 감사업무의 성격과 범위를 파악하는데, 감사인은 경영자가 내부 감사인의 권고사항을 이행하였는지 및 그 이행여부는 어떻게 입증하고 있는지 고려할 필요가 있다. 셋째, 내부 감사업무가 적절한 기술적 훈련과 능력을 구비한 내부 감사인에 의해 수행되는지를 고려한다. 넷째, 내부 감사업무가 적절하게 계획, 감독, 검토 및 문서화되고 있는지, 즉 정당한 주의의무가 이행되고 있는지를 고려한다. 내부 감사인과 외부 감사인 간의 연락은 감사대상 기간 동안 적당한 간격을 두고 정기적으로 회합을 가질 때보다 효과적이다. 외부 감사인은 관련 내부 감사보고서에 대해 통보받을 수 있고 이를 열람할 수 있어야 하며, 외부 감사 업무에 영향을 줄 수 있다고 내부 감사인이 알게 된 중요한 사항은 지속적으로 인지할 수 있어야 한다. 동시에 외부 감사인도 내부 감사 업무에 영향을 미치는 유의적 사항이 있다면 이를 내부 감사인에게 통보할 필요가 있다.

출처: 내부 감사의 기능과 외부 감사, 이창우 교수

088 정답: 2번

층화추출법(層化抽出法, Stratified Sampling)은 모집단을 먼저 중복되지 않도록 층으로 나눈 다음 각 층에서 표본을 추출하는 방법이다. 이 과정에서 각 하위 집단은 구성요소들이 모집단으로 함께 뭉쳐 있을 때보다 좀 더 동질적인 집단이 된다. 보기 ②번은 집략추출법(Cluster Sampling)의 특징을 설명하는 것으로 집단 내에서는 이질적이고 집단 간의 차이가 동질적이다. 이에 반해 층화추출법은 집단 내에서는 동질적이지만 집단 간의 차이가 이질적이다.

층화추출법이 실제 표본설계에서 널리 이용되는 이유는 다음과 같다.

- 표본크기가 크지 않아도 모집단의 대표성이 보장된다.
- 단순 무작위 추출법 또는 계통추출법보다 불필요한 자료의 분산을 축소할 수 있다.
- 전체 모집단에 대한 추정뿐만 아니라 각 층별 추정결과도 얻을 수 있다.

반면에, 층화추출법이 가진 단점은 다음과 같다.

- 모집단의 크기가 너무도 큰 경우 목록을 작성하는 경우는 표본 추출을 하는 것보다 어려울 때가 많다.
- 적절하게 층을 나누기 위해서는 모집단 각 층에 대한 정확한 정보를 필요로 한다.
- 가장 중요한 층 내에 동질성과 층 간에 이질성을 갖추어야 하는데, 이론상으로는 쉬울 수 있으나 실질적으로 층화하는 과정에서는 어려움을 동반하는 경우가 많다.

089 정답: 2번

확률적 표본추출은 통계학자들이 애용하는 방법이지만 실제로 설문조사를 진행하는 일반적인 사람들에게는 비확률적 표본추출이 더 실질적인 방법이다. 비확률적 표본추출을 적절하게 사용하는 경우, 진정한 확률적 표본으로부터 기대되는 것에 비해 동일하거나 더 나은 질의 데이터를 확보할 수 있다. 대부분의 설문조사는 매우 특정적인 인구집단을 대상으로 하며 확률적 표본추출이 제공하는 동일한 다양성과 대표성을 보장하지 않아도 된다. 어린 자녀를 둔 어머니들을 대상으로 시장조사를 할 때에는 남성, 자녀를 가지지 않은 사람들 또는 성인 자녀를 둔 사람들에 포함하는 확률적 표본이 필요 없다. 비확률적 표본이 관심대상인 인구집단과 완벽하게 일치하지 않는다고 하더라도 이 표본추출을 사용하는 것은 여러 가지 장점이 있기 때문이다. 비확률적 표본추출을 통해 응답을 받는 것은 확률적 표본추출에 비해 통상적으로 더 빠르고 더 저렴하다. 이는 표본 집단이 무작위로 요청을 받은 사람들에 비해 응답을 줄 의향이 더 많기에 그러하다.

비확률적 표본추출의 가장 어려운 점은 확률적 표본추출이 제공하는 비편향적인 결과를 확보하기가 까다롭다는 것이다. 응답자를 모집하는 방법이 데이터를 왜곡하지 않도록 항상 유념해야 한다. 일부 온라인 패널은 응답자들에게 대가를 지불하기 때문에 단순히 지불을 받기 위해 응답을 하고 정확한 정보를 제공하지 않는 '직업적' 설문조사 응답자들로부터 편향을 초래할 수 있다. 비확률적 표본추출을 시행할 때에는, 잠재적인 편향의 근원을 철저하게 파악해 두어야 한다. 어떤 요소가 결과에 편향을 줄지 예상하는 것은 항상 쉽지는 않지만, 관심 분야의 모집단과 특성이 일치하는 다양한 응답자 그룹과 시작하는 것이 중요하다. 이렇게 함으로써 확률적 표본추출만큼 정확한 데이터를 확보할 수 있을 뿐만 아니라 비용 및 시간을 절약할 수도 있다. 비확률적 표본추출 방법으로는 간편 추출법, 판단

추출법, 할당 추출법, 눈덩이 표본 추출법이 존재한다.

090 정답: 1번

통화 단위 샘플링(MUS: Monetary Unit Sampling)은 PPS(Probability Proportional to size Sampling)라고도 불리며, 모집단의 계정 잔액 또는 금전적 금액에 잘못된 진술이 포함되어 있는지 여부를 확인하는 데 사용되는 통계 샘플링 방법이다. MUS는 비교적 사용하기 간단하므로 감사테스트를 위한 효율적인 도구가 될 수 있다. 특히 채권 확인, 대출 채권 확인, 재고 가격 테스트 및 고정 자산 추가 테스트를 선택할 때 적용된다. 보기 ①번의 모집단에서 부정이나 오류 등과 같은 특정 속성(Attributes)의 금액적 크기를 추정하기 위하여 사용하는 통계적 표본감사기법은 속성 샘플링(Attributes Sampling)의 특징이다. MUS의 특징은 다음과 같다.

- 클래식 변수 샘플링보다 적용하는 것이 더 쉽다.
- 인구 내에서 달러 금액의 표준 편차와 같은 표본 크기를 결정할 때 인구의 특성을 고려할 필요성이 없다.
- 샘플은 달러 금액에 비례하여 자동으로 선택되기 때문에 인구의 계층화가 필요하지 않다.
- 오류의 발생이 예상되지 않는다면, 전통적 변수 표본조사보다 추출하여야 할 표본크기가 작아 효율적이다.
- 표본크기를 결정할 때 표준편차 등을 직접 고려할 필요 없다.
- 표본이 화폐금액에 비례해서 추출되기 때문에 자동적으로 층화표본추출의 결과를 가져온다.
- 모집단이 체계적으로 구성되어 있지 않아도 추출이 가능하고, 표본의 설계가 비교적 쉽다.

091 정답: 3번

현재 감사자의 입장에서 봤을 때, 감사증적 자료를 검토하는 데 있어서 샘플 검토는 가장 관련이 없다. 감사증적(Audit Trail)은 기록에 대한 모든 처리행위를 추적하여 그것이 정책과 표준을 준수하여 이루어졌음을 확인할 수 있는 정보이며 주로 처리행위의 시점, 처리행위자 및 처리행위의 내용이 해당된다. 감사인은 필요한 사항을 이해하는 데 시간을 할애해야 하며, 감사인은 보통 제품 또는 서비스의 사양을 이해하는데 시간을 할애하지 않아야 한다. 이는 법적 및 규제 요건을 포함한다.

092 정답: 2번

감사인이 감사를 수행하기 전 측정치의 기준을 어디에 두는지에 대한 문제이다. 감사인이 할리 데이비슨 모터 사이클 검사시설의 효율성을 측정하기에 가장 효과적인 측정치는 검사 대행 수행자당 검사 대상 바이크 수이다. 정보 시스템 처리 수 대비 검사 대행 수행자의 처리율은 문제에서 측정치로 보기에는 거리가 다소 존재한다. 그 이유는 문제에서 검사시설의 효율성을 측정하는 문제이고 또한 정보 시스템의 처리는 검사자가 일과 시간이 끝난 후 한꺼번에 배치로 정보 시스템에 입력할 수도 있기 때문에 보기 ②번에 비해 우선성이 떨어진다.

093 정답: 1번

위험 및 제어 매트릭스(RACM: Risk and Control Matrix)는 조직이 위험을 완화하기 위한 제어 조치를 식별, 순위 및 구현하는 데 도움이 되는 강력한 도구이다. RACM은 조직의 위험 프로필에 대한 스냅샷 역할을 하며 부정적인 이벤트가 발생하지 않도록 하기 위해 수행된 공식화된 조치에 대해 조직의 위험을 측정한다. 조직을 위해 RACM을 개발하고 유지 관리하는 것은 여러 가지 이점을 제공한다.

특히 RACM은 이전에 고려되지 않은 조직에 위협이 되는 격차를 식별하고 강조 표시한다. 조직과 관련된 위험의 전체 환경을 문서화하는 행사는 조직의 위험 욕구를 적절히 고려하고 조직이 받아들일 준비가 되지 않은 위험을 완화할 계획을 수립할 수 있는 귀중한 기회를 제공한다. 또한 RACM을 사용하면 경영진이 해결해야 할 위험의 우선 순위를 효과적으로 지정할 수 있다. 조직에 영향을 줄 수 있는 모든 위험을 완화하는 것은 비현실적이다. 그러나 RACM과 같은 리소스를 적용하면 가장 크거나 더 즉각적인 위협을 야기하는 위험에 리소스를 할당할 수 있는 관리 정보를 제공한다. 전략적 목표를 달성하는 동시에 견딜 수 있는 위험량을 파악하는 등 위험 프로필을 최적화하기 위해 노력하는 조직은 RACM을 위험 환경을 명확하게 식별, 이해 및 관리하는 강력한 도구로 활용하는 것을 고려해야 한다.

094 정답: 3번

위험성 저감의 목적은 위험이 신체적, 화학적, 생물학적, 인간공학적, 심리 사회적인 것 중 어떤 것이든 노출을 최소화하는 방법을 설계 또는 모색하는 것이다. 위험 전략에는 위험 회피, 최적화, 유지, 위험 이전이 포함될 수 있다. 이유가 무엇이든, 관리 항목은 현실적이고 비용 효율적이어야 한다. 많은 경우, 사용할 수 있는 방안은 여러 가지가 있으며 이를 고려해야만 위험을 수용 가능한 수준까지 낮출 수 있다. 위험 처리를 실행해야 하는 근본적인 이유는 다음과 같다.

- 근로자의 안전보건 확보
- 다른 근로자 및 공정이나 작업장에 의해 일어날 수 있는 위험에 영향을 받을 수 있는 사람들의 보호
- 근로자의 편안함과 안전 보장
- 법률 준수
- 환경 오염 저감
- 원료, 제품으로부터 발생하는 경제적 손실 최소화

출처: 위험성 평가 - 일반 가이드: 안전보건공단

095 정답: 2번

위험성 평가에서는 그 위험을 없애거나 최소화하려면 어떠한 행동이 필요한지, 그리고 얼마나 빨리 그 행동을 취해야 하는지 결정해야 한다. 이 단계에서는 위험이 수용할 만한 것인지 평가가 필요하다. 만일 작업 조건이 안전하다고 판단되면, 추가적인 행동을 취할 필요성이 없다. 반면에 특정 업무를 수행하는 것에 대한 위험을 수용할 수 없을 경우, 위험 저감을 목표로 한 행동을 수행해야만 한다. EN ISO 14121-1에 따르면, 위험성 평가에서 다음 사항을 고려해야 한다.

- 위험에 노출될 수 있는 모든 사람
- 위험노출의 유형, 빈도, 시간
- 위험노출과 영향의 관계
- 인적 요인(사람 간의 상호작용, 심리적 관점 등)
- 보호대책의 적합성
- 보호대책의 위반 또는 회피 가능성
- 보호대책의 유지능력

096 정답: 1번

위험관리 보고서는 위험관리절차를 검토하고 다음의 사항을 보증하여야 한다.

- 위험관리 계획이 적절히 수행되었다는 것
- 전체 잔여위험이 허용 가능하다는 것
- 관련 생산 및 생산 후 정보를 입수하기 위한 적절한 방법이 마련되었다는 것

하지만 보기 ①번은 잔여 위험(Residual Risk)을 설명한 것이다. 그런데 정보보호 대책을 구현하여 전체 위험을 수용할 수 있는 위험수준으로 감소시

키고 구현 후 100% 안전한 시스템이나 환경은 존재하지 않는다. 따라서 이는 위험관리 보고서에 보증할 내용과는 거리가 멀다.

097 정답: 3번

위험(Risk)은 부정적인 일이 발생할 수 있는 가능성을 의미한다. 위험을 정량적으로 분석하고 평가하기 위해서 다양한 수치로 계산할 수 있는데, 가장 올바른 위험의 구성요소 산출식은 다음과 같다.

- **위험(Risk):**
  자산(Asset) × 취약점(Vulnerability) × 위협(Threat) - 정보보호대책(Safeguard)
- **전체 위험:**
  자산(Asset) × 취약점(Vulnerability) × 위협(Threat)
- **잔여 위험:**
  전체 위험(Total Risk) × 통제 격차(Control Gap)
- **연간 손실 기대치:**
  (자산가치(Asset Value) × 노출계수(Exposure Factor)) × Annualized Rate of Occurrence

098 정답: 1번

위험분석 방법론은 정량적 분석과 정성적 분석 방법론으로 분류할 수 있다. 보기의 순위결정법은 정성적 분석방법으로 다른 정량적 분석 방법과 유형이 다르다. 정량적, 정성적 분석 방법론 문제는 시험에 자주 출제가 되므로 반드시 숙지해야 한다.

정량적 분석 방법

손실액과 같은 숫자 값으로 정확한 근거로 표현하는 방법이다. 장점으로는 정보의 가치가 논리적으로 평가되어 위험관리 성능 평가가 용이하다. 단점으로는 계산이 복잡하여 분석하는데 시간, 노력이 많이 들고 수치작업의 어려움으로 신뢰도가 도구 또는 벤더에 의존된다. 정량적 분석 방법의 종류는 다음과 같다.

- **과거자료 분석법**: 과거의 자료를 통한 위험발생 가능성 예측, 과거 데이터 수량에 따른 정확도 변화
- **수학공식 접근법**: 위협발생빈도를 계산하는 식을 이용하여 위험을 계량화
- **확률분포법**: 미지의 사건을 확률적으로 편차를 이용하여 최저, 보통, 최고 위험평가

정성적 분석 방법

위험 상황에 대한 부분을 수치화가 아닌 추정(매우 높음, 높음, 중간, 낮음) 등으로 표현하는 방법이다. 장점으로는 정보자산에 대한 수치화가 불필요하여 계산에 대한 시간과 노력이 적게 드는 점이 있다. 단점으로는 위험평가 과정과 측정기준이 일관되지 않고 주관적이며, 위험완화 대책 및 비용/효과에 대한 명확한 근거가 없고, 위험관리 성능을 추적할 수 없다는 점이다. 정량적 분석 방법의 종류는 다음과 같다.

- **델파이법**: 전문가 집단의 의견과 판단을 추출, 짧은 시간에 도출, 정확도 낮음
- **시나리오법**: 특정시나리오를 통하여 발생 가능한 위협의 결과를 우선순위로 도출 정확도 낮음
- **순위결정법**: 비교우위 순위 결정표에 위험 항목들의 서술적 순위를 결정 정확도 낮음

099 정답: 3번

위험 관리(Risk Management)의 목적은 위험을 수용 가능한 수준으로 감소시키는 것이다. 위험 관리 프로세스의 일반적인 절차는 다음과 같다.

(1) 위험 관리 계획 수립
(2) 위험 식별
(3) 정성적 위험분석 수행
(4) 정량적 위험분석 수행
(5) 위험 대응 계획 수립
(6) 위험 감시 및 통제

100
정답: 2번

촉진 위험 분석 프로세스(FRAP: Facilitated Risk Analysis Process)를 수행함에 있어 기본원칙은 다음과 같다.

- FRAP 리더는 팀의 모든 것을 주의 깊게 관찰하고 경청해야 한다.
- 모든 의견을 인식하고 참여를 장려하도록 한다.
- 비언어적 반응에 주의해야 한다.
- 강의하지 말고, 듣고 팀을 참여시키도록 해야 한다.
- 목적에서 벗어나는 진행을 놓치지 않아야 한다.
- 항상 중립을 유지해야 한다.
- 적대감을 기대하도록 하되 적대적이면 안 된다.
- 촉진자는 전문가의 권위자가 되는 것을 피해야 한다. 촉진자의 역할은 경청하는 것이다. 질문하고, 프로세스를 시행하고 대안을 제시해야 한다.
- 시간 프레임을 준수하고 시간을 지켜야 된다.
- 토론을 자유롭게 하기 위해 휴식을 종종 사용해야 한다.
- 촉진자는 FRAP 팀을 위해서 존재한다.
- 그룹이 느리고 통제하기 어려운 경우 FRAP를 중지해야 한다.

101
정답: 4번

위험분석 접근법(Risk Analysis Approach)의 종류에는 베이스라인 접근법, 비정형 접근법, 상세 위험 접근법, 복합 접근법이 있다.

- **베이스라인 접근법(Baseline Approach)**: 국내 외 표준, 기존에 마련되어 있는 기본 통제 가이드, 준법 등으로 기준을 정하여 위험을 관리한다. 시간 및 비용을 절약하고, 모든 조직에서 기본적으로 필요한 보호 대책을 선택할 수 있다는 장점이 있다. 하지만 조직의 특성이 미반영되어 적정 보안 수준 초과 또는 미달 가능성이 있다는 단점이 있다.
- **비정형 접근법(Informal Approach)**: 전문가의 지식과 경험에 따라 위험을 분석하는 접근법이다. 시간과 비용이 절약되고 작은 조직에서 부담 없이 접근할 수 있는 장점이 있지만, 구조화된 접근이 아니며 보호대책 및 소요비용의 불확실성 존재한다는 단점이 있다.
- **상세 위험 접근법(Detailed Risk Analysis)**: 자산의 가치를 측정하고 자산에 대한 위험과 취약성을 분석하여 위험 측정하는 접근법이다. 조직 내 적절한 보안수준 마련이 가능하다는 장점이 있지만, 전문적인 지식이 필요하고 시간과 비용을 많이 소모한다는 단점이 존재한다.
- **복합 접근법(Combined Approach)**: 상세 위험 분석과 베이스라인 접근법을 복합적으로 사용하는 방법이다. 빠르고 효율적인 보안전략 구축이 가능하다는 장점과 적용 대상의 불명확성으로 인한 자원 낭비의 가능성이 있다는 단점이 존재한다.

102
정답: 2번

위험 분석(Risk Analysis)은 정보나 정보처리 기기에 대한 위협의 종류, 위협의 영향, 위협의 발생가능성 등을 평가하는 과정으로 프로젝트의 성공을 위태롭게 하거나 목표를 달성할 수 있는 요인을 식별하고 평가하는 데 사용되는 기술이다. 이 기술은 이러한 요인이 발생할 확률을 줄이기 위한 예방 조치를 정의하고 회사의 경쟁력에 대한 부정적인 영향을 피하기 위해 개발을 할 때 이러한 제약조건을 성공적으로 처리하기 위한 대책을 식별하는 데 도움이 된다. 컴퓨터 영역에서 위험 분석을 수행하는 가장 인기 있는 방법 중의 하나가 바로 촉진 위험 분석 프로세스(FRAP: Facilitated Risk Analysis Process)다.

정답과 해설

제10장

모의고사

제 10장 모의고사 정답

1 ①	2 ②	3 ④	4 ①	5 ①	6 ③	7 ③	8 ①	9 ①	10 ②
11 ④	12 ③	13 ④	14 ③	15 ③	16 ①	17 ③	18 ①	19 ③	20 ①
21 ③	22 ④	23 ③	24 ①	25 ④	26 ④	27 ②	28 ③	29 ②	30 ①
31 ③	32 ②	33 ④	34 ①	35 ③	36 ④	37 ④	38 ④	39 ②	40 ②
41 ①	42 ④	43 ③	44 ③	45 ③	46 ④	47 ③	48 ④	49 ①	50 ②
51 ③	52 ①	53 ③	54 ④	55 ①	56 ③	57 ②	58 ④	59 ④	60 ④
61 ①	62 ②	63 ④	64 ④	65 ③	66 ②	67 ②	68 ④	69 ③	70 ②
71 ③	72 ③	73 ①	74 ③	75 ①	76 ③	77 ④	78 ③	79 ③	80 ①
81 ①	82 ②	83 ②	84 ③	85 ④	86 ④	87 ③	88 ①	89 ④	90 ④
91 ①	92 ③	93 ①	94 ③	95 ③	96 ③	97 ②	98 ②	99 ②	100 ②

001

정답: 1번

HTTP/3는 HTTP-over-QUIC라는 이름으로 시작되었다. 그런데 IETF(Internet Engineering Task Force) 내 HTTP 작업 그룹과 QUIC 작업 그룹의 의장인 마크 노팅엄이 이 프로토콜의 이름을 HTTP/3로 변경할 것을 제안했고, 2018년 11월에 이 제안이 통과되어 HTTP-over-QUIC이라는 이름에서 HTTP/3으로 변경된 것이다. HTTP/3는 QUIC이라는 프로토콜 기반으로 동작하는 HTTP이며 QUIC은 Quick UDP Internet Connection의 약자이므로 UDP를 사용하여 인터넷 연결하는 프로토콜이다.

002

정답: 2번

클라우드 시스템에 리스크 관리 프레임워크를 적용하는 순서로 가장 올바르게 나열된 것은 Categorize → Select(includes Evaluate Select Negotiate) → Implement → Assess → Authorize → Monitor의 순서이다. 각각의 절차에 대한 상세한 설명은 다음과 같다.

(1) **Categorize**: 시스템 영향 분석에 따라 정보 시스템과 해당 시스템에서 처리, 저장 및 전송하는 정보를 분류하며 운영, 성능, 보안 및 개인정보 요구 사항을 식별한다.

(2) **Select**(includes Evaluate Select Negotiate): 전체 정보 시스템에 대한 기능적 기능을 식별 및 선택하고, 시스템의 영향 수준, 개인정보 제어를 기반으로 관련 기준 보안 제어를 식별 및 선택하며 필요하다고 판단되는 개선 사항 및 추가 제어를 선택하여 보안 제어를 조정 및 보완한다. 또한 적합한 클라우드 아키텍처를 식별하고 보안 요구사항에 따라 공급자를 선택한다.

(3) **Implement**: 클라우드 소비자가 담당하는 보안 및 개인정보 보호 제어를 구현한다.

(4) **Access**: 맞춤형 보안 및 개인정보보호 제어 구현을 평가한다.

(5) **Authorize**: 클라우드 기반 정보 시스템이 작동하도록 승인한다.

(6) **Monitor**: 보안 및 개인정보보호 제어의 운영 및 효과에 대해 지속적으로 모니터링하고 시스템의 보안 상태를 평가한다.

[2번 해설 관련 이미지]

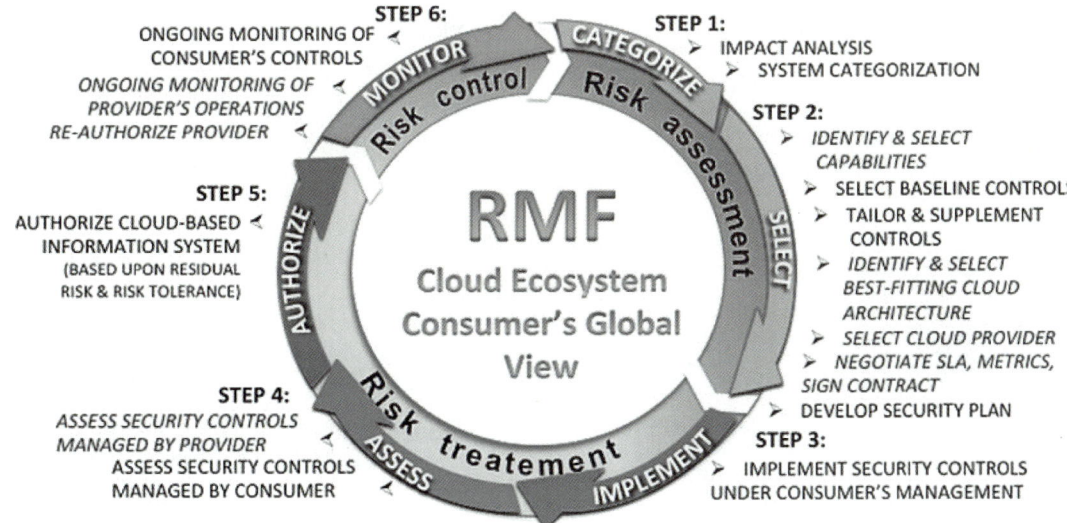

003   정답: 4번

가장 거리가 먼 것은 보기 ④번의 보안 및 개인정보 제어 구현 평가이다. 클라우드에서 리스크 관리 프레임워크(RMF)를 적용하는 과정은 Categorize → Select(includes Evaluate Select Negotiate) → Implement → Assess → Authorize → Monitor 순서이다. 여기서 보안 및 개인정보 제어의 구현을 평가하는 것은 Risk Treatment(Access - Design Mitigation Policies and Plans) 단계로, 도입 시 고려되어야 할 사항과는 거리가 가장 멀다. 이 외에 추가적으로 도입 시 고려되어야 할 사항은 다음과 같다.

- 위험 평가 수행
- 가장 적합한 클라우드 아키텍처 식별
- 가장 적합한 클라우드 서비스 선택
- 클라우드 오퍼링에 대한 필수 가시성 확보 및 SLA 완료
- 보안 권한 부여를 진행하기 전에 필요한 위험 처리 및 위험 제어 완화 정의

004   정답: 1번

하이퍼레저 패브릭은 모듈형 아키텍처 기반의 블록체인 애플리케이션 또는 솔루션 개발을 위한 근간으로 고안된 비즈니스 블록체인 프레임워크로서 리눅스 재단이 주도하고 있다. 하이퍼레저 패브릭은 합의, 멤버십 서비스 등 구성요소의 플러그 앤 플레이를 지원하며, 비즈니스 환경의 기밀유지와 확장성을 지원한다. 하이퍼레저 패브릭의 주요 특징은 허가형 네트워크, 암호화폐 불필요, 거래의 기밀유지, 프로세스 자동화 설정 가능이다. 하지만 작업 증명(PoW: Proof of Work)은 하이퍼레저 패브릭의 특징이 아닌 비트코인과 이더리움의 합의 방식이다. 하이퍼레저 패브릭의 작업 증명은 SOLO(Single Node, Development), Kafka(Crash Fault Tolerance), SBFT을 사용한다.

005   정답: 1번

디파이(De-fi)는 기존에 중앙 집중화된 대표적인 서비스인 금융을 탈중앙화 한 블록체인 기반의 분산형 금융서비스를 의미한다. 디파이의 대표적인 서비스 모델 및 특징으로는 자산 토큰화(Tokenization), 스테이블 코인(Stable Coin), 탈중앙화 거래소(DEX: Distributed EXchange) 등이 있다. 각각의 상세한 설명은 다음과 같다.

- **자산 토큰화(Tokenization)**: 금융 관련 자산에 대한 권리(Rights)를 블록체인 플랫폼에 디지털 자산/토큰으로 구현하는 것을 의미한다. 블록체인은 데이터의 변경이 불가능하므로 디지털 자산이 안전하게 저장 및 관리됨을 보장한다. 여기서 토큰이란 금융자산을 경제적인 가치를 지닌 하나의 디지털 오브젝트 단위로 치환한다는 것을 의미하며 이러한 토큰은 금융뿐만 아니라 저작권, 물류, 미디어 등 다양한 분야로 확산되고 있다.

[4번 해설 관련 이미지]

허가형 네트워크
집단으로 정의된 멤버십과 접근권한을 비즈니스 네트워크에 제공합니다.

거래의 기밀유지
비즈니스의 유연성과 보안성을 제공하여 정확한 암호화 키를 가지고 있는 당사자들에게만 거래가 보이도록 합니다.

암호화폐 불필요
거래를 확인하기 위해 채굴이나 값비싼 컴퓨팅을 요구하지 않습니다.

설정 가능
스마트 계약의 합재 논리를 활용하여 네트워크 상의 비즈니스 프로세스를 자동화합니다

- **스테이블 코인(Stable Coin)**: 스테이블 코인이란 기축통화인 미국 달러화와 연동하여 변동성과 위험성을 감소시켜 암호화폐의 단점을 경감시킨 암호화폐이다. 기존의 암호화폐가 실물경제와 무관하게 급격히 변동하며 큰 위험성을 지녔기 때문에 상거래 용도로 사용하기에 부적합하다는 분석이 있었으며 이에 따라 스테이블 코인이 등장했다. 대표적인 스테이블 코인으로는 페이스북의 리브라가 존재한다.
- **탈중앙화 거래소(DEX: Decentralized EXchange)**: 기존의 금융 서비스 거래는 중앙화 기반으로 인증된 플랫폼을 통해서만 가능했다. 이와 달리 탈중앙화 거래소(DEX)는 블록체인 기반으로 구현된 분산된 자산 거래소를 의미한다. DEX는 기존의 금융주체가 아닌 주체가 직접 거래소를 운영하고 중재할 수 있으며 P2P 방식으로 스마트계약을 통해 운영된다. DEX는 중앙화 거래소와 달리 고객의 자산을 보관하고 관리하지 않으며 블록체인 기반으로 해킹의 위험 없이 안전하게 관리된다.

006 정답: 3번

블록체인을 사용하는 주요 용도 및 이유를 나열하면 다음과 같으며, 이로 보아 보기 ③번은 가장 관련이 없는 항목이다.

- Cross-Border Payments(국가 간 자금이체)
- Interstate medical licensing(주 정부 간 교차 의료 면허)
- Healthcare Records(헬스케어 기록)
- Seafood Supply Chain Traceability(시푸드 공급망 추적)
- Diamond Supply Chain(다이아몬드 공급 사슬망)
- Digital Identity(디지털 인증)
- Verifiable IDs for Refugees(난민 ID 인증)
- Real Estate Transactions(부동산 거래)
- Music and Media Rights(저작권 문제)
- Green Assets Management(녹색 자산 관리 플랫폼)
- Letters of Credit(신용장)
- Food Trust (식품 추적)
- Digital Trade Chain(디지털 자산 거래 시스템)

즉, 카테고리별로 다시 정리하면 Financial Asset Depository(금융 자산 보관소), Corporate Action(기업 행동), Supply chain Management(공급망 관리), Master Data Management(마스터 데이터 관리), Sharing Economy and Internet of Things(공유경제와 사물인터넷 관리) 등이다.

007 정답: 3번

자기 주권 신원(SSI: Self-Sovereign Identity)이란 신원 주체 본인 이외의 기관에 의존하지 않고, 장기적 소유와 이동이 가능한 안전한 신원관리를 지향한다. 자기 주권 신원의 10대 원칙은 다음과 같다.

- **Existence**: 사용자는 독립적 존재이어야 한다.
- **Control**: 사용자는 그들의 신원 정보에 대한 통제권을 가져야 한다.
- **Access**: 사용자는 그들의 신원 정보에 접근 가능해야 한다.
- **Transparency**: 시스템과 알고리즘은 투명해야 한다.
- **Persistence**: 신원 정보는 장기간 저장되어야 한다.
- **Portability**: 신원 정보와 서비스는 이동 가능해야 한다.
- **Interoperability**: 신원 정보는 가능한 널리 사용되어야 한다.
- **Consent**: 사용자는 그들의 신원 정보 사용에 대해 동의하여야 한다.
- **Minimize**: Claim의 사용은 최소화되어야 한다.
- **Protection**: 사용자의 권리는 보호되어야 한다.

008　　　정답: 1번

　　신원 모델(Identity Model)은 개별 신원(Siloed Identities) → 연합 신원(Federated Identities) → 자기 주권 신원(Self-Sovereign Identities)의 순서로 발전되어 왔다. 개별 신원은 개별 인터넷 사이트에서 별도의 아이디와 비밀번호를 발급받아서 사용하는 모델이며 분실에 대한 번거로움과 보안 위협이 존재했다. 연합 신원은 OpenID, OAuth 등의 기술을 이용해 소셜미디어 계정으로 여러 사이트에 로그인할 수 있으며 개인정보 유출 시 위험이 커지는 단점이 있다. 자기 주권 신원은 모바일 단말기를 이용해 신원 증명을 제출하고 서비스를 이용하는 방식이며 개인이 본인 소유의 단말기에 개인정보를 관리하므로 단말기 분실의 위험이 존재한다.

009　　　정답: 1번

　　블록체인 기반의 신분 증명 수단인 탈중앙 식별자(DID: Decentralized IDentity)는 고객의 신원 정보를 하나의 기관에 중앙집중형으로 보관하지 않고 분산된 기관에 나누어 저장하는 탈중앙화된 분산형 관리체계이다. 금융결제원이 기획하는 모바일 신분증의 경우, 신뢰할 수 있는 기관을 통해 개인의 실명을 확인한 후 DID를 발급하면 이를 스마트폰과 모바일 디바이스에서 신분증으로 사용할 수 있다. 자기 주권 신원(SSI: Self-Sovereign Identity)의 형태로 구현되어 탈중앙화된 환경에서 개인정보가 개인에게 분산되어 관리되는 시스템이다.

010　　　정답: 2번

　　대체 불가능 토큰(NFT: Non-Fungible Token)은 고유한 것을 나타내는 특수한 유형의 암호화 토큰을 의미하며, 이는 대체할 수 없고 교환할 수도 없다. 이것은 비트 코인과 같은 암호화폐와 본질적으로 호환 가능한 많은 네트워크 또는 유틸리티 토큰과는 대조적이다. NFT는 플레이어 소유권뿐만 아니라 검증 가능한 디지털 희소성을 생성하고 여러 플랫폼에서 자산 상호 운용성의 가능성을 만드는 데 사용된다. NFT는 암호화 수집과 같은 고유한 디지털 항목이 필요한 여러 특정 응용 프로그램에서 사용된다. NFT는 자산을 나타내는 데 사용되며 개발자 대신 사용자가 제어하므로 개발자의 허가 없이 자산을 타사 마켓 플레이스에서 거래할 수 있다. 또한 NFT는 진위와 소유권을 증명함으로써 디지털 저작권이 사용되는 곳을 찾는다.

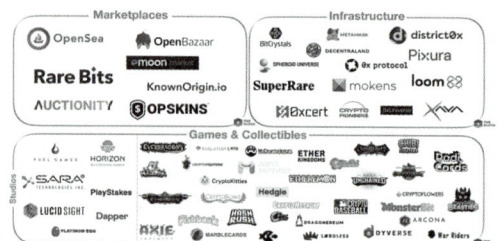

011　　　정답: 4번

　　DID(Decentralized IDentity)는 전통적인 중앙집중식 권한 및 계정관리 시스템과 달리 분산 시스템 기반의 탈중앙화된 시스템을 의미한다. 탈중앙화된 DID의 특성은 데이터의 위·변조가 불가능하여 해킹의 위험을 방지하고, 개인정보의 소유자와 보관자가 일치하여 규제 대응이 용이하며, 분산 시스템 기반의 블록체인 네트워크를 사용하여 인프라 비용을 절감할 수 있다. 그리고 1회의 인증으로 다수의 서비스를 이용할 수 있고, 사용자가 직접 개인정보를 통제할 수 있다는 특징이 있다.

012　　　정답: 3번

　　IDbox라 불리는 파푸아 뉴기니에서 진행된 PoC(Proof of Concept) 프로그램에서는 IDbox에서 자체 제작한 키트를 활용하여 마을 사람들의 ID를 등록했다. 태양광 발전 패널을 연결할 수 있고 지문 및 홍채 인식이 가능한 키트에 현지의 유심 카드를 연결한 후 본인의 휴대전화로 문자를 보내 번호를 등록하고 지문 등의 생체 인식 정보를 함께 등록하여 블록체인에 기록한다. 이렇게 등록된 신원을 통해서 간편하게 송금을 받을 수 있고, 전기를 판매/구매할 수 있으며, 투표에 참여할 수도 있게 된다.

참고로, AID:Tech은 신분 증명이 어려운 사람들에게 모바일 애플리케이션이나 스마트 카드와 같은 도구로 블록체인에 ID를 등록하고 국제 원조, 기부금 배포, 국제 송금, 헬스케어 등과 같은 서비스들을 제공받을 수 있도록 해준다. 특히 탄자니아에서는 신생아 사망률을 낮추기 위해서 임산부들을 위한 서비스를 실시하고 있다. 임산부가 병원에 처음 오면 블록체인에 등록한 후 검사가 필요할 때마다 모바일로 푸시 알람으로 알려주고 검사한 기록을 남겨서 기부 단체나 자료가 필요한 회사들이 조회할 수 있도록 해준다. 그리고 ID2020은 조금 더 보편적인 목표를 가지고 있는데, 디지털 신원 인증으로 사람들의 삶을 개선하고자 하는 글로벌 파트너십 연합이다. Accenture, Gavi(세계백신면역연합), Microsoft, 록펠러 재단이 창립 멤버로 시작했으며, UNHCR (유엔난민기구)에서도 함께하고 있다.

출처: https://steemit.com/coinkorea/@keepit/2j23pd-keep-t-column

013 정답: 4번

빅데이터의 3V는 일반적으로 Volume(볼륨), Velocity(속도), Variety(다양성)으로 구성된다. 참고로 4V는 3V에 정확성(Veracity) 또는 가치(Value)를 추가하며, 5V는 3V에 정확성(Veracity)과 가치(Value)를 모두 추가한 것을 의미한다. 또한, 6V의 개념은 3V에 정확성(Veracity), 가치(Value), 가시화(Visualization)를 추가한 개념이다.

014 정답: 3번

많은 빅데이터 시스템은 클라우드 아키텍처를 사용하여 설계된다. 빅데이터 클라우드 에코시스템 엔터프라이즈 아키텍처 내에서 제어 및 보안 위험 관리 수행 시, 클라우드 아키텍처의 기술적 특성에 따라 고려되어야 할 요소들이 존재한다. 이들을 열거하면 다음과 같다.

- 광범위한 네트워크 액세스(Broad Network Access)
- 소비자의 가시성 및 제어 감소(Decreased Visibility and Control by Consumers)
- 소비자와 공급자 간의 동적인 시스템 경계와 복잡한 역할 및 책임(Dynamic System Boundaries and Commingled Roles and Responsibilities Between Consumers and Providers)
- 멀티 테넌시(Multi-Tenancy)
- 각기 다른 조직이 한 시스템의 다른 부분을 담당(Different Organizations are Responsible for Different Parts of One System)
- 데이터 상주(Data Residency)
- 측정된 서비스 및 규모 동적 복잡성 크기 증가(Measured Service and Increases in Scale, Dynamics and Complexity)

015 정답: 3번

모바일 디바이스는 빅데이터에서 종종 검색엔진과 웹 크롤러(Web Crawler)로 사용되기 때문에 데이터 정보 유출에 각별히 신경을 써야 한다는 설명은, 모바일 장치에서 고려되어야 할 사항과 거리가 가장 멀다. 다음은 일반적으로 모바일 장치에서 고려되어야 할 보안과 관련된 내용이다.

- 모바일 장치는 특히 BYOD 환경에서 기업의 관리 및 제어에 도전한다. 결과적으로 모바일 중심 액세스 제어를 가능하게 해야 하는 특수한 보안 접근법이 제시되어야 한다.

- 일부 웹 기반 및 데스크톱 응용 프로그램은 적절한 보안 및 개인정보 보호 없이 모바일 버전으로 마이그레이션될 수 있다.
- 모바일 장치는 물리적 보안 보호의 영향을 받지는 않지만 모든 데스크톱뿐만 아니라 빅데이터 시스템에도 액세스가 가능하다.
- 대부분의 조직은 긴 역사를 가지고 있으며 소프트웨어 공급 업체보다 수익성이 좋은 서버 및 데스크탑 보안에만 초점을 맞추고 있어 결과적으로 모바일 기기 보안 제어는 지연이 되고 있다.
- 모바일 장치는 종종 지리 공간 데이터를 공개하는데, 이 데이터는 다른 데이터 세트를 풍부하게 하고 익명화를 수행하기 위해 빅데이터 설정에 사용될 수 있다.

016　　정답: 1번

알뜰폰 요금제를 사용하면 합리적인 가격으로 다양한 서비스를 제공받을 수 있다. 이때 사용하는 '유심 요금제'란 유심만을 가지고 휴대전화를 개통할 수 있는 요금제이며 간단한 신청서를 작성하고 유심칩을 장착하면 곧바로 사용할 수 있는 방식이다. 이는 신용이 낮은 사람들이나 외국인처럼 일반적인 요금제를 사용할 수 없는 사람들이 선불로 요금을 지불함으로써 휴대전화를 사용할 수 있게 해주는 것이다. 또한 약정이 없으며, 원하면 바로 그만 사용할 수 있고 다양한 요금제로 나누어져 있기에 금액 면에서는 상당히 유리하다. 참고로, 중고나라 등에서 거래 시 받은 신분증 사진을 가지고 가서 알뜰폰 대리점에서 개통해 달라고 하면 즉시 개통해 준다. 우리나라에서는 본인인증이 대부분 휴대전화로 이루어지기 때문에 이렇게 만든 타인 명의의 휴대전화를 가지고 은행거래까지도 할 수 있을 정도이다. 굉장히 심각한 보안 문제임에도 불구하고 알뜰폰 개통사와 방통위에서는 이를 계속 방치 중이다. 즉 알뜰폰은 부실한 개인정보 보호와 불법 대포폰이 될 수 있다는 것이 보안상 취약점이다.

017　　정답: 3번

지식정보 보안산업 기술분류는 정보 보안, 물리 보안, 융합 보안으로 나눌 수 있다.

- **정보 보안**: 컴퓨터 또는 네트워크상의 정보 훼손, 변조, 유출 등을 방지하기 위한 보안 기술이다. 방화벽, 안티바이러스, 포렌식 툴, 디지털 포렌식 툴, DDoS 대응 장비 등이 포함된다.
- **물리 보안**: 개인의 신변 안전 및 주요 시설물의 안전한 관리 환경 구축을 위한 개인 식별, 영상 감시, 재난/재해 방지 등을 위한 보안 기술이다. 출입 통제, 영상감시 솔루션, 지능형 카메라, 바이오 인식 등이 포함된다.
- **융합 보안**: 정보 보안과 물리 보안 간의 융합 또는 IT기술과 타 산업 간의 융복합 시에 발생되는 보안 위협을 해결하기 위한 보안 기술이다. 차량 블랙박스, U-헬스케어 보안 장비, 스마트 미터 보안 칩 등이 포함된다.

출처: LG CNS Blog

018　　정답: 1번

공급업체 선정은 공급업체 평가를 올바르게 진행한 후 공정하게 진행되도록 한다. 일반적으로 교차 기능팀(CFT: Cross Function Team)이 설계, 재무, 공급관리, 품질, 생산부서를 아우르는 다양한 시각으로 선정한다. 이때 조직의 전략과 결정적 지위에 따른 평가기준을 사용해야 한다. 공급업체 선정의 절차는 공급업체 주요 평가 카테고리 정의 → 각 평가 카테고리에 가중치 부여 → 각 평가 카테고리의 세부 항목 정의 및 가중치 부여 → 점수 측정 기준 정의 → 공급업체 평가 → 평가결과 검토 및 공급업체 선정 → 공급업체 성과의 지속적 검토 및 구체적 개선목적 제시로 진행된다.

019
정답: 3번

QC의 역할은 검사 및 시험 업무, 성적서 작성이고, QA는 고객이슈 대응, 품질개선, 품질지표 관리, 검출력 개선, 게이지 관리 등을 담당한다. 그리고 QM은 품질경영 시스템 인증 관리, 감사 대응, 품질기획 등을 수행한다. 이상의 내용을 포괄적으로 표현한다면 다음과 같이 나타낼 수 있다.

QC < QA < QM

각각의 상세한 설명은 다음과 같다.

- **품질 관리(QC: Quality Control)**: 기업이 생산과 관련된 모든 요소의 품질을 검토하는 프로세스이다. ISO 9000은 품질 관리를 품질 요구 사항 충족에 중점을 둔 품질 관리의 일부로 정의한다. 이 접근법은 다음 세 가지 측면에 중점을 둔다(ISO 9001과 같은 표준으로 강조됨). 첫 번째는 Control로, 작업 관리, 정의되고 잘 관리된 프로세스, 성능 및 무결성 기준, 레코드 식별 등이 속한다. 두 번째는 Competence이며 지식, 기술, 경험 및 자격 등을 포함한다. 세 번째로 Soft에는 인력, 청렴성, 자신감, 조직 문화, 동기 부여, 팀 정신 등이 있다.

- **품질 보증(QA: Quality Assurance)**: 제조된 제품의 실수와 결함을 방지하고 고객에게 제품이나 서비스를 제공할 때 문제를 피하는 방법이다. ISO 9000은 품질 요구 사항이 충족될 것이라는 확신을 제공하는 데 중점을 둔 품질 관리의 일부로 정의한다. 이러한 품질 보증에서의 결함 방지는 결함 검출 및 품질 관리에서의 거부와 미묘하게 다르며, 프로세스 초기에 품질에 중점을 두기 때문에 왼쪽으로의 이동이라고 한다. 품질 보증은 제품, 서비스 또는 활동에 대한 요구 사항과 목표가 달성될 수 있도록 품질 시스템에서 구현된 관리 및 절차적 활동으로 구성된다. 이는 체계적인 측정, 표준과의 비교, 프로세스 모니터링 및 오류 방지를 제공하는 관련 피드백 루프이다. 따라서 품질 보증은 프로세스 출력에 중점을 둔 품질 관리와 대조될 수 있다. 품질 보증에는 두 가지 원칙이 존재한다. 첫 번째는 '목적에 적합 = 제품이 의도한 목적에 적합해야 함'이고 두 번째는 '처음부터 실수를 제거해야 함'이다. QA에는 원료, 조립품, 제품 및 구성 요소의 품질 관리, 생산 관련 서비스, 관리, 생산 및 검사 프로세스가 포함된다. 두 가지 원칙은 또한 새로운 기술 제품을 개발(엔지니어링)하기 전에 명시된다. 엔지니어링 작업은 한 번만 작동시키는 것이지만 품질 보증 작업은 항상 작동하게 하는 것이다.

- **품질 경영(QM: Quality Management)**: 조직, 제품 또는 서비스의 일관성을 보장한다. 품질 계획, 품질 보증, 품질 관리 및 품질 개선이라는 네 가지 주요 구성 요소가 있다. 품질 경영은 제품 및 서비스 품질은 물론 아니라 이를 달성하는 수단에도 중점을 둔다. 따라서 품질 경영은 제품에서 더 나아가 프로세스의 품질 보증 및 제어를 사용하여 보다 일관된 품질을 달성하고자 한다. 품질은 시장에서 알려지거나 알려지지 않은 소비자에 대한 서면 또는 서면 약속이다. 따라서, 품질은 의도된 사용에 대한 적합성, 즉 제품이 의도한 기능을 얼마나 잘 수행하는지에 따라 정의될 수 있다.

020
정답: 1번

ATM 보안공격과 가장 관련성이 없는 것은 부채널 공격(Side Channel Attack)이다. 부채널 공격은 알고리즘의 약점을 찾거나(암호 해독과는 다름) 무차별 공격을 하는 대신에 암호 체계의 물리적인 구현 과정의 정보를 기반으로 하는 공격 방법이다. 예를 들어, 소요 시간 정보, 소비 전력, 방출하는 전자기파, 심지어는 소리를 통해서 시스템 파괴를 위해 악용할 수 있는 추가 정보를 얻을 수 있다. 일부 부채널 공격은 암호가 구현되는 시스템의 내부 동작에 관한 기술적 지식이 필요하지만, 다른 부채널 공격은 전력 차이 분석 등과 같은 블랙박스 공격으로도 효과가 있다. 이렇듯 다양한 강력한 부채널 공격은 주로 폴 코처가 개척한 통계적 방법을 기반으로 한다. 사회공학이나 고무호스 암호 해독과 같이 정당한 접근권을 가진 사람을 기만하거나 속여 암호를 해독하는 시도는 일반적으로 부채널 공격의 범주에 포함되지 않는다. 컴퓨터 시스템 자체에 대한 공격(주로 암호키와 평문이 같이 있는, 암호화를 수행하는 컴퓨터를 공격한다)은 컴퓨터 보안 범주에 들어간다.

잭팟팅 공격(Jackpotting Attack)은 ATM 기계에 악성 소프트웨어나 하드웨어를 설치함으로써 기계가 현금을 '뱉어 내도록' 만드는 것을 말한다. 마치 슬롯머신에서 잭팟이 터진 것처럼 보인다 하여 잭팟팅 공격이라는 이름이 붙었다. 보통 공격자들은 ATM 기기에 물리적으로 접근해서 악성 USB를 꼽거나, ATM이 연결된 네트워크를 침해하여 멀웨어를 심는 방식으로 잭팟팅 공격을 실시한다. ATM 잭팟팅은 물리적 및 소프트웨어 취약점을 악용하여 ATM 머신에서 현금을 강탈해 간다. 범인은 휴대용 컴퓨터를 사용하여 ATM에 물리적으로 연결하고 멀웨어 악성 코드를 사용하여 기계의 현금 인출기에 접근한다. 이 대담한 공개 접근 방식에서 공격자는 종종 감시를 피하기 위해 서비스 요원으로 가장하는 등 모든 속임수를 사용한다. 소매점 및 서비스 매장의 독립형 ATM은 은행의 엄격한 모니터링 및 보안과는 거리가 먼 대상이다. 완전히 최신이 아닐 수도 있는 구형 머신도 일반적인 범행 대상이다. 그러기에 ATM 소유자는 사용 가능한 모든 최신 업데이트를 적용하는 것이 좋다. 2017년 라틴 아메리카에서 ATM 잭팟팅이 처음으로 시도되었다. 그 후 2018년에 유럽, 아시아 및 미국에서 공격이 대대적으로 발생했다. 미국에서는 이 공격으로 인해 백만 달러 이상의 도난이 발생했다. 미국 정보 기관은 이 프로세스에 대한 가이드가 다크 웹에서 발견되었다고 지적하면서 위협에 대해서 경고한 바 있다.

021   정답: 3번

문제에 제시된 내용 중에서 편집 통제(Edit Control)는 예방 통제(Preventive Control)의 대상이다. 예방 통제는 문제(오류, 누락, 부정행위 등)가 발생하기 전에 이를 예측하고 예방 및 조정하기 위한 통제를 의미한다. 예방 통제로는 사원 채용 절차, 직무 분리, 물리적 접근통제, 문서서식 설계, 거래 승인 절차, 편집 및 확인 등이 있다. 참고로 다음 제시된 통제의 의미 및 종류는 기본 중의 기본이므로 반드시 숙지하고 시험장에 들어가야 한다.

- **예방 통제(Preventive Control)**: 알려진 보안 위협의 발생을 사전에 대비 및 방어
- **탐지 통제(Detective Control)**: 보안 위협 및 침해 사고의 발생을 인지하고 통제
- **저지 통제(Deterrent Control)**: 미비한 통제 조치를 보완하거나 위험 발생을 저지
- **교정 통제(Corrective Control)**: 문제의 원인을 식별/분석하여 보완 조치

022   정답: 4번

[보기]에서 초기 단계에 가장 올바르게 문제점들을 파악하기 위해서 사용하는 프로젝트 관리 기법은 이시카와 다이어그램(Ishikawa Diagrams)이다.

- **간트 차트(Gantt Chart)**: 프로젝트 일정관리를 위한 바(Bar) 형태의 도구로, 각 업무별로 일정의 시작과 끝을 그래픽으로 표시하여 전체 일정을 한

눈에 볼 수 있다. 또한 각 업무(Activities) 사이의 관계성을 보여줄 수도 있다.

- **프로그램 평가 및 재검토 기술**(The Program/Project Evaluation and Review Technique): 보통 퍼트(PERT)라고 불리며, 프로젝트 관리를 분석하거나, 주어진 완성 프로젝트를 포함한 일을 묘사하는데 쓰이는 모델이다. PERT는 주어진 프로젝트가 얼마나 완성되었는지를 분석하는 방법으로, 특히 각각의 작업에 필요한 시간을 계산함으로써 모든 프로젝트를 끝내는 최소시간이 어느 정도인지 알 수 있다는 장점이 있다. PERT는 정확하게 알려지지 않은 세부요인과 지속기간을 모두 고려한 프로젝트 전체의 일정을 만들 수 있어, 불확정적인 일을 통합하는 것이 가능하다. 이는 여러 부문에서 사건지향적 기술을 시작-완성지향형보다 선호하게 하는 계기가 되었다.

- **크리티컬 패스 분석법**(CPM: Critical Path Analysis): 일련의 프로젝트 활동의 스케줄을 계획하기 위한 수학적인 알고리즘이다. 효과적인 프로젝트 관리에 중요한 도구이기도 하다.

- **이시카와 다이어그램**(Ishikawa Diagrams): 생선 뼈 다이어그램(Fish Bone Diagram)이라고도 불리는 자료분석 도구이다. 긴 모양이 생선 뼈처럼 생긴 데서 유래되었다. 일본의 품질 관리 통계학 박사 이시카와 카오루가 발명했다. 문제가 커다란 가시를 이루고, 해결 또는 원인, 영향 등이 가시에 살처럼 붙어있는 형상이다. 원인과 결과를 확인하기 위해서, 또는 프로세스 초기 단계에 있는 문제점들을 파악하기 위해서 사용하며, 예상과 결과치를 분석하기 위해서도 사용한다. 대부분 자료분석 도구로서 사용하지만 최근 스타트업 등에서도 시장성 및 수익성을 파악하기 위한 수단으로 활용되고 있다.

023 정답: 3번

간트 차트(Gantt Charts)의 장점은 다음과 같다. 작업을 시간적, 수량적으로 일목요연하게 표시할 수 있고, 작업계획과 실적의 계속적 파악이 용이하며, 작업의 지체요인을 규명하여 다음 연결된 작업의 일정조정에 활용할 수 있고, 작업자 별, 부문 별

[22번 해설 관련 이미지]

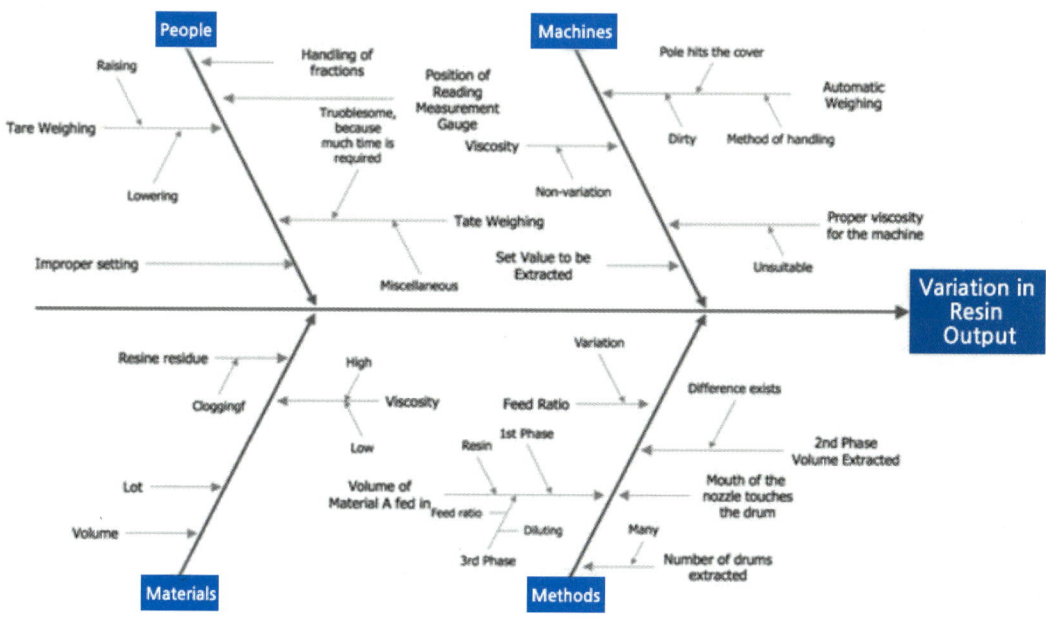

업무성과의 객관적 상호비교가 가능하다는 점이다. 반면 다음과 같은 단점이 존재한다. 계획 변화 또는 변경이 어렵고, 복잡하고 정밀한 일정계획을 수립하기가 어려우며, 일정 중심적인 관리가 어렵다. 또한, 작업 상호간의 유기적인 관련성 파악이 어렵고 사전 예측 및 사후통제가 곤란하다는 단점도 존재한다.

024   정답: 1번

컴퓨터실에 가장 효과적인 방화 스프링클러 시스템은 준비 작동식 밸브(Pre-action Valve)방식이다. 주요한 스프링클러 시스템의 설명은 다음과 같다.

- **드라이파이프 밸브(Dry Pipe Valve)**: 건식 밸브의 1차측에는 가압수를, 2차측에는 공기압축기를 이용한 압축공기를 각각 채워 놓고 화재발생 시 폐쇄형 스프링클러 헤드의 감열부가 열에 의해 파열되면서 헤드가 개방되어 2차측 배관 내의 공기압력이 급격히 떨어지면서 급속개방기구가 작동하여 클래퍼를 개방시키고, 2차측으로 유수를 발생시켜 알람 스위치가 작동하여 음향경보(경종, 전자사이렌 등)를 발령한다. 동시에 압력 챔버용 압력스위치가 작동하여 가압 송수 장치를 기동시켜 개방된 헤드로 가압수를 방출하여 화재를 진압하게 된다.
- **준비 작동식 밸브(Pre-action Valve)**: 준비 작동식 밸브의 1차측에는 가압수를, 2차측에는 대기압 또는 저압의 공기를 채운다. 화재가 발생하면 교차회로로 구성된 감지기가 2개 이상 작동하여 준비 작동식 밸브의 전자 밸브(Splenoid Valve)를 개방시켜 압력제어부의 압력 균형이 깨어져 클래퍼가 개방된다. 그러면 2차측으로 발생한 유수가 알람 스위치를 작동시켜 음향 경보를 발령한다. 또한 이와 동시에 압력 챔버용 압력스위치가 작동하여 가압송수 장치를 기동시켜 준비 작동식 밸브의 2차측 배관 말단까지 가압수를 충수시킨 상태로 대기하다가 화재가 확대되어 헤드가 파열되면 개방된 헤드를 통하여 가압수를 방출하여 화재를 진압한다
- **알람 밸브(Alarm Valve)**: 스프링클러 헤드 및 모든 배관 내(1차, 2차)에 상시 소화수가 충수되어 있는 방식으로 화재 발생 시 헤드의 감열부가 개방된 헤드를 통하여 가압수를 방출한다
- **일제 개방 밸브(Deluge Valve)**: 일제 개방 밸브의 1차측에는 가압수를 충수시키고, 2차측에는 개방형 스프링클러 헤드를 설치하여 대기압 상태로 둔다. 화재가 발생하면 교차회로로 구성된 감지기가 2개 이상 작동하여 전자밸브를 개방시킨다. 그러면 압력제어부의 압력균형이 깨어져 클래퍼가 개방되고, 2차측으로 발생한 유수에 의해 알람 스위치가 작동하여 음향경보를 발령한다. 이후로는 방호구역 전역의 모든 개방형 헤드로 가압수를 일제히 방사시켜 화재를 진압하게 된다.

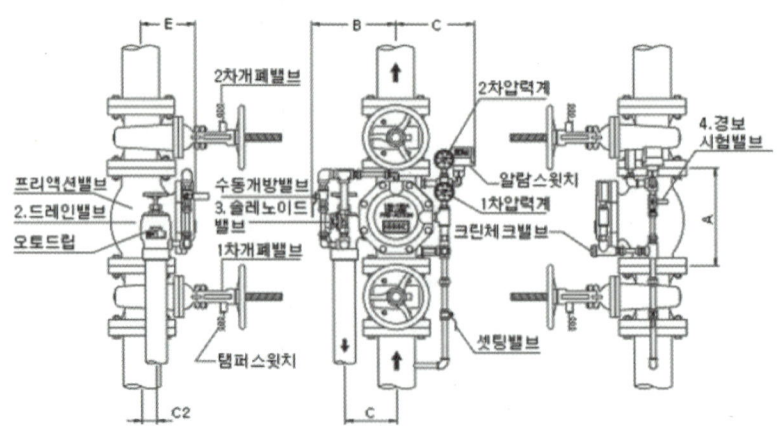

025

정답: 4번

국내 458개의 기업을 대상으로 중소기업의 정보 보안 현황을 살펴본 한 업체의 조사 결과에 따르면, 이들 중 80.9%가 외부 유출 시 회사에 큰 타격을 줄 수 있는 정보를 보유하고 있음에도 불구하고 고작 27.4%만이 정보 보호와 관련해서 유의미하다고 할 수 있는 투자를 한 것으로 나타났다. 정보 보안에 적극적으로 나서지 않은 기업들은 비싼 솔루션 구축 비용, 보안 전문가의 부재, 기술적 조치에 대한 이해 부족 등을 이유로 들었다. 여태까지 중소기업들은 해커의 침입이나 바이러스 등과 같은 사이버 위협이 규모가 큰 대기업이나 은행에서만 발생하는 문제로 보고 정식적인 보안 프로그램을 제대로 구축하지 않는 곳이 대부분이었다. 또한 설령 그 필요성을 느꼈을지라도 보안 시스템과 인프라를 구축하기에는 비용 측면에서 부담을 느껴 사실상 기존 솔루션은 대기업들의 전유물이라고 여기고 포기한 경우가 많았다.

그런데 'SECaaS'의 등장으로 이러한 경향이 새 국면을 맞이하게 되었다. 'SECaaS'는 경제적 측면에서만 따져 보아도 그 비용이 매우 저렴하다. 오직 본인이 사용한 서비스에 대한 사용료만 내면 되기 때문이다. 수백만에서 수천만 달러를 호가하는 온프레미스 보안 솔루션(On-premise Security Solutions)처럼 보안 관련 하드웨어 등을 설치할 필요성도 없다. 개별적으로 구축·운영하던 보안 서비스를 클라우드로 가상화하여 제공하니 비용 절감 효과가 크고 서비스 도입과 운용까지 편리하니 중소기업에는 희소식이 아닐 수 없다. 게다가 적은 비용으로 고객의 서버와 데스크톱, 모바일 기기의 모든 취약점에 대한 오류를 수정하는 패칭(Patching)까지 지속적으로 관리받는 것이 가능해졌다. 또한 기존의 정보 보안 담당 인력을 배치하는 데 겪었었던 어려움을 벗어날 수 있게 되었다. 또한 로그 관리나 경계 모니터링과 같은 반복적이고 자원 소모적인 보안 업무가 간소화되었다. 클라우드를 기반으로 한 보안 서비스는 사용자가 '그래픽 사용자 인터페이스(GUI)', 간단한 클릭과 조작으로 얼마든지 쉽게 접근하고 명령을 지시하는 것을 도와준다. 물론 기존 하드웨어와 비교 시, SECaaS는 대용량 트래픽을 감당하기에는 상대적으로 성능이 떨어져 서버 네트워크를 거치며 발생하는 사이트 오류, 성능의 저하 등의 문제를 가지고 있다. 그러나 중소기업의 경우 상대적으로 큰 트래픽을 발생시키지 않아 SECaaS 사용시 결과적으로 큰 만족감을 얻을 수 있다. 이와 같이 클라우드를 이용하여 보안 서비스를 제공하는 SECaaS는 클라우드의 효율성이 점차 입증됨에 따라 적은 비용, 보다 쉬운 관리 및 사용 그리고 우수한 보안성을 내세워 특히 중소기업들의 취약한 정보 보안 대책으로서 확실히 자리 잡아가고 있다.

출처: 펜타시큐리티 시스템

026

정답: 4번

보기 ④번에서 언급되는 빅 브라더(Big Brother)는 일반적인 빅데이터의 장단점과 가장 관련성이 존재하지 않는다. 빅 브라더(Big Brother)란 개개인들의 모든 개인정보 데이터를 임의로 모니터링하고 감시하면서 필요 시 통제하는 권력집단을 의미한다. 보통 통제는 국가 단위로 이루어지며 경우에 따라서는 전 세계 인류가 감시 대상이 될 수도 있다. 2013년 12월에는 미국 국가안보국(NSA)이 우리나라를 비롯해 우방국까지도 주요 정보수집 대상국으로 지정해 도·감청을 해왔다는 사실이 알려지면서 충격을 더해 주었다. 테러방지법 통과 이후 또다시 텔레그램 망명이 되풀이되었다. 테러방지법이란 2016년 3월 2일 국회 본회의를 통과한 법안으로 테러 방지를 위해 정부가 국가정보원에 정보수집 및 추적권을 부여하고 테러 인물을 감시·관리할 수 있는 법적 근거를 담고 있다. 이에 따라 국가정보원은 다음 사항을 요청할 수 있게 된다.

- 개인정보(사상·신념·건강 등 민감정보 포함)·위치 정

- 보·통신 이용 정보 수집
- 출입국·금융거래 기록 추적 조회
- 금융 거래 정지

027
정답: 2번

컴퓨터 범죄의 범행(행위) 측면에서의 특징은 발각과 입증의 곤란, 반복성과 계속성, 자동성과 광범성(원격성), 범죄 확정의 어려움이 있다. 하지만 감사증적의 어려움은 컴퓨터 범죄의 특징과는 거리가 멀다. 사이버 범죄(Cybercime) 또는 컴퓨터 범죄(Computer Crime)는 컴퓨터, 통신, 인터넷 등을 악용하여 사이버 공간에서 행하는 범죄로, 범행 목적에 따라 사이버 테러형과 일반 범죄형으로 분류된다. 종류를 막론하고 사이버 범죄는 정보통신망으로 연결되는 컴퓨터 시스템이나 사이버공간을 이용해 다른 사람한테 피해를 주고 건전한 사이버 문화에 해를 끼치는 행위로, 일반 범죄와 달리 빠른 시간 안에 불특정 다수에게 많은 악영향을 미치며, 사이버 공간 특성상 정보 발신자의 특정이 어렵고, 전자 정보의 증거 인멸 및 수정이 간단하다는 특징이 있다. 속성에 따라서 정보통신망침해범죄, 정보통신망이용범죄, 불법 콘텐츠 범죄로 나뉜다.

028
정답: 3번

블록체인(Blockchain)은 관리 대상 데이터를 '블록'이라고 하는, P2P 방식을 기반으로 생성된 체인 형태의 연결고리 기반 분산 데이터 저장 환경에 저장하여 누구라도 임의로 수정할 수 없고 누구나 변경의 결과를 열람할 수 있게 하는 분산 컴퓨팅 기술 기반의 원장 관리 기술이다. 이는 근본적으로 분산 데이터 저장 기술의 한 형태로, 지속적으로 변경되는 데이터를 모든 참여 노드에 기록한 변경 리스트로서 분산 노드의 운영자에 의한 임의 조작이 불가능하도록 고안되었다. 블록체인 기술은 비트코인을 비롯한 대부분의 암호화폐 거래에 사용된다. 암호화폐의 거래 내역은 탈중앙화된 전자 장부에 쓰여 관리되기 때문에 블록체인 소프트웨어를 실행하는 많은 사용자들의 각 컴퓨터에서 서버가 운영되어, 중앙에 존재하는 은행 없이 개인 간의 자유로운 거래가 가능하다. 블록체인의 특징으로는 익명성, 분산성, 확장성, 투명성, 보안성, 안정성 등이 있다. 하지만 유연성은 상대적으로 거리가 멀다.

- **블록체인의 장점**: 블록체인 참여 및 거래 시 필수로 개인정보를 요구하지 않으며 은행계좌, 신용카드 등 기존 지급수단에 비해 높은 익명성을 제공한다. 제3자 없이 분산형 네트워크(P2P) 환경에서 거래 가능한 분산성을 지닌다. 또한, 중앙 집중형 시스템 운영, 유지보수 등에 필요했던 비용을 절감할 수 있다. 공개된 소스에 의해 네트워크 참여자 누구나 구축, 연결, 확장이 가능한 확장성을 가진다. 모든 거래 기록에 공개적으로 접근이 가능하다는 투명성이 있다. 거래 내역 장부를 네트워크 참여자 모두가 공동으로 소유함으로써 거래 데이터 조작을 방지하고 무결성을 보장하므로 보안성이 향상된다. 분산형 네트워크 구조로 단일 실패점이 존재하지 않고 일부 참가 시스템에 오류 또는 성능 저하 발생 시 전체 네트워크에 영향이 미미하다는 점도 장점이다.

- **블록체인의 단점**: 불법 거래대금 결제 및 비자금 조성, 탈세를 가능하게 하는 익명성이 존재한다. 분산성의 특징은 문제 발생 시 책임소재가 모호하다는 단점으로도 작용한다. 또한 결재처리 가능거래 건수가 실제 경제 내 거래규모 대비 미미하다. 개인 키의 해킹이나 분실 등의 경우 일반적으로 해결방법이 없으므로 보안상 이슈가 존재할 수 있다. 그리고 PoW의 경우 채굴이 대형 마이닝 풀에 집중되어 과도한 자원의 낭비가 발생할 수 있다는 단점도 있다. 마지막으로 실시간, 대용량 처리의 어려움이 존재한다.

출처: 금융보안원 연구보고서, 홍승필

029
정답: 2번

블록체인은 네트워크상에서 발생한 모든 거래 데이터를 분산된 모든 노드가 체인 형태로 동일하게 기록하는 구조로 돼 있다. 노드들은 블록체인을 컴퓨터에 저장해 놓고 있는데, 일부 노드가 해킹을 당해 기존 내용이 틀어져도 다수의 노드에 데이터가 남아 있어 계속적으로 데이터를 보존할 수 있다. 개발된 암호화폐의 채굴 방식으로 작업 증명(PoW: Proof of Work)은 모든 참여자가 블록을 나누어 가진 후 블록 내에 들어 있는 암호를 풀면(채굴하면) 암호화폐로 일정한 보상을 주는 방식이다. 암호를 많이 해독할수록 많은 암호화폐를 얻을 수 있다. 비트코인은 이 방식을 적용하고 있다. 지분 증명(PoS: Proof of Shake)은 보유하고 있는 암호화폐 지분이 많을수록 많은 보상을 받는 방식이다. 중요도 증명(PoI: Proof of Importance)은 암호화폐 네트워크에서 활동한 기여도가 클수록 많은 보상을 받는다.

- **작업 증명(PoW: Proof of Work):** 가장 열심히 일한 사람에게 장부 작성 권한을 주는 방식으로, 채굴자들은 암호화폐 채굴을 함으로써 블록에 거래를 작성할 수 있는 권한을 부여받는다. 이 방식은 누구나 객관적인 블록체인 정당성을 확인이 가능하지만 전력소모가 심하고 채굴 연산 능력의 절반 이상의 능력을 가진 사람이 블록체인 시스템을 공격할 수 있다는 문제점(51% 공격)이 있다. 모든 참여자가 블록을 나눠 가진 후 블록 내에 들어있는 암호를 풀면(채굴하면) 일정한 보상(코인)을 주는 방식으로써 암호를 많이 해독할수록 많은 보상(코인)을 얻을 수 있다. 비트코인을 비롯해서 라이트코인, 이더리움이 이 방식을 채택하였다.

- **지분 증명(PoS: Proof of Stake):** 자산을 많이 가진 사람에게 장부를 작성할 권한을 주는 방식으로 지분 증명 방식에는 채굴자 대신 검증자가 존재하며, 이 검증자는 확인한 블록이 정당하다고 생각하면 자산 증명을 블록에 추가시킨다. 검증자는 이러한 자산 증명 과정을 통해 검증 작업에 대한 보상을 받는다. 지분 증명은 작업 증명에 비해 전력소모가 크지 않다는 장점을 가지고 있다. 하지만 검증자가 잘못된 검증을 할 수 있다는 리스크가 존재한다.

- **중요도 증명(POI: Proof of Importance):** 거래 실적이 많을 수록 더 많은 마이닝 수입과 수수료 수입을 지급하며 넴(NEM) 등에서 채택하고 있다. 계정은 중요도(Importance)라는 POI 점수를 가진다. 이 POI 점수는 가지고 있는 금액뿐 아니라 거래량, 거래한 사람을 고려하여 점수가 올라간다. 즉, 코인을 많이 가지는 것은 물론이고 사용하는 것에도 보상을 주는 방식이다. 이렇게 사용하는 것에 대해 보상을 주면 사용이 활발하게 되어 분배가 일어난다.

030
정답: 1번

이와 같은 문제는 직무 분리(SoD: Separation of Duties)와 함께 네 개의 눈 원칙(Four Eyes Principle) 두 가지 모두 이해해야 풀 수 있는 문제이므로 수험생들에게 상당히 좋은 문제가 될 수 있다. 직무 분리(SoD)는 하나의 업무 절차를 두 사람이 수행하도록 업무를 분리하는 것이다. 이 개념은 매우 단순해 보이지만 실무에 실제로 적용하려면 상당히 훈련된 경험을 요한다. 이미 금융 회계 시스템에서는 잘 알려진 개념이다. 규모를 불문하고 모든 기업은 수표 수신과 감가상각 승인, 현금 예금과 은행 명세서 조정, 시간 기록표 승인과 급료 관리 등의 역할을 한 사람이 동시에 맡아서는 안 된다는 점을 알고 있다.

네 개의 눈 원칙(Four Eyes Principle)은 두 사람이 행동을 취하기 전에 어떤 행동을 승인해야 한다는 요구 사항이다. 네 개의 눈 원칙은 때때로 두 사람의 규칙이라고 한다. 비즈니스 상황에서 승인에 필요한 네 개의 시각은 종종 CEO(Chief Executive Officer)와 CFO(Chief Financial Officer)의 눈으로, 또는 중요한 비즈니스 결정에 두 명의 서로 다른 시각으로 서명해야 하는 것을 의미한다. 이렇게 되면 편집, 교정 및 번역에서 일반적으로 한 쌍의 눈이 놓칠 수 있는 오류 및 오타를 감지할 수 있다. 어느 누구라도 모든 오류를 감지할 수는 없겠지만 두 명의 사람은 서로 다른 것을 놓칠 수 있는 것을 공통의 작업을 수행해서 더 많은 실수를 잡을 수 있게 된다. 다음은 직장에서의 네 개의 눈 원칙에 대한 몇 가지 설명의 예이다.

- 많은 법률 및 재무 문서에는 두 명의 서명이 필요하다.
- 은행, 카지노 및 민감한 군사 지역에는 종종 혼자가 아닌 구역이 존재한다. 이 구역에서는 항상 두 명의 사람이 있어야 하며 서로의 시야 내에 있어야 한다.
- 미사일 발사 키와 코드를 포함하는 EWO(Emergency War Orders) 금고는 서로 다른 발사 장교가 보유한 열쇠로만 열리는 두 개의 자물쇠로 잠겨 있다.
- 일부 데이터 관리 시스템에서는 데이터가 커밋되기 전에 두 명의 개별 담당자가 중요한 레코드 업데이트를 승인해야 한다.

031   정답: 3번

환경영향평가법에 따른 상세한 관련 조항과 시행령은 다음과 같다.

> 제61조(환경영향평가 대행 실적의 보고 등)
> ① 환경영향평가업자는 환경영향평가서 등의 작성에 관한 대행계약 체결 등 환경부령으로 정하는 환경영향평가 대행 실적을 환경부령으로 정하는 바에 따라 대행계약 체결 등이 있은 날부터 30일 이내에 환경부장관에게 보고하여야 한다. <개정 2016. 5. 29.>
> ② 환경부장관은 환경영향평가업을 체계적으로 육성하기 위하여 환경영향평가업자의 현황과 제1항에 따라 보고된 환경영향평가 대행 실적을 관리하여야 한다. <신설 2016. 5. 29.>
> ③ 환경부장관은 매년 한 번 이상 환경부령으로 정하는 바에 따라 환경영향평가 대행 실적과 행정처분 내용을 공고하여야 한다. <개정 2016. 5. 29.>

환경영향평가는 환경에 영향을 미치는 계획 또는 사업을 수립·시행할 때에 해당 계획과 사업이 환경에 미치는 영향을 미리 예측·평가하고 환경보전방안 등을 마련하도록 하여 친환경적이고 지속 가능한 발전과 건강하고 쾌적한 국민 생활을 도모함을 목적으로 한다.

(환경영향평가 등의 기본원칙) 환경영향평가 등은 다음 각 호의 기본원칙에 따라 실시되어야 한다. <개정 2018. 6. 12.>

1. 환경영향평가 등은 보전과 개발이 조화와 균형을 이루는 지속가능 한 발전이 되도록 하여야 한다.
2. 환경보전방안 및 그 대안은 과학적으로 조사·예측된 결과를 근거로 하여 경제적·기술적으로 실행할 수 있는 범위에서 마련되어야 한다.
3. 환경영향평가 등의 대상이 되는 계획 또는 사업에 대하여 충분한 정보 제공 등을 함으로써 환경영향평가 등의 과정에 주민 등이 원활하게 참여할 수 있도록 노력하여야 한다.
4. 환경영향평가 등의 결과는 지역주민 및 의사결정권자가 이해할 수 있도록 간결하고 평이하게 작성되어야 한다.
5. 환경영향평가 등은 계획 또는 사업이 특정 지역 또는 시기에 집중될 경우에는 이에 대한 누적적 영향을 고려하여 실시되어야 한다.
6. 환경영향평가 등은 계획 또는 사업으로 인한 환경적 위해가 어린이, 노인, 임산부, 저소득층 등 환경유해인자의 노출에 민감한 집단에게 미치는 사회·경제적 영향을 고려하여 실시되어야 한다.

032   정답: 2번

커넥티드 카는 자동차와 IT 기술을 융합하여 인터넷 접속이 가능한 자동차를 말한다. 인프라, 네트워크, 디바이스 등과 실시간으로 정보 교환을 통해서 위험 경고, 내비게이션, 원격 차량 제어와 관리 서비스 등이 가능하다. 여기에는 무수한 데이터들이 다량으로 포함될 수밖에 없고, 이는 해커들에게 매력적인 타깃이 된다. 커넥티드 카 보안 위협은 단순 정보 탈취는 물론 탑승자의 생명까지 위협할 수 있기에 필히 선결되어야 할 문제이다. 주요한 커넥티드 카 보안기술은 다음과 같다.

- EDR(Event Data Recorder): 자동차의 충돌 등 사고 전후 일정한 시간 동안 자동차의 운행정보를 저장하고, 저장된 정보를 확인할 수 있는 장치이다.
- ECU(Electronic Control Unit): 엔진, 자동변속기, ABS 등의 상태를 컴퓨터로 제어하는 전자제어 장치이다.
- OBD(On Board Diagnosis): 자동차에 부착된 센서들로부터 ECU로 전달된 자동차의 주요 계통에 대한 정보나 고장 등의 정보를 직렬 통신기능을 이용하여 자동차의 콘솔이나 외부장치에서 볼 수 있도록 한 기능이다. OBDII 연결 진단 도구에 무선 연결 시 블루투스 등을 이용하여 CAN 메시지 전송, 비정상 동작 파악이 가능하다.
- CAN(Controller Area Network): 차량 내에서 호스트 컴퓨터 없이 마이크로 컨트롤러나 장치들이 서로 통신하기 위해 설계된 표준 통신 규격이다. CAN 통신은 메시지 기반 프로토콜이며 최근에는 차량뿐 아니라 산업용 자동화기기나 의료용 장비에서도 종종 사용되고 있다.
- ACC(Adaptive Cruise Control): 적응식 정속 주행 시스템으로 주행속도와 차간거리를 자동으로 제어하는 시스템이다. 이 시스템은 주행속도 범위 약 30km/h~200km/h 범위에서 작동하며, 주행 중 운전자의 운전부담을 크게 경감시켜주는 역할을 한다. ACC는 다른 보기와 비교해볼 때 보안기술 중에서 가장 관련성이 없다고 볼 수 있다.

033 정답: 4번

최고 경영자는 스마트 공장의 정보 및 정보 시스템을 보호하기 위하여 필요한 사항들을 정보보호 정책으로 수립하고 이행함으로써 정보 침해에 대비하여야 한다. 정보보호 규정의 미수립과 관련하여 다음과 같은 위험 및 취약점이 발생할 수 있다.

- 정보보호 정책이 문서화되지 않음
- 정보보호 정책이 관련법령을 위반하고 있는 경우
- 정보보호 정책이 최고 경영자의 승인을 받지 않을 경우
- 정보보호 정책이 임직원이나 관련 기관에게 공표되지 않은 경우
- 정보보호 정책이 정기적 또는 중요사안 발생시 수정/보완되지 않은 경우

정보보호 정책이 문서화되지 않을 경우 발생할 수 있는 위험성과 가장 관련성이 높은 것은 정보보호 사고에 대해서 체계적으로 대응하지 못하고 임시방편적이나 비효율적으로 대응하는 것이다.

034 정답: 1번

커넥티드 카 안전성 확보를 위한 고려사항으로써 검사 및 출고 시점에 품질 강화는 가장 거리가 멀다. 커넥티드 카 보안에서는 현재 공격자와 방어자 간에 치열한 전투가 벌어지고 있다. 이 전쟁터에서 해커들은 자동차 내부 네트워크에 접속하여 인포테인먼트와 실내 온도 조절 시스템은 물론 엔진, 브레이크, 스티어링에 이르기까지 모든 것을 제어하는 ECU를 단계적으로 장악하기 위해서 노력하고 있다. 커넥티드 카 보안에는 각별히 주의해야 한다. 자동차 네트워크에 외부자가 침입한다는 것은 단순 정보 탈취가 아닌 탑승자의 생명을 위협할 수 있기 때문이다. 커넥티드 카 안전성 확보를 위한 고려사항은 주로 다음과 같다.

- **자율주행 플랫폼 보안강화 부문**: SECaaS (SEcurity as a Service) 기반으로 ECU를 업데이트한다. TPM 기반 센서와 통신모듈을 보호한다. 또한, Secure ccOS(Connected Car Operating System) 주행환경을 마련한다.
- **스마트 카 포렌식 기술적용 부문**: OBD 메모리 덤프를 수집하고, CAN/LIN 패킷 스니핑 및 분석

을 하며, NB-IoT 기반으로 블랙박스 영상을 전송한다.

- **자율주행 사고예측/분석기법 부문**: 자율주행 사고의 FTA 원인 분석을 수행하고, 스마트 카 보안 HAZOP (Hazard & Operability) 분석을 진행하며, 차량사고 예방을 위해 FMEA 분석한다.

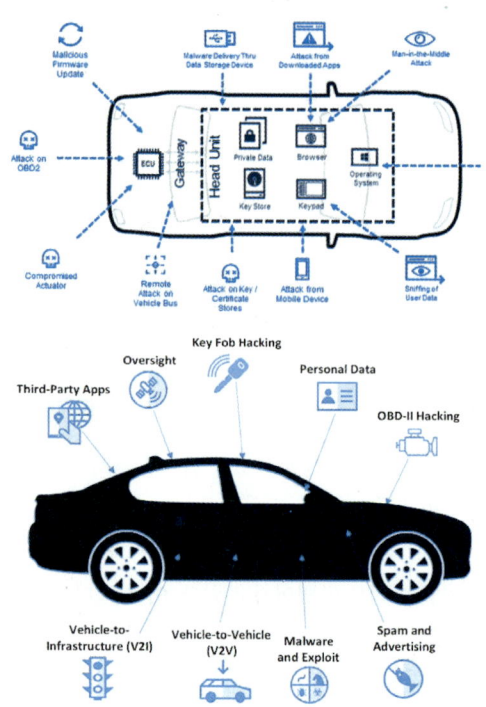

035   정답: 3번

인터넷 데이터센터(IDC)를 건설할 때 가장 적당한 위치는 보기 ③번이다. 인터넷 데이터센터를 건설하기 적절한 위치는 다음과 같은 특징을 지녀야 한다.

먼저, 주 출입구에 접근하는 인력에 대해서 파악이 쉬워야 한다. 접근하는 입장에서는 방어 및 탐지 체계 파악이 어려워야 한다. 다음으로는 여러 가지 자연적 위험이 고려되어야 한다. 보기 ①번 같은 경우에는 강가에 있어서 홍수의 범람을 항상 염두에 두어야 하며, 보기 ②번 같은 경우에는 여러 산짐승 (고라니, 멧돼지 등)의 시설 방해도 고려해야 한다. 보기 ④번 같은 경우에도 바닷가 근처여서 항상 태풍과 쓰나미를 염두해야 되기 때문에 좋은 장소가 될 수 없다. 또한 주 출입구가 여러 방향에서 접근이 가능하기 때문에 이를 감시하기 위한 예산과 인력에 대한 부담이 가중된다고 볼 수 있다. 이와 같은 문제는 물리적 보안에서 자주 출제되는 영역이기 때문에 반드시 숙지하도록 한다.

036   정답: 4번

백업 인터넷 데이터센터는 다른 지역의 다른 전력을 사용하는 곳이 가장 적절하다. 보기 ③번도 관련성이 있으나, 이는 본 데이터센터와 백업 데이터센터 두 가지 다 해당된다. 하지만 질문의 요지는 백업 데이터센터는 백업 기능이 가장 중요한 목적이므로 다른 지역에서 다른 전력을 사용하여 혹시라도 전력 공급의 불안정에 대한 내성을 가지도록 하는 것이 가장 우선이다. 백업은 정말 좋은 정책으로, 기업은 데이터와 애플리케이션을 어딘가에 백업할 수 있는 역량이 필요하며, 데이터와 애플리케이션은 항상 별도로 저장되어 천재나 인재로 주 비즈니스 시스템이 붕괴되는 일이 일어나도 비즈니스가 계속 연속적으로 수행되게끔 해야 한다.

037   정답: 4번

W3C는 설립 목적에 따라 웹 표준과 가이드라인 개발을 수행하고 있으며, 지금까지의 결과로 지난 10년간 80여 개의 W3C 권고안을 발표하였다. W3C는 또한 교육과 소프트웨어 개발에 관여해 왔고, 그리고 웹에 관하여 토론할 수 있는 열린 포럼을 개최하여 왔다. 웹의 모든 잠재력을 이끌어내기 위해서 가장 기본적인 웹 기술은 상호 간의 호환성이 있어야 한다는 것, 그리고 어떤 소프트웨어나 하드웨어에서도 웹에 접근할 수 있어야 한다는 것이다. W3C의 이러한 목표를 웹 상호운용성(Web

Interoperability)이라고 한다. W3C는 웹 언어와 프로토콜에 대한 공개(반 독점적인) 표준을 제정하여 시장 분열과 웹의 분열을 피하고자 한다.

참조: http://www.w3.org/

038 정답: 4번

데이터센터에서 PoC 테스트 후 불필요한 컴퓨터/네트워크 장비를 철수시키기 위해선 우선 반드시 해야 하는 작업은 보안 담당자에게 반출하고자 하는 시스템 장비의 디스크 포맷을 요청하여 초기화를 수행한 후 초기화가 정상적으로 완료되었다는 문서를 받는 일이다. 다음으로는 데이터센터의 관리자가 서명한 반출 허가 문서가 필요하다. 참고로, PoC(Proof of Concept)는 개념 검증(시장에 신기술을 도입하기 전에 성능을 검증하는 것)을 의미한다.

039 정답: 2번

플립러닝(Flipped Learning)은 온라인을 통한 선행 학습 이후 오프라인 강의를 통해 교수와 토론식 강의를 진행하는 역진행 수업 방식을 의미한다. 플립드 클래스룸(Flipped Classroom)이라는 용어를 처음으로 사용한 건 공대교수인 J. 웨슬리 베이커이다. 베이커 교수는 강의자료를 먼저 온라인에 올린 후, 학생들에게 미리 공부하고 오라고 지시했고 이후 수업의 학생들의 수업 참여도가 높아졌다. 이 수업을 정착시켜 '플립드 클래스룸'이라고 부르고 '플립러닝' 용어를 처음으로 사용하기 시작했다. 이는 기존 전통적인 수업 방식과 반대되는 개념으로, 수업에 앞서 학생들이 교수가 제공한 강연 영상을 미리 학습하고, 강의실에서는 토론이나 과제 풀이를 진행하는 형태의 수업 방식을 말한다. 우리나라의 경우 카이스트(KAIST), 울산과학기술원(UNIST), 서울대학교, 고려대학교 등이 이 방식을 도입하여 시행하고 있다.

040 정답: 2번

문제에서 제시된 OER, OCW, MOOC 모두 ICT 기술을 교육분야에 활용한 서비스들이다. 각각의 설명은 다음과 같다.

- **OER(Open Educational Resources)**: OER은 온라인에 강의를 무료로 제공하는 것을 말한다. 2000년대 초 해외 대학들이 시작했으며, 국경과 계층을 넘어 누구나 고등교육의 기회를 가질 수 있도록 하기 위해 각 대학의 교육자료를 공개한 것이 시초다. 익히 알려진 OCW와 MOOC도 바로 이 OER 운동에서 시작된 것이다. OCW가 일방적으로 교육 콘텐츠를 제공하는 데 그치는 반면, MOOC는 교수자와 학습자, 학습자와 학습자 간 질의응답, 토론, 퀴즈, 과제 제출 등 양방향 학습이 가능한 새로운 교육 환경을 제공하고, 이수증까지 발급받을 수 있다는 차이가 있다.

- **OCW(Open Course Ware)**: OCW는 크리에이티브 커먼즈 라이선스(CCL: Creative Commons License)에 따라 대학 강의를 누구나 활용할 수 있도록 무료로 공개한 온라인 강의 공개 서비스다. 인터넷 강의, 수업 PPT 등이 해당한다. 원어민 학생들 입장에서는 전공과목을 따라갈 수 있게 도와주며, 외국인 학생들 입장에서는 유학을 가지 않아도 외국어로 진행되는 전공 수업을 통해 외국어를 배울 수 있어서 매우 인기가 있다. 미국 외에도 많은 국가에서 현지어로 강의를 제공하고 있다. 국내에선 OCW를 현지화한 KOCW를 한국교육학술정보원(KERIS)에서 주관하고 있다.

- **MOOC(Massive Open Online Course)**: MOOC는 언제 어디서나 대학 강의를 들을 수 있는 대규모 온라인 공개 강좌이다. OCW와는 달리 양방향 학습이 가능하다는 특징이 있다. 초기엔 OCW와 마찬가지로 대학강의를 무료로 제공하는 데 그쳤으나, 유료강의도 점점 늘어나고 있다. 강의는 무료로 제공하지만 교수의 피드백이나 수료증을 받으려면 비용을 지불해야 하는 경우도 있고, 일부 MOOC에서는 강의를 제공하는 대학과 연계하여 온라인 학위과정도 운영하고 있다. 국내에선 MOOC를 현지화한 K-MOOC을 국가평생교육진흥원(NILE)에서 주관하고 있다.

041
정답: 1번

머신러닝(Machine Learning)은 인공지능(AI)의 한 분야로, 컴퓨터가 학습할 수 있도록 하는 알고리즘과 기술을 개발하는 분야를 말한다. 즉, 인간의 학습 능력과 같은 기능을 컴퓨터에서 실현하고자 하는 기술 및 기법을 의미하는 것으로 기계 학습이라고도 한다. 머신러닝은 학습을 진행하기 위한 지식 표현이 필요 없고 충분한 데이터와 적합한 알고리즘을 사용할 경우, 사람이 만든 모델보다 좋은 결과를 보여줄 수 있다. 또한, 활용 단계에서는 고도의 수학적 지식이나 프로그래밍 능력을 요구하지 않으며 자동화가 가능하다는 장점이 있다. 반면에 데이터 자체에 편향성이 존재하는 경우 이는 학습모델에 편향이 발생할 수 있다. 또한, 인공지능은 자율적으로 작동하기 때문에 사고가 발생할 경우, 누구에게 피해 책임을 물어야 하는지 정의되지 않았다. 그리고 머신러닝 알고리즘(특히, 딥러닝)에는 정확한 구조를 알 수 없는 블랙박스 영역이 존재한다는 점도 문제가 될 수 있다.

042
정답: 4번

표준운영절차(SOP: Standard Operating Procedure)는 조직 내의 복잡하고 일상적인 업무를 신뢰성 있고 일관성 있게 수행하기 위해 관련 활동들을 조정, 통제하는 수단이다. 표준운영절차는 조직이 과거 적응과정에서의 경험에 기초하여 유형화한 업무추진 절차 또는 업무수행의 기준이 되는 표준적인 규칙 또는 절차를 의미한다. 표준운영절차는 조직이 장기적인 적응과정에서 학습한 결과이므로 조직구성원을 통제하고, 단기적 의사결정을 좌우하는 수단이 된다. 표준운영절차는 동질성 있는 업무를 체계적으로 처리할 수 있도록 하며 시간과 노력을 절약하고, 조직의 효율성을 도모한다. 또한 불확실성이 극복되어 조직의 안정감이 제고되며, 정책 결정자의 재량 축소로 공정성이 확보될 수 있다.

그러나 SOP는 정책의 보수화와 경직화로 조직이 침체될 수 있고, 정책 집행에서 조직적으로 동일한 기준이 적용되면 집행현장의 특수성이 무시될 수 있으며, 정책 담당자가 환경의 변화에 대한 검토 없이 적용하는 경우에 실패할 가능성이 있다. 절차(Procedures)에 관련된 세 가지 정의는 다음과 같다.

(1) 진행 방식, 즉 무언가를 수행하거나 영향을 미치는 방법: 표준 절차
(2) 목적을 달성하기 위해서 수행해야 할 일련의 단계: 의료 절차, 대피 절차
(3) 조직화된 기관의 업무를 수행하기 위한 일련의 확립된 형식 또는 방법: 비즈니스, 클럽 또는 정부

043
정답: 3번

전자문서(Electronic Document)란 컴퓨터 등 정보처리능력을 가진 장치에 의하여 전자적인 형태(Electronic Form)로 작성되어 송수신되거나 저장된 문서형식의 자료로서 표준화된 것을 말한다(정보통신망 이용촉진 및 정보보호 등에 관한 법률 제2조 제5호). 이와 비슷한 규정으로, 전자거래기본법에 따르면, 전자문서라 함은 정보처리시스템에 의하여 전자적 형태로 작성, 송신·수신 또는 저장된 정보를 말한다(전자거래기본법 제2조 제1호). 한편, 전자서명법에서도 유사하게, 전자문서라 함은 정보처리시스템에 의하여 전자적 형태로 작성되어 송신 또는 수신되거나 저장된 정보를 말한다고 규정한다(전자서명법 제2조 1호). 서명이나 낙인의 경우 전자서명으로 대체하며, 수신자의 컴퓨터에 파일로 등록된 때부터 효력이 발생한다. 전자문서는 다른 법률에 특별한 규정이 있는 경우를 제외하고는 전자적 형태로 되어 있다는 이유로 문서로서의 효력이 부인되지 아니한다(제4조 제1항). 별표에서 정하고 있는 법률의 규정에 의한 기록·보고·보관·비치 또는 작성 등의 행위가 전자문서로 행하여진 경우 당해 법률에 의한 행위가 이루어진 것으로 본다(제4조 제2항). 이

별표에는 「건강기능식품에 관한 법률」 제21조제1항의 규정에 의한 검사기록의 보존 등 64개의 항목이 규정되어 있다. 이 법으로 전자문서의 신뢰성을 높이기 위해 전자문서 유통증명서, 공인전자문서센터 등의 제도를 규정 및 시행하고 있다.

044
정답: 3번

ISMS의 정책 개발 가이드에 따르면 정책, 표준, 지침, 절차의 정의 및 특성은 다음과 같다.

- **정책(Policy)**: 정보보호에 대한 목표, 방향이 제시되는 정보보호 관련 최상위의 문서이다. 최고경영자의 정보보호 실행에 대한 의지와 지원을 포함하고 있다. 조직의 경영목표를 반영하고 정보보호 관련 상위 정책과 일관성을 유지해야 한다. 정보보호를 위해 관련된 모든 사람이 반드시 지켜야 할 특정 요구사항 및 규칙에 대하여 전반적이며 개략적으로 규정한다.
- **표준(Standard)**: 정보보호 정책과 마찬가지로 반드시 지켜야 하는 요구사항에 대한 규정이지만, 정책의 준수를 위해 요구되는 보다 구체적인 사항이나 특별한 요구사항을 규정한다. 조직의 환경 또는 요구사항에 일치되어 관련된 모든 사용자들이 준수하도록 요구되는 규정이다.
- **지침(Guidelines)**: 표준과 유사하지만 강제성이 미약하고 선택적이거나 권고적인 내용이며 융통성을 가질 수 있는 정보보호를 위한 규정이다. 정보보호 정책에 따라 특정 시스템 또는 특정 분야별로 정보보호 활동에 필요하거나 도움이 되는 세부사항을 규정한다.
- **절차(Procedures)**: 사용자들이 정책, 표준, 지침을 따르기 위하여 구체적으로 어떻게 해야 하는지에 대하여 세부적이고 상세하게 설명한 문서이다. 정보보호 활동의 구체적 적용을 위해 필요한 적용 절차 및 관련 양식 등의 구체적이고 세부적인 방법을 기술한다.

출처: ISMS 정책개발 가이드

045
정답: 3번

정성적 분석 방법은 어떠한 위험 상황에 대해 위험도/영향도/중요도 등을 기준으로 매우 높음, 높음, 중간, 낮음으로 표현하고 이에 대한 대응방법을 수립하는 기법이다. 정보자산에 대한 수치화가 불필요하여 계산에 대한 시간과 노력이 적게 든다는 장점이 있다. 반면에 위험평가 과정과 측정기준이 일관되지 않고 주관적이고, 위험완화 대책 및 비용·효과에 대한 명확한 근거가 없으며, 위험관리 성능을 추적할 수 없다는 단점이 있다. 정성적 위험분석 기법에는 델파이법, 시나리오법, 순위결정법 등이 있다. 델파이법은 전문가 집단의 의견과 판단을 추출하는 기법으로 짧은 시간에 도출할 수 있지만 정확도가 낮다는 특징이 있다. 시나리오법은 특정 시나리오를 통해 발생 가능한 위협의 결과를 우선순위로 도출하는 기법이며 정확도가 낮다. 그리고 순위결정법은 비교우위 순위 결정표에 위험 항목들의 서술적 순위를 결정하는 방법이다.

046
정답: 4번

소프트웨어 구성 관리(Software Configuration Management) 또는 형상 관리는 소프트웨어의 변경사항을 체계적으로 추적하고 통제하는 것으로, 형상 관리는 일반적인 단순 버전 관리 기반의 소프트웨어 운용을 좀 더 포괄적인 학술 분야의 형태로 넓히는 근간을 이야기한다. 일반적으로 형상 항목(Configuration Item)이라는 형태로 작업 산출물을 선정하고, 형상 항목 간의 변경 사항 추적과 통제 정책을 수립하고 관리한다. 보통 형상 관리 활동으로는 형상 식별, 형상상태 보고, 형상 감사, 형상 배포, 형상 통제가 있다.

047
정답: 3번

가장 좋은 방법은 방문 시 프랜차이즈 가게에 전

화를 걸어서 자동으로 방문 이력을 남기도록 시스템을 구성하는 방법이다. 이는 시스템 구성이 어렵기는 하지만, 문제와 같은 상황에서 가장 좋은 방법이 될 수 있다. 방문 시 QR 코드(전자출입명부)를 다운로드받아서 방문 이력을 보여주는 방법은 나이가 많은 사람에게는 권장하기 어려운 방법이다. 연로한 분들은 최신 기기에 대해서 이해하기도 어려울 뿐만 아니라 직원들이 전자출입명부를 고객들에게 일일이 설명하고 확인해야 하기에 업무 부담이 늘 수 있기 때문이다. 또한 스마트폰이 아닌 2G 폰에서는 QR 코드가 아예 지원되지 않기 때문에 좋은 방법이 아니다. 방문 이력을 수기로 남기는 것은 신분증으로 일일이 확인하지 않는 이상 개인정보 유출을 회피하기 위해 가짜로 적거나 또는 안 적을 수 있기 때문에 권장하는 방법이 될 수 없다.

048
정답: 4번

프로그램의 다중 처리 방식은 멀티프로그래밍, 멀티태스킹, 멀티스레딩, 멀티프로세싱이 있으며 각각의 특징은 다음과 같다.

- **멀티프로세싱(Multi-Processing)**: 멀티프로세싱은 단어 그대로 하나의 프로세서가 아닌 하나 이상의 프로세서가 서로 협력하여 일을 처리하는 것을 말한다. 처리해야 하는 작업이 간단한 경우에는 상관없지만 많은 작업을 빠른 시간에 처리하기 위해서는 하나의 프로세서가 처리하는 것은 보다 많은 시간을 요구한다. 따라서, 여러 개의 프로세서가 하나의 작업을 병렬 처리하는 것이 효율적이다.
- **멀티프로그래밍(Multi-Programming)**: 초기의 컴퓨터는 하나의 프로그램을 처리한 후에 다음 프로그램을 처리해야 했다. 하지만 하나의 프로그램을 사용할 때 프로세서의 처리속도와 입출력 속도 간의 차이가 너무 크기 때문에 입출력 작업이 완료될 때까지 프로세서는 대기해야 한다. 이것은 프로세서의 자원을 낭비하는 결과를 가져오기 때문에 프로세서가 입출력 작업의 응답을 대기할 동안 다른 프로그램(프로세스)을 수행시킬 수 있도록 하는 것이 멀티프로그래밍이라 한다. 요즘은 모든 운영체제에서 멀티프로그래밍을 지원하기 때문에 잘 쓰이지 않는 용어이다.
- **멀티태스킹(Multi-Tasking)**: 프로그램이 동작하기 위해서는 프로그램 실행으로 메모리에 로드된 프로세스 외에도 이미 수행되고 있는 운영체제 상의 많은 프로세스와 상호작용이 필요하다. 태스크가 하나의 프로세서상에서 운영체제의 스케줄링에 따라 조금씩 번갈아 가면서 수행되는 것이 멀티태스킹이다.
- **멀티스레딩(Multi-Threading)**: 스레드는 프로세스 내에서 생성되는 하나의 실행 주체이다. 한 프로세스 내에서 생성되는 것으로 여러 개가 동시에 생성 가능하다. 또한 생성된 여러 쓰레드는 하나의 공유메모리를 가진다. 그렇기 때문에 서로 간의 정보를 주고받는 데 제한이 없는 것이다. 예를 들어, 네트워킹을 지원하는 프로그램이 있다고 가정한다면, 한 프로그램 내에 사용자가 접속할 때마다 사용자 각각을 처리할 수 있는 처리 모듈이 생성되어야 한다.

049
정답: 1번

영구 서비스 거부(PDoS: Permanent Denial-of-Service)는 플래싱이라고도 알려져 있으며 어떤 시스템을 손상시켜 하드웨어를 교체 또는 재설치하게 만든다. 분산 DDoS 공격과는 달리 PDoS 공격은 라우터, 프린터, 또는 다른 종류의 전산망 연결 하드웨어의 원격 관리 인터페이스 보안 결함을 이용한다. 이러한 결함으로 공격자가 원격으로 장치 펌웨어를 변조하여 조작, 오염 또는 결함이 있는 펌웨어로 변경시킨다. 그러면 해당 펌웨어는 영구적으로 그 원래 목적으로 사용할 수 없게 된다. PDoS 공격은 순수하게 하드웨어를 표적으로 한 공격으로 분산 DDoS 공격의 봇넷 동원에 비해 훨씬 적은 자원을 필요로 한다. 이러한 특성 때문에 그리고 전산망 접속 가능 장치의 보안 이용에 관한 잠재적 가능성 때문에 다양한 해커 공동체의 주의를 끌게 되었다.

[50번 해설 관련 이미지]

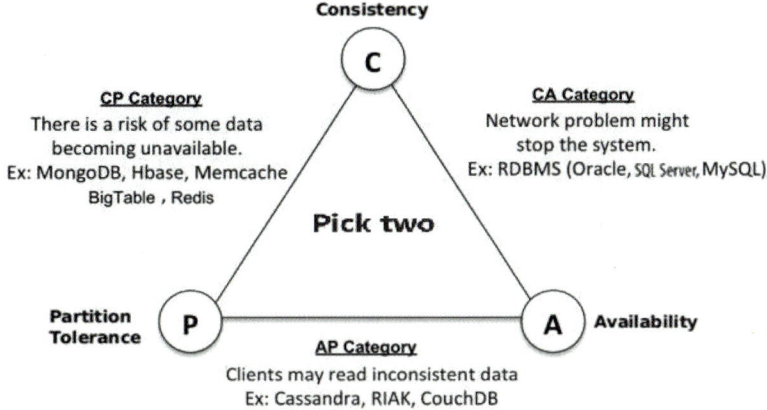

050
정답: 2번

CAP는 분산 아키텍처 시스템의 이론적인 근간을 마련한 대표적인 원리로, 네트워크로 분산된 DB, File System, State Machine의 환경에서 다음의 세 가지 속성 중에 두 가지만 만족할 수 있다는 이론이다. CAP는 다음과 같은 세 가지 조건을 모두 만족하는 분산 컴퓨터 시스템이 존재하지 않음을 증명한다.

- **일관성(Consistency)**: 모든 노드가 같은 순간에 같은 데이터를 조회할 수 있다는 것을 보장한다.
- **가용성(Availability)**: 모든 요청과 서비스는 요청자에게 제공이 가능해야 한다.
- **분할내성(Partition Tolerance)**: 메시지 전달이 실패하거나 시스템 일부가 망가져도 시스템이 계속 동작할 수 있다.

051
정답: 3번

해당 내용과 가장 관련성이 없는 것은 보기 ③번 '로그파일은 주기적으로 삭제하고 있는가?'이다. 로그파일은 주기적으로 백업해야 할 항목이지 삭제 대상은 아니다. 로그파일은 감사 대응, 보안, 관리, 모니터링 등을 위해 일정 기간 동안 삭제하지 않고 보관 및 백업해야 한다. 또는 SEIM과 같은 통합 보안관리 솔루션으로 이관하여 관리하는 방법도 하나의 방법이다.

052
정답: 1번

보안관제의 주요한 역할은 다음과 같다.

- **보안 시스템 통합관리**: 이기종에 대한 Agent를 통한 모니터링 및 관리 기능이며, 침입탐지 시스템, 침입차단 시스템, 네트워크, 자원관리 등으로 구성된다.
- **일관성 있는 정책 구현**: 통합관리를 통한 일관된 정책 적용으로 보안 장비에 대한 위험 요소를 최소화한다.
- **신속한 대응처리**: 모니터링, 사전대응, 효과적인 정책 적용 등, 침해사고에 대한 사전 예방활동을 강화한다. 그리고 24시간, 365일 실시간 감시와 장애처리를 통해 업무중단에 대한 위협요소를 감소시킨다.
- **최적의 보안 체계 운영**: 정보자산에 대한 효과적인 방안을 마련할 수 있는 환경을 구성한다.

053

정답: 3번

마이크로서비스(Microservice)는 애플리케이션을 느슨히 결합된 서비스의 모임으로 구조화하는 서비스 지향 아키텍처(SOA) 스타일의 일종인 소프트웨어 개발 기법이다. 마이크로서비스 아키텍처에서 서비스들은 섬세(Fine-grained)하고 프로토콜은 가벼운 편이다. 애플리케이션을 더 조그마한 여러 서비스로 분해하면, 모듈성을 개선시키고 애플리케이션의 이해, 개발, 테스트를 더 쉽게 해주고 애플리케이션 침식에 더 탄력적이라는 장점이 있다. 규모가 작은 자율적인 팀들이 팀별 서비스를 독립적으로 개발, 전개, 규모 확장을 할 수 있게 함으로써 병렬로 개발할 수 있게 한다. 또, 지속적인 리팩터링을 통해 개개의 서비스 아키텍처가 하나로 병합될 수 있게 허용한다. 마이크로서비스 기반 아키텍처는 지속적 배포와 전개(디플로이)를 가능하게 한다.

054

정답: 4번

공격 환경과 대응 능력을 고려하여서 다양한 대응 전략을 수립하여야 한다. 다음은 보안 사고에 대한 적절한 대응전략에 대한 사례를 설명한 것이다.

- TFN DDoS와 같은 분산 서비스 공격에 대해서, 라우터를 재설정하고 공격의 효과를 완화해야 한다.
- 업무용 컴퓨터를 오용하는 비인가 접근에 대해서, 범인의 식별과 징계를 위한 증거를 확보하기 위해 포렌식 이미지를 조사하고 용의자를 면담한다.
- 웹 사이트를 손상시키는 파괴행위 발생 시, 웹 사이트를 빠르게 온라인 상태로 복구하고 필요 시 수사기관이 참여할 수 있다.
- 신용카드 등 고객정보가 도난당한 경우, 관련 시스템의 포렌식 이미지를 확보하고 민사소송 등 법적 대응을 준비해야 한다.
- Buffer Overflow 등을 통한 시스템 침입에 대해서, 침입에 사용된 취약점을 식별하고 수정 및 빠른 패치를 수행한 후 범인의 식별 유무를 결정한다.

사고	예	대응 전략	예상 결과
DoS 공격	TFN DDoS 공격	Flooding의 효과를 최소화하기 위해 라우터 재설정	라우터 재설정으로 공격의 효과를 완화
비인가 사용	업무용 컴퓨터 오용	증거물의 포렌식 이미지 확보와 조사 용의자와 면담	- 범인 식별 - 징계를 위한 증거 확보 - 해당 직원의 직위나 과거 조직 정책의 위반 등을 고려하여 징계
파괴 행위	웹 사이트 손상	웹 사이트 모니터 온라인 상태로 조사 웹 사이트 복구	- 웹 사이트의 복구 - 범인 식별을 위해 수사기관이 참여할 수 있음
정보의 도난	신용카드 도난 및 고객정보 유출	- 관련된 시스템의 이미지 확보 - 도난 신고 법적 대응 준비	- 상세한 조사 시작 - 수사기관 참여 - 예상된 피해 복구를 위한 민사 소송 - 일정 기간, 시스템의 오프라인 유지
컴퓨터 침입	Buffer Overflow 또는 IIS 공격을 통한 원격 접속	- 공격자의 활동 - 감시 비인가 접속 봉쇄 - 시스템의 보안 재설정 및 복구	- 침임에 사용된 취약점을 식별하고 수정 및 패치 시행 - 범인의 식별 유무를 결정

055

정답: 1번

클라우드 보안 시장에서 떠오르고 있는 솔루션은 클라우드 워크로드 보호 플랫폼(CWPP: Cloud Workload Protection Platform), 클라우드 접근 보안 중계(CASB: Cloud Access Security Broker), 클라우드 보안 형상 관리(CSPM: Cloud Security Posture Management) 등이다. 각 솔루션에 대한 설명은 다음과 같다.

- CWPP(Cloud Workload Protection Platform): 서버 워크로드 중심의 보안 방어(Protection)을 위해 특별히 설계된 제품으로 정의되며, 일반적으로 심층 워크로드 가시성 및 공격 방어를 위한 에

이전트를 기본으로 하고 있다. 따라서 물리적 시스템, 가상머신(VM), 컨테이너(Container), 그리고 프라이빗 클라우드 인프라와 하나 이상의 퍼블릭 클라우드 IaaS(Infrastructure as a Service)에 결합되어 구동되는 최신 '하이브리드' 데이터 센터 워크로드의 보호에 대한 고객 니즈를 해결한다.

- **CSPM(Cloud Security Posture Management)**: 클라우드 서비스의 구성 위험 평가 및 관리를 하는 것으로, IAM 서비스, 네트워크 연결/구성, 스토리지 구성 및 PaaS 서비스를 관리한다. CSPM 핵심 엔터프라이즈 통합은 IaaS에서 SIEM 및 분석 플랫폼에 대한 클라우드 구성 및 서드파티 툴의 커스터마이즈를 통해 PaaS(Platform as a Service)의 구성 문제를 감지한다. 여러 IaaS 클라우드에서 일관된 보안 위협 흐름도를 기업에 제공할 수 있다. 이러한 도구는 데브섹옵스(DevSecOps) 기능과 통합되어 구성 및 배포를 돕고 일부 복구(Remediation) 기능을 자동화할 수 있다.

- **CASB(Cloud Access Security Broker)**: 2012년 가트너가 제시한 것으로, 기업이 이용하는 클라우드 및 애플리케이션에 대해 가시화 그리고 데이터 보호 및 거버넌스를 실현하는 서비스를 말한다. 클라우드 내 데이터에 대한 가시성을 확보하고, 사용자 접근 통제를 적용함으로써 기업의 자산을 보호하겠다는 취지이다.

056 정답: 3번

COBIT 5 Process Capability Model에는 다음과 같은 총 6가지 단계가 있다.

(1) **0단계(Incomplete Process)**: 구현된 프로세스가 없거나 프로세스 목적을 달성하는 것을 실패한 상태를 말하며 일반적으로 프로세스 목적의 시스템적인 달성에 대한 어떠한 증거도 찾을 수 없다.

(2) **1단계(Performed Process)**: 구현된 프로세스가 프로세스의 목적을 달성하고 있다.

(3) **2단계(Managed Process)**: 정의된 Performed Process가 구현되었고 잘 관리되고 있다. 제품은 적절하게 설립되고 컨트롤되고 유지되고 있다.

(4) **3단계(Established Process)**: 프로세스 결괏값을 달성할 수 있는 정의된 프로세스를 사용하도록 구현되고 있다.

(5) **4단계(Predictable Process)**: 정의된 제한 안에서 운영이 되고 있는 상태이다.

(6) **5단계(Optimizing Process)**: 지속적으로 향상되고 현재와 비즈니스 목표를 만족시키고 있는 상태를 말한다.

057 정답: 2번

IT 인력소싱은 조직이 비즈니스를 지원하는 데 있어 필요한 IT 조직과 인력을 획득하는 방식에 따라 구분할 수 있으며 하이브리드 방식, 자체 조달 방식, 외주 방식이 존재한다. 첫 번째, 하이브리드(Hybrid) 방식은 조직 내부 인력과 외주 업체 인력이 공동으로 수행하며 인력구성에는 조인트벤처, 보조인력 등이 포함된다. 두 번째, 자체 조달(Insourced) 방식은 조직 내부 인력에 의해서 전적으로 수행하는 방식이다. 세 번째, 외주(Outsourced) 방식은 외주 업체 인력에 의해서 전적으로 수행한다.

058 정답: 4번

침투 테스트 수행 시 수행되는 기법은 스캐닝(Scanning), 덤스터 다이빙(Dumster Diving), 스니핑(Sniffing), 워 다이얼링(War Dialing), 소셜 엔지니어링(Social Engineering)이 있다. 스푸핑(Spoofing)의 사전적 의미는 '속이다'이다. 네트워크에서 스푸핑 대상은 MAC 주소, IP 주소, 포트 등 네트워크 통신과 관련된 모든 것이 될 수 있고, 스푸핑은 속임을 이용한 공격을 총칭한다.

059

정답: 4번

트로이 목마(Trojan Horse)의 주요한 수행목적은 다음과 같다. 보기 ④번의 암호화 해제는 가장 거리가 멀다.

- **파괴적 수행 목적**: 시스템 충돌, 수정이나 파일 삭제, 데이터 오염, 디스크 포맷, 네트워크로의 악성 코드 전파, 사용자의 행동 감시, 민감한 정보 접근
- **자원이나 신분으로 사용**: 기계를 봇넷으로 사용, 암호화폐 마이닝을 위한 자원 사용, 프록시로 사용
- **금전 절도, 랜섬웨어**: 전자화폐 절도, 크립토라커 랜섬웨어 설치
- **데이터 절도**: 기밀정보, 사용자 비밀번호, 개인정보, 개인신용정보, 영상정보(CCTV, IP 카메라 등)
- **감시**: 키 로깅, 스토킹, 웹캠 감시

060

정답: 4번

컴퓨터 시스템(또는 암호화 시스템, 알고리즘)의 백도어(Backdoor)는 일반적인 인증을 통과하고 원격 접속을 보장하며 평문에 접근을 취득하는 등의 행동을 들키지 않고 수행하는 방법을 말한다. 백도어는 설치된 프로그램의 형태이거나 기존 프로그램 또는 하드웨어의 변형일 수도 있다. 또는 CCTV에 설치되어 정보를 빼갈 수도 있다. 대표적인 백도어의 종류는 다음과 같다.

- **패스워드 크래킹 백도어(Password Cracking Backdoors)**: 유닉스 시스템에 접속하기 위한 최초이며 고전적인 침입 방법으로 백도어들은 패스워드 크래커를 실행하여 취약한 패스워드를 가진 계정을 알아낸다. 이러한 계정들은 시스템에 침입하기 위한 백도어의 가능성을 내재하고 있다. 침입자들은 취약한 패스워드를 가진 계정들 중 사용하지 않는 계정을 탐색하여 그 패스워드를 어려운 계정으로 바꿔버린다. 시스템 관리자가 유추 가능한 취약한 패스워드를 찾아 사용을 금지하려 해도 이미 계정을 찾을 수 없는 상태가 된다.

- **Rhost++ 백도어**: 네트워크에 연결된 유닉스 시스템에서 사용의 편리성을 위해 rsh, rlogin 등의 서비스를 많이 사용한다. 이 명령어들은 호스트 이름에 의해 인증이 이루어지고 추가적인 패스워드를 묻지 않는 보안 취약성을 내재하는데, 이를 이용해 침입자는 어떤 사람의 rhosts 파일에 '++'을 넣어 어떤 호스트의 어떤 사용자라도 해당 사용자로 패스워드 없이 들어올 수 있도록 한다. 많은 침입자가 NFS가 홈 디렉터리를 모든 호스트에 내보내고 있으면 이 방법을 많이 사용한다. 이 계정들은 시스템에 침입할 수 있는 백도어가 된다. 시스템 관리자가 rhosts 파일에서 '++'를 검사할 수 있으므로, 침입자는 여기에 자신이 해킹한 다른 계정을 등록함으로써 발견 가능성을 줄인다.

- **체크섬과 타임스탬프 백도어(Checksum and Timestamp Backdoors)**: 침입자들이 실행 파일을 자신의 트로이 목마 버전으로 교체시키는 경우가 있다. 많은 시스템 관리자들은 타임스탬프와 유닉스의 섬(Sum) 프로그램 등과 같은 체크섬 값에 의해 실행 파일의 변경 유무를 진단한다. 하지만 침입자들의 기술도 발달하여 트로이 목마 프로그램의 타임스탬프를 원래 파일의 타임스탬프 값으로 생성시킬 수 있고, CRC 체크섬 값도 원래의 체크섬 값으로 가장할 수 있다. MD5 체크섬은 이러한 임의적인 가장이 불가능하므로 무결성을 위한 도구로 권고한다.

- **로그인 백도어(Login Backdoors)**: 유닉스 시스템에서 로그인 프로그램은 사용자가 텔넷을 통해 시스템에 접속할 경우 패스워드 인증을 수행한다. 침입자들은 login.c 프로그램을 수정하여 특정한 백도어 패스워드가 입력될 경우 관리자가 어떤 패스워드를 설정하든 상관없이 로그인을 허용하고, utmp나 wtmp와 같은 로그 파일에 기록도 하지 않아서 침입자는 침입한 흔적을 남기지 않고 시스템에 로그인하여 셸을 획득할 수 있다. 시스템 관리자는 strings라는 명령어를 사용하여 로그인 실행 프로그램에 백도어 패스워드의 유무를 점검하기도 하지만, 침입자들은 백도

어 패스워드를 암호화하여 저장함으로써 이러한 명령어에 의한 발견을 피할 수 있다. 가장 좋은 방법은 MD5 체크섬을 이용하여 이러한 백도어들을 탐지해내는 것이다.

- **텔넷 백도어(Telnetd Backdoors)**: 사용자가 시스템에 텔넷 접속을 할 때, inetd 서비스가 그 포트를 in.telnet에 연결해 주고, in.telnet은 로그인 프로그램을 구동한다. 어떤 침입자는 시스템 관리자가 로그인 프로그램을 수시로 점검하기 때문에 아예 in.telnetd을 수정하는 경우도 있다. in.telnetd는 사용자들로부터 터미널 종류 등 몇 가지 사항을 점검한다. 일반적으로 터미널은 X텀(Xterm)이나 VT100으로 설정되어 있는데, 침입자는 터미널 종류가 letmein 등으로 특수하게 설정되어 있어 인증 과업 없이 셸을 부여하도록 in.telnetd를 수정할 수 있다. 또한 침입자는 어떤 서비스에 백도어를 설치하여 특정 소스 포트로부터 오는 연결에 대해서는 셸을 부여하도록 할 수도 있다.

- **서비스 백도어(Services Backdoors)**: 대부분 네트워크 서비스들, 즉 finger, rsh, rexec, rlogin, ftp 심지어 inetd 등은 백도어 버전이 존재하는데, 이 프로그램들은 uucp와 같이 전혀 사용되지 않는 서비스를 백도어 프로그램으로 교체하여 inetd.conf 파일에 등록하는 경우도 있다. 관리자는 시스템에서 어떤 서비스들이 제공되고 있는지 항상 점검하고, 원래 서비스가 수정되지 않았는지 MD5 체크섬에 의해서 진단해야 한다.

- **크론잡 백도어(Cronjob Backdoors)**: 크론잡(Cronjob)은 유닉스 시스템에서 특정 프로그램을 특정 시간에 구동될 수 있도록 해준다. 침입자는 백도어 셸 프로그램을 크론잡에 추가하여 마치 크론잡에서 전형적으로 구동되는 합법 프로그램인 것처럼 가장해 새벽 시간에 구동하도록 설정한 시스템에 접속할 수 있다.

- **라이브러리 백도어(Library Backdoors)**: 대부분 유닉스 시스템에서는 공유 라이브러리를 사용한다. 같은 루틴들을 재사용하여 프로그램의 크기를 줄이기 위해 공유 라이브러리를 사용하는데, 어떤 침입자들은 crypt.c나 _crypt.c 프로그램 같은 루틴들에 백도어 프로그램을 넣어 두기도 한다. login.c는 crypt() 루틴을 사용하게 되는데 백도어 패스워드가 사용될 경우 바로 셸을 부여하게 된다. 관리자가 로그인 프로그램의 MD5를 점검한다고 하더라도 백도어 코드를 찾을 수 없고 대다수의 관리자가 백도어의 근원지를 찾아내기가 상당히 힘들다. 라이브러리 백도어에 대한 대책은 MD5 체크섬 점검기를 정적으로 연결하여 시스템에서 구동하는 것이며 정적으로 연결된 프로그램은 트로이 목마의 공유 라이브러리를 사용하지 않는다.

- **커널 백도어(Kernel Backdoors)**: 커널은 유닉스 시스템이 운용되는 핵심으로, 라이브러리에서 사용되었던 같은 방법으로 MD5 체크섬을 우회할 수 있다. 잘 만들어진 백도어가 설치된 커널은 관리자가 찾기 가장 어려운 백도어이다. 다행히 커널 백도어 스크립트들은 널리 쓰이고 있지는 않지만 아무도 실제로 얼마나 배포되어 쓰이고 있는지 모른다.

- **파일 시스템 백도어(File system Backdoors)**: 침입자는 서버로부터 획득한 전리품과 데이터들을 관리자에게 발각되지 않고 저장한다. 침입자들이 저장하는 파일들은 일반적으로 해킹 스크립트의 도구박스, 백도어들, 스니퍼(Sniffer) 로그들, 전자우편 메시지들과 같은 데이터, 소스 코드 등이다. 침입자는 특정 디렉터리나 특정 파일을 숨기기 위해 'ls', 'du', 'fsck' 와 같은 시스템 명령어들을 수정한다. 그렇지 않으면 숨기려는 부분을 'bad' 섹터로 보이게 하고, 침입자는 숨겨진 파일을 오직 특수한 도구를 통해서만 보이게 할 수도 있다.

- **부트블록 백도어(Bootblock Backdoors)**: 일반 컴퓨터에서는 바이러스가 부트블록(bootblock)에 자신을 숨기고 대부분의 바이러스 백신은 부트블록이 바뀌었는지를 감시한다. 유닉스 시스템에서는 부트블록을 점검할 수 있는 소프트웨어가 거의 없어서 침입자들이 부트블록 공간에 백도어를 숨겨두기도 한다.

- **프로세스 은닉 백도어(Process Hiding Backdoors)**: 침입자는 그들이 구동하는 프로그램들을 숨기

려고 하는데, 그들이 숨기려고 하는 프로그램들은 일반적으로 패스워드 크래커, 스니퍼 프로그램 등이 있다. 다음은 프로세스를 숨기는 몇 가지 방법이다. 숨기려는 프로그램 자신의 argv[ ]를 수정하여 다른 프로세스 이름으로 보이도록 한다. 침입자는 스니퍼 프로그램을 in.syslog와 같은 합법적인 서비스로 이름을 바꿀 수 있다. 관리자가 'ps' 등으로 어떤 프로세스들이 구동되고 있는지 점검하면 정상적인 이름들이 나타나게 된다. 침입자는 라이브러리 루틴들을 수정하여 'ps'가 특정 프로세스를 보여주지 못하게 할 수 있다. 백도어 프로그램을 패치하거나 인터럽트 driven 루틴들을 삽입하여 프로세스 테이블에 나타나지 않도록 할 수 있다. 커널을 수정하여 특정 프로세스를 숨기도록 할 수 있다.

- **루트킷(Rootkit)**: 백도어를 설치하는 가장 인기 있는 패키지 중 하나이다. 루트킷(Rootkit)에 소개된 전형적인 백도어용 프로그램은 다음과 같다.
  - z2 : utmp, wtmp, lostlog로부터 특정 엔트리를 제거한다.
  - Es : sun4 기반 커널들의 이더넷 스니퍼이다.
  - Fix : 체크섬 값을 가장하는 도구이다.
  - Sl : 매직 패스워드를 통하여 관리자로 로그인하는 도구이다.

- **네트워크 트래픽 백도어(Network Traffic Backdoors)**: 침입자들은 시스템에서 자신들의 흔적을 숨기려고 할 뿐 아니라 가능하면 자신들의 네트워크 트래픽까지 숨기기를 원한다. 이러한 네트워크 트래픽 백도어들은 간혹 침입차단 시스템(Firewall)을 거쳐서 침입할 수 있는 것도 존재한다. 많은 네트워크 백도어들은 일반적으로 사용하지 않는 네트워크 포트를 사용해 시스템에 침입하므로 관리자들이 침입자의 트래픽을 간과하기 쉽다.

- **TCP 셀 백도어**: 침입자는 침입 차단시스템이 막지 않는 높은 TCP 포트에 TCP 셀 백도어들을 설치할 수 있다. 관리자들은 넷스탯(Netstat)를 통해 어느 포트들이 연결을 기다리고 있고, 어느 포트가 연결되어 있는지 점검할 수 있다. 이러한 백도어들은 SMTP 포트상에서 구동될 수도 있어, 이메일을 허용하는 침입차단 시스템을 통과할 수 있다.

- **UDP 셀 백도어**: 관리자들이 TCP 연결에 대해서는 관리를 잘하고 이상한 행위를 감지하기 쉽지만, UDP 셀 백도어는 유닉스 시스템에 접속한 상태를 넷스탯 등으로 감지하기 쉽지 않다. 침입 차단시스템에서 DNS 서비스 등을 위해 UDP 패킷들을 허락하도록 설정되어 있어 침입자는 UDP 백도어를 설치하여 침입차단 시스템을 무사히 통과할 수 있다.

- **ICMP 셀 백도어**: 핑(Ping)은 ICMP 패킷을 보내고 받음으로써 시스템이 살아있는지 확인하는 가장 일반적인 방법이다. 많은 침입차단 시스템이 외부로부터 내부 시스템에 대한 핑을 허락하는데, 침입자는 핑 ICMP 패킷에 데이터를 추가하여 핑을 하는 시스템과 셀을 받을 수 있도록 한다. 시스템관리자는 다량의 핑 패킷을 발견하겠지만 패킷 속의 데이터를 보지 않는 이상 침입 사실을 알 수가 없다.

- **암호화된 링크**: 관리자가 스니퍼를 설치하여 셀에 접근하려는 사람을 찾으려고 할 수 있다. 하지만 침입자는 네트워크 트래픽 백도어를 암호화하여 실제 두 시스템 간에 어떤 데이터가 전송되고 있는지를 숨긴다.

- **윈도우 NT(windows NT)**: 윈도우 NT는 유닉스 시스템처럼 단일 시스템에 다수 사용자를 접속하도록 허락하지 않는다. 이는 침입자가 윈도우 NT 시스템에 침입하여 백도어를 설치하고 시스템을 공격하는 것을 어렵게 한다. 그러나 다수 사용자 기술이 발달함에 따라 윈도우 NT 시스템에 대한 공격사례가 늘어나고 있다. 윈도우 NT를 위한 텔넷 데몬이 이미 나와있고, 네트워크 트래픽 백도어를 윈도우 NT 시스템에 설치하기가 쉬워졌다.

061 〔정답: 1번〕

은닉 채널(Covert Channel)의 대응방법은 제한된 대역폭, 시스템 자원 분석, 로그 분석, 트로이 목마 제거 등이다. 은닉 채널은 기본 채널에서 신호 대 잡음비를 축소해서 기본 채널의 대역폭을 축소시킨 것으로, 은닉 메시지는 다른 사람이 눈으로는 볼 수 없으며, 송신자와 수신자만이 알 수 있다. 예를 들면, 스테가노그래피에서 숨겨진 메시지를 사진 속에 부호화하여 보내면 사진을 보는 사람은 보지 못하지만 수신자는 이미지 안에 있는 메시지를 추출해 낼 수 있다.

062 정답: 2번

방사의 대응방법은 템페스트, 컨트롤 존, 백색 잡음 등이 있다. 하지만 보기 ②번의 스펙터는 정답과는 거리가 멀다. 템페스트(Tempest)는 컴퓨터나 통신기기를 사용할 때 누설되는 전자파를 제3자가 수신함으로써 정보가 유출되는 것을 막기 위한 대책이다. 그리고 컨트롤 존(Control Zone)은 전기적 신호가 빠져나갈 경우 이 신호를 차단하는 방법이다. 또한, 백색 잡음(White Noise)이란 무작위적인 전기 신호를 의도적으로 방출, 전기적 신호를 가로채러 오는 신호를 방해하는 것이다. 참고로, 스펙터(Specter)는 CPU에 기본적으로 내장되는 다양한 처리 명령어들의 결함을 파고들어 악의적인 프로그램이 다른 응용프로그램의 메모리 데이터에 접근할 수 있는 보안 허점을 말한다. 해커들은 해킹 프로그램으로 다른 응용 프로그램에 담긴 메모리 내부, 예컨대 암호나 사진, 이메일, 은행거래 내역 등 각종 개인정보를 들여다볼 수 있다.

063 정답: 4번

SAML(Security Assertion Markup Language)은 인증 정보 제공자(Identity Provider)와 서비스 제공자(Service Provider) 간의 인증 및 인가 데이터를 교환하기 위한 XML 기반의 개방형 표준 데이터 포맷이다. 보안 어서션 마크업 언어, 보안 추가 마크업 언어라고도 한다. SAML은 OASIS 보안 서비스 기술 위원회의 산물이다. SAML은 2001년으로 거슬러 올라가며, 최근의 주요 SAML 업데이트는 2005년에 게시되었다. 그러나 프로토콜 개선은 선택적, 추가 표준들을 통해 꾸준히 추가되고 있다. SAML이 기술하는 가장 중요한 요구사항은 웹 브라우저 통합 인증(SSO)이다. 통합 인증은 인트라넷 수준에서 일반적이지만 (이를테면 쿠키를 사용하여) 인트라넷 밖으로 확장하는 것은 문제가 있으며 상호 운용 사유 기술들이 범람하게 되었다(이 밖에 브라우저 SSO 문제를 해결하기 위한 최근의 접근은 오픈ID 커넥트 프로토콜이 있다). SAML 사양은 3개의 역할을 정의한다.

- 주체(일반적으로 사용자)
- 인증 정보 제공자(IdP: Identity Provider)
- 서비스 제공자(SP: Service Provider)

064 정답: 4번

오픈아이디(OpenID)는 비영리 재단인 OpenID 재단(OpenID Foundation)에서 관리하는 인증 수단이다. 오픈아이디는 분산형 디지털 정체성 시스템으로 모든 사용자들의 온라인 정체성이 URL로 주어지거나(블로그나 홈페이지처럼) 최근의 버전에서는 XRI로 주어지며 이 프로토콜을 지원하는 어떤 서버를 통해서나 인증될 수 있다. 버전 1.1부터 OpenID는 Yadis 서비스 발견 프로토콜을 사용한다. OpenID 지원 사이트에서 인터넷 사용자들은 모든 사이트에 방문할 때마다 새로운 계정을 만들고 관리할 필요가 없다. 대신, 그들은 인증 정보 제공자(IdP: Identity Provider)가 제공하며 그들이 신뢰하는 하나의 사이트에서만 인증하면 된다. 그 정체성 제공자는 그 사용자의 해당 ID에 대한 소유권을 오픈아이디 지원사이트(RPs: Relying Parties)에 입증해 줄 수 있다. 대부분의 다른 통합 인증 구조와 달리, 오픈아이디는 특정 인증 메커니즘을 명시하지 않는다.

따라서 오픈아이디 인증의 강도는 전적으로 오픈아이디 지원 사이트가 제공자의 인증 정책에 대해 얼마나 많이 알고 있는가에 달려 있다. 만약 그러한 정보가 없다면 오픈아이디는 금융 은행업, 전자상거래 같은 매우 민감한 정보를 다루는 데 쓰이지는 못할 것이다. 그러나 만약 인증 정보 제공자가 강력한 인증을 사용한다면, 오픈아이디는 모든 종류의 거래에 사용될 수 있다. 오픈아이디(OpenID)의 보안 취약점은 다음과 같다.

Phishing, Man-in-the-middle Attacks, Session Related Attacks, Session Swapping, CSRF, XSS, Privacy, Centralized Risk, Weak backend Security, Co-relation, Identifier Strings, Replay attacks, Recycling, Silent Authentication, Authentication bugs, Authentication hijacking in unsecured connection, Covert Redirect 등이 있다.

하지만, 보기 ④번의 DDoS(Distributed Denial of Service)는 상대적으로 거리가 멀다.

출처: https://openid.net/, https://sites.google.com/site/openidreview/issues

065 정답: 3번

OAuth는 인터넷 사용자들이 비밀번호를 제공하지 않고 다른 웹 사이트상의 자신들의 정보에 대해 웹 사이트나 애플리케이션의 접근 권한을 부여할 수 있는 공통적인 수단으로서 사용되는, 접근 위임을 위한 개방형 표준이다. 이 메커니즘은 여러 기업들에 의해 사용되는데, 이를테면 아마존, 구글, 페이스북, 마이크로소프트, 트위터가 있으며 사용자들이 타사 애플리케이션이나 웹 사이트의 계정에 관한 정보를 공유할 수 있게 허용한다. OAuth인증은 소비자와 서비스 제공자 사이에서 일어나는데 이 인증 과정은 다음과 같다.

(1) 소비자가 서비스 제공자에게 요청 토큰을 요청한다.
(2) 서비스 제공자가 소비자에게 요청 토큰을 발급해준다.
(3) 소비자가 사용자를 서비스 제공자로 이동시킨다. 여기서 사용자 인증이 수행된다.
(4) 서비스 제공자가 사용자를 소비자로 이동시킨다.
(5) 소비자가 접근 토큰을 요청한다.
(6) 서비스 제공자가 접근 토큰을 발급한다.
(7) 발급된 접근 토큰을 이용하여 소비자에서 사용자 정보에 접근한다.

066 정답: 2번

하이퍼 컨버지드 인프라(HCI: Hyper-converged Infrastructure)는 기존 데이터 센터의 모든 구성 요소, 즉 스토리지, 컴퓨팅, 네트워킹 및 관리를 통합하는 소프트웨어 정의 통합 시스템이다. 이 통합 솔루션은 소프트웨어와 x86 서버를 활용하여 고비용의 맞춤형 하드웨어를 대체한다. 하이퍼 컨버지드 인프라를 사용하면 데이터 센터의 복잡성을 줄이고 확장성을 높일 수 있다. 하이퍼 컨버지드 플랫폼에는 긴밀하게 통합된 다음과 같은 4가지 소프트웨어 구성 요소가 존재한다. 스토리지 가상화, 컴퓨팅 가상화, 네트워킹 가상화, 자동화를 비롯한 고급 관리 기능이다.

가상화 소프트웨어는 기반 리소스를 추상화 및 풀링하여 이를 가상 머신 또는 컨테이너에서 실행되는 애플리케이션에 동적으로 할당한다. 구성은 애플리케이션에 따른 정책을 기반으로 하기 때문에 LUN(Logical Unit Number) 및 볼륨과 같은 복잡한 구조가 필요하지 않는다. HCI에는 최소한 가상화 컴퓨팅(하이퍼 바이저), 소프트웨어 정의 스토리지 및 가상화 네트워킹(소프트웨어 정의 네트워킹)이 포함된다. HCI는 일반적으로 상용(COTS) 서버에서 실행된다. 컨버지드 인프라(CI)와 하이퍼 컨버지드 인프라의 주요한 차이점은 HCI에서 스토리지 영역 네트워크와 기본 스토리지 추상화가 물리적으로 하드웨어가 아닌 소프트웨어(하이퍼 바이저에서 또는 하이퍼 바이저를 통해서)로 구현된다는 것이다. 모든 소프트웨어 정의 요소가 하이퍼 바이저의 컨텍스트 내에서 구현되기 때문에 모든 리소스의 관리가 하이퍼 컨버지드 인프라의 모든 인스턴스에서 연합(공유)될 수 있다.

067

정답: 2번

볼라틸리티(Volatility)는 사고 대응 및 멀웨어 분석을 위한 오픈 소스 메모리 포렌식 프레임워크다. 파이썬으로 작성되었으며 Microsoft Windows, Mac OS X 및 Linux(버전 2.5 기준)를 지원한다. 볼라틸리티는 컴퓨터 과학자이자 기업가인 Aaron Walters가 메모리 포렌식에서 수행한 학술 연구를 바탕으로 만들어졌다. 볼리틸리티 프레임워크는 GPL(General Public License: GNU)하에 파이썬으로 구현된 개발 도구 패키지이다. 메모리 포렌식 분석가들은 휘발성 메모리 샘플로부터 디지털 흔적의 추출을 위해 볼라틸리티를 사용한다.

068

정답: 4번

이블 트윈(Evil Twin)은 로그인한 사람들을 속이고 비밀번호나 신용카드 번호를 훔치기 위해 합법적인 네트워크인 것처럼 가장한 무선 네트워크를 가리킨다. 이블 트윈은 피싱 사기의 무선 버전이다. 공격자는 합법적인 제공자처럼 행세하며 노트북이나 휴대 전화로 핫스팟에 연결한 무선 사용자들을 갖고 논다. 무선 장치들은 근처에 연결할 수 있는 핫스팟을 통해 인터넷에 연결한다. 하지만 이런 핫스팟들은 해커들에게는 먹잇감이 될 수 있다. 충분한 장비를 갖춘 사람은 핫스팟을 찾아 그것 대신에 자신의 '이블 트윈'을 대체시킬 수 있다. 이러한 종류의 이블 트윈 공격은 해커에 의해 통신 링크를 스누핑하거나 사람들을 선동하여 사기성 웹 사이트로 들어가도록 피싱을 함으로써, 의심하지 않은 사용자들의 암호를 훔치는 데 사용될 수 있다. 공격자는 누군가가 Wi-Fi 무선 기술을 사용하여 연결한 가짜 베이스 스테이션을 사용한다. 또, 합법적인 무선 서비스 공급자의 이름을 모방함으로써, 그들이 제공하는 인터넷 서비스를 사람들이 신뢰하도록 속일 수 있다. 사용자들이 은행이나 전자 메일 계정에 로그인 할 때, 그 정보들은 공격자의 장비를 통해 전송되기 때문에 공격자는 모든 트랜잭션에 접근할 수 있다.

069

정답: 3번

소프트웨어 프로세스 성숙도 통합모델(CMMI: Capability Maturity Model Integration)은 조직의 업무 프로세스의 성숙도 수준을 측정할 수 있는 국제 표준으로 다음과 같이 5단계로 나뉘어 진다.

- 레벨 1(Initial): 개인의 역량에 따라 프로젝트의 성공과 실패가 좌우된다. 소프트웨어 개발 프로세스는 거의 없는 상태를 의미한다. 표준화된 프로세스 없이 프로젝트 수행결과 예측이 어렵고 적용된 CMMI 표준 프로세스가 없는 조직이다.

- 레벨 2(Managed): 표준 프로세스 기반으로 프로젝트가 통제되지만 조직 수준에서 프로세스에 대한 통제는 미흡하다. 조직 범위에서 프로세스에 대해 어느 정도의 훈련이 되었다고 볼 수는 있지만, 일정이나 비용과 같은 관리 프로세스 중심이다. 기존 유사 성공사례를 응용하여 반복적으로 사용하며 기본적인 프로세스 구축에 의해 프로젝트가 관리되고 있는 조직이라고 볼 수 있다. 적용된 프로세스는 다음과 같다. 요구사항 관리(Requirement Management), 프로젝트 계획(Project Planning), 프로젝트 감시 및 제어(Project Monitoring & Control), 공급자 계약 관리(Supplier Agreement Management), 측정과 분석(Measurement & Analysis), 프로세스와 제품 품질 보증(Process & Product Quality Assurance), 형상 관리(Configuration Management).

- 레벨 3 (Defined): 레벨 2에서는 프로젝트를 위한 프로세스가 존재한다면 레벨 3에서는 조직을 위한 표준 프로세스가 존재한다. 모든 프로젝트는 조직의 프로세스를 기준으로 상황에 맞게 조정하여 승인받아 사용한다. 세부 표준 프로세스가 있어 프로젝트가 통제되는 조직이라고 볼 수 있다. 적용된 프로세스는 다음과 같다. 요구사항 개발(Requirement Development), 기술적 해결(Technical Solution), 제품 통합(Product Integration), 검증(Verification), 조직 프로세스 중점(Organization Process Focus), 조직 프로세스 정의(Organization Process Definition), 조직 훈련(Organization Training), 통합된 프로젝트 관리(Integrated Project Management), 통합된 공급자 관리(Integrated Supplier Management), 리스크 관리(Risk Management), 결정분석 및 해결(Decision Analysis & Revolution), 통합 조직 환경(Organizational Environment for Integration), 통합된 팀 구성(Integrated Teaming).

- 레벨 4(Quantitatively Managed): 소프트웨어 프로세스와 소프트웨어 품질에 대한 정량적인 측정이 가능해진다. 조직은 프로세스 데이터베이스를 구축하여 각 프로젝트에서 측정된 결과를 일괄적으로 수집하고 분석하여 품질평가를 위한 기준으로 삼는다. 프로젝트 활동이 정량적으로 관리 및 통제되고 성과 예측이 가능한 조직이라고 정의할 수 있다. 적용된 프로세스는 다음과 같다. 조직적 프로세스 성과(Organizational Process Performance), 정량적인 프로젝트 관리(Quantitative Project Management).

- 레벨 5(Optimizing): 이 레벨에서는 지속적인 개선에 치중한다. 조직적으로 최적화된 프로세스를 적용하여 다시 피드백을 받아 개선하는 상위 단계이다. 지속적인 개선활동이 정착화 되고 최적의 관리로 프로젝트가 수행되는 조직이라고 정의할 수 있다. 적용된 프로세스는 다음과 같다. 조직 혁신 및 이행(Organization Innovation & Deployment), 분석과 해결(Casual Analysis & Revolution).

070

정답: 2번

연합 ID (FIM: Federated Identity Management)는 일반적으로 압도적으로 좋은 것으로 보이지만 몇 가지 단점이 존재한다. 첫 번째는 FIM 시스템 설정이 초기에 비용이 많이 들 수 있다는 것이다. 중소기업과 신생 기업은 FIM을 제공하지 못할 수도 있다. 그렇게 변경하고자 한다면 기존 시스템을 많이 수정해야 할 수도 있기 때문이다. 또 다른 문제는 ID 연합의 참여 구성원이 정책과 보안 프로토콜을 만들어야 한다는 것이다. 각 구성원은 이러한 규칙을 준수해야 하므로 회사마다 다른 규칙과 요구 사항이 있을 때 문제가 발생할 수 있다. 조직은 서로 다른 연합의 구성원이 될 수 있으므로 여러 규칙 세트를 따라야 한다. 이러한 다양한 정책과 절차를 따르면 많은 회사가 알고 있는 것보다 더 많은 시간과 노력이 필요할 수 있다. 또한 신원 연합에 있어 신뢰가 매우 중요하며 이는 또 다른 단점이 될 수 있다. 예를 들어, 페이스북의 사용자 데이터 개인정보 보호에 대한 관심이 없는 기록을 고려할 때 아무도 그들과 연합을 맺고 싶어하지 않을 수 있다. 실제로 대부분의 주요한 기업은 데이터 유출을 경험하여 적절한 안전 절차를 갖춘 사람을 찾기가 어려울 수 있기 때문이다. 반면에 FIM은 회사와 사용자 모두에게 편의를 제공하며 다양한 응용 프로그램이 있다. 예를 들어, 프로젝트에서 함께 작업하는 조직은 모든 사용자가 리소스를 쉽게 공유하고 액세스 할 수 있도록 ID 페더레이션을 구성할 수 있다. 이를 통해 사용자는 도메인 전체의 모든 리소스에 액세스 할 수 있으며 관리자는 여전히 자신의 도메인에서 액세스 수준을 제어할 수 있다. 또한 FIM을 사용하면 각 서비스 제공 업체, 애플리케이션 및 도메인에 대해서 새 계정을 만들 필요가 없다. 즉, 사용자는 서로 다른 사용자 이름과 비밀번호를 모두 기억할 필요가 없다. 2015년 Dashlane 연구에 따르면 사람은 평균 90개의 온라인 계정을 가지고 있다고 한다. 즉, 일반적으로 90개의 계정에 대한 모든 로그인 데이터를 기억하려고 한다면 암호 관리자의 인기는 높아질 수 있지만 FIM은 암호 관리자의 필요성을 완전히 제거한다. FIM을 사용하면 사용자가 자신의 데이터를 ID 공급자에게 한 번만 제공하면 되므로 보안이 강화된다. 전달되는 정보가 훨씬 적기 때문에 데이터 침해와 같은 일에 훨씬 효과적이다. 이것은 사용자 데이터를 더 안전하게 만들 뿐만 아니라 회사가 취약하지 않다는 것을 의미한다. FIM은 또한 기업의 비용을 절감한다. 리소스를 통합함으로써 각 회사는 더 이상 개별 로그인 페이지, 인증, 데이터 저장, 액세스 등에 대한 책임이 존재하지 않는다.

071 정답: 3번

개인정보 보호는 Ann Cavoukian이 처음 개발하고 온타리오 정보 및 개인정보 보호위원회(캐나다), 네덜란드 데이터 보호 당국 및 네덜란드 기구의 공동 팀이 개인정보 보호 강화 기술에 대한 공동 보고서에서 공식화한 시스템 엔지니어링에 대한 접근 방식이다. 프라이버시 바이 디자인(PbD: Privacy by Design) 프레임워크는 2009년에 출판되었고 2010년에 국제 프라이버시 커미셔너와 데이터 보호 당국에 의해 채택되었다. 프라이버시 바이 디자인은 전체 엔지니어링 프로세스에서 프라이버시를 고려할 것을 요구한다. 이 개념은 가치에 민감한 디자인의 한 예이다. 즉, 전체 프로세스에서 인간의 가치를 잘 정의된 방식으로 고려하는 것이다. 하지만 개인정보 보호에 대한 Cavoukian의 접근 방식은 모호하고, 특정 분야에 적용하기 어려우며, 기업의 이익을 소비자의 이익보다 우선시하고 데이터 수집 최소화를 충분히 강조하지 않는다는 비판을 받았다. 유럽 GDPR 규정은 프라이버시 바이 디자인을 활용하였다. 프라이버시 바이 디자인(PbD) 실현을 위해서는 7가지 기본원칙이 중요하다.

- **원칙 1:** Reactive(사후)가 아니라 Proactive(사전). 프라이버시 대책은 사후 조치가 아니라 사전에 계획한 대책으로 문제가 발생하기 전에 프라이버시 침해를 방지해야 한다. PbD는 프라이버시상의 리스크가 발생했을 때 프라이버시 침해를 해결하기 위한 구제대책을 제공한다.
- **원칙 2:** 디폴트 설정이 포함된 프라이버시. 정보 시스템이나 비즈니스에서 개인정보가 자동으로 보호되어야만 최고의 프라이버시 대책을 제공할 수 있다. 프라이버시를 보호하기 위해서는 시스템에 기본적으로 포함되어야 한다.
- **원칙 3:** 설계 시에 포함된 프라이버시 대책. 프라이버시 대책은 설계 시에 정보기술, 조직이나 사회기반에 포함되어 있으며, 결과적으로 프라이버시 대책은 구성 요소에서 반드시 필요한 기반 기능이 된다.
- **원칙 4:** 제로섬이 아닌 포지티브섬. 보안 대책과 프라이버시 대책에서 제로섬적인 접근이 아니라 모두가 정당한 이익을 포지티브섬 '상생' 방법으로 대응해야 한다.
- **원칙 5:** End-to-End 프라이버시 사이클. 데이터의 라이프사이클 전체에 대응하여 정보의 라이프사이클 관리를 보증해야 한다.
- **원칙 6:** 가시화와 투명성. 모든 이해관계자(Stakeholder)는 무엇이 정보기술, 조직이나 사회기반과 관련되어 있는지를 확인해야 한다(가시화). 그리고 기업 조직의 이념, 목표에 대해 독립된 검증도 실시해야 한다(투명성).
- **원칙 7:** 유저 프라이버시의 존중. 시스템 구축자와 운용자는 디폴트 설정된 프라이버시 대책을 이용하여 적절한 통지, 권한 위양 및 유저 프라이버시 대책에 대해 선택할 수 있는 기능을 제공해야 한다. 말하자면 개인을 중심으로 개인의 이익을 고려하여 존중해야 한다.

072 정답: 3번

공정정보규정(FIPS: Fair Information Practice Principles)은 비밀, 데이터 품질 문제를 다루는 일반적인 기준으로, 개인정보의 수집과 사용을 통제하는 원칙이다. 이 규정에는 수집 제한 원칙, 데이터 품질 원칙, 목적 서술 원칙, 사용 제한 원칙, 보안 세이프가드 원칙, 공개 원칙, 개인 참여 원칙, 회계 책임 원칙 등의 원칙이 포함되어 있다. 개인정보의 수집과 사용을 통제하는 FIP 원칙은 데이터의 소유자와 개인 간의 상호 이해관계라는 관념에 기초를 두었다. 개인은 거래에 관심이 있고, 데이터 소유자(흔히 기업이나 정부기관)는 거래를 지원하는 데 개인의 정보가 필요하다. 수집된 개인의 데이터는 개인의 동의 없이 다른 목적으로 사용될 수 없다. 1998년 미 연방무역위원회(FTC)는 온라인 프라이버시를 보호하는 가이드라인을 포함하도록 FIP를 확대했다. FIPS의 원칙은 다음과 같다.

- **공지, 인식 원칙**: 데이터 수집 대상에게 데이터를 수집하는 것에 대해 공지해야 한다.
- **선택, 동의 원칙**: 데이터 수집 대상이 자신의 데이터가 이차적으로 사용되는 것을 선택하고 동의할 수 있어야 한다.
- **접근, 참가 원칙**: 데이터 수집 대상이 수집된 데이터에 쉽게 접근할 수 있어야 한다.
- **보안 원칙**: 데이터 수집 기관은 데이터에 대한 보안을 책임져야 한다.
- **시행 원칙**: 공정정보규정원칙을 시행하기 위한 여러 법률과 규정이 필요하다.

073 정답: 1번

공정정보규정(FIPS: Fair Information Practice Principles)에 포함되는 법률은 다음과 같다. 첫 번째, 아동 온라인 개인정보 보호법(COPPA)은 13세 이하 어린이의 정보를 수집하려면 부모의 동의를 얻도록 웹 사이트에 요구하는 것이다. 두 번째, 그램-리치-브릴리법(GLB: Gramm-Leach-Billey)은 금융서비스 고객들의 프라이버시 보호를 위한 법률이다. 모든 금융기관은 사적인 개인정보를 보호하는 제도와 정책을 밝혀야 하고 고객이 자신의 정보를 다른 사람이나 기관에게 공유되는 것을 선택하고 동의할 수 있게 하였다. 세 번째, 건강보험의 양도 및 책임에 관한 법률(HIPAA)은 의료기록에 관한 프라이버시 보호를 위한 법률이다. 여러 의료기관에 보호되는 환자 의료 기록에 환자가 쉽게 접근할 수 있게 한다. 기록의 공개 여부도 환자가 결정할 수 있게 한다. 그리고, 공정정보규정의 기본 원칙은 다음과 같다.

- **수집 제한 원칙**: 개인 데이터 수집에는 제한이 있어야 하며 이러한 데이터는 합법적이고 공정한 방법으로, 적절한 경우 데이터 주체의 지식이나 동의를 얻어 획득해야 한다.
- **데이터 품질 원칙**: 개인 데이터는 사용 목적과 관련이 있어야 하며 해당 목적에 필요한 범위 내에서 정확하고 완전하며 최신 상태로 유지되어야 한다.
- **목적 지정 원칙**: 개인 데이터를 수집하는 목적은 늦어도 데이터 수집 시점까지 지정해야 하며, 후속 사용은 해당 목적 또는 해당 목적과 호환되지 않고 변경될 때마다 지정된 다른 목적의 이행으로 제한되어야 한다.
- **사용 제한 원칙**: 데이터 주체의 동의가 있는 경우 또는 법의 권위에 의한 경우를 제외하고는 개인 데이터를 지정된 목적 이외의 목적으로 공개, 사용 가능 또는 달리 사용해서는 안 된다.
- **보안 보호 원칙**: 개인 데이터는 데이터의 손실 또는 무단 액세스, 파괴, 사용, 수정 또는 공개와 같은 위험으로부터 합리적인 보안 장치로 보호되어야 한다.
- **개방성 원칙**: 개인 데이터와 관련된 개발, 관행 및 정책에 대한 일반적인 개방성 정책이 있어야 한다. 개인 데이터의 존재와 특성, 사용의 주요한 목적은 물론 데이터 컨트롤러의 신원과 일반적인 거주지를 쉽게 확인할 수 있는 수단이 있어야 한다.
- **개인 참여 원칙**: 개인은 데이터 컨트롤러로부터 획득하거나 데이터 컨트롤러가 자신과 관련된 데이터를 가지고 있는지 여부를 확인할 수 있어야 한다. 또한, 과도하지 않은 비용이 있는 경우 합리적인 시간 내에 그와 관련된 데이터를 합리적인 방식으로 쉽게 이해할 수 있는 형태로 전달할 수 있어야 한다. 앞의 경우에 따른 요청이 거부

된 경우 이유를 제공하고 그러한 거부에 이의를 제기할 수 있다. 또한 그와 관련된 데이터에 이의를 제기하고 이의가 성공한 경우 데이터를 삭제, 수정, 완료 또는 수정하도록 한다.

- **책임 원칙**: 데이터 컨트롤러는 앞서 명시된 원칙에 영향을 미치는 조치를 준수할 책임이 있다.

074   정답: 3번

의사결정 지원 시스템(DSS: Decision Support System)이란 1978년 킨(D. Keen)과 스캇 모턴(M. Scott Morton)의 저서에서 처음 사용된 용어다. 단순히 정보를 수집, 저장, 분배하기 위한 시스템을 넘어서 사용자들이 기업의 의사결정을 쉽게 내릴 수 있도록 사업 자료를 분석해주는 역할을 하는 컴퓨터 응용 프로그램이다. DSS는 최고경영층을 포함한 모든 의사결정자의 계산 부담을 덜어주고 정보를 도식화하여 분석모형과 데이터를 제공함으로써 의사결정 과정이 보다 효과적으로 이루어지게 해준다. 기업경영에 당면하는 여러 가지 문제를 해결하기 위해 복수의 대안을 개발하고, 비교 평가하여 최적안을 선택하는 의사결정 과정을 지원하는 정보 시스템으로 정의된다. 구체적으로 분석모형, 데이터베이스, 대화식 컴퓨터 모형화 과정 등을 통해 반구조적·비구조적 성격을 갖는 의사결정문제에 대해 개별관리자의 의사결정 스타일과 정보요구를 반영하여 의사결정 과정을 지원하는 시스템이다. 의사결정 시스템의 관리수준은 운영통제, 관리통제, 전략계획 수립이며 의사결정의 구조화는 구조적, 준구조적, 비구조적으로 나뉘어 진다.

075   정답: 1번

IT 비상 계획(IT Contingency Plans)의 구현은 비즈니스가 중대한 사고 또는 재난에 직면할 때 허용 가능한 수준으로 계속되도록 보장하는 데 그 목적이 있다. 조직은 조직의 IT 시스템, 비즈니스 프로세스 및 시설에 영향을 미치는 중단에 대한 대응, 복구 및 연속성 활동을 적절히 준비해야 한다. 이러한 유형의 계획은 데이터의 정보 존속성을 보장하기 위한 더 큰 프로세스의 일부이다. 생존 가능성은 재해나 긴급 상황에 관계없이 데이터와 프로세스를 복구할 수 있음을 의미한다.

- **운영 연속성 계획(COOP: Continuity of Operations Plan)**: 대체 사이트에서 조직(일반적으로 본사 요소)의 필수 기능을 복원하고 정상 운영으로 복귀하기 전에 최대 30일 동안 기능을 수행하는 데 중점을 둔다. COOP는 본사 수준의 문제를 해결하기 때문에 BCP와 독립적으로 개발 및 실행된다. PDD(Presidential Decision Directive) 67은 실행 가능한 COOP 기능의 구현을 요구한다. 대체 사이트로 재배치할 필요가 없는 사소한 중단은 일반적으로 해결되지 않는다. 그러나 COOP에는 BCP, DRP 및 BRP가 부록으로 포함될 수 있다. 운영 연속성(COOP) 계획 직원(CPS), 관리 담당 차관보, 조달 및 자산 관리 사무소는 운영 연속성(COOP) 및 정부 연속성(COG) 프로그램을 위한 USDA의 초점 역할을 수행한다. 즉, COOP는 재해 발생 시 대체 사이트에서 IT 인프라를 제외한 비즈니스 핵심기능의 재개 방안을 논의하는 비상계획이다.

- **비즈니스 연속성 계획(BCP: Business Continuity Plan)**: 중단 중 및 중단 후에도 조직의 비즈니스 기능을 유지하는 데 중점을 둔다. 비즈니스 기능의 예는 급여 또는 소비자 정보와 관련된 프로세스일 수도 있다. BCP는 특정 비즈니스 프로세스에 대해 작성되거나 모든 주요 비즈니스 프로세스를 처리할 수 있다. 정보기술 시스템은 비즈니스 프로세스 지원 측면에서 BCP에서 고려된다. 경우에 따라서 BCP는 프로세스의 장기적인 복구를 처리하지 않고 정상적인 운영으로 돌아가는 경우에만 임시 비즈니스 연속성 요구 사항을 다룬다. 재난 복구 계획, 사업 재개 계획 및 거주자 비상 계획이 BCP에 추가될 수 있다. BCP에 설정된 책임과 우선 순위는 가능한 충돌을 제거하기 위해 운영 연속성에 있는 사람들과 조정되

어야 한다. 즉, 사업의 연속성을 보장하기 위하여 재해가 발생하기 전 수립하는 예방적 비상계획이다.

- **비즈니스 재개 계획(BRP: Business Resumption Plan)**: 비상 후 비즈니스 프로세스의 복원을 다루지만 BCP와 달리 비상 또는 중단 동안 중요한 프로세스의 연속성을 보장하는 절차가 없다. BRP 개발은 DRP 및 BCP와 조정되어야 하며 계획은 BCP에 추가될 수 있다.

- **재해 복구 계획(DRP: Disaster Recovery Plan)**: 연장된 기간 동안 정상적인 시설에 대한 액세스를 거부하는 중대한, 일반적으로 치명적인 사건에 적용된다. 종종 DRP는 비상시 대상 시스템, 애플리케이션 또는 컴퓨터 시설의 운영 성을 대체 사이트로 복원하도록 설계된 IT 중심 계획을 의미한다. DRP 범위는 IT 비상 계획의 범위와 겹칠 수 있다. 그러나 DRP는 범위가 더 좁으며 재배치가 필요하지 않은 사소한 중단을 해결하지는 않는다. 기관의 필요에 따라 여러 DRP가 BCP에 추가될 수 있다. 즉, DRP는 재해 발생 시 대체 사이트에서의 비즈니스 핵심기능의 운영 방안을 논의하는 IT 관점의 비상 계획이다.

- **IT 비상 계획(IT Contingency Plan)**: 또는 지원 연속성 계획(Continuity of Support Plan)이라고도 한다. 조직이 사소한 또는 중요한 중단 이후에 로컬 또는 대체 사이트에서 미션 크리티컬한 IT 서비스를 복구할 수 있도록 지침을 제공하는 일련의 사전 준비 및 확립된 절차 행사이다. 계획 기간은 단기 또는 장기에 모두 효과적이다. OMB Circular A-130은 일반 지원 시스템에 대한 지원 계획의 연속성 및 주요 응용 프로그램에 대한 비상 계획의 개발 및 유지를 요구한다. 이 계획 가이드는 지원 계획의 연속성을 IT 비상 계획과 동의어로 간주한다. 각 주요 응용 프로그램 및 일반 지원 시스템에 대해 IT 비상 계획을 개발해야 하므로 기관 또는 임무 영역 BCP와 함께 여러 비상 계획을 유지할 수 있다.

- **사이버 사고 대응 계획(CIRP: Cyber Incident Response Plan)**: 기관 IT 시스템에 대한 사이버 공격을 해결하기 위한 절차를 수립한다. 이러한 절차는 보안 담당자가 시스템 또는 데이터에 대한 무단 액세스, 서비스 거부 또는 시스템 하드웨어, 소프트웨어 또는 데이터에 대한 무단 변경(예: 바이러스)과 같은 악의적인 컴퓨터 사고를 식별, 완화 및 복구할 수 있도록 설계되었다. 이러한 예는 웜 또는 트로이 목마 등이 있다. 즉, 악성 사이버 공격에 대해서 감지하고 대응하며 영향을 최소화하는 절차를 제공하며 시스템 및 네트워크에 대한 정보 보안을 언급한다.

- **위기 커뮤니케이션 계획(CCP: Crisis Communications Plan)**: 재난 이전에 조직이 준비하는 내부 및 외부 커뮤니케이션 절차. 위기 커뮤니케이션 계획은 종종 공공 봉사 활동을 담당하는 조직에서 개발한다. 위기 커뮤니케이션 계획 절차는 승인된 성명만이 대중에게 공개되도록 하기 위해서 다른 모든 계획과 함께 조정되어야 한다. 계획 절차는 BCP의 부록으로 포함되어야 한다. 커뮤니케이션 계획은 일반적으로 특정 개인을 재난 대응에 관한 일반 대중의 질문에 답할 수 있는 유일한 권한으로 지정한다. 또한 직원과 대중에게 상태 보고서를 배포하는 절차도 포함될 수 있다. 보도 자료 템플릿이 계획에 포함되어 있다. 즉, CCP는 일반 및 대중에게 상황보고를 배포하는 절차로서 IT 관점의 계획은 아니다.

- **입주자 비상 계획(OEP: Occupant Emergency Plan)**: 직원, 환경 또는 재산의 건강과 안전에 잠재적인 위협이 되는 상황이 발생할 경우 시설 입주자를 위한 대응 절차를 제공한다. 그러한 사건에는 화재, 허리케인, 범죄 공격 또는 의료 응급 상황이 포함된다. OEP는 건물의 지리적 위치 및 구조 설계에 따라 시설 수준에서 개발된다. GSA(General Services Administration) 소유 시설은 GSA OEP 템플릿을 기반으로 계획을 유지한다. 시설 OEP는 BCP에 추가될 수 있지만 별도로 실행된다. 즉, OEP는 인명피해를 줄이고 물리적인 위협으로부터 자산 손실을 보호하는 절차를 정의한다.

출처: NIST SP 800-34, Revision 1 - Contingency Planning Guide for Federal Information Systems

076
정답: 3번

컴퓨터 시설에 알맞은 습도는 40~60%이다. 습도(濕度, Humidity)는 공기 중에 포함된 수증기의 양 또는 비율을 나타내는 단위이며, 보통 습도라고 하면 상대습도를 말한다. 이처럼 습도는 공기 중에 포함된 수분의 정도라고 말할 수 있다. 한편 수분을 포함하는 공기의 온도 역시 습도와 중요한 관련을 맺고 있다. 컴퓨팅 환경에서는 알맞은 습도를 유지하는 것이 중요하다. 낮은 습도에서는 정전기로 인한 손상이 발생하고, 또한 높은 습도에서는 부식이나 누전 문제가 발생할 우려가 있다.

077
정답: 4번

데이터센터에는 창문을 만들지 않는 것이 일반적이다. 하지만 만들어야 된다면 불투명(Opaque)이나 반투명(Translucent)이어야 되고, 또한 비산방지(Shatterproof) 등의 특성을 갖추고 있어야 하며 고정창(Fixed)이어야 한다. 또한 보안센서가 창문 틀에 적용되어야 한다.

078
정답: 3번

가상 머신은 하드웨어 스택을 가상화한다. 컨테이너는 이와 달리 OS를 가상화하여 여러 개의 컨테이너를 OS 커널에서 직접 실행시킨다. 컨테이너는 기존의 가상화 기술보다 훨씬 가볍게 동작하며, OS 커널을 공유하고, 시작 시간이나 종료 시간이 빠르고, 메모리를 훨씬 적게 차지한다. 컨테이너는 가상 머신과 마찬가지로 애플리케이션을 관련 라이브러리 및 종속 항목과 함께 패키지로 묶어 소프트웨어 서비스를 위한 환경을 분리할 수 있도록 해준다. 다음은 컨테이너 기술의 장점이다.

- **가벼운 가상화 기술**: 가상화와 비교하면 컨테이너는 OS 없이 프로세스와 파일 시스템을 분리하는 형태이기 때문에 크기가 작고 가볍다. 또한 가상화를 위한 하드웨어 에뮬레이트(Emulate) 단계 없이, 분리된 공간을 만들기 때문에 오버 헤드가 줄어든다.

- **높은 집적도**: 여러 개의 컨테이너를 만들어서 실행 중이라 해도 OS는 하나이므로, 가상 머신에 비해 고밀도화가 가능하다. 또한 컨테이너에서는 실행되는 프로세스를 위한 메모리만 필요하기 때문에 낮은 사양의 환경에서 더욱 활용도가 높다.

- **작은 이미지 크기**: 가상화 기술은 가상머신마다 OS(게스트 OS)가 필요하다. 따라서 VM의 실행에 필요한 이미지 파일(이하 VM 이미지)은 애플리케이션과 실행에 필요한 라이브러리 그리고 게스트 OS가 포함되어 있다. 이에 반해, 컨테이너는 호스트 OS를 사용하여 시작한다. 가상 머신과는 달리 게스트 OS는 포함하지 않기 때문에 VM 이미지보다 파일 크기가 작아 이동성이 우수하다.

- **이동성(Portability)**: 컨테이너는 이동성이 높기 때문에 개발자가 자신의 PC에서 만든 컨테이너를 그대로 퍼블릭 클라우드에 가져가 실행할 수 있다. 이로 인해 대량의 마이크로 서비스의 빠르고 효율적인 배치 및 서비스 단위로 유연한 확장이 가능하며, 마이크로서비스를 통해서 얻는 효과를 극대화할 수 있다.

- **빠른 시작과 종료 시간**: 컨테이너는 실행된 OS에서 응용 프로그램 본체와 미들웨어를 실행하기만 하면 되기 때문에 응용 프로그램의 시작 시간은 VM보다 크게 단축된다. 컨테이너를 실행하는 것은 OS 입장에서 보면 단순하게 프로세스를 시작하는 것이기 때문에 일반적인 프로세스가 시작하는 것과 별반 차이가 없다. 즉, 매우 빠르게 시작할 수 있다.

- **일관성 있는 환경**: 개발자는 컨테이너를 활용하여, 다른 애플리케이션과 분리된 애플리케이션에 최적화된 환경을 생성할 수 있다. 컨테이너는 애플리케이션에 필요한 소프트웨어 종속 항목(프로그래밍 언어 런타임 및 기타 소프트웨어 라이브러리의 특정 버전 등)도 포함할 수 있다. 그 결과 자연히 생산성이 향상될 수밖에 없다. 개발자와 IT 운영팀이 버그를 잡고 환경 차이를 진단하던 시간

을 줄이고 사용자에게 신규 기능을 제공하는 데 보다 집중할 수 있기 때문이다.

- **다양한 운영 환경 지원**: 컨테이너는 Linux, Windows, Mac OS, 가상 머신, 베어 메탈, 개발자 PC, 데이터센터, 온프레미스 환경, 퍼블릭 클라우드 등 사실상 어느 환경에서나 구동되므로 개발 및 배포가 매우 쉽다. 계층화된 이미지 형식으로 사용되기 때문에 이동성도 매우 뛰어나다. 소프트웨어 구동 환경이 무엇이든 컨테이너를 사용할 수 있다.

- **가상 OS 형태로 독립환경 제공**: 컨테이너는 CPU, 메모리, 스토리지, 네트워크 리소스를 OS 수준에서 가상화하여 개발자에게 기타 애플리케이션으로부터 논리적으로 분리된 OS 샌드박스 환경을 제공한다.

- **배포 편의성**: 컨테이너를 사용하면 애플리케이션과 종속 항목을 버전 제어가 쉬운 하나의 패키지로 묶어서 팀 내의 여러 개발자가 쉽게 복제하고 클러스터 내의 머신으로도 간편하게 복사할 수 있다. 이를 서비스 기반 아키텍처와 결합하면 개발자들이 논리성을 판단해야 하는 단위 자체가 훨씬 작아지므로 민첩성과 생산성이 크게 향상된다. 그 결과 애플리케이션의 개발 및 테스트, 배포, 전반적인 관리가 훨씬 쉬워진다.

- **낮은 오버헤드와 빠른 시작**: 최소한의 CPU와 메모리만 사용하여 비용절감과 부하가 적어 고성능 제공이 가능하며, Guest OS가 없기 때문에 OS 부팅 없이 애플리케이션을 실행하여 빠른 시작 및 호스트 OS에서 프로세스로 실행 가능

- **높은 이동성(Portability)**: 퍼블릭 클라우드(AWS, MS Azure, Google Cloud 등)와 기업 내에서 Linux 운영체제라면 어디서나 운영 및 이식이 용이함

- **구축 기간 단축**: 컨테이너 환경은 개발, 스테이징, 운영 환경을 단순한 복사로 구축하여 작업시간을 단축하고 일관성을 제공하여 환경에 의한 문제 원인을 제거함

- **장애 대응**: 배포, 시스템 유지보수, 장애 발생 시 무정지 작업이 가능 (컨테이너 이미지 단위로 배포하고 운영하기 때문에 장애 시 전환 시간을 단축, 이미지 형태의 배포로 환경 차이에 의한 장애원인 제거)

- **클라우드 네이티브 운영 환경 실현**: 스케줄링(Scheduling), 컨트롤링(Controlling), 자가 복구(Self Healing), 오토 스케일링(Auto Scaling), 롤링 업데이트(Rolling Update)

출처: http://www.opennaru.com/

079 정답: 3번

운영자 관점에서 컨테이너 기술의 장점은 다음과 같다.

080 정답: 1번

네트워크 접근 제어(NAC: Network Access Control)는 엔드 포인트 보안 기술(예: 안티 바이러스, 호스트 침입 방지 및 취약성 평가), 사용자 또는 시스템 인증 및 네트워크 보안 시행을 통합하려는 컴퓨터 보안 접근 방식이다. NAC(Network Access Control)는 일련의 프로토콜을 사용하여 장치가 처음 네트워크에 액세스하려고 할 때 네트워크 노드에 대한 액세스를 보호하는 정책을 정의하고 구현하는 컴퓨터 네트워킹 솔루션이다. 네트워크 시스템에 대한 자동 치료 프로세스(액세스를 허용하기 전에 비준수 노드 수정)를 통해 라우터, 스위치 및 방화벽과 같은 네트워크 인프라가 백 오피스 서버 및 최종 사용자 컴퓨팅 장비와 함께 작동하여 정보 시스템이 안전하게 작동하도록 한다. NAC의 기본 형

식은 802.1X 표준이다. 일반적인 NAC의 목적은 다음과 같다.

- 제로 데이 공격의 완화
- 네트워크 연결의 권한, 인증 및 계정
- EAP-TLS, EAP-PEAP 또는 EAP-MSCHAP과 같은 802.1X 용 프로토콜을 사용하여 무선 및 유선 네트워크에 대한 트래픽을 암호화
- 사용자, 장치, 애플리케이션 또는 보안 상태의 사후 인증에 대한 역할 기반 접근 제어(Role-Based Controls)
- 알려진 취약성, 탈옥 상태 등과 같은 기타 정보를 기반으로 네트워크 역할을 정의하는 다른 도구를 사용을 위한 자동화
- 정책 집행
- 신원 및 액세스 관리

081 정답: 1번

문서 객체 모델(DOM: Document Object Model)은 객체 지향 모델로서 구조화된 문서를 표현하는 형식이다. DOM은 플랫폼/언어 중립적으로 구조화된 문서를 표현하는 W3C의 공식 표준이다. DOM은 또한 W3C가 표준화한 여러 개의 API의 기반이 된다. DOM은 HTML 문서의 요소를 제어하기 위해 웹 브라우저에서 처음 지원되었다. DOM은 동적으로 문서의 내용, 구조, 스타일에 접근하고 변경하는 수단이었다. 브라우저 사이에 DOM 구현이 호환되지 않음에 따라, W3C에서 DOM 표준 규격을 작성하게 되었다. DOM은 문서의 기반이 되는 데이터 구조에 제한을 두지 않는다. 잘 구조화된 문서는 DOM을 사용하여 트리 구조를 얻어낼 수 있다. 대부분의 XML 해석기와 XSL 처리기는 트리 구조의 이용에 대응해서 개발되었다. 이 같은 구현에서는 문서의 전체 내용이 해석되어 메모리 저장되어야 한다. 때문에 DOM은 문서 요소가 임의적으로 접근되고 변경할 수 있어야 하는 응용 프로그램에 가장 적합하다. 한 번 해석 시 단 한 번의 선택적 읽기/쓰기가 이루어지는 XML 기반 응용 프로그램에서, DOM은 메모리에 상당한 부하를 가져온다. 이 경우처럼 속도와 효율적인 메모리 소비가 중요한 상황일 경우 SAX 모델이 장점을 가진다.

082 정답: 2번

미세 전자 기계 시스템(MEMS: Micro Electronic Mechanical Systems)은 입체적인 미세구조와 회로, 센서와 액추에이터(Actuator)를 실리콘 기판 위에 집적화 시킨 것으로 소형이면서도 복잡하여 고도의 동작을 하는 시스템으로 마이크로시스템(Microsystem)이나 마이크로머신(Micromachine) 등으로 불리기도 한다. MEMS는 반도체 직접회로의 구조 기술을 기본으로 하고, 전자, 기계, 광, 재료 등 다양한 기술을 융합한 미세가공(Micromachining) 기술로 제작되어, 소형화는 물론 집적화, 저전력 및 저가격 등 대부분의 전자, 기계 및 부품들이 궁극적으로 추구하는 목표를 모두 만족시킬 수 있다는 장점을 가지고 있다. 21세기를 주도할 핵심기술 중 하나로 인식되고 있는 MEMS 기술은 우리가 흔히 접할 수 있는 정보기기 관련 시스템의 센서나 프린터 헤드와 같은 중요한 부분에 이용되고 있으며, 생명공학, 미세 유체 및 화학분석, 운송 및 항공, 광학, 그리고 로봇 등과 같은 산업 분야에서 구조, 부품 및 시스템 제조를 위한 핵심 기술로 활용되고 있다.

MEMS 기술의 역사는 20여 년으로 기존의 다른 첨단기술에 비해 짧긴 하지만, 다른 기술과의 융합과 접목을 통해 기존 시장을 효과적으로 대체하거나 새로운 시장을 창출할 무한한 잠재력이 있다. 1980년 초부터 미국, 유럽 및 일본 등 기술 선진국에서는 기술선점을 위해 국가 차원에서 대형 연구개발 사업을 추진함과 동시에 특허를 통해 자국의 원천기술을 봉쇄하는 데 심혈을 기울이고 있다. MEMS 기술은 현재도 시스템의 중요한 부분을 담당하고

있지만, 앞으로 차세대 반도체와 전자 시스템 발전에 더욱 더 중요한 역할을 할 것으로 기대되고 있다. 반도체 기술을 기초로 다양한 기술을 조합한 것으로서 전자, 기계, 광, 재료 등의 융합 기술이며, 앞에서 살펴본 바와 같이, 그 응용분야도 매우 다양하다. 하지만 그에 상응하는 이슈로는 막대한 설비 및 연구개발 투자의 필요성, 제품 형태의 다양성에 따른 대량생산의 어려움과 소량생산에 의한 채산성 문제, 그리고 비즈니스 측면에서 이러한 문제점들을 극복할 수 있는 MEMS 전문 제조공장 구축의 불가피성 등을 들 수 있다.

083 정답: 2번

문제의 상황에서 당신에게 가장 도움이 되는 문서는 헬프 데스크 보고서(Help-Desk Reports)다. 헬프 데스크에서 작성된 보고서들은 문제의 발생과 함께 해결의 이력을 제공하기 때문이다. 헬프 데스크는 고객 또는 최종 사용자에게 회사 또는 기관의 제품 및 서비스와 관련된 정보 및 지원을 제공하기 위한 리소스이다. 헬프 데스크의 목적은 일반적으로 문제를 해결하거나 컴퓨터, 전자 장비, 식품, 의류 또는 소프트웨어와 같은 제품에 대한 지침을 제공하는 것이다. 기업은 일반적으로 수신자 부담 전화 번호, 웹 사이트, 인스턴트 메시징 또는 이메일과 같은 다양한 채널을 통해 고객에게 헬프 데스크 지원을 제공한다. 직원에게 도움을 제공하도록 설계된 사내 헬프 데스크도 존재한다. 추가적으로 이슈 추적 시스템(ITS: Issue Tracking System)은 단체의 필요에 의해 이슈 목록을 관리하고 유지·보수하는 컴퓨터 소프트웨어의 일종이다. 보통 트러블 티켓 시스템(TTS: Trouble Ticket System)이라고도 한다. 이슈 추적 시스템의 티켓(Ticket)은 특정 문제, 상태, 기타 관련 데이터에 대해 실행 중인 보고이다. 일반적으로 헬프 데스크나 콜센터 환경에서 만들어지며 거의 늘 유일한 참조 번호를 가지고 있는데, 이를 케이스(Case), 이슈(Issue), 콜 로그(Call Log) 번호라 부르며, 직원이나 사용자가 사용자의 이슈나 요청의 상태를 빠르게 확인 및 추가하고 주고받을 수 있게 한다.

084 정답: 3번

sudo와 가장 연관성 있는 접근통제 모델(Access Control Model)은 RBAC(Role Based Access Control) 모델이다. SELinux와 함께 사용하면, sudo는 역할 기반 접근 제어(RBAC)의 역할 전환을 위해 사용할 수 있다. RBAC 표준은 보안 모델의 기반이 되기 위한 것이며 구현 세부 사항을 지정하지 않는다. Sudo의 경우 다음과 같은 방식으로 RBAC를 확장한다.

(1) 사용자는 그룹 공급자 플러그인을 통해 Unix 사용자, Unix 그룹, 넷 그룹 또는 비 Unix 그룹일 수 있다.
(2) 역할은 한 명 이상의 사용자에게 할당될 수 있는 권한, 속성 및 제약의 명명된 모음이다.
(3) 권한은 파일 시스템의 개체에 대해 수행할 수 있는 명명된 작업 집합(예: 실행, 편집)이다. 기존 sudoer는 실행 및 편집 작업을 지원한다. 앞으로 쉘과 같은 Sudo 지원 프로그램은 읽기 및 쓰기와 같은 다른 작업을 지원할 수 있다. Sudo의 RBAC 모델은 권한 개념을 확장하여 다음으로 설명된 관련 속성 및 제약 조건도 포함한다.
(4) 속성을 사용하여 보안 정책 옵션을 설정하고 명령이 실행되는 실행 환경을 제어할 수 있다. 예를 들어, runuser 속성은 명령이 실행될 Unix 사용자를 지정한다.
(5) 제약 조건은 권한이 활성화되기 위해 충족되어야 하는 조건을 지정한다. 예를 들어, cwd 제약 조건에서는 사용자에게 지정된 현재 작업 디렉토리가 있어야 한다. not_before 및 not_after 제약 조건은 지정된 시간(예: 업무 시간 동안)으로 권한의 가용성을 제한하는 데 사용되거나 권한이 만료되도록 하는 데 사용할 수 있다. 인수는 ISO 8601 시간 형식의 절대 타임스탬프 또는 crontab 형식 날짜 사양일 수 있다.

085

정답: 4번

속성 기반 액세스 제어(ABAC: Attribute Based Access Control)에서는 각 자원과 사용자에게 일련의 속성이 할당된다. 이 방법에서는 시간, 위치 및 위치를 포함한 사용자 속성의 비교 평가를 사용하여 리소스 액세스에 대한 결정을 내린다. IAM에 대한 정책 기반 액세스 제어라고도 하는 속성 기반 액세스 제어(ABAC)는 속성을 결합하는 정책을 사용하여 사용자에게 액세스 권한을 부여하는 액세스 제어 패러다임을 정의한다. 정책은 모든 유형의 속성(사용자 속성, 리소스 속성, 개체, 환경 속성 등)을 사용할 수 있다. 이 모델은 부울 논리를 지원한다. 규칙에는 요청을 하는 사람, 리소스 및 작업에 대한 'IF, THEN'문이 포함된다(예: 요청자가 관리자인 경우 민감한 데이터에 대한 읽기/쓰기 액세스를 허용한다). NIST 프레임워크는 ABAC의 주요 개념을 엔티티, 즉 PAP(정책 관리 지점), PEP(정책 시행 지점), PDP(정책 결정 지점) 및 PIP(정책 정보 지점)로 소개하고 있다. 특정 권한 집합을 전달하고 주체가 할당되는 미리 정의된 역할을 사용하는 RBAC(역할 기반 액세스 제어)와 달리 ABAC(속성 기반 액세스 제어)와의 주요한 차이점은 복잡한 부울 규칙 집합을 표현하는 정책 개념이라는 것이다. 이러한 ABAC는 다양한 속성을 평가할 수 있다. 개념 자체는 수년 동안 존재했지만 ABAC는 다양한 정보 시스템의 특정한 속성을 포함하는 액세스 제어 정책을 허용하는 자원에 대한 동적, 컨텍스트 인식 및 위험 지능적 액세스 제어를 제공하기 때문에 차세대 인증 모델로 간주한다. 인증을 해결하고 효율적인 규정 준수를 달성하도록 정의되어 기업이 기존에 보유한 인프라를 기반으로 구현의 유연성을 허용한다. 속성 기반 액세스 제어는 때로 PBAC(정책 기반 액세스 제어) 또는 CBAC(클레임 기반 액세스 제어)라고도 한다. ABAC를 구현하는 주요한 표준은 XACML 및 ALFA(XACML)이다.

086

정답: 4번

크로스 사이트 스크립팅(XSS: Cross-Site Scripting)은 웹 애플리케이션에서 많이 나타나는 취약점의 하나로 웹 사이트 관리자가 아닌 이가 웹 페이지에 악성 스크립트를 삽입할 수 있는 위험이 있다. 주로 여러 사용자가 보게 되는 전자 게시판에 악성 스크립트가 담긴 글을 올리는 형태로 이루어진다. 이 취약점은 웹 애플리케이션이 사용자로부터 입력받은 값을 제대로 검사하지 않고 사용할 경우 나타난다. 이를 유용해 해커는 사용자의 정보(쿠키, 세션 등)를 탈취하거나, 자동으로 비정상적인 기능을 수행하게 할 수 있다. 주로 다른 웹 사이트와 정보를 교환하는 식으로 작동하므로 사이트 간 스크립팅이라고 한다. 전형적인 XSS 공격은 세션 도용, 계정 탈취, 다중 요소 인증 우회, 트로이 목마 악성코드 배포, 로그인 패널과 같은 DOM 노드 대체 혹은 변조, 악성 코드 다운로드, 키 로깅, 그리고 다른 클라이언트 측면의 공격과 같은 사용자 브라우저에 대한 공격을 포함한다. 일반적으로 사용자의 브라우저를 목표로 하는 3가지 형태의 크로스 사이트 스크립팅이 있다.

- **Reflected XSS**: HTML 출력의 일부로 유효성이 확인되지 않고, 특수문자가 필터링되지 않은 사용자 입력이 애플리케이션 혹은 API에 포함된다. 공격이 성공하면 공격자는 피해자의 브라우저에서 임의의 HTML과 자바스크립트를 실행할 수 있다. 전형적으로 사용자는 악의적인 워터링 홀 공격을 수행하는 웹 사이트, 광고 사이트 혹은 이와 유사한 공격자에 의해 제어되는 페이지를 가리키는 악의적인 링크와 상호 작용을 할 위험이 있다.

- **Stored XSS**: 응용 프로그램 또는 API에서 나중에 다른 사용자 또는 관리자가 볼 수 있는 정제되지 않은 사용자 입력 값이 저장된다. 저장 XSS는 종종 높은 혹은 중대한 위험으로 간주된다.

- **DOM Based XSS**: 페이지에 공격자가 제어 가능한 데이터를 동적으로 포함할 수 있는 자바스크

립트 프레임워크, 한 페이지 애플리케이션, API 등은 DOM 기반 XSS에 취약하다. 이론상으로 애플리케이션은 안전하지 않은 자바스크립트 API로 공격자가 제어 가능한 데이터를 보내지 않는다.

087   정답: 3번

    Insufficient Logging & Monitoring(불충분한 로깅 및 모니터링) 문제는 다음과 같다. 불충분한 로깅과 모니터링은 사고 대응의 비효율적인 통합 또는 누락과 함께 공격자들이 시스템을 더 공격하고, 지속성을 유지하며, 더 많은 시스템을 중심으로 공격할 수 있도록 만들고, 데이터를 변조, 추출 또는 파괴할 수 있다. 이러한 문제에 대응하기 위한 솔루션에는, OWASP AppSensor와 같은 상용 혹은 오픈 소스 애플리케이션 보호 프레임워크, OWASP ModSecurity 핵심 룰셋을 가진 ModSecurity와 같은 웹 애플리케이션 방화벽, 그리고 개별 대시보드와 경고를 갖는 로그 상관분석 소프트웨어가 있다. Insufficient Logging & Monitoring은 애플리케이션에 의해 저장되거나 처리되는 데이터의 위험에 따라서 다음과 같이 대응해야 한다.

(1) 모든 로그인, 접근 통제 실패, 그리고 서버 측면의 입력 값 검증 실패 등 의심스럽거나 악의적인 계정을 식별할 수 있는 충분한 사용자 문맥으로 로그가 기록될 수 있는지 확인한다. 그리고 지연된 포렌식 분석을 허용할 수 있는 충분한 시간을 확보한다.

(2) 중앙 집중적인 로그 관리 솔루션에 의해서 쉽게 파악될 수 있는 형식으로 로그가 생성되는지 확인한다.

(3) 부가 가치가 높은 거래에는 단지 추가만 가능한 데이터베이스 테이블 혹은 유사한 것과 같은 변조나 삭제를 방지하기 위한 무결성 통제 기능을 갖춘 감사 추적 기능을 확인한다.

(4) 의심스러운 활동이 적시에 탐지되고 대응될 수 있도록 효과적인 모니터링 및 경고를 설정한다.

(5) NIST 800 61 rev 2 이상과 같은 사고 대응 및 복구 계획을 수립하거나 채택한다.

088   정답: 1번

    OWASP에서 제시한 Sensitive Data Exposure(민감한 데이터 노출) 보안 문제는 다음과 같다. 많은 웹 애플리케이션이 신용카드, 개인 식별 정보 및 인증 정보와 같은 중요한 데이터를 제대로 보호하지 않는다. 따라서 공격자는 신용카드 사기, 신분 도용 또는 다른 범죄를 수행하는 등 약하게 보호된 데이터를 훔치거나 변경할 수 있다. 중요 데이터가 저장 또는 전송 중이거나 브라우저와 교환 중인 경우 특별히 주의하여야 하며, 암호화와 같은 보호 조치를 취해야 한다. 민감한 데이터는 보호 요구사항을 확인해야 한다. 패스워드, 신용카드 번호, 건강기록, 개인정보, 업무 기술들은 특별한 보호가 필요하며, EU의 General Data Protection Regulation(GDPR)와 같은 개인보호법이나 PCI Data Security Standard(PCI DSS)와 같은 금융 데이터 보호 규정에 해당된다면 특별한 보호가 필요하다. 민감한 데이터는 최소한 다음 내용을 준수해야 하며 추가 레퍼런스를 참고해야 한다.

- 애플리케이션에서 사용하는 데이터를 처리, 저장, 전송으로 분류한다. 개인정보 보호법, 법률, 업무 필요에 따라 어떤 데이터가 민감한지 파악이 필요하다.
- 분류에 따라서 각기 다르게 통제한다.
- 불필요한 민감한 데이터는 저장하지 않는다. 가능하면 빠르게 그러한 데이터를 폐기하거나 PCI DSS 규정을 준수하거나 불필요한 내용을 줄이도록 한다. 이는 민감한 데이터를 가지고 있지 않으면 도둑맞을 일도 없다.
- 모든 민감한 데이터의 암호화를 수행하였는지 확인한다.
- 최신의 강력한 표준 알고리즘, 프로토콜, 암호 키를 사용하는지를 확인한다. 또한 적합한 키 관리를 사용한다.
- Perfect Forward Secrecy(PFS) 암호를 사용하는 TLS, 서버의 암호 우선순위 지정 및 보안 매개 변수와 같은 보안 프로토콜로 전송 중인 모든 데이터의 암호화를 수행한다.
- 민감한 데이터를 포함하는 캐시를 비활성화한다.
- Argon2, scrypt, bcrypt, PBKDF2와 같은 워크 팩터(딜레이 팩터)를 가진 적응형 솔트된 해시 함수를 사용하여 패스워드를 저장한다.
- 개별적으로 설정의 유효성 검증을 수행한다.

089 정답: 4번

ECDSA(Elliptic Curve Digital Signature Algorithm)는 타원곡선을 이용한 전자서명 알고리즘으로 160비트의 키를 갖는 암호 방식이다. 1024비트의 RSA(Rivest-Shamir-Adelmen) 방식과 대등한 안전성을 가지면서 처리 속도가 빨라 이동 단말기에 활용된다. DSA, RSA와 함께 미국 전자서명 표준(DSS: Digital Signature Standard)에 포함되어 연방 정보 처리 표준(FIPS) 186-2로 승인되었다. WTLS, TLS, S/MIME 등의 보안 프로토콜에 포함된 사실상 표준(Defacto Standard)이다.

090 정답: 4번

해시 함수(Hash Function)는 임의 길이의 데이터를 고정된 길이의 데이터로 매핑하는 함수이다. 해시 함수에 의해 얻어지는 값은 해시 값, 해시 코드, 해시 체크섬 또는 간단하게 해시라고 한다. 이는 해시 테이블이라는 자료구조에 사용되며, 매우 빠른 데이터 검색을 위한 컴퓨터 소프트웨어에 널리 사용된다. 해시 함수는 큰 파일에서 중복되는 레코드를 찾을 수 있기 때문에 데이터베이스 검색이나 테이블 검색의 속도를 가속할 수 있다. 예를 들어, DNA Sequence에서 유사한 패턴을 찾는 데 사용될 수도 있다. 또한 암호학에서도 사용될 수 있는데, 암호용 해시 함수는 매핑된 해시 값만으로는 원래 입력 값을 알아내기 힘들다는 점에 착안한 것이다. 또한 전송된 데이터의 무결성을 확인해주는 데 사용되기도 하는데, 메시지가 누구에게서 온 것인지 입증해주는 HMAC를 구성하는 블록으로 사용된다. 해시 함수는 결정론적으로 작동하기에, 두 해시 값이 다르다면 그 해시 값에 대한 원래 데이터도 달라야 한다(역은 성립하지 않는다). 해시 함수의 질은 입력 영역에서의 해시 충돌 확률로 결정된다. 해시 충돌의 확률이 높을수록 서로 다른 데이터를 구별하기 어려워지고 검색하는 비용이 증가하게 된다. 해시 함수 중에는 암호학적 해시 함수(Cryptographic Hash Function)와 비암호학적 해시 함수로 구분되곤 한다. 암호학적 해시 함수의 종류로는 MD5, SHA 계열 해시 함수가 있으며 비암호학적 해시 함수로는 CRC32 등이 있다. 암호학적 해시 함수는 역상(Pre-image), 제2역상(2nd Pre-image), 충돌쌍(Collision)에 대하여 안전성을 가져야 하며 인증에 이용된다. 암호학적 해시 함수는 임의의 길이를 입력 받기는 하지만 MD Strength Padding할 때 길이 정보가 입력되므로 최대 길이에 제한이 있다. 예를 들어 패딩 시 하위 8비트에 길이 정보가 입력되는 경우에는 해시 가능한 최대 길이는 0xFF가 되어 255바이트가 된다(실제 길이 정보는 패딩 방식에 따라 다를 수 있다).

091 　　　　　　　　　정답: 1번

　공개 키 암호 방식(Public-key Cryptography)은 암호 방식의 한 종류로 사전에 비밀 키를 나누어 가지지 않은 사용자들이 안전하게 통신할 수 있도록 한다. 공개 키 암호 방식에는 공개 키와 개인 키가 존재하며, 공개 키는 누구나 알 수 있지만 그에 대응하는 개인 키는 키의 소유자만이 알 수 있어야 한다. 공개 키는 보안 타협 없이 공개적으로 배포가 가능하다. 공개 키 암호를 구성하는 알고리즘은 대칭 키 암호 방식과 비교하여 비대칭 암호(非對稱暗號)라고 부르기도 한다. 공개 키 암호 방식은 열쇠로 잠겨 있고 좁은 투입구가 있는 편지함에 비유할 수 있다. 이런 편지함은 위치(공개 키)만 알면 투입구를 통해 누구나 편지를 넣을 수 있지만 열쇠(개인 키)를 가진 사람만이 편지함을 열어 내용을 확인할 수 있다. 공개 키 서명은 인장으로 편지봉투를 봉하는 것에 비유할 수 있다. 이렇게 봉인한 편지는 누구나 열어볼 수는 있지만 인장 확인을 통해 인장을 소유한 발신자가 이 편지를 보냈음을 증명할 수 있다. 일반적으로, 공개 키 암호 방식은 비밀 키 암호보다 계산이 복잡한 단점이 있기 때문에, 효율을 위해 비밀 키 암호(혹은 대칭 암호)와 함께 사용된다. 메시지를 임의로 만들어진 비밀 키를 이용해 암호화한 다음 이 비밀 키를 다시 수신자의 공개 키로 암호화하여 메시지와 함께 전송하는 것이다. 이렇게 하면 공개 키 암호 기술로는 짧은 비밀 키만을 암호화하고 보다 효율적인 비밀 키 암호 기술로 전체 메시지를 암호화하므로 양쪽의 장점을 취할 수 있다. 즉, 암호화 및 복호화 시 각기 다른 두 가지 키가 필요한 암호 알고리즘이며 두 가지 키를 공개 키(Public Key)와 개인 키(Private Key)라고 한다. 이 비대칭 알고리즘을 공개 키 알고리즘이라고 한다.

092 　　　　　　　　　정답: 3번

　비대칭 키 알고리즘의 대부분은 수학적으로 어려운 문제들에 기본을 두고 있다. 대표적인 수학적 이론과 이를 활용한 암호화 알고리즘의 사례는 다음과 같다.

- 소인수 분해 - RSA, Rabin Encryption
- 유한체의 이산대수 - Elgamal, Diffie-Hellman, XTR
- 타원곡선의 이산대수 - ECC(Elliptic Curve Cryptosystem)
- 부호 이론 - McEliece
- 배낭 문제 - Knapsack

093 　　　　　　　　　정답: 1번

　적절하게 설계된 내부통제는 실수의 위험을 줄이며, 개인이 부정행위를 저지르고 이를 숨기지 못하도록 예방한다. 모든 거래에서 다음의 세 가지 기능은 가급적이면 분리 및 수행되어야 한다.

- 거래의 승인(Authorization)
- 거래의 기록(Record Keeping)
- 거래와 관련된 자산의 보호(Custody)

　내부통제 시스템은 공모 혹은 관리자의 무시에 의한 것보다 한 사람에 의해서 저질러지는 부정행위를 발견하도록 설계되어 있다.

094 　　　　　　　　　정답: 3번

　감사 부서는 조직적이고 훈련된 접근방법을 이용하여 지배구조, 리스크 관리, 통제 프로세스를 평가하고 개선하는 데 기여해야 한다. 또한 감사인은 리스크 관리 프로세스의 효과성을 판단하기 위해서 다음과 같은 평가를 수행해야 한다.

- 중요한 리스크가 식별되고 평가되는지 여부

- 조직의 목표가 조직의 미션을 지원하고 미션과 일관성을 갖는지 여부
- 직원, 경영진 및 이사회가 그들의 책임을 수행할 수 있도록 관련 위험정보가 수집되고 전사적으로 시의적절하게 전달되는지 여부
- 적절한 위험 대응책이 조직의 위험선호 태도에 맞게 선택되었는지 여부
- 감사인 자신이 한 일에 대해서 감사를 수행하는 경우
- 회사의 경영자 또는 피고용자로서의 역할을 수행하는 경우
- 회사의 이익을 대변하는 역할을 수행하는 경우

095 정답: 3번

감사인이 직접 애플리케이션 시스템의 개발, 구입 및 구현 중에 적극적으로 참여하게 되면 독립성이 손상된다. 감사인은 감사 의견을 표명함에 있어서 다음과 같이 정신적 독립성 및 외관상 독립성을 준수하고 유지하여야 한다.

- **정신적 독립성**: 정신적 독립성은 감사인이 정직하고 객관적이며 전문가적 의구심을 가지고 행동함으로써 감사 의견을 표명할 때 전문가로서의 판단을 훼손시키는 요인에 영향을 받지 않는 내면적 자세를 말한다.
- **외관상 독립성**: 외관상 독립성은 합리적이며 관련 지식이 있는 제3자가 감사인의 정직성과 객관성 및 전문가적 의구심이 훼손되었다고 합리적으로 판단할 수 있을 만큼 독립성이 훼손되는 상황이나 사실을 회피하는 것을 말한다.
- **독립성이 훼손될 가능성이 있는 상황이나 업무의 유형**: 감사의 사회적 성격상 감사와 관련된 주변상황이나 업무에 대하여 감사인이 완전한 독립성을 달성하는 것은 불가능하며, 또한 이 기준에서 감사의 독립성이 훼손될 가능성이 있는 모든 상황이나 업무를 규정할 수 없다.

따라서 감사인은 특정 상황이나 업무가 감사의 독립성을 훼손시킬 가능성과 그 영향의 중대성을 판단할 때, 다음과 같은 독립성 훼손유형을 기준으로 다음과 같은 관련 사례를 참고하여야 한다.

- 감사인과 회사 간 이해관계가 상호 일치하거나 상충되는 경우

096 정답: 3번

감사인에게는 법규상 금지된 업무는 아니지만 감사의 독립성을 훼손시킬 가능성이 높고 그 영향이 중대한 비감사업무가 존재한다. 다음에 열거하는 업무에 대해서는 제도적 안전장치를 통해 감사인의 독립성 위험을 제거하거나 수용 가능한 수준 이하로 감소시킬 수 있는 경우 또는 회사 내 감사 동의를 얻은 후에 비로소 수행할 수 있다. 이 경우 감사 업무 담당사원과 비감사업무 담당사원 간에는 과거 일정기간 및 비감사업무 수행완료 일까지 인적 교류가 없어야 하며 감사인은 이러한 내부적 차단의 이행 여부를 관리 및 감독하는 정책과 절차를 갖추어야 한다.

- 가치평가를 수반하는 기업구조조정 관련 업무
- 인적자원의 조달 및 관리 대행 업무
- 자금조달 관련 업무
- 투자자문 업무

또한, 감사인은 회사의 재무제표를 감사하는 계약을 체결하고 있는 기간 중에는 법규상 금지된 다음의 업무에 대하여는 해당 회사에 대하여 수행하여서는 안 된다.

- 회계기록과 재무제표의 작성
- 내부감사 업무의 대행
- 재무정보체제의 구축 또는 운영
- 피감사 회사의 자산, 자본, 그 밖의 권리 등(재무제표에 표시되지 아니한 경우를 포함)의 일부 또는 전부를 매도하기 위한 동 자산 등에 대한 실사, 재무보고, 가치평가 및 그 매도거래 또는 계약의 타당성

에 대하여 의견을 제시하는 업무

097
정답: 2번

감사인은 경제적 이해관계 및 고용관계, 비감사업무 등 독립성이 훼손될 가능성이 있고 그 영향이 중대한 상황이나 업무에 대하여 적절한 제도적 안전장치를 수립, 운영함으로써 독립성이 훼손될 가능성을 제거하거나 수용 가능한 수준 이하로 감소시켜야 한다. 감사인의 제도적 안전장치는 합리적이며 관련 지식이 있는 제3자에게 독립성의 준수에 대하여 합리적인 확신을 제공할 수 있도록 하여야 한다.

- 감사인의 전체 구성원이 독립성을 준수하고 유지하도록 하는 조직내부의 정책과 절차 등 독립성 통제절차의 구축과 운영
- 회사의 감사 또는 감사위원회와의 적절한 토의
- 독립성 유지정책을 담당하는 적절한 내부조직 또는 인력의 운영
- 독립성의 훼손위험을 예방, 제거 또는 감소시킬 수 있는 윤리규정상의 제도적 안전장치

098
정답: 2번

지능형 교통 시스템(ITS: Intelligent Transport Systems)은 교통과 관련된 다양한 혁신적 서비스를 제공하고 사용자가 보다 안전하고 편리하게 운전할 수 있도록 돕는 기술이다. 또한, 운전자가 운송 네트워크를 스마트하게 사용할 수 있도록 하는 것을 목표로 하는 고급 응용 프로그램이기도 하다. 이러한 기술 중 일부는 사고가 발생할 때 응급 서비스를 호출하고 교통 법규를 시행하기 위해 카메라를 사용하며 조건에 따라 속도 제한 변경을 표시하는 표지판 기능을 포함한다. ITS는 모든 교통 수단을 지칭할 수 있지만, 2010년 7월 7일에 만들어진 유럽 연합(EU) 2010/40/EU의 지침에 따르면, 인프라, 차량 및 사용자를 포함한 도로 교통분야 및 교통 관리, 이동성 관리뿐만 아니라 다른 교통 수단과의 인터페이스에 대한 정보 통신 기술이 적용되는 시스템으로 정의되었다. 도로 교통, 교통 관리, 이동성 등 여러 상황에서 교통의 효율성과 안전을 향상시킬 수 있는 ITS는 전 세계에서 적용 사례가 증가하고 있다.

099
정답: 2번

반송파 감지 다중 접속 및 충돌 탐지(CSMA/CD: Carrier Sense Multiple Access with Collision Detection)는 컴퓨터 네트워크 분야에서 성능 개선을 위해 기존의 반송파 감지 다중 접속 방식(CSMA)을 일부 수정한 방식이다. IEEE 802.3, LAN(Local Area Network)의 이더넷 전송 프로토콜에서 사용한다. 즉 우리가 사용하는 인터넷 환경에서 항상 적용되고 있는 방식이다. "Carrier Sense: 회선의 상태에 따라, Multiple Access: 누구든 동시에 접근할 수 있으면서, Collision Detection: 충돌을 검사하여 제어하는" 통신 방식이다. 장점은 토큰 패싱 방식에 비해서 구현이 비교적 간편하며, 어느 한 기기에 고장이 발생하여도 다른 기기의 통신에 전혀 영향을 미치지 않는다는 점이다. 반면에 단점은 스테이션의 수가 많아지면 충돌이 많아져서 효율이 떨어지고 전송 도중 충돌이 발생하면 임의의 시간 동안 대기하기 때문에 지연시간을 예측하기 어렵다는 점이다. 보기상에서 ACK 프레임을 사용하는 것은 반송파 감지 다중 엑세스/충돌 회피(CSMA/CA: Carrier Sense Multiple Access with Collision Avoidance)의 기능이다. 참고로, CSMA/CA는 유선 LAN에서는 프레임 충돌을 전송매체 상의 전위 변화로 쉽게 알 수 있으나, 무선 LAN에서는 전송매체가 공기이므로 충돌 감지가 거의 불가능하다. 따라서 전송 전에 캐리어 감지 후 일정 시간동안 기다리며, 사전에 가능한 한 충돌을 회피(CA: Collision Avoidance)하는 무선 전송 다원 접속방식이다.

100 정답: 2번

프레임 릴레이(Frame Relay)는 LAN(Local Area Network) 간 또는 광역통신망 (WAN: Wide Area Network) 내 단말 지점 간의 비용 대비 효율적인 데이터의 전송을 위해서 고안되었다. 프레임 릴레이는 프레임이라 불리는 가변 길이 단위에 데이터를 넣고 재전송과 같은 필요한 오류 정정 기능은 단말 지점에 맡긴다. 이를 통해 전체 데이터 전송 속도를 향상시켰다. 대부분의 서비스에서 망은 고정가상회선(PVC: Permanent Virtual Circuit)을 제공하며 이를 통해 사용자는 전용 회선에 대한 과금없이 지속적으로 접속되어 있는 것처럼 느끼게 된다. 서비스 제공자는 프레임이 목적지로 전송되는 경로 문제를 해결하며 사용량에 따라 과금한다. 프레임 릴레이의 속도는 56kbit/s, 64kbit/s, 128kbit/s, 256kbit/s, 512kbit/s, 1.5Mbit/s, 2Mbit/s로 다양하다.

출처 및 참고 사이트

- 미국국립표준기술연구소: https://www.nist.gov/
- 미국네트워크기획기술사령부: https://netcom.army.mil/
- 국제표준화 기구: https://www.iso.org
- EU 개인정보보호: https://www.gdpr.net/
- 안전규격인증기관: https://www.ul.com/
- 미국국제표준인증심사: https://cmmiinstitute.com/
- 국가사이버안전센터: https://www.nis.go.kr
- 국가법령정보센터: http://www.law.go.kr/
- 한국인터넷 진흥원: https://www.kisa.or.kr/
- KISA 개인정보침해 신고센터: https://privacy.kisa.or.kr/
- 한국정보화진흥원: https://www.nia.or.kr/
- 경찰청 사이버 안전국: http://cyberbureau.police.go.kr/
- 한국정보보안기술원: http://www.koist.kr/
- 정부 24: https://www.gov.kr/
- 안철수 연구소: https://www.ahnlab.com
- 이스트 시큐리티: https://www.estsecurity.com/
- 한국시만텍코리아: https://www.symantec.com/ko/kr/
- 삼성SDS: https://www.samsungsds.com/
- SK 인포섹: http://www.skinfosec.com/
- 에스원: https://www.s1.co.kr/
- 펜타시큐리티: https://www.pentasecurity.co.kr/
- 한컴시큐어: https://www.hsecure.co.kr
- 파수솔루션: https://www.fasoo.com/
- 보안 뉴스: https://www.boannews.com
- 보안 닷컴: http://www.boan.com/
- CIO Korea: http://www.ciokorea.com/
- IT과학-매일경제: https://mk.co.kr/news/it/
- IT-World: http://www.itworld.co.kr/
- ZDNET: http://www.zdnet.co.kr/
- 보드나라: https://m.bodnara.co.kr/
- 위키피디아: https://ko.wikipedia.org/wiki/
- 나무위키: https://namu.wiki/
- 한국정보통신기술협회: http://www.tta.or.kr/
- 오라클: https://www.oracle.com/kr/
- 마이크로소프트: https://www.microsoft.com/ko-kr/
- CISCO: https://www.cisco.com/c/ko_kr/
- 아마존: https://aws.amazon.com/ko/security/
- 한국IBM: https://www.ibm.com/kr-ko
- HP Korea: https://www8.hp.com/kr/ko
- SAP: https://www.sap.com/
- 애플 Korea: https://www.apple.com/kr/
- 한국디지털포렌식전문가협회: http://www.kdfpa.or.kr/
- 한국CISSP협회: https://isc2chapter.kr/
- 한국감사협회: http://www.theiia.kr/
- 한국개인정보보호관리협회: http://www.cppg.kr/
- 정보시스템감사통제협회: https://www.isaca.org/
- 프로젝트 관리협회: https://www.pmi.org/
- 한국클라우드산업협회: http://kcloud.or.kr/
- 구글클라우드: https://www.google.com/

정보 보안 1000제

정보 보안 1000제
기술사 • 감리사 • 보안기사 • CIA • CISSP • CISA • CISM 정보 보안 자격증 완벽 대비

초판 1쇄 2021년 2월 9일

지은이 김정재·곽동훈
발행인 최홍석

발행처 (주)프리렉
출판신고 2000년 3월 7일   제 13-634호
주소 경기도 부천시 원미구 길주로 77번길 19 세진프라자 201호
전화 032-326-7282(代)   **팩스** 032-326-5866
URL www.freelec.co.kr

편집 강신원·서선영
표지디자인 황인옥
본문디자인 박경옥

ISBN   978-89-6540-290-9

이 책은 저작권법에 따라 보호받는 저작물이므로 무단 전재와 무단 복제를 금지하며,
이 책 내용의 전부 또는 일부를 이용하려면 반드시 저작권자와 (주)프리렉의
서면 동의를 받아야 합니다.
책값은 표지 뒷면에 있습니다.
잘못된 책은 구입하신 곳에서 바꾸어 드립니다.
이 책에 대한 의견이나 오탈자, 잘못된 내용의 수정 정보 등은 프리렉 홈페이지
(freelec.co.kr) 또는 이메일(webmaster@freelec.co.kr)로 연락 바랍니다.

Authentification

추천사

다가오는 4차 산업혁명 시대는 고도화된 정보통신기술 인프라 기반 위에 지능정보기술이 인간의 보편적인 삶을 혁신적으로 변화시키고 새로운 가치를 제공하는 사회가 될 것이라고 한다. 영화에서나 볼 수 있는 세상(도우미 로봇이 우리의 일상을 도와주고, 드론 택시를 타고 여행을 즐기는 세상)을 꿈꾸는 것만으로도 가슴이 벅차지만, 해커의 공격이나 바이러스로 인해 신경망과 같은 중요한 요소의 보안에 흠이 생긴다면 상상조차 하기 싫은 참혹한 세상이 펼쳐질 것만 같다. 이러한 사고를 막고, 우리의 밝은 미래를 지켜줄 정보 보안 파수꾼들을 위한 필독서로 이 책을 자신 있게 추천한다.

- 이지형 그룹장(삼성SDS 품질보안그룹(IT 혁신사업부))

기대를 넘어선 전 편에 이어 개정판이 벌써부터 기대된다. 국내외 정보 보안 관련 서적 중에서 이처럼 광범위한 스펙트럼을 유지하면서, 감당하기 벅찰 정도의 설명을 포함한 도서는 없을 것이다. 초판 발행 이후, 단 하나의 정보라도 독자에게 전달하려 애쓰는 모습을 바라본 지인으로서 문제 하나하나에 여전히 전문가의 열정과 애정이 느껴진다. 정보 보안 관련해서 독자들에게 가장 많이 회자되는 도서가 되길 응원한다.

- 원지호(《PMP PRIDE》 저자, CISSP, CISA, PMP, CFPS 자격 보유)

책은 보는 것이 아니라 느끼는 것이다. 이 책은 기술사, 감리사, 보안기사, CISSP를 포괄하는 보안 문제집 공장과도 같다. 특히 기술사, 감리사 학습에 보안 영역이 차지하는 비중이 높아서 이 책이 특히 많은 도움이 될 것이다. 학습과 합격은 다르다. 기본서를 보고 문제를 풀어서 시험을 보는 것보다는, 먼저 문제를 풀고 나서 기본서나 요약집을 만들면 더 짧은 기간 내에 합격할 수 있다. 특히 이 책의 2장 네트워크 보안, 3장 정보 보안, 7장 시나리오 문제에서는 저자가 단순히 보안을 학습시키는 것에 그치지 않고, 보안 철학과 가치를 경험 기반의 지식으로 전달하려는 노력이 돋보인다. 한국에서 기술사, 감리사를 목표로 한다면 보안 문제집 공장이라는 이 책을 주목하길 바란다.

- 홍원상(정보통신기술사협회 기획위원회 부위원장, 정보시스템감리협회 협의회 부의장 컴퓨터시스템응용기술사, 정보시스템감리사)

우리는 빅데이터, 클라우드, IoT 관련 기술의 발전으로 초연결 시대를 살고 있다. 방대한 양의 데이터가 오고 가는 네트워크 환경에서 안정된 정보 시스템, 즉 시스템 보안에 대한 중요성은 거듭 강조해도 부족하다. 정보 시스템 보안을 강화하기 위해선 시스템에 대한 기본적인 이해와 함께 다각적인 보안 위험에 대한 이해가 필요하다. 정보 시스템의 원리부터 보안취약점의 발생과 해결방법 등을 다룬 이 책은 정보 시스템 보안전문가가 갖추어야 할 기본 지식부터 법률 지식, 최신 기술까지 습득하는 데 도움이 될 것이다.

- 이성권 교수(한국CISSP 협회장, 수산아이엔티 대표이사, 고려대학교 소프트웨어 벤처 융합전공 산학협력 교수, 정보 보호 석박사, 국내 CISSP 1호, 정보보호 유공 수상)

매일매일 극적인 변화 속에 사는 우리는 어느 순간 우리 사회를 통제하고 있는 것들이 사람이 아니라 시스템인 것을 알게 된다. SF 영화나 소설 속의 상황이 아니라 바로 우리의 주위가 4차 산업혁명으로 인해 바뀌고 있는 것이다. 이러한 상황에서 '인간다움'을 잃지 않고 행복한 생활을 유지하기 위해서는 우리 스스로가 보안을 철저히 유지하고, 기계에 예속되는 노예가 되지 않도록 노력해야 한다. 정보 시스템의 통제와 보안, 그리고 거버넌스는 바로 이러한 점에서 꼭 필요한 기술과 지식이며 누구나 알아야 할 교양이라 할 수 있다. 이 책은 우리가 반드시 알아야 하는 신기술과 보안에 관련된 내용으로 구성되어 있다. 아무쪼록 SF가 그리는 미래사회의 암울함을 이 책이 담은 보안 기술과 지식으로 극복할 수 있기를 바란다.

- 김희영 회장(한국정보시스템감사통제협회 회장, ㈜링크투 대표이사, 한국외국어대학교 경영학 박사(서울))

조선 및 해운 업종은 오랜 역사를 가진 산업이며 국가의 기간계 산업으로 분류되는 핵심 업종이다. 또한, 대한민국의 선박 제조 및 물류 기술은 전 세계적으로 선두에 있으며 수많은 근로자의 생계를 책임지는 국가적인 산업이다. 이렇게 중요한 조선업은 최근 제4차 산업혁명을 통해 인공지능, 블록체인, 로봇 등의 기술이 접목되면서 변화하고 있으며 기술혁신의 장으로 변모하고 있다. 한국선급과 같이 국가와 정부의 권한을 대행하여 감리 및 감사, 검사를 수행하는 기업은 이렇게 변화하는 기술을 이해함과 동시에 감리/감사 업무를 수행할 수 있는 전문적인 감리 인력이 필요하다. 또한 기술의 발전보다 더 빠르게 진화하는 보안취약점 공격 기술에 대해 능동적이고 효과적으로 대처할 수 있는 보안전문가도 필요한 상황이다. 불확실성과 불가시성으로 대표되는 2020년 이후, 포스트 코로나 시대와 제4차 산업혁명의 인공지능 시대에 필요한 기술 및 감리전문가 육성이 절실하게 필요한 시점에 이 책은 큰 도움을 주리라 확신한다.

- 김준규(한국선급 선박해양연구소 수석연구원)

미국 실리콘밸리에서 시작된 Facebook, Apple, Amazon, Netflix, Google은 'FAANG'라고 불리며 세계의 디지털 트랜스포메이션과 혁신을 주도하고 있다. 이 혁신의 중심인 Apple에서 근무하며 느낀 점은 예측이 불가능할 정도로 빠른 기술의 발전에 비해 시장이 요구하는 역량을 가진 전문가는 항상 부족하다는 점이다. 기업과 시장은 반도체 및 이동통신, 사물인터넷, 인공지능 등의 최신 기술 역량을 비롯해 규제 및 법규, 보안, 감사 등의 경험까지 보유한 전문가를 원하고 있다. 이는 미국뿐만 아니라 한국의 상황도 동일할 것으로 예상되며, 전문가로서 보유해야 할 자격에는 CIA, CISA, CISSP 등이 있다. 이 자격은 미국에서도 높은 가치를 인정받고 있으므로 글로벌 전문가가 되기 위해서 준비해야 할 가치가 충분히 있다. 이 책을 통해 수험생들은 자신의 가치를 높이고 글로벌 시장에서 인정받는 전문가가 될 수 있기를 바란다.

- Jason Lee(Apple Firmware Engineer)

기술 중심의 비즈니스 모델이 중요해지고 있는 시대적 흐름에 따라 정보보호는 더욱 중요한 자리를 차지하고 있다. 이러한 정보보호의 기본 지식을 함양하기 위해서는 여러 도메인에 대한 지식을 다양하게 습득하는 방법이 필요하며, 각 도메인에서 중요한 개념을 이해하고 여러 도메인을 통합하는 역량이 필요하다. 이 책을 통해 정보보호 담당자로서 다양한 지식을 습득하고, 문제 해결 능력을 갖춘 정보보호 관리자로 성장하는 과정에서 기본적인 내용을 이해하고 응용할 수 있기를 바란다.

- 이정하(산업정책연구원 연구교수, 사이버보안전문단, ISMS, PIMS, PIPL, CPPG, CISSP, CISA, CISM, PMP, ITIL, 정보보안기사)

보안의 중요성은 이제 굳이 새삼스레 강조하지 않아도 모든 사람이 다 잘 알고 있다. 5G, 클라우드, IoT, AI 등 새로운 첨단기술이 이끄는 4차산업 정보화시대에서 보안은 더욱 어렵고도 꼭 필요한 분야다. 이 책은 CISSP, CISA, 정보보안기사, 정보처리기사 등 정보보안 분야의 기본적이고 핵심적인 내용, 최신 트렌드 모두를 아우르는 문제집이다. 그래서 보안을 이제 시작하려는 분들, 보안 분야에 종사하는 분들께 정보 보안 자격증 수험서로써로도 충분하며 실무에서도 보안역량을 쌓고 평가하는 좋은 지침서가 될 것이다.

- 이현욱(KT 차장, 한국 CISSP 협회 홍보이사, CISSP, 국가공인 산업보안관리사, 중소기업 기술보호전문가, ISO27001(보))

국내 스타트업은 어느 때보다 어려운 환경에 처해있다. 2020년 코로나19 사태로 인해 비대면 업무로 전환되고 전반적인 국내 시장이 저성장 기조로 돌아섰으며, 대기업의 IT 투자비용이 감축되었기 때문이다. 따라서 스타트업을 창업하고 성장시킨 후 엑시트하는 성공법칙도 순탄치 않은 것이 현실이다. 하지만 딥러닝, RPA, IoT 등의 기술을 이용한 혁신적인 스타트업 기업이 지속적으로 탄생하고 있으며 성공과 실패의 갈림길에서 치열하게 경쟁하고 있다. 이 상황에서 스타트업 기업이 엑시트하느냐, 유니콘 기업이 되느냐를 좌우하는 것은 결국 사람의 힘에 있다고 생각한다. 기술력을 보유하고 최신 트렌드에 빠르게 적응하며 나날이 늘어나는 정부 규제에 발 빠르게 대처하는 인력만이 스타트업을 유니콘 기업으로 만들 것이다. 2nd Edition 출간을 축하하며, 기술적인 역량을 가진 많은 전문가가 스타트업에 관심을 보여주길 바란다.

- 강희운(텐스 시스템개발팀 이사)

수험서라는 것은 단순 해당 시험의 합격을 위한 가이드 혹은 안내서로 오인될 수 있다. 더구나 해당 시험에 합격한 후에는 책장의 한구석을 차지하는 애물단지로 되기 쉬운 것이 바로 수험서일 것이다. 하지만 이 책에서 언급되고 문제화된 내용은 과거에 문제 되었던 이슈들이므로 이를 해결하는 방안의 이해는 정보 보안 담당자에게 큰 도움이 될 것이다. 또한 기술사, 감리사, 보안기사, CISSP 등 각 시험에서 회자되는 최신 보안 기술에 대한 새로운 시각과 해결 방안을 통해 정보 보안 담당자로서 광범위한 지식 축적을 통해 정보 보안 업무를 수행하는 데 하나의 지침이 되기를 바란다.

- 이성무(빗썸 서비스개발팀 팀장, 정보관리기술사, ITIL, PMP, 수석감리원)

최근 산업보안의 중요성이 더욱더 높아지고 있다. 코로나로 인해 재택근무와 원격접속 환경이 일상화되며, 새로운 환경에 대한 정보 보안의 중요성도 높아지고 있다. 이 책은 다양한 보안 자격증을 준비하기 위한 책이며, 기존 IT 영역뿐만 아니라 신기술 분야와 다양한 시나리오 기반의 문제를 통해 정보 보안 분야에서 알아야 할 내용이 잘 정리되어 있다. 이 책을 통해 다양한 보안 분야에 대한 개인의 보안역량 향상과 IT 시스템의 안정성을 높일 수 있기를 기대한다.

- 황치하(삼성 SDS 보안점검파트(통합보안), 정보관리 기술사, 컴퓨터시스템 응용기술사)

─────────── 보안의 중요성에 대한 인식과, 습득한 지식의 정수를 열심히 수평 전개하는 저자진의 노력과 열정에 박수를 보낸다. 정보화시대에 보안의 중요성은 아무리 강조해도 지나치지 않다. 이 책은 CISA, CISSP 등 정보 보안 분야의 핵심적이고 가장 트렌드한 지식을 모두 기록한 문제집으로서, 정보보안 분야의 자격증을 준비하는 분들에게 직접적인 도움이 될 것이다. 아울러 정보보안 분야의 지식을 이해하려는 분들에게도 좋은 가이드가 될 것으로 사료된다.

- 박해욱(삼성 SDS Next-ERP Project)

─────────── 반도체 분야는 미국의 기업과 한국의 기술이 세계적으로 가장 앞서있으며 지금도 급격히 발전하고 있다. 또한, 제4차 산업혁명의 대표적인 기술인 스마트팩토리, 사물 인터넷 등은 반도체 분야에 가장 빠르게 접목되고 있다. 이러한 변화 속에서 정보 보안은 전통적인 영역에서부터 최신기술까지 포괄하는 통합적인 범위로 확대되어야 하며 정보 보안 담당자의 역량에 대한 요구사항이 높아지고 있다. 이 책은 정보 보안을 학습하는 수험생뿐만 아니라 실무자들에게도 훌륭한 지침서가 될 것이라고 생각한다.

- Jason Lee(Pure Storage Platform BU, Member of Technical Staff)

─────────── 현재 자동차 산업은 가장 빠르게 발전하고 혁신하는 중이며 매년 새로운 형태의 기술과 서비스가 출시되고 있다. 전통적인 기계장치와 내연기관은 전기전자 장치와 배터리 기술 및 무선통신 기술로 대체되고 있으며, 인공지능·가상현실·증강현실 등 최신기술의 테스트베드가 되어가고 있다. 또한, 운전자와 보행자의 안전을 위해 자동차 안전수준에 대한 요구사항은 나날이 높아져 가고 ISO 26262 등의 표준에 대한 적용도 필요하다. 시장 관점에서 본다면, 미국은 완성차와 ICT 기업이 합작하여 시장을 주도하고 있으며 후발주자인 중국은 전기자동차와 자율주행차 시대로 퀀텀 점프하면서 빠르게 뒤쫓아가는 상황이다. 국내 자동차 산업도 크게 다르지 않아, 보다 역량이 뛰어난 전문가들의 수요가 증가할 것으로 예상된다. 제조 분야에 대한 업무분석과 소프트웨어 안전수준 수립부터 시험, 최신기술에 대한 이해까지 포괄적인 실력을 갖춘 전문가를 요구하는 현재, 이 책은 이를 위한 훌륭한 지침서 및 수험서가 될 것이라고 생각한다.

- 이인직(현대자동차 책임연구원)

게임산업은 대한민국의 콘텐츠 수출액의 절대적인 점유율을 차지하고 있으며 그 규모가 점차 증가하면서 K-Culture의 대표 산업으로 자리매김했다. 지난 십여 년간 국내 게임산업의 규모 성장과 사용자의 폭발적인 증가의 배경에는 클라우드, 가상화, 모바일 등의 기술 발전이 있었다. 게임 '배틀그라운드'는 2017년 동시접속 사용자 수 분야에서 기네스 신기록을 달성하면서 최고의 게임 서비스를 제공하고 있다. 이렇게 대용량 게임 서비스를 안정적으로 제공할 수 있는 것은 클라우드 영역에서부터 사용자 클라이언트 프로그램까지 보안 위협에 능동적으로 대응하고 불법적인 공격을 차단하며 고가용성을 제공하는 기술이 있기 때문이다. 모든 게임 기업은 사용자들에게 신뢰할 수 있는 서비스를 제공할 수 있도록 정보 보안 및 아키텍트 인력의 확충을 절실하게 원하고 있지만 적합한 인력은 항상 부족한 상황이다. 이 책을 통해 시장에서 필요로 하는 전문가가 더 많이 배출되어 대한민국 게임 서비스 수준이 향상되기를 바란다.

- 이상문(크래프톤 게임 서버 프로그래머)

업무적 필요성으로 시작한 CISSP 자격시험 공부 중, 여러 가지 정보에 대한 부족함을 느꼈다. 기초적인 이론 부분은 학원 교재나 강의 등을 통해 어느 정도 습득할 수 있지만 계속 변화하는 보안 분야 특성상 최근 여러 가지 신기술 트렌드에 대한 정보의 습득이 문제로 다가온다. 이 책은 그런 목마름을 해결해줄 뿐만 아니라 각종 시나리오 문제를 통해 이런 상황이라면 어떻게 답을 찾아야 하는가에 대한 훈련을 겸할 수 있다. 이 과정을 통해 기존의 단순한 암기 형태의 자격증 공부가 아닌 CISA, CISSP 등 국제자격증 시험 준비에서 정말 필요한 문제에 대한 접근과 해결법을 파악할 수 있다. 바쁜 업무 속에서도 시험을 준비하는 수험생에게 단비와 같은 좋은 책을 만든 저자진의 노고에 감사드린다.

- 방민수(공군, CISSP 자격 보유, 네이버 '정보보안 문제공작소' 카페 스텝)

국내에 시판된 오래된 국제보안자격증 자료로 인해 불안하다면, 그런 불안한 마음에 빛을 밝혀줄 등불과도 같은 책이다. 문제 페이지보다 더 많은 해설 페이지로 문제에 대한 자세한 설명으로 보안 개념을 단단히 할 수 있으며, 최근 출제 경향에 맞춰 신기술 트렌드와 시나리오 형식으로 구성되어, 자격증과 실무를 둘 다 잡을 수 있는 책이다.

- 서대호(㈜에이치에스티 영업 1부, CISA, PMP 자격 보유, 네이버 '정보보안 문제공작소' 카페 스텝)

현재 게임회사에서 그래픽 디자이너로 일하고 있으며 디자인을 전공했지만, 미래에 대한 불안과 프로그래밍에 관심이 생겨 몇 년 전부터 회사 일과 별개로 따로 저녁과 주말에 시간을 내어 공부하고 있다. 그러다 CISA, CISSP에 관심이 생겨 학원을 다니며 틈틈이 준비했다. 하지만 비전공자 관점에서 CISA 시험은 너무나 접근하기 어려워서 여러 차례 시험에 떨어졌다. 포기하려던 찰나, 회사 지인의 추천으로 이 책을 알게 되었다. 다양한 정보 보안 관련 문제를 담고 있으며 특히 CISA, CISSP 관련 최신 정보가 체계적으로 총망라되어 있어 개념을 정리하고, 어렵기만 한 시험을 준비하는 데 도움이 되었다. 프로그래밍을 전공하지 않은 나 같은 디자이너도 정보 보안을 이해하고 쉽게 접근할 수 있는 책이라 주변에도 추천하고 있다. 시험 여부를 떠나 상식으로 읽어 두기에도 좋은 책이다. 이제 막 CISA, CISSP를 준비하시는 입문자와 전문가 모두에게 추천한다.

- 춘이그미(NHN, CISA 자격 보유)

보안이 불편함을 동반하지만 현장에서 업무를 수행할 때 따를 수밖에 없는 이유는 우리의 중요한 자산을 지키기 위해서라는 걸 모두 알고 있다. 요즘 같은 시대에 처리해야 하는 정보 및 데이터는 기하급수적으로 많아지는 상황이니 더더욱 중요하다. 보안에 관심이 있는 많은 사람이 단계적으로 학습하기 위해서는 체계적인 학습서가 있어야 하는데, 이 책은 정보 시스템 보안전문가를 희망하는 수험생들에게 원리와 최신 기술에 대한 목마름을 해결해 줄 것 같다.

- 강두식 프로(삼성 SDS, d-Brain Project)

현재 코로나로 인해 원격근무, 원격교육, 원격진료 등 급속도로 비대면 환경이 확산되면서 이로 인한 보안 문제가 더욱 대두되고 있다. 보안은 우리 생활과 생경하지 않은 사이가 되었고, 4차 산업에선 더 앞서 나가야 할 하나의 트렌드가 되었다. 보안전문가로서 해당 분야의 폭넓은 경험과 지혜, 식견을 가진 저자의 노력으로 또 한 권의 책이 출간되었다. 특정 파트는 알아야 할 최신 트렌드의 내용으로 구성되어 전공자, 실무자가 아니더라도 상식을 쌓는 차원에서도 알차다. 잠을 줄여가며, 또 자투리 시간조차 헛되이 보내지 않고 한 권의 책으로 열매를 맺으니 선배의 입장에서 아낌없는 찬사를 보낸다.

- 권상갑 프로(삼성 SDS, KT&G Project)

문제집은 문제에 답을 단순히 기입하는 것이 아닌 현재 자신의 지적 수준을 판단하는 지표가 된다. 이 책은 정보 보안 실무 업무에서 사용하는 다양한 지식을 포함하고 있으며 각종 시나리오를 내포한 문제를 통하여 실제 업무에서 발생하는 상황을 간접적으로 확인할 수 있다. 또한, 정보 보안에 대한 종합적인 문제집으로 CISA, CISSP, 기술사, CISM 등에 대한 자격증의 기출문제도 포함하고 있어 문제집을 풀어가면서 자신의 강점이 무엇인지 파악하여 자격증 취득의 우선순위를 결정하고 향후 자격증 목표 달성에 대한 도움을 준다. 그리고 기술 발전으로 중요해지는 빅데이터, 클라우드, 블록체인 등 신기술의 지식을 습득할 기회가 될 수 있다. 마지막으로, 4차 산업혁명의 기술에 발전에 따라 정보 보안 중요성은 향상되고 있어 기본 지식의 축적과 다양한 시나리오 관점 향상 및 트렌드 파악이 현업에서 요구되고 있어 현직자 및 보안 직무 준비생에게 추천하는 책이다.

- 권준혁 선임(SK 인포섹 관제사업 4팀, 정보보안산업기사)

2000년도 초반부터 폭발하는 정보의 홍수 속에 사는 현대인들은 국가 간의 물리적 충돌보다 사이버 공격 등의 정보 보안과 연계된 전쟁에는 둔감한 것이 현실이다. gemalto 연구 결과에 따르면 하루에 5백만 회 이상의 데이터 유출 혹은 침해 사건이 일어나는데 이는 1초에 68번의 빈도로 발생함을 뜻한다. 이 수치대로 사이버 공격은 점점 정교해지고 복잡해지면서 증가추세에 있다는 것을 방증한다. 이러한 현상에 최근에 기업들은 사이버 및 온라인 공격에 대항하기 위한 자원을 준비하고 있지만 역량을 가진 인재 발굴에는 어려움을 겪는 것 또한 현실이다. 기술개발만큼 중요한 것이 보안인 것을 알고 있지만, 쉽게 접근하기 어려운 영역이라는 인식이 강하다. 즉, 개개인은 개인정보 유출을 막기 위한 대책을 세우지만 각종 소프트웨어를 활용하는 수준에 머물러 있다는 것이다. 꼭 다양한 자격증 취득을 위해 공부하는 목적 이외에도 정보 보안에 대한 인식 자체가 바뀌어야 한다는 것에 적극 공감하면서, 보안과 연관하여 체계적인 가이드라인의 구축이 우선되어야 한다. 이 책은 이러한 관점에서 보안에 대한 견해를 넓혀나가는 데 주축이 될 것이라 확신한다. 다양하지만 흩뿌려져 있는 광범위한 보안체계에 대한 내용을 국내외 서적을 직접 분석하고 선별하여 일목요연하게 정리한 지침서로서는 국내에서 처음일 것이다. 보안과는 동떨어진, 행정실무에 집중된 공무원 집단에서도 보안에 대한 이해를 위해 연구하고 공부하는 전문적학습공동체가 생겨나고 있다. 이 책을 통해 정보 보안에 대한 인식변화와 진입장벽을 낮추는 계기가 여러분과 함께 할 것이라 기대하며 수험생뿐만 아니라 보안 체제에 접근하는 모든 이에게 희망도서가 되기를 기도한다.

- 최재원(만수초등학교 청렴업무담당교사)

 합격 후기

CISA 합격 후기

　　CISA 시험을 준비하는 분들에게 도움이 되고자 CISA 합격 후기를 적습니다. 우선 온라인 강의를 들으며 기본서를 공부했습니다. 모든 직장인이 비슷하겠지만 공부할 수 있는 시간이 제한적이기 때문에 강의를 듣는 중에는 최대한 집중했고, 강의를 재생한 후 무의미하게 시간이 지나가지 않도록 노력했습니다. 기본서와 1650제 등의 문제가 실제 시험 문제에 그대로 나오는 경우는 극히 미미하기 때문에 이론과 기본 개념을 이해하는 것이 중요하다고 생각합니다.

　　기본서를 먼저 2회 독 하고 나서 1650제를 풀기 시작하였고, 하루에 10장 정도를 복사해서 지하철로 출퇴근 중 간단하게 들고 다니면서 풀이를 하는 방법으로 접근했습니다. 시간이 흐르면서 잊게 되는 사항을 체크하고자 5회차 이전까지는 전체적으로 문제를 풀이했고, 시험 일주일 전부터는 전체적으로 한번 풀어보고 틀린 문제만 모아서 복습했습니다.

　　시험을 실제로 치른 소감은, 1650제의 문제 중 일부가 유사한 문제로 출제되었는데 문제 내용의 유사성보다도 답이 되는 문항에 대한 문구를 유사하게 응용하여 출제되는 문제가 20여 문제로 보였습니다. 문제를 풀 때, 최신 경향 문제는 최대한 보안담당자 또는 IS 감사인의 입장에서 생각하여 풀었습니다. 또한 문제를 단순히 1차원적으로 파악하여 답안을 도출하는 문제도 있었지만, 한 번 더 생각해서 그다음 단계를 고려하여 풀어야 할 문제도 10문제 정도였습니다.

　　카페 운영자(이 책의 저자진)가 언급했다시피 CISA라는 시험은 강남 학원의 문제집이나 《정보 보안 1000제》의 문제, 그리고 저자진이 운영하는 카페 내의 문제로만 한정할 수 없는 광범위한 문제에서 기출되고 있습니다. 개인적으로는 시험일 1주일 내에는 카페의 문제를 여러 번 풀어보는 것을 추천합니다. 실제 시험도 영어를 번역하여 출제되고 있기 때문에 영어 문제를 풀어보면서 본인이 직접 해석하면 실제 시험의 지문과 유사하게 느껴지므로 문제의 접근이 용이했습니다. 또한, 카페에 좋은 문제들이 많기 때문에 실제 시험에서의 유사성은 학원의 문제집보다 카페 내의 문제가 더 높았다고 판단됩니다. 저 역시도 시험 3일 전에 CISA 문제 풀이를 전체적으로 복습하였고, 영어 문제도 눈으로 보면서 풀었던 것이 많은 도움이 되었습니다.

그리고 최신 경향 문제는 기존의 문제집에서는 볼 수 없는 문제였지만, 카페 내의 출석 미션상 시나리오를 매일 풀어서 나름의 답을 올리면서 시나리오 접근법을 연습했던 점이 많은 도움이 되었습니다. 이에 저자진에게 다시 한번 감사의 인사를 드립니다.

실제 시험을 본 후기를 자세히 말하자면 150문제를 푸는 과정에서 약 110문제는 기본서 및 기존 문제집과 유사한 내용 및 문제였고, 약 40문제 정도가 응용형 문제인 것으로 기억합니다. 문제를 풀면서 헷갈리는 문제에는 따로 표시하고 마지막에 다시 돌아와서 정답을 고민했습니다. 처음에 답이라고 생각했던 답들도 전체 문제를 푼 다음에 다시 와서 문제의 문구를 자세히 읽어보았고, 문제의 출제 의도를 최대한 생각한 뒤 선택지를 보면 다른 답이 보였습니다. 최대한 기존의 고정관념(문제와 답을 외운 패턴)을 버리고 문제 내에서만 답을 찾는 방식이 도움이 되었습니다.

CISA 시험 자체가 감사인의 관점에서 바라보는 시험이다 보니, 최대한 회계사로서 전산감사 조서를 작성할 때의 관점으로 접근하고자 했던 점이 CISA 시험 합격에 도움을 주었습니다. 꼭 회계사가 아니더라도 열심히 공부한다면 충분히 IS 감사인의 자세로 문제를 대할 수 있으니 합격할 때까지 모두 힘냈으면 좋겠습니다. 올해 모두 힘내서 원하는 자격증 획득에 성공하고, 새해 복 많이 받길 바랍니다.

- 윤종림(우리회계법인, KICPA, CTA, CISA 자격 보유)

앞으로의 기회(진급, 이직)를 위해서 '무엇을 준비하는 게 좋을까?' 하는 생각이 들어서 보안 자격증 취득에 도전하게 되었습니다. 직업과 업무가 보안과 관련이 멀어서 처음에는 어떻게 시작할까 망설이다, 자격증과 관련된 유명한 학원에서 강의를 들으며 기초를 세우기로 했습니다. 학원에서 수업을 들으며 문제를 풀어나가기는 했지만, 학원에서 지급받은 문제는 전부 출제 연도가 오래된 문제였으므로 불안한 생각이 들었습니다. 그래도 나름 개념을 쌓기 위해서 열심히 풀기는 했는데, 마음 한 켠에서 그 불안감을 완전히 날릴 수는 없었습니다. 불안감은 실제 시험을 보면서 현실로 다가왔고, 학원에서 받은 문제처럼 직접적인 개념 및 단어를 묻기보다는 실무자로서의 컨셉을 묻는 질문이 많았습니다. 어쩌면 제가 강사분들이 강조한 중요한 부분을 적용하지 못해서 그럴 수도 있습니다. 하지만, 그래도 문제집에서 나온 컨셉과 실제 시험 문제의 컨셉의 차이를 어느 정도 느꼈습니다.

체감한 차이를 줄일 수 있었던 것은 《정보 보안 1000제》 문제집과 저자진이 운영하는 네이버 카페에 게재된 문제 덕분입니다. 실제 시험과 가장 유사하다고 생각하는 부분은 시나리오 문제였습니다. 그리고 제일 좋았던 부분은 문제를 풀다 보니, 출제자의 출제 의도가 보이기 시작한 점입니다. 저는 이 부분을 깨닫고, 중점적으로 공부하여 빠르게 답을 고를 수 있도록 만반의 준비를 했습니다.

사실 카페 운영자(저자진)분들이 정답을 맞히기 힘들 것이라고 말했지만, 저 같은 경우는 예상과 다르게 정답이 보였던 것 같습니다. 물론 점수를 생각해봤을 땐, 오답도 많았으리라 생각됩니다. 그러나 합격점 이상의 점수를 받았다는 점에서, 제가 깨달은 시각을 유지한 것이 한몫했다는 생각이 듭니다.

다른 분들도 이 책을 기반으로 저처럼 원하시는 바를 이루길 간절히 바랍니다.

- 서대호(㈜에이치에스티 영업 1부, CISA, PMP, CISSP 자격 보유)

CISSP 합격 후기

합격 메일이 와서 후기를 남겨 봅니다. 공부 방법을 간략하게 말하면, 학원 이론서 총 2회 독, 학원 문제 풀이 총 1회 독,《정보 보안 1000제》및 카페 문제 풀이 2회(틀린 것 체크 후 반복해서 재풀이)입니다.

이번 CISSP 시험은 CISA 합격 후 마음을 잡지 못해서 12월 말까지 어영부영하다가 날짜를 본의 아니게 급하게 잡다 보니, 시간이 조금 촉박하여 문제 풀이에 집중하는 것으로 전략을 세웠습니다. 다행히 학원 이론서, 문제집은 이전에 많이 보아서 금방 넘어갈 수 있었습니다.

《정보 보안 1000제》문제와 저자진이 운영하는 카페에 올라온 문제를 푼 후 정답을 맞힌 문제는 다시 안 보고, 틀린 문제만 정확히 해설로 이해한 다음에 틀린 문제만 모아서 계속해서 반복하여 풀이했습니다(틀렸던 문제는 또 틀리더군요). 지금 와서 생각해보면《정보 보안 1000제》문제와 카페에 올라온 문제는 가능한 많이 풀고 시험장에 들어가면 좋을 것 같습니다. 카페 운영자님(이 책의 저자)이 가능한 한 많은 문제를 풀라고 했던 이유는 CISSP 시험을 보면 알 수 있습니다.

시험장에 입장해서 문제를 받자마자 처음부터 답이 애매한 것이 나와서 순간적으로 당황하였지만, 우선 처음 문제부터 끝 문제까지 1회 풀기 위해 당장 생각나는 대로 답을 기재하고 모르거나 애매한 문제는 따로 표시한 후 다음 문제로 넘어갔습니다. 이렇게 250문제를 다 풀고 나니, 약 3시간이 지나서 쉬는 시간을 가졌습니다. 쉬는 시간은 10분 안으로만 쉬어야 하지만, 직원이 따로 시간을 알려주지 않기 때문에 나오면서 반드시 시간을 확인하고 쉬어야 합니다.

첫 휴식을 끝내고 따로 표시한 문제를 다시 검토하고, 휴식하는 과정을 반복하며 진행했습니다. 대략 시험 시간 5시간 정도를 소요한 후에는 더 이상 검토할 문제가 없다고 생각하여 종료 버튼을 누르고 끝냈습니다.

개인적인 느낌으로는 문제를 다 풀었을 때, 문제의 절반은 넘게 확실히 맞힌 것 같았습니다. 그러나 나머지 절반은 정답을 맞혔다는 확신이 들지 않아서 이번 CISSP 시험은 떨어졌다고 생각했습니다.

시험을 다 끝낸 다음에 나가면 안내 프린트에서 프린트물을 받는데, 재발급이 안 된다고 말해서 바로 프린트물을 보니 합격 축하 메시지가 있었습니다. 이에 바로 안도의 한숨을 쉼과 동시에 기쁜 감정이 교차했습니다.

문제를 풀면서 느꼈던 CISSP 시험은, 정말로 다양한 문제를 많이 풀어서 준비하지 않으면 시험 당일에 크게 당황할 것 같다는 것입니다. 보안 서적의 끝판왕인《정보 보안 1000제》로 다양한 시나리오 및 문제 유형에 미리 대비하면 새로운 문제에 대한 접근 방법을 터득하여 시험장에서 조금이나마 당황하지 않을 것 같습니다.

작년 1월 본업 자격증 시험에서 탈락의 고배를 마시고, 코로나로 인해 외국으로 출국할 수 없어서 (시험 센터가 외국밖에 없는 시험), '이 시험을 대신해서 나의 가치를 높일 것이 무엇이 있을까?' 하고 찾아보다가 다른 보안 관련 카페에서 이 책의 저자가 세미나를 한다고 하여 처음으로 참석하게 되었습니다. 이것이 인연이 되어 계속 세미나에 참석했고 시험에 대한 정보를 얻었던 것이 바로 엊그제 같습니다. 2020년 4월~7월 PMP 취득, 같은 해 7월~10월 CISA 취득에 이어, 12월~1월 CISSP 취득까지. 딱 첫 세미나를 들은 지 1년 만에 목표한 자격증을 모두 취득하게 될 줄은 몰랐습니다. 의심 없이 저자분이 가이드한 대로 따라 하다 보니 결국 이렇게 이뤄내게 됐습니다. 제가 이루었다면, 여러분들도 전부 이룰 수 있으리라 믿습니다.

여러분, 화이팅입니다!

- 서대호(㈜에이치에스티 영업 1부, CISA, PMP, CISSP 자격 보유)

CISSP란 자격증을 처음 접한 것은 2019년 10월입니다. 업무 필요성 때문에 학원 교재와 인터넷강의(이하 인강)를 통해 시험을 준비하게 되었습니다. 일반적으로 인강을 다 듣고 시험 1~2달 전 문제 풀이를 수강하는데, 바쁜 업무 때문에 그 일정에 따르다 보니 내용도 제대로 숙지하지 못한 상태에서 인강을 듣게 되었습니다. 결론적으로 생각해보면 인강은 개인적으로 저한테 도움이 되었다고 생각합니다.

개인적인 업무나 일정으로 시험 접수도 못 하고 미루다 2019년 12월 24일에 시험을 접수한 후 2020년 2월, 시험에 응시했습니다. 본격적인 공부는 2019년 12월 26일부터 시작했습니다. 문제 풀이 소집 교육 이후로 손 놓고 있다가 인강을 다시 이어 듣고 다 마친 날이 2020년 1월 3일입니다. 그 후로 업무 시간 중, 틈날 때마다 교재를 가지고 다니면서 보고 집에 와서는 인강을 재수강하면서 개념을 잡았습니다. 그러다가 우연히 네이버 보안 카페에서 활동하는 저자분의 글을 보면서 시험에 대한 정보를 얻게 되었습니다. 그리고《정보 보안 1000제》책을 알게 되어서 바로 주문했습니다.

신기술 트렌드에 대한 부분은 학원 교재로는 부족하다고 생각합니다.《정보 보안 1000제》해설을 통해서 그런 부족함을 채울 수가 있었습니다. 시나리오 문제를 풀어보면서 단순 암기가 아닌, 이런 상황에서는 어떤 개념을 적용해야 하는지에 대한 경험도 쌓을 수 있었습니다. CISSP 시험을 보면 알겠지만 간단한 정의 문제부터 시나리오 문제 형태까지 다양하게 출제됩니다. 문제와 정답 위주로 단순하게 암기하면 시험에 합격하기 어렵습니다. 그래서 도메인별 이론 정리(서브 노트)가 매우 중요합니다.

그리고 시험 전주에 저자분의 조언대로 문제 풀이에 집중했습니다. 학원 교재는 두 번 정도 정독하고 《정보 보안 1000제》 저자진이 운영하는 네이버 '정보보안 문제 공작소' 카페에 올라오는 문제를 최대한 풀었습니다. 그때의 치열한 문제 풀이를 통해서 책에서 나오지 않은 부분에 대해 보충할 수 있었고 문제 유형에 익숙해졌습니다. 저자진에게 카페 활동을 통해서 이해가 안 되는 부분에 대해 질문하면 친절한 피드백을 받았고, 이 과정을 통해 개념을 탄탄하게 이해해나갔습니다. 다시 한번 《정보 보안 1000제》를 집필하고 네이버 '정보보안 문제 공작소' 카페를 운영하는 저자진에게 감사를 드립니다.

- 방민수(공군, CISSP 자격 보유)

 저자 서문

2020년, 많은 조직과 사이버 보안 전문가들은 COVID-19 팬데믹이라는 전례 없는 폭풍에 휩싸여서 가장 어려운 도전을 맞이했다. COVID-19는 운영의 모든 측면에서 사이버 보안 세계에 급격한 변화를 가져왔다. 원격 작업은 일부 직무 역할, 특히 기술 분야에서는 새롭고 특별한 것이 아니었다. 하지만 직장 전체를 대상으로 한 원격 작업 전환은 광범위하고 갑작스럽게 이루어져 보안 전문가가 응답할 시간이 거의 없었다. (ISC)²(International Information Systems Security Certification Consortium)의 2020년 보고서에 따르면, 조직이 원격으로 인력을 이동시키는 데 전 세계 응답자의 30%는 하루가 걸렸다고 응답했으며, 47%는 며칠에서 일주일 정도의 시간이 소요되었다고 한다. 단지 응답자의 16%만이 이러한 변화를 위해 일주일 이상 걸렸다고 한다. 대부분의 경우, 조직이 원격 작업으로의 대대적인 전환을 완료할 수 있도록 하는데 며칠(때로는 단 하루)밖에 여유시간이 없었다. 이는, 네트워크 연결 기능, 장치 및 기술 지식 수준이 매우 다른 많은 경우를 합리적으로 고려한 후 판단하여 사용자 인구를 온라인으로 빠르게 전환시켜야 했다는 말이다. 이와 같이 COVID-19로 인한 경제적인, 시간적인 문제와 함께 전 세계 사이버 보안 전문가 부족 문제 역시 심각하다. 여전히 약 3백만 명 정도가 부족한 걸로 추산되며 응답자의 절반 이상(56%)이 사이버 보안 직원 부족으로 인해 조직이 위험에 처했다고 답하고 있다. 즉, 이는 글로벌 사이버 보안 인력이 조직의 중요한 자산을 효과적으로 보호하기 위해서는 89% 이상 성장해야 한다는 것이다. 따라서 전 세계적으로 보안은 이제 선택이 아니라 필수가 된 시대이다. 또한 전 세계적으로 4차 산업혁명과 관련된 전문적인 사이버 보안 인력의 필요성이 이슈가 되는 것이 지금의 현실이다.

2019년 9월부터 CIA(국제내부감사) 자격증의 PART-3 도메인 영역에 보안 문제가 새로이 출제된다. 이제는 모든 자격증 시험이 보안의 중요성을 알게 되었으며, 특히 IT와 관련이 있다면 자격증 시험에 보안 관련 문제가 점차 추가되고 있다. 이 문제집은 특정한 자격증 영역에 특화된 문제집이 아니다. 보안과 연관된 시험을 대표적으로 나열하면, 기술사, 감리사, 보안기사, CIA, CISSP, CISA, CISM 등이 있다. 보안을 아름드리 큰 나무에 비유하면 뿌리(Root)부터 이해해야 하므로 이 문제집은 다양한 자격증과 연관이 있도록 총괄하여 문제집을 구성하였다.

본 문제집은 시중에서 많이 볼 수 있는 문제는 배제하고 되도록 새로운 트렌드 보안 문제, 신기술

용어 및 정의로 구성했으므로, 이 책을 보는 수험생들이 시험장에서 당황하지 않고 시종일관 자신감 있는 시각으로 문제를 바라보고 정답을 선택할 수 있도록 문제를 구성하였다.

이 문제집을 바람직하게 활용하는 비법은 다음과 같다.

첫째, 본 문제집은 대부분 중상급 이상의 난이도 문제로 구성되어 있기 때문에 되도록 기본 해설서를 많이 보아, 어느 정도 기본적인 용어와 정의, 문제에 대해서 이해한 다음 최종 정리 차원에서 본 문제집 풀이를 수행하길 바란다. 사람마다 지닌 능력과 시간에 따라 차이는 있겠지만, 시험 실시일로부터 역산하여 1달~2달 전에 문제집을 풀어보길 추천한다. 이해 없이 처음부터 본 문제집을 풀면 단순히, 문제와 답을 외우게 되고 실제 시험에 유사한 문제가 출제되면 반사적으로 문제집의 지문과 비슷한 것을 선택하게 된다.

둘째, 문제는 되도록 3번 이상 생각해보고 푼 뒤에 해설을 보길 바란다. 이해 없이 암기만 하는 것은 불합격의 지름길이다. 요즘 시험은 똑같은 문제가 아니라 유사한 문제가 출제되는 경향을 보이므로 문제의 핵심을 반드시 이해하고 넘어가야 한다. 또한 이해가 안 된 부분과 신기술 트렌드 문제는 반드시 인터넷에서 찾아보도록 한다. 책을 보고 바로 암기한 것에 비해 인터넷에서 검색하여 찾아본 내용은 시험장에서 더 또렷하게 기억해낼 수 있다.

셋째, 자주 틀리는 문제와 정의 및 용어에 대해서는 나만의 정리 노트(Summary Note)를 만들어서 활용한다. 이는 복잡하게 얽힌 머릿속의 생각을 체계적으로 정리하는 효과가 있다. 인터넷에 올라와 있는 정리 노트는 본인의 것이 아닌 남의 생각을 정리해 놓은 것이므로 일부 효과는 있겠지만, 큰 효과는 기대하기 어렵다. 따라서 반드시 본인의 정리 노트를 만들어서 활용하도록 한다.

넷째, 본 문제집의 모든 문제는 별표(★) 기호로 난이도를 표기했다. 따라서 수험생 모두 본인 능력에 맞는 방법으로 문제를 풀이하도록 안내하며, 적어도 난이도와 관련된 문제로 시간에 구속받지 않도록 문제집을 구성하였다.

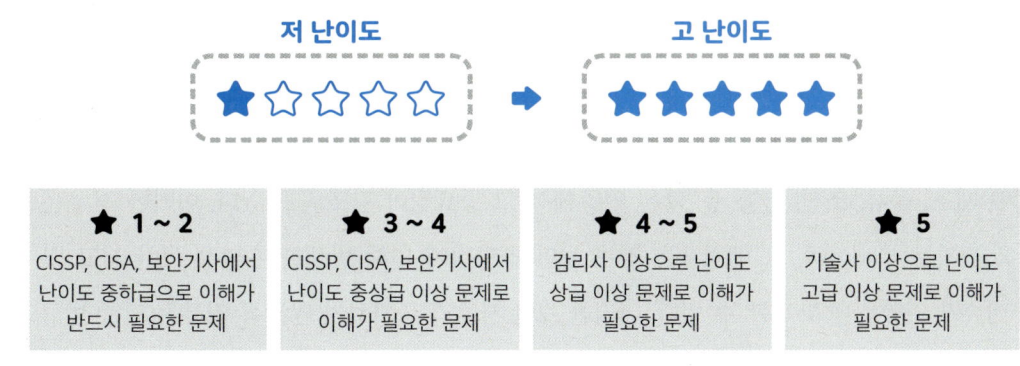

보통 시험에 대한 공부 방법이나 시험 합격 여부 가능성을 많이 문의하는데, 저자진의 추천 공부 방법은 다음과 같다.

> **전체 문제를 풀이했을 때**
> - 30% 미만으로 정답을 맞혔을 때: 기본이 부족하므로 다시 기본부터 튼튼히 공부
> - 50% 미만으로 정답을 맞혔을 때: 기본은 어느정도 마스터했다고 보고, 될 수 있는 한 문제를 많이 풀면서 공부(이론서를 계속 보는 것은 비효율적이며 하루빨리, 문제 풀이 위주로 전환)
> - 70% 이상으로 정답을 맞혔을 때: 시험 준비가 되어 있다고 보며, 최신 트렌드 기술 위주로 공부

다섯째, 만약 시간이 없고, 반드시 이번 시험에 합격해야 하는 무리수가 있다면 문제 풀이보다는 해설의 내용을 공략하길 바란다. 물론 난이도에 따른 해설을 선택해야 하지만 여기저기 산재되어 있는 신기술 트렌드 문제에 대해 정리해 놓았기 때문에, 짧은 시간 내 퍼포먼스를 향상시킬 수 있게 구성했다.

여섯째, 수험생에게 당부하고자 하는 내용은 문제와 보기, 지문은 끝까지 읽고 답을 선택해야 한다는 점이다. 시간이 부족하다고 앞부분만 읽고 잘못된 답을 선택해서는 안 되며, 문제를 볼 땐 좁은 시야로 나뭇잎을 보기보다는 넓은 시야로 수풀을 보도록 감각을 키워야 한다. 특히 '가장 맞는 답은' 또는 '가장 틀린 답은' 이렇게 문제가 나오면, 먼저 출제자의 출제 의도가 무엇인지 파악하고 그 후 큰 내용에서부터 자세한 내용으로 접근하는 능력을 키워야 한다. 문제에 따라 다르지만 요즘엔 시나리오 문제에서 가끔씩, 도메인 전체 영역에 해당하는 문제가 많이 출제되고 있다.

마지막으로 본 문제집이 나오기까지 저자를 믿고 지지해준 프리렉 출판사와 무한한 신뢰와 격려로 지원해준 회사 선후배님, 그리고 항상 건강을 염려하는 사랑하는 가족에게 무한한 감사를 전한다.

- 김정재

정보 보안 분야가 보안 전문가만의 영역으로 여겨지던 시절이 있었다. 하지만 현재 정보 보안 분야는 보안을 전문으로 수행하는 담당자뿐만 아니라 다양한 직무에 걸쳐 많은 영향을 미치고 있으며 반도체, 제조, 물류, 조선, 금융 등 많은 업종에서 그 중요성이 강조되고 있다. 이러한 경향은 날이 갈수록 커지는 추세이며, 그 배경에는 정보 보안 취약점에 의해 발생한 수많은 보안 사고 및 정보 유출 이슈가 있었음을 부정할 수 없다. 이러한 보안 사고가 증가하지 않도록 정부는 각종 법규와 제

도를 강화하고 법제화를 추진하여 정보 보안 규제의 범위를 넓히고 있다. 이렇게 정보통신 시장의 변화와 정부의 규제 확대에 따라 정보 보안 관련 자격 제도에도 변화가 생기고 있다. 몇 해 전, 국가 인증 자격인 정보보안기사가 신설되었고 PIMS와 ISMS가 통합된 P-ISMS 제도가 발효되어 운영 중이다. 개인정보보호의 중요성은 더이상 강조가 필요 없을 정도로 중요하며 전자정부법, 개인정보보호법, 정보통신망법 등의 관련 법규도 꾸준히 개편되고 있다.

기술 관점에서 바라보면, 제4차 산업혁명의 변화 속에 인공지능, 로봇, 자동화, 사물 인터넷, 블록체인 등의 최신 기술이 빠르게 발전하면서 정보통신 분야에 디지털 트랜스포메이션 등의 업무 혁신이 야기되고 있다. 특히 인공지능과 로봇 기술은 과거에는 상상하지 못했던 서비스를 실현하고 있으며 앞으로 더욱 많은 서비스가 탄생하리라 예측된다. 이러한 기술들은 전통적인 제조 분야에서부터 서비스 분야까지, 기존에 한계라고 여겨졌던 영역을 모두 붕괴하고 있으며 이런 변화를 정보 보안 분야에서 따라가지 못하는 상황도 보인다. 최신 기술을 이용한 악의적인 해킹기법과 내부자에 의한 공격이 증가하지만 보안 및 감사 담당자들의 역량이 부족하여 대처하기 어려운 경우도 존재한다. 따라서 최신 기술에 대한 기술적인 이해와 전통적인 정보 보안 영역에 대한 이해를 병행해야 하며 검증/감리/감사 부문에 대한 지식도 충분히 함양해야 하는 시점이다.

이번 도서 《정보 보안 1000제》 두 번째 판에서는 기존 첫 도서에서 담지 못했던 최신 기술 분야의 비중을 조금 더 확대한 대신에, 어느 수험서에서나 볼 수 있는 뻔한 문제는 배제하였다. 그리고 시나리오 문제를 늘렸으며 감사 파트를 새롭게 신설해서 최근 중요성이 증가하는 검증/감리/감사 영역에 대한 수험생들의 요구에 대응하였다. 또한 첫 도서보다 난이도를 조금 낮추는 반면, 좀 더 시험 유형에 가까운 문제들로 출제하였다. 마지막으로 기존 도서와 문제가 중복으로 출제되지 않도록 세심하게 주의를 기울여 새롭게 구성하여 수험생들에게 한 문제라도 더 도움이 되도록 하였다.

이러한 사유로 인해 이 책은 정보 보안 분야 자격증을 처음 공부하는 수험생보다 공부를 어느 정도 진행한 수험생에게 더 알맞은 난이도의 수험서가 될 수 있겠다는 생각이 든다. 이 책을 통해 도움을 받을 수험생은 CISA, CISSP, CIA, 정보보안기사, 기술사 등을 준비하는 독자들이며, 이 두 번째 판 이후에도 새로운 경향의 문제를 포함하여 개정판을 출간할 예정이므로 수험생들에게 많은 도움이 되길 바란다. 마지막으로 이 책의 저자진이 운영하는 네이버 카페를 통해 많은 정보를 공유하고 수험생들과 소통하고자 하므로, 공부에 열의가 있으신 분들은 카페에 방문하길 바란다.

- 곽동훈

저자 소개

김정재 프로

현재 삼성SDS에서 사업부 품질 보안 그룹의 품질 담당자이자 SAP ERP 컨설턴트로 약 20여 년간 IT 인력으로 재직 중이다. 현재까지 총 15여 개의 프로젝트를 수행하였고 개발자부터, 설계자, 프로젝트리더, 프로젝트관리(PMO)까지 수행한 명실공히 IT 프로젝트 전문가이다. 주요 프로젝트로는 재정경제부의 디지털 예산회계, 삼성전자 ERP, 삼성 관계사 ERP, 삼성금융(화재) 프로젝트가 있으며, 사업부 품질 관리뿐만 아니라 중국 서안(Xian)까지 코드 품질을 확산하는 데 공헌했다. 주요 수행 업무는 품질 관리 및 성능 개선(Performance Tuning)이며, 특히 삼성 내 SAP에서 코드인스펙션 활용 도구를 개발하여 개발 품질 및 성능 개선에 일조했다. ISACA Korea 협회에서 글로벌 협력 부문 간사 역할을 수행 중이며, 현재 CIA(국제공인내부감사사)를 준비하고 있다.

주요 관심 사항은 IT 거버넌스에 맞게 효과적이고 효율적으로 내부 통제를 구축하고 평가하여 리스크를 관리하는 것이다. 또한 PMP 방법론을 응용한 COBIT IT 통제 프레임워크를 기반으로 보안 영역부터 감사 영역에 이르기까지 전 세계 어디서든 활용할 수 있는 체계적인 검증 및 컨설팅 활동을 구축, 운영 및 평가하여 조직의 목표를 달성하고자 한다.

Certification:
- CISA(Certified Information System Auditor)
- PMP(Project Management Professional)
- CISSP(Certified Information System Security Professional)
- SAP: MM(Procurement), SD(Order Fulfillment), PP(Production Planning & Manufacturing), FI(Financial Accounting), CO(Management Accounting), ABAP(SAP Development), B1(Business one), BC(System Administration), BI(Business Intelligence), PI(Process Integration), SRM(Supplier Relation Management), HANA(Production Planning & Manufacturing), FI Professional(Financials in SAP S/4HANA for SAP ERP Finance Expert)
- MCP(Microsoft Certified Professional)

※ CISA / PMP / CISSP / SAP 관련 자격증 문의사항 : tulip125.kim@samsung.com

곽동훈 프로

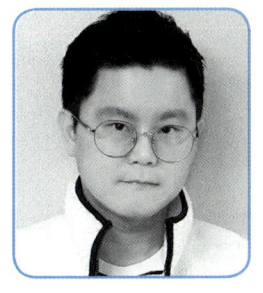
건국대학교에서 석사 과정으로 정보 보안을 전공하였다. 현재 삼성SDS ERP 사업팀에서 SAP 솔루션을 기반으로 고객사의 프로세스를 혁신하고 시스템 운영 수준을 향상하는 데 이바지하고 있으며 지난 16년간 공공, 금융, 국방, 방송, 게임 등 다양한 업종의 개발/운영 프로젝트에서 개발자, 설계자, DBA, 아키텍트, QA 업무를 폭넓게 경험한 IT 전문가이다. 전문 분야로는 성능진단 및 튜닝, 시스템 설계와 개발, 운영이며 다양한 경험을 기반으로 프로젝트 및 운영 감리 업무를 다년간 수행했다. 주요 프로젝트로는 삼성전자, 삼성생명, 현대건설기계, 국방부, 육군본부, 교육부 등이 있다. 2017년 정보관리기술사 취득 후 출판 및 멘토링, 기고 등으로 대외활동을 이어가고 있다.

최근 정보통신 분야의 기술과 시장은 어느 때보다도 빠르게 변화하고 있으며, 폭 넓은 경험과 지식 및 자격을 지닌 전문가가 필요해지고 있다. 따라서 이 책이 CISA, CISSP 등 자격을 준비하는 수험생들에게 큰 도움이 되길 바란다.

Certification:
- 정보관리기술사
- OCP 10g(Oracle Certified Professional 10g)
- RHCSA(Red Hat Certified System Administrator)
- ISTQB Foundation

※ 기술사 관련 자격증 문의사항: hoony.kwag@samsung.com

contents

추천사		4
합격 후기		12
저자 서문		18
저자 소개		22

제 1 장	시스템 보안		26
제 2 장	네트워크 보안		60
제 3 장	정보 보안		88
제 4 장	운영 보안		120
제 5 장	법규 및 제도		164
제 6 장	물리 보안		198
제 7 장	시나리오 문제		222
제 8 장	신기술 트렌드		250
제 9 장	IS 감사		292
제 10 장	모의고사		322

정답과 해설

별책

제 1 장	시스템 보안	3
제 2 장	네트워크 보안	41
제 3 장	정보 보안	81
제 4 장	운영 보안	127
제 5 장	법규 및 제도	185
제 6 장	물리 보안	229
제 7 장	시나리오 문제	257
제 8 장	신기술 트렌드	273
제 9 장	IS 감사	335
제 10 장	모의고사	369
출처 및 참고 사이트		416

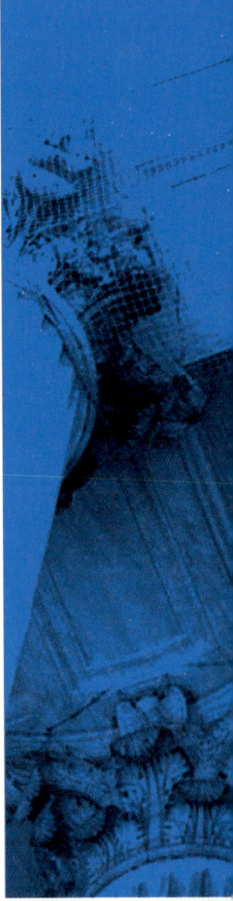

수많은 기업 정보 시스템은 전통적인 3 Tier 구조를 기반으로 한 중앙 집중형 아키텍처로 구성되고 정보 보안을 위한 기밀성, 무결성, 가용성 모델을 지향하고 있다. 데이터베이스 및 웹 서버, 파일 서버, 업무용 장비 등의 시스템은 항상 잠재적인 보안 취약점이 내재되어 있기 때문에, 기업의 중요한 자산과 고객의 개인정보 유출을 방지하면서 지속 경영 가능한 기업을 유지하기 위해서는 정보 보안 시스템을 확립하는 것이 가장 중요하다. 시스템 보안은 정보 보안의 가장 기본이자 핵심이 되는 항목이므로, 정보 시스템의 물리적, 기술적 보안기술을 이해하고 다양한 공격기법에 대해서 학습하는 것은 매우 중요하다. 또한 최근 사물 인터넷과 분산형 아키텍처 등의 신기술이 발전하고 이를 기업 시스템에 적용하는 사례가 증가하면서 새로운 공격기법과 그에 대응하는 보안 기술이 등장하고 있으므로 이에 대한 학습도 필요하다. 제1장 시스템 보안에서 다루는 학습 요점은 다음과 같다.

- 기업 정보 시스템 아키텍처, 운영체제, 소프트웨어의 이해
- 기밀성, 무결성, 가용성, 접근제어 및 인증 기술의 이해
- 전통적인 시스템 보안기술과 새로운 공격기법의 이해
- 사물 인터넷을 비롯한 신기술과 그에 따른 보안이슈 이해
- 자산 보안, 데이터베이스, 성능 개선 등 실무담당자 관점의 이해

제1장
시스템 보안

제1장 시스템 보안

→ 정답 004p

001
난이도 ★★★☆☆

데이터베이스의 처리 단위인 트랜잭션은 다른 트랜잭션이 침범할 수 없는 가장 최소한의 처리 단위다. 이러한 트랜잭션은 데이터베이스에서 수많은 처리 요청에 의해서 데이터를 동시에 읽고 쓰는 경우가 존재한다. 이러한 데이터 처리에 대하여 일관성을 보장하는 수준을 격리성 수준(Isolation Level)이라고 하는데 가장 높은 일관성을 보장하는 격리성 수준은 무엇인가?

① Serializable
② Repeatable Read
③ Read Committed
④ Read Uncommitted

002
난이도 ★★☆☆☆

ID와 비밀번호를 인증한 후에 휴대폰 SMS나 OTP 인증 등을 추가로 적용하는 것은 지식 기반 인증을 두 번 사용하는 형태다. 구글에서는 스마트폰으로 인증을 대체하는 즉, 보안 키 기능을 추가하였다. 이와 관련된 가장 적당한 인증은 무엇인가? 가장 적절한 것을 선택하시오.

① 3 팩터 인증(3 FA: 3 Factor Authentication)
② 스마트 팩터 인증(SFA: Smart Factor Authentication)
③ 2단계 인증(2SV: 2 Step Verification)
④ IoT 인증(IoTV: IoT Verification)

003
난이도 ★★★☆☆

당신의 회사는 금융업과 관련된 생명보험 회사다. 외부로 나가는 메일이나 인터넷 조회 등 회사 내부가 아닌 외부와 관련된 작업은 금융감독위원회에서 지정한 별도의 PC에서만 사용할 수 있도록 제한하고 싶다. 회사 M&A의 영향으로 지방에 신규 지점을 개설할 때, 보안 담당자 입장에서 회사 외부 작업은 망 분리를 통하여 지정된 PC에서만 사용자 인증을 하도록 하며 증적을 남기고 싶다. 다음 중 일반적인 멀티 팩터 인증(MFA: Multi-Factor Authentication)에 적용할 수 있는 다양한 인증 방식과 가장 관련이 있으며, 우선으로 고려되어야 할 것은 무엇인가? 가장 알맞은 인증 방법을 선택하시오.

① SVM(Support Vector Machine) 인증
② 휴대폰 SMS 인증
③ OTP 애플리케이션 인증
④ USB 키 인증

004

난이도 ★★☆☆☆

다음 중 Two-Factor 인증 방식으로 볼 수 없는 것은 무엇인가?

① 포털 로그인 시 비밀번호와 스마트폰 OTP 번호를 함께 입력한다.

② 서버실에 출입할 때 스마트카드를 인식한 후 지문 인식을 수행한다.

③ 그룹웨어에 아이디와 비밀번호로 로그인한 후, 개인정보 변경 시에는 비밀번호를 다시 입력한다.

④ 문서 보관실 출입은 도어락 비밀번호 입력 후에 홍채 인식을 추가로 해야 한다.

005

난이도 ★★★☆☆

최근 국내에서는 4차 산업혁명의 핵심인 인공지능 분야가 강조되면서 이를 뒷받침할 오픈소스 SW 활용이 SW 교육 전반에 확대되고 있다. 2020년 1월부터 대표적인 OS(운영체제)인 '윈도우7'의 기술지원이 종료되면서, MS 종속상황을 개선하기 위한 대안으로 리눅스가 큰 관심을 받고 있다. [보기] 내용 중 빈칸에 해당하는 것은 무엇인가?

보기

리눅스는 컴퓨터에서 프로그램과 주변기기를 사용할 수 있도록 해주는 운영체제 중 하나다. 리눅스는 리누스 토발즈(Linus Benedict Torvalds)가 어셈블리 언어로 유닉스를 모델 삼아 개발한 오픈소스 운영체제이며, 윈도우 OS처럼 리눅스 역시 컴퓨터를 동작시키고 다른 프로그램을 사용할 수 있게 돕는다. [ ]는 리눅스 OS의 배포판 중 하나로, 안드로이드 운영체제처럼 리눅스 커널에 기반한 운영체제로 모바일과 데스크톱 PC, 서버에도 [ ] 운영체제를 설치해 사용할 수 있다. [ ] 개발은 마크 셔틀워스라는 '캐노니컬' 창립자가 시작했다. 그가 캐노니컬이라는 회사를 설립한 것도 [ ]를 널리 알리기 위해서였을 정도로 그는 [ ]에 대한 애착이 남달랐다. [ ]는 전 세계 개발자들이 재단의 지원을 받아 무료로 사용할 수 있는 오픈소스 운영체제이며, 소스 코드가 공개된 덕분에 [ ]는 누구나 내려받아 무료로 사용할 수 있다. [ ]은 남아프리카 반투어로 '네가 있으니 내가 있다'라는 윤리 사상을 일컫는 말로 공동체 정신, 인류애를 뜻하는 단어. 그래서인지 로고는 사람들이 손에 손을 잡는 모습이며 로그인 시 아프리카 북소리가 난다.

① 솔라리스(Solaris) ② 우분투(Ubuntu) ③ FREE BSD ④ 레드햇(Red Hat)

006

난이도 ★★★☆☆

다음 중 리눅스의 특징과 가장 거리가 먼 것은 무엇인가?

① 다중 사용자 및 다중 처리 프로그램

② 다양한 네트워크 프로토콜 및 환경지원

③ 뛰어난 안전성과 보안성

④ 어셈블리 언어와 자바 언어로 구성되어 뛰어난 이식성 보유

007 난이도 ★★★☆☆

리눅스 운영체제 중에서 계열이 다른 한 가지를 고르시오.

① 우분투 ② 리눅스 민트
③ 레드햇 ④ 데비안

008 난이도 ★☆☆☆☆

마이크로소프트 윈도우7과 윈도우 서버 2008 제품의 기술 지원 서비스 종료 시점이 지난 2020년 1월 14일이었다. 때문에 최신 운영체제(OS)로의 교체 및 업데이트가 시급히 요구된다. 더욱이 2019년 7월 9일로 기술지원이 종료된 SQL 서버 2008 제품의 보안 위협도 점점 커지고 있다. 이렇게, 윈도우 운영체제의 기술 지원이 종료된다는 것은 어떠한 의미로 보아야 하는가? 가장 관련이 높은 것을 고르시오.

① 기술지원 종료 시 생산 현장에서는 기존 응용 프로그램이 새로운 운영체제와 호환성이 맞지 않을 수 있으므로 운영체제를 업그레이드하지 말아야 한다.
② 기술지원 종료일 이후에도 보안업체와 정부가 항상 모니터링 하고 있으므로 기업체에서는 고려할 대상이 아니다.
③ 기술지원 종료는 신규 보안 취약점 및 오류에 대한 보안 업데이트를 제공하지 않는다는 것을 의미한다.
④ 기술지원 종료는 더는 무료 서비스가 아니므로 서비스를 받기 위해서는 유료 서비스 지원요청을 해야 한다.

009 난이도 ★★★☆☆

정보보호의 3요소 중 하나인 가용성 관점에서 원하는 시점에 언제든지 정보와 서비스를 이용할 수 있도록 정보 시스템의 가용성을 향상하는 기법은 매우 다양하다. 다양한 기법 중에서 Scale-Up 방식과 Scale-Out 방식에 대한 설명으로 올바르지 않은 것은 무엇인가?

① Scale-Up 방식은 Vertical Management 관점으로 볼 수 있다.
② Scale-Out 방식은 Horizontal Management 관점으로 볼 수 있다.
③ Resource Provisioning에 적극적으로 대응할 수 있는 방식은 Scale-Up 방식이다.
④ Hadoop 기반의 아키텍처 모델은 Scale-Out 방식의 가용성 관리에 용이하다.

010 난이도 ★★☆☆☆

다음 중 다차원 액세스 제어 시스템(Multi-dimension Access Control System)의 특성과 가장 관련이 없는 것은 무엇인가?

① 확장성 향상(Increased Scalability)

② 역할 폭발 방지(Prevention of Role Explosion)

③ SoD 충돌 제거(Eliminates SoD Conflicts)

④ 관리 통제를 위한 권한 부여 어려움(Difficulty Authorization for Management Control)

011 난이도 ★☆☆☆☆

침입탐지 시스템이 악의적인 공격과 정상적인 접근을 구별하고 적절하게 공격을 탐지하는지를 판단하는 지표로 오탐과 미탐이 존재한다. 오탐은 False Positive이고 미탐은 False Negative로 정의될 때 다음 중 침입탐지 시스템의 오탐과 미탐에 대한 설명으로 올바르지 않은 것은 무엇인가?

① 오탐이란, 공격이라고 판단했으나 잘못된 판단인 경우다.

② 미탐이란, 정상적인 접근이라고 판단했으나 잘못된 판단인 경우다.

③ 기계실과 같은 높은 수준의 보안이 필요한 시설에는 오탐을 줄이는 것이 중요하다.

④ 미탐은 정밀도(Precision)에는 영향을 끼치지 않는다.

012 난이도 ★★★★☆

Function Point 기능 산정 방식은 크게 데이터 기능과 트랜잭션 기능 방식으로 나눌 수 있다. 다음 중 트랜잭션 기능 방식에 해당하지 않는 것은 무엇인가?

① 외부 입력(EI: External Input)   ② 외부 출력(EO: External Output)

③ 내부 조회(IQ: Internal InQuiry)   ④ 외부 조회(EQ: External InQuiry)

013 난이도 ★★★☆☆

정보 시스템은 기업의 중요한 자산인 기업과 고객정보를 보호하기 위해 중앙 집중화된 시스템을 구축하고 2중, 3중의 정보보호 기술을 적용하여 외부의 침입과 내부의 유출을 방지하고 있다. 하지만 근래 분산형 아키텍처 기술의 발전에 따라 전통적인 중앙집중형 시스템에 변화가 생기고 있다. 분산형 아키텍처에서는 기존의 정보보호 및 기술적인 이론과 다른 패러다임이 바탕이 되는데 이 중에 CAP 이론이 존재한다. 다음 중 CAP 이론의 C. A. P. 요소를 바르게 짝지은 것은 무엇인가?

① Capacity, Availability, Parallelism   ② Concurrency, Accuracy, Partition Tolerance

③ Consistency, Availability, Parallelism   ④ Consistency, Availability, Partition Tolerance

014 　　　　　　　　　　　　　　　　　　　　　　　난이도 ★★☆☆☆

다음 중 강제적 접근 제어(MAC: Mandatory Access Control) 모델에서 File은 어디에 해당되는가? 가장 알맞은 답을 고르시오.

① 주체(Subject)　　　　　　　　② 객체(Object)
③ 권한(Authority)　　　　　　　④ 민감도(Sensitivity)

015 　　　　　　　　　　　　　　　　　　　　　　　난이도 ★☆☆☆☆

[보기]에서 설명하는 악성 코드 또는 악의적 해킹기법은 무엇인가? 가장 알맞은 답을 선택하시오.

> **보기**
>
> 악의적인 공격자가 악성 코드를 활용하여 공격 대상의 데이터를 중간에서 가로채는 공격기법 중 하나다. 이 공격기법은 주로 시스템에 악성 코드로 설치되어 사용자의 마우스, 키보드 등의 입력 데이터를 가로채는 데 많이 사용된다. 예를 들어, 윈도우 시스템 함수의 호출 파라미터를 가로채는 기법을 활용하기도 하는 이 공격의 원천 용어는 정보를 낚아챈다는 의미다.

① 후킹　　　　　　　　　　　　② 스니핑
③ 스푸핑　　　　　　　　　　　④ 사회공학적 기법

016 　　　　　　　　　　　　　　　　　　　　　　　난이도 ★☆☆☆☆

다음 중 Biba 모델에서 스타 속성 *(별) 무결성 원리는 무엇을 의미하는가?

① No read up　　　　　　　　② No write up
③ No write down　　　　　　　④ No read down

017 　　　　　　　　　　　　　　　　　　　　　　　난이도 ★★★★☆

다음 중 Scale-Out 방식의 성능·가용성·안정성 구현방법을 가장 잘 설명한 것은 무엇인가?

① 메인 프레임이 탑재된 HP 슈퍼돔 서버의 메인 메모리를 증설하였다.
② 기간계 Oracle 데이터베이스를 RAC Architecture로 변경하였다.
③ 처리계 무중단 텐덤 서버의 프로세서를 최대치까지 증설하였다.
④ 데이터 분석 솔루션 히단에 X86 서버를 증설하여 연결하였다.

018　　　　　　　　　　　　　　　　　　　　　　난이도 ★★★★☆

[보기]에 해당하는 내용은 무엇인가? 가장 알맞은 답을 선택하시오.

> **보기**
>
> SD-WAN 기능을 서비스형 방화벽, 서비스형 소프트웨어, 엔드 포인트 보안, 보안 웹 게이트웨이 및 제로 트러스트 네트워크 액세스를 포함한 네트워크 보안 기능과 결합한 것으로, IT 팀이 쉽게 연결하고 민첩하고 비용 효율적이며 확장 가능한 방식으로 모든 조직의 네트워크와 사용자를 보호하는 아키텍처다. 특히 최근, COVID-19 팬데믹으로 새롭게 부각되고 있다.

① SASE(Secure Access Service Edge)

② CDN(Contents Delivery Network)

③ EZTNA(Extended Zero Trust Network Access)

④ CASB(Cloud Access Security Broker)

019　　　　　　　　　　　　　　　　　　　　　　난이도 ★★☆☆☆

다음 중 강제적 접근 제어(MAC: Mandatory Access Control)에 대해 가장 알맞게 설명한 것은 무엇인가?

① 명시적으로 허용된 모든 것은 금지되어 있다.

② 명시적으로 허용되지 않은 것은 모두 금지되어 있다.

③ 묵시적으로 허용된 모든 것은 금지되어 있다.

④ 묵시적으로 허용되지 않은 것은 모두 금지되어 있다.

020　　　　　　　　　　　　　　　　　　　　　　난이도 ★★★★☆

[보기]는 무엇을 의미하는가? 가장 알맞은 답을 선택하시오.

> **보기**
>
> 슈퍼 클래스에 있는 메소드를 서브 클래스에서 상속받지 않고 다른 기능을 수행하는 메소드를 재정의하는 기법이다.

① 오버로딩(Overloading)　　　　② 오버라이딩(Overriding)

③ 다형성(Polymorphism)　　　　④ 오버클럭킹(Overclocking)

021
난이도 ★★☆☆☆

대규모 네트워크 애플리케이션에 대해서 역할기반 접근 제어(RBAC)를 적용하고자 할 때 다른 접근방식(MAC, DAC)에 비해서 상대적인 장점은 무엇인가?

① 사용자의 편의성
② 높은 보안성
③ 저렴한 비용
④ 성능의 우수성

022
난이도 ★★★☆☆

정보 시스템을 운영 및 개발하는 담당자들은 데이터베이스의 주요한 정보를 조회·수정·삭제할 때 조직의 정보 보안정책에 따라 상위 보안등급을 가진 관리자에게 사전·사후 승인을 거쳐야 하고 해당하는 모든 작업은 삭제되지 않는 기록으로 남겨야 한다. 이와 같은 데이터베이스 보안 방식을 무엇이라고 하는가?

① 데이터베이스 암호화
② 데이터베이스 작업 결재
③ 데이터베이스 접근 제어
④ 데이터베이스 권한 상승

023
난이도 ★★★☆☆

다음 중 일방향 암호화에 대한 설명으로 가장 적합하지 않은 것은 무엇인가?

① 일방향 암호화에는 해시 알고리즘이 주로 사용된다.
② 일방향 암호화의 복호화에는 대칭키 암호화보다 큰 비용이 필요하다.
③ 개인정보보호법에 따르면 비밀번호는 일방향 암호화를 적용해야 한다.
④ 해시 알고리즘을 통해 일방향 암호화를 수행하면 평문의 길이가 줄어든다.

024
난이도 ★★★☆☆

다음 중 일반적인 범용 컴퓨터 소프트웨어의 세 가지 구성과 가장 관련이 없는 것은 무엇인가?

① 플랫폼 소프트웨어
② 응용 소프트웨어
③ 사용자 요청 소프트웨어
④ 임베디드 소프트웨어

025
난이도 ★★★☆☆

보안담당자의 입장에서 봤을 때, 다음 중 악의적인 루트킷(Rootkit)에 대한 대응방법과 가장 관련이 없는 것은 무엇인가?

① 출고 당시로 되돌리는 팩토리 리셋(Factory Reset)을 한 후 최신 펌웨어를 설치한다.

② 루트킷을 제거하는 신뢰성 있는 방법은 운영체제를 신뢰할 수 있는 매체서 재설치한다.

③ 시스템 하드닝, 보안 패치, 최소 권한 정책 등을 적용한다.

④ 안티바이러스를 활용하여 모든 악성 루트킷을 잡아낼 수 있도록 한다.

026　　난이도 ★★☆☆☆

[보기]에서 A와 B에 들어갈 단어로 가장 알맞게 짝지어진 것은 무엇인가?

> **보기**
>
> 프로그램에 존재하는 악성 코드를 찾아내고 분석하는 방법에는 크게 [A]와 [B]가 존재한다.
>
> [A]는 프로그램을 직접 수행하거나 가상환경에서 구동시키며 프로그램의 정상/비정상 결과를 확인하여 입력값에 대한 결괏값의 변화를 분석한다.
>
> [B]는 프로그램의 소스 코드를 개발자가 눈으로 확인하여 보안 취약점을 찾아내거나 자동화된 도구를 이용하여 스캔하는 방법을 이용한다.

① A: 가상 스캐닝, B: 소스 코드 분석　　② A: 활성 분석, B: 비활성 분석

③ A: 동적 분석, B: 정적 분석　　④ A: 원격 테스트, B: 화이트박스 테스트

027　　난이도 ★★★★☆

다음 중 로더(Loader)의 종류와 가장 관련이 없는 것은 무엇인가?

① Compile-and-Go 로더　　② 세그멘틱(Segmantic) 로더

③ 재배치(Relocation) 로더　　④ 동적 연결(Dynamic-Linking) 로더

028　　난이도 ★★★☆☆

디지털 포렌식과 관련하여 레지스트리를 검사할 때, 다음 [보기]와 관련된 내용은 무엇을 의미하는가?

> **보기**
>
> 레지스트리 정보를 저장하는 물리적인 파일이며 킷값들을 논리적인 구조로 저장한다. 활성화 시스템 커널에서 파일을 관리하여 일반적인 방법으로는 접근할 수 없다. 대부분의 포렌식 분석은 비활성화 시스템에서의 레지스트리를 분석한다.

① 아키텍처(Architecture) 파일　　② 트리 샌드박스(Tree Sand-Box)

③ 트리 저장소(Tree Store)　　④ 하이브(Hive) 파일

029   난이도 ★★★☆☆

디지털 포렌식과 관련하여 [보기]는 무엇을 의미하는 것인가? 다음 중 가장 관련성이 높은 것을 선택하시오.

> **보기**
> 디지털 포렌식에서 [　]는 운영체제나 애플리케이션을 사용하면서 생성되는 흔적을 의미한다.

① 디지털 사슬(Digital Chain)　② 사이버 증거(Cyber Evidence)
③ 아티팩트(Artifact)　④ 증거의 법칙(Evidence's Rule)

030   난이도 ★★★☆☆

디지털 포렌식에서 선별 압수란 디지털 증거 수집 방법의 하나로 법원에서 지정한 영장이 허용하는 범위 내 대상 시스템의 데이터를 수집하는 행위를 의미한다. 데이터를 선별하는 방법으로 Keyword Searching, 생성일 분류, 확장자 검색 등을 주로 사용한다. 다음 중 선별 압수의 사용 이유로 가장 관련이 없는 것은 무엇인가?

① 디지털 정보의 대량성　② 개인정보 보호
③ 포렌식 전문가의 사용 미숙　④ 절차의 간소화

031   난이도 ★☆☆☆☆

다음 [보기]에 해당하는 내용은 무엇인가?

> **보기**
> 기본 채널에 기생하는 통신 채널이다. 기본 채널에서 신호 대 잡음비를 축소해서 기본 채널의 대역폭을 축소시킨 것으로, 은닉 메시지는 다른 사람이 눈으로는 볼 수 없으며, 송신자와 수신자만 알 수 있다. 예를 들면, 스테가노그래피 기술을 이용해 숨겨진 메시지를 사진 속에 부호화하여 보내는 경우 일반인은 그 메시지를 볼 수 없지만 수신자는 사진 속의 메시지를 추출할 수 있다.

① 비밀 채널(Covert Channel)　② 스니핑(Sniffing)
③ 레터럴 무브먼트(Lateral Movement)　④ 트로이 목마(Trojan Horse)

032   난이도 ★★☆☆☆

다음 중 가입자 인증 모듈과 가장 관련이 없는 것은 무엇인가?

① SIM　② Z-SIM　③ USIM　④ eSIM

033
난이도 ★★☆☆☆

이메일은 기본적으로 2~3가지 프로토콜을 사용한다. 다음 중 가장 관련이 없는 프로토콜은 무엇인가?

① SMTP
② MDA
③ POP3
④ IMAP4

034
난이도 ★★★★☆

웹 애플리케이션 서버(WAS: Web Application Server)를 두 개 이상 복수 개로 구성하여 시스템 가용성과 처리 성능을 향상시키는 기술이 있다. 다수의 WAS 사이에 User Application Data를 공유하고 하나의 노드에서 장애가 발생하는 경우, 사용자의 처리 요청을 다른 노드가 연결하여 대신 처리하도록 하는 고가용성 기술을 무엇이라고 하는가?

① Session Clustering
② Cookie Automation
③ Availability Management System
④ Application Connection Manager

035
난이도 ★★★☆☆

결함 감내 혹은 결함 허용(Fault Tolerance)은 위협에 대해서 어떻게 대응하기 위해 설계되었는지 가장 알맞은 답을 선택하시오.

① 설계상의 신뢰성
② 백업 및 보유를 위한 관리 정책 기능
③ 물리적 접근에 대한 허용 수치성
④ 데이터의 기밀성 및 시스템의 접근 권한

036
난이도 ★★☆☆☆

유닉스와 리눅스에서 사용하는 ls 명령은 파일에 대한 정보를 얻어낼 수 있다. ls 명령어와 가장 관련이 없는 것은 무엇인가?

① 파일의 종류와 권한
② 파일의 변경 일자
③ 파일의 사이즈 단위
④ 파일의 수정자

037 난이도 ★★☆☆☆

[보기]에 해당하는 보안 모델은 무엇을 의미하는가? 가장 알맞은 답을 선택하시오.

> **보기**
> 가. 접근 권한의 완전성을 취급하는 작동 시스템 레벨의 안전모형이다.
> 나. 접근 권한의 할당을 관리하는 보안정책을 표현할 수 있다.
> 다. 주제의 세트, 목표의 세트, 접근권한의 세트 및 접근 행렬에 근거한다.

① BiBa 모델
② BLP 모델
③ HRU 모델
④ SRI 모델

038 난이도 ★★★☆☆

다음 중 웹 서버 구성의 취약점으로 가장 관련이 없는 것은 무엇인가?

① 웹 브라우저 기본설정 오류
② 심볼릭 링크
③ 자동 디렉터리 리스팅
④ 웹 서버를 루트 권한으로 운영

039 난이도 ★★☆☆☆

침입 탐지 시스템, 방화벽, 웹 방화벽 등의 보안장비는 접근하는 트랜잭션이 정상인지 공격인지를 판단하는 알고리즘을 가지고 있다. 이 알고리즘의 성능과 품질을 측정하는 지표 중에 다음 설명에 해당하는 것은 무엇인가?

> 보안장비가 악의적인 공격이라고 판단한 전체 항목 중에서 실제로 악의적인 공격의 비율

① Precision
② Recall
③ F1 Score
④ Accuracy

040 난이도 ★★★☆☆

다음 중 섀도 패스워드(Shadow Password)와 가장 관련이 없는 것은 무엇인가?

① /etc/passwd 파일 내의 패스워드 필드를 x, *로 표시하고 /etc/shadow 파일에 암호화하여 저장한다.

② pwunconv: 섀도 패스워드 시스템 해제, pwconv: 섀도 패스워드 시스템 설정이다.

③ /etc/shadow 파일 구조는 총 10개의 필드로 구성된다(계정명 : 암호화된 패스워드 : 최종 암호 변경일 : 암호변경 최소 일수 : 암호변경 유예기간 : 암호변경 경고 일수 : 계정 사용 불가 날짜 : 계정 만료일 : 예약 : 클리핑 레벨).
④ 유효기간, 변경일, 만기일 등은 모두 날짜 대신 정수로 표시되어 있다.

041 난이도 ★★★☆

다음 중 보안 커널의 특징으로 가장 관련이 없는 것을 선택하시오.

① 시스템에서 발생하는 모든 접근 요구사항을 조정하여야 한다.
② 보안경계 내의 모든 주체와 객체를 통제한다.
③ 해킹 방지 기능이 없어서 신뢰할 수 있는 컴퓨팅 기반의 지원을 받아 구현해야 한다.
④ 모든 접근을 보안, 감시하여 OS의 보안 메커니즘 시행 책임을 진다.

042 난이도 ★★★★☆

분산 환경을 구축하기 위해서 RMI(Remote Method Invocation) 네트워크 프로토콜이 필요하다. 다음 중 이와 관련해서 가장 관련이 없는 것은 무엇인가?

① DCE　　　　② DCOM　　　　③ COBRA　　　　④ JACKAL

043 난이도 ★★☆☆

다음 중 이메일을 위한 보안 표준으로 가장 관련이 없는 것은 무엇인가?

① PCI　　　　② PEM　　　　③ PGP　　　　④ S/MIME

044 난이도 ★★★☆

[보기] 내용에서 [A]에 들어갈 가장 적절한 단어는 무엇인가?

> **보기**
>
> RAID 5는 셋 이상의 디스크에 블록을 스트라이핑으로 병렬적으로 저장하며, 패리티를 각 디스크에 분산하여 저장한다. 이때, RAID 5로 구성한 디스크와 별개로 [A]를 구성하는 것이 일반적인데 한 디스크에 장애가 발생하면 [A]가 자동으로 패리티를 참고하여 Re-Building을 수행하여 장애가 발생한 디스크를 대체한다.

① Auto RAID　　　② Hot Spare　　　③ RAID 5+1　　　④ Hot Parity

045

난이도 ★★★☆☆

다음 중 버퍼 오버플로우(Buffer OverFlow)의 영향으로 인해서 발생할 수 있는 문제점과 가장 관련성이 낮은 것은 무엇인가?

① 무단 코드를 실행할 수 있는 위험성이 존재한다.

② 메모리를 초기화할 수 있기 때문에 은닉 채널이 발생할 수 있다.

③ 애플리케이션 메모리의 중요한 설정을 덮어쓰기도 한다.

④ 의도치 않게 민감한 정보가 노출될 수 있다.

046

난이도 ★☆☆☆☆

이동용 모바일 기기를 포렌식하고자 할 때, 기술적인 관점에서 가장 중요한 것은 무엇인가?

① 메모리에 상주된 내용으로 복사하여 진행하였는가?

② 모바일 포렌식 전용기구를 활용하여 진행하고 있는가?

③ 같은 조건과 상황전제 하에서 동일한 결과를 보장하는가?

④ 모바일 포렌식을 수행할 때 경찰관의 입회 하에 진행하였는가?

047

난이도 ★★☆☆☆

웹 사이트에 접속하는 사용자의 페이지 조회 시간을 향상시키고 웹 서버가 더 빠르게 응답할 수 있도록 웹 서버 설정을 살펴보고 있다. 비연결성 프로토콜인 HTTP의 특징 때문에 클라이언트와 서버가 주고받는 연결 요청 및 응답을 줄이기 위해 살펴봐야 할 웹 서버 설정은 무엇인가?

① Timeout
② KeepAlive
③ MaxClients
④ MaxSpareServers

048

난이도 ★★★★★

다음 중 엔트로피(Entropy)에 관한 설명과 가장 관련이 없는 것은 무엇인가?

① 확정적인 정보가 많고 예측성이 있을 경우 엔트로피가 높다고 한다.

② 일반적으로 평균 정보량이 가능한 최대가 되도록 통신 시스템을 설계해야 한다.

③ 평균 정보량이 높으며 랜덤성이 높거나 중복이 거의 없을 경우 엔트로피가 높다고 한다.

④ 엔트로피가 채널 용량보다 작으면 그 채널을 통해서 에러가 없는 통신이 가능하다는 의미이다.

049
난이도 ★★★★☆

윈도우 운영체제의 레지스트리 최상위 레벨의 루트 키 중에서 현재 시스템의 하드웨어를 구동하기 위해서 설정된 레지스트리를 포함하는 항목은 무엇인가?

① HKEY_CURRENT_USER
② HKEY_USERS
③ KHEY_CURRENT_CONFIG
④ HKEY_LOCAL_MACHINE

050
난이도 ★☆☆☆☆

다음 생체 인식(Biometrics) 중에서 사용자에게 수용성(Acceptance)이 가장 높은 기술은 무엇인가?

① 키 스트로크 패턴(Key-stroke Pattern)
② 지문(Fingerprint)
③ 홍채 패턴(Iris Pattern)
④ 음성 패턴(Voice Pattern)

051
난이도 ★★☆☆☆

리눅스 시스템 운영자인 당신은 시스템에 상주하는 수많은 프로세스 중에서 WebLogic JVM의 프로세스만 선별해서 조회하고 싶다. 이럴 때 사용할 수 있는 리눅스 명령어는 무엇인가?

① `netstat -nat | grep java`
② `ps -ef | grep java`
③ `tail -f process.out`
④ `less +f process.out | grep java`

052
난이도 ★★★☆☆

로더는 어떤 프로그램을 실행하기 위해 해당 목적 프로그램을 메모리에 적재하고 배치 주소를 옮기는 프로그램을 의미한다. 그렇다면 다음 중 로더의 기능과 가장 관련이 없는 것은 무엇인가?

① 할당(Allocation)   ② 집계(Collection)   ③ 연결(Linking)   ④ 재배치(Relocation)

053
난이도 ★★★☆☆

다음 중 분산형 아키텍처의 기술적 이론이자 패러다임인 CAP 이론에 대해 가장 올바르게 설명한 것은 무엇인가?

① 분산형 아키텍처는 C+A+P 세 가지를 모두 보장할 수 없다.
② Oracle, MSSQL과 같은 관계형 데이터베이스는 C+P 또는 A+P 아키텍처에 속한다.
③ MongoDB, Cassandra와 같은 분산형 시스템은 C+A 아키텍처에 속한다.
④ 중앙집중형 아키텍처는 C+A+P 세 가지를 모두 보장할 수 있다.

054
난이도 ★★☆☆☆

암호학에서 전통적으로 오랫동안 사용된 기법 중에서 전치(Transposition)와 치환(Substitution)이 존재한다. 다음 중 전치와 치환에 대한 설명으로 가장 옳지 않은 것은 무엇인가?

① 전치(Transposition)는 평문의 각 비트가 각자 다른 위치로 이동하도록 한다.

② 치환(Substitution)은 평문의 각 비트를 XOR와 SHIFT 연산으로 처리한다.

③ 전치를 이용한 블록 암호화 기능요소는 P-BOX에 해당한다.

④ 치환을 이용한 블록 암호화 기능요소는 S-BOX에 해당한다.

055
난이도 ★★★★☆

다음 중 DFIOC(Digital Forensic Indicators Of Compromise)에서 정의된 증거의 요소(Evidence Element)로 가장 관련이 없는 것은 무엇인가?

① 외부 저장장치 연결 흔적
② 프로그램 실행 흔적
③ 보안 이벤트 탐지 흔적
④ 보안 프로그램 제거 흔적

056
난이도 ★★☆☆☆

리눅스 시스템에서 Apache Access Log, WebLogic Error Log 등 지속해서 적재되는 로그 파일을 실시간으로 모니터링하기 위해 프롬프트에서 주로 사용하는 명령어는 무엇인가?

① head　　　　② tail　　　　③ vi　　　　④ cat

057
난이도 ★★★☆☆

보안 커널은 신뢰할 수 있는 컴퓨팅 시스템을 구축하는 데 가장 일반적으로 사용하는 접근 방식이다. 보안 커널의 요구사항에 대한 설명 중 가장 관련이 없는 것은 무엇인가?

① 참조 모니터 개념을 수행하는 프로세스에 격리를 제공해야 하며 프로세스는 조작이 불가능해야 한다.

② 보안 커널은 각각의 레이어 깊이가 다르므로 항상 동일하게 인터페이스 되어야 하며 일정 수준의 속도가 나와야 한다.

③ 완전하고 포괄적인 방식으로 테스트하고 검증할 수 있을 만큼 아주 작아야 한다.

④ 모든 액세스 시도에 대해 호출되어야 하며 우회할 수 없어야 한다.

058

정보 시스템의 규모가 커지고 서버와 보안장비 등이 생성하는 로그의 양이 급격히 증가하여 종류도 점점 다양해지고 있다. 이에 따라, 다양한 장비의 로그를 한곳에 모아 표준화하고 실시간 분석하여 보안 이슈를 탐지하는 솔루션이 주목을 받고 있다. 최근 빅데이터 분석 기술이 향상되면서 처리성능의 문제까지 해결하여 관제 시스템 적용사례가 증가하고 있는 이 솔루션은 무엇인가?

① UTM(Unified Threat Management)
② SIEM(Security Information and Event Management)
③ NGFW(Next Generation Firewall)
④ Big Data IDS(Intrusion Detection System)

059

다음 중 디지털 포렌식의 기본 원칙과 가장 관련이 없는 것은 무엇인가?

① 무결성: 증거가 수집, 이송, 분석, 제출 과정에서 위·변조되지 않았는가?
② 신속성: 디지털 포렌식의 전 과정이 신속하게 진행되었는가?
③ 기밀성: 증거를 수집하는 데 있어서 증거분석관 외 다른 사람에게 유출되지 않았는가?
④ 정당성: 증거가 적법 절차에 의해 수집되었는가?

060

RSA 암호화 알고리즘을 비롯한 많은 암호학에 사용되는 수학으로, 하나의 수를 두 개의 소수 곱셈으로 표현할 수 있도록 p와 q를 찾는 계산을 무엇이라고 하는가?

① 모듈러 연산
② 소인수 분해
③ 일방향 암호화
④ 최대 공약수

061

다음 중 래티스 기반 접근 제어(Lattice Based Access Control)와 가장 유사한 접근 제어 방식은 무엇이라고 보는가? 가장 알맞은 답을 선택하시오.

① 강제적 접근 제어(MAC)
② 임의적 접근 제어(DAC)
③ 역할기반 접근 제어(RBAC)
④ 사용자 접근 제어(UAC)

062 난이도 ★☆☆☆☆

해커의 공격은 Active Attack 유형과 Passive Attack 유형으로 분류된다. 그렇다면, 이 두 가지 공격 유형 중에서 Active Attack 유형에 속하는 공격기법은 다음 중 무엇인가?

① Sniffing
② Distributed Denial of Service
③ Session Hijacking
④ Man-In-The-Middle Attack

063 난이도 ★★☆☆☆

다음 중 데이터베이스의 질의문 성능 설명으로 가장 적절하지 않은 것은 무엇인가?

① Database Buffer Cache Hit Ratio는 높을수록 좋다.
② OLTP 시스템은 Range Scan, OLAP 시스템은 Full Scan이 많다.
③ Index Range Scan이 Full Table Scan보다 항상 빠르다.
④ In Memory Database는 File System Database와 인덱스 효용성이 다르다.

064 난이도 ★★☆☆☆

다음 [보기]의 빈칸은 무엇인가? 가장 알맞은 답을 선택하시오.

> **보기**
> 시스템 관리자가 권한을 위임하여 특정 사용자 또는 사용자 그룹에 명령을 실행하고 명령 및 인수에 대한 감사 추적을 제공하면서 루트 또는 다른 사용자로 명령을 실행할 수 있다. [   ]를 사용하여 다른 사용자로 명령을 실행할 수도 있다. 또한 보안 감사를 위해 모든 명령과 실패한 액세스 시도를 기록하는 기능도 존재한다.

① env
② sudo
③ whoami
④ finger

065 난이도 ★★☆☆☆

다음의 공격기법 중에서 공격 유형이 다른 하나는 무엇인가?

① MACOF
② Switch Jamming
③ MAC Flooding
④ MAC Sniffing

066
난이도 ★☆☆☆☆

당신은 디지털 포렌식 증거분석관이다. 포렌식을 수행하는 순서를 올바르게 나열하시오.

보기		
가. 사전 준비	나. 증거 수집	다. 증거 포장 및 이송
라. 조사 분석	마. 정밀 검토	바. 보고서 작성

① 가→나→다→라→마→바 ② 가→다→나→라→마→바
③ 가→나→다→마→라→바 ④ 가→다→나→마→라→바

067
난이도 ★★★☆☆

정규표현식은 프로그램 개발부터 보안장비의 필터링 설정, 비밀번호 조건 등 다양한 분야에서 활용되고 있다. 파이썬(Python) 정규표현식을 기준으로, 다음 보기 중에서 정규표현식과 조건에 해당하는 항목이 적합하지 않게 짝지어진 것은 무엇인가?

① [a-zA-Z], B ② [do*g], dog
③ [^0-9], 5 ④ [a.p], adp

068
난이도 ★★★☆☆

다음 중 특정한 키를 눌렀을 때의 이벤트인 키 스트로크(Key-stroke) 역학과 관련된 시간은 무엇과 관련성이 있는가?

① System Time ② Dwell Time
③ Flight Time ④ Resonance

069
난이도 ★★☆☆☆

다음 중 디지털 포렌식의 선별 압수의 한계점으로 가장 관련이 없는 것은 무엇인가?

① 디지털 포렌식의 장비의 한계
② 실체 진실 발견의 한계
③ 규범적, 기술적 한계
④ 디지털 포렌식의 고급기법 적용의 한계

070

난이도 ★☆☆☆☆

[보기]에 해당하는 내용은 무엇인가? 가장 알맞은 답을 선택하시오.

> **보기**
> 이 방식은 주센터에서 부센터로 대량의 데이터를 배치(Batch)성 작업을 활용하여 전송하는 방식을 의미한다.

① Electric Vaulting
② Disk Shadowing
③ Disk Mirroring
④ Remote Journaling

071

난이도 ★★★★☆

2020년 6월 일론 머스크의 스페이스X는 최초로 민간기업에 의한 유인우주선의 국제우주정거장 도착에 성공했다. 스페이스X의 유인우주선 크루드래곤의 제어 시스템은 컴퓨터 세 대로 구성되어 한 대의 컴퓨터가 장애를 발생시켜도 문제가 없도록 설계되었다. 이와 같은 고가용성을 지원하는 기술을 무엇이라고 하는가?

① High Availability
② Computer Clustering
③ Continuous System
④ Triple Modular Redundancy

072

난이도 ★★★☆☆

정보 시스템 또는 서비스의 최대 처리량 및 성능을 측정하는 부하 테스트 수행 시, 부하량을 지속적으로 증가시키면 그에 따라 처리성능이 계속적으로 증가하다가 어느 순간에 반대로, 멈추거나 저하된다. 이러한 지점을 무엇이라고 하는가?

① Peak Performance
② Saturation Point
③ Performance Point
④ Maximum Stress Point

073

난이도 ★★☆☆☆

이것은 현대 암호학에 큰 기여를 한 학자인 섀넌(Shannon)이 주장한 암호화 유형이다. 하나의 암호화 요소를 사용하는 것이 아니라 전치(Transposition), 치환(Substitution)과 다수의 기능을 복합적으로 사용하는 암호화 방식이며 혼돈(Confusion)과 확산(Diffusion)이라는 성질을 통해 높은 강도의 암호화 알고리즘을 제시하는 이 이론에 대응하는 암호화 방식은 무엇인가?

① 공개 키 암호화
② 대칭 키 암호화
③ 스트림 암호화
④ 합성 암호화

074

난이도 ★★★☆☆

다음 중 IAM(Identity and Access Management)과 관련성이 있는 접근 제어(Access Control)는 무엇인가?

① 강제적 접근 제어 방식(MAC: Mandatory Access Control)

② 임의적 접근 제어 방식(DAC: Discretionary Access Control)

③ 역할 기반 접근 제어 방식(RBAC: Role Based Access Control)

④ 다중등급 보안(MLS: Multi-level Security)

075

난이도 ★★☆☆☆

[보기]의 내용은 무엇인가? 가장 알맞은 답을 선택하시오.

> **보기**
>
> 시스템을 구성하는 부품의 일부에서 결함(Fault) 또는 고장(Failure)이 발생하여도 정상적 혹은 부분적으로 기능을 수행할 수 있는 시스템이다. 이 시스템은 부품의 고장이 발생하면 부분적인 기능을 사용할 수 없게 되며, 계속 부품의 결함이나 고장이 발생하면 점진적으로 사용할 수 없는 기능이 증가하며, 치명적인 결함이나 고장이 발생하면 시스템이 정지한다.

① 유한 상태 기계(Finite-State Machine)

② 결함 감내 시스템(Fault Tolerant System)

③ 삼중 중복 시스템(Triple Modular Redundancy System)

④ 비잔티움 장애 허용(Byzantine Fault Tolerance)

076

난이도 ★★☆☆☆

다음 중 데이터베이스의 특징으로 가장 관련이 없는 것은 무엇인가?

① 실시간 접근성

② 캡슐화, 계승, 폴리모피즘

③ 데이터의 논리적, 물리적 독립성

④ 일관성, 무결성, 보안성 유지

077

난이도 ★★★☆☆

기업에서 인기 있는 이벤트, 프로모션 등을 진행하는 경우 일시적으로 급격하게 사용자가 증가할 것이 예상된다. 이때 일시적으로 증가하는 사용자에 대비해서 시스템의 가용성을 유지하고 시스템 장애를 방지하기 위해 사용자를 순차적으로 또는 조건에 따라서 처리되도록 하는 솔루션을 무엇이라고 하는가? 가장 알맞은 답을 선택하시오.

① Service Level Management

② Performance Management System

③ Information Service Leveling

④ Peak Load Control

078

난이도 ★★★☆☆

데이터베이스 암호화는 기업용 시스템의 자산인 데이터를 보호하고 개인정보를 보호하는 필수적인 보안요소이다. 데이터베이스 암호화는 몇 가지 유형으로 분류할 수 있는데 다음 [보기]에서 설명하는 암호화 방식은 무엇인가?

보기

데이터베이스 자체에서 제공하는 암·복호화 기능을 사용한다. 암호화된 파일을 실시간으로 복호화하여 메모리에 올리고 파일에 저장할 경우에 암호화하여 저장하는 방식이다. 데이터베이스 암호화 키(DEK)에 대한 관리 이슈가 존재한다.

① Plug-In 암호화　② Hybrid 암호화

③ TDE 암호화　④ File Based 암호화

079

난이도 ★★★☆☆

데이터베이스 암호화의 구현 방식에 따른 일반적인 분류 중에서 [보기]의 내용은 무엇을 의미하는가?

보기

데이터베이스 내부에는 암호화/복호화 모듈을 탑재하지 않으며, 애플리케이션 서버에 3rd Party 솔루션을 기반으로 프로그램에 적합한 암호화/복호화 모듈을 탑재한다. 보통 프로그램 수준의 변경이 발생할 수밖에 없는 방식이다.

① Plug-in 암호화　② Hybrid 암호화

③ HSM 암호화　④ API 암호화

080
난이도 ★★☆☆☆

루트킷(Rootkit)은 특정한 의도를 가진 공격자와 사용자에 의해 설치될 수 있는데, 다음 중 이런 특정한 의도와 관련이 없는 것은 무엇인가?

① 허니팟에서 공격 탐지
② 노트북은 BIOS 기반 루트킷을 가짐으로써 도난 방지 보호
③ 애플리케이션 IPC(Inter-Process Communication) 개발
④ 마이크로소프트 정품 인증

081
난이도 ★★☆☆☆

분산형 아키텍처 기반의 시스템에 대한 기술적인 특징에는 최종 일관성(Eventually Consistent)이 있다. 이에 대한 설명으로 가장 적절한 것은 무엇인가?

① 분산형 아키텍처 시스템은 가용성을 보장하는 데 어려움이 존재한다.
② 분산형 아키텍처 시스템의 일관성은 일시적으로 불일치하는 시점이 존재한다.
③ 분산형 아키텍처 시스템은 일관성을 보장할 수 없다.
④ 분산형 아키텍처 시스템은 중앙집중형 시스템에 비해 일관성 수준이 높다.

082
난이도 ★★★☆☆

시스템과 프로그램 소스 코드의 일부에 눈에 띄지 않는 비정상적인 루틴을 숨겨두고 보안정책을 우회하고, 외부에서 접근하거나 외부로 데이터를 유출시키도록 하는 악성 코드의 유형으로 가장 적합하지 않은 것은 무엇인가?

① Trapdoor
② Backdoor
③ Webshell
④ Memory Hooking

083
난이도 ★★☆☆☆

다음 중 데이터베이스 분할 및 배치와 가장 관련이 없는 것은 무엇인가?

① 수평 분할
② 수직 분할
③ 분할 복제
④ 광역 복제

084
난이도 ★☆☆☆☆

데이터베이스의 가장 작은 처리단위를 트랜잭션(Transaction)이라고 부른다. 이 트랜잭션의 가장 중요한 특징 네 가지를 함축해서 'ACID'라고 하는데, ACID는 데이터베이스의 특징이라고 할 수 있다. 다음 중 ACID 원칙으로 적합하지 않은 것은 무엇인가?

① A(Atomicity): 트랜잭션은 최소한의 단위이며 완전히 처리되거나 취소되는 상태만 존재한다.
② C(Concurrency): 트랜잭션은 동시에 다수가 수행될 수 있으며 데이터베이스는 이를 제어해야 한다.
③ I(Isolation): 각각의 트랜잭션은 임의의 다른 트랜잭션에 의해서 처리 도중에 접근될 수 없다.
④ D(Durability): 데이터베이스는 트랜잭션의 처리가 완료된 후 해당 결과를 영속적으로 보장해야 한다.

085
난이도 ★★☆☆☆

다음 중 온라인 분석 처리(OLAP: Online Analytical Processing)의 특징과 가장 관련이 없는 것은 무엇인가?

① 다차원 정보 제공
② 실시간 처리
③ 중간 매개자 없이 사용자가 직접 데이터 접근
④ 의사 결정 지원

086
난이도 ★★☆☆☆

다음은 디지털 포렌식에 핵심적인 요소인 레지스트리의 특징이다. 레지스트리와 가장 관련이 없는 것은 무엇인가?

① 레지스트리는 하위 트리와 해당 키, 하위 키 및 항목의 계층 구조로 구성된다.
② 레지스트리는 키, 키 값, 그리고 권한이라는 세 가지 기본 요소를 포함하고 있다.
③ 윈도우 운영체제에는 HKEY_LOCAL_MACHINE 및 HKEY_USERS라는 두 개의 레지스트리 트리가 존재한다.
④ 대부분 레지스트리 정보는 디스크에 저장된다. 하지만 일부 정보는 휘발성 키에 저장된다.

087
난이도 ★☆☆☆☆

데이터베이스 병행 제어(Concurrency Control)는 트랜잭션을 안전하게 처리하고 ACID 규칙을 만족시키는 기술이다. 그렇다면 ACID 규칙은 무엇을 의미하는 것인가? 가장 관련이 없는 것을 선택하시오.

① 원자성(Atomicity)
② 기밀성(Confidentiality)
③ 격리성(Isolation)
④ 내구성(Durability)

088
난이도 ★★☆☆☆

다음 중 OLAP(Online Analytical Processing)의 종류로 해당사항이 없는 것을 고르시오.

① 동적 OLAP(DOLAP)
② 다차원 OLAP(MOLAP)
③ 관계형 OLAP(ROLAP)
④ 하이브리드 OLAP(HOLAP)

089
난이도 ★★★★☆

구글과 같은 검색엔진을 사용하면 기초적인 취약점을 탐색할 수 있다. 다음과 같은 검색어를 사용하여 구글에서 찾아낼 수 있는 보안 취약점은 무엇인가?

> -> site:co.kr "Index of /"

① Cross Site Scripting
② SQL Injection
③ Index Search
④ Directory Listing

090
난이도 ★★★★☆

Apache Web Server의 기본 서비스 포트, 최대 접속 클라이언트 수, KeepAlive 설정, 클라이언트 타임아웃 시간, Apache 루트 폴더 등을 설정하는 가장 중요한 설정 파일은 다음 중 무엇인가?

① apached.conf
② http_demon.conf
③ apacheconf.out
④ httpd.conf

091
난이도 ★★★☆☆

컴퓨터 시스템의 정보 흐름을 처리하기 위해서 개발된 엑세스 제어 모델은 무엇인지 고르시오.

① 격자 기반(Lattice Based)
② 흐름 기반(Flow Based)
③ 암호화 기반(Encryption Based)
④ 영역 기반(Area Based)

092
난이도 ★★★☆☆

루트킷(Rootkit)은 시스템 내에서 자신을 은닉하고, 허가되지 않은 영역에 접근하여 악의적인 행위를 수행하도록 설계된 특수한 소프트웨어다. 루트킷은 5가지 종류로 분류할 수 있는데 다음 중 가장 관련이 없는 것은 무엇인가?

① 사용자 모드
② 커널 모드
③ 하이퍼바이저 레벨
④ 네트워크 레벨

093

난이도 ★★☆☆☆

데이터베이스에서 사용되는 언어를 SQL(Structured Query Language)이라고 한다. SQL은 사용 용도에 따라서 DML, DDL, DCL 등으로 분류할 수 있는데 다음 설명하는 언어는 무엇인가?

> 데이터베이스의 사용자에게 권한을 부여하고 제거(회수)하는 역할을 하는 SQL이다.

① DML(Database Manipulation Language)
② DDL(Database Definition Language)
③ DCL(Database Control Language)
④ DQL(Database Query Language)

094

난이도 ★★★☆☆

Web, WAS, Database로 구성되는 3-Tier Architecture 구조에서는 정적 콘텐츠와 동적 콘텐츠의 처리 방법이 다르다. 다음 중 WAS와 Database를 통해 동적 콘텐츠로 처리되는 항목이 아닌 것은 무엇인가?

① CSS
② ASP
③ PHP
④ JSP

095

난이도 ★☆☆☆☆

프로그래머나 악의적인 목적을 가진 해커가 소스 코드에 특정한 기준과 일치하게 되는 경우 악의적인 동작을 수행하도록 기능을 숨겨놓은 것을 의미한다. 특정한 기준이란 날짜, 환경, 시간, 행위 등 다양할 수 있으며 이는 바이러스와 달리 복제기능을 가지지 않는다. 이것을 무엇이라고 하는가?

① Vulnerability
② Worm
③ Denial of Service
④ Logic Bomb

096

난이도 ★★☆☆☆

이것은 스트라이핑 RAID 방식과 미러링 RAID 방식을 모두 적용한 방식이다. 데이터를 둘 이상의 디스크에 복제하는 미러링 그룹을 생성한 후, 미러링 그룹을 다시 스트라이핑으로 구성하는 이 RAID 방식을 무엇이라고 하는가?

① RAID 0
② RAID 3
③ RAID 0+1
④ RAID 1+0

097

난이도 ★★☆☆☆

데이터베이스의 릴레이션에는 무결성 보장을 위해 키(Key)를 구성한다. 키(Key)에는 여러 가지 유형이 존재하는데 유일성을 만족하는 키를 (A)라고 하고 유일성과 최소성을 만족하는 키를 (B)라고 한다. A와 B에 각각 들어갈 용어는 무엇인가?

① A: 기본키, B: 최소키
② A: 유일키, B: 후보키
③ A: 후보키, B: 대체키
④ A: 슈퍼키, B: 후보키

098

난이도 ★★★☆☆

다음 [보기]에서 설명하는 데이터베이스 암호화의 구축 유형으로 가장 알맞은 것은 무엇인가?

> **보기**
> 데이터베이스 자체에서 제공하는 암호화 및 복호화 모듈을 사용하지 않으며 애플리케이션 서버에 탑재된 별도의 솔루션을 통해 프로그램 관점에서 암호화/복호화를 수행하는 유형

① Plug-in 암호화
② TDE 암호화
③ API 암호화
④ Hybrid 암호화

099

난이도 ★★★☆☆

일방향 암호화인 해시 알고리즘의 가장 대표적인 알고리즘은 SHA(Secure Hash Algorithm)이다. 초기 버전인 SHA-1의 경우 2005년에 충돌 내성에 대한 저항성이 깨져서 사용하기 어렵게 되었다. 그 이후에는 SHA-2 알고리즘이 사용되고 있는데 SHA-2 알고리즘은 SHA-224, SHA-256, SHA-384, SHA-512로 이루어져 있으며 이 모두를 합쳐서 SHA-2 알고리즘이라고 부른다. 이 중에서 SHA-512의 Specification에 대한 설명으로 올바르지 않은 것은 무엇인가?

① SHA-512 Message Digest 길이는 512bit다.
② SHA-512 블록 길이는 512bit다.
③ SHA-512 워드 길이는 64bit다.
④ SHA-512 단계의 횟수는 80이다.

100

난이도 ★★★☆☆

다음 중 데이터베이스 보안 요구사항과 관련하여 가장 관련이 없는 것은 무엇인가?

① 접근 제어(Access Control)
② 가상 테이블(Views)
③ 암호화(Encryption)
④ 테이블 락킹(Locking)

101 난이도 ★★★☆☆

IAM(Identity and Access Management)은 사용자 인증·권한 관리 등 통합 계정 관리를 위한 솔루션이다. 다음 중 IAM의 구성요소로 가장 관련이 없는 것은 무엇인가?

① SAML
② SSO
③ EAM
④ Provisioning

102 난이도 ★★★★☆

[보기] 내용은 무엇을 의미하는가? 가장 알맞은 답을 선택하시오.

> **보기**
> 프로세스 간 통신을 위한 기법 중의 하나로, 분산 체계에서 다른 컴퓨터에 있는 절차를 호출할 때 그것이 마치 같은 컴퓨터에 있는 절차인 것과 같이 호출할 수 있는 구조를 말한다.

① RPC(Remote Procedure Call)

② IPC(Inter Process Communication)

③ SOAP(Simple Object Access Protocol)

④ ODBC(Open Database Connectivity)

103 난이도 ★★☆☆☆

다음의 주소 지정방식 중에서 2주소 지정방식(2-Addressing Mode)에 해당하는 것은 무엇인가?

① 묵시적 주소 지정방식
② 직접 주소 지정방식
③ 레지스터 주소 지정방식
④ 간접 주소 지정방식

104 난이도 ★★☆☆☆

보기는 침입탐지 시스템, 방화벽, 웹 방화벽 등의 보안장비의 탐지 성능을 나타내는 측정·분석 지표들 중에 일부다. 다음 중 다른 지표들과 의미가 다른 하나는 무엇인가?

① Precision
② Recall
③ Sensitivity
④ True Positive Rate

105

난이도 ★★★☆☆

암호화 및 복호화가 수행되는 과정을 부호학적인 관점에서는 표기에 대한 일반적인 규칙이 존재한다. 다음 중 암호학에서 사용되는 표기법으로 가장 적합하지 않은 것은 무엇인가?

① P: 암호화를 수행하기 전의 평문(원문)을 의미한다.

② E: 평문이 암호화를 거쳐 생성된 암호문을 의미한다.

③ D: 복호화에 사용되는 복호화 알고리즘을 의미한다.

④ K: 암호화 및 복호화에 사용되는 키를 의미한다.

106

난이도 ★★☆☆☆

암호화 기법을 분류하는 방식 중에는 블록 암호화와 스트림 암호화가 존재한다. 다음 중 블록 암호화가 스트림 암호화에 비해 가진 특징으로 알맞지 않은 것은 무엇인가?

① 주요 알고리즘에는 DES, 3DES, AES 등이 존재한다.

② 암호화의 처리 단위를 기준으로 다수의 ROUND를 수행한다.

③ 일반적으로 비트(Bit) 단위로 암호화와 복호화를 수행한다.

④ 스트림 암호화에 비해 상대적으로 처리속도가 느리다.

107

난이도 ★★☆☆☆

다음 중 Bell Lapadula Model의 특징이 아닌 것은 무엇인가?

① 은닉 채널을 고려하여 구성되었다.

② Bell Lapadula Model은 비밀정보가 허가되지 않은 방식으로 접근되는 것을 방지한다.

③ 안전한 상태 변환을 명확히 정의하지 않았다.

④ 다중 등급 보안 정책에 기초하여 만들어져서 다른 정책은 고려하지 않았다.

108

난이도 ★★☆☆☆

다음 보안 모델의 종류 중 가장 기초적인 모델은 무엇인가?

① Bell Lapadular Model
② Biba Model
③ Clark-Wilson Model
④ State Machine Model

109

난이도 ★★★☆☆

데이터베이스는 최소 단위의 작업인 트랜잭션의 원자성과 일관성 유지와 함께 장애 발생 시 대응을 위한 기법들을 적용하고 있다. 트랜잭션의 기록을 별도의 로그로 저장하고 장애 발생 시 Roll-Forward 방식으로 로그를 이용해 다시 트랜잭션을 수행할 수 있도록 하는 이 기법은 무엇인가?

① Database Checkpoint
② Exclusive Lock
③ Redo
④ Undo

110

난이도 ★★★☆☆

격자 기반 접근 제어(LBAC: Lattice Based Access Control) 모델은 무엇을 처리하기 위해 개발되었는지 다음 중에서 가장 알맞은 답을 선택하시오.

① 기밀성(Confidentiality)

② 무결성(Integrity)

③ 가용성(Availability)

④ 책임추적성(Accountability)

111

난이도 ★★★☆☆

다음 프로그램 소스 코드는 어떠한 기법을 적용한 사례인가?

적용 전 소스 코드:

```
var strValue30 = "document.write('Hello Java World')";
eval(strValue30);
```

적용 후 소스 코드:

```
var a = "ment."; var b = "('Hell'"; var c = "docu"; var d = "o Jav"; var e = "a World')"; var f = c + a + "write" + b + d + e; eval(f);
```

① Code Encryption
② Code Obfuscation
③ Code Inspection
④ Code Initialization

112

시스템 성능시험 결과 특정한 웹 페이지가 지연되는 현상이 있어서 해당 프로그램에서 다음과 같은 소스 코드를 발견하였다. 다음 로직을 Big-O Notation으로 올바르게 표기한 것은 무엇인가?

```
for( int val1=1; val1<=val_max1; val1++) {
    for( int val2=1; val2<=val_max2; val2++) {
        for( int val3=1; val3<=val_max3; val3++) {
            // Business Logic Area....
            // Calculation Logic Area.....
        }
    }
}
```

① O(N)
② O(N logN)
③ O(N^3)
④ O(2^N)

113

컴퓨터 시스템 저장장치 중에서 처리성능은 가장 뛰어나지만 이에 반해 저장용량은 가장 적은 장치는 무엇인가?

① Flash Memory
② SSD(Solid State Drive)
③ Register
④ L2 Cache Memory

114

위치 기반 서비스를 이용한 소셜 네트워크를 제공하는 A사는 국내 본사에서 전국 서비스를 제공하고 있다. 최근 급격한 사용자의 증가로, 글로벌 범위로 대상 고객이 확대되어 서비스 지연과 가용성 저하가 발생하여 시스템 아키텍처를 개선하였다. 기존의 슈퍼돔 급의 고성능 하드웨어를 이용한 중앙집중형 구조에서 현재는 Hadoop 기반의 분산형 아키텍처로 전환했다. 이와 같을 때 A사의 기술구조 변화에 대한 설명으로 올바르지 않은 것은 무엇인가?

① 분산형 아키텍처는 x86 또는 기타 다수의 저가형 장비를 활용할 수 있어서 비용을 절감할 수 있다.

② 위치기반 소셜 네트워크 서비스는 분산형 아키텍처로 구현하기에 적합한 편이다.

③ 기존에는 Scale-Out 방식으로 가용성에 대응하였고 현재는 Scale-Up 방식으로 대응한다.

④ 아키텍처를 전환하여, 사용자 증가에 대응하는 역량이 기존보다 급격히 확장되었다.

115
난이도 ★★★☆☆

일관성과 가용성은 정보 시스템의 가장 중요한 정보 보안 지표이다. 분산형 아키텍처의 경우 일관성과 가용성에 대한 접근이 기존의 중앙집중형 아키텍처와 상이한데, 이에 관련된 BASE 이론이 존재한다. 다음 중 BASE 이론을 구성하는 항목 중 Eventually Consistent 개념을 올바르게 설명한 것은 무엇인가?

① 분산형 아키텍처는 일관성을 보장할 수 없다.

② 분산형 아키텍처에서는 일관성이 가장 낮은 중요도를 가지는 목표다.

③ 분산형 아키텍처에서의 완벽한 일관성 보장을 위해서는 높은 비용의 장비를 투자해야 한다.

④ 분산형 아키텍처에서는 일시적인 일관성 위배 현상이 발생하지만 시간이 경과하면 일관성이 유지된다.

116
난이도 ★★★☆☆

다음 중 데이터베이스 보안 요구사항으로 가장 관련이 없는 것은 무엇인가?

① 부적절한 접근 방지: 모든 사용자의 접근 요청을 DBMS가 검사하고 승인된 사용자만 접근하도록 해야 한다.

② 최적화된 성능: 데이터베이스 관리 시스템은 항상 최적화된 성능을 제공하도록 보장되어야 한다.

③ 감사 기능: 데이터베이스에 대한 모든 접근에 대한 감사기록을 생성해야 한다.

④ 사용자 인증: 데이터베이스 관리 시스템은 운영체제의 사용자 인증과 별개로 엄격한 인증이 요구된다.

117
난이도 ★★☆☆☆

다음 중 데이터베이스 보안 통제로 가장 관련이 없는 것은 무엇인가?

① 접근 제어
② 추론 통제
③ 흐름 통제
④ 관리자 통제(DBA)

118
난이도 ★★☆☆☆

다음 중 데이터베이스 추론 방지 방법으로 가장 관련이 없는 것은 무엇인가?

① 셀 은폐
② 암호화
③ 롤백
④ 데이터베이스 구획화

119

난이도 ★★☆☆☆

데이터베이스 관리 시스템(DBMS)은 여러 가지 부가적인 장점이 존재한다. 다음 중 DBMS 도입 시의 장점과 가장 관련이 없는 것은 무엇인가?

① 데이터 중복성의 최소화
② 데이터 일관성 및 무결성을 유지
③ 데이터 보안성을 보장
④ 데이터 가용성의 보장

120

난이도 ★★☆☆☆

다음 중 침입 방지 시스템(IPS)의 주요 기능과 가장 거리가 먼 것은 무엇인가?

① 유해 사이트에 대한 실시간 모니터링 및 로깅 기능
② 사람이나 다른 시스템이 결과 리뷰 후 사후 포렌식 수행 시 도구 제공 기능
③ 유해정보 차단 및 내부정보 유출 차단과 해킹 추적 기능
④ 최적화된 어플라이언스를 통해 자체 OS Hardening 기능 제공

유무선 네트워크 관련 기술은 근래에 가장 급격하게 발전하는 분야이며, OSI 7 Layer부터 5G 네트워크까지 아우르는 다양하고 넓은 영역이다. 최근 10여 년 사이에 네트워크 인프라는 클라우드, 가상화, 소프트웨어 기술이 접목되면서 하드웨어에서 소프트웨어 중심의 관리 영역으로 빠르게 발전하고 있다. 이는 기업 정보 시스템의 유연성을 증대시키고 인프라 운영 효율성과 가용성을 극대화하고 있다. 하지만 기업의 네트워크 보안 수준은 기술 발전의 속도를 따라가지 못하고 있는 것이 현실이다. 네트워크 영역의 새로운 보안 취약점과 해킹 기법들이 계속 나타나고 있으며 이를 적절히 대응하지 못하면 기업의 자산과 고객정보 유출이 발생할 수 있고 기업의 지속 가능한 경영에 걸림돌이 될 것이다. 제2장 네트워크 보안의 중요한 학습 요점은 다음과 같다.

- OSI 7 Layer, TCP/IP, 방화벽과 같은 전통적인 네트워크 이론 이해
- 사물 인터넷, 5G 이동통신 등의 최신 네트워크 기술 이해
- 소프트웨어 중심으로 발전하는 네트워크 기술 트렌드 이해
- OWASP TOP 10을 비롯한 다양한 보안 취약점과 대응방법 이해

제 2 장
네트워크 보안

제2장 네트워크 보안

→ 정답 042p

001
난이도 ★☆☆☆☆

이더넷(Ethernet)의 종류 중에서 다른 것들과 다른 하나는 무엇인가?

① 100Base-T4
② 1000BASE-CX
③ 100Base-Tx
④ 100Base-Fx

002
난이도 ★★★☆☆

[보기]의 내용은 무엇을 의미하는가?

> **보기**
> 트래픽을 생성하는 애플리케이션의 필수 동작에 맞게 라우터나 스위치 같은 네트워크 디바이스가 해당 트래픽을 전달할 수 있도록 트래픽을 조작하는 것이다. 네트워크 디바이스가 트래픽을 구별한 후에 트래픽에 서로 다른 동작을 적용할 수 있도록 한다.

① Noise Canceling
② BES(Best Effort Service)
③ QoS(Quality of Service)
④ Call Quality

003
난이도 ★★★☆☆

ARP Spoofing 공격을 대비하는 방법 중에서 ARP Table의 IP Address와 MAC Address를 고정하는 방식이 있다. ARP를 설정하는 명령어 중에서 어떤 옵션이 이 기능을 제공하는가?

① arp -a
② arp -d
③ arp -s
④ arp -m

004
난이도 ★★☆☆☆

서비스 거부공격(DoS: Denial of Service) 중 하나다. 데이터 수신이 완료될 때까지 웹 서버가 연결을 유지한다는 점을 이용한 공격기법으로 클라이언트는 서버 쪽으로 대량의 데이터를 1바이트 수준으로 계속 적은 용량을 장기간 나누어서 전송한다. 이 공격기법을 무엇이라고 하는가?

① Blind SQL Injection
② Slow HTTP Post Dos
③ Stateless HTTP DDoS
④ SYN Flooding DoS

005   난이도 ★★☆☆☆

SET 프로토콜은 OSI 7계층 중 어느 레벨에서 동작하는 것인가?

① 애플리케이션 계층(Application Layer)
② 세션 계층(Session Layer)
③ 트랜스포트 계층(Transport Layer)
④ 데이터링크 계층(Data Link Layer)

006   난이도 ★★★☆☆

다음 중 데이터 유출방지(DLP: Data Loss Prevention) 솔루션의 종류와 가장 관련이 없는 것은 무엇인가?

① Network DLP
② Server DLP
③ Endpoint DLP
④ Hybrid DLP

007   난이도 ★★★☆☆

당신이 관리하는 A 웹 서버의 시스템 관제 솔루션은 다양한 지표를 등록하여 관리하고 있다. 해당 지표 중 다음 명령어의 값을 실시간으로 관리하고 있으며 특정 임계점 이상으로 증가하면 Warning, Alert 등으로 경고하도록 알림 설정했다. 그렇다면, 다음 명령어로 관리되는 지표는 무엇에 대응하기 위한 것으로 볼 수 있는가?

```
" netstat -an | grep SYN | wc -l "
```

① Tear Drop Attack
② SYN Flooding Attack
③ SQL Injection Attack
④ Ping of Death Attack

008   난이도 ★☆☆☆☆

사설 주소(Private IP Address)는 IANA에서 사설망 사용으로 할당된 주소로, 충돌은 존재하지 않으나 인터넷에서는 사용할 수 없는 IP Address다. 다음 중 C Class에 대한 설명으로 가장 적절한 것은 무엇인가?

① C Class: 192.168.0.0 ~ 192.168.0.255
② C Class: 192.0.0.0 ~ 192.255.255.255
③ C Class: 192.168.0.0 ~ 192.168.255.255
④ C Class: 192.168.0.0 ~ 192.167.255.255

009
난이도 ★★☆☆☆

다음 ISO/OSI 모델 중에서 패킷 필터링 방화벽(Packet Filtering Firewalls)이 운영되는 레이어는 어느 계층인가?

① 애플리케이션 레이어(Application Layer) ② 세션 레이어(Session Layer)
③ 네트워크 레이어(Network Layer) ④ 피지컬 레이어(Physical Layer)

010
난이도 ★★★☆☆

다음 중 일반적인 스트리밍을 위한 프로토콜로 가장 관련이 없는 것은 무엇인가?

① RTSP(Real-Time Scanning Protocol) ② RTSP(Real-Time Streaming Protocol)
③ RTP(Real-Time Transport Protocol) ④ RTCP(Real-Time Control Protocol)

011
난이도 ★★☆☆☆

다음 중 데이터 교환방식과 가장 관련이 없는 것은 무엇인가?

① 회선 교환 ② 메시지 교환
③ 패킷 교환 ④ 프레임 교환

012
난이도 ★★★☆☆

다음 중 VoIP에서 제어 및 신호 프로토콜이 올바르게 나열된 것은 무엇인가? 가장 알맞은 답을 선택하시오.

① H.323: UDP만 사용, SIP: TCP만 사용 ② H.323: TCP만 사용, SIP: TCP, UDP 중 선택
③ H.323: TCP만 사용, SIP: UDP만 사용 ④ H.323: UDP만 사용, SIP: TCP, UDP 중 선택

013
난이도 ★★★☆☆

당신은 개인정보처리 대상 담당자이다. 개인정보처리 시스템 간에 공중망을 활용하여 개인정보를 전송하고자 할 때 암호화를 지원하기 위하여 가상 사설망(VPN: Virtual Private Network)을 활용하고자 한다. 다음 중 암호학 관점에서 고려할 때 VPN의 종류와 가장 관련이 없는 것은 무엇인가?

① IPsec VPN 방식 ② SSL VPN 방식
③ SSH VPN 방식 ④ PPTP VPN 방식

014

난이도 ★★☆☆☆

[보기] 내용은 무엇을 의미하는 것인가? 가장 알맞은 답을 선택하시오.

> **보기**
>
> 특정 컴퓨터의 사용자 정보를 볼 수 있는 유닉스 기능으로 해당 명령어를 실행하면 현재 컴퓨터 시스템에 접속해 있는 사용자 로그인 유/무 판별 및 사용자 정보(이름, 마지막 접속 시간, 단말 회선, 단말기 위치 등)을 화면에 출력한다.

① finger 명령어　　　　　② env 명령어
③ sudo 명령어　　　　　　④ whoami 명령어

015

난이도 ★★☆☆☆

[보기]는 어떤 방화벽의 특징인가? 가장 알맞은 것을 선택하시오.

> **보기**
>
> 가. 필터링 속도가 빠르다.
> 나. 비용이 상대적으로 낮다.
> 다. 네트워크 계층에서 동작하므로 클라이언트와 서버에 변화가 없어도 된다.

① 스크리닝 라우터　　　　② 듀얼 홈드 게이트웨이
③ 베스천 호스트　　　　　④ 스크린드 서브넷 게이트웨이

016

난이도 ★★★☆☆

네트워크의 가용성 및 품질, 사용성, 성능 등을 나타내는 지표에는 다양한 항목이 존재한다. 그중에서도 가장 대표적인 지표는 NP(Network Performance), QoS(Quality of Service), QoE(Quality of Experience)가 있는데 이에 대한 설명으로 가장 올바르지 않은 것은 무엇인가?

① Network Performance는 일반적으로 사용자 단말기의 성능을 고려하지 않는다.
② Quality of Service는 시스템과 단말기의 기능/비기능 수준에 따라 결과가 달라질 수 있다.
③ Quality of Experience는 사용자의 객관적이며 주관적인 사용성에 따라 결과가 달라진다.
④ 네트워크 환경이 복잡해지고 변화가 빨라지면서 QoE보다 QoS의 가치가 중요해지고 있다.

017 난이도 ★★★☆☆

각 애플리케이션과 네트워크 경계선을 통과하는 모든 트래픽에 대한 안전한 액세스 제어기능을 내부 사용자들에게 제공하고 발신주소와 수신주소를 모두 세밀하게 조사하며 각 애플리케이션의 연결상태를 추적하여 보안기능을 관리하는 기법은 무엇인가? 가장 알맞은 답을 선택하시오.

① CBAC(Context-Based Access Control)
② CBAC(Channel-Based Access Control)
③ CNBC(Connectionless-Network Control)
④ CHBC(Challenge Handshake Access Control)

018 난이도 ★★★★☆

[보기]는 TCP 세션에서 발생하는 문제에 대한 설명이다. [보기]의 내용과 가장 관련성이 있는 것은 무엇인가?

> **보기**
>
> 가. 스위치 패브릭에서 입력 포트에서 패킷이 출력 포트로 전달되지 못하고 대기하고 있는 현상
>
> 나. 두 개 이상의 입력 포트에서 동일 포트로 전송을 시도할 경우에는 경합이 발생하여 1개 포트는 잠시 대기 필요
>
> 다. 입력 포트에서 출력 포트로 패킷을 전달할 때, FIFO 방식으로 하게 되는데 만약 해당 큐(Queue)에 앞선 패킷이 다른 포트와의 경합으로 인해서 큐(Queue) 뒤쪽의 목적지 포트가 통신이 가능한 상태임에도 불구하고 정상적으로 전송되지 않도록 하는 것

① VOQ(Virtual Output Queue)
② HOLB(Head of Line Blocking)
③ MSS(Maximum Segment Size)
④ WSCALE(Window Scale Factor)

019 난이도 ★★★★☆

[보기]의 내용은 무엇과 가장 관련성이 있는가?

> **보기**
>
> 분산 객체 기술의 표준 아키텍처로써 급속도로 팽창하고 있는 하드웨어와 소프트웨어 제품들 사이에 필요한 호환성에 대해 객체관리그룹(OMG)이 제시하고 있는 방식이다. 애플리케이션들이 운영되는 시스템의 위치나 애플리케이션을 제작한 툴과는 관계없이 서로 의사소통이 가능하다. 보통 초창기 'SOA(Service Oriented Architecture)'라고 불리며, 장점은 결함허용성과 고가용성이 존재하지만, 명령어가 표준화되지 않았다는 단점이 있다. 분산 객체 시스템은 분산되고 이종으로 상호작용하는 객체들의 컬렉션(Collection)을 허용한다.

① JAVARMI
② DCOM
③ CORBA
④ COBRA

020

난이도 ★★★☆☆

방화벽의 주요 기능인 IP와 Port 기반의 필터링 정책은 블랙리스트 필터링과 화이트리스트 필터링으로 분류할 수 있다. 다음 중 이 두 가지 기법을 설명한 것으로 올바르지 않은 것은 무엇인가?

① 블랙리스트 필터링은 해당하는 IP, Port를 차단 또는 허용한다.
② 화이트리스트 필터링은 해당하는 IP, Port를 제외하고 전체를 차단 또는 허용한다.
③ 블랙리스트 필터링은 통제 대상이 많을수록 관리가 용이하다.
④ 화이트리스트 필터링은 상대적으로 강력한 방화벽 정책이다.

021

난이도 ★★★★★

[보기]는 WPA3에 관한 설명이다. [가]와 [나]에 들어갈 말로 적절한 것은 무엇인가?

> **보기**
>
> 현재 주류를 이루는 와이파이 보안 표준인 WPA2를 보강한 WPA3가 2018년에 발표됐다. WPA3는 Personal용과 Enterprise용으로 나뉘는데, 개인용 WPA3는 WPA2에서의 PSK를 대체하여 SAE라는 프로토콜을 사용한다. 이 WPA3-SAE는 [가]라는 별명으로 불린다. [가]의 특징은 암호 크랙이 거의 불가능하다는 것이다. 그런데 최근에 [가]의 암호를 깨트릴 수 있는 취약점이 발견됐다. 이를 발견한 연구팀은 [나]라고 명명하였다. 이 취약점을 이용해 와이파이 암호를 알아내면 네트워크 내부로 침투할 수 있으며 공유 폴더, NAS 등에 저장된 자료에 접근할 수 있고 추가적인 해킹을 위한 발판도 된다. 또한 암호화된 https 통신이 아닌 경우에는 그 내용도 엿볼 수 있는데 로그인 정보, 신용카드 정보 등 민감한 것들도 포함된다.

① 가: Dragonball, 나: DragonKnight
② 가: Dragonfly, 나: Dragonblood
③ 가: Dragonknight, 나: Dragonball
④ 가: Draonblood, 나: Dragonfly

022

난이도 ★★★★☆

보안담당자의 입장에서 IPSec VPN, SSL VPN, SSH VPN, SSTP VPN 방식 중, [보기]의 환경과 가장 적절한 VPN을 선택하시오.

> **보기**
>
> 1. VPN 서버 부하가 낮아야 한다.
> 2. NAT 통과가 어려워야 한다.
> 3. 확장성을 고려, 특정 기업에 종속되면 안 된다(예: 윈도우).

① SSTP VPN 방식
② IPsec VPN 방식
③ SSL VPN 방식
④ SSH VPN 방식

023
난이도 ★★★☆☆

다음 중 침입차단 시스템의 기능과 가장 관련이 없는 것은 무엇인가?

① 접근 통제
② 에러 보정
③ 감사 추적
④ 식별 및 인증

024
난이도 ★★★☆☆

파일 전송 프로토콜(FTP: File Transfer Protocol)은 보안 프로토콜로 계획되지 않았기 때문에 수많은 보안 취약점이 존재한다. 이와 가장 관련이 없는 것은 무엇인가?

① 무차별 대입 공격
② FTP 바운스 어택
③ 스푸핑 공격
④ 서비스 거부 공격

025
난이도 ★★★☆☆

포트 스캐닝(Port Scanning) 기법 중에서 서버에 흔적을 남기지 않는 기법을 스텔스 스캔이라고 하며 주로 비정상적인 헤더 플래그로 변조하여 스캔을 수행한다. 스텔스 스캔 기법 중에서 플래그를 전부 비운 상태로 보내는 기법 A와 플래그를 전부 채워서 보내는 기법 B는 각각 무엇인가?

① A: NULL Scan, B: XMAS Scan
② A: Half Open Scan, B: Full Scan
③ A: FIN Scan, B: Full Scan
④ A: NULL Scan, B: Full Scan

026
난이도 ★★★★☆

[보기]의 빈칸에 들어갈 내용으로 가장 알맞은 정답을 선택하시오.

> **보기**
>
> [   ]는 라우팅 경로 설정을 위한 요소를 거리와 방향에 중점을 두고 만들어진 라우팅 알고리즘이다. Hop 수를 기준으로 최적 경로를 설정한다. 이는 인접 라우터와 정보를 공유하여 목적지까지의 거리와 방향을 결정하는 라우팅 프로토콜 알고리즘으로써 벨만-포드(Bellman-Ford) 알고리즘을 사용한다.

① Distance Vector Routing

② Link State

③ OSPF(Open Shortest Path First)

④ IS-IS(Intermediate System to Intermediate System)

027 난이도 ★★★★☆

Bluetooth Smart(Low Energy) Security 모델 안에는 주요한 다섯 가지 보안이 포함된다. 그렇다면 다음 중 가장 관련이 없는 것은 무엇인가?

① Pairing
② Bonding
③ Encryption
④ Device Accountability

028 난이도 ★★★☆☆

HTTP Request를 요청한 후 웹 서버에서 클라이언트로 전송하는 응답 코드를 HTTP Response Code라고 한다. 이 코드 중에서 클라이언트가 요청한 페이지에 읽기/쓰기/실행 등 권한이 없을 경우 또는 디렉터리 리스팅이 제한되는 경우 등의 상황에 나타나는 응답 코드는 무엇인가?

① 202
② 401
③ 403
④ 500

029 난이도 ★★☆☆☆

네트워크 관리 시스템(NMS: Network Management System)은 컴퓨터 네트워크 또는 디바이스를 모니터링하고 관리하는 데 사용하는 하드웨어와 소프트웨어의 조합을 총칭한다. 그렇다면 NMS의 관리 기능과 가장 관련 없는 것은 무엇인가?

① 방화벽 관리(Firewall Management)
② 구성 관리(Configuration Management)
③ 장애 관리(Fault Management)
④ 보안 관리(Security Management)

030 난이도 ★★★☆☆

다음 중 내부 게이트웨이 프로토콜(IGP: Interior Gateway Protocol)에 속하지 않는 프로토콜은 무엇인가?

① IS-IS
② RIP
③ BGP
④ OSPF

031

난이도 ★★★★☆

QoS(Quality of Service)는 사용자 또는 애플리케이션에 대해 중요도에 따라 서비스 수준을 차등화하여 한정된 네트워크 대역폭에서 트래픽을 정책적으로 관리하는 제반 기술 및 개념이다. 단순히 한정된 대역폭을 늘려 네트워크 체감속도를 증가시키는 것이 아니라 대역폭과 그 안에서 발생하는 트래픽을 모니터링과 분석을 통해 효과적으로 제어, 관리하여 궁극적으로 정책 기반의 네트워크를 구성하고 네트워크 관리방식의 체질을 개선하는 것을 의미한다. 다음 중 QoS가 제공하는 기능과 가장 관련이 없는 것을 선택하시오.

① 프로토콜, 주소 및 포트 번호를 기준으로 트래픽 간의 우선순위를 정한다.

② 디바이스에서 전송 또는 수신이 허용되는 대역폭을 제어한다.

③ 디바이스가 스케줄러 우선순위를 기준으로 가장 높은 우선순위의 트래픽을 보내도록 정체를 제어한다.

④ 패킷의 중간자 공격(MITM)을 감시하여 일정한 대역폭 이상의 병목 현상 시 트래픽을 제어한다.

032

난이도 ★★★★☆

ISO/IEC 10040 표준에서는 네트워크 통신 모델링 및 네트워크 관리에 관련된 기본 과업을 5가지로 정의했다. 다음 중 그 과업 범위와 가장 관련 없는 것은 무엇인가?

① 보안 관리(Security Management)

② 결함 관리(Fault Management)

③ 구성 관리(Configuration Management)

④ 품질 관리(Quality Management)

033

난이도 ★★★☆☆

다음 중 SOAP(Simple Object Access Protocol)의 특징과 가장 관련이 없는 것은 무엇인가?

① SOAP은 플랫폼에 독립적이다.

② SOAP은 확장이 가능하다.

③ SOAP은 프로그래밍 언어에 종속적이다.

④ SOAP을 사용한 HTTP는 프록시와 방화벽에 구애받지 않고 쉽게 통신 가능하다.

034

난이도 ★★☆☆☆

[보기] 상황의 경우 가장 좋은 VPN 솔루션은 어떤 방식인가?

> **보기**
>
> 지구 온난화의 영향으로 유럽 쪽에 전염병이 확산되고 있다. 이에 전에 컨설팅을 요청하였던 Butterfly Co., LTD. 회사의 경영진이 당신을 이사회에 추천하였고 이에 유럽 쪽 법인에 제안을 요청하였다. 당신은 팬데믹으로 인해 유럽 쪽 회사에 가는 것을 희망하지는 않았으나 당신의 컨설팅 회사에서 성공적으로 프로젝트를 수행할 경우 자녀들을 미주 쪽에 유학을 보내주는 조건으로 당신을 결국 이를 승낙하였다. 유럽 쪽 법인에 가보니 제일 시급한 과제는 사람들이 재택근무하도록 제안하는 것이었다. 이는 전염병 확산을 부가적으로 막고 또한 Butterfly Co., LTD. 회사의 전체 매출의 46%의 영업이익을 확보하는 방법이었다. 이러한 상황으로 볼 때 당신은 Butterfly Co., LTD. 본사와 유럽을 어떻게 연동시킬 것이며 어떠한 방향으로 유럽법인의 모든 인력을 재택근무를 시킬 것인가?

① SSTP VPN 방식
② IPsec VPN 방식
③ SSL VPN 방식
④ MPLS VPN 방식

035

난이도 ★★☆☆☆

다음 중 1세대 방화벽인 패킷 필터 방화벽의 문제점이 아닌 것은 무엇인가?

① FTP의 능동적/수동적 데이터 세션 등 복잡한 파생 세션을 별도의 추가 정책 없이 모두 처리할 수 있지만 비용이 많이 든다.

② 모든 패킷이 모든 정책에 해당하는지 검사하므로 정책이 많아질수록 처리 속도가 느려진다.

③ 돌아오는 패킷을 허용하는 정책으로 인해 보안이 취약해질 수 있다.

④ FTP와 같이 파생 세션을 만드는 일부 프로토콜을 지원하기 위해 모든 포트를 다 열어야 할 수도 있다.

036

난이도 ★★☆☆☆

다음 중 보안관제(Security Operation Service)에서 수행하는 역할과 가장 관련이 없는 것은 무엇인가?

① 보안 사고의 정황을 파악한다.

② 보안 사고의 증거를 수집한다.

③ 증거를 수집하여 공격 여부를 판단한다.

④ 공격 여부를 판단한 후, 통제의 효과성을 측정하여 이사회(BoD: Board of Director)에게 보고한다.

037
난이도 ★★★☆

해커는 A 기업의 임직원 PC에서 사용하는 DNS 서버에 분산 서비스 거부 공격(DDoS)을 수행해서 DNS 서비스를 지연시키고 동시에 공격하고자 하는 A 기업의 P 임원 PC의 DNS 질의를 가로채어 해커가 미리 준비한 다른 DNS 서버로 우회시켰다. 이를 통해 P 임원은 정상적인 사이트로 접근한 것으로 인지를 했었으나 실제로는 악성 코드에 감염된 사이트로 접근하게 되어 PC에 악성 코드가 설치되었다. 이와 같은 공격 방법을 무엇이라고 하는가?

① Dynamic DNS
② DNS Hooking
③ DNS Spoofing
④ Distributed DNS Attack

038
난이도 ★★★☆

다음 중 IPv4와 가장 관련이 없는 것을 선택하시오.

① 크게 고정 부분(20 Byte)과 가변 부분(0~최대 40 Byte)이 있다.
② IPv4 주소 절약을 위한 주요기술로는 CIDR, NAT, VLSM, Subnetting, DHCP 등이 있다.
③ 호스트가 IP 주소를 얻기 위해서 사용되는 프로토콜은 RARP, BOOTP, DHCP 등이 있다.
④ 단편화(IP Fragmentation)가 되면 중간 라우터에서 재조립(Reassembly)을 수행하여 목적지에서 취합하는 시간을 줄여준다.

039
난이도 ★★★☆

다음 중 양자 암호통신의 특징과 가장 거리가 먼 것을 선택하시오.

① 중간에서 도청이나 복사가 불가능하다.
② 암호를 모르면 반드시 초기화 작업을 수행해야 한다.
③ 양자를 다루기가 극히 어려우며 복사나 도청이 불가능하다.
④ 0이나 1 이외에도 두 숫자가 중첩된 상태로 전송할 수 있다.

040
난이도 ★★★☆

다음 중 개인정보암호화를 위해 VPN을 활용할 때의 장점과 가장 관련이 없는 것은 무엇인가?

① 유연성
② 접근 제어
③ 재전송 방지
④ 기밀성

041
난이도 ★★★★☆

다음 중 FTP 바운스 공격(FTP Bounce Attack)의 방지법으로 가장 관련이 없는 것은 무엇인가?

① FTP의 원래 규약은 인정하되 다른 서비스가 20번 포트 접속을 요청하면 거절한다.

② 최신 버전의 FTP를 설치한다.

③ FTP가 자료를 전송할 때 1024번보다 낮은 포트로 접속하지 않는다.

④ 미러링 시에는 반드시 유명한 FTP나 신뢰할 수 있는 사이트의 자료를 미러링해오는 것이 좋다.

042
난이도 ★★☆☆☆

당신이 컨설팅하는 Butterfly Co., LTD.라는 회사는 개인정보 관련하여 인터뷰를 수행한 결과, 경영진이 상당히 민감하게 반응하고 있다. 그 이유를 알아보니 전임 네트워크 및 데이터베이스 구축 담당자가 실력과 경험이 부족하여 유럽의 고객정보를 잘못 처리했고 유럽의 개인정보보호규정(GDPR: General Data Protection Regulation)에 의거해 과징금이 발생했기 때문이다. 이에 경영진은 당신에게 비용과 관계없이 이슈 없는 시스템을 구축하라고 요청했다. 이러한 상황에서 당신은 어떠한 방향으로 시스템을 제안할 것인가?

① 별도 전용회선을 구축

② IPsec VPN 방식

③ SSL/SSH VPN 방식

④ 공중망+암호화+방화벽 방식

043
난이도 ★★★★☆

TCP SYN Scan을 이용해서 서버에 특정 포트가 열려있는지 탐색하고자 한다. TCP SYN Scan으로 OOO 포트를 탐색했을 때, 포트가 열려있을 경우와 닫혀있을 경우 서버로부터 받는 회신 패킷은 각각 무엇인가? 가장 알맞은 답을 선택하시오.

① SYN+ACK, RST+ACK

② RST+ACK, SYN+ACK

③ SYN+ACK, RST

④ RST, RST+ACK

044
난이도 ★★☆☆☆

TCP와 UDP에서 사용하는 포트 정보는 임의로 사용할 수 없도록 IANA(Internet Assigned Numbers Authority) 및 ICANN(Internet Corporation for Assigned Names and Numbers)에서 지정한 포트의 범위가 존재한다. 이 중에서 Well Known Port로 지정된 범위는 무엇인가?

① 1~1023

② 1~2048

③ 0~1023

④ 0~65535

045

난이도 ★★★☆☆

ICMP Redirect와 ARP Redirect 공격은 희생자의 어떤 정보를 변조시키는 공격인가? 가장 알맞은 답을 선택하시오.

① ICMP: 라우팅 테이블, ARP: 라우팅 테이블

② ICMP: 라우팅 테이블, ARP: ARP Cache 테이블

③ ICMP: ARP Cache 테이블, ARP: 라우팅 테이블

④ ICMP: ARP Cache 테이블, ARP: ARP Cache 테이블

046

난이도 ★★★☆☆

[보기]에서 암호화 키 분배 시스템(Cryptographic Key Distribution System)에서 사용하는 키 A와 B는 무엇인가?

> **보기**
>
> 가. 가입자 두 명, 즉 아이유와 유인나는 커베로스와 통신하기 위해서 각자의 [A]를 가지고 있다.
>
> 나. 아이유가 키 분배 센터에 자신의 인식 정보와 아이유가 유인나에 연결하기 위해서 [B]를 요구한다.
>
> 다. 키 분배 센터는 아이유의 [A]로 아이유와 유인나에게 [B]와 상대의 신원정보를 암호화하여 배포한다.
>
> 라. 아이유는 [B]를 이용하여 자신의 인식정보와 난수를 암호화하여 유인나에게 전송한다.
>
> 마. 유인나는 [B]를 이용하여 자신의 인식정보와 난수를 암호화하여 아이유에게 전송한다.

① A: 마스터 키, B: 세션 키   ② A: 공개 키, B: 세션 키

③ A: 마스터 키, B: 비밀 키   ④ A: 개인 키, B: 공개 키

047

난이도 ★★★☆☆

스크리닝 라우터는 어떤 데이터를 기반으로 패킷 필터링을 수행하는지 가장 알맞은 답을 선택하시오.

① 번역된 소스 목적지 주소   ② 역변환 목적지 주소

③ 소스 및 목적지 포트 번호   ④ 소스 및 목적지 주소, 응용 프로그램 데이터

048

난이도 ★★★☆☆

분산 서비스 거부 공격(DDoS: Distributed Denial of Service) 기법 중에 하나이며, 공격자는 목표 시스템의 IP로 발신지 IP를 변조한 ICMP(Ping Message)를 브로드캐스트한다. 이렇게 발송된 다수의

ICMP 패킷에 대해서 수많은 노드가 목표 시스템으로 회신하면서 해당 시스템의 서비스에 영향을 끼치게 되는 공격 기법은 무엇인가?

① Ping of Death
② Mail Bomb
③ Mirai Botnet
④ SMURF

049
난이도 ★★★☆☆

다음 중 일반적인 방화벽 필터링의 종류와 가장 관련이 없는 것은 무엇인가? 가장 거리가 먼 것을 고르시오.

① 인그레스 필터링(Ingress Filtering)
② 이그레스 필터링(Egress Filtering)
③ 블랙홀 필터링(Blackhole Filtering)
④ 화이트홀 필터링(White Hole Filtering)

050
난이도 ★★★★☆

현재 와이파이(Wi-Fi) 보안 표준의 주류인 WPA2를 대체할 WPA3가 2018년 1월 발표됐고, 이제 제조사들의 지원이 시작됐다. 다음 중 WPA3의 특징과 가장 관련이 없는 것은 무엇인가?

① WPA3-SAE: WPA2-PSK는 WPA3-SAE로 바뀌었으며 로그인 시 네트워크와의 상호작용을 요구한다.
② Easy Connect: IoT 기기를 위해 간편 연결을 지원하며 화면이 없는 기기도 QR 코드를 이용해 연결이 가능하다.
③ Individualized Data Encryption: 개방형 네트워크에서도 안전하게 인터넷을 이용할 수 있다. 이는 접속 인증을 위한 암호를 입력하지 않아도 통신 내용은 자동으로 암호화가 되므로 보다 안전하다.
④ WPA3 Enterprise: 기업이나 정부 기관 같은 중요한 네트워크를 위한 모드로, 256비트 암호화를 지원한다.

051
난이도 ★★★☆☆

다음 중 ad-hoc 네트워킹의 구성 특징과 가장 관련이 없는 것은 무엇인가?

① ad-hoc 네트워크에서 주로 사용하는 방식은 비밀키 접근 방식에 기반한다.
② ad-hoc 네트워크상의 노드는 보안 및 라우팅 기능지원을 백 그라운드 네트워크에 의존한다.
③ 무선 ad-hoc 네트워크란 중앙관리 없이 형성된 네트워크다.
④ ad-hoc 네트워크는 라우팅 알고리즘이 이동성을 직접 처리한다.

052
난이도 ★★☆☆☆

다음 중 IEEE 802.11s의 기술과 가장 관련이 없는 것은 무엇인가?

① QoS 제어 서비스 ② Star 토폴로지 구성
③ 무선랜 라우팅 ④ 네트워크 상태 감시

053
난이도 ★☆☆☆☆

다음 중 밀리미터파의 특징과 거리가 가장 먼 것은 무엇인가?

① 강우나 눈, 구름 등 물방울에 의한 감쇠를 받기 쉽다.
② 높은 동작 주파수 때문에 사용 부품이 대체로 고가다.
③ 안테나 및 송수신 장치의 소형화 및 경량화가 가능하다.
④ 기본적으로 고출력을 사용해야 하므로 고전력이 필요하며 인체에 영향이 크다.

054
난이도 ★★★★☆

다음 중 네트워크 슬라이싱 기술과 가장 관련이 없는 것은 무엇인가?

① 고객 맞춤형 네트워크를 구성하게 해주는 기술이다.
② 하나의 물리적 코어 네트워크를 다수의 독립된 가상 네트워크로 분리한다.
③ 통신 사업자의 서로 다른 시장에서 요구사항 수용이 종속적이다.
④ 네트워크 투자부담을 줄이는 이점을 제공한다.

055
난이도 ★★★☆☆

다음 중 OSI 7 Layer 중의 네트워크 레이어에서 수행하는 내용과 가장 거리가 먼 것은 무엇인가?

① 라우팅 ② 흐름 제어
③ 세그먼테이션 ④ 암호화

056
난이도 ★★★☆☆

다음 중 OSI Layer 3의 L3 스위치의 기능으로 가장 관련이 없는 것은 무엇인가?

① 라우터 처리 기능 ② 패킷 포워딩 과정
③ L3 스위칭의 역할 ④ 로드밸런싱 기능

057   난이도 ★★★★☆

다음 중 단파(HF) 통신의 특징과 주파수를 주·야간 및 계절별로 다르게 사용하는 이유와 가장 관련이 없는 것은 무엇인가?

① 단파는 주파수가 3MHz~30MHz 정도인 전자기파를 말하며 파장을 기준으로 SW(Short Wave), 주파수를 기준으로 HF(High Frequency)라고 한다.

② 단파는 파장이 짧아 지표파를 이용한 전파는 감쇠가 심하여 거의 실용성이 없으며, 해양, 항공, 이동 통신용으로 사용되나 간섭에 약해 통신 품질은 열악하다.

③ 단파를 반사시키는 전리층의 전자밀도가 태양광의 입사량에 따라서 변화하므로 주간과 야간 또는 계절별로 다른 주파수를 사용하여야 상시 통신이 가능하다.

④ 시간별로 전리층의 상태가 변동이 심하므로, 단파 통신을 상업적으로 이용하기에는 통신의 신뢰성과 통신 품질이 존재한다. 따라서 해커들이 단파통신의 단점을 활용하여 추적이 불가능한 은닉 채널을 주로 수행하기 위해 사용한다.

058   난이도 ★★★☆☆

L4 Switch 장비의 주요한 기능으로 가장 적절하지 않은 것은 무엇인가?

① 애플리케이션 유형에 따른 요청 분기

② Virtual IP를 이용한 둘 이상의 장비를 통합

③ Port 기반으로 Switching 지원

④ 둘 이상의 장비에 대한 Load Balancing 지원

059   난이도 ★★★★★

WLAN(Wireless Local Area Network) 무선 네트워크 환경에서 한 노드가 다른 노드가 활성화되어 있는지를 확인하기 위해서 전송하는 짧은 메시지 형식이다. IEEE 802.11 비콘 프레임 신호인 이것을 무엇이라고 하는가?

① IEEE 802.11ab

② Beamfoarming

③ WiFi MIMO(Multi Input Multi Output)

④ Heart Beat Signal

060

난이도 ★★★★☆

[보기]에 해당하는 내용은 무엇인가?

> **보기**
>
> 와이파이 기기 간의 매끄러운 멀티미디어 콘텐츠 디스플레이를 구현한다. 이것은 사용자가 Wi-Fi 네트워크가 없는 곳에서도 Wi-Fi 기기들 사이에서 무선으로 고해상도 사진, HD 비디오 콘텐츠 등의 멀티미디어를 공유할 수 있도록 해준다.

① 와이파이 콜링(Wi-Fi Calling)
② 와이파이 미라캐스트(Wi-Fi Miracast)
③ 와이파이 헤일로(Wi-Fi Halow)
④ 와이파이 이지메쉬(Wi-Fi EasyMesh)

061

난이도 ★★☆☆☆

다음 중 GPS 시스템의 구성과 거리가 가장 먼 것은 무엇인가?

① 위성 부문
② 지상관제 부문
③ 중계기 부문
④ 사용자 부문

062

난이도 ★★★☆☆

다음 중 이동 ad-hoc 네트워크의 특징과 거리가 가장 먼 것은 무엇인가?

① 고정된 라우터의 기능
② 분산운영 가능
③ 동적인 네트워크 토폴로지
④ 불안정한 링크 특성

063

난이도 ★★★☆☆

가상 사설망(VPN: Virtual Private Network)에 대한 다음 [보기]의 설명은 무엇을 의미하는가?

> **보기**
>
> 가. 터널링 기술에 의해서 기업 및 고객 측이 독자적으로 구축/운용하는 CPE 기반의 VPN과는 다르게 VPN 서비스를 망 사업자(ISP 등)가 직접 제공한다.
> 나. 라벨을 이용하여 데이터를 전송하므로 ATM 셀, IP 패킷 모두 처리 가능하다.
> 다. 3가지 유형이 존재한다.
>   (1) 포인트 투 포인트(슈도와이어)   (2) 레이어 2(VPLS)   (3) 레이어 3(VPRN)
> 라. 고수익을 원하는 서비스 제공자들과 저비용을 원하는 기업들에게 인트라넷(Intranet)과 익스트라넷(Extranet)의 해결책으로서 많은 관심을 끌고 있다.

① IP 기반 VPN
② ATM 기반 VPN
③ 라우터 기반 VPN
④ MPLS 기반 VPN

064
다음 중 VPN(Virtual Private Network)의 보안 프로토콜이 다른 선택사항과 다른 하나는 무엇인가?

① L2F
② ISAKMP
③ SSL
④ IPSec

065
다음 중 침입 탐지 시스템(IDS: Intrusion Detection System)의 유형 분류가 다른 하나는 무엇인가?

① 전문가 시스템(Expert System)
② 상태 전이 분석(State Transition Analysis)
③ 키 스트로크 모니터링(Key Stroke Monitoring)
④ 통계적 접근(Statistical Approach)

066
다음 중 스니핑 방어방법과 가장 관련이 없는 것은 무엇인가?

① 사설망 혹은 가상 사설망(VPN) 적용
② PGP, S/MIME 활용
③ SSL, SSH 적용
④ 백신 업데이트

067
다음 중 HTTP를 이용한 웹사이트 단계별 접속과정을 순서대로 올바르게 나열한 것은 무엇인가?

가. HTTP GET	나. TCP Connection Closing	다. HTTP/X.X OK
라. Rendering	마. TCP Connection Establishing	

① 마→가→다→나→라
② 마→나→가→나→라
③ 마→가→라→나→다
④ 마→나→다→가→라

068

난이도 ★★☆☆☆

다음 중 DNS와 관련해서 단계별 웹사이트 접속과정을 정확한 순서대로 나열한 것은 무엇인가?

| 가. Web Browsing | 나. DNS Query | 다. DNS Response |

① 나→가→다
② 가→나→다
③ 나→다→가
④ 가→다→나

069

난이도 ★★★☆☆

IP(Internet Protocol)에서 데이터는 다수의 라우터를 경과하면서 목적지를 탐색하여 이동한다. 이때, 라우터를 경과할 때마다 값을 1씩 감소시키면서 데이터가 무제한으로 네트워크상에 존재하지 않도록 제어하는 기능을 IPv4에서는 [A]이라 하고 IPv6에서는 [B]라고 정의한다. A와 B에 각각 들어갈 용어는 무엇인가?

① A: TTL(Time to Live), B: Hop Limit
② A: Hop Limit, B: TTL(Time to Live)
③ A: Packet Limit, B: TTL(Time to Live)
④ A: TTL(Time to Live), B: Packet Limit

070

난이도 ★★★★☆

다음 전송오류 제어방식에 대한 설명에 해당되는 기법으로 올바르게 짝지어진 것을 선택하시오.

> **보기**
> 가. 에러가 발생할 경우 송신 측에 통보하지 않음
> 나. 오류정정을 위한 제어 비트가 추가되어 효율이 떨어짐

① 가: FEC(Forward Error Correction), 나: BEC(Backward Error Correction)
② 가: FEC(Forward Error Correction), 나: FEC(Forward Error Correction)
③ 가: BEC(Backward Error Correction), 나: BEC(Backward Error Correction)
④ 가: BEC(Backward Error Correction), 나: FEC(Forward Error Correction)

071   난이도 ★★☆☆☆

NAC(Network Access Control) 솔루션은 기업용 데스크톱에 설치되는 내부 보안 통제의 핵심 기능을 제공한다. 다음 보기 중에서 NAC의 기본기능과 가장 거리가 먼 것은 무엇인가?

① 인가된 MAC과 IP 정보 통제

② 비인가 소프트웨어 설치 통제

③ 기업 정책에 따른 오픈소스 라이선스 통제

④ 외부 저장장치 및 무선 네트워크 통제

072   난이도 ★★★★☆

중앙 인증 서비스(CAS: Central Authentication Service)는 웹용 통합 인증 프로토콜이다. 자격 정보를 한 번만 제공함으로써 사용자가 여러 애플리케이션에 접근할 수 있게 하는 것이 목적이다. 암호와 같은 사용자의 보안 자격 정보에 접근 권한을 제공하지 않아도 웹 애플리케이션들이 사용자를 인증할 수 있도록 한다. CAS라는 이름은 이 프로토콜을 구현하는 소프트웨어 패키지를 가리키기도 한다. 다음 중 CAS 프로토콜의 구성요소와 관련성이 가장 없는 것은 무엇인가?

① 사용자 접근 부여 서비스(UAGS: User Access Grant Service)

② 클라이언트 웹 브라우저

③ 인증을 요청하는 웹 애플리케이션

④ CAS 서버

073   난이도 ★★★★☆

RMI는 원격 메소드 호출로 네트워크상에서 떨어져 있는 객체의 메소드를 투명하게 호출하는 것을 의미한다. 다음 중 RMI 개발 목적과 가장 관련이 없는 것은 무엇인가?

① 자바 런타임 환경에 의해 제공되는 안정성을 유지하기 위해서

② 분산모델을 자바환경으로의 통합

③ 서버에서 애플릿으로 콜백 제공

④ 원격호출의 런타임 시간을 줄이기 위해서

074

난이도 ★★★★★

다음 중 [보기]에 해당하는 내용은 무엇인가?

> **보기**
>
> 유럽의 3세대 이동통신(3G) 기술의 하나로서 W-CDMA를 기술표준으로 하는 이동통신 기술이다. 유럽과 일본 주축의 이동통신 협력기구인 3GPP에 의해 표준화되었으며, 국제전기통신연합(ITU)의 3세대 이동통신 규격인 IMT-2000에서 유럽 쪽을 대변하고 있다. GSM 표준이 성공한 디자인인 것에 대한 영향으로 종종 3GSM으로 불리기도 한다.

① GSM(Global System for Mobile communications)

② UMTS(Universal Mobile Telecommunication System)

③ CDMA2000(Code Division Multiple Access 2000)

④ TD-SCDMA(Time-Division Synchronous CDMA)

075

난이도 ★★★☆☆

HTTP/3가 UDP를 사용하여 기존 프로토콜보다 나아진 점과 가장 관련이 없는 것을 선택하시오.

① 연결 설정 시 지연 감소
② MSS, WSCALE, SACK 기능 활용
③ 흐름 제어의 속도 개선
④ 멀티플렉싱을 지원

076

난이도 ★★★★☆

Wi-Fi Alliance는 2003년부터 Wi-Fi Protected Access® 기술을 통해 개인과 기업이 Wi-Fi 네트워크에서 전송되는 정보의 보안을 강화할 수 있도록 지원해 왔다. Wi-Fi Protected Access 보안 기능은 변화하는 보안 환경에 발맞추어 보다 강력한 보호와 최신 보안을 제공할 수 있도록 끊임없이 발전하고 있다. Wi-Fi Protected Access 보안은 개인(Personal) 및 기업(Enterprise) 네트워크를 위한 솔루션을 포함하고 있다. 다음 중 일반 개인보다는 기업 관점에서 기업 네트워크에 적용해야 할 보안항목과 가장 거리가 먼 것은 무엇인가?

① 인증된 암호화: 256bit Galois/Counter Mode Protocol(GCMP-256)

② FS(Forward Secrecy): 데이터가 전송된 후에 암호가 노출되었더라도 데이터 트래픽을 보호

③ 키 유도 및 확인: 384bit Hashed Message Authentication Mode(HMAC) 및 Secure Hash Algorithm(HMAC-SHA384)

④ 키 설정 및 인증 Key: 384bit Elliptic Curve를 사용한 Elliptic Curve Diffie-Hellman(ECDH) 교환 및 Elliptic Curve Digital Signature Algorithm(ECDSA)

077

난이도 ★★☆☆☆

다음 중 IPSec(Internet Protocol Security)의 특징으로 가장 관련이 없는 것은 무엇인가?

① 인터넷 경유 구간에 일종의 보안 통로인 터널링을 형성해 준다. (Layer 3에서 동작)

② IPSec의 보안구조는 인증 헤더(AH), 보안 페이로드 캡슐화(ESP), 보안 연관(SA)으로 구성된다.

③ ESP+AH는 ESP의 무결성과 AH에 의한 암호화가 모두 적용된다.

④ IPSec의 운영방식은 AH 수송 모드(AH Transport Mode), AH 터널 모드(AH Tunnel Mode), ESP 수송 모드(ESP Transport Mode), ESP 터널 모드(ESP Tunnel Mode)로 나뉜다.

078

난이도 ★★★☆☆

[보기]가 의미하는 것은 무엇인가? 가장 알맞은 답을 선택하시오.

보기
가. 웹 브라우저가 https 프로토콜만을 사용해서 서버와 통신하도록 강제하는 기능
나. 일정 시간(max-age) 동안 [　] 응답을 받은 웹 사이트에 대해서 https 접속을 강제화
다. https 접속이 실패하는 경우 사이트 접근에 실패
라. 헤더의 구성 - [　] max-age=(숫자); includeSubDomains; preload

① ACME(Automated Certificate Management Environment)

② HPKP(HTTP Public Key Pinning)

③ SSH(Secure Shell)

④ HSTS(HTTP Strict Transport Security)

079

난이도 ★★★☆☆

다음 중 전송 계층 보안(SSL: Secure Socket Layer)의 보안 서비스와 가장 거리가 먼 것은 무엇인가?

① 기밀성　　　　　　　　　② 인증
③ 메시지 무결성　　　　　　④ 책임 추적성

080

난이도 ★★★☆☆

악의적인 공격을 시도하는 공격자 Eve는 시스템에 침투하여 내부 직원 A가 서버와 주고 받는 데이터를 엿보는 스니핑(Sniffing)을 시도하려고 하고 있다. 만약 그렇다면 Eve가 스니핑하기 위해서 필요한 작업으로 가장 적합한 것은 무엇인가?

① Eve 노드와 A 노드 사이에 SSL 암호화 적용

② 직원 A의 데스크톱 PC에 DRM 솔루션 우회

③ Eve 노드와 A 노드가 같은 L2 Network 내부에 존재

④ A 노드가 외부 접속 시 접속하는 DNS 서버에 대한 DNS 스푸핑 수행

081

난이도 ★★★★☆

링크 적응(Link Adaption)의 대표적인 구현기술과 가장 관련이 없는 것은 무엇인가?

① 전력 제어(Power Control)　　② 공간 제어(Space Control)

③ H-ARQ　　④ AMC(Adaptive Modulation and Coding)

082

난이도 ★★☆☆☆

다음 중 통신 지연(Communication Latency)이 발생하는 일반적인 사유와 가장 거리가 먼 것은 무엇인가?

① 스니핑 영향: 불법적인 도청(Eeavesdropping)이 발생하면 스니핑을 방지하고자 지연이 발생한다.

② 패킷 크기: 큰 패킷은 작은 패킷보다 왕복(Round Trip)하는 데 시간이 더 걸린다.

③ 신호 강도: 신호가 약할 경우 리피터에 의해서 증폭되어야 하므로 지연이 발생할 수 있다.

④ 저장 액세스 지연: 스위치와 같은 중간 장치에서 패킷을 저장 및 하드 디스크에서 액세스 지연이 발생하면 대기 시간이 길어질 수 있다.

083

난이도 ★★★☆☆

다음 중 DNS 공격의 종류와 거리가 먼 것은 무엇인가?

① DNS 반사(Reflection)　　② DNS 응답(Response)

③ DNS 캐시 중독(Poisoning)　　④ DNS 리소스 소진(Resource Exhaustion)

084

난이도 ★★★☆

[보기]에 해당하지 않는 내용은 무엇인가? 가장 거리가 먼 것을 선택하시오.

> **보기**
>
> IETF는 DNS 프라이버시를 향상시키기 위해 암호화 및 인증을 위한 3가지 프로토콜을 개발했다. 이 접근 방식은 스텁 해결자와 재귀 해결기 간의 DNS 트랜잭션 암호화를 수행한다.

① DNS over TLS

② SDNS(Static DNS)

③ DNS over Datagram Transport Layer Security

④ DNS over HTTPS

085

난이도 ★★★★★

다음 중 REST(Representational State Transfer) 아키텍처에 적용되는 6가지 제한 조건과 가장 관련이 없는 것은 무엇인가?

① 독립성: 서비스는 플랫폼 독립적이어야 하므로, 정의되는 메시지는 특정 기술에 독립적이어야 한다.

② 무상태(Stateless): 각 요청 간 클라이언트의 컨텍스트가 서버에 저장되어서는 안 된다.

③ 계층화(Layered System): 클라이언트는 보통 대상 서버에 직접 연결되었는지, 또는 중간 서버를 통해 연결되었는지를 알 수 없다.

④ 인터페이스 일관성: 일관적인 인터페이스로 분리되어야 한다.

086

난이도 ★★★★☆

다음 중 REST(Representational State Transfer)의 특징으로 가장 해당하지 않는 것은 무엇인가?

① HTTP 프로토콜의 인프라를 그대로 사용하므로 REST API 사용을 위한 별도의 인프라를 구축할 필요가 없다.

② 표준이 정의되어 쉽게 구현할 수 있다.

③ HTTP 표준 프로토콜에 따르는 모든 플랫폼에서 사용할 수 있다.

④ 여러 가지 서비스 디자인에서 생길 수 있는 문제를 최소화하며 서버와 클라이언트의 역할을 명확하게 분리한다.

087
난이도 ★★★☆☆

다음 중 웹서비스의 보안 프로토콜과 가장 관련이 없는 것은 무엇인가?

① CoAP
② SAML
③ XKMS
④ XACML

088
난이도 ★★☆☆☆

VPN(Virtual Private Network) 기술 중 IPSec(IP Security) VPN의 내용과 가장 거리가 먼 것은 무엇인가?

① 2계층(Data Link Layer) VPN 프로토콜

② 데이터 송신자의 인증: 인증 헤더(AH: Authentication Header)

③ 데이터 암호화: ESP(Encapsulating Security Payload)

④ 키 교환: IKE(Internet Key Exchange)

089
난이도 ★★☆☆☆

다음 중 침입방지 시스템(IPS: Intrusion Prevention System)의 필수 기본 조건으로 가장 관련이 없는 것은 무엇인가?

① 방지 능력과 빠른 반응(High-Speed)를 위해 네트워크상(Inline)에 위치한 제품이어야 한다.

② 세션 기반 탐지(Session Aware Inspection) 기능을 갖춰야 한다.

③ 공격 행동방식은 Active 방식(탐지 즉시 대응)이 아니라 Re-active 방식(탐지 후 대응 방식)이어야 한다(경보, TCP Reset, 스위치, 라우터, 방화벽 등과 연계하여 차단).

④ 방화벽 기능뿐만 아니라 응용 프로그램 레벨상에서의 공격도 방어해야 한다.

090
난이도 ★★★★☆

서브네팅(Subnetting)과 슈퍼네팅(Supernetting)의 주요한 차이점과 가장 관련이 없는 것은 무엇인가?

① VLSM은 슈퍼네팅 기술인 반면에 CIDR은 서브네팅 기술이다.

② 거대한 네트워크를 더 작은 하위 네트워크로 나누는 데 사용하는 전략을 서브네팅이라고 한다. 반대로 슈퍼네팅은 여러 네트워크를 단일 네트워크로 병합하는 기술이다.

③ 서브넷 프로세스에는 IP 주소에서 네트워크 부분 비트 증가가 포함된다. 반대로 슈퍼넷에서는 주소의 호스트 부분 비트가 증가한다.

④ 서브네팅을 수행하기 위해 마스크 비트는 기본 마스크의 오른쪽으로 재배치된다. 반대로 슈퍼네팅에서 마스크 비트는 기본 마스크의 왼쪽으로 이동시킨다.

091 난이도 ★★★☆☆

보기는 보안 프로토콜에 대한 설명이다. 다음 중 다른 보안 프로토콜을 설명하는 것은 무엇인가?

① 오직 서버만이 인증할 수 있다.

② http:// 형태다.

③ 각각의 인증서가 필요하다.

④ Telnet, FTP 등 응용(Application) 프로토콜을 지원한다.

092 난이도 ★★★☆☆

S-HTTP 서버 접속 시 shttp:// URL을 사용한다. 보안 프로토콜 중에서 S-HTTP의 기능과 관련이 없는 것은 무엇인가?

① 메시지 무결성　　　　　　　　② 기밀성

③ 책임 추적성　　　　　　　　　④ 발신자 부인 봉쇄

정보(Information)는 기업 및 조직, 단체, 국가의 핵심 자산이며, 정보보안 시스템 구축과 전문역량 강화는 필수 불가결한 항목이라고 할 수 있다. 기업이 다루는 자산과 고객 정보의 양은 날이 갈수록 증가하는 반면에 정보 시스템 인프라와 정보보안 수준은 그에 따라가지 못할 때가 많은 것이 사실이다. 악의적인 공격자에 의해 정보시스템이 파괴되거나 내부 직원에 의해 정보가 유출되는 경우, 기업의 비즈니스 연속성에 단절을 야기하고 고객의 만족도를 저하시키는 결과를 초래한다. 기업은 자산과 고객정보를 보호하기 위해 암호화 및 인증, 접근 제어 등 다양한 기술을 활용해서 무결성, 기밀성, 가용성을 제공해야 한다. 또한 개인정보 보호법 등 주요 컴플라이언스 이슈에 대한 대응도 긴밀하게 처리해야 하므로 개인정보에 대한 이해도 필요하다. 정보보안 영역은 제5장 법규 및 제도와 함께 연계하여 학습하는 것을 추천하며, 여기서 다루는 주요 학습 요점은 다음과 같다.

- 대칭키, 공개키, 해시, 전자서명 등 암호학 관련 기술 이해
- 접근 통제 모델의 특징 및 정보보호 평가 인증제도 이해
- 웜, 바이러스, 트로이목마, 랜섬웨어 등의 공격기법 이해
- 다양한 공격기법에 대한 정보보안 대응 방법 이해
- 개인정보 보호 침해 이슈 및 보안 기술 이해

제 3 장
정보 보안

제3장 정보 보안

→ 정답 082p

001
난이도 ★★★☆☆

안티바이러스 솔루션은 불법 악성 코드를 찾아내기 위해서 여러 가지 기법을 활용하고 있다. 다음 중 이런 기법과 가장 관련이 없는 것은 무엇인가?

① 체크썸(CRC, MD5, SHA1) 활용

② 관리자 루트킷을 활용한 분석

③ 와일드카드(*)를 포함하는(혹은 하지 않은) 고유한 패턴 스트링 활용

④ 파일 위치, 실행 흐름 위치(Execution Flow Geometry) 분석

002
난이도 ★★☆☆☆

[보기]를 읽고 [가]와 [나]에 해당하는 것을 고르시오.

> **보기**
> [가]는 프로그램의 역공학 분석을 어렵게 하기 위해 사용되는 기법으로, 프로그램의 의미(Semantics)를 유지하면서 배치(Layout), 논리(Logic), 자료(Data), 구조(Organization) 등을 변화시켜 자동화된 도구가 분석하기 어렵게 하도록 하는 것을 의미한다. [나]는 원래의 명령어를 가상화시키고 가상화된 코드를 본체에 있는 하드웨어적인 CPU가 처리하는 것이 아니라 개발자가 만든 소프트웨어적인 핸들러가 처리하게 하도록 하는 것을 말한다.

① 가: 코드 역가상화. 나: 코드 역난독화   ② 가: 코드 난독화, 나: 코드 가상화

③ 가: 코드 난독화, 나: 코드 역가상화   ④ 가: 코드 역난독화, 나: 코드 가상화

003
난이도 ★★★★☆

다음 중 바이너리 파일의 악성 페이로드를 숨기기 위한 기법과 가장 거리가 먼 것은 무엇인가?

① Packer   ② Obfuscator

③ Inheritance   ④ Protector

004
난이도 ★★☆☆☆

다음 중 랜섬웨어(Ransomeware)에 대한 대응방법과 가장 거리가 먼 것은 무엇인가?

① 안정적인 보안 제품군을 사용
② 허니팟과 방화벽 리스트 추가
③ 주기적인 백업 데이터
④ 의심스러운 링크 및 첨부 파일 회피

005
난이도 ★★☆☆☆

[보기]에 해당하는 공격은 무엇인가? 가장 알맞은 답을 선택하시오.

> **보기**
> 이 공격은 컴퓨터 중앙처리장치 속도와 입/출력장치 속도가 다른 점을 이용해 Multi-Programming할 때 Checkpoint를 써서 자료를 입수하는 방법이다.

① 터널링 기술(Tunneling Techniques)
② 살라미 기법(Salami Techniques)
③ 비동기성 공격(Asynchronous Attacks)
④ 스위치 재밍 공격(Switch Jamming Attacks)

006
난이도 ★★★☆☆

[보기]에 해당하는 내용은 무엇인가? 가장 알맞은 답을 선택하시오.

> **보기**
> 인터넷 주소 선점과 도메인 불법점유, 도메인 투기 행위, 도메인 선점 등으로 다양하다. 이는 곧 유명한 기업·단체·기관·조직 등의 이름과 같은 인터넷 주소를 투기나 판매 목적으로 선점하는 행위를 말한다. 하지만 공격자들은 이러한 도메인을 통해 크리덴셜 등 민감한 정보를 가로채서 멀웨어를 적극적으로 퍼트리거나 피싱 공격이 노골적으로 진행을 하는 방법으로 사용한다.

① 사이버스쿼팅(Cybersquatting)
② 불법 도메인 점유(Domain Unlawful Occupation)
③ 사이버바벨(Cyberbarbel)
④ 크리덴셜 스터핑(Credential Stuffing)

007
난이도 ★★★☆☆

다음 중 데이터 암호화의 유형과 가장 관련 없는 것은 무엇인가?

① 방화벽 계층의 데이터 암호화
② DBMS Procedure 계층의 데이터 암호화
③ 네트워크 계층의 데이터 암호화
④ Business Application 계층의 데이터 암호화

008 난이도 ★★☆☆☆

다음 중 DDoS 주요 공격 유형으로 가장 거리가 먼 것은 무엇인가?

① 대역폭 공격
② 웹 취약점 공격
③ 응용계층 공격
④ 자원고갈 공격

009 난이도 ★★★☆☆

다음 중 보안담당자 입장에서 레터럴 무브먼트(Lateral Movement) 대응방법과 가장 거리가 먼 것은 무엇인가?

① 허니팟
② 네트워크 분리
③ 인증정보 보호 및 변경
④ VPN(Virtual Private Network)

010 난이도 ★★☆☆☆

[보기]의 공격은 어떤 방법을 사용한 것인가? 가장 알맞은 내용을 선택하시오.

보기

목표 사이트에 응답 패킷의 트래픽이 넘쳐서 다른 사용자로부터 접속을 받아들일 수 없게 만드는 것이다. IP 주소에는 한 번에 여러 주소를 모아 문의할 수 있는 브로드캐스트 주소(Broadcast Address)라는 것이 준비되어 있다. 이 주소에 목표 사이트에서 발신된 것처럼 IP 주소를 위조하여 핑(ping) 패킷을 발신하면 여러 서버에서 목표에 대하여 일제히 응답 패킷이 되돌아온다. 목표 사이트는 이 응답 패킷의 트래픽이 넘쳐서 다른 사용자로부터 접속을 받아들일 수 없게 된다.

① SYN Flood Attack
② Smurf Attack
③ Ping of Dead Attack
④ Denial of Service(DOS) Attack

011 난이도 ★★☆☆☆

[보기]는 PKI(Public Key Infrastructure)의 구성요소 중 하나를 설명한 것이다. [보기]와 관련된 내용은 무엇인가?

보기

가. 사용자 신분 확인 후 사용자 공개키에 대한 소유 증명을 해주는 제3의 신뢰기관이다.

나. 소유 증명은 인증기관의 전자서명으로 이루어지며, 최종적으로 인증서라는 형식으로 나타난다.

다. 사용자의 인증서에는 인증기관의 전자서명이 포함되어 있고, 사용자의 인증서 검증과정은 인증기관의 전자서명 검증과정을 포함하고 있다.

① 인증기관(CA: Certification Authority)   ② 등록기관(RA: Registration Authority)

③ 검증기관(VA: Validation Authority)   ④ 정책승인기관(PAA: Policy Approval Authority)

012   난이도 ★★★★☆

평문과 암호문에 관련된 공격은 여러 가지가 존재한다. [보기]와 관련된 공격은 무엇인가? 가장 알맞은 답을 선택하시오.

> **보기**
> 차례로 선택된 평문에 대한 암호문 획득 가능 시 복호화 키를 찾는 공격이다. 공격자가 지속해서 원하는 평문에 대한 암호문을 얻어낼 수 있다는 전제하에 수행 가능한 공격이다. 공격자가 평문과 암호문의 짝을 이용해서 복호화 키를 알아내는 공격이다.

① 기지 평문 공격(KPA: Known-Plaintext Attack)

② 선택 평문 공격(CPA: Chosen-Plaintext Attack)

③ 적응 선택 평문 공격(CPA2: Adaptive Chosen-Plaintext Attack)

④ 적응 선택 암호문 공격(CCA2: Adaptive Chosen-Ciphertext Attack)

013   난이도 ★☆☆☆☆

잔존 데이터(Data Remanence)의 일반적인 삭제 유형과 가장 거리가 먼 것은 무엇인가? 다음 중 가장 관련이 없는 것을 선택하시오.

① 클리어링(Clearing)   ② 오버라이팅(Overwriting)

③ 퍼징(Purging)   ④ 디스트럭션(Destruction)

014   난이도 ★☆☆☆☆

비즈니스 연속성 계획(BCP)을 테스트하기 위한 가장 중요한 목적은 무엇인가? 다음 중 가장 알맞은 답을 선택하시오.

① 조직원들이 비즈니스 연속성 계획에 익숙하게 만들기 위해

② 통제에 대한 테스트를 수행하여 잔존위험을 파악하기 위해

③ 모든 잔존위험을 파악하여 대응하기 위해

④ 비즈니스 연속성 계획의 한계성을 식별하기 위해

015   난이도 ★★☆☆☆

당신의 회사는 영업이익을 위한 전략적 요충지 차원에서 해변 도시에 있다. 얼마 전 심해에서 큰 지진이 발생하여 쓰나미가 발생할 우려가 있다고 보도되었다. 만약 이러한 재해 상황에서 트랜잭션의 가용성을 보장할 수 있는 가장 좋은 방법은 무엇인가? 가장 적절한 것을 고르시오.

① 실시간으로 트랜잭션을 오프사이트 저장소로 보낸다.

② 오프사이트로 매일 트랜잭션이 담긴 디스크 저장장치를 보낸다.

③ 회사 내 여러 개의 저장소에 트랜잭션을 보관한다.

④ 회사가 아닌 담당자의 집에 매일 트랜잭션을 보내서 분산시켜 저장한다.

016   난이도 ★★☆☆☆

당신은 은행에서 거래처로 계약대금을 이체하고 있었다. 한창 온라인 거래가 진행되며 데이터베이스에 전기되고 있을 때, 갑자기 처리가 중단되었다. 이 경우 거래 처리의 무결성은 다음 중 무엇에 의해서 가장 잘 보장된다고 볼 수 있는가?

① 타당성 검사　　　　　　　　　　② Commit and Rollback

③ 준거성 테스트　　　　　　　　　④ 입력 및 출력 통제

017   난이도 ★★★★☆

다음 중 스피어피싱 공격 시도를 차단하기 위한 이메일 표준 방법으로 가장 적절하지 않은 것은 무엇인가?

① DKIM(Domain Keys Identified Mail)

② SPF(Sender Policy Framework)

③ SPoO(Sender Proof of Origin)

④ DMARC(Domain-based Message Authentication, Reporting and Conformance)

018   난이도 ★☆☆☆☆

다음 중 정보보안 시간별 통제 순서로 가장 올바르게 나열된 것은 무엇인가?

① 예방→탐지→교정　　　　　　　② 교정→탐지→예방

③ 예방→교정→탐지　　　　　　　④ 탐지→교정→예방

019 난이도 ★☆☆☆☆

정보보안 관점에서 봤을 때, 다음 중 사건 발생으로부터 우회하여 회피하는 문제를 위한 통제와 가장 관련성이 높은 것은 무엇인가?

① 저지 통제(Deterrent Control)
② 탐지 통제(Detective Control)
③ 교정 통제(Corrective Control)
④ 예방 통제(Preventive Control)

020 난이도 ★★★★☆

Adaptive Key Derivation Function은 다이제스트를 생성할 때 솔팅(Salting)과 키 스트레칭(Key Stretching)을 반복하며 솔트와 패스워드 외에도 입력값을 추가하여 공격자가 쉽게 다이제스트를 유추할 수 없도록 하고 보안의 강도는 선택할 수 있도록 한다. 그렇다면 다음 중 Adaptive Key Derivation Function과 관련이 없는 함수는 무엇인가?

① PBKDF2
② bcrypt
③ strcpy
④ scrypt

021 난이도 ★★★☆☆

[보기]는 무엇을 의미하는 것인가? 가장 알맞은 답을 선택하시오.

> **보기**
> 입력한 패스워드의 다이제스트를 생성하고, 생성된 다이제스트를 입력값으로 하여 다시 다이제스트를 생성하며, 또 이를 반복하는 방법으로 다이제스트를 생성할 수 있다. 이렇게 하면 입력한 패스워드를 동일한 횟수만큼 해시해야만 입력한 패스워드의 일치 여부를 확인할 수 있다.

① 키 스트레칭(Key Stretching)
② 무차별 대입 공격(Brute-force Attack)
③ 레인보우 공격(Rainbow Attack)
④ 패스워드 솔팅(Password Salting)

022 난이도 ★★★★☆

[보기]는 무엇을 의미하는가? 가장 알맞은 답을 선택하시오.

> **보기**
> 초기 단계 공격의 신호를 제공하는 비정상적인 동작을 탐지하기 위해서 사용자 및 대상 동작 분석을 조직의 사용자, 네트워크 및 엔드포인트 데이터에 적용한다. 데이터와 위협 인텔리전스 및 비즈니스 컨텍스트의 상관관계를 파악하여 데이터 침해로 이어지기 전에 사전에 악의적인 활동을 찾아낸다. 첨단 머신 러닝 기술과 통계 모델을 사용하면 보안 팀에서 다른 솔루션으로는 불가능한 악의적인 활동까지 신속하게 탐지할 수가 있다.

① 보안 이벤트 관리(SEM: Security Event Management)

② 보안관제 침해대응 자동화 플랫폼(SOAR: Security Orchestration, Automation and Response)

③ 보안 사고 대응 플랫폼(SIRP: Security Incident Response Platforms)

④ 사용자 및 엔티티 행동분석(UEBA: User and Entity Behavior Analytics)

023 난이도 ★★★☆☆

중간자 공격(MITM: Man-In-The-Middle Attack)은 어떨 때 발생할 수 있는가? 가장 알맞은 답을 선택하시오.

① 대칭키에서 키가 유출되면서 발생

② 생일 패러독스를 활용하여 메시지 충돌 쌍을 찾아낼 경우 발생

③ 공개키를 검증 없이 수용하는 경우 발생

④ Triple DES에서 암호화-복호화-암호화 순서를 잘못 수행해서 발생

024 난이도 ★★☆☆☆

다음 중 전자서명 알고리즘과 가장 관련 없는 것은 무엇인가?

① RSA   ② ElGamal   ③ HAVAL   ④ Schnorr

025 난이도 ★★★☆☆

다음 중 OWASP의 Insecure Deserialization의 대응방안과 가장 거리가 먼 것은 무엇인가?

① Java 코드 구현 시 상속받은 인터페이스 내에 사용하지 않는 함수는 삭제하여 함수가 재정의 실행되는 것을 차단하여야 한다.

② 취약점이 해결된 최신 버전의 라이브러리를 다운로드받아서 사용한다.

③ Object의 Type 및 호출을 동적으로 처리하도록 한다.

④ 네트워크 Request 패킷에 공격과 관련된 내용이 포함될 경우 서버 측에서 필터링하도록 구현되어야 한다.

026 난이도 ★★☆☆☆

다음 중 암호화 시스템의 주요 요소와 가장 관련 없는 것은 무엇인가?

① 암호화 알고리즘   ② 암호화 벡터   ③ 암호화 키   ④ 암호화 키 길이

027   난이도 ★★☆☆☆

다음 중 암호화를 수행하는 목적과 가장 관련 없는 것은 무엇인가?

① 보고서나 문서의 신빙성 검증

② 무의식적 또는 의식적인 데이터의 변경을 방지하거나 감지

③ 데이터 은폐 기술 중의 하나이며 데이터를 다른 데이터에 삽입하는 기술

④ 비 인가된 열람과 조작으로부터 컴퓨터에 저장된 정보 보호

028   난이도 ★★★★☆

다음 중 국내의 디지털 포렌식 관련기관과 거리가 먼 것은 무엇인가?

① 대검찰청
② 금융감독위원회
③ 국세청
④ 공정거래위원회

029   난이도 ★★★☆☆

COBIT5에서 다음 [보기]에 해당하는 내용은 무엇인가? 가장 알맞은 답을 선택하시오.

> **보기**
> 달성하고자 하는 균형적으로 합의된 기업 목적을 정의하고자, 이해관계자의 요구, 조건, 선택사항을 확실히 하며 결정과 우선순위 설정을 통해 방향을 설정하고 합의된 방향과 목적 달성의 성과와 준수 여부를 모니터링한다.

① 요구사항 추적표
② 거버넌스(Governance)
③ BPR(Business Process Reengineering)
④ ISP(Information Strategy Planning)

030   난이도 ★★★☆☆

시스템 서비스 거부 공격기법 중에서 다른 것과 가장 관련이 없는 것은 무엇인가?

① SYN Flooding   ② Boink   ③ TearDrop   ④ Bonk

031   난이도 ★★☆☆☆

다음 중 일반적인 스푸핑(Spoofing) 공격 방법과 가장 관련 없는 것은 무엇인가?

① IP Spoofing   ② DNS Spoofing   ③ Gateway Spoofing   ④ ARP Spoofing

032
난이도 ★★☆☆☆

다음 중 DES 알고리즘의 특성과 가장 거리가 먼 것은 무엇인가?

① DES는 64bit의 키를 사용한다.

② DES는 64bit의 블록 길이를 가진다.

③ DES는 16개 회전을 갖는 페이스텔 암호다.

④ DES의 각 회전은 48bit의 보조키를 사용하고 각 보조키는 56bit 키 중에서 48bit를 사용해 구성된다.

033
난이도 ★☆☆☆☆

다음 중 산업스파이에 대한 기술 유출 징후와 가장 관련이 없는 것은 무엇인가?

① 핵심 인력이 갑자기 사직할 때

② 개발 중인 제품과 유사한 제품을 다른 회사에서 생산하려고 시도할 때

③ 경영층의 일정과 관심 사항에 대해서 관심이 많을 때

④ 주요 고객이 갑자기 구매를 거절하며 거래처를 바꾸려고 할 때

034
난이도 ★★☆☆☆

코드 서명(Code Signing)은 무엇을 보증하기 위한 것인가? 다음 중 가장 알맞은 답을 선택하시오.

① 코드 서명을 하면 서명자의 개인키가 손상이 되지 않으며 이는 다른 애플리케이션에 접속할 수 있다는 의미이다.

② 소프트웨어가 서명 이후에 코드가 변조되거나 손상되지 않았음을 보장한다.

③ 코드 서명을 하면 고객의 신뢰를 얻으며 이는 추후 계약 시 유리한 고지를 선점하게 된다.

④ 코드 서명을 하게 될 경우 턴키 계약 시 프로그램을 인수인계 전 중도금을 받게 된다.

035
난이도 ★☆☆☆☆

컴퓨터 범죄의 특성상 다른 선택사항과 범죄의 종류가 다른 것은 무엇인가?

① 해킹(Hacking)　　② 서비스 거부 공격(DoS: Denial of Service)

③ 불법 복제(Illegal Copying)　　④ 메일 폭탄(Mail Bomb)

036
난이도 ★★☆☆☆

내부 범죄와 관련된 컴퓨터 범죄와 가장 관련 있는 것은 무엇인가?

① Distributed Denial of Service(DOS)
② Land Attack
③ Data Diddling
④ Ransomeware Attack

037
난이도 ★★★☆☆

디지털 서명에서 포함된 보안 기능은 문서에 변경이 없고, 서명이 합법적임을 보장한다. 다음 중 디지털 서명에 사용되는 보안 기능, 방법과 가장 관련이 없는 것은 무엇인가?

① CRC(Cyclic Redundancy Checking) 검증
② TSP(Trust Service Provider) 검증
③ 타임 스탬프(Time Stamp) 검증
④ WBC(White Box Cryptography) 검증

038
난이도 ★★☆☆☆

다음 중 레터럴 무브먼트(Lateral Movement) 추적이 어려운 이유로 가장 관련 없는 것은 무엇인가?

① 로그 부족
② 공격자의 의도적인 삭제
③ 식별의 어려움
④ 관리자의 정보 부족

039
난이도 ★★☆☆☆

[보기]의 공격방법은 무엇을 의미하는가? 가장 알맞은 답을 선택하시오.

> **보기**
>
> 수집된 사용자 이름과 비밀번호를 자동으로 대입하여 사용자 계정에 부정하게 액세스하려는 공격을 말한다. 이 방법으로 과거 여러 번 데이터 침해 사건이 발생했고, 그 결과 수십억 개의 로그인 정보가 해커의 수중에 들어갔다. 이들 인증 정보는 스팸부터 피싱, 계정 탈취에 이르는 온갖 행위에 악용되었다. 이 공격은 사이버 범죄자가 탈취된 사용자 이름과 비밀번호를 악용하는 대표적 공격 방식 가운데 하나이다.

① 분산 서비스 거부 공격(DDoS: Distributed Denial of Service)
② 크리덴셜 스터핑 공격(Credential Stuffing)
③ 워터홀 공격(Waterhole)
④ 레터럴 무브먼트(Lateral Movement)

040
난이도 ★☆☆☆☆

취약점은 컴퓨터 정보 자산의 기밀성, 무결성 또는 가용성을 손상시키는 데 사용될 수 있는 약점을 말한다. 다음 중 취약점이 존재하는 가장 약한 공격 상태는 무엇인가?

① 공격자가 다른 사용자로 위장하여 명령을 실행할 수 있는 상태

② 공격자가 관련 시스템에 대해서 도청할 수 있는 상태

③ 공격자가 서비스 거부 공격을 수행할 수 있는 상태

④ 공격자가 특정 데이터에 대해 지정된 액세스 권한을 무시하고 해당 데이터에 액세스할 수 있는 상태

041
난이도 ★★★☆☆

다음 중 OWASP의 Security Misconfiguration에 대한 보안 대응방법과 가장 관련이 없는 것은 무엇인가?

① 모든 환경에서 구성 및 설정의 효과를 확인하는 자동화된 프로세스를 구성한다.

② 적절하게 잠긴 다른 환경을 빠르고 쉽게 배포할 수 있는 반복 가능한 강화 프로세스, 개발, QA 및 프로덕션 환경은 모두 동일하게 구성되어야 하며 각 환경에서 다른 자격 증명을 사용해야 한다.

③ 클라이언트에 보안 지침을 보낸다.

④ 필요한 기능, 구성 요소, 설명서 및 샘플이 없는 최소한의 플랫폼, 사용하지 않는 기능 및 프레임워크를 제거하거나 설치하지 않도록 한다.

042
난이도 ★★★☆☆

다음 중 XXE 인젝션의 대응방안과 가장 관련이 없는 것은 무엇인가?

① entity 기능을 비활성화해야 된다.

② libxml_use_internal_errors(true) 함수를 사용한다.

③ libxml_disable_entity_loader(true) 함수를 사용한다.

④ XML Request의 결과를 서버 측에서 출력할 수 없도록 제약한다.

043
난이도 ★★★★☆

기본적으로 kali Linux에는 설치되었으며 해킹이나 보안 취약점 분석에 많이 쓰이는 이 프레임워크는 온갖 취약점과 모든 메타 데이터를 관리하고 있다. 이와 관련된 내용은 무엇인가? 가장 알맞은 내용을 선택지상에서 고르시오.

① 파나마 페이퍼스(Panama Papers) ② 이블 트윈(Evil Twin)
③ 메타스플로잇 프레임워크(Metasploit Framework) ④ 세션 하이재킹(Session Hijacking)

044

난이도 ★★☆☆☆

다음 중 배치 통제(Batch Controls)의 항목합계와 가장 관련성이 높은 것을 선택하시오.

① 모든 거래를 처리 시 지출 또는 수입금액의 전체 합계
② 접수된 원시문서의 전체 개수로서 거래 합계라고도 한다.
③ 원시부서에 사전 부여한 일련번호 또는 거래 식별 번호의 합계
④ 각 거래 또는 문서에 포함된 처리대상 상품 및 품목의 총 개수

045

난이도 ★★☆☆☆

다음 중 종단 간 암호화의 특징과 가장 관련이 없는 것은 무엇인가?

① 모든 노드가 암호화 장비를 갖추어야 하므로 네트워크가 커지면 비용이 많이 든다.
② 복잡한 키 관리 시스템이 필요하다.
③ 오프라인으로 암호화된다.
④ 트래픽 분석에 취약하다.

046

난이도 ★☆☆☆☆

다음 중 해시 함수의 특징으로 가장 관련이 없는 것은 무엇인가?

① 고정된 길이의 출력을 만든다.
② 해시 결괏값으로 입력값을 계산하는 것은 가능하다.
③ 다양한 가변 길이의 입력에 적용될 수 있어야 한다.
④ 동일한 해시값을 가지는 서로 다른 메시지 쌍이 없다.

047

난이도 ★☆☆☆☆

다음 중 전자서명을 활용하여 보장하는 항목과 가장 거리가 먼 것은 무엇인가?

① 메시지 출처 인증 ② 메시지 무결성
③ 메시지 일방향성 ④ 부인 봉쇄

048

난이도 ★★★☆☆

대칭키 기반의 블록암호화 모드 중에서 초깃값 벡터를 사용하고 이전 블록의 출력값이 다음 블록의 입력값으로 반복적으로 연결되는 방식은 무엇인가?

① 암호 피드백(Cipher Feedback)
② 타원형 곡선(Elliptical Curve)
③ 암호 블록체인(Cipher Block Chaining)
④ 트리플 DES(Triple DES)

049

난이도 ★★☆☆☆

[보기]의 취약점 공격방법은 무엇인가? 가장 적절한 것을 선택하시오.

> **보기**
>
> 프로그램이 데이터를 확인하고 사용하는 그 시간에 공격자의 코드가 개입하여 흐름을 바꾸는 것으로, 권한이 있는 프로그램이 사용 중인 파일이나 메모리에 다른 프로그램(공격자)이 간섭해서 데이터를 오염시키거나, 변조가 가능한 공격이다.

① TOCTOU 공격
② CSRF 공격
③ URL/파라미터 변조
④ 크로스 사이트 스크립팅(XSS)

050

난이도 ★★★★☆

다음 중 래티스 기반 접근 모델(Lattice-Based Model)과 가장 관련 있는 모델은 무엇인가?

① MAC(Mandatory Access Control)
② DAC(Discretionary Access Control)
③ RBAC(Rule-Based Access Control)
④ NDAC(Non-Discretionary Access Control)

051

난이도 ★★★☆☆

다음 중 OWASP의 Security Misconfiguration에서 설정 오류/미비로 인해 발생하는 웹 취약점과 가장 관련 없는 것은 무엇인가?

① 웹 서버의 프로그램 혹은 버전을 노출한다.
② 공개 서버의 아이디와 패스워드를 노출한다.
③ 유저들에게 서버의 디렉토리 구조를 모두 혹은 일부 노출한다.
④ 필요하지 않거나 감춰야 할 서비스/기능을 설치했거나 활성화된다.

052

난이도 ★★★☆☆

OWASP에 선정된 XXE 인젝션은 다음과 같은 한계성이 있다. 다음 중 XXE의 한계성에 해당하지 않는 항목은 무엇인가?

① 관리자 권한이 필요하다.

② Binary는 불러올 수 없다.

③ 외부 리소스가 DTD 문법에 어긋나지 않아야 한다.

④ 공격자가 XML Request의 DTD를 선언할 수 있어야 한다.

053

난이도 ★☆☆☆☆

다음 중 전자인증서의 X.509의 구성요소와 가장 관련 없는 것은 무엇인가?

① 인증서 소유자의 공개키　　② 유효기간

③ 인증서 폐기목록 여부　　　④ 발행자의 서명

054

난이도 ★☆☆☆☆

다음 중 모니터링 기법으로 가장 관련 없는 것은 무엇인가?

① 침입 탐지　　② 보안 감사　　③ 침투 테스트　　④ 위반 분석

055

난이도 ★★★★★

카나리스(Canaries) 또는 카나리(Canary)는 버퍼 오버플로우를 감시하기 위해 스택의 버퍼와 제어 데이터 사이에 위치한 값들이다. 버퍼가 오버플로우하면 오염될 첫 데이터는 보통 카나리일 것이고, 카나리 값 검증은 실패하여 오버플로우에 대한 경고가 발생하며 처리될 수 있다. 다음 중 카나리스의 종류와 가장 관련이 없는 것은 무엇인가?

① Terminator 카나리　　　② Twice Mesh 카나리

③ Random 카나리　　　　④ Random XOR 카나리

056

난이도 ★★★☆☆

다음 중 악성 코드 탐지기법과 가장 관련이 없는 것은 무엇인가?

① 시그니처 탐지기법　　　② 휴리스틱 탐지기법

③ 자동화 분석 탐지기법　　④ 행위 기반 탐지기법

057 난이도 ★★★☆

다음 중 무결성 체크로 많이 사용되며 다른 나머지 알고리즘과 그 속성이 가장 거리가 먼 것은 무엇인가?

① RSA
② SHA-1
③ ARIA
④ LEA

058 난이도 ★★★☆

다음의 암호화 알고리즘 중 이산 대수(Discrete Logarithms)를 사용하지 않는 암호화 알고리즘은 무엇인가?

① El Gamal
② RSA
③ Elliptic Curve
④ Diffie-Hellman

059 난이도 ★★☆☆

보안 담당자의 관점에서 볼 때, 랜섬웨어의 특징에 대해서 가장 올바르게 설명한 내용은 무엇인가?

① 랜섬웨어는 일반 PC만 감염되고 스마트폰과 스마트워치는 감염대상이 아니다.

② 랜섬웨어는 스마트TV와 관련성이 없다. 그 이유는 스마트TV는 사용자의 중요한 문서 등 관련 정보가 없기 때문이다.

③ 이미 공인된 유튜브의 동영상을 내려받거나 MP3 파일을 추출하는 웹 사이트에서 랜섬웨어에 감염되지 않는다. 따라서 반드시 신뢰할 수 있는 사이트에서 다운로드받도록 한다.

④ 해독되거나 개발자가 제작을 중단하거나 여러 가지 이유로 무력화된 랜섬웨어도 존재한다. 만약 그렇다면, 복호화할 방법이 있기 때문에 비트코인 등 가상 계좌로 돈을 지불하지 않아도 된다.

060 난이도 ★★★☆

[보기]는 무엇을 말하는 것인가? 가장 관련성이 높은 것을 선택하시오.

> **보기**
>
> 다양한 보안 위협에 대한 대응 프로세스를 자동화하고 조율해 SOC(Security Operation Center) 직원의 단조롭고 반복적인 업무를 효과적으로 줄이고, 각종 보안 이벤트를 빠르고 정확하게 대응할 수 있게 도와준다.

① APM(Application Performance Monitoring)

② SIEM(Security Information Event Management)

③ EDR(Endpoint Detection & Response)

④ SOAR(Security Orchestration, Automation and Response)

061
난이도 ★★☆☆☆

당신 회사의 소싱업체는 랜섬웨어 감염으로 인해 사용자들이 어려움을 겪고 있다. 소싱업체에 방문해서 조사해보니 몇 가지 사항이 의심되었다. 그중 하나가 프로젝트 PM이 ERD 소프트웨어 만기로 인하여 프로젝트 경비를 절감하고자 와레즈 사이트에 접속해 프로젝트 팀원에게 일괄 패치 다운로드(소프트웨어 기한 연장) 설치하게 한 것이다. 하필 그 사이트는 불법 사이트였고, 드라이브 바이 다운로드 기법으로 악성 코드인 랜섬웨어가 설치된 것을 증적을 통해서 알게 되었다. 드라이브 바이 다운로드 대응방법에 대해서 보안 담당자의 입장에서 어떠한 방법을 소싱업체 사용자에게 먼저 제안할 것인가? 가장 관련성이 있는 것을 고르시오.

① 사용자 보안 인식 교육 프로그램 수행

② 사용자들이 관리자 권한으로 접속 금지

③ 블레이드(Blade) 활성과 자바 비활성화 수행

④ 웹 필터링 소프트웨어 설치 및 파이어폭스 브라우저에 노스크립트(NoScript) 설치

062
난이도 ★★☆☆☆

다음 중 대칭키와 공개키의 특징에 대해 설명한 내용과 가장 관련이 없는 것은 무엇인가?

① 대칭키: 암호화/복호화 속도가 빠르다. 공개키: 키의 길이가 길다.

② 대칭키: 키 변화의 빈도가 많다. 공개키: 암호화/복호화 속도가 느리다.

③ 대칭키: 사용자의 증가에 따라 관리해야 할 키의 수가 상대적으로 많다. 공개키: 여러 가지 분야에서 응용이 가능하다.

④ 대칭키: 키의 분배가 용이하다. 공개키: 키 변화의 빈도가 적다.

063
난이도 ★★★☆☆

다음 중 스트림 암호의 조건으로 가장 관련이 없는 것은 무엇인가?

① 긴 주기를 갖는 수열을 생성한다.

② 퇴화성(Degeneracy)이 없어야 한다.

③ 통계적 특성이 난수와 구별할 수 없는 수열을 생성한다.

④ 상관 특성이 모호해야 한다.

064 난이도 ★★☆☆

다음 중 블록암호의 운영 모드와 가장 관련이 없는 것은 무엇인가?

① ECB(Electronic Code Block)
② CBC(Cipher Block Chaining)
③ EFB(Electronic FeedBack)
④ OFB(Output FeedBack)

065 난이도 ★★☆☆

다음 중 공개키 기반 구조(PKI: Public Key Infrastructure)의 공인인증서에 요구하는 기능과 가장 관련이 없는 것은 무엇인가?

① 부인 봉쇄
② 프라이버시
③ 재사용 불가
④ 접근 제어

066 난이도 ★★★☆

세계는 새로운 신종 바이러스로 인해서 팬데믹 상태다. 모 음식점에서는 고객에게 QR 코드를 사전에 내려받아서 오도록 가이드하고 있다. 유명세 때문에 대기 줄이 길어서 고객이 음식점 앞에서 QR 코드를 내려받으면, 출입구가 너무 붐빈다는 불만에 따른 본사의 조치다. 하지만 QR 코드를 잘 모르는 노인과 어린이 고객에게는 기술적인 어려움이 존재한다. 이러한 상황으로 볼 때, QR 코드를 사전에 내려받도록 가이드하는 것은 어떠한 위험성이 존재할 수 있는 것인가? 보안 담당자의 입장에서 고려하여 고르시오.

① 크라임웨어(Crimeware)
② 스미싱(Smishing)
③ 큐싱(Qshing)
④ 워터링 홀 공격(Watering-Hole Attack)

067 난이도 ★★☆☆

다음 중 전자서명(Digital Signature)을 활용한 기능과 가장 관련이 없는 것은 무엇인가?

① 기밀성(Confidentiality)
② 위조 불가(Unforgeable)
③ 변경 불가(Unalterable)
④ 부인 방지(Non-Repudiation)

068
난이도 ★★☆☆☆

다음 중 암호화(Cryptography)를 통하여 충족하고자 하는 보안 요구사항과 가장 거리가 먼 것은 무엇인가?

① 기밀성(Confidentiality)   ② 무결성(Integrity)
③ 부인방지(Non-Repudiation)   ④ 인증(Authentication)

069
난이도 ★★★★☆

다음 중 한국 랜섬웨어 침해대응센터에서 제시하는 랜섬웨어 방어 솔루션과 가장 거리가 먼 것을 선택하시오.

① 방화벽 룰 셋 세팅 자동 솔루션: 화이트엔젤 럭키박스
② 서버 랜섬웨어 방어 솔루션: 리자드 랜섬크런처
③ 사이트 파일 안전 확인: VirusTotal
④ 웹 악성 코드 탐지: F1 Security

070
난이도 ★★★★★

다음 중 일반적인 미해독 랜섬웨어(Ransomware)의 종류와 가장 관련이 없는 것은 무엇인가?

① Crypt~ 계열   ② Dragon~ 계열
③ Cerber~ 계열   ④ Magniber 계열

071
난이도 ★★★☆☆

[보기]는 무엇과 연관이 있는가? 빈칸에 들어갈 말로 가장 적절한 것을 고르시오.

> **보기**
> 스마트폰에 장착하는 심(SIM) 카드와 관련된 취약점으로써 이 취약점은 현재 익스플로잇 공격 대상이 되고 있으며, 모바일 폰 사용자들을 표적으로 하는 감시에 사용되고 있다. [ ]는 취약한 통신사업자로부터 모바일 폰 사용자들의 위치 정보를 빼내고 악의적인 SMS 메시지를 이용해서 정보를 검색했다. 이로 인해 표적이 된 모바일 폰 사용자들의 위치 정보 수천 개가 도용되었다.

① 심재커(Simjacker)   ② 심마니(Simmani)
③ 심마이닝(Simmining)   ④ 심스니핑(Simsniffing)

072

난이도 ★★★☆☆

공공데이터와 기업데이터 등 공개된 데이터에 대하여 여러 종류의 공개된 데이터를 조합하면, 개별의 데이터를 사용할 때와 다른 개인정보보호법 침해 가능성이 발생할 수 있다. 다음 표는 병원의 진료데이터와 특정 공공데이터를 조합할 때 발생할 수 있는 개인정보 식별화 가능성 사례다. 이러한 이슈 또는 데이터 식별화 공격기법을 무엇이라고 하는가?

■ ○○성심병원 외래치료 내역 일부

이름	성별	나이	진료일자
김소라	여	24	10/10/2019
김소라	여	24	10/11/2019
박순식	남	49	8/8/2019
송하나	남	19	9/21/2019
김진	남	51	9/20/2019
홍상민	남	49	9/30/2019
-	-	-	-
-	-	-	-

■ [공공데이터] 지역/일자별 질병 정보

지역1	지역2	지역3	일자	성별	나이	질병	비율
서울	강동구	천호동	2019년10월	여	21~30	폐렴	78.50%
서울	강동구	천호동	2019년10월	여	21~30	후두염	12.10%
서울	강동구	천호동	2019년10월	남	11~20	중이염	45.50%
서울	강동구	천호동	2019년10월	남	11~20	B형 독감	23.11%
수원시	영통구	영통1동	2019년10월	남	11~20	A형 독감	55.50%
수원시	영통구	영통1동	2019년10월	남	11~20	기관지염	19.30%
-	-	-	-	-	-	-	-
-	-	-	-	-	-	-	-

① Open Data Leak
② Linkage Attack
③ Public Cloud Data Issue
④ Online & Open Data Attack

073

난이도 ★★☆☆☆

미국 재무부가 북한의 해커 그룹으로 추정되는 세 곳에 대해서 제재를 발표하였다. 미 재무부 대외자산관리국(OFAC)은 3개 해커 그룹과 북한 정찰총국의 관계를 근거로 이들이 북한 정권의 해커 그룹이라 주장하고 있으며, 관련된 금융기관을 모두 폐쇄하고 이들의 자산도 동결할 것이라고 밝혔다. 이와 관련해서 북한 해커 그룹과 가장 연관성이 있는 것은 무엇인가?

① 라자루스(Lazarus)
② 맥시전트(Maxigent)
③ 블루노프(Bluenoroff)
④ 안다리엘(Andariel)

074

난이도 ★★☆☆☆

다음 중 PKI에서 공개키 인증서(Public Key Certificate)의 구성요소가 아닌 것은 무엇인가?

① 사용자 공개키
② 승인자 정보
③ 사용자 정보
④ 사용자 공개키에 대한 공인인증기관의 전자서명

075

난이도 ★★☆☆☆

다음 중 무차별 공격(Brute Force)의 대응방법과 가장 거리가 먼 것은 무엇인가?

① 패스워드 변경　② 필터링 툴 사용　③ 포트 변경　④ 최신 백신 업데이트

076

난이도 ★★☆☆☆

[보기]의 내용과 가장 관련성이 높은 것을 고르시오.

> **보기**
>
> 한쪽으로는 계산하기 쉽고 역방향 계산은 매우 어렵다. 하지만 특정한 비밀 정보를 알면 풀기 쉬운 일방향 함수다. 즉, 이것은 일반적으로 함숫값을 계산하기는 쉬우나, 비밀 정보를 모르면 계산적으로 그것의 역을 알아내기에는 매우 어려운 함수를 의미한다.

① 트랩도어 일방향 함수　② 대용량 데이터 암호화 함수
③ 일방향 해시 함수　④ 하이브리드 해시 함수

077

난이도 ★☆☆☆☆

다음 중 IS 부서의 직무분리의 효과를 확인하기에 가장 적절한 증거를 제공하는 감사기법은 무엇인가? 가장 알맞은 답을 선택하시오.

① 경영자 또는 이사회의 지시사항 분석　② 관찰 및 면담
③ 조직도상의 겸업 검토　④ 사용자 접근 권한 테스트

078

난이도 ★★★☆☆

[보기]가 설명하는 공격은 무엇인가? 가장 알맞은 답을 선택하시오.

> **보기**
>
> 네트워크 패킷의 수신자를 확인해 해당 패킷을 적재적소에 보내는 스위치 기능을 마비시키는 공격이다. 일반적으로 스위치는 자신이 가진 MAC 테이블의 저장공간이 가득 차면 네트워크 패킷을 브로드캐스트하는 특성을 갖는다. 공격자는 이러한 스위치의 단점을 이용해 수많은 MAC 주소들을 지속적으로 네트워크상에 흘려 스위치의 MAC 테이블을 가득 채운다. MAC 테이블이 가득 찬 스위치는 특정 매체에 전송해야 하는 패킷을 모든 매체에 전송하게 되고, 공격자는 스위치를 통해 오가는 모든 패킷을 염탐해 주요 네트워크 정보를 손쉽게 획득한다.

① ARP Redirect Attack　② Switch Jamming Attack
③ SPAN(Switch Port Analyzer) Port Tapping Attack　④ Session Hijacking Attack

079

다음 중 PKI의 형태와 가장 거리가 먼 것은 무엇인가?

① 계층 구조
② 네트워크 구조
③ 랜덤 구조
④ 혼합형 구조

080

[보기]의 빈칸에 들어갈 내용으로 가장 적절한 것을 고르시오.

> **보기**
>
> [   ]은 공격자가 상대방을 속여 화상 채팅으로 성적 행동을 유도해 녹화를 수행한 후 '해당 영상을 지인에게 배포하겠다'며 상대방에게 돈을 요구하는 공격방법으로, 국내에서는 주로 '몸캠 피싱'으로 불리고 있다.

① 웹캠 블랙메일 - BEC 공격
② 웹캠 블랙메일 - 섹스토션 공격
③ 딥 페이크 - 섹스토션 공격
④ 딥 페이크 - 스니핑 공격

081

[보기]에 해당하는 내용과 가장 가까운 것은 무엇인가?

> **보기**
>
> SNS 및 이메일 등 온라인상으로 접근하여 호감을 표시한 뒤 재력, 외모 등으로 신뢰를 형성한 후 각종 이유로 금전을 요구하는 방법의 사기

① 로맨스 스캠
② 러블리 피싱
③ 로맨스 치트
④ 러블리 치트

082

기업에서 고객에게 DM(Direct Mail)을 발송할 때에는 고객의 개인정보인 이름, 계약번호, 전화번호 등을 알아볼 수 없도록 마스킹(Masking) 처리하는 것이 일반적이다. 이러한 마스킹의 기대효과로 올바르지 않은 것은 무엇인가?

① DM 분실, 노출에 의한 개인정보 유출 예방
② 마케팅과 관련된 기업자산 유출 방지
③ DM 고객 수신 편의성 향상
④ 개인정보 비식별화 조치기준 준수

083
난이도 ★★☆☆☆

비자(Visa)가 거래 사기 탐지 기술을 보강하기 위해 새로운 사기 중단 기술을 추가했다. 다음 중 비자가 이번에 포함한 새로운 사기 방지 및 중단기능과 거리가 가장 먼 것은 무엇인가?

① 바이털 사인
② 계정 공격 첩보
③ 스키밍 시도 카드 잠금
④ 전자상거래 위협 중단

084
난이도 ★★★★★

다음 중 NIST에서 권고하는 공개키 암호화 알고리즘에서의 암호키(공개키와 개인키)의 사용기간은 최대 몇 년인가? 가장 알맞은 것을 고르시오.

① 1년
② 2년
③ 3년
④ 5년

085
난이도 ★☆☆☆☆

[보기]는 무엇을 의미하는 것인가? 가장 알맞은 답을 선택하시오.

> **보기**
>
> 해커와 크래커의 중간적인 성질을 가지고 있다. 여기서 중간적인 성질이란 해킹 기술을 어떨 때는 선한 목적으로 사용하고 어떨 때는 악하게 사용한다는 그런 뜻이 아니며, 이들은 항상 좋은 목적에서 해킹한다. 그들은 해킹 기술을 사용하여 시스템의 취약점을 분석하고 허가 없이 시스템에 침투한다. 하지만 시스템을 파괴하지는 않으며 알아낸 취약점을 보완하기 위해서 오히려 보안 장치를 설치해준다. 대표적인 케이스가 '어나니머스(Anonymous)'다.

① 화이트햇 해커
② 블랙햇 해커
③ 레드 해커
④ 그레이햇 해커

086
난이도 ★★☆☆☆

[보기]는 무엇을 의미하는 것인가? 가장 알맞은 답을 고르시오.

> **보기**
>
> 각종 프로그램에서 소프트웨어 구성 요소 간에 발생하는 함수 호출, 메시지, 이벤트 등을 중간에 바꾸거나 가로채는 방법을 말한다. 보통 기존 함수에 대한 호출을 중간에 가로채고 런타임에 해당 함수의 동작을 수정하기 위해 많이 사용한다.

① 후킹(Hooking)
② 스푸핑(Spoofing)
③ 크래킹(Cracking)
④ 스누핑(Snooping)

087

난이도 ★★★☆☆

HTML5나 JavaScript를 사용하여 의심하지 않는 피해자에게 악성 파일 다운로드를 보내는 방법으로, 이 공격은 방화벽과 같은 많은 보안 프로그램을 우회할 수 있다. 이와 같은 공격방법으로 가장 맞는 것은 무엇인가?

① HTML Smuggling Attack
② Credential Stuffing
③ Waterhole Attack
④ Bait and Switch Attack

088

난이도 ★★☆☆☆

데이터베이스는 데이터의 중요도에 따라 조회할 수 있는 등급을 부여하고 사용자와 프로그램에 부여하여 보안성을 향상시킬 수 있다. 낮은 보안등급의 데이터를 대량으로 조합하여 보다 높은 등급의 데이터를 얻는 기법을 무엇이라고 하는가?

① Data Diddling
② Data Inference
③ Data Aggregation
④ Data Crawling

089

난이도 ★★★☆☆

[보기]는 무엇을 의미하는가? 가장 알맞은 답을 선택하시오.

> **보기**
>
> 이것은 SaaS(Software-as-a-Service) 모델에서 파생되었다 이 기반의 악성 모델을 사용하면 초보자 사이버 범죄자조차도 큰 어려움 없이 랜섬웨어 공격을 시작할 수 있다.

① RAT(Ransomware Attacking Tool)

② RaaS(Ransomware-as-a-Service)

③ SEcaaS(Security-as-a-Service)

④ BORGAT(Based On Ransomware Generate Attacking Tool)

090

난이도 ★★★☆☆

A 회사는 자사가 보유한 빅데이터에 대하여 개인정보 비식별 조치 가이드라인을 준수하여 다양한 기법을 적용하여 비식별화를 진행하고 있다. 다음 표를 보고 A와 B 기법이 순서대로 짝지어진 것을 고르시오.

비식별화 처리 기법 A		비식별화 처리 기법 B	
Before	After	Before	After
연봉 4500	평균 연봉 6440 합계 연봉 32200	나이 34세	나이 31~35세
연봉 7800		나이 61세	나이 61~65세
연봉 5600		나이 39세	나이 36~40세
연봉 9200		나이 55세	나이 51~55세
연봉 5100		나이 46세	나이 46~50세

① A: Suppression, B: Aggregation ② A: Aggregation, B: Suppression

③ A: Suppression, B: Masking ④ A: Aggregation, B: Pseudonymization

091 난이도 ★★★★☆

안티바이러스(Anti-Virus) 소프트웨어 종류 중에서 가장 효과적으로 성과를 많이 볼 수 있는 것은 다음 중 무엇인가?

① Vaccine ② Integrity Checkers

③ Scanners ④ Monitoring Tool

092 난이도 ★★★☆☆

다음 중 일련번호나 식별번호 끝자리에 오류검출 기능을 넣는 기법과 가장 관련 있는 것은 무엇인가?

① 타당성 체크(Validity Check) ② 완전성 체크(Completeness Check)

③ 체크 디지트(Check Digit) ④ 패리티 체크(Parity Check)

093 난이도 ★★☆☆☆

다음 중 마스터 레코드의 중요한 필드에 대한 적절한 갱신을 가장 잘 보장할 수 있는 것은 무엇인지 고르시오.

① 한도 체크(Limit Check)

② 완전성 체크(Completeness Check)

③ 전/후의 유지 보고서(Before-and-after Maintenance Report)

④ 패리티 체크(Parity Check)

094

난이도 ★☆☆☆☆

다음 중 워 드라이빙(War Driving) 대응방법과 가장 거리가 먼 것을 선택하시오.

① SSID 브로드캐스팅 방지
② MAC 필터링
③ 불필요 모뎀 스캐닝
④ 128비트 이상의 WEP 암호화

095

난이도 ★★★☆☆

SOAR(Security Orchestration, Automation and Response) 기능 중 Security Orchestration의 도입으로 가장 큰 효과를 보는 것과 가장 거리가 먼 것은 무엇인가?

① 사람(People)
② 기술(Technical)
③ 프로세스(Process)
④ 성능(Performance)

096

난이도 ★★★☆☆

드라이브 바이 다운로드를 활용하는 공격자는 무엇을 설치하는 것인가? 즉, 사용자는 어떠한 악성 코드에 가장 많이 감염되는 것인가? 가장 적합한 것을 고르시오.

① 익스폴로잇-킷(Exploit-kit)
② 크립토 재킹(Cryptojacking)
③ 랜섬웨어(Ransomware)
④ 트로이 목마(Trojan Horse)

097

난이도 ★★☆☆☆

다음 중 트로이 목마(Trojan Horse) 예방 방법과 가장 관련 없는 것은 무엇인가?

① CD-ROM 부팅
② 침입 탐지 도구를 활용한 모니터링 수행
③ 관리자 패스워드 변경
④ 지속적인 보안 취약점 점검 및 패치

098

난이도 ★★★☆☆

[보기]는 무엇을 의미하는 것인가? 가장 알맞은 답을 선택하시오.

> **보기**
>
> 온라인상에서 불법 활동을 조장하기 위해서 만들어진 컴퓨터 프로그램들로, 스파이웨어, 브라우저 하이재커, 키로거 등을 의미한다. 모두 피싱킷이라는 공통점에 대부분 웹 사이트 개발 소프트웨어와 스패밍 소프트웨어를 포함하고 있고, 인터넷에서 곧바로 사용할 수 있으며, 키로거를 은밀히 설치를 시켜 불법적으로 정보를 수집한다.

① 크라임웨어(Crimeware)　　② 트로이목마(Trojan Horse)
③ 애드웨어(Adware)　　④ 스파이웨어(Spyware)

099 난이도 ★★★☆☆

바이러스는 감염 위치에 따라서 여러 가지로 분류할 수 있다. 이와 관련해서 바이러스 종류와 가장 관련이 없는 것은 무엇인가?

① 부트 바이러스　　② 매크로 바이러스
③ 파일 바이러스　　④ 네트워크 바이러스

100 난이도 ★★★★☆

SOAR(Security Orchestration, Automation and Response)와 SIEM(Security Information Event Management)의 가장 큰 차이점은 무엇인가? 다음 중 가장 알맞은 답을 고르시오.

① 효율성(Efficiency)　　② 자동화(Automation)
③ 기밀성(Confidentiality)　　④ 범용성(Generality)

101 난이도 ★★★☆☆

보험업종의 B사에서는 정기적으로 고객에게 DM(Direct Mail)을 발송하고 있다. 2019년 10월 발송한 보험변경 안내고지서 DM 중 1,000여 건이 다음 그림과 같이 발송되어 정보보안 문제가 제기되었다. 다음 그림과 같은 DM을 보았을 때 어떤 문제가 있다고 보아야 하는가?

■ 계약사항

계약번호	상품명	보험기간	계약자
L201833040339	(무)가족사랑안심보험100	2010.01.01~2070.12.31	김숙자

■ 보험료 변동사항

구분	갱신형 담보	비갱신형 담보	합계보험료
갱신 전	21,580	35,209	57.290
갱신 후	45,203	38,090	79,837

① 데이터베이스 접근 제어 우회　　② 서비스 거부 공격에 의한 가용성 저하
③ 개인정보 보호법 위배 이슈　　④ 출력물 암호화 및 물리 보안 미흡

102

난이도 ★★★☆☆

다음 중 해시 함수를 사용하는 사례와 가장 거리가 먼 것은 무엇인가?

① 로그인 수행 시 입력값을 해시화를 수행해서 서버로 전송하면 서버에 있는 해시값과 대조하여 일치했을 때만 로그인을 허용한다.

② 토렌트 해시값을 무결성 검증을 위해서 사용한다. 누군가가 파일의 내용을 일부 바꾼다면 해시값이 달라짐을 확인한다.

③ 개발된 프로그램 소스를 출하검증을 수행하기 위해서 코드 인스펙션 내 해시 함수를 사용하여 검증을 수행한다.

④ Git은 파일이나 커밋 등 모든 오브젝트를 해시한 식별자를 통해서 관리를 수행한다.

103

난이도 ★★☆☆☆

다음 이메일 무역 사기에 대한 예방방법과 가장 거리가 먼 것은 무엇인가?

① 보안 프로그램이 설치된 회사 PC 사용(개인 PC 및 스마트폰 자제)

② 비밀번호는 주기적으로 변경

③ 이메일을 통해 결제계좌 변경 요청 시 반드시 전화나 팩스 등을 통해 사실관계 확인

④ 관련 이메일은 출처를 반드시 확인한 후 계좌 송금

104

난이도 ★★★☆☆

사용자가 웹 사이트에 방문하는 자체만으로도 사용자 모르게 악성 코드가 다운로드되는 사이버 공격방법이다. 이 공격은 이용자가 어떠한 행위를 할 필요 없이 악성공격을 하는 사이트에 접속하는 것만으로도 공격 대상이 된다. 즉, 접속만 해도 자동으로 PC에 악성 코드나 프로그램이 설치된다. 이러한 공격방법과 가장 가까운 것은 무엇인가?

① 워터홀 공격(Water-hole Attack)

② 드라이브 바이 다운로드(Drive-By-Download)

③ 스모킹 건 공격(Smoking-Gun Attack)

④ 드라이브 쓰루 다운로드(Drive-Through-Download)

105

SOAR(Security Orchestration, Automation and Response)는 다양한 보안 위협에 대응 프로세스를 자동화해서 낮은 수준의 보안 이벤트는 사람의 도움 없이 처리하고, 보안사고 발생 시 표준화된 업무 프로세스에 따라 직원이 쉽게 대응할 수 있도록 도와주는 보안 솔루션이다. 다음 중 가트너에서 주장한 SOAR의 필수 기능요소와 가장 거리가 먼 것은 무엇인가?

① 보안 오케스트레이션 및 자동화(SOA: Security Orchestration and Automation)

② 보안 사고 대응 플랫폼(SIRP: Security Incident Response Platforms)

③ 기계 학습 기반의 보안 첨단 분석(ASA: Advanced Security Analysis by Machine Learning)

④ 위협 인텔리전스 플랫폼(TIP: Threat Intelligence Platforms)

106

악성 코드 제작자들은 안티바이러스에 의해 탐지되는 것을 피하기 위해서 압축, 암호화, 난독화 등 다양한 방법을 활용하여 다형성 악성 코드들 제작하고 있다. 다음 중 이러한 다형성 코드를 분석 및 탐지하는 방법과 가장 관련이 없는 것을 선택하시오.

① 통계적 방법 활용 ② 악성 코드 직접 실행

③ 자동 키 검출 ④ 전용 복호화/해독기 활용

107

코드 분석을 방지하는 기술로 크게 다형성(Polymorphic) 기법과 메타몰픽(Metamorphic) 기법이 존재한다. 다음 중 메타몰픽(Metamorphic) 기법과 가장 관련이 없는 것을 선택하시오.

① SQL Injection ② Dead Code 삽입

③ Control Flow Obfuscation ④ Register Reassignment

108

다음 중 해시 함수의 특징과 가장 거리가 먼 것은 무엇인가?

① 고정된 길이의 출력을 만든다.

② 해시 결괏값으로 입력값을 계산하는 것은 불가능하다.

③ 주어진 해시값에 대해서 메시지를 계산하는 것은 가능하다.

④ 해시 함수는 수정 또는 변경은 검출할 수 있지만, 거짓 행세는 검출할 수 없다.

109   난이도 ★★★☆☆

암호에 사용되는 키는 하나의 목적(암호화용, 인증용, 키 암호화용, 키 분배용 등)으로만 사용되어야 한다. NIST 권고안 기준으로 키 유효기간을 설정할 때 고려해야 할 사항과 가장 관련 없는 것은 무엇인가?

① 암호 메커니즘의 보안 강도
② 조직의 거버넌스와 암호화 정책의 일치 여부
③ 암호 메커니즘의 안전한 구현 정도
④ 정보 흐름의 양 또는 트랜잭션의 수

110   난이도 ★★★☆☆

해시함수(Hash Function)는 다음의 3가지 성질이 보장이 되어야만 안전하다고 평가한다. 다음 중 다른 보기와 가장 관련 없는 것은 무엇인가?

① 충돌저항성: h(x)=h(x'), x와 x'가 같지 않음을 만족하는 (x, x')를 찾는 것이 불가능
② 역상저항성: h(x)=y를 만족하는 x를 찾는 것이 불가능
③ 제2역상저항성: h(x)=h(x'), x와 x'가 같지 않음을 만족하는 x'를 찾는 것이 불가능
④ 제3역상수용성: h(x)<>y, h(x)=h(x'), y를 만족하는 x를 찾는 것이 가능할 때, x와 x'가 같지 않아도 만족하는 x를 찾는 것이 가능

111   난이도 ★★☆☆☆

다음 프로그램 코드는 보안 관점에서 잘못된 코드이다. 무엇이 문제가 되는가?

```
NetworkCredential myCred = new NetworkCredential UserName(Username, " ");
```

① 취약한 비밀번호 허용
② 경로 조작 및 자원 삽입
③ 신뢰되지 않는 URL 주소로 자동 접속 연결
④ 보안기능 결정에 사용되는 부적절한 입력값

112   난이도 ★★☆☆☆

다음 중 일반적인 소프트웨어 보안 취약점을 발생시키는 사유와 가장 관련 없는 것은 무엇인가?

① 보안 요구사항이 정의되지 않았을 경우
② 프로젝트 일정이나 납기로 인해 품질을 고려하지 않았을 경우
③ 기술적으로 취약점을 가지는 코딩으로 개발했을 경우
④ 발견된 취약점에 대해 적절한 관리 또는 패치를 하지 않은 경우

113
난이도 ★☆☆☆☆

다음 중 서비스 거부(DoS) 공격 기법과 가장 관련이 없는 것은 무엇인가?

① ICMP Flooders
② TCP Flooders
③ SYN Flooders
④ UDP Flooders

114
난이도 ★★★★☆

다음 중 버퍼 오버플로우(Bufferoverflow)를 이용한 공격방법과 가장 관련 없는 것은 무엇인가?

① imapd
② Bypassing Controls
③ samba
④ rtl(return to libc)

115
난이도 ★★☆☆☆

패스워드와 관련하여 고려해야 할 사항과 가장 거리가 먼 것은 무엇인가?

① 패스워드 생성
② 패스워드 사용
③ 패스워드 관리
④ 패스워드 폐기

116
난이도 ★★☆☆☆

다음 중 데이터 분류 기준 설정에서 고려되어야 할 사항과 가장 거리가 먼 것은 무엇인가?

① 누가 데이터에 액세스하거나 유지·관리할 수 있는가?
② 데이터 폐기 기준과 폐기 절차는 어떻게 되는가?
③ 저장할 데이터는 어디에 존재하고 있는가?
④ 데이터를 보호하기 위해 어떠한 법률, 규정, 지침 또는 책임이 필요할 수 있는가?

117
난이도 ★★★☆☆

[보기]와 관련된 데이터 보안 등급은 무엇을 설명하고 있는 것인가?

> **보기**
> 조직의 제한된 내부 사용자에게만 허용되는 정보가 포함되는 보안등급이다(예: 인사정보).

① 민감(Sensitive)
② 기밀(Confidential)
③ 비밀(Private)
④ 독점, 대외비(Proprietary)

기업은 서비스를 제공하고 자산을 운용하며 제품을 판매하기 위해 필수적으로 정보 시스템을 구축하고 운영해야 하며, 기업 정보 시스템의 역할은 점차 커지고 운영비용도 증가하고 있다. 정보 시스템은 기업의 비즈니스 가치를 향상하고 고객의 만족을 증대시키며 궁극적으로 기업의 영속적인 경영을 지원한다. 정보 시스템을 운영하기 위해서는 기술적인 관점뿐만 아니라 기업 자산을 보호하기 위한 IT 거버넌스 및 정보보안 프로세스를 통한 무결성, 기밀성, 가용성의 확보가 중요하다. 정보보안을 포괄하는 IT 거버넌스는 정보 시스템과 조직, 인력, 프로세스에 대한 기준과 지침, 기술, 절차 등을 제시해야 한다. 또한, 정보보안 및 IT 거버넌스를 계획하고 적용하며 실무에 운영하기 위한 전문 역량을 갖춘 전문가도 필요한 실정이다. 최근 정보 시스템에 클라우드, 블록체인 등 많은 최신기술이 접목되고 Zero-day Attack 등의 해킹 기법들이 증가하면서 시스템 운영에 대한 보안 취약점 및 대응에 대한 이슈가 제기되고 있다. 그러므로 기업의 정보 시스템 운영 시 거버넌스 수립부터 정보보안 기술의 이해까지 폭넓은 지식과 역량을 갖춘 전문가가 필요하다. 제4장 운영 보안에서 다루는 학습요점은 다음과 같다.

- 정보보안 거버넌스 및 운영 프로세스, 절차, 기술 이해
- 업무 연속성 및 재난복구에 대한 통제, 절차, 기술 이해
- 소프트웨어 개발 방법론과 보안, 평가, 시험에 대한 이해
- 정보 시스템 운영에 필요한 관리적, 기술적 물리적 보안 이해
- 정보 시스템 가용성 향상을 위한 수직적/수평적 기술 이해

제 4 장
운영 보안

제4장 운영 보안

→ 정답 128p

001
난이도 ★★★☆☆

다음 중 정보 시스템의 재해 복구 목표와 가장 관련이 없는 것은 무엇인가?

① AIW: Acceptable Interruption Window
② RTO: Recovery Time Objective
③ MTO: Maximum Tolerable Outage
④ MRP: Maximum Requirement Point

002
난이도 ★★★☆☆

복구/연속성/대응팀 가운데 [보기]에 해당하는 팀은 무엇을 설명한 것인가? 가장 알맞은 답을 선택하시오.

보기
가. 재배치 프로젝트를 관리한다. 　　나. 시설 및 장비에 대한 피해를 상세 평가한다.
다. 보험청구에 대한 필요한 정보를 제공한다 　　라. 재구축과 재배치 중 방향성을 제공한다.

① 구호팀
② 행정 지원팀
③ 피해 평가팀
④ 조정팀

003
난이도 ★★★☆☆

6시그마란 GE에서 생산하는 모든 제품이나 서비스, 거래 및 공정과정 전 분야에서 품질을 측정하여 분석하고 향상시키도록 통제하고 궁극적으로 모든 불량을 제거하는 품질향상 운동을 의미한다. 그렇다면 DMAIC 5단계와 가장 관련이 없는 것은 무엇인가?

① 정의(Define)
② 측정(Measure)
③ 디자인(Design)
④ 관리(Control)

004
난이도 ★★★☆☆

형상관리(SCM: Software Configuration Management)에서 기준선의 필요성과 가장 거리가 먼 것은 다음 중 무엇인가?

① 산출물 적용과 활용의 판단 제시

② 기준선을 확정해야 형상관리 가능

③ 고객으로부터 승인된 소프트웨어 생명주기의 산출물

④ 기준선을 확정해야 프로젝트 원가를 계산

005

난이도 ★★★☆☆

IS 감사자의 입장에서 프로젝트 관리자에게 조언하고자 한다. 보안 시스템의 소프트웨어 기준선(Software Baselining) 설정을 수행하는 최적의 시점으로 가장 적합한 답을 고르시오.

① 분석 마무리 단계　　　② 설계 시작 단계

③ 설계 마무리 단계　　　④ 개발 시작 단계

006

난이도 ★★☆☆☆

다음 IS 감사자의 입장에서 봤을 때, 예기치 않은 사건이라서 거의 발생하지 않지만 한 번 발생할 경우 조직에 막대한 영향을 끼치는 재해는 무엇인가?

① 전염병 발생　　　② 자연 재해

③ 블랙 스완　　　④ 기업에 피해를 주는 루머

007

난이도 ★★★★☆

[보기]의 내용은 무엇을 의미하는가? 가장 알맞은 답을 선택하시오.

> **보기**
>
> 재고를 쌓아 두지 않고서도 필요할 때 적기에 제품을 공급하는 생산방식으로, 팔릴 물건을 팔릴 때 팔릴 만큼만 생산하여 파는 방식이다. 다품종 소량생산 체제 구축 요구에 부응, 적은 비용 아래 품질을 유지하여 적시에 제품을 인도하기 위한 생산 방식이다. 이것은 자동화와 함께 도요타 생산 방식의 한 축을 이루고 있다.

① 적기 생산 방식(JIT: Just-in-time Production)

② 호환 생산 방식(Manufacture of Interchangeable Mechanism)

③ 셀 생산 방식(Cell Production)

④ 로트 생산 방식(Lot Production)

008 난이도 ★★★☆☆

위험관리 프로세스 순서를 올바르게 나열한 것은 다음 중 무엇인가?

> 가. 위험관리기법 적용   나. 적용 결과에 대한 모니터링   다. 기업 내에 잠재되어 있는 위험 파악
> 라. 최적의 위험관리기법 선택   마. 위험 빈도, 크기에 따른 영향 분석, 위험관리법 검토

① 마→다→라→가→나
② 다→마→라→가→나
③ 마→라→가→다→나
④ 다→라→마→가→나

009 난이도 ★★★☆☆

운영보안과 관련된 용어인 Vulnerability, Threat, Risk에 대한 설명으로 올바르지 않은 것은 무엇인가?

① Threat는 활동, 사건 등 유·무형 항목을 포괄한다.
② Vulnerability는 실질적으로 존재하는 것을 의미한다.
③ Vulnerability을 제거해도 Threat는 감소하지 않는다.
④ Vulnerability를 악용한 Threat는 Risk를 유발한다.

010 난이도 ★★★★☆

한국인터넷진흥원과 KrCERT에서는 2019년 1월 기업 보안담당자를 위한 로그 설정 가이드를 제시하였다. 해당 가이드에서 제시한 apache log 권장 설정이 아닌 것은 무엇인가?

① 로그 파일은 파일별 하루의 로그만 저장
② 로그 파일은 0664 권한과 root 소유/그룹으로 설정
③ 로그 내용이 없어도 자동으로 rotation 수행
④ 로그 파일은 6개월 분량 보관

011 난이도 ★★☆☆☆

다음 중 데이터베이스 관리 시스템(DBMS)의 장점과 가장 관련이 없는 것은 무엇인가?

① 데이터의 일관된 속도 보장
② 데이터 보안 강화 기능
③ 프로그래밍 및 데이터 표준을 강화 기능
④ 데이터 공유를 통한 유지관리 비용 최소화

012
난이도 ★★★★☆

다음 중 릴리스(Releases)의 유형과 가장 관련이 없는 것은 무엇인가?

① 메이저 릴리스(Major Releases)
② 시험 릴리스(Test Releases)
③ 마이너 릴리스(Minor Releases)
④ 긴급 릴리스(Emergency Releases)

013
난이도 ★★☆☆☆

IS 관리자는 부서 내 운영에 전반적인 책임을 진다. 다음 중 운영관리 기능과 가장 관련이 없는 것은 무엇인가?

① 자원 할당
② 표준과 절차
③ 내부 감사
④ 절차 모니터링

014
난이도 ★★★☆☆

다음 중 서비스 수준 계약(SLA: Service Level Agreement)에서 고려해야 할 대상과 가장 거리가 먼 것은 무엇인가?

① 유지보수 지원 시간
② 평균 무고장 시간(MTBF)
③ 섀도잉 시간(Shadowing)
④ 기술 지원 응답 시간

015
난이도 ★★★☆☆

다음 중 시스템 테스트(System Test) 단계에서 수행할 테스트 항목과 가장 거리가 먼 것은 무엇인가?

① 인터페이스 테스트
② 보안 테스트
③ 복구 테스트
④ 부하 테스트

016
난이도 ★★☆☆☆

형상관리(SCM: Software Configuration Management)에서 [보기]에 해당하는 역할을 수행하는 형상관리 구성원은 누구인가? 가장 관련성이 있는 사람을 선택하시오.

보기
베이스라인을 승인하고 변경요청을 검토하여 변경여부를 결정한다.

① 형상관리 위원회(CCB)
② 형상관리 책임자
③ 형상관리 담당자
④ 프로젝트 관리자

017
난이도 ★★★☆☆

데이터센터 보안관제&모니터링 업무를 수행하는 조직에서의 관제 관련 KPI(Key Performance Indicator)에 대한 설명으로 가장 관련 없는 것은 무엇인가?

① KPI는 보안관제 대상 시스템의 고객과 협의로 결정한다.

② 소프트웨어 기반 아키텍처의 확산으로 KPI 개념이 달라지고 있다.

③ KPI의 수준과 운영의 비용/인력 효율성은 일반적으로 비례한다.

④ KPI의 최종 목적은 고객사의 지속 가능한 경영 유지에 있다.

018
난이도 ★☆☆☆☆

다음 중 콜드 사이트(Cold Site)의 장점이 아닌 것은 무엇인가?

① 빠른 복구의 장점이 있다.

② 적은 비용이 든다.

③ 다른 조직과의 리소스 경합이 존재하지 않는다.

④ 같은 재난에 대해서 지역적인 영향을 받지 않는다.

019
난이도 ★☆☆☆☆

사회적 공격기법 중의 하나이며 고도의 기술이 필요하지 않으면서도 큰 금전적인 이득을 얻을 수 있는 이메일 사칭 공격인 BEC(Business Email Compromise)의 피해사례가 증가하고 있다. 최근 들어 변화하고 있는 BEC 공격 경향에 대해 가장 적합하지 않은 것은 무엇인가?

① APT를 비롯한 고도의 기술을 사용하던 공격자들이 BEC 공격으로 이동하고 있다.

② BEC 사기에 의한 피해 규모가 과거보다 더욱 증가하고 있다.

③ 인공지능 번역기의 활용이 증가하면서 보다 더 자연스러운 문장을 구사한다.

④ 주로 미국과 영어권 국가들을 중심으로 BEC 피해가 확산되고 있다.

020
난이도 ★★★★☆

다음 중 높은 시스템 신뢰도를 위한 측정지표로 알맞게 나열된 것은 무엇인가?

① 높은 MTBF, 높은 MTTR, 낮은 MTTF

② 높은 MTBF, 낮은 MTTR, 높은 MTTF

③ 낮은 MTBF, 낮은 MTTR, 높은 MTTF

④ 낮은 MTBF, 높은 MTTR, 낮은 MTTF

021
난이도 ★★★☆☆

운영 시스템의 경우 보안 및 시스템 운영정책에 따라 정기적으로 가용성 시험을 수행해야 한다. 가용성 시험의 유형 중, 일정 시간 이상 오랫동안 특정 기준 이상의 부하량을 꾸준하게 제공하면서 시스템의 상황을 모니터링하는 시험을 무엇이라고 하는가?

① Spike Testing
② Duration Testing
③ Peak Load Testing
④ Load Runner Testing

022
난이도 ★★★★☆

다음 중 재난복구에 관련된 식으로 맞는 계산식(Expression)은 무엇인가?

① MTO = (RTO + WRT)
② RTO >= MTO >= AIW
③ 백업 주기 = RPO + RTO
④ RTF = (RPO − WRT)

023
난이도 ★★★★★

다음 중 프로젝트 범위 기술서에 포함되는 내용에 가장 해당되지 않는 것은 무엇인가?

① 인수 기준
② 프로젝트 범위 제외사항
③ 범위 기준선
④ 제품 범위 명세서

024
난이도 ★★★★☆

예비비(Reserve)에 대한 설명 중에서 다른 선택사항과 예비비의 특성/유형이 다른 것은 무엇인가?

① 고객이나 스폰서의 변경 승인 없이 PM 단독으로 사용할 수 없다.

② 식별되지 않는 리스크에 대비하여 미리 확보한 예비비이다.

③ 원가 문서에 명시해야 한다.

④ 관리통제 목적으로 보유하기 위해 지정된 프로젝트 예산 자금이다.

025
난이도 ★★★☆

다음 중 PMI(Project Management Institute)에서 제시하는 프로젝트 유형과 가장 관련이 없는 것은 무엇인가?

① 기능 조직(Functional Organization)

② 프로젝트 조직(Project Organization)

③ 매트릭스 조직(Matrix Organization: Weak, Balanced, Strong)

④ 하이브리드 조직(Hybrid Organization)

026
난이도 ★★★☆

다음 중 DB 보안의 구현방식과 가장 관련이 없는 것은 무엇인가?

① In-Line 방식
② Respond 방식
③ Agent 방식
④ Proxy 방식

027
난이도 ★★★☆

다음 중 일반적인 DB 보안 제품의 기능과 가장 관련이 없는 것은 무엇인가?

① 접근통제 기능
② 권한통제 기능
③ 감사 데이터 생성 및 조회 기능
④ WAS 서버의 DB 작업 로깅 기능

028
난이도 ★★☆☆

다음 중 전환(Changeover, Cut-Over)의 4가지 방법과 가장 관련이 없는 것은 무엇인가?

① 직접 전환(Direct Cutover)
② 단계적 운영(Phased Operation)
③ 하이브리드 전환(Hybrid Cutover)
④ 파일럿 운영(Pilot Operation)

029
난이도 ★★★☆

다음 중 데이터 전환 시 단절적 전환(Abrupt Changeover) 접근방식에서 파악되어야 할 위험영역과 가장 관련이 없는 것은 무엇인가?

① 데이터의 무결성
② 변경 관리의 어려움
③ 중복 또는 누락된 레코드
④ 자원 부족의 어려움

030
난이도 ★★☆☆☆

다음 중 기준선(Baseline)의 종류와 가장 연관이 없는 것은 무엇인가?

① 운영 기준선 ② 시험 기준선
③ 설계 기준선 ④ 품질 기준선

031
난이도 ★☆☆☆☆

다음 중 오류 로그에 기록되어야 하는 일반적인 항목과 가장 거리가 먼 것은 무엇인가?

① 오류 발생일

② 이관 일자와 시간

③ 오류 발생자와 발생 사유

④ 기록을 유지하는 책임 당당자의 사인

032
난이도 ★★★★☆

이것은 고객사가 모아둔 방대한 데이터를 분석하기 쉬운 형태로 저장하고, 빠르게 접근하도록 하는 저장소다. 최근에는 이 저장소가 클라우드 데이터 플랫폼으로 영역을 확장해 현재 AWS(아마존 웹 서비스), 마이크로소프트의 애저(Azure), 구글 클라우드 등 주요 퍼블릭 클라우드에 저장된 데이터까지 분석과 처리를 할 수 있다. 이것은 무엇인가?

① 데이터 마트(Data Mart)

② 데이터 스토리지(Data Storage)

③ 데이터 웨어하우스(Data Warehouse)

④ 데이터 게러지(Data Garage)

033
난이도 ★★★★☆

다음 중 성과측정, 의사소통, 그리고 조직의 변화를 촉진하는 도구 및 기법과 가장 관련이 없는 것은 무엇인가?

① 6시그마 ② IT 균형 성과표(BSC)
③ 핵심 성과 지표(KPIs) ④ 통계 및 데이터 분석(CAAT)

034

난이도 ★★☆☆☆

다음 중 회사의 영업비밀을 보장하기 위해서 가장 좋은 방법은 무엇인가?

① NDA(Non-Disclosure Agreement) 계약서를 모든 직원에게 강제로 받는다.

② 사내 피해 발생 전담기구를 설립하여 피해 발생 시 법적으로 손해배상을 청구한다.

③ 의심되는 직원들을 주기적으로 강제 휴가를 보낸 후 포렌식을 수행하여 적발한다.

④ 직급의 계층마다 별도의 정보감시자를 두어서 이상징후가 생기면 경영진에게 핫라인으로 전한다.

035

난이도 ★★★★☆

Agile Manifesto의 문서는 소프트웨어 개발자가 사용해야 하는 4가지 핵심 가치와 12가지 원칙을 식별한 문서이다. 공식적으로 애자일 소프트웨어 개발을 위한 선언문이라고 불리는 이 제품은 2001년 2월 11일부터 13일까지 유타의 The Lodge at Snowbird 스키 리조트에서 17명의 개발자가 제작하였다. 다음 중 Agile Manifesto의 4가지 핵심 가치와 가장 관련 없는 것은 무엇인가?

① 프로세스 및 도구에 대한 개인 및 상호 작용

② 포괄적인 문서에 대한 작업 소프트웨어

③ 방법론에 입각한 프로세스의 구현

④ 계획을 따르는 변화에 대응

036

난이도 ★★☆☆☆

다음 중 버퍼 오버플로우(Buffer Overflow)의 대응방법과 가장 관련이 없는 것을 선택하시오.

① SPM(표준 및 절차 매뉴얼) ② ASLR(주소 공간 배치 난수화)

③ Stack Guard(스택 가드) ④ Stack Shield(스택 쉴드)

037

난이도 ★★★☆☆

다음 그룹 도출기법 관점의 요구사항 도출기법 중 가장 관련이 없는 것을 선택하시오.

① 포커스 그룹 ② 프로토 타입

③ 파레토 분석 ④ 워크숍

038 난이도 ★★★★☆

[보기] 속 A와 B에 알맞은 내용을 고르시오.

> **보기**
> 요구공학의 프로세스는 [A]과 [B]로 구성된다.

① A: 요구사항 협상, B: 요구사항 관리
② A: 요구사항 개발, B: 요구사항 관리
③ A: 요구사항 분석, B: 요구사항 모델링
④ A: 요구사항 관리, B: 요구사항 검증

039 난이도 ★★★☆☆

다음 중 CMMI Level 3 요구공학 프로세스의 구성요소와 가장 거리가 먼 것은 무엇인가?

① 설계
② 도출
③ 분석
④ 검증

040 난이도 ★★★☆☆

다음 중 Slow HTTP 공격의 대응방안과 가장 관련이 없는 것은 무엇인가?

① 캐시 서버를 이용한 대응
② 커넥션 Time Out 지시자 설정
③ 데이터 최대 수신 비율 조정
④ 웹 서버의 Keep-active Timeout 설정

041 난이도 ★★★★★

IT 정보전략계획(ISP)의 미래모형 정립 단계에서 TO-BE 정보 시스템 설계와 거리가 가장 먼 것은 다음 중 무엇인가?

① DA(Data Architecture) 정의
② AA(Application Architecture) 정의
③ TA(Technical Architecture) 정의
④ SA(System Architecture) 정의

042 난이도 ★★★★☆

다음 중 균형성과 관리(BSC: Balanced Score Card)의 4가지 관점과 거리가 가장 먼 것은 무엇인가?

① 재무 관점
② 내부업무 프로세스 관점
③ 기술 관점
④ 교육 및 성장 관점

043
난이도 ★★★★★

다음 중 정보전략계획(ISP)의 실행순서를 올바르게 나열한 것은 무엇인가?

| 가. 환경 분석 | 나. 미래모형 정립 | 다. 현황 분석 | 라. 실행계획 수립 |

① 가→나→다→라   ② 가→다→나→라
③ 가→라→나→다   ④ 가→라→다→나

044
난이도 ★★☆☆☆

다음 중 재난으로 발생할 수 있는 잠재적 손실을 어떻게 평가하는 것이 가장 좋은 방법인가?

① ROI: The Return On Investment   ② RA: The Risk Assessment
③ BIA: The Business Impact Analysis   ④ BCP: The Business Continuity Plan

045
난이도 ★★★☆☆

다음 중 보안 서버를 구축함으로써 얻을 수 있는 특징과 가장 거리가 먼 것은 무엇인가?

① 정보유출 방지(Sniffing 방지)   ② 백도어(Backdoor) 방지 기능
③ 기업신뢰도 향상   ④ 위조사이트 방지(Phishing 방지)

046
난이도 ★★★★☆

품질관리를 잘 하기 위해서는 4M 관리가 중요하다고 한다. 다음 중 4M과 가장 관련이 없는 것은 무엇인가?

① Man   ② Material
③ Money   ④ Machine

047
난이도 ★★★★☆

다음 중 OIDC(OpenID Connect) 기능의 특성과 가장 관련이 없는 것은 무엇인가?

① 상호운용성   ② 보안
③ 확장성   ④ 유연성

048

IDP(IDentity Provider)라 불리는 신원확인 서비스는 복잡한 절차 없이 간단한 신상 확인만으로 인터넷 서비스에 가입할 수 있는 기능이며, 사용자에게 즉각적인 편의성을 제공한다. 다음 중 IDP 종류와 가장 거리가 먼 것은 무엇인가?

① SAML(Security Assertion Markup Language)

② OAuth(Open Authorization)

③ OIDC(OpenID Connect)

④ BLE(Bluetooth Low Energy)

049

[보기]의 내용은 무엇을 의미하는가? 가장 적절한 답을 선택하시오.

> **보기**
>
> 분산형 디지털 정체성 시스템으로 모든 사용자의 온라인 정체성이 블로그나 소셜미디어 등의 URL로 주어질 수 있다. 최근 버전에서는 XRI로 제공되며 이 프로토콜을 지원하는 어떤 서버를 통해서나 인증될 수 있다. 즉, 사용자들이 로그인 한 번으로 서로 다른 웹 사이트를 이용할 수 있는 기술을 의미한다.

① 장착형 인증 모듈(PAM: Pluggable Authentication Module)

② 오픈 ID(Open Identification)

③ 빗버킷(Bitbucket)

④ 확장 가능 인증 프로토콜(EAP: Extensible Authentication Protocol)

050

[보기]의 내용은 무엇을 의미하는가? 가장 적절한 답을 선택하시오.

> **보기**
>
> 정보 시스템에서 사용하는 암호학적 개인정보(Personal Information)를 의미한다. 한 개인이 사용하는 공개키 암호 알고리즘을 위한 공개키/개인키 쌍, 공인 인증 기관이 발행하는 공개키 인증서(Certificate), 신뢰하는 루트 인증기관 관련 정보, 패스워드, 인가 정보 등을 포함하는 암호학적 정보의 총합이다.

① 증적 정보(Evidence Information)   ② 사용자 계정(User Account)

③ 크리덴셜(Credential)   ④ 인증 정보(Authentication Information)

051

난이도 ★★★★★

[보기]의 내용은 무엇을 말하는 것인가? 가장 알맞은 답을 선택하시오.

> **보기**
>
> 공학분석에 사용되는 컴퓨터 시뮬레이션 기술이다. 편미분 방정식이나 적분, 열 방정식 등의 근사해를 구하는 한 방법이다. 해석 접근은 정적인 문제에서 미분 방정식을 제거하거나, 편미분 방정식을 상미분 방정식으로 변환하는 것으로 접근을 한다. 접근법은 유한미분에서 사용되는 기법과 동일하다. 편미분 방정식을 풀기 위한 선행 작업으로는 대상식을 예측할 수 있는 식을 만드는 것이다. 그러나 수치적 안정(벡터 합과 같이 서로 평형을 이루는 경우)의 경우에서 입력값에서 발생한 오류는 지속해서 축적되어 결괏값을 의미 없게 만드는 경우가 발생한다. 장단점이 많이 있지만, 문제를 해결하기 위한 방법은 다양하다. 이 방식은 자동차나 송유관과 같은 복잡한 분야에서 상당히 유용하다. 문제의 성격이 변화하거나 요구 정밀도가 바뀔 때라도 쉽게 대처할 수가 있다. 예를 들어, 날씨 예측 시뮬레이션의 경우 면적이 넓은 바다보다 육지에서의 날씨 예측이 중요하며, 이러면 이 방식이 유용하게 사용될 수 있다. 현재 수많은 상용 소프트웨어와 무료 소프트웨어가 사용되고 있다. 엔지니어는 보통 이 방식을 사용하여 설계 프로토타입에서 취약점을 찾는다.

① 유한 요소법(FEM: Finite Element Method)

② 무 요소법(SPH: Smoothed-particle Hydrodynamics)

③ 영역 분해법(BDDC: Balancing by Constraints)

④ 유한 차분법(FTCS: Forward-time Central-space)

052

난이도 ★★★☆☆

소프트웨어 전개는 소프트웨어 시스템을 사용할 수 있는 모든 활동을 말한다. 다음 중 일반적인 소프트웨어 전개 활동과 가장 거리가 먼 것은 무엇인가?

① 버전 추적　　　　　　　　　② 릴리스

③ 컴파일링　　　　　　　　　④ 설치 및 활성화

053

난이도 ★★★★☆

[보기]에서 설명하는 개발 코딩 방식은 무엇인가?

> **보기**
>
> 이 코딩 방식 타입은 거의 항상 최고의 프로그래머이며, 다른 사람보다 두 세배는 빠르게 일할 수 있다. 문제는 빠르게 일은 하지만 방법론에서는 규칙을 준수하지 않는다는 점이다. 소스 코드 확인에 시간이 걸리고, 외부 컨피규레이션 데이터 저장에 시간이 걸리고, 다른 사람과 회의하고 이해하는 것에도 시간이 많이 걸린다. 이러한 타입의 소스 코드는 다른 사람이 이해하기에 스파게티처럼 혼란스럽다. 이유는 프로그래밍하면서 리팩토링하는 것이 절대 일어나지 않게 빨리 개발하기 때문이다. 그런데도 개발 소스는 신기하게도 잘 돌아간다. 주로 이러한 코딩 방식은 정확하게 해야 하는 프로젝트보다 납기 일정이 더욱 중요한 프로젝트에 투입하는 것이 좋다.

① 간달프 코딩 방식　　　　　　② 카우보이 코딩 방식
③ 닌자 코딩 방식　　　　　　　④ 공수부대원 코딩 방식

054

난이도 ★★★★☆

[보기]에 해당하는 팀은 무엇인가? 가장 알맞은 답을 고르시오.

> **보기**
>
> 미 국방성에서 1995년부터 적용하고 있는 제품 개발 기법으로써 별도 팀(Team)을 구성하여 제품의 설계, 개발, 시험 평가, 양산, 전력화 및 사업 관리 등의 모든 기능적인 분야를 통합적으로 진행하는 수단이다. 시스템 공학과 동시 공학을 통합하여 제품 개발 전 과정에 확대 적용한 개발 관리 기법이라 할 수 있다.

① 통합 스나이퍼팀(IST: Integrated Sniper Team)
② 통합 제품팀(IPT: Integrated Products Team)
③ 전문가 집단팀(EGT: Expert-knowledge Group Team)
④ 화산 생존팀(VST: Volcano Survival Team)

055

난이도 ★★★★☆

레이놀즈(Raynolds)는 리스크를 '장애(Failure)로 인해 주어진 기간에 발생하는 비용'으로 정의하였다. 리스크에 대해서 가장 올바르게 작성된 산출식은 무엇인가?

① 리스크(Risk) = 사용 빈도(Frequency of Use) × 결함 가능성(Chance of defect) × 손실(Damage)
② 리스크(Risk) = ((상위 한계점(Upper Limit Point) + 하위 한계점(Bottom Limit Point)/2) × 손실(Damage)
③ 리스크(Risk) = 사용 빈도(Frequency of Use) × 손실(Damage)
④ 리스크(Risk) = 장애 가능성(Failure Probability) × 손실(Damage) × 임계치 영역점(Critical Area Point)

056

난이도 ★★★☆☆

[보기]가 설명하는 테스트 방법은 무엇인가? 가장 알맞은 답을 선택하시오.

> **보기**
>
> 테스트 대상 프로그램의 입력 도메인을 테스트 케이스가 산출될 수 있는 데이터 클래스로 균일하게 분류하는 방법

① 동등 분할 기법(Equivalence Partitioning)　　② 경곗값 분석기법(Boundary Value Analysis)
③ 원인 결과 그래프 기법(Cause Effect Graph)　　④ 오류 예측 기법(Error Guessing)

057
난이도 ★★★★★

당신은 프로젝트 관리자다. 프로젝트의 일정을 분석한 결과, 예기치 않은 외부 사건으로 인해 프로젝트가 계획했던 날짜보다 지연되고 있는 상황이다. 프로젝트 관리자의 입장에서 가장 먼저 고려해 보아야 할 것은 무엇인가?

① 리소스 레벨링(Resource Leveling)
② 공정 압축법(Crashing)
③ IS 감사자 투입(Input IS Auditor)
④ 공정 중첩 단축법(Fast Tracking)

058
난이도 ★★★☆☆

다음 중 작업분류체계(WBS)의 구성요소로 가장 관련이 없는 것은 무엇인가?

① 작업 패키지(Work Package)
② 작업 액티비티(Work Activity)
③ 분할예정 패키지(Planning Package)
④ WBS 사전(WBS Dictionary)

059
난이도 ★★★☆☆

다음 중 위험 기반 감사기법의 한계에 대해서 가장 올바르게 설명한 것은 무엇인가?

① 조직문화, 경영형태, 사업목표와 일치되게 디자인되어야 한다.
② 선정기준과 가중치에 대한 정보 공개를 통해 선정과정의 투명성을 높일 필요가 있다.
③ 이사회와 경영진의 의도를 반영할 경우 위험 기반 감사영역이 흔들릴 수 있다.
④ 최고 감사책임자(CAE)가 우수한 감사 인력을 어떻게 배분해주느냐에 따라서 위험영역이 더 쉽게 도출된다.

060
난이도 ★★☆☆☆

다음 중 화이트박스 검사(White-Box Test) 기법과 가장 관련이 없는 것은 무엇인가?

① 비교 테스트(Comparison Testing)
② 조건 테스트(Condition Test)
③ 데이터 흐름 테스트(Data Flow Test)
④ 분기 테스트(Branch Test)

061

난이도 ★☆☆☆☆

[보기]의 A와 B에 해당하는 내용은 무엇인가? 가장 알맞은 답을 선택하시오.

> **보기**
>
> [A] 정보 시스템의 데이터 유형을 기반으로 미리 결정된 보안 제어를 평가, 테스트 및 검사하는 프로세스다. 평가는 현재 시스템의 보안 상태를 특정 표준과 비교한다. [A] 프로세스는 보안 취약점을 식별하고 완화 전략에 대한 계획을 수립하도록 한다. 반면에 [B] 시스템의 지속적인 운영과 관련된 잔여 위험을 수용하고 지정된 기간 동안 운영하도록 승인하는 프로세스이다.

① A: 인증(Certification), B: 인정(Accreditation)
② A: 허가(Permission), B: 승인(Recognition)
③ A: 인정(Accreditation), B: 인증(Certification)
④ A: 승인(Recognition), B: 허가(Permission)

062

난이도 ★★★☆☆

다음 중 정적 애플리케이션 보안 테스트(SAST: Static Application Security Testing)의 특징과 가장 관련 없는 것은 무엇인가?

① 화이트박스(White-Box) 보안 테스트이다.
② SAST는 초기에 취약점을 발견할 수 있다.
③ 테스트하기 위해서는 소스 코드가 필요하다.
④ 런타임 및 환경 관련 문제를 찾을 수 있다.

063

난이도 ★★☆☆☆

외주업체는 서비스 수준계약(SLA: Service Level Agreement)을 근거로 하여 IT 기능을 수행한다. 다음 중 서비스 개선의 사례와 가장 관련이 없는 것은 무엇인가?

① 헬프데스크 호출 빈도의 감소
② 시스템 오류의 감소
③ 시스템 가용성 개선
④ 코드 인스펙션 결함 개선

064

난이도 ★★☆☆☆

다음 중 프로젝트 관리 조직(PMO: Project Management Office)에서 수행하는 기능과 가장 관련이 없는 것은 무엇인가?

① 프로젝트 기본계획 수립
② 비용 산정
③ 진척 관리
④ WBS 작성

065   난이도 ★★☆☆☆

다음 중 블랙박스 테스트(Black Box Test) 방법과 가장 거리가 먼 것은 무엇인가?

① 기초 경로 검사(Basic Path Test)

② 경곗값 분석 검사(Boundary Value Analysis)

③ 동치분할 검사(Equivalence Partitioning)

④ 원인-결과 그래프 검사(Cause-Effect Graph)

066   난이도 ★★☆☆☆

[보기]의 테스트 방법은 무엇인가? 가장 알맞은 답을 선택하시오.

> **보기**
> 일반적으로 이전의 테스트 케이스를 재수행하여 오류의 재현 여부를 검사하는 방법으로 많이 사용된다. 이 테스트 방법은 기능 테스트부터 통합 테스트까지 범용적으로 사용되며 자동화 테스트 도구를 활용하기도 한다.

① 회귀 테스트(Regression Test)

② 단위 테스트(Unit Test)

③ 시스템 테스트(System Test)

④ 통합 테스트(Integration Test)

067   난이도 ★☆☆☆☆

백업 사이트 중에서 구축비용이 가장 저렴하지만, 복구시간이 가장 오래 걸리는 것은 무엇인가?

① 핫 사이트(Hot Site)

② 모바일 사이트(Mobile Site)

③ 미러 사이트(Mirror Site)

④ 콜드 사이트(Cold Site)

068   난이도 ★★☆☆☆

시스템 중단 테스트는 매우 극단적이고 유동적인 환경에서 시스템 신뢰성, 성능, 보안, 복구 능력에 대해 테스트한다. 그렇다면 시스템 중단 테스트에서 가장 중요한 사항은 무엇인가?

① 관련된 전체인력이 참여해야 한다.

② 복구 전략을 반드시 마련해야 한다.

③ 테스트 절차 수행이 마련되어야 한다.

④ 관리층의 의사결정을 반드시 얻어야 한다.

069

난이도 ★★☆☆☆

다음 중 누가 궁극적으로 소프트웨어 개발팀의 요구사항 사양을 책임지는가? 가장 알맞은 답을 선택하시오.

① 프로젝트 관리자　　　　　　② 프로젝트 요구사항 담당자

③ 프로젝트 후원자　　　　　　④ 프로젝트 운영 위원회

070

난이도 ★★☆☆☆

비즈니스 연속성 계획(BCP)에 가장 효과적으로 기여하는 것은 다음 중 무엇인가?

① 외부 및 내부 감사인의 사전 IS 감사 실시

② 계획에 모든 사용자 부서를 포함하여 실시

③ 고위 경영진의 승인과 지원

④ 위험 감사 전략에 의거한 계획 실시

071

난이도 ★★☆☆☆

비즈니스 연속성 계획(BCP: Business Continuity Planning)은 하나 이상의 문서로 구성될 수 있다. 그렇다면 비즈니스 연속성 계획의 구성 문서와 관련되지 않은 것은 무엇인가? 가장 관련이 없는 것을 선택하시오.

① 비즈니스 영향 분석(Business Impact Analysis)

② 운영 연속성 계획(Continuity of Operation Plan)

③ 재해 복구 계획(Disaster Recovery Plan)

④ 비즈니스 복구 계획(Business Recovery Plan)

072

난이도 ★★★☆☆

IS 감사자의 입장에서 감사계획 단계는 무엇을 파악하기 위함인가?

① 위험성이 높은 영역　　　　　② 감사인의 자질과 기량

③ 경영진의 의도　　　　　　　④ 조직 목표와 일치한 디자인

073 난이도 ★★☆☆☆

IS 감사자 입장에서 봤을 때, 감사 증적(Audit Trail)의 중요한 목적은 무엇이라고 보는가?

① 디지털 포렌식에서 감사인에게 유용한 정보를 제공하기 위함이다.

② 부정거래를 일으킨 트랜잭션에 대해서 이사회에 보고하기 위함이다.

③ 감사 증적하고 있다는 것을 사람들에게 알려서 부정을 예방 및 통제하기 위함이다.

④ 처리된 트랜잭션에 대하여 책임소재를 묻고 책임을 부여하기 위함이다.

074 난이도 ★★☆☆☆

다음 중 복구전략과 관련하여 고려해야 할 사항이 아닌 것은 무엇인가?

① 복구에 필요한 비용 및 시간   ② 복구에 사용 가능한 리소스
③ 리스크에 대한 경영진 입장   ④ 페일 백

075 난이도 ★★★☆☆

[보기]에 관련된 개발 방법론은 무엇인가? 가장 알맞은 답을 선택하시오.

> **보기**
>
> 우수한 소프트웨어 개발 도구를 이용해서 전통적인 개발 방법보다 더 적은 시간과 비용을 투자하더라도 보다 나은 품질의 소프트웨어를 개발할 수 있는 소프트웨어 개발 방법론을 의미한다. 이러한 방식의 개발은 응용 프로그램의 전체 개발 과정을 하나로 통합, 기존의 반복적이고 점진적인 소프트웨어 개발 과정은 그대로 수용하면서도 개발 과정 초기에 사용자에게 실행 가능한 기본적인 방안을 제시하여 사용자의 요구를 훨씬 더 명확하게 수용해 차후에 일어날 수 있는 많은 문제를 줄이고, 설계 과정을 그대로 개발에 재사용함으로써 전체적인 개발 기간의 단축을 목적으로 한다.

① RAD 개발   ② Agile 개발
③ Prototyping 개발   ④ Component 개발

076 난이도 ★★★☆☆

다음 중 프로토타이핑(Prototyping) 모델의 목적과 가장 관련 없는 것은 무엇인가?

① 의사소통의 도구로 활용할 수 있다.   ② 요구사항 분석의 어려움을 해결하기 위함이다.
③ 프로젝트의 위험성을 파악하기 위함이다.   ④ 사용자의 적극적인 참여를 유도하기 위함이다.

077
난이도 ★★☆☆☆

데이터베이스 관리 시스템(DBMS)은 사용자의 접근을 통제할 수 있다. 사용자 접근을 통제하는 수준과 가장 관련이 없는 것은 무엇인가?

① 트랜잭션과 데이터베이스
② 데이터스키마와 데이터베이스
③ 사용자와 데이터 필드
④ 프로그램과 데이터 필드

078
난이도 ★★☆☆☆

애플리케이션 통제는 입력, 처리, 출력기능에 대한 통제다. 그렇다면 당신이 IS 감사자라면 애플리케이션 통제에서 고려해야 할 방법과 가장 관련이 없는 것은 무엇인가?

① 실시간으로 입력, 처리, 출력이 이루어진다.
② 처리가 정확하게 이루어진다.
③ 완전하고, 정확하고, 타당한 자료만이 입력되고 수정된다.
④ 데이터가 일관성 있게 유지된다.

079
난이도 ★★★★☆

부하직원들의 개인 특성과 과업 특성의 시각에서 리더에게 적합한 4가지 리더 행동제시와 가장 거리가 먼 것은 무엇인가?

① 지시적(Directive)
② 후원적(Supportive)
③ 성취 지향적(Achievement-Oriented)
④ 맹목적(Unconditional)

080
난이도 ★★★★☆

다음 중 전략 계획 내용과 가장 거리가 먼 것은 무엇인가?

① 기업 전략(Corporate Strategy)
② 사업부 전략(Business Unit Strategy)
③ 기능부서 전략(Functional Strategy)
④ 프로젝트 전략(Project Strategy)

081
난이도 ★★★☆☆

2012년 4월 COBIT 5.0이 출시되었다. 다음 중 COBIT이 필요한 이유와 가장 관련 없는 것은 무엇인가 (COBIT 4.1에서 5.0로 변환 필요성)?

① 4차 산업 관련된 신기술 보안의 필요성으로 인해 다양한 해결책과 지원이 필요함

② 엔터프라이즈 아키텍처 및 신흥 기술과 같은 인기 주제에 대한 개선된 지침이 필요함

③ 외부 표준, 권장 사항 및 프레임워크와의 긴밀한 통합이 필요함

④ 프레임워크에 관한 개선된 정보 조직 및 보급이 필요함

082
난이도 ★★★☆☆

다음 중 COBIT 구성요소와 거리가 가장 먼 것은 무엇인가?

① 프로젝트 설명(Project Descriptions) ② 성숙도 모델(Maturity Models)
③ 프레임워크(Framework) ④ 관리 지침(Management Guidelines)

083
난이도 ★☆☆☆☆

보안인식 교육은 필요에 따라 각각 다른 형태로 운영해야 한다. 다음 중 보안인식 교육대상이 다른 하나는 무엇인가?

① 정보유출 시 사내 징계기준 및 국내 영업비밀 보호법 처벌 기준 소개

② 임직원 정보보호 준수사항 소개

③ 사내 보안사고 사례 위주의 동향 및 중요성 공감

④ 기업의 경영 환경변화에 따른 정보보호의 필요성

084
난이도 ★★☆☆☆

다음 중 보안성을 검토해야 하는 사유와 가장 거리가 먼 것은 무엇인가? 가장 관련이 없는 것을 선택하시오.

① 네트워크 서비스 사용 절차 ② 보안 지침 절차 변경검토 절차
③ IS 감사 권한부여 절차 ④ 비밀문서 반출/반입 절차

085 난이도 ★★☆☆☆

소프트웨어 기준선(Software Baseline)을 설정하기 위한 최적의 시점은 어느 단계에서 하는 것이 가장 좋은가?

① 분석 단계 ② 설계 단계
③ 개발 단계 ④ 이관 단계

086 난이도 ★★★★☆

고객은 시스템 운영자인 당신이 담당하는 시스템의 24시간 동안의 동시 접속자 수 통계와 추이 그래프를 요청하였다. 이 정보를 제공하기 위해서 분석해야 하는 파일은 무엇인가? 가장 알맞은 답을 선택하시오.

① Web Server Access Log ② Web Server Application Error Log
③ WAS Session Cluster File ④ Database Transaction Log

087 난이도 ★★☆☆☆

당신은 증권회사의 IT 감사자다. 증권사에 신규 법률을 적용하고자 내부통제에 대해서 조사를 수행하던 중 고객의 계정이 일부 유출되었다는 사실을 알게 되었다. 이러한 상황에서 가장 적절한 대응방법은 무엇인가? IT 감사자의 입장에서 가장 최적의 방법을 고르시오.

① 고객의 계정이 노출되었기 때문에 빨리 언론매체에 고발하여야 한다.
② 고객의 정보는 민감하므로 빨리 고객 계정을 차단하며 이후 고객에게 반드시 알려야 된다.
③ IT 감사자는 감사 로그에 접근할 수 있으므로 누가 어떠한 목적으로 고객의 계정을 노출했는지 분석한다.
④ 현 상황은 파급효과가 크므로 사내 법무팀의 조언을 받아서 경영진에게 보고해야 한다.

088 난이도 ★★★☆☆

다음 중 효과적인 재해복구 테스트를 위한 고려사항으로 가장 관련 없는 것을 고르시오.

① Timing(시간) ② People(사람)
③ Cost(비용) ④ Side-Effect(영향도)

089
난이도 ★★★☆☆

다음 중 재해복구 테스트(DR: Disaster Recovery) 유형과 가장 거리가 먼 것은 무엇인가?

① Plan Review(계획 검토)
② Tabletop Exercise(탁상 연습)
③ Backdraft Test(백드래프트)
④ Simulation Test(시뮬레이션)

090
난이도 ★★★★☆

다음 중 엘라스틱 서치를 사용하는 이유와 거리가 먼 것은 무엇인가?

① 엘라스틱은 속도가 빠르다.
② 엘라스틱은 본질적으로 분산적이다.
③ 엘라스틱은 데이터를 수집, 시각화, 보고를 간소화한다.
④ 엘라스틱은 라이센스의 가격이 저렴하다.

091
난이도 ★★★★★

다음 중 엘라스틱 스택(ELK: Elastic Stack)과 관련이 없는 것은 무엇인가?

① 엘라스틱 서치(Elastic Search)
② 키바나(Kibana)
③ 로그스태시(Logstash)
④ 로그원(Rogueone)

092
난이도 ★★★☆☆

[보기]와 가장 관련 있는 것을 고르시오.

> **보기**
> 은행이 가진 소비자의 재무 데이터(금융정보)를 다른 제3의 업체(TPP: Third-Party Provider) 또는 타 은행과 공유하도록 허용하는 제도

① 오픈 API(Open API)
② 지불 서비스 지침(PSD: Payment Services Directive)
③ 오픈 플랫폼(Open Platform)
④ 오픈 뱅킹(Open Banking)

093
난이도 ★★★★☆

[보기]의 [A]는 무엇을 의미하는가?

> **보기**
>
> [A]는 사람, 프로세스 및 기술을 사용하여 조직의 보안 상태를 지속적으로 모니터링하고 개선하는 동시에 사이버 보안 사고를 방지, 탐지, 분석 및 대응하는 중앙집중식 기능이다. [A]의 기능은 24시간 내내 사이버 위협을 모니터링, 탐지, 조사 및 대응하는 것이다. [A]은 지적 재산, 인력 데이터, 비즈니스 시스템 및 브랜드 무결성과 같은 많은 자산을 모니터링하고 보호해야 한다. 조직의 전체 사이버 보안 프레임워크의 구현 구성요소인 [A]는 사이버 공격을 모니터링, 평가 및 방어하기 위한 공동 노력의 중심 지점 역할을 수행한다.

① SOC(Security Operations Center)
② SOC(Special Operations Command)
③ NOC(Network Operations Center)
④ COC(Cyber Operations Center)

094
난이도 ★★★☆☆

사이버 블랙박스 기술 및 통합 보안 상황 분석 기술은 고도화된 사이버 침해 공격에 사전·사후 대응하기 위해, 침해사고의 신속한 분석과 증거 보존을 목표로 한다. 사이버 블랙박스 기술은 크게 사이버 블랙박스와 통합 보안 상황 분석 시스템으로 구성된다. 다음 중 통합 보안 분석 시스템의 요구 사항과 가장 거리가 먼 것은 무엇인가?

① 클라우드 기반 대규모 악성 코드 분석
② 공격 원인 분석 및 재현
③ 모바일 침해사고 분석 및 대응
④ 침해사고 프로파일링 및 공격 예측

095
난이도 ★★★★☆

[보기]를 읽고 빈칸에 들어갈 말로 가장 적절한 것을 고르시오.

> **보기**
>
> [   ] 기술은 네트워크 트래픽의 휘발성, 비휘발성 정보의 장기간 보존과 무결성을 확보함으로써 침해사고의 원인을 신속하게 파악할 수 있게 하고, 빠르게 대응하게 한다. 즉, 침해사고 증거수집 및 보존, 분석을 위한 기술로써 다음과 같은 기능 요구사항이 필요하다.
>
> - 네트워크 트래픽 분석 및 침해사고 증거 데이터 보존 기술
> - 내부 유입 악성정보 탐지 및 블랙박스 기반 공격정보 분석 기술
> - 블랙박스/중앙 분석 센터 간 상호연동 및 악성정보 차단 기술

① 사이버 블랙박스(Cyber Black-Box)
② 블랙박스 임계 영역(Black-Box Critical-Zone)
③ 사이버 샌드박스(Cyber Sand-Box)
④ 블랙박스 레파지토리(Black-Box Repository)

096
난이도 ★★★★☆

다음 중 일반적으로 사용하는 프로젝트 원가 관리 산정방식과 가장 관련이 없는 것은 무엇인가?

① 유사 산정
② 한계 산정
③ 모수 산정
④ 3점 추정

097
난이도 ★★☆☆☆

경영진이 정보보호 정책을 검토할 때, 가장 우선으로 고려해야 할 사항은 다음 중 무엇인가?

① 정보보호 정책 담당자가 존재해야 한다.
② 정책에 대해서 경영진의 승인이 있어야만 한다
③ 검토한 기록은 항상 유지되어야 한다.
④ 정책에 대해서는 주기적인 평가가 존재해야 한다.

098
난이도 ★★★☆☆

프로젝트 수행 중 정보보호 정책 검토를 수행할 때, 경영진의 검토를 통한 결과에는 책임자의 의사결정과 조치사항을 포함시켜야 한다. 이와 가장 관련 없는 것을 고르시오.

① 자원과 책임 할당의 개선
② 통제 목적과 통제의 개선
③ 완료 성과지수(TCPI: To-Completion Performance Index)의 개선
④ 정보보호와 비즈니스 목표의 연계 개선

099
난이도 ★★★☆☆

스마트공장의 정보 시스템을 보호하기 위해서 공개 서버에 대한 보호대책을 적용하여야 한다. 공개 서버의 정보 시스템 로그의 시간 동기화가 이루어지지 않았을 경우 발생할 수 있는 위험과 가장 관련 있는 것을 고르시오.

① 부적절한 테스트나 잘못된 절차로 인한 변경때문에 시스템 장애가 발생하면 체계적인 대응이 불가능하다.
② 부정확한 시간으로 조사에 방해될 수 있으며, 증거의 신뢰성 문제로 인해 법적 분쟁 시 활용할수 없다.
③ 기록이 변조되거나 삭제되어서 시스템의 접근통제 위반, 장애, 오류 등 원인을 분석할 수 없고, 책임을 질 수 없다.
④ 정보 유출, 변조, 서비스 거부 등 지식재산권의 침해가 발생할 우려가 있다.

100
난이도 ★★☆☆☆

당신은 스마트 공장의 정보보호 책임자이며, 인력채용 및 퇴직 시 관련된 모든 사람에게서 정보보호 서약서를 받고자 한다. 다음 중 관련 대상자가 아닌 사람은 누구인가?

① 외주 용역직원
② 정보자산에 접근 가능한 외부자
③ 정규 임직원과 파트타임 직원
④ 금융 컨설팅 직원

101
난이도 ★★☆☆☆

다음 보기는 통제의 종류이다. 보기 중 나머지와 다른 한 가지를 고르시오.

① 투입 통제
② 업무 계속성과 재난회복에 대한 통제
③ 마스터데이터(Master Data) 통제
④ 응용 보안 통제

102
난이도 ★★★☆☆

공인인증서 설치에 액티브 X(Active X)를 활용하고자 한다. 다음 중 액티브 X의 문제점과 가장 관련이 없는 것은 무엇인가?

① 호환성
② 보안성
③ 속도
④ 비용

103
난이도 ★★★★★

개인이 수행하는 직무를 5가지 핵심 직무 차원으로 구분하였을 때 가장 관련이 없는 것은 무엇인가?(J.R.Hacman, G.R Oldham의 Job Characteristic Model)

① 다양성(Diversity)
② 기술 다양성(Skill Variety)
③ 과업 정체성(Task Identity)
④ 과업 중요성(Task Significance)

104
난이도 ★★★☆☆

다음 중 COBIT 5 Insight 주제 영역의 내용과 가장 거리가 먼 것은 무엇인가?

① Audit and Assurance
② Regulatory and Compliance
③ Relation of 4IR(Fourth Industrial Revolution)
④ Information Security

105

난이도 ★★★☆☆

보안컨설팅 업무를 수행하는 당신은 OO공항 보안관제 프로젝트 B 사업의 PM 역할을 담당하여 프로젝트를 성공적으로 완수하였다. 본 사업 B는 OO공항 보안관제 프로젝트 사업 A의 실패 후, 다양한 실패 원인을 분석한 후 수행하였다. 다음 그림의 사업 A와 사업 B 품질비용 분석표를 분석하였을 때 해당사항 설명으로 가장 옳은 것은 무엇인가?

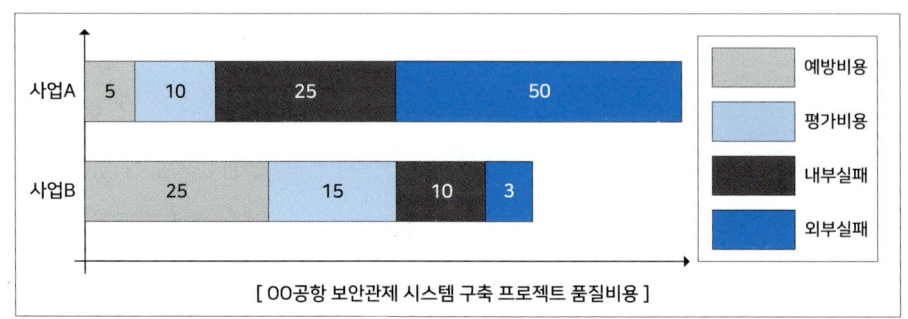

[OO공항 보안관제 시스템 구축 프로젝트 품질비용]

① 사업 A는 설계, 실행 단계에 과도한 평가/시험 비용을 사용하여 프로젝트에 악영향이 발생하였다.

② 사업 A는 시스템 이행 이후에는 큰 이슈나 결함, 장애 없이 프로젝트가 완료되었다.

③ 사업 B는 사업 A와 다르게 프로젝트 초반부터 중반까지 충분한 품질비용을 집행하였다.

④ 사업 B는 사업 A의 품질비용 정책을 동일하게 적용하여 실패요인을 제거하지 못했다.

106

난이도 ★★★☆☆

다음 차트는 공장 등 제조시설의 생산환경에서 발생하는 실시간 데이터를 측정하고 통제하는 도구 중 하나다. 측정 표본의 데이터를 평균치, 상한선, 하한선을 이용하여 결함/장애/이상 현상을 분석하고 공정을 개선하는 데 사용하는 이 도구는 무엇인가?

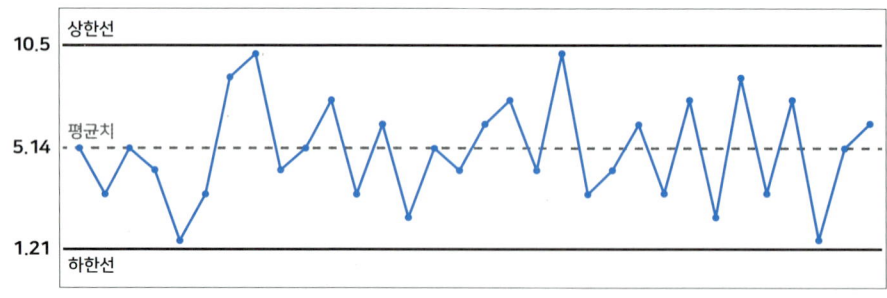

① Scatter Chart   ② Control Chart

③ Flow Chart   ④ Fishbone Diagram

107
난이도 ★★☆☆☆

공개키 기반 구조(PKI: Public Key Infrastructure)에서 개인키는 자신의 컴퓨터에 안전하게 보관하고, 공개키와 자신의 인증 정보를 인증 기관에 전송해서 인증서 발급을 요청한다. PKI를 위해 다음 중 가장 먼저 작업을 수행해야 하는 것은 무엇인가? 가장 알맞은 답을 선택하시오.

① 사용자는 자신의 컴퓨터에서 공개키와 개인키의 키 쌍을 생성한다.

② 사용자는 인증서 사용 전에 최신의 인증서 취소 목록(CRL: Certificate Revocation List)을 획득하고 점검해야 한다.

③ 사용자의 개인키는 사용자가 안전하게 보관하기 위해서 해시로 암호화를 수행해야 한다.

④ 인증 기관은 사용자의 신분을 인증하고 서명문을 확인한 후 사용자의 공개키와 사용자 정보, 인증 정보를 포함한 문서에 서명하여 인증서를 만든다.

108
난이도 ★★★★☆

[보기]의 활동은 무엇인가? 가장 알맞은 답을 선택하시오.

보기
특정 SW 개발 사업에 대한 상세분석과 제안요청서를 마련하기 위해 비즈니스 및 정보 기술에 대한 현황과 요구사항을 분석하고 기능점수 도출이 가능한 수준까지 기능적/기술적/비기능적 요건을 상세히 기술하며 구축 전략 및 이행 계획을 수립하는 활동 특징: 요구사항 상세화, 참조 모델 반영(ISO 12207, FASM, IFPUG CPM), 정보 시스템 예산 수립

① SEM(Strategic Enterprise Management)
② EA(Enterprise Architecture)
③ ISP(Information Strategy Planning)
④ ISMP(Information Strategy Master Plan)

109
난이도 ★★☆☆☆

업무 연속성 관리 계획(BCP: Business Continuity Planning)에서 [보기]의 활동은 단계별 어느 활동에서 진행되는가? 가장 관련이 많은 것을 선택하시오.

보기	
가. BCP 조직 구성	나. 조직별 재해복구 계획 수립

① 프로젝트 계획
② 사업영향 평가(BIA)
③ BCP 계획 개발
④ 모의훈련 및 유지보수

110

난이도 ★★★☆

다음 중 전자 정부 프레임워크의 특징과 가장 관련이 없는 것은 무엇인가?

① 공통 컴포넌트 재사용으로 중복 예산 절감

② 프레임워크 저가 제공으로 중소기업의 편의성 제공

③ 표준화된 연계모델 향상으로 상호운용성 향상

④ 개발표준화에 의한 모듈화로 유지보수가 용이

111

난이도 ★★★☆

[보기]의 내용을 읽고 빈칸에 들어갈 말로 가장 알맞은 것을 선택하시오.

> **보기**
> 테스트를 개발 주기의 가장 빠른 시점으로 이동하는 것으로 소프트웨어 개발 프로젝트를 개선하기 위한 전략이다. 이 용어는 종종 DevOps 기반의 자동화된 테스트와 관련이 있다. 테스트 전략이 단위 테스트 및 기타 QA 작업을 프로젝트 관리 타임라인의 앞쪽으로 시각적으로 이동하기 때문에 [   ] 이름을 딴 것이다. 소프트웨어 개발 수명 주기 초기에 문제를 감지하면 디버깅이 쉬워지므로 보안성이 향상될 수 있다.

① Shift Front
② Shift Before
③ Shift Left
④ Shift Right

112

난이도 ★★★☆

인증 경로의 확인(Certification Path Validation)의 목적은 무엇인가? 가장 알맞은 답을 선택하시오.

① 인증 경로 외부에 해지된 인증서가 없는지를 확인

② 인증 경로의 모든 인증서가 동일한 인증 실무 진술을 참조하는지를 확인

③ 인증 경로에서 인증서의 적법성을 확인

④ 인증 경로의 이름이 동일한지를 확인

113

난이도 ★★★☆

다음 중 크리덴셜 스터핑(Credential Stuffing)의 대응방법과 가장 거리가 먼 것은 무엇인가?

① 임계치 설정
② 싱글 팩터 인증(SFA)
③ 계정관리 시스템(IAM) 도입
④ 주기적인 비밀번호 관리

114
난이도 ★★☆☆☆

시간의 20%는 결과의 80%를 생산하는 데 사용하고, 80%의 시간은 20%만의 결과를 생산하는 데 소비하는 원칙을 무엇이라고 하는가?

① 무어의 원칙
② 파레토 법칙
③ 모래시계의 원칙
④ 롱테일 원칙

115
난이도 ★★★☆☆

운영 시스템은 조직의 지속가능한 경영을 시스템 관점에서 보장하기 위해 가용성을 관리해야 한다. 다음 보기 중 가용성 유지 및 향상을 위한 방안과 가장 거리가 먼 것은 무엇인가?

① RAID 5+1 스토리지 구성
② Web Server를 다수로 증설하고 앞 단에 L4 Switch 구성
③ Zero Client와 Server Based Computing으로 업무환경 구축
④ Peak Load Control 기능이 탑재된 APM 구성

116
난이도 ★★☆☆☆

다음 중 애자일(Agile) 진척 관리를 위한 시각화 그래프로써 가장 관련성이 높은 차트를 선택하시오.

① 번다운 차트
② EVM 차트
③ 이시가와 차트
④ 파레토 차트

117
난이도 ★★★☆☆

다음은 PMBOK에서 제시하는 프로젝트 관련 내용이다. 가장 해당사항이 없는 것을 선택하시오.

① 프로세스 그룹은 착수, 계획, 실행, 감시 및 통제, 종료 순으로 진행되며 프로세스들은 중첩될 수 있다.
② PMBOK 6판 기준으로 프로젝트 관리 프로세스 그룹은 49개 프로세스, 지식영역 10개의 영역이다.
③ 기업 환경요인(EEF)은 프로젝트, 프로그램, 포트폴리오에 영향을 주고 제한을 가하며 방향을 설정하는 요소로써 프로젝트 팀은 성공적인 프로젝트를 위해서 반드시 통제하여야 한다.
④ 통합 변경통제 무결성과 변경통제의 수행 여부를 추적하는 업무의 최종 책임자는 프로젝트 관리자이다.

118   난이도 ★★☆☆☆

다음 중 보안 담당자가 가장 주의 깊게 살펴보아야 할 사항은 무엇인가? 즉, 가장 우선으로 고려해야 할 사항은 무엇인지 선택하시오.

① 경리 직원이 출처를 알 수 없는 메일의 첨부 파일을 열어서 PC가 신종 바이러스에 감염되었다.

② 청소 용역 업체 중 한 사람이 문서 파쇄실에서 폐기되지 않은 중요한 문서를 몰래 가지고 나와서 이면지로 활용하였다.

③ 회사 내 중역이사가 고객한테 브리핑하기 위해서 중요한 문서 파일을 이동식 외장 하드디스크에 저장한 뒤 유출했다.

④ 새로운 보안 당자가 KALI 리눅스에 DVWA(Damn Vulnerable Web Application) 소프트웨어를 설치하였다.

119   난이도 ★★☆☆☆

다음 중 업무 연속성 관리(BCP: Business Continuity Planning) 구성 체계와 가장 관련이 없는 것은 무엇인가?

① 재해 복구(Disaster Recovery)   ② 업무 복구(Business Recovery)
③ 업무 재개(Business Resumption)   ④ 효과 분석(Effect Analysis)

120   난이도 ★★★☆☆

ITIL v3는 현재 조직과 정보 시스템의 운영을 위한 거버넌스 및 플랫폼, 절차의 기준으로 가장 널리 사용되고 있다. 정보보안 관리 서비스는 다음 중 어느 프로세스 그룹에 속하는가?

① Service Strategy   ② Service Design
③ Service Operation   ④ Continual Service Improvement

121   난이도 ★★★★★

다음 중 GoF(Gang of Four)가 제시한 디자인 패턴 분류와 가장 관련이 없는 것은 무엇인가?

① 생성 패턴   ② 구조 패턴
③ 감각 패턴   ④ 행위 패턴

122

난이도 ★★★☆☆

다음 중 디자인 패턴을 적용할 때 고려해야 할 사항과 가장 거리가 먼 것은 무엇인가?

① 상속보다는 위임 개념을 활용한다.

② 모델러, 아키텍트, 개발자에 걸쳐 일관된 이해가 필요하다.

③ 객체 지향의 설계 5원칙을 준수해야 한다.

④ 결합도는 최대화해야 한다.

123

난이도 ★★☆☆☆

[보기]의 빈칸에 들어갈 말로 적절한 것을 고르시오.

> **보기**
> 효과적인 [　]를 달성하기 위하여 요구되는 구조, 책임 및 절차를 문서화하는 것의 공인된 시스템을 [　] 시스템이라고 한다.

① 품질 관리　　　　　　　　　② 성능 관리

③ 일정 관리　　　　　　　　　④ 성과 관리

124

난이도 ★★★☆☆

사이버 복원력(Cyber Resilience)의 역량을 갖추는 것은 매우 중요하다. NIST(National Institute of Standards and Technology)에서 제시한 사이버 보안 프레임워크를 활용한 사이버 복원력 계획의 단계와 가장 관련이 없는 것은 다음 중 무엇인가?

① 식별(Identify)　　　　　　　② 탐지(Detect)

③ 대응(Respond)　　　　　　　④ 배포(Deploy)

125

난이도 ★★★☆☆

사이버 복원력(Cyber Resilience)은 비즈니스 환경과 중요자산을 보호한다. 다음 중 사이버 복원력의 주요 목표 3가지와 가장 관련이 없는 것은 무엇인가?

① 예방(Prevent)　　　　　　　② 교정(Correction)

③ 완화(Mitigate)　　　　　　　④ 유지(Sustain)

126
난이도 ★★★☆☆

일반적인 VCS(Version Control System)의 장점과 가장 관련이 없는 것은 무엇인가?

① 설계와 개발 진척의 대시보드

② 소스 코드에 대한 접근통제 및 변경 추적

③ 동시 개발 허용

④ 브랜칭(Branching) 허용

127
난이도 ★★☆☆☆

다음 중 로그에 입력되어야 할 일반적인 오류와 가장 관련이 없는 것은 무엇인가?

① 애플리케이션 프로그램 오류
② 감사 적발 오류
③ 시스템 오류
④ 통신 오류

128
난이도 ★★☆☆☆

재해복구 시스템 지표 중에서 RPO(Recovery Point Objective)에 대한 설명으로 올바른 것은 무엇인가?

① 복구가 완료되어 비즈니스가 제공될 수 있을 때까지의 시간을 의미한다.

② Mirror Level DRS는 Warm Level DRS보다 RPO 목표 수준이 낮다.

③ RPO 수준에 따라 재해 발생 시 데이터의 손실 정도가 달라진다.

④ Hot Level DRS를 구축하면 데이터 손실이 제로에 수렴한다.

129
난이도 ★★★☆☆

다음 중 정보 시스템 통제의 목적과 가장 관련이 없는 것은 무엇인가?

① 비즈니스 목적이 성취되고 원하지 않은 사건을 방지하거나 적발하거나 교정하는 합리적인 보증의 설계

② 정책, 절차, 프랙티스, 조직구성의 구성

③ 구현되지 않을 경우에 일어날 수 있는 위험의 수용

④ 정보 시스템 프로세스에 통제활동을 구현함으로써 얻을 수 있는 소기의 결과 혹은 목적

130

난이도 ★★☆☆☆

여러 명의 임직원이 고객사의 기밀을 유출하여 경쟁사에 넘기려 시도했고 감사를 통해 적발했다. 인사팀과 법무팀에서는 단계적으로 징계, 해고를 검토 중이며, 관련 책임 사안에 따라 고객 회사의 피해사항에 대한 법적인 보상도 고려 중이다. 만약 이러한 경우 사내의 인사조치와 가장 관련이 없는 것은 무엇인가?

① 일정 기간 동안의 근신
② 임시 봉급 삭감
③ 강제 휴가 후 직무 순환
④ 권한 박탈과 업무 재분배

131

난이도 ★★★☆☆

당신은 가브리엘 글로벌 회사의 총괄 보안책임자이다. 이번에 해외 법인을 새로운 경제 자유지구(FEZ: Free Economic Zone)에 확장하면서, 이사회가 새로운 보안 솔루션을 도입하기로 결정했다. 새로운 경제 자유지구는 바닷가 근처에 있어서 기후적으로 강수량이 많을 뿐 아니라, 교통망이 아직 확충되지 않아서 해외 법인으로 확장되기에는 지역적인 무리가 있다. 그러나 여러 가지 세제의 혜택으로 인해 이사회에서는 강력하게 추진하고 있다. 이러한 상황일 때 이상적인 보안 솔루션 선정을 위해서는 어떠한 계획을 검토해야만 하는가? 보안 솔루션 선정을 위한 가장 올바른 순서로 나열한 것은 어느 것인가? 가장 알맞은 답을 선택하시오.

> 가. 보안목표 수립
> 나. 핵심 자산 정의
> 다. 장기적인 보안 정책 로드맵 작성
> 라. 수용 가능한 위험수준(Acceptable Risk Level) 선정
> 마. 주요 자산을 위협하는 위험 정의
> 바. 도입 후 솔루션 전담 관리
> 사. 정량적/정성적 분석을 통한 ROI(Return On Investment) 산정(비용 및 시간 단축 측면)
> 아. 도입한 보안 솔루션 유지보수 및 향후 계획
> 자. 구현하고자 하는 보안목표와 현 수준 차이 분석
> 차. 경쟁제품 성능비교 테스트(BMT)

① 다→가→나→마→라→자→사→차→바→아
② 다→가→차→마→사→자→나→라→바→아
③ 차→가→나→다→마→라→자→사→바→아
④ 차→가→라→다→나→마→자→사→바→아

132
난이도 ★★★☆☆

정보보안 계획을 수립하는 단계에서 보안위험 분석 시, 정량적 분석기법인 EMV (Expected Monetary Value) 기법을 적용하기 어려운 이유로 적합하지 않은 것은 무엇인가?

① 관리적, 기술적, 물리적 대응방안을 구체화하기 어려움

② 보안 위험에 의한 실패 확률을 산정하기 어려움

③ 보안 위험에 의해 발생할 피해금액을 산정하기 어려움

④ 발생할 가능성이 있는 경우의 수가 너무 많음

133
난이도 ★★★★☆

발생 가능한 정보보안 위험을 도출하는 분석 기법 중에서 다음 [보기]의 A, B가 설명하는 기법은 각각 무엇인가?

> **보기**
> A. 보안 및 시스템, 소프트웨어 관련 전문가들이 모여서 각자의 지식과 경험을 기반으로 다수의 토론과 협의를 통해 발생 가능한 보안 위험요소를 도출하는 기법
> B. 현 조직과 시스템과 가장 비슷한 기존의 사례를 분석하여 발생 가능한 보안 위협요소를 도축하는 기법

① A: 벤치마킹, B: GAP 분석
② A: 델파이 기법, B: 유사 분석
③ A: GAP 분석, B: 델파이 기법
④ A: 델파이 기법, B: GAP 분석

134
난이도 ★★☆☆☆

데이터베이스를 다수로 운영하는 경우 마스터와 슬레이브 간의 데이터 복제방식에 따라 동기식과 비동기식으로 분류할 수 있다. 동기식 복제가 비동기식 복제에 비해서 갖고 있는 장점은 무엇인가?

① 하나의 노드에 장애가 발생하면, 타 노드로 전환하기 쉽다.

② 대용량 트랜잭션 요청에 효과적으로 처리할 수 있다.

③ 비동기식에 비해 데이터 정합성 유지가 상대적으로 어렵다.

④ 데이터베이스 시스템 자원과 네트워크 성능에 민감하지 않다.

135
난이도 ★★★☆☆

[보기]의 빈칸에 들어갈 말로 적절한 것을 고르시오.

> **보기**
> 초연결사회에서 작동하고 있는 주요 정보 시스템은 사이버 공격을 받는 상황에서도 그 핵심 기능이 작동해야 하며, 침해받은 부분도 자기 스스로 치유하여 회복되어야 하기 때문에 [ ]의 중요성이 커지고 있다. 이것은 침해사고를 완벽하게 통제할 수 없기 때문에 사고 시, 정상 비즈니스로 빠르게 돌아오는 회복 탄력성을 높이는 것을 뜻한다. 사이버 보안 정책에 국한되는 것은 아니며 전체 비즈니스 관점에서의 연속성을 보장하는 데 초점을 맞춘다.

① 사업 연속성 계획(BCP: Business Continuity Plan)
② 사이버 위생(Cyber Hygiene)
③ 사이버 연속성 기술(Cyber Continuity Technology)
④ 사이버 복원력(Cyber Resilience)

136
난이도 ★★☆☆☆

[보기]의 역할을 수행하는 팀을 무엇이라고 부르는가? 가장 관련성이 높은 팀을 선택하시오.

> **보기**
> 일반적인 조직도에서 블루팀과 레드팀의 의사소통과 상호 작용을 촉진시켜 더 가깝게 유지하기 위한 구조 변경 사항을 포함하고 있다.

① 화이트팀　　　　　　　　　　② 오렌지팀
③ 퍼플팀　　　　　　　　　　　④ 블랙팀

137
난이도 ★★★☆☆

[보기]를 읽고 A, B, C에 들어갈 말로 적절한 것을 고르시오.

> **보기**
> 기업은 고객에게 최고의 서비스를 제공하고 주주의 가치를 제고하며 기업의 존재를 영속적으로 유지하기 위해 노력하여야 한다. 이를 위해 기업에 발생할 수 있는 다양한 재난과 재해에 대비하여 비즈니스를 유지하기 위한 관리인 [A]를 수립해야 한다. [A]의 과정 중에서 예측한 위험 요소들이 기업의 업무에 유발할 영향을 분석하는 [B]는 가장 핵심적인 분석 활동이다. [B]를 통해 분석된 결과, 실질적으로 재난과 재해, 장애 등에 대하여 대응할 수 있도록 ICT 관점에서 기업의 소프트웨어 및 하드웨어 자산의 복구 계획을 수립하는 것을 [C]라고 한다.

① A: Company Continuity Management, B: Disaster Recovery Management, C: Disaster Recovery Plan
② A: Business Continuity Planning, B: Business Impact Analysis, C: Disaster Recovery Plan
③ A: Business Continuity Planning, B: Disaster Recovery Plan, C: Business Impact Analysis
④ A: Business Impact Analysis, B: Business Continuity Planning, C: Disaster Recovery Plan

138

난이도 ★★☆☆☆

[보기]의 빈칸에 들어갈 말로 적절한 것을 고르시오.

> **보기**
> [　　]은 컴퓨팅 시스템이 불리한 조건을 경험할 경우 신속하게 복구하는 능력이다. 즉, 시스템이나 서비스의 피해를 최소화하고 장애나 사고가 발생하기 이전이나 그에 준하는 상태로 신속하게 돌아가는 역량을 뜻한다. 재해복구(DR), 비즈니스 연속성(BC) 및 컴퓨터 법의학 등 정보 보안(InfoSec) 측면에 대해서 지속적으로 관심을 가져야 한다.

① 사이버 복원력(Cyber Resilience) 　② 사이버 연속성(Cyber Continuity)
③ 사이버 신뢰성(Cyber Reliability) 　④ 사이버 복구성(Cyber Reparability)

139

난이도 ★★★★★

다음 중 SWEBOK V3의 공개 버전은 소프트웨어 엔지니어링 분야에서 15개의 지식 영역(KA: Knowledge Areas)을 갖는다. 이와 관련해서 가장 관련이 없는 것은 무엇인가?

① 소프트웨어 성능 　② 소프트웨어 엔지니어링 모델 및 방법
③ 소프트웨어 품질 　④ 소프트웨어 요구 사항

140

난이도 ★★★★☆

다음 중 소프트웨어 공학 지식 체계(SWEBOK: Software Engineering Body of Knowledge)의 목적과 관련이 없는 것은 무엇인가?

① 세계적으로 소프트웨어 공학에 대해 일관성 있는 정보를 전달한다.
② 소프트웨어 공학의 내용을 설명한다
③ 소프트웨어 공학 지식체계에 대해서 설명하기 쉬운 이시가와 맵(Ishikawa Map)을 사용한다
④ 인증이나 자격증의 교과과정을 위한 기반을 제공한다.

141

난이도 ★★★☆☆

다음 중 소프트웨어 요구사항 도출방법과 가장 관련이 없는 것은 무엇인가?

① 인터뷰(Interview) 　② 프로토타입(Prototype)
③ 시나리오(Scenario) 　④ 고객요청(Customer Requirement)

142

난이도 ★★★☆☆

[보기]의 빈칸에 들어갈 말로 적절한 것을 고르시오.

> **보기**
>
> [   ]는 공개된 출처에서 얻은 정보들을 말한다. 한국에서는 공개 정보, 공개된 정보, 공개 소스 정보 등으로 불린다. 모의 해킹 또는 해킹 시 공개 정보 수집은 매우 중요하다. 이것은 공개된 출처에서 정보를 수집하는 것을 말하는데, 여기서 공개된 출처는 일반적으로 네이버, 구글, 야후, Bing 등 검색 엔진이다. 이들은 수많은 데이터(직접적 위협에 대한 정보, 간접적 위협에 대한 정보)를 가지고 있다. 데이터 사이에는 공격자에게 정말 중요한 힌트가 될 만한 정보들이 많이 숨어 있다. 이러한 정보는 직접적 위협을 가할 수 있는 정보와 간접적 위협을 가할 수 있는 정보로 나뉜다. 직접적 위협은 이를테면 개인 정보, 계정 정보 따위가 될 것이며, 간접적 위협은 개인 정보나 기밀 정보를 얻기 위한 수단이 되는 정보로 공격 대상에 대한 URL, 페이지 정보 등으로 볼 수 있다.

① OSINT
② OINTMENT
③ HUMINT
④ TECHINT

143

난이도 ★★★★☆

고장모드 영향 분석(FMEA: Failure Mode and Effect Analysis) 기법에서 고장모드의 중요도와 심각성에 따라 우선순위를 결정하고 대응방법을 수립하기 위해서는 위험 우선 수(RPN: Risk Priority Number)를 도출해야 한다. [보기]와 같은 값을 가지는 고장모드에 대하여 RPN을 계산하시오.

> **보기**
>
> - 심각도(Severity)=5
> - 발생도(Occurrence)=6
> - 검출도(Detection)=9

① 20
② 39
③ 270
④ 2700

144

난이도 ★★☆☆☆

공항의 일반적인 사이버 보안 이슈에 대해서 가장 관련 사항과 거리가 먼 것은 무엇인가?

① 공항은 예전부터 물리적 보안에 보다 더 특화된 영역이다.
② 오래된 시설이 많기 때문에 오래된 소프트웨어를 많이 보유하고 있다.
③ 티켓팅 시스템이나 외부 인력을 통한 유지 관리 등 다량의 서드파티 서비스가 존재한다.
④ 공항은 관리대상 영역이 너무나 크고 다양한 인종이 모여 있는 만큼 테러를 적발하기 어렵다.

145
난이도 ★★★☆

다음 중 다른 용어들과 가장 의미가 다른 하나를 선택하시오.

① URC(Uniform Resource Connector)
② URL(Uniform Resource Locator)
③ URI(Uniform Resource Identifier)
④ URN(Uniform Resource Name)

146
난이도 ★★☆☆

다음 중 엘라스틱서치에서 사용되지 않는 검색 방법은 무엇인가?

① 보안 분석
② 로깅과 로그 분석
③ 애플리케이션 성능 모니터링
④ 악성 코드 분석

147
난이도 ★★★★☆

[보기]의 빈칸에 들어갈 말로 적절한 것을 고르시오.

보기

[　]은 자사 오픈 소스 기반 검색·분석 서비스인 '[　] 서비스'를 마이크로소프트(MS) '애저(Azure)'에서 배포하도록 지원한다고 밝혔다. [　] 서치는 '아파치 루신(Lucene)'을 기반으로 만든 분산 검색엔진으로 정형, 비정형, 위치정보, 메트릭 등 원하는 방법으로 다양한 유형의 검색을 수행하고 결합할 수 있게 지원해 고성장했다. MS 애저에서 이 서비스를 지원하면서 IT 관리 서비스 사용자들은 더 많은 클라우드 서비스 제공자 옵션을 활용할 수 있게 된다.

① 엘라스틴
② 엘라스틱
③ 울트라 바이올렛
④ 하바나

148
난이도 ★★★☆

기업 정보 시스템을 구성하는 하드웨어 장비의 가용성을 향상시키는 기술을 Scale Out 방식과 Scale Up 방식으로 분류할 수 있다. 이렇게 두 가지로 분류할 때 각 방식의 특징을 설명한 것과 관련 없는 것은 무엇인가?

① Scale Up 방식은 분산형 아키텍처 모델에서 주로 사용되는 기술이다.
② Scale Up 방식은 Vertical Availability의 특성을 가진다.
③ Scale Out 방식의 가용성 기술을 사용하면 Resource Provisioning을 구현할 수 있다.
④ Scale Out 방식과 가상화 기술은 밀접한 관계가 있다.

149
난이도 ★★★☆☆

국내외 여러 네트워크 프린터 업체에서는 문서 유출 및 무작위 출력을 방지하기 위한 보안기능을 제공하고 있다. 이와 관련해서 가장 관련이 없는 것은 무엇인가?

① 사용자 ID 및 지문 입력, 사원증을 태그 입력하여 사용자 인증 후 문서 출력

② 출력 문서에 바코드/워터마크 등을 부착하여 출력 문서의 재사용 등의 불법 사용 방지

③ 신체의 일부 정보(얼굴, 망막 등)를 스캔하여 해상도 높은 프린터 출력 시 인증 불가

④ 특수 알고리즘을 적용하여 일정 기간이 지나면 네트워크 프린터에 로딩된 문서를 자동으로 문서를 지우는 형태

150
난이도 ★★☆☆☆

다음 중 정보 자산보호를 위해서 수행하는 분석과 가장 관련이 있는 것을 선택하시오.

① 타당성 분석(Feasibility Analysis)

② 비즈니스 영향 분석(Business Impact Analysis)

③ ABC분석(ABC Analysis)

④ 비용 편익 분석(Cost Benefit Analysis)

151
난이도 ★★☆☆☆

다음의 보안 설계 검토대상 중 DBMS 조회 및 결과 검증에 대한 설명으로 가장 적절하지 않은 것은 무엇인가?

① 애플리케이션에서 DB 연결을 수행할 때 최소 권한의 계정을 사용해야 한다.

② SQL 구문(Select, From, Union, Where, Substr 등) 및 특수문자(' , -- , / , *)가 존재할 경우 사용하지 않도록 제약해야 한다.

③ 외부 입력값이 삽입되는 SQL 쿼리문을 동적으로 생성해서 실행하지 않도록 해야 한다.

④ 외부 입력값을 이용해 동적으로 SQL 쿼리문을 생성해야 하는 경우 입력값에 대한 검증을 수행한 뒤 사용해야 한다.

152

난이도 ★★★☆☆

프로젝트 수행 기간 중, 프로젝트 참여 직무별로 수행할 보안 활동에 대해서 정의한 CLASP의 SW 개발 보안 방법론을 기준으로 볼 때 [보기]의 역할에 가장 적합한 직무는 무엇인가?

> **보기**
> (1) 프로젝트의 현재 상태를 검사하고 현재 상태의 보안을 보장한다.
> (2) 요구사항을 검토할 때는 요구사항이 적합하고 완전한지 확인한다.
> (3) 설계 단계에서는 일반적으로 취약성으로 이어질 수 있는 사항이 있는지 점검한다.
> (4) 구현 단계에서는 보안 문제를 발견할 수 있도록 시도해야 한다.

① 보안감사자(Security Auditor)
② 구현개발자(Implementer)
③ 프로젝트 관리자(Project Manager)
④ 고객 유저(Key-man Customer)

153

난이도 ★★★☆☆

데이터 오너의 관점에서 봤을 때, [보기]의 내용을 올바른 순서로 나열한 것은 무엇인가?

> **보기**
> 가. 정보 분류 해제 기준을 만든다.
> 나. 분류와 관련된 보안 제어를 결정한다.
> 다. 데이터 보안에 필요할 수 있는 모든 예외 사항을 문서화한다.
> 라. 데이터 분류 기준을 설정한다.
> 마. 데이터 관리를 전송할 수 있는 방법을 결정한다.
> 바. 데이터 분류를 설정할 데이터 소유자를 식별한다.
> 사. 관계된 정보를 보안 인식 및 교육 프로그램에 추가하여 사용자가 다양한 분류에서 데이터를 처리하는 책임을 이해할 수 있도록 한다.

① 라 → 바 → 나 → 다 → 마 → 가 → 사
② 가 → 나 → 다 → 라 → 마 → 바 → 사
③ 라 → 나 → 바 → 다 → 마 → 가 → 사
④ 가 → 바 → 나 → 다 → 마 → 라 → 사

154

다음 중 SLA(Service Level Agreement)의 측정지표와 가장 관련 없는 것은 무엇인가?

① 서비스 가동률=(1−장애 시간/서비스시간)×100

② SR 적기 처리율=완료 예정일자 이내에 완료한 서비스 요청건 수/측정 기간에 완료 예정일 서비스 요청건 수×100

③ 원가 투입 마진율=(매출액−원가)/매출액

④ 동일 장애 발생률=동일 장애 발생건 수/총 장애 발생건 수×100

155

서비스 수준 협약서(SLA: Service Level Agreement)의 도입절차를 가장 올바르게 나열한 것은 무엇인가?

보기	
가. 관리 지표 시험 측정	사. SLA 작성 및 완성
나. Pricing 방식 결정	아. 페널티/보상수준 합의 및 결정
다. SOW 작성	자. 관리 지표 선정
라. SLA 적용범위 합의 결정	차. 관리 지표별 목표 수준/최소 수준 합의 및 결정
마. 지표조사	카. 관리 지표 측정방법 정의
바. 시스템/서비스 현황 목표 조사	

① 바→라→다→마→자→카→가→차→아→나→사

② 바→가→나→마→자→카→라→차→아→다→사

③ 다→바→라→마→자→카→가→차→아→나→사

④ 다→바→나→마→자→카→라→차→아→가→사

156

다음 중 서비스 수준 협약서(SLA: Service Level Agreement)와 관련된 성과지표 및 측정 구성요소로 가장 해당이 없는 것은 무엇인가?

① SLH(Service Level Human)
② SOW(Statement of Work)
③ SLO(Service Level Object)
④ SLM(Service Level Measurement)

기업이 비즈니스를 영위하고 자산을 유지하며 정보 시스템을 운영하기 위해서는 각종 감독기관 및 국가의 법규/규제/제도의 영향에서 벗어날 수 없다. 정보보안과 관련된 법규와 제도는 날이 갈수록 점차 확대되고 강화되는 추세이므로 정보보안 담당자라면 이를 인지하고 대응할 수 있어야 한다. 정보보안 법규 및 제도는 국내의 전자정부법과 정보통신망법부터 국제표준인 ISO 27001까지 다양한 범위를 인지하고 해당 제도의 목적을 이해하고 있어야 한다. 또한, 모든 제도들은 기업 환경의 변화에 따라 조항이 변경되거나 제도 간의 통합이 진행되므로 이에 대한 이해도 필요하다. 최근에는 개인정보보호에 대한 이슈가 증가함에 따라 ISMS, PIMS 제도의 통합과 개인정보 보호법의 개정도 이루어졌으며 관련된 자격제도도 신설되는 추세이다. 제5장에서는 정보보안 법규 및 제도와 더불어 IS 감사 수행 시 목적, 대상, 역할, 기법, 책임 등을 추가하여 감사자의 입장에서 숙지해야 할 항목들을 이해할 수 있도록 하였다.

- ISO Series, ISMS, SOX 등 국제 보안/감사 법규 및 규제 이해
- 정보통신망법, 전자정부법 등 국내의 관련 법규 및 규제 이해
- 부정 방지 감사 및 일반적인 보안감사의 목적/절차/역할 이해
- 보안 법규 및 제도의 국내외 변화 트렌드와 대응 방안 이해

제 5 장
법규 및 제도

제5장 법규 및 제도

→ 정답 186p

001
난이도 ★★★★☆

감리원은 매 분기별 시공사로부터 안전관리 결과보고서를 제출받아 이를 검토하고 미비한 사항이 있을 시 시정 조치를 해야 한다. 다음 중 안전관리 결과보고서와 가장 관련 없는 것은 무엇인가? (감리업무 수행 지침서 3.5.5)

① 재해발생 현황
② 안전교육 실적표
③ 안전보건 관리체계
④ 안전관리비 사용실적

002
난이도 ★★☆☆☆

다음 중 프로젝트 관리의 교본서(PMBOK)에서 제시하는 프로젝트 관리 지식체계와 관련이 없는 것은 무엇인가?

① 범위 관리(Project Scope Management)
② 의사소통 관리(Project Communications Management)
③ 보안 관리(Project Security Management)
④ 원가 관리(Project Cost Management)

003
난이도 ★★★☆☆

한국인터넷진흥원(KISA)에서는 정보인증센터의 전자서명 인증 관리체계에 대한 정기점검을 수행한다. 10개의 점검 분야에 대한 업무절차를 준수하는지 여부를 파악하는 것인데, 가장 관련이 없는 것은 다음 중 무엇인가?

① 재무 실사(내부/외부 감사)
② 네트워크 및 시스템 보안
③ 시설 및 장비의 관리
④ 전자서명 키 관리

004
난이도 ★★★☆☆

다음 중 우리나라 기업 고객의 공인인증서 종류와 거리가 가장 먼 것은 무엇인가?

① 은행/신용카드/보험용
② 해외입찰용
③ 범용 기업
④ 전자 세금용(기업 특수목적)

005
난이도 ★★☆☆☆

IDEAL 모델은 조직이 변화 이니셔티브를 수행하는 5단계에 따라 명명되었다. 다음 중 5단계와 관련이 없는 것은 무엇인가?

① Initiating
② Diagnosing
③ Auditing
④ Learning

006
난이도 ★★★★☆

[보기]가 설명하는 법칙은 무엇인가? 가장 알맞은 답을 선택하시오.

> **보기**
>
> 시스템을 설계하는 조직은 그 조직의 의사소통 구조를 그대로 복사하여 설계한다.
>
> "Organizations which design systems ⋯ are constrained to produce designs which are copies of the communication structures of these organizations."

① 콘웨이의 법칙
② 암달의 법칙
③ 무어의 법칙
④ 샤미르의 법칙

007
난이도 ★★★☆☆

다음 중 COBIT의 특징과 가장 거리가 먼 것은 무엇인가?

① 5개의 도메인과 40개의 프로세스로 구성된다.
② ISACA의 Control Objectives에 기반을 둔 참조모델이다.
③ 감사도구에서 IT 경영진이 사용하는 거버넌스 도구로 발전했다.
④ ITIL, CMM, BS7799, ISO9000 등 산업 표준에 정렬된다.

008
난이도 ★★★★☆

한국판 디지털 뉴딜은 튼튼한 고용 안전망과 인적 자원에의 투자를 기반으로 하여 디지털(Digital) 뉴딜과 그린(Green) 뉴딜 두 개의 축으로 추진한다. 2025년까지 총 160조 원(국비 114.1조 원)을 투입해 총 190만 개 일자리를 만든다는 목표다. 디지털 뉴딜은 4개 분야에서 12개 추진 과제로 구성된다. 그렇다면 디지털 뉴딜의 4가지 분야와 가장 관련이 없는 것은 무엇인가?

① 데이터 네트워크 인공지능 생태계 강화
② 저탄소, 분산형 에너지 확산
③ 교육 인프라 디지털 전환
④ SOC 디지털화

009

난이도 ★★★★☆

다음 [보기]의 설명에 해당하는 것은 무엇인가?

> **보기**
>
> 브레인스토밍의 결점을 보완하기 위해서 만든 아이디어 발상법 중의 하나이다. 브레인스토밍과 마찬가지로 4가지 규칙(비판금지, 자유분방, 다다익선, 결합개선)이 적용된다. 브레인스토밍은 구체적인 테마가 제시되지만, 이 방법은 키워드만 제시되기에 사고력을 더욱 더 높일 수 있다는 특징이 있다.

① 시네틱스(Synetics) 발상법
② 고든법(Gordon Technique)
③ 5W1H 질문법
④ SCAMPER

010

난이도 ★★★☆☆

프라이버시 바이 디자인(PbD)은 6단계의 프로세스로 진행된다. [보기]를 읽고 PbD의 절차를 가장 올바르게 나열한 것을 고르시오.

> **보기**
>
> 가. 새로운 시스템을 이용하여 개인정보를 어떻게 수집, 이용 또는 개시하게 될 것인지, End-to-End 시스템 라이프사이클로 확인한다.
>
> 나. 대상으로 하는 프라이버시 요건이 어떻게 변화되고 있는지를 확인하여 요건을 작성한다.
>
> 다. 프라이버시 요구사양을 바탕으로 설계한다.
>
> 라. 확인된 프라이버시 대책의 요구사양을 개발한다.
>
> 마. FIPS의 원칙에 따라 시스템을 개발한다.
>
> 바. 요구된 프라이버시 대책이 포함되어 있는지를 검증한다.

① 나→바→라→다→가→바
② 나→라→가→다→바→마
③ 나→마→다→가→라→바
④ 나→가→라→다→마→바

011

난이도 ★★★☆☆

다음 중 능력 성숙도 통합 모델(CMMI: Capability Maturity Model Integration)가 지원하는 프로세스 영역의 분류로 가장 관련이 없는 것은 무엇인가?

① 프로세스 관리(Process Management)
② 프로젝트 관리(Project Management)
③ 자원 관리(Resource Management)
④ 지원(Support)

012

난이도 ★★★★☆

다음 [보기]에 해당하는 모델은 무엇인가? 가장 알맞은 답을 고르시오.

> **보기**
>
> 소프트웨어 품질 관리체계 중 하나로, 소프트웨어 기술을 지원하는 조직의 응용 프로그램을 개선하는 데 도움을 주기 위해 1986년 미국 소프트웨어 공학 연구소에서 개발한 모델이다. 이 절차는 초기단계, 반복단계, 정의단계, 관리단계, 최적화 단계의 5단계로 나눠진다. 이는 성숙도를 측정하고 소프트웨어 기술을 사용하는 조직의 소프트웨어 개선 노력에 우선순위를 매기는 데 도움이 된다.

① 능력 성숙도 모델(CMM: Capability Maturity Model)

② SPICE(Software Process Improvement and Capability Extermination)

③ 소프트웨어 보증 성숙도 모델(SAMM: Software Assurance Maturity Model)

④ 개체-관계 모델(ERM: Entity-Relationship Model)

013

난이도 ★★☆☆☆

[보기]의 빈칸에 해당하는 테스트 방법은 무엇인가? 가장 알맞은 답을 고르시오.

> **보기**
>
> [　　]은 제임스 바흐(James Bach)가 주장한 것으로, 테스트 케이스를 먼저 작성하지 않고 테스트 대상 제품을 실행하면서 익숙해지는 것과 동시에 테스트를 설계하고 테스트를 수행한다. 테스트 케이스 작성의 시간을 최소화하고 테스트 엔지니어의 발견적인(Heuristic) 지적 능력을 최대한 활용하여 테스트를 수행하는 방법이다.

① 탐색적 테스팅(Exploratory Testing)

② 애자일 테스트(Agile Testing)

③ 애드혹 테스팅(Ad-hoc Testing)

④ 탐색 기반 소프트웨어 테스팅(SBST: Search Based Software Testing)

014

난이도 ★★★☆☆

탐색적 테스팅(Exploratory Testing)은 테스트 설계, 테스트 수행, 테스트 계획, 테스트 기록 및 학습을 동시에 진행하는 휴리스틱 테스트 접근법이다. 탐색적 테스팅의 4가지 구성요소와 가장 관련이 없는 것은 무엇인가?

① 테스트 차터(Test Charter)　　② 시간 제한(Time Boxing)

③ 그룹 토의(Group Communication)　　④ 요약보고/회고(Debriefing)

015
난이도 ★★★☆☆

SAMM(Software Assurance Maturity Model)은 조직이 전략을 수립하고 구현하는 데 도움이 되는 개방형 프레임워크이다. 조직이 직면한 특정 위험에 맞는 소프트웨어 보안을 위해 SAMM에서 제공하는 리소스 중 지원하지 않는 부분은 무엇인가? 가장 관련이 없는 것을 선택하시오.

① 조직의 기존 소프트웨어 보안 관행을 평가한다.

② 보안 보증 프로그램의 구체적인 개선 사항을 시연한다.

③ 조직 전체의 보안 관련 활동을 정의하고 측정한다.

④ 조직 간 이해관계자의 니즈를 충족하고 통합된 하나의 프레임워크를 제공한다.

016
난이도 ★★★☆☆

다음 중 SAMM(Software Assurance Maturity Model)의 원칙으로 관련이 없는 것은 무엇인가?

① 기간에 따른 조직 변화의 행동, 따라서 소프트웨어 보안 프로그램은 작은 반복으로 기술되어야 하며 장기 목표를 향해 점진적으로 작업하는 동안 보증 이득을 제공해야 한다.

② 단일 솔루션이 모든 조직에 적합하지는 않는다. 따라서 프로그램은 위험 허용 수준에 따라 사용자를 정의할 수 있을 만큼 유연해야 한다.

③ 거버넌스에 맞게 구현되어야 하며, 정량적 및 정성적 분석을 통한 리스크 관리가 우선시되어야 한다.

④ 보안 활동에 대한 지침은 단순하고 측정 가능하며 잘 정의되어야 한다.

017
난이도 ★★★☆☆

SAMM(Software Assurance Maturity Model)에서 보안 관행의 효율성 증대는 성숙도 몇 레벨인가? 가장 알맞은 답을 선택하시오.

① 레벨 0   ② 레벨 1

③ 레벨 2   ④ 레벨 3

018
난이도 ★★☆☆☆

SAMM(Software Assurance Maturity Model)에서 4가지 주요 비즈니스 기능과 가장 관련이 없는 것을 선택하시오.

① Governance   ② Construction

③ Verification   ④ Policy & Rule

019
난이도 ★★★☆☆

다음 중 SAMM(Software Assurance Maturity Model)의 Verification 비즈니스 기능에서 3가지 Security Practice와 가장 관련이 없는 것은 무엇인가?

① 디자인 리뷰
② 이슈 관리
③ 구현 검토
④ 보안 테스트

020
난이도 ★★★★☆

소프트웨어 공학센터에서 인증하는 소프트웨어 프로세스 인증제도(SP: Software Process)는 5개의 영역에 대해서 평가를 수행한다. 다음 중 5개의 영역과 가장 관련이 없는 것은 무엇인가?

① 원가 및 품질관리 영역
② 프로세스 개선 영역
③ 프로젝트 관리 영역
④ 조직 관리 영역

021
난이도 ★★☆☆☆

다음 중 공개 소프트웨어 라이선스 검증 도구가 올바르게 짝지어진 것은 무엇인가?

① PMD - Protex
② Protex - SonarQube
③ Protex - FOSSoloy
④ FOSSlogy - SonarQube

022
난이도 ★★★☆☆

다음 중 공개 소프트웨어 라이선스 검증 절차를 올바른 순서로 나열한 것은 무엇인가?

가. 공개 소프트웨어 포털 온라인 신청	나. 컨설팅 신청 및 수행
다. 분석	라. 검증
마. 검증 보고서 제출	

① 가→다→라→마→나
② 다→라→마→가→나
③ 나→가→다→라→마
④ 라→마→다→나→가

023
난이도 ★★☆☆☆

공개 소프트웨어 라이선스 검증을 통해 사업위험 감소, 생산성 증가, 비용 절감 등의 효과를 얻을 수 있다. 다음 중 라이선스 검증 효과와 가장 관련이 없는 것은 무엇인가?

① 사업철수, 리콜, 판매금지 가처분, 손해배상 등으로 인한 제2의 컨설팅 수익 창출

② 사전 라이선스 검증을 통하여 저작권 위반으로 인한 법적 책임 예방

③ 내부 지적 재산 관리 및 보호가 가능하여 수익창출에 기여

④ 공개된 표준 준수(De facto standard)에 따른 재개발 비용 절감

024
난이도 ★★☆☆☆

다음 중 공개 소프트웨어 라이선스를 체계적으로 관리하기 위한 절차를 올바른 순서로 나열한 것은 무엇인가?

보기
가. 라이선스 관리 기획
나. 보고서 작성 공유
다. 라이선스 검증
라. 라이선스 관리

① 가→나→다→라
② 나→가→다→라
③ 가→다→라→나
④ 가→라→다→나

025
난이도 ★★★☆☆

다음 [보기]에 해당되는 소프트웨어 모델은 무엇인가? 가장 알맞은 답을 선택하시오.

보기
이 모델은 소규모의 실험적인 프로젝트나 소프트웨어 하우스에서 주로 적용하는 방법이다. 대부분의 앞 단계 산출물은 작성하지 않고 곧바로 코딩으로 들어가서 실행하면서 에러를 고쳐 나가는 방식이다.

① 코드 및 수정 모델(Code-and-Fix)

② 연어형 폭포수 모델(Salmon Waterfall)

③ 진화적 프로토타이핑 모델(Evolutionary Prototyping)

④ 도구에 맞춘 설계형 모델(Design-to-Tools)

026
난이도 ★★★☆☆

다음 중 연어형 폭포수 모델(Salmon Waterfall)의 특징과 가장 거리가 먼 것은 무엇인가?

① 전통적인 폭포수 모델에 비하여 융통성을 제공한다.

② 후반의 라이프사이클에서도 전반으로 다시 돌아올 수 있다.

③ 프로젝트의 중간 이후 단계에서나 사용자 요구사항에 대한 검증이 가능하다.

④ 프로젝트 전반부에 참여했던 사람들이 없으면 구현하기 힘들다.

027
난이도 ★★☆☆☆

다음 중 나선형 모델(Spiral)의 4가지 단계와 가장 관련이 없는 것은 무엇인가?

① 목표 설정(Determine Objective)
② 위험 분석(Risk Analysis)
③ 임계치 설정(Determine Critical Area)
④ 개발 및 검증(Development and Test)

028
난이도 ★★☆☆☆

다음 중 나선형 모델(Spiral)의 특징과 가장 거리가 먼 것은 무엇인가?

① 대규모 시스템 및 위험부담이 큰 시스템 개발에 적합하다.

② 소프트웨어 개발을 단계적, 순차적, 체계적 접근 방식으로 수행한다.

③ 프로젝트 완전성 및 유지보수가 용이하며 관리가 어렵고 장기화할 수 있다.

④ 정확한 사용자 요구사항이 반영되며 위험부담 감소, 품질 확보가 가능하다.

029
난이도 ★★★☆☆

다음 중 상용화 소프트웨어 구입형 모델(Commercial Off-the-Shelf Software)의 특징과 가장 거리가 먼 것은 무엇인가?

① 개발과정에 고객의 참여도가 높으므로 중간에 시스템 변경을 위한 의사결정 기회를 제공한다.

② 원하는 기능을 제공한다면 적은 비용으로 신속하게 적용할 수 있다.

③ 조직의 프로세스와 독립적인 업무에서 비용대비 효과가 높다.

④ 업무가 확장되면서 소프트웨어와 갭이 생길 경우 활용도가 저하될 우려가 있다.

030
난이도 ★★★☆☆

다음 중 서브 프로젝트로 나누어진 폭포수 모델(Waterfall with Subprojects)의 특징과 가장 관련이 없는 것은 무엇인가?

① 단계 간 검증 시 주로 문서가 사용되므로 요구되는 문서 양이 많다.

② 프로젝트의 기간을 단축시킬 수 있다.

③ 업무 영역별로 집중되어 부분적인 품질을 높일 수 있다.

④ 서브 시스템 간에 인터페이스가 존재하고, 데이터 통합을 위한 전략이 마련되지 않을 경우 시스템의 품질이 저하될 수 있다.

031
난이도 ★★☆☆☆

다음 중 경곗값 분석(Boundary Value Analysis) 기법의 한계점으로 가장 관련이 없는 것은 무엇인가?

① 일련의 동작에 대한 조합을 테스트하기에는 적합하지 않다.

② 입력 조합이 상호 간에 독립적이라는 가정에서만 적합한 기법이다.

③ 사용자나 내부적으로 보고된 가능성과 위험을 기반으로 우선순위를 선정하고 이에 따라 기존 결함 유형을 반영해야 한다.

④ 출력이 입력조건이나 변수들 사이의 관계에 따라 달라지는 경우, 입력 조건을 등가 분할하는 것이 매우 어려울 수 있다.

032
난이도 ★★★☆☆

정보보호 관리체계(ISMS: Information Security Management System)에 따르면, 정보통신망법에 의무적으로 인증받아야 하는 대상으로 명시된 조직/기업은 반드시 정해진 기한 안에 인증을 획득해야 하며 준수하지 않을 경우 과태료가 부과된다. 다음 보기 중 2019년 9월 현재 ISMS 인증 의무 대상으로 적합하지 않은 것은 무엇인가?

① 정보통신망 서비스 제공자(이동통신, 인터넷 전화, 인터넷 접속 서비스)

② 정보통신 서비스를 위한 인프라 사업자(IDC: Internet Datacenter)

③ 연간 매출액 1,500억 원 이상이며 재학생 수가 5,000명 이상인 학교

④ 연간 매출액 1,500억 원 이상이며 의료법 제3조에 의거한 상급 종합병원

033

난이도 ★★★☆☆

정보 시스템의 개발 및 운영 과정인 개발생명주기(SDLC: Software Development Lifecycle)의 중요한 활동 중 하나는 소프트웨어 테스팅이다. 소프트웨어 테스팅을 위한 절차와 기법, 산출물 등의 가이드라인을 제시하는 국제표준인 ISO 29119가 존재한다. 이 표준의 상세 규약인 ISO 29119-4에서는 테스트 기법을 제시하고 있는데, 해당 기법 중에서 명세 기반 테스트 기법에 속하지 않는 것은 무엇인가?

① 균등값 시험
② 경곗값 시험
③ 분기 제어 시험
④ 조합 시험

034

난이도 ★★★☆☆

ISMS-P(Personal Information & Information Security Management System)는 기존의 ISMS과 PIMS를 통합한 인증제도이다. ISMS-P의 인증기준은 크게 관리체계 수립 및 운영, 보호대책 요구사항, 개인정보 처리단계별 요구사항으로 분류할 수 있다. 이 중에서 보호대책 요구사항의 상세 분야에 해당하지 않는 것은 무엇인가?

① 접근통제
② 정책, 조직, 자산 관리
③ 위험 관리
④ 사고 예방 및 대응

035

난이도 ★★★★☆

[보기]를 참고할 때, 다음 중 사이버안보 6대 전략과제의 사이버공격 대응 고도화와 가장 거리가 먼 것은 무엇인가?

> **보기**
>
> 정부는 9월 3일(화) 오전, 국무회의를 개최하고, 「국가사이버안보 기본계획」을 보고·확정했다. 본 기본계획은 지난 4월 3일 발표된 「국가사이버안보전략(국가안보실)」을 차질 없이 추진하기 위하여 범부처 차원에서 이행할 구체적인 실행계획을 담고 있다. 최근 국제사회의 분쟁요인 급증, 5세대 이동통신(5G) 초연결 사회 진전에 따른 위험요인 확대 등 국가 사이버 안보에 대한 위협이 증가함에 따라 과학기술정보통신부, 국정원, 국방부 등 9개 기관은 정부, 기업 및 개인 모두가 참여하여 사이버 보안을 강화하기 위한 체계적인 실행 방안을 마련하였다. 본 기본계획에 따라서 정부는 사이버 안보 6대 전략과제를 뒷받침하기 위해 기관별 실행계획을 18개 중점과제, 100개의 세부과제로 종합하고 2022년까지 단계적으로 추진할 계획이라고 발표하였다.

① 사이버공격 억지력 확보
② 대규모 공격 대비태세 강화
③ 포괄적·능동적 수단 강구
④ 민·관·군 협력 체계 활성화

036

난이도 ★★★★☆

[보기]의 경우, 포렌식 전문가는 무엇을 위반하여 어느 정도의 처벌을 받게 되는가? 가장 적절한 것을 선택하시오.

보기
회사에서 불법으로 의심되는 사람의 노트북을 포렌식 전문가에게 분석을 의뢰했다. 그런데 영세한 포렌식 전문가여서 그러한 것인지, 아니면 포렌식 전문가가 보안의식이 없어 그런 것인지는 모르겠지만 노트북에 들어있는 피해자의 개인적인 동영상을 몰래 지인들에게 배포하였다. 문제는 동영상이 유포되어 피해자가 이런 사실을 알게 되었고 회사를 상대로 고소하게 되었다.

① 개인정보 보호법 위반, 징역 3년
② 포렌식 법률 위반, 징역 3년
③ 개인정보 보호법 위반, 징역 5년
④ 포렌식 법률 위반, 징역 3년

037

난이도 ★★★★★

다음 중 2019년도에 국제전기통신연합 전기통신표준화부문(ITU-T)의 SG 17에서 국제표준으로 채택된 4가지의 한국 주도기술과 가장 관련이 없는 것은 무엇인가?

① 양자 잡음 난수 생성기 구조(X.1702)

② V2X 통신 환경 보안 가이드라인(X.1372)

③ 스마트 미터링 서비스 보안 가이드라인(X.1332)

④ 드론 전파방해 보안 가이드(X.1664)

038

난이도 ★★★☆☆

GNU 프로젝트는 소프트웨어의 상업화에 반대해 '모두가 공유할 수 있는 소프트웨어'를 만드는 것을 목표로 한다. 그래서 리눅스의 창시자 리처드 스톨먼이 설립한 자유 소프트웨어 재단(FSF)에서 제공하는 소프트웨어의 대부분은 GPL(General Public License)을 따르게 되어 있다. GNU GPL에서는 5가지의 의무를 저작권의 항목으로 강제한다. 다음 중 가장 관련이 없는 것은 무엇인가?

① 컴퓨터 프로그램은 어떠한 목적으로든지 사용할 수 있다. 다만 법으로 제한하는 행위는 할 수 없다.

② 컴퓨터 프로그램의 소스 코드를 용도에 따라 변경할 수 있다.

③ 변경된 컴퓨터 프로그램 역시 프로그램의 소스 코드를 반드시 공개 배포해야 한다.

④ GPL 소프트웨어를 독점 시스템 안에 통합할 때, 자유소프트재단(license-violation@gnu.org)에 신고한다면 예외적으로 독점 소프트웨어와 결합이 가능하다.

039

공개 소프트웨어 라이선스 중에서 2차적 저작물의 소스 코드 공개가 불가능한 것은 무엇인가?

① GPL
② LGPL
③ Apache
④ MPL

040

금융기관의 IT와 관련된 대표적인 국외의 컴플라이언스 관련 법률 및 규정은 대표적으로 5가지가 존재한다. 다음 중 이와 관련이 없는 것을 선택하시오.

① SOX
② HIPAA
③ SAS 70
④ BIS BASEL II

041

다음 보기 중에서 ISMS-P(정보보호 및 개인정보보호 관리체계 인증)의 보호대책 요구사항에 해당되지 않는 것은 무엇인가?

① 물리 보안
② 외부자 보안
③ 개인정보 수집 시 보호조치
④ 접근통제

042

[보기]의 설명은 소프트웨어 프로세스 품질인증의 어느 등급에 해당되는가?

> **보기**
>
> 조직의 프로세스 체계를 정의하고 정량적인 데이터 관리를 통해 조직 차원의 프로세스를 개선하고 발생되는 문제의 근본 원인을 해결함으로써 일관된 품질수준의 프로젝트 수행이 가능하며, 지속적으로 프로세스를 개선할 수 있는 역량 수준

① 1등급
② 2등급
③ 3등급
④ 4등급

043

난이도 ★★☆☆☆

개인정보 보호법 제3조에서는 가장 중요한 개인정보보호의 원칙을 명확하게 규정하고 있다. 다음 중 제3조에서 정의하는 개인정보보호 원칙에 적합하지 않은 것은 무엇인가?

① 개인정보처리자는 개인정보의 처리 목적을 명확하게 해야 한다.

② 개인정보처리자는 개인정보의 처리 목적 외의 용도로 활용하여서는 안 된다.

③ 개인정보처리자는 개인정보의 처리방침 등 개인정보의 처리에 관한 사항을 공개해야 한다.

④ 개인정보처리자는 개인정보의 익명처리가 불가능한 경우에는 실명으로 처리할 수 있다.

044

난이도 ★★★☆☆

개인정보 보호법에서 정의하는 정보주체란 '처리되는 정보에 의하여 알아볼 수 있는 사람으로서 그 정보의 주체가 되는 사람'을 의미한다. 이는 개인정보 처리자가 의무를 제대로 다하지 않는 경우 정보주체의 권리를 침해할 수 있음을 말한다. 개인정보 보호법 제4조 정보주체의 권리에서 정의하는 권리에 해당하지 않는 것은 무엇인가?

① 개인정보의 처리에 관한 정보를 제공받을 권리

② 개인정보의 처리에 관한 동의 여부, 동의 범위 등을 선택하고 결정할 권리

③ 개인정보의 처리 정지, 정정, 삭제 및 파기의 결과를 전달받을 권리

④ 개인정보의 처리로 인하여 발생한 피해를 신속하고 공정한 절차에 따라서 구제받을 권리

045

난이도 ★★★☆☆

개인정보 보호법 제2조 정의 조항에서는 동 법에서 명시하는 개인정보와 관련된 용어를 정의하고 있으며 '개인정보', '처리', '정보주체', '공공기관' 등을 명확하게 정의하고 있다. 다음 중 개인정보 보호법 제2조에서 정의하는 개인정보 관련 용어가 올바르지 않은 것은 무엇인가?

① 개인정보란 생존여부에 무관한 모든 개인에 관한 정보로서 성명, 주민등록번호 및 영상 등을 통하여 개인을 알아볼 수 있는 정보를 의미한다.

② 해당 정보만으로는 특정 개인을 알아볼 수 없다고 하더라도 다른 정보와 쉽게 결합하여 알아볼 수 있는 것도 개인정보로 포함된다.

③ 정보주체란 처리되는 정보에 의하여 알아볼 수 있는 사람으로 그 정보의 주체가 되는 사람을 말한다.

④ 처리란 개인정보의 수집, 생성, 연계, 연동, 기록, 저장, 보유, 가공, 편집, 검색, 출력, 정정, 복구, 이용, 제공, 공개, 파기, 그 밖에 이와 유사한 행위를 말한다.

046
난이도 ★★☆☆

개인정보 보호법 제2조에서는 개인정보와 관련된 공공기관을 명확하게 규정하고 있다. 제2조 공공기관의 범위에서 명시한 기관에 해당되지 않는 것은 무엇인가?

① 국가인권위원회법 제3조에 따른 국가인권위원회

② 공공기관의 운영에 관한 법률 제4조에 따른 공공기관

③ 금융감독기관 시행법에 따른 금융기관

④ 초중등교육법, 고등교육법, 그 밖의 다른 법률에 따라 설치된 각급 학교

047
난이도 ★★★☆☆

개인정보 보호법 제21조에서는 개인정보의 파기에 대한 조건과 행위를 정의하고 있다. 다음 중 동법 제21조에서 정의한 개인정보 파기에 대한 설명으로 가장 올바르지 않은 것은 무엇인가?

① 개인정보 처리자는 보유기간의 경과, 개인정보의 처리 목적 달성 등 그 개인정보가 불필요하게 되었을 때는 지체없이 그 개인정보를 파기하여야 한다.

② 타 법령에서 개인정보 보관을 명시하였다 하더라도 개인정보 보호법의 기준에 따라 기간이 경과하면 지체없이 파기하여야 한다.

③ 개인정보 처리자가 개인정보를 파기할 때에는 복구 또는 재생되지 아니하도록 조치하여야 한다.

④ 개인정보 처리자가 개인정보를 파기하지 않고 보관할 경우 해당 개인정보는 다른 개인정보와 분리하여 보관하여야 한다.

048
난이도 ★★★☆☆

개인정보 보호법 시행령 제16조 개인정보의 파기방법 조항에서는 개인정보 처리자가 개인정보를 파기할 때의 방법을 명시하고 있다. 하지만 개인정보의 안전한 파기에 대한 세부 사항은 행정안전부 장관이 고시한 조항에 따라 수행하도록 명시되어 있다. 해당 시행령 제16조에서 명시한 상세 조항은 무엇인가?

① 개인정보 보호법 시행규칙

② 개인정보의 안전성 확보조치 기준

③ 중소기업 기본법 시행령

④ 전기통신 기본법 상세 기준

049

난이도 ★★★★☆

다음 중 [보기]의 [가], [나]에 들어갈 내용으로 올바르게 나열된 것은 무엇인가? 가장 관련성이 높은 것을 선택하시오.

> **보기**
> [가] 산업은 은행이나 카드, 통신회사 등에 흩어진 개인 신용정보를 한곳에 모아볼 수 있는 것으로, [나] 등 데이터 관련법이 우선 시행되어야 한다.

① 가: 마이데이터, 나: 금융실명법
② 가: 포켓금융, 나: 금융실명법
③ 가: 마이데이터, 나: 신용정보법
④ 가: 포켓금융, 나: 신용정보법

050

난이도 ★★★★☆

다음 중 소프트웨어 프로세스 품질인증의 제도적 혜택과 가장 관련성이 없는 것은 무엇인가?

① SW 기술성 평가 시 우대
② 우수 인증 시(3등급) 소프트웨어 라이선스 비용 할인
③ 국방분야 연구개발 사업자 선정 시 인센티브 부여(방사청)
④ 소프트웨어사업 하도급계약의 적정성 판단 시 가산점 부여

051

난이도 ★★★★☆

소프트웨어 프로세스 품질인증 유효기간은 얼마인가?

① 1년
② 2년
③ 3년
④ 4년

052

난이도 ★☆☆☆☆

[보기]의 빈칸에 들어갈 말로 가장 알맞은 것은 무엇인가?

> **보기**
> 사이버 전쟁에서 적용되는 국제법을 담은 지침서를 의미한다. NATO 협동사이버방위센터(CCDCOE)에서 발간하였고 에스토니아 수도에서 기초되어 [   ](이)라고 불린다. 사이버 공격을 받았을 경우 주변 피해를 최소화할 것을 요구하고 있으며 해킹 시 디지털 공격으로 보복은 가능하나 실제 공격은 사이버 공격으로 실제 사망 부상자가 있을 경우에만 허용하도록 하고 있다. 이 매뉴얼은 구속력은 없고 지침서의 형식을 취하고 있다.

① 탈린 매뉴얼　　　　　② 제노사이드 협약
③ 잊혀질 권리　　　　　④ 샤틴 가이드

053　　　　　　　　　　　　　　　　　　　　난이도 ★★☆☆☆

다음 [보기]의 내용은 무엇에 대한 설명인가? 알맞은 것을 고르시오.

> **보기**
>
> 소프트웨어의 버전 변경 규칙에 대한 한가지 제안이며 버전을 주.부.수 숫자로 한다.
>
> 가. 기존 버전과 호환되지 않게 API가 바뀌면 "주(主) 버전"을 올리고,
>
> 나. 기존 버전과 호환되면서 새로운 기능을 추가할 때는 "부(部) 버전"을 올리고,
>
> 다. 기존 버전과 호환되면서 버그를 수정한 것이라면 "수(修) 버전"을 올린다.
>
> 라. 주.부.수 형식에 정식 배포 전 버전이나 빌드 메타데이터를 위한 라벨을 덧붙이는 방법도 있다.

① 하이브리드 버저닝(Hybrid Versioning)

② 시맨틱 버저닝(Semantic Versioning)

③ 글로벌 버저닝(Global Versioning)

④ 리소스 버저닝(Resource Versioning)

054　　　　　　　　　　　　　　　　　　　　난이도 ★★★☆☆

표준 템플릿 라이브러리(STL: Standard Template Library)는 자료 구조와 알고리즘을 템플릿으로 제공하는 C++ 표준 라이브러리이다. 다음 중 STL의 주요 구성 요소와 가장 관련이 없는 것은 무엇인가?

① 데이터　　　　　　　② 알고리즘
③ 컨테이너　　　　　　④ 함수자

055　　　　　　　　　　　　　　　　　　　　난이도 ★★★☆☆

다음 중 프로젝트 포트폴리오 관리의 목적과 가장 관련이 없는 것은 무엇인가?

① 프로젝트 포트폴리오가 생성하는 결과의 최적화 실현

② 프로젝트 팀원들의 역량 개발

③ 내부 및 외부 자원의 조정

④ 프로젝트 전반에 걸친 지식 이전

056

난이도 ★★☆☆☆

다음 중 일반적인 IT 거버넌스 프레임워크의 주된 사항과 가장 관련이 없는 것은 무엇인가?

① 비즈니스 목표와 IT 목적의 전략적 연계
② 리스크 관리
③ 자원 관리
④ 품질 관리

057

난이도 ★★★☆☆

다음 중 소프트웨어 안전성 평가기법으로 가장 관련이 없는 것은 무엇인가?

① FTA(Fault Tree Analysis)
② VFSA(Virtual Failure Status Analysis)
③ FMEA(Failure Mode and Effects Analysis)
④ HAZOP(Hazard and Operability Analysis)

058

난이도 ★★☆☆☆

다음 [보기]의 빈칸에 들어갈 말은 무엇인가? 가장 알맞은 답을 선택하시오.

> **보기**
>
> 처음으로 피터 디그레이스(Peter DeGrace)에 의해 고안되어 소개된 이 모델은 "겹친 단계를 가진 폭포수 모델" 또는 "피드백 있는 폭포수 모델"이라고 인용되곤 한다. [　　] 모델에서 각 단계가 서로 겹쳐 있기 때문에, 문제점에 대한 정보는 그 전 단계에서 파악할 수 있다. 이 모델에서 설계와 구현 단계는 겹쳐져서 진행되기 때문에, 구현상의 문제는 설계가 완료되기 이전에 발견된다. [　　] 모델의 이러한 점은 폭포수 모델의 한계점을 완화하는 데 도움을 준다.

① 반복형 개발
② 카오스(Chaos) 모델
③ 사시미(Sashimi) 모델
④ 나선형(Spiral) 모델

059

난이도 ★★☆☆☆

2020년 8월 5일부터 개인정보 보호법 개정안이 시행되었다. 다음 중 개정된 내용과 가장 관련이 없는 것은 무엇인가?

① 개인정보의 개념 체계를 개인정보, 가명 정보, 익명 정보로 나누어 관리
② 개인정보의 범위를 명확하게 하여 관리
③ 주요국 개인정보보호를 위한 국제협력체계 구축
④ 개인정보를 동의 없이 처리할 수 있도록 규정 신설

060

난이도 ★★★☆☆

다음 중 가명정보를 처리할 때 주의해야 할 사항과 가장 거리가 먼 것은 무엇인가?

① 가명정보를 제3자에게 제공하는 경우에는 특정 개인을 알아보기 위하여 사용될 수 있는 정보를 포함해서는 안 된다.

② 개인정보 처리자는 특정 개인을 알아보기 위한 목적으로 가명정보를 처리해서는 안 된다. 하지만 개인정보 비관련 처리자는 가명으로 정보를 처리할 수 없기 때문에 대상이 될 수 없으며, 이는 개인정보 처리자를 통해서 가명정보 처리하여야 한다.

③ 개인정보 처리자의 경우, 가명정보를 처리하는 과정에서 특정 개인을 알아볼 수 있는 정보가 생성되면, 즉시 해당 정보의 처리를 중지하고, 지체 없이 회수·파기하여야 한다.

④ 통계작성, 과학적 연구, 공익적 기록보존 등을 위하여 정보주체의 동의 없이 가명정보를 처리할 수 있다.

061

난이도 ★★☆☆☆

일반법인「개인정보 보호법」과 달리 금융 등 개별 분야의 개인정보 보호에 관한 사항을 규정하는 신용정보법과 같은 개별법은「개인정보 보호법」에 따라서 특별법의 지위에 놓이게 된다. 만약, 이렇게 하나의 사안에 적용할 수 있는 일반법과 특별법이 있을 경우 무엇이 우선시되는가?

① 일반법이 우선
② 특별법이 우선
③ 그때 처한 사안에 따라 다르다.
④ 일반법과 특별법 모두 동일하다.

062

난이도 ★★★☆☆

개인정보 수집은 관련법에 따라서 법적 요구사항을 만족하여야 한다. 당신은 스마트공장의 정보보호 책임자이며, 당신 부서의 실무자가 사내 출입 시 출입자에게 전염병에 관련된 설문조사에 응할 것을 요구하고 있다. 이와 같은 상황을 고려할 때, 다음 중 개인정보 수집과 관련하여 가장 관련이 없는 것은 무엇인가?

① 개인정보 재발방지 대책이 수립되지 않고 있음
② 개인정보 수집 및 이용에 대해서 동의를 받지 않고 수집함
③ 개인정보 파기절차를 수립하지 않고 있음
④ 개인정보를 저장하는 시스템에 안전한 보안 조치를 취하지 않음

063

난이도 ★★★★☆

다음 국제표준 중에서 기업의 지속적인 비즈니스를 유지하고 정보보안 위협을 대응하기 위한 관련표준과 가장 거리가 먼 것은 무엇인가?

① ISMS
② ISO27017
③ BS 25999
④ HL 7

064

난이도 ★★★☆☆

PCI DSS(Payment Card Industry Data Security Standards)는 카드결제를 처리하는 모든 비즈니스에서 거래의 규모나 수에 상관없이 반드시 준수해야 하는 종합적인 요구사항이다. 다음 중 PCI DSS의 6개 목표와 가장 관련이 없는 것은 무엇인가?

① 안전한 네트워크 보안 및 시스템 구축, 유지
② 카드 회원 데이터 보호
③ 정기적인 네트워크 모니터링과 테스트
④ 정부 4대 재정(중앙, 지방, 국방, 교육)과 연계된 거버넌스 보안 정책

065

난이도 ★★★★☆

감리원의 입장에서 고려할 때, 다음 환경평가와 관련된 설명 중 가장 잘못된 것은 무엇인가?

① 환경영향평가와 관련된 정보지원 시스템의 구축 및 운영 등에 필요한 사항은 환경부 장관이 정한다.
② 환경영향평가를 위한 전문기관이 수행하여야 할 일은 환경영향평가 등에 필요한 각종 지표(指標)의 개발·작성·보완, 환경영향평가 등의 기법 및 예측기법의 적정성 여부 평가 및 개발, 환경영향평가와 관련된 정보지원시스템의 운영 등이 있다.
③ 환경영향평가서의 검토 과정에 참여한 관계 전문가나 전문가였던 사람 또는 관계 전문기관의 임직원이나 임직원이었던 사람은 환경영향평가 등과 관련하여 직무상 취득한 비밀을 다른 사람에게 누설하거나 도용(盜用)하여서는 안 된다.
④ 환경영향평가서 등과 그 작성의 기초가 되는 자료 및 환경영향 예측·분석 결과를 거짓으로 작성하거나 평가에 영향을 미치는 중요한 자료를 누락하는 등 부실하게 작성하도록 요구한 자 또는 환경영향평가서 등과 그 작성의 기초가 되는 자료를 보존하지 아니한 자는 5년 이하의 징역 또는 5천만 원 이하의 벌금에 처한다.

066

난이도 ★★★★☆

다음 중 나머지 세 개와 가장 거리가 먼 것은 무엇인가?

① 인도의 UPI(Unified Payment Interface)
② 미국의 COP(Capital One Payment)
③ 유럽의 PSD2(Payment Service Directive)
④ 영국의 오픈 뱅킹(Open Banking)

067

난이도 ★★☆☆☆

금융 서비스 거래의 민감성으로 인해 유럽 은행 감독청(EBA: European Banking Authority)에서는 지급 서비스 지침(PSD2: Payment Services Directive 2)의 기술 표준 규정(RTS: Regulatory Technical Standards) 개정안을 발표했다. 즉, 보증된 신뢰 서비스 제공자(QTSP: Qualified Trust Service Provider)가 발행한, 전자본인확인인증서명(eIDAS)의 표준이다. 이 인증서는 공인 인증서로 알려져 있으며 EU 전역의 특정 법률 및 규제 상황에 맞게 특화되어 있다. 인터넷과 모바일 결제 서비스를 고려하여 개정한 지급 서비스 지침(PSD2)은 2018년 1월부터 본인 계좌정보 관리(Account Information Service)를 도입하였다. 다음 중 PSD2의 목적과 가장 관련이 없는 것은 무엇인가?

① 유럽 지급 시장의 통합
② 안전한 결제
③ 지하 자본 세탁 방지
④ 지급 비용의 절감

068

난이도 ★★★★☆

[보기]를 읽고, 당신은 보안 담당자로서 경쟁사에 어떻게 대응할 것인가? 가장 관련이 없는 것을 선택하시오.

> **보기**
>
> 당신의 회사는 미국에서 착륙 시 바람에 흔들리지 않고 정해진 곳에 무사히 착륙할 수 있는 신기술 드론을 개발 중이다. 이 드론(Dragon Fire X Drone)은 사용자에게 많은 편의를 주어 초보 드론 입문자도 10분 정도만 조작하면 누구나 쉽게 이용할 수 있다. 드론은 예기치 않은 갑작스러운 돌풍에 많은 위험성이 있다. 하지만 당신의 회사에서 만들고자 하는 드론은 어떠한 기류에서도 좀처럼 흔들리지 않는 안정적인 이착륙으로 많은 나라에서 관심이 있다. 그 핵심기술은 교차 날개와 자이로 센서로 어떠한 환경에서도 소프트웨어값 보정 방법으로 흔들리지 않게 하는 방법이다. 하지만 베타 테스트가 얼마 남지 않은 가운데 경쟁사의 산업 스파이가 연구소에 침입하여 드론의 교차 날개 치수를 잰 것과 경쟁사의 엔지니어들이 몰래 드론의 사진을 찍어간 사실, 그리고 경쟁사에서 우리 회사 연구소 직원에게 불법적으로 접근하여 보정 소프트웨어 값어치에 따라 포상금을 지급하려고 했던 사실을 최근에 알게 되었다.

① 컴퓨터 사기 및 남용법 위반
② 경제 간첩법 위반
③ 영업 비밀 보호법 위반
④ 사베인즈 옥슬리법 위반

069

난이도 ★★★☆☆

다음 중 보안담당자의 입장에서 영업 비밀의 정의와 거리가 가장 먼 것은 무엇인가?

① 일반적으로 어떤 정보가 해당기관 외부에 알려져 있지 않거나 확인할 수 없다.

② 영업 비밀 조건을 갖추기 위해서 영업 비밀 등록청에 등록하였다.

③ 기밀 상태를 유지하기 위해 권리자가 적절한 노력을 기울였다.

④ 권리자에게 경제적 가치나 시장에서 경쟁적 우위를 가지고 있다.

070

난이도 ★★☆☆☆

[보기]에 해당하는 내용은 무엇인가?

> **보기**
>
> HIPAA 준수 회사의 정보보안 담당자인 당신의 의무에 대한 설명이다. 당신은 PHI(Protected Health Information)에 허가 받지 않은 물리적 접근을 방지하는 것이다. 그렇다면 보안담당자 관점에서 봤을 때, HIPAA 를 준수하는 것과 가장 관련이 없는 것은 무엇인가?

① 시설 출입 통제(Facility Access Controls)

② 워크 스테이션 사용 및 보안(Workstation Use and Security)

③ 건강 자산의 폐기 준수(Discard-observance for Health Asset)

④ 장치 및 미디어 컨트롤(Devices and Media Controls)

071

난이도 ★★★☆☆

개인정보 처리 위·수탁과 관련해서 공지할 내용과 가장 거리가 먼 것은 무엇인가?

① 개인정보 유출 시 신고절차 및 손해배상금 관련

② 위탁업무 수행 목적 외 개인정보의 처리 금지에 관한 사항

③ 재위탁 제한에 관한 사항

④ 위탁업무와 관련하여 보유하고 있는 개인정보의 관리 현황 점검 내용

072

난이도 ★★★☆☆

다음 중 2020년 현재 국내의 정보보호 및 개인정보보호 관리체계에 대한 인증제도는 무엇인가?

① ISO 27001　　　　② PIMS

③ ISMS-P　　　　　④ KSMS-P

073
난이도 ★★☆☆☆

다음 중 요구사항의 3단계와 가장 관련이 없는 것은 무엇인가?

① 비즈니스 요구사항
② 사용자 요구사항
③ 감리 요구사항
④ 기능 요구사항

074
난이도 ★★★☆☆

다음 중 범위 정의(Scope Define)의 4가지 기법과 가장 관련이 없는 것은 무엇인가?

① Context Diagram
② UseCase Diagram
③ Feature Roadmap
④ Voronoi Diagram

075
난이도 ★★☆☆☆

다음 중 요구사항 정의서를 작성하는 이유와 거리가 가장 먼 것은 무엇인가?

① 프로젝트 일정 계획 수립
② 커뮤니케이션 등 프로젝트 원가 절감
③ 프로젝트 전체 규모 파악
④ 이해관계자와의 충돌 해소

076
난이도 ★☆☆☆☆

다음 중 프라이버시(Privacy)에 대한 정보와 가장 관련이 없는 것은 무엇인가?

① 개인정보에 관한 프라이버시(Privacy of Personal Information)
② 개인에 관한 프라이버시(Privacy of Person)
③ 개인 통신에 관한 프라이버시(Privacy of Personal Communication)
④ 개인과 연관된 타인에 대한 프라이버시(Privacy of Others Associated with the Individual)

077
난이도 ★★★☆☆

다음 중 정보전략 계획(ISP)에서 추진과제의 원가를 산정하는 방법과 가장 거리가 먼 것은 무엇인가?

① Top-Down Estimating(하향식 산정)
② Analogous Estimating(유사 추정)
③ Bottom-Up Estimating(상향식 산정)
④ Poisson Distribution Estimating(포아송 분포 산정)

078

난이도 ★★★★☆

감리원의 입장에서 고려할 때, 다음 중 환경영향평가 대상 제외 사업과 가장 거리가 먼 것은 어느 것인가?

① 국토교통부가 지정한 개발제한구역법 시행령 지역으로 비상시 피난로 확보를 위한 사업

② 재난 및 안전관리 기본법에 따른 응급조치를 위한 사업

③ 국방부 장관이 군사상 고도의 기밀보호가 필요하거나 군사작전의 긴급한 수행을 위하여 필요하다고 인정하여 환경부 장관과 협의한 사업

④ 국가정보원장이 국가안보를 위하여 고도의 기밀보호가 필요하다고 인정하여 환경부 장관과 협의한 사업

079

난이도 ★★★☆☆

다음 중 개인정보 보호법에 해당되는 개인정보와 가장 관련이 없는 것은 무엇인가?

① 정당 노조 가입여부
② 안장자 정보
③ 웹사이트 검색정보
④ GPS 위치정보

080

난이도 ★★★☆☆

원칙적으로 이용자의 개인정보를 개인정보의 수집 목적 범위 내에서만 이용하며 동 범위를 초과하여 이용하거나 정보주체의 동의 없이 제3자에게 제공하지 않아야 한다. 하지만 불가피할 경우에는 개인정보를 제3자에게 제공할 수 있다. 이러한 사항과 가장 관련이 없는 것을 선택하시오.

① 시설안전 및 화재 예방을 위하여 개인정보보호 담당자가 승인한 경우

② 법률에 특별한 규정이 있거나 법령상 의무를 준수하기 위하여 불가피한 경우

③ 공공기관이 법령 등에서 정하는 소관 업무의 수행을 위하여 불가피한 경우

④ 정보주체 또는 그 법정대리인이 의사표시를 할 수 없는 상태에 있거나 주소불명 등으로 사전 동의를 받을 수 없는 경우로서 명백히 정보주체 또는 제3자의 급박한 생명, 신체, 재산의 이익을 위하여 필요하다고 인정되는 경우

081

난이도 ★★★★★

ISO 61508 표준은 자동차 분야로 확대 적용한 표준으로, 자동차의 부품에 전기장치 및 소프트웨어의 비중이 점차 증가함에 따라 기능안전 표준 필요성이 대두되면서 등장했다. 자동차에 탑재되는 전기 전자장치의 분석, 설계, 개발, 시험, 이행까지의 전체 절차에 대해 기능안전 규격을 제시하는 이 국제 표준은 무엇인가? 가장 알맞은 답을 선택하시오.

① ISO 62000
② ISO 27001
③ IEEE 61509
④ ISO 26262

082

난이도 ★★★☆☆

개인정보 보호법 제3조 개인정보 보호 원칙에 의하면 개인정보 처리자는 개인정보의 처리 목적에 필요한 범위에서 개인정보의 [A], [B] 및 [C]를 보장해야 한다고 정의하였다. 이는 개인정보 처리자의 가장 중요한 원칙 중의 하나이다. A, B, C에 들어갈 각각의 적절한 용어는 무엇인가? 가장 알맞은 답을 선택하시오.

① A: 기밀성, B: 무결성, C: 가용성
② A: 신속성, B: 비식별성, C: 보안성
③ A: 기밀성, B: 정확성, C: 무결성
④ A: 정확성, B: 완전성, C: 최신성

083

난이도 ★★★☆☆

희귀종 새를 판매하는 업종의 '블루버드' 회사는 개인정보 시스템을 구축 중이다. 하지만 개인정보 시스템을 구축한 경험이 없어서 이를 전문업체에게 위탁하여 구축하고자 한다. 이때, 개인정보 시스템을 ASP(Application Service Provider)와 클라우드 서비스를 활용하여 구축한다고 가정하면 암호화 과정을 누가 진행해야 하며 그에 대한 책임은 누가 지게 되는 것인가? 가장 알맞은 답을 선택하시오.

① 암호화 조치사항에 대한 이행여부 책임은 위탁자와 수탁자 둘 다 지게 된다.
② 암호화 조치사항에 대한 이행여부 책임은 위탁기관 회사가 지게 된다.
③ 암호화 조치사항에 대한 이행여부 책임은 수탁기관 회사가 지게 된다.
④ 책임사항은 계약서에 명시된 대로 사안에 따라서 항상 상이하다.

084

난이도 ★★☆☆☆

개인정보 보호법 상의 암호화 대상에 대한 암호화 적용 방식과 가장 관련이 없는 것을 고르시오.

① 비밀번호, 바이오정보, 주민등록번호는 동일하게 암호화를 수행해서 저장해야 한다.

② 고유식별정보는 인터넷 구간, 인터넷 구간과 내부망의 중간 지점(DMZ)을 임호화 저장해야 한다.

③ 업무용 컴퓨터, 모바일 기기에 저장 시에 비밀번호, 바이오정보, 고유식별정보를 암호화 저장해야 한다.

④ 고유식별정보를 내부망에 저장 시, 개인정보 영향평가 대상이 되는 공공기관의 경우에는 개인정보 영향평가의 결과에 따라서 암호화 적용여부/적용범위를 정하여서 암호화 저장해야 한다.

085

난이도 ★★★☆☆

정보주체란, 처리되는 정보에 의하여 알아볼 수 있는 사람으로서 그 정보의 주체가 되는 사람을 의미한다. 다음 중 개인정보 보호법 제4조 "정보주체의 권리"에서 정의한 정보주체의 권리에 해당되지 않는 것은 무엇인가?

① 개인정보의 처리에 관한 정보를 제공받을 권리

② 개인정보의 처리에 관한 동의 여부, 동의 범위 등을 선택하고 결정할 권리

③ 제3자에게 제공된 개인정보의 원본 내역을 제공받을 권리

④ 개인정보의 처리 정지, 정정, 삭제, 파기를 요구할 권리

086

난이도 ★☆☆☆☆

개인정보 보호법 시행령 제4장에서는 민감정보와 고유식별정보를 명확하게 규정하고 있다. 해당 조항에서 명시한 민감정보와 고유식별정보가 순서대로 알맞게 짝지어진 것은 무엇인가?

① 범죄경력자료 - 외국인등록번호

② 주민등록번호 - 유전정보

③ 범죄경력자료 - 유전정보

④ 여권번호 - 인종 및 민족 정보

087

난이도 ★★☆☆☆

컬럼 암호화를 적용하고자 한다. 응용 프로그램 개발에서 암호화 적용 시 고려되어야 할 사항과 가장 거리가 먼 것은 무엇인가?

① 응용 프로그램 개발 부분의 암호화 데이터 사용 유무

② 데이터의 길이 및 순서 변경으로 인한 변수길이 및 검색방식 고려

③ 암호화 전 대비 응답 속도 지연이나 시스템 사용률 증가 등 성능의 고려

④ 감사수행을 위해 증적정보를 활용하기 위한 로그 방안 검토

088
난이도 ★★★★☆

2020년 미국은 중국 화웨이 5G 네트워크 장비에 백도어가 탑재되어 있다는 이유로 강력한 제제조치를 실시하고 관련된 기업들과 국가들에게 중국 화웨이 제품의 사용을 금지하도록 압박했다. 하지만 2020년 6월 화웨이는 스페인에서 이 인증을 획득함으로써 미국의 제제조치에 대한 명분을 흐리게 만들었다. 이 인증은 ISO 15408 국제표준으로 제정되었으며 국제적으로 공통된 정보보호 제품의 평가기준을 제시하는 표준이다. 이 인증은 무엇인가?

① ISO 27001
② ISMS
③ 5G Security Forum
④ Common Criteria

089
난이도 ★★★☆☆

당신은 최고 정보보호책임자(CISO)로서, 개인정보 암호화를 적용하기 위한 역할을 정의하고자 한다. 프로젝트에서 암호화 적용 정책 관리 및 암호 키 관리 역할을 하는 사람으로 누구를 지정하면 되는가? 가장 알맞은 담당자를 선정하시오.

① 프로젝트 관리 책임자
② 응용 프로그램 담당자
③ 보안관리자
④ 사업 관리 담당자

090
난이도 ★★☆☆☆

프로젝트에서 [보기]와 같은 역할을 하는 사람으로는 누구를 지정하면 되는가? 가장 알맞은 담당자를 선정하시오.

> **보기**
> 법률 및 보안성 검토, 보안 정책 수립 및 운영 등

① 총괄 책임자
② 의사결정 위원회
③ 프로젝트 관리 책임자
④ 보안관리자

091
난이도 ★☆☆☆☆

프로젝트의 응용 프로그램 담당자의 역할 중 가장 맞지 않는 활동은 무엇인가?

① 응용 프로그램 내 개인정보 사용 부분 추출
② 솔루션을 이용한 암호화 적용 가이드
③ 암호화 적용 프로그램 결과 검증
④ 운영 시스템 내 개인정보 암호화 적용

092
난이도 ★★☆☆☆

방송통신위원회와 한국인터넷진흥원에서는 점차 활용범위가 넓어져가는 바이오정보에 대한 보안을 제고하기 위해 바이오정보 보호 가이드라인을 제정하였다. 해당 가이드라인에서는 바이오정보 보호 원칙을 6가지로 정의하였는데, 이에 해당하지 않는 것은 무엇인가?

① 비례성 원칙
② 수집/이용제한의 원칙
③ 목적보장의 원칙
④ 투명성 원칙

093
난이도 ★★★☆☆

다음 중 일반적인 기업에서 사용되는 영업 비밀 비밀유지계약서(NDA: Non Disclosure Agreement)의 주요 요소와 가장 관련이 없는 것은 무엇인가?

① 특허청 영업 비밀센터의 원본증명서
② 영업 비밀의 의무사항
③ 영업 비밀의 손해배상 범위
④ 영업 비밀의 구체적인 대상과 범위

094
난이도 ★★★☆☆

다음 중 영업 비밀의 성립요건에 해당되는 사항과 가장 거리가 먼 것은 무엇인가?

① 비 공지성
② 특정 대상성
③ 경제적 유용성
④ 비밀 관리성

095
난이도 ★★★★☆

다음 중 영업 비밀 침해 발생 시 재제수단으로 가장 관련이 없는 것은 무엇인가?

① 선의자에 관한 특례(부정경쟁방지 및 영업 비밀보호에 관한 법률 제13조): 중과실 없이 거래에 의해서 영업 비밀을 정당하게 취득한 자가 영업 비밀을 제3자에게 공개하는 행위에 대해서는 사실상 원천 소유자가 권리를 가지고 있으므로 5년 이하의 징역 또는 3천만 원 이하의

벌금(국외유출의 경우 가중됨)

② 형법: 업무상 배임죄의 경우, 10년 이하의 징역 또는 3천만 원 이하의 벌금(재산상 이득액이 5억 원 이상인 경우 특정경제범죄의 가중처벌에 관한 법률에 의하여 가중됨)

③ 부정경쟁방지 및 영업 비밀보호에 관한 법률: 10년 이하의 징역 또는 5억 원 이하의 벌금(위반행위로 인한 재산상 이득액의 10배에 해당하는 금액이 5억 원을 초과하면 그 재산상 이득액의 2배 이상 10배 이하의 벌금/국외 유출의 경우 가중됨)

④ 산업기술의 유출방지 및 보호에 관한 법률: 10년 이하의 징역 또는 10억 원 이하의 벌금(국외 유출의 경우 가중됨)

096

난이도 ★★★☆☆

ISMS-P(정보보호 및 개인정보보호 관리체계 인증)의 관리체계 수립 및 운영 인증은 4가지 분야로 구성된다. 다음 중 해당하는 분야로 가장 적절하지 않은 것은 무엇인가?

① 관리체계 기반 마련
② 관리체계 운영
③ 위험관리
④ 정책, 조직, 자산 관리

097

난이도 ★★★★☆

ISO 9126 표준은 소프트웨어의 품질 특성을 제시하는 가장 전통적이고 많이 사용되는 표준이다. 주특성 6종과 부특성 21종으로 구성되어 있는데 신뢰성(Reliability) 주특성에 대한 상세 부특성에 해당되지 않는 것은 무엇인가?

① Suitability
② Fault Tolerance
③ Recoverability
④ Maturity

098

난이도 ★★☆☆☆

세계 각국에서는 시스템 평가기준을 만들어서 공표하고 있다. 이러한 시스템 평가기준과 가장 관련이 없는 것은 무엇인가?

① 미국의 TCSEC
② 캐나다의 CTCPEC
③ 중국의 CTSEC
④ 공통기준인 CC

099
난이도 ★★★☆

국제 통합 CC(Common Criteria) 표준은 IT 제품의 보안성을 평가하기 위한 국제 기준이다. CC는 국제 표준화 기구 ISO의 어떤 표준과 가장 관련성이 있는가?

① ISO 7816
② ISO 7498
③ ISO 15408
④ ISO 27000

100
난이도 ★★☆☆

스마트 공장에서 환경과 인체에 미치는 영향을 규제하는 제도와 가장 관련이 없는 것은 무엇인가?

① RoHS
② WEEE
③ HACCP
④ DSR

101
난이도 ★★★☆

ITSEC의 평가방법론인 ITSEM은 ITSEC에 의거한 평가 수행에 필요한 원칙, 절차 및 평가방법론을 제시하고 있다. 그렇다면 ITSEM 평가의 4원칙과 가장 관련이 없는 것은 무엇인가?

① 공정성
② 객관성
③ 재생성
④ 독립성

102
난이도 ★★★☆

다음 중 LGPL(Lesser General Public License)의 내용으로 가장 거리가 먼 것은 무엇인가?

① LGPL로 작성된 소스 코드를 라이브러리(정적, 동적)로만 사용하는 경우에는 소스 코드를 공개하지 않아도 된다.
② BSD License는 자유 소프트웨어 저작권의 일종으로 해당 소프트웨어는 누구나 부분 혹은 전체적으로 수정 가능하고 제한없이 재배포할 수 있다. 수정한 소스 코드는 의무적으로 재배포하지 않아도 되므로 상용 소프트웨어에도 사용할 수 있다.
③ GPL이 적용된 라이브러리는 독점 소프트웨어에 사용될 수 있지만, 일반적인 LGPL이 적용된 라이브러리는 단지 자유 프로그램에서만 사용될 수 있다.
④ 상업적 목적으로 사용 가능하며 배포 수정할 경우에는 라이선스 및 저작권 변경사항을 명시해야 한다.

103
난이도 ★★★☆☆

이것은 마이크로소프트에서 개발한 TWC(Trust Worthy Computing)를 위한 소프트웨어 개발 보안 방법론을 말한다. 윈도우 운영체제를 개발한 마이크로소프트사는 자체 수립한 개발 보안 방법론을 적용하였는데, 이 개발 보안 방법론이 적용된 소프트웨어는 이전 버전에 비해 50% 이상 취약점이 감소하였다고 발표했다. 이 방법론이 최초로 적용된 윈도우는 Vista이다. 이와 관련된 소프트웨어 개발 보안 방법론은 무엇인가?

① Microsoft Hyper-V Architecture

② Microsoft Azure Infrastructure & Architecture

③ MS-SDL(Microsoft Secure Development Lifecycle)

④ MSA(Micro Service Architecture)

104
난이도 ★★☆☆☆

SW 개발보안 방법론에서는 안전한 SW 개발을 위해 SW 개발 생명주기(SDLC Software Development Life Cycle)에 걸쳐 보안활동을 추가하고 있다. 다음 중 가장 관련이 없는 것을 선택하시오.

① 요구사항분석: 요구사항 중 보안 항목 식별, 요구사항 명세서

② 설계: 표준 코딩 정의서 및 SW 개발보안 가이드를 준수해 개발, 소스 코드 보안취약점 진단 및 개선

③ 테스트: 모의침투 테스트 또는 동적 분석을 통한 보안취약점 진단 및 개선

④ 유지보수: 지속적인 개선, 보안 패치

105
난이도 ★★☆☆☆

다음은 CBD 방법론에서 사용되는 주요 산출물이다. 보기 중에서 다른 항목들과 다른 단계에서 사용되는 산출물은 무엇인가?

① 사용자 인터페이스 설계서　　② ERD 기술서

③ 유스케이스 다이어그램　　　④ 컴포넌트 설계서

106

난이도 ★★★☆☆

Seven Touchpoints는 실무적으로 검증된 개발보안 방법론 중의 하나이며, 소프트웨어 보안의 모범 사례를 소프트웨어 개발 라이프사이클에 통합하였다. 다음 중 이 Seven Touchpoints의 보안강화활동과 가장 관련이 없는 것은 무엇인가? [보기]를 참고하여 선택하시오.

> **보기**
>
> Seven Touchpoints = 오용사례, 보안요구사항, 위험분석, 위험기반 보안 테스트, 자동화 Tool을 활용한 코드 검토, 침투 테스트, 보안운영

① 요구사항과 유스케이스 단계: 오용사례, 보안요구사항, 위험분석

② 구조설계 단계: 위험분석

③ 테스트 및 테스트결과 단계: 자동화 Tool을 활용한 코드 검토

④ 현장과의 피드백 단계: 보안운영

107

난이도 ★★★☆☆

SW 개발 보안방법론 중 하나인 CLASP는 SDLC 초기단계에 보안 강화를 목적으로 하는 정형화된 프로세스로써 활동중심 및 역할 기반의 프로세스로 구성된 집합체이다. CLASP는 안전한 소프트웨어를 개발하기 위해 5가지 관점에 따라 개발보안 프로세스를 수행할 것을 제안하고 있는데 이와 관련해서 가장 관련이 없는 것은 무엇인가?

① 취약성 관점(Vulnerability View): 문제 타입에 대한 솔루션을 활동평가 관점과 활동구현 관점으로 통합한다.

② 역할 기반 관점(Role-Based View): 프로젝트에서 24개의 보안관련 CLASP 활동들에 대한 각 역할을 창출하고, 팀의 구성원이 각자 맡게 될 역할들을 정의하여 활동평가 관점, 활동구현 관점, 취약성 관점에서 사용한다.

③ 원가관리 관점(Cost Management View): 프로젝트에서 역할기반 관점의 각 추진 단계별 비용 대비 통제의 효과성을 판단하여 소프트웨어 개발보안 프로세스의 원가를 최적화한다.

④ 개념 관점(Concepts View): CLASP의 구조와 CLASP 프로세스 구성요소 간의 종속성의 개요를 제공하고, CLASP 프로세스 컴포넌트들의 상호작용 방법과 취약성 관점을 통해서, 어떻게 역할 기반 관점에 적용하는지를 기술한다.

108
난이도 ★★☆☆☆

다음 중 컴퓨터 보안 평가 지침서(TCSEC: Trusted Computer System Evaluation Criteria)의 보안 요구사항과 가장 거리가 먼 것은 무엇인가?

① IT 거버넌스 일치화
② 책임성
③ 보안 정책
④ 문서화

109
난이도 ★☆☆☆☆

다음 중 지식 재산권(Intellectual Property Right)의 종류와 가장 관련이 없는 것은 무엇인가?

① Copyright
② Copyleft
③ Trade Secret
④ Trademark

110
난이도 ★★★☆☆

COSO(Committee of Sponsoring Organizations of the Treadway Commission)는 1985년 미국에서 효과적인 내부통제 체계를 확립하기 위해 AICPA, AAA, FEI, IIA, IMA의 5개의 민간 단체가 공동 설립한 조직이다. 그렇다면 COSO의 내부통제 프레임워크와 가장 관련이 없는 것은 무엇인가?

① 리스크 평가
② 통제 환경
③ 효과 분석
④ 정보 및 의사소통

물리 보안이란 물리적으로 정보, 인명, 자산, 시설을 보호하는 방법 및 기술을 의미한다. 물리 보안 영역은 다른 모든 보안의 기초가 되는 분야이며, 물리 보안이 취약할 경우 해당 시설에 대한 보안수준을 담보할 수 없다. 물리 보안은 보안 영역 중 가장 오래전부터 사용되어온 기술이지만 최근 드론, 사물 인터넷, 인공지능, 빅데이터 등의 기술을 접목하면서 영역이 빠르게 넓어지고 있다. 현재의 물리 보안은 예전에 물리 보안에서 다루지 않았던 영역과 대응할 수 없었던 공격기법까지 대응할 수 있게 되었다. 프리도니아 리서치에 따르면 국내 물리 보안 시장 규모는 2017년 5조 5,000억 원, 2022년 7조 9,000억 원으로 연평균 8% 이상 성장할 것으로 전망된다. 따라서 물리 보안은 정보보안 전문가라면 필수적으로 숙지해야 할 영역이며, 제6장에서 학습할 요점은 다음과 같다.

- 인가가 및 비인가자에 대한 시설 관리 방법의 이해
- 재해/재난으로부터 시설을 보호하는 방법의 이해
- 정보 시스템에 대한 물리적 보안 공격 및 대응 방법의 이해
- 인공지능과 드론 등 최신 기술이 접목된 물리 보안 기술의 이해

제 6 장
물리 보안

제6장 물리 보안

→ 정답 230p

001 난이도 ★★☆☆☆
비행장은 항공 보안법에 의거, 비인가자의 접근이 통제된 지역으로 관계 법령에 따라 다음 사항에 대해서 처벌을 받을 수 있다. 다음 중 가장 관련이 없는 것은 무엇인가?

① 공항 울타리 무단 월담 및 손괴 시
② 공사용 자재를 무단 이동시키기 위해서 울타리 근처 차량 주차 시
③ 공항 주변 드론(모형 비행기) 비행(공항 반경 9.3km) 시
④ 공항 내부 무단 사진 촬영 시

002 난이도 ★☆☆☆☆
다음 중 정보 시스템 시설에 대한 설계 요구사항에 대해서 잘못 기술된 내용은 무엇인가?

① 벽은 불연, 파괴에 대한 내성이 있어야 한다.
② 천장은 불연 및 허용 하중, 침입 탐지(예: 30kg 이상 버티지 못하는 천장설계)에 대한 요구사항이 필요하다.
③ 바닥은 설비가 무겁기 때문에 일정 이상 무게를 견딜 수 있는 바닥 설계, 방화 등급, 이중 바닥이 필요하다.
④ 창문은 정보 시스템 시설에 대한 침입자를 상시적으로 탐지해야 되므로 반드시 설계차원에서 고려되어야 한다.

003 난이도 ★★☆☆☆
다음 중 정보 시스템 시설을 위한 장소를 선정함에 있어서 고려되어야 할 사항과 가장 거리가 먼 것은 무엇인가?

① 외부 환경 서비스: 경찰, 소방서, 병원 등 공익시설의 접근성이 좋아야 한다.
② 자연 재해: 지진 및 화재를 고려해서 정보 시스템 시설은 지하에 두어야 한다.
③ 낮은 가시성: 외부에서 보았을 때 무슨 시설인지 모르도록 가시성이 낮아야 한다.
④ 주변 환경: 지역 범죄율, 범죄 정도, 인구 구성(성별, 학력 등)을 확인해야 한다.

004

난이도 ★★☆☆☆

다음 중 물리적 기밀 유출 단계와 이상징후 탐지가 잘못 연결된 것은 무엇인가? 그리고 일반적으로 정보 유출의 단계와 가장 관련이 없는 것을 선택하시오.

① 경쟁사 접촉 시도 및 사전 공모 – 이메일 등 통신 모니터링

② 정보 유출 시도 - 정보 시스템 접근행위 및 보안 위반 이벤트 수집/분석

③ 침입 사실 은폐 - 정보 시스템 접근 로그 삭제 모니터링

④ 정보 획득 후 출문 시도 - 이상징후자 출문 시 알람 이벤트 수신

005

난이도 ★☆☆☆☆

정보보안의 기능 중에 가장 핵심 기본요소를 AAA라고 부르기도 한다. AAA는 권한을 부여하는 인가(Authorization), 계정을 관리하는 계정(Accounting) 그리고 본인을 증명하는 이것으로 구성된다. 물리 보안의 핵심 기능인 나머지 한 개는 무엇인가?

① Administration
② Analysis
③ Authentication
④ Anti-threat

006

난이도 ★★☆☆☆

인증(Authentication)은 증명하는 수단과 방법에 따라서 3가지 유형으로 분류할 수 있다. 다음 보기 중 인증의 3가지 유형으로 가장 적합한 것은 무엇인가?

① 지문인증, 정맥인증, 홍채인증
② 소유인증, 물리인증, 공인인증
③ 지식인증, 소유인증, 생체인증
④ 공인인증, 사설인증, 대체인증

007

난이도 ★★★★☆

석고보드, 목모시멘트판, 펄프시멘트판, 미네랄울흡음텍스 같은 경우 불연성 재료 중에서 어느 등급에 해당하는 것인가? 가장 알맞은 것을 선택하시오.

① 불연재료
② 준불연재료
③ 난연재료
④ 특난연재료

008

난이도 ★★☆☆☆

당신 회사의 IDC 센터는 경치가 좋은 산속에 위치하고 있다. 요즘 지속적으로 산불이 발생하고 있다. 그래서 CCTV와 드론을 활용하여 주변 상황을 감시하고 있다. 이를 참고할 때, 보안 담당자의 입장에서 산불의 발생원인과 가장 관련이 없는 것은 무엇이라고 생각하는가? 다음 보기에서 고르시오.

① 논, 밭두렁 소각　　② 담뱃불 실화
③ 낙뢰로 인한 실화　　④ 입산자 실화

009

난이도 ★☆☆☆☆

다음 중 산불 발생으로 인한 영향력과 가장 관련이 없는 것은 무엇이라고 생각하는가?

① 생태학적 측면: 화전으로 인한 토양 영양물질 비옥화
② 경제학적 측면: 식품 생산과 물 공급으로 비용증가
③ 사회학적 측면: 대기 중 연무농도에 따라 피부 및 호흡기 계통의 영향
④ 생태학적 측면: 국지기상의 변화

010

난이도 ★★☆☆☆

다음 중 물리적 접근통제와 가장 관련이 없는 것은 무엇인가?

① 열쇠　　② 사원증
③ 패스워드　　④ 보안경비원

011

난이도 ★★★★☆

다음 중 일반적인 개인주택 건물에서 화재 안전을 도모하기 위한 건축공정 방법으로 가장 관련이 없는 것은 무엇인가?

① 실내시공에 있어 방염을 적용한다.
② 구조재인 경우 내화설계를 지향한다.
③ 주 출입구와 반대로 보조 출입구를 확보한다.
④ 마감재와 단열재에 대해서는 난연을 적용한다.

012

난이도 ★★★★☆

IDC 센터에 있는 직원이 담배를 피우고 잘못 처리하여 바람에 날아가 산불이 발생하게 되었다. 그래서 의도치 않게 실화가 되어 3,000헥타르를 태우게 되었다. 만약 이러한 경우 처벌 규정은 어떻게 되는가? 가장 알맞은 답을 선택하시오.

① 1년 이하의 징역 또는 1,000만 원 이하의 벌금

② 3년 이하의 징역 또는 3,000만 원 이하의 벌금

③ 5년 이하의 징역 또는 5,000만 원 이하의 벌금

④ 7년 이상 15년 이하의 징역

013

난이도 ★★★☆☆

물리 보안에서 일반적인 인원통제가 아닌 차량통제에 대해서 설명한 내용과 가장 관련이 없는 것은 무엇인가?

① 신분을 확인하기 위해 정차해야 하며 탑승자의 신분을 확인해야 한다.

② 무인 RFID 방식을 활용하면 차량 통제에 대해서 우선적으로 보안 관리가 가능하다.

③ 사람에 의한 유출보다 차량에 의한 기밀 유출이 적발하기 어렵다. 차량은 검색이 힘들고 USB, 소량의 문서반출 등의 색출에 어려움이 존재한다.

④ 임직원과 외부인 주차장을 분리해서 관리하면 차량 통제업무가 경감 가능하다.

014

난이도 ★★☆☆☆

다음은 물리적 보안관점의 물품반입 규정의 세부적인 사항이다. 가장 관련이 없는 것은 무엇인가?

① 핵심기술을 가진 반도체 회사에서는 원칙적으로 화장품 사용 금지가 규정되고 있다.

② 유류 처리시설을 방문할 때는 모든 종류의 가연물질이나 스파크를 일으킬 수 있는 전자제품의 반입을 금지해야 한다.

③ 핵심기술을 다루고 있는 회사에서는 영상이나 소리를 녹음할 수 있는 어떠한 물품이나 장비의 반입을 금지해야 한다. 하지만 공부 목적으로 사용하는 MP3 저장매체는 반입/반출이 가능하다.

④ 은행은 현금 작업을 하는 직원들에게 업무 시간 중 개인 소유의 돈을 휴대하지 못 하도록 해야 한다.

015　　　　　　　　　　　　　　　　　　　　　　　난이도 ★★☆☆☆

다음 중 서비스/협력업체의 사업장 출입통제와 가장 관련이 없는 것은 무엇인가? 다음 보기에서 가장 관련이 없는 것을 선택하시오.

① 항상 허가된 지역만 출입하도록 유도해야 한다.

② 발급된 출입증은 사내에서 항상 패용하고 출입증을 대여하거나 오용해서는 안 된다.

③ 정보 유출방지를 위한 정보보호 서약서를 청구해야 하며 반기 1회 이상 보안교육을 실시해야 한다.

④ 개인정보를 취급하는 부서장은 고객의 개인정보를 협력사에 제공할 시 비인가자에 유출되지 않도록 조치해야 하며 제공 목적의 종료 이후에는 폐기하도록 가이드해야 한다.

016　　　　　　　　　　　　　　　　　　　　　　　난이도 ★★☆☆☆

다음 중 각 소방시설의 단점이 잘못 설명된 것은 무엇인가?

① 휴대용 소화기: 초기단계에는 효과적이나 화재가 확산되었을 때 현장 접근이 어려워 사용하기 어렵다.

② 자동 스프링클러: 물의 무게로 인한 건물의 붕괴를 야기할 수 있다.

③ 소방 호스: 전문적인 소방대원만이 사용이 가능할 정도로 사용하기 어렵다.

④ 할론 가스: 가스 질식에 의한 인명 손상을 일으킬 수 있다.

017　　　　　　　　　　　　　　　　　　　　　　　난이도 ★★★☆☆

중요한 시설이 위치한 지역의 물리적 접근 통제 방법에 대해서 다음 중 가장 효과적이지 않은 것은 무엇인가?

① 경비원과 경비견들이 주기적으로 중요 시설이 위치한 지역을 순찰하도록 스케줄링한다.

② 중요한 시설이 있는 지역을 인가자 외 출입금지 알림 및 법률조항을 명시하여 알리도록 한다.

③ 중요한 시설이 있는 지역으로 들어가는 출입구에 CCTV를 설치하여 24시간 감시하도록 한다.

④ 비인가자가 출입을 시도할 경우 큰 경고음과 함께 일정 시간이 지난 후에 문이 열리도록 한다.

018　　　　　　　　　　　　　　　　　　　　　　　난이도 ★☆☆☆☆

다음 중 정전기(Static electricity) 방지대책과 관련이 없는 것은 무엇인가?

① 컴퓨터 영역에 정전기 방지(Anti-Static) 바닥재 사용　　② 벤더그래프 정전기 사용

③ 접지(Grounding)　　④ 적절한 습도 유지(HVAC)

019
난이도 ★★☆☆☆

데이터센터를 구현하는 데 있어 고려되어야 할 내용이 잘못 정의된 것은 무엇인가?

① 악의적인 불법 침입을 방지하기 위해서 도어는 한 개만 존재해야 한다.

② 건물의 위층에 있거나 지하실에 위치해서는 안 된다.

③ 워터 센서는 이중바닥 아래에 배치해야 한다.

④ 언덕이 많은 지역에 있는 경우에는 지면보다 훨씬 위에 위치해야 한다.

020
난이도 ★★★☆☆

다음 중 금고(Safe)를 설명한 내용으로 잘못된 사항은 무엇인가?

① 금고는 침투에 강하고 화재로부터 보호되어야 한다.

② 금고는 일반적으로 백업 데이터 테이프, 원본 계약서 또는 기타 유형의 귀중품을 저장하는 데 사용된다.

③ 금고를 콤비네이션 자물쇠로 잠그는 경우 주기적으로 교체해야 하며 소수의 사람들만 콤비네이션 또는 열쇠에 접근할 수 있어야 한다.

④ 금고는 눈에 보이지 않는 위치에 있어야 공격자에게 쉽게 노출되지 않는다.

021
난이도 ★★★☆☆

다음 [보기]가 설명하는 것은 무엇인가? 가장 알맞은 답을 선택하시오.

> **보기**
> 장애 발생 시 시스템이 자동적으로 클러스터나 백업 서버로 서비스를 이전하여 서비스 제공을 지속하는 방법이다.

① Fail Safe ② Fail Soft ③ Fail Over ④ Fail Back

022
난이도 ★★★☆☆

다음 [보기]가 설명하는 것은 무엇인가? 가장 알맞은 답을 선택하시오.

> **보기**
> 장애 발생 시 시스템의 운영 수준을 저하시켜 운영하는 기술이다.

① Fail Over ② Fail Tolerant ③ Fail Safe ④ Fail Soft

023
난이도 ★★★☆☆

조명(Lightning)은 핵심적인 건물에 대해서 얼마의 높이에 얼마 이상의 촉광으로 비추어야 되는가? 가장 적절한 것을 선택지에서 고르시오.

① 높이: 6피트, 촉광: 1 ② 높이: 6피트, 촉광: 2
③ 높이: 8피트, 촉광: 1 ④ 높이: 8피트, 촉광: 2

024
난이도 ★★★★☆

다음 중 폭발(Explosion)의 3요소는 무엇인가? 가장 관련이 없는 것을 선택하시오.

① 가스 ② 산소
③ 발화원 ④ 연료

025
난이도 ★★☆☆☆

다음 중 화재(Fire)의 3요소와 가장 관련이 없는 것은 무엇인가?

① 온도 ② 한정된 공간
③ 산소 ④ 연료

026
난이도 ★★★★★

다음 중 분진폭발 5요소와 가장 관련이 없는 것은 무엇인가?

① 산소 ② 발화원
③ 가스 ④ 부유분진

027
난이도 ★★★★★

다음 중 가스 및 분진과 관련해서 잘못 짝지어진 것은 무엇인가?

① 가연성 증기 - 가솔린, 변성알코올, 에탄올
② 가연성 가스 - 수소, 메탄, 프로판
③ 인화성 분진 - 경유, 중유
④ 인화성 부유물 - 면, 모직, 폴리프로필렌

028
난이도 ★★★☆☆

2020년 레바논에서 발생한 베이루트 폭발 사고(Beirut Explosions)의 화재 유형은 다음 중 어느 것과 가장 관련이 있는가?

① A급 화재
② B급 화재
③ C급 화재
④ D급 화재

029
난이도 ★★☆☆☆

물리적인 관점에서 보았을 때, 다음 중 일반적인 외부의 전력 위협과 가장 관련이 없는 것은 무엇인가?

① 노이즈
② 전력 과다
③ 전력 저하
④ 전력 차폐

030
난이도 ★★☆☆☆

당신은 정보 시스템 총괄 책임자이다. 이사진과 경영진은 당신에게 새로운 컴퓨터 시설을 위치시킬 장소를 선정하여 보고하라고 지시했다. 이때 위치 선정에서 고려되어야 할 사항과 가장 거리가 먼 것은 무엇이라고 보는가?

① 가시성
② 지역환경
③ 경제성
④ 교통여건

031
난이도 ★★★☆☆

환경설계를 통한 범죄예방(CPTED: Crime Prevention Through Environmental Design)은 건축 환경 설계를 이용하여 범죄를 예방하려는 연구 분야로서 아파트·학교·공원 등 도시생활공간의 설계 단계부터 범죄를 예방할 수 있도록 다양한 안전시설 및 수단을 적용한 도시계획 및 건축설계를 말한다. CPTED의 일반적인 3가지 원리와 가장 관련이 없는 것은 무엇인가?

① 자연적 감시(Natural Surveillance)

② 방어 공간(Defensible Space)

③ 자연적 접근 통제(Natural Access Control)

④ 영역성(Territoriality)

032
난이도 ★★☆☆☆

전자공학에서 잡음(노이즈)은 기기의 동작을 방해하는 필요 없는 전기 신호를 말한다. 그렇다면 노이즈의 대응방안으로 가장 관련이 없는 것은 무엇인가?

① 접지(Grounding)
② 전자파 차폐(Shielding)
③ 샘플링(Sampling)
④ 밸런싱(Balancing)

033
난이도 ★★★☆☆

경비견은 무단 침입이나 이상 상황을 감시하며, 경비원과 함께 물리적 보안의 가장 적극적인 대응방법이다. 그렇다면 경비견의 단점과 가장 관련이 없는 것은 무엇인가?

① 비싼 유지비용
② 관리의 어려움
③ 과도한 친절
④ 짧은 수명

034
난이도 ★★☆☆☆

시스템 운영 시, 정보 시스템 난방(Heat)의 가장 적절한 온도는 몇 도(℃) 인가? 가장 알맞은 구간의 답을 선택하시오.

① 10~15℃
② 15~20℃
③ 20~25℃
④ 25~30℃

035
난이도 ★★★☆☆

물리적 보안 정보 관리(PSIM) 소프트웨어는 보안 운영자에게 커스터마이징이 쉽고 사용자 친화적인 환경을 제공한다. 이것의 특징은 레이더, 무인기, 비디오 관리 시스템(VMS), 모니터, 스위처, DVR 및 기타 여러 장치 및 기술을 포함하여 사실상 모든 장치 또는 기술을 원활하게 제어 가능하다는 점이다. 다음 중 물리적 보안 정보 관리(PSIM) 소프트웨어의 특징이라고 볼 수 없는 것은 무엇인가?

① 지능형 사용자 인터페이스
② 유연성 및 확장성
③ 자동화 추적 시스템
④ 시스템과 통합 설치 가능

036   난이도 ★★★★☆

[보기]의 광학 가스 화상(OGI) 카메라는 무엇을 탐지할 수 있는 것인가? 물리적 보안 담당자 입장에서 검출하고자 하는 대상과 가장 관련이 없는 것은 무엇인지 선택하시오.

> **보기**
>
> 광학 가스 화상(OGI) 카메라는 시스템을 정지시키지 않고도 [   ]를 포함하여 수백 가지의 유해가스를 빠르고 신속하고 안전하게 탐지해낼 수 있고, 기존 접촉식 측정 도구로는 닿기 어려운 넓은 장비 부위와 조사 지역들을 스캔할 수 있다. 또한 광학 가스 화상(OGI) 카메라는 눈에 보이지 않는 가스들을 연기 구름으로 보여주며 안전 거리에서 누출을 탐지해낼 수 있다.

① 메탄(CH_4)
② 수소(H)
③ 육플루오르화황(SF_6)
④ 질소(7N)

037   난이도 ★★★☆☆

다음 중 응급구조 대원용 열화상 카메라를 사용하는 이유와 거리가 가장 먼 것은 무엇인가?

① 산불 통제
② 야생 위험동물 포획
③ 수색 구조 작전
④ 공항 플루 환자 감별

038   난이도 ★★★★☆

당신의 회사는 미국 중남부 토네이도 앨리(Tornado Alley) 지역에 있으며 이는 로키산맥과 애팔래치아 산맥 사이에 있다. 아직 토네이도가 발생하진 않았지만 언제든지 발생할 수 있는 지역이다. 당신은 물리 보안 담당자로서 지사에 있는 직원들을 교육해야 한다. 다음 보기에서 토네이도 대처방안과 가장 관련이 없는 것은 무엇인가?

① 차 안에 있을 때 토네이도를 만나면 즉시 차를 운전하여 가급적 토네이도 영향권에서 벗어나도록 한다.
② 주택의 특정 장소를 대피소(Shelter)로 선택하고 외부의 폭풍이나 파편 등에 안전할 수 있도록 구조적인 조치를 하도록 한다.
③ 지하 대피처가 없다면 제일 아래층에 있는 실내 중 창이 없는 방으로 대피, 튼튼한 가구 밑으로 들어가 매트리스나 담요로 몸을 보호해야 한다.
④ 토네이도가 발생한 사실을 알고 시간적인 여유가 있을 때는 다른 사람들에게 위험상황을 알려야 한다.

039

난이도 ★★★☆☆

다음 중 토네이도에 대해서 설명한 내용과 관련이 없는 것은 무엇인가?

① 일반적으로 토네이도 강도를 나타낼 경우에는 토네이도의 피해를 기준으로 정한 후지타 규모(Fujita Scale)가 쓰인다.

② 토네이도는 풍속과 세기에 따라 총 10단계로 나눌 수 있으며, 가장 심각한 규모가 F0이다.

③ 토네이도는 보통 Supercell이라고 부르며 대규모 적란운이 발생하는 가운데 내부에 소용돌이가 발생하면서 생긴다.

④ 아직 토네이도의 발생원인이나 과정 등을 정확히 알 수 없어 예보나 예측을 할 수 없지만, 부근에 토네이도가 발생하였을 때는 토네이도의 진행방향과 직각방향으로 달아나야 한다.

040

난이도 ★★☆☆☆

다음 중 드론의 주요 응용 분야와 가장 관련이 없는 것은 무엇인가?

① 재난 재해 감시 및 대응 기술
② 치안 기술
③ 빅데이터 집성 기술
④ 정밀 농·임업 수산업 기술

041

난이도 ★★★☆☆

[보기]를 읽고 가장 적절한 것을 고르시오.

> **보기**
>
> 양질의 이미지를 제공하는 CCTV는 안면 인식 기능을 제공한다. 좋은 보안 전략에는 탐지, 평가 및 대응이 가능한 측정 및 장치가 포함된다. 다음 중 탐지, 평가, 대응전략의 올바른 사례로 나열된 것은 무엇인가?

① 탐지(CCTV), 평가(인터콤), 대응(경보 시스템)
② 탐지(인터콤), 평가(CCTV), 대응(경보 시스템)
③ 탐지(경보 시스템), 평가(CCTV), 대응(인터콤)
④ 탐지(경보 시스템), 평가(인터콤), 대응(CCTV)

042

난이도 ★★★★☆

다음 중 지그비(Zigbee) 단말의 특징과 거리가 가장 먼 것은 무엇인가?

① 화재감지기, 가스감지기 등 동작하는 시간보다 동작하지 않는 시간이 더 많다.

② Zigbee를 사용하기 위해서 높은 주파수를 활용한다.

③ 전력 소모량이 매우 적다.

④ 장비 제어를 위한 데이터 양이 매우 적다.

043

난이도 ★★☆☆☆

다음 중 3차 변혁으로 개선된 지능형 CCTV의 주요 기술과 가장 거리가 먼 것은 무엇인가?

① 객체 인식 기술
② 다중 카메라 연동 기술
③ 배경 모델링 기술
④ 빅데이터를 활용한 범죄 탐지 기술

044

난이도 ★☆☆☆☆

다음 물리 보안 기법 중에서 다채널 인증(MFA: Multi-Factor Authentication)이라고 볼 수 없는 것은 무엇인가?

① 비밀번호+OTP(One Time Password)
② 신분증+지문
③ 스마트 키+홍채
④ 비밀번호+CAPTCHA

045

난이도 ★★★☆☆

활성 파일에 중요한 레코드가 있는 각 사무실에 대해서 현장 저장위치를 선정하고자 한다. 만약 이러한 상황일 때 문제점의 해결방법과 가장 관련이 없는 것은 무엇인가?

① 직원은 모든 ABC 소화기의 위치를 알아야 한다.
② 비활성 기록은 보관을 위해 정기적으로 URC(University Records Center)로 전송해야 한다.
③ 화재, 물 또는 하수 위험 가능성이 있는지 확인하며 즉시 수정하거나 수리해야 한다.
④ 직원은 중요한 기록의 위치를 알아서는 안 되며 CCTV를 활용하여 현장의 저장위치를 상시 녹화해야 한다.

046

난이도 ★★★☆☆

ISC2(International Information Systems Security Certification Consortium)에 따르면 정보처리 시스템과 관련된 시설의 벽(Walls)에 대한 화재 등급은 무엇인가? 가장 알맞은 답을 선택하시오.

① 모든 벽은 최소한 1시간의 화재 등급을 가져야 한다.
② 모든 벽은 최소한 2시간의 화재 등급을 가져야 한다.
③ 정보처리 시스템은 중요하므로 최소한 2시간의 화재 등급을 가지는 2개 이상의 벽이 중복해서 존재해야 한다.
④ 정보처리 시스템은 화재진압 구조자가 올 때까지만 견디면 되므로 최대한 3시간 이상의 화재 등급을 가져야 된다.

047
난이도 ★☆☆☆☆

물리적 보안 관점에서 고려할 때, 다음 중 중요한 시스템의 최후의 마지막 방어선은 무엇인가?

① 사람
② 경비견
③ 3중으로 구성된 담장
④ 서치라이트 조명 및 CCTV

048
난이도 ★★★☆☆

다음 중 중요한 시스템이 있는 Critical Area의 라이트 조명은 어떻게 하는 것이 가장 좋은가?

① 4피트 높이에서 2피트의 촉광
② 6피트 높이에서 4피트의 촉광
③ 8피트 높이에서 2피트의 촉광
④ 10피트 높이에서 4피트의 촉광

049
난이도 ★★★☆☆

다음 중 고의 불법 침입자를 제지할 수 있는 적당한 펜스의 높이는 얼마인가? 가장 알맞은 답을 선택하시오.

① 3피트에서 4피트 높이의 와이어 윤형 압착 철조망 펜스
② 담장 끝이 깨진 병으로 둘러싸인 6피트에서 7피트 높이
③ 8피트 이상 높이의 끝이 바깥쪽으로 향한 윤형 가시 철조망 펜스
④ 의도된 침입자는 어떠한 펜스로도 막을 수 없다.

050
난이도 ★★★★☆

다음 중 철조망(Barbed Wire)의 종류와 가장 관련이 없는 것은 무엇인가?

① 가시 철조망(Stranded Barbed Wire)
② 윤형 압착 철조망(Concertina Razor Wire)
③ 스타 철조망(Star Wire)
④ 윤형 가시 철조망(Concertina Barbed Wire)

051

난이도 ★★★★★

[보기]의 상황에서 총 책임자의 책임 및 사유는 어떻게 되는가? 가장 알맞은 설명을 고르시오.

> **보기**
>
> 당신은 은행의 손상된 지폐를 폐기하는 곳(정사실)의 보안 책임자이다. 신종 바이러스로 인하여 요즘 손상된 지폐가 많아지고 있다. 왜냐하면 사람들이 화폐에서 바이러스를 제거하고자 전자레인지에 화폐를 넣거나 세탁기나 건조기에 화폐를 넣어서 돌리거나 또는 여러 가지 화학약품에 지폐를 노출시키기 때문이다. 이에 손상된 화폐 중 괜찮은 화폐를 노리고 많은 불법 침입자가 월담하여 넘어오고 있다. 대응하고자 경비견을 묶어 두지 않고 풀어 두었다. 그런데 여기서 문제가 발생하였다. 당신이 범죄 현장에 도착하기도 전, 월담한 불법 침입 의심자가 사나운 경비견에 물려 사망했기 때문이다. 이러한 상황에서 총 책임자인 당신에게 과실치사죄가 성립되는가? 성립되거나 성립되지 않는 근거는 무엇이겠는가?

① 과실치사죄가 아니다. 왜냐하면 불법 침입 의심자가 월담을 해서 들어왔었고 이는 사유지 불법 침입이기 때문이다.

② 과실치사죄가 맞다. 사나운 경비견을 사유지에서 묶어 두지 않고 마음대로 풀어서 두었기 때문이다.

③ 과실치사죄가 아니다. 이미 경비견을 통제할 수 있는 시큐리티 가드가 범죄 현장에 도착하기도 전에 불법 침입자가 먼저 사망하였기 때문이다.

④ 과실치사죄가 맞다. CCTV 및 조명으로 충분히 물리적 보안이 가능한데 사나운 경비견을 배치한 정책과 경비견을 사전에 교육시키지 않은 것 자체가 문제이다.

052

난이도 ★★★☆☆

기존의 계측센서로는 대부분 전기식 스트레인 게이지 등이 사용되었다. 이 전기식 센서는 일상적인 계측에는 문제점이 없지만 외부에 노출되는 계측과 길이가 긴 다리와 터널 같은 곳이나 수년 또는 수십 년의 장기적인 계측에서는 금속 부식, 전자장애에 대한 노이즈로 전력 손실, 전선의 길이, 무게 등의 문제점을 지니고 있기 때문에 상용화하기에 문제점이 많았다. 그래서 이런 곳에는 전기가 필요 없는 다른 센서가 필요하다. 바로 이런 계측에 부합되는 센서가 광센서이다. 다음 중 광센서의 특징과 가장 관련이 없는 것을 선택하시오.

① 신호 왜곡이 적다.

② 환경 모니터링 등 자연노출환경 계측에 용이하다.

③ 광파이버선이 가벼워서 가격이 저렴하기에 장거리 계측이 쉽다.

④ 내부식성이 없으며 전자장애에 의한 간섭(노이즈)이 없다.

053
난이도 ★★★★☆

전 세계에서 유행하는 질병 중의 하나인 ZICO-365는 엄청난 고열과 함께 탈진 증세를 나타내 인류에게 엄청난 고통을 주고 있다. 이에 각 공항에서는 광센서를 이용하여 출입국자들의 체온을 측정, 감염자를 구별하여 통제하고자 한다. 광센서 중에서 온도 탐지와 가장 관련이 없는 것을 선택하시오.

① Ramam-OTDR
② Rayleigh-FBG
③ Brillouin-OTDR
④ FBG

054
난이도 ★★★★☆

다음 중 광센서를 활용하여 계측하는 사례와 가장 관련이 없는 것을 선택하시오.

① Brillouin: 산란을 활용한 비행장의 유해조류 퇴치
② 분광 분석(Spectrum Analysis): 가스의 종류와 농도 계측
③ OTDR 센서: 적설계, 도로 온도계 및 눈사태 감지계
④ 하이드로폰(Hydrophone): 수중음향파 계측 및 지진계, 탄성파, Acoustic Emission(AE)의 감지

055
난이도 ★★★☆☆

다음 중 외곽감시 시스템(PIDS: Perimeter Intrusion Detection System)의 종류와 가장 관련이 없는 것은 무엇인가?

① 독립형
② 자율형
③ 매립형
④ 펜스형

056
난이도 ★★★☆☆

다음 중 물리적 방호 시스템(PPS: Physical Protection System, PPS)의 설계 시 고려해야 할 핵심 사항과 거리가 먼 것은 무엇인가?

① 조기감지
② 지연
③ 경계
④ 신속한 대응

057
난이도 ★★★☆☆

다음 중 물리적 방호 시스템(PPS: Physical Protection System) 설계 시 탐지(Detection)에 대한 이벤트로 가장 거리가 먼 것은 무엇인가?

① 센서가 비정상적인 상태에 반응하여 알람을 발생한다.

② 센서로부터 발생된 알람 신호가 중앙 관제로 전송되어 보고된다.

③ 사람이 최종적으로 알람 신호가 실제 침입 신호인지 오보인지를 판단한다. 만약 오보 알람 또는 미확인 알람 신호로 판단이 되면, 탐지 이후의 프로세스는 진행되지 않고, 알람 내용과 원인을 상세히 기록으로 남겨둔다.

④ 만약 실제로 침입이 발생하였다면 통신이 접수되는 시점부터 침입자를 무력화시킬 수 있도록 인력을 적시에 출동하여야 하며, 침입자를 충분히 저지 및 무력화시킬 수 있도록 한다.

058
난이도 ★★☆☆☆

억제(Deterrence) 정책은 잠재적인 침입자가 주요 시설을 매력적으로 생각하지 않고 침입할 마음을 갖지 않도록 하는 것이다. 이에 대한 사례로 가장 관련이 없는 것을 선택하시오.

① 경비대와 대응팀 간의 전략적인 사용

② 이벤트 기록을 생성할 수 있는 비디오 녹화 시스템

③ 경비원과 대응팀이 서로 비계획적으로 순찰

④ 환경 설계를 통한 범죄 예방(CPTED)의 방법론 활용

059
난이도 ★★★☆☆

당신은 물리 보안의 총괄 평가 담당자이다. 임시적인 보안 구역이나 매우 작은 보안 구역을 제외하고는 대부분 CCTV 시스템을 활용하여 알람 발생 시 알람 신호를 판단한다. 총괄 평가 담당자 입장에서 33개 지방 사업장에 대한 알람 시스템에 대한 체크리스트를 만들려고 기획 중이다. 다음 중 일반적인 알람 시스템의 체크리스트 평가 대상과 가장 거리가 먼 것은 무엇인가?

① 센서의 감지 영역과 연동된 카메라

② 카메라에서 전송된 영상을 볼 수 있는 모니터

③ 모니터의 영상을 저장하고, 여러 대의 카메라를 선택할 수 있는 기능

④ 딥러닝을 활용한 잠재적인 범죄 우선지역을 선별할 수 있는 기능

060
난이도 ★★☆☆☆

영상정보 보안을 위한 기술적인 필수 요건과 가장 거리가 먼 것은 무엇인가?

① 개인영상 보호 기술
② 영상데이터 암호화 기술
③ 영상 보정 및 필터링 기술
④ 영상 위변조 방지 기술

061
난이도 ★☆☆☆☆

다음 중 스마트 공장의 각 영역별 물리적 지정 구역을 잘못 짝지은 것은 무엇인가?

① 접견구역: 외부인 접견 구역
② 제한구역: 사무실, 관리실 구역
③ 통제구역: 주요 정보처리 시설 및 시스템 구역
④ 보호구역: 배송 및 하역 구역

062
난이도 ★★☆☆☆

얼굴인식 기술은 여러모로 장점이 많음에도 불구하고 미국 샌프란시스코에서는 최초로 얼굴인식 기술을 금지시켰다. 얼굴인식 기술은 어떠한 문제점이 존재할 수 있는가?

① 개인 프라이버시 침해
② 인종차별 문제 악화
③ 인식율의 문제로 비용 증가
④ 사회적 편견 조장

063
난이도 ★★★☆☆

아르헨티나 부에노스아이레스는 2001년 말부터 시작된 경기침체로 경범죄가 많이 증가하였다. 이는 실업률과 함께 불법 이민자 증가를 야기시켰고, 최근 현지 언론에 따르면 은행 주변에서 특히 범죄가 많이 보도되며 도심지역 경범죄에 대한 우려가 점차 확산하고 있다. 만약 이러한 사항일 때 가장 좋은 물리적 대응방안은 무엇이라고 생각되는가?

① 경찰 및 보안인력의 채용 증가
② 전 국민들의 사회 인식 교육 필요
③ CPTED를 고려한 주요 건물의 설계
④ 보안카메라 증설 및 경시청 모니터링 강화

064
난이도 ★★★★☆

싱가포르 정부는 2019년 하반기부터 국가 디지털 인증 시스템(NDI System) 생체인식 인증을 통해 서비스 가입 절차를 간소화하고 있다. 이는 싱가포르 시민들이 한 번의 등록을 통해 수많은 정부, 민간 서비스를 모두 이용할 수 있는 시스템이다. 2021년까지 해당 시스템을 기반으로 싱패스 모바일(SingPass Mobile), 안면인식 스마트센서, 출입국 생체인식 활용 등을 단계별로 구축해 나갈 계획이다. 이러한 상황으로 볼 때 주요 추진사례와 가장 관련이 없는 것은 무엇인가?

① 다양한 정부 서비스 사용 가능

② 금융, 병원 등 다양한 안면인식 기능 활용

③ 블록체인을 연계한 싱가포르 국가공간 정보포털 구축

④ 지문, 홍채, 얼굴인식 기능확장으로 출입국, 치안 등에 활용

065
난이도 ★★★★☆

캐나다 교통부는 2019년 1월 9일 드론과 관련한 새로운 규정안을 공표하였다. 드론 분류체계는 기본 운영(Basic Operations)과 심화 운영(Advanced Operations)으로 나뉘어진다. 다음 중 기본 운영에 해당되는 내용은 무엇인가? 가장 관련성이 높은 것을 선택하시오.

① 통제되지 않은 영공에서 드론을 조종할 경우
② 비행 고도가 30미터(100피트) 이상일 경우
③ 행인 위로 조종하지 않을 경우
④ 위의 3가지 조건을 모두 충족하는 경우

066
난이도 ★☆☆☆☆

당신은 서울교통공사 보안담당관이다. 다음 중 지하철 차량의 감시카메라 설치 이유의 존재와 가장 관련이 없는 것은 무엇인가?

① 고객안전 확보
② 마스크 미착용자 감시
③ 화재 예방
④ 범죄 예방

067
난이도 ★☆☆☆☆

당신은 서울교통공사 보안담당관이다. [보기]를 읽고 전동차 내 비상 시 행동요령을 올바른 순서로 나열하시오.

> **보기**
>
> 가. 선로에 내릴 때는 다른 열차가 오는지 주의하여야 한다.
>
> 나. 승무원의 안내에 따라 출입문 비상개폐 핸들을 내리도록 한다.
>
> 다. 객실 양 끝에 위치한 비상통화 장치로 승무원과 통화한다.
>
> 라. 출입문을 양쪽으로 밀어 문을 연 뒤 탈출한다.

① 가→나→다→라
② 다→가→나→라
③ 다→나→라→가
④ 가→다→나→라

068
난이도 ★★☆☆☆

덤스터 다이빙(Dumpster Diving)을 방지하는 대응방법 중 가장 좋은 방법은 무엇인가? 자산관리자의 입장에서 가장 좋은 대응방법을 선택하시오.

① 전 직원 대상 보안인식 교육(Security Awareness Training)의 주기적 실시
② 중요정보가 담긴 사내 폐기장소의 감시 카메라 설치
③ 분쇄 전문업체를 활용, 민감한 정보만을 폐기
④ 경비원과 경비견의 주기적인 순찰

069
난이도 ★★★★☆

다음 [보기]의 상황에서 홍수에 대한 대비로 가장 적절한 방법은 무엇인가? 시의 예산이 충분하다는 전제에서, 가장 효과적인 방법을 고르시오.

> **보기**
>
> 온난화의 영향으로 홍수가 많이 발생하고 있다. 당신의 회사도 홍수와 무관했으나 이번에 홍수가 크게 발생하여 지상 일층의 주 출입구에 물이 많이 잠긴 것을 보고 홍수에서 자유롭지 못하다는 것을 알았다. 또한 회사 앞 주변 도로가 폭우로 인해 수막현상으로 자동차 교통사고도 자주 발생하고 있다. 이에 시에서는 다음 번에도 홍수가 발생할 것을 예측하여 시의 예산 중 일부를 홍수에 대비해서 사용하는 것을 승인하였다. 시의 재해복구 담당자가 당신의 회사에 홍수 관련하여 자문을 요청하고 있다. 담당 공무원에게 어떠한 방법을 제안할 것인가?

① 비가 많이 내리는 것에 대비하여 아스팔트를 투과성으로 변경하도록 한다.
② 옥상의 정원을 일부 저장고로 만들어서 향후 옥상의 정원에 빗물을 재활용하도록 한다.
③ 도시 전체에 빗물 저장고를 만들어 향후 가뭄 시 재활용하도록 한다.
④ 도시 주변에 큰 수로를 하나 만들어서 홍수 발생 시 자연스럽게 강에서 바다로 흘러가도록 한다.

070
난이도 ★★★☆☆

다음 중 피지컬 컴퓨팅(Physical Computing) 사례와 가장 관련이 없는 것은 무엇인가?

① 도둑 방지신고 센서
② 자동으로 켜지고 꺼지는 가로등(빛 센서 등)
③ 주변 습도를 측정해 작동되는 가습기, 제습기
④ 화재 방지를 위한 사전작동식 밸브

071

난이도 ★★☆☆☆

다음 중 장시간 고전압과 관련된 내용으로 가장 맞는 것은 무엇인가? 가장 관련성이 높은 것을 선택하시오.

① Shock
② Spike
③ Blackout
④ Surge

072

난이도 ★★★☆☆

관리부서는 임직원이 퇴직하거나 여러 가지 사유로 휴직하는 경우에는 사원증의 기능을 정지하여야 한다. 다음 중 사원증 기능 정지가 아닌 다른 대응이 필요한 경우는 무엇인가?

① 병역법에 따른 병역 의무를 마치기 위하여 징집되거나 소집되었을 때

② 회사의 필요에 의하여 직무와 관련된 분야의 해외연수를 가게 되거나 국제기구 또는 유관기관에 임시로 채용될 때

③ 천재지변 또는 전시사변이나 그 밖의 사유로 생사 또는 소재가 불명확하게 되었을 때

④ 본인의 귀책사유로 위조, 변조되어 본인 이외의 타인이 사용하였을 때

073

난이도 ★★☆☆☆

HVAC가 작동하는 경우 창문 개방 시 내부의 공기는 양여압(Positive Pressurization)이 된다. 이때 공기의 움직임은 어떻게 되는가?

① 공기가 외부에서 내부로 들어온다.
② 공기가 내부에서 외부로 나간다.
③ 무거운 공기는 아래로 내려앉고 낮은 공기는 위로 올라간다.
④ 공기가 소멸한다.

074

난이도 ★★☆☆☆

당신은 물리 보안의 총 책임자이며 이번에 바닷가 근처에 CCTV 장비를 설치하려고 한다. 바닷가 근처에서 조업하는 어선의 등불로 인해 주변 불빛의 밝기가 매우 편차가 심한 편이다. 이를 참고할 때 추가적으로 고려해야 할 사항은 무엇인가?

① Auto Iris Lens
② CCTV 설치 높이와 방향
③ Manual Lens
④ 조명

075

난이도 ★★☆☆☆

다음 중 통제된 구역을 출입할 때 전자 사원증을 패용하는 이유는 무엇인가? 가장 적합한 것을 고르시오.

① 직원들을 관리하는 서버의 접근권한을 얻기 위해서
② 통제된 구역을 출입한 감사 증적을 남기기 위해서
③ 들어오는 인원과 나가는 인원을 통제하기 위해서
④ 허가되지 않은 사람의 접근을 통제하기 위해서

076

난이도 ★★☆☆☆

물리적 보안의 통제 기법 중 난방, 통풍, 공기 조절(HVAC: Heating, Ventilation and Air Conditioning)은 다음 중 어디에 속하는가?

① 관리적 통제
② 기술적 통제
③ 물리적 통제
④ 환경적 통제

077

난이도 ★★★☆☆

물리 보안은 외부와 내부의 위험을 저지, 지연, 탐지, 판단, 대응하는 것을 목표로 하고 있다. 다음 중 유형이 다른 한가지는 무엇인가?

① 자물쇠
② 장벽
③ 조명
④ 담장

078

난이도 ★★☆☆☆

다음 감시장치(Surveillance Devices) 중에서 화재 상황이 발생하였을 때 인명 대피에 가장 효과적인 수단은 무엇인가?

① 보안견
② 보안 요원
③ CCTV
④ 진화 시스템(Water Sprinkler System)

079 난이도 ★☆☆☆☆

다음 중 피기배킹(Piggy-backing)의 대응책과 가장 관련이 없는 것은 무엇인가?

① Turnstile
② Air Gap or Interlocking
③ Speed Gate
④ Cipher Lock

080 난이도 ★★★☆☆

기관의 팬 벨트에 의해 회전자가 구동되어 고정자 코일에 3상 교류가 발생한다. 발생한 3상 교류는 다이오드에 의해 전파 정류되고, 직류로 빼내어 각 전기 장치에 공급한다. 이것을 무엇이라고 하는가?

① Alternator
② HVAC
③ Generator
④ Transformer

081 난이도 ★★☆☆☆

이것은 가장 일반적인 자물쇠의 형태이며, 회전 방향과 수직하게 구멍이 뚫린 실린더에 핀을 넣어, 열쇠가 핀을 적절한 높이만큼 들어올렸을 때 핀의 갈라진 부분이 실린더 가장자리와 맞게 되어 자물쇠가 돌아가는 원리이다. 이 자물쇠의 이름은 무엇인가?

① Warded Lock
② Pin-tumbler Lock
③ Combination Lock
④ Lever Lock

정보보안 및 감사와 관련된 국제 자격증에서는 예전부터 시나리오 기반의 문제가 출제되고 있으며, 이러한 시나리오 문제는 자격증 합격의 당락을 좌우하는 문제로 여겨지고 있다. 시나리오 기반의 문제는 출제 영역이 점차 넓어지고 있는 추세이며 한국 수험생들은 일반적으로 시나리오 문제에 적응하기 어려워한다. 이렇게 시나리오 기반의 문제가 중요하지만 어려운 이유를 분석하면 네 가지 원인을 찾을 수 있다.

첫째, 시나리오 문제는 지문이 상당히 길기 때문에 출제자가 원하는 의도를 짧은 시간 안에 파악해야 한다. 그리고 하나의 지문에 보통 관련된 문제가 3~5개가 출제되므로 지문의 이해와 선행 문제 풀이에 실패하면 다른 문제까지 틀리는 경우가 많다.

둘째, 4지 선다형 문제는 기출문제와 해설서를 반복하여 보면서 익숙해지면 답을 선택하기 쉽지만 시나리오 기반의 문제는 상대적으로 문제 풀이가 어렵다는 점이다. 문제은행 반복 및 암기력만으로 문제를 풀이하기 어렵기 때문에 상황별로 시나리오를 이해하고 풀어야 한다.

셋째, 오랫동안 익숙했던 단답식 문제에 길들었기 때문에 답이 정확하게 정해지지 않고 논리적인 풀이가 필요한 시나리오 기반 문제를 어렵게 생각한다. 비슷한 답 중에서 가장 맞거나 가장 틀린 답을 선택하는 방법에 익숙해질 필요도 있다.

넷째, CISA, CISSP, CIA와 같은 국제 자격증은 로컬(한국)의 정서보다 글로벌 정서에 맞는 해석이 필요한 시나리오 문제가 많기 때문이다. 예를 들어, "보안 담당자의 입장에서 또는 감사자의 입장에서"와 같은 역할과 책임에 대한 문제는 자신의 입장에서 풀기보다는 글로벌 관점에서 해석해야 할 경우가 많다.

결론적으로, 시나리오 문제는 많이 풀어보는 것이 좋으며 제7장에서 수험생들에게 부족할 시나리오 문제를 다수 출제했으므로 이 책이 도움 되기를 희망한다.

제 7 장
시나리오 문제

제7장 시나리오 문제

→ 정답 258p

■ [시나리오 문제: 1 ~ 3번]

당신은 시스템 운영부서의 리더로서 다양한 이슈를 보고받고 있다. 최근 온라인 프로그램 일부를 야간 배치로 전환하여 적용하였는데 그 이후 배치 프로그램에서 수시로 오류가 발생해서 종료되는 현상이 발생하고 있다. 시스템 담당자에게 오류 내역을 받은 결과 배치 프로그램의 수행 도중에 오라클 관련하여 "ORA-01555 Snapshot too old" 오류가 발생했다. 당신은 이와 관련된 원인 파악과 문제해결을 위한 분석을 시작했다.

001　　　　　　　　　　　　　　　　　　　　　　　　　　난이도 ★★★☆☆

배치 프로그램의 오류인 "ORA-01555 Snapshot too old" 메시지와 가장 관련이 깊은 것은 무엇인가?

① Undo Segment　　　　　　　　② Snapshot Library
③ Oracle Log Writer　　　　　　　④ Redo Log Database

002　　　　　　　　　　　　　　　　　　　　　　　　　　난이도 ★★★☆☆

이 같은 오류가 발생하게 된 원인으로 가장 적절한 것은 무엇인가?

① 장비 노후화로 인해 하드웨어 증설이 필요하다.
② 데이터베이스 솔루션의 최신 패치를 수행해야 한다.
③ 배치 프로그램의 데이터베이스 CPU 자원 사용량이 급격하게 증가하였다.
④ 배치 프로그램의 일부 SQL 수행시간이 과도하게 지연되었다.

003　　　　　　　　　　　　　　　　　　　　　　　　　　난이도 ★★★☆☆

시스템 담당자가 배치 프로그램 중에서 문제와 같은 오류를 유발하는 특정 프로그램을 찾았고 해당 프로그램을 포함해서 다양한 해결방안을 적용해야 한다. 해결방안으로 가장 적절하지 않은 것은 무엇인가?

① Oracle Automation Workload Report 사용　② Oracle Buffer Cache 증설
③ 프로그램의 악성 SQL Tuning　　　　　　　　④ undo_retention 설정 변경

■ **[시나리오 문제: 4 ~ 8번]**

다음 연도 정보 시스템 보안 예산 수립 시, 시스템 장애 복구비용을 포함하려고 한다. 정보전략팀의 요청으로 도출한 정보 시스템 자산별 분석 결과는 다음과 같다. 해당 정보는 지난 2년 동안 발생했던 장애를 기준으로 정량적으로 산정했다.

시스템 자산	장애	자산가치	노출인자	연간 발생빈도	장애 시 다운타임(H)
방화벽	NIC 불량	10,000	0.5	0.01	0.1
L4 스위치	메모리 불량	20,000	0.1	0.02	5
WAF	디스크장애	30,000	0.5	0.01	1

004

난이도 ★★☆☆☆

방화벽, L4 스위치, WAF(Web Application Firewall) 자산에 대한 SLE(Single Loss Expectancy)의 합계는 무엇인가?

① 20,000　　　　　　　　　　　② 22,000
③ 30,000　　　　　　　　　　　④ 33,000

005

난이도 ★★☆☆☆

방화벽, L4 스위치, WAF(Web Application Firewall) 자산에 대한 ALE(Annual Loss Expectancy)의 합계는 무엇인가?

① 150　　　　　　　　　　　② 200
③ 240　　　　　　　　　　　④ 315

006

난이도 ★★★☆☆

방화벽, L4 스위치, WAF(Web Application Firewall) 자산에 대한 연간 다운타임 합계는 몇 시간인가?(365일 x 24시간 기준)

① 972.36　　　　　　　　　　　② 1030.52
③ 2150.36　　　　　　　　　　　④ 2856.42

007   난이도 ★★★☆☆

보안자산을 제공하고 운영하는 업체들은 해당 자산에 대해 연간 99.95%의 가용성(Availability)을 보장하기로 SLA 계약을 수립했다. 앞의 시나리오를 참고할 때 99.95% 가용성을 유지한 자산은 무엇인가?

① 없음
② 방화벽
③ L4 스위치
④ WAF

008   난이도 ★★★★☆

정보전략팀이 계획한 연간 보안 예산에 포함되는 항목이 다음과 같을 때, 내년도 보안 예산은 얼마인가?

> 기본예산 = 자산가치 합계의 1%
> 복구비용 = 연간 예상 손실액의 110%
> 예비비용 = 연간 예상 손실액의 50%

① 850
② 984
③ 1024
④ 1875

■ [시나리오 문제: 9번]

> 당신은 클라우드 데이터 센터의 네트워크 구축 프로젝트의 비상주 감리원이다. 상주한 책임 감리원이 부친상을 겪어서 일주일간 지방에 갈 수밖에 없는 상황이다. 현재 프로젝트 상황에서 책임 감리원을 제외하고는 별도로 다른 상주한 감리원은 없는 상황이다.

009   난이도 ★★★★☆

시나리오와 같은 상황일 때, 보기를 읽고 가장 해당되지 않는 것을 선택하시오.

① 상주 감리원은 공사현장에 항상 상주해야 하며 만약 부득이하게 1일 이상 현장 이탈 시 근무상황부에 기록하여야 한다.

② 용역업자는 배치된 감리원이 부득이한 상황으로 현장 이탈 시 직무 대행자를 두어서 업무 인수인계를 하여야 한다.

③ 책임 감리원은 갑자기 생긴 부친상으로 인하여 지방으로 갔기 때문에 발주처의 허락은 불필요하다. 그 대신 직무 대행자가 즉각 업무 수습 후 사후에 발주처의 허락을 득하면 된다.

④ 비상주 감리원인 당신은 본사 등에 근무하면서 현장 상주 감리원의 업무를 지원하도록 한다. 하지만 필요 시 직무 대행자로 현장에 투입하여 진행하도록 한다.

■ [시나리오 문제: 10 ~ 12번]

> 2020년 5월 31일 일론 머스크가 이끄는 스페이스X의 유인우주선 크루드래곤은 민간기업으로서는 세계 최초로 국제우주정거장(ISS) 도킹에 성공했다. 크루드래곤에는 구글 크롬의 오픈 소스 버전인 크로미엄을 기반으로 터치스크린을 제공했는데, 이는 과거 Low Level 언어만 사용되던 개발방식에서 벗어났음을 의미한다. 또한, 모든 운영체제는 안정성을 위해 리눅스 운영체제가 채택되었다. 그리고 컨트롤러 유닛의 경우 (A: 동일한 모듈을 세 대로 구성하여) 안정성을 높이는 기술을 적용했으며 모든 통신은 (B: 종단 간 암호화)를 적용하였다.

010
난이도 ★★★★☆

이 시나리오에서 크루드래곤에 적용된 A 기술을 무엇이라고 하는가?

① High Availability
② Application Clustering
③ Triple Massive Manager
④ Triple Modular Redundancy.

011
난이도 ★★★☆☆

이 시나리오에서 크루드래곤에 적용된 A 기술을 적용하기에 다음 중 가장 적합하지 않은 사례는 무엇인가?

① 주식거래 시스템의 중계 서버
② 보험사 입출금 시스템 탠덤 서버
③ 원자력발전소 제어 시스템
④ 항공기 자율 항행 시스템

012
난이도 ★★★☆☆

이 시나리오에서 크루드래곤에 적용된 B 기술인 '종단 간 암호화'는 다음 중 어떤 해킹 공격으로부터 안전하게 보호되는가?

① DDoS(Distributed Denial of Service)
② MITM(Man-In-The-Middle)
③ XSS(Cross Site Scripting)
④ Sniffing

- **[시나리오 문제: 13번]**

당신의 회사는 사탕수수, 카사바 농작물 관리회사로, 관리하는 토지의 면적이 상당히 넓다. 이는 우수한 알코올을 추출하기 위한 정부 정책 중 하나의 추진항목이다. 1976년부터 가솔린은 10~15%의 알코올을 혼입하도록 의무화됐으며, 알코올만으로 주행하는 자동차도 개발됐다. 당신의 나라는 지하자원이 충분하지 않은 나라이기에 석유 대신 알코올을 생산하여 국가 기간산업을 이끌고 있다. 하지만 열대성 기후로 인하여 자주 화재가 발생하는데, 원인을 살펴보니 지역 원주민들의 화전(火田) 개간으로 자주 불이 나는 것이었다. 중앙에서 모니터링하고는 있지만 쉽게 파악되지 않는다.

013   난이도 ★★★☆☆

이 시나리오를 참고할 때, 물리 보안 담당자의 입장에서 가장 효과적인 화재 파악 및 대응은 무엇인가?

① 경비견을 활용한 화재 파악
② 일정 구역마다 스프링클러 대응
③ 소방 헬기를 활용한 화재 대응
④ 드론 장착용 열화상 카메라 활용

- **[시나리오 문제: 14번]**

당신의 회사는 미국 중남부 토네이도 앨리(Tornado Alley) 지역에 있으며 이는 로키산맥과 애팔래치아 산맥 사이에 위치하고 있다. 아직까지 한 번도 토네이도가 발생한 사실은 없었으나 언제든지 발생할 수 있는 지역이다. 당신은 프로젝트 투입 전 프로젝트 매니저로 이사회에게 그 사실을 보고 하였으나 클린턴 전 대통령이 주지사로 있었던 지역(알칸사스)이기 때문에 본사에서는 위험을 감수해서라도 인맥을 활용한 프로젝트를 성공적으로 완수하도록 지시했다. 본사에서는 해당 프로젝트를 성공적으로 수행할 경우 많은 이익이 돌아오기 때문에 프로젝트 완수 시 프로젝트 팀원 전원에게 특별 인센티브, 승진, 휴가를 지급해주기로 했다. 프로젝트 기간은 최대 6개월 이내이며 봄철에는 토네이도 발생 확률이 높지만 현재인 가을철에는 토네이도 발생 확률이 낮으므로 재난 컨설팅 업체는 위험발생이 저조하다고 자문했다. 당신은 프로젝트를 성공적으로 마쳐야 될 상황이므로 여러 가지 재난 우려 상황을 조사해본 결과 몇 가지 위험사항이 도출되었다.

014   난이도 ★★★☆☆

시나리오를 참고할 때, 프로젝트 매니저 입장에서 가장 우선으로 고려해야 할 사항은 무엇인가?

① 프로젝트 수행 건물가액이 15만 달러가 넘어가서 우발사태 예비비를 집행하여야 한다.

② 토네이도 발생 시 직원들을 대피시킬 지하공간이 존재하지 않는다.

③ 프로젝트 수행 건물이 매우 낡아서 토네이도 발생시 전선줄, 수도관, 가스파이프가 파손될 우려가 존재한다.

④ 일부 직원들이 파견 불만으로 인하여 지역 라디오 방송의 Office of Emergency Management의 상황보고나 지시사항에 대해서 따르지 않고 있다.

■ [시나리오 문제: 15 ~ 17번]

> 스마트폰 및 주변기기에 대한 액세서리와 블루투스 디바이스를 제조하는 A 사는 지난 수년간 급격한 성장을 통해 규모를 키워오고 있었다. 올해 초 사옥 이전에 맞추어 기업 전체를 관리하고 보안수준을 향상시키며 조직의 수준을 향상시키기 위해 감사팀을 구성하고 신임 감사팀장을 위촉했다. 감사팀 구성의 배경에는 최근 경쟁사에서 A 사의 베스트셀러와 유사한 디자인과 기능을 가진 제품이 출시된 것에 대한 우려도 작용했다.

015
난이도 ★☆☆☆☆

A 사의 인사팀은 특별한 전사적인 공지나 개별적인 안내 없이, A 사의 연구팀장과 개발실장, 디자인팀장, 영업대표에게 각각 일주일간 휴가를 주었다. 이는 감사팀에 의한 지시였다고 하는데 이러한 감사기법을 무엇이라고 하는가?

① 업무순환 ② 비정기 감사
③ 강제휴가 ④ 최소한의 권한 부여

016
난이도 ★★☆☆☆

A 사의 감사팀은 휴가 기간에 개발실장의 개인 사물함에서 허가받지 않은 USB 메모리를 발견하였다. 해당 USB 메모리에는 석 달 전에 출시되어 A 사의 베스트셀러가 된 블루투스 디바이스의 설계와 관련된 핵심 자료가 포함되어 있었다. 감사팀이 후속으로 진행해야 하는 조치사항으로 가장 적합하지 않은 것은 무엇인가?

① USB 메모리를 디지털 포렌식 분석 요청 ② 핵심 자료의 유출 경로를 추적
③ 사내 보안솔루션 로그 분석 ④ 즉시 휴가 복귀 후 인터뷰 진행

017

난이도 ★★★☆☆

감사팀이 적발한 위배사항에 대해 보안팀의 전문가들은 보안 로깅을 분석하고 디지털 포렌식을 수행한 결과를 공유하였다. 개발실장의 USB 메모리에 핵심 설계 자료가 저장되고 이를 유출하는 데 영향을 주는 보안취약점으로 적절하지 않은 것은 무엇인가?

① MDM(Mobile Device Management) 솔루션 미구축
② 데스크톱의 NAC(Network Access Control) 우회
③ 핵심 설계문서에 대한 DRM 미적용
④ 보안 게이트를 포함한 물리보안 수준 저하

■ [시나리오 문제: 18 ~ 20번]

> 당신은 금융사를 위한 데이터센터 서비스를 제공하는 IDC의 보안담당자로 업무를 수행하고 있다. 데이터센터는 주요 금융사의 계약, 거래, 고객정보 등의 원장을 보관하는 1등급 정보보안 시설로 높은 보안수준을 제공하도록 계약되어 있다. 데이터센터 구축 초기에는 다음과 같은 물리보안을 제공하였다.
>
> - 1층 메인 게이트: 스마트카드
> - 층별 출입구: 스마트카드+비밀번호
> - 서버실 출입구: 스마트카드+지문인식
>
> 하지만 보안수준을 더욱 향상시켜야 한다는 일부 고객사의 요구로 인해 최근에 딥러닝 기반의 영상처리 기술을 접목한 스마트CCTV를 도입하여 강화된 안면인식 보안을 다음과 같이 제공하고 있다. 해당 안면인식 기술은 무자각 인증기술로 제공되고 있다.
>
> - 1층 메인 게이트: 스마트카드+스마트CCTV(안면인식)
> - 층별 출입구: 스마트카드+스마트CCTV(안면인식)
> - 서버실 출입구: 스마트카드+지문인식+스마트CCTV(안면인식)

018

난이도 ★★★☆☆

데이터센터에서 제공하는 서비스에 대한 SLA(Service Level Agreement)의 지표 중에서 정보보안과 관련된 지표로 적합하지 않은 것은 무엇인가?

① 장비별 오탐율
② 장비별 미탐율
③ 장비별 시스템 중단 시간
④ 고객의 정보 보안 서비스 만족도

019

난이도 ★★★☆☆

데이터센터에 스마트 CCTV 기반의 안면인식 물리보안을 적용한 후 다음과 같은 부작용이 발생하였다. 이런 상황을 기반으로 한 설명으로 가장 적합하지 않은 것은 무엇인가?

> - 본인임에도 안면인식 실패로 출입을 못 하는 경우가 증가하였다.
> - 안경, 모자, 마스크 등에 의한 안면인식 기능 저하가 발생하였다.
> - 다수의 사람이 동시에 이동하는 출퇴근, 점심시간에 성능이 저하되었다.

① 스마트 CCTV 도입 시 TPS(Transaction per Second) 목표 달성 PoC를 진행했어야 한다.

② 장비의 안면인식 알고리즘을 개선하여 오탐율과 미탐율을 모두 크게 개선시킬 수 있다.

③ 높은 오탐율에 의한 사용자의 불편이 증가하고 만족도가 저하되는 상황이다.

④ 안면인식 기능을 활성화하도록 하되 출입 통제 기능은 해제하여 알고리즘 최적화를 진행하여야 한다.

020

난이도 ★★★★☆

앞선 문제와 같은 이슈가 발생한 이후에 고객과 정보보안팀의 협의를 통해 의견이 정리되었다. 스마트 CCTV의 탐지 알고리즘에 대하여 정밀도(Precision)와 재현율(Recall)을 고려하여 최적의 수준을 도출하여 해당 알고리즘을 적용하겠다는 결과다. 이에 대한 설명 중 가장 적합하지 않은 것은 무엇인가?

① 정밀도(Precision)는 True Positive/(True Positive+False Positive)로 계산할 수 있다.

② 재현율(Recall)은 True Positive/(True Positive+False Negative)로 계산할 수 있다.

③ 정밀도와 재현율은 상호 간에 정비례 관계이므로 함께 영향을 받는다.

④ 정밀도와 재현율을 고려한 최적의 수준을 분석하기 위해 Confusion Matrix와 ROC Curve를 활용할 수 있다.

■ **[시나리오 문제: 21 ~ 22번]**

> 보안담당자인 당신은 해외 지사의 네트워크 보안 구축에 대해서 컨설팅을 수행하고 있다. 이 회사는 국가 중요시설로, 물리적 보안부터 관리적 보안까지 모든 부분에서 완벽해야 한다. 특히 네트워크 구축에 관련해서는 최적의 방화벽 세팅으로 모든 위협에 대해서 대비해야 한다. 네트워크 보호에는 다양한 데이터 수집 및 모니터링이 포함된다. 기존 네트워크 보안 패키지는 수천 개의 서버에서 이벤트 로그와 같은 대용량 데이터 세트를 모니터링한다. 해외 지사의 보다 개선된 보안 소프트웨어에는 물리적 데이터의 상관 관계 (예: 출입 카드 출입 및 건물 출입 카드 사용)가 포함되며 응용 프로그램과 보다 긴밀하게 통합되어 이전에 결정

되지 않은 유형 또는 크기의 로그 및 감사 레코드를 생성한다. 의미 있는 결과를 얻으려면 이 데이터를 처리하고 분석하기 위해 빅데이터 분석 시스템이 필요하다. 이러한 시스템은 여러 테넌트가 될 수 있으며 N개 이상의 회사에 별도로 제공되어 활용하고자 한다.

021
난이도 ★★★☆☆

이 시나리오를 참고할 때, 고려해야 할 대상과 가장 거리가 먼 것은 무엇인가?

① 개선된 보안 소프트웨어는 높은 수준의 보안으로 실행되므로 별도의 감사 및 보안 조치가 필요하다.

② 빅데이터 사이버 보안을 위한 백업 및 재해 복구 설계 시 변동성을 고려해야 한다. 로그의 유효 수명은 로그를 생성한 장치의 수명을 넘어 연장될 수 있다.

③ 전통적인 정책 유형의 보안보다는 정책 수정 이벤트의 임시 차원 및 모니터링이 비표준이거나 감사되지 않을 수 있는 경향이 있기 때문에 보안 담당자의 입장에서는 더 우선적으로 주시해야 한다.

④ 운영 체제 수집 방법 이외의 데이터를 집계하기 위한 업계간의 표준성이 없기 때문에 N개 회사에서 제공될 경우에는 논란이 발생할 수 있다.

022
난이도 ★★★☆☆

앞의 시나리오로 보았을 때 빅데이터 관련 네트워크 구축 시 고려해야 할 대상과 가장 거리가 먼 것은 무엇인가?

① 데이터 거버넌스 정의 필요

② 외부 조직에 데이터를 배포하기 위한 엔터프라이즈 관행

③ 클라우드 관련 정책

④ 컨테이너 관리

■ [시나리오 문제: 23번]

웹 서버 로그는 방대하기 때문에 반드시 세분화되어야 한다. 유용한 로그 데이터는 페이지 내용(버튼, 텍스트, 탐색 이벤트) 및 캠페인, 미디어 분류 등과 같은 마케팅 수준의 이벤트를 포함하여 다른 빅데이터 소스와 같이 상관 관계가 존재해야 한다. 복잡한 이벤트 처리(CEP: Complex Event Processing)를 실시간으로 사용하는 트래픽 분석 계획에서 여러 가지 문제점 중 하나는 수집 정책과 보안 고려사항이 서로 상충된다는 것이다. 이에 내부 사용자 커뮤니티를 포함하여 트래픽 유형을 분리시키는 것이 필요하다.

023

난이도 ★★★☆☆

앞의 내용은 웹 트래픽 분석에 빅데이터를 사용할 때 고려해야 할 내용이다. 이를 참고할 때 다음 중 보안 고려사항과 가장 거리가 먼 것은 무엇인가?

① 일부 회사는 데이터 제거를 허용하고 있으며 대부분의 회사는 이전에 수집되었던 웹 서버 트래픽을 반드시 제거해야 한다.

② MAC(Media Access Control) 주소 추적을 통해 분석가는 PII의 한 형태인 IP 장치를 식별할 수 있다.

③ 일부 국가에서는 IP(Internet Protocol) 주소 로깅을 사용하여 분석가가 맵의 품질과 매핑되는 영역의 유형에 따라 세부 수준으로 방문자를 식별할 수 있다.

④ EU는 데이터 수집에 관한 엄격한 규정을 보유하고 있으며 일부 국가에서는 PII로 취급된다. 이러한 웹 트래픽은 EU에서 보통 운영되지만 미국에 기반을 둔 다국적 기업의 경우에는 스크러빙(익명) 또는 집계로만 보고된다.

■ [시나리오 문제: 24 ~ 26번]

> 바이오 제약 업체 A 사는 지난 10년간 사용하던 보안장비를 일제히 점검하고 보안성이 향상된 장비로 전부 교체하는 프로젝트를 준비하고 있다. 해당 프로젝트의 핵심 장비에는 침입탐지 시스템(IDS: Intrusion Detection System)이 있는데 지난 10년간 동일한 장비를 운용 중이므로 차세대 침입탐지 시스템으로 교체하는 것이 요구사항이다. 이에 따라 A 사는 보안장비 솔루션 제공업체들에게 RFI를 제공하고 사전분석 단계를 진행 중이다.

024

난이도 ★★☆☆☆

차세대 침입탐지 시스템의 주요한 특장점으로 볼 수 없는 것은 무엇인가?

① 대용량 유입 데이터를 실시간에 준한 속도로 처리한다.

② 물리적인 경계(Physical Boundary)에 대한 탐지에 특화되어 있다.

③ Zero-Day Attack에 대한 탐지능력 향상에 목적을 두고 있다.

④ 악의적 공격패턴을 기반으로 알고리즘을 학습하는 기능을 제공한다.

025

난이도 ★★★☆☆

A 사는 제안요청서(RFP: Request for Proposal)에 포함할 차세대 침입탐지 시스템의 주요한 기능 중에서 가상의 운영체제 기반으로 악의적인 공격자를 유입하고 공격기법을 분석하고 침입을 탐지하는 기능을 포함할 예정이다. 이러한 기능을 무엇이라고 하는가?

① Sandbox Based IDS
② Cloud Based IDS
③ Next Generation IDS
④ Software Defined Network IDS

026

난이도 ★★★☆☆

A 사는 차세대 침입탐지 시스템의 제공업체를 선정하기 전에 개념 검증(PoC: Proof of Concept)을 진행하고 있다. 제3의 보안 전문업체와 계약하여 모의해킹 시험을 수행해보니 핵심 기능인 가상의 운영체제 기반으로 대응하는 위의 기능을 우회하는 공격이 발견되었다. 이러한 우회공격으로 주로 사용되는 기법이 아닌 것은 무엇인가?

① Human Interaction
② Environment
③ Time Delay
④ Dynamic Screen

■ [시나리오 문제: 27 ~ 29번]

> 당신의 회사는 전세계에 희귀어종인 갑각류 바이올릿 스팟 크랩과 열대어인 블루라이트 피시를 수출하는 회사이다. 사업의 확장을 위해 지리적 요충지인 포틀랜드 항구에 제2의 물류센터를 두기로 결정하였다. 물류센터 확장 프로젝트 관리자의 입장에서 이곳을 분석하여 경영진에게 제출한 보고서에 따르면 이곳은 여름철에 낙뢰가 빈번한 지역이다. 주변의 강과 바닷가의 교차하는 지역으로 습도가 이상적으로 높으며 아열대성 온도로 인해 지리적으로 국지성 호우가 매우 빈번하게 발생하기 때문이다. 하지만 영업 부서장의 의견에 따라, 물류센터를 다른 지역에 확장하는 것보다 포틀랜드 항구에 선점해야 물류비를 절대적으로 아낄 수 있다는 점과 수출 어종에 대한 신선도를 이상적으로 올릴 수 있다는 점을 내세워 이사회를 결국 설득했다. 또한 이사회를 설득한 결정적인 이유는 접지장치 및 위성 수신장치만 잘 구비되어 있으면 낙뢰 및 뇌우는 포틀랜드 물류센터 위협에 아무런 문제가 되지 않는다는 보고였다.

027

난이도 ★★★★☆

시나리오의 상황으로 볼 때 어떠한 종류의 접지장치를 사용하여야 하는가? 다음 보기에서 가장 알맞은 답을 선택하시오.

① 계통 접지　② 피뢰기 접지　③ 정전기 방지 접지　④ 지락검출 접지

028
난이도 ★★★☆☆

경영진 및 이사회에서는 프로젝트 관리자에게 접지 시스템을 올바르게 설계 및 보강하여 진행하라고 지시를 내렸다. 다음 중 접지 시스템 장치를 매설하고자 할 때 가장 올바른 순서로 나열한 것은 무엇인가?

| 가. 접지공사 완료 | 나. 접지 저항값 측정 | 다. 접지 시공방법 선정 및 설계 |
| 라. 접지 시공 | 마. 기준 접지 저항값 설정 | 바. 대지 고유저항 측정 |

① 마→바→다→라→나→가
② 가→나→라→다→바→마
③ 마→바→라→다→나→가
④ 가→나→다→라→마→바

029
난이도 ★★☆☆☆

다음 중 낙뢰 및 뇌우의 특성과 거기에 따른 대응방법으로 가장 해당하지 않는 것은 무엇인가? 프로젝트 관리자의 입장에서 가장 거리가 먼 것을 고려하여 선택하시오.

① 접지는 낙뢰나 충격적인 전류로부터 전자기기나 인명을 보호하기 위한 것으로써 관련법에 의해 엄격히 규제하고 있다.

② 접지는 인명과 안전에 관련되기에 전자기기나 망 설계 시, 접지에 대한 충분한 지식과 인식을 가지고 설계하여야 한다.

③ 접지 장치와 위성수신 장치만 잘 구성되어 준비되면 100% 완벽하게 낙뢰 및 뇌우 관련해서 대응 가능하므로 담당자의 입장에서는 반드시 이 부분에 대해서 접지 시스템의 올바른 설계, 시공 및 관리체계를 갖추어야 한다.

④ 고속도로 교통에서 신호위반이나 속도위반을 적발하기 위한 감시카메라가 존재할 때 피뢰침이 감시 카메라 근처에 있는 경우에만 고가의 감시 카메라가 동작하는 것으로 유추할 수 있으므로 운전자는 항상 주의 깊게 피뢰침을 살피면서 운전해야 한다.

■ [시나리오 문제: 30 ~ 33번]

차세대 업무포털 시스템 오픈 후 불특정한 시간대에 시스템이 지연되고 JVM Process가 다운되는 현상이 발생했다. TA(Technical Architect)는 다음과 같은 방법으로 장애 원인을 발견했다

(1) JVM Option 변경 후 Dump 생성, MAT Tool 분석
(2) JVM Process Down을 유발하는 이슈 프로그램 도출
(3) Oracle AWR Report로 장애시간 Worst SQL 분석
(4) Worst SQL의 Bind Variable 값 중 비정상적인 범위 값 확인

> (5) 설계자, 개발자와 함께 이슈 프로그램을 분석 수행
> (6) JavaScript Code는 값 검증이 있으나 JAVA Code는 값 검증 누락 확인
> (7) Web Server Access Log 중 장애시간 내 이상로그 분석
> (8) 이상로그에 대한 Source IP, Web Browser, Version 정보 이슈 도출
> (9) 해당 사용자와 인터뷰한 후 장애상황 재현 및 이슈 확인

030 난이도 ★★★☆☆

시나리오에서 TA(Technical Architect)가 문제 원인을 분석하는 과정에서 수행한 활동이 아닌 것은 무엇인가?

① JVM Heap Memory Analysis
② SQL Tuning
③ Web Proxy Testing
④ Code Review

031 난이도 ★★★☆☆

시나리오에서 JVM Process가 다운될 때 발생했을 것으로 예상되는 Error Log의 유형으로 가장 적절한 것은 무엇인가?

① java.lang.OutOfMemoryError
② java.lang.nullpointerexception
③ java.lang.numberformatexception
④ java.lang.illegalstateexception

032 난이도 ★★★☆☆

시나리오의 (6)~(9)의 내용을 기반으로 추측할 때, 인터뷰 대상 사용자가 유발한 장애의 원인은 무엇인가?

① 해외 Proxy Server를 경유하여 웹서버로 접근한 트랜잭션
② JavaScript Check Code가 적용되지 않는 구 버전 웹 브라우저 사용
③ HTTP Querystring Parameter를 변조하여 비정상적인 요청 수행
④ JMeter Tool을 이용하여 웹페이지에 과도한 트랜잭션을 유발

033

난이도 ★★★☆☆

이 같은 문제를 사전에 예방할 수 있을 만한 활동으로 가장 적절하지 않은 것은 무엇인가?

① 필수 값 검증 기능을 공통화하고 JAVA Code에 삽입

② 업무포털 시스템 전체 화면에 대한 성능 테스트 수행

③ UX & CX 관점의 Cross Browsing Testing 수행

④ 비기능 시험 계획 시 사용성 테스트 활동 포함

■ [시나리오 문제: 34 ~ 37번]

> 약 10,000여 명의 임직원을 보유한 A 기업은 주 52시간제도의 본격적인 도입에 맞추어 임직원의 근태관리와 효율적인 근무문화 정착을 위해 웹 기반의 출퇴근 관리 시스템을 구축했다. 해당 시스템은 기존의 업무포털과 SSO(Single Sign On)로 연계되며 출근 시간과 퇴근 시간을 간단한 버튼 클릭 한 번으로 기록하는 기능을 제공한다. 하지만 시스템 오픈 직후부터 오전 9:30~10:30 사이에 불특정 임직원들의 화면에서 "Service Unavailable"이라는 메시지가 나타나는 증상이 지속되고 있다.

034

난이도 ★★★☆☆

근태관리 시스템 접속 시 발생한 "Service Unavailable" 메시지는 3-Tier Architecture 구조에서 어떤 서버의 응답으로 볼 수 있는가?

① Database Server
② Web Application Server
③ Web Server
④ Firewall

035

난이도 ★★★☆☆

근태관리 시스템 접속 시 발생한 "Service Unavailable" 메시지의 분석을 위해 알아야 할 정확한 코드 번호는 무엇인가?

① 401
② 403
③ 500
④ 503

036

난이도 ★★★☆☆

전산팀에서는 해당 장애를 해결하기 위해서 일시적인 대응방안을 적용하기로 했다. 해당 서버에 설치되어 있는 애플리케이션 성능 관리(APM: Application Performance Management) 솔루션을 이용해서 부하량이 증가할 경우 클라이언트의 요청을 정상적인 대기 페이지로 이동시키고 순서대로 대기하도록 하는 기능이다. 이러한 기능을 무엇이라고 하는가?

① Distributed Service Balancing
② L7 Load Balancing
③ Web Application Load Manager
④ Peak Load Control

037

난이도 ★★★☆☆

앞 문제의 대응방안으로 일시적으로 서비스를 제공하게 되었지만 미봉책이라 판단한 전산팀에서는 근본적인 해결책을 강구하고 있다. 해결책은 프로그램 튜닝을 진행하도록 하는 것이고 또한 병행해서 시스템 자원을 Scale-Up 방식으로 확장하려고 한다. 해당 방식의 자원 확장방안으로 가장 적합한 것은 무엇인가?

① Web 서버와 WAS 사이의 L4 Switch 증설
② Database 서버의 CPU 자원 증설
③ IIS Web 서버의 개수 증설
④ MySQL Replication Slave 노드 증설

■ [시나리오 문제: 38 ~ 40번]

> 약 열흘 간의 장기 명절 연휴를 끝내고 업무로 복귀한 시스템 관리자인 당신은 보안관제팀으로부터 두 가지 보안이슈를 전달받았다. 첫 번째는 업무포털 웹 서버가 다수의 ICMP 패킷을 수신했는데 해당 패킷의 크기가 정상적인 범위를 초과하여 수신 서버가 조각난 패킷을 재조립하고 연속된 패킷의 수신을 처리하는 데 지연이 발생하였다는 이슈이다. 두 번째는 보안 솔루션 패치전용 서버가 짧은 시간에 동일 네트워크 구역 내의 시스템들에게서 보낸 수천 개의 ICMP Reply 패킷을 받으면서 서비스 거부공격과 유사한 공격에 시달린 이슈였다. 이에 대한 보고서를 받고 보안팀에서 이미 긴급하게 조치한 내역서까지 검토하였다.

038

난이도 ★★☆☆☆

시나리오에서 설명한 내용 중, 업무포털 웹 서버에 가해진 공격기법으로 가장 적합한 것은 무엇인가?

① IP Spoofing
② Mail Bomb
③ Ping of Death
④ Stealth Scanning

039
난이도 ★★★☆☆

시나리오에서 설명한 내용 중, 보안 솔루션 패치전용 서버에 가해진 공격기법으로 가장 적합한 것은 무엇인가?

① Ping of Death
② SMURF Attack
③ Packet Fragmentation Replay
④ Tear Drop Attack

040
난이도 ★★★☆☆

보안관제팀에서 발견한 두 가지 이슈에 대해 보안팀에서 긴급하게 조치하였다. 이때 효과적이면서 바로 적용할 수 있는 해결책으로 가장 적합하지 않은 것은 무엇인가?

① 이슈가 발생한 네트워크의 라우터에서 브로드캐스팅 ICMP 패킷 차단
② 네트워크 내 시스템들의 ICMP Reply 비활성화
③ Anti DDoS 전용장비 적용
④ 방화벽에서 ICMP 패킷을 차단

■ [시나리오 문제: 41 ~ 43번]

> 물류기업 A 사는 차세대 공급망 관리(SCM: Supply Chain Management) 시스템을 석 달 전에 오픈했다. 전산팀에서는 SCM 원장 데이터베이스를 매일 전체 백업하는 정책을 유지하고 있다. 차세대 SCM 오픈 초기에는 계획대로 업무가 없는 24시부터 3시 사이에 전체 백업이 종료되었으나 시간이 지날수록 백업 수행시간이 선형적으로 증가하고 있다. 백업 시간이 증가되는 추세가 지속된다면 약 한 달 후에는 6시 이후에 전체 백업이 종료될 것으로 예상되어 대책이 필요하다.

041
난이도 ★★☆☆☆

데이터베이스의 전체 백업 시간이 예상 밖으로 크게 증가하는 원인을 추측할 때 가장 타당하지 않은 것은 무엇인가?

① 백업 솔루션의 PoC가 적절하지 않았다.
② 원장 데이터베이스의 데이터가 예상보다 크게 증가했다.
③ 전체 백업 수행이 동일한 시간대에 업무량이 증가했다.
④ 차세대 시스템 데이터베이스의 용량계획이 적절하지 않았다.

042

난이도 ★★★☆☆

이 문제를 해결하기 위해서 전산팀이 고려해볼 수 있는 백업 정책 변경사항과 가장 관련성이 없는 것은 무엇인가?

① 주 1회 주말 전체 백업

② 매일 증분 백업 + 주 1회 주말 전체 백업

③ 매일 차등 백업 + 월 1회 주말 전체 백업

④ 이틀에 한 번 전체 백업

043

난이도 ★★★☆☆

전산팀장은 시스템 담당자인 당신에게 백업 정책변경에 대한 영향도 분석을 보고하라고 지시하였다. 백업 방식에 따른 영향도 분석으로 가장 올바르지 않은 것은 무엇인가?

① 매일 전체 백업하는 경우 장애 복구에 가장 효과적이다.

② 차등 백업의 복구시간은 증분 백업에 비해 빠르다.

③ 증분 백업의 수행시간은 차등 백업에 비해 느리다.

④ 전체 백업의 주기가 길어질수록 차등 백업의 수행시간은 증가한다.

■ [시나리오 문제: 44 ~ 46번]

> 정보통신분야 리서치 전문기업 A 사에 연구원으로 근무하는 B 과장은 시장조사 및 트렌드 분석업무를 위해 여러 개의 뉴스레터를 정기적으로 받고 있다. 어느 날 메일함에 도착한 최신 기술 분석자료인 "2020년 하반기 국내 자율주행 자동차 기술 현황 보고서.HWP"를 확인하였다. 해당 보고서에는 예상보다 전문적이지 않고 구체적인 기술 사항이 전혀 없어서 보고서의 출처를 확인해보았으나 보고서 작성기관은 존재하지 않는 곳이었다. 문서에 삽입된 URL을 클릭하였으나 아무런 응답이 없었다.

044

난이도 ★☆☆☆☆

이 시나리오는 A 기업의 임직원 보안교육의 사례로 소개된 내용이다. 해커가 B 과장에게 시도한 공격기법으로 가장 적절하지 않은 것은 무엇인가?

① 사회공학 기법   ② 스미싱

③ 피싱   ④ 비즈니스 이메일 사기

045

난이도 ★★★☆☆

이와 같은 공격기법에 대처하기 위한 보안관점의 대응방안으로 가장 적절하지 않은 것은 무엇인가?

① 안티 바이러스 실시간 감시 기능 활성화

② 출처가 분명하지 않은 이메일은 조회 후 바로 삭제

③ 운영체제 및 웹 브라우저 최신 패치 적용

④ 정기 뉴스레터는 웹 메일 자동분류 기능 적용

046

난이도 ★★★☆☆

A 사에서 진행하는 정기 보안 교육과 같은 관리적 보안 활동에서 장기적으로 그 효과를 극대화하기 위한 방법으로 가장 적합한 것은 무엇인가?

① 보안 교육 종료 후 CBT 시험 진행
② 교육 수료 여부를 조직 평가 KPI로 적용
③ 보안 사고를 유발한 개인에게 대한 패널티 강조
④ 보안활동 우수자에 대한 혜택을 제공

■ **[시나리오 문제: 47 ~ 49번]**

> 상장사인 생명보험 A 사는 Sales Automation 솔루션 개발사 B를 인수 합병하면서 B 사에 대한 전산감사를 진행하였고 보안관점에서 다음과 같은 감사결과가 도출되었다. 이를 참고하여 질문에 답하시오.
>
> - 사무실 내에서 인터넷망과 사내망이 분리되지 않는다.
> - 데이터베이스 접근에 대한 IP, MAC, User, Role 통제가 불가능하다.
> - 데이터베이스 입력/수정/삭제에 대한 사전통제 및 기록관리가 불가능하다.
> - 사내 업무용 메신저로 카카오톡 메신저를 사용하고 있다.
> - 솔루션 개발자가 프로그램 수정권한과 데이터베이스 조회권한을 함께 보유한다.

047

난이도 ★★★☆☆

모바일 솔루션 전문 개발사인 B 사는 A 사에게 인수합병되기 전까지는 이 같은 항목들이 큰 문제가 되지 않았었다. 그 이유로 가장 적절하지 않은 것은 무엇인가?

① 전자금융 감독규정의 규제대상 기업이 아니다.
② ISMS-P 적용 대상 기업에 해당되지 않는다.
③ 금융규제 샌드박스로 인해 규제에서 예외 되었다.
④ 상장사가 아니므로 전산감사 대상이 아니다.

048   난이도 ★★★☆☆

B 사의 인수합병을 진행하면서 도출된 문제를 해결하기 위해 보안관점에서 고려해야 하는 방법으로 가장 적절하지 않은 것은 무엇인가?

① 데이터베이스 접근제어 솔루션
② NAC(Network Access Control)
③ 물리적 망 분리
④ 기업용 협업 솔루션

049   난이도 ★★★★☆

B 사의 전산감사를 진행하면서 개발자, 데이터베이스 관리자, 권한 결재자, 부서장, 품질 감리자 등 주요 업무 권한을 보유한 사람들을 표 형태로 정리하여 직무분리의 준수여부를 확인하고 문제점을 발견하였다. 전산감사에서 사용한 이런 형태의 표를 무엇이라고 하는가?

① RACI 매트릭스
② Database Role 매트릭스
③ Object Ruleset 매트릭스
④ SoD 매트릭스

■ [시나리오 문제: 50 ~ 52번]

> 당신은 공급망 관리(SCM: Supply Chain Management) 프로젝트의 개발리더 겸 소프트웨어 아키텍트로 참여하고 있다. 프로젝트는 폭포수 방법론에 따라서 진행되며 현재 개발완료를 앞두고 있으며 또한 통합 테스트를 준비하고 있다. 이번 주, 고객사 정보 보안팀에서 프로젝트에 대해 데이터 암호화를 적용하라고 지침이 내려왔고 당신은 데이터 암호화에 대한 조치를 고려해야 한다.

050   난이도 ★★★☆☆

고객사 정보보안팀에서 제공한 프로젝트에 대한 데이터 암호화 가이드라인에 포함된 의사 코드 중 일부를 발췌하였다. 다음 의사 코드를 참고할 때, 고객사 정보보안팀이 원하는 데이터 암호화 방식은 무엇인가?

```
11> STRING ID_VAL, SQL
12> DBRS RESULT
13> SQL = "SELECT NAME, ID_NUM, TEL1, TEL2, ADDR1 POST FROM TLB30020 WHERE ID = %ID "
14> RESULT = EXECUTION DATABASE SQL( SQL )
15> // ID_VAL = RESULT.GET_VALUE("ID_NUM")
16> ID_VAL = GLOBAL.DECRYPTION( RESULT.GET_VALUE( "ID_NUM" ) )
17> SCREEN.PRINT( "ID NUMBER =" + ID_VAL )
```

① Stream 암호화
② API 암호화
③ TDE 암호화
④ Plug-In 암호화

051
난이도 ★★★☆☆

앞의 데이터 암호화 방식이 가진 특징으로 가장 적합하지 않은 것은 무엇인가?

① 암·복호화로 인해 데이터베이스 성능저하를 유발하지 않는다.

② 애플리케이션 소스 코드의 변경이 필요하다.

③ 서비스 사용량 증가에 따른 애플리케이션 서버 성능 영향도를 확인해야 한다.

④ 운영체제 관점에서 데이터 파일 암복화를 고려한다.

052
난이도 ★★★☆☆

프로젝트 제안 단계에서 고려하지 않았던 암복호화 적용으로 인해 솔루션의 초기 개념 증명(PoC: Proof of Concept)에서 만족할 수 있었던 최대 동시 접속자 처리 목표 달성이 어려울 것으로 예상된다. 개발리더로서 당신이 이슈를 해결하기 위해 취해야 할 활동으로 가장 적합하지 않은 것은 무엇인가?

① 암호화 함수 호출의 적용/미적용에 따라 PoC를 수행한다.

② 고객사 정보보안팀에게 이슈사항을 공유하고 추가 의견을 요청한다.

③ 프로젝트 관리조직(PMO)에게 이슈를 보고하고 중점 관리대상으로 관리한다.

④ 암호화 솔루션의 성능 관련 가이드라인을 요청한다.

■ [시나리오 문제: 53 ~ 54번]

> 소셜 네트워크 서비스를 제공하는 B 사는 최근 적극적인 마케팅을 통해 신규 사용자가 크게 증가하였다. 이로 인해 서비스 처리성능과 가용성 관리 관점에서 아키텍처 전반을 검토하면서 장비증설을 진행하였다. 그 중에서 웹사이트에 대한 악의적인 공격이 증가한다는 관제센터의 의견에 따라 방화벽을 추가적으로 증설하였다. 그런데 기존의 방화벽에 비해 신규 도입한 방화벽의 성능이 2배 이상 높은 것이 특징이다.

053
난이도 ★★★☆☆

B 사에서 FWLB(Firewall Load Balancing) 장비의 L/B 알고리즘을 Round Robin으로 설정한 상태에서 신규 방화벽 장비를 추가 연결할 경우 어떠한 문제가 발생할 수 있는가?

① FWLB 스위치 장비의 부하량 급증에 따른 시스템 다운

② 방화벽의 Inbound Rule 기능 우회 가능성

③ 방화벽 간에 부하량의 분산이 균일하지 않음

④ Load Balancer와 방화벽 간의 Health Check 기능 장애

054

난이도 ★★★☆☆

문제에서 발생한 FWLB(Firewall Load Balancing) 문제점을 해결하기 위해서 가장 적합한 Load Balancing 알고리즘은 무엇인가?

① FIFO(First Input First Out)
② WLC(Weighted Least Connection)
③ Least Connection
④ Fastest Response Time

■ [시나리오 문제: 55 ~ 57번]

> 온라인 오픈마켓을 운영하는 A 사는 미국의 블랙 프라이데이, 중국의 광군제와 유사한 최대 규모의 프로모션 행사를 진행하기로 했다. 이 기획안에 따라 전산팀에서는 프로모션 진행 시 발생할 수 있는 시스템 가용성을 향상시키고 서비스 장애를 예방하기 위한 전략을 수립하려고 한다. 기획팀에서 전산팀에게 제시한 프로모션 관련된 정보는 다음과 같다. 이 요구사항을 만족하기 위해 시스템 가용성 관점에서 대응하기 위한 방법으로 전산팀에서는 클라우드 컴퓨팅을 가장 우선으로 고려하기로 했다.
>
> - 프로모션 기간 내 기존 평균 대비 약 10배~15배의 동시접속 예상
> - 글로벌 프로모션이지만 약 90%는 국내 사용자일 것으로 예상
> - 프로모션 기간 10일만을 위해 고정비가 증가하는 것은 지양함
> - 사용자 증가에 따른 서비스데스크 인력 확충은 20% 이내로 제한
> - A 사는 현재 Private Cloud Computing을 구축하지 않았음

055

난이도 ★★★★☆

클라우드 컴퓨팅은 시스템이나 서비스를 요청에 따라 이용할 수 있어서 (A) 방식이라 하고, 기존의 기업용 전용 서버팜에 구축하는 방식을 (B) 방식이라고 한다. 특히 클라우드 컴퓨팅의 장점 중 하드웨어 자원을 수직/수평적으로 유연하게 제어할 수 있는 기능을 (C)라고 한다. A, B, C에 각각 알맞게 들어갈 내용은 무엇인가?

① A: On-Cloud, B: On-System, C: Virtual Resource
② A: Resource Provisioning, B: On-Demand, C: On-Promise
③ A: On-Service, B: On-Scaling, C: Virtual Machine Service
④ A: On-Demand, B: On-Promise, C: Resource Provisioning

056
난이도 ★★★☆☆

A 사는 프로모션 기간 내 서비스데스크 업무 폭증을 대비하여 인력을 20% 확충할 예정이지만 시스템 접속자는 10배 이상으로 증가할 것으로 예상된다. 서비스데스크 업무마비를 예방하고 Front-End Homepage 가용성 유지를 위한 전산팀의 전략으로 가장 적절한 것은 무엇인가?

① Web Application Server Scale-Up 자원 확장
② MySQL Database Replication 아키텍처의 Slave Node 확장
③ Chat-bot 시스템 구축 및 활용
④ Peak Load Control 시스템 구축

057
난이도 ★★★☆☆

A 사는 클라우드 컴퓨팅 IaaS(Infrastructure as a Service)를 한시적으로 도입하려고 결정했다. 이를 실질적으로 구축하고자 할 때, 다음 중 전산팀에서 분석한 결과로 가장 적절하지 않은 것은 무엇인가?

① 한시적 사용이라는 특성과 구축 비용을 고려할 때 Public IaaS 방식이 비용 대비 효율적이다.
② A 사의 처리계 Oracle RAC는 Sacle-Out 확장이 용이하므로 IaaS 적용 대상으로 적합하다.
③ 국내에 데이터센터가 존재하는 IaaS 서비스 업체를 우선적으로 고려한다.
④ 클라우드 시스템과 A 사 시스템 사이 구간에 End to End 암호화를 적용해야 한다.

■ [시나리오 문제: 58 ~ 60번]

> 인공지능 기술은 2010년 이후 CNN, RNN 등 딥러닝 기술의 발전에 따라 실생활에 급격하게 적용되고 있다. 가장 대표적인 서비스로는 넷플릭스, 유튜브, 인스타그램 등의 소셜 네트워크 및 동영상 플랫폼에서 사용자들에게 가장 맞춤형 서비스를 제공하는 (A) 기능이 있다. 이 기능은 사용자 기반과 콘텐츠 기반으로 크게 분류되며 사용자들에게 최적의 서비스를 제공하고자 하는 목적과 사용자를 오랫동안 플랫폼에 묶어 두려고 하는 목적이 혼재한다.

058
난이도 ★★★☆☆

문제의 시나리오에서 (A) 기능은 무엇을 말하는가?

① 서비스 카탈로그
② 선형회귀 분석
③ 추천 시스템
④ 음성인식 비서

059

(A) 기능은 사용자에게 최적의 서비스를 제공한다는 장점과 달리, 플랫폼에게 최적의 수익을 도출하기 위해 기능을 적용한다. 사용자의 정보에 맞추어 다양하지 않고 항상 균일한 유형의 콘텐츠를 제공하며, 이로 인해 점차 편향된 콘텐츠만 추천한다. 이와 같은 인공지능의 개인화된 부작용을 무엇이라고 하는가? 가장 알맞은 답을 선택하시오.

① 필터버블
② 알고리즘 포비아
③ 인공지능 블랙박스
④ 안티로고스

060

인공지능 기반의 (A) 기능은 사용자의 개인정보를 과도하게 활용하여 개인정보침해 이슈를 야기할 수 있다. 플랫폼 서비스 기업의 이러한 이슈를 예방하기 위한 활동으로 가장 적합하지 않은 것은 무엇인가?

① SEO(검색엔진 최적화)
② 개인정보보호법 적용
③ ISMS-P 구축
④ 개인정보영향평가 컨설팅 수행

■ [시나리오 문제: 61 ~ 64번]

드론(Drone)이란 조종자가 탑승하지 않은 상태로 항행할 수 있는 비행체로서 국토교통부령으로 정하는 기준인 항공안전법 제2조에 의거한 무인비행장치 및 무인항공기를 의미한다. 드론은 제4차 산업혁명을 촉진하는 기술이며 다양한 분야에 활용도가 높은 기술이지만 또한 많은 이슈가 존재하고 있다. 드론과 관련한 이슈는 다음과 같다.

- 드론을 이용해 물리 보안을 우회하여 비인가 지역에 침입
- 불법적으로 영상을 촬영하여 개인정보를 침해
- 드론이 의해 물리적으로 자산이 파괴되는 손실 유발

보안적인 우려에도 불구하고, 드론은 물류, 리테일, 배송 등 다양한 분야에 혁신적인 서비스를 창출할 수 있는 여지가 있으므로 연구개발과 사업화가 필요한 것이 사실이다. 하지만 도심에서 드론을 항행하기 위해서는 많은 규제와 인증([A])이 필요하여 현실적으로 제약이 높다. 이러한 상황에서 2020년 5월 1일 [B] 법률이 시행되어 드론산업이 활성화될 것으로 기대되고 있다.

061
난이도 ★★☆☆☆

문제에서 말하는 도심에서 드론을 항행하기 위해 필요한 각종 규제/인증인 [A]에 해당하지 않는 것은 무엇인가?

① 드론허가증
② 특별감항증명
③ 무인항공기 비행허가
④ 시험비행허가 또는 안전성인증

062
난이도 ★★★☆☆

문제에서 [B]에 들어갈 2020년 5월 1일에 시행된 드론 관련 법률은 무엇인가?

① 드론항공보안법
② 무인항공기 비행허가 특별조치
③ 드론 활용의 촉진 및 기반조성에 관한 법률
④ 드론 규제 샌드박스

063
난이도 ★☆☆☆☆

시나리오에서 설명하는 [B] 법률이 시행되면 도심에서 규제없이 드론 실증과 연구를 할 수 있을 것으로 기대된다. 이렇게 도심에서 드론을 실증하기 위해서는 법률에 의거하여 드론 규제 특구가 지정되어야 한다고 한다. 드론 규제 특구는 무엇을 의미하는가?

① 드론 특성화구역
② 드론 특별자유화구역
③ 드론 안전보안지역
④ 드론 샌드박스

064
난이도 ★★★☆☆

드론법이 시행되고 정부 주도의 드론 기술 연구 및 산업 활성화 정책이 예상되고 있다. 이 중에서 가장 핵심기술로 선정된 것은 다수의 무인비행기를 제어하고 기존의 통제시스템과 연계하여 드론의 자율 항해와 장애물 회피, 이착륙 등을 구현하는 기술이다. 이 기술은 무엇을 의미하는가?

① UTM(Unmanned aerial system Traffic Management)
② DTM(Drone Traffic Management)
③ ATM(Air Traffic Management)
④ ISDM(Information Security Drone Management)

■ **[시나리오 문제: 65 ~ 68번]**

> 2011년 농협 등 주요 금융권의 전산시스템이 마비되는 사건이 발생한 후 금융권에는 망 분리가 의무화되었다. 망 분리는 구현하는 기술적인 방식에 따라 몇 가지로 분류되는데, 주로 크게 두 가지 방식으로 분류한다. [A]는 금융업무용 PC와 인터넷 연결용 PC를 분리하고 각각의 PC에 연결되는 전산망도 분리하는 방식을 의미한다. 그리고 [B]는 동일한 PC 상에 가상환경을 통해 업무망과 외부망을 분리하는 방식을 의미한다. 망 분리는 비용, 보안성, 업무생산성, 편의성 등 다양한 관점에서 이슈가 되고 있다.

065   난이도 ★★★☆☆

문제에서 [A]와 [B]에 들어갈 내용으로 가장 알맞게 짝지어진 것은 무엇인가?

① A: 논리적 망 분리, B: 물리적 망 분리

② A: 소프트웨어 망 분리, B: 가상적 망 분리

③ A: 시스템 망 분리, B: 업무 망 분리

④ A: 물리적 망 분리, B: 논리적 망 분리

066   난이도 ★★☆☆☆

2011년 금융전산망이 마비되는 사건 이후에 도입된 금융업에 대한 망 분리 의무화는 어떤 법/제도/규제 조항에 의해 규제를 받고 있는가?

① 전자금융감독규정 ② 소프트웨어산업진흥법

③ 개인정보보호법 ④ ISO 27001

067   난이도 ★★★☆☆

2013년 금융감독원이 발표한 금융전산망 분리 가이드라인에 제시된 주요한 내용과 가장 거리가 먼 것은 무엇인가?

① 인터넷 PC는 업무망 접근을 원천적으로 차단하고 인터넷과 외부메일을 사용할 수 있다.

② 인터넷망과 업무망 간의 중계 서버를 이용한 파일 송수신을 차단한다.

③ 업무망에서는 금융회사 내부 메일만 사용할 수 있다.

④ 백신 등 인터넷에 연결된 패치관리 시스템은 인터넷과 분리하여 오프라인으로 운영한다.

068

난이도 ★★★☆☆

2020년 2분기 현재, 금융기관 망 분리에 대한 이슈로 가장 적합하지 않은 것은 무엇인가?

① 망 분리로 인해 발생하는 과도한 구축 및 운영 비용

② 언택트(Untact) 및 재택근무 시대에 뒤떨어진 감독 규정

③ 클라우드 및 모바일 기술 적용에 알맞지 않은 망 분리 규정

④ 점차 노후화되어가는 금융망 분리 시스템의 교체주기 도래

■ **[시나리오 문제: 69번]**

> 금번 모의 해킹 프로그램 경시대회 우수자로 입사한 신입사원에게 전체 관리자 액세스 권한이 있는 노트북 컴퓨터가 제공되었다. 이 신입사원의 집에는 개인용 컴퓨터가 없으며 컴퓨터를 사용하여 이메일을 보내고 받고, 웹을 검색하고, 인스턴트 메시징을 사용하는 컴퓨터에 능숙한 어린 자녀가 있다. 회사의 IS 감사 부서는 금번 특별 감사에서 정보 시스템 관리 부서에 있는 신입사원이 액세스 권한을 사용하여 컴퓨터에 피어-투-피어 프로그램(P2P: Peer-to-Peer Programs)을 설치한 것을 발견하였다.

069

난이도 ★★☆☆☆

이 시나리오를 참고할 때, 사무실 네트워크에 연결된 컴퓨터의 피어 투 피어 프로그램 사용을 감지했을 가능성이 있는 보안 솔루션은 무엇인가?

① 스파이웨어 방지 소프트웨어(Prevent Spyware Software)

② 안티 바이러스 소프트웨어(Anti-Virus Software)

③ 침입 방지 시스템(IPS: Intrusion Prevention System)

④ 컴퓨터 지원 감사도구(CAAT's)

2021년 현재는 제4차 산업혁명을 기반으로 다양한 최신기술을 이용한 디지털 트랜스포메이션이 빠르게 적용되는 시점이다. 세계 경제포럼 WEF의 클라우드 슈바프 회장이 제시한 제4차 산업혁명의 10대 선도기술은 무인 운송수단, 3D 프린팅, 첨단 로봇 공학, 신소재, IoT 원격 모니터링 기술, 블록체인 및 비트코인, 공유경제 및 온디맨드 경제, 유전공학, 합성 생물학, 바이오 프린팅이다. 더구나 아니라 최근 인공지능 기술은 실험적 단계를 넘어 기업 비즈니스와 사회 전반에 혁신적인 서비스로 출시되고 있다. 이렇게 기하급수적으로 증가하는 최신 기술의 홍수 속에서 기업에서 요구하는 정보 시스템 및 정보보안 전문가는 턱없이 부족한 것이 현실이다. 기업의 자산과 고객의 정보를 안정적으로 보호하는 역할을 가진 정보보안 담당자는 최신기술을 이용해 보안 수준을 강화하는 방법을 이해해야 하고 새롭게 등장하는 공격 기법 대응방안을 강구해야 한다. 이를 위해, 본 문제집은 신기술 트렌드에 대해 예상 문제를 지속적으로 늘려가면서 출제하고 있다. 이번 장에서 다루는 학습 요점은 다음과 같다.

- 클라우드 기술의 이해
- 블록체인 기술의 이해
- 사물 인터넷 기술의 이해
- 빅데이터 및 데이터 분석 기술의 이해
- 기계학습, 인공지능, 딥러닝 기술의 이해
- 클라우드, 가상화, 소프트웨어 기반 기술의 이해
- 기타 정보 시스템 최신 트렌드 이슈의 이해

제 8 장
신기술 트렌드

제8장 신기술 트렌드

→ 정답 274p

001 난이도 ★★★★☆
다음 중 오케스트레이터(Orchestrator)의 종류와 가장 거리가 먼 것은 무엇인가?

① 서버 오케스트레이터
② 가상 오케스트레이터
③ 컨테이너 오케스트레이터
④ 함수 오케스트레이터

002 난이도 ★★★☆☆
다음 중 기획자 관점에서 컨테이너 기술의 장점이 아닌 것은 무엇인가?

① 디지털 트랜스포메이션 기반 구축
② 비용 절감
③ 하이브리드 클라우드 실현
④ 프로젝트 투입 인력 간소화

003 난이도 ★★★☆☆
다음 중 개발자 관점에서 컨테이너 기술의 장점이 아닌 것은 무엇인가?

① 효율적인 개발 환경
② 배포 편의성
③ 민첩한 개발
④ 개발 코드품질의 자율화

004 난이도 ★★★☆☆
다음 [보기]에 관련된 내용은 무엇을 의미하는 것인가? 가장 알맞은 답을 선택하시오.

> **보기**
>
> 여러 기업이 가입자의 동일한 식별 데이터를 사용하여 그룹에 있는 모든 기업의 서비스 및 네트워크에 액세스할 수 있는 ID 관리 정책으로써 조직과 사용자 모두에게 경제적 이점과 편리함을 제공한다. 예를 들어 여러 회사가 단일 응용 프로그램을 공유할 수 있다면 모든 사람이 리소스 통합으로 인해 궁극적으로 비용을 절감할 수 있다.

① 클라우드 기반 신원 관리(C-IDM: Cloud Identity Management)
② 디지털 신원 관리(D-IDM: Digital Identity Management)
③ 연합 ID 관리(FIM: Federated Identity Management)
④ 싱글 사인온(SSO: Single Sign-On)

005   난이도 ★★★☆☆

클라우드 보안의 핵심요소인 IAM(Identity and Access Management)의 주요기능이 아닌 것은 무엇인가?

① 계정 관리
② 로깅, 감사, 리포팅 기능
③ 기존 통합 저장소 활용 기능
④ 리스크 관리

006   난이도 ★★★★☆

다음 중 다중 테넌트 클라우드(Multi-tenant Cloud)의 특징이 아닌 것은 무엇인가?

① 단일 테넌트 클라우드에 비해 증가된 저장 용량과 향상된 액세스를 제공한다.
② 다중 테넌트 클라우드는 고객이 데이터, 스토리지, 보안 및 성능 관리를 더 잘 제어할 수 있도록 한다.
③ 다중 테넌트는 개인정보 보호 및 보안을 희생하거나 애플리케이션 속도를 저하시키지 않으면서 더 많은 사람이 더 많은 리소스 풀을 사용할 수 있도록 한다.
④ 클라우드 컴퓨팅의 저장 위치를 가상화하면 거의 모든 기기 또는 위치에서 유연하고 쉽게 액세스할 수 있다.

007   난이도 ★★★☆☆

몽고 DB 같은 데이터베이스 시스템을 쿠버네티스상 컨테이너에서 실행할 때에는 컨테이너와 생명 주기가 다른 볼륨이 필요하다. 그렇다면 쿠버네티스의 볼륨과 관련이 없는 것은 무엇인가?

① 스토리지 클래스
② 페르난도 볼륨
③ 퍼시스턴트 볼륨
④ 퍼시스턴트 볼륨 클레임

008   난이도 ★★☆☆☆

크라우드펀딩(Crowdfunding)은 소셜 네트워크 서비스를 이용해 소규모 후원을 받거나 투자 등의 목적으로 인터넷과 같은 플랫폼을 통해 익명의 군중으로부터 자금을 모으는 행위이다. '소셜 펀딩'이라고도 하나, 정확한 용어는 아니다. 다음 중 크라우드펀딩의 종류와 가장 관련이 없는 것은 무엇인가?

① 지분투자
② 대출
③ 기부
④ 매각

009

난이도 ★★☆☆☆

[보기]의 빈칸에 들어갈 말은 무엇인가? 가장 알맞은 답을 선택하시오.

> **보기**
> 사진·문서 등 사람이 만든 데이터를 인공지능(AI)이 인식할 수 있도록 재가공하는 작업을 [   ]이라고 한다. AI가 학습할 데이터를 수집·가공하여 고품질의 데이터 세트를 구축하는 일인데, 데이터 1차 가공·정제 과정에 사람 노동력이 반드시 필요하다. 사람이 일일이 데이터에 라벨을 붙인다고 하여 'AI 눈알 붙이기'라고 하기도 한다.

① 데이터 라벨링
② 데이터 태그링
③ 데이터 포스트잇
④ 데이터 프린팅

010

난이도 ★★★☆☆

다음 중 정보보안 분야의 데이터 분석법(Data Analysis)으로 가장 해당되지 않는 것은 무엇인가?

① 탐색적 데이터 분석(Exploratory DA)
② 예측 데이터 분석(Predictive DA)
③ 묘사적 데이터 분석(Descriptive DA)
④ 계층적 데이터 분석(Class DA)

011

난이도 ★★★☆☆

정보보안 분야에서 수집하는 데이터를 분류하는 대표적인 3가지 분류에 속하지 않는 것은 무엇인가?

① 정형 데이터(Structured Data)
② 비정형 데이터(Unstructured Data)
③ 반정형 데이터(Semi-Structured Data)
④ 더블정형 데이터(Double-Structured Data)

012

난이도 ★★★★☆

모놀리식에서 마이크로서비스로 전환할 때, 모놀리식 애플리케이션을 제거할 수 있다. 새로운 서비스나 기존 구성요소는 마이크로서비스로 구현한다. 즉, 특정 기능을 새로운 애플리케이션 및 서비스로 점진적으로 교체한다. 그리고 레거시 시스템을 중단한다. 이와 관련된 패턴과 가장 가까운 것은 무엇인가? 가장 알맞은 답을 선택하시오.

① 퍼사드 패턴
② 스트랭글러 패턴
③ 손상방지 레이어 패턴
④ 점프 무스탕 패턴

013

난이도 ★★★★☆

나날이 발전을 거듭하는 보안 데이터에 대한 특징 추출은 일반화가 어렵다는 문제점을 갖고 있다. 이에 최근에는 추가적인 추출을 인공지능에 맡기고 여기서 나온 특징 또는 예상치를 기존 알고리즘과 함께 활용하는 Ensemble 또는 [   ] 기법을 사용하고 있다. "Two heads are better than one"이라는 아이디어에서 출발한 것인데, 이는 사람과 인공지능이 함께 활약하는 모델이 사용되고 있다는 의미이기도 하다. 빈칸에 들어갈 말로 적절한 것을 고르시오.

① Tempel
② Bagging
③ Boosting
④ Staking

014 난이도 ★★★☆☆

딥러닝의 자연어 처리(NLP: Natural Language Processing)에서 빈번히 발생하는 데이터 문제로, Input Language가 Database 혹은 Input of Embedding에 없어서 처리하지 못하는 현상을 무엇이라고 하는가?

① OOV
② Word2Vec
③ Tabular
④ FastText

015 난이도 ★★★★☆

[보기]는 블루투스의 어떤 기능을 설명하고 있는가? 보기 중 알맞은 것을 고르시오.

> **보기**
>
> Bluetooth 장치는 Bluetooth 장치 주소(BDA: Bluetooth Device Address)로 식별된다. 이 주소는 다른 Bluetooth 장치와 상호 작용하는 데 필요하며 장치가 보내는 많은 패킷에 추가된다. 그러나 이 주소는 근처의 다른 Bluetooth 장치에서 볼 수 있으므로 시간이 지남에 따라 주어진 장치에 대한 정보를 수집하는 데 악용되어 사용될 수 있다. 이것을 방지하기 위해 BLE 장치는 개인정보 보호 기능을 활성화할 수 있다. 이것은 고정 주소를 사용하는 대신 지정된 간격으로 새 주소를 생성하여 수행된다. 따라서 신뢰할 수 없는 피어로부터 ID 주소를 숨긴다.

① Nonce
② Anti-Tracking
③ Temporary Key(TK)
④ Resolvable Private Address(RPA)

016 난이도 ★★★★☆

다음 중 Bluetooth 핵심 사양 버전 5.1에 정의된 Bluetooth 주소 유형과 가장 관련이 없는 것을 선택하시오.

① Public Address
② Hybrid Address
③ Resolvable Private Address(RPA)
④ Non-resolvable Private Address

017
난이도 ★★★★★

다음 중 BLE(Bluetooth Low Energy)에 대해 설명한 내용으로 가장 올바르지 않은 것은 무엇인가?

① 무선으로 공유되는 정보는 의도한 수신자 이외의 주변 장치에서 볼 수 있다. 이러한 패킷 차단을 피할 수는 없지만 암호화를 사용하여 알 수 없는 장치에서 무선 메시지를 이해하지 못 하도록 방지할 수 있다. 따라서 암호화를 사용하려면 관련된 장치가 사용하는 암호화 키에 동의해야 한다.

② BLE(Bluetooth Low Energy)에는 LE Legacy 및 LE Secure Connections라는 2가지 주요 페어링 유형이 있다. LE Legacy 페어링과 Just Works 또는 Passkey 항목을 연결 모델로 사용하여 두 장치를 페어링하면 연결이 수동 도청으로부터 보호되지 않는다. 그러나 LE 레거시 페어링이 리스너에 의해 캡처되지 않으면 암호화가 안전하다.

③ BLE(Bluetooth Low Energy) 장치가 취약할 수 있는 또 다른 공격은 MITM(Man-in-the-Middle) 공격이다. MITM 공격은 악성 장치가 의심하지 않는 두 장치에 연결하고 장치 간에 전송되는 메시지를 가로챌 때 발생한다. 공격 장치는 메시지를 전달하기 전에 자체 데이터를 삽입할 수 있으므로 두 장치는 서로 안전하게 통신하고 있다고 생각하고 공격자는 통신을 제어한다. Out-of-Band(OOB), Passkey Entry, and Numeric Comparison Pairing은 MITM 공격에 대한 보호를 제공한다. 또한 부가적으로 LE Legacy 페어링은 Just Works와 Passkey Entry 두 연결 모델과 같이 사용할 경우에는 완벽하게 MITM 공격에 대해서 보호를 제공한다.

④ LE Legacy 페어링은 OOB(Out of Band) 연관 모델이 사용되는 경우를 제외하고 페어링 프로세스 중에 수동 도청에 대한 보호를 거의 또는 전혀 제공하지 않는다. 그러나 단기 키(STK)가 Pseudo-random이기 때문에 세션 간의 프라이버시를 보장한다. 즉, 누군가 STK를 발견하면 이전 세션의 데이터를 해독할 수 없게 된다.

018
난이도 ★★★☆☆

다음 중 Bluetooth Smart(Low Energy) Security의 4가지 페어링 방법과 가장 관련이 없는 것은 무엇인가?

① Out of Band
② Orchestration Dual key
③ Numeric Comparison(Only Secure Connections)
④ Passkey Entry

019
난이도 ★★★☆☆

클라우드-네이티브(Cloud-native) 기술은 컨테이너 기반의 애플리케이션 개발과 동일한 의미로 설명되기도 하며, 가장 대표적인 플랫폼은 쿠버네티스이다. 그렇다면 다음 중 클라우드 네이티브의 특징과 가장 관련이 없는 것은 무엇인가?

① 경량 컨테이너로 패키징　　② API를 중심으로 한 상호 연계 및 협업
③ 고도의 자동화　　④ 서비스 지향 아키텍처의 기반

020　　난이도 ★☆☆☆☆
[보기]의 빈칸에 들어갈 말을 무엇인가? 가장 알맞은 답을 선택하시오.

> **보기**
> 스마트폰에 있는 애플리케이션과 연결해 특별한 경험과 서비스를 제공하는 프로그램과 그 제품군을 말한다. 기존의 스마트폰 액세서리가 케이스, 보호필름 등 주로 스마트폰을 치장하는 보조 역할을 했다면 [　　]는 단순한 장식물에서 벗어나 애플리케이션의 쓰임새를 넓히고 기능을 보완해주는 게 특징이다

① Appcessory　　② App Store
③ App Player　　④ APP Secretase

021　　난이도 ★★★☆☆
[보기]는 무엇에 대한 설명인가? 가장 알맞은 답을 선택하시오.

> **보기**
> 이 기술은 업무 과정에서 발생하는 데이터를 정형화하고 논리적으로 자동화하여 수행하는 기술을 의미한다. 기업의 재무, 회계, 제조, 구매, 고객 관리 등에서 데이터 수집, 입력, 비교 등과 같이 반복되는 단순 업무를 자동화하여 빠르고 정밀하게 수행한다. 경영 전반의 업무 시간을 단축하고 비용을 절감할 수 있다.

① RPA　　② Contiki
③ LoRa　　④ &Cube

022　　난이도 ★★★★★
다음 [보기]는 무엇에 대한 설명인가? 가장 알맞은 답을 선택하시오.

> **보기**
> 기계 내부에 GPS 센서를 장착해 전 세계에 있는 기계를 본사에서 감시·제어하는 시스템이다. 센서가 부품 마모 정도, 연료 유무, 엔진 가동 상태 등 기계와 관련된 정보를 자동으로 보내주기 때문에 부품 교환, 수리, 도난 등에 대해서 더 빠르게 대응할 수 있다. 불필요한 동작과 고장을 줄일 수 있고 판매점에서는 최적의 시기에 부품 교환을 제안할 수 있어 재고관리 비용도 줄일 수 있다.

① 피에스타유니버스(FiestaUniverse)　　② 콤트랙스(KOMTRAX)
③ T-랙스(T-RAX)　　④ 케어큐브(CareQube)

023
난이도 ★★★☆☆

다음 [보기]의 내용은 무엇을 가리키는가? 가장 알맞은 답을 선택하시오.

> **보기**
> 가. 컴퓨터가 이해할 수 있는 웹
> 나. 컴퓨터가 이해할 수 있는 형태의 새로운 언어로 표현해 기계들끼리 서로 의사소통할 수 있는 지능형 웹

① 마인드 웹(Mind Web) ② 텐서플로우(TensorFlow)
③ 시맨틱 웹(Semantic Web) ④ 프로세스 웹(Process Web)

024
난이도 ★★☆☆☆

자연어 처리(NLP: Natural Language Processing)는 컴퓨터를 이용해 사람의 자연어를 분석하고 처리하는 기술을 의미한다. 그렇다면 다음 중 자연어 처리에서 사용되는 기술이 아닌 것은 무엇인가?

① 자연어 분석 ② 자연어 이해
③ 자연어 생성 ④ 자연어 저장

025
난이도 ★★★☆☆

다음 중 온톨로지(Ontology)의 구성요소와 가장 관련이 없는 것은 무엇인가?

① 엔티티(Entity) ② 클래스(Class)
③ 인스턴스(Instance) ④ 관계(Relation)

026
난이도 ★★☆☆☆

[보기]는 무엇을 설명하는가? 가장 알맞은 것을 고르시오.

> **보기**
> 가. 존재하는 사물과 사물 간의 관계 및 여러 개념을 컴퓨터가 처리할 수 있는 형태로 표현하는 것
> 나. 우리가 생활하는 일상의 용어를 컴퓨터가 이해할 수 있도록 처리할 수 있는 형식으로 정의하고 이를 명확하게 정의해 주는 것
> 다. 인공지능, 시맨틱 웹, 자연어 처리 등 여러 분야에서 지식 처리, 공유, 재사용 등에 활용됨
> 라. 구문 구조와 스키마를 정의하여 시맨틱 웹으로 표현하는 언어

① 온톨로지(Ontology)

② 시맨틱 웹(Semantic Web)

③ 자연어 처리(NLP: Natural Language Processing)

④ 지식 교환 형식(KIF: Knowledge Interchange Format)

027
난이도 ★★☆☆☆

사물 인터넷의 보안위협 중 장치/센서와 관련된 공격은 무엇인가? 가장 알맞은 답을 선택하시오.

① 서비스 거부　　　　　　② 데이터 위변조
③ 인증 방해　　　　　　　④ 복제 공격

028
난이도 ★★★☆☆

사물 인터넷(IoT)을 데이터 관점에서 보면 4가지의 기능으로 나누어진다. 이와 관련해서 다음 중 가장 해당이 없는 것은 무엇인가?

① 데이터 생성(Data Creation)　　　② 데이터 처리(Data Processing)
③ 데이터 검사(Data Examination)　　④ 서비스 제공(Service Presentation)

029
난이도 ★★★★★

신종 바이러스의 대유행(팬데믹)은 전 세계적으로 상당한 혼란을 가져왔다. 본토 국가의 신규 환자 수는 제한되어 있지만 다른 국가에서는 증가하는 신규 환자 수로 인해 여전히 어려움을 겪고 있다. 이와 같은 감염성 질환의 구조를 시뮬레이션 하는 프레임워크가 있는데, 이와 관련된 가장 알맞은 것은 무엇인가?

① BLP 모델　　　　　　　② SIR 모델
③ Lattice 모델　　　　　　④ Biba 모델

030
난이도 ★★★☆☆

다음 중 클라우드 시스템 도입 시 발생할 수 있는 단점이 아닌 것은 무엇인가?

① 대량 자료유출 위험성 증대　　② 다중 임차(Multi-tenancy) 위협에 노출
③ 가상화 기술을 이용한 비용 증가　④ 동일 보안 위협 공유

031
난이도 ★★★☆☆

[보기]의 빈칸에 들어갈 말로 가장 적당한 것은 무엇이라고 생각하는가? 가장 알맞은 답을 선택하시오.

> **보기**
> [   ](온라인 구매, 매장에서 수령)는 소비자가 온라인으로 쇼핑하고 주문한 다음 오프라인 매장에서 구매한 상품을 당일에 수령할 수 있는 비즈니스 모델이다. '클릭 앤 콜렉트'라고도 하는 [   ]는 고객이 온라인, 매장 및 모바일 채널을 통합하여 구매할 수 있도록 하는 대규모 멀티 채널 쇼핑 트렌드의 일부이다.

① BOPIS
② O2O
③ M2O
④ BOSS

032
난이도 ★★★☆☆

2019년 ASUS 업데이트 서버가 공격을 받아 업데이트 파일이 정상적인 인증서로 서명된 채 변조되어 약 100만여 대의 PC가 악성 코드에 감염된 것으로 추정되는 사건이 발생했다. 이와 같이 소프트웨어 업데이트 서버를 공격하여 배포 과정에서 대량의 악성 코드를 감염시키는 공격을 무엇이라고 하는가?

① Software Update-Version Attack
② Supply Chain Attack
③ Opensource Based Attack
④ Blind-SQL Injection

033
난이도 ★★★☆☆

다음 중 일반적으로 쿠버네티스를 사용하여 얻을 수 있는 장점과 가장 거리가 먼 것은 무엇인가?

① 불법적인 침입을 감지하면 자동적으로 치료를 수행하고 그 치료 파일 및 로그는 샌드박스에 자동으로 저장한다.
② 애플리케이션 배포 및 업데이트를 제어하고 자동화를 수행한다.
③ 스토리지를 장착 및 추가해 스테이트풀(Stateful) 애플리케이션을 실행한다.
④ 자동 배치, 자동 재시작, 자동 복제, 자동 확장을 사용, 애플리케이션 상태 확인과 셀프 복구를 수행한다.

034
난이도 ★★★★☆

머신러닝(ML: Machine Learning)은 학습유형에 따라 지도학습과 비지도학습, 강화학습으로 나뉘어진다. 다음 중 나머지와 성격이 다른 하나를 고르시오.

① 의사결정 나무(Decision Tree)
② 서포트벡터 머신(Support Vector Machine)
③ KNN(L-Nearest Neighbor)
④ 클러스터링(Clustering)

035
난이도 ★★★★★

머신러닝으로 프로젝트 수행 시 매번 모든 학습 데이터를 사용하여 경사를 갱신하는 것이 아니라 무작위로 선택된 일부의 학습 데이터(미니 배치)를 이용하여 경사를 갱신하는 방법이다. 이것은 학습을 고속화하는 효과가 있을 뿐만 아니라 국소적인 최적해에서 벗어나기 쉬운 효과로 알려져 있다. 이와 관련된 가장 알맞은 답은 무엇인가?

① 확률적 경사하강법(SGD: Stochastic Gradient Decent)

② 지도 정책(SL: Supervised Learning)

③ MNIST(Mixed National Institute of Standards and Technology Database)

④ DQN(Deep Q learning Network)

036
난이도 ★★★☆☆

사물 인터넷과 임베디드 시스템에 대한 보안 취약점이 계속적으로 점차 증가하고 있다. 이에 대해 OWASP(Open Web Application Security Project)에서 임베디드 시스템의 펌웨어 보안성 분석을 위해서 발표한 방법론인 이것은 무엇인가? 가장 알맞은 답을 선택하시오.

① OWASP Testing Platform

② FSTM(Firmware Security Testing Methodology)

③ FSP(Firmware Security Platform)

④ OSTM(Open Security Testing Methodology)

037
난이도 ★★★☆☆

안드로이드 애플리케이션의 기능이며, 모바일 웹의 링크가 그림을 클릭할 경우 디바이스의 관련 어플이나 특정 웹페이지가 실행되도록 하는 기술이다. 이 기술은 모바일 애플리케이션마다 개별적으로 링크를 생성하므로 검증이 미흡한 경우 공격자가 조작한 악성 URL 링크에 접속되어 개인정보가 유출될 수 있다. 이 기술을 무엇이라고 하는가?

① Deeplink   ② URL Customizing

③ Browsing Link   ④ Hypertext Link

038　　　　　　　　　　　　　　　　　　　　난이도 ★★☆☆☆

[보기]의 설명에 해당하는 미국의 오프라인 차세대 스쿨로 가장 알맞은 것을 고르시오.

> **보기**
> 학년 구분 없이 성취기준 도달/미도달에 따라 자신에게 맞는 수준으로 학습이 이루어지고 있으며 교과목을 배우는 것만큼 자신이 스스로 교육과정을 설계하고 자신의 목표에 맞게 만들어가는 과정을 매우 중요하게 생각하고 있다. 즉, 이는 학생 스스로가 프로젝트를 만들어서 교육을 만들어가는 플랫폼으로 학교가 운영되며, 교사는 지식의 전달자보다 학생들의 활동을 지원하는 조력자의 느낌이 강하다.

① 애프터 스쿨(After School)　　② 알트 스쿨(Alt School)
③ 칸랩 스쿨(Khan Lab School)　　④ 프로젝트 스쿨(Project School)

039　　　　　　　　　　　　　　　　　　　　난이도 ★★☆☆☆

코로나19가 바꾼 모습 가운데 가장 두드러진 점은 아마 언택트(비대면)일 것이다. 재택근무나 온라인 수업은 이제 더 이상 생경하지 않게 되었다. 따라서 이제는 학교 때문에 멀리 이사를 가지 않아도 되고, 온라인 강의를 통해 전세계 어디서든 양질의 강의를 수강할 수 있다. 이렇게 비대면이 화두로 떠오른 가운데 최근 주목받고 있는 미국의 대학이 있다. 무엇인가?

① 미네르바 스쿨(Minerva School)　　② 제네르바 스쿨(Generva School)
③ 클로버 스쿨(Clova School)　　④ 라이트하우스 스쿨(Lighthouse School)

040　　　　　　　　　　　　　　　　　　　　난이도 ★★★☆☆

작업증명(PoW: Proof of Works) 방식의 마이닝을 사용하는 블록체인 기반의 암호화폐에서 발생할 수 있는 공격기법이다. 둘 이상의 체인이 발생할 경우 가장 긴 블록체인을 인정하고 다른 체인은 모두 폐기하는 원리를 악용하는 것으로 대량의 해시파워를 보유한 공격자가 네트워크에 선언하지 않고 별도로 체인을 구성하면서 따로 타 체인에서 코인을 인출한 후 가장 긴 체인을 등록하여 거래를 무효화시키는 기법이다. 이것은 무엇인가?

① 50% Attack　　② Block Withholding Attack
③ Block Chaining Attack　　④ Hash Withholding Attack

041　　　　　　　　　　　　　　　　　　　　난이도 ★★★☆☆

2019년과 2020년, 애플 클라우드와 삼성 클라우드 등의 서비스를 사용 중인 유명 연예인들의 개인정보가 유출되었다. 이는 해당 클라우드 서비스가 해킹된 것은 아니었고, 보안이 취약한 타 사이트를 해킹한 후 해당 계정정보와 동일하게 다른 서비스에 접속, 권한을 탈취하는 수법으로 밝혀졌다. 이와 같은 공격 기법을 무엇이라고 하는가?

① Credential Stuffing
② Brute Force Attack
③ Dictionary Attack
④ Birthday Attack

042   난이도 ★★☆☆☆

2020년 코로나19로 인해 비대면 업무가 증가하면서 보안이슈도 발생하고 있다. 이에 따라 한국인터넷진흥원과 과학기술정보통신부에서는 2020년 6월 "비대면 업무환경 도입 운영을 위한 보안 가이드"를 발표했다. 가이드에서 제시한 원격근무 환경 도입/운영을 위한 원격근무자 보안수칙이 아닌 것은 무엇인가?

① 외부 프로그램이 아닌 사내 전용 메신저를 사용한다.
② 도서관, 카페 등의 개방된 환경이 아닌 전용공간을 사용한다.
③ BYOD(Bring Your Own Device) 기반의 디바이스를 활용한다.
④ 검증된 송신자가 아닌 경우 이메일을 조회하지 않는다.

043   난이도 ★★☆☆☆

2016년 10월 21일 DYN의 DNS(Domain Name Service)를 대상으로 강력한 분산 서비스 거부(DDoS)공격이 발생했고 이로 인해 북미지역의 주요 사이트의 서비스 장애가 유발되었다. 이 서비스 거부공격은 사물 인터넷 장비들을 이용한 미라이봇넷이 발단이었는데 미라이봇넷은 사물 인터넷 장비의 어떠한 취약점을 가장 많이 악용하여 공격했는가?

① SSL/TLS이 적용되지 않은 시스템
② 개인정보 저장소 암호화 누락
③ 물리적 보안에 대한 대응 미흡
④ 초기 비밀번호를 변경하지 않음

044   난이도 ★★★☆☆

사물 인터넷 환경의 시스템들은 기존의 인터넷이나 인트라넷상의 시스템에 비해 다른 특징을 가지고 있다. 사물 인터넷 시스템에 대해 우려되는 보안 취약점으로 가장 거리가 먼 것은 무엇인가?

① Brute Force Attack
② Web Shell
③ Dictionary Attack
④ Sniffing

045
난이도 ★★★☆☆

만약 한 퍼블릭 클라우드 서비스 업체 전체가 망가지거나 장기적인 서비스 중단 사태에 빠지게 된다면, 다른 퍼블릭 클라우드 서비스 업체로 백업하는 것도 방법이 될 수 있다. 하지만 여러 가지 상황으로 인해 추천하지는 않는 방법이다. 다음 중 그 이유와 관련이 없는 것은 무엇인가?

① 서로 다른 클라우드 플랫폼을 사용해야 되기 때문에 관리자가 두 가지 기술을 겸비해야 한다.

② 서로 다른 클라우드 플랫폼은 이중 비용이 들 수밖에 없다.

③ 서로 다른 클라우드 플랫폼은 복구 수행 시 시간이 과도하게 소요되므로 비현실적이다.

④ 주력 시스템을 백업 플랫폼에 저장 시 일이 잘못될 경우에는 문제의 우려가 커질 수밖에 없다.

046
난이도 ★★★☆☆

다음 중 스마트 카 보안위협과 대응방안이 잘못 연결된 것은 무엇인가?

① 물리적 위협: 외부·내부 입출력 포트 비활성화

② 무결성: 관리자 권한으로 백신 검사, 루트킷 활성화

③ 소프트웨어 보안: 시큐어 코딩, 배포 전 코드 검증, 펌웨어 관리

④ 기밀성: 데이터 암호화, 보안 플랫폼 사용

047
난이도 ★★☆☆☆

2020년 1월 이후 코로나19 바이러스로 인한 팬데믹 현상에 따라 사회 전반이 급격하게 변화하고 있다. 정보보안 관점에서 코로나19 팬데믹 이전보다 더욱 증가한 악의적인 공격 기법은 무엇이라고 보는가?

① 트로이 목마와 백도어
② 분산 서비스 거부 공격
③ 피싱과 스미싱
④ 높은 수준의 기술을 요구하는 APT 공격

048
난이도 ★☆☆☆☆

[보기]에서 설명하는 것은 근래에 심각한 문제로 대두되고 있는 사회 현상이다. 빈칸에 들어갈 말로 적절한 것은 무엇인가?

> **보기**
> 온라인에서 부정적인 콘텐츠로 자신을 타기팅한다. 목적은 자신이 자신에게 심리적 고통을 유발하거나 심리적 고통을 간접적으로 전달하는 것이다. [   ]은 자신에 대해 부정적인 콘텐츠를 만들거나 자신의 콘텐츠에 대한 욕설을 게시하는 등의 익명으로 자신에 대한 해로운 콘텐츠를 의도적으로 찾는 방법을 포함할 수 있다. 전문가의 분석

에 따르면 그 동기는 부모 또는 동료로부터 관심을 끌기 위해서, 동료의 우정을 테스트하기 위해서, 낮은 자기 의견이 동료들과 공유되는지 확인하기 위해서, 자신의 강인함을 증명하기 위해서, 낮은 자기 의견을 외부 세계에 반영하여 검증된 느낌을 받기 위해서, 감정을 조절하기 위해서, 자기 자신을 처벌하기 위해서 등 여러 가지이다.

① 디지털 섹스토션(Digital Sextortion)
② 디지털 자해(Digital Self-harm)
③ 디지털 폭력(Digital Violence)
④ 디지털 블랙(Digital Black)

049
난이도 ★★★☆☆

다음 중 EMP(Electro-Magnetic Pulse)의 특징 및 차폐 대책과 가장 관련이 없는 것은 무엇인가?

① EMP 공격은 전파를 차단하는 구조물, 외벽 보호시설, 건물 내부로 들어오는 전선 등으로 생긴 공간을 메우는 필터링으로 3단계로 시설 구성이 되어야 하며, 이렇게 잘 구성되면 EMP 공격은 완전하게 대처가 가능하다.

② EMP 주파수는 수십 GHz 대역의 초 고주파이며 이는 강력한 태양 폭풍이 발생하거나 핵폭탄이 터질 경우 발생한다.

③ EMP 탄은 사전 감지가 불가능하며 폭발 후 0.5~100초 만에 수백~수천Km 내의 모든 전자통신시설을 마비시킨다.

④ EMP는 전기 공급선과 변압기를 포함한 모든 전기 및 전자제품을 일시에 마비시키며 발전소와 상하수도 등 사회 기반 시설 파괴로 극도의 사회혼란이 발생할 수 있다.

050
난이도 ★★☆☆☆

[보기]의 설명은 블록체인의 어떠한 유형에 해당되는 것인가? 가장 알맞은 답을 선택하시오.

> **보기**
>
> 가. 한 중앙기관에서 모든 권한 부여
> 나. 네트워크 확장이 쉽고 거래속도가 느림
> 다. 데이터 접근은 허가받은 사용자만 접근 가능
> 라. 중앙기관에 의해서 거래증명이 이루어짐
> 마. 식별이 가능
> 바. 거버넌스는 중앙기관의 의사결정에 따라 용이하게 법칙을 바꿀 수 있음

① 퍼블릭 블록체인
② 컨소시엄 블록체인
③ 프라이빗 블록체인
④ 하이브리드 블록체인

051   난이도 ★★★★☆

3D 프린팅과 4D 프린팅의 가장 큰 차이점은 무엇인가? 가장 알맞은 것을 고르시오.

① 가소성(Plasticity)   ② 응집성(Cohesion)
③ 이식성(Portability)   ④ 유연성(Flexibility)

052   난이도 ★★★★☆

[보기]의 [가]와 [나], [다]에 들어갈 말을 짝지은 것으로 가장 알맞은 답을 선택하시오.

> **보기**
>
> OTT(Over The Top Service)는 인터넷을 통해 방송 프로그램·영화·교육 등 각종 미디어 콘텐츠를 제공하는 서비스를 말한다. OTT는 'Over The Top'의 준말로 'Over-The-X'는 기존의 범위를 넘어서라는 뜻을 가지며 여기서의 'Top'은 TV 셋톱박스 같은 단말기를 의미한다. 따라서 직역하면 셋톱박스를 통해서, 혹은 셋톱박스를 넘어서의 의미를 가진다. 이처럼 OTT서비스는 초기에 단말기를 통해 영화·TV프로그램 등 프리미엄 콘텐츠를 VOD 방식으로 제공하는 서비스를 지칭했다. 이후 인터넷 기술 변화에 따라 콘텐츠 유통이 모바일까지 포함하면서 OTT의 의미가 확대됐다. 한국에서는 [가]이라는 이름으로 불린다. 서비스 제공 모델은 하나의 콘텐츠를 여러 기기에서 볼 수 있는 전자의 예를 일컬어 [나], 특정 주제에 관한 다양한 정보를 접할 수 있는 후자의 예를 일컬어 [다]라 한다.

① 가: 블루 화이트 스크린(Blue–white Screen), 나: OSMU(One Source Multi Use), 다: ASMD(Adaptive Source Multi Device)

② 가: N 스크린(N Screen), 나: OSMU(One Source Multi Use), 다: ASMD(Adaptive Source Multi Device)

③ 가: N 스크린(N Screen), 나: ASMD(Adaptive Source Multi Device), 다: OSMU(One Source Multi Use)

④ 가: 컴패니언 스크린(Companion screen), 나: ASMD(Adaptive Source Multi Device), 다: OSMU(One Source Multi Use)

053   난이도 ★★☆☆☆

다음 중 빅데이터(Big Data)의 3V와 가장 거리가 먼 것은 무엇인가?

① 데이터의 검증(Verification)   ② 데이터의 양(Volume)
③ 데이터의 생성속도(Velocity)   ④ 데이터의 형태 다양성(Variety)

054   난이도 ★★★☆☆

다음 중 서비스형 보안(SECaaS: Security as a Service)의 12가지 영역과 가장 해당이 없는 것은 무엇인가?

① Email Security(이메일 서비스 보안)

② Umbrella for Malicious Code(악의적인 코드 방지)

③ Web Security(웹 보안 기술)

④ Continuous Monitoring(지속적인 감시)

055　　　　　　　　　　　　　　　　　　　　　　난이도 ★★★★☆

피코캐스트(PicoCast)는 Pico-cell Broadcast의 줄임말로, 반경 수십 미터 범위의 사용자를 중심으로 한 피코 셀 공간에서 정보기기 간의 일대일 통신(Unicast), 그룹 통신(Multicast), 방송(Broadcast), 보안 통신 기능을 동시에 지원하는 무선 개인통신(WPAN: Wireless Personal Area Network) 기술이다. 다음 중 피코캐스트의 차별적 기능성과 가장 관련이 없는 것은 무엇인가?

① 멀티미디어 방송 기능

② 다중 상대 멀티미디어 그룹통신(Multi-peer Group Communication)

③ 스니핑 감지 능력

④ 현저히 낮은 휴면 전력

056　　　　　　　　　　　　　　　　　　　　　　난이도 ★★★☆☆

[보기]의 [A]와 [B]는 무엇인가? 가장 알맞게 짝지은 것으로 선택하시오.

> **보기**
>
> [A]
>
> 가. 하나의 기지국에서 송신과 수신을 하나의 주파수를 이용하여 동시에 사용하기 위해 시간을 나누어 사용
>
> 나. 상향, 하향에 동적으로 타임 슬롯을 할당하므로 비대칭 또는 버스트 트래픽 전송에 유리
>
> 다. 동일한 주파수 대역에서 시간적으로 상향, 하향을 교대로 배정하는 양방향 전송 방식
>
> [B]
>
> 가. 송신과 수신을 위한 각각의 주파수를 가지고 통신
>
> 나. Full-Duplex 가능
>
> 다. 상, 하향 링크에서 신호 전송을 위해 서로 다른 주파수를 할당하는 방식
>
> ※ FDD: Frequency Division Duplex, TDD: Time Division Duplex

① A: FDD, B: FDD　　　　　　② A: TDD, B: FDD

③ A: FDD, B: TDD　　　　　　④ A: TDD, B: TDD

057
난이도 ★★★☆☆

[보기]는 사물 인터넷(IoT)의 핵심 요구사항이다. 이 요구사항을 만족하는 통신기술은 무엇인가?

보 기
가. 저전력 소모 설계 　　　　　　라. 대규모 단말기 접속
나. 저가의 단말기 공급 필요 　　　마. 낮은 구축 비용
다. 안정적 커버리지 필요

① LPWA(Low-Power Wide-Area)　　② BLE(Bluetooth Low Energy)
③ Beacon　　　　　　　　　　　　　④ UWB(Ultra-Wide Band)

058
난이도 ★★☆☆☆

다음 중 사물 인터넷(IoT)의 요소 기술로 가장 해당되지 않는 것은 무엇인가?

① 사물 정보 디바이스 영역　　　② 네트워크 영역
③ 빅데이터 영역　　　　　　　　④ 플랫폼 & 서비스 영역

059
난이도 ★★★☆☆

산업 사물 인터넷(IIoT: Industrial Internet of Things)의 각 계층의 구조에 대한 다음의 설명 중, 각 계층의 설명이 잘못된 것은 무엇인가?

① 장치 계층은 물리적인 부품을 가리킨다.

② 전송 계층은 각 센서에서 취합한 데이터를 모아서 서비스 계층으로 전송하는 역할을 한다.

③ 서비스 계층은 데이터를 분석하고 이를 정보로 변환하는 응용 소프트웨어 영역이다.

④ 최상위 스택 층은 콘텐츠 계층으로, 사용자 인터페이스 영역이다.

060
난이도 ★★☆☆☆

[보기]의 빈칸에 들어갈 말로 가장 알맞은 것을 고르시오.

보 기
제조 및 에너지 관리를 포함한 컴퓨터의 산업 부문과 함께 네트워크로 상호 연결된 센서, 장비 등의 장치를 일컫는다. 이러한 연결을 통해 데이터 수집, 교환, 분석, 그리고 생산과 효율성의 개선을 용이케 하는 것 및 그 밖의 경제적 이점을 실현시킬 수 있다. [　　　]는 분산 제어 시스템(DCS)을 발전시킨 것으로, 프로세스 제어를 개선하기 위해 클라우드 컴퓨팅을 사용하여 높은 수준의 자동화를 가능하게 한다.

① 산업 사물 인터넷(IIoT: Industrial Internet of Things)

② 디지털 트윈(Digital Twin)

③ 디지털 워크포스(Digital Workforce)

④ 인공지능을 접목한 로봇 프로세스 자동화(RPAI: Robotic Process Automation+Artificial Intelligence)

061
난이도 ★★★☆☆

다음 중 사물 인터넷 응용 프로토콜과 가장 거리가 먼 것은 무엇인가?

① CoAP(Constrained Application Protocol)

② NGPP(Next Generation Platform Protocol)

③ MQTT(Message Queuing Telemetry Transport)

④ XMPP(eXtensible Messaging and Presence Protocol)

062
난이도 ★★☆☆☆

RFC 7252로 규정된 CoAP(Constrained Application Protocol) 프로토콜은 IoT 기기에 사용되는 차세대 프로토콜이다. 보안 담당자의 입장에서 고려하였을 때 해당 프로토콜에서 가장 문제되는 이슈는 다음 중 무엇인가?

① 랜섬웨어 공격　　　　　　　　② DDoS 공격

③ 버퍼 오버플로우 공격　　　　　④ 부채널 공격

063
난이도 ★★★☆☆

다음 중 FIDO(Fast Identity Online) 버전 1.0과 2.0의 가장 큰 차이점은 무엇인가?

① 인증 수행 성능　　　　　　　　② 표준화 및 활용성 증대

③ 생체인증 기술　　　　　　　　④ 원가 절감

064 난이도 ★☆☆☆☆

디지털 기술을 활용하여 평면 디스플레이나 프로젝터 등에 영상이나 정보를 표시하는 광고 매체이다. 무엇인가?

① FIDS(Flight Information Display System)

② Digital Signage

③ Environmental Design

④ CPTED(Crime Prevention Through Environmental Design)

065 난이도 ★★★☆☆

다음 중 코앱(CoAP)의 특징으로 가장 해당되지 않는 것을 선택하시오.

① 코앱(CoAP)은 UDP에서 실행되고, 더 적은 오버헤드, 더 작은 패킷을 활용하므로 결국 배터리를 절약할 수 있다.

② 코앱(CoAP)은 UDP 전송 프로토콜상에서 DTLS를 사용한다. 따라서 이를 이용해 보안을 강화할 수 있다.

③ 코앱(CoAP)은 HTTP와 비슷한 메시지 구조를 가지고 있으므로 HTTP와 효과적으로 연결할 수 있다.

④ 코앱(CoAP)의 단점은 특정 1인에게 송신하는 유니캐스트만 지원한다는 것이다.

066 난이도 ★★★☆☆

[보기]가 설명하는 프로토콜은 무엇인가?

> **보기**
>
> 사물 통신(M2M: Machine to Machine), 사물 인터넷(IoT: Internet of Things)과 같은 대역폭이 제한된 통신 환경에 최적화하여 개발된 레스트(REST: REpresentational State Transfer) 기반의 경량 메시지 전송 프로토콜이다. 이 프로토콜은 인터넷 엔지니어링 태스크 포스(IETF) 코어(CORE: Constrained RESTful Environments) 워킹 그룹에서 제정되었고, 센서 노드(Sensor Node)나 제어 노드(Control Node)처럼 메모리 용량, 컴퓨팅 성능, 배터리 등의 자원 제약이 있는 소형 장치에서 사용되는 경량의 아키텍처를 기반으로 데이터 통신을 수행한다.

① CoAP(Constrained Application Protocol)

② XMPP(Extensible Messaging and Presence Protocol)

③ OSPF(Open Shortest Path First)

④ RSVP(Resource ReSerVation Protocol)

067
난이도 ★★☆☆☆

다음 중 사물 인터넷(IoT)의 특징과 가장 거리가 먼 것은 무엇인가?

① 서비스 지향의 비즈니스 모델
② 양방향성
③ 저속, 저전력, 저성능
④ 융합 및 통합

068
난이도 ★★★★☆

현재 통신기술은 LTE와 5G의 초고속 이동통신으로 발전되어 간섭 및 잡음에 의한 채널영향이 더욱 커지고 있다. 이를 극복하기 위한 방안의 기술로 가장 해당이 없는 것은 무엇인가?

① MIMO(Multiple-Input and Multiple-Output)
② Uplink CoMP(Cooperative Multi-Point)
③ OFDM(Orthogonal Frequency Division Multiplexing)
④ OAM(Orbital Angular Momentum)

069
난이도 ★☆☆☆☆

현재 글로벌 ICT 기업들은 오지 인터넷 서비스 구축 프로젝트를 다양하게 진행 중이다. 이는 아직도 제대로 된 인터넷 혜택을 받지 못하는 30억 명을 인터넷 세상으로 이끌 것으로 기대된다. 다음 중 관련된 프로젝트 정책으로 가장 거리가 먼 것은 무엇인가?

① 드론을 활용한 방법
② 풍선을 활용한 방법
③ 광케이블 증설 방법
④ 소형위성을 활용한 방법

070
난이도 ★★★☆☆

다음 중 펨토셀(Femto Cell)의 특징과 가장 관련이 없는 것은 무엇인가?

① 서비스 가능 반경이 수십 미터 이내인 초소형 기지국이다.
② 저전력, 초장거리, 옥내용, 고가, 초소형의 특징이 있다.
③ 펨토(Femto)는 10~15를 의미하며, 셀(Cell)은 이동통신 셀을 의미한다.
④ 펨토셀은 기지국(F-BS), 인터넷링크, 펨토셀 게이트웨이(F-GW)로 이루어진다.

071   난이도 ★★☆☆☆

[보기]의 빈칸에 들어갈 말은 무엇인가? 가장 알맞은 것을 선택하시오.

> **보기**
> [   ]은 공격자가 원격 블루투스 장치에 대한 세부 정보를 찾은 다음 불법적인 목적으로 해킹을 하기 위해 정보를 악용하는 방법이다.

① 블루프린팅(Blueprinting)
② 블루버깅(Bluebugging)
③ 블루재킹(Bluejacking)
④ 블루스나핑(Bluesnarfing)

072   난이도 ★★★☆☆

[보기]의 빈칸에 들어갈 말은 무엇인가? 가장 알맞은 것을 선택하시오.

> **보기**
> 블록체인 분산 ID를 통한 사용자 신원증명의 핵심은 데이터 [   ]과 [   ], 그리고 [   ]이다.

① 기밀성, 무결성, 가용성
② 무결성, 보안성, 신뢰성
③ 기밀성, 확장성, 유연성
④ 가용성, 보안성, 기밀성

073   난이도 ★★★☆☆

다음 중 SaaS(Software as a Service) 이용의 장점이 아닌 것은 무엇인가?

① 재난복구계획(DRP)의 비용절감
② 애플리케이션 신뢰도와 성능 개선
③ IT 인력에 대한 부담 감소
④ 업데이트 및 업그레이드 용이

074   난이도 ★★★★★

다음은 전 세계의 비대면 금융 실명확인 방법에 대한 설명이다. 가장 관련이 없는 것을 선택하시오.

① 미국(Charles Schwab Bank): 기본정보 수집 및 부가 인증
  가. 인터넷뱅킹 접속 및 계좌 개설 신청서 작성(이름, 주소, 사회보장번호, 운전면허증, 고용정보 등 입력)
  나. 입력 정보를 토대로 금융회사가 신용평가기관에 고객 신원조회 의뢰
  다. (부가인증절차) 신원조회 후 고객에게 전화하여 고객이 입력한 정보 및 신원조회 과정에서
    습득한 정보에 대해 고객에게 질문하고 답변을 확인
  라. 계좌 개설 및 고객 요청에 따라 체크카드 및 직불카드 우편 송부
② 호주(UBank): 실명확인증표 수집
  가. 인터넷뱅킹 접속 및 회원가입 후 기본정보 입력(이름, 생년월일, 휴대전화 번호, 운전면허증

번호, 이메일 주소 등)
나. 온라인으로 실명확인증표 정보 입력(2개 이상)
다. 금융회사는 각 실명확인증표 발급기관을 통해 입력한 정보의 진위여부를 확인
라. 확인 완료 및 계좌 개설

③ 한국(Kakao Bank): 기본정보 수집 후 거래 매체 송부 시 실명확인증표 확인
가. 인터넷뱅킹 접속 후 계좌개설신청서 작성(이름, 주소, 휴대전화 번호, 이메일 주소 등 입력)
나. 고객이 입력한 주소로 본인 한정 우편을 통해 현금카드, 보안카드 등 거래매체 송부
다. 고객은 배달원에 사진이 부착된 실명확인증을 제시해 배달원으로부터 본인임을 확인받고 우편물 수취(수일 소요)
라. 금융회사는 배송 완료 여부를 확인해 거래 허가(수일 소요)

④ 일본(Jibun Bank): 실명확인증표를 수집 및·검증 후 실명확인증표상 주소로 거래 매체 송부
가. 인터넷뱅킹 접속 후 계좌개설신청서 작성(이름, 주소, 휴대폰번호, 이메일 주소 등 입력)
나. 실명확인증표를 금융회사에 송부
　①스마트폰 애플리케이션을 이용해 운전면허증 정보 자동 입력,
　②인터넷뱅킹 사이트에서 운전면허증, 카드형 건강보험증을 촬영해 인터넷뱅킹 사이트에 업로드,
　③운전면허증, 건강보험증, 여권, 연금수첩, 주민등록증, 인감등록증 등을 우편 발송
다. 금융회사는 실명확인증표를 확인하고 증표상의 주소로 현금 카드 및 보안카드를 송부
라. 우편 수취 및 거래 개시

075 난이도 ★★★☆☆

다음 중 핀테크 보안의 3요소와 가장 관련이 없는 것은 무엇인가?

① 독립성　　　　　　　　　　② 효율성
③ 편의성　　　　　　　　　　④ 안정성

076 난이도 ★★☆☆☆

다음 중 지능형 전력 계량 인프라(AMI)의 기능이 아닌 것은 무엇인가?

① 주요 통신방식은 HAN(Home Area Network), NAN(Neighbor Area Network), WAN(Wide Area Network)가 있다.
② 전기 사용량이 높은 지역은 전기를 효율적으로 배분할 수 있으므로 불필요한 전력 낭비를 감소시킬 수 있다.
③ 양방향 원격 검침이 가능하며 스마트 미터를 활용한 과금용 전력 데이터를 포함한 전력품질 데이터를 제공한다.
④ 실시간 원격검침으로 비용 절감 및 검침원의 업무 효율성 증대를 도모할 수 있다.

077
난이도 ★★☆☆☆

다음 중 관리적 관점의 클라우드 컴퓨팅 보안 위협과 가장 관련이 없는 것은 무엇인가?

① 계약 분쟁 위협
② 데이터 보안 위협
③ 법 규제 규정 위협
④ 가상화 기술 위협

078
난이도 ★★★☆☆

다음 중 스마트 더스트(Smart Dust)를 활용하기 위한 해결과제와 관련성이 가장 없는 것은 무엇인가?

① 자율적 전원 공급이 가능한 초소형 전력 필요
② 보안을 위한 암호화 기술 필수
③ 초소형 프로세스 개발 필요
④ 명확한 음성인식 기술

079
난이도 ★★★☆☆

사물 인터넷(IoT)은 4가지 핵심 보안으로 나누어질 수 있다. 해당사항과 가장 관련이 없는 것을 선택하시오.

① 디바이스 보안
② 네트워크 보안
③ IoT 게이트웨이 보안
④ IoT 인프라 보안

080
난이도 ★★★☆☆

다음 중 사물 인터넷(IoT)의 특징과 거리가 가장 먼 것은 무엇인가?

① 객체인식기술
② 쌍방향성
③ 클라우드 컴퓨팅과 연결
④ 서비스 지향의 비즈니스 모델

081
난이도 ★★☆☆☆

다음 [보기]의 빈칸에 들어갈 용어로 가장 적합한 것은 무엇인가?

보기

현재 전 세계적으로 직면하고 있는 인구감소와 고령화, 저성장 문제를 해결할 수 있는 미래 삶의 방식으로 2030년까지 ICT(I: [ ], C: [ ], T: [ ]) 사회의 실현을 구상하고 있으며, 그 실현 방안으로 5G 기술 활용에 주목하고 있다. 이는 정보기기의 하드웨어, 이들 기기의 운영, 정보 관리에 필요한 소프트웨어 기술과 이들 기술을 이용하여 정보를 수집, 생산, 가공, 보존, 전달, 활용하는 모든 방법을 의미한다. ICT라는 용어는 1997년 영국의 데니스 스티븐슨(Dennis Stevenson)의 보고서(<Information and Communications Technology in UK Schools: An Independent Inquiry>)와 2000년 잉글랜드, 웨일스, 북아일랜드의 개정된 커리큘럼(National Curriculum)에서 사용되면서 유명해졌다.

① I: Inclusive, C: Connected, T: Transform
② I: Intelligent, C: Communications, T: Transform
③ I: Information, C: Connected, T: Techniques
④ I: Information, C: Communications, T: Technologies

082
다음 중 사용자 관점에서 블루투스 보안 취약점을 예방하는 방법으로 가장 거리가 먼 것은 무엇인가?

① 블루투스는 사용할 때만 연결하고 평소에는 설정을 꺼 두어야 한다.
② 블루투스를 사용할 경우에는 SIG 인증을 반드시 받아야 한다.
③ 블루투스 연결 시 페어링 요청을 보내는 디바이스를 정확히 확인하고 신뢰할 수 있는 경우에만 승인해야 한다.
④ 블루투스 소프트웨어 및 펌웨어 최신 패치를 확인하고 업그레이드해야 한다.

083
[보기]가 설명하는 것은 무엇인가? 가장 알맞은 답을 선택하시오.

보기

주파수를 보유하고 있는 이동통신망 사업자로부터 설비를 임대하여 독자적인 이동통신 서비스를 제공하는 가상 이동통신망 사업자를 말한다. 흔히 '알뜰폰'이라고도 불린다. 이것의 가장 큰 장점은 저렴한 통신요금이라고 할 수 있다. 이동통신망 사업자와 동일한 주파수를 사용하기 때문에 통화품질은 동일하면서도, 통신망 관리비나 유지비 등의 비용을 절감할 수 있어 저렴한 요금 책정이 가능하다. 그러나 규모가 작은 사업자라 요금 절감 이외의 단말기 보조금이나 멤버십, 이벤트와 같은 서비스가 부족하다는 단점이 있다.

① RAN Sharing
② MNO: Mobile Network Operator
③ MVNO: Mobile Virtual Network Operator
④ LTE-R

084
난이도 ★★★☆☆

다음 중 스마트 공장의 요소기술로 가장 거리가 먼 것은 무엇인가?

① 센서/제어기기
② 경영정보 시스템
③ 네트워크 플랫폼
④ 제조 애플리케이션

085
난이도 ★☆☆☆☆

다음 중 [보기]의 설명에 해당하는 것은 무엇인가? 가장 알맞은 답을 선택하시오.

> **보기**
>
> 인터넷을 통해 방송 프로그램·영화·교육 등 각종 미디어 콘텐츠를 제공하는 서비스를 말한다. 이 서비스는 초기에 단말기를 통해 영화, TV 프로그램 등 프리미엄 콘텐츠를 VOD 방식으로 제공하는 서비스를 지칭했다. 이후 인터넷 기술변화에 따라 콘텐츠 유통이 모바일까지 포함하면서 서비스의 의미가 확대되었다. 기간 서비스 기업의 네트워크망으로 송신을 해주며 그렇기에 해외진출이 용이하며 보유 컨텐츠, 추천 알고리즘, 가격 경쟁에 따라 가입자 수가 달라질 수 있다.

① O2O 서비스
② O4O 서비스
③ IPTV 서비스
④ OTT 서비스

086
난이도 ★★☆☆☆

다음 중 NFC(Near Field Communication)의 동작유형 모드와 거리가 가장 먼 것은 무엇인가?

① 카드 모드
② Read/Write 모드
③ RFID 동시 모드(암호화)
④ P2P(Peer-to-Peer) 모드

087
난이도 ★★★☆☆

다음 중 와이파이 콜링(Wi-Fi Calling) 핵심기술과 가장 거리가 먼 것은 무엇인가?

① 보안처리 기술
② 망 연동 기술
③ 위치정보 제공 기술
④ 사용자 인증 기술

088

난이도 ★★☆☆☆

다음 중 [보기]의 설명에 해당하는 것은 무엇인가? 가장 알맞은 답을 선택하시오.

> **보기**
>
> 와이파이 얼라이언스(Wi-Fi Alliance)에서 저전력 와이파이 표준(IEEE 802.11ah)을 탑재한 장치를 일컫는 명칭이다. 와이파이(Wi-Fi)는 대부분 2.4GHz 또는 5GHz 주파수 대역을 사용한다. 그러나 이 표준은 1GHz 이하 대역을 사용하므로 기존 와이파이보다 장거리 전송, 광대역 커버리지가 가능하고 또 문이나 벽과 같은 장애물 통과 특성도 우수하다. 또한 가장 좋은 장점은 소비 전력이 매우 적다. 이 표준의 최대 서비스 거리는 1km 정도로 통상의 와이파이보다 약 2배 정도의 서비스 커버리지를 갖는다. 보통 스마트 홈, 커넥티드 카, 웨어러블 기기 등 저전력이 필요한 사물 인터넷(IoT) 기기에 사용될 수 있다.

① 와이파이-헤일로(Wi-Fi HaLow)
② 와이파이 콜링(Wi-Fi Calling)
③ 와이파이 6(Wi-Fi 6)
④ 와이파이 5(Wi-Fi 5)

089

난이도 ★★★☆☆

다음 중 스마트 헬스케어의 핵심기술에 해당하지 않는 것은 무엇인가?

① 맞춤형 진단 및 현장 진단 기술
② 개인정보로 인한 폐쇄형 플랫폼 기술
③ 맞춤형 건강관리
④ 무구속, 무자각 건강정보 측정

090

난이도 ★★☆☆☆

다음 중 [보기]의 설명에 해당하는 것은 무엇인가?

> **보기**
>
> 전동휠, 자전거, 승용차, 버스, 택시, 철도, 비행기 등 모든 운송수단(모빌리티)의 서비스화를 의미한다. 이 기술이 상용화되면 하나의 통합된 플랫폼에서 모빌리티 검색, 예약, 결제 서비스가 일괄 제공되고, 차량은 구매하는 대신 공유 또는 구독할 수 있게 된다. 차량 안에서는 쇼핑, 외식, 사무, 영화 감상 등 다양한 콘텐츠 소비도 가능해져 모빌리티 중심 서비스가 확산된다.

① MaaS(Mobility as a Service)
② VaaS(Vehicle as a Service)
③ CaaS(Cloud as a Service)
④ TaaS(Transport as a Service)

091
난이도 ★★★☆☆

다음 중 일반적인 GPS에서의 고의적인 전파교란과 가장 거리가 먼 것은 무엇인가?

① 스마트 재밍
② 재방송
③ 전파 차단
④ 지자기 폭풍

092
난이도 ★★★☆☆

다음 중 블루투스 5.0의 특징과 거리가 먼 것은 무엇인가?

① 2배 향상된 통신 속도
② 4배 향상된 통신 거리
③ 6배 향상된 저전력
④ 8배 향상된 데이터 전송량

093
난이도 ★★★☆☆

다음 중 모바일 엣지 컴퓨팅(MEC: Mobile Edge Computing)의 기술 특징과 가장 거리가 먼 것은 무엇인가?

① 초 저지연
② 대용량 대역폭 제공
③ 실시간 추적으로 통신비 소요
④ 실시간 네트워크 정보 접근

094
난이도 ★★☆☆☆

이동통신에서 기지국의 송신신호가 이동국에 도달할 때 여러 가지 다양한 현상을 겪으면서 수신되어 잡음과 혼신의 원인이 된다. 그렇다면 다음 중 잡음과 혼신의 원인이 되는 이유와 가장 관련이 없는 것은 무엇인가?

① 다중 경로
② 도플러 확산
③ 시간 지연
④ 보안의 특수성

095
난이도 ★★★★☆

다음 [보기]에 제시된 현상을 무엇이라고 하는가? 가장 알맞은 답을 선택하시오.

보기
음파 또는 전파의 발생지/수신지가 다가오거나 멀어짐에 따라서 수신 주파수가 높아지거나 낮아지는 현상을 말한다. 보통 파동을 발생시키는 파원과 관찰자의 상대적인 운동에 의해 관찰자가 파원의 진동수와는 다른 진동수를 관찰하게 된다.

① 밴드 왜건 효과(Bandwagon Effect)

② 나비 효과(Butterfly Effect)

③ 도플러 효과(Doppler Effect)

④ 스톰 트루퍼 효과(Storm Trooper Effect)

096

난이도 ★★☆☆☆

다음 [보기]의 내용은 무엇을 설명한 것인가? 가장 알맞은 답을 선택하시오.

> **보기**
> 공격자들이 한 조직을 공격해 해당 조직의 고객이나 파트너사, 그 외 협력사 등의 네트워크들을 차례대로 공략하는 것을 의미한다. 즉, 공격자가 대상의 네트워크에 액세스 할 수 있는 직원 및 공급망 파트너를 초기에 악용하여 의도한 대상에 대한 액세스 권한을 얻는 사이버 보안의 악용이다. 이러한 유형의 백도어 공격에서 위협 요소는 실제 대상의 다운 스트림 취약점을 악용하여 이를 대상으로 하는 시작 지점으로 사용한다.

① 아일랜드 호핑 공격(Island-Hopping Attack)

② 캥거루 권투 공격(Kangaroo-Boxing Attack)

③ 개구리 점핑 공격(Frog-Jumping Attack)

④ 말벌 붕붕 공격(Hornet-Buzzing Attack)

097

난이도 ★★★☆☆

다음 [보기]의 내용은 무엇을 설명한 것인가? 가장 알맞은 답을 선택하시오.

> **보기**
> 데이터를 분석해 애플리케이션을 형성한 후 최종 사용자에게 제공하기 위해 필요한 기본적인 데이터 운영 작업을 뜻한다. 이는 데이터 소싱, 처리, 정리, 관리를 위한 모든 작업에 포함된다. 데이터 통합, 데이터 랭글링(Data Wrangling), ETL(Extract, Transform, Load), 데이터 준비, 데이터 품질, 마스터 데이터 관리, 데이터 마스킹(Data Masking), 데이터 관리 등 복잡한 전문 용어로 표현하는 작업이 여기에 모두 해당한다. 이것은 현실적으로 임원, 데이터 과학자, 애플리케이션 등 데이터 사용자가 데이터로부터 비즈니스 가치를 제공할 수 있도록 하는 일련의 데이터 관리 활동을 가리키는 포괄적인 용어다.

① DataOps ② DevOps

③ Devsecops ④ Ops

098

난이도 ★★★★★

다음 중 Saltstack의 특징과 거리가 가장 먼 것은 무엇인가?

① 섀도 클라우드 제거(Elimination Shadow Cloud) ② 자동 확장(Auto Scaling)

③ 프로비저닝(Provisioning) ④ 보안 스캐닝(Security Scanning)

099

난이도 ★★★★☆

이것은 이벤트 기반 IT 자동화, 원격 작업 실행 및 구성 관리를 위한 Python 기반의 오픈 소스 소프트웨어이다. 데이터센터 시스템 및 네트워크 구축 및 관리, 구성 자동화, SecOps 오케스트레이션, 취약성 치료 및 하이브리드 클라우드 제어에 대한 "Infrastructure as Code" 접근 방식을 지원한다. 이것은 무엇인가?

① Azurestack ② Sugarstack
③ Honeystack ④ Saltstack

100

난이도 ★★★☆☆

클라우드 서비스에서 가장 문제가 되고 있는 보안 문제는 무엇인가?

① 관리자의 클라우드 서비스 비숙련도

② 민감한 정보에 대한 비암호화

③ 네트워크 보안 솔루션과 호스트 보안 솔루션의 미존재

④ 모든 가상 서버들을 퍼블릭 영역에 배포

101

난이도 ★★☆☆☆

인공 신경망 기술이 이론적으로 연구된 지 수십 년이 지난 최근에서야 크게 발전하면서 딥러닝을 비롯한 기술을 통해 상용화 수준의 서비스로 제공되고 있다. 그렇다면 그 기술적인 배경으로 적절하지 않은 것은 무엇인가?

① 학습 데이터로 활용 가능한 빅데이터 및 처리기술의 발전

② 인공 신경망 처리속도를 증가시키는 CPU 기술의 발전

③ Sigmoid Function의 한계를 극복한 ReLU Function의 사용

④ CPU, GPU, Memory 등 하드웨어 비용의 감소와 클라우드 기술의 발전

102
난이도 ★★★☆☆

다음 인공지능 분야의 기술에 대한 설명으로 가장 적절하지 않은 것은 무엇인가?

① 딥러닝 기술은 지도학습, 비지도학습, 강화학습으로 분류할 수 있다.

② 지도학습은 학습데이터에 대한 답이 존재하는 방식이다.

③ 비지도학습은 학습데이터에 대한 답이 존재하지 않는 방식이다.

④ 기계학습(머신러닝)은 인공지능 기술 중의 하나이다.

103
난이도 ★★★☆☆

빅데이터 시스템이 안전하고 확장 가능하며 구성 가능한 보안 및 개인정보 투명성 패브릭을 제공하려면 계층화된 접근 방식이 필요하다. NBDIF(NIST Big Data Interoperability Framework)는 빅데이터 시스템 투명성에 대해서 N가지 수준의 자발적 준수를 지정한다. 그렇다면 다음 [보기]에 해당하는 계층화된 접근방식은 무엇인가?

> **보기**
>
> 시스템 커뮤니케이터를 사용하여 사용자와 이해 관계자에게 온라인 설명을 제공한다. 다른 보안, 개인정보 보호 지침 및 제약 조건이 적용되는 이러한 설명에는 식별된 대상 사용자 인구가 이해할 수 있는 자연어 설명을 포함하는 시스템 프로세스 출력에 대한 설명이 포함된다. 사용자 모집단은 ISO/IEC 27000 시리즈 정보 보안 표준 제품군의 역할 정의를 대략적으로 따른다. 투명성 계약 및 설명은 공개, 수락 또는 거부된 것에 대한 기록과 함께 시스템과 함께 유지되어야 한다. 세분성(Granularity)은 식별된 사용자 집단의 요구를 충족시키기에 충분해야 한다.

① 투명성 수준 1 ② 투명성 수준 2
③ 투명성 수준 3 ④ 투명성 수준 4

104
난이도 ★★☆☆☆

SECaaS(Security as a Service) 기술이 발전하고 최근에는 기업에 빠르게 확대 도입되고 있다. SECaaS의 장점으로 보기에 가장 적절하지 않은 것은 무엇인가?

① 기업 내 보안전문 인력의 역량과 유무형 자산 증가

② Zero Day Attack과 같은 대응하기 힘든 위협에 대한 대응력 향상

③ 정보기술의 발전과 기업환경 변화에 대한 신속한 대응

④ CAPEX 관점에서 OPEX 관점으로 전환하여 유연한 비용 집행 가능

105
난이도 ★★★☆☆

클라우드 기술의 발전으로 수많은 기술, 제품, 솔루션이 서비스 형태로 제공되고 있는데 최근 보안 영역도 서비스 형태로 제공되는 SECaaS가 각광받고 있다. 앞으로도 SECaaS 서비스의 인기가 증가하고 매년 시장에서 약 22% 이상 확대될 것이라고 예측된다. 그 이유로 적절하지 않은 것은 무엇인가?

① 온-프레미스 형태로 보안을 구축하던 기업들의 보안 역량이 강화되었다.
② 악의적인 공격과 보안위협의 형태가 다양해지고 변화의 속도가 빨라졌다.
③ 정보보안 전문가 및 인프라에 투자하는 비용에 대한 절감 요구가 높아졌다.
④ 서비스 형태로 제공되는 기술에 대한 고객의 신뢰도가 충분히 높아졌다.

106
난이도 ★★☆☆☆

NIST에서 주장하고 있는 사물 인터넷(IoT)의 인터페이스 기능은 장치 상호 작용을 가능하게 한다. 다음 중 사물 인터넷(IoT)에서의 인터페이스 기능 유형과 가장 거리가 먼 것은 무엇인가?

① 그래픽 유저 인터페이스
② 휴먼 사용자 인터페이스
③ 응용 인터페이스
④ 네트워크 인터페이스

107
난이도 ★★★☆☆

NIST에서 주장하고 있는 사물 인터넷(IoT) 장치는 하나 이상의 목표를 달성하기 위해 자체적으로 또는 다른 사물 인터넷(IoT) 및 비 IoT 장치와 함께 사용할 수 있는 기능을 제공한다. 이러한 트랜스듀서 기능(Transducer Capabilities)은 물리적 환경과 상호 작용하며 디지털 환경과 물리적 환경의 경계 역할을 한다. 변환기 기능은 컴퓨팅 장치가 물리적 관심 대상 개체와 직접 상호 작용할 수 있는 기능을 제공한다. 모든 사물 인터넷(IoT) 장치에는 하나 이상의 변환기 기능이 있다. 그렇다면 다음 중 두 가지 유형의 변환기 기능을 올바르게 나열한 것은 무엇인가?

① Sensing, Actuating
② Actuating, Interface
③ Device Driver, Interface
④ Sensing, Device Driver

108
난이도 ★★★☆☆

[보기]를 읽고 직면할 수 있는 문제와 가장 거리가 먼 것을 고르시오.

> **보기**
>
> 많은 사물 인터넷(IoT) 장치는 불투명하며 종종 '블랙 박스(Black Box)'라고도 한다. 상호 작용하는 외부 서비스, 시스템의 ID 액세스, 액세스가 거의 없는 상태 등 구성 및 상태에 대한 가시성을 거의 또는 전혀 제공하지 않는다. 소프트웨어 및 구성 관리 조직은 IoT 장치가 어떤 기능을 제공하거나 현재 제공하고 있는지 모를 수 있다. 따라서 극단적인 경우에는 투명성 부족으로 인해 블랙 박스 제품이 실제로 사물 인터넷(IoT) 장치인지 확인하기가 어려울 수도 있다. 공인된 사람, 프로세스 및 장치는 사이버 보안 및 개인정보 위험에 영향을 미치는 IoT 장치에 대한 액세스, 관리 및 모니터링에서 다음과 같은 문제 중 하나 이상에 직면할 수 있다.

① 관리 기능 부족(Lack of Management Features)

② 경영층의 이해 부족(Lack of Understand Senior Level)

③ 인터페이스 부족(Lack of Interfaces)

④ 이기종 소유권(Heterogeneous Ownership)

109
난이도 ★★★☆☆

NIST에서 제안하는 사물 인터넷(IoT)에서 개인정보 보호의 리스크 완화 영역의 대상과 가장 관련이 없는 것은 무엇인가?

① 정보 흐름 관리(Information Flow Management)

② PII 처리 권한 관리(PII Processing Permissions Management)

③ 분리된 데이터 관리(Disassociated Data Management)

④ 감사를 위한 로깅 관리(Audit for Logging Management)

110
난이도 ★★☆☆☆

NIST에서 제안하고 있는 사물 인터넷(IoT)에서 장치 보안 보호의 리스크 완화 대상과 가장 관련이 없는 것은 무엇인가?(NIST IR 8228)

① 자산 관리(Asset Management)

② 액세스 관리(Access Management)

③ 네트워크 관리(Network Management)

④ 장치 보안 사고 탐지(Device Security Incident Detection)

111   난이도 ★★★☆☆

다음 중 NIST(National Institute of Standards and Technology)에서 설명한 사물 인터넷(IoT) 장치에 대한 사이버 보안 및 개인정보 위험 완화와 관련된 과제와 가장 관련이 없는 것은 무엇인가?

① Protect Device Security
② Protect Protocol Security
③ Protect Data Security
④ Protect Individuals' Privacy

112   난이도 ★★★★☆

머신러닝(Machine Learning)에서 사용되는 정책 경사 방식(Policy Gradient)의 기법과 가장 관련이 없는 것은 무엇인가?

① REINFORCE(Monte Carlo Policy Gradient)
② 기준선을 적용한 REINFORCE(REINFORCE with Baseline)
③ 액터-크리틱(Actor-Critic Method)
④ A4C(Asynchronous Advantage Algorithm Actor-Critic)

113   난이도 ★★★☆☆

과학기술정보통신부와 행정안전부 그리고 한국인터넷진흥원에서는 공공부문의 클라우드 보안 인증제를 실시하고 있다. 이와 가장 관련 없는 것은 무엇인가?(2019년 9월 기준)

① 유효기간 확대(기존 3년에서 5년으로 확대)
② 기존 표준등급 외에 간편등급을 도입
③ 사업자의 자산규모에 따라 심사등급 차등 적용
④ 행정절차 간소화

114   난이도 ★★★★☆

다음 중 클라우드 기반의 HIPAA를 도입함으로써, 최신 액세스 제어 시스템이 기대할 수 있는 추가 보안 사항과 가장 관련이 없는 것은 무엇인가?

① 관리 액세스(Managed Access)
② 실시간 임계영역 감시(Real-time Monitoring Critical Area)
③ 실시간 감사(Real-time Audit)
④ 물리적 원격 액세스 비활성화(Remotely Disable Physical Access)

115
난이도 ★★★☆

다음 중 ABAC(Attribute-Based Access Control) 모델의 속성 구성요소와 가장 관련이 없는 것은 무엇인가?

① 속성(Attribute)　　② 행동유형(Type of action)
③ 목적(Object)　　　④ 도메인(Domain)

116
난이도 ★★☆☆☆

다음 중 ABAC(Attribute-Based Access Control) Model의 특징과 가장 관련이 없는 것은 무엇인가?

① 액세스는 시스템의 특정 작업으로 제한될 수 있지만 특정 데이터로는 제한되지 않는다.

② 이 유형의 시스템을 구성하기 어렵게 하려면 정책을 지정하고 유지해야 한다.

③ 최종 사용자에게 제공될 권한을 결정하기 전에 사실 감사를 수행하기가 어렵다.

④ 특정 위치에 대한 위험 노출을 측정하는 것은 거의 불가능하다.

117
난이도 ★★★☆

다음 중 클라우드와 블록체인, 최신기술이 집약되어 탄생한 BaaS 도입의 효과로 볼 수 없는 것은 무엇인가?

① 투명성(Transparency)　　② 고성능(High-performance)
③ 보안성(Security)　　　　④ 생산성(Productivity)

118
난이도 ★★★☆

다음 중 블록체인 도입 시 고려해야 하는 사항과 가장 거리가 먼 것은 무엇인가?

① 규제 제한(Regulatory Limitations)　　② 준수 점검(Compliance Check)
③ 트랜잭션 리콜(Transaction Recall)　　④ 고객 설득(Persuade Customer)

119
난이도 ★★☆☆☆

다음 중 일반적으로 블록체인을 적용하는 Use Case로 가장 관련이 없는 것은 무엇인가?

① 원가절감　　　　　　　　② 고객보고
③ HTS(Home Trading System)　　④ 보안 관련 거래

120
난이도 ★★★☆☆

다음 중 블록체인을 금융 서비스에 적용하고자 할 때 고려해야 할 사항과 가장 관련이 없는 것은 무엇인가?

① 불변성(Immutability) ② 속도(Speed)

③ 비용(Cost) ④ CL 서명(Camenisch-Lysyanskaya)

121
난이도 ★★☆☆☆

다음 중 블록체인의 한계로 가장 많이 언급되는 부분은 무엇인가?

① 유연성(Flexibility) ② 확장성(Scalability)

③ 투명성(Transparency) ④ 중복성(Redundancy)

122
난이도 ★★★☆☆

다음 중 분산식별자(DID: Decentralized Identity)의 특성으로 가장 관련 없는 것은 무엇인가?

① 해석 가능성(Resolvable) ② 암호학적 증명(Cryptographically Verifiable)

③ 탈중앙성(Decentralized) ④ 일시성(Impermanence)

123
난이도 ★★★★☆

머신러닝과 관련하여 학습 과정 중 학습 데이터를 과하게 학습하여 새로운 데이터에 대해 결괏값이 편향되는 현상을 의미하는 용어는 무엇인가?

① 오버로딩(Overloading) ② 오버클럭킹(Overclocking)

③ 오버피팅(Overfitting) ④ 오버러닝(Overlearning)

124
난이도 ★★☆☆☆

다음 중 머신러닝을 크게 3가지로 나누었을 때 가장 관련이 없는 것은 무엇인가?

① 지도학습(Supervised Learning) ② 생산학습(Production Learning)

③ 비지도학습(Unsupervised Learning) ④ 강화학습(Reinforcement Learning)

125
난이도 ★★★☆☆

다음 중 블록체인 하이퍼레저의 주요 요구사항과 가장 거리가 먼 것은 무엇인가?

① 개인거래 및 기밀계약(Private Transactions and Confidential Contracts)

② 신원 및 감사 가능성(Identity and Auditability)

③ 상호 운용성(Interoperability)

④ 일관성(Consistent)

126
난이도 ★★★☆☆

다음 중 블록체인 하이퍼레저 서비스 아키텍처의 구성요소와 가장 거리가 먼 것은 무엇인가?

① 정책 서비스(Policy Service)   ② 블록체인(Block chain)

③ 매시 프로토콜(Mesh Protocol)   ④ 스마트 계약(Smart Contract)

127
난이도 ★★☆☆☆

다음 중 블록체인 권위 증명(PoA: Proof of Authority) 합의를 위한 조건과 가장 관련이 없는 것은 무엇인가?

① 유효하고 신뢰할 수 있는 신원   ② 후보자 대비 검증자의 모수

③ 검증자가 되기 어려움   ④ 검증자 선정 기준

128
난이도 ★★★☆☆

다음의 블록체인 합의 알고리즘 중 Private Blockchain에 최적화되어 있으며, 마이크로소프트 애저(Microsoft Azure)가 주로 사용하는 알고리즘과 가장 관련성이 높은 것은 무엇인가?

① 작업 증명(Proof of Work)   ② 지분 증명(Proof of Stake)

③ 위임된 지분 증명(Delegated Proof of Stake)   ④ 권위 증명(Proof of Authority)

129
난이도 ★★★☆☆

다음 중 블록체인 합의 알고리즘과 가장 관련이 없는 것을 고르시오.

① 역할 증명(PoR)   ② 작업 증명(PoW)

③ 지분 증명(PoS)   ④ 권위 증명(PoA)

130

난이도 ★★★★☆

다음 설명 중 블록체인의 하이퍼레저 엄브렐라(The Hyperledger Umbrella) 전략과 가장 관련이 없는 것은 무엇인가?

① 프레임워크(Framework)는 하이퍼레저 패브릭(Hyperledger Fabric), 하이퍼레저 아로(Hyperledger Iroha), 하이퍼레저 쏘투우스(Hyperledger Sawtooth), 하이퍼레저 버로우 (Hyperledger Burrow), 하이퍼레저 인디(Hyperledger Indy)가 있다.

② 툴(Tool)로는 하이퍼레저 첼로(Hyperledger Cello), 하이퍼레저 컴포저(Hyperledger Composer), 하이퍼레저 퀼트(Hyperledger Quilt), 하이퍼레저 익스플로러(Hyperledger Explorer), 하이퍼레저 캘리퍼(Hyperledger Caliper)가 있다.

③ 하이퍼레저의 인큐베이팅 프로젝트의 구성요소는 크게 3가지로 나눌 수 있는데 하이퍼레저 프레임워크(Hyperledger Framework), 하이퍼레저 툴(Hyperledger Tool), 그리고 관련 두 기술을 묶는 하이퍼레저 컴포저(Hyperledger Composer)이다.

④ 하이퍼레저의 엄브렐라 전략은 공통기반 요소를 재활용하도록 하여 커뮤니티를 강화하는 동시에 분산원장 기술요소의 빠른 발전을 유도한다.

131

난이도 ★★★☆☆

인공지능 기술의 급격한 발전에 따른 대표적인 이슈인 딥페이크(Deepfake)에 대한 설명으로 가장 적합하지 않은 것은 무엇인가?

① 딥페이크 기술은 인공지능을 악용하는 대표적인 사례이다.

② 딥페이크 기술은 현재 대부분 보안솔루션으로 차단이 가능하다.

③ 정치, 사회, 경제 분야의 가짜 뉴스를 양산하는 데 악용될 수 있다.

④ 딥페이크 기술은 계속 정밀도가 향상되고 있다.

132

난이도 ★★☆☆☆

다음 중 가상화 기술의 종류와 가장 관련이 없는 것은 무엇인가?

① 서버 가상화(Server Virtualization)

② 네트워크 가상화(Network Virtualization)

③ 데스크톱 가상화(Virtual Desktop Infrastructure, VDI)

④ 애플리케이션 가상화(Application Virtualization)

133
난이도 ★★★☆☆

다음 중 아마존 클라우드 컴퓨팅(아마존 웹서비스)의 핵심 3요소가 아닌 것은 무엇인가?

① Xen Virtualization

② Elastic Compute Cloud(EC2)

③ Simple Storage Service(S3)

④ SimpleDB

134
난이도 ★★☆☆☆

다음 중 와이파이(Wi-Fi)의 장점과 거리가 먼 것은 무엇인가? 가장 관련이 없는 것을 고르시오.

① 경제적인 성능

② 비면허 주파수 사용

③ 로깅의 추적성

④ 사용 편의성

135
난이도 ★★★☆☆

인더스트리 4.0(Industry 4.0)에는 4가지 디자인 원칙이 있는데, 이 원칙은 인더스트리 4.0 시나리오를 식별하고 구현하는 회사를 지원한다. 다음 중 인더스트리 4.0의 기능과 가장 관련이 없는 것은 무엇인가?

① 상호 운용성: Internet of Things(IoT) 또는 Internet of People(IoP)을 활용하여 기계, 장치, 센서 및 사람들의 능력 IoT를 추가하여 프로세스 자동화 실현이 가능하다.

② 정보 투명성: 정보 시스템이 센서 데이터를 활용해 디지털 플랜트 모델에 공급함으로써 물리적 환경의 가상 복제본을 생성하는 기능이다.

③ 분산 결정: 사이버 물리 시스템이 스스로 결정을 내리고 그들의 작업을 가능한 자율적으로 수행할 수 있는 능력이다.

④ 보안의 특수성: 일반적인 보안과는 달리 스마트 팩토리와 사이버 물리 시스템(CPS)의 특성으로 인해 보안담당자는 초기 구축 시 특수한 형태(물리보안 위주)로 보안을 고려해야 한다.

136

난이도 ★★★☆

인공지능의 기술적인 특징을 설명하는 다양한 이론들 가운데 '모라벡의 역설'에 대하여 설명한 것 중 올바르지 않은 것은 무엇인가?

① 인간이 쉽게 수행하기 힘든 수학적 계산이 인공지능 컴퓨팅에게는 쉽다.

② 바둑, 체스, 그림 그리기 등의 인간만의 영역으로 여겨지는 활동이 인공지능에게 가능해지고 있다.

③ 걷기, 물건 들기, 균형 잡기 등의 기본적인 동작도 인공지능 기술에게는 쉽게 접근할 수 있는 영역이다.

④ 모라벡의 역설에서 거론되는 인공지능에게 어려운 영역의 경계가 점차 허물어지고 있다.

137

난이도 ★★★☆

[보기]는 스마트 팩토리에 관련된 설명이다. 보기 중 빈칸에 들어갈 말로 가장 가까운 것을 찾으시오.

> **보기**
>
> [　　]이란 통신(Communication), 연산(Computing), 제어(Control)의 세 요소를 핵심개념으로 하여 인간과 공존하는 물리 세계 개체들(Physical Entities)과 센서, 엑추에이터, 임베디드 시스템 등과 같은 시스템 개체들로 구성되는 사이버 세계를 융합하는 새로운 패러다임이다. 즉, 4차 산업혁명의 핵심 패러다임이다.

① 사이버 물리 시스템(Cyber-Physical System)

② 사이버 포뮬라(Cyber-Formula)

③ 차세대 사이버 시스템(Next Generation Cyber System)

④ 인더스트리 4.0(Industry 4.0)

138

난이도 ★★★☆

스마트 공항(Smart Airport)이란 공항 ICT 주요 기술인 ICBMR(IoT, Cloud, BigData, Mobile, Robot)과 인공지능(AI), 생체인식 등을 기반으로 여객·시설·자산을 감지하고 분석해 실시간 및 예측을 통해 자동화되고 지능화된 대응을 가능하게 함으로써 공항 운영 효율성과 고객 경험 제고를 추구하는 새로운 공항 패러다임을 가리킨다. 다음 중 국토부의 스마트 공항 종합계획에 따라 주요 스마트 공항이 추진되고 있는 기술과 거기에 따른 내용과는 가장 거리가 먼 것은 무엇인가?

① 생체 인식: 스마트 패스(지문인식 출입국 심사)

② AI/빅데이터: 행동예측 테러방지(테러 의심 인력 감별)

③ 드론: 드론 적용범위 확대(시설 관리 및 방범 드론 활용)

④ 지능형 로봇: 로봇 활용(카트, 안내, 수화물 로봇 활용)

139
난이도 ★★☆☆☆

기계학습(ML: Machine Learning)은 일반적으로 학습 모델의 방식에 따라 3가지로 분류하게 된다. 다음 보기 중 기계학습의 3가지 분류로 적당하지 않은 것은 무엇인가?

① 지도학습(Supervised Learning)
② 비지도학습(Unsupervised Learning)
③ 딥러닝(Deep Learning)
④ 강화학습(Reinforcement Learning)

140
난이도 ★★★★☆

쿠버네티스는 분산 시스템을 탄력적으로 실행하기 위한 프레임워크를 제공한다. 애플리케이션의 확장과 장애 조치를 처리하고, 배포 패턴 등을 제공한다. 이러한 쿠버네티스가 제공하는 기능과 가장 관련이 없는 것은 무엇인가?

① 모든 것을 제공하는 Platform as a Service(PaaS) 형태
② 서비스 디스커버리와 로드 밸런싱
③ 자동화된 롤아웃과 롤백
④ 스토리지 오케스트레이션

오늘날 복잡한 비즈니스와 빠르게 변화하는 기술 환경에 놓인 많은 기업과 단체는 정보기술 및 비즈니스를 확실하게 보호하고 통제하기를 원하고 있다. 또한 강력한 내부통제 기능과 투명한 조직 및 시스템을 요구하는 정부의 규제 감독이 전 세계적으로 증가하고 있다. 우리나라의 경우, 2017년 주식회사 등의 외부감사에 관한 법률 개정과 2018년 내부회계 관리제도 감사기준 제정에 따라 감사 대상 기업이 확대되고 있다.

- 2019년부터 자산 2조 원 이상의 기업
- 2020년부터 자산 5천억 원 이상의 기업
- 2022년부터 자산 1천억 원 이상의 기업
- 2023년부터 자산 1천억 원 미만 기업

이와 같이, 내부통제 감사(IS 감사 포함) 및 외부감사의 의무 대상이 확대되면서 부실 감사에 대비한 관계 당국의 감리가 강화되고 있다. 이에 대형 회계법인들은 많은 수의 우수한 감사/감리 인력을 구하고 있으며, 이러한 인력에게 요구되는 자격은 CISA, CISSP, CIA, CPA 등이다. 따라서 향후 세 가지 방향에서 관련된 전문가가 필요할 것으로 예측되며, 해당 수요는 해가 갈수록 많이 증가하리라 예상된다.

(1) 감사를 수행할 전문가에 대한 수요
(2) 컨설팅을 수행할 전문가에 대한 수요
(3) 피감법인에서 감사를 대비하기 위한 전문가에 대한 수요

감사(監査)란 '감사대상이 되는 조직 또는 조직구성원의 업무나 행위가 일정한 기준에 부합되는지를 증거자료에 입각하여 조사·점검·확인·분석·검증하고 그 결과에 따라 시정·개선 요구 또는 권고 등을 하는 체계적 과정'을 의미한다. 감사는 사전적 의미로 '감독(監督)하고 검사(檢査)한다'는 뜻이고 감리는 '감독(監督)하고 관리(管理)한다'는 뜻으로 정보 시스템에서 감사와 감리는 매우 중요한 과정 및 절차이다.

미국 국방성(DoD)에서는 정보 보증(Information Assurance) 담당자에게 DoD에서 승인한 상용 인증 자격증을 획득할 것을 요구하고 있는 등, 많은 조직에서 직원들에게 자격증을 취득할 것을 요구하고 있다. CISA, CISSP은 DoD에서 승인한 자격증이며 기술 실무에 기반을 둔 전 세계에서 인정받는 자격증이므로 세계 시장에서 확실한 성공을 거두려면 반드시 취득해야만 한다.

제 9 장

IS 감사

제9장 IS 감사

→ 정답 336p

001
난이도 ★★☆☆☆

다음 중 감사 계획 단계에서 감사사항 선정 시 가장 관련이 없는 것은 무엇인가?(공공 기준)

① 중요성(Materiality)
② 취약성(Risk)
③ 대중성(Popular Appeal)
④ 환경변화(Environment)

002
난이도 ★☆☆☆☆

다음 중 감리 관점별 점검기준과 가장 관련이 없는 것은 무엇인가?

① 사람(People)
② 절차(Process)
③ 산출물(Product)
④ 성과(Performance)

003
난이도 ★★☆☆☆

감리 관점별 점검기준에서 절차(Process)에 대한 주요 점검 포인트와 가장 관련이 없는 것은 무엇인가?

① 계획 적정성(Plan Responsibility)
② 절차 적정성(Process Responsibility)
③ 보안성(Security)
④ 준수성(Compliance)

004
난이도 ★★★☆☆

다음 중 감리시행절차를 올바르게 나열한 것은 무엇인가?

가. 감리계약 체결	나. 감리착수회의 개최	다. 감리보고서 통보
라. 감리종료회의 개최	마. 감리계획 수립	바. 감리결과 조치내역 확인
사. 감리시행 및 보고서 작성		

① 마→가→나→바→다→라→사
② 나→가→사→마→다→라→바
③ 가→마→나→사→라→다→바
④ 가→마→나→바→라→다→사

005 난이도 ★★☆☆☆

감리수행 시 단위 시험 계획이 명확히 수행되어 있는지 파악하기 위한 요소로 가장 거리가 먼 것은 무엇인가?

① 시험 환경 ② 접근 권한
③ 시나리오 ④ 데이터

006 난이도 ★★★☆☆

[보기]에 제시된 감리 점검기준에 따른 검토는 감리 프로세스 중 어느 단계에서 수행하는가?

> **보기**
>
> 사용자 접근/통제 및 보안에 대한 설계가 적절하게 수행되어 있는가?
> - 사용자별/그룹별/업무별 접근권한, 감사기능
> - 요구사항 및 보안정책 대비 보안기술 적용

① 요구사항 분석 단계 ② 분석 단계
③ 설계 단계 ④ 구현 단계

007 난이도 ★★★☆☆

[보기]의 활동은 정보 시스템 감리 프로세스 중 어느 단계에서 중점적으로 수행하는가?

> **보기**
>
> 가. 시스템 아키텍처: 시스템 도입과 설치를 위한 시험 및 검증을 수행하고 시스템 시험계획을 적정하게 수립하였는지 점검한다.
>
> 나. 응용 시스템: 응용 시스템 기능의 충분성, 완전성, 무결성, 편의성, 적정성을 확보할 수 있도록 구현하고 단위 기능에 대한 검증을 수행하였는지 점검한다.
>
> 다. 데이터 베이스: 데이터의 무결성, 성능, 보안성을 확보할 수 있도록 구현하고, 응용 시스템의 기능에 따른 데이터 정합성을 검증하였는지 점검한다.

① 설계 단계 ② 구현 단계
③ 시험 단계 ④ 전개 단계

008

다음 [보기]는 감리 프로세스 중 어느 단계에서 수행하는 내용인가? 가장 알맞은 단계를 선택하시오.

> **보기**
> 감리원이 협의된 감리계획서 초안 및 상세 점검 항목에 대해서 감리 발주기관과 사업자에게 설명하고 최종적으로 조정한다. 발주기관의 추가적인 요청사항, 상세 점검항목에 대한 조정을 통해 최종적으로 확정한다.

① 감리계획 수립 ② 감리착수회의
③ 감리 시행 ④ 감리보고서 작성

009

감리 프로세스 관점에서 볼 때, 다음 항목들 중 한 가지는 다른 것들과 다른 단계에서 수행되어야 한다. 그 한 가지 항목은 무엇인가?

① 시스템 성능 ② 시스템 시험 유형 및 범위
③ 가용성 및 확장성 ④ 보안 및 안정성

010

정보보호 감사인의 직무상 주의사항과 가장 관련이 없는 것은 무엇인가?

① 무결성과 주의를 가지고 감사를 수행하여야 한다.

② 감사 수행 시 전문가적 의구심(Professional Skepticism)을 가지고 있어야 한다.

③ 감사 수행은 철저하게 고객의 비밀에 의해서 진행되어야 하므로 감사원들 간에 역할과 책임 그리고 감사 수행의 범위에 대해서는 함구하는 것이 원칙이다.

④ 합리적인 보증(Reasonable Assurance)을 감사 수행 시에 유지하여야 한다.

011

다음 중 정보보호 감사헌장의 설명으로 적절하지 않은 것은 무엇인가?

① 정보보호 감사부서나 기능에 대한 목적과 권한 및 책임해명성(Accountability)을 정의한 공식화한 문서이다.

② 정보보호 감사헌장의 최종승인은 조직의 적절한 수준이상의 직급을 통해서 이루어진다. 예를 들어, 프로젝트에 투입된 감사 담당자는 프로젝트 관리자(Project Manager)의 승인이 가장 적절하다.

③ 정보보호 감사헌장은 조직 내에서 정보보호 감사부서의 위상을 정립하고, 감사업무 수행과 관련된 접근 권한을 부여하며 정보보호 감사활동의 범위 및 책임해명성을 정의한다.

④ 정보보호에 따른 거버넌스, 리스크 관리, 통제의 측면에서 객관적이고 독립적인 평가를 통해 권고사항을 제시하여 조직에 가치를 제공하는 것이 정보보호 담당자의 목적이라고 할 수 있다.

012 난이도 ★★★☆☆

다음 중 정보보호 감사인의 숙련성과 가장 관련이 없는 것은 무엇인가?

① 감사를 수행하는 데 있어서 감사인은 모든 정보보호 영역에 숙련성과 적격성이 없으면 감사를 수행해서는 안 된다.

② 감사인은 각자의 책임을 수행하는데 필요한 숙련성과 적격성을 갖추어야 한다.

③ 숙련성과 적격성은 집합적으로(Collectively) 보유(Posses) 또는 획득(Obtain)해야 한다.

④ 감사인은 지속적으로 직무 개발을 통해 자신의 숙련성과 적격성을 향상시켜야 한다.

013 난이도 ★★☆☆☆

감사인이 운영체제 내부에서 통제가 이루어지는지 여부를 확인할 수 있는 가장 효과적인 방법은 다음 중 무엇인가?

① 운영 담당자와의 인터뷰

② 최신 운영체제 버전 확인

③ 통제 기능 및 파라미터의 적절성 검토

④ 운영 회의록 및 주간보고 확인

014 난이도 ★★★☆☆

소프트웨어 감사 추적(Audit Trail)을 활성화시키는 가장 주된 이유는 다음 중 무엇인가?

① 책임성과 책무성을 정립하기 위해서

② 시스템의 효율성을 향상시키기 위해서

③ 사용자의 응답 시간을 향상시키기 위해서

④ 프로세스 처리 오류를 추적하고 사용자에게 유용한 정보를 제공하기 위해서

015
난이도 ★★☆☆☆

일반 이해관계자 관점에서 자체감사(Self-Audit)와 독립감사(Independent Audit)의 가장 큰 차이점은 무엇인가?

① 지식과 역량(Knowledge and Competence)

② 객관성(Objectivity)

③ 보고 주체(Reporting to Main Target Agent)

④ 감사 사용 툴(Used Auditing Tool)

016
난이도 ★☆☆☆☆

감사증적(Audit Trail)은 다음 중 어떤 통제의 카테고리에 속하는 것인가? 가장 알맞은 답을 선택하시오.

① 예방 통제(Preventive Control), 관리적 통제(Administrative Control)

② 적발 통제(Detective Control), 기술적 통제(Technological Control)

③ 교정 통제(Corrective Control), 관리적 통제(Administrative Control)

④ 저지 통제(Deterrent Control), 물리적 통제(Physical Control)

017
난이도 ★★☆☆☆

다음의 IT 감사 도구 중 CAAT's 사용의 유용성과 가장 관련이 없는 것은 무엇인가?

① 감사 자원을 좀 더 효율적으로 배치할 수 있다.

② IT 감사 도구 중에서 CAAT's는 다른 도구에 비해서 비용이 저렴하다.

③ 다른 파일/데이터에 대해서도 검증을 쉽게 반복할 수 있다.

④ 좀 더 짧은 시간 안에 그리고 노력을 덜 들여서 큰 양의 데이터를 실질적으로 검증할 수 있다.

018
난이도 ★★★☆☆

감사 수행 시 고려해야 할 위험에는 [   ], [   ], 그리고 [   ]이 있다. 보통 이 세 가지 위험 요소를 모두 합하여 감사 위험(Audit Risk)이라고 부른다. 다음 중 빈칸에 들어갈 말로 가장 적절하지 않은 것은 무엇인가?

① 내재적 위험   ② 통제 위험

③ 부정 위험   ④ 적발 위험

019 난이도 ★★☆☆☆

위험기반 감사접근법이란 대상기관에 있는 위험요소와 그 잠재적인 영향을 확인함으로써 감사 대상분야의 우선순위를 정하는 것이다. 다음 중 대상기관에 있는 위험요소와 가장 관련이 없는 것은 무엇인가?

① IT 거버넌스
② 아웃소싱(자체 자원 활용)
③ IT 보안
④ 감사권한

020 난이도 ★★☆☆☆

다음 [보기]의 빈칸에 해당되는 내용과 가장 관련이 없는 것을 선택하시오.

> **보기**
> IT 감사란 IT 시스템과 관련된 통제장치에 대한 [   ], [   ], [   ], 그리고 [   ]에 관련된 원칙들이 준수되는지 보증(Assurance)을 얻거나 이를 위반하고 있는지 확인하기 위해서 IT 시스템과 관련 통제장치를 검토 및 검사하는 것이다.

① 합법성
② 효율성
③ 신뢰성
④ 효과성

021 난이도 ★★★☆☆

다음 중 감사자의 입장에서 봤을 때, 감사 계획단계의 위험 식별 시 고려되어야 할 사항이나 사건으로 가장 관련이 없는 것은 무엇인가?

① 법규 준수
② 구조 조정
③ 감사인의 자질 및 스킬
④ 환경 문제

022 난이도 ★★☆☆☆

감사인의 입장에서 보았을 때, 다음 중 비윤리적인 행위를 유발할 수 있는 요소들로 가장 관련이 없는 것은 무엇인가?

① 단기성과에 대한 압박
② 비공식적인 업무집단에의 과도한 충성
③ 위원회의 의사결정
④ 직원들에 대한 과도한 단속과 징계문화

023
난이도 ★★★☆☆

다음 중 일반적인 IT 감사의 목적과 가장 관련이 없는 것은 무엇인가?

① IT 시스템의 적절성과 효과성에 대한 확신을 얻기 위한 통제 검토

② 시스템 및 그 시스템의 보안에 대한 성과 평가

③ 시스템 개발 프로세스와 절차 점검

④ 외주인력에 대한 근태의 효율성 및 성과에 대한 점검

024
난이도 ★★☆☆☆

다음 중 일반적으로 넓은 의미의 IT 감사 범위와 관련이 없는 것은 무엇인가?

① 부정적발 감사　　　　　　② 국정 감사
③ 회계 감사　　　　　　　　④ 특정 감사

025
난이도 ★★★☆☆

다음 중 IT 일반통제 중 애플리케이션 통제를 강화하고자 하는 경우와 가장 관련이 없는 것은 무엇인가?

① 시스템 개발 수명 통제

② 데이터센터에 대한 물리적 접근 통제

③ 시스템과 데이터 백업 및 복구 통제

④ 프로젝트 원가, 품질, 납기에 대한 통제

026
난이도 ★★☆☆☆

모든 감사원의 공통 핵심기능 역량은 감사이며, 어느 감사원이나 감사역량은 이미 사전에 갖추고 있다. 하지만 IT 감사를 위해서는 특정한 역량이 필요한데, 집합적인 의미의 IT 감사팀이 가져야 할 역량과 및 도구와 가장 관련이 없는 것은 무엇인가?

① IT 감사를 수행하기 위한 프로그래밍 개발능력 및 분석능력

② 자동화된 시스템에서 감사증거를 수집하는 IT 기법에 대한 이해

③ IT 시스템이 운영되는 현행 규정, 규칙 혹은 환경에 대한 이해

④ 분석결과를 수집, 분석, 재생산하거나 검사한 기능을 재검사하기 위해서 적절한 IT 감사도구에 대한 이해

027   난이도 ★★☆☆☆

다음 중 IT 감사 실사 후에 작성하는 IT 감사보고서의 일반적인 체계와 가장 관련이 없는 것은 무엇인가?

① 감사 목표, 감사 범위

② 감사 판단기준, 감사 방법론

③ 감사 예외처리 대상 및 요약

④ 감사 지적사항 및 감사결론

028   난이도 ★☆☆☆☆

IT 감사자는 획득한 데이터가 신뢰할 수 있고, 확실하며, 합리적이고 충분한 것인지를 확인하여야 한다. 특히 생성시간 및 변경시간을 확인하여야 하고 대상기관도 이를 반드시 확인하여야 한다. 이때 다양한 데이터 필드의 변수들은 데이터를 서로 다르게 표시하기 위하여 특별한 코딩 조건을 필요로 한다. 다음 중 특별한 코딩 조건과 관련이 없는 것은 무엇인가?

① 변수(Variable) ② 수(Numeric)

③ 날짜와 시간(Date & Time) ④ 문자열(String)

029   난이도 ★★☆☆☆

다음 중 IT 감사 수행을 위한 수임권한과 가장 관련이 없는 것은 무엇인가?

① 감사권한을 부여하는 경우에는 조직이 기능적인 목표를 달성하기 위해서 활용하는 IT 시스템에 대한 감사권을 명시적으로 규정하여야 한다.

② 많은 국가 감사원의 경우에 재무 감사, 성과 감사, 그리고 합법성 감사를 수행할 수 있는 권한만 가지고 있으면 IT 감사 수행을 위한 충분한 권한을 가진다고 할 수 있다.

③ 감사 대상이 특수한 경우에 대해서는 조직의 기능 혹은 그 일부가 조직 내에서 수행되는지 혹은 외주(Outsources)에 의해서 수행되는지 고려되어야 한다.

④ 조직의 모든 전자적 및 비전자적 문서와 정보에 대해서 적시에, 제한 없고, 직접적이며, 자유로운 접근을 규정하여야 한다.

030

난이도 ★★★☆☆

[보기]의 [A], [B]에 들어갈 말을 알맞게 짝지은 것은 무엇인가?

> **보기**
>
> IT 감사자는 자원의 제한과 감사 실시의 비용 효과성 때문에 모든 사실/거래/모듈 혹은 시스템을 검사할 수 없다. 이러한 상황 하에서 IT감사자는 합리적인 감사 결론을 도출하기 위하여 중요성을 확인하고 상세한 검사를 하기 위하여 [A] 방법을 선택할 수 있다. 다양한 표본추출 방법을 수행하기 위하여 IT 도구를 사용할 수도 있을 것이다. 내재적 위험과 통제위험의 수준은 표본의 크기에 영향을 미칠 수 있다. 내재적 위험이나 통제위험이 높을수록, 표본의 크기는 [B].

① A: 표본 감사, B: 더 커야 한다.
② A: 표본 감사, B: 더 작아야 한다.
③ A: 실증 감사, B: 더 커야 한다.
④ A: 실증 감사, B: 더 작아야 한다.

031

난이도 ★★☆☆☆

감사자의 입장에서 IT 감사를 수행하기 위한 정보의 원천을 파악하고자 한다. 다음 중 가장 관련이 없는 것을 선택하시오.

① 시스템, 데이터, 프로세스 등 흐름도
② 투입인력 프로파일링 및 인사팀 인터뷰 자료
③ 사용자 요구사항(URS: User Requirement Specification)
④ 조직의 정책, 업무 절차 및 업무 가이드라인

032

난이도 ★★★☆☆

감사자가 IT 감사 수행 후 보고서를 작성하고자 한다. 다음 중 이와 관련된 사항과 가장 거리가 먼 것은 무엇인가?

① IT 감사의 한계에 대해서는 사전에 이사회에게 보고하여 감사 대상범위에서 제외하거나 또는 초안보고서 초기 단계에서 사실과 다른 내용이나 모순점을 사전에 식별하여 교정하거나 없애도록 해야 한다.

② 중간보고서는 피감기관이 검사결과에 대하여 변명할 수 있도록 주어지는 공식적인 초안이다. 감사결과에 대한 의견을 제시하고 감사자에게 참고자료를 작성하도록 하는 것이 관리자의 의무이다.

③ 감사결과와 권고사항은 증거로 뒷받침하여야 된다. 감사자는 감사 목적에 따라 감사결과에 대한 결론의 틀을 제시하여야 한다. 결론은 편파적이지 않고 타당하며 관련성이 있어야 한다.

④ 감사대상 기관의 답변 내용을 받은 후 감사자의 의견과 감사대상 기관의 응답을 취합하여 최종 감사 보고서를 완성하도록 한다. 비리나 법령위반에 대해서 보고를 할 경우에는 감사자는 공정한 관점에서 감사결과를 제출할 수 있도록 유념해야 한다.

033 난이도 ★★☆☆☆

IT 감사를 수행할 때 감사자원은 적절하고 완전하게 파악되고 감사 수행 시 배분하여야 한다. 이와 관련하여 다음 중 가장 관련이 없는 것은 무엇인가?

① 일반적으로 IT 전문가들로 집단을 구성하여 이들이 다른 이들이 수행하는 IT 감사를 도와주도록 한다. 이렇게 하면 소수의 전문인력을 활용하여 IT 감사를 최대한 수행할 수 있다.

② IT 감사가 증가함에 따라, IT 감사 전담반을 만들어서 오직 모든 IT 감사를 수행하게 하는 방법이 있다. 그러나, 감사팀은 당장 소수의 IT 감사만을 수행하게 될 것이므로, 이 대안은 IT 전문가를 효율적으로 활용하는 방안이 될 수는 없다.

③ IT 감사자는 기존 IT 지식을 소유한 다른 감사자원과 감사업무에 관련하여 상호 협력을 수행하면 안 된다. 이는 감사를 수행하는 동안 혹시라도 고객의 민감한 정보가 유출될 수 있어 감사수행의 위험성이 존재하게 된다.

④ 감사팀은 IT 감사에 감사자원 배분 시 여러 가지 다양한 방법을 선택할 수 있다. 특히 일부 특수한 IT 업무(예: 성능 개선, 보안)를 가진 시니어 감사자원은 중복되어 활용이 가능하다.

034 난이도 ★☆☆☆☆

감사 증거는 내부품질 확신기준에 따라 [   ], [   ], [   ]을 충족시켜야 하는 특성을 가진다. 다음 중 이와 가장 관련이 없는 것은 무엇인가?

① 충분성　　　　　　　　　　　　② 관련성
③ 신뢰성　　　　　　　　　　　　④ 정확성

035 난이도 ★☆☆☆☆

IT 거버넌스는 궁극적으로 누구의 책임이라고 볼 수 있는지 다음 중 가장 적절한 답을 선택하시오.

① CEO　　　　　　　　　　　　② 감사위원회
③ 프로젝트 매니저　　　　　　　④ 이사회(Board of Director)

036 난이도 ★★☆☆☆

비즈니스 계획을 지원하는 특별한 프로젝트에 대해 IT 자원의 이용현황을 계속적으로 모니터링하는 담당자로 가장 적합한 것은 누구인가?

① 품질관리자
② 감사위원회
③ IT 운영위원회
④ 최고보안책임자

037 난이도 ★★★☆☆

다음 중 IS 감사 헌장을 통해서 규정할 수 있는 항목으로 가장 알맞은 것은 무엇인가?

① IS 감사의 목적과 범위
② IS 감사의 장단기 마일스톤 관리
③ IS 감사 기능과 역할
④ IS 감사 인력에 대한 훈련 계획

038 난이도 ★★☆☆☆

감사책임자가 자신의 임무를 수행할 때 경영진과 감사위원회에 책임져야 하는 부분이 존재한다. 이와 관련된 사항으로 가장 거리가 먼 것은 무엇인가?

① 사명과 업무 범위에 따라서 활동을 통제하고 위험을 관리하기 위해 조직 프로세스의 적절성과 효과성에 대한 정기적인 평가를 제공한다.
② 프로세스 개선 가능성을 포함하여 조직의 활동 통제 프로세스와 관련된 중요한 문제를 보고한다.
③ 조직 또는 계열사에 대한 운영 업무 수행 중 조직 내에서 의심되는 사기 행위의 조사를 지원하고 그 결과를 경영진과 감사위원회에 알린다.
④ 위험 관리, 준수, 보안, 법률, 윤리, 환경, 외부 감사 기능들을 모니터링하고, 다른 통제 시스템을 감시, 조정 및 감독한다.

039 난이도 ★★★☆☆

다음 중 IS 감사인이 실제 운영 중인 프로그램에 승인받지 않은 수정이 발생하였는지를 파악하기 위한 방법으로 가장 적당한 것은 무엇인가?

① 컴퓨터 포렌식 검토
② 시스템 로그 분석
③ 준거성 테스트
④ 담당자 면담

040

[보기]에 제시된 IS 감사인이 논리적 접근통제를 평가할 때의 수행절차를 올바른 순서로 나열한 것은 무엇인가?

> **보기**
>
> 가. 통제의 적절성, 효율성, 효과성을 평가하고 이에 따라 통제의 취약점이나 중복을 식별하기 위한 문서화와 평가를 수행한다.
>
> 나. 성분화된 정책을 검토하고 관련 실무를 관찰하여 보안에 관련된 베스트 프랙티스와 비교 수행한다.
>
> 다. 관련 문건을 검토하고, 질의하고, 위험평가를 수행함으로써, 정보 처리에 관련된 보안 위험을 이해한다.
>
> 라. 통제환경의 적절성에 대해서 평가하도록 한다.
>
> 마. 접근 경로를 테스트하여 통제가 제대로 작동하고 있는지를 파악한다.

① 다 → 가 → 마 → 나 → 라
② 가 → 나 → 다 → 마 → 라
③ 다 → 마 → 가 → 나 → 라
④ 가 → 다 → 마 → 나 → 라

041

당신은 정보 시스템 감사인이다. 감사인의 입장에서 비즈니스 연속성에 대한 감사를 진행할 때 가장 중요하게 검토해야 할 대상은 무엇이라고 생각하는가?

① 데이터 백업이 다른 오프사이트에 실시간으로 이루어지고 있음
② 재해 발생 시 인력에 대한 안전절차가 수립되어 있으며 직원들도 이에 대해서 숙지하고 있음
③ 모든 보험에 대해서 가장 최고 높은 등급으로 가입되어 있으며 보험료도 계속적으로 지불되고 있음
④ 경영진의 관심이 적절하게 수용되고 있고 복구사이트가 계약되어 있으며 필요시 사용 가능함

042

당신은 정보 시스템 감사인이다. 불법 소프트웨어의 사용과 라이선스에 대해 검토하던 중 부서의 많은 사용자가 PC에 인가되지 않은 소프트웨어를 설치해 사용하는 것을 확인했다. 그렇다면 감사인은 어떠한 조치를 수행하는 것이 가장 적절하겠는가?

① 경영진에게 해당 사실을 보고하고 위반자들에게 법적인 벌금을 청구해야 한다.
② 인가되지 않은 소프트웨어는 보는 즉시 개인적으로 삭제하도록 한다.
③ 피감사인의 부서장에게 인가되지 않은 소프트웨어의 사용 사실과 재발 방지의 필요성에 대해서 정리해서 보고한다.
④ 사용자들에게 불법 소프트웨어를 사용하였을 경우에 수반되는 위험성에 대해 주의를 준다.

043
난이도 ★★☆☆☆

다음 중 통제자가평가(CSA: Control Self-Assessment) 프로그램의 주요한 목표는 무엇인가? 가장 알맞은 답을 선택하시오.

① 감사 책임의 강화
② 감사 책임의 제거
③ 감사 책임의 대체
④ 감사 책임의 직무분리

044
난이도 ★★★☆☆

다음 일반적인 정보보안(IS: Information Security) 감사의 순서를 올바르게 나열한 것은 무엇인가?

보기
가. 감사보고서 작성　　나. 감사대상 선정　　다. 감사 준비 계획 수립
라. 감사 범위 파악　　마. 감사 수행 및 감사 자료 확보

① 나→라→다→마→가
② 라→나→다→마→가
③ 라→다→마→나→가
④ 나→다→마→나→가

045
난이도 ★★★☆☆

다음 중 일반적인 보안감사 정책 수립 시 결정해야 될 사항과 가장 거리가 먼 것은 무엇인가?

① 감사대상 보안 영역
② 감사일정 및 기간
③ 감사수행 비용
④ 감사기법 및 감사기준

046
난이도 ★★★☆☆

다음 중 [보기]에 제시된 감사계획의 수행단계를 올바른 순서대로 나열한 것은 무엇인가?

보기
가. 감사에 인적자원을 할당한다.
나. 정책, 기준 그리고 요구되는 지침, 절차 및 조직구조와 같은 내용을 파악한다.
다. 감사 계획 설계를 위해 위험분석을 수행한다.
라. 감사에 필요한 준비사항을 파악한다.
마. 감사 접근방법과 전략을 수립한다.
바. 이전 감사 자료 및 내용을 검토한다.
사. 가용성, 무결성, 보안성 등과 같은 정보 및 처리 요구사항, 비즈니스 기술, 비즈니스 기밀성 등을 포함한 비즈

니스의 미션, 비즈니스 목표, 비즈니스 목적, 프로세스 등 비즈니스에 관련된 전반적인 사항을 이해한다.

아. 피감사인의 비즈니스 환경에 대해서 이해한다.

자. IT에 관련된 내부통제에 대한 검토를 실시한다.

차. 감사의 범위와 목적을 파악한다.

① 사→아→바→나→다→자→차→마→가→라
② 라→사→바→아→다→자→차→마→가→나
③ 사→라→아→바→나→다→자→차→마→가
④ 라→사→아→바→마→다→자→차→가→나

047
난이도 ★★☆☆☆

감사 및 보증 전문가는 보고서에 다음과 같은 내용을 고려해서 기술해야 된다. 그렇다면 보기에서 가장 관련성이 없는 것은 무엇인가?

① 통제의 부재나 비효율적인 통제

② 통제 결함의 중요성

③ 증적자료를 활용한 통제부재의 적절성 여부 및 방법

④ 취약점이 중대한 결함이나 중요한 취약점으로 이어질 가능성

048
난이도 ★☆☆☆☆

다음 중 CSA(Control-Self-Assessment)의 단점과 가장 관련이 없는 것은 무엇인가?

① 최고경영진의 요청 사항에 따라서 결과가 바뀔 수 있다.

② 부가적인 업무로 여겨진다.

③ 감사기능의 대체로 오해될 수 있다.

④ 개선제안에 대한 실패는 종업원 의욕을 저하시킬 수 있다.

049
난이도 ★★☆☆☆

전통적인 감사 접근 방법과 비교할 때, CSA (Control-Self-Assessment) 접근 방법이 가진 특징은 무엇인가?

① 이해관계자 지향성 낮음　　② 감사인 및 기타 전문가

③ 지속적인 개선/학습 곡선　　④ 임무 부여 및 직원 감독

050
난이도 ★★☆☆☆

다음 중 침입탐지 시스템을 통해서 이루어지는 보안감사 기능에 대한 요구사항으로 가장 해당이 없는 것은 무엇인가?

① 감사데이터 생성
② 감사데이터 보호
③ 감사데이터 보증
④ 보안감사 검토

051
난이도 ★★★☆☆

감사 테스트를 위한 표본의 구축 및 추출 과정에서 수행하는 핵심절차를 순서대로 올바르게 나열한 것은 무엇인가?

| 가. 표본크기의 계산 | 나. 표본의 평가 | 다. 표본의 선정 |
| 라. 방법의 결정 | 마. 모집단 정의 | 바. 목적의 결정 |

① 바→마→라→가→다→나
② 마→바→라→가→나→다
③ 바→라→마→다→가→나
④ 마→라→바→나→다→가

052
난이도 ★★☆☆☆

정보 시스템 감사의 전체 혹은 일부를 외부 서비스 공급자에게 아웃소싱하는 것을 고려할 때, 감사인은 고려해야 할 사항과 가장 관련이 없는 것을 선택하시오.

① 아웃소싱을 활용한 통제비용 감소
② 아웃소싱에 대한 법률 및 제도에 의해 규정된 제한
③ 감사 헌장(Audit Charter) 규정
④ 타 감사인과 전문가의 독립성과 객관성

053
난이도 ★☆☆☆☆

다음 중 범용 감사 소프트웨어(GAS: General Audit Software)의 기능과 가장 관련이 없는 것은 무엇인가?

① 파일 접근
② 보고 기능
③ 파일 재구성
④ 통계 기능

054
난이도 ★★☆☆☆

컴퓨터 이용 감사기법(CAATs: Computer Assisted Audit Technique)은 다양한 감사 절차를 수행하는 데 많은 도움이 되고 있다. 다음 중 CAAT를 활용한 감사절차와 가장 관련이 없는 것은 무엇인가?

① IS 애플리케이션 통제의 준거성 테스트

② 트랜잭션, 데이터의 무결성을 검증하는 실증 테스트

③ 분석적 검토 절차

④ 애플리케이션 프로그램 보안테스트와 소스 코드 보안 스캔

055 난이도 ★★☆☆☆
IS 감사인은 정보 시스템의 문서화 검토 시 최소 수준의 문서를 검토해야 한다. 다음 중 검토 대상 문서와 가장 거리가 먼 것은 무엇인가?

① 사용자 매뉴얼 ② 감사 헌장
③ 보안 관련 문서 ④ 시스템 개발 착수 문서

056 난이도 ★★☆☆☆
감사 수행에 앞서 감사에 대한 논의를 진행하는 것은 매우 중요하다. 다음 중 감사 논의 대상과 가장 거리가 먼 것은 무엇인가?

① 감사 계획 실행 ② 감사 업무 계획
③ 감사 영역 설정(외부 및 내부) ④ 감사 활동 모니터링

057 난이도 ★☆☆☆☆
IT 거버넌스의 성공적인 구축은 궁극적으로 누구의 책임인가? 다음 중 가장 알맞은 답을 선택하시오.

① 이사회 ② 보안 관리자
③ 프로젝트 관리자 ④ IS 감사인

058 난이도 ★★☆☆☆
IS 감사자의 입장에서 조직의 비즈니스 프로세스 재설계(BPR: Business Process Reengineering) 활동을 검토할 때, 보기 중 가장 관련이 없는 것은 무엇인가?

① 병행 업무에 대해서는 과정의 연결보다는 결합의 통합에 대해서 중점적으로 도전하였는가?

② BPR 팀은 프로세스 변경 프로젝트의 완료 후 얻은 교훈을 문서화하였는가?

③ BPR 팀은 조직원들에게 미칠 수 있는 부정적인 파급효과를 최소화하려고 시도하였는가?

④ 조직의 변경 노력이 조직의 전반적인 문화 및 전략적인 계획과 일관성을 가지도록 하였는가?

059   난이도 ★★☆☆☆

다음 중 IS 감사자의 입장에서 애플리케이션 개발과정을 이해하기 위하여 반드시 검토되어야 할 문서와 가장 관련이 없는 것은 무엇인가?

① 기능 설계 명세서
② 테스트 결과서
③ 사용자 매뉴얼
④ 시스템 개발 방법론(SPM)

060   난이도 ★★☆☆☆

IS 감사자의 입장에서 봤을 때, 데이터베이스 보안의 목적과 관련이 없는 것은 다음 중 무엇인가?

① 결재통제
② 권한통제
③ 접근통제
④ 사후추적

061   난이도 ★★★☆☆

소스 코드는 프로그램이 기록되는 언어이다. 다음 중 IS 감사자 입장에서 소스 코드에 대해서 유의해야 할 사항과 가장 거리가 먼 것은 무엇인가?

① 프로그램에 대한 개발 소스 코드와 프로그램 오브젝트와의 일치 여부
② 변경 및 릴리스 관리에 대한 사항
③ 버전 관리 시스템(VCS) 사용 여부
④ 오프 사이트 및 에스크로 계약이 포함된 소스 코드의 백업 여부

062   난이도 ★★★☆☆

IS 감사자 입장에서, 정전이나 선로의 단선, 통신양의 과부하, 운영자의 오류, 비정상적인 조건 등으로 인한 네트워크의 차질이 발생한다면 가장 먼저 살펴보아야 할 문서로 맞는 것은 무엇인가?

① 다운타임 보고서(Downtime Report)
② 응답시간 보고서(Response Time Report)
③ 네트워크 모니터 보고서(Network Monitor Report)
④ 헬프 데스크 보고서(Help Desk Report)

063
난이도 ★★☆☆☆

당신은 IS 감사자이며, 콜로라도 지사에서 발생한 과도한 네트워크 다운타임(Downtime)의 원인 파악에 어려움을 겪고 있다. 이에 다른 방안을 고려하고자 하는데 가장 해당이 없는 것은 무엇인가?

① 접근 통제 개선
② 백업용 발전기 설치
③ 네트워크 사용자 매뉴얼을 최신으로 업데이트
④ 단기 및 장기 사용자의 수요를 정확하게 예측하기 위한 선로 이용도에 대한 모니터링 수행

064
난이도 ★★★☆☆

품질보증 및 개선 프로그램(QAIP)과 관련하여 감사인은 계속적이고 정기적인 평가를 수행해야 한다. 다음 중 QAIP에서 제시하고 있는 평가와 가장 관련 없는 사항은 무엇인가?

① 정기적인 내부 평가
② 피평가자에 대한 만족도 조사
③ 정기적인 외부 평가
④ 품질관리의 지속적인 모니터링 수행

065
난이도 ★★★☆☆

품질 보증 및 개선 프로그램(QAIP)에서는 감사 수행 후 보고해야 한다. 다음 보기 중 이와 가장 관련 없는 것은 무엇인가?

① 내부 평가 결과는 최소한 매년 감사위원회와 고위 경영진에게 보고해야 한다.
② 외부 평가 결과는 고위 경영진과 감사위원회에 제공되며 외부 평가 보고서는 보고서에 포함된 중요한 의견 및 권장 사항에 대한 응답으로 서면 조치 계획과 함께 제공되어야 한다.
③ 최고 감사 책임자(CAE)는 QAIP를 수행할 인력들이 많은 부분을 평가해야 되기 때문에 이에 대해서 감독 및 관리를 적절히 수행해야 되며 합리적으로 보고를 수행하도록 내부 인력 할당을 책임질 필요가 있다.
④ 최고 감사 책임자(CAE)는 보고서에서 작성된 권장 사항과 개발된 실행 계획이 합리적인 기간 내에 구현되도록 적절한 후속 조치를 구현할 책임이 존재한다.

066
난이도 ★★★☆☆

다음 중 품질보증 및 개선 프로그램(QAIP)을 수행하여 발견된 미준수에 대해서 최고감사책임자(CAE)는 어떻게 행동해야 하는가? 가장 알맞은 답을 보기에서 고르시오.

① 미준수에 대해서는 최고감사책임자(CAE)의 소관이므로 따로 보고를 할 필요성이 없다.
② 미준수는 적어도 일 년에 한 번 보고하기 때문에 조치 후 그때 상황을 보아서 같이 보고하면 된다.
③ 미준수는 최고경영진에게만 보고하고 이사회에는 따로 보고할 필요성이 없다.
④ 미준수는 최고경영진 및 이사회에 반드시 보고하여 그 책임을 다해야 한다.

067
난이도 ★★☆☆☆

구매관리 부서와 회계 부서에 발송할 구매리스트 사본과 함께 매입장부의 사전리스트를 작성하도록 요구하는 절차는 다음 중 어떠한 형태의 통제라고 볼 수 있는가? 가장 알맞은 답을 선택하시오.

① 지시 통제
② 수정 통제
③ 예방 통제
④ 적발 통제

068
난이도 ★★★☆☆

다음 중 감사자 입장에서 통제활동의 파악을 위해 '통제기술서'를 살펴보고자 한다. 통제기술서의 세부 구성항목과 가장 거리가 먼 것은 무엇이라고 생각하는가?

① 통제비용, 비용(효익) 분석, 통제활동
② 통제 위험, 경영진의 주장, 중요도
③ 관련 시스템, 관련 규정 및 문서
④ 통제담당자, 담당부서, 관련 시스템

069
난이도 ★★☆☆☆

다음 중 통제 프로세스에 포함되어야 할 사항으로 가장 거리가 먼 것은 무엇이라고 보는가?

① 편차의 조사와 분석
② 개선 행위 및 교정 활동
③ 고객의 피드백
④ 기준의 수립

070
난이도 ★★★☆☆

경영진이 달성해야 할 위험관리 프로세스의 주요한 목적과 관련하여 [보기]의 항목을 올바른 순서로 나열한 것은 무엇인가?

보기
가. 수용 가능한 위험수준 결정
나. 위험의 발견
다. 발견된 위험의 우선순위 결정
라. 프로세스에 대한 정기적 보고
마. 수용 가능한 수준 이내로 위험 감소
바. 위험 및 위험관리를 위한 통제의 효과를 주기적으로 평가하여 모니터링

① 나→다→가→마→바→라
② 나→가→다→마→바→라
③ 나→다→마→가→라→바
④ 나→가→마→다→바→라

071
난이도 ★★☆☆☆

다음 중 감사인의 독립성이 훼손될 가능성이 있는 상황이나 업무의 유형과 가장 관련이 없는 것은 무엇인가?

① 1년이 경과한 감사인과 고용관계 등 인적 특수관계에 있는 경우
② 감사인과 회사 간 이해관계가 상호 일치하거나 상충되는 경우
③ 회사의 경영자 또는 피고용자로서의 역할을 수행하는 경우
④ 감사인이 자신이 한 일에 대하여 감사를 수행하는 경우

072
난이도 ★★☆☆☆

다음 중 침입탐지 시스템을 통해서 이루어지는 보안감사 기능에 대한 요구사항으로 가장 해당이 없는 것은 무엇인가? 가장 관련이 없는 것을 선택하시오.

① 감사데이터 생성
② 감사데이터 보호
③ 감사데이터 보증
④ 보안감사 검토

073
난이도 ★★★★☆

재무제표 사기는 CRIME이라는 상호작용하는 5가지 요소에 의해 분석될 수 있다고 한다. 그렇다면 다음 중 CRIME 과 가장 관련이 없는 것은 무엇인가?

① Cooks
② Risk Analysis
③ Incentives
④ Monitoring

074   난이도 ★★★☆☆

모든 재고 입출고(Goods Receipt & Issue) 기록이 정상적으로 기록되었는지 확인하는 가장 적합한 감사 절차 기법은 다음 중 무엇인가?

① Evaluation Synthesis　② Tracing
③ Inventory Check　④ Vouching

075   난이도 ★★☆☆☆

크레시의 가설(Cressey's Hypothesis)과 관련된 부정의 삼각형 요소와 가장 관련이 없는 것은 무엇인가?

① 재정적 압박(Financial Pressure)　② 욕망(Desire)
③ 기회(Opportunity)　④ 합리화(Rationalization)

076   난이도 ★★☆☆☆

감사자가 감사 수행 후 감사의견을 표명하는 유형과 가장 관련이 없는 것은 무엇인가?

① 적정　② 부적정
③ 의견 거절　④ 실패

077   난이도 ★★☆☆☆

외부 감사인이 감사를 수행한 후 재무제표에 대한 의견을 수정하지 못한 경우, 이에 대한 위험은 무엇을 의미하는 것인가?

① 잔여 위험(Residual Risk)　② 감사 위험(Audit Risk)
③ 고유 위험(Inherent Risk)　④ 통제 위험(Control Risk)

078   난이도 ★★★☆☆

부정은 경영진이 여러 가지 기법을 사용하여 내부통제를 무시함으로써 발생될 수 있다. 이 부정과 관련한 종류와 관련이 없는 것은 무엇인가?

① 물리적 자산 또는 지적 자산의 절도(예: 사적인 이용이나 판매를 위한 재고자산 절도, 재판매를 위한 부산물 절도, 경쟁기업과 공모하여 대가를 받고 기술적 데이터를 유출)

② 영업성과를 조작하거나 다른 목적을 달성하기 위하여 특히 보고기간 말에 근접하여 가공의 분개를 기록

③ 기업의 재무상태나 재무적 성과를 왜곡 표시하도록 설계된 복잡한 거래를 수행함

④ 재무제표에 기록된 금액에 영향을 미칠 수 있는 사실을 은폐하거나 공시하지 아니함

079

다음 중 감사조서의 작성 목적과 가장 관련이 없는 것은 무엇인가?

① 전반적인 감사목적 달성에 관한 결론의 근거 자료
② 일종의 감사계획서로서 현장(Field) 감사를 기술
③ 감사업무의 계획과 수정에 도움
④ 실시한 감사업무의 감사기준 및 관련 법규 요구사항 준수에 대한 증거

080

감사인은 경영진(필요시 지배기구를 포함)의 서면진술을 입수해야 하는데, 이와 가장 관련이 없는 것은 다음 중 무엇인가?

① 부정의 예방과 발견을 위한 내부통제의 설계, 실행 및 유지할 책임이 이들에게 있다는 사실을 인정한다는 것

② 관련 법규상 부정이 발생할 시 감사업무 해지는 불가능하며 해당 감사가 끝날 때까지 성실히 수행하여 인정하겠다는 것

③ 부정에 의하여 재무제표가 중대하게 왜곡 표시될 위험에 대한 경영진의 평가결과를 감사인에게 공개하였다는 것

④ 기업의 재무제표에 영향을 미치는 부정 또는 의심되는 부정에 대한 주장으로서, 이들이 종업원, 과거의 종업원, 분석가, 규제기관 등으로부터 알고 있는 사항을 감사인에게 모두 공개하였다는 것

081

난이도 ★★★☆☆

감사자의 입장에서 전문가적 의구심과 가장 관련이 없는 것은 다음 중 무엇인가?

① 이미 입수한 다른 감사증거와 상반되는 감사증거

② 감사증거로 사용될 문서 및 질의에 대한 답변의 신뢰성에 의문을 갖게 하는 정보

③ 부정의 존재 가능성을 방증하는 것일 수 있는 정황

④ 보고기간 말에 이루어진 분개 및 기타 조정사항을 추출

082

난이도 ★★★☆☆

다음 중 부정(Fraud)한 재무보고와 가장 관련이 없는 것은 무엇인가?

① 출고대기 상태에 있는 제품을 관찰하기 위하여 매출 및 재고자산과 관련된 여타 적절한 기간귀속 절차를 수행

② 재무제표 작성의 기초가 되는 회계기록이나 근거문서의 조작, 위·변조 또는 수정

③ 금액, 분류, 표시방법 또는 공시에 대한 회계원칙의 의도적인 잘못 적용

④ 사건, 거래 또는 기타 유의적인 정보를 재무제표에 허위로 기재하거나 의도적으로 누락

083

난이도 ★★☆☆☆

다음 중 감사 증거의 형태별 분류와 가장 관련이 없는 것은 무엇인가?

① 물리적(Physical) 증거

② 분석적(Analytic) 증거

③ 구두적(Testimonial) 증거

④ 판단적(Judgmental) 증거

084

난이도 ★★★☆☆

감사결과 보고서 작성 시 고려해야 할 사항과 관련이 없는 것은 무엇인가?

① 적시성: 지연 보고하여 감사성과를 저해하거나 수감기관의 업무처리에 지장을 주지 않도록 적기에 보고해야 함

② 논리성: 논리적이고 이해하기 쉬워야 하며 모호한 표현, 일반화되지 않은 약어나 전문용어 등은 가급적 피해야 함

③ 완전성: 감사목적의 달성에 필요한 정보 중 실질적으로 정당성을 입증할 수 없는 것은 보고에서 제외해야 함

④ 공정성: 수감기관의 변명 또는 반론과 전문가의 자문내용을 충분히 고려해야 하고 문제점을 과장하거나 편향된 시각으로 작성해서는 안 됨

085

난이도 ★★★☆☆

감사 결론을 도출하기 위해서는 다양한 분석기법을 활용할 수 있다. [보기]의 내용은 어떤 감사 분석기법에 대한 설명인가?

> **보기**
>
> 가. 진실한 것으로 가정된 상관관계를 검증하고자 할 때
>
> 나. 두 사항 간의 규칙적 관계에서 벗어난 예외치를 찾아내고자 할 때
>
> 다. 과거에 관찰된 관계에 근거하여 미래에 대해 예측하고자 할 때
>
> 라. 대상기관에 대한 운영모델을 수립하고자 할 때

① 모의실험(Simulation & Modeling)
② 비용-편익 분석(B/C분석)
③ 회귀분석(Regression Analysis)
④ 자료분포의 해석

086

난이도 ★★★☆☆

완구 브랜드 A사의 감사 활동에 사용되는 감사 프로세스에는 계약서 또는 프로젝트 승인 문서가 포함되지 않았다. 이로 인해서 파생될 수 있는 가장 심각한 결과는 무엇인가?

① 경영진이 감사대상 영역의 목표를 이해하지 못할 수 있다.

② 감사계획의 우선순위가 변경될 여지가 있다.

③ 감사자원이 충분하지 않게 되며 피감사인의 협조가 어려워진다.

④ 감사 전 수행해야 할 샘플링 작업 및 통제를 파악하기 어렵게 된다.

087

난이도 ★★★☆☆

내부감사와 외부감사 기능 간에 전반적인 감사 효율성이 증대되는 경우에 대한 설명으로 가장 적합한 것은 무엇인가?

① 동일한 부서의 감사가 각각 다른 시간, 다른 장소에서 수행된다.

② 잠재적인 이해상충으로 인해 감사부서장(CAE)의 의사결정에 따라 내부 감사범위가 축소된다.

③ 내부 감사 부서의 활동 영역에 따라 외부 감사 범위를 축소하도록 한다.

④ 경영진의 의사결정에 의해 내부감사 부서는 외부감사 전에 기능 또는 부서를 검토한다.

088 난이도 ★★★★☆

감사인의 입장에서 볼 때, 층화추출법(Stratified Sampling)이 실제 표본설계에서 널리 이용되는 이유와 가장 관련이 없는 것은 무엇인가?

① 표본크기가 크지 않아도 모집단의 대표성이 보장된다.

② 집단 내에서는 이질적이고 집단 간의 차이가 동질적이다.

③ 단순 무작위 추출법 또는 계통추출법보다 불필요한 자료의 분산을 축소할 수 있다.

④ 전체 모집단에 대한 추정뿐 아니라 층별 추정결과도 얻을 수 있다.

089 난이도 ★★★☆☆

다음 중 비확률적 표본추출 방법과 가장 관련이 없는 것은 무엇인가?

① 눈덩이 표본 추출법　② 랜덤 추출법
③ 간편 추출법　④ 할당 추출법

090 난이도 ★★★★★

다음 중 MUS(Monetary Unit Sampling)의 특징과 가장 관련이 없는 것은 무엇인가?

① 모집단에서 부정이나 오류 등과 같은 특정 속성(Attributes)의 금액적 크기를 추정하기 위하여 사용하는 통계적 표본감사기법이다.

② 표본이 화폐금액에 비례해서 추출되기 때문에 자동적으로 층화표본추출의 결과를 가져온다.

③ 오류의 발생이 예상되지 않는다면, 전통적 변수표본조사보다 추출하여야 할 표본크기가 작아서 효율적이다.

④ 표본크기를 결정할 때 표준편차 등을 직접 고려할 필요가 없다.

091 난이도 ★★☆☆☆

감사인이 보았을 때 조직의 SAP ERP 영업(SD) 프로세스에서 가장 적은 가치를 제공하는 감사증적(Audit Trail) 자료는 무엇인가?

① 영업팀 관리자와의 인터뷰 실시　② 영업 정책 및 매뉴얼의 검토
③ 판매를 위해 생산한 샘플 검토　④ 경영진에게 보고 전 SAP 분석 자료

092
난이도 ★☆☆☆☆

감사인이 유명 모터 사이클 회사 '할리 데이비슨'의 모터 사이클 검사시설의 효율성을 측정하고자 한다. 다음 중 감사인이 사용하기에 가장 충분한 측정치는 무엇인가?

① 검사 불량 바이크 수 대비 검사 진행 바이크 수

② 검사 대행 수행자당 검사 대상 바이크 수

③ 검사 거부 바이크의 모델별 평균 재검사 비용

④ 정보 시스템 처리 수 대비 검사 대행 수행자의 처리율

093
난이도 ★★★★☆

위험 평가 도구 중 위험에 대한 통제의 일치를 가장 용이하게 해주는 것은 무엇인가?

① RACM(Risk and Control Matrix)

② PERT(Program Evaluation and Review Technique) Analysis

③ Risk Control Flow Chart

④ Internal Control Questionnaire Review

094
난이도 ★★★☆☆

다음 중 위험 처리를 실행해야 하는 근본적인 이유와 가장 관련이 없는 것은 무엇인가?

① 법률 준수 ② 환경오염 저감

③ 컴플라이언스 이슈 ④ 근로자의 안전보장

095
난이도 ★★★★☆

위험성 산출은 촉발된 위험의 영향과 확률을 확인하는 것으로 이루어진다. EN ISO 14121-1 기준에 따르면, 위험성 평가에서 고려되어야 할 사항으로 가장 거리가 먼 것은 무엇인가?

① 보호대책의 적합성 ② 보호대책의 경제적 효과

③ 위험노출과 영향의 관계 ④ 보호대책의 유지능력

096
난이도 ★★★☆☆

위험관리 보고서는 위험관리 절차를 검토하고 다음의 사항을 보증해야만 한다. 만약 그렇다면 이와 관련된 내용으로 가장 관련이 없는 것은 무엇인가?

① 정보보호 대책을 구현하여 전체 위험을 100% 안전한 시스템이나 환경보증이 되었다는 것

② 위험관리 계획이 적절히 수행되었다는 것

③ 전체 잔여위험이 허용 가능하다는 것

④ 관련 생산 및 생산 후 정보를 입수하기 위한 적절한 방법이 마련되었다는 것

097
난이도 ★★☆☆☆

위험(Risk)은 부정적인 일이 발생할 수 있는 가능성을 의미한다. 그렇다면 위험과 관련된 식으로 가장 올바르게 표현된 것은 무엇인가?

① 전체 위험: 자산(Asset) × 취약점(Vulnerability) × 위협(Threat) × 신뢰성 상실(Loss of Reliability)

② 잔여 위험: 전체 위험(Total Risk) − 통제의 효과(Control's Effect)

③ 위험의 구성요소: 자산(Asset) × 취약점(Vulnerability) × 위협(Threat) − 정보보호대책(Safeguard)

④ 연간 손실 기대치: 자산가치(Asset Value) × 노출계수(Exposure Factor)

098
난이도 ★★★☆☆

다음 위험분석 방법론의 기법 중 다른 기법들과 유형이 다른 하나는 무엇인가?

① 순위결정법　　② 과거자료 분석법
③ 수학공식 접근법　　④ 확률분포법

099
난이도 ★★★☆☆

[보기]에 제시된 위험 관리(Risk Management)의 절차를 올바른 순서로 나열한 것은 무엇인가?

보기	
가. 정량적 위험분석 수행	라. 정성적 위험분석 수행
나. 위험 관리 계획 수립	마. 위험 식별
다. 위험 감시 및 통제	바. 위험 대응 계획 수립

① 나→바→라→가→마→다   ② 나→바→가→라→마→다

③ 나→마→가→라→바→다   ④ 나→마→라→가→바→다

100
난이도 ★★☆☆☆

촉진 위험 분석 프로세스(FRAP: Facilitated Risk Analysis Process)를 성공적으로 수행하기 위한 기본 원칙과 가장 관련이 없는 것은 무엇인가?

① 비언어적 반응에 주의해야 한다.

② 촉진자는 전문가의 권위자가 되어야 한다.

③ 촉진자는 FRAP 팀을 위해서 존재한다.

④ 적대감을 기대하도록 하되 적대적이 되지는 않아야 한다.

101
난이도 ★☆☆☆☆

다음 중 위험분석 접근법(Risk Analysis approach)과 가장 관련이 없는 것은 무엇인가?

① 베이스라인 접근법(Baseline Approach)

② 비정형 접근법(Informal Approach)

③ 복합 접근법(Combined Approach)

④ 하이브리드 접근법(Hybrid Approach)

102
난이도 ★★☆☆☆

위험의 중요성 추정, 발생 가능성 평가, 위험 관리 방법 및 취해야 할 조치 결정과 같은 활동은 다음 중 무엇과 가장 관련이 있는가?

① 위험 평가   ② 위험 분석

③ 위험 관리   ④ 위험 완화

제 10 장
모의고사

제10장 모의고사

→ 정답 370p

001
난이도 ★★★☆☆

[보기]의 빈칸에 해당되는 내용은 무엇인가? 가장 관련성이 높은 것을 선택하시오.

> **보기**
>
> HTTP/3는 HTTP(Hypertext Transfer Protocol)의 세 번째 메이저 버전으로, 기존의 HTTP/1, HTTP/2와는 다르게 [   ] 기반의 프로토콜인 QUIC을 사용하여 통신하는 프로토콜이다.

① UDP
② TCP
③ SNMP
④ IP

002
난이도 ★★★☆☆

다음 중 클라우드 시스템에 리스크 관리 프레임워크(RMF)를 적용하는 순서를 올바르게 나열한 것은 무엇인가?

> **보기**
>
> 가. Select(Includes Evaluate Select Negotiate)
> 나. Categorize
> 다. Assess
> 라. Implement
> 마. Monitor
> 바. Authorize

① 바→나→라→다→마→가
② 나→가→라→다→바→마
③ 나→라→가→바→마→다
④ 바→라→마→다→가→나

003
난이도 ★★☆☆☆

[보기]는 리스크 관리 프레임워크(RMF)에 대한 설명이다. 클라우드 소비자가 리스크 관리 프레임워크를 적용하는 단계에서 고려해야 할 사항과 가장 거리가 먼 것은 무엇이라고 생각하는가?

> **보기**
>
> NIST SP 800-37 Rev.1에 도입된 위험 관리 프레임워크(RMF: Risk Management Framework)는 클라우드 액터에서 관리 중인 기능 스택의 계층에 적용할 수 있다. 클라우드 소비자나 클라우드 제공자만 오케스트레이션한 단순화된 클라우드 생태계 모델에서 클라우드 제공자는 위험 관리 프레임워크(RMF)를 스택의 하부에 적용할 수

있다. 그리고 사용자 관점에서 시스템의 클라우드 기반 운영과 관련된 위험 처리 및 위험 관리 활동을 계획해야 한다. 그러기 위해서는 클라우드 소비자가 클라우드 기반 정보 시스템의 운영을 지원할 전체 클라우드 생태계의 관점을 확보해야만 한다.

① 가장 적합한 클라우드 아키텍처 식별 ② 위험 평가 수행
③ 가장 적합한 클라우드 서비스 선택 ④ 보안 및 개인정보 제어 구현 평가

004 난이도 ★★★☆☆

다음 중 블록체인에서 하이퍼레저 패브릭의 특징과 가장 관련이 없는 것을 선택하시오.

① 작업 증명 ② 허가형 네트워크
③ 암호화폐 불필요 ④ 거래의 기밀 유지

005 난이도 ★★★★☆

최근 블록체인 업계에서 디파이(De-fi)가 화두로 떠오르고 있다. 탈중앙화된 금융을 뜻하는 디파이(De-fi)는 예금부터 결제, 대출 등 기존 금융 산업의 전유물들이 블록체인과 암호화폐로 인하여 새롭게 만들어지는 생태계를 말한다. 이러한 사실을 보았을 때 다음 중 디파이(De-fi)와 가장 관련이 없는 것은 무엇인가?

① 거래 원장의 재정립(Ledger Reestablishment)

② 자산 토큰화(Tokenization)

③ 스테이블 코인(Stable Coin)

④ 탈중앙화 거래소(DEX: Decentralized EXchange)

006 난이도 ★★★☆☆

다음 중 블록체인을 사용하는 이유와 가장 관련이 없는 것을 선택하시오.

① 국가 간 자금이체(Cross-Border Payments)

② 주 정부 간 교차 의료 면허(Interstate Medical Licensing)

③ 우수 유전자 증명(Proof of Good Gene)

④ 신용장(Letters of Credit)

007
난이도 ★★★★☆

다음 중 자기 주권 신원(SSI: Self-Sovereign Identity) 요건 중 10대 원칙과 가장 관련이 없는 것은 무엇인가?

① Control: 사용자는 그들의 신원 정보에 대한 통제권을 가져야 한다.

② Transparency: 시스템과 알고리즘은 투명해야 한다.

③ Maximize: Claim의 사용은 최대화되어야 한다.

④ Interoperability: 신원 정보는 가능한 널리 사용되어야 한다.

008
난이도 ★★★☆☆

다음 [보기]의 신원 모델(Identity Model)의 진화가 올바른 순서로 나열된 것은 무엇인가?

보기
가. 개별 신원(Siloed Identities)
나. 연합 신원(Federated Identities)
다. 자기 주권 신원(Self-Sovereign Identities)

① 가→나→다 ② 나→가→다
③ 다→가→나 ④ 가→다→나

009
난이도 ★★★☆☆

다음 [보기]의 빈칸에 들어갈 가장 적절한 용어는 무엇인가?

보기
자기 주권형 모바일 전자 증명 서비스는 블록체인 네트워크와 플랫폼 SDK를 이용해 [   ] 기반의 증명서 발행 및 제출/검증을 위한 플랫폼을 제공한다.

① 탈중앙 식별자(DID: Decentralized IDentity)

② 키 식별자(KID: Key IDentity)

③ 온라인 식별자(OID: On-line IDentity)

④ ID 박스 식별자(IDbox Identity)

010 난이도 ★★★★☆

다음 [보기]에 해당되는 내용으로 가장 적합한 것을 선택하시오.

> **보기**
> 상호 교환할 수 없는 고유한 암호화 토큰이다. 이는 하나의 토큰을 다른 토큰으로 대체하는 것이 불가능한 암호화폐를 말한다.

① 디센트럴랜드 토큰(Decentraland Token)
② 대체 불가능 토큰(NFT: Non-Fungible Token)
③ 크립토키티 토큰(Crypto Kitties Token)
④ NXT(Non-eXchange Token)

011 난이도 ★★★☆☆

다음 중 DID(Decentralized IDentity)의 특성으로 가장 관련이 없는 것은 무엇인가?

① 데이터 위·변조 불가로 해킹 방지
② 블록체인 네트워크 사용으로 비용 절감
③ 정보 소유자와 보관자가 일치하여 규제 저촉 감소
④ 사용자 동의 없는 개인정보 활용

012 난이도 ★★☆☆☆

다음 [보기]의 설명과 가장 관련성이 높은 것은 무엇인가?

> **보기**
> 휴대전화도 없고 전기도 제대로 들어오지 않는 오지의 마을에 사는 사람들이 손쉽게 ID를 등록하고, 등록된 ID로 다양한 서비스들에 증명/인증을 하고 송금까지 받을 수 있도록 서비스하는 블록체인 신원 인증 사업이다.

① GBD(Global Blockchain Donor)
② AID:Tech
③ IDbox
④ ID2020

013 난이도 ★☆☆☆☆

다음 중 빅데이터(Big Data)의 3V 특성과 거리가 가장 먼 것은 무엇인가?

① 볼륨(Volume)
② 속도(Velocity)
③ 다양성(Variety)
④ 검증성(Verification)

014

난이도 ★★★☆☆

많은 빅데이터 시스템은 클라우드 아키텍처를 사용하여 설계된다. 클라우드 아키텍처의 특성에 의해 고려되는 제어 및 보안 위험 관리와 가장 관련성이 먼 것은 다음 중 무엇인가?

① 소비자의 가시성 및 제어 감소

② 광범위한 네트워크 액세스

③ 동시에 접근되어야 할 접근 포인트

④ 소비자와 공급자 간의 동적인 시스템 경계와 복잡한 역할 및 책임

015

난이도 ★★☆☆☆

빅데이터와 분산 컴퓨팅 환경의 확산에 따라 모바일 디바이스의 보안 이슈가 대두되고 있다. 모바일은 컴퓨터 보안의 여러 측면에 걸쳐 관련되어 있는데, 일부 이슈는 반드시 해결해야만 하는 이유가 존재한다. 다음 중 모바일 디바이스에서 해결해야만 하는 보안과 관련된 이유와 가장 관련이 없는 것은 무엇인가?

① 모바일 장치는 특히 BYOD 환경에서 기업의 관리 및 제어에 도전한다. 결과적으로 모바일 중심 액세스 제어를 가능하게 해야 하는 특수한 보안 접근법이 제시되어야 한다.

② 모바일 장치는 물리적 보안 보호의 영향을 받지는 않지만 모든 데스크톱뿐만 아니라 빅데이터 시스템에도 액세스할 수 있다.

③ 모바일 장치는 빅데이터에서 종종 검색 엔진과 웹 크롤러(Web Crawler)로 사용이 되기 때문에 데이터 정보 유출에 각별히 신경 써야 한다.

④ 모바일 장치는 종종 지리 공간 데이터를 공개하는데, 이 데이터는 다른 데이터 세트를 풍부하게 하고 익명화를 수행하기 위해 빅데이터 설정에 사용될 수 있다.

016

난이도 ★★★☆☆

[보기]를 읽고 당신이 보안 담당자의 입장이라면 무엇이 가장 문제가 된다고 판단하겠는가?

보기

당신은 회사의 총괄 보안 담당자이다. 해외 지사에 실사를 나가보니 많은 종업원이 MVNO를 사용하고 있었다. MVNO는 'Mobile Virtual Network Operator'로, 일명 '알뜰폰'을 의미한다. 인터뷰를 하여 원인을 파악해보니 해외 종업원들이 해외에서 국내로 전화 송수신 시 많은 통신료 부담이 있었는데, 본사에서 통신료 지원이 안 되고 있었음이 파악되었다. 예전에는 본사에서 해외 인력에 통신료를 지원해 주었으나 회사 경영이 어려워지면서 지원이 더는 안 되고 있었으며 부가적으로 몇몇 해외 인력들이 사적으로 불법도박 및 게임에 접속하는 등, 과도한 통신비가 나왔었다는 것도 파악되었다. 이렇게 지원이 안 되는 와중에 국내 MVNO 회사들이 여러 가지 참신한 이벤트를 개최하면서 많은 해외 인력들이 새로운 통신회사에 재가입했다는 것이 파악되었다.

① MVNO는 개인정보보호 및 불법 대포폰 관련해서 악용될 우려가 있다.

② MVNO를 사용하면 추적이 안 되기 때문에 DDoS 공격에 약하다.

③ MVNO는 VPN을 사용할 수가 없어서 자사 보안성에 취약하다.

④ MVNO는 저렴한 대신 서비스의 질이 낮아서 워 다이얼링 공격에 취약하다.

017
난이도 ★★☆☆☆

다음 중 지식정보 보안산업 기술분류에 따를 때 가장 거리가 먼 것은 무엇인가?

① 정보 보안
② 물리 보안
③ 운영 보안
④ 융합 보안

018
난이도 ★★★☆☆

당신은 사내 인프라 담당자이다. 새로운 해외 지사가 확장됨에 따라 새로운 인프라 설비를 구매해야 한다. 인프라 설비를 구매함에 앞서 당신은 어떠한 절차로 공급업체를 평가하고 진행하겠는가? [보기]의 순서를 올바르게 나열하시오.

보기	
가. 공급업체 평가	마. 각 평가 카테고리에 가중치 부여
나. 평가결과 검토 및 공급업체 선정	바. 공급업체 성과의 지속적 검토 및 구체적 개선목적 제시
다. 공급업체 주요 평가 카테고리 정의	사. 각 평가 카테고리의 세부 항목 정의 및 가중치 부여
라. 점수 측정 기준 정의	

① 다→마→사→라→가→나→바
② 바→다→마→사→라→가→나
③ 다→사→마→라→가→나→바
④ 바→다→사→마→라→가→나

019
난이도 ★★☆☆☆

내부 감사와 품질 기획은 다음 중 어느 프로세스에 해당되는지 가장 관련성이 높은 것을 선택하시오.

① QC(Quality Control)
② QA(Quality Assurance)
③ QM(Quality Management)
④ QRB(Quality Review Board)

020

난이도 ★☆☆☆☆

다음 중 ATM(Automated Teller Machine) 기계의 보안공격과 가장 거리가 먼 것은 무엇인가?

① Side Channel Attack
② Shoulder Surfing
③ Dumpster Diving
④ Jackpotting Attack

021

난이도 ★★☆☆☆

통제(Control)는 조직의 정보보호 수준을 유지하기 위해 조직, 인력, 프로세스, 기술을 통해 저지, 탐지 교정, 예방하는 활동을 의미한다. 다음 중 편집 통제(Edit Control)는 어디에 해당되는가?

① 교정 통제(Corrective Control)
② 탐지 통제(Detective Control)
③ 예방 통제(Preventive Control)
④ 저지 통제(Deterrent Control)

022

난이도 ★★★☆☆

[보기]를 참고할 때, 초기 단계의 원인을 파악하기에 가장 좋은 방법은 다음 중 무엇인가?

> **보기**
>
> 당신은 정보 보안 시스템 구축 감사자(Security Information System Auditor)이다. 프로젝트 오픈 전 시스템 출하 검사자가 시스템 출하 검사를 수행하고, 납기, 품질, 원가가 전부 문제가 되고 있다고 품질 임원에게 보고하였다. 출하 검사자는 프로젝트 경험은 많지만 보안 시스템 프로젝트 경험이 얼마 되지 않아 단순히 체크리스트 정도로만 체크를 수행하고 있었다. 또한 처음부터 관리한 프로젝트가 아니고 퇴사한 다른 출하 검사자에게 인수인계를 받은 프로젝트여서 프로젝트 히스토리를 정확히 파악하지 못하였다. 또한 보안 관련 업종에 대해서 경험이 없어서 프로젝트 관리 그룹(PMO)이 별도로 설명했지만, 커뮤니케이션이 원활하지 못해 프로젝트의 정확한 문제의 원인은 모르겠다고 이슈를 제기하였다. 이에 이사진(Board of Director)은 당신에게 정확하게 무슨 문제가 있었는지 프로젝트를 실사해서 보고하라고 지시를 내렸다. 감사자인 당신이 프로젝트 관리자를 인터뷰한 결과 활동 및 자원수급이 가장 어려웠는데, 이는 이해관계자, 즉 고객의 잦은 요구사항 변경 및 고객 간의 파벌싸움으로 인해 발생한 문제라고 주장하였다. 인터뷰 후 당신은 프로젝트에서 활동과 자원의 계획 및 제어가 올바르게 그리고 적절하게 되었는지를 파악하고자 한다.

① 간트 차트(Gantt Charts)
② 프로그램 평가 및 재검토 기술(PERT: Program Evaluation Review Technique)
③ 크리티컬 패스 분석법(CPM: Critical Path Methodology)
④ 이시카와 다이어그램(Ishikawa Diagrams)

023

난이도 ★★☆☆☆

감사자인 당신은 여러 가지 프로젝트 관리 기법을 활용하여 다양한 관점으로 프로젝트 이슈 분석을 해보고자 한다. 이에 프로젝트 관리자에게 간트 차트(Gantt Charts)를 요청하였다. 다음 중 간트 차트의 장점 또는 단점과 가장 관련이 없는 것은 무엇인가?

① 단점: 변화 또는 변경에 취약

② 장점: 작업 계획과 실적의 계속적 파악 용이

③ 단점: 프로젝트 관리자의 주관에 따라 변동

④ 장점: 작업자별, 부문별 업무 성과의 객관적 상호 비교 가능

024

난이도 ★★☆☆☆

다음 중 컴퓨터실에 가장 효과적인 방화 스프링클러 시스템은 무엇인지, 가장 알맞은 답을 선택하시오.

① 준비 작동식 밸브(Pre-action Valve)

② 일제 개방 밸브(Deluge Valve)

③ 준비 작동식 밸브(Pre-action Valve) + 일제 개방 밸브(Deluge Valve)

④ 드라이파이프 밸브(Dry Pipe Valve)

025

난이도 ★★★☆☆

정보보안 분야 투자에 소극적인 이유로 비싼 비용에 대한 부담, 보안 전문가의 부재, 기술적 부분 이해 부족 등을 들 수 있다. 이는 서비스형 보안(SECaaS: SECurity as a Service)이 관심을 받고 있는 이유이기도 하다. 다음 중 서비스형 보안(SECaaS) 사용 시 장점과 가장 관련이 없는 것은 무엇인가?

① 비용 절감 효과

② 다양한 보안 기능 제공(인증, 안티바이러스, 침입탐지, 모의침투, 보안 이벤트 관리 등)

③ 핵심 역량 투자 기능

④ 대용량 트래픽을 위한 사이트 오류 및 성능 저하 감소

026 난이도 ★★☆☆☆

다음 중 빅데이터(Big Data)의 장단점과 가장 거리가 먼 것은 무엇인가?

① 의사결정의 정확도를 높일 수 있다.

② 고객에게 비전을 제시하고, 고객의 의도를 실시간으로 파악 및 정확한 이해가 가능하다.

③ 데이터의 종류에 따라 사생활 침해문제가 발생할 수 있다.

④ 빅데이터의 이중성, 빅 브라더(Big Brother)의 감시 및 통제가 우려된다.

027 난이도 ★☆☆☆☆

다음 중 컴퓨터 범죄의 범행(행위) 측면에서의 특징과 관련이 없는 것은 무엇인가?

① 발각과 입증의 곤란
② 감사증적의 어려움
③ 반복성과 계속성
④ 자동성과 광범성(원격성)

028 난이도 ★★☆☆☆

다음 중 블록체인의 특징과 가장 관련이 없는 것은 무엇인가?

① 확장성
② 투명성
③ 유연성
④ 안정성

029 난이도 ★★★☆☆

퍼블릭 블록체인에서 거래 증명과 관련된 알고리즘과 가장 관련이 없는 것은 무엇인가?

① PoW(Proof of Work)
② PoA(Proof of Associate)
③ PoS(Proof of Stake)
④ PoI(Proof of Importance)

030 난이도 ★★★☆☆

네 개의 눈 원칙(Four Eyes Principle)은 다음 중 어떠한 통제와 유사한가? 가장 알맞은 답을 선택하시오.

① 직무 분리(SoD: Separation of Duties)
② 직무 순환(Job Rotation)
③ 강제 휴가(Required Vacation)
④ 교차 훈련(Cross Training)

031
난이도 ★★★★☆

감리원은 환경영향평가법에 따른 환경영향 조사결과를 조사기간이 만료된 날부터 며칠 이내에 지방환경청장 및 승인기관의 장에게 통보할 수 있도록 하여야 하는가? 가장 알맞은 기간을 선택하시오(단, 조사기간이 일 년 이상인 경우에는 매 연도별 조사결과를 다음해 1월 31일까지 통보하여야 함).

① 10일 이내
② 20일 이내
③ 30일 이내
④ 60일 이내

032
난이도 ★★★★★

다음 중 자동차 전장장치 제어 데이터의 훼손, 변조, 유출 등을 방지하기 위한 보안기술과 가장 관련이 없는 것은 무엇인가?

① EDR(Event Data Recorder) 데이터 보안
② ACC(Adaptive Cruise Control) 데이터 보안
③ ECU(Electronic Control Unit) 데이터 보안
④ OBD(On Board Diagnosis) 데이터 보안

033
난이도 ★★★☆☆

스마트 공장 정보 보안의 정보보호 규정 수립과 관련하여, 정보보호 정책이 문서화되지 않을 경우 발생할 수 있는 위험은 다음 중 무엇인가?

① 정보보호 경험과 전문 지식을 공유할 수 없음
② 정보보호 위반 시 징계 근거 불분명
③ 관련 법령 위반으로 인한 소송, 법적 제재 발생
④ 정보보호 사고에 대하여 체계적으로 대응하지 못하고 임시방편적으로 대응

034
난이도 ★★☆☆☆

다음 중 커넥티드 카 안전성 확보를 위해 고려되어야 할 사항과 가장 거리가 먼 것은 무엇인가?

① 검사 및 출고 시점 품질 강화
② 자율주행 플랫폼 보안 강화
③ 스마트 카 포렌식 기술 적용
④ 자율주행 사고예측, 분석 기법 적용

035   난이도 ★☆☆☆☆

당신은 정보보호최고책임자(CISO)이다. 회사 규모가 커짐에 따라 신규 인터넷 데이터센터(IDC)를 확장하고자 한다. 그런데 예산이 부족하여 다음 보기 중에서 고를 수밖에 없다. 통합관제센터와 연계된 최고의 인터넷 데이터센터 입지는 어디인가? 가장 알맞은 답을 선택하시오.

① 주 출입구가 강을 바라보며 어디서든 접근을 하기가 어려운 장소
② 수풀이 울창한 산 중간 지점으로, 주 출입구는 상의 정상을 향하는 장소
③ 주변에 아무것도 없는 언덕이나 절벽 위로 주 출입구가 아래를 내려다보는 장소
④ 바닷가 근처로 주변에 아무것도 없으며 주 출입구가 여러 방향에서 접근이 가능한 장소

036   난이도 ★★☆☆☆

다음 중 백업 인터넷 데이터센터(IDC) 선정에 있어서 가장 좋은 지역은 어디인가? 보기 중 최적의 장소를 선택하시오.

① 원가부담 완화 및 빠른 사고인지를 위해 동일한 경비업체가 관리하는 인접 지역
② 장비의 매체는 자기장과 큰 관련성이 있으므로 지구의 자기장과 반대된 지역
③ 백업 인터넷 데이터센터는 범죄와 화재에 대한 내성이 있어야 하므로 관공서가 밀접한 지역
④ 장비는 전력에 민감해야 하므로 본 데이터센터와 다른 전력을 사용하는, 지리적으로 먼 지역

037   난이도 ★★★☆☆

W3C(World Wide Web Consortium, WWW 또는 W3)는 월드 와이드 웹을 위한 표준을 개발하고 장려하는 조직으로 팀 버너스 리를 중심으로 1994년 10월에 설립되었다. W3C는 회원기구, 정직원, 공공기관이 협력하여 웹 표준을 개발하는 국제 컨소시엄이다. W3C의 설립취지는 웹의 지속적인 성장을 도모하는 프로토콜과 가이드라인을 개발하여 월드 와이드 웹의 모든 잠재력을 이끌어 내는 것이다. 그렇다면 W3C의 목적으로 가장 알맞은 것은 무엇인가?

① 웹 표준화(Web Standardization)   ② 웹 다양성(Web Diversity)
③ 웹 은닉성(Web Concealment)   ④ 웹 상호운용성(Web Interoperability)

038   난이도 ★★★☆☆

당신은 데이터센터에서 SAP ERP의 새로운 신규 솔루션의 PoC(Proof of Concept) 테스트를 수행하였다. 경영진에게 테스트 결과를 성공적으로 시연한 후 불필요한 컴퓨터/네트워크 장비를 철수하고자

한다. 물리적 관점에서 반드시 우선적으로 수행해야 하는 작업은 무엇인가? 가장 관련성이 높은 것을 선택하시오.

① 컴퓨터 및 네트워크 장비의 케이스를 오픈해서 보안담당자에게 보여주어야 한다.

② 데이터센터의 관리자가 서명한 반출 허가 문서를 요청해야 한다.

③ 보안 감사자에게 컴퓨터 소프트웨어의 PoC 수행내역 로그성 증적 자료를 정리해서 제출해야 한다.

④ 보안 담당자에게 반출하고자 하는 장비의 디스크 초기화 완료 문서를 요청해야 한다.

039 난이도 ★★☆☆

코로나로 인해 강의를 먼저 듣고, 학교나 학원에 가서 선생님과 같이 활동하는 것으로 평소 우리가 알아왔던 수업과는 반대 형태의 수업이 되었다. 즉, 학교에서 선생님의 수업을 듣고, 그 다음에 집에서 숙제를 하는 것이 아니라, 수업에 들어가기 전에 사전에 공부하고 수업에서는 선생님과 함께 활동하는 것을 무엇이라고 하는가? 가장 알맞은 답을 선택하시오.

① 머신러닝 ② 플립러닝
③ 딥러닝 ④ 리버스러닝

040 난이도 ★★★☆

다음 보기 중 성격이 가장 다른 것은 무엇인가?

① OER ② OCR
③ OCW ④ MOOC

041 난이도 ★★★☆

다음 중 인공지능의 한 분야인 머신러닝(Machine Learning)의 특징과 가장 관련이 없는 것은 무엇인가?

① 활용하는 데 있어 고도의 수학적 지식이나 프로그래밍 능력을 요구한다.

② 방대한 양의 데이터가 축적된 영역에서 빅데이터를 활용할 수 있다.

③ 데이터를 제외한 나머지 과정은 자동화가 가능하므로 저렴하고 유연하다.

④ 특정 데이터와 적합한 알고리즘을 사용할 경우, 사람이 만든 모델보다 좋은 결과를 보여줄 수 있다.

042
난이도 ★★☆☆☆

임직원이 따라야 하는 모든 세부 조치를 구현한 것으로, 다음 중 가장 관련 있는 것은 무엇인가?

① Standards
② Guidelines
③ Baselines
④ Procedures

043
난이도 ★☆☆☆☆

전자문서(Electronic Document)는 컴퓨터 등 정보처리능력을 가진 장치에 의하여 전자적인 형태(Electronic Form)로 작성되어 송수신되거나 저장된 문서형식의 자료로서 표준화된 것을 말한다. 그렇다면 전자문서의 효력이 발생하는 시점은 언제부터라고 볼 수 있는가?

① 송신자의 컴퓨터에 파일로 등록된 때부터
② 송신자의 컴퓨터에서 수신자로 데이터 패킷을 처음 전송하는 시점부터
③ 수신자의 컴퓨터에 파일로 등록된 때부터
④ 송신자와 수신자 사이에서 데이터가 네트워크에 전송될 시점부터

044
난이도 ★★☆☆☆

다음 [보기]는 정책, 표준, 지침, 절차 중에서 무엇을 설명한 것인가? 가장 알맞은 답을 선택하시오.

> **보기**
> 가. 반드시 지켜야 하는 것이 아니라 선택 가능하거나 권고적인 내용이며 융통성 있게 적용할 수 있는 사항을 설명
> 나. 정보보호 정책에 따라 특정 시스템 또는 특정 분야별로 정보보호 활동에 필요하거나 도움이 되는 세부 정보를 설명

① 정책(Policy)
② 표준(Standard)
③ 지침(Guidelines)
④ 절차(Procedures)

045
난이도 ★★★☆☆

일반적인 정성적 위험분석의 절차를 가장 올바른 순서로 나열한 것은 무엇인가?

보기
가. 통제 방안의 우선순위 분석　　바. 위험 평가
나. 보고서　　사. 위험 평가의 분석
다. 위험 발생 가능성 등급 평가　　아. 위험의 영향 등급 평가
라. 위험 분석　　자. 비용 및 효과 분석
마. 통제 방안 분석

① 사→라→아→다→마→바→자→가→나　② 사→아→다→자→가→마→라→바→나
③ 사→라→다→아→바→마→자→가→나　④ 사→라→아→다→자→가→마→바→나

046　　난이도 ★★☆☆☆

다음 중 일반적인 형상 관리의 활동과 가장 관련이 없는 것은 무엇인가?

① 형상 식별　　② 형상 배포
③ 형상 감사　　④ 형상 품질

047　　난이도 ★★★☆☆

당신은 프랜차이즈 회사의 개인정보 담당자이다. 전 세계는 알 수 없는 유행성 전염병(팬데믹)으로 인해 비대면으로 모든 업무를 처리하게 되었다. 이에 프랜차이즈 상점에 방문할 경우 반드시 방문 이력을 남겨야 되지만, 사람들은 개인정보에 민감하기 때문에 불만도 상당히 많은 상황이다. 많은 사람이 불만은 가지고 있지만 스스로 정부의 협조요청에 암묵적으로 동의하고 있다. 만약 고객들이 방문 이력을 남길 경우 가장 좋은 방법은 무엇이라고 보여지는가? 프랜차이즈 회사에서는 이 문제에 대해서 많은 고민을 하고 있으며 타당할 경우 투자에 대해서 전폭적으로 지원해주기로 약속하였다. 이러한 상황으로 볼 때 개인정보 담당관의 입장에서 사회적인 시류에 맞게 보기에서 가장 알맞은 답을 선택하시오(참고로 방문 이력은 개인정보 동의, 성명, 전화번호, 체온 등).

① 방문 시 방문 이력을 방문 이력서 장부에 수기로 적도록 한다.
② 방문 시 QR 코드(전자출입명부)를 다운로드 받아서 방문 이력을 프랜차이즈 직원에게 보여주도록 한다.
③ 방문 시 프랜차이즈 가게에 전화를 걸어서 자동으로 방문 이력을 남기도록 시스템을 구성한다.
④ 관공서에서 개인정보 서류를 받도록 해서 고객들이 그 증빙서류가 없다면 프랜차이즈에 출입금지를 시키도록 한다.

048 난이도 ★★☆☆☆

다음 중 프로그램의 다중 처리 방식과 가장 관련이 없는 것은 무엇인가?

① 멀티프로그래밍
② 멀티스레딩
③ 멀티프로세싱
④ 멀티플렉싱

049 난이도 ★★★☆☆

다음 [보기]에 해당하는 공격은 무엇을 의미하는 것인가? 가장 알맞은 답을 선택하시오.

> **보기**
> 영구 서비스 거부라는 뜻으로 휴대폰, MP3, 셋톱박스 등 인터넷이 연결된 기기를 작동하기 위해 필요한 소프트웨어(펌웨어)를 업데이트할 때 해커가 악성코드를 몰래 삽입하여 기기를 공격하는 것이다.

① PDoS
② DDoS
③ DRDoS
④ Nuke

050 난이도 ★★☆☆☆

CAP 이론은 분산 컴퓨팅이 가져야 할 특징 3가지를 모두 충족할 수는 없으며 2가지의 특징만 충족할 수 있다는 이론이다. 만약 그렇다면 이 3가지는 무엇을 의미하는 것인가? 가장 알맞은 답을 선택하시오.

① 기밀성(Confidentiality), 책임 추적성(Accountability), 분리 내구성(Partitions Tolerance)

② 일관성(Consistency), 가용성(Availability), 분리 내구성(Partitions Tolerance)

③ 기밀성(Confidentiality), 책임 추적성(Accountability), 지속성(Persistency)

④ 일관성(Consistency), 가용성(Availability), 지속성(Persistency)

051 난이도 ★★☆☆☆

다음은 IIS Web Server 보안 체크리스트에서 로깅에 관련된 체크 항목이다. 다음 중 가장 관련이 없는 항목을 선택하시오.

① 웹 서버 로깅을 하고 있는가?
② 로그 파일은 주기적으로 백업하고 있는가?
③ 로그 파일은 주기적으로 삭제하고 있는가?
④ 로그 파일에 적절한 ACL을 설정하였는가?

052
난이도 ★☆☆☆☆

다음 중 보안관제의 주요한 역할로 가장 관련성이 낮은 것을 선택하시오.

① 정보보호 안전진단
② 보안 시스템 통합관리
③ 최적의 보안 체계 운영
④ 일관성 있는 정책 구현

053
난이도 ★★★☆☆

다음 중 모놀리식 구조보다는 마이크로서비스를 선택해야 하는 이유와 가장 관련이 없는 것은 무엇인가?

① 마이크로서비스는 배포 시간이 더 빠르다.

② 어떤 구성요소들은 다른 구성요소보다 더 자주 업데이트된다.

③ 모놀리식 구조는 마이크로서비스에 비해 비싸다.

④ 코드가 너무 커지고 복잡해진다.

054
난이도 ★★☆☆☆

다음 중 정보의 도난 사고에 대한 대응전략으로 가장 알맞은 것은 무엇인가? 가장 적절한 대응방법을 찾으시오.

① 공격자의 활동 감시, 비인가 접속 봉쇄, 시스템의 보안 재설정 및 복구

② Flooding의 효과를 최소화하기 위해 라우터 재설정

③ 웹 사이트 모니터링, 온라인 상태로 조사, 웹 사이트 복구

④ 관련된 시스템의 이미지 확보, 도난 신고 법적 대응 준비

055
난이도 ★★★★☆

클라우드 전환을 고려하는 기업들은 데이터, 플랫폼, 앱 등을 보호하기 위한 클라우드 보안 솔루션에 관심을 보이고 있다. 그렇다면 다음 중 클라우드 보안 솔루션과 관련되지 않은 것은 무엇인가?

① CHSM(Cloud Health Security Management)
② CWPP(Cloud Workload Protection Platform)
③ CASB(Cloud Access Security Broker)
④ CSPM(Cloud Security Posture Management)

056
난이도 ★★★☆☆

COBIT 5 Process Capability Model의 6가지 단계와 가장 관련이 없는 것은 무엇인가?

① Incomplete Process
② Managed Process
③ Analysis Process
④ Optimizing process

057
난이도 ★★☆☆☆

IT 인력소싱과 관련한 기능의 제공방식에는 여러 가지가 존재한다. 다음 중 가장 관련이 없는 것은 무엇인가?

① 하이브리드(Hybrid) 방식
② 서드파티(Third-Party) 방식
③ 자체 조달(Insourced) 방식
④ 외주(Outsourced) 방식

058
난이도 ★☆☆☆☆

다음 중 침투 테스트 시 수행하는 기법으로 가장 관련이 없는 것은 무엇인가?

① 스캐닝(Scanning)
② 덤스터 다이빙(Dumster Diving)
③ 스니핑(Sniffing)
④ 스푸핑(Spoofing)

059
난이도 ★★☆☆☆

다음 중 악의적 공격자의 트로이 목마(Trojan Horse) 수행목적과 가장 관련이 없는 것은 무엇인가?

① 데이터의 절도
② 은닉 채널 활용
③ 스파잉, 감시 또는 스토킹
④ 암호화 해제

060
난이도 ★★★☆☆

다음 중 백도어(Backdoor)의 종류와 가장 거리가 먼 것은 무엇인가?

① Login 백도어
② Kernel 백도어
③ Library 백도어
④ TCP 셸 백도어

061
난이도 ★★☆☆☆

다음 중 은닉 채널(Covert Channel)의 대응방법으로 가장 관련이 없는 것은 무엇인가?

① 취약점 모니터링　　　　② 제한된 대역폭

③ 시스템 자원 분석　　　　④ 로그 분석

062
난이도 ★★☆☆☆

방사(Emanation)는 컴퓨터와 장치로부터 방출되는 전기신호를 가로챔으로써 원래 데이터를 알아내는 방법이다. 이를 방지하기 위한 대응방법과 가장 거리가 먼 것은 무엇인가?

① 템페스트(Tempest)　　　　② 스펙터(Specter)

③ 컨트롤 존(Control Zone)　　④ 백색 잡음(White Noise)

063
난이도 ★★★☆☆

SAML(Security Assertion Markup Language)의 구성요소로 가장 관련이 없는 것은 무엇인가?

① 주체(일반적으로 사용자)

② 인증 정보 제공자(IdP: Identity Provider)

③ 서비스 제공자(SP: Service Provider)

④ 검증 사이트(RPs: Relying Parties)

064
난이도 ★★★☆☆

오픈아이디(OpenID)는 비영리 재단인 OpenID 재단(OpenID Foundation)에서 관리하는 인증 수단이다. 다음 중 오픈아이디의 취약점과 관련이 없는 것은 무엇인가?

① Phishing

② MITM(Man-in-the-middle Attacks)

③ Authentication Hijacking in Unsecured Connection

④ DDoS(Distributed Denial of Service)

065

난이도 ★★★☆☆

[보기]를 OAuth의 인증순서에 따라 올바르게 나열한 것은 무엇인가?

> **보기**
>
> 가. 소비자가 서비스 제공자에게 요청 토큰을 요청한다.
>
> 나. 소비자가 사용자를 서비스 제공자로 이동시킨다. 여기서 사용자 인증이 수행된다.
>
> 다. 소비자가 접근 토큰을 요청한다.
>
> 라. 발급된 접근 토큰을 이용하여 소비자에서 사용자 정보에 접근한다.
>
> 마. 서비스 제공자가 소비자에게 요청 토큰을 발급해준다.
>
> 바. 서비스 제공자가 사용자를 소비자로 이동시킨다.
>
> 사. 서비스 제공자가 접근 토큰을 발급한다.

① 가→다→나→사→라→마→바

② 다→사→가→마→나→라→바

③ 가→마→나→바→다→사→라

④ 다→나→가→바→마→사→라

066

난이도 ★★☆☆☆

[보기]는 기존 인프라 스트럭처와 비교한 클라우드의 구조적인 특징을 설명한 것이다. 빈칸에 들어갈 말은 무엇인가?

> **보기**
>
> 기존 인프라 스트럭처는 서버, 스토리지, 네트워크를 사전에 패키지로 구성하고, 그 위에 소프트웨어를 얹은 어플라이언스 형태가 일반적이었다. [   ]는 여기서 더 높은 수준의 가상화와 자동화 개념을 추가하여 자원을 더욱 손쉽게 배분하고, 컨테이너와 같은 클라우드 환경에 필수적인 요소를 마치 퍼블릭 클라우드 서비스를 이용하는 것처럼 즉시 도입할 수 있도록 해준다.

① 소프트웨어 정의 데이터센터(SDDC: Software-Defined Data Center)

② 하이퍼 컨버지드 인프라(HCI: Hyper-Converged-Infrastructure)

③ 소프트웨어 정의 스토리지(SDS: Software-Defined Storage)

④ 체프 분산 스토리지 시스템(Ceph Distributed Storage System)

067
난이도 ★★★★☆

메모리 포렌식 분석을 위해 가장 널리 사용되고 있는 '이것'은 최초 2006년 아론 월터스(Aaron Walters)의 메모리 분석 관련 FATKit 프로젝트에서 출발하였다. '이것'으로 가장 알맞은 툴은 무엇인가? 다음 중 고르시오.

① DumpIt.exe
② 볼라틸리티(Volatility)
③ FTK Imager Lite
④ 맨디언트 레드라인(Mandiant Redline)

068
난이도 ★★☆☆☆

[보기]에 해당하는 내용은 어떠한 공격인가? 가장 알맞은 답을 선택하시오.

> **보기**
> 로그인한 사람들을 속이고 비밀번호나 신용카드 번호를 훔치기 위해 합법적인 네트워크인 것처럼 가장한 무선 네트워크를 가리킨다. 이 공격은 피싱 사기의 무선 버전이다. 공격자는 합법적인 제공자처럼 행세하며 노트북이나 휴대전화로 핫스팟에 연결한 무선 사용자들을 속이고 악의적인 공격을 한다.

① 블루투스 위장 공격(BIA: Bluetooth Impersonation Attack)
② 에어 존 공격(Air Zone Attack)
③ 홍커(Honker Union)
④ 이블 트윈(Evil Twin)

069
난이도 ★★★☆☆

[보기]의 설명은 능력 성숙도 통합모델(CMMI)에서 소프트웨어 프로세스 성숙도 레벨 몇 단계에 해당되는 내용인가? 가장 알맞은 답을 선택하시오.

> **보기**
> 소프트웨어 프로세스와 소프트웨어 품질에 대한 정량적인 측정이 가능해진다. 조직은 프로세스 데이터베이스를 구축하여 각 프로젝트에서 측정된 결과를 일괄적으로 수집하고 분석하여 품질평가를 위한 기준으로 삼는다.

① 레벨 2(Managed)
② 레벨 3(Defined)
③ 레벨 4(Quantitatively Managed)
④ 레벨 5(Optimizing)

070

난이도 ★★★☆☆

여러분의 업체와 타 업체 간의 ID를 일괄 관리하고자 연합 ID(FIM: Federated Identity Management)의 도입을 추진하는 중이다. 다음 중 연합 ID(FIM)의 단점이 아닌 것은 무엇인가?

① 초기에 시스템 설정 비용이 많이 들 수 있다.

② 사용자가 도메인 전체의 모든 리소스에 액세스하기 때문에 관리자는 각각의 액세스 수준을 별도로 통제하기 어렵다.

③ ID 연합의 참여 구성원이 정책과 보안 프로토콜을 같이 만들어야 한다.

④ 조직은 서로 다른 연합의 구성원이 될 수 있으므로 여러 규칙 세트를 따라야 한다.

071

난이도 ★★★☆☆

다음 중 프라이버시 디자인(PbD)의 7가지 기본원칙과 가장 관련이 없는 것은 무엇인가?

① 설계 시에 포함된 프라이버시 대책: 프라이버시 대책은 설계 시에 정보기술, 조직이나 사회기반에 포함되어 있으며, 결과적으로 프라이버시 대책은 구성 요소에서 반드시 필요한 기반기능이 된다.

② Reactive(사후)가 아니라 Proactive(사전): 프라이버시 대책은 사후 조치가 아니라 사전에 계획한 대책으로 문제가 발생하기 전에 프라이버시 침해를 방지해야 한다. PbD는 프라이버시상의 리스크가 발생했을 때 프라이버시 침해를 해결하기 위한 구제대책을 제공한다.

③ 기업 거버넌스와 맞게 구성되어야 하고, 반드시 리스크 기반으로 정의되어야 하며, 또한 프라이버시 영향평가(PIA: Privacy Impact Assessment)를 반드시 실행하여 취약점을 도출해야 한다.

④ 가시화와 투명성: 모든 이해관계자(Stakeholder)는 무엇이 정보기술, 조직이나 사회기반과 관련되어 있는지를 확인해야 한다(가시화). 그리고 기업 조직의 이념, 목표에 대해 독립된 검증도 실시해야 한다(투명성).

072

난이도 ★★★☆☆

다음 중 공정정보규정(FIPS: Fair Information Practices)의 원칙과 가장 관련이 없는 것은 무엇인가?

① 공지, 인식: 데이터 수집 대상에게 데이터를 수집하는 것에 대해 공지해야 한다.

② 보안: 데이터 수집 기관은 데이터에 대한 보안을 책임져야 한다.

③ 접근, 참가: 데이터 수집은 적절한 주체에게 접근권한이 부여되어야 한다.

④ 시행: 공정정보규정원칙을 시행하기 위한 여러 법률과 규정이 필요하다

073 난이도 ★★★☆☆

다음 중 공정정보규정(FIPS: Fair Information Practice Principles)에 포함되는 법률과 가장 관련이 없는 것은 무엇인가?

① 사베인즈 옥슬리 법(Sarbanes-Oxley Act)

② 아동 온라인 개인정보 보호법(COPPA)

③ 그램-리치-브릴리법(GLB: Gramm-Leach-Billey)

④ 건강보험의 양도 및 책임에 관한 법률(HIPAA)

074 난이도 ★★☆☆☆

다음 중 의사결정 지원 시스템(DSS: Decision Support System)의 3가지 관리수준과 가장 관련이 없는 것은 무엇인가?

① 운영통제 ② 관리통제
③ 개발통제 ④ 전략계획 수립

075 난이도 ★★★★☆

IT 비상 계획(IT Contingency Plans)과 관련하여 [보기]의 내용은 무엇을 의미하는가? 가장 알맞은 내용을 고르시오.

보기

인명피해를 줄이고 물리적인 위협으로부터 자산 손실을 보호하는 절차를 정의한다. 특히, 주로 다음과 같은 위협에 대해서 어떻게 대응을 할지 가이드를 제시하여 준다.

Medical Emergency, Smoke/ Fire, Missing Child, Unusual Odor, Threats / Workplace Violence, Elevator Malfunction or Entrapment, Power Failure / Utility Failure, Severe Weather - Hurricane, Tornado, Flood, Snow/ Ice, Earthquake, Civil Disobedience/ Disorder, Bomb Threat, Explosion Within the Facility, Explosion Outside of the Facility, Suspicious Package/ Person, Suspicious Mail/ White Powder, Hazardous Materials Incident, Pandemic Influenza & Other Contagious Diseases, Chemical, Biological, Radiological, Nuclear(CBRN) incident, Active Threat, Terrorism Threats: National Terrorism Advisory System. etc.

① OEP: Occupant Emergency Plan ② COOP: Continuity of Operations Plan
③ DRP: Disaster Recovery Plan ④ CCP: Crisis Communications Plan

076
난이도 ★★☆☆☆

다음 중 컴퓨터 시설에 알맞은 습도는 얼마인가? 가장 알맞은 답을 선택하시오.

① 10~20 %   ② 30~40 %   ③ 40~50 %   ④ 60~80 %

077
난이도 ★★☆☆☆

다음 중 데이터센터의 창문(Window)과 관련해서 잘못 설명된 내용은 무엇인가?

① 창문은 불투명이나 반투명 유리로 만들어야 한다.
② 창문에는 보안 센서가 부착되어 있어야 한다.
③ 창문은 비산방지의 특성을 가지고 있어야 한다.
④ 창문은 화재발생을 대비하여 비고정형이어야 한다.

078
난이도 ★★★☆☆

다음 중 컨테이너(Container)의 장점과 가장 관련이 없는 것은 무엇인가?

① 가상 OS형태로 독립 환경 제공   ② 이동성
③ 보안의 효율성   ④ 빠른 시작과 종료 시간

079
난이도 ★★★☆☆

다음 중 운영자 관점에서 컨테이너 기술의 장점이 아닌 것은 무엇인가?

① 낮은 오버헤드와 빠른 시작
② 구축 기간 단축
③ 실시간 운영 대시보드 기능
④ 프로젝트 투입인력 간소화 및 클라우드 네이티브 운영 환경 실현

080
난이도 ★★☆☆☆

다음 중 네트워크 접근 제어(NAC: Network Access Control)의 기능으로 가장 해당사항이 없는 것은 무엇인가?

① 불법 소프트웨어 관리   ② 보안 관리
③ 자산 관리   ④ 신원 및 엑세스 관리

081

난이도 ★★☆☆☆

[보기]의 빈칸에 들어갈 말로 가장 알맞은 답을 선택하시오.

> **보기**
>
> [　]은 HTML, XML 문서의 프로그래밍 인터페이스이다. 문서의 구조화된 표현을 제공하여 그들의 문서 구조 및 스타일, 내용 등을 변경할 수 있게 한다. 또한 [　]은 구조화된 노드와 프로퍼티와 메서드를 갖고 있는 OBJECT로 문서를 표현한다. 웹 페이지를 스크립트 또는 프로그래밍 언어에서 사용될 수 있게 연결시켜주는 역할을 담당하기도 한다.

① DOM: Document Object Model
② SAX: Simple API for XML
③ JSON: JavaScript Object Notification
④ BOM: Browser Object Model

082

난이도 ★☆☆☆☆

다음 중 미세 전자 기계 시스템(MEMS: Micro Electronic Mechanical Systems)의 용도로 가장 해당되지 않는 것은 무엇인가?

① 광반도체 핵심 부품
② 다품종 소량생산 장비
③ 광학 교환 장비
④ 센서 구동형 장비

083

난이도 ★★★☆☆

[보기]와 같은 상황일 때 당신에게 가장 도움이 되는 문서는 무엇인가? 가장 알맞은 답을 고르시오.

> **보기**
>
> 당신은 전산실의 최고 책임자이다. 이번에 새로 구축된 SAP ERP 프로젝트에서 수행하는 알파 시스템과 베타 시스템의 인터페이스 사이에서 대량의 트랜잭션으로 인한 성능 이슈로 시스템 덤프(Dump)가 계속 발생하였다고 한다. 이에 담당 설계자에게 문의해보니 이미 조치가 끝나서 운영 시스템에 넘겼다고 한다. 담당 설계자는 프리랜서로 계약관계로 움직이기 때문에 성능 이슈의 문제점과 조치사항이 알려지는 것에 대해서 상당히 부정적이었다. 하지만 조치가 되었다고 했는데도 해당 프로그램에서 또 다른 성능 이슈가 발생하였다. 다시 담당 설계자에게 문의해보니 기존의 성능 이슈가 아니라 다른 성능 이슈라고 주장하였다. 그리고 긴급으로 성능 개선(튜닝)을 하여 운영에 이관하였고, 이제는 문제가 없다고 한다. 당신은 그 설계자가 상당히 의심이 가고 있다.

① 응답시간 보고서(Respond Time Report)

② 헬프 데스크 보고서(Help Desk Report)

③ 성능 개선 요청서(Request Tuning Report)

④ 트레이스 수행서(Tracing Report)

084   난이도 ★★☆☆☆

다음 중 sudo 명령어와 가장 연관성 있는 접근통제 모델(Access Control Model)은 무엇인가?

① MAC(Mandatory Access Control)

② DAC(Discretionary Access Control)

③ RBAC(Role Based Access Control)

④ ABAC(Attribute Based Access Control)

085   난이도 ★★★☆☆

[보기]와 관련된 내용으로 가장 알맞은 접근 통제 방법은 무엇인가?

> **보기**
>
> 조직은 데이터 민감도 및 데이터 액세스를 위한 운영 요구 사항을 기반으로 가장 적합한 모델을 결정하는 것이 중요하다. 특히 개인 식별 정보(PII) 또는 HIPAA(Health Insurance Portability and Accountability Act) 또는 CUI(Controlled Unclassified Information) 데이터를 포함한 기타 민감한 정보 유형을 처리하는 조직은 액세스 제어를 보안 아키텍처의 핵심 기능으로 만들어야 한다.

① MAC(Mandatory Access Control)

② DAC(Discretionary Access Control)

③ RBAC(Role Based Access Control)

④ ABAC(Attribute Based Access Control)

086   난이도 ★★☆☆☆

다음 중 OWASP의 Cross-Site Scripting(XSS)의 3가지 유형과 가장 관련이 없는 것은 무엇인가?

① Reflected XSS
② Stored XSS
③ DOM Based XSS
④ BOM Based XSS

087   난이도 ★★☆☆☆

다음 중 OWASP의 Insufficient Logging & Monitoring(불충분한 로깅 및 모니터링)에 대한 대응방법으로 가장 거리가 먼 것은 무엇인가?

① 의심스러운 활동이 적시에 탐지되고 대응될 수 있도록 효과적인 모니터링 및 경고를 설정한다.

② 중앙 집중적인 로그 관리 솔루션에 의해서 쉽게 파악될 수 있는 형식으로 로그가 생성되고 있는지 확인한다.

③ 로깅에 대해서는 수시로 실시간 백업을 수행해야 하며 이에 대한 접근권한을 감사자가 상시적으로 체크해야 한다.

④ 모든 로그인, 접근 통제 실패, 서버 측면의 입력값 검증 실패 등 의심스럽거나 악의적인 계정을 식별할 수 있는 충분한 사용자 문맥으로 로그가 기록될 수 있는지 확인한다.

088
난이도 ★★☆☆☆

OWASP Top 10 중 Sensitive Data Exposure(민감한 데이터 노출)에 대한 대응방안이 아닌 것은 무엇인가?

① 컴포넌트, 라이브러리, 프레임워크, 다른 소프트웨어 모듈은 대부분 항상 관리자 권한으로 부여한다.

② 모든 민감한 데이터의 암호화를 수행하였는지 확인한다.

③ 민감한 데이터를 포함하는 캐시를 비활성화한다.

④ 최신의 강력한 표준 알고리즘, 프로토콜, 암호 키를 사용하는지 확인한다.

089
난이도 ★★★☆☆

다음 중 타원곡선 암호(ECC)의 방식을 이용한 대표적인 전자서명 알고리즘은 무엇인가?

① DSA   ② RSA
③ ECC   ④ ECDSA

090
난이도 ★★★☆☆

해시 함수는 보안 분야의 각종 솔루션에서 많이 사용하며 포렌식에서도 무결성을 입증하는 기술로 사용하고 있다. 그렇다면 다음 중 해시 함수와 가장 관련이 없는 것은 무엇인가?

① MD5   ② SHA-1
③ HAS-160   ④ IDEA

091
난이도 ★☆☆☆☆

다음 중 대표적인 비대칭 키 알고리즘이 아닌 것은 무엇인가?

① Rijndael
② RSA
③ ElGamal
④ Diffie-Hellman

092
난이도 ★★★☆☆

비대칭 키 알고리즘의 대부분은 수학적으로 어려운 문제들에 기반을 두고 있다. 그렇다면 다음 중에서 가장 관련이 없는 것은 무엇인가?

① RSA - 소인수 분해
② Elgamal - 유한체의 이산대수
③ Diffie-Hellman - 선형대수학
④ ECC - 타원곡선의 이산대수

093
난이도 ★★★☆☆

감사 관점에서 볼 때, 내부통제 시스템 안에서 모든 거래의 3가지 기능은 가급적 분리되어 수행하여야 한다. 다음 중 이와 가장 관련이 없는 것은 무엇인가?

① 거래와 관련된 로그(Audit Trail)
② 거래의 승인(Authorization)
③ 거래의 기록(Record Keeping)
④ 거래와 관련된 자산의 보호(Custody)

094
난이도 ★★★☆☆

다음 중 리스크 관리에서 감사인이 프로세스의 효과성을 판단하기 위해 수행하는 평가 내용과 가장 거리가 먼 것은 무엇인가?

① 중요한 리스크가 식별되고 평가되는지
② 조직의 목표가 조직의 미션을 지원하고 미션과 일관성을 갖는지
③ 중요한 리스크가 위험 프레임워크에 맞게 최적화로 구성되었는지
④ 적절한 위험 대응책이 조직의 위험선호 태도에 맞게 선택되었는지

095
난이도 ★★☆☆☆

IS 감사인이 어떠한 애플리케이션 시스템 프로젝트를 구축한 후 감사에 투입되었다. IS 감사인의 독립성이 손상된 경우는 다음 중 어떠한 상황인가? 가장 알맞은 답을 선택하시오.

① 프로젝트 PM에게 애플리케이션 시스템의 다른 모범 실무(BP: Best Practice)에 대한 자문을 제시하였다.

② 애플리케이션 시스템 감사에 사용되는 범용 감사 소프트웨어(GAS)를 선정하였다.

③ 애플리케이션 시스템 개발 중에 특정한 부분을 설계하였다.

④ 애플리케이션 시스템 프로젝트의 팀원이기는 하였지만 운영적인 부분은 무관하다.

096

감사인에게 법규상 금지된 업무는 아니지만 동의가 반드시 필요한 비감사 업무가 아닌 것은 무엇인가?

① 가치평가를 수반하는 기업 구조조정 관련 업무
② 자금조달 관련 업무
③ 재무정보체제의 구축 또는 운영
④ 인적자원의 조달 및 관리 대행 업무

097

감사인은 독립성 훼손 가능성의 제거 또는 감소를 위한 제도적 안전장치로서 다음과 같은 사항을 고려하여야 한다. 다음 중 가장 해당되지 않는 것은 무엇인가?

① 감사인의 전체구성원이 독립성을 준수하고 유지하도록 하는 조직 내부의 정책과 절차를 구축하고 운영함으로써 전체구성원의 독립성을 준수하고 유지하도록 함

② 효율적인 토론을 위한 최고감사책임자(CAE)와 이사회(BoD)의 핫라인 구축

③ 독립성의 훼손 위험을 예방, 제거 또는 감소시킬 수 있는 윤리규정과 제도적 안전장치

④ 독립성 유지정책을 담당하는 적절한 내부조직 또는 인력의 운영

098

지능형 교통 시스템(ITS: Intelligent Transport Systems)에는 여러 가지 기능이 존재한다. 다음 중 ITS의 기능과 가장 관련이 없는 것은 무엇인가?

① 새로운 규제 정보를 운전자에게 제공

② 인공지능을 활용한 범죄 유발자 추적 시스템 활용

③ 교통사고 발생을 감지하고 즉각적인 사고처리 및 교통통제 실행

④ 사회적 또는 경제적 손실 절감

099 난이도 ★★☆☆☆

다음 CSMA/CD 방식에 대한 설명 중 가장 잘못 설명한 것은 무엇인가?

① 반송파를 감지하는 기법을 가지고 있다.

② CSMA/CD 방식에서는 ACK 프레임을 사용한다.

③ 어느 한 기기에 고장이 발생하여도 다른 기기의 통신에 전혀 영향을 미치지 않는다.

④ 유선 이더넷 랜에 적용되는 방식이다.

100 난이도 ★★☆☆☆

[보기]의 내용은 무엇을 의미하는가? 가장 알맞은 답을 선택하시오.

> **보기**
> 공공 또는 사적인 전화선을 통해 데이터를 전송하는 데 필요한 전송 기준이다. 데이터들은 각각 같은 크기로 쪼개져 프레임 안에 저장된 뒤 전송된다. LAN 간 통신 등에 적합한 고속의 패킷 통신 서비스로서 패킷 교환에서의 오류제어 등을 생략하여 1.5M~2Mbit/s 정도의 고속 데이터 전송이 가능하다.

① 전용 회선(Leased Line)   ② 프레임 릴레이(Frame Relay)

③ SDR(Software Defined Radio)   ④ FDMA(Frequency Division Multiple Access)